拉萨市行政区划图

西藏自治区测绘院编制

审图号：藏S（2018）022号

拉萨年鉴

ལྷ་སའི་ལོ་རིམ་མེ་ལོང་།

2021

（总第10卷）

拉　萨　市　人　民　政　府　主办
拉萨市地方志编纂委员会办公室　编

方志出版社
Publishing House of Local Records

图书在版编目（CIP）数据

拉萨年鉴. 2021 / 拉萨市地方志编纂委员会办公室编. -- 北京：方志出版社，2021.12
ISBN 978-7-5144-5246-4

Ⅰ. ①拉… Ⅱ. ①拉… Ⅲ. ①拉萨 – 2021 – 年鉴
Ⅳ. ①Z527.51

中国版本图书馆CIP数据核字（2021）第275615号

拉萨年鉴（2021）

编　　者：拉萨市地方志编纂委员会办公室
责任编辑：刘方圆

出 版 者：方志出版社
地址　北京市朝阳区潘家园东里9号（国家方志馆4层）
邮编　100021
网址　http://www.zgfzcb.cn
发　　行：方志出版社图书经销中心
电话（010）67110500
经　　销：各地新华书店
印　　刷：河南金宝丽印刷科技有限公司

开　　本：889×1194　1/16
印　　张：35
字　　数：1040千字
版　　次：2021年12月第1版　2021年12月第1次印刷
印　　数：0001～1000册

ISBN 978-7-5144-5246-4　定价：480.00元

拉萨市地方志编纂委员会

《拉萨年鉴》编辑部

数字拉萨

SHUZILASA 2020

土地面积：31662平方千米
年末常住人口：57.11万人
农村常住人口：31.42万人
城镇常住人口：25.69万人

地区生产总值：678.16亿元
第一产业增加值：22.45亿元
第二产业增加值：290.44亿元
第三产业增加值：365.27亿元

公共财政收入：107.26亿元
公共财政预算总支出：349.66亿元
年末金融机构本外币各项存款余额：3139.28亿元
年末金融机构本外币各项贷款余额：3391.35亿元

农林牧渔业总产值：41.76亿元
农业产值：17.01亿元
林业产值：0.45亿元
牧业产值：23.85亿元
渔业产值：0.02亿元
农林牧渔服务业产值：0.43亿元

粮食总产量：15.53吨
农作物总播种面积：4.97万公顷
年末牲畜存栏总头数：116万头（只、匹）

规模以上工业企业：85家
规模以上工业产品销售率：100.8%
规模以上工业总产值：163.10亿元

社会消费品零售总额：369.35亿元
限额以上批零住餐企业（单位）：146家
限额以上批零住餐企业（单位）零食额：107.80亿元
城镇社会消费品零售额：320.49亿元
乡村社会消费品零售额：48.87亿元

进出口总额：15.95亿元
出口总额：11.14亿元
进口总额：4.81亿元
招商引资实际到位资金：301.3亿元

年末农村公路（不含国道、省道）通车总里程：5460千米
公交运营线路总长度：1000.2千米
公交年客运量：6682万人次
邮电业务总量：156.4亿元
年末固定及移动电话用户总数：142.9万户
旅游总收入：301.84万元
国内外游客总数：2008.03万人次

全市用电量：39.91亿千瓦时
全行业用电量：34.3亿千瓦时
城乡居民生活用电量：5.62亿千瓦时
自来水总供水量：13568万立方米
市区供水管网总长度：1034.31千米

市属普通高等院校：1所
在校学生：4633人
市属中等职业学校：2所
在校学生：8660人
市属普通中学：23所
在校学生：38550人
市属小学：73所
在校学生：64083人
幼儿园：273所
在园幼儿：36124人

艺术表演团（含村业余团）：299个
博物馆：8个
广播综合人口覆盖率：99.25%
电视综合人口覆盖率：99.46%

卫生机构：476个
医院：27家
基层卫生医疗机构：434家
专业公共卫生机构：14家
床位数：4144张

空气质量优良天数：366天
空气优良率：100%

城镇居民人均可支配收入：43640元
农村居民人均可支配收入：18268元
城乡居民基本养老保险人数：20.4万人
企业职工基本养老保险人数：9.1万人
城乡居民基本医疗保险人数：40.7万人
城镇职工医疗保险人数：12.6万人
失业保险人数：8.9万人
工伤保险人数：12.4万人
生育保险人数：10.5万人
城镇居民最低生活保障人数：0.7万人
农村最低生活保障人数：0.5万人
特困供养人数：1298人

SHUZILASA 2020

2016—2020年地区生产总值增速

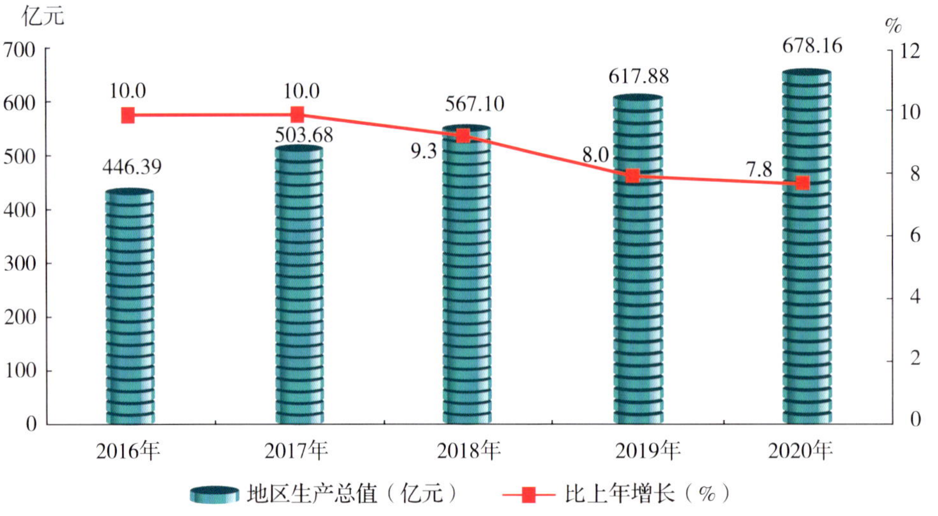

2016—2020年公共财政预算收入及增速

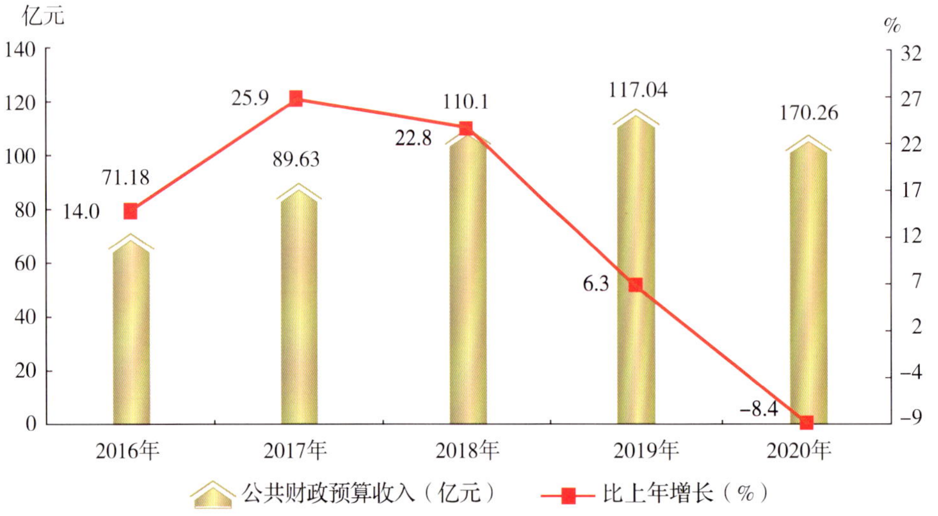

2016—2020年社会消费品零售总额及增速

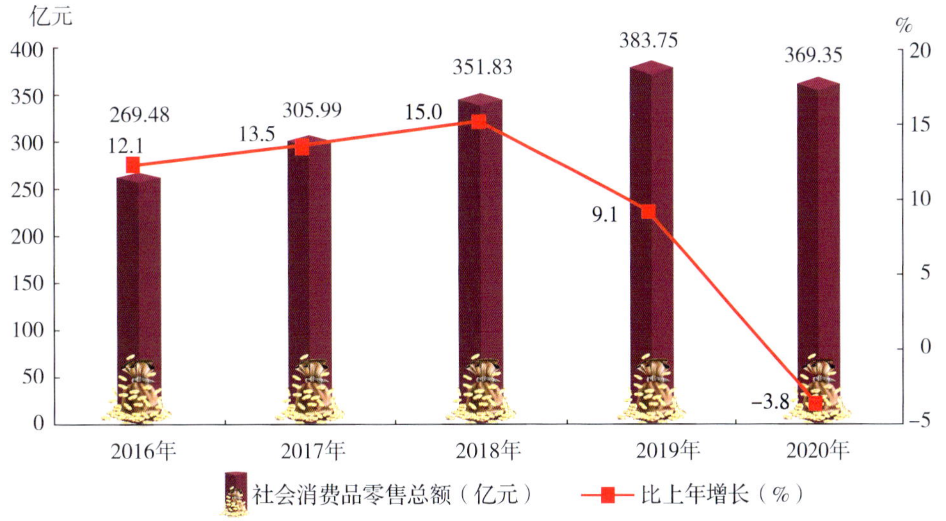

2016—2020年城乡居民人均可支配收入及增速

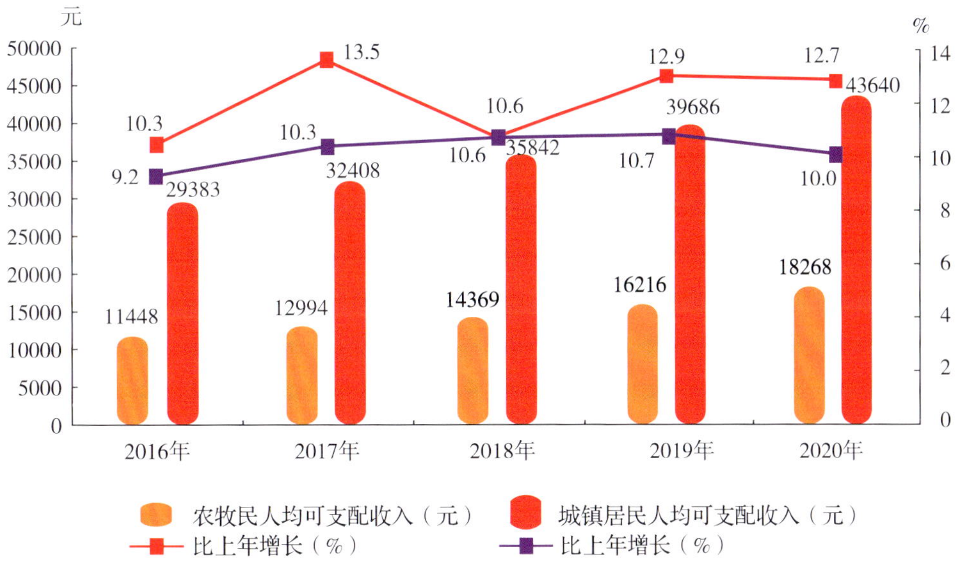

2020年各月居民消费价格总指数涨幅

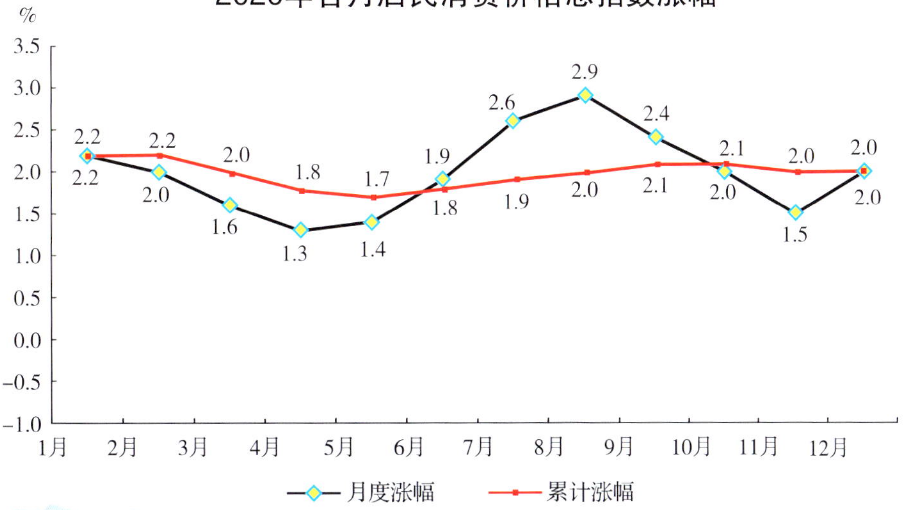

2016—2020年全社会固定资产投资额增速

2016—2020年规模以上工业增加值增速

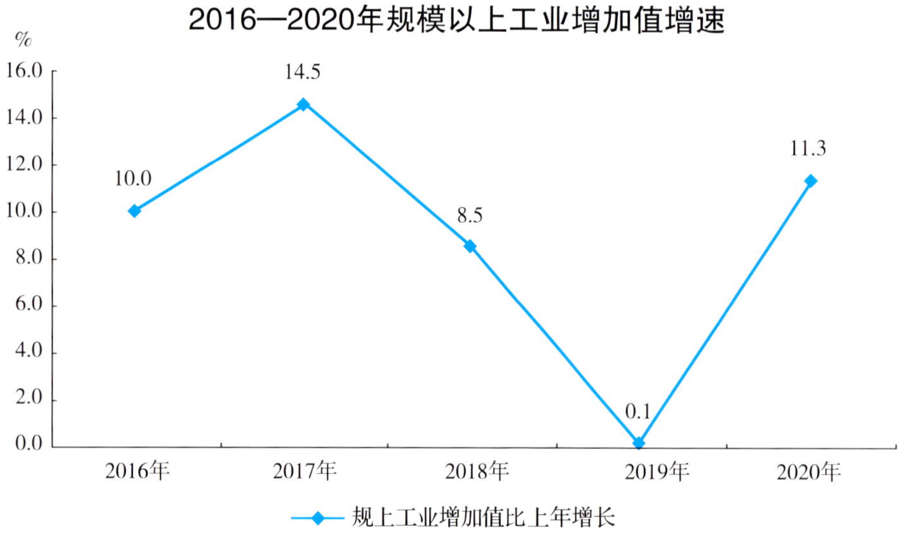

2016—2020年建筑业增加值增速

编 辑 说 明

一、《拉萨年鉴（2021）》以马克思列宁主义、毛泽东思想、邓小平理论、“三个代表”重要思想、科学发展观、习近平新时代中国特色社会主义思想为指导，坚持辩证唯物主义和历史唯物主义的立场、观点和方法，始终坚持“实事求是、质量第一、存史资政、服务大众”的办鉴宗旨，全面、系统、翔实地记述拉萨2020年政治、经济、文化、社会、生态等各项事业的基本情况。

二、《拉萨年鉴（2021）》采用文章和条目两种体裁，以条目体为主。采用规范的语体文、记述体，记述内容力求客观真实，文字力求言简意赅。全书设类目、分目、条目三个层次。

三、《拉萨年鉴(2021)》的文字内容，设有特载、专辑、大事记、拉萨概况、中国共产党拉萨市委员会、拉萨市人民代表大会、拉萨市人民政府、中国人民政治协商会议拉萨市委员会、纪检监察、群众团体、法治、经济管理、对口支援、农业·林业、水利、工业·开发区·工业园区、商贸·旅游、交通·运输·邮政、信息化、城市建设·生态环境、金融、科技·教育·体育、文化·广电、医疗·卫生、应急管理、民政、人力资源与社会保障、民族·宗教、县区概况、国有企业、人物、附录。

四、《拉萨年鉴（2021）》收录的文章和条目，由各级行政系统确定专人（部门）负责撰写和提供，并经主要负责人审核。拉萨市社会经济统计资料统一由市统计局提供，业务部门的统计数据由各主管部门提供，使用时应以统计部门提供的统计数据为准。

五、《拉萨年鉴(2021)》反映2020年1月1日至12月31日期间情况（部分内容依据实际情况时限略有前后延伸），凡2020年的事项均直书月、日，不再写年份。本书中农田土地面积的计量单位使用“亩”，所用的其他计量单位均采用国家法定计量单位。

领导关怀

LINGDAOGUANHUAI

2020年7月16日，西藏自治区党委书记吴英杰（左一）到墨竹工卡县怎村调研“美丽乡村、幸福家园”建设计划整村推进试点工作情况

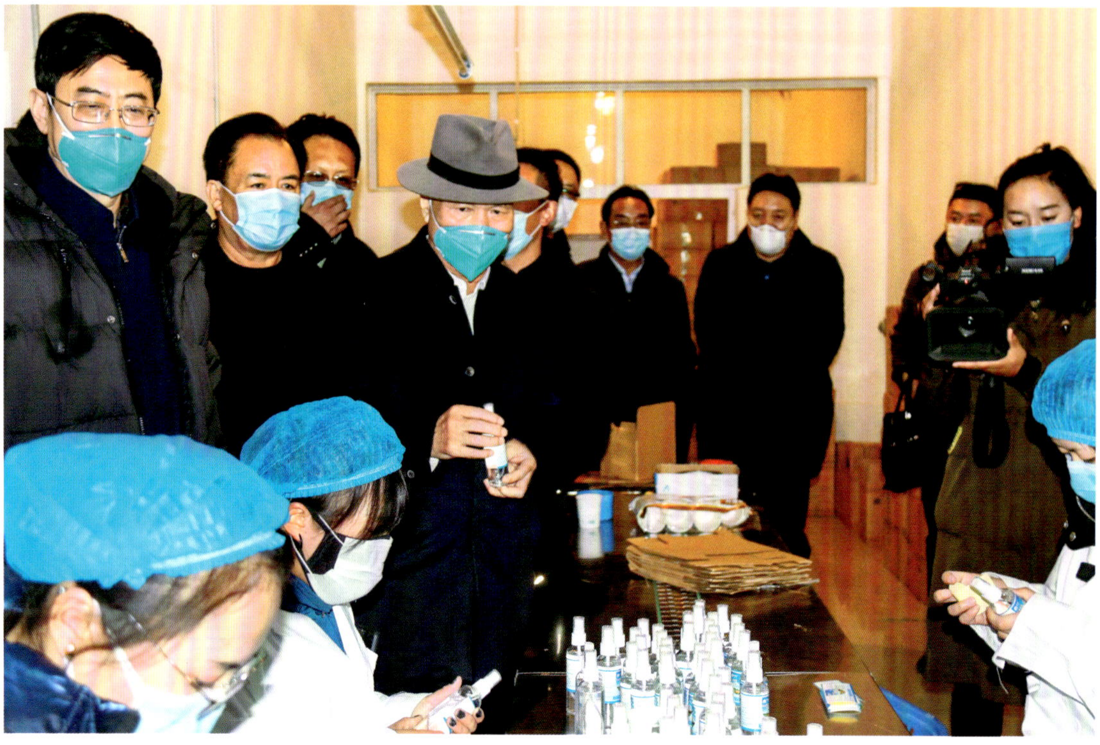

2020年1月31日，西藏自治区党委副书记、自治区主席齐扎拉（二排中）到达孜区调研天圣医药消毒产品生产情况

2020年9月8日，西藏自治区党委常委、拉萨市委书记白玛旺堆（前排左二）一行到当雄县羊八井镇调研国际登山小镇项目

2020年5月14日，市委副书记、市长、城关区委书记果果（中）调研指导拉萨市山水林田湖草项目推进情况。图为果果在当巴乌嘴公园了解水系建设点情况

重要会议
ZHONGYAOHUIYI

2020年10月12日，中国共产党拉萨市第九届委员会第六次全体会议召开

2020年3月16日，中国共产党拉萨市第九届纪律检查委员会第五次全体会议在拉萨召开

2020年1月12日，拉萨市第十一届人民代表大会第五次会议在拉萨召开

2020年1月11日，政协第十一届拉萨市委员会第五次会议召开

党政群团

DANGZHENGQUNTUAN

①2020年4月30日，拉萨市总工会召开庆祝“五一”国际劳动节劳模座谈会，全国、自治区、拉萨市三级劳模代表共13名参加座谈会

②2020年6月，在尼木县召开《信访条例》修订实施15周年宣传活动暨全市“人民满意窗口”创建活动现场会

③2020年7月10日，曲水县组织县级领导开展学习《民族团结进步模范区创建条例》考试

④2020年9月11日，第一批驻华使节团赴才纳乡四季吉祥村访问

⑤2020年10月14日，全区地厅级领导干部学习贯彻中央第七次西藏工作座谈会精神专题研讨班召开，图为拉萨分会场培训现场

⑥2020年11月11—13日，拉萨市人大基层干部培训班开班仪式举行

⑦2020年12月31日，拉萨市人大常委会召开拉萨市电动车通行管理条例听证会

全区地厅级领导干部学习贯彻中央第七次西藏工作座谈会精神专题培训班
尹俊峰
西　绕　宗
旦　巴

开班仪式

拉萨市电动车通行管理条例
听证会
拉萨市人大常委会
2020年12月31日

法治建设
FAZHIJIANSHE

2020年6月2日，西藏自治区高级人民法院到拉萨市中级人民法院调研队伍建设情况

2020年4月8日，拉萨市公安局优化流程，开展复工复产期间来（返）拉萨人员服务管理工作

①2020年3月6日，拉萨市公安局治安金融内保大队一行审批验收中国农业银行西藏自治区分行拉萨城西支行营业网点老旧改造工程建设项目

②2020年6月5日，拉萨市多部门联合深入拉萨市各中小学（幼儿园）开展校园安全防范督导检查工作

③2020年6月10日，拉萨市人民检察院“12309”检察服务中心成功揭牌

④2020年7月20日，拉萨市启动全市法院司法警察“岗位大练兵”活动

⑤2020年7月27日，拉萨市中级人民法院开展全区法院三级法官讲法以案释法巡回法治宣讲活动

① ②
③

① 2020年8月4日，中央扫黑除恶督导组到拉萨市人民检察院检查指导工作
② 2020年8月11日，最高人民检察院政治部领导到拉萨市人民检察院考察指导工作
③ 2020年8月13日，西南民族大学法学院讲师到拉萨市开展专题讲座

2020年8月16日，拉萨市人民检察院举行聘任制书记员考试

2020年8月19日，拉萨市公安局执行警卫勤务安防（保）任务

2020年12月21日，第四期全国“公安楷模”发布活动在北京落幕，拉萨市公安局城关分局广场派出所荣获先进集体称号。图为参加活动的代表返回拉萨

经济发展
JINGJIFAZHAN

①2020年1月10日，拉萨市城关区蔡公堂街道蔡村举行集体经济分红仪式
②2020年6月3日，拉萨市食品检测中心挂牌成立
③2020年3月18日，拉萨市城关区举行重大项目集中开（复）工仪式

①②
③
④

①2020年5月9日，西藏自治区自然资源厅在国道318线（达孜段）开展永久基本农田补划踏勘

②2020年4月8日，拉萨市税务局联合邮政、美团、出租车公司，以“税收速递”助力复工复产，拉开第29个税收宣传月的帷幕

③2020年6月10日，拉萨市交通运输局开展道路运输安全生产应急大演练

④2020年8月12日，“圣洁拉萨·乐享雪顿”大型旅游推介会暨全国乡村旅游重点村授牌仪式在拉萨举行

2020年12月28日，东西部协作结对帮扶座谈会在拉萨召开

2020年10月20日，拉萨经开区举办拉萨综合保税区重点招商引资项目集中签约暨重大项目开工活动

现代化畜牧业

机收青稞

现代化农业

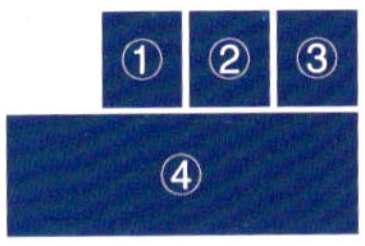

①地摊经济
②公路建设
③公路养护
④2020年9月22日，以“欢庆丰收感党恩、团结一心迎小康”为主题的拉萨市第三届“中国农民丰收节”在堆龙德庆区古荣镇加入村举办

市第三届中国

社会民生
SHEHUIMINSHENG

①拉萨河河势控导工程（滨江花园段）调节闸工程
②人居环境整治后的城关区白定村的林卡
③人居环境整治后的堆龙德庆区波玛村

萨市文化市场综合行政执法队

拉萨市医疗保障局2020年城乡居民基本医疗保险业务培训班
中国联合网络通信有限公司拉萨分公司

①②④⑤
③⑥
⑦

①2020年10月30日，拉萨市文化市场综合行政执法队挂牌成立

②2020年11月，拉萨市民政局社会救助科与核对中心工作人员对低保家庭进行入户核查

③2020年4月22日，拉萨市医疗保障局召开2020年城乡居民基本医疗保险业务培训班

④2020年4月2日，西藏自治区住建厅在城祥苑小区调研拉萨市生活垃圾分类

⑤2020年10月13日，拉萨市残疾儿童康复示范点成立，图为残疾儿童家长揭牌

⑥2020年10月19日，拉萨市残疾人轮椅篮球队首次赴其他省市开展学习交流比赛活动，图为出征仪式合影

⑦2020年8月18日，拉萨市首个残疾人辅助器具资源服务中心项目封顶

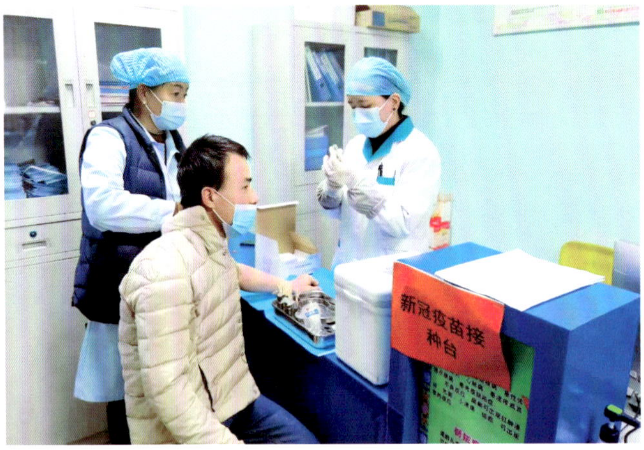

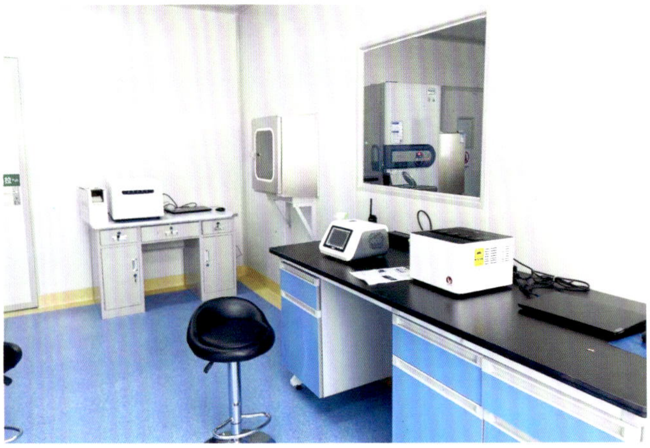

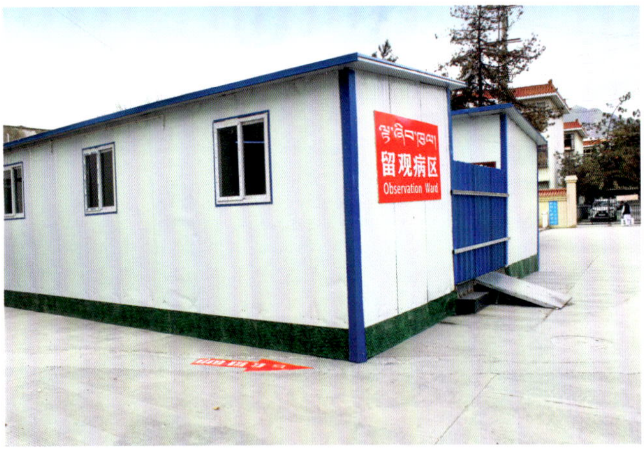

①2020年12月，拉萨市开展新冠肺炎病毒疫苗接种工作

②2020年8月1日，拉萨市人民医院建成的新型冠状病毒核酸检测实验室正式投入使用

③2020年3月1日，拉萨市人民医院利用四天三夜建成发热门诊和隔离病区并正式接收发热留观患者，为西藏防控新冠肺炎疫情提供坚实保障

④2020年12月9日，拉萨市及各县（区）启用医疗保障扶贫单制结算监控管理平台

2020年9月23日，拉萨一职师生参加2020年拉萨市职业技能大赛并喜获多项大奖

2020年11月12日，拉萨一职举行2020年“职教活动周”开幕式

2020年11月20日，拉萨市歌舞团召开庆祝建团60周年大会

2020年9月22日，堆龙德庆区农牧民参加赛马活动

2020年7月17日，拉萨市第四届科技创新大赛及科技节活动在拉萨市青少年实践基地开展，图为科普志愿者为中小学生发放科普读物

目　　录

特　　载

专　　辑

大 事 记

拉萨概况

中国共产党拉萨市委员会

拉萨市人民代表大会

拉萨市人民政府

中国人民政治协商会议拉萨市委员会

法　　治

检察 ……………………………………251

法院 ……………………………………254

司法行政 ………………………………258

经济管理

农业·林业

水　　利

工业·开发区·工业园区

商贸·旅游

交通·运输·邮政

信 息 化

城市建设·生态环境

文化·广电

医疗·卫生

应急管理

民　　政

人力资源与社会保障

民族·宗教

县区概况

国有企业

特 载

中共拉萨市第九届委员会第七次全会暨市委经济工作会议

2020 年 12 月 29 日至 30 日，市委九届七次全会暨市委经济工作会议举行。会议的主要任务是：坚持以习近平新时代中国特色社会主义思想为指导，深入学习贯彻党的十九届五中全会、中央经济工作会议、中央第七次西藏工作座谈会和区党委九届九次全会暨区党委经济工作会议精神，总结成绩，分析形势，研究部署拉萨市“十四五”规划和二〇三五年远景目标及 2021 年经济工作，动员全市各级党组织和广大党员干部振奋精神，攻坚克难，为建设团结富裕文明和谐美丽的社会主义现代化新拉萨而努力奋斗，确保“十四五”开好局、起好步。

自治区党委常委、拉萨市委书记白玛旺堆代表常委会向全会报告工作，对《中国共产党拉萨市委员会关于制定国民经济和社会发展第十四个五年规划和二〇三五年远景目标的建议（讨论稿）》作说明并讲话，市委副书记、市长果果对 2021 年全市经济工作作了具体部署。

会议传达学习党的十九届五中全会、中央经济工作会议和区党委九届九次全会暨区党委经济工作会议精神，听取市委常委会抓党的建设工作情况报告，审议通过《中共拉萨市委员会关于制定国民经济和社会发展第十四个五年规划和二〇三五年远景目标的建议》《市委九届七次全会暨市委经济工作会议决议》。

会议指出，党的十九届五中全会是中国共产党站在“两个一百年”历史交汇点上召开的一次具有里程碑意义的重要会议。全会后，党中央又召开经济工作会议，系统总结 2020 年经济工作，深刻分析中华人民共和国经济发展面临的新形势，对 2021 年经济工作进行全面部署，为拉萨市提供根本遵循。区党委九届九次全会暨区党委经济工作会议，对抓好党的十九届五中全会精神贯彻落实进行深刻阐述，对确保西藏自治区“十四五”规划开局起好步进行安排部署，具有很强的指导性、针对性和可操作性。全市各级各部门要站在增强“四个意识”、坚定“四个自信”、做到“两个维护”的政治高度，深入学习贯彻党的十九届五中全会、中央经济工作会议和区党委九届九次全会暨区党委经济工作会议精神，切实把思想和行动统一到党中央决策和区党委部署上来，做到思路、理念、举措、责任全面到位，着力提高把握新发展阶段、贯彻新发展理念、构建新发展格局的专业能力，结合拉萨实际抓好贯彻落实，奋力建设社会主义现代化新拉萨。

会议总结 2020 年和“十三五”时期全市经济社会发展工作。一致认为，“十三五”时期的这五年，是拉萨社会大局持续和谐稳定的五年，是高质量发展加快推进的五年，是民生事业健康发展的五年，是基础设施支撑全面增强的五年，是改革开放取得重大进展的五年，是生态文明成效显著的五年。在以习近平同志为核心的党中央的亲切关怀下，全市上下以习近平新时代中国特色社会主义思想为指导，全面贯彻落实党的十八大、十九大和十九届二中、三中、四中、五中全会和中央第六次、第七次西藏工作座谈会精神，坚决贯彻落实党中央和区党委决策部署，贯彻新发展理念，坚持稳中求进、进中求好、补齐短板工作总基调，正确处理好“十三对关系”，以真抓实干践行“两个维护”，全市经济社会发展取得全方位进步、历史性成就。实践充分证明，以习近平同志为核心的党中央权威是各族人民迎难而上的根本依靠，新时代党的治藏方略是做好各项工作的根本遵循，在重大历史关头、重大考验面前，党中央的判断力、决策力是指南针和定盘星，区党委的凝聚力、执行力是坚强保障，正确处理好“十三对关系”是重大方法，全国人民特别是北京和江苏人民的大力支援是坚实后盾，拉萨各族人民的团结奋斗是最大底气。各位代表一致认为，这些成绩的取得，归功于以习近平同志为核心的党中央亲切关怀和习近平新时代中国特色社会主义思想的科学指引，是区党委、政府正确领导和援藏省市大力支援的结果，是市委、市政府团结带领各族人民一步一个脚印、踏踏实实干出来的，是国家制度和国家治理体系显著优势在拉萨的具体体现，是新时代党的治藏方略在拉萨的成功实践。

会议分析“十四五”时期经济社会发展面临的困难和挑战，强调从 2021 年开始，要团结带领全市各族人民，用 15 年的时间基本建成现代化，必须胸怀“两个大局”，坚决贯彻新时代党的治藏方略，坚定战略自信、办好自己的事，坚定不移推动长治久安和高质量发展；必须坚持问题导向、目标导向、结果导向相统一，发扬“老西藏精神”和斗争精神，在危机中育先机、于变局中开新局；必须立足新发展阶段，贯彻新发展理念，构建新发展格局，彰显首府城市首位度，在引领带动全区高质量发展上展现新担当新作为、实现新突破、开创新局面，向党中央、区党委和全市各族人民交上一份满意答卷。

会议指出，要立足新时代新形势新要求，坚定不移推动新时代长治久安和高质量发展，确保“十四五”开局起好步。要坚决维护稳定、确保国家安全，在推进长治久安上开新局。把维护稳定作为第一位任务，坚持总体国家安全观，以防患于未然为原则做工作，以防止出大事打基础做准备，以敢于担当落实责任为标准看干部，统筹好发展和安全，严密防范和严厉打击分裂破坏活动，铸牢中华民族共同体意识，全面提升社会治理水平，进一步推进藏传佛教中国化，抓紧抓实意识形态工作，服务守边固边兴边强边，确保拉萨稳定发展；要坚持以人民为中心的发展思想，在提升民生福祉上开新局。以“三个赋予、一个有利于”为遵循，持之以恒抓就业促增收，高质量巩固提升脱贫成果同乡村振兴有效衔接，全面改善群众住房条件，加快构建高质量教育体系，持续推进健康拉萨建设，健全多层次社会保障体系，确保各族群众获得感、幸福感、安全感不断增强；要坚持首府城市首位度，在构建新发展格局上开新局。积极推动区域协调发展，培育壮大区域市场，建设现代物流体系，强化基础设施支撑，建设高原宜居城市，打造全区科技创新中心，着力提升开放发展水平，确保拉萨在全国“双循环”发展格局中能够有一席之地；要大力发展实体经济和特色产业，在提升经济核心竞争力上开新局。发展壮大特色优势产业，健全现代市场体系，不断提升供给体系对国内需求、区内市场的适配性，全面推进深化改革，大力破解制约高质量发展、高品质生活、高效能管理的体制，确保经济核心竞争力明显增强；要坚持久久为功、建设美丽拉萨，在打造生态文明高地上开新局。以习近平生态文明思想为指导，坚持绿色发展，加强系统治理，坚守生态安全底线，加强生态保护修复，倡导绿色生产生活，深化生态制度改革，确保生态文明高地建设走在全区前列。

会议强调，做好经济工作，要充分发挥党总揽全局、协调各方的领导核心作用。要全面加强党的建设，坚持把政治建设摆在首位，深化全面从严治党，激励干部担当作为，以高度的政治自觉、思想自觉、行动自觉抓好会议精神贯彻落实，推动会议精神落地见效，提升干事创业能力，编制好全市“十四五”规划纲要和各专项规划，为建设社会主义现代化新拉萨提供坚强政治保障。

会议就当前工作要求，要围绕建党 100 周年和西藏和平解放 70 周年，统筹加快推进重点项目，积极营造浓厚氛围，认真服务做好大庆工作；要积极防范化解各种风险隐患，维护好社会和谐稳定，抓好常态化疫情防控和安全生产工作，扎实做好岁末年初各项工作。

拉萨市人民代表大会常务委员会工作报告

——在拉萨市第十一届人民代表大会第六次会议上

拉萨市人大常委会副主任 达 瓦

（2021年1月12日）

2020年主要工作

2020年，在市委的坚强领导下，在自治区人大常委会的有力指导下，市人大常委会坚持以习近平新时代中国特色社会主义思想为指导，全面贯彻党的十九大和十九届二中、三中、四中、五中全会和中央第七次西藏工作座谈会精神，贯彻落实习近平法治思想和总书记关于坚持和完善人民代表大会制度的重要思想，贯彻落实总书记关于西藏工作的重要论述和新时代党的治藏方略，增强“四个意识”、坚定“四个自信”、做到“两个维护”，巩固深化“不忘初心、牢记使命”主题教育成果。坚持党的领导、人民当家作主、依法治国有机统一，主动适应推进国家治理体系和治理能力现代化的要求，坚决贯彻落实党中央、区市党委关于疫情防控工作的决策部署，充分发挥宪法和法律赋予的职责，从立法、监督、代表工作等环节发力，助力维护稳定、脱贫攻坚、疫情防控和经济社会发展，圆满完成市十一届人大五次会议确定的各项任务。

一年来，召开市人大常委会会议8次，审议法规5件，其中新制定3件，修改2件。备案审查规范性文件3件。听取审议专项工作报告16个，检查9部法律法规实施情况，开展16次集中视察和专题调研，作出决议决定3项，依法任免国家机关工作人员79人，组织宪法宣誓仪式8批41人次。配合完成自治区人大常委会安排的执法检查、代表视察及有关法规草案征求意见等工作23项。

一、旗帜鲜明讲政治，坚持党对人大工作的全面领导

以习近平新时代中国特色社会主义思想统领人大工作。常委会坚持把学习贯彻习近平新时代中国特色社会主义思想作为首要政治任务，全面落实总书记关于坚持和完善人民代表大会制度的重要思想，把学习贯彻习近平总书记系列重要讲话和重要指示批示精神、党的十九届五中全会和中央第七次西藏工作座谈会精神、区市党委重大决策部署作为常委会党组会议、主任会议、常委会会议的重要议程，不断提升用党的创新理论指导实践、破解难题、推动工作的能力水平，增强依法履职的政治自觉和行动自觉。

深入学习贯彻党的十九届五中全会和中央第七次西藏工作座谈会精神。常委会坚持把学习贯彻中央第七次西藏工作座谈会精神特别是总书记重要讲话精神作为做好当前和今后一个时期人大工作的重大政治任务，切实领会精神实质和核心要义，把思想和行动统一到以习近平同志为核心的党中央决策部署上来。坚持党组全面系统学、人大代表结合履职学、机关干部融入日常学，进一步增强做好新时代人大工作的使命感、责任感和紧迫感。两级党组书记、常委会班子成员以更高的政治标准、更强的党性要求，带头学习十九届五中全会和中央第七次西藏工作座谈会精神，深入基层开展广泛宣讲，引导各族群众和人大代表坚定不移感党恩听党话跟党走，淡化宗教消极影响，把习近平总书记和党中央的关心关怀送到基层各族群众的心坎上，为建设团结富裕

文明和谐美丽的社会主义现代化新拉萨凝聚起磅礴力量。

自觉遵从党对人大工作的绝对领导。习近平总书记强调，“党政军民学，东西南北中，党是领导一切的”。坚持党的领导，是人民代表大会制度的优势所在，是做好人大工作的根本保证。常委会坚持以更高的政治站位，在市委的领导下统筹安排和推进立法、监督、讨论决定重大事项、人事任免、代表履职等各项工作，切实把党的领导贯彻到人大工作各方面、全过程。严格执行重大事项请示报告制度，一年来就重要事项、重要情况向市委专题请示报告23件次。市委高度重视人大工作，坚持把人大工作纳入市委整体工作布局，多次研究人大工作和建设中的重大问题，做出工作部署，提出明确要求，一年来，白玛旺堆书记对人大立法、监督等工作作出批示8件次，为人大创造性地做好立法、监督等工作提供了政治保障和强大动力。

坚决贯彻落实市委决策部署。常委会坚持以更强的政治担当，紧紧围绕市委中心工作，切实履行维护稳定政治责任，按照市委的统一安排部署，在扎实做好人大本职工作的同时，深入维稳、扶贫、改革、民生、防疫等工作一线，全力推动市委决策部署高效落实。一年来，常委会班子成员深入包片县（区）、联系村以及重点寺庙督导维稳工作，基层调研平均46天。根据市委关于推进创建全国文明城市工作的部署要求，积极推进我市见义勇为奖励保障机制建设。

二、紧扣中心立良法，加强和改进新时代立法工作

深入贯彻落实习近平法治思想。法治兴则国兴、法治强则国强。常委会深入学习贯彻落实习近平法治思想和中央全面依法治国工作会议精神，在推进法治建设中贯彻好“十一个坚持”，将社会主义核心价值观融入立法全过程。坚持市委领导、人大主导、政府依托、各方参与的立法工作格局，坚持科学立法、民主立法、依法立法，自觉把立法工作摆在市委中心工作大局中来谋划和推进，确保党的路线和方针政策在地方立法工作中得到全面贯彻落实，为建设社会主义现代化新拉萨筑牢法治根基。

加快推进立法进度。认真落实市委部署的立法任务，确保立法工作与市委决策紧密衔接。坚持向重点领域倾斜，成立促进社会长治久安、建设生态文明城市和加强宗教活动场所管理立法工作领导小组和专班，提升依法治理水平。根据白玛旺堆书记的指示，全力做好《拉萨市爱国卫生管理条例》修改工作，促进经济社会协调发展。落实“环境立市”战略，推进《拉萨市塑料购物袋管理条例》制定工作，进一步巩固我市“禁白”成果。制定《拉萨市养犬管理条例》，建立依法规范文明养犬的公序良俗。修订《拉萨市人民代表大会常务委员会议事规则》，进一步提升议事质量和效率。持续做好同民法典相关联、相配套的法规清理工作，推进地方性法规的立改废，切实维护国家法制统一。

健全立法工作机制。着眼于以良法促发展、保善治，积极回应新时代新要求，不断拓宽公众依法有序参与立法的途径。针对人民群众关切的立法领域，首次开展立法听证，委托第三方开展立法论证评估，为法规草案审议提供了重要参考，立法质量和效率取得新成效。健全完善法规草案征求意见、立法协商等工作机制，制定《拉萨市人大常委会立法听证规定》《拉萨市人大常委会立法论证规定》。充实立法咨询专家库，加强立法队伍正规化、专业化建设，不断提升立法工作科学规范化水平。

三、围绕大局善监督，助力经济社会发展和改革攻坚任务

聚焦重点工作落地见效。常委会坚持把党的领导作为人大监督必须遵循的政治原则，切实将事关大局、事关中心、事关长远、事关人民根本利益等方面的问题列为监督工作的重点，推动市委重大决策部署得到全面贯彻落实。紧扣脱贫攻坚这一重大政治任务，助力高质量打赢脱贫攻坚战提供监督保障，听取和审议《拉萨市人民政府关于精准扶贫工作开展情况的报告》，并首次进行专项工作测评监督，常委会组成人员及人大代表反响热烈，取得了良好效果。结合疫情防控形势及年度监督计划，开展《中华人民共和国传染病防治法》《中华人民共和国野生动物保护法》《西藏自治区人大常委会关于贯彻〈全国人大常委会关于全面禁止非法野生动物交易、革除滥食野生动物陋习、切实保障人民群众生命健康安全的决定〉的实施意见》贯彻实施情况的执法检

查，督促市政府及其相关职能部门健全完善体制机制，进一步强化部门责任，采取更有力的措施严厉打击非法野生动物交易行为，努力革除滥食野生动物陋习，切实保障人民群众生命健康安全。

聚焦经济高质量发展。紧扣“六稳”和“六保”目标任务，做好计划预算审查和执行情况的监督工作，依法批准财政决算、预算调整方案，依法作出决议决定。贯彻落实党中央、区市党委关于加强人大对国有资产监督职能的部署要求，在审议国有企业资产管理情况报告、行政事业性国有资产情况报告的基础上，在全区率先听取和审议拉萨市政府国有资产管理情况专项报告——国有自然资源资产管理情况报告，推动市政府继续强化国有资产管理和治理，确保国有资产安全完整、保值增值。落实全国人大常委会关于进一步加强各级人大常委会审计查出突出问题整改情况监督的意见，首次专项听取和审议关于拉萨市人民政府2019年本级预算执行情况和其他财政收支审计查出问题整改落实情况报告，推动更好发挥审计作用。首次召开全市人大财经工作座谈会，进一步推动人大财经工作规范化、制度化。在全区率先完成了预算联网监督系统建设工作，推进人大预算审查监督重点向支出预算和政策拓展，发挥预算联网监督作用。

聚焦监督工作提质增效。对标对表市委工作要求，结合人大职能特点，健全完善监督机制，将法律法规实施情况的监督与日常专项工作监督有机结合，进一步提升监督工作水平。紧盯疫情防控、民族团结、公共卫生、交通安全、社保征缴、供水用水、食品安全、公正司法等领域，开展多角度、多维度的监督，强化审议意见整改落实情况的跟踪检查，促进人大监督工作提质增效，推动重点工作见行见效。积极协助全国人大常委会法工委，做好国家法律法规征求意见相关工作。充分发挥首府城市首位度作用，加强上下联动，密切工作协同，认真配合自治区人大常委会，围绕巩固提升脱贫成果、法律实施、“三农”工作、边境安全、人大工作、基层人大换届选举等方面开展深入调研，共同推动党中央、区市党委的决策部署落地落实，得到了上级人大常委会的充分肯定。

四、代表工作求拓展，更好地发挥代表主体作用

密切联系人民群众。常委会准确把握“代表机关”职能定位，注重发挥人大代表的桥梁纽带作用，支持和保障代表依法履职，制定《拉萨市人大常委会关于本级代表联系人民群众工作实施细则》，以更加完善的工作机制，增强代表同人民群众的密切联系，推动代表联系群众工作活起来、动起来、严起来，引导代表积极宣传总书记和党中央对西藏各族群众的似海恩情和特殊关怀，宣传社会主义制度的无比优越和祖国大家庭的无比温暖。

增强代表履职实效。常委会坚持代表主体地位，完善代表列席常委会会议制度，持续拓展代表履职工作的广度和深度，不断丰富闭会期间活动形式和内容，激发代表履职活力。一年来，组织各级代表开展履职活动40次，185人，列席常委会会议7次，35人。深化代表学习培训机制，组织区市县乡部分人大代表，开展深入学习贯彻中央第七次西藏工作座谈会精神暨专题视察培训活动，视察中央第六次西藏工作座谈会以来我市取得的全方位进步、历史性成就，积极引导代表为拉萨高质量发展建言献策。开展县乡两级人大干部深入学习党的十九届五中全会精神暨县乡换届选举专题培训，扎实做好县乡换届选举准备工作。

提升建议办理质效。常委会坚持将办理代表建议同贯彻落实市委决策部署结合起来，严把代表议案建议质量关，引导代表把智慧和力量凝聚到党和人民的事业上来，将高质量建议转化为深化改革、推动发展的实际举措。严格落实“三公开、两见面”制度，对66件意见建议强化跟踪督办，代表议案建议办复率和满意率均达到100%，办结率66.67%，较去年提升2.08个百分点。在市人民政府和各级承办部门的高度重视下，许多重点建议得到有效推进，一批民生领域热点问题得到有效解决。

五、以政治建设为统领，全面加强自身建设

持续强化作风建设。常委会党组全面落实党风廉政建设主体责任，始终把党风廉政建设工作纳入人大常委会机关总体工作布局，建立健全人大常委会机关工作机制，严格执行“三重一大”决策制度，不断强化管党治党的政治责任，打造政治立场坚定、工作作风良好、管理制度完善、干部队伍精干的模范机关，确保党中央、区市党委的各项决策部署在人大常委会机关得到全面贯彻落实。

充分发挥党组织政治作用。注重发挥常委会党组把方向、管大局、促落实的重要作用，毫不动摇坚持党的全面领导，严格贯彻落实党中央、区市党委决策部署，深入研究法定例会的审议议题，始终把市委的决策部署和中心工作作为依法履职的政治依据和行动方向。坚持在加强党员思想教育、建好建强基层党组织上下功夫，严守党的政治纪律和政治规矩特别是反分裂斗争纪律，在大是大非问题上始终做到旗帜鲜明、立场坚定、行动坚决。

提升机关整体工作实效。常委会严格履行维护稳定和社会综合治理工作职责，持续巩固拓展基层减负工作成果，深化精神文明建设和意识形态工作，持续优化机关群团组织建设，全力做好全国文明城市创建工作。狠抓脱贫攻坚和创先争优强基惠民工作，人大常委会机关驻曲水县聂当乡德吉村工作队创新宣讲方式，开展“每日一句，牢记习近平总书记语录”宣传工作，深受群众欢迎和好评。面对突如其来的新冠肺炎疫情，常委会严格贯彻落实党中央、区市党委决策部署，坚持抓紧抓实抓细常态化疫情防控，选派机关干部4批12人次投身疫情防控一线，及时成立临时党支部，让党旗在疫情防控一线高高飘扬。机关在职党员及退休党员心系疫区群众，踊跃为疫区捐款116700元；动员各级人大代表心系疫情防控，亮明身份、率先垂范，积极奉献爱心、履职尽责有为，在疫情防控一线展现人大代表的担当和作为，为打赢疫情防控阻击战，全面恢复经济社会秩序，彰显人大担当、作出人大贡献。

过去一年常委会工作取得的成绩，根本在于习近平新时代中国特色社会主义思想的正确引领，根本在于市委的高度重视和坚强领导，是全体市人大代表、常委会组成人员依法履职、辛勤工作的结果，是“一府一委两院”密切配合、通力协作的结果，是全市各级人大及其常委会接续奋斗的结果，是全市各族人民和社会各界关心支持的结果。在此，我谨代表市人大常委会表示衷心的感谢和崇高的敬意！

同时，我们也清醒地看到，与区市党委对人大工作的新部署新要求相比，常委会工作还存在不足之处和薄弱环节。主要体现在：立法质效需要进一步提高，监督机制需要进一步健全，代表工作需要进一步拓展，常委会自身建设需要进一步加强，这些都需要在今后的工作中不断完善。我们将高度重视存在的问题，虚心听取代表和各方面的意见建议，不断加强和改进各项工作。

2021年主要任务

2021年是中国共产党建党100周年，是西藏和平解放70周年，是全面建设社会主义现代化新拉萨的开局之年。常委会的主要工作任务是：坚持以习近平新时代中国特色社会主义思想为指导，全面贯彻落实党的十九大和十九届二中、三中、四中、五中全会和中央第七次西藏工作座谈会精神，增强“四个意识”、坚定“四个自信”、做到“两个维护”，严格贯彻落实区党委九届九次全会暨区党委经济工作会议精神、市委九届七次全会暨市委经济工作会议精神，在市委的坚强领导下，积极探索依法履职的新思路新举措，不断开创新时代拉萨人大工作新局面，为我市“十四五”开好局、起好步提供有力法治保障。

一是坚持党的领导，进一步加强思想政治建设。坚持和依靠党的领导，是把牢人大工作正确方向的内在要求，是人大依法行使职权的根本政治保证。常委会将坚持以习近平新时代中国特色社会主义思想武装头脑，坚持党的绝对领导，胸怀两个大局，始终对国之大者心中有数，坚持把“两个维护”作为最高政治准则和根本政治规矩，坚决维护习近平总书记党中央的核心、全党的核心地位，坚决维护党中央权威和集中统一领导，不断增强对总书记的思想认同、政治认同、情感认同，以总书记的方向为方向，以党的旗帜为旗帜，坚如磐石做到“两个维护”。不断提高贯彻落实中央第七次西藏工作座谈会精神的能力和水平，确保党中央和区市党委重大决策部署在人大工作中得到全面贯彻落实，确保人大开展各项工作都有利于加强党的领导，有利于巩固党的执政地位，有利于保证党领导人民有效治理国家。

二是坚持围绕中心，进一步提高地方立法质量。深入贯彻习近平法治思想，紧扣市委中心工作，切实担负起人大在推进依法治市中的重要职责。认真制定和组织实施五年立法规划、年度立法计划，以解决法治领域突出问题为着力点，对市委要求、群众期盼、现实需要的立法项目，加大工作力度、及时填补空白、补强薄弱点。立足全市工作大局，加强国家安全、社会稳定、民生改善、公共卫生、生态文明等重点领域立法工作，不断提升法规制度供给力。充分发挥人大在立法选题、起草、审议中的主导作用，扎实做好促进我市社会长治久安、加强宗教活动场所管理、建设生态文明城市领域立法工作，统筹推进《拉萨市物业管理条例》《拉萨市绿化造林条例》《拉萨市城镇房地产管理条例》《拉萨市历史文化名城保护条例》等立法修改项目。着力推动宪法贯彻实施，维护宪法权威，将宪法精神贯穿于立法工作的全过程和各方面。加快推进2020年结转审议项目，进一步加强和改进立法专家咨询工作，针对人民群众关注度较高的条例，深入调研论证，广泛征求意见，确保高质量完成法规草案制定和修改工作。

三是坚持服务大局，进一步增强人大监督实效。紧扣市委重大决策部署，坚持以人民为中心，紧盯做好“四件大事”、实现“四个确保”，发挥好人大监督的刚性作用，进一步以依法正确有效监督促进中心任务落实。深化拓展监督领域，围绕反分裂斗争、藏传佛教中国化方向、生态文明建设、民族团结进步、困难群体救助、退役军人保障、基层文化阵地建设等重点领域开展专题调研。聚焦法治政府建设，听取和审议市人民政府关于法治政府建设情况的报告。着眼推动法律法规有效实施，开展《中华人民共和国妇女权益保障法》《中华人民共和国未成年人保护法》《拉萨市民族团结进步条例》等法律法规的执法检查。继续提高监督工作的深度和精准度，听取“一府两院”专项报告以及计划、预算、审计、国资等专项报告。依托预算联网监督系统，进行全程动态跟踪监督，指导推动县（区）人大预算联网监督系统建设。探索建立规范性文件制定阶段的提前介入工作机制，坚持科学选题，对部分规范性文件进行重点审查，提升备案审查工作规范化水平和备案审查质量。继续加强常委会决定、决议和审议意见的督办落实和跟踪检查，扎实做好监督“后半篇”文章。

四是坚持多措并举，进一步提升代表工作水平。坚持以人民为中心，增强办理好代表议案建议的责任感和使命感，强化办理情况的跟踪检查，认真执行“三公开两见面”制度，确保“内容高质量、办理高质量”。协同推进全市各级人大“双联系”工作，继续做好自治区人大常委会代表履职服务平台的推广和使用，确保真联系、取得真效果。严格贯彻落实中央、区市党委关于做好换届选举工作的决策部署，深入基层开展换届选举调研，严明工作纪律，做好代表资格审查，进一步加强对选举工作的指导和监督，确保选举风清气正。

五是坚持强基固本，进一步加强常委会自身建设。深入学习贯彻习近平新时代中国特色社会主义思想，坚持党对人大工作的绝对领导，不断加强常委会自身建设，提升依法履职能力和水平。围绕总书记重要讲话和重要指示批示精神、党的十九届五中全会和中央第七次西藏工作座谈会精神、《中华人民共和国民法典》、《西藏自治区民族团结进步模范区创建条例》等重点学习内容，深学笃行，筑牢思想根基，坚持不懈用新思想武装头脑、指导实践、推动工作。深化和巩固“不忘初心、牢记使命”主题教育成果，严守党的政治纪律和政治规矩特别是反分裂斗争纪律，在大是大非问题上始终旗帜鲜明、立场坚定、行动坚决。

各位代表，同志们，高质量做好新时代拉萨人大工作，责任重大，意义深远。让我们更加紧密地团结在以习近平同志为核心的党中央周围，高举习近平新时代中国特色社会主义思想伟大旗帜，坚持和完善人民代表大会制度这一根本政治制度，在市委的坚强领导下，自觉扛起人大工作新使命，牢记嘱托、感恩奋进，以优异成绩庆祝中国共产党成立100周年和西藏和平解放70周年，为全面建设团结富裕文明和谐美丽的社会主义现代化新拉萨、实现中华民族伟大复兴的中国梦不懈奋斗！

政府工作报告

——在拉萨市第十一届人民代表大会第六次会议上

拉萨市委副书记、市长、城关区委书记 果 果

（2021年1月12日）

各位代表：

现在，我代表市人民政府向大会报告工作，请连同《拉萨市国民经济和社会发展第十四个五年规划和二O三五年远景目标纲要（草案）》一并审议，并请政协委员和其他列席人员提出意见。

一、“十三五”工作回顾

“十三五”时期是我市发展具有重大历史意义的五年。习近平总书记亲自为西藏工作把舵定向、谋篇布局，新时代党的治藏方略为我们明方向、指路径、定遵循，中央关心、对口支援为我们添动力、聚合力、提效力，对拉萨经济社会发展给予了强大支撑。在习近平新时代中国特色社会主义思想科学指引下，在区党委、政府和市委坚强领导下，全市各族干部群众团结一心、艰苦奋斗，全力打好精准脱贫、污染防治、防范化解重大风险三大攻坚战，顺利完成“十三五”规划目标，建设安居乐业、保障有力、家园秀美、民族团结、文明和谐的小康拉萨取得决定性成就。

——经济发展质量迈上新台阶。地区生产总值达到678.16亿元，是2015年的1.72倍，年均增长9%，人均地区生产总值接近9万元。投资消费对经济增长的贡献率不断提高，社会消费品零售总额达到369.35亿元，是2015年的1.79倍，年均增长8.8%，全社会固定资产投资年均增长4.3%。一般公共预算收入达到107.3亿元，是2015年的1.72倍，年均增长10%，内生发展动力显著增强。

——人民生活水平得到新提升。历史性消除绝对贫困，贫困发生率从2015年的14.2%到实现动态清零，242个贫困村（居）全部退出。累计完成转移就业41.7万人，城镇新增就业5.5万人，应届高校毕业生就业率达到95.2%。城乡基础设施、用能条件显著改善。城乡居民人均可支配收入分别达到43640元和18268元，是2015年的1.62倍和1.76倍，农牧民人均可支配收入超额完成比2010年翻一番的目标，超过全国平均水平。全市各族人民获得感、幸福感、安全感向前迈进了新的一大步。

——生态环境保护再创新业绩。累计完成造林绿化57.9万亩，全市森林覆盖率达到19.5%，城市绿化率达到38.8%，全市国控断面水质保持Ⅲ类标准，空气质量始终保持全国重点城市前列，成功创建第四批国家生态文明建设示范市，绿色成为拉萨发展最靓丽的城市名片。

——维护社会稳定取得新成就。反分裂斗争深入推进，维护国家安全体制机制进一步健全完善，维护稳定根基不断夯实。互嵌式社区环境基本形成，各族群众深入交往交流交融，宗教事务管理法治化水平不断提升。立体化社会治安防控体系基本建立，群众参与社会治理主动性显著提高。各族群众“我要稳定”的观念更加牢固，社会大局持续稳定向好。

这些全方位进步、历史性成就，充分彰显了中国特色社会主义的显著优势，体现了党中央治藏方针政策的无比正确，全市各族儿女衷心感恩习近平总书记带领我们致富奔小康。“十三五”经济社会发展的巨大成就，必然激励我们扬帆新时代、启航新

征程。

五年来,我们主要做了以下工作:

(一)聚焦经济平稳增长,大力调整优化经济结构。以做好"六稳"工作为抓手,制定实施稳增长、促改革、防风险的一系列重大政策措施,主动应对经济下行压力持续加大的外部环境。充分发挥投资关键作用,累计安排地方投资107.27亿元,较"十二五"增长1.6倍。设立覆盖三次产业的产业发展资金,落实政府债券资金64.1亿元,累计招商引资到位资金近1500亿元。打好防范化解金融风险攻坚战,严格执行地方政府债务限额管理,累计化解政府隐性债务104.4亿元。围绕满足人民对高质量生活的需求,扩大城乡消费供给,中心城区商业布局更趋完善,建成70个农村电商配送服务站。大力推进科技创新,实施科研项目70余项,良种选育、栽培技术、保种扩繁取得重大突破。建成院士、专家工作站10家,高新技术企业增长3.8倍,全市科技进步贡献率由2015年的42%增长到54.1%。"双创"工作得到国家专项资金扶持,连续两年受到国务院通报表扬。加强知识产权保护,加大商标品牌培育,有效商标注册数量较2015年末增长3.3倍。

(二)紧扣增强内生动力,推动特色产业提质增效。加快推动资源优势向发展优势转化,特色优势向品牌优势转化,比较优势向竞争优势转化。推进文化旅游产业多业态、并联式、深融合、全区域发展,打造"拉北旅游环线"精品线路,完善乡村旅游布局和基础设施,完成纳木错景区改造升级,新增A级景区11家。推出《金城公主》舞台剧等一批优秀文艺作品,文创园区获评国家级文化产业试验园区。累计接待游客9310万人次、实现旅游总收入1346亿元,较"十二五"时期翻了一番。实施"万户百场十中心"工程,成功打造高原奶业品牌。大力推进青稞增产、牦牛出栏、藏鸡扩繁、设施蔬菜和特色经济作物种植,建成7座现代化农牧业产业园,国家级龙头企业达到6家,全国一村一品示范村镇达到9个。"拉萨净土"区域公用品牌知名度、美誉度、传播力不断提高。大力发展绿色建材、天然饮用水等工业产业,水泥产量增长近1倍,天然饮用水产能达到300万吨,大昭圣泉进入全国铁路销售网络终端。规上工业企业由2015年的66家增加到85家。推动柳梧新区打造全区金融服务中心、数字产业基地。搭建起以文化旅游、净土健康产业为支柱,以绿色工业、现代服务为支撑,以高新数字为支点的现代化产业体系"四梁八柱"。

(三)围绕提升首府首位度,推进基础设施互联互通。泽贡、拉那羊八井段高等级公路建成通车,羊八井至那曲、拉萨至日喀则高等级公路加快建设,与毗邻城市道路交通进入"高速"时代。贡嘎机场枢纽功能明显增强,航线增至100条,通航国际国内59个城市,旅客和货物吞吐量分别达到414.2万人次和4.2万吨。建成近百公里的绕城快速干线,打通区域联通堵点,带动沿线加快成型发展。新增农村公路2586公里,乡镇行政村通畅率、乡镇客车覆盖率达到100%。领峰国际智慧物流园、高原食品冷链中心完成建设。获批建设陆港型和空港型国家物流枢纽承载城市。4G网络实现行政村全覆盖,5G网络部署应用取得重要进展。市政基础设施不断完善,打通32条城市"断头路",新建停车位2万个。建成全区首条城市综合管廊,天然气管网实现城区全覆盖,完成直供电改造3.6万户。建设城镇保障性住房4.6万套,实施农牧区危房改造2695户。积极推进新型城镇化建设,堆龙德庆、达孜撤县设区,经开区、柳梧新区、文创园区集聚功能显著增强。

(四)着眼要素资源集聚,全面深化改革开放。推进土地资源配置市场化改革,争取5100亩城乡建设用地增减挂钩指标,依法保障重大项目、国防设施、产业发展用地需求。落实新型城镇化建设重点任务,推进公共服务常住人口全覆盖,新增城镇常住人口近10万人。持续深化"放管服"改革,大幅压减行政审批事项和各类证明材料,推行"3550"改革措施,建成四级联通的政务服务平台,投用拉萨三级政务服务大厅,加快推进全流程网上通办。全市市场主体达到12.6万户,是"十二五"末的2.2倍。深化国资国企改革,推进兼并重组和混合所有制改革,持续优化国有经济布局,市属国有企业资产突破1300亿元,较"十二五"末翻了两番,在全市重大项目建设和特色产业发展中发挥了骨干作用。大力推进农业农村改革,完成农村土地承包经营权确权登记颁证,开展集体资产清产核资,建立全市统一的农村产权交易信息服务平台。40%的村(居)集体经营性收入超过50万元。推动区际互动和开放发展，积极发展“飞地经济”，在北京、南京、成都、深圳设立5个产业交流中心。获批建设全区首个综合保税区，启动实施中尼友谊工业园项目。配合举办第三、第四届“藏博会”，高标准办好雪顿节。累计接待境外游客76.6万人次。对外交流合作广度深度全面拓展。

（五）坚决守护绿色底线，扎实推进生态文明建设。坚持把“两山”理念贯穿拉萨经济社会发展全过程和各领域，划定全市生态保护红线，建立自然保护区、生态功能区26个，生态保护红线面积达到6750平方公里。全面加强污染源综合治理，实施污染防治攻坚战三年行动，打好蓝天、碧水、净土三大保卫战。完成全市饮用水水源地保护区调整。大力推进山水林田湖草系统治理，实施“绿色围城”工程，成功打造南、北山公园，山体沙化现象得到有效遏制。率先在全区消除4300米以下“无树村”和“无树户”。加强原生植被保护，倡导文明煨桑。城市新能源公交车达到100%。持续开展农村人居环境综合治理，有条件的村庄卫生厕所普及率达到85%，生活垃圾处理率达到100%。推进绿色低碳发展，开展生活垃圾强制分类，建成一体化垃圾分类无害化处理、资源化利用的静脉产业园区。

（六）立足提高人民福祉，推动民生事业全面改善。坚持把80%以上的财力投向民生领域，不断满足人民群众对美好生活的向往。高质量打赢脱贫攻坚战，10923户44435名建档立卡贫困群众全部脱贫。建成易地扶贫搬迁安置点32个，搬迁入住群众22979人。巩固提升348处安全饮水工程，惠及农牧民10.3万人。实施扶贫产业项目485个，预计脱贫群众人均可支配收入达到13741元，彻底摆脱了束缚千百年的绝对贫困问题。推动教育事业优先发展，新建、改扩建一批中小学校和幼儿园，完成师专整体搬迁、一职迁建。率先实现“五个100%”目标，县域义务教育实现基本均衡，基础教育各学段入学率达到95%以上，教育教学质量大幅提升。提升群众卫生健康水平，消除了包虫病这个长期影响人民健康的地方性疾病，基本完成全人群结核病、肝炎、风湿病筛查。市医院成功创建“三甲”，紧密型县域医共体建设全面推开。人均寿命由2015年的68.2岁提高到70.6岁。健全社会保障体系，农牧民医疗参保、大病保险覆盖率均达到100%，基本医疗保险最高支付限额由8万元提高到60万元。城乡低保标准分别提高到911元/月和4813元/年。推进居民和社区养老试点，建设日间照料中心15个，全面推进公办养老机构社会化运营。

（七）注重弘扬时代精神，繁荣发展公共文化事业。深入开展“四讲四爱”群众教育实践活动和“五有五好”文明村镇创建活动，持续开展“家在社区、五美家庭”群众性精神文明创建活动，在广大农牧区开展“美丽乡村文明养成”精神文明活动。基本建成覆盖城乡的公共文化设施网络，完成286个村级组织活动场所标准化建设，组建行政村文艺演出队，建成各级文化馆（站）75个，农村书屋、寺庙书屋实现全覆盖。完成县级有线电视数字化改造，广播电视“村村通”进一步巩固。文化遗产保护力度不断加强，推动拉萨古城申遗，启动编撰《拉萨非遗大典》，新增全国重点和自治区级文物保护单位25处。广泛推动全民健身，完善城乡体育设施，打造特色品牌赛事，运动健康理念显著提高。

（八）坚守安全稳定底线，深化社会治理创新。始终坚持对十四世达赖和达赖集团的定性不动摇，严密防范和依法打击各种渗透颠覆破坏活动、暴力恐怖活动、民族分裂活动以及宗教传播极端思想和偏激观点的行为。全力维护公共安全和社会稳定，深入开展扫黑除恶专项斗争。积极推进社会治理创新，大力实施“雪亮工程”，健全完善信息支撑的立体化社会治安防控体系。深化网格化管理、“双联户”治理模式，构建全民参与的群防群治工作格局。深化民族团结进步创建活动，不断丰富拓展各民族交往交流交融载体和渠道。健全寺庙管理长效机制，提升宗教工作法治化水平。推进公共法律服务体系建设，加强矛盾纠纷排查化解，扎实做好治理“双拖欠”、化解信访积案等专项行动，化解了自建小区产权登记、土地权属纠纷等一批骨头案、钉子案和历史积案。推进应急管理体制改革，加强抢险救灾和突发重大公共安全事件预案管理、物资储备，安全生产形势总体平稳。

“十三五”期间，审计、外事、统计、编译、档案、工青妇、气象、人民武装、消防、金融、电力、通信、食品药品和特种设备安全等各项事业取得新成绩。双拥共建活动深入开展,军政军民团结不断巩固。北京市、江苏省不断加强和改进援藏工作,选派758名优秀干部人才进藏工作,安排援藏资金37.9亿元,实施援藏项目299个,并重点投向民生领域,创新推动教育、医疗人才"组团式"援藏,为推动我市全面建成小康社会作出了巨大贡献。

五年来,市人民政府以推进政府职能转变为核心,加快构建职责明确、依法行政的政府治理体系。编制部门权责清单,取消行政审批事项226项,恪守法定职责必须为、法无授权不可为。政务服务基本实现"三集中、三到位",行政审批承诺时限压缩一半以上。实现政府采购项目全流程电子化。全面完成政府系统机构改革和重点领域执法体制改革。提交市人大及其常委会审议地方性法规5件,制定政府规章10件,出台行政规范性文件65件。依法推进政务公开,加强政务诚信建设,主动接受社会各界监督,政府系统执行力、公信力显著增强。

五年来,市人民政府大力加强自身建设,深入落实全面从严治党要求,推进"两学一做"制度化常态化,认真开展"不忘初心、牢记使命"主题教育,全面强化干部队伍教育管理。加强党风廉政建设和反腐败斗争,健全政务问责制度,压缩权力设租寻租空间,坚决整治群众身边的不正之风和腐败问题。落实为基层减负各项要求,力戒形式主义、官僚主义。坚持"政府过紧日子、群众过好日子",大力压减"三公"经费和一般性支出,把每一笔钱都用在刀刃上、紧要处。

刚刚过去的2020年,面对突如其来的新冠肺炎疫情,我们坚持把人民生命安全和身体健康摆在第一位,迅速启动重大突发公共卫生事件Ⅰ级响应,精准开展外防输入、内防扩散各项措施,守住了不发生交叉感染、本地扩散的底线。我们统筹疫情防控常态化和经济社会发展,坚持目标不变、任务不减、标准不降,深入挖掘创造增量的政策利用空间,及时调整完善工作措施,全面落实"六保"任务,着力对冲疫情影响,为"十三五"收官画上了圆满句号。一是着力保持经济平稳运行。以非常之举应对非常之势,全面落实助企纾困和激发市场活力规模性政策,大力推进各行业复工复产、复商复市。落实抗疫特别国债13.08亿元,争取地方政府债券资金23.4亿元,减免各类租金1.8亿余元。全社会固定资产投资同比增长5.3%、规上工业增加值增长11.3%。二是着力稳定就业。实施本地实用技能人才培养计划,强化特殊政策扶持,完成农牧民培训1.55万人,转移就业8.2万人,实现增收8.44亿元。应届高校毕业生就业率达到99.7%。三是着力保供稳市。落实"菜篮子"和"粮食安全"市长负责制,加强肉禽蛋奶和粮油、蔬菜等重要农产品和防疫物资价格监测,及时调运补充,保持市场供应充足。全年完成粮食播种面积40万亩,蔬菜产量27.5万吨,鲜肉产量4.6万吨。居民消费价格总指数控制在2.1%。千方百计保市场主体,认真落实减税降费、惠企利民等各项政策,新增减税降费18.9亿余元,增加市场主体1.8万户。四是着力扩大消费需求。万达、红星美凯龙等多个大型商业综合体投入运营,积极发展"夜间经济",规范地摊点设置,投放3000万元消费券。加快补齐城乡物流短板,新增限额以上商贸企业12家。五是着力提升人民生活水平。巩固提升脱贫攻坚成果,深入开展"回头看",持续做好后续帮扶。压茬推进乡村振兴,完成"美丽乡村・幸福家园"建设行动首批试点。新建各级学校10所,增加义务教育阶段学位8240个。居民医保人均财政补助标准提高到122元。六是着力维护社会和谐稳定。持续推进平安拉萨建设,加大敏感节点和重大活动维稳防控,安全事故死亡人数和经济损失实现"双下降",重点领域风险得到有效控制。

各位代表!过去五年,是拉萨人民生活水平大幅提升的5年,是基础设施和城乡面貌快速改善的5年,是改革开放不断走向深入的5年,是生态文明建设扎实推进的5年,是社会局势持续和谐稳定的5年,是党的执政根基全面夯实的5年。5年里,我市先后荣获国家循环经济示范城市、国家生态文明建设示范市、全国民族团结进步示范市、国家公共文化服务体系示范区、全国双拥模范城、全国质量强市示范城市、全国旅游标准化示范单位等数十项荣誉称号。成就来之不易,根本在于以习近平同志为核心的党中央的坚强领导和习近平新时代中国特色社会主义思想的科学指引,是区党委、政府正确领导的结果,是北京、江苏两省市无私援助的结果,是在市委团结带领下全市各族人民共同努力、砥砺奋进的结果。在此，我代表市人民政府，向全市各族人民，向人大代表、政协委员和广大离退休干部职工，向驻市各区（中）直单位，向驻市人民解放军、武警官兵和政法干警，向所有关心支持拉萨改革发展稳定事业的各界人士，表示衷心的感谢，并致以崇高的敬意！

我们清醒地认识到，对比时代步伐、功能定位、人民期望，我市发展仍然存在很多短板和问题。发展水平依然滞后，经济结构性矛盾突出，科技创新能力薄弱，支撑高质量发展的动力不足；产业发展适应市场能力不够，综合成本高，市场竞争力弱；要素资源集聚程度与首府城市功能还不匹配，跨区域重大工程和新型基础设施仍然短缺；城乡发展不均衡，农牧区生产生活方式依然落后，优质教育、医疗资源总量不足、分布不均；生态环境保护任重道远；维护国家安全和社会稳定存在重大风险挑战；营商环境对标全国其他城市和市场主体期待还有很大差距。政府工作存在不足，形式主义、官僚主义仍然突出，少数干部不担当、不作为、乱作为，一些领域腐败问题时有发生。对此，我们一定要保持清醒头脑，采取有力措施，持之以恒、久久为功，努力加以解决。

总结过去五年的成功实践，我们深深体会到：坚持党的全面领导，坚定不移贯彻新时代党的治藏方略，精准落实好习近平总书记对西藏工作的每一项指示，是拉萨长治久安和高质量发展的根本遵循；维护社会稳定、促进社会和谐，是做好拉萨工作的根本前提；坚持以人民为中心，不断满足人民群众对美好生活的向往，是拉萨各项工作的根本方向；坚持把中央关心、对口支援与自力更生、团结奋斗有机结合，在改革创新中践行使命，在苦干实干中登峰越壑，是实现拉萨更好更快发展的根本保障。我们要始终高举旗帜、维护核心，矢志不渝、干在当下，一步一个脚印推动拉萨发展行稳致远。

二、“十四五”发展的目标任务

在“十三五”收官和“十四五”开局起步的重要时刻，党中央召开第七次西藏工作座谈会，习近平总书记发表重要讲话，把我们党对西藏工作的重大理论、实践问题的认识和把握提高到了一个新的高度，为我市“十四五”各项工作提供了根本遵循和行动指南。

“十四五”是实现“两个一百年”奋斗目标的历史交汇期，是建设社会主义现代化新拉萨开局起步的关键期。世界百年未有之大变局进入加速演变期，国际形势日趋错综复杂，外部环境不确定因素明显增多。我国进入新发展阶段，区域比较优势发生深刻调整变化，未来发展面临诸多新情况。总体来看，全区呈现“五期叠加”的阶段性新特征，我市发展将面临更大风险考验、风浪挑战，但机遇大于困难。中央第七次西藏工作座谈会的胜利召开，铸就了西藏发展进步具有标志性划时代意义的新的里程碑，开辟了我党治藏稳藏兴藏理论的新境界，推动西藏各项工作站到了历史的新起点；习近平总书记和党中央对西藏各族人民深切关怀，为西藏量身打造了一揽子特殊优惠政策，确定了一大批打基础利长远的重大项目，为我们带来了前所未有、千载难逢的发展良机；自治区党委、政府统筹谋划，着力打造以拉萨为中心的区内经济圈，为我们加快打造全区核心“增长极”创造了有利条件；打赢脱贫攻坚战、全面建成小康社会，为我们推进乡村振兴和高质量发展打下了坚实基础；社会局势持续和谐稳定，民族团结深入人心，中华民族共同体意识不断增强，为我们营造了良好的社会发展环境。只要我们下好先手棋、打好主动仗，用知践行、因势利导，就能够于危机中育新机、于变局中开新局，不断巩固我市经济稳中向好、长期向好的基本趋势，迎来更好发展。

根据《中共拉萨市委员会关于制定国民经济和社会发展第十四个五年规划和二О三五年远景目标的建议》，市人民政府编制了《拉萨市国民经济和社会发展第十四个五年规划和二О三五年远景目标纲要（草案）》。《纲要（草案）》紧扣稳定、发展、生态、强边四件大事，聚焦防范化解重大风险、推动产业提质增效、补齐基础设施短板、更好满足人民对美好生活的向往等重大问题，强调要全面完整系统贯彻落实新时代党的治藏方略，坚定不移贯彻新发展理念，以推动高质量发展为主题，以强化与其他省市联通为方向，以增强内生发展动力为重点，以优化发展格局为切入点，以要素和设施建设为支撑，以制度机制为保障，突出增强首府城市首位度，明确了今后五年经济社会发展的主要目标任务，提出了到2035

年基本建成团结富裕文明和谐美丽的社会主义现代化新拉萨的远景目标，确立了一系列支撑发展的重大政策、重大举措、重大工程、重大项目和发展方向。主要包括以下六个方面的内容：

（一）优化城市空间布局，塑造城乡发展新格局。建立健全国土空间规划体系，构建“一心两翼、南联北通，提升四区五县、带动特色村镇”的市域发展空间格局。进一步提升经开区、柳梧新区、文创园区、空港新区产业集聚效应，推进墨竹工卡撤县设市，疏解提升老城区功能，优化县域经济布局，形成主体功能明显、优势互补、高质量发展的开发利用格局。规划建设现代化综合交通枢纽，加快构建以铁路、高等级公路及贡嘎机场为骨干、普通国省道为主体、县乡公路为补充的区际综合交通运输体系，打造陆港型和空港型国家物流枢纽。实施城市更新行动，加强城市综合管廊建设，提升水、电、气、路、通信等市政基础设施建设水平。推动老旧小区改造和城市部件升级。完善城区路网规划，推动中心城区交通拥堵节点改造。全面推进乡村振兴，实施“美丽乡村·幸福家园”建设行动计划，加大农牧区产业路、旅游路建设力度，全面提升乡村基础设施和公共服务水平。加强重点特色镇建设，推动城乡要素平等交换、双向流动，公共资源均衡配置。到2025年，力争实现地区生产总值突破1000亿元，努力把拉萨建成更具辐射力、更强带动力的边疆中心城市。

（二）构建现代产业体系，增添内生发展新动力。继续推进文化旅游、净土健康、绿色工业、现代服务、数字经济“五大产业”发展，以集群化发展为载体、以全链条贯通为支撑、以标准化工程为保障，推动从规模扩张向结构优化转变，从资源拉动向创新驱动转型，从产业化初期向价值链高端迈进，加快构建具有较强产业规模、鲜明市场导向、富有竞争力的现代化产业体系，让产业成为支撑拉萨高质量发展的强大动力引擎。

突出建设国际文化旅游城市，创建国家全域旅游示范区。加大旅游资源开发，加强旅游宣传推广，丰富文旅业态供给，提升信息共享、行业监管、旅游安全、标准化服务水平。积极发展乡村旅游，打造一批特色鲜明、民俗浓郁的乡村旅游示范村。推动文化和旅游融合发展，加快发展新型文化企业、文化业态、文化消费模式，深入挖掘整理民族团结历史事实，加大红色旅游开发力度，促进民族优秀文化传承发展；突出打造高原特色农产品基地，以“拉萨净土”区域公用品牌为牵引，高标准建设一批特色农产品生产基地，推进青稞、牦牛、奶牛等特色农产品提质增效。建设雅江高原生物产业园，提高农畜产品本地商品化处理能力。建立净土健康产品标准化体系，畅通产品流通、消费环节；突出构建绿色工业体系，打造“绿色矿山”，发展新型建材产业，推进废旧建材等再生资源循环利用和生产建设项目渣土等资源化利用。建设高原新技术新设备研发试验基地，推广公共场所和居家供氧。有序推进太阳能、地热、风力等新能源开发利用；突出现代服务业改革开放发展，最大限度缩减服务业市场准入限制，鼓励社会资本进入义务教育、医疗健康、文化体育、市政服务等公共服务领域。健全现代化物流服务体系，完善仓储保鲜冷链物流设施，推进城乡物流配送网络一体化；突出培育数字产业集群，推动数字类企业集约集聚入园发展，建设“数字拉萨·城市大脑”，构建全体系工业互联网平台，推进新型信息基础设施建设，扩容升级骨干网、城域网，培育新零售、共享经济、平台经济等数字经济新模式新业态。

（三）深化改革创新发展，激发要素资源新活力。充分发挥市场在资源配置中的决定性作用，更好发挥政府作用，以建设有为政府打造有效市场，加强和改善制度供给，全面深化体制改革和制度创新，培育更多充满活力的市场主体。

*改革驱动发展。*深化国资国企改革，推进国有经济布局优化和结构调整，推动同质同板块业务整合和战略性重组，压缩企业管理层级、减少法人户数，强化企业负债管控。积极稳妥深化混合所有制改革。对国有资本全面实行清单管理。深化财税金融体制改革，规范政府举债融资，保持政府债务风险总体可控。完善财政专项资金“管理清单”，精准实施投资补助、担保补贴、贷款贴息等政策，更好发挥财政资金撬动作用。推进土地要素市场配置，建立城乡统一的建设用地市场，推动农村集体经营性建设用地入市，扩大国有土地有偿使用范围。健全长期租赁、先租后让、弹性年期供应、作价出资（入股）等工业用地市场供应体系，推动土地计划指标更加

合理化。

创新带动发展。大力实施科技强市、人才强市战略，坚持创新引领发展的核心地位，继续实施百家科技企业培育工程，健全以需求为导向、企业为主体、科研机构为依托的产学研一体化创新机制。建立政府和社会多渠道科技创新投入机制。加强知识产权保护，鼓励企业牵头实施重大科技攻关并推动转化应用。推动大众创业、万众创新，加强众创空间、孵化器、加速器等“双创”载体服务管理，推动空间基地功能提升。建立符合人才特点和市场需求的人才评价、激励机制和薪酬体系。实施企业家素质能力提升工程，培养爱国、创新、诚信和承担社会责任、具有国际视野的本地企业家。完善领军型、专业型高端人才和理工农医等急需紧缺人才的引进政策。加强新时代产业工人队伍建设。

开放推动发展。积极融入国家“一带一路”建设，深化区际互动合作，全方位融入国内国际双循环。高标准建设运营拉萨综合保税区，推进中尼友谊工业园项目，研究设立进出口商品免税购物区，配合开展拉萨航空口岸功能提升，加快打造加工贸易转型升级示范区、梯度转移重点承接地和贸易促进新平台，提升以尼泊尔为主要合作对象、面向南亚的次区域合作支撑能力。增强设在其他省市的产业交流中心宣介功能，推动建立跨区域产业园区，共建项目孵化、人才培养、市场拓展等服务平台，加快打造承接产业转移示范区。深化对口援藏工作，扩大双向交流合作，推动共建产业园区。支持援藏省市优质企业在拉萨注册法人机构，发展特色优势产业和适宜产业。

环境促动发展。把该由政府管理的事项管住管好，把不该由政府管理的事项，按照市场规律和资源配置效率交给市场或社会。持续深化简政放权、放管结合、优化服务。深化行政审批制度改革，优化程序、要件等审批许可条件，推进行政审批标准化、规范化、便利化。持续深化“互联网＋政务服务”，推进政务服务“一网、一门、一次”改革。深化商事制度改革，推进“证照分离”“多证合一”，实现企业开办1个工作日、不动产登记3个工作日内办结。深化工程建设项目审批制度改革，减少审批阶段，压减审批时间，加强辅导服务，提高审批效能，让企业和群众“办事不求人”成为政务服务的基本标尺。

（四）推进绿色转型发展，打造生态文明新高地。 始终坚持生态保护第一的原则，把绿色作为拉萨发展最大的潜力，健全大气、水、土壤生态环境保护制度，完善自然资源保护体系。推进山水林田湖草系统治理、依法治理、源头治理、综合治理，实施拉萨河流域生态保护和功能提升工程。开展自然资源统一确权登记。科学划定并严守生态保护红线，预留好重大基础设施建设廊道和城市发展空间。提升国土空间监测预警和生态环境监测监察能力。全力配合做好第二次青藏高原综合科学考察研究，积极支持国家大科学装置和科研机构在拉萨落地，推进科研成果转化应用。实施“绿色围城”提升和“干线增绿”工程，打造城市和公路干线绿色景观廊道。探索开展极高海拔地区生态搬迁，对迁出地有序实施生态环境保护、植被恢复、环境灾害治理。巩固提升蓝天、碧水、净土保卫战成果，加强城市扬尘污染防治和水源地保护。完善城镇污水收集处理系统，推动县城及乡镇污水处理设施全覆盖。强化土壤污染管控和修复，继续实施化肥农药减量增效行动。提高生活垃圾、危险废物和医疗废弃物安全处置能力。实施国家节水行动以及能源消耗总量和强度双控制度。实施覆盖所有固定污染源的企事业排放许可制度。引导企业集中入园发展并加强动态管理，推进治污设施标准化、生产方式集约化、能耗排污低碳化。实行牲畜出栏奖补政策，鼓励农牧民提高牲畜出栏率，保持草畜平衡。开展全社会低碳创建活动，加强促进绿色生活立法工作。

（五）改善群众生活品质，提高民生福祉新水平。 坚持把改善民生、凝聚人心作为经济社会发展的出发点和落脚点，聚焦群众最关心最直接最现实的利益问题，尽力而为、量力而行，不断提升各族群众获得感、幸福感、安全感。

强化就业优先政策。坚持经济发展就业导向，扩大就业容量，提升就业质量，促进充分就业，保障劳动者待遇和权益。建设基层公共就业服务平台，健全农牧民、大学生、退役军人等重点群体就业监测服务引导机制，完善服务设施、规范服务职能，构建城乡一体的就业服务体系。加强职业技能技术培训，注重解决“招工难、就业难”的多层次结构性就业矛盾。实施实用技能人员培育工程，推行以工代训、企业培训等精准培训模式，支持劳务服务组织发展，推行“点对点”就业对接服务，提高劳务输出组织化程度，引导农牧民到城镇和企业就业。引导大学生转变就业观念，促进多渠道就业，支持区外就业，推动创业带动就业，落实和完善创业优惠政策，加强创业服务和创业培训。

巩固拓展脱贫攻坚成果。与乡村振兴战略有效衔接，严格落实“四个不摘”，健全完善防止返贫监测和帮扶机制，及时做好返贫人口和新发生贫困人口帮扶。加强扶贫产业项目和资金资产管理，持续加强产业发展基础设施建设，完善产业项目股权持有和收益分配机制，建立健全资产管理制度。深化消费扶贫行动，促进扶贫产业稳定发展。深化“志智双扶”，完善政策性收入再分配机制，加大脱贫人口职业技能培训力度，推动有就业能力脱贫人口就近就便稳定就业。支持林周、尼木、当雄等重点县增强巩固脱贫成果及内生发展能力。

建设高质量教育体系。实施教育强市战略，在优化布局、调整结构、提升质量上下功夫。落实好15年免费教育，实施思政课教学质量提升行动计划。推进学前教育普及普惠发展、义务教育优质均衡发展、高中教育优质多样发展。完善特殊教育、专门教育保障机制。增强职业技术教育适应性，推动一职、二职专业优化设置，深化职普融通、产教融合、校企合作，加强理工农医等急需紧缺实用技能型人才培养。支持和规范民办教育发展，鼓励社会力量兴办各级各类教育。推动拉萨师专“专升本”。加大信息化基础设施建设和优质资源共享力度，实施教育信息化2.0行动计划。加强师德师风建设，提升教师教书育人能力素质。合理配置教师资源，优化教师队伍结构。

提高社会保障水平。深化社保制度改革，推进城乡居民养老保险跨地区转移接续，推进社保卡综合应用。完善社会救助制度，健全低收入群体价格补贴联动机制。实施“养老+托幼”双托双护模式，构建以居家为基础、社区为依托、机构为补充、医养康养相结合的社会养老服务体系。健全完善老年人、残疾人、留守儿童、困境儿童关爱服务体系和设施，完善帮扶残疾人、孤儿等社会福利制度。完善住房市场体系和住房保障体系，编制住房发展规划。推进老城区困难群众“出棚进楼”，探索公共租赁住房管理新模式，完善分级分类补助标准。

推进健康拉萨建设。加强公共卫生和医疗机构建设，补齐公共卫生体系短板。推进突发公共卫生事件应急体系建设，健全完善疾病预防控制体系。推进“智慧医疗”，深化县域紧密型医共体建设，提升乡村卫生机构标准化服务建设水平。把市人民医院打造成国家高原病区域医疗中心。实施千名医护人员医技提升行动计划，提高医疗卫生队伍服务水平。深入开展爱国卫生行动，促进全民养成文明健康生活方式。实施低氟健康茶补贴政策。实施干部职工“健康保障”专项计划，推广适用高海拔地区医疗保健新设备新技术。

提升公共文化服务水平。培育和践行社会主义核心价值观，提高各族群众思想觉悟、道德水准和文明素养。加强家庭、家教、家风建设。创新实施文化惠民工程，推进新时代文明实践中心建设。推进公共文化设施免费开放服务。建强用好市县融媒体中心，打造全媒体传播矩阵。推进“智慧广电”建设，巩固广播电视“村村通”、农村电影放映工程成果。加强特色文化传承保护，统筹建设文物陈列馆、非遗展示厅、保护传承中心和传习所。统筹推进“书香拉萨”建设。推进城乡公共体育设施建设，实现县（区）体育场全覆盖，乡（镇）多功能运动场和村（居）室外体育场覆盖率分别达到70%和50%以上，寺庙全民健身器材全覆盖。

（六）提升社会治理效能，开创稳藏兴藏新局面。统筹发展和安全，坚持总体国家安全观，坚持国家利益至上，以政治安全为根本，以人民安全为宗旨，落实维护稳定第一位的任务，不断提高防范、洞察、驾驭、遏制各类风险隐患的能力，推进社会治理体系和治理能力现代化，推动社会局势从持续全面稳定走向长治久安。

深入开展反分裂斗争。旗帜鲜明、针锋相对开展反分裂斗争，深入揭批十四世达赖和达赖集团反动本质，开展反分裂斗争全民思想教育，坚决打击渗透破坏活动、暴力恐怖活动、民族分裂活动、煽动自焚和街头反宣活动。健全完善维稳联动、应急指挥等工作机制，增强运用法治思维和法治方式打击分裂破坏活动的能力。加强基层政法队伍机构和设施建设。

铸牢中华民族共同体意识。建立健全习近平新时代中国特色社会主义思想全民教育体系。深入挖掘、整理、宣传各民族交往交流交融的历史事实，将铸牢中华民族共同体意识纳入国民教育、干部教育和社会教育全过程。加强各族群众“五观两论”教育，广泛开展“中华民族一家亲，同心共筑中国梦”主题宣传，建设一批民族团结进步教育阵地，推出一批弘扬爱国主义和民族团结主旋律的文艺精品，不断增强“五个认同”。全面推广普及国家通用语言文字，加强学前儿童普通话教育，中小学全面实行国家通用语言文字教学。推进少数民族流动人口服务管理体系建设试点专项工作，鼓励其他省市企业和个人到拉萨生活创业，不断扩大基层干部群众到其他省市参观考察、学习培训规模，促进区内外人员双向交流。

提高宗教事务法治化管理水平。坚持保护合法、制止非法、遏制极端、抵御渗透、打击犯罪。完善寺庙管理长效机制，加强管理宗教事务的制度建设和立法工作。严格执行“三不增加”规定。建立宗教活动场所基础数据库，完善寺庙财税监管等制度。深化“遵行四条标准、争做先进僧尼”教育实践活动，推动僧尼法制教育常态化。积极引导信教群众移风易俗，倡导形成健康文明的生活方式。继续推进社会公共服务进寺庙，妥善解决老弱病残僧尼生活困难。坚持宗教中国化方向，大力实施教规教义新阐释工程，积极引导藏传佛教与社会主义社会相适应。

深化平安拉萨建设。健全完善立体化社会防控体系，巩固提升网格化管理、群防群治工作机制，全面落实平安拉萨责任制，推进市域社会治理现代化。维护网络安全，加强新兴媒体和互联网管理。完善和落实安全生产责任制，加强安全生产监管执法，坚决遏制交通、矿山、建筑施工、危险化学品、食品药品等重特大安全事故。坚持和发展新时代“枫桥经验”，发展壮大基层调解组织和劳资纠纷、征地拆迁等专业调解组织，畅通和规范群众诉求表达、利益协调、权益保障渠道。推进“八五”普法。加强防灾减灾工作，强化重点区域地质灾害危险性评估，建设综合应急指挥基地，加强应急物资保障体系建设，推动市、县、乡应急管理能力标准化提升。巩固军政军民团结，全力做好社会化后勤服务保障。支持边境一线地区发展。

各位代表！新征程的大门已经开启，更美好的未来等待我们书写。有习近平新时代中国特色社会主义思想这一丰富思想宝库的科学指引，有习近平总书记和党中央的正确领航把舵，展望未来，我们充满必胜信心。只要保持定力、接续奋斗，拉萨各族群众的日子就一定会越过越红火、越过越幸福、越过越美好！

三、2021年重点工作

今年是我国现代化建设进程中具有特殊重要性的一年，我们将迎来中国共产党成立100周年、西藏和平解放70周年，全面开启建设社会主义现代化新拉萨的新征程。新冠肺炎疫情的阴云还未散去，外部发展环境依然面临很多不确定性因素。做好今年政府工作，必须始终高举习近平新时代中国特色社会主义思想伟大旗帜，全面贯彻落实党的十九大和十九届二中、三中、四中、五中全会精神以及中央经济工作会议、中央第七次西藏工作座谈会精神，贯彻落实区党委九届八次、九次全会精神，在市委的坚强领导下，以新时代党的治藏方略为根本遵循，立足新发展阶段、贯彻新发展理念、构建新发展格局，坚持稳中求进总基调，坚持以人民为中心，坚持目标导向和问题导向相结合，扎实做好“六稳”工作，全面落实“六保”任务，保持经济平稳健康运行，加快增强内生发展动力，持续抓好民生改善，维护社会和谐稳定，努力实现“十四五”经济社会发展良好开局。

今年全市经济社会发展的预期目标是：地区生产总值增长9%左右，一般公共预算收入保持平稳，城镇新增就业1.25万人，农牧民转移就业8.2万人，城镇调查失业率5.5%以内，登记失业率3%以内，城乡居民人均可支配收入分别增长10%和13%以上。居民消费价格涨幅控制在2.5%以内。能耗碳排放强度和污染减排指标控制在国家和自治区核定范围内。

（一）集中精力推进改革创新。以增强首府城市首位度、培育带动全区加快发展的核心增长极为目标，完善经济宏观调控政策，全面破除制约要素自由流动的体制机制障碍。调整完善产业用地政策，推动不同产业用地类型合理转换。开展闲置低效用地专项整治，推动农村集体经营性建设用地入市。实行城镇落户“零门槛”，加快提升城镇人口规模。深化财税金融改革，引导新增资金更多用于改善民生、扩大消费、激活市场，提高直达资金管理水平。强化政府债务管理，坚决遏制隐性债务增量。深化国资国企改革，实施国企改革三年行动，进一步推进布局优化和结构调整，推行国企法人层级“扁平化”改革，建立健全按业绩贡献决定薪酬的分配机制，开展低效无效资产清退处置和常年亏损企业专项治理。深化科技体制改革，推进科技管理从分钱、分物、定项目转向定战略、定方针、定政策和创造环境、搞好服务，增加政府科技专项经费并逐年增长，完善激励机制和科技评价机制，对攻关任务实行“揭榜挂帅”，全面强化企业创新主体地位。推动与援藏省市打造协同创新共同体，全力推进柳梧新区创建国家级高新区，上半年内实现综合保税区封关验收并正式投入运营。深化对口援藏工作，协调开展金融科技领域“小组团”援藏。

（二）多措并举扩大消费需求。健全城乡流通体系，加快推进农村电商示范项目建设，优化城镇快递网点布局和乡村网点设置，加强邮政与快递、快递与超市的合作，扩大县域消费、农村消费，让工业产品进农村、让农畜产品入市场。着力改善需求供给，推进天海国际、嘎吉林广场、堆龙万达广场等项目建设，投入运营爱琴海购物广场、北郊商业综合体，持续优化城区商圈布局。加强城市营销，深入挖掘优秀特色文化和自然资源，全面加强网络推广，有效提升拉萨城市品牌效应。进一步推动“夜间经济”发展，对重点商圈、城市标志进行美化亮化改造，鼓励商家延长营业时间，继续免费运营“夜游拉萨”公交巴士。实施更大规模的拉动消费政策，安排专项补贴资金，进一步促进汽车、家电家具等大宗消费、重点消费和旅游消费。积极发展“首店经济”，鼓励国内外零售企业在我市开设具有引领性、示范性和带动性的品牌首店。支持传统特色小店改造提质，精心培育特色小店，不断优化线下消费环境，促进线上线下融合发展，实现社会消费品零售总额增长12%以上。

（三）久久为功壮大特色产业。积极推进国际文化旅游城市建设，持续发力设施补短板、业态上档次、服务高标准，促进旅游与文化体育、医药康养、乡村振兴深度融合。推动罗布林卡、大昭寺等文物景区数字在线和虚拟云游，规范完善自驾车和旅居车综合服务设施。推动象雄美朵文旅小镇、叶巴康养小镇、墨竹温泉小镇、羊八井国际登山小镇和白纳沟建设。推进纳木错创建国家AAAAA级旅游景区。确保接待旅游人数和旅游总收入均增长22%以上。加强高标准农田和畜牧业基础设施建设，持续提升种植业效益、扩大养殖业规模。保障粮食安全，加强种质资源保护和利用，加强种业基地和种子库建设，主要粮食作物种植面积不低于40万亩，粮食产量达到15万吨以上。完成蔬菜播种面积7万亩、特色经济作物种植面积2.5万亩，实现奶产量14.5万吨、牦牛出栏1.8万头、生猪出栏1.8万头、藏鸡出栏37万羽。加快推进雅江高原生物产业园建设，农畜产品加工转化率提高到20%以上。建立产品追溯体系，探索食用农产品合格证制度，实现食用农产品带证上市率达到50%以上。持续加强净土健康产品标准化、品牌化体系建设，积极打造本地品牌连锁便利店，提高本地商品本地消纳率。编制实施《绿色工业发展规划》。推动驱龙铜多金属矿投产，支持华泰龙稳产增产，投入运营装配式住宅产业基地，完成绿色建材产业基地建设，推进短流程钢铁项目、经开区易拉罐项目建设。拓宽天然饮用水产业专销渠道，力争天然饮用水销量增长20%以上，实现规上工业增加值增长12%左右。全面运营顿珠金融城，健全多层次资本市场体系，增强有效金融服务供给。全面清理充分竞争性服务业准入限制，保障企业在资质许可、政府采购、科技项目、标准制定等方面享受公平待遇。鼓励其他省市优质工程咨询、投资服务等第三方机构进驻拉萨。加快破解物流瓶颈，全面运营领峰国际智慧物流园、高原食品冷链中心。推进拉萨国际数字经济产业园区建设，加快建设拉萨数据中心，打造“一云、一网、一中心”的大数据基础设施体系，实现智慧城管、智慧应急、智慧医疗、智慧环保、智慧教育、智慧旅游六大应用系统稳定运行，建成综合性城市管理服务数据库和综合平台，配合在拉萨建设国际通信出入口局。

（四）积极作为加强基础设施建设。扎实配合自治区做好属地重大建设项目管理，全力支持大庆献礼项目建设，年内实现拉日、那拉高速全线通车，配合推进青藏铁路电气化改造，全面完成贡嘎机场改扩建工程。努力推动G561拉萨至林周段新改建工程、旁多引水等“十四五”规划重大项目开工，加快推进S5拉萨至泽当快速通道、帕古水库等项目建设，开工建设东嘎客运枢纽。实施自然村通达工程，推动农村公路提档升级。实施城市更新行动，推进堆龙新城建设，配套1亿元开展城镇老旧小区改造，推进藏热大桥、西城大桥、滨河路、智慧水务等项目建设，完成3号闸拓宽和柳梧大桥南桥头拥堵节点改造，开工建设区市两级粮食和应急物资储备中心。聚焦“出行难”“停车难”等问题，推进琅赛路等市政道路建设，加快17个停车场建设。发挥专项债券带动作用，运用金融机构市场化融资方式，依法合规推进专项债券支持的重大项目建设。发挥政府投资撬动作用，继续加大招商引资力度，围绕建链补链强链，深化以商招商。支持社会资本投资经济社会发展重点领域和薄弱环节，确保招商引资实际到位资金达到300亿元，民间投资增长20%以上。

（五）凝心聚力推进乡村振兴。巩固拓展脱贫攻坚成果长效机制，统筹返贫帮扶和最低生活保障，完成扶贫数据共享交换平台数据对接，对因病因灾等特殊原因致贫返贫的群众动态清零。全面完成剩余67个产业项目建设。调整规范扶贫产业项目运营模式，完成扶贫项目资产确权登记。健全扶贫产品产销对接机制，推进消费扶贫专馆、专区、专店、专柜建设。支持党政机关和工会、学校、医院、国有企业等组织在同等条件下优先采购我市扶贫产品。完善政策性收入再分配机制，通过以工代赈、投工投劳等方式增加农牧民工资性收入。统筹用好乡村公益岗位，健全按需设岗、以岗聘任、在岗领补、有序退岗的管理机制，实现脱贫群众收入增速高于全市农牧民平均水平。开展合作社提升行动，对“小散弱”和同质化严重的专合组织进行整合，实现千万资产的合作社达到30家以上。市级在两年内配套14.12亿元，全面推进第二批40个村“美丽乡村·幸福家园”建设行动，推进农牧区水电路讯暖和农田水利基础设施改造升级。持续推进农村集体产权制度改革，盘活农牧区财产性资源。

（六）真抓实干提高群众生活质量。坚持就业第一，以实施千名本地实用技能人员培育工程为抓手，加大农牧民职业技能培训，引导农牧民到城镇和企业就业、以创业带动就业，完成各类补贴性职业技能培训1.5万人次。继续实施400万元以下政府投资项目交由具备条件的农牧民施工企业的政策。大力推动高校毕业生社会化就业、到区外就业，应届生就业率达到98%以上。扎实做好离退休军人和伤病残士兵接收安置工作。年内再新建各级各类学校16所，增加学前教育、义务教育阶段学位1.2万个。推进人大附中拉萨幸福学校建设。深化县域医共体改革和分级诊疗成果，开展“优质服务基层行”活动和母婴安全行动，推进市医院中心院区全面运营，增加居民医保人均财政补助标准。出台最低生活保障动态调整办法，适当扩大低保、特困人员救助供养覆盖范围。城乡居民基本养老保险补助标准再提高30元。健全完善低收入群体价格补贴联动机制，将物价稳定调节基金提高到2600万元。强化住房保障租购并举导向，研究制定房地产企业自持5%以上比例住宅用于长期租赁住房的政策，探索利用集体建设用地、企事业单位和功能园区自有闲置土地建设租赁住房，对部分公共租赁住房开展长租房改革试点。完善公共文化体育服务设施网络，推动文化惠民工程整合创新、提档升级，建成投用市图书馆，打造滨河路健身长廊，推进中华文化公园、张大人公园等文体场所建设。

（七）坚定不移抓好生态环境保护。坚持“三高”企业和项目零引进、零审批，加快推进“三线一单”编制，健全完善综合生态补偿和生态环境损害赔偿制度。推进乡镇国土空间规划试点和“多规合一”实用性村庄规划试点。全面落实河湖长制、林草长制，系统推进山水林田湖草综合治理。继续开展拉萨周边造林、“两江四河”流域造林绿化等重大工程，加强造林供水设施建设，年内完成先造后补工程面积3.5万亩。完成拉萨河城区段综合治理及生态修复工程，开展堆龙河两岸综合治理，推进拉萨河1#、5#闸工程。持续打好污染防治攻坚战，重点加强城市扬尘污染防治和水源地保护，专项开展危废治理，启动建设垃圾焚烧发电项目二期，推进危险废物处置中心改扩建工程。空气质量优良天数达到98%以上。巩固提升国家生态文明建设示范市成果，开展“两山”实践创新基地建设，实施绿色生活创建活动，县乡村国家和自治区生态文明建设示范创建率达到30%以上。

（八）坚持不懈优化营商环境。开展营商环境提升年专项行动，加快转变政府职能，纵深推进“放管服”改革，严格执行“非禁即入”普遍落实，全面落实证明事项和涉企经营许可事项告知承诺制，对行政审批事项实行容缺办理，推进100项“一件事一次办”，“最多跑一次”事项达到300项以上，全流程网办事项达到100项以上，坚决打通便企利民“最后一公里”。健全以“双随机、一公开”监管为基本手段、以重点监管为补充、以信用监管为基础的新型监管机制，建立完善“一单两库一细则”制度，推动事前监管向事中事后监管转变。加强中介市场管理，规范第三方服务。完善政务服务“好差评”制度，对人民负责、让人民监督，零容忍整治营商环境堵点。支持保护市场主体发展，优化民营经济发展环境，依法平等保护民营企业产权和企业家权益，支持行业协会商会更好发挥作用，持续做好清理拖欠民营企业和中小企业账款工作，年内实现市场主体增长15%以上。

（九）全力以赴维护国家安全和社会稳定。以防患于未然为原则做工作，以防止出大事打基础做准备，强化各类预案管理，不断深化反分裂、反渗透、反自焚、反暴恐专项斗争。实施社会治安和安全生产百日集中攻坚行动，深化扫黑除恶专项斗争，严厉打击“盗抢骗”“黄赌毒”等违法犯罪行为和社会丑恶现象。大力加强防灾备灾体系和能力建设，完善应急管理职责体系。集中整治道路交通、建筑施工、矿山、危险化学品等领域安全隐患，全力以赴保持社会安定和谐。按照“三到位一处理”和“重点要防、难点要盯、热点要疏、一般要复”的原则，进一步改进信访和人民调解工作，提高初信初访处置率，努力把矛盾纠纷防范和化解在萌芽状态。

（十）锐意开拓加强政府自身建设。建立健全激励机制，制定容错纠错工作办法，完善公务员奖金制度，为担当者担当，让履职者尽责，激发广大公职人员干事创业的热情和劲头。加强法治政府建设，依法主动接受社会各界监督，更好发挥审计监督、统计监督职能作用。推进政务公开，严格落实重大行政决策程序制度，推进规范公正文明执法，更加注重用法律和制度遏制不当干预经济活动的行为。加强廉洁政府建设，坚持政府过紧日子，进一步压减一般性支出，大力削减或取消低效无效支出，强化预算约束和绩效管理，市级部门非刚性、非重点项目支出再压减15%以上。持之以恒正风肃纪，全面加强党风廉政建设和反腐败斗争，坚决反对形式主义、官僚主义，强化对权力运行的全程监督，营造风清气正的良好政治生态。

各位代表！拉萨各族人民的幸福生活，是中国共产党领导下社会主义制度优势的具体体现。我们要隆重办好迎接建党100周年和西藏和平解放70周年群众性庆祝活动，全面展示在中国共产党英明领导下拉萨取得的全方位进步、历史性成就，大力唱响共产党好、社会主义好、改革开放好、伟大祖国好、各族人民好的时代主旋律，进一步增强做好新时代拉萨工作的信心决心，汇聚各方面智慧和力量。我们要始终把坚持中国共产党的领导，践行新时代党的治藏方略，作为拉萨各族人民的利益所在、幸福所在，不断增强“四个意识”、坚定“四个自信”、做到“两个维护”，在社会主义的康庄大道上阔步前行。

各位代表！新时代肩负新使命，新征程要有新作为。前进路上，习近平新时代中国特色社会主义思想为我们提供了准确识变、科学应变、主动求变的强大思想伟力和雄伟理论高峰，我们完全有信心、有底气、有能力谱写拉萨发展新的华彩篇章。让我们更加紧密地团结在以习近平同志为核心的党中央周围，在区市党委的正确领导下，万众一心、顽强拼搏，不断创造拉萨发展更加辉煌灿烂的明天，以经济社会发展的优异成绩庆祝中国共产党成立100周年和西藏和平解放70周年！

中国人民政治协商会议拉萨市委员会常务委员会工作报告（草案）

——在政协第十一届拉萨市委员会第六次会议上

拉萨市政协党组书记、主席　袁训旺

（2021年1月11日）

2020年工作回顾

2020年是极不平凡、极为特殊的一年。站在“两个一百年”历史交汇点上，面对国际国内形势复杂多变、改革稳定发展和新冠肺炎疫情防控任务异常艰巨繁重的局面，以习近平同志为核心的党中央团结带领全党全军全国各族人民砥砺前行、开拓创新，坚定不移向着“两个一百年”奋斗目标奋勇前进，开启全面建设社会主义现代化国家的新征程。事实雄辩证明，“中国之治”是符合中国国情的治理体系，中国特色社会主义道路是中华民族走向伟大复兴的必由之路，我们比任何时候都更加需要增强“四个意识”、坚定“四个自信”、做到“两个维护”，汇聚实现中华民族伟大复兴中国梦的磅礴力量。

过去一年，常委会以习近平新时代中国特色社会主义思想为指导，紧跟党的脚步，回应时代呼唤，在市委坚强领导下，团结带领全市广大政协委员、政协各参加单位，深入贯彻落实党的十九大和十九届二中、三中、四中、五中全会精神及全国两会、中央第六次、第七次西藏工作座谈会精神，深入贯彻落实中央政协工作会议、中央经济工作会议精神和自治区党委九届八次全会、九次全会暨区党委经济工作会议及区党委政协工作会议精神，深入贯彻落实市委九届六次全会、七次全会暨市委经济工作会议及市委政协工作会议精神，紧紧围绕统筹推进“五位一体”总体布局，协调推进“四个全面”战略布局，坚持新时代党的治藏方略，聚焦我市稳定、发展、生态、强边四件大事，按照区市党委决策部署，忠诚履职，担当有为，贡献出人民政协的智慧和力量。

一、坚守人民政协初心，把牢正确政治方向

（一）始终把学习作为政协重要任务之一。人民政协在学习中走到今天，更要在学习中走向未来。常委会以建设“书香政协”为契机，大兴学习之风，把学习习近平新时代中国特色社会主义思想作为重中之重，及时跟进学习习近平总书记最新重要讲话精神，把学习中央、区市党委重要会议、重要文件精神纳入必学内容。坚持所有会议会前集中学、组织班子成员深入基层辅导学、党组成员上党课领着学、落实党内委员联系党外委员一起学、号召委员联系界别群众共同学、开办委员培训班专题学、参加网上答题线上学、借助“拉萨政协”微信平台网上学。完善以两级党组理论学习中心组学习为引领的学习制度体系，推进理论学习常态化制度化，全年举办各类学习活动31场次，参加学习720人次。特别加大了对中国共产党党史、新中国史、改革开放史、社会主义发展史、西藏地方和祖国关系史的学习比重，引导树立正确的国家观、民族观、历史观、文化观、宗教观，切实增进“五个认同”，巩固共同思想政治基础。

（二）始终坚守对党忠诚做到“两个维护”。紧扣西藏政协特殊任务，抓好统一战线、凝聚共识工作。坚持用习近平新时代中国特色社会主义思想武装头脑，用伟大的“抗美援朝精神”“抗疫精神”“老西藏精神”“两路精神”鼓舞人心。举办“3·28”百万农奴解放纪念日座谈会，召开“9·17”民族团结进步节座谈会，开展节前走访慰问，组织党内委员与党外委员谈心谈话，摆事实讲道理，用民主改革60年来

拉萨取得的辉煌成就、用脱贫攻坚的“生动教材”、用伟大抗疫斗争的鲜活事例，教育引导广大政协委员和各族干部群众做到“两个维护”，让总书记的核心地位、党中央的权威深铸广大政协委员和各族干部群众心中，大家像拥戴信赖忠诚捍卫毛主席一样拥戴信赖忠诚捍卫习近平主席。

（三）始终坚持党对政协工作全面领导。2020年是政协拉萨市委员会成立60周年。60年实践证明，坚持党的领导是政协事业蓬勃发展的根本保障。2020年年底，市委专门召开政协工作会议，全面总结拉萨政协60年的历史贡献，研究部署新时代全市政协工作，为拉萨政协工作指明了方向。市政协党组及常委会认真学习市委政协工作会议精神，紧跟市委脚步，做到市委有号召、政协有响应、委员有行动，研究制定贯彻落实市委政协工作会议任务分工方案，并及时部署实施。严格落实政协常委会工作报告、年度协商计划、重大事项向市委请示报告制度。充分发挥政协党组在政协工作中把方向、管大局、保落实的核心作用，切实把党的政治建设摆在首位，制定出台《拉萨市政协党组关于进一步加强党的政治建设的具体措施》，确保政协党组在政治立场、政治方向、政治原则、政治道路上始终同党中央保持高度一致。进一步完善党内委员联系党外委员制度，更加重视机关党支部、退休党支部建设，充分发挥党支部在思想引领方面的作用，实现了党的组织对党员委员的全覆盖、党的工作对政协委员的全覆盖，保持政协工作始终沿着正确政治方向前进。

二、投身新冠肺炎疫情防控战，为伟大抗疫精神增光添彩

2020年年初，突如其来的新冠肺炎疫情严重威胁人民生命安全和身体健康，在以习近平同志为核心的党中央坚强领导下，14亿中国人民万众一心、众志成城，有效遏制肆虐疫魔，疫情防控取得重大战略成果。伟大的抗疫战争再次生动诠释了中国共产党“人民至上”的价值取向，英雄的中国人民在党的领导下用伟大的抗疫壮举创造出“生命至上、举国同心、舍生忘死、尊重科学、命运与共”的抗疫精神，丰富了中华民族精神的时代内涵。人民政协不忘初心、牢记使命，携手同心积极参与这场疫情防控的人民战争、总体战、阻击战。

1.疫情就是命令，冲在疫情防控最前线。常委会认真贯彻落实习近平总书记关于疫情防控重要讲话精神，严格落实区市党委疫情防控决策部署，积极动员广大政协委员、各级政协组织和政协各参加单位参与我市疫情防控战，涌现出了许多舍生忘死、可歌可泣的感人事迹。在这场疫情防控战中，市政协60余名委员、6名主席会成员和33名机关干部职工奋不顾身冲在疫情防控最前线。肩负我市疫情防控物资保障重任，在抗疫物资最短缺的时期，调动一切资源确保我市防疫物资供应。坚守火车站、机场、二次分流点、宾馆隔离点等疫情防控最前沿，抛家舍业、不分昼夜，服务管理分流人员150余万人次，甚至有的同志已在抗疫一线连续奋战了300余天，他们无怨无悔，不问归期。参与城关区疫情防控工作，深入街道社区，啃下疫情防控这块最硬的骨头，成功守住中心城区疫情防控这道重要防线。下沉我市各中小学校、寺庙督导疫情防控工作，与学校师生、寺庙僧尼团结在一起、战斗在一起，共同防御疫情。特别是10余名医卫界委员，他们执甲逆行，第一时间奔赴我市疫情防控一线，不怕牺牲、忘我工作，为全市各族群众筑起一道寓意着希望和健康的铜墙铁壁。

2.为疫情防控献爱心，扛起抗击疫情的社会责任。在疫情防控工作开展之初，市政协就及时通过微信公众号发出《致广大政协委员的一封信》，向全市各级政协组织发出倡议，全市各级政协委员、政协机关干部职工发扬“一方有难，八方支援”的中华民族精神，为疫情防控捐款捐物共计1200余万元。市政协委员立足本职岗位，顾全大局、挺身而出，为我市疫情防控献计出力、凝心聚力。30余名工商界委员捐款捐物400余万元，多次慰问疫情防控一线工作人员，统筹做好各自领域复产复工和疫情防控工作，尽量做到自己企业不裁员、保工资、稳生产，为我市社会经济平稳健康运行做出积极贡献。其他界别委员发挥自身优势，竭尽所能宣传中央、区市党委疫情防控举措，科学解读疫情防控知识，协助党委政府做好解疑释惑、化解矛盾、纾解情绪、增进共识的工作，力促我市社会和谐稳定，为我市疫情防控取得重大战略成果做出重要贡献。

在此，我代表市政协常委会向积极参与我市疫

情防控工作的广大政协委员、各级政协组织、政协各参加单位及政协机关干部职工表示衷心感谢！向此时此刻依然坚守在常态化疫情防控战线上的广大政协委员、各族各界人士、政协机关干部职工表示最诚挚的问候！

三、准确把握自身性质定位，在履职尽责中彰显时代担当

1. 强化政协协商功能，发挥专门协商机构应有作用。市县一级政协的主要工作是协商，工作主要方法是搭台。常委会根据疫情防控要求，调整落实年初协商计划，苦练搭台本领，积极发挥政协穿针引线、桥梁纽带作用。全年召开季度协商座谈会3次，围绕“破解我市民营企业发展现阶段难题”“乡村文化旅游融合发展”“政协提案工作经验交流”开展专题协商，实现了委员反映意见建议和行政部门解疑释惑良性互动、民主氛围和协商效果有机结合。组织委员调研视察7次，围绕“我市脱贫攻坚巩固期间产业脱贫和易地搬迁”“民营企业发展中存在的困难和问题”等进行深度调研。50名政协委员视察了拉萨河两岸绿化提升改造、市人民医院住院部改扩建、城关区加荣棚户区改造、拉萨城投东城12号开发等重点民生项目，形成视察报告，有关方面认真研究委员意见建议，完善自身政策措施，协商成果得到有效转化运用。注重在调研、视察、协商座谈等政协各种履职活动中广泛宣传政协工作，“不是‘和’政协协商，而是‘在’政协协商”的思想逐渐深入人心，政协协商平台越来越受到重视。

2. 以提质增效为导向，推动政协工作由“数量”向“质量”转变。转变工作思路，积极推动政协工作从“做了什么”“做了多少”向“做出了什么效果”转变。全年召开1次全委会、4次常委会、6次主席会，充分发扬民主，共商我市改革发展稳定大计，广泛凝聚共识，汇聚建设团结富裕文明和谐美丽的社会主义现代化新拉萨的智慧和力量，彰显中国特色社会主义民主政治“我有你没有，我能你不能”的独特优势。8名主席会成员对口联系县（区）、企业、大学毕业生、专家学者，在我市巩固脱贫攻坚成果、密切政企关系、解决大学生就业、服务专家学者等方面辛勤付出、解疑释惑、凝聚共识。党外副主席、各界别政协委员特别是民族界、宗教界委员，发挥自身在界别群众中的独特作用，切合实际、形式多样开展民族团结教育，积极引导宗教与社会主义社会相适应，推进藏传佛教中国化，各族干部群众中华民族共同体意识更加巩固，全市宗教更加和顺、社会更加稳定。各级政协委员通过参加座谈会、征求意见会、网上建议等方式广泛参与我市“十四五”规划，为我市制定“十四五”规划建言献策，许多意见建议经研究论证后被吸收采纳。

3. 高度注重履职实效，帮忙不添乱。提案是履行人民政协职能的重要方式。市政协十一届五次会议以来，共收到提案109件，立案85件，作为意见建议的24件，办复率达100%。常委会高度重视提案工作，不断完善提案遴选办法，把真正具有前瞻性、精准性的提案遴选出来作为重点提案。创新提案督办模式，下大力气解决十一届五次会议上提出的提案“回娘家”问题。与市政府沟通协商，市长、分管副市长挂牌督办提案11件，这11件提案的办复率、委员回访率及满意率均达100%，开创了我市提案督办工作的新局面。政协主席会成员领衔督办提案5件，有效提升提案办理成效。加大提案办理协商，寓思想政治引领、凝聚共识于提案办理全过程，使提案办理过程成为绘就社会各界最大同心圆的重要途径之一。不拘一格开展民主监督，民主监督员以是否有利于助推派驻单位工作为监督标准，适时适当参与4家派驻单位有关工作。积极配合法检两院选派特邀监督员8名。鼓励委员多途径报送社情民意信息，第一时间反馈办理情况，推动社情民意信息及时转化为工作实效。

4. 记录时代足音，书写育人篇章。做好文史资料这一政协独有工作，为挖掘整理西藏优秀文化、铸就西藏各族干部群众中华民族共同体意识提供基础性资料。完成出版《铭记历史 逐梦奋进——政协第十一届拉萨市委员会“三亲”史料选编》《不忘初心 同心筑梦——庆祝拉萨政协成立60周年“三亲”特刊》及《拉萨文史丛书八县（区）史》（藏文、汉文合订本）等11本书籍。《拉萨市政协珍贵古籍文献影印本》校审排版完成。与拉萨师专继续合作举办“迪孜”传习培训班。

5. 加强对内对外交流合作，不断提升自身工作水平。通过对内对外广泛多层交流合作汲取经验，

不断提升自身工作水平。与自治区政协精诚合作，开展"加强和创新乡村（社区）社会治理""畜禽种业牦牛与藏系绵羊品种改良""基层基本公共卫生服务能力建设"等6项调研，学习先进调研方法，推动我市相关工作开展。加强与区内外政协友好交往，协助全国政协考察团1批22人、四川陕西湖南等省市政协考察团9批94人、区内政协考察团10批100余人在我市开展专项考察，交流工作经验，加强团结联谊，宣介新拉萨，讲好政协事。因疫情原因，2020年市政协没有组织委员外出考察学习。主席会成员经常深入县（区）对口指导政协工作。选派相关专家深入县（区）政协讲课，应邀前往那曲市政协授课，把拉萨市政协的好做法送出去，把兄弟地市、县（区）政协的宝贵经验带回来，及时借鉴吸收、改进自身工作。

6.聚焦区市中心工作，积极担当作为。坚决贯彻"治国必治边、治边先稳藏"的重要战略思想，在维护社会和谐稳定方面贡献政协力量。党内副主席、机关干部积极参与市国安指挥部带班值班。9名主席会成员在全年敏感节点受派下沉我市重点部位、重点领域开展维稳工作，为我市社会大局持续稳定做出重要贡献。党外副主席借助自己特殊身份，为所在领域和谐稳定做了大量工作。坚决服从区市党委的安排，1名副主席负责市委宗教领域专项工作，1名副主席带队深入那曲各县（区）开展脱贫攻坚成效交叉考核工作，深入阿里、日喀则各地开展"十三五"时期全区地市易地扶贫搬迁考核验收工作，受到区市党委充分肯定。选派机关干部参与市委第十一轮巡察工作。牢记习近平总书记关于"保护好青藏高原就是对中华民族生存和发展的最大贡献"的殷殷嘱托，树立绿水青山就是金山银山理念，按照年初既定计划对我市八县（区）巩固"禁白"成果、河湖长制工作进行督查。加大"禁白"宣传，开展"禁白"执法，完成全年"禁白"目标任务，积极探索"禁白"与垃圾分类工作协调推进模式。按照"压实工作责任，形成上下游、左右岸共管共治"工作要求，推动我市部分涉河湖问题得以解决。扎实开展驻村工作，当好"神圣国土守护者、幸福家园建设者"，持续提升驻地群众获得感幸福感，认真研究巩固驻地脱贫攻坚成果与乡村振兴有机衔接的办法举措。

四、着力抓好政协自身建设，推动政协事业高质量发展

适应推进国家治理体系和治理能力现代化的要求，以党建为引领，加强政协自身建设。贯彻落实中央、区市党委政协工作会议精神，研究制定《拉萨市政协党组关于加强新时代党的建设工作实施意见》《拉萨市政协党组关于进一步发挥党员委员先锋模范作用的意见》，不断完善政协党建体制机制。扎紧纪律藩篱，经常性开展党纪党规教育，组织各类廉政警示教育16次，党组书记、党组成员上党课2节，党组书记与党员干部谈心谈话30人次。巩固"不忘初心、牢记使命"主题教育成果，对检视出的问题进行再处理再整改，以整改的实绩回应人民群众的期盼。发挥党支部战斗堡垒和党员先锋模范作用，举办形式多样的支部活动，激发党员党性意识，提升创业干事热情。重视退休党支部党建工作，开展节前慰问，组织参观学习，引导退休党员发挥余热。开展争当责任委员活动，提升机关干部服务政协履职水平，举办包括政协机关干部在内的委员培训班，制定出台《政协拉萨市委员会委员履职述评办法（试行）》，规范委员履职档案。主动寻求解决基础工作薄弱、人员力量薄弱"两个薄弱"的办法，建立政协专门委员会联席会议制度，整合人力资源，发挥各专门委员会优势，较好解决"无人办事、办不好事"的问题。狠抓机关作风建设，文件会议数量同比下降，工作效率明显提升，机关干部更加担当有为。持之以恒抓好中央八项规定及其实施细则精神的贯彻落实，锲而不舍反对"四风"。全力支持派驻政协机关纪检监察组履行监督职责。

各位委员，一年来，我们始终坚持以习近平新时代中国特色社会主义思想为指导，在市委坚强领导下，在自治区政协、各级政府和社会各界大力支持下，广大政协委员、各级政协组织和政协各参加单位共同团结奋斗，以非凡的勇气和斗志战胜各种困难和挑战，顺利完成年初既定工作任务。在此，我代表市政协常委会表示衷心感谢！

同时，我们也要清醒地看到工作中的不足：对新时代人民政协性质和作用宣传不够，既定协商计划与实际协商需求要进一步统筹把握，履职质量需要进一步提升，凝聚共识的意识和能力有待加强，"两

个薄弱”问题依然突出。这些问题都需要我们在今后工作中认真研究解决。

2021年工作任务

2021年,我国将全面建成小康社会、实现第一个百年奋斗目标,启动实施国民经济和社会发展第十四个五年规划,开启全面建设社会主义现代化国家、向着第二个百年奋斗目标进军的新征程。市政协工作的总体要求是:坚持以习近平新时代中国特色社会主义思想为指导,全面贯彻落实党的十九大和十九届二中、三中、四中、五中全会精神及中央第七次西藏工作座谈会精神,深入贯彻落实中央政协工作会议、中央经济工作会议精神和自治区党委九届八次全会、九次全会暨区党委经济工作会议及区党委政协工作会议精神,深入贯彻落实市委九届六次全会、七次全会暨市委经济工作会议及市委政协工作会议精神,增强“四个意识”、坚定“四个自信”、做到“两个维护”,在市委坚强领导下,紧紧围绕我市稳定、发展、生态、强边四件大事履职尽责,全面落实区市党委各项决策部署,充分发挥人民政协作为社会主义协商民主重要渠道和专门协商机构作用,苦练搭建协商平台本领,坚持建言资政和凝聚共识双向发力,推动拉萨政协各项工作提质增效,为推动我市“十四五”规划开好局、助力我市长治久安和高质量发展贡献政协智慧和力量。

一、凝聚思想共识,汇聚奋进合力

继续坚持和完善以常委会、主席会、理论学习中心组学习会为主要形式的学习制度,创新思想政治引领的内容和制度,建立习近平新时代中国特色社会主义思想专题学习会制度,开设委员讲堂,举办委员学习研讨班,形式多样引导参加政协的各族各界人士学习党的创新理论、时事政治和中国共产党党史、新中国史、改革开放史、社会主义发展史、人民政协史及西藏地方和祖国关系史,使其树立正确“五观”,不断增强“五个认同”。继续把学习好宣传好党的十九届五中全会、中央第七次西藏工作座谈会精神作为当前和今后一个时期重要政治任务。深入贯彻落实《政协全国委员会关于加强和促进人民政协凝聚共识工作的意见》,把准当前西藏工作“五期叠加”阶段性特征,结合我市实际制定加强和促进人民政协凝聚共识工作具体措施,为我市维护社会稳定、经济社会发展、生态文明建设、固边兴边强边最大限度凝聚共识,夯实共同团结奋斗的思想政治基础。毫不动摇坚持党对政协工作的全面领导,强化政协党组在政协工作中的领导核心作用,建立健全专门委员会分党组工作机制,制定出台党员委员双重管理办法,健全寓思想政治引领和凝聚共识于团结民主之中的委员谈心谈话制度,继续发挥好党支部的战斗堡垒作用。引导各级政协委员加强与界别群众的联系,广泛宣讲和阐释中央大政方针及区市党委决策部署,把党的主张转化为社会各界的共识,为党治藏稳藏兴藏厚植政治基础、社会基础和群众基础。大力宣传新时代人民政协的性质和作用,宣传各级政协委员履职尽责的生动实践和突出贡献,营造全社会支持人民政协工作的良好氛围。

二、建设时代所需的人民政协

深入贯彻落实市委政协工作会议精神,立足解决新时代拉萨政协“是什么、干什么、怎么干”的问题,推动拉萨政协事业高质量发展。发挥好政协专门协商机构作用,立足市县政协工作主责,在搭建协商平台上狠下功夫,结合实际丰富协商内容,紧扣全市中心工作及时调整协商主题,进一步规范协商程序,建立健全协商工作规则,推动政协协商广泛多层制度化发展。坚持建言资政和凝聚共识双向发力,立足西藏政协凝聚共识任务比较重的特点,准确把握全市工作在新时代呈现出的新特征,把凝聚共识贯穿于政协调研、视察、协商座谈等履职全过程,引导全市各族各界群众认识理解支持党委政府各项决策部署,切实把党中央大政方针和区市党委决策部署落实下去、把全市各族各界智慧和力量凝聚起来。强化一线思维,树牢参与意识,提升政协委员责任担当,充分发挥政协委员联系广泛和在界别群众中影响大的作用,特别要发挥民族界、宗教界委员在维护祖国统一、加强民族团结、铸就中华民族共同体意识、推进藏传佛教中国化、维护藏传佛教正常秩序等方面的特殊作用。进一步抓好文史资料工作,加大史籍、“三亲”资料等的搜集和整理,保护和传承好“迪孜”等现有非遗文化,挖掘和整理更多优秀传统文化。坚决服从服务党政所需,按市委部署做好有关专项工作。

三、紧扣全市中心工作履职尽责

市委九届七次全会审议通过了《中共拉萨市委员会关于制定国民经济和社会发展第十四个五年规划和二〇三五年远景目标的建议》，系统总结了“十三五”以来我市各项事业所取得的重大成就，明确了未来5年我市经济社会发展的指导思想、总体要求、目标任务、重大举措和2035年与全国一道基本实现社会主义现代化远景目标，为我市做好“十四五”各项工作、谋划2035年远景目标指明了前进方向。我们要瞄准新时代的新目标，按照总书记“三个赋予、一个有利于”的重要指示要求，着眼于提升拉萨首府城市首位度作用、中心城市辐射引领带动能力和解决人民群众最关心最直接最现实的利益问题履职尽责，全力助推我市长治久安和高质量发展。开好“助力拉萨‘十四五’规划开好局”专题议政性常委会。围绕“在常态化疫情防控背景下如何做好‘六稳’工作，落实‘六保’任务”开展专题协商，为党委政府决策提供参考。运用季度协商座谈会，就加强中华民族共同体意识、推进藏传佛教中国化、优化我市产业发展格局、持续推进巩固脱贫攻坚成果和乡村振兴有效衔接等重点问题进行协商建言。针对重大疫情防控救治体系和公共卫生体系建设、加大我市理工农医实用技能人才培养等社会关注的重大问题开展专题调研、积极建言献策。聚焦我市重大生态工程建设、“绿色围城”行动等开展调研视察，为编制拉萨生态文明高地建设规划贡献政协智慧。创新开展巩固“禁白”成果工作，推进河湖长制工作高质量发展。树牢“全区一盘棋”意识，在服务守边固边富边强边上提出政协方案。适时适当组织政协委员对内对外交流交往，宣传拉萨，讲好拉萨故事。积极参与庆祝中国共产党成立100周年、西藏和平解放70周年各项活动，用我国第一个百年奋斗目标取得的伟大成就和西藏70年来取得的辉煌成绩，教育激励广大政协委员和各族干部群众感党恩、听党话、跟党走，携手奋进社会主义现代化。按照市委部署，统筹做好市政协换届工作。

四、切实加强自身建设

以固基础扬优势、补短板强弱项为目的，加强政协制度建设，把拉萨政协60年来特别是党的十八大以来的好经验、好做法用制度固定下来、坚持下去，进一步增强制度的执行力，确保各项制度落实到位，推动政协各项工作提质增效。强化委员责任担当，全面落实“懂政协、会协商、善议政，守纪律、讲规矩、重品行”的要求，创新开展委员学习培训，严格落实《政协拉萨市委员会委员履职述评办法（试行）》，健全委员联络机制，完善委员履职考核和评价办法，探索将委员履职情况纳入所在单位年度工作考核中。着力破解“两个薄弱”难题，推动政协专门委员会联席会议制度更加成熟、发挥更大作用，加紧与有关部门协商解决基层政协编制问题，探索建立乡镇（街道）政协工作机构，推进政协工作向基层延伸。加快“数字政协”建设，探索建立网络议政、远程协商工作模式。完善政协专门委员会工作制度，召开全市政协专门委员会工作会议。巩固和提升党政领导挂牌督办提案机制，加大提案办理协商。创新社情民意信息征集和委派民主监督员工作。狠抓机关干部队伍建设，打造一支讲政治、爱学习、善团结、能奉献、肯干事、干成事的干部队伍。

各位委员，时代赋予我们光荣使命，历史给予我们重大责任，我们的工作大有可为，我们的工作大有作为。让我们更加紧密地团结在以习近平同志为核心的党中央周围，深入贯彻落实中央各项大政方针和区市党委决策部署，在市委坚强领导下，坚定信心、鼓足干劲，以更加团结进取的信念，以更加奋发有为的斗志，为建设团结富裕文明和谐美丽的社会主义现代化新拉萨不懈奋斗，以优异成绩向建党100周年和西藏和平解放70周年献礼！

拉萨市中级人民法院工作报告

——在拉萨市第十一届人民代表大会第六次会议上

拉萨市中级人民法院院长　李世蓉

（2021年1月12日）

2020年主要工作

2020年，全市法院坚持党的绝对领导，坚持中国特色社会主义法治道路，在市委的坚强领导、人大的有力监督、上级法院的积极指导和政府、政协及社会各界的大力支持下，深入贯彻落实党的十九大和十九届二中、三中、四中、五中全会，中央政法工作会议、中央全面依法治国工作会议、中央第七次西藏工作座谈会精神，按照市委九届五次、六次会议和市十一届人大五次会议的安排部署，紧紧围绕新冠肺炎疫情防控和决战决胜“三大攻坚战”两件大事，围绕服务和保障全市“六稳”“六保”工作任务和“努力让人民群众在每一个司法案件中感受到公平正义”工作目标，忠实履行宪法法律赋予的职责，整体工作取得了新进展。全市法院受理各类案件20371件，同比上升16.71%，占全区法院案件总量的40.55%。其中，新收17781件，审执结各类案件17582件，收、结案数同比分别上升12.14%、18.31%，结案率为86.31%，同比上升1.09个百分点；一审案件服判息诉率74.99%；法官人均办案105件，是全区法院法官人均办案的1.99倍。中院共受理各类案件2563件，审执结2394件，综合结案率94.33%；受理一审案件391件，同比上升33.9%，二审案件978件，同比下降21.07%，其他管辖类、非诉保全类等案件456件，同比上升1.15个百分点。收结存案总体良性循环。

一、强化政治建设，打造过硬队伍

坚持不懈用习近平新时代中国特色社会主义思想武装头脑。认真贯彻《中国共产党党委（党组）理论学习中心组学习规则》，坚持把学习贯彻习近平新时代中国特色社会主义思想作为长期坚持、常抓不懈的政治要求，纳入政治必修课，认真学习《习近平谈治国理政》第三卷，及时学习党的十九届五中全会、中央全面依法治国工作会议和中央第七次西藏工作座谈会精神，持续在学懂弄通做实上下功夫，切实增强“四个意识”，坚定“四个自信”、做到“两个维护”。中院组织党组理论学习中心组学习会12次、党组会学习20次，9名领导同志参加区市两级学习贯彻党的十九届五中全会和中央第七次西藏工作座谈会精神专题培训研讨班。

毫不动摇坚持党对法院工作的绝对领导。深入开展“坚持党对司法工作的绝对领导、坚持中国特色社会主义法治道路”专题教育，中院党组围绕“两个坚持”十二个方面的问题开展4次讨论辨析活动。严格贯彻执行《中国共产党政法工作条例》和区党委实施细则，中院制定《拉萨法院重大事项请示报告实施细则（试行）》，并及时向市委、市委政法委请示报告重大事项30次、汇报重要案件35件，确保将党的领导优势转化为提升工作的动力和效能。

全力打造“四化”队伍。坚持以党建带队建促审判，认真贯彻落实新时代党的组织路线，坚定落实机关党建工作制度，党建工作进一步规范、质量进一步提升；城关法院《立足审判职能推动党员干警直接联系服务群众》入选全国法院党建创新优秀案例。提升司法能力，组织干警赴北京、江苏等援建省市法院考察学习，全市法院113人次参加21个班次的学习培训。强化正风肃纪，改善司法作风，中院党组约

谈两级法院干警8人次，通报批评13人次。深入开展落实“三个规定”专项整治、“三个以案”警示教育，以张坚案及区市纪委通报的违法违纪案件为反面教材，引导广大干警深挖思想根源，严守廉政底线，严格规范用权；中院协助派驻纪检组核查线索4条，针对市委巡察反馈的24个问题制定整改措施56条，完善财物内控等制度6项。

自觉主动接受监督。全市法院向人大常委会报告工作21次，办理代表建议25件，邀请代表、委员、廉政监督员视察法院12次、监督见证案件执行23次，56名代表委员旁听庭审。自觉接受检察机关监督，邀请检察长列席审委会7次，审结抗诉案件3件，改判3件。落实人民陪审员制度，人民陪审员参审案件1083件。接受社会监督，深入推进立案、审理、裁判、执行信息网上全程公开，全年上网公布裁判文书9079份、公开审判流程信息26411条；坚持“直播为原则、不直播为例外”，大力推进庭审网络直播，直播庭审3081件，同比增加1584件、增长106%，案件点击总量达360.5万人次，个案最高点击量达60万人次。

二、聚焦形势需要，服务工作大局

全力服务疫情防控大局。严厉打击涉疫情犯罪，城关法院3日审结全区首例抗拒疫情防控措施妨害公务犯罪案件。认真落实《全市政法机关新冠肺炎疫情防控期间服务保障企业复工复产十项措施》，通过12368热线解答各类诉讼问题3万余次。充分运用智慧法院建设成果，推广西藏移动微法院，审核网上立案材料2451份，远程立案、跨域立案142件次，网上远程开庭665次。扎实开展“发挥执行职能、做好‘六稳’工作落实‘六保’任务”专项执行行动，执结案件3583件，到位标的6.57亿元。抽派387名干警赴疫情防控一线参与设卡执勤、登记排查、人员分流、防控宣传、服务隔离群众等工作。积极响应号召向疫区累计捐款22.88万元，其中，中院干警分两批次向疫区捐款10.49万元，并自发向北京、江苏法院捐赠价值2.5万元的疫情防控药品。

全力服务决胜“三大攻坚战”。发挥审判职能，防范化解重大金融风险，城关区法院审结的孔某、市中院审结的谌某非法吸收公众存款案涉案金额1.29亿元，及时挽回经济损失4804万元。维护金融市场秩序、规范民间借贷、力挺实体经济，缓解中小微企业融资难题，审结涉证券、保险、信用卡等金融案件227件；审结民间借贷纠纷1415件，同比上升10.29%。中院开展防范化解金融系统性风险专题调研，并形成调研报告呈报市委；与市检察院、公安局等部门联合制定《关于完善金融司法与金融监管协作机制合力防控化解金融风险的意见》，推动金融风险共防共治格局的建立。精准研判扶贫领域司法需求，依法妥善处理涉“三农”领域案件，审执结劳动劳务合同纠纷1882件，为务工人员追回“血汗钱”8675万余元；审结堆龙德庆区乃琼镇等农村土地租赁合同纠纷46件，保障集体土地资源合法有效利用。将巩固拓展脱贫攻坚成果与乡村振兴战略有效衔接，林周法院驻强嘎村工作队争取惠民项目1个，资金18万元；379名干警与1005户贫困户“结对认亲交朋友”，总计捐款捐物折合人民币17.3万元；中院投入消费扶贫资金2.7万元。聚焦环境资源保护，为绿色发展立规矩，为生态安全守底线，审结非法出售珍贵、濒危野生动物制品以及非法采矿、非法倒卖土地、非法占用农用地等涉环境资源类刑事案件5件，其中刑事附带民事公益诉讼2件。

三、紧盯主责主业，狠抓执法办案

加强刑事审判，服务平安拉萨建设。受理一、二审刑事案件674件，分别审结631件、38件，判处5年以上有期徒刑、无期徒刑、死刑112人。其中，一审新收刑事案件同比减少26件。打击重点领域犯罪，依法严惩危害人民群众生命财产安全犯罪，审结故意杀人、故意伤害、抢劫等严重暴力犯罪案件77件95人，对故意杀人的两名被告人一审判处无期徒刑，对抢劫杀人的一名被告人一审判处死刑；依法严惩侵害妇女儿童权益犯罪，审结强奸、强制猥亵妇女儿童犯罪案件19件22人，对奸杀幼女的一名被告人一审判处死刑；依法保护人民群众人身权、财产权等各项权利，审结盗窃、诈骗、抢夺、敲诈勒索等多发性侵财案件166件211人；审结虚开增值税专用发票等扰乱市场经济秩序犯罪案件6件11人，挽回经济损失1472万余元；依法审理各类毒品犯罪案件26件，没收毒品1424.69克，推动禁毒示范城市建设；审结贪污贿赂等职务犯罪案件9件10人，其中县处级干部3人，判处罚金、没收财产669.66万元，执行到位215.66万元，保持反腐高压态势。持续深入开展扫黑除恶专项斗争，把扫黑除恶专项斗争与反分裂斗争紧密结合，审结危害国家安全犯罪案件20件24人，坚决维护政治安全、政权安全；审结以扎某为首的黑社会性质组织犯罪等涉黑恶案件2件15人，其中“保护伞”2人。三年共审结一、二审涉黑恶案件10件52人，判处5年以上有期徒刑25人，实现所有涉黑恶案件审理清零；突出涉黑恶犯罪“打财断血”，判处罚金、没收个人财产、追缴违法所得等390万元，已执行到位117万元；审结一、二审涉恶“九类”案件42件108人；核查各类涉黑恶转办线索37条，主动摸排的3条线索和群众举报的6条线索均按规定及时移送；加强司法职能延伸，发出司法建议7份，收到回复7份，有关部门出台改进工作机制5项。中院先后制定案件审理指导组工作规则、线索移交工作办法等8项工作机制，为全市法院扫黑除恶专项斗争规范、高效开展提供制度保障。

加强民商事审判，助推高质量发展。受理各类民商事案件11952件，审结10260件，涉案标的91.39亿元，同比分别上升11.89%、11.18%、38.54%。弘扬社会主义核心价值观，审结侵权、人格权、劳动争议案件513件，婚姻家庭、继承案件457件。紧盯人民法院优化营商环境“保护中小投资者”“执行合同”“破产”三大指标，审结买卖合同纠纷案件2187件；推动设立《破产管理人名册》，审查破产案件5件、受理3件；高质量完成营商环境指标填报工作。促进市场要素快速流转，服务“双循环”新发展格局，审结涉公司、保险、股权等商事案件112件。依法平等保护各种所有制产权，审结物权纠纷97件。审结涉建设工程、房地产、土地使用权等纠纷579件，为推动拉萨城镇化建设提供有力司法保障。服务创新驱动发展战略，加强知识产权司法保护，依法审结知识产权案件33件，中国音像著作权集体管理协会诉拉萨某休闲娱乐有限公司侵害作品放映权纠纷案入选最高人民法院知识产权典型案例。

强化实质性化解行政争议，推进法治政府建设。贯彻《法治政府建设实施纲要（2015—2020年）》，推动构建职责明确、依法行政的政府治理体系，依法审结行政案件72件，同比增加7.46%，其中，市中院审结24件，行政首长出庭应诉20件，出庭率32.79%，同比下降23.6个百分点。深化行政审判相对集中管辖改革，一审行政诉讼案件集中管辖法院由1个增加为3个，方便了群众行政诉讼。例行召开1次行政审判新闻发布会，向行政机关开展上门法治宣传3次。

扎实推进“切实解决执行难”。巩固“基本解决执行难”成果，健全解决“执行难”长效机制，打通实现公平正义最后一道防线的最后一个环节，受理各类执行案件6494件，执结5426件，综合执结率83.54%，同比增长4.54个百分点，到位金额7.92亿余元。执行信访案件办结率、终本合格率均为100%。在市委政法委的牵头组织下召开执行联动工作联席会议2次，巩固拓展综合治理执行难格局。优化执行工作模式，制定《关于进一步优化全市执行办案模式及职责分工的指导意见（试行）》，推进被执行人财产查控等执行事务集约化一站式办理，集约查控房屋、存款等信息8万余条，网络拍卖24件82次，成交金额1314.23万元，溢价率66.74%。创新执行理念，坚持善意文明执行，引入第三方购买被执行人股权，妥善化解拉萨某集团公司与西藏某有限公司之间的借款合同纠纷，做到“办理一个案件救活一个企业”。加大失信惩戒，限制高消费2611例，限制乘坐飞机、高铁12897例，发布失信名单1771例，布控276人、拘留22人，对19件案件被执行人罚款26.85万元。

畅通申诉渠道。坚持实事求是、有错必纠，正确处理依法纠错和维护裁判权威的关系，审查申请再审案件50件，依法审理再审案件19件，其中，上级法院发现错误指令再审1件、院长发现错误决定再审1件、当事人申请再审17件，再审后改判7件。拉萨中院审判监督庭获“全国法院审判监督工作先进集体”荣誉称号。依法开展涉诉涉执信访工作，处理群众来信12件、来访158人次；院庭长接访或选派法官参加化解76次，办结和答复信访案件94件次，做到了事事有结果、件件有答复。开展集中治理重复信访、化解信访积案专项工作，中央第十轮巡视组转交办的16件信访事项全部办结，完成区高院、市委政法委等交办的8件涉诉重复信访事项，努力做到“事心双解、案结事了”。

四、坚持司法为民，提升司法获得感

不断完善一站式多元解纷和诉讼服务体系。发挥司法在市域社会治理中的“链条效应”，推动形成多元解纷新机制，基本建成以诉讼服务中心为核心，以最高人民法院诉讼服务中心信息平台为支撑，贯通西藏移动微法院、人民法院调解平台、全国法院统一送达平台等信息化应用系统，实现多元解纷、分调裁审、立案服务、审判辅助、涉诉信访等一站式诉讼服务。诉讼服务中心共受理各类案件14450件，当天立案率94%，接待群众5.5万余人次。启用电子集约送达平台，电子送达平均时长1.41天，有效缓解了送达难题。加强人民法庭工作，全市法院10个运行的人民法庭处理各类纠纷966件，其中柳梧法庭处理各类纠纷665件；车载科技流动法庭行程4万余公里，处置化解各类矛盾纠纷465件。继续发扬新时代“枫桥经验”，强化与基层组织的联络对接，从源头化解矛盾纠纷。完善人民法院调解平台，完善诉调对接、委派调解等机制，中院制定《拉萨市中级人民法院邀请社会力量参与多元化解矛盾纠纷工作的补助办法(试行)》，全市法院设置7个律师工作站，录入特邀调解组织31个、特邀调解员18名，邀请6名退休法官入驻诉讼服务中心开展工作，调解案件1423件，办理司法确认案件391件。落实普法宣传责任，开展《中华人民共和国民法典》等法治宣传225场次，发放宣传资料1.2万份，受教育群众4.5万人次；送法进军营20场次，受益官兵3万余人，扎实做好涉军停偿“下半篇”文章。城关法院、堆龙德庆法院被最高人民法院授予“全国一站式多元解纷诉讼服务体系建设先进单位”荣誉称号。

加强人权民生双保障。加强人权司法保障，进一步认真落实以审判为中心的刑事诉讼改革各项措施，继续严格落实“三项规程”，提升庭审实质化水平。准确适用认罪认罚从宽制度，接受检察机关认罪认罚从宽建议531件，提高刑事审判效率，共同维护司法正义。实现刑事案件律师辩护全覆盖，有效保障被告人合法权益。严格把握减刑、假释条件，新上线减刑假释办案平台，办理减刑假释案件553件。加强民生司法保障，审结与群众最密切联系的赡养费、抚养费、扶养费、交通事故人身损害赔偿、追索劳动报酬、工伤保险待遇等涉民生案件2329件。加大司法救助力度，为确有困难群众减免缓交诉讼费102万元；办理司法救助案件87件，给予救助65件65人，救助金额112.45万元。

五、坚持两轮驱动，提升司法质效

深化司法责任制综合配套改革。围绕审判权力运行，着重完善监督和制约机制，提升司法质效和公信力。健全院庭长办案、通报机制，院庭长办案10604件，占审结案件的52.05%，涉黑恶等复杂、疑难案件大多由院庭长牵头办理。完善员额法官遴选、退出机制，全市法院10名法官退出员额，确定第三批拟入额法官41人、递补12人。全市法院新招录聘用制书记员31名，聘用制书记员队伍达116人，充实了司法辅助人员队伍，其中，中院新招录书记员14人。制定《民商事案件“分调裁审”流程管理规则》，完善速裁快审机制，速裁和简案团队办案5124件，占全市民商事案件收案总数的42.87%。完善诉讼调解机制，调解案件2754件，一审民商事案件调解率31.32%。

深化智慧法院建设。推动科技成果与审判执行工作深度融合，在全区法院率先上线电子卷宗随案同步生成及深度应用系统，诉讼档案实现可视化、智能化编辑功能，审判工作提质增效。中院筹集1500余万元，建设集控中心、智慧警务中心、执行指挥中心等信息化项目。中院技术信息处获“全国法院信息化工作先进集体”荣誉称号。

各位代表，一年来，全市法院4个集体受到最高人民法院表彰，这些成绩的取得，根本在于习近平新时代中国特色社会主义思想的指导，在于市委的坚强领导、市人大的有力监督、市政府和市政协的关心支持、各部门的帮助配合，在于上级法院的精心指导、对口援助法院的无私援助以及社会各界的关注支持，在于全市法院干警的辛勤努力和艰苦付出。在此，我代表全市法院表示衷心感谢，并致以崇高敬意！

面对大变局、新挑战，全市法院还面临不少问题和困难：一是审判质量和效率还不够好，人民群众对司法审判的认可程度、信任程度还不够高，司法公信力还不够强，司法服务保障经济社会高质量发展的作用发挥还不够充分。二是积极争取构建党委领导、人大监督、政府和政协支持、各部门配合、社会参与的矛盾纠纷多元化解和“切实解决执行难”工作新格局的主动性不够强、力度不够大、效果不够明显。三是司法体制改革的一些措施还未落实到位，制约审判执行工作发展、影响人民群众司法获得感的一些突出问题一定程度依然存在。四是尚未形成先进的拉萨法院文化品牌，用先进的法院文化凝聚人心、振奋精神、激励斗志的目标尚未实现。五是干警队伍的理念、作风、能力素质与新发展阶段构建新发展格局的任务还不相适应，从严治党、从严治院任重而道远。这些问题，我们将以更加务实的态度和举措，努力加以解决。

2021年工作安排

2021年是建党100周年、“十四五”规划和2035年远景目标开局之年，也是西藏和平解放70周年、拉萨中院建院60周年，新发展阶段构建新发展格局的新任务对人民法院工作提出了新的更高的要求。全市法院将以习近平新时代中国特色社会主义思想为指导，深入学习贯彻习近平法治思想，贯彻党的十九大和十九届二中、三中、四中、五中全会以及中央全面依法治国工作会议、中央第七次西藏工作座谈会精神，按照市委九届六次、七次全会暨经济工作会议部署，增强“四个意识”、坚定“四个自信”、做到“两个维护”，紧紧围绕党和国家工作大局履职尽责，努力让人民群众在每一个司法案件中感受到公平正义，为“稳定、发展、生态、强边”四件大事贡献人民法院智慧和力量。

一是坚定不移抓好政治建设。牢记人民法院首先是政治机关的定位，始终把旗帜鲜明讲政治作为根本要求摆在首位，自觉接受党对人民法院的绝对领导，扎实开展全国政法队伍教育整顿活动和全区“政治标准要更高、党性要求要更严、组织纪律性要更强”专题教育，在司法领域更好地维护党的权威、贯彻党的战略，确保人民法院工作始终沿着正确政治方向前行，确保法院队伍忠于党、忠于国家、忠于人民、忠于法律。

二是坚定不移维护社会稳定。严厉打击敌对势力渗透、破坏、颠覆、分裂活动，严惩危害国家安全犯罪，坚决捍卫以政权安全、制度安全、意识形态安全为核心的国家总体安全。扎实推进扫黑除恶长效常治，巩固扫黑除恶专项斗争成果。依法严惩故意杀人等严重暴力犯罪和盗抢骗、黄赌毒等多发性侵财和破坏社会管理秩序犯罪，维护稳定的社会环境和各族群众生命财产安全，进一步提升人民群众安全感、幸福感、获得感，推进更高水平的平安拉萨、法治拉萨建设。

三是坚定不移服务保障高质量发展。准确把握新发展阶段，深入贯彻新发展理念，找准审判执行工作服务高质量发展的结合点、切入点，在常态化疫情防控中提供精准司法服务。依法打击破坏市场经济秩序和涉众型经济犯罪，加大产权尤其是知识产权和企业家合法权益保护力度，发挥司法裁判对市场主体行为的规范和引导作用，努力营造公开公平公正、透明、可预期的法治化营商环境。依法审理各类行政案件，实质化解行政争议，推进法治政府建设和依法治市进程。深入贯彻落实“两山”理念，依法审理各类环境资源案件，全面加强生态环境司法保护，守护美丽拉萨。

四是坚定不移加强民生司法保障。坚持以人民为中心，全面推进一站式多元解纷和诉讼服务体系建设，把非诉纠纷解决机制挺在前面，完善诉讼与非诉讼衔接、相互协调的多元解纷体系。完善案件繁简分流标准，为各族群众提供分层次、多途径、高效率、低成本的纠纷解决方案，满足多元司法需求。大力推进跨域立案、网上立案、远程开庭、移动微法院等诉讼服务，降低各族群众的诉讼成本。把人民群众最关心最直接最现实的利益问题作为执行工作的出发点和落脚点，继续巩固“基本解决执行难”工作成果，努力实现“切实解决执行难”目标。大力弘扬社会主义核心价值观，深入学习宣传实施《民法典》，在全社会营造尊法、学法、用法、守法的浓厚氛围。

五是坚定不移促进市域社会治理现代化。找准人民法院在完善国家治理体系和治理能力现代化中的职责定位，继续深入推进司法责任制综合配套改革和智慧法院建设。落实人民法院“五五改革纲要”，加快完善审判权力制约监督体系和审判方式运行体系，持续完善和细化权责清单，推进内设机构、绩效评估、员额法官惩戒和退出机制等改革，把改革成效体现在审判质效上。把握“十四五”规划有利机遇，加快推进人民法院信息化4.0版建设，加强大数据、人工智能与审判执行工作的深度融合，实现智慧审判、智慧执行、智慧服务、智慧管理，用高水平的数字正义促进高水平的司法公正。

六是坚定不移锻造过硬法院队伍。认真贯彻落实新时代党的建设总要求和组织路线，锤炼干警“七种”能力，按照“五个过硬”要求，锻造“四化”干警队伍，增强服务党委政府工作大局的政治自觉、思想自觉和行动自觉。强化司法能力建设和履职保障，开展针对性教育培训，构建符合人民法院特点的人才培养和职业保障机制。加强纪律和作风建设，着力解决队伍在理想信念、宗旨意识、担当作为、作风能力等方面的问题。持续保持落实“三个规定”的定力，启用新的记录报告平台，强化日常监督管理。坚决扛起全面从严治党主体责任，守好“责任田”、耕好“责任地”，纵深推进党风廉政建设和反腐败工作，确保法官清正、队伍清廉、司法清明。

各位代表，踏上新征程，肩负新使命。全市法院将更加紧密地团结在以习近平同志为核心的党中央周围，在市委坚强领导、市人大及其常委会有力监督、政府大力支持和政协民主监督下，按照本次大会决议，发挥人民法院在国家治理体系和治理能力现代化中的积极作用，为建设团结富裕文明和谐美丽的社会主义现代化新拉萨作出新的更大贡献，以优异成绩迎接中国共产党成立100周年和西藏和平解放70周年！

附件：

《拉萨市中级人民法院工作报告》有关说明

一、主要数据对比情况

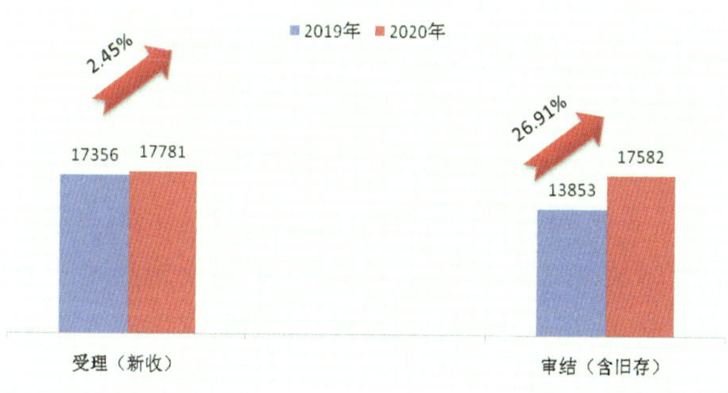

图1　截至2020年12月31日全市法院收结案数

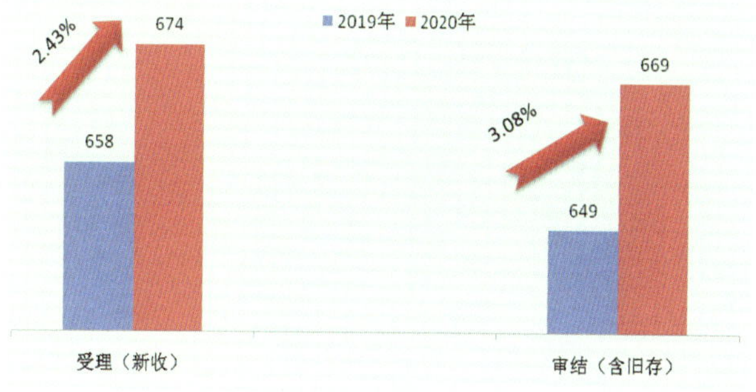

图2　截至2020年12月31日全市法院刑事新收案件收结案数

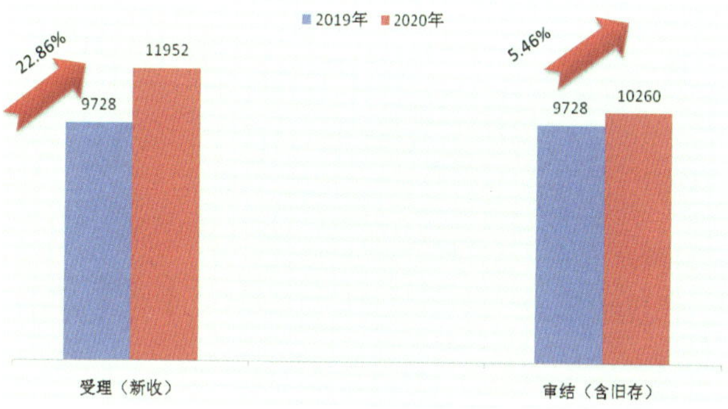

图3　截至2020年12月31日全市法院民商事新收案件收结案数

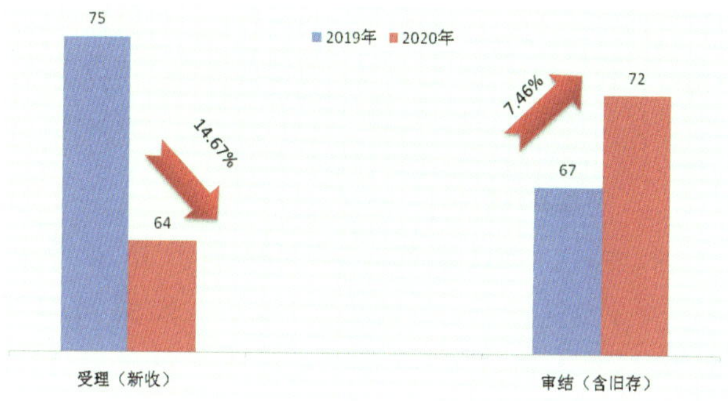

图4　截至2020年12月31日全市法院行政新收案件收结案数

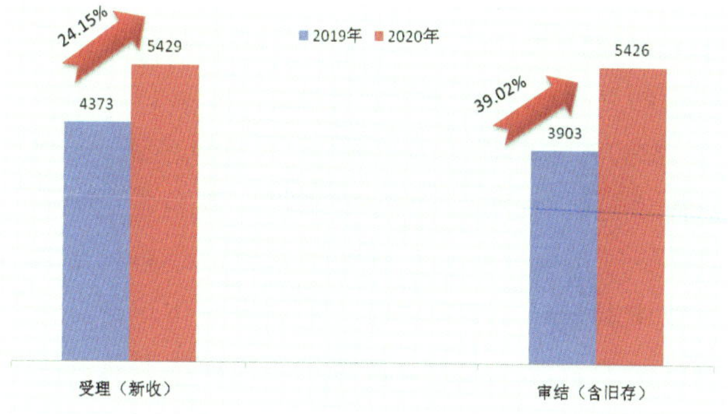

图5　截至2020年12月31日全市法院执行新收案件收结案数

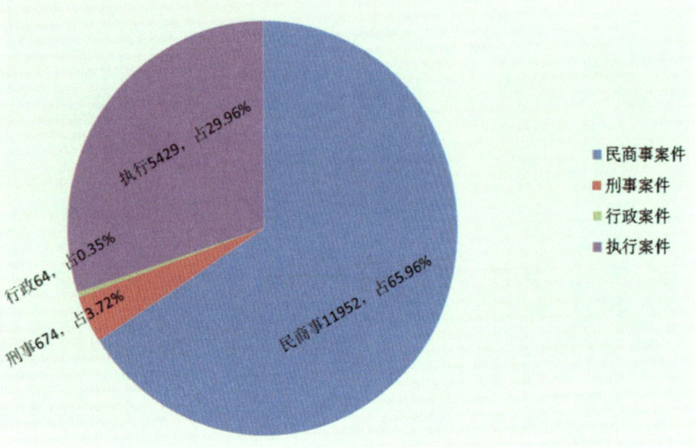

图6　截至2020年12月31日全市法院新收各类案件占比

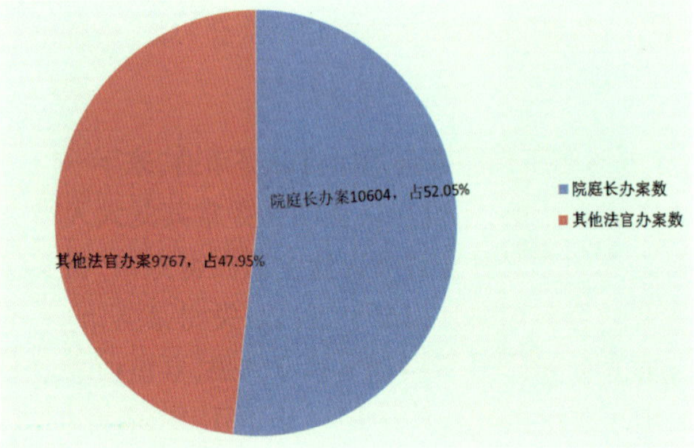

图7　截至2020年12月31日全市法院院庭长办案占比

二、名词解释

1. 六稳、六保：稳就业、稳金融、稳外贸、稳外资、稳投资、稳预期；保居民就业、保基本民生、保市场主体、保粮食能源安全、保产业链供应链稳定、保基层运转。

2. “两个坚持”十二个方面问题：如何正确认识和践行“坚持中国特色社会主义法治道路，最根本的是坚持中国共产党领导”；中国特色社会主义司法制度的巨大优越性体现在哪些方面；如何正确理解“司法机关首先是政治机关”的本质和内涵；如何在人民法院工作中坚决维护党中央权威和集中统一领导；如何正确理解和把握坚持党的领导和依法独立行使审判权的关系；在审判实践中如何把讲政治和讲法治有机统一起来；在审判实践中服务党和国家工作大局的具体实现方式是什么；如何理解“党大还是法大”这一论调是伪命题、政治陷阱；如何正确把握“坚决抵制司法领域西方错误思潮影响”和“学习借鉴西方法治文明成果”间的关系；如何正确认识加强审判监督管理和“审理者裁判、裁判者负责”间的关系；如何深入揭批达赖集团在政治上的反动性、宗教上的虚伪性、手法上的欺骗性，深刻认识我区反分裂斗争的长期性、尖锐性和复杂性，准确把握我区维护稳定工作的形势任务；如何积极投身于反分裂、维护稳定的斗争实践，澄清模糊认识，排除思想干扰，明确是非对错，自觉与一切分裂破坏言行作针锋相对的斗争。

3. “四化”队伍：2019年，在中央政法工作会议上，习近平总书记提出“加快推进政法队伍革命化、正规化、专业化、职业化建设”的重要指示，为法院推进高素质干警队伍建设提供了根本遵循。

4. “三项规定”专项整治：《领导干部干预司法活动、插手具体案件处理的记录、通报和责任追究规定》《司法机关内部人员过问案件的记录和责任追究规定》《关于进一步规范司法人员与当事人、律师、特殊关系人、中介组织接触交往行为的若干规定》专项整治。

5. “三个以案”警示教育：“以案释德、以案释纪、以案释法”警示教育。

6. 张坚案：张坚系安徽省高院原党组书记、院长，因涉嫌受贿，由国家监察委员会调查终结，2020年2月移送检察机关审查起诉。

7. “三大攻坚战”：防范化解重大风险、精准脱贫、污染防治攻坚战。

8. “受理一、二审刑事案件674件，分别审结631件、38件”：不包括减刑、假释案件。

9. 涉恶“九类”案件：聚众斗殴罪、强迫交易罪、寻衅滋事罪、敲诈勒索罪、非法拘禁罪、组织卖淫罪、强迫卖淫罪、开设赌场罪、故意毁坏财物罪。

10. “双循环”：十九届五中全会提出的加快构建以国内大循环为主体、国内国际双循环相互促进的新发展格局。

11. 一站式多元解纷和诉讼服务体系：建设集约高效、多元解纷、便民利民、智慧精准、开放互动、交融共享的现代化诉讼服务体系，让群众跑腿更少、跨域立案更快、司法调解在家、矛盾纠纷化解在基层，以最高人民法院诉讼服务中心信息平台为依托，融合中国移动微法院、人民法院调解平台、全国法院统一送达平台等信息化应用系统,实现多元解纷、分调裁审、立案服务、审判辅助、涉诉信访等现代化诉讼服务。

12. 新时代“枫桥经验”:将发源于20世纪60年代浙江省诸暨市枫桥镇干部群众创造的“发动和依靠群众,坚持矛盾不上交,就地解决,实现捕人少,治安好”经验,赋予新时代特征、内涵、手段等,推动构建和谐社会。

13. “三项规程”:最高人民法院发布的《人民法院办理刑事案件庭前会议规程》《人民法院办理刑事案件排除非法证据规程》《人民法院办理刑事案件第一审普通程序法庭调查规程》。

14. “两山”理念:指的是绿水青山就是金山银山理念。

15. “七种”能力:政治能力、调查研究能力、科学决策能力、改革攻坚能力、应急处突能力、群众工作能力、抓落实能力。

16. “五个过硬”:政治过硬、业务过硬、责任过硬、纪律过硬、作风过硬。

17. “三个规定”新的记录报告平台:最高人民法院对原内外部人员干预过问案件信息专库进行整合重建,建成了联通四级法院的“三个规定”新的记录报告平台,新的记录报告平台于2021年1月上线运行。

拉萨市人民检察院工作报告

——在拉萨市第十一届人民代表大会第六次会议上

拉萨市人民检察院代理检察长　明马丹增

（2021年1月12日）

2020年工作回顾

一年来，在市委和自治区检察院的正确领导下，在市人大及其常委会的有力监督下，在市政府的大力支持、市政协的民主监督和社会各界的关心支持下，全市检察机关以习近平新时代中国特色社会主义思想为指导，深入学习贯彻党的十九大、十九届二中、三中、四中、五中全会、中央全面依法治国工作会议和中央第七次西藏工作座谈会精神，紧紧围绕稳定发展生态强边"四件大事"和"一个引领、两个紧扣、三个围绕"的西藏检察工作总体思路，统筹推进疫情防控和检察履职担当，各项工作取得了新进展。

全年共办理各类案件3316件，同比下降16%。其中，办理刑事检察案件3004件，同比下降22.8%；办理民事、行政检察案件63件，同比上升270.6%；办理公益诉讼案件235件，同比上升473.2%；"四大检察"业务结构比为90.98∶1.88∶0.03∶7.11，明显优于去年同期，总体发展趋好向优。

一、自觉扛起管党治党的政治责任，在党的绝对领导下把稳检察方向

——加强思想政治建设。牢牢把握检察机关的政治属性，增强"四个意识"、坚定"四个自信"、做到"两个维护"，巩固"不忘初心、牢记使命"主题教育和"两学一做"学习教育成果，两级院党组、理论中心组学习260余次，班子成员讲党课31场次。坚决落实《中国共产党政法工作条例》《中国共产党重大事项请示报告条例》，向两级党委和上级院党组请示报告重大事项65项，市委、自治区检察院主要领导同志作出批示6次，厚植党对检察工作绝对领导的根基。

——发挥党建引领作用。坚持机关党建与业务建设一体推进，以"党建红"引领"检察蓝"，市检察院将13个支部整合为7个支部，配强党务干部，支部开展学习450余次。围绕庆祝建党99周年、建国71周年，举办文艺会演、板报评比、篮球赛等活动，新建"书香检察"阅览室，促进党建工作与精神文明创建双丰收。加强新时代党的组织力建设，落实党员"三包"，选派153名干警前往社区报到，120余人次开展文明交通志愿服务。市检察院退休党支部荣获全区离退休干部先进集体称号。

——全面从严治检管检。严格落实"两个责任"，用好"四种形态"，对检察人员违纪问题零容忍，给予诫勉谈话、批评教育9人。落实巡察制度，对当雄县检察院开展政治巡察，将从严治检引向深入。全力支持派驻纪检监察组落实监督责任，邀请列席党组会、政治生态建设会议等，着力推动党内正气上升、风气上扬。认真贯彻"三个规定"等重大事项报告制度，如实登记上报49条，筑牢司法廉洁的"防火墙"。高度重视意识形态工作，专题研究、定期研判，把牢党对意识形态工作的领导权。

二、自觉扛起维护稳定的首要责任，在依法履行职责中强化检察担当

——全力做好疫情防控工作。面对疫情考验，检察干警同全市人民一道，严格落实市委和上级院各项防疫部署，认真做好自身防护、社会防控、犯罪防治工作。110余名干警主动请缨，前往社区、宾馆、火车站、机场等战疫一线参与疫情防控，捐款捐物

13 万余元。开展涉疫物资监管、医疗废弃物处置、野生动物保护等领域专项监督活动,办理公益诉讼案件 6 件,制发检察建议 2 份。批准逮捕涉疫刑事犯罪 2 人,依法办理了全区首例妨害疫情防控犯罪案件。

——坚决维护国家安全和社会稳定。始终保持惩治犯罪的高压态势,共批准逮捕各类刑事案件 269 件 344 人,同比分别下降 38.7%、40.9%,提起公诉 581 件 737 人,同比分别下降 4.1%、6.1%。其中,起诉故意杀人、抢劫、强奸等严重暴力犯罪 24 人,起诉“两抢一盗”、敲诈勒索等多发性侵财犯罪 171 人,起诉“黄赌毒”犯罪 65 人。严厉打击危害国家安全犯罪,批准逮捕 11 人,起诉 22 人。坚持自身防疫与维护稳定并重,全年参与人员管控、值班带班、巡逻备勤 9000 余人次,筑牢安全稳定防线。

——决胜扫黑除恶收官年。紧扣为期三年总目标,深入开展“六清”专项行动,高效高质完成一黑六恶案件和中央扫黑除恶督导组重点督办案件任务,依法查办黑恶势力“保护伞”4 人,对移交的 34 条涉黑涉恶案件线索监督“回访”,制发检察建议 6 份。制定《拉萨市检察机关开展扫黑除恶专项斗争案件财产刑检察活动实施方案》,监督财产刑执行 30.09 万元,确保扫黑除恶专项斗争圆满收官。

——发挥反腐败利剑作用。受理纪委监委移送审查起诉的职务犯罪案件 10 件 10 人,起诉 8 件 9 人(含积存)。依法办理了原西藏国盛国有资产控股有限公司副总经理李某滥用职权、受贿、贪污一案。严格依法行使法律赋予检察机关的职务犯罪侦查权,查办司法工作人员侵犯公民权利、危害司法公正职务犯罪 2 人。

三、自觉扛起服务大局的重要责任,在打赢三大攻坚战中展现检察作为

——优化营商环境,防范化解重大金融风险。严格落实市委防范和处置金融诈骗、非法集资工作部署,起诉非法吸收公众存款、合同诈骗、虚开增值税专用发票等破坏市场经济秩序犯罪 52 人。坚持保护与服务并行,起诉侵犯非公企业和企业家合法权益犯罪 3 人,举办“服务‘六稳’‘六保’,护航民企发展”检察开放日活动,为民营企业在经营中遇到的法律问题答疑解惑。准确把握法律政策界限,慎重采取强制措施,对 2 起涉民营企业及从业人员案件作出不批准逮捕决定。

——聚焦民生难点,促进精准扶贫落地落实。推动司法救助与精准脱贫衔接,将因案致贫、因案返贫的困难群众及时纳入救助范围,提供帮扶救助 7 人,发放救助金 16.45 万元。市检察院办理的许某司法救助案,入选最高检司法救助工作服务脱贫攻坚优秀案例。加大弱势群体司法保护,起诉侵害进城务工人员合法权益犯罪 14 人,帮助农民工追回劳动报酬 19.28 万元。积极开展对口帮扶,扶持驻村点民营小微企业发展,助力打赢脱贫攻坚战。

——强化生态保护,践行绿色发展理念。持续开展打击破坏生态环境违法犯罪专项活动,起诉 2 人。排查环境资源保护领域公益诉讼案件线索 165 件,立案 82 件,督促治理被污染林地、水域等 97.2 亩,补植复绿 2400 余株,清理固体废弃物 700 余吨。

四、自觉扛起市域治理的社会责任,在践行宗旨护民生中贡献检察力量

——以“求极致”的标准,提升办案质效。认真贯彻“少捕慎诉”的司法理念,不批捕 247 人,不起诉 116 人,减少社会对立面。全年办理认罪认罚从宽案件 531 件 638 人,适用率分别为 83.9%、83.4%。成功办理了拉萨首例认罪认罚量刑建议未被采纳,依法抗诉并获改判的经典案例。以“案 – 件比”为核心指标加强质量管控,全市检察机关“案 – 件比”为 1∶1.64,同比去年下降 0.32,努力实现“三个效果”最优的办案目标。

——以人民为中心,深化检察为民服务。坚持和发展新时代“枫桥经验”,严格落实“群众来信件件有回复”制度,共办理群众来信来访 202 件,均在 7 日内给予回复、三个月内答复办理结果。加大涉法涉诉信访案件化解力度,受理控告申诉类案件 37 件 39 人,检察长接待 23 人次。以最小的司法成本,妥善化解一起当事人长达 4 年的申诉案件,取得良好社会效果。市检察院“12309 检察服务中心”正式启用,向全社会提供“信、访、网、电、视频”综合性便民服务,努力让群众少跑腿、易办事。

——以国家的名义,呵护未成年人健康成长。从重从快惩治侵害未成年人犯罪案件,批捕 29 人、起诉 30 人。对社会高度关注的,洛某故意杀害、强

奸儿童重大恶性案件，4天内完成批捕、起诉工作，被告人依法被判处死刑立即执行。落实教育、感化、挽救政策，对未成年犯罪嫌疑人不批捕11人，不起诉6人，落实帮教9人，关爱救助儿童3人。全市16名检察长和副检察长兼任中小学校法治副校长，举办"法治进校园"活动93场次，受教育师生1.7万余人次。推动完善未成年人保护社会支持体系，一方面主动作为，以中小学生心理健康为切入点，开展了覆盖全市所有中小学校的问卷调查，形成《全市中小学校园安全和学生心理健康状况调研报告》，得到白玛旺堆书记、朱雅频检察长批示肯定；另一方面争取支持，主动对接团市委、妇联、教育等部门，组织召开护航未成年人专题会议，会签《未成年人检察工作社会支持体系建设合作协议》，凝聚保护合力。

——以精准化普法，讲好"法治故事"。积极探索线上线下相结合的法治宣传模式，全年开展各类法治宣传246场次，发放宣传资料和宣传品10万余份，为群众以案释法、提供咨询1800余人次；在微信公众号、今日头条、抖音等群众喜闻乐见的新媒体平台，发布各类信息1.1万余条。市检察院邀请演艺明星打卡，拍摄微视频，点击量达6700余次，深受群众喜爱。城关区检察院制作的藏汉双语版《护航雪域青春》微动漫，获第五届全国检察微动漫作品征集活动优秀奖。

五、自觉扛起维护公平正义的监督责任，在强化监督促公正中凸显检察主业

——刑事检察持续做优。加强刑事立案和侦查活动监督，监督立案2件，纠正漏捕、漏诉12人。加强审判监督，办理抗诉案件1件，法院已改判。通过书面纠违、检察建议、检察长列席审委会等形式，拓宽监督渠道，提升监督效果。加强刑事执行活动监督，监督执行机关提请减刑、假释、暂予监外执行案件1547件。开展羁押期限监督，核实催办36人，提出检察建议4次，全部整改回复。运用远程提讯、远程庭审、微信视频等方式，开展谈心谈话、受理约见检察官76人次，回访社区矫正人员300余人次，确保履职、防疫两不误。

——民事行政检察稳中有进。深化民事法律监督，审查不服法院生效裁判监督案件62件，出庭支持抗诉3件，改判3件。做好不支持监督案件的释法说理和息诉工作，切实维护司法权威和社会和谐。强化执行监督，办理民事执行监督案件3件，对执行不规范问题发出检察建议1份。发挥行政检察"一手托两家"功能，办理行政裁判监督案件1件，依法向自治区检察院提请抗诉。

——公益诉讼检察提速拓新。依法履行"公共利益代表"神圣职责，立案110件，同比上升243.8%，发出诉前检察建议61份。积极探索办理公益诉讼"等"外领域案件，排查线索32件，占比13.6%，办理了拉萨首例保护公民个人信息行政公益诉讼案件。加强与生态环境、自然资源、市场监管等部门沟通协作，举办"保护公民个人信息、检察建议公开宣告送达"座谈会，会签《关于在检察公益诉讼中加强协作配合、依法打好污染防治攻坚战的意见》，努力实现双赢多赢共赢。

六、自觉扛起锻造检察铁军的时代责任，在苦练内功重自强中展示检察形象

一年来，我们抓改革促创新，努力实现检察工作科学发展。严格按照《自治区市县级人民检察院内设机构改革方案》，规范内设机构设置，改革任务提前完成。落实检察人员职业保障政策，稳步推进职务职级晋升、择优选升120人，面向社会招录33名聘任制书记员，激发改革内生动力。拓宽案件线索来源，依职权主动监督，摸排各类案件线索170余件。深化涉法涉诉信访机制改革，举办案件听证会9次，堆龙德庆区检察院召开的全区首例民事诉讼监督公开听证会，得到最高检通报表扬。

一年来，我们抓业务强素质，着力提升检察队伍专业化水平。坚持走"素质强检"道路，结合疫情防控特殊背景，依托"学习强国""检答网""小鱼易联"等网络平台，开展网络教学149场次，组织300余名干警参加系统内外各类业务培训。组织开展"模拟法庭"实战练兵，举办首届司法警察警务技能培训，遴选5名检察官参加全国、全区优秀公诉人辩论赛，5起典型案例上榜西藏自治区十大检察监督案件评选，引领检察队伍创先争优。深化"智慧援助"，与北京江苏检察机关互派9名业务骨干挂职锻炼，带动干警业务能力不断提升。

一年来，我们抓保障打基础，深入推进新时代检察智能化发展。以智慧检务助推法律监督体系和法

律监督能力现代化，率先建成检察听证室、公益诉讼快速检测实验室、派驻市公安局检察室，试点“检察服务进网格”，在全区起到了示范引领作用，有力提升了检察工作质效和便民服务能力。把“智慧办案、智慧管理、智慧服务”全面融入“四大检察”，推动档案数字化、检察工作专网、统一业务应用系统、视频会议系统、政务微信等改造升级，使用无人机辅助办案，智慧检务发展驶入了快车道。

一年来，我们抓公开赢公信，不断提高检察工作的人民满意度。常态化开展与人大代表、政协委员的联络，主动通报检察工作，邀请见证宪法宣誓、公开听证等活动。两级院共举办检察开放日活动28次，700余名人大代表、政协委员、人民监督员和社会各界人士走进检察机关，零距离感受检察工作。深化阳光检务，自觉接受群众监督，向社会公开案件程序性信息859条，法律文书523份。健全完善律师值班制度，21名律师参与接待当事人268人次，安排阅卷140余次，依法保障律师执业权利。

各位代表，过去一年，市检察院新一届党组顺应时代谋新篇、攻坚克难布新局，忠诚履职、开拓奋进，全面加强党的建设、思想建设、组织建设、作风建设、廉政建设，激发新时代检察官责任感、使命感，司法办案优质高效、法律监督精准有效、服务大局突出实效。全市检察机关集体和个人获得市级以上表彰22项，城关区检察院被最高检授予“全国先进基层检察院”荣誉称号。我们深知，过去的一年，检察工作所取得的成绩，是党委坚强领导、人大有力监督、政府大力支持、政协民主监督以及代表委员和社会各界共同关心帮助的结果。在此，我代表全市检察机关和全体检察干警致以衷心的感谢和诚挚的敬意！

我们也清醒地认识到，检察工作仍存在一些不足之处：一是服务全市经济社会发展大局的措施还不够多，针对性、实效性还不够强。二是“四大检察”发展不平衡、不全面、不充分的问题依然存在，民事检察、行政检察工作基础仍然比较薄弱。三是现有人才队伍的结构、素能与专业化的办案要求还有差距，复合型人才比较缺乏。四是全面从严治党、全面从严治检力度还需持续加强，纪律作风建设必须一严到底。对此，我们将采取务实举措，切实加以解决。

2021年全市检察工作总体思路

2021年是“十四五”规划开局之年，是建党100周年、西藏和平解放70周年，大事多、喜事多，同时也面临着疫情防控常态化考验，我们深感责任重大，但充满必胜信心。全市检察机关将以习近平新时代中国特色社会主义思想特别是法治思想为指导，深入学习贯彻党的十九大和十九届二中、三中、四中、五中全会、中央全面依法治国工作会议，贯彻落实区市党委、上级院各项决策部署，以“一围绕、两聚焦、四提升”工作思路为抓手，努力向全社会提供优质法治产品、检察产品，为建设团结富裕文明和谐美丽的社会主义现代化新拉萨贡献检察力量。

坚持“一围绕”。围绕学习贯彻习近平新时代中国特色社会主义思想特别是法治思想，增强“四个意识”、坚定“四个自信”、做到“两个维护”，确保检察工作沿着党指引的正确政治方向前进，把党的领导体现到检察工作各领域各方面各环节。

落实“两聚焦”。一是聚焦中心大局。紧扣稳定、发展、生态、强边“四件大事”，扎实做好疫情常态化防控，全力维护国家政治安全和社会稳定，巩固扫黑除恶专项斗争胜利成果，助力打赢“三大攻坚战”，推动构建市域社会治理现代化新模式。以贯彻实施《民法典》为契机，主动回应人民群众在民主、法治、公平、正义、安全、环境等方面的新需求，不断增强人民群众的获得感、幸福感、安全感。二是聚焦主责主业。坚持以办案为中心，进一步做优刑事检察、做强民事检察、做实行政检察、做好公益诉讼检察工作。坚持监督与支持并重，规范行使检察建议、纠正违法、调查核实、查办司法工作人员职务犯罪等职权，努力实现精准有力监督。

深化“四提升”。一是提升首府检察创新发展首位度。瞄准首府检察定位，突出首府检察特色，促进党建与业务融合发展，全面推动“四大检察”结构比、认罪认罚从宽制度适用率、“案－件比”等核心业务数据指标提质增效，当仁不让地在各个方面脱颖而出，引领示范全区检察工作。二是提升智慧检务建设水平。顺应检察发展的时代要求，以中央第七次西藏工作座谈会为契机，突出加强现代科技与检察业务、整体工作相融合，努力为人民群众提供更实、更好、更管用的“检察产品”。整合利用现有信息化资源,加快与市委政法委大数据平台互联互通,提升办案质效。三是提升人才队伍建设水平。持续抓好业务能力建设,增强业务培训实用性、实战性和实效性,采取“走出去请进来”、“线上线下”、岗位练兵、业务竞赛等办法,多形式多渠道多岗位强化学习,提升检察人员综合素能,更好地适应新时代检察工作需要。紧紧围绕政法队伍教育整顿活动,深入持久加强纪律作风建设,把严管与厚爱结合起来,努力营造正气充盈的良好政治生态。四是提升基层检察院建设水平。站在厚植党的执政基础、推动检察事业长远发展的战略高度,牢固树立重视基层、狠抓基层的工作导向,以高度的政治自觉、法治自觉、检察自觉,推动基层检察工作高质量发展,从而带动拉萨检察整体工作持续向好。

各位代表,为党的事业保驾护航、为人民守护平安幸福,是检察机关永恒不变的目标和追求。我们将高举习近平新时代中国特色社会主义思想伟大旗帜,在市委和自治区检察院的正确领导下,认真落实本次会议的决议,忠实履行法律监督职责,不忘初心、接续奋进,努力创造无愧于新时代的检察业绩,为建设团结富裕文明和谐美丽的社会主义现代化新拉萨不懈奋斗,以优异成绩向建党100周年和西藏和平解放70周年献礼!

专 辑

拉萨市脱贫攻坚工作

【概况】 中共十八大以来，全市上下深入学习贯彻新时代党的治藏方略和习近平总书记关于扶贫工作的重要论述，全面落实中央和区市党委、政府决策部署，坚持精准扶贫精准脱贫基本方略，经过五年的艰苦奋战，全市脱贫攻坚取得历史性成就，44435名建档立卡人口全部脱贫，231个贫困村（居）全部出列，8个贫困县（区）全部摘帽，2018年以地市为单位率先在全区实现整体脱贫。2019年，全市建档立卡群众动态清零，整体摆脱绝对贫困。到2020年，建档立卡人口人均纯收入从2015年的2982元增加到13741.44元，年均增长率35.74%。

【组织领导】 拉萨市调整充实扶贫工作领导小组和工作机构，成立脱贫攻坚指挥部，下设8个专项推进小组，将任务细化分解到20余家市直行业部门，市委、市政府主要领导以身作则，亲自挂帅挂包海拔高、自我发展能力较弱的贫困乡村，遍访所有县（区）、乡（镇），示范带动全市49名地级领导，实现对231个贫困村、58个乡（镇）挂帮全覆盖，构建市委市政府主要领导领衔出战、分管市领导靠前指挥、“两不愁三保障”等行业部门合力攻坚的组织领导指挥体系。市委、市政府每年与县（区）层层签订责任书，逐级立下军令状，形成上下贯通、责任到底、合力攻坚的组织体系，形成“四级书记抓扶贫”的工作格局。

【精准施策】 拉萨市按照“五个一批”“六个精准”的要求，制定“以业、以迁、以教、以补、以保、以助脱贫”六项脱贫措施，统筹推进金融、援藏、社会扶贫工作，形成“6+N”攻坚体系，因地制宜、因人施策，把中央决策部署和区党委、政府的具体要求转化成拉萨市行动方案。先后出台《关于深入推进精准扶贫精准脱贫工作的决定》等40余个指导性文件，逐步形成涵盖产业扶贫、转移就业、易地搬迁、社会保障、医疗服务等方面。召开市委常委会会议、市政府常务会、专题会、领导小组会、指挥部例会等150余次，对脱贫攻坚重大问题深入研究、系统解决。实施“双百攻坚战”“交叉督查”“巩固脱贫攻坚成效百日行动”“挂牌督战”等一系列重大行动，确保脱贫攻坚不断向前推进。

【落实责任】 拉萨市聚焦责任落实、政策落实、工作落实，注重整体性、系统性、协同性，整合中央及区市县财政涉农资金70.88亿元，集中投向脱贫攻坚领域。开展定点扶贫，全市84家市中直单位（含国企）参与定点扶贫。实施干部职工“321”结对帮扶，全市干部职工与1万多户建档立卡群众结成稳定帮扶对子，点对点开展帮扶工作。

【易地扶贫】 拉萨市实施“双百攻坚战”，开展易地扶贫搬迁工作，建成易地扶贫搬迁安置点32个，实现5562户22979名贫困群众搬迁入住，提前2年完成“十三五”时期建档立卡户易地扶贫搬迁目标任务，建设拉萨河畔三有村、堆龙德庆区德吉藏家等易地扶贫搬迁样板工程。坚持产业配套、就业帮扶和基础设施同步规划、同步建设，配套产业项目96个，推进和精准落实搬迁劳动力稳定就业，达到1户1人就业目标。建成配套村道269公里、给排水管网239公里、幼儿园6所、卫生院7所，村级活动场所8处。

【产业扶贫】“十三五”时期，拉萨市共实施产业项目485个，完成投资73.16亿元，培育市级以上农业龙头企业22家，130多家农牧民合作社参与扶贫产业项目，实现乡乡有产业、村村有致富门路的格局，通过产业项目入股分红、吸纳就业等方式（累计分红12065.8万元、吸纳贫困群众就业2929人），辐射带动10.97万人次增收（其中建档立卡群众5.78万人次），培育壮大城关区大昭圣泉、曲水净土产业、当雄有身份证的牦牛肉、尼木三绝、墨竹小油菜、堆龙乡村旅游、林周饲草、达孜青稞加工等一大批扶贫产业品牌。

【转移就业扶贫】拉萨市精准摸清建档立卡家庭和边缘户的劳动力状况及就业情况，成立劳务公司和务工联队，通过组织外出务工、就近就便就业、开发公益性岗位等措施，推动人岗精准对接。共投入培训资金7110.603万元，累计培训建档立卡劳动力17639人（次），通过培训12432名建档立卡劳动力掌握一技之长。截至2020年年底，全市建档立卡贫困劳动力已就业12955人，户均就业1.18人；易地扶贫搬迁劳动力就业7693人，户均就业1.38人。

【金融扶贫】“十三五”期间，向有产业发展意愿和条件的贫困户提供小额信贷，支持带动农牧区贫困人口发展生产、创业增收，共发放精准扶贫小额信贷7921笔，贷款余额达3387亿元。人保拉萨市分公司推出“深贫保”等面向贫困群众的保险产品，为拉萨市农牧民特色种养殖业、农牧民住房等提供255.52亿元风险保障，保费规模达4.03亿元。

【民生建设】义务教育全面保障。“十三五”时期，拉萨市累计劝返疑似失学儿童217人，建立0—15周岁拉萨户籍人口数据库，实现动态监管，针对不适宜在学校就读的321名学生开展送教上门，确保每一名适龄少年儿童不辍学失学。改扩建新建学校13所，补充义务教育阶段教师1955人、新增学位8240个，师生比达到全国标准。落实15年免费教育政策，“三包”标准达到年人均3720元。开展建档立卡农牧民和“两后生”培训班9期，培训338人，累计向中职学校输送1062名建档立卡“两后生”接受中等职业教育、进行学历提升。高等教育“三免一补”资助政策全面落实，资助金额2亿余元，受助学生3.6万余人次，其中资助建档立卡大学生5739人次8978万元。

基本医疗全面保障。拉萨市不断提升基层医疗服务能力，达到一乡一院、一村一室标准，乡（镇）医生平均达到11.8人以上、村医平均达到2.79人以上。开展城乡医疗保险统筹工作，建档立卡贫困群众在乡镇卫生院、一二级定点医疗机构住院报销比例较普通群众提高5%。深入实施“三个一批”，全面落实“先诊疗后付费”制度，大病集中救治一批病种由33种增加到38种，104人得到有效救治；慢性病签约应签尽签，2770人得到有效服务；重病兜底应兜尽兜，115人得到有效保障。

住房安全全面保障。拉萨市聚焦边远农牧区，逐村逐户开展全面排查工作，并对住房安全隐患等级进行鉴定，累计排查建档立卡户16833户（含“十二五”时期建档立卡户），投入资金338.51万元、实施危房改造255户（建档立卡户106户）。

【民生政策落实】生态扶贫实施有效。拉萨市向有劳动能力、有意愿的建档立卡贫困人口、农村低保人口、边缘人口设置专兼职生态护林员岗位，年人均补助标准3500元。通过管护，全市累计恢复天然草原植被面积3106.55万亩，天然林面积48.31万公顷，人工造林存活率85%以上，森林覆盖率19.49%。

兜底政策全面落实。拉萨市将3382名建档立卡人口纳入最低生活保障兜底，实现应保尽保。农村低保、分散和集中供养的特困人员基本生活标准分别提高至年人均5060元、7590元、14196元。落实困难残疾人补贴和重度残疾人护理费6634.54万元，残疾人两项补贴资金提高到每人每月100元、200元。

【基础设施建设】 截至2020年年底，全市农村公路里程达5460公里，县（区）、乡（镇）、建制村通畅率100%，投入农村客运车辆70辆，乡（镇）客车通达率100%，行政村客车通达率100%，有效解决群众出行难的问题。实施贫困地区农网升级改造工程，基本用电实现全覆盖。实施光网和4G网络向村民组延伸覆盖工程，对原有无线覆盖扩容500个、补点300个，实现所有行政村光纤、4G、宽带全覆盖。“十三五”期间，共建设安全饮水项目348个，农村集中供水率、供水保证率、水质达标率达到国家及自治区标准。

【对口援藏】 “十三五”期间，拉萨市累计投入援藏资金33亿元，用于民生和扶贫领域资金比例80%以上，建设项目472个。北京市47个乡镇街道与对口支援两区两县53个乡镇街道实现结对帮扶，75个村（居）与71个村（居）实现结对帮扶。江苏省南京市、苏州市、镇江市、泰州市部分条件较好乡镇与对口支援的所有乡镇之间建立32对帮扶对子。推动运用“拉萨净土”区域公共品牌17类商标，建成推广藏香、藏鸡、拉萨好水等六大类净土健康产业标准化体系。

【社会帮扶】 “十三五”期间，拉萨市开展“百企帮百村”行动，全市162家企业采取公益捐款捐物、捐资助学、大病资助、产业扶贫、就业扶贫等方式参与脱贫攻坚工作，累计投入1.04亿元，受益3.08万人次，涌现出拉萨城投、拉萨净土、城关区哈达（集团）有限公司等大批积极履行社会责任的企业。

【巩固成果】 拉萨市实现整体脱贫后，出台《拉萨市关于深入落实“四个不摘”工作的实施意见》，把巩固提升脱贫成效与实施以“神圣国土守护者、幸福家园建设者”为主题的乡村振兴结合起来，成立脱贫巩固暨乡村振兴专班，实施“美丽乡村·幸福家园”建设行动，推动巩固脱贫攻坚成果与乡村振兴战略深度融合。

（冯 剑）

拉萨市新冠肺炎疫情防控工作

【概况】 突如其来的新冠肺炎疫情发生以来，拉萨市深入贯彻落实习近平总书记关于疫情防控工作的一系列重要讲话和指示批示精神，认真贯彻党中央、国务院决策部署及区党委、政府安排部署，抓紧抓实抓细疫情防控各项工作，始终坚持外防输入、内防反弹的总体防控策略，持续巩固和扩大疫情防控成果，为全市社会大局持续和谐稳定、各类经济活动有序开展营造良好环境。

【疫情初期防控】 防范输入性隐患。拉萨市严格实施高中低风险分区分级精准防控，根据国内、国外疫情发展形势，及时调整防控措施，始终把中高风险人群作为重点防控对象。把机场、火车站、环拉“护城河”检查站作为防范输入性隐患的要害部位，在机场、火车站设立防控组，由地级干部负责，严格落实区外来拉人员检测体温、健康证核查、健康码核实措施。始终紧盯不明原因发热人员，制定定点医疗机构发热门诊工作流程图、新冠肺炎病例处置流程图，按照“四个集中”的原则，在定点医院的确定、医疗救治人才梯队的组建、救治方案的形成等方面按实战化要求做最充足的准备，遴选组建医疗救治专家组、疾病预防控制专家组、医疗人才专家指导组，建立不明原因发热病人信息采集2小时报告制度、不明原因发热病人密接人员排查制度，切实做到发热原因有效甄别、发热患者及时救治、密接人员始终纳入视线。

防范传播性隐患。拉萨市对区外来拉无居家隔离场所人员统一安排在定点宾馆集中隔离，对有国(境)外旅居史人员确定独立的宾馆酒店集中隔离，对其他区外来拉萨人员实施居家隔离，及时出台居家隔离指导意见，全面压实属地、部门、单位、个人“四方责任”，严格落实排查居家隔离人员“十清楚”措施，做好“六个一”服务，热情为居家隔离人员提供代购代送服务。联合阿里巴巴集团开展线上自助健康信息采集(拉萨健康码)，实时面向各县(区)、经济功能区、各乡(镇、街道)推送进藏来拉人员信息，进藏来拉人员当日到达由基层组织和派出所在基层一线落地核查。线上平台及时根据疫情防控措施和重点调整不断升级完善，推进与其他省区市的健康码比对互认，将健康管理、社会管理精准对接，实现前端核查、末端审核闭环管理，做到全员不漏管。同时，拉萨健康平台不断进行系统架构重构和报表数据重制，为市委、市政府正确决策提供大量全量和矢量数据，提高科学防控水平。根据国务院联防联控机制《关于依法科学精准做好新冠肺炎疫情防控工作的通知》精神，制定《拉萨市应对新冠肺炎疫情分区分级精准防控工作指导方案》，对不同县(区)行业领域划分不同风险等级，制定分级差异化防控措施，最大程度减少人员集聚，降低主城区疫情防控压力，引导群众从“要我防护”向“我要防护”转变，自觉降低感染扩散风险。应对疫情防控形势变化，及时制定相应防控措施、指导意见和工作流程。开展重大突发公共卫生事件应急响应级别调整的政策措施储备工作，确保应急响应级别调整后政策接续无空档、无盲区。

维护经济秩序。通过对口支援省市支持、区市医药企业供应、国(境)外采购、社会爱心捐赠等多种方式筹集疫情防控物资；社会各界积极支持疫情防控工作，捐款捐物达3200余万元。坚决落实防控物资调配纪律，严格实行市级统筹、集中调度和“市长审批制”，把防护资源集中到抗击疫情第一线，优先满足一线医护人员和救治病人需要。按照自治区党委、自治区政府的统一安排，向社会面赠送销售一次性口罩82万只。坚持市场产品、价格每日监测报告制度，建立物资运输车辆绿色通行机制，发动农副产品批发存储企业加大从其他省市采购肉蛋奶菜生鲜农产品力度，挖掘本地蔬菜生产能力，市净土集团与各县(区)种养殖生产基地达成统购直销协议，依托

94 辆蔬菜直销车和 239 个蔬菜直销门店推进生活物资进社区、下乡村、入寺庙，确保各类生活物资基本充足，市场价格平稳。鼓励商场超市和餐饮行业开展线上营销，春节藏历新年期间本地网上购物 9261 单、美团餐饮外卖 34 万单。有序推进复工复产复商复市，制定《关于做好新冠肺炎疫情防控期间工程建设项目和企业复工复产及其区外返岗招工人员来拉管理服务的指导意见》《企业复工复产服务管理方案》《拉萨市疫情防控期间项目（企业）开复工工作流程（试行）》，对生产类企业在岗和返藏人数、疫情防控能力和措施等进行实时监测，主动做好服务和指导。全市 6 个重点经济行业部门实行派员组队进驻模式，实现“点对点”服务重点项目（企业），加快恢复经济社会秩序。为统筹做好疫情防控和经济社会发展工作，先后有序恢复道路交通运输、餐饮、甜茶馆、茶园、酒店（宾馆）、博物馆、学校及其他居民服务类行业营业，旅游景区景点、宗教活动场所按照“游客先区内后区外、先乡村后景区、先自然后人文景观”的原则，有序开放。取得上半年旅游市场复苏率全国排名第一，率先在全国实现正增长的成绩。在疫情防控期间，拉萨市各族群众守望相助，众志成城，进一步谱写民族团结新篇章，涌现出大批房东群众和私营企业自发自愿减免房租。仅房东主动为商户减免房租 1113.18 万元，私营企业主动为商户减免房租 1954.67 万元。为树立标杆，弘扬正能量，拉萨市授予 97 名房东和 34 家私营企业“拉萨好房东”荣誉称号。

压实防控责任。市委、市政府始终树牢大局观念、坚决做到令行禁止，主要领导全面履职、靠前指挥，对新情况新问题密切跟踪、及时分析、迅速行动，坚定有力、毫不懈怠做好各项工作。各级应对疫情工作领导小组严格执行请示报告制度，强化工作调度，及时协调处置报告疫情防控工作中遇到的困难问题，作出相应部署；各县区党委、政府主要领导第一时间返岗投入疫情防控工作，全面压实“四方责任”，教育引导群众勤洗手、多通风、不聚集，尽可能减少主城区防控压力。乡（镇、街道）、村（居）党组织全面实时网格化、地毯式管理，开展辖区内疫情监测、排查、预警、防控、登记和服务保障等各项工作。各相关单位各专项工作组主动担当，认真履职，强化联防联控工作机制，共同扎实推进疫情防控措施落深落细。深化党员联系服务群众机制，明确党员“三包”工作 10 种形式，安排 20 多名党员地级领导干部联系 8 个县（区）和 4 个园区，189 名县（区）领导班子成员联系 66 个乡（镇、街道），583 名乡（镇、街道）领导班子成员联系 283 个村（居），2856 名村（居）“两委”班子成员和村级组织专干中的党员联系网格或村民小组，全市 3.8 万余名党员实现包户包人全覆盖，占全市党员总数的 73%。从市直机关事业单位抽派 203 人到机场、留观酒店参与返藏人员接转分流、集中隔离服务工作。从市县（区）两级机关事业单位抽派 764 人到城关区 51 个村（居）报到，帮助做好居家隔离人员服务管理工作。累计抽派 1028 名市县（区）两级机关事业单位党员干部到疫情防控一线开展工作，实现工作力量到位、安排部署到位、职责任务到位、措施落实到位。在各类疫情防控工作组中成立 54 个临时党组织，坚持哪里有疫情，哪里就有党组织和党员，让党旗高高飘扬在疫情防控战斗第一线。

【常态化疫情防控】 完善工作措施。在前期制定《拉萨市新冠肺炎疫情常态化防控措施》《拉萨市新冠肺炎疫情常态化应急预案》等一系列工作措施基础上，深入总结半年来拉萨市疫情防控经验，及时制定《拉萨市加强秋冬季新冠肺炎疫情防控方案》，结合秋冬季节疫情防控特点，进一步理顺体制机制、压实各方责任，加固防控重点部位，持之以恒做好“外防输入、内防聚集”各项工作。

关口防控。在机场、火车站、护城河检查站防控组持续对所有区外来拉人员进行检测体温、查验健康通行码、采集个人信息，第一时间把境外旅居史人员，国内中、高风险区域人员，确诊病例治愈出院患者、疑似病例、密切接触人员精准识别出来。严防境外输入，外事、出入境支队全面掌握入境人员信息并及时推送给办公室，对入境时间不满 28 天的人员加强思想教育和引导，坚决落实在第一入境点隔离观察 28 天的措施。根据尼泊尔侨民入境动态，拉萨市及时派遣由城关区副区长带队，市卫健委和城关区卫健委组成的工作组赶赴成都，会同拉萨市驻成都办事处全力开展尼泊尔入境成都和重庆进藏来拉人员的协调、服务管理和思想工作。制定下发《关于做好从尼泊尔入境（蓉）来（返）拉人员服务管理的通知》，落实“14+7+7”服务管理和“2+2”核酸检测。截至2020年11月底，完成隔离回拉人员54人，仍在成都、重庆隔离11人。

推行“西藏健康码”。拉萨市严格按照新冠肺炎疫情常态化防控要求，将“西藏健康码”广泛应用于全市各类大型活动，普及“西藏健康码”在车站、检查站、医院、酒店、景区、商场、寺庙等人员密集场所的应用，作为出入大型活动场所密集场所的电子凭证，实行亮码或扫码＋测量体温通行，实现线上线下共同发力，精准防控。针对部分场所未按要求执行戴口罩、检测体温、扫“西藏健康码”等问题，强化各县（区）、经济功能区属地管理责任和各相关单位部门责任，加强对医院、农贸市场（餐饮）、商场（超市）、娱乐场所、寺庙等重点场所的监督检查。

推进核酸检测能力建设。对未完成实验室建设的达孜、曲水、尼木三县区加强督查调度，加快推进建设进度，对已完成的加快审核验收；加大人员培训力度，培训核酸检测人员30人，规范检测流程，提升核酸检测能力。截至11月5日，总共开展核酸检测21442份，其中应检尽检14680份，愿检尽检6762份。其中已完成机场、火车站、酒店（二分点）、市人民医院、监管场所、农贸市场等高危行业从业人员6682名免费核酸检测工作。

农贸（海鲜）市场管理。排查来自高风险国家和地区进口商品，对存在隐患的及时开展商品、场所环境抽样检测和从业人员核酸检测；严格落实食品安全索证索票、进货查验登记、销售台账备查制度，督促经营单位落实主体责任和防控措施。截至11月底，组织开展3轮农贸市场、海鲜食品餐饮店等从业人员新冠病毒核酸检测抽检工作，共计抽检从业人员509人，环境144份，进口海鲜及肉制品152份，结果均为阴性。严防新冠病毒物传人，加强农（集）贸市场、冷链食品防控工作，全市暂停进口海鲜和冷链食品，加大对库存进口冷鲜食品和外包装的核酸检测，做到凡进必检。完成核酸检测6377份，其中进口海鲜及肉制品3379份，外包装2998份，检测结果均为阴性。

疫情防控物资的储备及集中隔离场所的准备工作。按照出现输入性疫情、局部地区集中暴发、秋冬季疫情反弹等最坏情况的发生，科学做好应急准备，市财政局解决1104.65万元，10万只医用口罩等22个品种正在采购中。堆龙德庆区人民医院作为拉萨市密接人员医疗隔离观察医院，乃仓酒店作为来拉人员居家集中隔离点，将达孜区人民医院作为备用医疗隔离医院。

大型活动疫情防控。开展2020年各类考试、2020年中国·拉萨雪顿节、“拉萨万达广场开业活动”、“顿珠金融城大型群众性活动”、“市委九届六次全委会”、2020第三届跨喜马拉雅自行车极限赛等大型会议活动、考试的疫情防控工作检查指导，保障各项活动安全有序开展。

完善重大疫情防控体制机制。完成《关于完善重大疫情防控体制机制健全公共卫生应急管理体系实施意见》起草工作，市政府常务会已研究通过。

应急准备和场景演练。根据《西藏自治区模拟一起某农贸市场发生新冠肺炎疫情应急处置演练方案》，及时草拟《拉萨市新冠肺炎疫情应急演练脚本》，组织召开疫情防控应急演练协调部署会议，对演练流程进行深入研究和桌面推演；组织相关单位召开全市核酸检测应急采集、送检、检测速度和质量、出结果时间及流行性病学调查等全流程实战演练研讨会议并制定应急实战演练方案。

疫情防控经费。为了确保疫情防控工作各项措施落实到位，市委市政府加大经费保障，共投入28099.04万元，其中市本级投入11166.04万元，各县（区）投入16933万元，用于核酸检测实验室改造、设备购置、检验耗材2570.83万元，应急物资购置1432.65万元（不含县区）。

2020年拉萨市民生工程

【概况】 2020年,拉萨市坚持把保障和改善民生放在突出位置,抓好民生项目,实施民生工程,不断满足人民群众日益增长的美好生活需要。

【就业工程】 2020年,拉萨市抓项目促就业,提高保障水平,实施就业优先政策,援企稳岗力度进一步加大,高校毕业生、农牧业转移人口、退役军人等重点群体就业总体保持稳定,城镇新增就业1.55万人,城镇登记失业率控制在3%以内,应届高校毕业生就业率达99.7%。狠抓项目用工,项目收益反哺农牧民工作,确保农牧民持续增收。全市开复工项目902个,总用工人数6.2万人,带动农牧民就业3.9万人收入8.4亿元,农牧民用工占比63%。400万元以下项目交由农牧民施工队项目219个,占比70%,吸纳农牧民就业6489人,占比82%。

【教育工程】 2020年,中央预算内投资、援藏资金以及区市县三级投资安排教育基础设施项目62个,总投资10.31亿元。新建中小学(幼儿园)17所,布局调整中小学3所,新增学位8350个,解决“入学难”“择校热”难题。2020年秋季开学,学前三年教育毛入园率96.25%,小学阶段净入学率99.96%、初中阶段毛入学率104.39%,义务教育巩固率99.03%,高中阶段入学率95.86%。加快推进拉萨师专专升本、堆龙德庆区第二小学等重大项目建设。推动全民健身事业发展。中央预算内安排2200万元支持2个县区公共体育场标准田径跑道和足球场、10个五人制笼式足球场项目建设。群众文化体育中心对外开放,15个乡镇多功能健身活动广场以及体育产业园区等项目正加快推进。

【基础设施工程】 2020年,中央预算内投资安排医疗卫生服务新建和续建项目18个,总投资23315万元。支持市人民医院住院部改扩建、林周县人民医院、市县妇幼保健院、5个县级人民医院传染病房等项目建设。加快优质医疗资源扩容和区域均衡布局,加强基层医疗卫生能力建设,使群众大部分疾病能在县域内得到及时救治。加强县级人民医院传染病房建设,提升传染病救治能力,为构建区、市、县分层分类、适度超前的重大疫情及传染病救治网络打牢基础。

【社会保障工程】 2020年,中央预算内投资、中央彩票公益金以及本级彩票公益金安排兜底保障新建和续建项目32个,总投资25931万元。市麻风病治愈人员安置房建成并投入使用,市精神病人福利院新建工程4月开工,已完成总工程量的90%,尼木县未成年人保护中心完成总工程量的74%。完成市精神病人福利院设施设备购置、SOS儿童村功能提升改造及市儿童福利院功能提升改造等项目建设。建成具有居家和社区养老服务功能的县(区)特困人员集中供养服务中心9家、乡镇(街道)老年人日间照料中心5家,正在建设11家、社区养老服务驿站7家。持续开展跨地(市)易地扶贫搬迁点搬迁低保户等特殊群体的帮扶。

【人居环境工程】 2020年,拉萨市探索公租房市场化筹集运营新模式,加快5700套公租房开工建设。推进保障性安居工程项目建设,下达新建公租房项目2个188套,城镇棚户区改造项目5个2242户,老旧小区改造项目9个2066户,截至年底,完成主体建设5335套。试点开展城镇老旧小区改造,涉及17个小区4077户,总投资约20731万元。加大农村危房改造力度,申请危房改造查漏补缺资金940万元改造572户,现已完成388户改造。全力推进厕所革命,自治区下达280座厕所建设任务已全部建成,拉萨市自主实施441座新建改建厕所已开工建设323座,累计完工266座,投入使用260座。

【交通水利工程】 2020年，拉萨市行政村通达率、乡镇客车覆盖率100%。安排农村公路新建、续建项目20个，总投资178196万元，总里程472.14公里。续建村道安全生命防护项目8个，总投资2166.9万元，总里程175公里。实施农村公路危桥改造项目5个，总投资2549.18万元。续建重点公路建设项目2个，总投资121.23亿元，建设里程66.076公里。落实省级养护补助1086万元，强化生态补偿岗位管理，每人每年3500元兑现工资补助。农村饮水安全工程。投入15047万元建设农村饮水安全工程88处，巩固提升58262名农牧民的饮水安全。农村饮水安全水质检测工程处数1170处，均符合《生活饮用水卫生标准》（GB 5749—2006）要求。累计投入维修养护费用990.07万元维修养护240处，保障87660人的饮水安全。累计投入3430万元建设牧区水利灌溉项目2处，新增灌溉草场面积2.1万亩。

（王祥磊）

大事记

1月

1日 “中国体育彩票2020年全国新年登高健身大会”西藏·拉萨主会场活动开幕。自治区体育局党组书记王德军宣布开幕。市委常委、常务副市长占堆致辞。

同日 拉萨市消防救援支队挂牌仪式举行。副市长张永林出席仪式。

2日 市委副书记、市长、城关区委书记果果到尼木县专题调研特色产业工作进展情况。

同日 《西藏日报》报道：团当雄县委联合当雄县创业青年公益团成员——拉萨迷蓝文化传播有限公司和西藏班公湖藏药材开发有限公司开展“青创扶贫·益暖当雄”关爱帮扶青少年活动，为58名青少年送去慰问金共计4.5万元。

3日 在2020年第二季“非遗扶贫·最美年礼”公益活动中，尼木县非遗扶贫就业工坊作为“最美年礼”之一入选。

4日 市委召开2019年度全市县(区)委书记、行业系统党工委书记抓基层党建工作述职会议。自治区党委常委、市委书记白玛旺堆主持会议，并对述职情况进行点评，就2020年全市基层党建工作进行安排部署。市领导果果、庄红翔、马军、袁训旺、占堆、吴亚松、阿努次仁、王家民、廖波出席会议。

同日 《拉萨日报》报道：自治区、拉萨市、当雄县三级妇联以庭院美、室内美、厕厕美、品行美、村庄美“五美”为标准的“美丽家园幸福人家”创建活动在当雄县羊八井镇彩渠塘村易地扶贫搬迁点启动，并为搬迁点“妇女儿童之家”授牌。

5日 由拉萨市旅游发展局主办的“圣洁拉萨健康之旅”暨2019年拉萨冬季旅游巡回促销摄影展——深圳站在深圳莲花山公园举行，深圳站是整个推介行程的最后一站。

7日 自治区人大代表、区党委常务副书记、区政协党组书记丁业现在参加自治区政协十一届三次会议拉萨市代表团审议时强调，要切实提高政治站位，凝聚强大思想共识，准确把握复杂形势，更好地把制度优势转化为治理效能。市领导白玛旺堆、果果、庄红翔、马军、云丹、王家民参加审议。

8日 自治区人大代表、区党委书记吴英杰在参加自治区十一届人大三次会议拉萨市代表团审议时强调，要增强“四个意识”、坚定“四个自信”、做到“两个维护”，以习近平新时代中国特色社会主义思想为指导，全面贯彻中共十九大和十九届二中、三中、四中全会以及中央第六次西藏工作座谈会精神，贯彻总书记关于治边稳藏的重要论述和一系列重要指示批示精神，紧扣全面建成小康社会任务目标，正确处理好“十三对关系”，把“不忘初心、牢记使命”作为党的建设的永恒课题和党员干部的终身课题，变成锐意进取、开拓创新的精气神和埋头苦干、真抓实干的原动力，抢抓有利机遇、坚持自我加压，不断满足各族群众对美好生活的向往。市领导白玛旺堆、刘江、多吉、果果、庄红翔、马军、云丹、王家民参加审议。

9日 自治区党委常委、市委书记白玛旺堆主持召开市委常委会会议，研究中共拉萨市人民政府党组关于审定《2020年购买社会救助服务加强基层救助经办服务能力的方案》的请示，研究中共拉萨市堆龙德庆区委员会关于《堆龙德庆区关于试点开展村（居）社会公众职业体系建设的实施方案》的请示。会议要求，要积极稳妥退推进政府购买服务工作，建立长期稳定的社会救助人员队伍，充实基层救助经办力量，为困难群众提供及时、高效、专业的救助服务。

同日　拉萨市人民政府新闻办公室召开拉萨市2020年两会新闻发布会，就拉萨市第十一届人民代表大会第五次会议、政协第十一届拉萨市委员会第五次会议的相关情况进行介绍，并回答记者提问。

10日　自治区人大代表、自治区主席齐扎拉在参加自治区十一届人大三次会议拉萨市代表团审议时强调，要认真学习和贯彻中共十九届四中全会精神，从本质上把握；要统一思想，充分认识拉萨推进城镇化建设的重要意义；要加快城市建设统筹力度，优化产业布局。市领导白玛旺堆、张洪波、多吉、朱强、果果、云丹、王家民参加审议。

同日　政协第十一届拉萨市委员会常务委员会第14次会议通过，免去江嘎的政协第十一届拉萨市委员会副主席职务、朱梅品的政协第十一届拉萨市委员会副主席职务、张勤的政协第十一届拉萨市委员会秘书长职务、苏新勇的政协第十一届拉萨市委员会常务委员资格。

同日　《拉萨日报》报道：2019年拉萨市新建棚户区改造项目共15个8503户、计划总投资6.3亿元，已全部开工建设，其中已完成项目1个52户，为纳金乡藏热小学西侧基础设施改造项目。

11日　自治区党委常委、市委书记白玛旺堆主持召开拉萨市“两会”党员大会。强调各位党员代表、委员要坚持集思广益；做到履职尽责，引导其他代表共同把各项报告讨论好、修改好、审议好。要求全体党员代表和委员要充分发挥党员先锋模范作用，严明政治规矩，坚决做到令行禁止。

11—13日　政协第十一届拉萨市委员会第五次会议举行。11日，政协第十一届拉萨市委员会第五次会议举行开幕式。会上，袁训旺代表政协第十一届拉萨市委员会常务委员会向大会作常务委员会工作报告。报告从强化思想建设，夯实共同思想政治基础；凝聚中心大局履职尽职，助推服务改革发展稳定；发挥社会主义协商民主的重要渠道和专门协商机构的作用，彰显社会主义民主的独特优势；提升合作共事能力，广泛凝聚改革发展稳定的正能量；发挥委员的主体作用，强化委员职责担当；以改革创新为动力，推动政协工作与时俱进六个方面总结过去一年市政协的各项工作。2019年，共收到提案127件，其中集体提案2件。经政协第十一届拉萨市委员会提案委审查立案100件，立案率78.74%（其中有9件提案并案处理为4件）。作为意见建议处理15件，撤案处理12件。截至2019年10月30日，办复115件，办复率、委员回访率100%。其中已解决和基本解决的A类提案64件，占55.65%；正在解决和列入规划逐步解决的B类提案34件，占29.57%；因政策原因和客观条件所限暂不能解决或已向委员会作出说明的C类提案17件，占14.78%。13日，政协第十一届拉萨市委员会第五次会议闭幕。区市领导白玛旺堆、庄红翔、马军、云丹、占堆、吴亚松、王家民、廖波出席。

12—14日　拉萨市第十一届人民代表大会第五次会议举行。12日，拉萨市第十一届人民代表大会第五次会议举行开幕式。会上，市委副书记、市长、城关区委书记果果代表拉萨市人民政府向大会作政府工作报告。报告中说，2019年全市地区生产总值继续保持较快增长，预计达到616亿元，按可比价计算，增长9%。完成一般公共预算收入117.04亿元，增长6.3%，财政自给率达到42%。全市4611名应届高校毕业生就业，就业率达99.2%，创历史新高。新增城镇就业1.3万人，农牧民转移就业17.1万人次，实现更加充分的就业。多措并举稳定物价，预计居民消费价格总指数控制在2.3%。落实“四个不摘”要求，持续巩固脱贫攻坚成果，贫困发生率为零，“十三五”扶贫产业项目开工率达到80.2%。全力打好蓝天、碧水、净土保卫战，全市主要江河湖泊和7个国控断面、4个城市集中饮用水水源地水质达标率100%。全年空气质量优良率达到99.7%，排名全国168个重点城市第二位。预计城镇居民人均可支配收入突破4万元，农牧民人均可支配收入达到16260元，分别增长12%和13.2%。农牧民收入较2010年实现翻两倍，提前完成“十三五”规划目标任务。基本公共教育、社会保险、医疗卫生、社会服务、文化体育等公共服务发展指标达到全国或西部地区平均水平。报告提出2020年全市经济社会发展的主要预期目标是：地区生产总值增长9%左右；地方财政收入增长3%左右；充分发挥市场在资源配置中的决定性作用，更好发挥政府作用，保持投资消费稳定，实现社会消费品零售额增长10%以上；继续保持充足的市场就业，新增城镇就业1.25万人，城镇登记失业率控制在3%以内；城乡居民人均可支配收入增长10%和13%；居民落实能源消费双控制度，进一步降低单位生产总值能耗。2020年主要抓好十个方面工作：实施幸福民生行动；实施改革创新行动；实施产业提质行动；实施要素集聚行动；实施稳投促销活动；实施扩大开放行动；实施生态文明行动；实施文化繁荣行动；实施风险防控行动；实施效能提升行动。14日，拉萨市第十一届人民代表大会第五次会议胜利闭幕。会议表决通过关于拉萨市人大常委会工作报告的决议；表决通过关于拉萨市人民政府工作报告的决议；表决通过关于拉萨市人民政府2019年国民经济和社会发展计划执行情况与2020年国民经济和社会发展计划的决议；表决通过关于拉萨市人民政府2019年财政预算执行情况和2020年财政预算的决议；表决通过关于拉萨市中级人民法院工作报告的决议；表决通过关于拉萨市人民检察院工作报告的决议。市领导果果、袁训旺、吴亚松、阿努次仁、王家民、廖波、李世蓉、田建设和大会主席团成员出席并在主席台就座。

12日　自治区党委常委、市委书记白玛旺堆在参加市十一届人大五次会议林周代表团审议时，强调要进一步坚定“四个自信”，始终感党恩、听党话、跟党走，立足取得的成绩和林周实际，坚定发展信心，抢抓机遇，全力推动林周县域经济高质量发展。

同日　自治区党委常委、市委书记白玛旺堆到市政协十一届五次会议宗教界小组讨论会场，看望政协委员，与大家共同讨论。白玛旺堆要求，要充分发挥委员的模范带头作用，积极推动宗教同国家发展、群众愿望、时代精神相适应。

同日　市人大代表、市委副书记、市长、城关区委书记果果，市人大代表、市委副书记、组织部部长庄红翔参加市十一届人大五次会议城关区代表团分组审议。市人大代表、市委副书记、组织部部长庄红翔，市人大常委会主任云丹参加市十一届人大五次会议堆龙德庆区代表团分组审议。

13日　《拉萨日报》报道：柳梧街道撤乡设街道揭牌仪式举行，标志着柳梧街道党工委、柳梧街道办事处等单位正式成立。

14日　自治区党委常委、市委书记白玛旺堆主持召开市十一届人大五次会议第三次全体会议，会议以无记名投票的方式，补选拉萨市人大常委会副主任、秘书长。经过投票选举后，达瓦、次仁顿珠当选为拉萨市第十一届人民代表大会常务委员会副主任，张长祥当选为拉萨市第十一届人民代表大会常务委员会秘书长。市领导果果、占堆、吴亚松、阿努次仁、王家民、廖波以及大会主席团其他成员出席并在主席台就座。

16—17日　自治区党委常委、市委书记白玛旺堆主持召开市委理论学习中心组“学习习近平新时代中国特色社会主义思想·建小康拉萨”专题学习2020年第一次集中学习研讨（扩大）会。会议传达学习《习近平同志在中央经济工作会议上的讲话》《李克强同志在中央经济工作会议上的讲话》以及自治区党委书记吴英杰等自治区主要领导参加自治区十一届人大三次会议拉萨代表团审议时的讲话精神及贯彻落实意见。强调全市各级各部门要持续在抓具体抓深入抓落实上下功夫，保持战略定力，把牢目标任务、突出工作重点、严格落实责任，多下基层，与群众共同寻找发展“金点子”、好办法，推动全年工作部署具体化、科学化、可操作化，努力完成全面目标任务。市领导果果、庄红翔、袁训旺、占堆、吴亚松、阿努次仁、王家民、廖波出席。

16日　拉萨经开区管委会举行德吉康萨社区爱心帮扶基金“汇聚爱心·助力脱贫”扶贫募捐活动，共募捐爱心帮扶基金543万余元。市政协主席、经开区党工委书记袁训旺出席并致辞。

17日　拉萨市“不忘初心、牢记使命”主题教育总结大会召开，深入学习贯彻习近平总书记在“不忘初心、牢记使命”主题教育总结大会上的重要讲话精神，学习贯彻自治区主题教育总结大会精神特别是自治区党委书记吴英杰讲话精神，总结全市主题教育工作，巩固拓展主题教育成果，动员和号召全市各级党组和广大党员干部不忘初心、牢记使命，凝心聚力决胜全面建成小康社会、建设社会主义现代化拉萨。自治区党委常委、市委书记白玛旺堆出席并讲话,强调要持续巩固和拓展主题教育成果,把不忘初心、牢记使命作为加强党的建设的永恒课题和全体党员干部的终身课题,推动常态长效,答好永恒课题。市委副书记、组织部部长庄红翔主持会议。自治区党委第一巡回指导组有关负责人出席。市领导果果、袁训旺、吴亚松、阿努次仁、王家民、廖波出席会议。

同日 自治区党委常委、市委书记白玛旺堆看望慰问一线环卫工人和城市低保户,向他们并通过他们向全市环卫工人和低保户致以节日的问候与祝福。市委常委、秘书长廖波陪同。21日,市委副书记、市长、城关区委书记果果慰问拉萨市困难退休人员、在职困难职工、城镇优抚对象、城市低保户等,送去新春祝福。市政协主席袁训旺看望慰问长期坚守在维稳一线的驻市部队执勤官兵、执勤干警和消防救援人员,向他们致以最诚挚的慰问和新春的美好祝福。

同日 市委副书记、市长、城关区委书记果果到城关区智昭产业园区农贸批发市场、亨通物流储备库等地,通过实地查看、听取汇报、召开座谈会等形式,了解全市节前市场物资保供及冻储物资、校园物资储备情况。

同日 拉萨市创先争优强基础惠民生活动第八批驻村(居)工作总结表彰暨第九批驻村(居)工作动员大会在市政府会议中心召开。会议认真总结拉萨市创先争优强基础惠民生活动第八批驻村(居)工作,表彰先进集体和个人,动员鼓励广大干部以更加饱满的热情投身驻村(居)工作,推动全市创先争优强基础惠民生活动迈上新台阶、再创新佳绩。市委副书记、组织部部长庄红翔出席并讲话,要求全市各级各部门要进一步统一思想、提高站位,政治站位要再提高、工作责任再压实、激励机制再完善、驻村纪律再严明,坚决摒弃松懈思想和厌战情绪,自觉增强做好驻村(居)工作的积极性、主动性和创造性,为建设美丽健康幸福新拉萨作出新的更大贡献。市领导果果、袁训旺、阿努次仁、王家民、廖波出席会议。

19日 市委副书记、市长、城关区委书记果果调研纳金水厂建设项目进展情况。强调要加快推进项目后续工作,争取早日实现供水,让群众早日喝上放心水。

同日 市人大常委会党组书记、主任云丹主持召开市人大常委会(机关)党组"不忘初心、牢记使命"主题教育总结大会。

20日 自治区党委副书记、自治区主席齐扎拉在拉萨走访看望离退休老干部、"四路进藏"老干部和爱国统战人士及其后代,代表自治区党委、人大、政府、政协,代表自治区党委书记吴英杰,向他们致以新年的美好祝福。

同日 拉萨市举行2020年春节藏历新年团拜会,全市各界人士欢聚一堂、辞旧迎新,互献哈达,共享发展成果,共绘美好蓝图。自治区党委常委、市委书记白玛旺堆出席团拜会并致辞。指出,2019年,全市上下热烈庆祝中华人民共和国成立70周年和西藏民主改革60周年、喜迎中共十九届四中全会胜利召开,各族群众深情歌颂伟大的祖国、无比感恩伟大的中国共产党,更加信心百倍坚持中国特色社会主义制度,凝聚起感恩奋进跟党走、同心共筑中国梦的磅礴力量。强调,2020年是全面建成小康社会和"十三五"规划收官之年,既是决胜期也是攻坚期。拉萨市要在狠抓工作落实上求突破,扎扎实实补短板、强弱项,持续建设团结美丽健康幸福新拉萨,以优异成绩向党中央、区党委和全市各族人民交上一份满意的答卷。市委副书记、市长、城关区委书记果果主持团拜会。市领导云丹、袁训旺、吴亚松、阿努次仁、王家民、廖波出席。

同日 自治区党委常委、市委书记白玛旺堆主持召开市委常委会会议,传达学习中央农村工作会议精神、中央财经委员会第六次会议主要精神和中共中央政治局"不忘初心、牢记使命"专题民主生活会主要精神,安排部署近期工作。会议指出,全市上下要进一步提高思想认识,深刻认识做好"三农"工作的重大意义,增强工作责任感和紧迫感,及时查漏补缺,补齐短板弱项,推动全市"三农"工作迈上新台阶。要按照市委经济工作会议部署抓好贯彻落实,充分发挥首府城市首位度作用,全面强化中心城市辐射引领带动,努力打造全区高质量发展的增长极、动力源。要深入学习领会,把"不忘初心、牢记使命"作为加强党的建设永恒课题,用党的创新理论滋养初心使命、用干事创业成效践行初心使命、用自我革命精神永葆初心使命。就做好近期工作，会议强调：要保持定力提前谋划，推进各项工作任务落实见效；要全力维护社会稳定，确保社会局势持续和谐稳定；要抓好安全生产工作，全力营造喜庆祥和的节日氛围；要关心关爱群众生活，扎实做好各项民生保障工作；要保障节日市场供应，稳定市场物价；要持之以恒正风肃纪，确保风清气正、廉洁过节；要落实好值班应急制度，确保各项工作正常运转。

同日 拉萨经开区召开“不忘初心、牢记使命”主题教育总结会议，传达学习习近平总书记在“不忘初心、牢记使命”主题教育总结大会上的重要讲话和区、市“不忘初心、牢记使命”主题教育总结大会精神。市政协党组书记、主席、拉萨经开区党工委书记袁训旺出席并讲话。

21日 自治区党委常务副书记、区政协党组书记丁业现到甘丹寺，实地督导检查维稳安保、加强和创新寺庙管理等相关工作，看望慰问驻寺干部、公安民警、武警官兵、消防人员和寺庙僧人，向他们致以新年的美好祝福。

同日 《西藏日报》报道：自治区党委副书记、自治区常务副主席庄严先后到西郊汽车客运站、拉萨市交通产业集团客运车辆监控中心、拉萨火车站和贡嘎机场，代表区党委、政府，代表自治区党委书记吴英杰，自治区党委副书记、自治区主席齐扎拉看望慰问奋战在春运和节前保障一线的工作人员，检查督导春运工作开展情况。他强调，要以习近平新时代中国特色社会主义思想为指导，牢固树立以人民为中心的发展思想，坚持困难麻烦由政府解决、把方便实惠送给群众，强监管、优服务，畅出行、保平安，全力以赴营造安全有序优质便捷的春运出行环境，确保群众平平安安回家、开开心心过年、顺顺利利返程。

同日 全市统战民族宗教工作会议召开。自治区党委常委、市委书记白玛旺堆对全市统战民族宗教工作作出批示。指出，过去一年，全市各级统战民族宗教部门深入贯彻学习习近平总书记关于加强和改进统一战线工作的重要思想，贯彻落实总书记关于治边稳藏和做好宗教工作的重要论述，加强政治引领、凝聚人心力量，加强民族团结、铸牢共同体意识，加强依法管理、维护和谐稳定，加强服务实体、助推经济发展，勇担重任、主动作为，确保全市统战民族宗教领域和顺和睦和谐，各项工作取得新成效新进步。批示强调，全市各级统战民族宗教工作部门要着力夯实共同团结奋斗的思想基础、着力深化民族团结进步示范区建设、着力提升宗教治理法治化水平、着力引导文明健康积极向上的社会风气、着力优化民营经济营商环境、着力推进长效机制建设，不断把全市统战民族宗教工作引向深入。市委副书记、市长、城关区委书记果果出席并讲话，就做好2020年统战民族宗教工作提出具体要求：一要坚强有力贯彻落实中央和自治区、市党委决策部署；二要聚焦新时代统一战线的历史使命，充分发挥统一战线的重要法宝作用；三要坚持和完善党对统一战线的领导，构建大统战工作的格局。

同日 拉萨市节前安全生产及相关工作部署会召开，主要就节日期间安全生产、市场供应等工作进行再安排、再部署，确保全市人民过上一个安定和谐、文明祥和、保障充足的节日。市委副书记、市长、城关区委书记果果出席并讲话，要求：一要牢牢守住安全底线；二要紧紧抓好民生保障；三要认真谋划发展思路；四要严格落实工作纪律。

同日 《拉萨日报》报道：截至2019年年底，拉萨市肉类蔬菜流通追溯体系全面建成，形成以2家批发市场、1个定点屠宰厂、1个冷链物流企业、10家超市、6家农贸市场、5家产销对接直营店、35家团体消费共计60个节点的较为完整的拉萨市肉菜流通追溯体系链条。

24日 《西藏日报》报道：自治区党委书记吴英杰先后到拉萨市八一路农贸市场、格拉丹东·优品超市实地考察节日期间市场供应情况。强调，要增强“四个意识”、坚定“四个自信”、做到“两个维护”，坚持以人民为中心的发展思想，时刻把群众的冷暖放在心上，坚持困难麻烦由政府解决、把方便实惠送给群众，扎实做好保障和改善民生的各项工作，切实解决好各族群众最急最盼最忧的问题，确保节日期间全区安全稳定、欢乐祥和。自治区领导白玛旺堆、刘江、其美仁增、张永泽、洛桑久美一同考察。

同日 自治区党委书记、西藏军区党委第一书记吴英杰在拉萨看望慰问人民解放军、武警部队官兵，并通过他们向广大驻藏人民解放军、武警官兵及其家属表示诚挚的慰问、致以节日的祝福。指出，希望驻藏人民解放军、武警部队官兵深入贯彻习近平强军思想，继承弘扬“老西藏精神”“两路精神”和部队优良传统，紧紧围绕维护祖国统一、加强民族团结这个着眼点和着力点，认真履行新时代的使命任务，坚定维护祖国神圣国土。自治区领导白玛旺堆、刘江、其美仁增、张永泽、洛桑久美一同看望慰问。自治区党委常务副书记、区政协党组书记丁业现深入拉萨市看望慰问春节期间坚守岗位的驻藏部队和武警官兵、公安民警、电力公司员工、医护人员，实地检查服务保障和节日值守情况，代表自治区党委、政府，向春节期间坚守岗位、辛勤工作的广大干部职工致以新春问候和美好祝愿。

同日　自治区党委常委、市委书记白玛旺堆看望慰问节日期间值班的医护人员、新闻工作者和值班民警，代表市委、人大、政府、政协和全市各族人民向他们并通过他们向全市节日期间奋战在一线的工作人员以及关心支持他们的亲属致以衷心的感谢和崇高的敬意。市领导云丹、吴亚松、廖波陪同慰问。市委副书记、市长、城关区委书记果果先后到暖心公司、北郊水厂走访慰问坚守岗位一线工作人员，向他们和全市各条战线劳动者致以节日问候和新年祝福。

25日　自治区党委常委、市委书记白玛旺堆主持召开拉萨市新型冠状病毒感染的肺炎疫情联防工作会议，进一步分析形势，研究部署全市疫情防控工作。强调，全市各级各部门要进一步提高思想认识，把防控疫情工作作为当前一项重大政治任务，严格落实各项防控措施，坚决打赢新型冠状病毒感染的肺炎疫情防控战。要求，全市各级各部门要进一步加大疫情防控工作力度，做到疫情早发现、早报告、早确诊、早隔离、早治疗，全力确保人民群众生命安全和身体健康。各级领导干部要以勇于担当的精神，扛起职责、迎难而上，以最严的措施、最严的作风、最严的纪律，坚决打赢这场疫情防控战。市领导果果、吴亚松、阿努次仁、王家民、廖波出席会议。

同日　市委副书记、市长、城关区委书记果果到柳梧检查站、柳梧汽车站、蔡公堂检查站，检查新型冠状病毒感染的肺炎疫情防控工作，看望奋战在防控一线的工作人员。强调，要贯彻落实习近平总书记重要指示精神，坚持把人民群众的生命安全和身体健康放在第一位，全力以赴、科学有序抓好防控工作，让老百姓平平安安过春节。

同日　市委副书记、市长、城关区委书记果果率队对全市大型娱乐场所、互联网上网服务营业场所进行疫情防控工作检查。强调，要有力有效落实各项防控措施，确保防控工作有力有序开展。市委常委、秘书长廖波陪同检查。

26日　《西藏日报》报道：区党委副书记、自治区主席齐扎拉在拉萨调研重点项目建设，看望慰问节日期间坚守岗位的各族劳动者，代表自治区党委、自治区政府，代表自治区党委书记吴英杰，感谢他们作出的无私奉献、付出的辛勤劳动，并通过他们向全区各条战线坚守工作岗位的劳动者致以亲切的问候和节日祝福。自治区党委常委、区常务副主席姜杰，自治区党委常委、市委书记白玛旺堆一同看望慰问。

同日　自治区党委常委、市委书记白玛旺堆到拉萨火车站、拉萨贡嘎机场，实地调研新型冠状病毒感染的肺炎疫情防控工作，对打赢疫情防控战进行再动员、再部署、再强调。强调，要进一步强化细化措施，对所有来拉人员进行严格的疫情筛查；要突出抓好重点人群防控，准确了解旅客动态；要立即成立医学专家小组，定点守候；要全面抓好各项防控准备工作，确保疫情防控工作不留缝隙、不留空白、无死角、全覆盖。自治区卫健委副主任胡学军、市委常委、秘书长廖波陪同调研。

同日　拉萨市新型冠状病毒感染的肺炎疫情联防工作会议召开，旨在扎实做好全市新型冠状病毒感染的肺炎疫情防控工作，全力保障人民群众生命安全和身体健康。自治区党委常委、市委书记白玛旺堆出席并讲话，强调，要坚持预防为主，全面落实疫情防控各项措施；要坚持分级分类管理，依法做好社会面防控；要强化舆论引导，及时回应社会关切；要加强重点区域和窗口服务行业的消毒杀菌和环境卫生管理，确保卫生无死角；要做好物资保障，确保防控物资供应充足、市场平稳；要坚决落实责任，加强监督检查。

同日　自治区党委常委、市委书记白玛旺堆主持召开拉萨市新型冠状病毒感染的肺炎疫情防控指挥部第三次调度会议，听取全市应对新型冠状病毒感染的肺炎疫情工作情况，进一步研究部署下一阶段疫情防控工作安排。强调，要认真学习贯彻习近平总书记关于新型冠状病毒感染的肺炎疫情的重要指示精神和李克强总理重要批示要求，贯彻落实国务院应对新型冠状病毒感染的肺炎疫情联防联控工作机制会议精神，按照区党委部署要求，提高政治站位，坚决杜绝麻痹思想和侥幸心理，以对党和人民高度认真负责的态度，强化责任担当、加强属地管理、狠抓工作落实，全力以赴抓好情况防控工作，坚决打赢疫情防控阻击战。市领导果果、云丹、袁训旺、吴亚松、阿努次仁、王家民、廖波出席会议。

同日　市委副书记、市长、城关区委书记果果主持召开拉萨市新型冠状病毒感染的肺炎疫情防控指挥部第二次调度会议，对疫情防控工作进行再安排、再部署。强调，要认真贯彻落实习近平总书记关于疫情防控的重要指示精神，迅速行动起来，严防严控、群防群控、联防联控，进一步压实责任，提升各项预防措施的精准性、有效性，坚决做好各项疫情防控工作。市委领导吴亚松、阿努次仁、王家民出席会议。

同日　《拉萨日报》报道：市委副书记、市长、城关区委书记果果到东嘎农副产品批发市场、八一农产品市场等地，通过实地查看、听取汇报、随机抽查等方式对全市春节、藏历新年期间市场商品保供情况进行调研。强调，要稳物价、保安全，让市民平安欢乐过新年。

27 日　自治区党委常委、市委书记白玛旺堆主持召开市委常委会会议，传达学习自治区党委常委会会议关于做好新型冠状病毒感染的肺炎疫情防控工作精神，研究全市贯彻落实意见，安排部署全市疫情防控工作。会议要求，一要进一步提高思想认识，充分认识当前疫情防控形势的严峻性、复杂性和紧迫性；二要进一步细化措施，强化精准落实；三要全面加强市内人员管理，减少人员流动和聚集；四要全力做好应急保障工作；五要做好医护人员和一线工作者的保护工作；六要加大宣传力度，大力普及疫情防控知识；七要统筹兼顾，确保社会大局和谐稳定。白玛旺堆强调，全市各级干部特别是党员干部要勇于担当，全面落实联防联控措施；要严明纪律，严格督查严肃追责；要密切关注疫情变化，坚决打赢疫情防控阻击战。

28 日　市委副书记、市长、城关区委书记、市新型冠状病毒感染的肺炎疫情联防联控工作领导小组组长果果主持召开市新型冠状病毒感染的肺炎疫情联防联控工作领导小组视频调度会，对全市疫情防控工作再研究、再部署、再强调。要求，一要进一步理顺体制机制，强化疫情防控工作的领导和指挥调度；二要多方筹集，统一调度，全力做好物资保障工作；三要加大宣传力度，教育引导广大群众无特殊情况不出门、不聚集、不串门；四要精准采集信息，全面做好来拉人员摸排工作；五要注重工作方式方法；六要严明纪律。市领导马军、云丹、袁训旺、吴亚松、阿努次仁、王家民、廖波出席会议。

同日　市委副书记、市长、城关区委书记果果主持召开全市疫情防控及保供稳价工作座谈会，听取各商超卖场负责人在当前疫情防控、保供稳价工作中的各项措施，了解他们在工作开展遇到的困难和问题，广泛收集意见建议，对全市疫情防控、保供稳价工作进行再研究、再安排、再部署。强调，要加强疫情防控和生活物资统筹调运，保证市民正常生活。

同日　市委副书记、市长、城关区委书记果果到市区酒店、超市等地调研疫情防控工作和保供稳价相关情况。强调，要牢记人民利益高于一切，严格落实各项防控措施，扛牢压实疫情防控工作的政治责任。

29 日　自治区党委常委、市委书记、市新型冠状病毒感染的肺炎疫情联防联控工作领导小组组长白玛旺堆主持召开全市新型冠状病毒感染的肺炎疫情联防联控工作视频调度会，现场调度听取全市各县（区）、各经济功能区应对新型冠状病毒感染的肺炎疫情工作情况，对全市疫情防控进行再安排、再部署。强调，要增强“四个意识”、坚定“四个自信”、做到“两个维护”，按照“坚定信心、同舟共济、科学防治、精准实测”的要求，确保防控措施落细落实落地。市领导马军、云丹、袁训旺、吴亚松、阿努次仁、王家民、廖波出席会议。

同日　自治区党委常委、市委书记、市新型冠状病毒感染的肺炎疫情联防联控工作领导小组组长白玛旺堆深入定点留观酒店、街道社区，实地调研拉萨市定点酒店集中留观和社区居家隔离工作开展情况，看望慰问奋战在防控一线的工作人员。强调，要不忘初心、牢记使命，讲大局、勇担当，切实把思想和行动统一到习近平总书记重要指示和党中央、国务院决策部署上来，牢记人民利益高于一切，以对人民群众高度负责的态度，全力以赴做好疫情防控各项工作。

同日　自治区党委常委、市委书记、市新型冠状病毒感染的肺炎疫情联防联控工作领导小组组长白玛旺堆主持召开全市新型冠状病毒感染的肺炎疫情联防联控工作领导小组第五次调度会议，听取全市应新型冠状病毒感染的肺炎疫情工作情况，进一步研究部署全市疫情防控工作，把责任再压实、工作再细化、措施再抓实。强调，要牢记人民利益高于一切，把人民群众生命安全和身体健康放在第一位，进一步完善联防联控机制，构建防控工作的铜墙铁壁，坚决打赢疫情防控阻击战。市领导马军、云丹、袁训旺、吴亚松、阿努次仁、王家民、廖波出席会议。

同日　市委副书记、市长、城关区委书记果果先后到堆龙德庆区古荣糌粑有限公司、东嘎农产品批发市场、古荣生态农业园、百益超市等农产品生产基地、农副产品批发市场、超市以及糌粑生产企业等地调研部分生活必需品价格情况。强调，要从源头上进行杜绝和有效治理扰乱市场正常秩序的行为，确保市场物价平稳。

30日　自治区党委书记、全区应新型冠状病毒感染的肺炎疫情工作领导小组组长吴英杰，自治区党委副书记、自治区主席、自治区应新型冠状病毒感染的肺炎疫情工作领导小组组长齐扎拉深入拉萨市糌粑销售点、国家粮食储备库、农副产品物流园和超市，调研全区物资供应保障情况。吴英杰强调，要坚决贯彻落实习近平总书记关于应对新型冠状病毒感染的肺炎疫情的重要指示精神，增强“四个意识”、坚定“四个自信”、做到“两个维护”，坚持以人民为中心的发展思想，牢记人民利益高于一切，用实际行动践行初心和使命，切实解决好群众最关心最直接最现实的问题，全力加强市场供应保障，确保市场价格稳定，保障群众“米袋子”“菜篮子”“肉盘子”供应充足。自治区党委常委、领导小组成员姜杰、白玛旺堆，自治区副主席、领导小组成员江白陪同调研。

同日　自治区党委常委、市委书记、市新型冠状病毒感染的肺炎疫情联防联控工作领导小组组长白玛旺堆主持召开市新型冠状病毒感染的肺炎疫情联防联控工作领导小组专题会议，结合当前遇到的问题，安排部署下一步工作。强调，要学习借鉴其他省市疫情防控的好经验好做好，结合拉萨实际，不断完善体制机制，细化疫情防控工作措施，坚决防范遏制疫情扩散蔓延。市领导果果、云丹、袁训旺、阿努次仁、王家民、廖波出席会议。

31日　自治区党委副书记、自治区主席、自治区应对区新型冠状病毒感染的肺炎疫情工作领导小组组长齐扎拉，调研拉萨市粮食储备和市场供应以及医药企业恢复生产情况。强调，要凝聚最大合力确保供给保障，坚决打好疫情防控阻击战。自治区党委常委、自治区常务副主席姜杰，自治区副主席多吉次珠、江白陪同调研。

同日　自治区党委常务副主席、区政协党组书记、自治区应对新型冠状病毒感染的肺炎疫情工作领导小组副组长丁业现到贡嘎机场、拉萨火车站、机场高速柳梧一级公安综合检查站，检查指导疫情联防联控工作开展情况，看望慰问坚守岗位的工作人员。强调，要全力以赴做好维护稳定和疫情防控重点工作，坚决保障人民群众生命安全和社会稳定。自治区党委常委、市委书记白玛旺堆，自治区副主席坚参一同调研。

同日　自治区党委常委、市委书记、市新型冠状病毒感染的肺炎疫情联防联控工作领导小组组长白玛旺堆主持召开全市新型冠状病毒感染的肺炎疫情防控工作视频调度会，详细了解县（区）外来人员摸底排查工作、辖区农牧民群众宣传动员情况、居家割裂人员服务管理情况、群众生活必需品供保情况及疫情防控工作存在的主要困难，安排部署下一步疫情防控工作。强调，全市各级各部门要充分认识疫情防控工作的严峻性、紧迫性和复杂性，加码加力持续做实疫情防控各项工作，齐心协力打赢疫情防控阻击战，全力保障人民群众生命安全和身体健康。市委副书记、市长、城关区委书记、市新型冠状病毒感染的肺炎疫情联防联控工作领导小组组长果果，市领导马军、云丹、袁训旺、吴亚松、阿努次仁、王家民、廖波出席会议。

同日　自治区副主席多吉次珠带领的检查组一行到拉萨市部分农副产品批发市场、超市，检查新型冠状病毒感染的肺炎疫情期间拉萨市场监督和市场供应保障情况。

同日 自治区副主席、自治区应对新型冠状病毒感染的肺炎疫情工作领导小组副组长江白，到拉萨市达孜区西藏天圣医药贸易有限公司和达孜区净土健康蔬菜销售点调研指导工作。

同日 市委副书记、市长、城关区委书记、市新型冠状病毒感染的肺炎疫情联防联控工作领导小组组长果果，到城关区扎细街道扎细新村，调研指导城关区基层当前各项疫情防控工作情况，并代表市委、市政府看望慰问一线工作人员，强调全市各级各部门要以对人民高度负责的态度，扎扎实实做好各项疫情防控工作。

2月

1日 自治区党委常务副书记、区政协党组书记丁业现到城关区扎细街道扎细新村社区居委会，就基层党建和疫情联防联控工作开展情况进行调研。强调，要深入学习习近平总书记关于疫情防控工作的重要指示批示精神，按照自治区党委、自治区政府各项决策部署，坚定信心、精准施策，全面落实各项防控措施，切实提高防控工作的科学性和有效性，坚决打赢疫情防控阻击战。自治区党委常委、市委书记白玛旺堆，自治区副主席多吉次珠一同调研。

同日 自治区党委常委、市委书记、市委国家安全委员会主任、市新型冠状病毒感染的肺炎疫情联防联控工作领导小组组长白玛旺堆主持召开市国安指挥部视频会议，安排部署下一步全市维护稳定和疫情防控工作。强调，要不折不扣落实好区党委决策部署，进一步扛稳做好维护稳定和疫情防控的重大政治责任，坚决克服麻痹松懈思想，做细做深做实各项工作，确保社会持续长期全面稳定。市领导果果、马军、阿努次仁、王家民、廖波出席会议。

2日 自治区党委常委、市委书记、市新型冠状病毒感染的肺炎疫情联防联控工作领导小组组长白玛旺堆先后到色拉寺、哲蚌寺，实地调研寺庙疫情防控工作开展情况，并代表自治区党委、自治区政府看望慰问高僧大德。强调，要时刻保持清醒头脑，坚定政治立场，坚定不移听党话、跟党走，坚决维护祖国统一、民族团结、旗帜鲜明反对分裂，不造谣、不信谣、不传谣，确保宗教和睦、佛事和顺、寺庙和谐。市委常委、统战部部长阿努次仁陪同调研。

同日 市委副书记、市长、城关区委书记、市新型冠状病毒感染的肺炎疫情联防联控工作领导小组组长果果到堆龙德庆区、达孜区检查指导基层疫情防控工作、看望居家隔离人员。强调，要坚持科学防控、精准施策，全面落实各项疫情防控措施，阻断病毒传播途径，坚决打赢疫情防控阻击战。市委常委、纪委书记、市监委主任王家民陪同调研。

同日 全市新型冠状病毒感染的肺炎疫情防控工作视频调度会召开。会议现场听取全市各县（区）、各经济功能区应对新型冠状病毒感染的肺炎疫情工作情况，安排部署当前重点工作。自治区党委、政府自治区党委常委、市委书记、市新型冠状病毒感染的肺炎疫情联防联控工作领导小组组长白玛旺堆出席并讲话，指出，要进一步把思想和行动统一到党中央和区市党委的各项决策部署上来，牢记人民利益高于一切，坚决把人民群众生命安全和身体健康放在第一位，坚持底线思维，增强忧患意识，坚持科学防控、精准防控、有效防控、依法防控，落实落细各项防控措施，坚决打赢疫情防控阻击战。市委副书记、市长、城关区委书记、市新型冠状病毒感染的肺炎疫情联防联控工作领导小组组长果果主持会议。市领导云丹、吴亚松、阿努次仁、王家民、廖波出席会议。

3日 自治区党委常委、市委书记、市新型冠状病毒感染的肺炎疫情联防联控工作领导小组组长白玛旺堆深入堆龙德庆区、经开区，调研指导基层群众、企业员工居家隔离工作，代表自治区党委、自治区政府，看望慰问居家隔离人员和奋战在疫情防控战线的基层工作人员。强调，要让疫情防控工作既有力度也有温度。市政协主席袁训旺，市委常委、纪委书记、市监委主任王家民陪同调研。

同日 自治区党委常委、市委书记、市新型冠状病毒感染的肺炎疫情联防联控工作领导小组组长白玛旺堆先后到小昭寺、大昭寺，实地调研指导寺庙疫情防控和维护稳定措施落实情况，并代表自治区党委、自治区政府，看望慰问高僧。市委领导马军、肖光富、阿努次仁陪同调研。

4日　自治区党委常委、市委书记、市新型冠状病毒感染的肺炎疫情联防联控工作领导小组组长白玛旺堆主持召开市委常委会，传达学习2月3日中共中央政治局常务委员会会议精神和2月4日自治区党委常委会会议精神；听取全市新型冠状病毒感染的肺炎疫情联防联控工作领导小组各组、各县（区）和经济功能区疫情防控工作开展情况、存在问题和建议的汇报，研究部署市新型冠状病毒感染的肺炎疫情联防联控工作。强调，要突出重点，细化措施，规范工作流程，提高群众防病意识和自我保护能力。要统筹抓好拉萨市改革发展稳定各项工作，努力实现2020年经济社会发展目标任务。要坚持问题导向，补齐短板弱项，坚决打赢疫情防控阻击战。

5日　自治区党委常委、市委书记、市新型冠状病毒感染的肺炎疫情联防联控工作领导小组组长白玛旺堆到达孜区实地调研指导基层、寺庙疫情防控工作，为寺庙僧尼和居家医学观察群众送去疫情防护用品。市委领导阿努次仁陪同调研。

6日　市委副书记、市长、城关区委书记、市新型冠状病毒感染的肺炎疫情联防联控工作领导小组组长果果主持召开市政府常务会议暨市信心冠状病毒感染的肺炎疫情联防联控工作领导小组会议，对疫情防控工作进行再安排、再部署、再落实，对近期改革发展稳定工作进行安排部署。会议传达学习中央政治局常委会、中央应对新型冠状病毒感染的肺炎疫情工作领导小组和国务院常务会议精神，听取各工作组疫情防控情况汇报。会议强调，近期要从以下几方面做好工作。要进一步提高思想认识；要坚持以“防”为主，补齐短板；抓好防控物资保障工作；四要抓好组织协调，做好应对准备。市委常委、常务副市长占堆出席会议。

7日　自治区党委副书记、自治区主席齐扎拉到拉萨经开区，重点围绕加快补齐全区医药卫生物资生产储备短板工作开展调研。强调，要坚决树牢长期建藏思想，坚定不移补齐工作短板，全面提升全区医药卫生物资保障水平。自治区党委常委、市委书记白玛旺堆，自治区副主席江白一同调研。

同日　自治区党委常委、自治区常务副主席、自治区应对新型冠状病毒感染的肺炎疫情工作领导小组办公室主任姜杰，到城关区两岛街道、柳梧检查站调研疫情防控工作开展情况。强调，要咬紧牙关、迎难而上、团结一心、全面动员，打好关键时期的关键战役。

同日　自治区党委常委、市委书记、市新型冠状病毒感染的肺炎疫情联防联控工作领导小组组长白玛旺堆主持召开市新型冠状病毒感染的肺炎疫情联防联控工作视频调度会，听取当前疫情防控、维护稳定工作开展情况，研究解决工作中遇到的问题，安排部署下一步工作。白玛旺堆充分肯定全市前一阶段疫情防控工作开展情况。强调，要坚决克服松懈麻痹思想，始终保持战斗状态，发扬连续作战的精神，严格落实疫情防控措施，以极端负责的态度扎实工作、迎难而上、持续发力，坚决打赢疫情防控阻击战。市领导果果、马军、云丹、袁训旺、占堆、吴亚松、阿努次仁、王家民、廖波出席会议。

8日　自治区党委常委、市委书记、市新冠肺炎疫情联防联控工作领导小组组长白玛旺堆到曲水实地调研设施农业发展及基层新型冠状肺炎疫情防控工作开展情况。指出，要解放思想、提高认识，自力更生、补齐短板，进一步提高蔬菜的自产能力，真正做到心中有底、供应充足。

同日　市委副书记、市长、城关区委书记、市新冠肺炎疫情联防联控工作领导小组组长果果主持召开城关区委常委会（扩大）会议暨城关区新冠肺炎疫情联防联控工作领导小组会议，对当前各项疫情防控工作进行再安排、再部署、再落实，并对近期经济发展和社会稳定工作进行再安排再部署。要求，要进一步坚定信心、履职尽责，坚持一手抓疫情防控工作、一手抓发展稳定，全力以赴完成好区党委明确的巩固脱贫成果、决胜全面小康和维护社会稳定三项重点任务，确保圆满完成全年经济社会发展目标任务。

9日　自治区党委常务副书记、区政协党组书记丁业现到八廓街、嘎玛贡桑社区，就基层社区维护稳定和疫情防控工作落实情况进行调研。强调，要坚定信心、同舟共济，科学防治、精准施策，全面动员、全面部署，切实把维护稳定和疫情防控各项措施落到实处。自治区党委常委、市委书记白玛旺堆一同调研。

同日　自治区党委常委、自治区常务副主席、自治区应对新冠肺炎疫情工作领导小组办公室主任姜杰实地走访糌粑市场和农贸市场，就自治区党委书记吴英杰提出的疫情期间农贸市场和糌粑市场整治、建立长效管理机制等问题再回访、再调研，深入调研寺庙疫情防控措施落实情况。强调，要强化监管，确保“舌尖”安全，齐心协力做好疫情防控工作。

同日　自治区副主席多吉次珠率领检查组，到拉萨市部分年货销售点、超市，检查藏历新年前拉萨市场监督和供应保障情况，并召开专题会议进行安排部署。

同日　市委副书记、市长、城关区委书记、市新冠肺炎疫情联防联控工作领导小组组长果果，到孜区实地调研企业新冠肺炎疫情防控工作及复产复工情况，并代表市委、市政府向广大建设者和生产者表示慰问。强调要进一步提高政治站位，强化责任意识，加强组织领导，切实做到疫情防控与安全生产同部署、同落实。

同日　全市新冠肺炎疫情防控期间市场保供电视电话会议召开。市委常委、常务副市长、全市市场保供工作领导小组组长占堆出席并讲话，要求：一要完善保供配送体系；二要明确保供流通方式；三要畅通物流配送网络。

10日　自治区党委副书记、自治区主席、自治区应对新冠肺炎疫情工作领导小组组长齐扎拉到拉萨贡嘎机场调研指导疫情防控工作，研究重点民航项目开复工事宜。强调，要进一步提高科学防控能力水平，落实落细各项防控措施，坚决打赢全区疫情防控阻击战。自治区领导姜杰、坚参陪同调研。

11日　自治区党委常务副书记、区政协党组书记丁业现到甘丹寺，考察调研宗教领域维护稳定和疫情防控措施落实情况。强调，要坚决贯彻落实习近平总书记重要讲话和一系列指示批示精神，按照坚定信心、同舟共济、科学防治、精准施策的总要求，以更顽强的意志、更果断的措施，凝心聚力、众志成城，为打赢维护稳定攻坚战和疫情防控阻击战贡献力量。自治区领导旦科、洛桑久美一同调研。

同日　自治区党委常委、市委书记、市新冠肺炎疫情联防联控工作领导小组组长白玛旺堆到八廓商城、冲赛康市场，就节日期间物资供应、市场行情、疫情防控措施落实等情况进行实地调研。强调，要进一步增强“四个意识”、坚定“四个自信”、做到“两个维护”，全面贯彻“坚定信心、同舟共济、科学防治、精准施策”要求，进一步细化防控措施、夯实防控责任，全力做好疫情防控工作，多措并举保障节日市场供应充足、品种丰富、价格稳定，确保市民群众度过一个欢乐祥和的藏历新年。市委常委、常务副市长占堆陪同调研。

同日　市委副书记、市长、城关区委书记、市新冠肺炎疫情联防联控工作领导小组组长果果到城关区基层一线及部分寺庙，检查指导新冠肺炎疫情联防联控工作开展情况。强调，要始终牢记人民利益高于一切，以对人民负责的态度，全力以赴、科学防控，坚决打赢疫情防控阻击战。

同日　市人大常委会副主任、市委组织部常务副部长达娃带队到堆龙德庆区德庆镇门堆村检查指导基层党组广大党员及驻村工作队开展疫情防控工作和维稳工作情况。

同日　城关区工商联爱心企业西藏嘎吉林建筑有限公司向城关区捐赠疫情防控资金和生活物资仪式举行。向城关区疫情防控指挥部捐款200万元，捐赠生活物资价值65万元。

12日　《拉萨日报》报道：市委常委、纪委书记、监委主任王家民带队到达孜区桑珠林村、双创服务中心、工业园区管委会明察暗访，检查督导疫情防控工作。

13日　自治区党委副书记、区政协党组书记丁业现到楚布寺考察调研宗教领域疫情防控措施落实情况，并看望慰问宗教界代表人士和驻寺干部。强调，要着眼大局、强化措施，同心同德、扎实工作，为西藏长足发展和长治久安更好地凝聚共识、凝心聚力。自治区党委常委、区政协党组副书记、副主席，区党委统战部部长旦科，区人大常委会副主任维色，区政协副主席桑杰扎巴一同调研。

同日　市委常委会会议暨市新冠肺炎疫情联防联控工作领导小组会议召开，传达学习习近平总书记在中央全面依法治国委员会第三次会议上和在北京调研指导新冠肺炎疫情防控工作时的重要讲话精神以及2月12日中共中央政治局常务委员会会议精神，传达学习《中央全面依法治国委员会关于依法防控新型冠状病毒感染的肺炎疫情、切实保障人民群众生命健康安全的意见》，传达学习九届区党委第123次常委会会议精神，听取全市疫情防控进展情况汇报，对做好疫情防控工作进一步作出部署。自治区党委常委、市委书记、市新冠肺炎疫情联防联控工作领导小组组长白玛旺堆主持会议并讲话。指出，自疫情防控工作开展以来，各级各部门、各行各业发扬斗争精神，狠抓工作落实，疫情防控取得积极成效，社会秩序总体平稳，得到区党委的充分肯定。强调，要精准把握疫情防控、恢复经济正常秩序、维护社会稳定的形势；要加强群防群控，构筑人民防线；要加大对妨碍疫情防控行为的执法司法力度；要全力保障群众生活必需品和传统民俗必需品的供应和保障；要统筹做好脱贫攻坚暨乡村振兴工作，确保全市经济平稳运行。要求，要确保疫情防控和维护稳定工作两手抓、两手硬、两不误。市领导果果、马军、云丹、袁训旺、肖光富、占堆、吴亚松、王家民出席会议。

同日　市委副书记、市长、城关区委书记果果主持召开拉萨市国土空间规划委员会办公室第1次专题会议。会议审议并通过拉萨市违法用地和违法建设行为查出办法，审议并原则通过拉萨河沿岸特色空间开发项目藏热大桥工程设计方案、西藏美术馆项目设计方案、《拉萨市高新区中南组团控制性详细规划》部分道路（含忠材山隧道）线性优化调整方案。市委常委、常务副市长占堆出席。

14日　自治区党委书记、自治区应对新冠肺炎疫情工作领导小组组长吴英杰，深入拉萨市相关企业和市场商铺，调研指导全区疫情防控工作，检查藏历新年节日市场物资供应情况，向全区各族群众致以新年的祝福。强调，要进步增强“四个意识”、坚定“四个自信”、做到“两个维护”，坚定坚决贯彻落实习近平总书记在中央政治局常委会会议上的重要讲话精神，贯彻落实党中央和国务院的各项决策部署，始终坚持以人民为中心的发展思想，在全力做好疫情防控工作、确保人民群众生命安全和身体健康的基础上，多措并举保障节日市场供应充足、品种丰富、价格稳定，努力让各族群度过一个安全欢乐祥和的藏历新年。自治区党委常委、市委书记、领导小组成员白玛旺堆，自治区党委常委、秘书长、领导小组成员刘江陪同调研。

同日　市委常委、市政协党组副书记、统战部部长阿努次仁带队到部分经政府认定转世活佛家中，代表市委、人大、政府、政协，进行走访慰问，送去口罩、消毒水、洗手液等防疫物资和慰问金。

15日　市委副书记、市长、城关区委书记、市新冠肺炎疫情联防联控工作领导小组组长果果，到曲水县和堆龙德庆区实地调研农产品稳产保供及农业产业化发展情况。强调，要有力促进农业产业化发展，增加群众收入。

16日　自治区党委常委、市委书记、市新冠肺炎疫情联防联控工作领导小组组长白玛旺堆到林周县调研疫情防控、农牧业生产、群众生活物资保障等工作。要求，要统筹抓好疫情防控、经济社会发展和维护稳定工作，确保社会局势持续和谐稳定。市委常委、秘书长廖波陪同调研。

同日　四川省雅安市捐赠的30吨“爱心蔬菜”顺利抵达拉萨。

18日　自治区党委常委、市委书记、市新冠肺炎疫情联防联控工作领导小组组长白玛旺堆分别赴堆龙德庆区人民医院、贡嘎机场、柳梧新区机场高速检查站和拉萨火车站，实地调研了解疫情防控工作，看望慰问一线医务工作者、公安民警和基层党员干部。强调，要牢固树立以人民为中心的思想，继续弘扬优良作风，克服麻痹大意，全力以赴做好疫情防控工作。属地及相关部门要把疫情防控作为当前最重要的工作，加强统筹调度，做好后勤保障，科学调配力量，把关心关爱落到实处。市委常委、秘书长廖波陪同调研。

同日　市委副书记、市长、城关区委书记、市新冠肺炎疫情联防联控工作领导小组组长果果，看望慰问疫情防控一线工作人员，向他们致以亲切的慰问和崇高的敬意。希望大家再接再厉，发扬不怕苦、不怕累、连续作战的精神，确保防控工作有序、万无一失。

同日　市委副书记、市长、城关区委书记、市新冠肺炎疫情防控工作领导小组组长果果主持召开市政府全体（扩大）电视电话会议，对全市下一步疫情防控和经济社会发展进行再安排、再部署。要求：一要认清形势、坚定信心，切实增强做好全年工作的责任感、使命感和紧迫感；二要把握关键、突出重点，确保圆满完成全年经济社会发展目标任务；三要细化责任、担当作为，在践行初心使命中交出合格的答卷。市委常委、常务副市长占堆出席。

19日 市委常委会会议暨市应对新冠肺炎疫情联防联控工作领导小组第10次调度会议召开，传达学习习近平总书记在中央全面深化改革委员会第十二次会议上的讲话精神和九届区党委第124次常委会会议精神，听取相关部门工作汇报，对全市疫情防控和经济社会发展等工作进行再强调再细化再部署。自治区党委常委、市委书记、市应对新冠肺炎疫情防控工作领导小组组长白玛旺堆主持会议并讲话。指出，全市上下要增强“四个意识”、坚定“四个自信”、做到“两个维护”，切实把思想和行动统一到习近平总书记的重要讲话精神上来，坚定坚决贯彻落实习近平总书记和党中央、国务院的决策部署及区党委各项工作安排，坚持把各族人民生命安全和身体健康放在第一位，把疫情防控工作作为当前最重要的工作来抓，坚决做好发展稳定生态和党的建设各项工作，确保全面建成小康社会和“十三五”规划圆满收官。强调，要保持定力，持续做好疫情防控、深化改革和维护稳定工作，努力实现2020年经济社会发展目标。统筹做好经济社会发展工作，抓好春耕备耕、脱贫攻坚等工作，科学安全有序推进复工复产和项目建设。市领导果果、马军、云丹、袁训旺、占堆、吴亚松、阿努次仁、王家民出席会议。

同日 自治区副主席多吉次珠率队到楚布寺和卓玛拉康，检查寺庙文物保护、消防安全等工作。

20日 自治区党委常委、自治区常务副主席姜杰深入西藏文化广电艺术中心建设项目、西藏天地绿色饮品发展有限公司，实地调研在建项目进展情况、企业复工情况。强调，要深入贯彻习近平总书记重要讲话精神，坚决落实自治区党委、自治区政府的决策部署，科学研判疫情形势，一手抓防疫、一手抓发展，依法有序推进复工复产，实现疫情防控与复工复产两手抓、两不误。

同日 自治区党委常委、市委书记、市应对新冠肺炎疫情防控工作领导小组组长白玛旺堆实地调研民生项目开复工和返拉务工人员集中医学观察等情况。强调，要始终把人民群众生命安全和身体健康放在第一位，落实好疫情防控各项措施，扎实有序推进项目开工复工，力争早日造福各族群众。市委常委、秘书长廖波陪同调研。

同日 自治区副主席、区食品安全委员会副主任甲热·洛桑丹增带队，先后到拉萨市明生菜市场、北郊赛马场区体育局系统惠民蔬菜销售点、圣美家精品超市、甘露藏药直销店，实地调研藏历新年拉萨市场保供稳价有关情况。

同日 自治区政协副主席、工商联主席、总商会会长阿沛·阿旺晋美带队，到拉萨市雄巴拉曲神水藏药总公司藏药生产基地、优品超市和温州商贸城等地，了解企业复工复产情况，检查疫情防控工作。

同日 市委副书记、市长、城关区委书记、市新冠肺炎疫情防控工作领导小组组长果果主持召开城关区常委（扩大）会议。传达学习习近平总书记在北京调研指导新冠肺炎疫情防控时和在中央全面依法治国委员会第三次会议上的重要讲话精神、《中央全面依法治国委员会关于依法防控新型冠状病毒感染肺炎疫情切实保障人民群众生命健康安全的意见》、2月12日中共中央政治局常务委员会及区、市党委对近期工作的有关会议精神。会议听取城关区新冠肺炎疫情防控工作领导小组各工作组和各街道办事处工作开展情况，并提出指导意见。会议强调，要进一步提高认识，结合实际，做好各项防控工作。

21日 自治区党委副书记、自治区主席齐扎拉深入堆龙德庆区羊达乡工业园区等地，调研自治区重点国有企业复工复产及生产经营情况，强调，要深刻领会习近平总书记重要精华精神实质，在确保疫情防控前提下全力推动企业有序复工复产，努力实现全年经济社会发展目标。自治区副主席江白一同调研。

同日 自治区党委常委、市委书记、市应对新冠肺炎疫情防控工作领导小组组长白玛旺堆看望慰问十八军老战士、先进模范、因公牺牲干部家属、离退休老干部、退休职工和易地扶贫搬迁群众，向他们致以藏历新年的美好祝福，把党和政府的关心与温暖送到他们的心坎上。市委常委、秘书长廖波陪同。

同日 市委副书记、市长、城关区委书记、市新冠肺炎疫情防控工作领导小组组长果果主持召开市政府常务会议。会议研究并原则通过《拉萨市城乡居民基本医疗保险合并实施方案》《拉萨市建成区各级党政机关、事业单位、国有企业自建小区不动产登记历史遗留问题的处理意见》,研究《拉萨市地下公共停车实施规划建设及用地管理实施意见》《拉萨市机动车停车场收费标准调整工作方案》《拉萨市人民政府关于机构改革涉及市政府规章规定的行政机关职责调整问题的决定(草案)》《拉萨市人民政府2020年度立法计划(草案)》。市委常委、常务副市长占堆出席。

同日　市委副书记、市长、城关区委书记、市新冠肺炎疫情防控工作领导小组组长果果率队到城关区、堆龙德庆区检查指导疫情防控和企业复工复产等工作。强调,要坚决贯彻落实习近平总书记重要讲话、指示精神和党中央决策部署,在确保做好疫情防控工作的前提下,安全有序推动企业复工复产,做到疫情防控和经济发展两手抓、两不误。

22日　自治区党委常委、市委书记、市新冠肺炎疫情防控工作领导小组组长白玛旺堆主持召开市委专题会议,传达学习自治区党委常委会会议精神和自治区国安指挥部视频会议精神,安排部署当前重点工作。强调,全市各级各部门要进一步增强"四个意识"、坚定"四个自信"、做到"两个维护",坚决贯彻落实好习近平总书记和党中央、国务院的决策部署,按照区党委各项工作安排,做到疫情防控与发展稳定齐头并进,向党和人民交上一份满意答卷。市委副书记、市委政法委书记、市公安局党委书记马军,市委常委、常务副市长占堆,市委常委、统战部部长阿努次仁出席。

24日　自治区党委常委、政法委书记何文浩先后到拉萨市看守所、自治区监狱,实地调研封闭管理、排查检测

26日　自治区党委常委、市委书记、市新冠肺炎疫情防控工作领导小组组长白玛旺堆先后到拉萨市文化体育中心、八一社区等地,实地调研返拉萨人员分流工作和社区疫情防控工作开展情况。市委副书记、市委政法委书记、市公安局党委书记马军,市委常委、秘书长廖波陪同调研。

27日　市委副书记、市长、城关区委书记、市新冠肺炎疫情防控工作领导小组组长果果在城关区智昭产业园调研指导疫情防控和企业复工复产,强调,要认真贯彻落实中央和区、市党委决策部署,按照科学、合理、适度、管用的原则,在加强疫情防控工作的同时,有力有序扎实推进企业复工复产,全力推动经济平稳运行。

28日　自治区党委书记、自治区应对新冠肺炎疫情工作领导小组组长吴英杰,不打招呼、轻车简从,深入拉萨市集中留观酒店、区外入藏人员分流点和自治区监狱等地,暗访督导全区疫情防控工作落实情况。强调,要进一步增强"四个意识"、坚定"四个自信"、做到"两个维护",深入学习贯彻习近平总书记近期关于疫情防控的系列重要讲话、重要指示批示精神,深入贯彻落实中央政治局常务委员会会议精神,深入学习贯彻习近平总书记给正在首钢医院实习的西藏大学医学院学生的重要回信精神,克服麻痹思想、强化责任担当,继续以防输入为重点,毫不放松抓好疫情防控工作,持续巩固成果,全面打赢疫情防控的人民战争、总体战、阻击战。自治区党委常委姜杰、何文浩、白玛旺堆、刘江、王卫东一同暗访督导。

同日　自治区党委常委、市委书记、市新冠肺炎疫情防控工作领导小组组长白玛旺堆主持召开专题会议,传达学习吴英杰书记在拉萨暗访督导新冠肺炎疫情防控工作时的指示要求,听取各专项小组工作进展情况报告,对当前疫情防控工作进行再研究、再强调、再部署。强调:一要保持高度警醒不放松;二要坚持问题导向不放松;三要突出工作重点不放松;四要狠抓责任落实不放松。始终保持高度警醒,细化举措严明责任,坚决打赢疫情防控阻击战。市领导果果、马军、袁训旺、占堆、吴亚松、阿努次仁、王家民、廖波出席会议。

同日　市委副书记、市长、城关区委书记、市新冠肺炎疫情防控工作领导小组组长果果率队在市区检查指导疫情防控工作落实和项目复工情况。强调,要进一步压紧压实工作责任,坚定必胜信念,咬紧牙关,毫不放松抓紧抓实抓细各项疫情防控工作。

3月

1日　自治区党委常委、市委书记、市新冠肺炎疫情防控工作领导小组组长白玛旺堆主持召开市委

常委会，传达学习习近平总书记给西藏大学医学院2015级临床医学专业本科班在北京大学首钢医学院实习的17名学生的回信精神和在中央有关会议上的重要讲话和重要指示精神，听取相关工作汇报，并对全市疫情防控、经济社会发展和维护稳定等工作进行安排部署。会议充分肯定全市疫情防控工作开展情况。指出，要进一步强化责任、压实措施，突出工作重点，持续抓好疫情防控、经济社会发展和维护稳定工作，努力实现2020年经济社会发展目标任务。强调，要提高思想认识，加强引导力度；要突出防范重点，织密织牢疫情防控网；要依法依规做好疫情防控工作，抓好经济社会发展各项工作；要继续做好物资保供、农牧业生产、脱贫攻坚、大学生就业等工作；要全力以赴做好全市维护稳定工作，确保社会大局和谐稳定；要关心关爱疫情防控一线工作人员，落实相关政策；要加强组织领导，严格落实好领导责任和部门责任。

同日　西藏民航通航线55周年。55年来，西藏机场从1个到5个，航线从1条发展到103条，通航城市从2个到发展51个，进出满港航班从每周1架到日均150多架，年旅客吞吐量从0.44万人次到575万人次。

2日　市委政法工作会议召开。市委副书记、市委政法委书记、市公安局党委书记马军出席会议并讲话。对做好2020年政法工作，马军要求：一要认真学习贯彻习近平总书记关于疫情防控系列重要指示精神，坚决打赢疫情防控阻击战；二要紧紧围绕当前反分裂斗争新特点新动向，坚决筑牢维护国家安全和社会稳定的铜墙铁壁；三要紧紧围绕发挥政法职能作用，全力做好法律保障；四要紧紧围绕提升社会治理能力，努力建设更高水平的平安拉萨；五要紧紧围绕扫黑除恶专项斗争三年为期目标，确保取得全面胜利；六要紧紧围绕提升政法工作公信力和群众满意度，深入推进政法领域全面深化改革；七要紧紧围绕打造“五个硬”和“四化”政法铁军，为疫情防控、政法事业提供坚强组织保障。

同日　2020年全市县（区）公安局长工作会议召开。会议全面总结回顾2019年公安工作，分析研究当前形势和问题短板，对并2020年公安工作进行全面部署。自治区公安厅党委委员、市委副书记、市委政法委书记、市公安局党委书记马军出席并讲话。强调，2020年要围绕提升综合治理能力，把创新治理格局、完善治理体系作为强化基层基础、开展长治长效的有力手段，为大局持续稳定和百姓安居乐业提供坚实保障。

3日　市委副书记、市长、城关区委书记、市应对新冠肺炎疫情工作领导小组组长果果，到拉萨经开区、堆龙德庆区等地，实地调研、指导企业复工复产和疫情防控工作开展情况。

同日　市委副书记、市长、城关区委书记果果主持召开拉萨市国土空间规划委员会办公室第2次专题会议。会议审议《拉萨市城关区娘热街道规划（2020—2035）》《拉萨城关区夺底街道规划（2020—2035）》，审议并原则通过堆龙德庆区·上古壹号建设项目设计方案事宜。市委常委、常务副市长占堆出席。

同日　市委副书记、市长、市应对新冠肺炎疫情工作领导小组组长果果，到拉萨经开区部分企业、堆龙德庆区新城建设项目施工现场，实地调研，指导企业复工复产和疫情防控工作开展情况。希望，各企业要确保在各项疫情防控措施有力、到位的前提下，不折不扣落实好生产防疫、员工防护及群防群治等防控措施，保质保量完成全年生产任务。拉萨经开区和相关行业主管部门要进一步加大对各企业疫情防控落实情况的监督检查力度，将各项防疫措施落地落实落细。同时，积极协调、帮助企业解决在复工复产阶段存在的困难、问题。

4日　自治区党委常委、市委书记、市应对新冠肺炎疫情工作领导小组组长白玛旺堆主持召开全市稳投资工作专题会，分析研判当前经济形势和项目建设情况，安排部署下一步重点工作。会议听取研究2020年全市国家投资项目、社会投资项目工作计划，对实现2020年规上工业增加值增加10%的目标和有效拉动投资的措施办法提出意见和建议。强调，要在全力抓好疫情防控各项工作的同时，紧扣市委九届五次全委会暨市委经济工作会议确定的目标，实事求是、铆足干劲、精准发力，突出项目引领，注入内生动力，做到疫情防控和经济发展两不误、两促进。市领导果果、庄红翔、袁训旺、占堆、廖波出席会议。

同日　自治区党委常委、市委书记、市应对新冠肺炎疫情工作领导小组组长白玛旺堆主持召开全市造林绿化专题会，听取相关部门造林绿化工作进展情况汇报，全面部署2020年造林绿化工作。强调，要在严格落实疫情防控要求的基础上，抢抓春季有利时机，高标准、高质量完成造林绿化工作。要求，要全面规划、因地制宜，科学合理布局造林绿化工程，确保种一片、活一片、绿一方。市领导果果、庄红翔、袁训旺、占堆、廖波出席会议。

同日　自治区党委常委、市委书记、市应对新冠肺炎疫情工作领导小组组长白玛旺堆主持召开全市乡村振兴和脱贫攻坚工作专题会议时，强调要坚持习近平新时代中国特色社会主义思想为指导，增强“四个意识”、坚定“四个自信”、做到“两个维护”，深化农牧业供给侧结构性改革，坚持新发展理念，抓紧抓实抓细农牧区疫情防控工作，聚焦目标、突出重点，大胆实践、努力拼搏，努力超额完成全年目标任务。市委副书记、市长、城关区委书记、市应对新冠肺炎疫情工作领导小组组长果果，市委常委、秘书长廖波出席会议。

5日　自治区党委书记、自治区应对新冠肺炎疫情工作领导小组组长吴英杰到拉萨市各企业和农业生产一线，就相关工作情况进行调研。强调，要增强“四个意识”、坚定“四个自信”、做到“两个维护”，认真贯彻落实习近平总书记重要讲话和重视指示批示精神，贯彻落实中央各项决策部署和区党委要求，统筹抓好疫情防控和改革发展稳定民生工作，坚决打赢疫情防控和经济社会发展两场战役。要抢抓农时，一手抓疫情防控、一手抓农业生产，确保全区“三农”工作开好局、起好步。自治区党委常委、自治区常务副主席罗布顿珠、姜杰，自治区党委常委、市委书记白玛旺堆，自治区副主席坚参陪同调研。

同日　自治区党委常委、市委书记白玛旺堆主持召开专题会，研究全市主要道路交通拥堵节点疏堵工作，安排部署下一步工作。强调，要坚持以人民为中心的发展思想，恪守为民情怀，多倾听群众意见，坚持问题导向、目标导向，充分发挥好首府城市首位度作用，切实解决好群众反映的突出问题，为人民群众创造良好便捷的出行环境。市领导果果、王强、占堆、廖波出席主会场或分会场会议。

6日　上午8时30分拉萨市维稳力量集中武装巡逻演练在洲际酒店、市公安局特警支队两个片区同时进行。市委副书记、政法委书记、市公安局党委书记马军统一调度指挥。

7日　市委常委会召开，传达学习习近平总书记在中共中央政治局常委会会议和在北京考察新冠肺炎防控科研攻关工作时的重要讲话精神、中央决战决胜脱贫攻坚座谈会精神；传达学习中央政治局常委、全国政协主席汪洋的重要批示精神，听取近期全市维稳工作汇报及下一步工作建议；传达学习区党委第128常委会会议精神，研究全市贯彻落实意见；听取九届市纪委五次全会筹备情况汇报，研究九届市纪委五次全会工作报告。自治区党委常委、市委书记、市应对新冠肺炎疫情工作领导小组组长白玛旺堆主持会议。会议要求，要根据形势变化，进一步把各项工作做深做细做实，坚决防止形式主义、官僚主义，扎扎实实抓好疫情防控工作。会议强调，全市各级各部门要进一步提高思想认识、提高政治站位，克服松懈麻痹思想、严阵以待，时刻保持高度警惕，深入落实各项维稳措施，全力实现拉萨社会大局持续稳定、长期稳定、全面稳定。

同日　市委副书记、组织部部长庄红翔到市人民医院、全季酒店疫情防控留观点，看望慰问奋战在疫情防控一线的妇女代表。

8日　自治区党委书记吴英杰，自治区党委副书记、自治区主席齐扎拉到自治区第三人民医院和拉萨市公安局交警支队女子大队执勤点，看望慰问坚守在疫情防控一线的广大女医务工作者和公安机关女民警，并向全区各族各界妇女同胞致以节日的美好祝福。自治区党委常委姜杰、白玛旺堆、刘江一同看望。

同日　墨竹工卡县向南京援鄂医疗队捐赠的价值31.4万元的生活物资，从拉萨火车站西站（货运）启程，驰援武汉。同时墨竹工卡县干部群众还自发为湖北武汉捐款192.16万元。

同日　林周县通过路、航两线向“苏州市援鄂医疗队”援助2吨牦牛肉、500公斤藜麦、1000箱矿泉水。

9日　自治区党委副书记、自治区主席齐扎拉到拉萨市人民医院白定分院、自治区第二人民医院调研全区医院建设情况。强调，要深入学习贯彻落实习近平总书记重要讲话和重要指示批示精神，认真贯彻落实中央各项决策部署和区党委要求，补齐医疗卫生短板，进一步提升医疗服务质量和水平，以实际行动守护好群众生命安全和身体健康。自治区党委常委、市委书记白玛旺堆，自治区副主席罗梅陪同调研。

同日　市委副书记、市长、城关区委书记果果主持召开全市 2020 年重点项目和非政府类投资项目联审联批电视电话会议。指出，要研究解决重点项目和非政府类投资项目在行政审批中存在的困难和问题，为加快投资项目落地提供良好的政务服务环境。市委常委、常务副市长占堆出席会议。

11 日　自治区党委常委、市委书记白玛旺堆主持召开全市民生工作专题会议，听取 2020 年医疗卫生、教育、低收入家庭生活保障、健康养老、住房保障和就业工作计划方面的工作汇报。关于卫生健康工作，他强调要加强卫生健康工作顶层设计，整合优势资源，优化公共卫生资源布局，进一步提升医疗质量和效率，满足群众多样化就医需求。结合这次疫情防控工作，加快完善拉萨市重大疫情防控体制机制，健全公共卫生应急管理体系，不断提升全市公共卫生服务能力和水平；关于教育工作，他强调要持续提升教育供给力，做好教育资源布局规划，落实属地管理责任，加快工作推进力度，努力办好人民满意的教育。依规合理测算班主任补助、课时费津贴补贴等并完善落实政策，为广大教师安心从教提供保障；关于民生工作，他强调要从政策保障、社会救助等方面做好困难群众的基本生活保障工作，精准确定低保户，严格执行低保政策。要“智志双扶”，加紧谋划和编制养老服务专项规划，加快研究出台支持健康养老事业的系列配套政策，扎实推进拉萨市居家和社区养老服务工作；关于住房保障工作，他强调要坚持以人民为中心的发展思想，加快工作进度，保质保量完成项目建设，加强公租房管理，完善相关政策制度，强化监督管理，全面落实城市困难群众住房保障。加快老旧小区改造建设，让城市展现新面貌新形象，不断提升城市品位和颜值；关于就业工作，他强调要精准开发就业岗位，精准对接，让高校毕业生充分发挥自身特长和专业优势，加大援藏衔接力度，推进就业援藏工作。做好农牧民转移就业，开展以岗代训和订单式技能培训，建立“政府 + 用工企业 + 劳务市场主体 + 农牧民”组织化劳务输出工作机制。市委领导果果、庄红翔、占堆、廖波出席。

同日　自治区党委副书记、自治区常务副主席、区国安指挥部总指挥庄严先后到哲蚌寺、雪社区居委会、宗角禄康公园便民警务站和大昭寺，实地检查督导疫情防控等工作落实情况。强调，要切实增强“四个意识”、坚定“四个自信”、做到“两个维护”，坚决贯彻习近平总书记和党中央的决策部署，全面落实自治区党委、自治区政府关于疫情防控和维稳工作的各项要求，增强忧患意识和防范风险意识，下好先手棋、打好主动仗，慎终如始抓防疫，履职尽责保稳定，不断推进西藏长足发展和长治久安。自治区领导许雪光、孟晓林、索朗仁增一同调研。

同日　自治区党委常委、市委书记白玛旺堆主持召开专题会议，研究全市文化旅游为重点的第三产业工作，听取疫情对文化旅游和第三产业发展的影响及应对措施，各相关部门对具体工作进行分析、提出对策建议。要求，要进一步细化深化实化应对措施，用好用足援企稳岗政策，精准做好景区、酒店、餐饮、交通等第三产业的复工复产工作，尽可能把疫情对经济的影响控制在最低程度。相关部门要加强工作对接指导，帮助企业、个体工商户尽快有序复工复产，营造有利于消费潜力释放的市场环境，使实物消费和服务消费得到回补。要及时发现和帮助解决企业、个体工商户遇到的困难和问题，要对受影响的从业人员精准摸排，用好用足自治区就业扶持和人员培训政策，进行短期转岗安排，确保疫情防控期间这部分人有事干、有收入。市领导果果、庄红翔、占堆、廖波出席。

同日　自治区副主席罗梅率队到西藏自治区第三人民医院、自治区疾控中心和拉萨市人民医院，看望慰问奋斗在一线的医务人员。

12 日　市纪委九届五次全会召开。自治区党委常委、市委书记、市应对新冠肺炎疫情工作领导小组组长白玛旺堆出席会议并讲话。强调，要坚持以习近平新时代中国特色社会主义思想为指导，贯彻落实习近平总书记全面从严治党和治边稳藏重要论述及一系列重要指示批示精神，按照自治区纪委九届五次全会部署安排，增强“四个意识”、坚定“四个自信”、做到“两个维护”，一以贯之、坚定不移推进全面从严治党，坚持和完善国家监督体系，强化对权力运行的制约监督，确保党中央和区党委各项决策部署落到实处，为打好疫情防控阻击战、巩固脱贫成果、决胜全面小康、维护社会稳定提供坚强保障。市领导庄红翔、马军、云丹、袁训旺、占堆、吴亚松、阿努次仁、廖波出席会议。市委常委、纪委书记王家民主持会议。

同日　《拉萨日报》报道，拉萨市坚持“六个到位”，切实服务保障工程建设和企业复工复产。开工复工保障到位。在建工程项目继续做好施工及涉及民生类工程项目在3月15日后开工复工，推动其他工程建设项目梯次有序开工复工。指导工程建设项目和企业按照疫情防控有关标准和要求，制定有针对性的防控措施和复工流程，健全和落实项目施工以及工作场所人员防护制度，确保疫情防控措施到位，同时协调解决好隔离场所安排等方面存在的突出困难问题。准入条件落实到位。严格筛查，同时耐心做好暂缓来拉人员的政策解释和教育引导。人员来拉服务到位。协同企业共同做好人员来拉沿途服务管理工作，确保符合疫情防控通行条件的人员顺利来拉并主动帮助企业解决好人员接回车辆及相关服务保障。本地人员组织到位。发挥各县（区）、经济功能区劳务服务公司作用，根据项目建设和企业复工复产需求有序推送劳动力，保证项目（企业）开复工用工需求。隔离服务管理到位。区外从业人员进入拉萨后依照《新型冠状病毒肺炎防控方案（第四版）》要求做好规范隔离。指导帮助企业做好隔离人员的日常健康和生活服务保障，加强人员心理疏导和疫情防控知识教育。

同日　自治区党委副书记、自治区常务副主席庄严深入拉萨市税务局西城分局、自治区税务局办税大厅调研疫情防控措施落实以及税务工作开展情况，并同区税务局领导班子座谈交流。强调，要认真贯彻党中央关于统筹做好疫情防控和经济社会发展的决策部署，落实自治区党委、自治区政府关于统筹做好疫情防控和经济社会发展的工作安排，从实际出发，扎实开展2020年“便民办税春风行动”，全力帮扶疫情困难企业舒困解难，全力助推企业复工复产，着力优化税收营商环境，以更坚定的信心、更顽强的意志、更有力的举措，为坚决夺取疫情防控和实现2020年经济社会发展目标双胜利作出贡献。

同日　市委农村工作暨全市脱贫攻坚工作会议召开。会议深入贯彻落实习近平总书记关于脱贫攻坚和“三农”工作成效，研究部署2020年脱贫攻坚暨“三农”工作重点任务。自治区党委常委、市委书记、市应对新冠肺炎疫情工作领导小组组长白玛旺堆出席并讲话，市委副书记、市长、城关区委书记果果主持会议。白玛旺堆指出，中共十八大以来，全市上下坚持以人民为中心的发展思想，坚决贯彻落实习近平总书记关于脱贫攻坚和“三农”工作的重要论述，按照党中央和区党委部署安排，突出“三农”基础性地位，狠抓精准扶贫精准脱贫，各项工作扎实有力，取得显著成效。对做好2020年的脱贫攻坚和“三农”工作，白玛旺堆强调，一要全面克服疫情影响，扎实推进“消费扶贫”；二要高质量巩固脱贫成果；三要加快推进乡村振兴战略；四要持续深化农牧区改革。

13日　市委副书记、市长、城关区委书记、市应对新冠肺炎疫情工作领导小组组长果果主持召开全市维稳视频调度会议，就贯彻落实好自治区维稳视频调度会议精神、做好近期维稳工作，进行再强调、再调度、再部署。要求，全市各级各部门要坚持“稳”字当头，以不出事为前提，主动创稳、源头维稳、制度建稳，提高维稳的层次和水平。市领导庄红翔、马军、云丹、袁训旺、占堆、吴亚松、阿努次仁、廖波参加主会场会议。

同日　全市纪检监察重点工作部署会召开。市委常委、市纪委书记、市监委主任王家民主持会议并讲话，要求全市各纪检监察机关要坚持力度不减，抓好脱贫攻坚成果巩固。

同日　全市纪检监察系统、巡察机构工作作风提升年活动暨机关内部检查动员部署会召开。市委常委、市纪委书记、市监委主任王家民出席会议并讲话。

14日　自治区党委书记、自治区应对新冠肺炎疫情工作领导小组组长吴英杰与广大党员干部、驻藏部队指战员、武警官兵和政法干警及各族群众一同走进街头巷尾，共同开展城市卫生大扫除，铲除病毒滋生和传播的土壤，建设美丽西藏，为坚决打赢疫情防控的人民战争、总体战、阻击战营造良好环境。区党委副书记、自治区主席齐扎拉，区党委副书记、自治区常务副主席庄严，自治区党委常委罗布顿珠、旦科、姜杰、边巴扎西、白玛旺堆、刘江、陈永奇分别参加活动。

15日　2020年全市重点项目开复工仪式举行。市委副书记、市长、城关区委书记、市应对新冠肺炎疫情工作领导小组组长果果出席仪式并致辞。

同日　全市管网改造和智慧水务项目开工。朵森格路官网改造最为2020年开工的第一条道路。

同日　拉萨贡嘎机场国际机场航站区改建项目复工。拉萨贡嘎国际机场作为全球最大的高原机场之一，2019年旅客吞吐量突破574万人次、货邮吞吐量43624.9吨，使得按照年吞吐量100万人次设计的T1、T3航站楼十分拥挤，因此，机场改扩建项目是适应市场需求的必然选择。2016年，中国民航西藏自治区管理局启动拉萨贡嘎国际航站区改扩建工程前期工作，并于2017年12月正式开工。

同日　《拉萨日报》报道：拉萨市采取优化审批服务、开通绿色通道、支持线上线下经营、延长年报时间、落实告知承诺、延长电梯维修周期、严查涉企乱收费行为、审慎管理异常名录、提供检验技术服务、优化投诉举报流程、加强知识产权服务、发挥党建引领作用等12项举措保障企业复工复产。

16日　自治区党委书记吴英杰，区党委副书记、区人大常委会主任洛桑江村到曲水县曲水镇曲甫村，深入田间地头、农牧系统单位，与当地干部群众谈特色产业经、算增收致富账，实地调研春耕春播工作情况。指出，要深入推进农牧业供给侧结构性改革，确保农牧民不离乡不离土，增收致富。自治区党委常委、市委书记白玛旺堆，自治区党委常委、秘书长刘江一同调研。

同日　市委副书记、市长果果到拉林高等级公路沿线各重要节点调研指导绿化提升工作，了解公路沿线绿化提升情况，现场协调解决工作推进过程中遇到的困难和问题，并提出具体工作要求。指出，各相关单位要统筹考虑，加快行动步伐，本着节约资源、就近就便的原则进行地形平整，进一步优化设计，利用春季迅速有序开展好苗木栽植、查漏补缺、沿线垃圾清理等工作。

同日　市委副书记、市长、城关区委书记果果主持召开市政府常务会议。会议研究并原则同意《拉萨市政务数据资源共享管理暂行办法》《拉萨市电子政务外网接入管理规定》《拉萨市人民政府中小微企业贷款贴息专项资金管理办法(试行)》。

同日　拉萨市重点水利工程建设项目正式复工。拉萨河5#闸工程是拉萨河城区段综合整治工程6座梯级蓄水闸之一，该项目于2019年8月24日开工。

同日　拉萨至铁路米林10千瓦配电所高压开关柜安装就位，拉开拉林铁路全线电力专业大规模施工的序幕。拉林铁路沿线牵引变电所的首座避雷针于2019年7月安装完成，标志着全线牵引变电所进入设备安装阶段。截至3月中旬，拉林铁路全线牵引变电所已完成设备基础浇筑327基，避雷针安装21座。截至2月底，拉林铁路全线累计完成投资272亿元，全线47座隧道已贯通44座车120座桥梁已建成119座；铺轨、站房等项目有序进行。拉萨至林芝铁路是国家“十三五”规划重点工程项目，全长435.48公里，设计时速160公里，是西藏首条电气化铁路。全线地质条件复杂，桥隧比高达75%以上。

17日　2020年全市农牧工作会议召开，会议总结2019年全市农牧工作，并安排部署2020年全市农牧业重点工作任务。副市长扎西白珍出席并讲话。

同日　自治区党委常委、市委书记白玛旺堆主持召开专题会，听取全市户籍制度改革工作进展情况及政策建议。强调，要深入贯彻落实习近平总书记关于推进新型城镇化建设的重要讲话和指示精神，坚持以人民为中心的发展，推进以人为核心的城镇化，进一步提高城镇化人口素质和居民质量，让人民群众有更多的获得感和幸福感。市领导果果、庄红翔、沈海斌、王强、占堆、毛东军、廖波出席。

同日　自治区副主席罗梅率调研组到皋康大药房西郊店、中国石油功德林加油站、药王山农贸市场、百益超市拉百店和拉萨百货商场，调研疫情防控期间定点医药机构疫情防控用品满足群众需要及医保服务工作、成品油销售、商贸领域与人民群众密切相关的生活必需品的市场供应、商场复工营业等相关情况。

同日　拉萨柳梧新区2020年重点项目集中开(复)工仪式在柳梧新区栖风园项目工地举行。

同日　自治区副主席罗梅率调研组到皋康大药

房西郊店、中国石油功德林加油站、药王山农贸市场、百益超市和拉萨百货商场，调研当前疫情防控期间商贸领域市场供应等相关情况。

18日　市委副书记、市长、城关区委书记果果主持召开2020年全市安全生产工作电视电话会议，通报2019年全市安全生产形势，安排部署2020年安全生产工作。市委常委、常务副市长占堆、毛东军出席。

同日　市委副书记、市长、城关区委书记果果主持召开2020年全市信访工作电视电话会议。通报2020年第一季度全市信访工作开展情况，安排部署下一阶段。果果要求，要进一步提升履职能力，努力为来访群众服务好。市领导占堆、毛东军出席会议。

同日　城关区组织开展2020年重大项目集中开（复）工仪式，总投资134.52亿元的64个重点项目正式复工。

19日　自治区党委常委、市委书记、市应对新冠肺炎疫情工作领导小组组长白玛旺堆到墨竹工卡县、达孜区，深入企业生产一线，调研指导企业疫情防控、复工复产和生产经营工作。强调，要深刻领会习近平总书记重要讲话精神，在有效防控疫情的前提下全力推动企业有序复工复产，确保疫情防控和经济社会发展"双战双赢"。市委副书记、市长、城关区委书记、市应对新冠肺炎疫情工作领导小组组长果果，市委常委、秘书长廖波陪同。

同日　自治区党委常委、市委书记白玛旺堆到墨竹工卡县，调研美丽乡村建设整村推进试点工作，并主持召开座谈会。强调，要始终坚持以人民为中心的发展思想，紧扣"神圣国土守护者、幸福家园建设者"主题，扎实推进整村推进试点工作，走出一条符合拉萨实际、顺应群众期待的新路子。市领导果果、沈海斌、廖波陪同调研。

同日　市委常委、常务副市长毛东军到西藏娃哈哈食品有限公司、西藏泰宏科技有限公司、西藏拉萨啤酒股份有限公司等联系规上企业调研，实地查看各企业复工复产、防疫措施落实等情况，并了解企业2020年的发展计划和在生产运行中存在的困难问题。

20日　市委副书记、市长、城关区委书记、市应对新冠肺炎疫情工作领导小组组长果果到雪社区、加措社区实地调研棚户区改造情况。强调，要坚持以人民为中心的发展思想，进一步提高认识，站在群众立场考虑问题，把棚户区改造作为重大民生工程抓实扎细，高起点规划，高质量建设，把棚户区改造项目建设成让政府放心、百姓满意的民生工程、精品工程。

同日　市委副书记、市长、城关区委书记果果主持召开全市2020年重点项目和非政府类投资项目第二次联审联批会议，就各项目推进过程中遇到的困难，现场协调推进、现场解决问题。要求，要高度重视、明确目标，突出重点、抓关键，进一步做好联审联批，加快重大项目建设步伐。市委常委、常务副市长毛东军出席。

同日　全市组织部长会议召开。市委副书记、组织部部长庄红翔出席主会场会议并讲话，指出，要聚焦疫情防控、脱贫攻坚、维护稳定等重点工作，打造适应社会主义现代化拉萨建设的高素质干部队伍。

同日　全市市场监管（知识产权）工作会议在市市场监督管理局召开，会议总结2019年全市市场监管工作，安排部署2020年目标任务。

同日　《拉萨日报》报道：林周县着力打造全市最大花卉基地。林周县边角林乡阳光温室示范园于2012年开始修建，园区占地1126亩，共计285个大棚。2019年，通过援藏资金帮助对智能温室大棚进行维修，棚内软硬件设施得到大大提升，2020年年初，该乡积极探索经济发展新品种培育路子，不断进行蔬菜、水果、花卉、食用菌类培养。其中，花卉种植面积达13000平方米，品种达30余种。

21日　自治区党委常委、市委书记、市应对新冠肺炎疫情工作领导小组组长白玛旺堆主持召开专题会，学习贯彻习近平总书记关于疫情防控工作的最新重要指示精神，按照党中央和区党委的决策部署，对全市疫情防控工作进行安排。要求，要根据疫情最新变化做好科学防控、精准防范疫情跨境输入，落实落细疫情防控各项措施，把牢"入口关"，严防输入性风险。市领导果果、庄红翔、马军、袁训旺、占堆、毛东军、吴亚松、阿努次仁、廖波出席会议。

同日　《西藏日报》报道：疫情防控期间，拉萨市商务局创新招商方式，通过电话、微信等方式，保持与客商的联系,"屏对屏"做好"不见面"招商。对接的在谈项目34个,总投资108.3亿元。

23日 市委副书记、市长、城关区委书记果果主持召开拉萨市国土空间规划委员会办公室第3次专题会议。会议审议《拉萨市达孜城区控制性详细规划及核心区城市设计》《拉萨市东城区(纳金片区)重点地区城市设计》,以及蔡公堂街道白定村农牧民安置就业用地项目概念性设计方案及部分地产建设项目方案。

同日 副市长陆从福主持召开全市集中式饮用水水源地调整暨固定污染排污许可证清理整顿工作会议。

24日 自治区党委书记、自治区应对新冠肺炎疫情工作领导小组组长吴英杰到拉萨市第三高级中学和第二初级中学等学校调研检查校园疫情防控、复学开课准备等工作,代表自治区党委、自治区政府向广大教职员工表示慰问。强调,要深入贯彻落实习近平总书记关于统筹推进疫情防控和经济社会发展工作的系列重要讲话精神,深入贯彻落实好总书记致西藏民族大学建校60周年的贺信和给西藏大学医学院学生的重要回信精神,从严从细从实做好学校疫情防控和教育教学工作,全力以赴确保师生身体健康和校园安全。自治区党委常务副书记、区政协党组书记丁业现,自治区党委常委、拉萨市委书记白玛旺堆一同调研。

同日 自治区党委常委、市委书记、市应对新冠肺炎疫情工作领导小组组长白玛旺堆市委召开常委会会议,传达学习习近平总书记在湖北省考察新冠肺炎疫情防控工作时的重要讲话精神、给北京大学援鄂医疗队全体"90后"党员的重要回信精神、3月18日中共中央政治局常务委员会会议精神及区党委第130次和131次常委会会议精神、习近平总书记在中共中央政治局常委会会议审议《关于2019年脱贫攻坚成效考核等情况的汇报》和《关于中央脱贫攻坚专项巡视"回头看"情况的综合报告》时的重要讲话精神、中央第三巡视组关于西藏自治区开展脱贫攻坚专项巡视"回头看"的反馈意见精神,并研究全市贯彻落实意见;传达学习习近平总书记关于耕地保护工作的重要批示及其他中央领导的批示精神,听取全市有关工作汇报;传达学习自治区党委书记吴英杰在拉萨市调研春耕春播工作时的指示精神和自治区党委副书记、自治区主席齐扎拉指示精神,研究全市贯彻落实意见;研究《拉萨市委常委会2020年工作要点》。会议强调,要继续绷紧疫情防控这根弦,毫不放松持续抓好疫情防控这项工作,一鼓作气、咬紧牙关、坚持到底,坚决夺取疫情防控斗争全面胜利。要进一步增强"四个意识"、坚定"四个自信"、做到"两个维护",下定决心整改突出问题,高质量巩固脱贫成效。要按照吴英杰书记和齐扎拉主席的指示要求,深入推进农牧业供给侧结构性改革,在着力提升牦牛市场供给能力上做好示范点引领工作。

同日 《拉萨日报》报道:副市长陆从福率领市政府调研组对白定片区污水处理厂、达孜区污水处理厂中央环保督察反馈问题整改情况进行现场调研。

25日 自治区党委常务副书记、区政协党组书记、区党委教育工作领导小组组长丁业现先后到拉萨中学、自治区教育厅,调研学校疫情防控和春季开学工作。强调,全区教育系统必须从讲政治的高度,立足于全局工作,科学有序推进各类学校开学复课工作。自治区副主席张洪波一同调研。

同日 市委副书记、常务副市长、市脱贫攻坚指挥部总指挥长沈海斌主持召开市脱贫攻坚指挥部2020年第一季度工作例会,动员部署决战决胜脱贫攻坚巩固提升"百日行动"工作,确保2020年脱贫攻坚工作开好头、起好步、见成效。

同日 拉萨市捐赠武汉600多万元生活物资启运。副市长张永林出席启运仪式。

26日 市委副书记、市长、城关区委书记果果率队到西藏文创园区对易地扶贫搬迁点群众生产生活和园区部分项目建设进展情况进行实地考察。强调,要全力解决搬迁群众生产生活难题,高标准、高质量地加快项目建设进度。

27日 自治区党委书记吴英杰,自治区党委副书记、自治区主席齐扎拉一同深入林周县,就全区农牧产业发展情况进行调研,实地考察农牧产业示范园和高标准农田项目建设运营情况,了解牦牛选育、饲草种植和设施农业发展等情况,与当地干部群众、农牧科技工作者亲切交谈,共商全区特色农牧业发展大计。强调,要集中资源、强化保障、精准施策,加快农业供给侧结构性改革，全力推进农牧业高质量发展。要加强沟通协调，盘活农牧业设施资源，整合力量，依法确保国有和集体资产保值增值。自治区党委常委白玛旺堆、刘江一同调研。

同日 《西藏日报》报道：自治区党委副书记、自治区常务副主席庄严先后到拉萨贡嘎机场进场快速路项目、江北新区西组团互通式立体交叉项目、拉日高速中间段便道便桥项目建设现场和拉萨国家级区域性公路交通应急装备物资储备中心，调研交通重点建设项目疫情防控工作开展和开工复工情况。强调，要扎实推动各项疫情防控措施落实落细落到位，稳妥积极推进交通重点建设项目开工复工，加快补齐全区全面建成小康社会基础设施短板。

同日 市委副书记、市长、城关区委书记果果到堆龙德庆区和柳梧新区，实地调研了解易地扶贫搬迁点群众生产生活情况并与基层干部群众座谈。强调，要积极引导群众自觉参与建设，用勤劳的双手把家园建设得更加美好。

同日 市政协召开各族各界委员庆祝西藏民主改革61周年暨“3·28”百万农奴解放纪念日座谈会。市政协党组书记、主席袁训旺出席并讲话，指出，西藏各项事业取得举世瞩目的辉煌成就，开启创造美好生活的崭新时代，要继续做好疫情防控工作，把着力解决群众最关心最直接最现实的利益问题作为履职重点。市委常委、统战部部长、市政协党组副书记阿努次仁主持会议。

同日 市委脱贫攻坚指挥部、市委宣传部联合召开拉萨市脱贫攻坚宣传工作专题会议。会议听取各县（区）、各功能园区贯彻落实《拉萨市决战决胜脱贫攻坚大型主题宣传活动工作方案》情况及下一步工作计划。市委常委、宣传部部长、市脱贫攻坚指挥部副总指挥吴亚松出席并讲话。要求，要认真落实好《拉萨市决战决胜脱贫攻坚大型主题宣传活动工作方案》，形成强大的脱贫攻坚宣传声势。副市长、市脱贫攻坚指挥部副总指挥兼办公室主任扎西白珍主持。

同日 《伟大的历史跨越——西藏百万农奴解放纪念馆画册》发放仪式在城关区蔡公堂街道恩惠苑社区举行。

28日 市委教育工作领导小组会议召开，传达学习习近平总书记给西藏大学医学院学生的重要回信精神和九届区党委第126次常委会（扩大）会议精神，审议市委教育工作领导小组工作制度，听取当前教育系统疫情防控情况，并对全市教育工作和近期学校疫情防控进行安排部署。市委副书记、组织部部长、市委教育工作领导小组组长庄红翔主持会议并讲话。强调，广大教育工作者要切实肩负起党的重托和各族群众的期盼，不忘教育初心、牢记育人使命，开拓创新、奋发进取、扎实工作，努力办好新时代人民满意的教育。市委常委、常务副市长、市委教育工作领导小组副组长占堆，市委常委、宣传部部长、市委教育工作领导小组副组长吴亚松出席会议。

29日 自治区党委常委、市委书记白玛旺堆指出主持召开专题会议，传达学习自治区党委书记吴英杰，自治区党委副书记、自治区主席齐扎拉在林周县调研牦牛产业发展时的指示要求，对相关工作进行具体研究部署。要求各级有关部门要扎实贯彻落实吴英杰和齐扎拉的指示要求，以时不我待、只争朝夕的精神和干劲，完善工作机制，大胆开拓创新，为全区牦牛产业发展破解难题、积累经验，闯出一条可持续可复制的发展新路子。市委副书记、市长、城关区委书记果果，市委副书记、常务副市长沈海斌，市委常委、秘书长廖波以及自治区畜牧兽医研究所所长巴桑旺堆出席会议。

30日 自治区党委书记、自治区应对新冠肺炎疫情工作领导小组组长吴英杰在拉萨专题调研全区在疫情防控期间推进重大项目复工开工建设情况，亲切看望慰问广大建设者。强调，推进全区重点项目复工开工建设，对于稳定就业、拉动投资、实现“十三五”规划圆满收官和“十四五”规划良好开局具有重要作用。全区上下要增强“四个意识”、坚定“四个自信”、做到“两个维护”，坚决落实习近平总书记在2月26日中央政治局常务委员会会议上的重要讲话精神，始终绷紧疫情防控这根弦，有力有序推进重点项目复工开工建设，为努力完成全年经济社会发展目标任务提供有力支撑；要坚持以人民为中心的发展思想，紧扣西藏工作的着眼点着力点和出发点落脚点，把民生作为为政之要，时刻放在心头、扛在肩上，把该办能办的实事竭力办好，不断增强各族群众获得感幸福感安全感，凝聚起共同维护祖国统一、加强民族团结的强大合力。自治区党委副书记、自治区常务副主席庄严，自治区党委常委、宣传部部长边巴扎西陪同调研。

同日　自治区党委常委、市委书记白玛旺堆主持召开专题会议，传达学习习近平总书记关于耕地保护的重要指示批示精神，研究部署全市贯彻落实的具体举措。会议指出，要按照市委的工作安排，坚决扛起属地责任，切实加强组织领导，深入开展专项整治，依法依规打击违法行为，依法保障群众合理建房需求。市领导果果、王强、廖波出席会议。

同日　自治区党委常委、市委书记白玛旺堆主持召开市委理论学习中心组“学习习近平新时代中国特色社会主义思想·建小康拉萨”专题学习2020年第二次集中学习研讨（扩大）会，传达学习习近平总书记关于巡视工作工作重要论述，习近平总书记在中国共产党第十九届中央纪律检查委员会第四次全体会议上的讲话以及自治区党委书记吴英杰在中国共产党西藏自治区第九届纪律检查委员会第五次全体会议上的讲话精神。要求，要切实扛起管党治党主体责任，切实加强脱贫攻坚领域党的建设、加强基层党组织建设、加强机关单位正风肃纪，全面加强公安政法系统党的建设，对表推进全面从严治党落地落实。会上，袁训旺、王家民、达瓦、刘亮以及堆龙德庆区、墨竹工卡县主要负责人结合各自工作实际，就如何强化全面从严治党、增强使命担当、以优良的作风决胜全面建成小康社会、打好打赢脱贫攻坚战等进行交流发言。市领导果果、庄红翔、沈海斌、王强、马军、袁训旺、占堆、毛东军、吴亚松、阿努次仁、王家民、廖波出席。

同日　市委副书记、市长、城关区委书记果果主持召开市政府党组会议暨市政府常务会议。会议传达学习中央关于脱贫攻坚的文件精神，安排部署贯彻区市党委部署要求的具体措施；传达学习习近平总书记等中央领导关于乱占耕地问题的重要批示和中央有关文件精神，安排部署全市整治乱占耕地建房等问题的具体措施；研究部署全市环保督查整改工作。

同日　《拉萨日报》报道：城关区创新“互联网+”就业服务新模式，率先在全区创新举办“春风行动职等你来”网络直播招聘会。该次招聘会实际报名总人数为2810人，共投递简历13456份。

31日　市委副书记、市长、城关区委书记果果主持召开全市2020年全市重点项目、高校毕业生就业创业、劳动力转移就业、农牧民增收工作月调度电视电话会议，听取有关工作情况，分析面临的形势和存在的问题，研究部署有关工作措施。强调，要坚定信心、攻坚克难，脚踏实地、担当作为，坚决完成全年各项发展目标任务。市委副书记、常务副市长沈海斌出席会议。

同日　市政协党组书记、主席袁训旺主持市政协党组理论学习中心组学习会议，传达学习习近平总书记在决战决胜脱贫攻坚座谈会上的讲话精神、习近平总书记关于巡视工作的重要论述等。市委常委、统战部部长、市政协党组副书记阿努次仁出席会议。

同日　《拉萨日报》报道：新冠肺炎疫情防控工作开展以来，拉萨市财政、人社、税务三部门充分发挥职能狠抓落实，支持企业复工复产。自1月以来，拉萨市公共资源交易中心完成招投标项目54项，交易总额达37.63亿元；累计落实各级新冠肺炎疫情防控资金7515万元，向自治区财政厅申报全市2020年专项债券需求35.485亿元、项目13个；市人社局减免社保费用，惠及5733家参保单位。

31日至4月1日　自治区副主席孟晓林率队，先后深入拉萨市曲水县才纳乡牦牛三元杂交示范点、达孜区唐嘎乡洛普村泰成乳业牦牛短期育肥基地、墨竹工卡县扎西岗乡斯布牧场、中科院地理科学与资源研究所拉萨站，实地查看牦牛繁育、短期育肥、饲草料种植等情况，调研科技支撑草牧业发展工作。

4月

1日　自治区党委常委、市委书记白玛旺堆主持召开市委安全生产工作专题会议，传达学习习近平总书记对四川省凉山州西昌市森林火灾作出的重要批示精神和李克强总理的批示要求。吴英杰书记就贯彻落实习近平总书记重要批示和李克强总理批示，结合实际，提出明确的工作要求。全市各级各部门、特别是党政一把手要深入学习贯彻习近平总书记的重要批示精神和李克强总理的批示要求，切实把思想认识统一到党中央和区党委的决策部署上来，在统筹做好疫情防控和复工复产的同时，全力以赴做好全市安全生产风险隐患排查防范化解工作，坚决遏制重特大事故发生，全力保障人民群众生命和财产安全。一要全面排查整治，在全市范围内开展安全生产隐患大排查大清理大整治行动，确保把问题解决在成灾之前。二要加强监测，科学制定应急预案，建立防范工作机制。三要深化宣传教育，有针对性地开展安全生产专项宣传。四要压实工作责任，各部门要认真落实行业监管责任、企业要严格落实安全生产主体责任。会上，果果结合拉萨市实际，要求应急管理局牵头，对做好防火减灾工作、对重点部位开展隐患排查、组织重点场所火灾应急演练、道路安全交通整治、搬迁点地质灾害评估等工作进行安排部署。市委领导果果、庄红翔、沈海斌、王强、马军、云丹、肖光富、吴亚松、阿努次仁、廖波出席会议。

同日 自治区党委常委、市委书记白玛旺堆主持召开市委专题会议，研究基层社会治理改革工作。强调，深入学习贯彻习近平新时代中国特色社会主义思想，全面贯彻落实中共十九届四中全会精神，加强和创新社会治理。市领导果果、庄红翔、马军、云丹、袁训旺、廖波出席会议。

同日 自治区副主席罗梅率调研组先后就拉萨综合保税区规划建设情况、自治区妇产儿童医院开业前期准备等相关工作开展调研。

2日 自治区党委常委、市委书记、市应对新冠肺炎疫情防控工作领导小组组长白玛旺堆主持召开市委常委会会议，传达学习习近平总书记等领导重要讲话精神，学习中共中央政治局会议、自治区党委常委会会议等重要会议精神以及自治区领导批示精神；研究并原则同意《拉萨市医疗卫生领域共同财政事权和支出责任划分改革实施方案》（以下简称《方案》）等；听取相关工作汇报，安排部署疫情防控、经济社会发展和维护稳定等工作。会议充分肯定全市疫情防控工作取得的成绩。会议指出要坚持底线思维、克服松懈麻痹思想，持之以恒做好疫情防控工作。会议要求，各级领导干部要增强保密意识，自觉履行保密义务，遵守保密法规制度，筑牢保密安全防线。会议充分肯定全市统筹疫情防控、维护社会稳定工作取得的成绩，会议强调，要准确把握形势，做到心中有数，做到社会治理和维护稳定两手抓、两手硬，加快工作推进力度。要认真贯彻落实习近平总书记对脱贫攻坚工作作出的重要指示精神，确保各类问题整改落地落实。要高度重视医疗卫生领域改革工作，抓好方案的贯彻落实。

3日 市委副书记、市长、城关区委书记果果到尼木县和曲水县调研农牧业特色产业项目推进情况。强调，要坚持以人民为中心的发展思想，努力推动农牧业特色优势产业进一步提质增效，积极探索出一条可复制、可持续、可推广的产业发展路子，让农牧民群众从产业化经营中的得到更多实惠。市委副书记、常务副书记王强一同调研。

同日 市人大常委会党组书记、主任云丹主持市人大常委会（机关）党组理论中心组召开集中学习（扩大）会议。

同日 市人大财经委与政府对口联系部门联系会议举行。会议旨在进一步加强部门之间的工作联系，沟通相关情况，共同推动和促进全市财政经济各项工作。

同日 全市民政工作会议召开。会议总结2019年全市民政工作，安排部署2020年全市民政重点工作。

同日 城关区农牧民组织化转移就业上岗复工仪式举行。

同日 市妇联十届三次执委会召开。会议传达学习全国妇联十二届二次执委会及主席工作会议精神和区妇联十届四次执委会精神。

4日 拉萨市各族各界举行哀悼活动，深切悼念抗击新冠肺炎疫情斗争牺牲烈士和逝世同胞。全市所有党政机关、企事业单位、人民团体、学校、社区、军营、警营等均下半旗志哀。

5日 自治区党委常务副书记、区政协党组书记、区党委教育工作领导小组组长丁业现到拉萨那曲第二高级中学、拉萨江苏试验中学，调研学校疫情防控和开学情况，强调，要坚持用习近平新时代中国特色社会主义思想铸魂育人，不断提高办好西藏教育的政治站位，在疫情防控常态化条件下加快恢复教育秩序，为西藏长足发展和长治久安培养更多合格可靠人才。自治区副主席石谋军一同调研。

同日　拉萨市公安局交警支队对80名疫情防控期间做出突出贡献的优秀协（辅）警进行表彰。

6日　自治区党委副书记、自治区主席齐扎拉到拉萨市城关区智昭健康产业园进行调研。强调，要坚持以新发展理念为引领，用更宽视野培育产业，实现产业大发展，为巩固脱贫攻坚成果和全面建成小康社会提供有力的产业支撑。

7日　自治区副主席甲热·洛桑丹增到西藏喜马拉雅登山向导学校、区竞技体育管理中心等地，调研全区体育重点项目规划工作并召开座谈会。

8日　自治区党委常委、市委书记白玛旺堆主持召开市委专题会，研究"三岩"片区跨市易地扶贫搬迁户工作相关事宜。在听取"三岩"片区易地扶贫搬迁户工作情况汇报后，白玛旺堆强调，各级各部门要进一步提高政治站位，扛起政治责任，切实做好易地扶贫搬迁各项工作，坚决把党中央和区党委决策部署抓实抓细抓到位。市领导庄红翔、沈海斌、袁训旺、吴亚松、廖波以及昌都市人大常委会副主任罗松益西、齐飞出席会议。

同日　自治区副主席江白率调研组一行到拉萨市南北山等地，实地调研拉萨市周边及山体造林绿化规划建设情况。

同日　市人大法制委员会召开对口联系部门座谈会。会议通报市人大法制委员会2019年工作总结和2020年工作安排，与会各对口联系单位相关负责人结合各自单位实际，就2020年各项工作重点作交流发言，并对市人大法制委员会下一步工作提出意见建议。市人大常委会主任云丹出席。

同日　拉萨经开区召开2020年对标找差创新实干推动高质量发展大会。市政协主席、经开区党工委书记袁训旺出席并讲话，强调，要多措并举加快建设"六个新经开"。

同日　拉萨市召开2020年"遵行四条标准争做先进僧尼"教育实践活动安排部署会。市委常委、统战部部长阿努次仁主持会议。

9日　市委副书记、常务副市长王强到拉萨经开区西藏甘露藏药股份有限责任公司、西藏中金爆破有限公司、西藏天佑德青稞酒有限责任公司，就企业复工复产情况进行走访调研。强调，要坚决打赢疫情防控阻击战，推动企业加快创新发展。

10日　区党委副书记、自治区人大常委会主任、区党委农村工作领导小组组长洛桑江村到林周县，就加快推进全区农牧业产业发展工作进行调研，实地察看农牧业产业示范园，了解牦牛扩繁选育、农牧业科技创新、设施农业生产经营等情况。洛桑江村强调，要深入贯彻落实习近平总书记关于"三农"工作的重要论述，贯彻落实区党委、政府部署要求，大力推进农牧业供给侧结构性改革，立足实际、发挥优势、创新发展，全力推动全区农牧业产业化迈上新台阶，不断提高发展的速度、质量和效益。自治区党委常委、市委书记白玛旺堆，自治区副主席、区党委农村工作领导小组副组长坚参陪同调研。

同日　市委副书记、市长、城关区委书记果果主持召开全市安全生产电视电话会议，对全市召开全市安全生产工作进行重点安排部署，并提出明确工作要求。就做好全市安全生产工作，果果强调，要坚决克服麻痹思想和侥幸心理，认真落实"党政同责、一岗双责、齐抓共管、失职追责"的要求，狠抓安全生产责任落实。市委副书记、常务副市长王强，市委常委、常务副市长毛东军出席会议。

同日　九届拉萨市委第十轮巡察工作动员部署会召开。市委常委、纪委书记、市监委主任、市巡察工作领导小组组长王家民作动员讲座话，指出，要围绕巡察工作任务开展监督检查，发现和解决被巡察党组织的突出问题，充分发挥出政治巡察的利剑作用。

同日　拉萨东环线北线控制性工程纳金山隧道右线顺利贯通。纳金山隧道位于城关区嘎巴村和达孜区叶巴村之间，由西向东横穿纳金山，设计时速60公里，隧道左线全长1640米，右线全长1615米，属于长隧道。建成通车后，原来15分钟左右的路程将缩短至2分钟，对完善城市路网、拉大城市构架、带动沿线经济发展具有重要意义。

同日　拉萨市人民医院卒中中心正式成立。拉萨市人民医院卒中中心通过开通急诊绿色通道，整合优化医疗资源，加强对脑卒中预防、筛查、急救、康复、随访、宣传的规范化、体系化诊疗，提升脑卒中快速、精准、综合处置能力，为挽救大脑、抢救生命赢得宝贵时间。

同日　《拉萨日报》报道：全市就业工作专题会

召开，会议认真贯彻落实党中央、国务院和区、市党委、政府关于稳就业的最新决策部署，分析当前就业形势，并对2020年全市就业创业特别是稳就业工作进行部署。

同日　城关区夺底乡林宗村的“好客藏家”家访园旅游村建设项目开启复工模式。

11日　全市抓党建促决战决胜脱贫攻坚会议召开。市委副书记、组织部部长庄红翔出席会议并讲话，为推动会议安排部署的各项工作任务落实落地，进一步推进全市抓党建促决战决胜脱贫攻坚工作，庄红翔要求，要稳定队伍增强力量，进一步夯实基层基础，激励担当作为，全面助力全市抓党建促决战决胜脱贫攻坚。

同日　《拉萨日报》报道：北京援藏指挥部推进援藏“五大工程”落地落实。严格实施闭环工程，彰显北京援藏项目的引领、示范和带动效应；科学实施组团工程，集中力量为拉萨经济社会发展办大事、办实事、办成事；精心实施种子工程，推动高原医疗、教育、文化持续发展；持续实施携手工程，全面引进北京各方面的专业力量特别是动员社会力量援藏兴藏；坚定实施振兴工程，为西藏振兴出谋划策，贡献力量。

同日　《拉萨日报》报道：4月起，全市1586个智慧停车位正式投运，智慧停车位严格执行分类定级跨区收费，收费标准每小时1元到6元不等。

13日　九届自治区党委第七轮巡视拉萨市及所属各县（区）进驻动员会议召开。自治区党委常委、区党委巡视工作领导小组组长王卫东出席会议并讲话，强调，开展本轮巡视是自治区党委作出的重大决策部署，拉萨市委及所属各县（区）党委要主动接受巡视监督，积极配合巡视组工作，同心协力做好本轮巡视。要认真撰写专题汇报材料，要引导鼓励支持党员干部特别是领导干部如实主动反映情况，全力配合做好谈话工作。按要求提供相关资料。书记要认真履行第一责任人责任，举一反三地推动问题整改到位。自治区党委常委、拉萨市委书记白玛旺堆出席会议并表示，全市各级党组织和每名党员干部要把支持配合好本轮巡视作为重大政治责任和就说政治义务，如实汇报工作，诚恳检视问题，客观反映情况，决不允许以任何理由、任何方式干扰、阻挠巡视，确保巡视工作顺利开展。市委领导王强、马军、云丹（市人大常委会主任）、袁训旺（市政协主席）、肖光富、占堆、毛东军、阿努次仁、王家民、廖波参加会议。

同日　自治区政协在拉萨市召开“依法治理民族事务促进民族团结”调研座谈会。自治区政协副主席、区总工会主席洛桑久美出席并对拉萨市依法治理民族事务和促进民族团结工作所取得的成绩给予高度的肯定，指出，拉萨市各县（区）、社区居委会及农村民族结构发展有很大的变化，要将基层好的做法和经验提炼好、规划好，进一步打好民族团结进步、依法管理民族事务和促进民族团结的坚实基础，通过四级委员的平台凝聚人心，深化民族团结宣传教育和民族团结进步创建活动，以促进全市各项事业长足发展。市委副书记、常务副市长王强就拉萨市“十三五”期间经济社会发展情况及“十四五”规划发展思路在会上进行汇报。市政协主席袁训旺主持会议。会上，拉萨市就依法治理民族事务和促进民族团结工作作汇报，市直相关部门负责人结合各自工作实际，围绕“依法治理民族事务促进民族团结”主题进行交流发言。

同日　2020年江苏援藏项目暨墨竹工卡县重点项目集中开（复）工仪式在墨竹工卡县举行。市委副书记、常务副市长、江苏援藏前方指挥部总指挥沈海斌出席。2020年，江苏省对口支援拉萨市，共安排援藏资金37257万元，共57个项目。其中，改善群众生产生活条件类项目18个，安排资金18348万元；支持资金8880.6万元；发展特色优势产业促进就业类项目8个，安排资金6788万元；智力支持类项目4个，安排资金885万元；交流交往交融类项目9个，安排资金1270万元。总体来说，项目和资金进一步向人居环境改善、医疗及教育基础设施、农牧区交通基础设施等民生工程倾斜，民生领域项目资金占总资金的83.7%。

同日　在藏苏商走进墨竹暨“格桑花开”墨竹工卡大学生就业创业特训营结业活动在墨竹工卡县举行。自治区政协副主席、区工商联主席、总商会会长阿沛·晋源，市委副书记、常务副市长、江苏省对口支援拉萨市前方指挥部总指挥沈海斌出席。

同日　拉萨市2020年度教育工作会议召开。

会议全面总结2019年全市教育工作，并对2020年全市教育工作进行安排部署。市委常委、常务副市长占堆出席会议并讲话，要求，要明确发展定位，巩固发展优势，认识差距不足，克服畏难情绪，解决好教育热点、难点、堵点、痛点问题。拉萨师范高等专科学校党委副书记、校长江白出席会议。

同日　墨竹工卡县举办在藏苏商走进墨竹暨"格桑花开"墨竹工卡大学生就业创业特训营结业活动。

13—14日　市委常委、常务副市长毛东军率市级相关部门到西藏藏草宜生生物科技有限公司、西藏藏本香实业有限公司、西藏特色产业股份有限公司、西藏高新商品混凝土有限公司，调研复工复产情况、订单销售情况以及疫情防控期间复工复产所遇到的问题。指出，企业要继续落实疫情防控主体责任，管控好源头，落实好员工体温监测、厂区日常消毒等防疫措施。相关部门要积极做好企业服务和保障工作，着力帮助企业解决生产过程中的相关问题，帮助企业应对防疫物资紧缺和生产方面可能遇到的问题。

14—15日　自治区党委常委、市委书记白玛旺堆到林周县开展脱贫攻坚调研督战工作，实地调研了解"四个不摘"责任落实、建档立卡贫困户增收、产业扶贫项目经营管理、解决"两不愁、三保障"突出问题、群众思想教育引导等方面工作情况，和基层干部群众共同梳理当前脱贫攻坚工作存在的突出问题和短板弱项，帮助指导基层提高脱贫攻坚水平和质量。强调，要按照党中央关于脱贫攻坚的决策部署和区党委相关工作要求，聚焦脱贫攻坚目标任务，切实履行脱贫攻坚主体责任，聚焦"两不愁、三保障"和脱贫攻坚政策落实的薄弱环节，以更高标准，更严要求巩固脱贫成效、提升脱贫质量，确保脱贫攻坚成效经得起历史和人民的检验，向党中央和区党委交上一份满意的答卷。市委常委、秘书长廖波一同调研。

14日　拉萨经开区举行2020年招商引资重点项目集中签约暨集中开（复）工仪式。市委副书记、常务副市长沈海斌，市政协主席、经开区党工委书记袁训旺出席。仪式上，在沈海斌、袁训旺等领导的见证下，拉萨经开区管委会和12家招商引资重点企业进行集中签约。

同日　2020年北京援藏项目开（复）工调度会召开。市委副书记、常务副市长、北京援藏指挥部指挥王强出席并讲话，指出，各市直单位、县（区）领队、援藏干部人才要进一步强化责任意识，对项目逐个进行梳理，抓紧解决开复工面临的困难和问题，一定要按照年度计划如期实现开（复）工；各市直单位、各县（区）要对项目建设全过程的每一个环节进行具体深入的剖析，提升项目管理效率及效果，切实做到全过程的闭环管理；要对全体援藏干部从结对管理联系人制度、相关管理系统的使用及项目建设全程各重要环节的管理要点进行系统培训，真正将援藏项目当作每个结对联系人的分内之事，全力用心做到全过程闭环管理。副市长、北京援藏指挥部副指挥史记育斌主持会议。会上，相关单位及城关区、堆龙德庆区、尼木县、当雄县等县（区）汇报相关项目的开（复）工情况和项目推进中存在的问题与困难。

同日　2020年全市质量工作大会暨第二届拉萨市政府质量奖颁奖仪式举行，会议授予西藏高争建材股份有限公司第二届"拉萨市政府质量奖"，授予西藏金哈达羊绒制品有限公司、域上和美文化旅游股份有限公司、拉萨纳木错景区保护开发有限公司、西藏天地绿色饮品发展有限公司4家企业"拉萨市质量管理优秀奖"。2019年，拉萨市质量工作成绩突出，在2019年度全区政府质量工作考核中被评为A类。

同日　自治区副主席多吉次珠率自治区和拉萨市相关部门深入大昭寺、布达拉宫、西藏博物馆，实地察看文物保护利用和西藏博物馆改扩建工程复工复产情况，听取相关汇报，肯定所取得的成绩。

15日　《西藏日报》报道：自治区党委副书记、自治区主席齐扎拉到拉萨经济技术开发区，对农牧民转移就业和企业复工复产情况进行调研。指出，统筹做好疫情防控和经济社会发展工作至关重要，认真贯彻党中央、国务院决策部署，根据区党委、政府具体安排，全力推动复工复产及顺利平稳生产经营，促进农牧民群众转移就业实现增民致富。自治区党委常委、自治区常务副主席姜杰参加调研。

同日　自治区党委常委、市委书记白玛旺堆到堆龙德庆区德庆镇、马镇、古荣镇、乃琼街道等地开展脱贫攻坚调研督战工作，重点就农牧民小康安居工程建设、易地扶贫搬迁、特色产业发展等工作进行调研。指出，要坚持以习近平总书记关于扶贫工作的重要论述为指导，树牢以人民为中心的发展思想，加快推进乡村振兴与脱贫攻坚有效衔接，持续高质量巩固脱贫成效，为全市探索可复制可推广经验。市委常委、秘书长廖波一同调研。

同日　市委党的建设工作领导小组会议召开，研究审议《拉萨市委党的建设工作领导小组2020年工作要点》《中共拉萨市委和拉萨市各级党委（党组）全面从严治党主体责任清单》，听取市直有关行业系统党工委党员“三包”工作情况汇报，并对2020年全市党的建设工作作安排部署。市委副书记、组织部部长庄红翔主持，市委常委、宣传部部长吴亚松，市委常委、纪委书记、市监察委员会主任王家民出席。

同日　拉萨市山水林田湖草生态环境保护修复项目推进工作会议召开，听取各相关成员单位就拉萨市山水林田湖草生态保护修复项目及相关工作推进情况工作汇报。市委副书记、市长果果主持并讲话，指出自拉萨市实施山水林田湖草生态保护修复项目以来，市委、市政府高度重视，各专项工作推进组迅速行动，根据任务分工，立足实际，扎实推进项目建设，并取得积极进展。市相关单位要积极发挥首府城市首位度作用，高质量推进项目建设进度，把涉及拉萨市的项目作为一项打基础、谋长远、促发展、惠民生的重大工程，认真开展好相关工作，进一步优化和完善设计方案，使其更加贴近拉萨实际，更加符合国家相关要求。各相关单位之间要加强沟通，及时掌握项目进展情况，积极与上级部门做好对接，加快推进各项工作。同时组织好项目实施，科学制定工作计划，保障各项工作顺利进行。市委副书记、常务副市长沈海斌出席。

16日　市委副书记、市长果果到拉萨高新区项目工地、西藏宁算科技集团有限公司一体化产业项目数据中心，调研拉萨高新区忠材山（中南组团）隧道、栖凤园项目、西藏创投气体项目和中国移动（西藏拉萨）数据中心一期封建工程等在建项目进展及加措二期棚户区改造项目进展情况。指出，这些项目涵盖民生、交通、科技、产业等领域，对助推拉萨高新区经济发展、增加农牧民收入等各方面具有十分重要的作用。拉萨高新区要全力支持项目建设，为项目建设提供更加优质高效的服务，及时解决项目建设过程中出现的困难和问题，为项目顺利建设奠定坚实的基础。施工单位要全力推进建设，争取项目早日建成、早日投产、早见成效。

同日　九届拉萨市委第十轮巡察一组巡察拉萨市公安局进驻动员大会召开。区公安厅党委委员、市委副书记、政法委书记、市公安局党委书记马军主持并作表态发言，凡是巡察组查找出的问题，将集中整改，做到件件有答复。凡巡察组提出的建议，将认真研究，做到事事有回音。凡涉及违纪违法案件，绝不姑息，坚决确保拉萨公安队伍风清气正。会上，市委巡察一组负责人作动员讲话，指出市公安局党委要积极配合巡察组做好各项工作，督促市公安局党委通过整改促进各项工作。

同日　自治区党委常委、市委书记白玛旺堆到曲水县才纳乡、曲水镇、达嘎镇、茶巴拉乡等地开展脱贫攻坚调研督战工作，重点就绿色有机蔬菜和藏药材种植、高标准农田建设、扶贫产业项目经营管理等工作进行调研。强调，要发挥曲水县在现代农牧业发展上的优势，深入推进农牧业发展上的优势，深入推进农牧业供给侧结构性改革，加快推动乡村振兴与脱贫攻坚有效衔接，力争走出一条可持续可复制的新路子。市委常委、秘书长廖波陪同调研。

同日　城关区蔡公堂街道蔡村举行2019年产业分工大会，全村247户764人每人分得1.5万元现金，分红金额达1146万元。

17日　市委召开常委会会议，传达学习习近平总书记重要讲话精神、《中共中央办公厅印发〈关于持续解决困扰基层的形式主义问题为决胜全面建成小康社会提供坚强作风保证的通知〉》等文件精神、自治区党委常委会会议精神、自治区党委书记吴英杰讲话精神等；听取关于做好当前全面疫情防控工作的建议、全市中央环保督察反馈问题整改情况等工作汇报；研究并原则同意《拉萨市委党的建设工作领导小组2020年工作要点》等文件。自治区党委常委、市委书记、市应对新冠肺炎疫情防控工作领导小组组长白玛旺堆主持会议。在听取关于做好当前全市疫情防控工作建议的汇报后，会议指出，要扎实做好较长时间应对外部环境变化的思想准备、工作准备，继续抓紧抓实抓细各项防控工作，努力保持经济平稳健康发展。在听取全市中央环保督察反馈问题整改情况汇报后指出，要树牢生态文明理念，践行习近平生态文明思想，扎实做好植树造林，加快国土绿化步伐，种一棵活一棵，种一片绿一片。会议指出，要高度重视、严格落实和深化拓展基层减负工作，加强源头治理和制度建设，进一步把广大基层干部干事创业的手脚从形式主义束缚中解脱出来，让基层干部把更多的精力投到疫情防控、脱贫攻坚、经济社会发展中去。针对巡视工作，会议指出，要进一步提高思想认识、提高政治站位，加强汇报衔接，全力配合做好巡视工作。会议在听取北京市、江苏省对口支援西藏拉萨项目计划汇报后指出，要积极发挥援藏特长优势，用先进的经营管理理念，帮助本地投资项目提升效益。

同日　市人大常委会党组书记、主任云丹主持召开市人大常委会党组会议，传达学习习近平总书记重要讲话精神，听取并研究关于《西藏自治区人大常委会办公厅退回〈拉萨市塑料购物袋管理条例〉的函》有关事项的说明及建议，研究《关于修改〈西藏自治区环境保护条例〉第49条的建议》《拉萨市人大常委会关于市十一届人大常委会主任、副主任、秘书长工作分工调整的通知》《关于进一步加强新时代人大工作和建议的意见》《拉萨市人大常委会关于落实自治区人大委托调研工作的实施方案》。会议要研究拉萨市第十一届人大常委会第二十二次主任会议建议召开时间及议程。

同日　自治区、拉萨市、城关区“三级”政务服务大厅投入运营。

同日　《拉萨日报》报道：拉萨经济技术开发区管委会德吉康萨社区9户易地扶贫搬迁户成为拉萨市首批“雪域惠农e贷—幸福家园贷”客户，共收到35万元“幸福家园”贷款。

同日　拉萨市第一张藏汉双语“食用农产品合格证”在城关区蔡公堂街道白定村农村经济合作社开具，这标志着食用农产品合格证制度在全市正式推行。

同日　堆龙德庆区新时代文明实践中心返乡大学生志愿服务分队正式成立。

18日　市委副书记、组织部部长庄红翔到林周县旁多乡宁布村实地调研脱贫攻坚、基层党组织建设、群众思想教育引导等工作，并看望慰问联系群众。要求，要增强农牧民群众内生动力，用辛勤劳动实现富民增收。

同日　九届拉萨市委第十轮巡察二组巡察市委政法委进驻动员会召开。自治区公安厅党委委员、市委副书记、市委政法委书记、市公安局党委书记马军主持会议并作表态发言，市委政法委全体党员干部要坚决做到绝对配合，积极主动接受巡察，全面落实巡察工作要求。

同日　拉萨市爱国卫生月接种宣传活动在原市民服务中心广场举行。市委常委、宣传部部长吴亚松到活动现场进行指导检查，强调，要上下齐心、注重实效，真抓实干，营造卫生健康的生活环境。

同日　拉萨市社会保障卡惠民惠农资金“一卡通”收发仪式暨社会保障惠民惠农服务平台启动仪式在当雄县举行。自治区人社厅副厅长邵昌、副市长陆从福出席仪式并为拉萨市“惠民惠农资金服务平台”揭幕。

19日　拉萨交警将开展“平安交通·百日会战”专项整治行动，全面加强交通安全监督，切实预防重特大道路交通事故。

20日　市委副书记、组织部部长庄红翔先后到拉鲁湿地巡护步道二期工程施工现场、鲁定公园、自治区人大办公厅退休基地巷子、当巴山体生态修复工程施工处、北环沿线造林绿化工程、北京中路行道树更换项目施工现场等地，就拉萨市园林绿化情况及绿色围城工程等进行专题调研。要求，各有关单位要坚持长远谋划、科学决策，不断改善城市生态和人居环境，努力建设人民满意城市。

同日　市委理论学习中心组举行“学习习近平新时代中国特色社会主义思想·建小康拉萨”专题学习2020年第三次集中学习研讨（扩大）会，市委副书记、常务副市长王强以《稳投资重点政策》为题作专题辅导。集中学习以视频会议形式进行。市委常委、常务副市长毛东军参加学习。市委常委、宣传部部长吴亚松主持并作学习小结，要求，要进一步加强规划统筹、项目谋划、包装和申报，抓住机遇，为决战决胜脱贫攻坚和全面建成小康社会提供有力保障。

同日　《拉萨日报》报道：拉萨市社会保障惠民

惠农资金服务平台正式启用，人社部门通过该平台为当雄、尼木两县的农牧民群众发放城乡居民养老金290余万元。城乡居民养老保险金首次通过社会保障卡发放，标志着拉萨市社会保障卡应用体系建设达到一个新水平。

同日 《西藏日报》报道：自治区副主席坚参先后到拉萨市城关区、达孜区、当雄县牦牛品种改良技术研发和良种推广、牦牛产业和肉奶生产等工作开展调研。

21日 《拉萨日报》报道：副市长刘广民到藏游坛城调研，并现场主持召开推进夜间经济发展座谈会，听取市直相关部门意见建议，就贯彻落实市委、市政府关于加快推进发展夜间经济的系列指示精神进行安排部署。

同日 市委副书记、市长、城关区委书记果果到墨竹工卡县调研"美丽乡村、幸福家园"整村推进项目进展情况及农牧业特色产业项目建设情况。强调，"美丽乡村、幸福家园"整村推进项目是一项有效改善农牧区生产生活环境，提高农牧民群众生活品质的民心工程，各级各部门要始终坚持以人民为中心的发展思想，引导农牧民群众转变思想观念，通过勤劳的双手建设美丽乡村、幸福家园，坚持高起点规划、高标准建设，以点带面，加快推进项目建设，为全市整体推进"美丽乡村、幸福家园"建设工作探索新途径、积累新经验。

同日 自治区副主席江白率调研组一行到拉萨市南北山等地，实地调研拉萨市区周边山体绿化造林和营造林"先造后补"项目建设情况。

同日 市人大常委会主任云丹主持召开市十一届人大常委会召开第二十二次主任会议。会议听取市委组织部、市中级人民法院关于任免职事项的说明；听取和研究《关于补选任维同志为西藏自治区第十一届人民代表大会代表的议案》《关于细化社会建设委员会工作职责的请示》和《关于增加市人大常委会立法咨询专家库社会建设领域专家的请示》。

同日 拉萨市公安局召开新闻发布会，通报第一季度社会治安形势情况。一季度，全市交通事故总起数共计1021起，伤亡人数22人，直接经济损失137500元，较2019年同期相比，事故总起数、伤亡人数和直接损失分别下降9.3%、51%、40.8%。

同日 《拉萨日报》报道：拉萨消防开展实地检查保障企业复工复产。截至4月21日，共出动23个检查组，实地检查指导企业115次，发现消防安全隐患172处，整改火灾隐患163处。

22日 市委副书记、市长、城关区委书记果果支持召开市政府专题调度会议，就稳就业、促增收、稳投资工作进行安排部署。会议听取全市农牧民转移就业、高校毕业生就业和重点项目建设及投资等相关工作开展情况；市直相关单位、各县（区）和园区负责人就相关工作推进情况进行汇报。强调，要始终把农牧民增收作为全市重点工作持续推进，聚焦关键环节和重点领域，坚决完成既定目标任务。

同日 拉萨市安全文化进学校、进寺庙、进社区活动在拉萨市江苏中学启动。市委常委、常务副市长占堆出席活动。

同日 拉萨圣地生态园林建设投资有限公司将价值10万元的565株苗木捐赠给对口帮扶的堆龙德庆区马镇设兴村。

同日 《拉萨日报》报道：为降低新冠肺炎疫情对全市中小企业的影响，市国资委积极执行惠企政策，退出减租降费举措。全市涉及门面、商户租赁的5家市属国有企业共计减免租金8001.987万元，各县（区）国有企业共计减免12020户商户租金295.27万元。

同日 《拉萨日报》报道：截至4月22日，全市有效注册商标达20938件。

23日 自治区党委常委、市委书记白玛旺堆到拉萨市南北山环线、城关区娘热街道、蔡公堂街道香嘎沟、南山宝瓶山、柳梧隧道等地调研造林绿化工作。强调，要坚持以习近平新时代中国特色社会主义思想为指导，深入贯彻落实习近平生态文明思想，抢抓有利时机，广泛调动力量，科学有序推进城市周边造林绿化工作，全面提升城市品位和颜值，打造绿色发展示范城市，为各族群众营造生态宜居的良好环境，用保护好世界上最后一方净土的实际行动践行"两个维护"。自治区主席，市委副书记、组织部部长庄红翔一同调研。

同日 自治区党委常委、市委书记白玛旺堆主持召开拉萨市国土空间规划委员会会议，审议并原则同意《拉萨市城关区娘热街道规划（2020—2035）》

《拉萨市城关区夺底街道规划（2020—2035）》《拉萨市达孜城区控制性详细规划及核心区城市设计》《拉萨市东城区（纳金片区）重点地区城市设计》及有关建设项目设计方案。指出，国土空间规划事关经济发展建设，事关城市品位提升，事关群众切实利益，相关部门要认真梳理、充分吸纳与会人员提出的修改意见和建议，结合实际、因地制宜，在深化细节上下功夫，高起点、高标准、高水平地完善好规划布局。市委领导果果、庄红翔、王强、廖波出席会议。

同日　自治区党委常委、市委书记白玛旺堆主持召开市委专题会，研究拉萨国土空间总体规划相关事宜。会议听取中国城市规划设计研究院项目组关于《拉萨国土空间开发保护现状评估报告》《拉萨资源环境承载能力和国土开发事宜性评价优化研究报告》相关情况的报告和《拉萨市国土空间总体规划（2019—2035）》阶段性成果汇报。白玛旺堆强调，要进一步提高政治站位、统一思想认识，立足拉萨实际、把握发展趋势，深入分析研究、精准精细推进，高标准做好国土空间总体规划编制工作，以高水平规划引领全市经济社会高质量发展。市委副书记、市长、城关区委书记果果，市委副书记、组织部部长庄红翔，市委副书记、常务副市长王强出席会议。

同日　拉萨市公安局召开全市公安机关纪律作风教育整顿动员部署会。会议传达《拉萨市公安机关纪律作风专项教育整顿活动实施方案》，市公安局警务警察支队、刑警支队、交警支队、“110”便民警务支队及柳梧新区公安局相关负责人依次进行表态发言。区党委党员、市委副书记、市委政法委书记、市公安局党委书记马军出席会议并讲话，强调，纪律作风建设是一项长期性任务，是加强新时代公安队伍建设的基础性工作，必须常抓不懈。

24日　区党委书记吴英杰到拉萨棚户区改造项目、城区水系治理工程、拉萨河综合治理及生态修复工程规划建设项目等现场，就城市规划建设和生态环境保护进行调研。指出，要牢牢把握改善民生、凝聚人心这个出发点和落脚点，加快推进美丽西藏建设，切实优化城市人居环境，努力建设宜居宜业城市，不断满足人民对美好生活的向往，持续增强各族群众的获得感幸福感安全感，真正把好事办好、让群众说好。自治区党委常委白玛旺堆、刘江一同调研。

同日　《西藏日报》报道：自治区党委常委、政法委书记何文浩分别到拉萨市城关区、林周县、墨竹工卡县相关单位调研《中国共产党政法工作条例》、扫黑除恶专项斗争、司法体制改革、矛盾纠纷排查调处、创新基层社会治理、“双联户”及网格化等工作开展落实情况。

25日　拉萨市疾控中心开展“及时接种疫苗共筑健康屏障”宣传活动。全市共有94家接种单位、其中城关区辖区内共32家接种单位。这32家接种单位中，有11家产科医院的接种门诊仅为新生儿提供乙肝疫苗首针和卡介苗接种服务，有21家乡村级卫生院（室）为市民提供国家免疫规划疫苗和非免疫规划疫苗接种服务。

同日　《拉萨日报》报道：拉萨经开区德吉康萨社区扫盲文化补习班开班仪式举行。

26日　自治区党委常委、市委书记白玛旺堆主持召开市委专题会议，听取滨河路和中华文化主题公园建设情况汇报，分析面临的形势和存在的问题，研究加快推进项目建设工作措施。强调，重点项目建设是增进民生福祉、推动经济发展的重要举措。各项目责任单位负责人要深入一线，靠前指挥，加大协调力度，形成调度机制，及时解决项目建设过程中出现的困难和问题，为重点项目建设提供全方位的要素保障，确保项目如期完工，早日惠及各族群众。市委常委、宣传部部长吴亚松出席会议。

同日　拉萨市2020年“四讲四爱”群众教育实践活动动员部署暨启动仪式在城关区金珠西路街道金珠西路社区格桑林卡小区举行。市委副书记、市长、城关区委书记果果出席并讲话，指出，2020年，拉萨市即将与全国一道全面建成小康社会，赢得决战脱贫攻坚战的伟大胜利。在这个历史关头，开展好“四讲四爱”群众教育实践活动，具有重大现实意义。全市各级各部门要加强思想引领，要办好民生难题，尽力而为解决好群众烦心事、揪心事，要以“四讲四爱”群众教育实践活动为载体，在精讲深学、补短强弱上做实文章，全面筑牢全市各族人民“共同团结奋斗，共同繁荣发展”的思想基础、行动基础。仪式上，拉萨市居民代表、僧尼代表、学生代表和国企员工代表先后作表态发言，市宣讲团成员、拉萨市优秀农牧民宣讲员旦增作示范宣讲。市领导吴亚松、阿努次仁出席。

同日 拉萨市召开生态环境保护工作会议，会议深入贯彻落实习近平生态文明思想，总结全市2019年生态环境保护工作，部署2020年重点任务，确保打赢污染防治攻坚战。副市长陆从福出席会议并讲话，要求，狠抓责任，确保各项工作重点工作落到实处。

同日 市市场监督管理局通过悬挂条幅、发放宣传册、咨询答疑等形式，向往来的市民进行知识产权相关知识宣传。

27日 市委副书记、市长果果到当雄县和堆龙德庆区，就巩固脱贫攻坚成果、产业扶贫项目、建档立卡就业增收及基层党组织建设等相关情况开展督导调研。强调，要聚集脱贫攻坚目标任务，切实履行脱贫攻坚主体责任，立足实际完善产业脱贫机制，优化产业格局，带动更多群众持续稳定增收，全力以赴巩固好脱贫攻坚成果。

同日 国务院批复同意设立拉萨综合保税区。2016年6月，拉萨综合保税区正式启动申报设立工作，2020年2月，通过“八部委”审核会签，并上报国务院审批。4月27日，国务院印发《国务院关于同意设立拉萨综合保税区的批复》，标志着拉萨综合保税区申报工作取得圆满成功，实现西藏自治区第一个海关特殊监管区域、第一个综合保税区的成功设立。拉萨综合保税区位于拉萨经济技术开发区C区，封关区域面积为0.84平方公里，是拉萨市“一心两翼、南联北通”城市空间布局的重要组成部分。拉萨综合保税区紧邻青藏铁路拉萨货运枢组，连接青藏公路、川藏公路的拉萨城市快速通道穿着区而过。拉萨综合保税区项基建项目建设，主要包括“八通一平”基础设施建设和海关联检大楼及其配套附属工程。截至5月10日，拉萨综合保税区重点项目和配套项目共计33个。

同日 《拉萨日报》报道：2020年，北京对口支援拉萨市资金3.82221亿元，安排项目53个，其中扶贫项目36项，安排资金35580万元，占比92.57%。自新冠肺炎疫情防控阻击战打响以来，北京援藏指挥部立足于早、立足于实、立足于严，细化支持企业复工复产的措施办法，全方位推动各项目复工复产，吹响“两条线”作战的冲锋号。防疫复工两手抓，扶贫项目进入“快车道”。城关区夺底乡林宗古村的“好客藏家”家访园旅游村建设项目是由北京援建的民俗旅游村建设项目，主要是对林宗村的10户农宅进行整体改造，拆除主体建筑2890.46平方米，新建住宅2347.11平方米、人行道1051.41平方米，停车场600平方米。创新运营模式，搭建村民致富“新桥梁”。尼木县续迈乡安岗村生猪养殖项目是北京支援尼木县的项目之一。2018年，投资539.51万元建成一期项目，并投入使用。2019年12月，投资902万元建成二期项目。三期项目于2020年3月20日开建，总投资1259.47万元，项目总面积5328平方米。该养殖场共养殖467头猪，可实现收入150余万元。三期建成后，将达到1000头的养殖规模，可带动当地群众23户83人实现增收。

同日 《拉萨日报》报道：根据九届市委第十轮巡察安排部署，市委巡察二组分别召开巡察市中级人民法院、市经信局党组进驻动员会。会上传达学习自治区党委常委、市委书记白玛旺堆在听取市委第九轮巡察工作情况汇报时的讲话精神。市委巡察二组负责人在会上对本轮巡察重点、总体安排和有关要求作动员讲话，并就做好巡察工作提出要求。

28日 市十一届人大常委会第二十一次会议召开，会议应到常委会组成人员41人，实到33人，符合法定人数。会议听取市委组织部、市中级人民法院有关任免事项的说明、市人大社会建设委员会《关于确定社会建设委员会对口联系单位的请示》《关于细化社会建设委员会工作职责的请示》《关于增加市人大常委会立法咨询专家库社会建设领域专家的请示》；表决通过《拉萨市人大常委会主任会议关于补选任维为西藏自治区第十一届人民代表大会代表的议案》；通过人事任免事项，颁发任命书、被任命人员进行宪法宣誓。市人大常委会主任云丹主持会议。

同日 柳梧新区管委会与华为技术有限公司举行战略合作框架协议签约仪式。

29日 自治区党委常委、市委书记白玛旺堆主持召开市委常委班子成员深入基层开展脱贫攻坚调研督战工作专题会，梳理调研督战过程中发现的问题，分析原因，研究解决办法。强调，2020年是脱贫攻坚决战决胜收官之年，全市脱贫攻坚巩固提升“百日行动”剩下不到两个月的时间。市委常委会班子成员要率先垂范，紧盯中央巡视组反馈的问题以及“两不愁三保障”薄弱环节，持续深入抓督战，细化实化攻坚举措，解决问题推动工作，用坚决打赢脱贫攻坚战的实际行动践行“两个维护”。会前，根据中央和区党委部署要求，市委常委班子成员分别到各自指定的乡镇进行调研。市委领导果果、庄红翔、王强、马军、云丹、袁训旺、毛东军、吴亚松、阿努次仁、王家民出席会议。

30日　市委副书记、市长果果主持召开市政府党组会议，传达学习习近平总书记在陕西考察时的重要讲话精神和《党委(党组)落实全面从严治党主体责任规定》，研究市政府党组2020年党风廉政建设主体责任工作要点、精神文明建设和意识形态工作要点以及理论学习中心组2020年学习安排意见。指出，当前，各级各部门要在持续做好疫情防控的同时，扎实做好“六稳”工作，全面落实“六保”任务。全面查漏补缺，加快补齐拉萨市在产业发展、基础设施建设、民生等领域的短板。做好脱贫群众后续帮扶工作，多措并举巩固脱贫成果。提高复工复产复商水平，加快恢复复性增长，确保拉萨市第二季度经济发展向好。市委领导王强、毛东军出席会议。

同日　市委副书记、市长果果主持召开政府2020年度建议提案交办会。指出，各承办单位要把办理提案与改进工作作风紧密结合起来，自觉行动，主动作为，自觉抵制说得多、做得少，层层批转、落实不力，坚决杜绝形式主义和官僚主义，把每一件建议提案都办得实实在在、掷地有声，经得起历史和人民的检验。市委领导王强、毛东军出席会议。

同日　自治区政协赴拉萨市开展“做大做强天然饮用水产业”“精准扶贫产业项目后续发展”专题调研座谈会召开，听取相关情况汇报、与会人员交流发言，指出拉萨市各级党委政府高度重视产业扶贫项目建设和落地见效，使其真正惠及广大百姓特别是建档立卡群众。希望拉萨市进一步发挥好扶贫产业管长远的作用，带动群众稳定增收。

同日　政协第十一届拉萨市委员会党组理论学习中心组第27次会议召开，传达学习《习近平谈治国理政》相关内容，《中国共产党党和国家机关基层组织工作条例》。市政协党组书记、主席袁训旺主持，市委常委、统战部部长阿努力次仁出席。

同日　《拉萨日报》报道：市委副书记、常务副市长王强到尼木县麻江乡标准化牦牛短期育肥基地、吞巴镇手工藏香制作点、尼弘元仓供应链经济港项目点，调研督战脱贫攻坚工作。

同日　“西藏人游西藏拉萨人游拉萨”“圣洁拉萨·健康之旅”美丽乡村游启动仪式达东村举行。旨在通过聚合全市特色乡村旅游产业与资源，开启“美丽乡村”特色主题推介活动，稳步推进拉萨旅游业复产复工，助力拉萨市乡村旅游产业发展与乡村振兴。

同日　拉萨市在宇拓路开展《信访条例》修订实施15周年集中宣传活动，旨在增强市民的法治意识和维权意识。当天，自治区信访局、市信访局、市公安局、市市场监督管理局、市住建局、市人社局、市中级人民法院等7家相关单位现场为市民讲解如何正确信访、网上信访、依法维权等相关知识。

同日　由市妇联联合民营企业举办的“阿佳学堂+社区工厂”挂牌仪式在城关区铁崩岗社区举行，旨在提高妇女创业就业技能，助力发展民族手工业，拓宽农牧区和社区妇女增收渠道。启动仪式上，市妇联向负责“阿佳学堂+社区工厂”的西藏卓番林文化股份有限公司发放3万元项目启动资金。“阿佳学堂+社区工厂”采用妇女在家从事手工艺品制作，集中统一销售的灵活就业方式方法，已经有50余名社区妇女参加。

5月

3日　自治区党委常委、市委书记白玛旺堆到林廓东路、波林卡路、生态路、迎亲桥、慈觉林大道，藏热路、桑伊路、北京西路、八一北路等路段调研城市路网建设、城市水系修复及生态治理项目等工作，并就进一步完成城市路网建设、提升城市路况等进行现场办公。要求，各级各有关部门要扎实推进项目建设，统筹做好征地拆迁、道路建设、景观打造、城市绿化等工作，进一步完善城市路网体系建设。要打通城市“断头路”，切实提高路网的承载能力和运行水平。同时把城市水系修复与生态治理、城市供水、防洪排涝、文化旅游景观打造等工作结合起来，一体推进，紧盯重点领域和关键环节，在保质保量的前提下加快工作进度，争取项目早日落地见效，切实把好事办好、实事办实。市委领导庄红翔一同调研。

4 日 拉萨市 2019—2020 年度“青年五四奖章”“两红两优”表彰大会召开，表彰优秀个人 207 人，先进集体 78 个，举行新团员入团和老团员超龄离退团仪式。市委常委、宣传部部长吴亚松出席会议并讲话，指出，全市各级团组织要把牢根本任务，为党培养社会主义建设者和接班人，履行好引领凝聚青年的基本职责。

同日 为大力弘扬五四精神，凝聚青年干部力量，激发青年创业的决心，进一步加强青年理想信念教育，团市委、团城关区委及幸福社区青工委联合开展“圆梦青春共创幸福”为主题的创业青年产品展销及志愿服务活动。

6 日 自治区党委常务副书记、区政协党组书记、自治区高校毕业生就业创业工作领导小组组长丁业现在拉萨市高新区 N·次元众创空间、西藏文化旅游创意园区调研西藏高校毕业生就业创业工作。其间，分别到西藏他喜管理咨询有限公司、西藏小黑信息科技有限公司、西藏岗思间文化艺术发展有限责任公司、拉萨市候巢文化传播有限公司等小微企业，了解企业经营发展、促进就业等情况，就地帮助解决企业面临的难题。强调，各级各部门要贯彻中央和区党委决策部署，把稳就业作为“六稳”“六保”工作的重中之重，把敢想敢闯敢干的高校毕业生创业者“扶上马”“送一程”，激发广大高校毕业生积极投身大众创业、万众创新。

同日 自治区党委常委、市委书记白玛旺堆主持召开市委常委会会议，传达学习 4 月 17 日中央政治局会议、4 月 19 日中央政治局常委会会议精神，习近平总书记在陕西考察时的重要讲话精神，传达学习自治区党委常委会精神，听取关于做好当前全市疫情防控工作建议的汇报；传达学习《国务院办公厅关于开展国家脱贫攻坚普查的通知》，全国政协主席汪洋、自治区党委书记吴英杰对《范小建同志关于白托村远程调研追记》批示精神和吴英杰谈脱贫攻坚访谈文章《以对党绝对忠诚的态度坚决抓好整改确保脱贫成效经得起历史和人民的检验》，研究拉萨市贯彻落实意见；听取全市信息化工作进展情况汇报，安排部署有关重点工作。指出，各级各部门要按照中央、区党委会议精神和决策部署，继续把牢把好输入关，持续有效做好健康管理，最大限度控制疫情反弹。要认真落实党中央关于做好“六稳”“六保”工作的系列要求，结合拉萨实际，抓紧制订方案、研究具体措施，全力以赴抓好经济社会发展。各部门、各县（区）要持续做好脱贫攻坚后续巩固提升工作，高质量完成脱贫攻坚目标任务，围绕中央、区市各级巡视反馈问题，扎实抓好整改，确保问题整改到位，工作见行见效。要学习借鉴范小建的调研经验，充分挖掘拉萨脱贫攻坚中的先进典型、生动事迹，让新闻报道更加接地气、贴民心，讲好脱贫攻坚“拉萨故事”。要求，2020—2021 年要聚集重点，乡村振兴要出实效，建设乡村振兴示范区，2020 年启动实施，2021 年见成效。全面提升城市规划建设管理和城镇化水平，完成国土空间总体规划。加快推进生态文明建设，完善生态环境保护制度，持续做好垃圾分类工作，完善生态环境监测体系。加快推进数字拉萨、智慧城市建设，明确政策体系，完善基础底库，优先做好智慧警务、智慧交通、数字政务三大领域应有平台的开发和优化。推动城市治理和基层改革取得实质性突破，按照重点任务分工和明确的时限要求，相关职能部门在确保落地见效。发展产业，促进就业，做好实用技术人才培养。

同日 自治区党委常委、市委书记白玛旺堆主持召开市委常委班子脱贫攻坚专项巡视“回头看”反馈意见整改专题民主生活会，传达学习习近平总书记关于扶贫工作重要论述和通报拉萨市脱贫攻坚专项巡视反馈意见整改落实情况，白玛旺堆代表市委常委班子作对照检查，市委常委逐个进行个人对照检查发言，开展批评与自我批评。指出，市委常委班子带头，各级党委（党组）要扛起整改主体责任、主要负责人要履行好第一责任人责任，把“回头看”反馈问题和“不忘初心、牢记使命”主题教育检视问题等统筹起来，结合市县两级脱贫攻坚调研督战过程中发现的问题，一体研究、一体整改。要全面巩固提升脱贫攻坚与乡村振兴有效衔接，实现高质量脱贫，深入开展村容村貌整治，统筹协调产业发展，推进乡村治理改革，稳步推进“美丽乡村、幸福家园”建设行动计划整村推进试点工作。市委常委会成员果果、庄红翔、沈海斌、王强、马军、毛东军、吴亚松、阿努次仁、王家民参加会议，自治区巡视组有关负责人到会指导。

同日 自治区调研组到拉萨市柳梧隧道口和米琼日隧道口等南北防沙治沙点、植树造林点，调研督导防沙治沙和植树造林项目实施进展情况及成效。指出，拉萨市要强化属地管理责任，抓紧督促施工单位抢抓时节，保质保量高效做好防沙治沙、植树造林工作，加快推进拉萨市提质增绿。

7日 市委副书记、市长果果实地调研拉萨市城市水系修复及生态治理项目和拉萨东环线、拉萨河沿线特色空间开发项目滨河路市政工程项目建设推进情况。指出，各有关部门和建设单位，要高水平推动拉萨市水系修复及生态治理工程，着力将项目打造成集功能、美丽为一体的贯穿整个拉萨城市水系的生态绿廊，切实提升拉萨城市功能与品位，让居民看得见山、看得见水、记得住乡愁，让拉萨的天更蓝、山更绿、水更清、环境更优美。

8日 自治区、拉萨市红十字会联合市广电局驻村工作队在墨竹工卡开展日多乡怎村开展以"助力疫情防控、红十字会救在身边"为主题的用心服务社区、真心关爱群众活动。活动中，向群众讲解心脏复苏、止血包扎等相关救护知识，发放《中华人民共和国红十字会法》《预防艾滋病画册》等10多种藏语、汉语宣传资料以及家庭急救包。

同日 自治区、拉萨市和城关区三级应急管理部门，联合城关区消防救援大队、拉萨市交警支队等相关单位，联合开展安全文化进学校、进寺庙、进社区活动。活动中，向市民宣讲关于疫情防控、艾滋病防控，防灾减灾、地震救灾、安全生产、消防安全、应急救援等知识，并组织开展消防应急疏散演练，向社区群众现场教学消防灭火技能和知识讲解。

同日 《拉萨日报》报道：在最新公布的2020年度国家备案众创空间名单中，拉萨市3家众创空间入围，分别是西藏世峰众创空间、极地众创空间和西藏动力青年创客空间。

同日 《西藏商报》报道：第一批自治区级康养旅游示范基地试点为达东村、羊八井蓝色天国、甘露曲秘藏药浴。康养旅游示范基地的试点以拉萨市非遗藏药浴、地热温泉、最美乡村为主。

同日 《西藏商报》报道：拉萨市柳梧新区滨河路绿化公园开工建设。项目总投资7000万元，占地19.7公顷，东起柳梧大桥，位于南环路与柳梧新区滨河大街之间。

9日 自治区党委副书记、自治区主席齐扎拉到达孜区塔杰乡高标准良种奶牛养殖中心、西藏泰成乳业发展有限公司、吉雄农产业收购农民专业合作社、圣信工贸有限公司、阿佳牦牛肉公司、达孜区中心小学、达孜区易地扶贫搬迁安置点调研脱贫攻坚成果巩固、产业发展、教育工作等。指出，要深入贯彻落实习近平总书记关于扶贫开发、脱贫攻坚巡视和治边稳藏的重要论述，持续巩固脱贫攻坚成果，不断提高脱贫稳定性，决战决胜脱贫攻坚收官战。

同日 自治区党委常务副书记、区政协党组书记丁业现到哲蚌寺、色拉寺、大昭寺，就疫情防控、维护稳定、加强和创新寺庙管理等工作进行调研。指出，全区宗教界人士和广大僧尼要当好拥护领袖的模范，成为造诣精深的典范，展现高僧大德的风范，做好护国利民的示范。自治区党委常委旦科、白玛旺堆一同调研。

同日 拉萨江苏中学"国家级防震减灾科普示范学校"授牌仪式举行，此次授牌标志着拉萨市实现"国家防震减灾科普示范校"零的突破。当天，中国地震局援藏专家、西藏自治区地震灾害防御中心高级工程师王继为全校师生做《地震基本知识》专题讲座。

同日 拉萨市2020年高考体检工作会召开。指出，疫情防控特殊时期，2020年高考体检仍然要实现无安全责任事故、无违纪舞弊、无考生投诉、无录取院校退档、无体检结论差错的"五无"目标。

11日 《拉萨日报》报道：至2020年，江苏援藏投入计划内外资金12.3亿元、实施项目184个，有效助推全市群众生产生活条件和城乡面貌的进一步改善、公共服务水平的稳步提高、地方特色产业的做大做强。2015年，在江苏5400万元的援助资金支持下，县完小与嘎则小学合并组成墨竹工卡县南京实验小学，2019年再次投入800万元，用于学校教辅楼建设。2016年，江苏援藏重点围绕打造标准化乡（镇）卫生院，先后实施墨竹工卡县7个乡镇卫生院建设项目，累计投入资金3140万元。2017年，江苏计划外安排1.5亿元建设林周县格桑塘现代农牧产业示范园项目，园区分东西两个区域，东区以牦牛繁育为主，西区以牦牛育肥、奶牛养殖及饲草加工为主，2018年11月，牦牛繁育基地试运行，2019年8月奶牛场也开始运行。援助的墨竹、林周、达孜、曲水四县（区）人民医院均创成二乙医院，墨竹工卡县人民医院二甲创建通过初评，为全区首个县级二甲医院。

同日　市委副书记、市长果果主持召开市政府常务会议，听取全市一季度经济运行情况汇报，研究并原则同意《拉萨市促进高校毕业生区外就业创业补贴实施细则》《拉萨市重大行政决策责任追究办法》《关于修改拉萨市爱国卫生管理条例的决定》。指出，一季度全市各级各部门面对经济循环受阻的压力，一手抓疫情防控，一手抓复工复产，经济运行经受住疫情考验，呈现出“承压前行，总体可控”的态势。下一步，要清醒认识、科学评估当前经济形势，突出重点、统筹推进经济社会发展各项任务。特别是在抓好疫情防控常态化、用活国家各项政策措施、扩大有效投资、创新手段扩大消费、做大做强产业、保障和改善民生等方面下功夫、补缺口、强弱项、促发展。

同日　市政府党组班子召开脱贫攻坚专项巡视“回头看”反馈意见整改专题民主生活会，果果首先代表市政府党组班子作对照检查，班子成员依次开展批评与自我批评。市委副书记、市政府党组书记、市长果果主持会议，指出，拉萨市脱贫攻坚工作依然存在问题、面临不少困难，市政府党组班子成员，要把决战决胜脱贫攻坚作为增强“四个意识”、坚定“四个自信”、做到“两个维护”的具体行动，以脱贫攻坚质量检验全面小康成色，坚决克服盲目乐观思想，切实担起责任，在整改落实上见真章。市委副书记、常务副市长沈海斌、王强，市委常委、常务副市长占堆出席。

12日　区市自治区资源部门在尼木县帕古乡帕古村，开展主题为“落实减灾责任，加强减灾教育”“科普减灾知识，落实减灾责任”的宣传活动，旨在提高广大农牧民群众对地质灾害防治工作的认知，普及地质灾害自救互助知识，增强防灾减灾防范意识和安全生产意识。共发放宣传资料300余份，接受咨询100余人次。

同日　《拉萨日报》报道：拉萨藏热大桥全面复工。该项目由中建路桥集团有限公司承建，总投资2.3亿元，位于拉萨大桥东侧约300米处，全长约906米，采用双向六车道城市主干道设计标准，设计车速为每小时60公里，沥青混凝土路面。

同日　《拉萨日报》报道：拉萨市启动并开展核查村级环境监督员和城镇保洁员岗位落实工作。核查期间，6个专项核查小组采取核查台账、入户抽查等方式深入拉萨经开区、柳梧新区、文创园、空港新区，对市生态环境局负责的村级环保监督员和城镇保洁员岗位落实情况、资金兑现情况等内容进行核查。

13日　市委副书记、市长、城关区委书记果果主持召开城关区委常委班子脱贫攻坚专项巡视“回头看”反馈意见整改专题民主生活会，代表城关区委常委班子作对照检查，班子成员依次作对照检查。要求，城关区委常委班子要扎实完善预防返贫和边缘群众扶持机制，确保真脱贫；要加强思想教育，让群众知晓惠在保处、惠从何来、恩向谁报；要激发内生动力，理性对照宗教，减少不必要宗教消费，把主要精力用到发展生产、改善生活上来。九届区党委第七轮第一巡视组负责人到会指导。

同日　市委副书记、组织部部长庄红翔主持召开市委组织部部务会班子脱贫攻坚专项巡视“回头看”反馈意见整改专题民主生活会，传达学习习近平总书记关于扶贫工作的重要论述、通报2019年脱贫攻坚专项巡视反馈意见整改落实情况，庄红翔代表部务会班子作对照检查，班子成员依次作个人检视剖析。庄红翔强调，要强化责任意识，稳步推进整改任务落地见效，把本次专题民主生活会查摆出来的问题与中央脱贫攻坚巡视反馈、“回头看”反馈及市委调研督战发现问题和市委班子查摆问题涉及组织部门的结合起来，确保问题“条条有整改，件件有落实”。

同日　市人大社会建设委员会召开第一次全体会议暨对口联系单位座谈会，传达学习习近平总书记关于社会建设的重要论述和市人大社会建设委员会工作职能、职责，讨论审议《拉萨市人大社会建设委员会与对口联系单位工作联系办法》《拉萨市人大社会建设委员会议事规则》《拉萨市人大社会建设委员会主任委员办公会议制度》，通报社会建设委员会2019年工作总结和2020年工作计划。市人大常委会主任云丹出席。

同日 拉萨市第一届中小学生新科技节暨第四届青少年科技创新大赛在拉萨市青少年实践基地举行，活动主题是"实践、探索与创新"，由市教育局、市科技局、市科协共同举办，主要包括两部分，分别是科普主题活动和专项科技竞赛。

14日 自治区党委常委、市委书记白玛旺堆在拉萨市管网改造和智慧水务项目地，城关区团结新村、雪社区和加措社区，拉萨河水利护岸工程项目点和中华文化主题公园项目点考察调研城市供水管建设，老旧小区、棚户区改造。强调，要加强顶层设计，强化规划引领，分级分类打造标准化样板，统筹加快重点项目建设进度，早日完工，让拉萨真正成为各族群众高品质生活的空间。市委常委、宣传部部长吴亚松一同调研。

同日 自治区政协副主席、区工商联主席、总商会会长阿沛·晋源带队到拉萨市政务服务三级大厅调研，了解政务服务三级大厅工作运行特别是为非公企业办事服务等相关情况，并与政务服务三级大厅负责人沟通交流。调研组对近年来政务服务三级大厅取得的成绩给予充分肯定，强调，要打通服务企业"最后一公里"，使党委、政务的政策进一步落地落实。

同日 自治区政协副主席、区工商联主席、总商会会长阿沛·晋源带队到城关区雪巴拉姆藏戏艺术团，了解雪巴拉姆藏戏艺术团的发展历程以及八大藏戏传承发展情况。雪巴拉姆藏戏艺术团成立于1956年，60多年来，一代代藏戏传承人传承发扬藏戏文化，在服务基层、服务群众过程中深受百姓欢迎，产生较好的社会影响。

同日 市委副书记、市长果果到市区部分水系修复及生态治理项目建设点，调研指导拉萨市山水林田湖草项目推进情况。强调，各级各部门要高水平、高标准、高质量统筹推进城市水系修复及生态治理项目，最大限度发挥其社会效益、经济效益和生态效益，将拉萨市全力打造成宜居宜业宜游的城市。

同日 全市宣传部长会议召开，学习贯彻习近平总书记关于宣传思想工作的重要论述及全国、全区宣传部长会议精神，学习贯彻中央、区市党委关于宣传思想文化工作的重大决策部署，总结2019年宣传思想文化工作，安排部署2020年宣传思想文化工作，表彰先进。市委副书记、组织部部长庄红翔出席，市委常委、宣传部部长吴亚松主持并对全市下一步宣传思想文化工作作安排。2020年宣传思想文化工作主要有七点：把学习宣传贯彻好习近平新时代中国特色社会主义思想作为首要任务；紧扣营造决胜全面建成小康社会有浓厚氛围这一主线，集中开展脱贫攻坚宣传等重大主题宣传；巩固"四讲四爱"群众教育实践活动成果，筑牢共同团结奋斗的思想基础；围绕不断提升广大群众思想觉悟、道德水准、文明素养和全社会文明程度这一重要任务，建强新时代文明实践中心（所、站），深化"五有五好"文明村镇创建活动，建立文明城市创建常态化机制；繁荣文化文艺，更好地满足各族群众对精神文化生活新期待；防范重大风险，坚决维护意识形态领域绝对安全；加强党的全面领导，建设一支政治过硬的宣传思想文化队伍。

同日 市纪委监委班子召开脱贫攻坚专项巡视"回头看"反馈意见整改专题民主生活会，通报2019年脱贫攻坚专项巡视反馈意见整改落实情况，市委常委、市纪委书记、市监委主任王家民代表市纪委监委班子作对照检查，班子成员逐一进行个人对照检查。王家民主持并讲话，要求，要坚持立行立改，把各类督查发现的问题和专题调研发现的问题统筹考虑、一体推进，建立长效机制，扎实有序推进整改工作。区党委巡视组有关负责人到会指导。

同日 《拉萨日报》报道：拉萨高新区忠材山（中南组团）隧道开建。项目位于拉萨高新区，线路起于柳南大道交叉口，向南以隧道形式进入柳梧新区南组团。隧道为双向四车道，全长约1.91公里。项目建成使艇后，拉萨驱车到檑梧桑达村和德阳村，将比机场高速公路缩短15分钟。

17日 拉萨市召开全国"两会"、"萨嘎达瓦"宗教活动期间安防工作动员部署电视电话会。市委副书记、组织部部长庄红翔出席并讲话，要求，各级各部门必须做到思想上十分重视、责任上十分明确、措施上十分到位、衔接上十分果断，为全国"两会"胜利召开营造和谐稳定的环境。市委副书记、政法委书记、市公安局党委书记马军主持，市委常委吴亚松、阿努次仁等分别就全市宣传舆论工作、社会面安防工作进行安排部署。

18日　自治区党委常委、市委书记白玛旺堆会见中国奶业协会评估组专家一行。白玛旺堆首先简要介绍拉萨经济社会发展情况。白玛旺堆说，近年来，拉萨把奶产业作为净土健康产业发展的重点，按照“万户百场十中心”思路，先后建成一批生产加工企业和基地，初步形成一批立足高原特色资源优势和现代生产工艺的奶产品。今后，希望中国奶业协会充分发挥自身资源优势，进一步加大对拉萨现代化养殖技术的支持力度，对奶产业发展标准化体系建设等方面加强指导，把良好生态优势、特色资源优势转化为产品品质优势和市场竞争优势，打造特色品牌，做大做强拉萨奶产业。中国奶业协会副秘书长李栋表示，要充分发挥自身优势，积极发挥桥梁组带作用，加强院企合作交流，拓宽拉萨奶产业市场，双方共同努力保障乳品质量安全、做大做强拉萨奶产业，助力拉萨奶产业拥有更广阔的发展平台。市领导沈海斌、王强一同会见。

同日　拉萨经开区党工委班子脱贫攻坚专项巡视“回头看”反馈意见整改专题民主生活会召开，通报拉萨经开区2019年脱贫攻坚专项巡视反馈意见整改落实情况，班子成员逐一进行对照检查。市政协主席、经开区党工委书记袁训旺主持会议并代表党工委班子作对照检查。

19日　自治区党委常委、市委书记白玛旺堆主持召开市委常委会会议，传达学习5月15日中共中央政治局会议精神、习近平总书记在党外人士座谈会上的重要讲话精神、给郑州圆方集团全体职工的重要回信精神、传达学习九届区党委第138次常委会会议精神和自治区党委编委2020年第一次会议精神，听取《中共拉萨市委员会关于“不忘初心、牢记使命”主题教育整改工作推进情况报告》，研究并原则同意《拉萨市人民政府党组关于审定〈拉萨市重大行政决策责任追究办法〉的请示》《拉萨市人民政府党组关于审定〈拉萨市关于处置违法用地和违法建设行为查处的实施方案〉〈拉萨市建法用地和违法建设行为查处暂行办法〉的请示》《中共拉萨市委员会关于贯彻〈中国共产党机构编制工作条例〉的实施意见》。指出，要严格按照习近平总书记重要指示要求，坚持“依法依规、分类处置”的原则，掌握好界限，区分违法倒卖土地行为与满足基本生存需求，依法稳妥分类整治。要严格按照习近平总书记关于机构编制工作“六个坚持”的基本原则，推动编制资源向维稳综治、脱贫攻坚、乡村振兴、信息化建设等重点领域倾斜，切实管好用活机构编制资源，提升机构编制资源使用效益，更好地服务拉萨改革发展稳定各项工作。

同日　拉萨市2020年城市超标准洪水防御演练举行，旨在检验拉萨市2020年城市超标准洪水防御预案的可操作性、防汛信息化建设成果，提高抗洪抢险队伍、消防队伍的实战经验和水平。市委常委、常务副市长占堆出席并讲话，指出2020年是全面建成小康社会和实现第一个百年奋斗目标的关键之年。拉萨市作为重点防洪城市，是水利部明确的全区唯一的超标准洪水预案编制和演练的城市，各市各级各部门要切实增强风险意识，突出重点、把握关键、扎实做好汛前准备，守住防御底线，把防范化解水旱灾害风险工作真正落到实处。

同日　《西藏日报》报道：拉萨市城关区智昭净土产业园互补互助互促发展格局初步形成，实现年产值3.53亿元。产业园打造高标准奶牛养殖中心、高效智能温室、亨通物流园、经济林种植、乳制品加工等17个高原特色净土健康产业项目。其中，高标准奶牛养殖中心占地220亩，总投资1.44亿元，于2015年5月建成并投入运营。截至5月19日，高标准奶牛养殖中心存栏奶牛1097头，挤奶牛340头，是产奶7.76吨。2019年产奶量共950.35吨，总收入731.22万元；亨通物流园区总投资8723.4万元，2015年6月建成，是拉萨东城规模最大的物流集散地。

同日　《拉萨日报》报道：拉萨市妇女儿童维权服务中心揭牌。旨在为拉萨市妇女儿童开辟一条法律服务绿色通道，中心将开展法治宣传、信访接待、婚姻调解、法律咨询、法律援助、心理疏导、困难救助等“7+1”的工作模式。

20日　自治区党委常委、市委书记、市“四讲四爱”群众教育实践活动领导小组组长白玛旺堆向全市基层农牧民宣讲员和基层干部，用藏语开展“四讲四爱”专题示范宣讲。白玛旺堆围绕习近平新时代中国特色社会主义思想和关于治边稳藏重要论述，从讲清楚习近平总书记对西藏工作的重要指示精神和对西藏各族人民的特殊关怀，讲清楚习近平总书记关于脱贫攻坚和乡村振兴的重要论述，讲清楚以爱国主义为核心的民族精神和中华民族共同体意识等三个方面，结合具体事例，为全市基层农牧民宣讲员和基层干部上一堂全面生动的深入宣传习近平新时代中国特色社会主义思想的宣讲课。市委常委、宣传部部长吴亚松主持宣讲会。

同日　自治区副主席多吉次珠率自治区调研组到拉萨市开展旅游市场调研，听取拉萨市相关民宿酒店、文创工艺等负责人的情况介绍，了解当前旅游住宿、文创产品销售情况，询问复工复产情况及面临的突出问题。调研组指出，各级各有关部门要继续统筹做好疫情防控和旅游业加快恢复工作，确保旅游企业在恢复市场经营的同时严格做好疫情防控工作。

同日　全市校园安全工作专题会议召开，传达区市领导对校园安全的指示批示精神，通报近期校园安全典型案例，听取市教育局校园安全工作自查报告，与会人员结合各自职能针对校园安全工作提出意见和建议。市委副书记、组织部部长、市委教育工作领导小组组长庄红翔主持会议并讲话，要求，各级教育系统要把安全生产摆到重要位置，围绕“安全第一、预防为主、综合治理”的主题，落实落细各项措施，健全各类方案预案、隐患排查整治、安全事故责任追究等工作机制，强化对学生的教育引导，明确界定党委政府、教育行政部门、其他相关部门、各级各类学校、师生员工、学生家长等各个方面的安全监管责任，全面贯彻“党政同责、一岗双责、失职追责”和“管行业必须管安全、管业务必须管安全、管生产经营必须管安全”的工作要求。市委常委、常务副市长、市委教育工作领导小组副组长占堆出席会议。

同日　拉萨市2020年“四讲四爱”基层宣讲员培训班开班，区市宣讲团成员格桑次仁和加央旦培分别围绕“讲党恩爱核心”“讲团结爱祖国”作了宣讲。市委常委、宣传部部长吴亚松作开班动员，要求参训的农牧民宣讲员和基层宣讲骨干要认真听取专题辅导，不断提升宣讲技巧，确保在“四讲四爱”巩固之年的精讲深学活动中发挥好主力作用。

同日　由西藏自治区的计量测试所、拉萨市市场监督管理局、城关区市场监督管理局和国网西藏电科院联合举办的计量日宣讲活动，在西藏宏发综合检测公司院内举行，向群众宣传居民用电、讲解用电安全方面的知识。

同日　《拉萨日报》报道：拉萨市人民医院中心院区门诊楼进入运营筹备阶段。项目由自治区和拉萨市财政统筹，北京“组团式”援藏部分支援，以三级综合医院标准建设，是拉萨市重要的民生工程和城市发展配套工程，总体规划1500张床位，占地面积266679平方米，总建设用地400亩，规划总体规模约35万平方米，是一家集门诊、住院、康复、科研教学于一体的绿色环保型智慧医院。

20—22日　自治区人大执法检查组先后到曲水、堆龙德庆、林周、达孜、城关五县（区），开展《中华人民共和国土壤污染防治法》《中华人民共和国土地管理法》及实施办法执法检查，并就《西藏自治区扶贫工作暂行条例（草案）》开展立法调研，了解拉萨市农药化肥减量、“两违”建筑整治、白色污染治理等相关工作开展情况。通过检查，对拉萨市土壤污染防治和土地管理等工作给予充分肯定。

21日　自治区党委常委、市委书记白玛旺堆会见阿里巴巴集团阿里云副总裁李树翀一行，就进一步加强战略合作进行深入洽谈。白玛旺堆指出，拉萨与阿里巴巴集团具有良好的前期合作基础，“数字拉萨”建设进展顺利。希望双方继续深化交流合作，在加快“拉萨大脑”一期工程的同时，做好教育、医疗、旅游、生态和城市运行管理平台建设，努力让信息化成果实实在在惠及各族群众，市委副书记、组织部部长庄红翔一同会见，并就下一步合作，希望继续完善大数据平台及“智慧警务”“智慧交通”建设，深入推动政务服务、城市治理、生态环境、智慧农业、智慧教育、智慧医疗、智慧水务、智慧旅游等方面工作，开发城市应用管理平台，完善采集城市数据底图，做好拉萨主城区域全程3D建模。李树翀表示，将充分发挥自身优势，全面完成战略合作协议的各项事宜，按照拉萨市委、市政府的要求做好二期工程，大力推进数字拉萨建设。

同日　市委理论学习中心组“学习习近平新时

代中国特色社会主义思想·建小康拉萨”专题学习第四次集中学习研讨（扩大）会召开，阿里云副总裁李树翀作《信息化与智慧城市建设》专题讲座。市委副书记、组织部部长庄红翔主持并讲话，指出，拉萨市要牢牢把握信息化发展的重大机遇，发挥“后发优势”，提高政治站位，通过大数据、云计算、人工智能等手段不断提升城市治理体系现代化水平。市领导沈海斌、王强、马军、吴亚松、阿努次仁、王家民出席会议。会上，毛东军以及市委网信办、市经信局、公安局、柳梧新区、市净土传媒集团负责人围绕学习主题，结合自身工作进行交流发言。

22日 十三届全国人大三次会议在北京开幕，督导拉萨市维稳工作的自治区领导白玛旺堆、李文汉、孟晓林等和市领导沈海斌、王强、马军、袁训旺、占堆、毛东军、吴亚松、阿努次仁、王家民分别在市国家安全指挥部、各县（区）以及督导的相关寺管会，同干部职工集中收听收看会议开幕，认真聆听学习国务院总理李克强所作的政府工作报告。

同日 自治区党委常委、市委书记白玛旺堆主持召开市委集中约谈会，集中通报拉萨市2017年以来违反八项规定精神案件。要求，各县（区）各部门要把管党治党责任记在心上、抓在手上、扛在肩上，切实落实好作风建设的主体责任。市领导马军、袁训旺（市政协主席）、王家民出席，自治区巡视组有关负责人到会指导。

同日 市委副书记、常务副市长沈海斌主持召开市政府常务会议，研究《拉萨市公共安全视频图像信息系统管理办法》《拉萨市发放消费券促进消费实施方案》《拉萨市深化农业综合行政执法改革的实施方案》《拉萨市深化旅游市场综合行政执法改革实施方案》《拉萨市深化文化市场综合行政执法改革的实施方案》。

同日 市十一届人大常委会第二十三次会议召开。会议应到常委会组成人员41人，实到24人，符合法定人数。市人大常委会主任云丹主持会议，会议审议通过市十一届人大常委会第二十二次会议议程；听取和审议拉萨市第十一届人民代表大会常务委员会代表资格审查委员会关于个别代表资格审查报告。

23日 区党委常务副书记、区政协党组书记丁业现到拉萨市区千佛山、布达拉宫景区、大昭寺广场、拉萨湿地国家级自然保护区调研基层维护稳定、疫情防控等工作。强调，全区各级各部门要认真学习领会全国两会精神特别是习近平总书记在两会期间的重要讲话精神，结合西藏实际，扎实做好改革发展稳定各项工作。自治区党委常委、市委书记白玛旺堆一同调研。

同日 自治区党委常委、市委书记白玛旺堆到拉萨顿珠金融城，调研红星美凯龙家居生活广场、爱琴海购物公署、万达文化酒店等重点招商引资项目和配套住宅小区、道路等基础设施、周边山体绿化工程、生态公园等建设情况。指出，要突出整体风貌、因地制宜做好绿化亮化美化，将顿珠金融城打造成产住一体，功能完善、宜居宜业的高品质新区。要加快项目进度，确保项目2020年基本建成。

同日 自治区党委常委、市委书记白玛旺堆在市区实地调研拉萨市维稳安保和疫情防控措施落实情况。强调，要以高度的责任感和使命感，严格落实维稳安保和疫情防控各项举措，周到细致做好群众服务保障，确保全市社会大局持续长期全面稳定。

同日 《拉萨日报》报道：江苏交通援藏项目《拉萨高海拔地区农村公路桥梁养护关键技术研究》顺利通过工作大纲评审，现场调查工作将全面展开。经过几十年的快速发展，拉萨市“覆盖广泛、结构合理、干支协调、衔接顺畅”的市域公路网系统初步形成，农村公路总里程达4676公里。全市农村公路桥梁总数571座，其中，大桥14座，中桥82座，小桥475座。

24日 《拉萨日报》报道：百亩连栋温室项目位于曲水县才纳净土健康产业园B区。项目总投资2.38亿元，占地137亩，于2019年5月1日正式对外开放。园区融合藏药文化体验馆、温泉健康体验馆和牦牛全席体验馆等，是全区最大的智能连栋温室。

25日 市委副书记、组织部部长庄红翔到达孜区，在达孜区公安局、达孜区中心小学和达孜区中学、桑阿寺、德吉新村和白纳村，分别了解维稳工作和疫情防控措施落实情况，脱贫攻坚、易地扶贫搬迁点基层党组织建设、党员作用发挥情况和白纳沟生态公署建设进展情况，看望维稳值班人员。要求，达孜区要按照区市党委部署要求和既定工作目标，统筹抓好维护稳定和疫情防控各项工作，确保全市社会大局和谐稳定。

26日 市委副书记、组织部部长庄红翔主持召开市生态文明工作专班工作例会，听取市生态文明专班近期工作开展情况、中央环保督察整改任务完成情况以及各成员单位近期重点工作推进情况的汇报，研究部署下一步工作。指出，各成员单位要高度重视，按照市委对生态文明建设工作要求，重点推进污水收集处理、管网雨污分流等基础设施建设，确保地下水和地表水水质持续保持优良。要深入推进山水林田湖草生态保护修复工程，确保项目早落地、早见效，完善绿化后期养护管理机制，健全完善生态环境保护制度，建立起符合中央要求、体现拉萨实际、具有地方特色的系统完备的生态环境政策体系和规章制度。针对还未完成的中央环保督察问题，抓住关键点，确保按时交账销号或达到进度要求。着力推进“三线一单”、水源保护区调整、“十四五”生态环境保护相关规划重点工作。

同日 自治区食安办调研组到拉萨调研食品安全工作，先后到达孜区中心小学、西藏阳光庄园农牧资源开发有限公司、西藏玫瑰生物科技发展有限公司、城关区学生午餐配送中心等处进行实地查看，了解食品安全电子化平台监管、明厨亮灶、食堂区域划分和食品生产企业源头把关等“双安双创”工作情况。对拉萨市食品安全工作给予充分肯定，强调，相关部门要切实从源头把好食品安全关，坚决筑牢食品安全防线。

同日 全市应急管理工作座谈会召开，传达习近平总书记和李克强总理关于安全生产工作的指示精神、全国应急管理工作会议精神，总结2019年工作并对2020年各项工作进行安排部署，部分县(区)作交流发言。市委常委、常务副市长占堆出席并讲话，指出，随着复工复产，发生生产安全、道路交通事故的概率升高，各相关部门要保持高度警惕，特别是要做好两会期间的安全防范工作。同时，大力开展安全生产专项整治三年行动，扎实推进基层基础工作和应急预案修订和演练，全面推进拉萨市应急管理体系和能力现代化建设。

27日 自治区“四讲四爱”群众教育实践活动第一轮示范宣讲暨脱贫攻坚宣讲在达孜区德庆镇、邦堆乡启动，脱贫攻坚先进典型、区党委讲师团宣讲团成员、山南市曲松县曲松镇琼嘎村藏药材种植加工专业合作社总经理洛桑金巴结合其创业经历，用藏语向群众宣讲讲党恩爱核心、坚决打赢脱贫攻坚战。

同日 拉萨市人民医院与中国联通西藏自治区分公司签署合作协议，宣布西藏自治区首个5G智慧医疗联合实验室成立。2019年，拉萨市人民医院以智慧医疗为建设目标，继续建设电子图书馆、OA办公、门户网站、排队叫号、远程医疗、健康西藏预约挂号、银医通等以便民、惠民为目的的智慧系统。医院初步形成集20台大型服务器、2台大型存储、30台自助终端、900余个终端点于一体的初具规模的信息化医院。

28日 全市第一季度经济运行分析暨重点工作月调度电视电话会议召开，贯彻落实自治区一季度经济运行分析会议精神，听取全市大学生就业及农牧民转移就业工作、全市第一季度经济运行及重点项目、全市农牧民增收工作和各县(区)各园区第一季度经济运行及重点工作推进情况汇报，分析研判经济形势，安排部署重点工作。市委副书记、常务副市长沈海斌主持并讲话，指出全市各级各部门要认真贯彻落实自治区经济运行分析会议精神，按照“疫情防控不放松、复工复产不停歇、高质量发展不止步”的部署要求，努力在疫情防控常态化中加快推进生产生活秩序全面恢复。要坚持疫情防控和经济社会发展“两手抓、两不误”，持之以恒抓好疫情常态化防控，加速落实国家各项政策措施，千方百计扩大有效投资，精准施策强企惠企，扎实推进民生重点工作，持续推动经济社会平稳健康发展。市领导王强、占堆、毛东军出席，副市长张文浩、史育斌、扎西白珍以及市直相关部门负责人等参加会议。

同日 自治区的巡回宣讲团在拉萨市开展“四讲四爱”群众教育实践活动第一轮示范宣讲暨脱贫攻坚宣讲。市委常委、宣传部部长吴亚松主持并讲话，强调，拉萨市要以此次示范宣讲为契机，进一步加深对习近平新时代中国特色社会主义思想精髓和科学内涵的深刻理解和全面把握，推动习近平新时代中国特色社会主义思想精讲深学活动。自治区党委讲师团团长、区“四讲四爱”群众教育实践活动宣讲联络组相关负责人作示范宣讲。

29日　自治区党委常委、市委书记白玛旺堆到古城区帕拉康后院、夏冲大院、邦达仓大院、拉让宁巴大院、喜德寺大院、卡多大院等地，调研古城区提升改造工作，了解古城区业态经营、住房改造、居民外迁、文物保护、基础设施等情况。强调，要紧扣古城作为世界级优秀文化遗产、中国历史文化名街的定位，建设管理抓好古城的保护和提升改造工作，切实改善老城区居民的生产生活条件，把古城打造成为拉萨国际文化旅游城市最为靓丽的“名片”。市领导王强、占堆一同调研。

同日　自治区巡回宣讲团到达孜区开展“四讲四爱”群众教育实践活动示范宣讲暨脱贫攻坚宣讲。自治区宣讲团成员、中国社科院民族学与人类学研究所副所长、西藏自治区社科院党委委员徐文华围绕脱贫攻坚主题，结合“讲党恩、爱核心”这一宣讲主线，深入宣传习近平新时代中国特色社会主义思想。

30日　《西藏日报》报道，区党委副书记、自治区常务副主席庄严在拉萨调研健康茶的接受程度和消费状况，了解健康茶销售和储备情况。强调，按照区党委、政府的部署要求，强化监管、确保供应，全力推动健康茶推广工作落实，全力保障各族群众饮茶安全和身体健康。

同日　自治区党委常委、市委书记白玛旺堆到千佛崖、布达拉宫转经道、宗角禄康公园和大昭寺广场，检查萨嘎达瓦期间各部门及执勤民警对转经群众的服务和引导工作，了解各项安全防范措施落实情况。强调，基层组织和各相关部门要坚持依法管理的原则，全力以赴落实好各项服务工作与安保措施，教育引导群众自觉遵守疫情防控相关规定，文明煨桑，共同创造良好的生态环境，共同守护疫情防控成果。

同日　《拉萨日报》报道：北汽集团爱心助学活动在拉萨举行。在捐赠仪式上，向上36名学生捐赠北汽集团员工筹集的助学金25.1万元，向拉萨市青少年活动中心捐赠1座爱心书屋。北汽集团团委自2015年开始，已连续5年开展“美好北汽与爱同行”一对一拉萨爱心助学活动，截至5月30日，发放爱心助学款91.9万元。

31日　《西藏日报》报道：城关区扶贫办申报的3家企业21类扶贫产品（拉萨市净土产业投资开发集团有限公司14类、西藏净土乳业有限公司6类、西藏大昭圣泉实业有限公司1类）通过国务院扶贫办备案认定，被列入第二批认定的全国扶贫产品名单，产业项目累计带动1608人增收，产品价值226144万元。

6月

1日　北京市援助拉萨基层巡诊救护车授车仪式举行。仪式上，北京市为拉萨市当雄县、尼木县和城关区捐赠巡诊救护车15辆，并捐赠监护仪、呼吸机等15套车载医用品，总价值600万元。

同日　拉萨市人民医院中心院区门诊开诊。院区位于拉萨市城关区蔡公堂街道书山路7号，共设消化内科、呼吸内科、心血管内科、肾内科、医疗保健科、普外科、骨科、心电图室以及超声科等17个科室。

2日　自治区党委常委、市委书记白玛旺堆主持召开市委常委会会议，传达学习习近平总书记关疫情防控和复工复产工作的重要论述，习近平总书记给袁隆平、钟南山、叶培建等25位科技工作者代表的重要回信精神，习近平总书记对毛南族实现整族脱贫作出的重要指示精神，习近平总书记向全国各族少年儿童的节日祝贺精神，习近平总书记5月26日在《关于2020年以来西藏重点工作情况的汇报》上的重要批示精神和丁薛祥、吴英杰的批示精神，九届区党委第139次常委会精神，传达学习全国两会精神，研究全市贯彻落实意见，研究并原则同意《拉萨市人民政府党组关于审定〈拉萨市促进拉萨籍高校毕业生区外就业创业的具体措施〉的请示》《中共拉萨市委组织部关于市人民政府办公室等12家单位党组、党（区）委调整事宜的请示》。指出，全市各级各部门要切实把思想和行动统一到党中央、国务院关于2020年工作的部署要求上来，落实好两会提出的各项任务，确保“两会”精神在拉萨全面落地见效。

同日　拉萨市召开第七次全国人口普查领导小组第一次全体会议，传达学习贯彻国务院、自治区第七次全国人口普查领导小组全体会议精神，研究部署拉萨市普查工作，正式启动全市人口普查实战工作。市委副书记、常务副市长王强出席并讲话，指出，第七次全国人口普查涉及范围广、参与部门多、技术要求高、工作难度大。各县（区）、各功能园区、各成员单位要严格落实国务院“全国统一领导、部门分工协作、地方分级负责、各方共同参与”的工作要求，迅速组建完成各级普查领导机构，足额保障普查经费，加强普查宣传，精准做好“两员”选聘，及时比对相关部门行政记录，依法开展人口普查，确保人口普查数据质量。结合即将开展的全区、拉萨人口普查综合试点，科学制订《拉萨市第七次全国人口普查实施方案》。自治区统计局相关负责人到会，并就做好拉萨市普查以及人口普查综合试点工作提出具体要求。

同日　拉萨市联合检查组到拉萨市污水处理厂（二期）厂区，检查运行情况、卫生情况，并对处理厂污水进出水量、水质状况、运行台账建设管理情况、在线监测监控设备运行情况等进行问询。强调，要做好设备检查维护，确保稳定达标运行。

3日　自治区党委常委、市委书记白玛旺堆主持召开古城功能提升改造工作专题会，研究相关工作进展情况。指出，古城功能提升改造是一项重大民生工程和德政工程，各级各部门在齐心协力做好古城功能提升改造工作。要保护好古城原生态的民风民俗和生活气息，精准把握古城历史定位，守护好城市记忆、传承历史文脉，要立足重要的世界旅游目的地定位，统筹考虑各方面需求，进一步优化设计方案，道路、给排水、建筑质量等方面要统一标准，打造非遗展示和体验区，让古城更有特色、更有品位、更有魅力。市委领导占堆，中国城市规划设计研究院名城所总工程师、高级城市规划师赵霞出席。

同日　拉萨市召开配合国务院安全生产和消防考核全自动员会，对全市迎考工作进行安排部署。市委副书记、市长果果主持会议并讲话，指出，国务院安委办每年对省级政府的安全生产和消防工作进行不定期考核，这是对整个西藏自治区安全生产和消防工作的考核。此次考核正值全国上下防控新冠肺炎疫情、复工复产关键时期和拉萨市萨嘎达瓦期间，各县（区）、各功能区、各成员单位务必强化迎考工作的责任感和使命感，进一步核查本县（区）、本单位迎考台账，做到准备充分、工作细致、措施到位。

同日　自治区调研组到拉萨市部分寺庙调研植树造林工作，先后在色拉寺吉仓日追、热嘎扎日追和哲蚌寺察看国土绿化树种选择和苗木长势，了解植树造林区域规划布局等情况。指出，各地市和各级林草部门要全力支持寺庙国土绿化相关工作，坚持寺庙自发植树造林和林草部门科学规划设计相结合，不断激发寺庙开展植树造林的积极性主动性。

同日　拉萨市餐饮服务食品安全示范创建店授牌仪式举行，向西藏德馨餐饮服务有限公司第一分公司（小肥羊火锅）等5家餐饮单位授予“拉萨市餐饮服务食品安全示范创建店”称号。

4日　自治区生态环境状况新闻发布会通报，2019年，全区环境空气质量整体保持优良，环境空气质量平均优良天数比例为99.6%。拉萨市环境空气质量平均优良天数比例为99.7%，在全国168个重点城市中排名第一。拉萨市作为全区第一个成功入围国家山水林田湖草试点工程的城市，自2012年启动自治区级生态村及生态乡（镇）创建工作以来，拉萨市共有263个行政村成功创建并获命名为自治区级生态村，64个乡（镇）成功创建并获命名为自治区级生态乡（镇），墨竹工卡县、当雄县、城关区、堆龙德庆区、尼木县、曲水县、达孜区等7个县（区）成功创建为自治区级生态县（区），是全区获得自治区级生态创建命名比例最高的城市。拉萨市位于4个功能园区和易地搬迁安置点的20个村居、2个乡（镇）、1个县（区）正在开展申报工作，将于2020年完成自治区级生态创建工作。

同日　《拉萨日报》报道：拉萨市体育总会成立。新成立的拉萨市体育总会是全市群众性的体育组织，旨在提升全民健身意识，提高全市各项运动技术水平，承办和参与区市级体育竞赛活动。

5日　自治区党委常务副书记、区政协党组书记丁业现先后到布达拉宫景区、罗布林卡、大昭寺、八廓街等地，就旅游市场情况、疫情防控工作等进行调研。强调，坚持以人民为中心的发展思想，统筹推进全区经济社会发展稳定各项工作。自治区党委常委、市委书记白玛旺堆一同调研。

同日　以“美丽中国，我是践行者”为主题的“6·5”国际环境日主题宣传活动在拉萨市宇拓路举行。自治区、拉萨市42家相关单位参与此次活动，通过设立宣传展板、发放宣传手册、解答疑难问题等多种形式，引导全区干部群众争做生态文明建设宣传者、参与者、推动者。

同日　拉萨市扶贫办联合北京市援藏医疗队到当雄县纳木湖乡色德村开展义诊活动，上门为当地牧民群众免费进行健康咨询、疾病诊治和送药等医疗服务。

同日　《拉萨日报》报道：由市委宣传部（拉萨市新闻出版局）、市总工会主办，市国资委、市工商联、拉萨广播电视台承办的“书香拉萨—展企业风采”观影活动暨颁奖典礼举行。拉萨经济技术开发区投资发展有限公司、拉萨净土文化传媒有限公司、拉萨市公交运营有限公司等11家企业进行短片展示。本次活动是拉萨市实施“书香拉萨”工程三年行动计划的重要组成部分，也是拉萨市举办的第一次企业诵读比赛。

6日　《西藏日报》报道：自治区党委副书记、自治区常务副主席庄严在拉萨调研重点项目建设情况。先后到藏热大桥、加荣棚户区改造项目建设现场，拉萨师范高等专科学校“专升本”迁建项目现场，拉萨市南干渠水系不治理项目建设现场，拉萨市城市管网改造和智慧水务项目建设现场，了解项目建设进展情况。指出，要按照自治区党委、自治区政府工作部署，更好发挥拉萨首府城市示范带动作用，抢抓政策新机遇，盯紧“两新一重”项目建设，加快专项债支出进度，积极做好稳投资工作，为全区确保完成全年经济社会发展目标作出更大贡献。

同日　西藏巨龙铜业公司股权转让协议签约仪式在拉萨举行。自治区党委常委、市委书记白玛旺堆致辞并出席签约仪式，指出，希望巨龙铜业认真贯彻绿色发展理念，统筹谋划好矿产开发和生态保护，努力建设绿色矿山、安全矿山、富民矿山、智慧矿山，为拉萨经济发展作出新的更大贡献。区政府参事、中国工程院院士多吉出席仪式。紫金矿业集团党委书记、董事长陈景河表示，紫金矿业将借助入驻巨龙铜业这一平台，全力发挥自身技术和管理优势及先进的生态环保理念，高标准加快推进项目建设，在企业自身发展的同时，促进当地经济社会加快发展，带动当地群众就业增收，为西藏更加美好的明天贡献应有的力量。市委副书记、市长果果主持复签约仪式，签约仪式上，盛源矿业集团公司、墨竹工卡县主要负责人分别发言，有关方面签订股权转让协议。

同日　国家生态文明建设示范市核查组组长李庆旭率队，到墨竹工卡和达孜区进行现场核查。核查组先后到墨竹工卡县扎西岗乡污水处理厂、塔巴村帕热组，达孜区生活垃圾转运站，了解唐加乡、尼玛江热乡、扎雪乡、门巴乡、日多乡和扎西岗乡的污水处理设施及配套收集管网建设情况及拉萨市乡（镇）污水处理厂建设和运营情况；了解塔巴村人居环境综合整治资金、给排水、污水处理、垃圾处理、住房与庭院整治、村民产业情况；了解达孜区垃圾转运处置方式、污水处理模式、日常运行情况。市委副书记、组织部部长庄红翔一同调研，自治区生态环境厅相关负责人一同调研。庄红翔表示，将用3—5年完成墨竹工卡县乡村改造工作。拉萨市2020年共选38个乡村开展“美丽乡幸福家园”试点建设，先做第一批，等积累一定经验后，将在全市陆续推开这项工作。其间，核查组还察看达孜区污水处理站和自动在线监测设备，提出垃圾转运站可以加强污水资源循环利用等建议。

同日　江苏援藏前方指挥部组织江苏省第九批援藏干部人才参观西藏百万农奴解放纪念馆和拉萨廉政警示教育基地，开展“不忘援藏初心·开创援藏新路”集体政治生日活动。市委副书记、常务副市长、江苏援藏前方指挥部党委书记、总指挥沈海斌参加活动。

同日　拉林铁路林芝站主持结构正式封顶。这是拉林铁路最后一座封顶的火车站，标志着拉林铁路站房工程建设全面转入二次结构和装修装饰阶段。

同日　藏域星球天文体验馆开馆。藏域星球天文体验馆是由北京亚洲卫星通信技术有限公司与拉萨经开区投资发展公司联合打造，是西藏首个以天文为主题的科技体验馆。场馆位于拉萨经开区拉萨河畔的西藏天文旅游公园旁，建筑面积14000平方米，总投资2亿元。

同日　邦锦岷山饭店开业。饭店由西藏开发投资集团和拉萨市柳梧新区城市投资建设发展有限公司共同出资打造，位于柳梧新区核心商圈，建筑面积约4万平方米，是按国际五星级标准建设。

7日　《拉萨日报》报道：自治区党委常务副书记、区政协党组书记丁业现到城关区功德林街道幸福社区、城关区恩惠苑小区、高标准现代化奶牛繁育中心、西藏净土乳业有限公司，调研社会治理、脱贫攻坚、产业发展等情况。强调，始终坚持新发展理念，不断满足人民群众对美好生活的向往。自治区党委常委、市委书记白玛旺堆一同调研。

同日 国家生态文明建设示范市核查组组长李庆旭率队，先后到曲水县才纳乡、拉鲁湿地、柳梧新区达东村等地，对拉萨市创建国家生态文明建设示范市工作进行调研。并召开现场问询会，围绕拉萨市创建国家生态文明建设示范市工作提出意见建议。市委副书记、组织部部长庄红翔，自治区生态环境厅主要负责人一同调研。核查组一行充分肯定拉萨市生态文明建设工作，希望拉萨市进一步提高政治站位，坚持走绿色发展、高质量发展之路，走具有西藏特点、拉萨特色的生态文明建设之路，积极推进国家生态文明建设示范市创建工作，按照创建工作考核标准，进一步开展自查自评，梳理问题与不足，一项一项整改到位，确保创建工作有序推进，为增进人民生态福祉不懈努力。庄红翔表示，全区上下将以此次核查为契机，以更高的标准、更实的措施，更好地完成第一轮中央和自治区生态环境保护督查整改任务以及此次核查组提出的意见建议，完善景区、城镇、农牧区配套基础设施建设，突出污水管网建设等重点难点项目，不断促进全市经济社会与生态环境保护协调发展。

同日 纳金山隧道全线贯通。纳金山隧道于2018年12月开工建设，位于城关区嘎巴村与达孜区叶巴村之间，由西向东横穿纳金山，为双向六车道城市主干线隧道，隧道左、右线长度分别为1640米、1615米。

8日 市委副书记、市长果果主持召开市政府党组会议，传达学习全国"两会"精神及习近平总书记关于国家安全的重要论述。指出，对照国务院政府工作报告，逐项梳理有关政策措施，认真谋划拉萨市衔接、推进、落实的具体办法，尽最大努力争取资金支持。以迎接脱贫攻坚普查和开展巡视"回头看"反馈问题整改为抓手，进一步加大贫困劳动力转移就业力度，深化消费扶贫行动。市领导沈海斌、王强、占堆出席会议。

同日 市人大常委会党组召开第二十六次会议，听取和研究拉萨市第十一届人大常委会第二十四次主任会议建议召开时间及议程，会议建议6月15日召开，并要求做好会议各项准备工作。

同日 《拉萨日报》报道：西藏最大云计算数据中心正式投入运营。项目地址位于拉萨高新区，整个数据中心占地约64.5万平方米，建设内容包括40万平方米绿色新一代数据中心。项目总投资118亿元，共分三期建设，分别投入28亿元、30亿元、60亿元。一期一阶段项目已开始正式运营，宁算云正式上线。

9日 自治区党委副书记、自治区主席齐扎拉到拉萨"三级"政务服务大厅进行调研，并主持召开现场会。强调，要坚持以人民为中心的发展思想，以钉钉子精神推动更多服务事项一网通办，进一步提升便民利民惠民工作水平，优化营商环境，助力统筹疫情防控和经济社会发展取得实效。自治区党委副书记、自治区常务副主席庄严一同调研。

同日 拉萨市2020年河湖长制及防汛抗旱工作电视电话会议召开，传达学习国家、自治区2020年河湖长制相关工作通知及防汛抗旱工作会议精神，通报2020年全市河湖长制及防汛抗旱工作，安排部署2020年河湖长制及防汛抗旱重点工作，城关区、林周县分别进行交流发言。市委副书记、市长果果出席并讲话，指出，各级各部门要持续加大河湖治理保护力度，深入推进"清四乱"常态化，切实抓好环保督察反馈问题整改落实。主动对标中央、自治区要求，对已完成的整改任务要及时开展"回头看"，巩固整改成果，建立健全长效管理机制，推动全市水环境水生态持续改善。市领导沈海斌、占堆出席会议。

同日 自治区应急管理厅调研组到布达拉宫消防救援大队、经开区西藏昆仑能源储备库、城关区消防救援大队，调研基层消防救援队伍建设情况，了解涉危险化学品园区安全生产各项工作，检查消防设施配备、险情疏散演练、消防宝剑管理等情况。

10日 自治区党委书记吴英杰到拉萨市南干渠、拉鲁湿地、团结新村和布达拉宫广场等，调研拉萨市中心城市水系修复及生态治理、城市规划建设和生态环境保护情况。强调，要增强"四个意识"、坚定"四个自信"、做到"两个维护"，深入学习贯彻习近平新时代中国特色社会主义思想，深入贯彻习近平生态文明思想和总书记治边稳藏重要论述，牢固树立以人民为中心的发展思想，牢牢把握改善民生、凝聚人心这个出发点和落脚点，尊重自然、顺应自然、保护自然，坚持绿水青山、冰天雪地就是金山银山的理念，加快推进美丽西藏建设，不断满足人民对美好生活的向往，真正把好事办好、让群众说好，不断增强各族群众的获得感幸福感安全感。自治区党委常委姜杰、白玛旺堆、刘江一同调研。

同日 自治区党委常委、市委书记白玛旺堆主持召开专题会，听取拉萨市国土空间总体规划“三线”（生态保护线、永久基本农田保护线、城镇边界）划定工作开展情况、拉萨市生态保护红线评估调整阶段性成果和自然保护地整合优化情况。指出，做好“三线”划定工作时间紧、任务重，各级各部门要统筹推进、精准细致划定“三线”，形成科学适度有序的国土空间布局体系，为推动全市经济社会高质量发展提供坚实保障。

同日 自治区政府召开专题会议，研究审定《拉萨综合保税区推进封关运营发展工作方案》，听取相关情况汇报，安排部署下一步工作。自治区副主席罗梅主持会议并讲话，指出，各级各部门要充分认识拉萨综保区获批的重大意义，紧紧围绕“验收、封关、运营”三同步的目标，明确主体责任，细化工作任务，切实把运营发展好。拉萨综保区作为引领推动发展本自治区外向型经济的重要举措和使命任务，统筹推进机构设置、人才储备、产业建设各项工作，为迎接海关总署和国家部委的验收做好准备。

同日 拉萨市、城关区两级“四讲四爱”群众教育实践活动“讲党恩爱核心”节点总结、“讲团结爱祖国”节点培训会在城关区蔡公堂街道白定村委会召开。市委副书记、市长、城关区委书记、市“四讲四爱”群众教育实践活动领导小组常务副组长果果作总结讲话，并用藏语开展示范宣讲。要求，各级各部门要准确把握第二节点“四讲四爱”群众教育实践活动的新任务、新目标、新要求，不断把群众教育实践活动引向深入。

同日 2020年拉萨市大众创业万众创新工作第一次联席会议召开，听取部分县（区）园区和市“双创”办2019年“两创示范”工作总结以及对2020年“双创”工作的安排部署，研究通过2020年中央“双创”专项资金安排，通报2016—2018年“两创示范”中央切块资金审计情况，并对审计中发现的问题提出明确的整改要求。市委常委、常务副市长毛东军出席并讲话，强调，一要“双创”成员单位要各司其职，通力合作，切实落实信息报送制度，做到信息互通共享。二要完善创新创业金融服务，强力抓好高校毕业生创业就业等。三要加强对惠民利民项目的支持，打造出一批“小而精”的“双创”载体。四要加大宣传，提升群众对“双创”相关政策的知晓率。

同日 市委常委、常务副市长毛东军一行调研西藏云计算大数据中心，参观拉萨市政务云数据机房、平台运营中心，了解拉萨市政务云中心基本情况。强调，拉萨市政务云建设是拉萨信息化建设最基础的工程，是智慧城市建设的核心，加快推进拉萨市政务云建设意义重大。要立足实际，打造“小而精”符合拉萨市情的拉萨政务云平台。

同日 由自治区道路运输管理局、市交通运输局、市道路运输管理局主办，拉萨市交通产业集团有限公司承办的2020年道路运输安全生产应急大演练在堆龙德庆区举行。

11日 自治区调研组到堆龙德庆区象雄美朵文化旅游小镇，调研旅游基础设施及配套项目建设进度，了解产业布局、运营管理及游客接待等情况。调研组先后到马术演艺中心、林卡区、万亩花海、温泉度假酒店、主题游乐场等，听取工作汇报，与工作人员深入交流，充分肯定象雄美朵文化旅游小镇取得的成绩。

同日 市委副书记、市长主持召开拉萨市2020年重点项目和非政府类投资项目第三次联审联批会议，听取市发改委、市住建局关于第一批、第二批重点项目和非政府类投资项目联审联批办理落实情况，研究第三批重点项目和非政府类投资项目联审联批工作。强调，市政府分管副市长和各部门主要领导一定要高度重视，全程跟进落实情况。各级各部门要合力加快项目前期审批进度，推进项目尽快建设出成效。

同日 由自治区第七次全国人口普查领导小组办公室主办，拉萨市、城关区第七次全国人口普查领导小组办公室协办的自治区第七次全国人口普查综合试点启动仪式在城关区洛堆社区举行。

同日　拉萨市“四讲四爱”宣讲团在空港新区甲竹林镇开展第一轮示范宣讲暨脱贫攻坚宣讲。市委宣传部，区市宣讲团成员围绕“讲党恩、爱核心”主题，为当地村民及干部职工作专题示范宣讲。

12日　市委农村工作领导小组2020年第一次全体会议召开，传达学习相关文件精神和区市主要领导有关“三农”工作的批示精神，讨论研究相关请示事项，安排部署近期全市“三农”重点工作。市委副书记、常务副市长、市委农村工作领导小组组长沈海斌出席并讲话，指出，全市各级各有关部门，一要继续加大脱贫成效巩固提升力度，加大问题整改力度，解决好“三保障”薄弱环节，确保项目与脱贫攻坚工作同步收官司，同时要做好迎接脱贫攻普查工作。二要全力抓好农牧民增收工作，把“补短板、强弱项”作为增收工作要点，确保完成全年增速13%的既定目标。三要狠抓重点农畜产品生产保供，积极打造以“文化＋旅游”“资源＋旅游”“智慧农牧业”为发展方式的高原特色田园综合体。四要加强乡村公共文化服务建设。五要持续抓好生态振兴工作。六要进一步提升基层组织能力和水平，大力实施村（居）“两委”素质提升工程。七要加快“三农”人才队伍建设，持续深入实施千名农牧科技人员深入一线开展农牧科技服务工作。八要加快推进“美丽乡村·幸福家园”建设行动计划整村推进工作。

同日　《拉萨日报》报道：拉萨市率先在全区完成行政村文艺演出队组建任务。按照自治区关于在全区成立行政村文艺演出队的相关要求，拉萨市于3月20日提前完成行政村文艺演出队组建任务，并于6月9日起陆续举办四期培训班，对全市285个村（社区）文艺演出队队长及骨干队员以及县（区）负责人共计583人进行培训。此次培训，按照拉萨市行政村文艺演出队当前实际情况以及今后工作要求，邀请自治区群众文化领域专家学者进行授课，设置政策讲解、群众活动策划、演出音响操作基础知识，舞蹈编创基本方法，音乐编创和改编基础知识，优秀文艺作品创作案例介绍等课程。

14日　自治区党委副书记、自治区主席齐扎拉到拉萨贡嘎机场进场快速路项目和航站区改扩建工程建设现场，调研重点项目建设情况。强调，要牢固树立以人民为中心的发展思想，坚守安全生产底线，高标准、高要求推进项目建设，不断满足人民对美好生活的向往。

同日　自治区党委常委、市委书记白玛旺堆会见江苏省副省长惠建林率队的江苏省代表团一行。白玛旺堆希望江苏省能够一如既往地关心支持拉萨发展，特别是在灵活解决高校毕业生就业，发展特色产业等方面加大支持力度，助推拉萨长足发展和长治久安。惠建林表示，下一步，江苏省将按照中央关于对口援藏工作的新部署新要求，按照江苏省委、省政府和西藏自治区党委、自治区政府的各项决策部署，结合拉萨实际，继续做好对口支援各项工作，系统谋划布局产业发展项目，力争取得新的更大成效，带动更多群众就业增收，为建设新时代社会主义新拉萨作出新的更大贡献。市委副书记庄红翔、沈海斌，市政协主席袁训旺参加会见或陪同考察。

同日　中国农业发展银行党委副书记、副董事长、行长钱文挥先后到拉萨顿珠金融城项目及堆龙德庆区“象雄美朵”文化旅游小镇，考察调研拉萨市扶贫产业项目及重点项目建设推进情况。市委副书记、市长果果一同调研。他希望，拉萨市要与农发行进一步加强联系，创新合作模式，实现深入合作、互利共赢。

15日　自治区党委常委、市委书记白玛旺堆主持召开市委常委会会议，传达学习习近平总书记在中央政治局第二十次集体学习时的重要讲话精神、在专家学者座谈会上的重要讲话精神、对海南自由贸易港建设作出的重要指示精神、致信祝贺哈尔滨工业大学建校100周年精神、在宁夏考察时的重要讲话精神；传达学习自治区党委书记吴英杰在拉萨调研城市水系修复及生态治理、城市规划建设和生态环境保护工作时的讲话精神，研究全市贯彻落实意见；研究并原则同意《中共拉萨市委员会全面深化改革委员会2020年工作要点》《中共拉萨市委员会财经工作委员会2020年工作要点》；听取全市招商引资工作开展情况汇报，研究部署下一步工作。指出，全市上下要切实抓好民法典学习、宣传和贯彻实施，建设人民满意的法治政府。要持续保持新冠肺炎疫情防控力度，全面排查农贸生鲜市场，做好农贸市场的消杀工作，提高检验检测能力，切实把好入口关。要高质量实施好城市水系、老旧小区改造等民生工程，在保证质量的前提下加快进度，争取项目早建成、群众早受益。要精准招商，严格规范招商引资活动，通过招商引资拓宽群众增收渠道、促进大学生稳定就业、做大做强实体经济。

同日　市委两新工委召开2020年第一次全体（扩大）会议暨全市两新组织党的组织和工作覆盖攻坚行动推进会，传达《拉萨市两新组织党的组织和工作覆盖攻坚行动实施方案》，研究市非公企业等6个行业党委召开党员大会和成立拉萨市“小个专”经济组织、旅游企业行业党委事宜，安排部署全市2020年两新组织党建工作重点任务。市委副书记、组织部部长庄红翔出席并讲话，指出，拉萨市两新组织蓬勃发展，全市市场主体达11万余家，已成为推动经济社会发展的重要力量。各级各部门要进一步提高政治站位，进一步扩大两新组织党组织覆盖面、壮大党员队伍、提升党建工作质量。提高思想认识，不断凝聚两新组织党建工作的强大合力。聚集重点任务，着力提升两新组织党建工作质量水平。层层压实责任，切实加强两新组织党建工作的组织领导。

同日　拉萨市召开学习《西藏自治区民族团结进步模范区创建条例》宣讲会。围绕条例内容进行宣讲和解读。

同日　《拉萨日报》报道：拉萨市第一批网络预约出租汽车经营许可证发放。首约汽车、帮邦行以及牦牛出行成为第一批获得拉萨市网约车合法经营权的网约车平台。

16日　自治区党委常委、市委书记白玛旺堆到八一农贸市场、药王山农贸市场，就疫情防控措施落实情况进行调研。强调，要坚决贯彻落实习近平总书记关于疫情防控工作的重要论述精神，按照党中央、国务院决策部署，进一步落实好“外防输入、内防反弹”防控策略，坚决克服松懈麻痹思想，加强常态化精准化防控，坚决防止疫情反弹。市委副书记、市长果果一同调研。

同日　市委副书记、市长果果到堆龙德庆区部分地产项目建设点，调研项目推进情况和解决施工项目过程中存在的困难、问题。强调，各参建单位要牢固树立安全第一、质量为本的理念，严格落实设计、施工、监理等各方责任，切实加快项目建设进度，确保项目早建成、早运营、早发挥效益。

同日　自治区领导在拉萨市检查调研基层单位常态化疫情防控措施落实和电子商务进农村综合示范工作开展情况。在亨通物流农副产品批发市场和拉百超市，了解生鲜食品进货渠道、进货台账和安全保障情况，并对拉萨市电子商务进农村综合示范工作开展情况给予充分肯定。

同日　市十一届人大常委会第二十四次主任会议召开，听取市委组织部关于任免职事项的说明；听取和研究市人大法制委员会关于《拉萨市中级人民法院2020年上半年工作总结暨下半年工作安排》《拉萨市人民检察院2020年上半年工作总结暨下闰年工作安排》的审查报告、市人大常委会关于检查《中华人民共和国野生动物保护法》《中华人民共和国传染病防治法》贯彻实施情况执法检查的报告、市人大财政经济委员会关于拉萨市政府精准扶贫工作开展情况报告的审议意见、市人大教育科学文化卫生委员会关于开展《拉萨市民族团结进步条例》贯彻实施情况执法检查的报告；研究市人大常委会关于调整市人大常委会代表资格审查委员会组成人员的议案、拉萨市政府关于提请审议《关于修改〈拉萨市爱国卫生管理条例〉的决定（草案）》的议案；会议要求将上述内容提请市十一届人大常委会第二十三次会议审议。会议决定，市十一届人大常委会第二十三次会议暂定于6月23日召开，会期一天。

同日　是日是全国第19个“安全生产月”咨询日，拉萨市围绕“消除事故隐患、筑牢安全防线”的主题，在堆龙德庆区东嘎街道桑木社区举行“安全生产拉萨行”启动仪式暨安全生产咨询宣传活动。

17—18日　自治区党委常委、市委书记白玛旺堆主持召开市委理论学习中心组“学习习近平新时代中国特色社会主义思想·建小康拉萨”专题学习2020年第七次集中学习研讨（扩大）会，邀请西藏大学副教授拉巴围绕编纂民法典的重大意义、伟大历程及重点内容作专题辅导讲座，马军及市司法局、住建局、民政局、达孜区主要负责人根据各自工作实际，围绕学习主题，先后进行交流发言。市领导果果、庄红翔、沈海斌、王强、马军、袁训旺、毛东军、阿努次仁出席。

18日　《拉萨日报》报道：自治区党委常务副书记、区政协党组书记、区党委教育工作领导小组组长丁业现到城关区、堆龙德庆区、曲水县，就各类学校教育教学、疫情防控和学生学习生活等情况进行调研。在西藏职业技术学院西校区、拉萨市第一中等职业学校实训基地，观摩教学过程；在拉萨北京小学及附属幼儿园、拉萨那曲第一高级中学，了解教育“三包”优惠政策落实等情况。强调，全区各级各有关部门和高校要全面贯彻党的教育方针，围绕“培养什么人、怎样培养人、为谁培养人”这个根本问题，把立德树人的根本任务贯穿到学校教育全过程。

19日　市委副书记、市长果果主持召开全市产业建设领导小组第一次推进会，听取拉萨市旅游文化产业和净土健康产业专项推进组工作推进情况汇报，研究并原则同意《旅游文化产业专项推进组2020年工作要点（征求意见稿）》。要求，全市各级各部门要坚定不移推进“产业强市”战略实施，大力推进“高原奶都”建设，建立起奶牛养殖和饲草料种植紧密结合的农业产业循环模式；要推进旅游文化产业企稳向好，紧盯年度旅游项目建设计划，推动旅游文化产业由规模扩张向高质量发展转变；推进其他产业协同发展，努力打造具有战略性、全局性的产业链。市委领导沈海斌、王强、毛东军出席会议。

同日　市委副书记、市长果果主持召开全市重点工作月调度会议，听取全市大学生就业及农牧民转移就业工作推进情况，全市重点项目建设工作推进情况及全市农牧民增收工作推进情况，城关区、达孜区有关负责人分别就农牧民转移就业工作进行表态发言。指出，全市各级各部门要坚持高位调度，继续落实好市级领导分包重大项目责任制，由分管副市长牵头，层层抓落实的责任体系，真正把任务落实到前段时间，责任明确到人头，确保不耽误施工进度，推进项目尽快竣工投产。市领导沈海斌、王强、毛东军出席。

同日　市委副书记、市长果果主持召开全市招商引资工作会，宣讲《拉萨市人民政府关于表彰2019年度全市招商引资先进集体和先进个人的决定》《2019年拉萨市招商引资扶持资金分配方案》，听取2019年全市招商引资工作总结和2020年招商引资工作安排，经开区、城关区主要负责人在会上作交流发言。要求，全市各级各部门要客观分析2020年招商引资面临的困难和挑战，努力再加把劲，确保高质量完成招商引资目标任务。要不断提升园区承载力，强化项目落地促进转移就业。要开展精准招商，实现招商引资新突破。要利用好商会、专业招商机构、中介服务机构，开展委托招商、中介招商、以商招商等。要不断优化营商环境，最大限度放宽市场准入和简化审批手续。市领导沈海斌、王强、毛东军出席。

同日　市委副书记、市长果果主持召开市政府常务会议，听取全市脱贫攻坚工作进展情况，研究并原则同意《拉萨市党政领导干部安全生产责任制实施办法》《拉萨市深化国资国企改革三年行动方案（2020—2022）》《拉萨市属国有企业整合重组方案》等。指出，2020年是决胜全同建成小康社会、决战脱贫攻坚之年，也是“十三五”规划收官之年。全市各级各部门要按照市委、市政府的要求，狠抓扶贫产业发展，着力解决“三保障”薄弱环节，扎实做好易地扶贫搬迁后续工作，不断深化“志智双扶”，全力推进扶贫领域问题整改，全市脱贫攻坚工作稳步有序开展。全市各级各部门要狠抓工作落实，抓好问题整改，以脱贫攻坚质量检验全面小康成色，全力以赴做好脱贫攻坚后续各项工作，确保全市脱贫攻坚工作顺利完成。

20日　拉萨市启动文明交通拉萨行暨“一盔一带”安全守护行动，旨在号召文明出行、安全出行的理念，以安全有序的道路交通环境助推“平安拉萨”建设纵深推进。

同日　即日起，拉萨市全面推行机动车检验标志电子化。是推选机动车检验标志电子化，是公安交管部门通过全面统一的互联网交通安全综合服务平台、“交管12123”手机App发放检验标志电子凭证，为机动车所有人、驾驶人以及相关行业和管理部门提供电子证照服务，将更加便利群众企业申领出示和使用。

同日　赛唐·唐卡文化艺术发展论坛在拉萨举行。来自西藏各地的唐卡研究者、画师及从业人员、工艺美术协会代表等200余人参加。

22日　全市政法系统组织民法典专题培训。邀请西藏大学政法学院副教授、法学硕士拉巴进行专题讲座。市委副书记、政法委书记、市公安局党委书记马军主持。

23日 自治区党委常委、市委书记白玛旺堆主持召开市委常委会会议，传达学习全国教育对口支援西藏工作视频会议精神和2020年西藏自治区深度贫困地区脱贫攻坚现场推进暨深化对口援藏扶贫工作会议精神，研究全市贯彻落实意见；研究并原则同意《拉萨市委统一战线工作领导小组2020年工作要点》《拉萨市委统一战线工作领导小组工作规则》《拉萨市委统一战线工作领导小组办公室工作细则》，听取全市党建和生态文明建设工作、党风廉政建设及反腐败工作、河湖长制工作开展情况汇报，研究部署下一步工作。指出，要进一步提高政治站位，认真学习好、领会好2020年西藏自治区深度贫困地区脱贫攻坚现场推进暨深化对口援藏扶贫工作会议精神，狠抓落实，确保高质量打赢脱贫攻坚战。要加强与北京、江苏对口援藏省（市）沟通对接，及时跟进相关工作。要发挥产业辐射带动作用，进一步规范产业经营、管理，补齐产业发展短板弱项，使其真正发挥效益，不断增加群众收入。

同日 2020年全市考试招生安全工作联席会议召开，听取拉萨市2020年四大考试（高考、对口高职、中考、小考）基本情况和工作进展情况及《2020年普通高考组防疫工作实施方案》《2020年拉萨市四大考试安全工作实施方案》。会议要求，各有关部门要结合各自职能，联合开展“打击销售作弊器材”“净化涉考网络环境”“净化考点周边环境”等专项行动，明确职责，切实落实主体责任。市委常委、常务副市长、市招生考试委员会主任占堆出席。

同日 拉萨市应对疫情工作领导小组会议召开，通报近期拉萨市疫情防控工作情况，听取拉萨市大学毕业生公招考试疫情防控工作、拉萨市街摊和集贸市场服务管理以及疫情防控新情况。市委常委、常务副市长毛东军主持并讲话，强调，各县（区）、各部门要时刻绷紧疫情防控这根弦，抓实抓细疫情防控常态化各项措施，严密防范输入性风险，严格落实内防反弹措施，切实加强集贸市场监管，强化街摊规范管理。

同日 拉萨市第十一届人大常委会召开第二十三次会议，应到常委会组成人员41人，实到24人，符合法定人数。会议表决通过本次会议议程后，听取和审议人事任免事项，拉萨市人大常委会关于调整拉萨市第十一届人民代表大会常务委员会代表资格审查委员会组成人员的议案，以及《拉萨市人大常委会关于开展〈拉萨市民族团结进步条件〉贯彻实施情况执法检查的报告》《拉萨市人大常委会关于检查〈中华人民共和国传染病防治法〉〈中华人民共和国野生动物保护法〉贯彻实施情况的报告》《拉萨市人民政府关于精准扶贫工作开展情况的报告》《拉萨市中级人民法院关于2020年上半年工作总结暨下半年工作安排的报告》《拉萨市人民检察院关于2020年上半年工作总结暨下半年工作安排的报告》。

同日 拉萨市农牧民转移就业基地揭牌仪式在曲水县举行。经资格复审、公示等程序，拉萨市决定认定曲水县才纳乡国家现代农业示范区等37家单位为市级农牧民转移就业基地，林周县净土产业投资开发有限公司等12家单位为县（区）级农牧民转移基地。

同日 拉萨市第十一届人民代表大会常务委员会第二十三次会议通过，同意任命：明马丹增为拉萨市人民检察院副检察长、代理检察长职务。

24日 政协第十一届拉萨市委员会常务委员会第十七次会议召开，会议应到常委50名，实到43名，符合政协章程规定。会议传达学习习近平总书记在全国“两会”期间的重要讲话和全国“两会”精神，自治区政协十一届常委会第十一次会议精神和全区政协专门委员会工作座谈会精神，“一府两院”通报上半年工作情况及下半年工作安排，通过相关人事任免。市政协主席袁训旺主持。

同日 江苏省农业科学院与西藏宏发盛桃食品股份有限公司共同成立“高原植物功能食品产业研究院”挂牌仪式在拉萨市举行。江苏援藏前方指挥部党委副书记、副总指挥、拉萨市副市长刘广民出席。

同日 自治区调研组到林周县实地调研湿地和旱生动物保护、脱贫攻坚成果巩固提升等工作。调研组珩先后察看甘曲镇甘曲村卡多组湿地保护工程项目规划等情况、阿朗乡白唇鹿等野生动物保护、阿布村饲草种植试点、母犏牛养殖点项目建设等情况，并在阿朗乡召开座谈会，听取工作汇报，研究部署下一步工作，对阿朗乡的脱贫攻坚等工作表示肯定，指出，要进一步探索湿地生态环境保护、野生动物保护和群众增收有机衔接的对策办法。把阿朗乡打造为生态环境保护、野生动物保护和群众增收有机衔接的先行先试示范区。

同日 自治区党委常务副书记、区政协党组书记丁业现在拉萨市调研复工复产、旅游经济等情况。先后到西藏福地天然饮品包装有限责任公司、西藏娃哈哈食品有限公司、西藏高争建材股份有限公司，拉萨瑞吉酒店、匠宿古艺酒店和城关区古艺建筑美术公司，了解生产经营、解决就业、存在困难问题，回应企业迫切诉求。自治区党委常委、市委书记白玛旺堆一同调研。

25日 拉萨市人民政府向尼泊尔加德满都市捐赠的抗击新冠肺炎疫情医疗物资在樟木口岸完成交接。尼泊尔首都加德满都和拉萨市是友好城市，为了对抗疫情表示援助，拉萨市委、市政府专门拨款150万元购买抗疫医疗物资，表达拉萨市和加德满都市之间的友好情谊。在物资交接现场，尼泊尔加德满都市国际部官员向拉萨市表示诚挚感谢。

同日 当天，自治区自然资源厅、拉萨市自然资源局和城关区自然资源局在宇拓路步行街联合开展以“节约集约用地，严守耕地红线”为主题的宣传活动，向群众宣传解读耕地保护、自治区资源政策法律法规等内容，解答《中华人民共和国土地管理法》、不动产确权登记、农村村民住房建设、土地征收等与群众切身利益相关的热点问题。“十二五”规划以来，拉萨市累计投资约9.6亿元，实施土地整合项目33个，新增耕地面积约10.23万亩，61.66万亩永久基本农田实行特殊保护，全市耕地保有量达83.56万亩。

同日 《拉萨日报》报道：由区、市红十字会，南京医科大学第二附属医院、市妇幼保健院联合举办的“心佑工程西藏行”先天性心脏病患儿公益筛查和免费救助活动，在拉萨市妇幼保健院举行启动仪式，为来自达孜区、林周县、曲水县、墨竹工卡县4个县(区)30名儿童做心脏二维超声筛查。

26日 自治区党委常委、市委书记白玛旺堆分别到纳金片区水系如意湖公园施工现场、中干渠等地实地调研拉萨城市中心城区水系修复及生态治理工程。强调，各级各相关部门要把城市水系生态修复治理作为一项重要工作来抓，融入海绵城市建设理念，加快城市水系修复治理建设，统筹做好征地拆迁、城市违建整治等工作，明确和细化城市管理各相关部门的职责与分工，确保项目进度按照时间节点有力有序推进。

27日 《拉萨日报》报道：西藏非物质文化遗产体验园暨《金城公主》舞台剧项目总投资10亿元，总建筑面积约16万平方米，集《金城公主》舞台剧、非物质文化创意交流、非遗大师式坊区、非遗产品展示体验区和相关旅游配套服务等于一体。2019年8月，该项目的金城公主剧场建设完成并投入运营，截至6月27日，非遗大师工坊区、非遗产品展示区地下部分已经完成施工。

28—30日 由自治区人大常委会调研组到柳梧新区、达孜区、曲水县，经开区的14家民营企业和拉萨三级政务服务大厅，实地察看企业生产经营、政府政务服务等情况，并召开座谈会，认真听取企业发展中的困难问题和促进民营经济发展的意见建议。调研组负责人指出，近年来，拉萨市营商环境不断优化，民营经济发展呈现良好态势，各级各部门要进一步提高认识，用心学习领会习近平总书记关于民营经济的重要论述，从西藏发展全局来认识民营经济发展的重要性，助推民营经济健康持续发展。王强指出，市委、市政府高度重视民营经济发展。拉萨市民营经济贡献全市90%以上的企业数量、90%以上税收、90%以上的新增城镇劳动就业，对拉萨市经济社会发展的作用举足轻重。并表示，拉萨市将以此次调研为契机，聚集“六稳”“六保”，统筹推进疫情防控和经济社会发展，着力培养和造就一批新时代优秀非公企业和民营企业家队伍，为拉萨市决战决胜脱贫攻坚和全面建成小康社会贡献民营经济力量。市委副书记、常务副市长王强，市委常委、统战部部长阿努次仁一同调研。

29日 自治区党委常委、市委书记白玛旺堆到尼木县吞巴镇、续迈乡、尼木乡、卡如乡，实地调研了解扶贫产业项目经营管理和尼木特色优势产业发展情况，看望慰问建档立卡贫困户和基层乡(镇)卫生院工作人员，向基层党员致以“七一”建党节的问候，并与尼木县委主要负责人谈话。强调，要坚持以习近平新时代中国特色社会主义思想为根本遵循，持续深入抓好群众思想教育引导，紧密结合尼木实际，抓好扶贫产业项目、发展特色优势产业，持续加强生态文明建设，推动尼木经济社会发展不断迈上新台阶，不断增强各族群众的获得感和幸福感。

同日 北京援藏指挥部第二临时党支部与市扶贫办党总支联合开展“庆七一、话扶贫”主题党日活动。市委副书记、常务副市长、北京援藏指挥部党委书记、指挥王强参加活动并讲话，要求，北京援藏指挥部要扎实推进援藏“五大工程”，持续助力脱贫巩固提升，严格实施“闭环工程”，科学实施“组团工程”，精心实施“种子工程”，持续实施“携手工程”，坚定实施“振兴工程”，为西藏长足发展注入动力。

30日 自治区党委常委、组织部部长陈永奇到城关区嘎玛贡桑社区、统建社区调研基层党建工作，看望慰问老党员、困难党员，共同回顾中国共产党团结带领各族人民不懈奋斗的光辉历程。指出，党的基层组织是党的全部工作和战斗力的基础，要建强战斗堡垒，锻造先锋队伍，让党的旗帜在雪域高原高高飘扬。

同日 2020年全区“扫黄打非”第一次联合专项行动拉萨组动员会召开，安排部署工作开展情况。区党宣传部相关负责人出席会议，市委常委、宣传部部长、市“扫黄打非”工作领导小组组长、专项行动拉萨组副组长吴亚松主持会议，表示，切实做到联合指挥、联合行动、联合执法，严格按照专项行动要求真查、严查，确保各项检查不打折扣，落实落细，取得实效。同时，拉萨市将对此次专项行动为契机，把专项行动与文明城市创建紧密结合，突出工作重点，全力做好拉萨文化市场净化工作。

7月

1日 自治区党委副书记、自治区主席齐扎拉在乃琼镇波玛村“象雄美朵”文旅小镇、古荣乡极高海拔地区生态搬迁点，了解极高海拔地区生态搬迁工作和产业发展情况，了解搬迁群众生产生活和党建情况。自治区党委常委、市委书记白玛旺堆一同调研。

同日 拉萨市组织开展2020年“扫黄打非”联合专项行动，对全市各县（区）进行为期半个月的集中督导检查，将净化文化市场、网络空间、出版领域、娱乐场所、舆论环境作为主要任务，对邮政快递、印刷复制、出版物销售、打字复印、网吧、歌舞娱乐等文化领域的企业、场所、网点开展地毯式检查。

2日 自治区党委常务副书记、区政协党组书记丁业现到哲蚌寺、色拉寺、小昭寺调研，与寺管会干部、僧人交流，了解存在困难问题，了解疫情防控、维护稳定等工作开展情况。强调，要深入贯彻习近平总书记关于宗教工作和治边稳藏的重要论述，全面加强党对宗教工作的领导，依法管理宗教事务，不断提高寺庙管理的法治化、规范化、科学化水平。

同日 拉萨市召开党外人士和新的社会阶层人士“齐声颂党恩、携手跟党走”主题座谈会，全市各族各界党外人士和新的社会阶层人士120余人共庆中国共产党成立99周年。市委常委、统战部部长阿努次仁出席会议。

同日 自治区“马克思主义世界观百场讲座进校园”宣讲活动拉萨首站走进拉萨市第一中学，宣讲蜗、拉萨市北京实验中学一级教师屈亚娜为学生上一堂生动的思政课。

同日 曲水县枫桥式村居警务室启动仪式在达嘎镇色达村举行。自2020年3月以来，曲水县公安局大力打造“一村一警务室”品牌工程，推进警力下沉，全力探索枫桥式村居警务室建设新格局。开通后的村居警务室可以进行身份证办理等5项行政审批事项。

同日 拉萨市开展校园及周边食品安全联合督查。督查组一行先后到拉萨市第三高级中学、拉萨市第二高级中学、纳金乡小学、拉萨市江苏中学、拉萨市第六中学等学校及周边食品经营单位进行检查。

4日 自治区党委常委、市委书记白玛旺堆主持召开市国安指挥部视频调度会，对近期维稳工作进行再安排再部署。强调，区党委高度重视拉萨市的维稳工作。3日，在自治区党委常委会会议上，自治区党委书记吴英杰对做好近期维稳工作提出明确要求。4日，自治区党委常务副书记丁业现在自治区国安指挥部视频调度会上就贯彻落实中央、区党委重要指示精神，作出具体安排部署。全市各级各部门一定要不折不扣落实好党中央、区党委决策部署，进一步扛起做好维护稳定的重大政治责任，始终绷紧维护稳定这根弦，做细做深做实各项工作，确保社会大局持续长期全面稳定。督导拉萨市维稳工作的自治区相关领导，市委领导庄红翔、马军、吴亚松、阿努次仁出席会议。

同日 《拉萨日报》报道：拉萨市农电体制改革首批4家区县（堆龙德庆区、达孜区、墨竹工卡县和林周县）供电有限公司国有产权在国网拉萨供电公司进行整体无偿划转协议签订。

5日 自治区党委书记吴英杰到建设中的拉萨到日喀则高速公路工程项目现场，围绕西藏自治区重点项目建设情况进行调研。在尼木县吞巴镇5号桥施工点和卡如乡如雅江大桥施工点，现场听取工程规划设计情况汇报，了解项目建设情况，对一线建设者表示慰问。拉萨至日喀则高速公路工程项目是西藏自治区继林芝、山南、那曲之后，拉萨连接第四个市地的高等级公路项目。自治区党委副书记、常务副主席庄严，自治区党委常委、秘书长刘江一同调研。

同日 自治区党委常委、市委书记白玛旺堆主持召开拉萨市国土空间规划委员会市委专题会第二次会议，审议并原则同意《拉萨市曲水县工业园区—聂当园区规划》及部分单体建设项目设计方案，西藏革命建设改革纪念馆建设项目。强调，要严格按照拉萨城市总体规划和区域风貌控制要求，真正体现现代化生态宜居城市的品质，园区规划既要紧扣现实情况、更要体现发展要求，产业功能区块要更加科学合理，道路、污水处理、地方管廊等基础设施要提高设计标准。各单体建设项目规划要充分考虑群众城市交通、生态休闲、学前教育等各方面需求。加快制定达孜区控制性详细规划和相关区域控制性详细规划，严格按照总体规划推进城区开发建设，确保城市总体品质。市委领导庄红翔、王强出席会议。

6日 自治区党委副书记、自治区主席齐扎拉在哲蚌寺、大昭寺广场、八廓街、大昭寺调研拉萨寺庙和文物保护工作，与寺管会干部、僧人交谈，了解僧人生活学习，以及疫情防控、维护稳定、工程项目建设等工作开展情况。强调，各级各部门要充分认识做好文物保护工作的重要性，立足“中华民族特色文化保护地”和“世界旅游目的地”，切实把凝结着中华民族传统文化的文物保护好、管理好，让文物“活起来”，让宝贵世界遗产世代传承。自治区党委常委何文浩、白玛旺堆参加调研。

同日 自治区党委常务副书记、区政协党组书记丁业现先后到布达拉宫景区、八廓街就维护稳定、旅游市场等进行调研。强调，要坚持人民至上，继续发扬不怕牺牲、连续作战的顽强作风，健全完善落实好党政军警民联防联控机制，为保护人民群众生命安全、维护社会稳定作贡献。自治区党委常委何文浩、白玛旺堆出席有关活动。

同日 自治区党委常委、市委书记白玛旺堆会见中航信托党委书记、董事长姚江涛一行，就进一步深入交流合作进行洽谈。白玛旺堆说，2018年，拉萨在全区率先脱贫摘帽，2020年将同全国一道全面进入小康社会。拉萨依托保持良好的生态环境和得天独厚的清洁能源、水电光伏等资源优势，始终坚守绿色环保理念，正培育壮大净土健康产业，大力发展清洁能源，加快推进数字拉萨、智慧拉萨建设，取得一定成效。中航信托一行到拉萨与宁算科技、中环寰慧开展合作，希望中航信托进一步拓展合作空间、深化合作领域，共同推进数字拉萨建设，推动拉萨高新产业发展壮大，实现各方互利共赢。拉萨市将进一步优化营商环境，为企业发展提供优质完善的服务保障。姚江涛表示，中航信托将不遗余力在技术、人才等方面助力拉萨发展高新产业，拉萨经济社会长足发展贡献力量。证监局西藏监管局负责人，市委领导王强、毛东军，中环寰慧、宁算科技，柳梧新区、市直相关单位主要负责人参加会见。

6—8日 中共中央政治局常委、全国政协主席汪洋在西藏调研。在拉萨，深入易地扶贫搬迁新村、农村牧区、产业园区、宗教场所调研，并主持召开座谈会，听取有关方面意见建议。强调西藏要巩固控辍保学、饮水安全、地方病防治成果，扎实做好易地扶贫搬迁后续帮扶，高质量完成脱贫攻坚目标任务，确保西藏各族群众不落一人同全国人民一道实现全面小康。要建立健全防止返贫监测和帮扶机制，接续推进全面脱贫与乡村振兴有效衔接，通过优先发展教育、培育特色优势产业等，提升自我发展能力。要坚持重庆保护第一，走经济与资源环境相协调的生态文明发展道路，守护好美丽雪域高原，构建国家生态安全屏障。

7日 自治区党委常务副书记、区政协党组书记、区党委教育工作领导小组组长丁业现率队巡查全区考务工作组织开展情况。

同日 自治区党委常委、市委书记白玛旺堆主持召开市委常委会会议，传达学习6月29日中共中央政治局第二十一次集体学习时的重要讲话精神等重要指示精神，区党委第140次、142次常委会（扩大）会议精神，听取全市公安工作、全市精神文明建设和意识形态工作开展情况、全市食品药品监督管理工作开展情况汇报，研究部署下一步工作，研究并原则同意《拉萨市居家和社区养老服务改革试点工作实施方案》《市政府党组关于审定〈拉萨市深化国资国企改革三年行动方案（2020—2022年）〉和〈拉萨市属国有企业整合重组方案〉的请示》。要求，要进一步增强推进全面深化改革的自觉性和前瞻性，结合拉萨实际，对标具体改革要求，推动各项改革工作尽早取得突破，看到实效。

同日 自治区党委常委、市委书记白玛旺堆主持召开市委"美丽乡村、幸福家园"建设行动计划工作专题会。强调，要坚持规划引领，做好与历史人文、山水风貌融为一体；要认真谋划政策，发挥群众主体作用，逐步营造良好氛围；要落实项目资金，强化政府投入保障；要加强组织领导，进一步完善试点方案，努力探索一条符合拉萨市级的乡村振兴新路子，不断增强各族群众获得感幸福感安全感。市委副书记、组织部部长庄红翔，市委常委、常务副市长占堆，市委常委、宣传部部长吴亚松出席会议。

同日 拉萨市创建文明城市餐饮服务单位综合整治推进会在市场监督管理局召开。旨在督促餐饮服务单位严格落实餐饮门店门前责任管理制度，确保店内、界面责任区卫生达标，提升从业人员服务质量。

同日 拉萨市11593名考生在拉萨中学、拉萨市北京中学等9个考点、393个考场顺利开考。为应对突发情况，考点外设置隔离区，并有医疗人员驻守。

同日 市生态环境局联合西藏技师学院开展环保设施公众开放日活动。

同日 市脱贫攻坚指挥部召开2020年第三季度工作例会，通报全市扶贫产业项目开复工等专题调研情况和1—6月份涉农统筹整合资金执行情况，听取各县（区）、园区围绕普查开展自行清查情况的汇报。要求，各相关单位，要进一步加快涉农统筹整合资金的安排使用和拨付进度，提高资金使用效率。脱贫攻坚普查是对精准扶贫、精准脱贫的全面体检，要全面掌握脱贫攻坚国家普查流程，扎实做好各项普查准备工作。

8日 市人大常委会副主任林生带领区市两级人大代表先后到城关区、堆龙德庆区，对拉萨河综合整治工程5号闸项目、拉萨市城市基础设施运营平台建设、格桑河公园项目、滨河路建设、中干渠东段综合整治和生态项目建设成效、加荣棚户区改造项目、团结新区基础设施改造、象雄美朵产业园规划建设、德吉藏家运营、波玛村二组人居环境整治、拉鲁湿地国家级自然保护区巡护步道建设等重点项目等地集中观察全市重点项目建设情况。

9日 拉萨市未成年人思想道德建设工作安排部署会召开，贯彻落实中央文明办关于未成年人思想道德建设工作测评要求，安排部署全市未成年人思想道德建设工作。会议强调，按照区党委政府的要求，按照市委、市政府决策部署，全面梳理情况，加快补齐短板和弱项，重点针对中央文明办反馈的问题及2020年测评体系要求，坚决打赢未成年人思想道德建设专项测评攻坚战。市委常委占堆、吴亚松出席会议。

同日 是日零时起，青藏集团公司将在青藏线格尔木、安多、那曲、拉萨等车站，拉日线日喀则站普速铁路推广实施电子客票，自此青藏铁路全线、拉日线各站推行电子客票。

9—13日 江苏媒体采访团先后到达孜区、林周县、曲水县、墨竹工卡县，对江苏援藏工作进行采访报道。

10日 拉萨市召开2020年深化全国文明城市创建工作推进会，对深化全国文明创建工作进行再动员、再部署，推进创建工作再上新台阶。自治区党委常委、市委书记、市文明委第一主任白玛旺堆出席并讲话。指出，要认真领会习近平总书记重要讲话精神，抓好贯彻落实，深入持久推进文明城市创建，全面提升城市精细化管理水平，把美丽拉萨建设得更加美好。强调，各级各部门要坚决落实好区党委的部署要求，上下一心、齐心协力，凝聚合力，扎实做好各项工作，推动拉萨城市精细化管理水平不断迈上新台阶。

同日 拉萨市召开市域社会治理现代化试点工

作动员部署会。市委副书记、市委政法委书记、市公安局党委书记、市平安建设领导小组副组长、办公室主任马军出席并讲话。就如何进一步推进市域社会治理现代化试点工作，马军指出，要借助优势条件，补齐工作短板，解决突出问题；明确目标任务，准备把握关键点，通过试点建设，最终实现社会治理系统化、社会化、精细化、法治化、智能化。强调，要解决突出问题，提升市域社会治理防范风险能力水平，全面提升市域公共服务水平，努力打造市域社会治理拉萨模式。市委副书记、组织部部长庄红翔主持会议。区党委宣传部副部长嘎玛旦巴以及市领导马军、袁训旺、占堆、吴亚松出席会议。

11日　市食安委成员单位和28家食品生产经营企业开展“食品安全，人人有责”主题宣传活动。活动共设置展台30个，展出展板85个，发放宣传资料20种、6000册，宣传画册海报2500张，宣传用品1700套，接受群众咨询500人次。自治区市场监督管理局副局长多吉殴珠，自治区食安办副主任、市场监督管理局食品安全总监刘松涛，市委常委、常务副市长毛东军，市人大常委会副主任林生，市政协副主席达娃出席活动。

12日　自治区党委常委、市委书记白玛旺堆到拉萨河沿线滨河路市政工程项目施工现场，实地调研项目建设推进情况。强调，要充分认识滨河路项目建设重要现实意义和深远历史意义，聚力打通“卡脖子”节点，确保项目早日建成，惠及各族群众。市政协主席、经开区党工委书记袁训旺陪同调研。

同日　自治区党委常委、市委书记白玛旺堆以普通党员身份参加所在党支部——中共拉萨市委办公室党总支第一党支部主题党日活动，与支部党员一同学习交流。在认真听取支部党员交流发言后，白玛旺堆指出，全体党员要认真学习毛泽东等老一辈革命家和习近平总书记关于群众工作的重要论述，弘扬实事求是的优良作风，坚持深入基层、深入群众，倾听群众呼声，关心群众疾苦，做到群众的事同群众多商量，基层的事再小也要认真办好。强调，大家要充分认识做好新时期群众工作的重要性和紧迫性，把握时代特征，坚持正确导向，切实提高做好新形势下群众工作的能力和水平。

同日　自治区党委常委、市委书记白玛旺堆到拉萨河沿线滨河路市政工程项目现场，实地调研项目建设推进情况。强调，要牢固树立大局意识，严格责任落实，强化协调联动，做实做细各项工作，全面加快重点项目建设步伐。

同日　《拉萨日报》报道：拉萨市城关区将陆续投放1万辆共享电动单车，设置江苏援藏公寓、市政府等停车站点700余个。首批3000辆已投放。

同日　市委统战部、市工商联举办民营企业法律知识培训会，邀请西藏大学相关专家，以高度的责任感和使命感为企业提供高效的法律维权服务，并加强守法诚信民营企业的挖掘和宣传，充分展示和弘扬优秀企业家精神，不断凝聚崇尚法治的正能量。

同日　《西藏商报》报道：在文化和旅游部、国家发展改革委员会公布的第二批全国乡村旅游重点村名录中，全区21个村拟入选，其中拉萨市达孜区邦堆乡叶巴村、堆龙德庆区乃琼镇波玛村、尼木县吞巴乡吞达村、柳梧新区达东村、城关区夺底乡维巴村、曲水县曲水镇俊巴村、城关区娘热乡加尔西村。

同日　第四届“中国创翼”创业创新大赛拉萨选拔赛在市人力资源市场举行。此次选拔赛主题为“创响新时代共圆中国梦”。大赛分为创新项目组、创业项目组两个赛别，均以路演方式选拔。

14日　区党委副书记、自治区常务副主席，拉萨市国土空间规划委员会主任庄严主持召开拉萨市国土空间规划委员会2020年第一次主任办公会议，研究审议拉萨市国土空间规划工作。庄严强调，要深入学习贯彻习近平总书记关于城市规划建设的重要论述，按照自治区党委、自治区政府部署要求，坚持以人为本、依法合规，切实把做好国土空间规划工作作为政治任务抓紧抓实，不断优化提升国土空间资源配置和利用效率，高站位高标准高品位构建拉萨市国土空间规划体系新格局。会议审议并原则通过拉萨市城关区《娘热街道规划（2020—2035）》《夺底街道规划（2020—2035）》《拉萨市曲水县工业园区—聂当园区规划》《拉萨市达孜区控制性详细规划及核心区城市设计》《西藏革命建设改革纪念馆建设项目设计方案》等规划文件。自治区党委常委、拉萨市委书记白玛旺堆出席。

同日　《拉萨日报》报道：拉萨市制定并出台《拉萨市促进拉萨籍高校毕业生区外就业创业的具体措

施》(以下简称《措施》)。《措施》围绕健全完善高校毕业生区外就业政策、畅通区外稳定就业等6项奖励扶持政策,旨在突出区外自出就业创业和面向市场的就业导向。

同日　《西藏日报》报道:自治区党委常务副书记、区政协党组书记丁业现先后深入拉萨中华文化主题公园、中央驻藏媒体活动中心等项目施工现场,调研项目建设推进情况。他强调,要提升政治站位,立足西藏改革发展稳定大局,以高度负责的精神、精益求精的态度,全力推进项目高质量高效建设,打造经得起时代和人民检验的精品工程。自治区党委常委、市委书记白玛旺堆一同调研。

同日　墨竹工卡县第三届万亩小油菜花文化旅游节在扎西岗村举行。依托万亩油菜花田,墨竹工卡县展示丰富的文化旅游资源,促进318沿线旅游的发展,让当地百姓增收致富。

15—16日　市人大常委会主任云丹带领调研组一行就全市食品安全工作开展情况进行实地调研并举行座谈会。调研组一行先后到城关区学生午餐配送中心、城关区桑曲茶馆十一分店等重点食品生产、销售企业及部分餐饮行业,围绕人民群众舌尖安全和餐桌安全,就食品安全监管工作特别是城乡接合部和人口聚集区域食品安全工作进行专项调研。

15日　自治区政协"基层基本公共卫生服务能力建设"专题座谈会在市政协召开。自治区政协副主席王亚蔺出席并讲话,市政协主席袁训旺主持会议。市委常委、常务副市长毛东军就拉萨市基层基本公共卫生服务能力建设工作情况作汇报,与会人员进行交流发言。

同日　市人大常委会副主任张慧率市人大执法检查组一行,就《2019年〈拉萨市城市供水用水条例〉执行情况调研报告审议意见》整改落实情况,开展跟踪检查并举行座谈。副市长史育斌参加检查座谈活动。

同日　拉萨市2020年高校毕业生专场招聘会在拉萨市人力资源市场举行。

同日　堆龙德庆区以"政府搭台,企业唱戏"的方式,举办首届扶贫产品推介会,通过发放50万元消费券、40家本地企业参与展销等系列促销费举措,激发市民消费热情,助推堆龙拉动内需、释放新兴消费潜力、刺激经济复苏。

16日　自治区党委书记吴英杰到拉萨市墨竹工卡县日多乡怎村、县榨油厂等地,与基层群众谈心交心,就乡村振兴、基层党组织建设、巩固消除"无树户""无树村"成果等工作进行专题调研。他强调,要增强"四个意识"、坚定"四个自信"、做到"两个维护",深入学习贯彻习近平总书记关于全面小康和治边稳藏的重要论述,坚持以人民为中心的发展思想,紧扣改善民生、凝聚人心,大力推进以"神圣国土守护者、幸福家园建设者"为主题的乡村振兴战略,用工作实效增强各族群众的获得感和幸福感,不断开创乡村振兴新局面、谱写乡村振兴新篇章。自治区党委常委、拉萨市委书记白玛旺堆陪同。

17日　拉萨市完成16个集中式饮用水水源地保护区的水文地质勘察工作。

同日　拉萨万达广场媒体发布会举行,就拉萨万达广场品牌简介、商业模式、发展愿景等进行媒体发布与推介。

18日　受自治区党委常委、市委书记白玛旺堆委托,市委常委、常务副书记毛东军会见中国电子信息产业集团副总经理、党组成员陈锡明一行,就深化双方合作一事进行洽谈。

同日　拉萨市首批匹配国六发动机的公交车正式投入运营,自此,拉萨市528辆公交车中已有452辆公交车为新能源公交车。该批车首次使用车辆主动安全预警系统,具备驾驶员行为识别、行人行为识别和车道偏离预警等功能。

同日　为期三天的中考正式拉开帷幕。2020年,全市共有8734名考生参加考试,共设立12个考点296个考场。

20日　自治区党委第一巡视组向拉萨市反馈巡视意见。自治区党委委员、巡视工作领导小组组长王卫东出席反馈会并对巡视整改提出要求,被巡视地区党委(党组)要切实担负起巡视整改的主体责任,把"当下改"和"长久立"结合起来。各级纪检监察机关和组织部门要加强日常监督,压实整改责任,推动巡视反馈问题得到全面有效整改。自治区党委常委、市委书记作表态发言,强调,加强组织领导、强化督促落实,确保巡视整改工作务实、过程扎实、成效真实。

同日　《拉萨日报》报道:墨竹工卡县农牧区"溪

桥工程”公益项目正式启动。这意味着未来3年墨竹工卡县8个乡(镇)农牧区将兴建100座以上便民“溪桥”,进一步提升农牧民群众出行的通达性和便利性。

同日 《拉萨日报》报道:西藏文化旅游创意园区创业创新基地举办第五期创业创新实践营交流会暨“短视频直播运营线上小讲堂”活动,以线上线下相结合的方式,为西藏职业技术学院30名学生,提供现场就业指导、创业指导。以创业带动就业,进一步推动校园“双创”工作。

同日 《拉萨日报》报道:市老干部局组织20名老干部到部分在建和已建成的重点工程项目参观考察,让老干部们更直观地了解当前拉萨市城市建设发展情况,并注重发挥老干部的经验优势,为拉萨发展献计献策,为全面建设社会主义现代化拉萨新征程加油鼓劲。

同日 2020年拉萨文旅同业联盟成立——暨金融助力文旅发展论坛在拉萨乃仓大酒店举行。论坛以“创新文旅金融助力”为主题,以“资源共享、市场共建、利益共赢、形象共建”为目标,举行农业银行西藏分行与布达拉旅游文化集团金融支持旅游文化融合发展签约仪式,西藏旅游股份与布达拉旅游文化集团发布旅游联盟倡议书并进行首发签约。

20日 《拉萨日报》报道:市妇联与市文明办联合举办以“扬家风继承优良传统”为主题的2020年第二期道德讲堂活动。

同日 《拉萨日报》报道:林周县关心下一代工作委员会在江热夏乡小学开展“传承红色基因培育时代新人”宣讲活动。

同日 拉萨河三号闸30个泄水口均全部打开泄水,缓解库容压力,确保汛期安全。当日,拉萨河水位为3.31米,流量为1250米^3/秒。

21日 全市就业工作专题会召开。副市长陆从福主持会议。

同日 是日15时,中科院“丝路环境”先导专项和第二次青藏科考湖泊团队利用搭建好的水土钻探平台,在西藏纳木错中心湖区水深95米的地方成功钻取长100.63米的湖芯,总取芯率达到98%。这是中华人民共和国首次在西藏高原高海拔深水大湖获取超过100米长的湖芯,实现在深水湖泊采样方面的突破。

22日 自治区党委书记吴英杰在拉萨柳梧新区达东村、布达拉宫、八廓街景区专题调研旅游产业发展情况。强调,要按照中央要求,结合西藏实际,紧紧围绕全区经济社会发展的出发点和落脚点,坚持以人民为中心的发展思想,在狠抓疫情防控常态化工作不放松的基础上,打好组合拳、搭建大舞台、唱响旅游戏,克服新冠肺炎疫情影响,多措并举助力旅游行业加快复苏,推动经济高质量发展和绿色发展。

自治区党委常委、市委书记白玛旺堆,自治区党委常委、秘书长刘江,自治区副主席甲热·洛桑丹增陪同调研。

同日 《拉萨日报》报道:自治区政协副主席、区总工会主席洛桑久美一行到拉萨市墨竹工卡县唐加乡、工卡镇,调研督战城市困难职工解困脱困工作和工会工作开展情况并召开座谈会。市委常委、宣传部部长吴亚松参加。

同日 《西藏日报》报道:区党委副书记、自治区人大常委会主任洛桑江村深入拉萨市西藏高原之宝牦牛乳业有限公司、高原天然水有限公司、宁算科技集团有限公司调研民营经济发展情况,召开政府部门支持民营经济发展座谈会,了解全区在稳企业保就业工作方面存在的困难和问题,听取关于提高民营企业吸纳就业的能力和水平的意见建议。强调,要深入学习贯彻习近平总书记重要讲话精神,按照区党委工作部署要求和吴英杰书记在自治区民营企业座谈会上的讲话精神,结合西藏实际,扎实做好“六稳”工作、落实“六保”任务,落实好纾困惠企政策,加大政策支持力度,激发市场主体活力,促进民营经济高质量发展。自治区党委常委、市委书记白玛旺堆,区人大常委会党组副书记、副主任多托、维色、许雪光,区政协副主席、工商联主席阿沛·晋源陪同调研或出席座谈会。

同日 是日12时45分,西藏首个跨省旅游团队共19名游客乘坐Z21次列车抵达拉萨,他们将分别到拉萨、林芝及羊湖等地游览。

同日 市政协党组召开理论学习中心组第29次(扩大)会议,邀请区党委党校政法教研部讲师施芳作《中华人民共和国民法典》专题讲座。市政协党组成员、副主席拉巴顿珠、达娃,市政协党组成员、秘书长邹玉明出席。

23日 区党委书记、自治区扶贫开发工作领导小组组长吴英杰在拉萨市达孜区督导检查脱贫攻坚普查现场登记工作，亲切慰问奋战在普查一线的工作人员。强调，要深入贯彻习近平总书记关于扶贫工作重要论述，坚持以人民为中心的发展思想，进一步增强做好普查工作的责任感使命感紧迫感，努力克服新冠肺炎疫情影响，立足实际，精心做好方案编制、人员抽调等各项工作，精准把握普查的重要内容和具体任务，逐项细化分解，明确责任、严格标准，确保高质量高效率完成脱贫攻坚普查任务。自治区党委常委罗布顿珠、白玛旺堆、刘江和自治区副主席江白陪同检查。

同日 市人大常委会（机关）党组理论中心组召开集中学习会议。市人大常委会党组书记、主任云丹主持会议。

同日 马云教育基金项目申报启动仪式在拉萨师范高等专科学校举行。马云公益基金会宣布，将于2020年年底完成在拉萨师专新校区的马云教师培训中心建设，并以拉萨师专为支点，助力西藏乡村教育人才培养与发展，10年投资1亿元为西藏培养乡村教育力量。

同日 《拉萨日报》报道：截至6月底，全市已实现农牧民转移就业5.99万人，同比增长19.4%；转移就业实现收入4.63亿元，同比增长42.2%；实现城镇新增就业7830人。

同日 检察服务进网络试点工作在城关区人民检察院启动。市政协副主席、城关区委副书记、区长刘亮出席。

24日 区党委副书记、自治区主席齐扎拉到曲水县督导检查脱贫攻坚普查现场登记工作，强调，要深入贯彻落实习近平总书记关于扶贫工作重要论述，深入贯彻落实党中央、国务院决策部署，按照区党委、政府工作安排，坚持以人民为中心的发展思想，以严而又严、实而又实、细而又细的作风，高质高效完成普查各项任务。自治区党委常委、市委书记白玛旺堆，自治区副主席任维陪同检查。

25日 西藏航空新航新“拉萨—兰州—九寨沟”真实开通，兰州、九寨沟两地机场分别举行首航仪式。

同日 即日起，全市电影院将有序恢复开放。

26日 “微笑拉萨”第二届拉萨旅游行业技能大赛落幕，拉萨“旅游服务之星”出炉。

27日 自治区党委常委、市委书记白玛旺堆主持召开市委常委会会议，传达学习7月17日中共中央政治局常务委员会会议精神，习近平总书记在企业家座谈会、视察空军航空大学、在吉林考察调研时的重要讲话精神，习近平总书记给中国少年先锋队第八次全国代表大会的贺信精神，区党委第144次、145次常委会会议精神；传达学习吴英杰书记、齐扎拉主席在拉萨调研时的讲话精神；传达学习吴英杰书记在听取巡视情况汇报时的讲话精神，研究全市巡视整改工作；研究并原则同意《拉萨市委国家安全委员会2020年工作要点》。会议指出，要提高政治站位，高标准高质量编制“十四五”规划；要高度重视防汛抗旱工作，确保安全度汛；要高度重视实体经济发展，扎实做好“六稳”工作、全面落实“六保”任务；要认真做好少年儿童工作，充分发挥少先队引领作用；要稳妥有序发展文化旅游业，多措并举助力旅游业复苏回暖；要着力提升乡村干部产业经营管理水平，带动村民增收致富；要扎实开展脱贫攻坚普查现场登记工作，确保普查结果数据准确、普查成果经得起检验；要扎实推进“美丽乡村、幸福家园”建设，充分体现地域特色。会议强调，履职尽责、恪尽职守，严明纪律、形成合力，全力以赴做好维护稳定各项工作，确保社会局势持续和谐稳定。

同日 拉萨贡嘎国际机场T3航站楼钢结构27日实现封顶，标志着T3航站楼主体结构施工完毕，整体框架施工完毕，工程全面进入装修施工阶段。

同日 由市政协副主席达娃带队，市市场监督管理局、市旅发局等部门联合组成的拉萨市环境综合整治餐饮组，对空港新区、拉萨经开区、柳梧新区、文创园区的37家餐饮行业进行督导检查。

同日 拉萨市人民检察院先后召开全市检察工作会议、全市检察机关党风廉政建设和反腐败工作会议。

同日 拉萨市举办迎“八一”建军节慰问座谈会，共忆人民解放军93年来的光辉历程，共谋全市退役军人工作的未来发展大计。

同日 拉萨市兑现首例举报欺诈骗取医疗保障基金奖励。

27—28日 自治区党委常委、市委书记白玛旺堆主持召开市委理论学习中心组“学习习近平新时代中国特色社会主义思想·建小康拉萨”专题学习2020年第八次集中学习研讨(扩大)会。会议传达学习中央民族工作会议精神、习近平总书记在全国民族团结进步表彰大会上的重要讲话精神、《关于正确开展涉宗教意识形态工作的意见》;与会人员观看《见证初心和使命的“十一书”》。白玛旺堆指出,要始终把民族工作放在心上、抓住手里、落到实处,认认真真把民族工作做深做细做出成效。在共居共学共事共乐中促进交往交流交融,不断开创拉萨民族团结进步事业新局面。会上,沈海斌、林生、彭飞跃、拉巴顿珠以及市民委、市宗教局、市教育局主要负责人结合工作实际,围绕主题进行交流发言。市领导果果、庄红翔、沈海斌、王强、马军、云丹、袁训旺、吴亚松、王家民出席会议。

28日 自治区党委常委、市委书记白玛旺堆到曲水县色甫沟、茶巴拉乡、聂当乡,实地调研牦牛肉牛产业规划、小康安居工程建设、聂当高原生物产业园区规划等情况。强调,要深入研究、精心谋划,抓好牦牛肉产业培育和聂当高原生物产业园区规划等工作,推动曲水经济社会高质量发展。市领导袁训旺、扎西白珍,自治区经济和信息化厅党组成员、副厅长安央金,自治区农科院畜科所所长巴桑旺堆及市直相关部门负责人陪同调研。

同日 2020南京—拉萨汽车产业合作暨南京市地产汽车推进会召开。副市长张文浩出席并致辞。

同日 全市消防工作暨消防安全专项整治三年行动部署推进会召开。会议总结2019年以来全市消防工作情况,分析研判当前形势,研究部署重点工作,为全市经济社会发展提供消防安全保障。

同日 《拉萨日报》报道:“援藏服务律师团”2019年度总结暨2020年度启动仪式在拉萨市举行。

同日 《拉萨日报》报道:由市教育局、市科技局、市科协联合剧本的拉萨市第一届中小学生科技节暨拉萨市第四届青少年科技创新大赛总结表彰大会在市青少年示范性综合实践基地风雨操场举行。此次活动一共向学生提供20种、500多本科普类书籍。

同日 《拉萨日报》报道:中国作协“我们向着小康走——中国作家西藏行”主题采访活动暨西藏青年作家研讨会在拉萨市举行。

同日 由民航西藏区局与中航信西南凯亚分公司共同出资组建的西藏航信科技有限责任公司正式在拉萨揭牌,标志着西藏民航“智慧机场”建设进入新阶段。

同日 电影《布德之路》开机仪式在拉萨圣地天堂洲际大饭店举行。该片由西藏自治区党委宣传部、那曲市委宣传部联合摄制,拉萨净土文化传媒有限公司和北京梧桐汇文化传媒有限公司联合出品。

29日 拉萨市召开迎接全国扫黑办2020年第一轮特派督导启动会。自治区党委常委、市委书记白玛旺堆主持会议并讲话。强调,要以最坚决的态度、最务实的作风、最严明的纪律全力支持配合,坚持实事求是、严守工作纪律、做好服务保障,确保督导组各项工作顺利推进。要求,要坚持问题导向,及时抓好督导反馈问题整改,用真抓真改确保督导整改的过硬成效。全国扫黑办2020年第一轮特派督导西藏督导组组长、区高级人民法院党组成员、巡视员达瓦出席会议。市领导马军、袁训旺、吴亚松、王家民出席会议。

同日 市委副书记、市长、城关区委书记果果主持召开市政府第三次廉政工作会议。回顾总结2019年以来全市政府系统廉政工作情况,并就贯彻落实2020年国务院、自治区政府廉政工作会议进行具体安排部署,深入推进全面从严治党,将政府系统党风廉政建设和反腐败工作向纵深推进。就抓好2020年全市政府系统廉政工作,果果要求,要提高政治站位,强化政策措施,切实把政府系统推进全面从严治党引向深入。市委副书记、常务副市长沈海斌、王强,市委常委、常务副市长毛东军出席会议。市领导张文浩、史育斌、扎西白珍、张正、陆从福、郑卫国、刘亮参加会议。

同日 市政协副主席达娃带领部分政协委员到北京中路小肥羊火锅店等食品药品经营单位,调研全市食品药品安全监督工作。

同日 市政府召开“文明城市”创建交通管理工作新闻通气会。市公安局党委委员、副局长、新闻发言人李永平介绍公安机关开展交通秩序整治相关情况。

同日 拉萨市2019年生态环境质量状况新闻发布会举行。会上,市生态环境局副局长、新闻发言人德吉央宗介绍拉萨市2019年在生态环境领域取得的成就，并和市生态环境局副局长、新闻发言人唐丽琼一起回答记者提问。对10个大类30个小类的环评项目实行豁免，主要涉及社会事业与服务业。

同日　市市场监督管理局联合城关区市场监督管理局组成联社执法检查组，对全市汽车检测、停车场、超市抔市场主体在前期进行协调会的前提下开展闭环检查，检查核实落实情况。

同日　《拉萨日报》报道：由市总工会、市体育局联合举办的市直单位职工“快乐运动、迎篮而上”三对三篮球比赛在市群众文化体育中心篮球馆举行。

30日　市委副书记、市长、城关区委书记果果主持召开市政府常务会议。会议听取全市2020年上半年经济运行及下半年经济工作建议情况汇报。会议研究并审议《拉萨市2019年财政收支决算和2020年上半年财政预算执行情况的报告》《拉萨市城市供暖补贴资金实施方案》《拉萨市开发园区总体发展规划（2020—2025）》等系列管理文件及《拉萨市深化交通运输综合行政执法的实施方案》《关于加快信息化发展的意见》等事项。

同日　《拉萨日报》报道：北京市第五批“组团式”援藏医疗队到尼木县彭岗村开展义诊活动。

31日　第七届大中城市联合招聘西藏自治区高校毕业生专场招聘会在拉萨举办。区党委常务副书记、区政协党组书记、自治区高校毕业生就业创业工作领导小组组长丁业现到招聘会现场，对招聘工作进行调研指导。强调，要全面强化就业优先政策，加大全方位就业支持和服务，确保全区高校毕业生就业局势持续稳定。

同日　市委副书记、市长、城关区委书记果果主持召开全市严防聚集性疫情做好秋冬防控工作电视电话会议，就贯彻落实国务院及自治区严防聚集性疫情做好秋冬季防控工作电视电话会议精神，对全市做好相关工作进行全面安排部署。果果要求，要绷紧疫情防控这根弦，坚决克服侥幸心理、松劲心态，坚持两手抓两手硬，继续全力以赴做好疫情防控各项工作。市委常委、常务副市长毛东军，市委常委、宣传部部长吴亚松，市委常委、纪委书记王家民出席会议。

同日　全市互联网行业党员大会召开。会议通过等额选举方式，选举产生中国共产党拉萨市互联网行业委员会书记、副书记、委员。

同日　中国共产党拉萨市非公有制企业党员大会召开，选举中国共产党拉萨市非公有制企业行业委员会委员。

8月

1日　北京市第九批一、二期医疗援藏干部人才压茬交接会在市人民医院举行。市委副书记、组织部部长庄红翔，北京援藏指挥部副总指挥、拉萨市副市长史育斌，北京市卫健委党委委员、副主任李彦梅出席。

同日　由日喀则市旅游发展局和日喀则市白朗县承办的日喀则市“地球第三极—珠峰之乡·云端冰川”西藏首家“田园综合体”旅游专题推介会在拉萨市举行。日喀则市委副书记马春波出席，拉萨市副市长贡扎曲旺出席并致辞。

2日　自治区党委常委、市委书记白玛旺堆会见中央媒体采访团。白玛旺堆代表市委、市政府对中央媒体采访团的到来表示热烈欢迎，并结合拉萨市对习近平总书记关于治边稳藏重要论述的生动实践，介绍中央第六次西藏工作座谈会以来经济社会发展情况。区党委宣传部副部长嘎玛旦巴出席会议。市委常委、宣传部部长吴亚松主持会议。

3日　《拉萨日报》报道：拉萨城投祁连山水泥有限公司年生产120万吨熟料新型干法水泥生产线项目在达孜区章多乡尊木才村点火投产。

同日　《西藏日报》报道：区党委副书记、自治区常务副主席庄严先后到拉萨市墨竹工卡县小油菜榨油厂、奶牛养殖基地等，就产业发展情况进行调研。庄严强调，要坚持以习近平新时代中国特色社会主义思想为指导，贯彻以人民为中心的发展思想，大力实施乡村振兴战略，正确处理好“十三对关系”，聚力发展“七大产业”，立足高原特色优势，着力培养龙头企业、知名品牌，不断拉长产业链、就业链和效益链，让产业建设成为引领县域经济发展、带动农牧民群众就业增收的重要增长点。

同日　《拉萨日报》报道：拉萨市城关区总商会

以及拉萨市城关区总商会行业党委正式挂牌成立，这也是西藏自治区首家县（区）级商会。

3—6日 北京市委常委、教育工委书记王宁率领北京市教育代表团赴藏考察教育援藏情况。代表团一行先后到拉萨市北京中学白定新校区、当雄中学、帕古乡中心小学考察教育援藏扶贫工作情况、拉萨北京实验中学与当雄中学合作办学情况、当雄中学二期建设情况、北京援藏教师送教下乡情况；到北京在建援藏项目纳木湖乡双语幼儿园、尼木县中心幼儿园施工现场考察项目进展情况；到拉萨市实验小学、拉萨市北京实验中学等地考察“组团式”教育援藏情况。市委副书记、市长、城关区委书记果果，市委副书记、组织部部长庄红翔，市委副书记、常务副市长王强，市委常委、常务副市长毛东军陪同考察或出席相关活动。

4日 自治区党委常务副主席、区政协党组书记丁业现先后到拉萨柳梧高速综合检查站、柳梧汽车站、拉萨火车站等地检查调研常态化疫情防控工作。强调，要深入学习贯彻习近平总书记在中共中央政治局会议上的重要讲话精神，从严从紧从细抓好疫情防控工作，统筹推进全区经济社会平稳健康发展，守护好广大群众身体健康和生命安全，不断增强各族群众的获得感、幸福感、安全感。自治区党委常委、自治区常务副主席罗布顿珠一同调研。

同日 自治区党委常委、组织部部长、纳木错自治区级湖长陈永奇调研纳木错全域管理保护和度汛情况，并召开座谈会，研究部署落实纳木错湖长制责任和加强管理保护工作。强调，要提高政治站位，加强管理保护，不断巩固纳木错水清景美的良好生态。

5日 中央媒体采访团记者见面会在拉萨举行。区党委常务副书记、区政协党组书记丁业现出席会议，并系统介绍中央第六次西藏工作座谈会以来，西藏贯彻落实党的治藏方略、决胜全面小康决战脱贫攻坚取得的巨大成就。区党委副书记、自治区常务副主席庄严主持会议。

5—11日 全国政协常委、中国佛教协会副会长、佛协西藏分会会长班禅额尔德尼·确吉先后在大昭寺、柳梧新区桑普寺、去数显热堆寺朝拜礼佛、讲经传法。自治区领导旦科、白玛旺堆、策墨林·旦增赤列、洛桑久美、萨龙·平拉、索朗仁增参加相关活动。

6日 自治区党委常委、市委书记白玛旺堆主持召开市委“美丽乡村·幸福家园”建设行动村庄规划专题会。会议听取拉萨市镇村体系规划编制情况汇报和各县（区）“美丽乡村·幸福家园”建设行动相关村庄规划进展情况及下一步计划。强调，要进一步增强责任感紧迫感，充分紧扣改善民生、凝聚人心，高水平打造乡村振兴先行区，为迈进建设社会主义现代化新征程奠定坚实基础。市委副书记、常务副市长沈海斌出席会议。

同日 北京第二外国语学院拉萨附属中学揭牌仪式举行。北京市委常委、教育工委书记王宁，拉萨市委副书记、市长、城关区委书记果果出席仪式并揭牌，拉萨市委副书记、常务副市长王强主持揭牌仪式。

同日 拉萨综合保税区开发投资有限公司成立揭牌仪式在拉萨经开区“双创”中心举行。市政协主席、拉萨经开区党工委书记袁训旺出席活动。

同日 自治区人大常委会委员、科教卫文委员会副主任次仁平措带领检查组，听取拉萨市开展《中华人民共和国传染病防治法》工作落实情况汇报，并与与会的拉萨市相关部门负责人进行交流，交换意见。

同日 北京市于若木慈善基金会爱心捐赠仪式在娘热街道阿坝林社区居委会举行。仪式上，北京市于若木慈善基金会联合爱心企业向城关区51个驻村工作队及5个社区的工作人员捐赠2万个一次性医用口罩。

同日 《拉萨日报》报道：拉萨市首个液化天然气（LNG）加气站正式投用。

7日 自治区党委常委、市委书记白玛旺堆会见由江苏省正镇江市委书记、市人大常委会主任马明龙率队的镇江市党政代表团一行。白玛旺堆首先代表市委、市政府和全市各族人民对镇江市党政代表团一行表示热烈欢迎，对镇江市委、市政府和全市人民长期以来对拉萨各项事业发展的无私援助表示衷心感谢，并简要介绍拉萨经济社会发展情况。他希望，镇江市能够继续在医疗援藏、就业援藏等方面给予更多指导和帮助，进一步促进各民族交往交流交融，助力拉萨实施乡村振兴战略，同全国一道全面建成小康社会。市领导果果、庄红翔、沈海斌、王家民参加会见。

同日　自治区党委常委、市委书记白玛旺堆主持召开市委常委会会议，传达学习7月30日中共中央政治局会议精神，习近平总书记在中央政治局第二十二次集体学习、党外人士座谈会上的重要讲话精神和对“十四五”规划编制工作作出的重要指示精神，习近平总书记在北斗三号全球卫星导航系统开通仪式上的重要讲话精神及中共中央、国务院、中央军委贺电精神，习近平总书记对研究生教育工作作出的重要指示精神和李克强总理批示精神，区党委第146次常委会会议精神；研究并原则同意《中共拉萨市人民政府党组关于〈拉萨市2020年上半年经济运行分析下半年工作建议〉的请示》。会议指出，要准确把握做好经济工作的总体要求和根本遵循，着力培育壮大产业和特色优势产业。要学习践行新时代北斗精神，为拉萨发展注入新动力。要高度重视研究生教育工作，做好教育引导。要聚焦重点领域，加快基层治理改革。会议充分肯定上半年全市疫情防控和经济社会发展运行情况，强调，要落实好“六稳”“六保”工作方案，全力保市场主体。

同日　拉萨市推广健康茶工作领导小组召开第一次会议。副市长、市推广健康茶工作领导小组组长贡扎曲旺出席并讲话。

8日　拉萨万达广场盛大开业。自治区党委常委、市委书记白玛旺堆，市委副书记、市长果果，万达商管集团副总裁刘光敏出席开业仪式并共同启幕。

同日　首场“京藏携手圆梦小康”爱心助农直播活动举行，累计观看人数超过89万人，环比增长3100%。

同日　是日是第12个全民健身日。由自治区体育局主办、拉萨市体育局承办，以“推动全民健身助力全面小康”为主题的“全民健身日”活动启动仪式暨优秀全民健身节目展演活动在市群众文化体育中心举行。自治区副主席甲热·洛桑丹增，市委副书记、常务副市长王强等区、市领导出席启动仪式。

8—14日　当雄“当仁节”赛马节举行。市委常委、常务副市长毛东军，市政协副主席拉巴顿珠出席开幕仪式。

9日　拉萨市举办“荣耀童年·全民健身”儿童滑步车赛。60名萌娃车手参赛。

10日　自治区党委书记吴英杰到拉萨市宝瓶山造林绿化工程点、拉鲁山体修复项目和飞播造林项目现场等地，就全区国土绿化工作进行调研。强调，建设美丽西藏首先要深入贯彻落实习近平生态文明思想，树立生态优先理念，坚持尊重自然、顺应自然、保护自然，深入推进国土绿化工作，筑牢国家生态安全屏障，实现经济效益、社会效益、生态效益相统一。自治区党委常委、市委书记白玛旺堆陪同调研。

同日　自治区巡视反馈落实新时代党的组织路线不到位问题整改部署暨业务培训会召开。市委副书记、组织部部长庄红翔作总结讲话，强调要严格按照要求，坚决抓好整改落实，向市委和全市各族人民交上一份满意的答卷。

同日　全市市域社会治理现代化培训班开班。市委副书记、市委政法委书记、市公安局党委书记马军出席并讲话，要求，要提高政治站位，把握重点工作，从严从实抓好各项工作，全力推进市域社会治理现代化试点工作。

同日　拉萨市城市环境综合整治餐饮第二次推进会在市市场监督管理局召开。市政协副主席达娃出席会议。

同日　是日起，拉萨市停车场收费实施新标准。停车场收费标准将市区停车场分为三个等级。一级区为民族路以东，江苏东路—夺底路南段以西，当热路以南（含中和国际城、仙足岛区域，包含该区域内道路两侧所有停车场）；二级区为慈松塘路以南，热嘎曲果路以西，八一路以东，拉萨河以北区域（除一级区外，包含该区域内道路两侧所有停车场），柳梧新区、堆龙德庆区、达孜区、拉萨经济技术开发区（包含该区域内道路两侧所有停车场）；三级区为拉萨市除一级、二级区域以外的其他路段，教育城、文化创意园区（包含该区域内道路两侧所有停车场）。

同日　《拉萨日报》报道：团市委、市少工委召开拉萨市学习习近平总书记致全国第八次少代会贺信精神座谈会，部署贯彻落实会议精神。

11日　自治区副主席罗梅带队到西藏藏医药大学附属医院、奇正拉萨工程技术中心、西藏林芝宇拓藏药厂、国际藏（中）药材交易城，实地调研藏医药大学附属医院医疗服务情况，藏药厂藏药研发、生产及药材交易城合作进展、运营等相关情况。

同日　市委副书记、市长、城关区委书记果果主持召开全市上半年经济运行分析暨重点工作月调度电视会议。通报上半年经济运行情况，分析研究下半年经济工作，对重点工作进行调度。他要求，狠抓安全生产和疫情防控，确保2020年目标任务圆满完成。市委副书记、常务副市长沈海斌出席会议。市领导张文浩、史育斌、扎西白珍、贡扎曲旺、陆从福、刘亮参加会议。

同日　市委副书记、市长、城关区委书记果果主持召开拉萨市2020年文明城市创建工作专题推进会。对各项工作进行再动员再部署，切实把文明城市创建工作做深做细做实。要求，要全力推进文明城市创建工作，确保2020年全国文明城市综合测评取得好成绩。市委副书记、常务副市长沈海斌，市委常委、宣传部部长吴亚松出席会议。市领导张文浩、史育斌、扎西白珍、贡扎曲旺、陆从福、刘亮参加会议

同日　《西藏商报》报道：截至2019年年底，拉萨市完成263个村（居）、64个乡镇、7个县（区）自治区级生态示范区创建工作。

同日　市委巡察二组以会议方式向市经信局党组反馈巡察意见。

同日　市委巡察二组以会议方式向市中法党组反馈巡察意见。

同日　2020“手机·”域名注册管理机构媒体交流会在拉萨市召开。

同日　由自治区、拉萨市、达孜区三级市场监督管理局联合开展的“送法进企业”活动在达孜区工业园区举行。

同日　柳梧新区达东村望果节举行。

12日　自治区党委常务副书记、区政协党组书记丁业现主持召开区党委专题会议，深入学习贯彻习近平总书记重要批示精神，学习贯彻自治区党委常委会会议精神，研究部署“中国拉萨雪顿节”期间疫情防控和安保维稳工作。在听取拉萨市和相关部门汇报，充分了解有关工作进展情况后，强调，要坚持人民至上、生命至上，切实提高运用制度优势应对风险挑战能力，确保雪顿节各项活动安全顺利圆满进行。自治区党委常委旦科、白玛旺堆，自治区副主席罗梅、张洪波出席。

同日　自治区党委常委、市委书记白玛旺堆会见华为技术有限公司监事会主席、高级副总裁李杰一行。双方就进一步加强交流合作进行深入洽谈。市委常委、常务副市长毛东军参加会见。

同日　市委巡察二组巡察市委政法委情况反馈会召开。市委副书记、组织部部长庄红翔出席并讲话，强调，要压实工作责任，强化日常监督，扎实做好巡察问题整改，确保巡察整改任务落地落实。市委副书记、市委政法委书记、市公安局党委书记马军主持会议并作表态发言，表示将不折不扣完成整改，推动工作再上新台阶。

同日　“圣洁拉萨乐享雪顿”大型旅游推介会举行，副市长扎西白珍出席推介会并致辞。

13日　自治区党委常委、市委书记白玛旺堆主持召开市委常委会会议，传达学习习近平总书记对制止餐饮浪费行为作出的重要指示精神，习近平总书记7月28日在中央农办、中央改革办呈报《关于山东省合村并居问题的调研报告》上作出的重要批示精神，胡春华在西藏调研期间的讲话精神，区党委第147次常委会会议精神，8月10日吴英杰书记在拉萨调研国土绿化工作时的讲话精神，中央层面整治形式主义为基层减负专项工作机制会议纪要精神，吴英杰书记对做好基层工作的批示精神，《刘江同志在自治区为基层减负工作第四次推进工作会上的讲话》精神，研究全市贯彻落实意见；研究并原则同意《拉萨市委关于区党委第一巡视组巡视反馈意见的整改方案》《拉萨市委全面依法治市委员会2020年工作要点》；听取雪顿节期间总体工作安排汇报及维稳防疫等工作建议，安排部署具体工作。会议指出，要建章立制、加强宣传，教育引导各族群众养成节约粮食的良好习惯；要高质量完成脱贫攻坚普查工作，确保数据真实可靠；要做好民族文化保护传承，加大文创产品研发力度；要进一步完善国土绿化规划，有计划有步骤推进国土绿化行动。会议强调，要认真严肃对待巡视整改工作，坚决把区党委巡视反馈的问题整改到位；要全面查摆基层减负工作中的突出问题，切实为基层减负松绑；要严格依照法律法规开展各项工作，推进全市治理体系和治理能力现代化；要扎实推进疫情防控工作，加强统筹协调配合，确保雪顿节全市安全稳定祥和欢乐。

同日 “苏拉”家政服务业结对帮扶对接会暨签约仪式举行，副市长刘广民出席。江苏省商务厅、自治区商务厅、市直相关党委负责人参加活动。

同日 《拉萨日报》报道：2020年上半年，全市建设项目环评审批实现逆增长，上半年审批123个，同比增长92.3%。

同日 西藏康城肿瘤医院在拉萨正式挂牌成立，这是全区首家肿瘤专科医院。

14日 拉萨市召开全面推行河湖长制工作领导小组和市级河湖长会议，深入学习贯彻习近平总书记关于治水工作系列重要讲话精神和党中央关于全面推行河湖长制的决策部署，认真落实自治区全面推行河湖长制工作领导小组和自治区河湖长会议精神，切实履行好政治责任，不断完善落实河湖长制，持续改善拉萨河湖面貌。自治区党委常委、市委书记白玛旺堆主持会议并讲话，强调要按照中央和区党委的决策部署，把握准确目标要求，切实抓好贯彻落实，打造生态美丽河湖。市领导林生、彭飞跃、次仁顿准、刘广民、扎西白珍、贡扎曲旺、陆从福、刘亮、孙文斌以及市直各部门主要负责人参加会议。

同日 自治区党委常委、市委书记白玛旺堆会见由清华大学常务副校长王希勤率队的清华大学工作组一行，双方就进一步加强交流合作进行深入洽谈。市委副书记、组织部部长庄红翔参加会见。

同日 由拉萨市安全生产委员会办公室主办，拉萨市应急管理局、拉萨市总工会联合承办的以“强化安全发展理念、提升全民安全素质”为主题的拉萨市2020年度“安康杯”知识竞赛决赛开赛。副市长张永林出席并致辞。

同日 由自治区禁毒办副主任、禁毒总队政委赵延平带队的禁毒办工作组到拉萨市城关区八廓街道办事处、拉萨中学开展全国禁毒示范城市实地检查工作。

同日 《拉萨日报》报道：拉萨市达东村、羊八井蓝色天国、甘露曲秘藏药浴被认定为首批自治区级康养旅游示范基地试点单位。

15日 《拉萨日报》报道：由市委宣传部、市文明办、市教育局共同举办的拉萨市新时代好少年表彰大会举行。评选出20名拉萨市新时代好少年。

同日 自治区党委常委、市委书记白玛旺堆到大昭寺广场、布达拉宫广场，实地考察拉萨八廓历史文化街区保护工程、拉萨市中心城区水系修复及生态治理工程施工进度和建设情况，强调要科学施工，加快建设进度，力争重点项目早日建成见效。副市长史育斌，市政协主席、城关区区长刘亮参加调研。

16日 自治区党委常委、市委书记白玛旺堆主持召开自治区聂当高原生物产业园区规划工作专题会。强调要抢抓发展机遇，盘活载体资源，培育产业生态、促进产城融合，全面推进产业园区高质量发展。市委副书记、市长、城关区委书记果果，自治区经信厅副厅长安央金，市委副书记、组织部部长庄红翔，市委副书记、常务副市长王强出席会议。市领导彭飞跃、史育斌、刘广民以及市直相关部门主要负责人参加会议。

同日 市委副书记、市长、城关区委书记、市安全委员会主任、市信访工作联席会议第一召集人果果主持召开全市安全生产工作暨第2次信访工作联系电视电话会议，贯彻落实中央、自治区关于安全生产和信访工作部署要求，确保全市安全生产和信访形势持续和谐稳定。市委副书记、常务副市长王强，市委常委、常务副市长毛东军，市委常委、宣传部部长吴亚松出席会议。

同日 市委副书记、市长、城关区委书记，雪顿节组委会主任果果主持召开雪顿节维稳安保工作部署会议。会议听取雪顿节总体方案有关情况汇报，强调要提高政治站位，增强大局意识，把握工作基调，细化责任落实，确保各项部署要求落到实处见实效。市委副书记、常务副市长王强，市委常委、常务副市长毛东军，市委常委、宣传部部长吴亚松出席会议。

同日 拉萨市召开迎接自治区“七五”普法检查工作动员部署会。市委副书记、市委政法委书记、市公安局党委书记、市委全面依法治市委员会副主任马军出席并讲话，强调要善于发掘、善于提炼亮点特色，树立拉萨形象，彰显首府城市特色。

同日 《拉萨日报》报道：拉萨市尼木县、当雄县入选“互联网+”农产品出村进城工程试点县

17日 拉萨市开展“讯顿节”期间爱国卫生城市环境清扫哦活动。自治区党委常委、市委书记白玛旺堆与广大干部群众一同走进街头巷尾，共同开展城市卫生大扫除，以实际行动倡导广大市民爱护

卫生，营造更加干净、整洁、清爽、有序的宜居环境。市委副书记、市长、城关区委书记果果，市人大常委会主任云丹参加活动。

同日　自治区党委常委、市委书记白玛旺堆会见中国民族贸易促进会会长蓝军一行，就进一步深入交流合作进行洽谈。市委副书记、市长、城关区委书记果果参加会见。

同日　自治区党委常委，区政协党组副书记、副主席，区党委统战部部长旦科到哲蚌寺、色拉寺实地调研和检查指导雪顿节维稳、消防、疫情防控以及佛事活动筹备等工作。强调要强化领导压实责任，全力以赴确保雪顿节期间和谐稳定。自治区领导许雪光、王峻一同调研。

同日　市委副书记、市长、城关区委书记，2020年拉萨雪顿节组委会主任果果，实地检查指导雪顿节各项活动筹备工作情况。强调要始终把人民群众生命安全和身体健康放在第一位，切实把疫情防控和维稳安保各项措施落到实处，全力确保雪顿节祥和圆满。市委常委、宣传部部长，2020年拉萨雪顿节组委会常务副主任吴亚松参加检查活动。

同日　市人大常委会主任云丹主持召开市十一届人大常委会第二十五次主任会议。

同日　团市委组织城关区、林周县22名青少年开展以“红领巾相约中国梦”为主题的红色教育活动，重温红色记忆，传承红色基因，发扬“老西藏精神”。

同日　《拉萨日报》报道：“苏商西藏大学生合伙人计划”发布暨大学生“双创”实践基地启动仪式举行。自治区政协副主席、区工商联主席、总商会会长阿沛·晋源，拉萨市副市长、江苏省对口支援拉萨市前方指挥部副总指挥张文浩出席。

18日　自治区党委常委、自治区主席齐扎拉到西藏美术馆、拉萨顿珠金融城调研重点项目建设情况。强调要紧盯目标抓建设、紧扣节点抓进度，高质量高效率推进项目建设，力争项目早日建成，切实提升人民群众的获得感、幸福感。

同日　自治区国安指挥部召开视频调度会议。区党委常务副书记、区政协党组书记、区国安指挥部总指挥丁业现强调，要坚持属地为主、全区协作，坚持依法管理、热情服务，坚持防范在先、快速处置，全力做好近期各项安保维稳工作，为各族群众欢度佳节创造安全稳定的社会环境。

同日　自治区副主席罗梅带队到哲蚌寺、南山鹏矗生态公园、罗布林卡等雪顿疫情防控点调研，进一步规范和优化疫情防控流程，扎实开展节日期间疫情防控相关工作。

同日　2020年拉萨雪顿节招商引资推介会暨项目集中签约活动举行。此次推介会共达成签约项目41个，总投资约175.6亿元，其中正式签约项目30个，总投资也160.5亿元；意向签约项目11个，总投资15.07亿元。

19日　区党委副书记、区政协党组书记丁业现到哲蚌寺、色拉寺，检查督导节日安保服务等工作，强调要全面落实维稳和疫情防控措施，确保人民群众过上一个欢乐祥和的节日。自治区党委常委旦科、白玛旺堆、王卫东一同调研。

同日　中国拉萨雪顿节开幕式在南山鹏矗生态公园举行。自治区党委常委、市委书记白玛旺堆宣布开幕。自治区人大常委会副主任纪国刚、自治区副主席多吉次珠、自治区政协副主席卓嘎出席。

同日　2020年中国雪顿节名优商品交易暨展示展销活动在拉萨开幕。自治区政协副主席、自治区工商联主席阿沛·晋源出席拉萨建材交易中心分会场展销活动。

21日　《西藏日报》报道：区党委书记吴英杰到西藏藏医药大学新校区、西藏技师学院和西藏自治区医院项目建设现场，就三大民生项目建设情况进行调研。强调要坚持以人民为中心的发展思想，切实增强抓好重点项目建设的责任感紧迫感，确保工程质量和进度，确保项目早日建成、早日造福各族群众，让各族群众切实感受到总书记和党中央的关心关怀。区党委常务副书记、自治区政协党组书记丁业现，自治区党委常委、自治区常务副主席姜杰，自治区党委常委、秘书长刘江一同调研。

同日　区党委副书记、自治区主席齐扎拉到自治区妇产儿童医院（自治区妇幼保健院）、拉萨市中心医院调研医院建设情况，强调要始终坚持以人民为中心的发展思路，进一步优化医疗资源配置，全面提升医疗卫生服务质量和水平，更好满足人民群众健康需求。自治区副主席罗梅陪同调研。

25日　尼木净土航天果蔬正式进驻市场。

26日　市委副书记、组织部部长庄红翔先后到二次分流点、拉萨火车站、柳梧新区机场高速检查站、哲蚌寺等地，实地调研、了解一线疫情防控和维稳工作情况。强调要规范落实各项举措，全力做好疫情防控和维护稳定工作，确保拉萨安全稳定。

同日　自治区人民政府新闻办公室举行拉萨市职业教育发展情况新闻发布会，向中央驻藏媒体和区内媒体介绍拉萨市职业教育发展情况，并回答记者提问。市委副书记、常务副市长王强出席并介绍情况。

26—27日　住建部第12调研组组长林青率队在拉萨市调研城市生活垃圾分类工作并召开座谈会。副市长史育斌出席。

27日　自治区副主席多吉次珠率调研组到拉萨市象雄梅朵文旅小镇和娘热乡，实地察看旅游基础设施建设、运营管理、接待游客和资源开发利用情况。

同日　市委副书记、组织部部长庄红翔先后到曲米路湿地公园、大昭寺、八廓街等地，实地调研疫情防控和维稳工作。强调要按照“分级负责、属地管理”原则，提升工作效能，确保社会局势和谐稳定、人民群众生命健康安全。

同日　自治区“七五”普法考核组到堆龙德庆区古荣镇、祥和苑社区及觉木龙寺等地，通过实地走访、查阅资料、召开座谈会、听取汇报等方式开展检查考核。

同日　《拉萨日报》报道：雪顿节期间，拉萨市共接待国内外游客358.69万人次，同比增长3.38%。其中，一日游游客288.02万人次，同比增长3.51%。过夜游客70.67万人次，同比增长2.89%。旅游总收入12.62亿元，同比增长4.12%。

28日　区党委副书记严金海到哲蚌寺、大昭寺、布达拉宫广场便民警务站、八廓古城公安局等地，实地考察调研维护稳定和疫情防控工作情况，并在区国安指挥部召开视频调度会议，对各市地维稳工作进行再检查、再部署。他强调，要进一步增强“四个意识”、坚定“四个自信”、做到“两个维护”，坚决贯彻落实党中央决策部署，贯彻落实区党委工作安排、特别是吴英杰书记讲话要求，扎实做好维护稳定和疫情防控各项工作，确保全区社会大局持续和谐稳定。自治区党委常委、自治区常务副主席罗布顿珠和自治区省军级领导许雪光、张永泽、张洪波、扎西达娃、刘伟参加相关活动。

同日　城关区人社局联合辖区用人单位举行城乡富余劳动力定向订单岗位精准对接会。

同日　拉萨市公安局交警支队组织全体民警开展交通安全法制大练兵培训，进一步提升民警、辅警综合素质、业务能力和实战本领。

29日　19时拉萨市各族各界干部群众集中收听收看中央第七次西藏工作座谈会电视新闻。市领导庄红翔、马军、毛东军、吴亚松、普卫东、王家民与广大干部职工一同收看。

同日　九届拉萨市委第十一轮巡察工作动员部署会召开。市委常委、纪委书记、市监委主任、市委巡察工作领导小组组长王家民作动员讲话，要求进一步提升政治站位，强化责任担当，自觉践行巡察职责使命。

同日　拉萨市召开为基层减负工作座谈会。会议通报拉萨市上半年为基层减负工作存在的突出问题，进一步解读为基层减负有关政策规定，对下一步深化开展为基层减负各项工作进行安排部署。副市长张永林主持会议。

同日　庆祝西藏自治区成立55周年文艺会演阿里篇在曲米路湿地公园正式开演。

同日　第九届中国创新创业大赛西藏赛区暨第三届全区科技创新创业大赛入围赛在拉萨市举行，初创组和成长组的15强分别路演，对自己的项目进行展示。

30日　以全国政协民族和宗教委员会副主任、宁夏回族自治区政协原主席齐同生为组长的全国政协调研组围绕“构建各民族共有精神家园，铸牢中华民族共同体意识，促进各民族交往交流交融”等内容在城关区吉日街道河坝林社区，通过实地察看、听取汇报、查阅资料、交流讨论等方式，对城关区吉日街道河坝林社区民族团结进步创建工作进行调研并与群众代表座谈交流。自治区政协副主席高扬陪同。

31日至9月3日　以自治区人大常委会委员、财经委主任委员李震为组长的自治区人大财经委调研组一行先后到堆龙德庆区、达孜区、拉萨经开区、柳梧新区等地，调研全市2020年以来国民经济运行和预算执行情况。

31日 《拉萨日报》报道：西藏星光社会工作服务中心成立大会暨第一届会员代表大会举行，选举产生社工中心第一届理事，这也是西藏自治区第一家社会工作机构。

同日 城关区教育局在城关区海萨小学举行2020年城关区“大昭圣泉”教育助学资助项目发放仪式。仪式上，共计发放近3万元的学习用品。

同日 庆祝西藏自治区成立55周年文艺会演拉萨专场在曲米路湿地公园精彩上演。

9月

1日 市委副书记、市长果果到尼木县德青源尼木原种藏鸡养殖基地等地，调研指导农牧业特色产业项目推进情况。强调，要深入学习贯彻中央第七次西藏工作座谈会精神，做大做优做强特色农牧业产业，切实增强农牧现金收入，不断增强各族群众的获得感、幸福感。

同日 市人大常委会主任云丹主持召开市十一届人大常委会第二十四次会议。

同日 副市长、公安局局长人选代利刚带领市公安局各相关职能部门，实地调研全市交通流量较大的各主要路段停车场及内部安全防范工作。

同日 由市食品安全委员会办公室协调组织市卫健委、市综治委、市教育局、市市场监督管理局、城关区食品安全办公室成员单位对城关区夺底小学、娘热小学、拉萨市第六中学、拉萨北京小学4所学校及周边食品安全开展联合检查。

2日 市委召集市教育局、交产集团、暖心公司、净土文化传媒公司、政投代建公司、公共安全服务公司、拉萨布达拉旅游文化集团、第一职业技术学校、第二职业技术学校、桑旦林寺管委会、热振寺管委会等一批对巡察反馈意见整改落实不到位的党组织负责人进行集中约谈。市委副书记、组织部部长庄红翔主持会议并讲话，要求要履行好“一岗双责”，切实抓好整改落实。市委常委、纪委书记、市监委主任王家民通报对市委巡察反馈意见整改落实的督查情况。

同日 拉萨市召开自治区“七五”普法考核检查汇报会。区党委网信办副主任、一级巡视员索朗顿珠出席会议。市委副书记、市委政法委书记、市委全面依法治市委员会副主任、市普法工作领导小组组长马军汇报工作。

同日 《拉萨日报》报道：拉萨市公安局交通警察支队车辆管理官被公安部交管局评定为全国“二等车辆管理所”，成为全区首家“二等车辆管理所”，标志着拉萨市车驾管工作迈上新台阶。

同日 《拉萨日报》报道：拉萨市首例胃窦早癌内镜下黏膜剥离术在市人民医院成功开展。这也是全区第一例由本土医师完成的消化道早癌ESD手术。

3日 拉萨市城关区召开干部大会。宣布区党委关于城关区委主要领导职务调整的决定：果果不再兼任城关区委书记职务；张正任市委常委、城关区委书记。自治区党委常委、市委书记白玛旺堆出席并讲话，强调要深入学习贯彻中央第七次西藏工作座谈会精神，切实增强使命感，全面加强基层组织建设，以更大的力度和更实的举措，推动中心城区在新的历史起点上实现更大发展。市委副书记、组织部部长庄红翔主持大会。

同日 自治区党委常委、市委书记白玛旺堆会见北京市门头沟区委书记张力兵一行。市委副书记、市长果果，市委副书记、组织部部长庄红翔，市委常委、常务副市长毛东军参加会见。

同日 市委副书记、市长果果主持召开市政府常务会议。会议研究和讨论拉萨市市级政府部门行政职权的请示，听取《拉萨市城市生活拉萨分类管理办法》的汇报，研究并审议《拉萨市行政调解规定（草案）》《试行零基预算管理实施方案》。

同日 市委副书记、市政府党组书记、市长果果主持召开市政府党组会议，传达学习中央第七次西藏工作座谈会精神和习近平总书记关于扎实做好“六稳”工作，落实“六保”任务的有关重要讲话以及城市工作的重要论述，传达中央、自治区相关文件精神。市委副书记、市政府党组副书记、常务副市长沈海斌，市委常委、市政府党组副书记、常务副市长毛东军，市委常委、城关区委书记张正出席会议。

同日 《拉萨日报》报道：经开区举行2020年农牧民转移就业“勤劳致富爱岗敬业最美标兵”表彰活动。活动对经开区易地扶贫搬迁农牧民转移就业中涌现出来的53名最美标兵、41名优秀管理人员和4个优秀集体进行表彰。

同日 《拉萨日报》报道：净土健康产业“双创”高峰论坛暨项目推介会拉开帷幕。项目签约仪式上，来自区内外的12家企业现场达成战略合作意向，合作意向金额达3亿元，达成合约金额5000万元。

同日 《拉萨日报》报道：太仓港经济技术开发区代表团到林周县考察交流，并与林周县彭博健康产业园区、行政审批便民服务局签订合作框架协议。

同日 《拉萨日报》报道：林周县卡孜乡举行庆祝自治州成立55周年文艺会演。

4日 庆祝西藏自治区成立55周年座谈会在拉萨举行。区党委书记、西藏军区党委第一书记吴英杰讲话，指出55年来，党中央一直高度重视西藏工作，深切关怀西藏各族人民。中共十八大以来，以习近平同志为核心的党中央把西藏工作在党和国家工作全局中的重要战略地位提升到前所未有的高度，习近平总书记亲自为西藏工作把舵定向、谋篇布局，多次就西藏工作发表重要讲话、作出重要指示批示，亲自谋划、亲自部署召开两次西藏工作座谈会，指方向、明方略，亲自指导制定一系列特殊优惠政策、规划一系列重大项目，解决许多长期想解决而没有解决的难题，办成许多过去想办而没有办成的大事，推动西藏各项事业取得全方位进步、历史性成就。强调，要深入学习宣传贯彻中央第七次西藏工作座谈会精神，着力维护社会和谐稳定，依法加强宗教事务管理，不断铸牢中华民族共同体意识，坚定不移推进高质量发展，切实筑牢国家生态安全屏障，确保边防巩固和边境安全，不断夯实党在西藏的执政根基，奋力开创新时代西藏长治久安和高质量发展新局面，谱写好中华民族伟大复兴中国梦的西藏篇章。全国政协副主席、自治区政协主席帕巴拉·格列朗杰，区党委副书记、自治区主席齐扎拉，区党委常务副书记、自治区政协党组书记丁业现，区党委副书记严金海，自治区党委常委旦科、何文浩、白玛旺堆、刘江，自治区老领导列确、巴桑出席。区党委副书记、自治区人大常委会主任洛桑江村主持座谈会。

同日 自治区党委常委、市委书记白玛旺堆主持召开市委常委会会议，传达学习8月31日中共中央政治局会议精神，习近平总书记在中央全面深化改革委员会第十五次会议、经济社会领域专家座谈会、中国人民警察队伍授旗仪式上的重要讲话精神和给建设和守护密云水库的乡亲们的回信精神，区党委第149次常委会（扩大）会议精神、全区秋冬季新冠肺炎疫情防控工作电视电话会议精神，研究全市贯彻落实意见；研究并原则同意《市政府党组关于审定〈拉萨市城市供暖补贴资金实施方案〉的请示》《市政府党组关于审定〈加快信息化发展的意见〉的请示》。会议指出，要认真学习习近平总书记重要讲话精神，着眼当前、立足长远，推动各项改革任务取得新成效、实现新突破；要贯彻新发展理念，切实将密云水库管理运营理念运用于拉萨水利工作中，促进全市水利工作上台阶上水平。会议强调，要高度重视疫情防控工作，严把“入口关”，全面落实疫情防控常态化措施；要切实提高供暖补贴资金配置效率和使用效益；要勇于担当、攻坚克难，切实提升全市经济社会信息化水平。

同日 自治区党委常委、市委书记白玛旺堆主持召开市委常委会会议，传达学习中央第七次西藏工作座谈会精神，研究全市关于西藏工作座谈会精神学习宣传工作总体建议方案。要求，要全面做好中央第七次西藏工作座谈会精神的学习宣传贯彻落实，深刻领会讲话精神，扎扎实实抓好落实，不断推进新时代拉萨长治久安和高质量发展。

同日 拉萨经开区首届夜经济啤酒音乐文化节在经开区海鑫国际广场拉开帷幕。

同日 “中国飞天梦”科普中国万里行拉萨站活动正式启动。北京市飞行者航空科普促进中心承办的2020年全国科普日“中国飞天梦”科普中国万里行系列活动，旨在把民航文化科普活动拓展到全国，提高全民对航空强国事业的热爱。

同日 第六届“拉萨巧手”商品大赛、“魅力拉萨”摄影大赛正式启动。

同日 《西藏日报》报道：西藏航空拉萨—红原—绵阳航线正式开通，西藏民航通航航线数量已达到120条，实现新的历史突破。

5日 自治区党委常委、市委书记白玛旺堆主持召开市委专题会，研究拉萨市城镇集中式饮用水水源保护区范围核定与调整工作。强调，要严格责任落实，扎实做好城镇集中式饮用水水源保护区范围核定与调整工作，不折不扣落实好中央决策部署，坚决确保人民群众饮水绝对安全。市委副书记、组织部部长庄红翔出席会议。

同日 2020年环拉鲁湿地健步系列活动在拉鲁文化广场公园举行。自治区副主席甲热·洛桑丹增宣布活动并参加健步走，市委副书记、市长果果参加活动。

同日 是日是中华人民共和国第5个“中华慈善日”援助西藏发展基金会在雪社区居委会雪三村举办爱眼护眼进社区公益慈善活动。此次活动，共向雪三村的305户居民发放常用眼保健滴眼液（润舒）710支、消炎眼药水托百士710支、防疫口罩355包、环保袋305个，总价值4.7万余元。

6日 自治区党委常委、市委书记白玛旺堆陪同全国人大常委会原委员、全国人大民族委员会原副主任委员、全国人大民族委员会原副主任委员列确，全国政协民族和宗教委员会原副主任、全国妇联原副主席巴桑等自治区离退休老干部分别到加荣棚户区、格桑河公园、西藏非物质文化遗产博物馆、柳梧新区中华文化主题公园项目建设点、象雄梅朵游客接待中心文化广场等地，亲身感受拉萨发展的新成就、新变化、新面貌，为拉萨经济社会发展给予指导、出谋划策。市领导果果、庄红翔、云丹、吴亚松、张正陪同参观考察或出席相关活动。区党委组织部副部长、老干部局局长祝良刚，区党委老干部局一级巡视员孔令君陪同参观考察。

同日 《拉萨日报》报道：当雄县高标准打造屠宰加工企业助力现代化畜牧业发展。2019年10月，由当雄高原蓝农业发展有限公司打造的全区首个现代化工艺牦牛屠宰加工厂在当雄县投入试运行。加工厂总投资2.332亿元，使用面积16400平方米。主体设备投入1500余万元，配套设备投入800万元。建立餐饮行业体验式销售、一线城市实体店销售、电商网络销售的“立体销售模式”，树立与时俱进推动牧区畜牧业发展的典范。

7日 2020年“首都专家拉萨行”活动启动，这是“首都专家拉萨行”活动的第五年。市人大常委会副主任、市委组织部常务副部长达瓦出席并致辞。

同日 政协第十一届拉萨市委员会党组理论学习中心组召开第31次（扩大）会议，传达学习中央第七次西藏工作座谈会精神、习近平总书记对制止餐饮浪费行为的重要指示精神及区市党委常委会会议精神。

同日 拉萨市师专·马云教育基金首届教师校长培训开班仪式在拉萨师范高等专科学校举行。

8日 市委副书记、市长果果到墨竹工卡县日多乡怎村哈姆组和扎西岗乡巴洛村朗杰康桑组就“美丽乡村·幸福家园”整村推进试点工程建设、中央环保督察问题整改和规上企业及重点项目推进情况进行调研。强调要扎实做好住房提升改造、环境提升及人居环境整治工程等工作，坚持新发展理念，保护好生态环境，不断提升群众的满意度、幸福感。

同日 市委副书记、市长果果到达孜区拉萨城投祁连山水泥厂、纳金山隧道等地，调研规上工业企业和重点项目建设推进情况。强调，要树立以人民为中心的发展思想，紧盯时间节点，加快建设进度，切实发挥企业支撑带动作用，促进农牧民群众增收致富。

同日 市委农村工作领导小组全体会议召开。市委副书记、常务副市长、市委农村工作领导小组组长沈海斌出席会议并讲话。强调，要抓好农牧民增收工作、抓好重点农畜产品生产保供，抓好“美丽乡村·幸福家园”计划整村推进工作。

同日 以自治区人大常委会副主任李文汉为组长的自治区人大常委会专题调研组听取全市关于《西藏自治区民族团结进步模范区创建条例》普法宣传工作情况汇报。

同日 拉萨市质量强市办举办以“讲诚信提质量”为主题的2020年全市“质量月”活动启动仪式。副市长张永林出席活动。

同日 拉萨市夜间经济启动仪式在藏游坛城举行。副市长刘广民出席活动。

同日 拉萨市青少年税法教育基地在西藏军区拉萨八一学校揭牌。这是拉萨市首个青少年税法教育基地，旨在进一步加强青少年税法宣传教育。

同日 墨竹工卡县举行庆祝第36个教师节活动暨“南京班”开班仪式。

8—9日 自治区党委常委、市委书记白玛旺堆到当雄县羊八井镇、拉那高等级公路施工现场等地调研牧业牧区现代化和重大项目建设工作，聚焦重点精准发力，高质量推进牧业区现代化。

9日　自治区党委常委、市委书记白玛旺堆到林周县唐古乡至旁多乡公路改建工程项目施工现场、强嘎乡等高海拔、环境艰苦的偏远乡（镇），就实施乡村振兴战略、推进农业农村现代化等工作进行实地调研。强调要把改善民生、凝聚人心作为出发点和落脚点，提高规划的科学性和前瞻性，以乡村振兴战略推进农业农村现代化，不断增强各族群众的获得感和幸福感。

同日　市委副书记、常务副市长、市农村人居环境整治工作领导小组组长沈海斌带领农村人居环境整治工作现场推进会观摩团分别到墨竹工卡县、达孜区、堆龙德庆区等地实地查看农村人居环境整治工作开展情况。在推进会上，沈海斌要求，要强化问题导向，统筹整体谋划，以实际行动推进农村人居环境质量稳步提升。

同日　市总工会在拉萨贡嘎机场改扩建工程新建航站楼举行以“遵法守法携手筑梦服务农民工公益法律”为主题的送温暖、送法律、送文化、送政策、送医药“五送”活动。

10日　是日是第36个教师节。自治区党委常委、市委书记白玛旺堆看望慰问离退休和工作在教育一线的教师代表，并通过他们向全市广大教师和教育工作者致以节日的祝贺和诚挚的问候。勉励全市广大教师深入学习中央第七次西藏工作座谈会精神，贯彻落实习近平总书记关于教育的重要论述，紧紧围绕培养什么人、怎样培养人、为谁培养人这一根本问题，努力培养德智体美劳全面发展的社会主义建设者和接班人。市委副书记、组织部部长庄红翔，市委常委、城关区委书记张正一同看望慰问。

同日　自治区党委常委、市委书记白玛旺堆主持召开九届自治区党委第七轮巡视反馈意见整改工作推进会。强调，要建立完善的学习制度，做到真学真懂、入脑入心；进一步强化责任意识，做到团结协作、担当作为；要加强全面领导，解决好存在问题；要严格对标对表，确保整改落到实处、见到实效；要完善整改措施，建立长效机制。副市长张文浩、刘广民，政协副主席、城关区区长以及市直相关部门负责人参加会议。

同日　市委副书记、市长果果主持召开市长办公会议，听取拉萨市优化营商环境工作方案，听取和研究直达资金和政府债券项目资金执行、全市粮食安全、应急物资储备、市场保供、经费保障等工作推进情况。会议指出，要推进政府职能转变，减少审批程序，加强监督管理；要在排水、绿化、生态修复等相关领域打下功夫，积极推进整改工作；要建立科学的应急物资储备规划，组织好粮食抢收工作，确保颗粒归仓；要提高使用资金的能力和水平，把资金用到刀刃上。市领导张文浩、张永林、刘广民、贡扎曲旺、陆从福、代利刚、刘亮参加会议。

同日　拉萨市宣传文化系统召开专题会议，传达学习中央第七次西藏工作座谈会精神、区党委省级领导干部会议精神及市委研究部署全市学习宣传贯彻中央第七次西藏工作座谈会精神的会议精神，研究部署全市宣传文化系统贯彻落实措施。市委常委、宣传部部长吴亚松主持会议并讲话，要求要把会议精神贯彻落实到本职工作中去，努力推动全市宣传思想文化工作守正创新。

同日　市委党校（行政学院）召开庆祝第36个教师节暨表彰大会。

同日　《西藏日报》报道：截至9月10日，拉萨市251个行政村（包含拉萨城内社区）成功创建为自治区级生态村，创建率达95.4%；64个乡镇成功创建为自治区级生态乡镇，创建率达100%；墨竹工卡县、当雄县、城关区、堆龙德庆区等4个县（区）成功创建为自治区级生态县（区），当雄县成功创建为国家级生态文明建设示范县。

同日　拉萨市商务机关党支部组织全市商贸流通领域召开中央第七次西藏工作座谈会专题学习交流会。

同日　拉萨市召开社会信用体系建设培训会。此次培训邀请江苏省发改委信用办主任科员郭冠中进行授课。

同日　市商务局与商贸流通大型企业签订协议，合作开展党建共建工作。

同日　拉萨市第十五期离退休干部党支部书记培训班暨离退休干部党员政治教育培训班暨离退休干部党员政治教育培训班在市老干部活动中心开班，培训为期三天，各县（区）驻拉萨和市直各单位离退休干部党支部书记（副书记、组织委员）共计80余人参加培训。

同日 线上教育平台“闪电老师”App正式上线发布。

11日 《拉萨日报》报道：文旅部、财政部为全区配送12辆流动舞台车交接仪式在拉萨市举行。

12日 区党委副书记、自治区党务副主席庄严到藏游坛城，实地调研夜间经济发展情况。强调要积极稳妥推动夜间经济经济繁荣发展，促消费升级、保就业增收，奋力推动新时代西藏长治久安和高质量发展。

同日 《西藏日报》报道：自治区副主席江白率调研组深入曲水县、堆龙德庆区、达孜区、墨竹工卡县、林周县，重点就2021年造林绿化选址和营造林“先造后补”项目实施情况开展实地督导调研。

13日 中国民族贸易促进会、中华儿童少年基金会腾飞计划公益捐赠仪式暨“99公益项目”发布说明会在拉萨市城关区当巴小学举行。拉萨市城关区及城关区教育局共获得总价值25.5万元的物资设备捐赠。

14日 自治区党委常委副书记、区政协党组书记丁业现到哲蚌寺，就维护寺庙稳定等工作进行调研。强调要深刻领会中央第七次西藏工作座谈会精神实质，把握核心要义，进一步推动宗教从“管得住”向“管得好”转变。自治区党委常委旦科及自治区领导王峻、高扬出席。

同日 中共拉萨市委员会印发《关于果果等同志任免职的通知》，经2020年8月18日自治区党委常委会研究，决定：果果不再兼任城关区委书记；张正任市委常委、城关区委书记，免去其当雄县委书记职务；姚俊亮任当雄县委书记。

同日 《拉萨日报》报道：川藏铁路拉萨至林芝段（以下简称“拉林铁路”）全线最后一片T梁在甲格车站双线大桥架设完成，标志着拉林铁路全线2364孔T梁全部架设完成。至此，拉林铁路全线120座桥梁全部顺利架通。

同日 《拉萨日报》报道：拉萨市夜间经济启动仪式在藏游坛城成功举行，全市夜间经济正式启航。

同日 《拉萨日报》报道：市总工会在宗角禄康公园、布达拉宫广场和大昭寺管委会等地设立母婴室，母婴室里配置有婴儿床、尿布台等母婴哺乳所需物品。

15日 《拉萨日报》报道：城关区举行“党建引领·衣份温暖”爱心捐赠活动启动仪式。此次爱心活动物资由大红门、特步服饰、小魔鱼服饰店、圣康眼镜北京中路店捐赠，共有全新的学生、男女士衣服1538套，老花镜150副，总价值366640元。

同日 城关区“青爱工程”启动暨首批23所“青爱小屋”授牌及捐赠仪式在海萨小学举行。仪式上，“青爱工程”向城关区卫健委捐赠价值74万元的“童保宝”爱心健康包5000套，向城关区教体局捐赠价值242460元的“支付宝公益·爱的教育校园行”和8万元的“腾讯公益—贫困生助学基金”。

同日 自治区党委常委、政法委书记何文浩到城关区两岛街道甲玛社区、两岛派出所开展专题调研，看望慰问社区工作人员和基层公安民警。强调，要坚持政治建警，聚焦人民群众新需求，着力锻造过硬公安铁军。

同日 市委副书记、市长果果主持召开市政府常务会议，听取研究《拉萨市第二批“美丽乡村·幸福家园”建设行动计划整村推进实施方案》《拉萨市安全生产专项整治三年行动计划（送审稿）》《拉萨市加快政务服务“一网通办”推行“一件事·一次办、网上办”改革工作方案》《拉萨市扬尘污染管理办法（草案）等》，安排部署近期重点工作。

16日 自治区党委常委、市委书记白玛旺堆到拉萨经开区顺丰产业园区、西藏高原食品冷链商贸物流港、西藏领峰智慧物流园等地，实地调研项目建设情况，详细了解全市物流集散地选址规划建设情况。强调，要科学编制规划，构建高原现代化物流体系；要加强统筹协调，推动物流与供应链、产业链、价值链创新融合发展。副市长刘广民参加调研活动。

同日 拉萨市召开打击侵权假冒工作电视电话会议。副市长、市打击侵权假冒工作领导小组组长张永林出席会议。

同日 城关区委政法委牵头举办“9·16”日平安西藏宣传日暨“第30个民族团结宣传月”集中宣传活动。

同日 《拉萨日报》报道：曲水县公安局举行“枫桥式”村居警务室警用车辆发放仪式。

同日　《拉萨日报》报道：西藏文化旅游创业园区第二届创业创新暨文创设计大赛举行。

17日　自治区党委常委、市委书记白玛旺堆主持召开市委常委会会议，传达学习中共中央国务院中央军委举行纪念中国人民抗日战争暨世界反法西斯战争胜利75周年座谈会、中央财经委员会第八次会议精神，习近平总书记在2020年中国国际服务贸易交易会全球服务贸易峰会上的致辞、向全国广大教师和教育工作者的忌日祝贺和慰问、在全国抗击新冠肺炎疫情表彰大会和科学家座谈会上的重要讲话精神，区党委第150次常委会会议精神；研究拉萨市第二批“美丽乡村·幸福家园”建设行动计划政策、城市生活拉萨分类管理、优化营商环境、试行零基预算管理、财政存量资金管理等工作。会议强调要持续发扬斗争精神，强化爱国主义教育，增强底线思维，用伟大的抗战精神提升自身思想境界；要深入调查研究，强化规划引领和顶层设计，全方位构建市域现代物流体系。要提高教师待遇，营造尊师重教社会氛围；要抓好疫情防控，完善疾病预防体系；要落实创新驱动发展战略，营造尊重科学氛围。要进一步统一思想，提高认识，及时成立专班，全面扎实推进“美丽乡村·幸福家园”建设；要进一步加大工作力度，扩大生活垃圾分类试点范围；要转变思想，坚持问题导向，建立长效机制，把优化营商环境纳入年度考核；要严格管理财政，让财政资金发挥最大效益。

同日　自治区党委常委、市委书记白玛旺堆会见北京市通州区委书记曾赞荣率队的北京市通州区党政代表团一行，就进一步深化援藏工作、推动两地合作进行深入交流。在简要介绍拉萨经济社会各项事业发展情况后，白玛旺堆表示长期以来通州区做大量卓有成效的工作，有力助推拉萨市特别是城关区长治久安和高质量发展。曾赞荣表示通州区将继续做好对口支援各项工作，完善互访对接机制，强化干部人才交流互派培养，为拉萨建设作出更大贡献。市领导果果、庄红翔、王强、毛东军、张正，市政协主席、城关区区长刘亮以及北京市第九批援藏干部代表、市直相关部门主要负责人参加会见。

同日　拉萨市举办第30个民族团结月暨第9个民族团结进步节晚会。市委常委、宣传部部长吴亚松，副市长贡扎曲旺出席并观看演出。

同日　是日是拉萨市第9个民族团结进步节。市政协召开各族各界委员庆祝“9·17”民族团结进步节座谈会，传达学习中央第七次西藏工作座谈会精神、《西藏自治区民族团结进步模范创建条例》，并听取全市民族团结进步工作开展情况，畅谈加强民族团结的认识和感想。市委常委、统战部部长、市政协党组副书记阿努次仁出席。

同日　全国双语学习特色村镇（实践基地）在城关区八廓街道鲁固社区揭牌。副市长、市藏语文工作委员会副主任贡扎曲旺出席揭牌仪式并致辞。

同日　《拉萨日报》报道：2020年以来，拉萨市积极落实援企稳岗补贴政策。2020年已累计为49家企业发放稳岗补贴355.73万元，共惠及职工6727人。

同日　《拉萨日报》报道：民建江苏省委联合拉萨市水利局到林周县阿朗乡开展走访慰问活动。

同日　“北京拉萨妇女拉手同心共筑中国梦”座谈会召开。

同日　拉萨市林周县人民法院举行县人民法院诉讼服务中心、县法律援助中心“法律援助工作站”揭牌仪式，标志着拉萨市两级法院首个“一站式”诉讼服务中心成立。

18日　民族团结进步宣传月暨中国少数民族村寨、第七批全国民族团结进步示范区（单位）授牌仪式在曲水县才纳乡四季吉祥村举行，标志着曲水县民族团结进步事业迈上新台阶。自治区副主席孟晓林参加。

同日　由北京市通州区委书记曾赞荣率领的党政代表团一行到城关区西藏净土乳业有限公司、第九幼儿园改扩建项目、纳金村古泽安置小区等东西部扶贫协作项目建设地，考察开展对口支援交流协作工作。曾赞荣表示，通州区将一如既往地做好对口帮扶工作，结合城关区实际，充分利用优质资源，推动优势互补、良性互动，加强巩固城关区脱贫成效。市委副书记、市长果果，市委常委、城关区委书记张正，市政协副主席、城关区区长刘亮一同考察调研。

同日　西藏甘肃商会举行成立大会。甘肃省政协副主席、工商联主席、总商会会长郝远，西藏自治区政协副主席、工商联主席、总商会会长阿沛·阿旺晋美出席大会，分别向西藏甘肃商会副会长以上单位授牌。

同日　市委副书记、市长、市文明委主任果果到城关区功德林寺千佛山项目点等地调研指导重点项目建设推进和文明城市创建工作。指出，要强化责任担当强化有效工期，全力加快重点民生工程建设；要加快补齐文明城市创建工作的短板弱项，确保让老百姓得到实惠。副市长陆从福陪同调研。

同日　《拉萨日报》报道："组团式"医疗援藏开展5年来，共有841名医疗人才进藏，对口支援西藏自治区人民医院和7个市（地）人民医院，并通过"团队带团队""专家带骨干""师父带徒弟"机制，帮带721个医疗团队、2031名本地医务人员，培养医疗骨干约4000名，已有192名受援医院的医生能独立开展1种至2种新手术，实现371种"大病"不出自治区，2373种"中病"不出市（地），一些常见"小病"在县级医院就能治疗。"打包移植"其他省市先进经验和技术成果1061项，攻关的技术难题达1305个，联合申报的国家级、自治区级科研项目852项，填补区域内的医疗技术空白1541项。重点科室的打造以及本地医务人员技术的提升，直接增强西藏本地医院的诊疗能力。截至2019年，西藏自治区、市（地）两级人民医院的门诊量、住院量、手术量较5年前分别增长28.17%、70.05%、76.19%。

19日　自治区党委常委、市委书记白玛旺堆到拉萨师范高等专科学校调研学校新址建设和教学工作开展情况。要求，要进一步明确学校发展定位，把握新时代新形势新要求，为西藏培养更多高素质的基础教育师资；要加强教师队伍建设，全面提升师资培养能力水平。副市长史育斌参加调研。

同日　2020年西藏自治区全国科普活动启动仪式在曲水县聂当乡德吉村举行，旨在发挥科普工作在破除迷信、淡化宗教消极影响中的关键作用，在全市广泛开展普及活动，用先进科学知识改变广大人民群众生产生活，全面提升拉萨市公众科学素质。市委常委、常务副市长毛东军出席活动。

同日　第十一届"中国统计开放日"暨西藏自治区第七次全国人口普查宣传月启动。自治区副主席孟晓林，自治区统计局局长索朗扎西，市委副书记、常务副市长王强出席。

同日　由中共堆龙德庆区委员会、堆龙德庆区人民政府主办的"药王故里　藏戏之乡　生态堆龙"2020堆龙玉妥文化旅游节在堆龙德庆区象雄美朵文化旅游小镇正式开幕。

同日　《西藏日报》报道：拉萨海关所属吉隆海关缉私分局在吉隆口岸成立。

20日　自治区党委常委、市委书记白玛旺堆到拉萨顿珠金融城调研指导爱琴海购物公园、万达文化酒店等重点招商引资项目和配套住宅小区、道路等基础设施建设推进情况，并就进一步做好顿珠金融城项目建设后续工作强调，要保持城市整体格调风貌的完整和协调统一，努力将顿珠金融城打造成为西部地区标志性高品质新区，要进一步加紧完善区域道路硬化、亮化、绿化等配套基础设施建设后续工作，同时提前开始谋划推进招商引资工作，推动拉萨市高质量发展。市委副书记、市长果果陪同调研。

同日　总投资6亿元，总建筑面积6.2万平方米的红星美凯龙拉萨顿珠商场开业。自治区党委常委、市委书记白玛旺堆，市委副书记、市长果果，红星美凯龙控股集团执行总裁吴静出席开业仪式。

同日　北京市文联党组书记、常务副主席陈宁率队的首都艺术家一行到拉萨北京实验中学，为在校师生奉上精彩的演出。市委常委、常务副市长、北京援藏指挥部副指挥毛东军与师生们一起观看演出。

同日　由区文化厅、市委宣传部主办的"书香拉萨抒爱国情怀·颂祖国华诞"庆十一亲子诵读大赛（海选）在万达广场举行，来自拉萨市各个小学的200余组亲子组合参加比赛。旨在培养青海年学生良好的读书习惯，进一步激发青少年学生和家长有爱国主义情怀。

同日　由北京中国网球公开赛体育推广有限公司联合首创集团、首创经中、首创证券主办，首创经中京津合作示范区中国·光年城冠名支持的中国·光年城—2020中国巅峰挑战赛在拉萨举行。中国金花彭帅、鲁晶晶，刘思宇、李灿在拉萨文成公主广场为观众献上精彩表演。

21日　《西藏日报》报道：区党委常务副书记、区政协党组书记丁业现深入拉萨市城关区吉崩岗社区、尼卓林社区，就基层社区学习宣传贯彻中央第七次西藏工作座谈会精神、党建工作、社会治理等进行调研。强调，要深入学习贯彻中央第七次西藏工作座谈会精神，提升基层党组织维护稳定、引领发展、脱贫致富、服务群众的能力，不断夯实党在西藏的执政根基。

同日　新华社《瞭望》周刊副总编刘明到拉萨市调研采访，市委常委、宣传部部长吴亚松出席并讲话，指出，将认真贯彻落实好中央第七次西藏工作座谈会精神特别是习近平总书记重要讲话精神，为建设团结富裕文明和谐美丽的社会主义现代化新西藏作出更大贡献。

同日　拉萨市召开生态文明专题讲座会，中国生态文明研究与促进会执行副会长李庆瑞受邀作专题讲座。

同日　市政协组织委员视察拉萨市重点项目推进情况，旨在让广大政协委员对市政工程、民心工程深入了解，并通过委员在所联系的界别群众中广泛宣传工程建设对拉萨经济社会发展的重大意义，让群众支持理解惠民利民工程建设。

同日　《西藏日报》报道：拉萨经开区设立19年来，经济总量从小变大、综合实力由弱变强，产业集群初步形成，截至9月21日，园区内实体工业企业达262家，上市企业12家，实体企业财政贡献率从2015年的5%增长到2019年的65%以上。

同日　拉萨市首届“尼木大峡谷·吞巴藏香源文化旅游节”在尼木县吞巴镇拉开帷幕。此次文化旅游节推出文化传承体验游、美丽乡村休闲游、峡谷生态观光游、藏香药浴康养游等特色旅游项目，并设置藏香传承制作体验、陶艺DIY体验、航天蔬菜采摘、大型篝火锅庄晚会及温泉、美食、林卡、房车等休闲体验活动。

22日　“以欢庆丰收感党恩、团结一心迎小康”为主题的2020年拉萨市第三届“中国农民丰收节”在堆龙德庆区古荣镇加入村举办，农牧民群众身着节日盛装，载歌载舞，共庆丰收、分享喜悦。

同日　达孜区首家扶贫帮困超市在达孜“双创”产品展销中心投用。

23日　自治区党委常委、市委书记白玛旺堆主持召开市委专题会，研究拉萨历史文化街区保护工程市政提升及交通优化工作。指出各级各部门要统筹协调，坚持多规合一，确保管网改造一次性到位。要立足实际，做好项目预算和成本估算；要全力配合支持，确保项目尽快落地。市委副书记、常务副市长王强，市委常委、城关区委书记张正出席会议。

同日　市委副书记、市长果果主持召开市政府常务会议，听取研究《拉萨市城镇集中式饮用水源地保护范围核定与调整技术报告》、“十三五”规划实施以“十四五”规划编制等有关情况，对做好下一步工作进行安排部署。指出，要各有关单位要强化衔接配合，积极主动作为，提升全市饮用水水源地规范化建设水平。

同日　金珠派出所联合北京小学打造的“少年警校”授牌仪式在北京小学举行，标志着拉萨市首家“少年警校”的诞生。

24日　自治区党委常委、市委书记白玛旺堆主持召开市国土空间规划委员会市委专题会第3次会议，研究相关规划编制事宜。会议审议并原则同意达孜叶巴康养小镇城市设计方案、《拉萨市东城新区（百淀片区）控制性详细规划》、拉萨河经开区河滩地综合整治工程七期方案、5号闸西侧地块开发项目和拉萨教育公园改造项目等。白玛旺堆强调，要强化规划引领，优化空间布局，完善功能配套，持续提升首府城市规划建设管理水平。市委副书记、市长果果出席会议。市政协副主席、城关区区长刘亮以及有关专家、市直相关部门主要负责人参加会议。

同日　以自治区人大常委会副主任巨建华为组长的自治区人大常委会调研组听取拉萨市宗教工作法治化建设情况汇报，并与相关部门负责人座谈交流。市委常委、常务副市长毛东军，市委常委、统战部部长、市政协党组副书记阿努次仁出席汇报会。

同日　《拉萨日报》报道：截至9月24日，全市263个行政村（社区）、64个乡（镇）、7个县（区）成功创建自治区级生态村（社区）、生态乡（镇）、生态县并获得命名，其中当雄县成功创建为国家级生态文明建设示范县。

同日　《西藏日报》报道：自治区召开专题会议，研究拉萨市东嘎矿山地质公园建设相关工作，自治区副主席江白主持并讲话。会议指出，建设东嘎矿山地质公园，是打造周边山体与美术馆融为一体、人与自然和谐共处的优美环境，提高拉萨老水泥厂美术馆吸引力、影响力的重要举措。自治区政协副主席扎西达娃出席。

同日　市旅游发展局召开全市旅游行业假日市场工作部署会。要求各县（区）文旅局涉旅企业要颈部强化责任意识，切实加强领导，确保全市旅游行业疫情防控工作各项措施落实到位。

25日　自治区党委常委、市委书记白玛旺堆主持召开市委常委会会议，传达学习习近平总书记在湖南考察时的重要讲话精神、对新时代民营经济统战工作作出的重要指示精神及全国民营经济统战工作会议主要精神、致中国延安精神研究会第六次会员大会的贺信精神、向全国广大农民和工作在"三农"战线上的统战们的节日祝贺和慰问精神、在第七十五届联合国大会一般性辩论上的重要讲话精神，习近平总书记对供销合作社工作作出的重要指示精神和李克强总理的批示精神，区党委第151次常委会会议精神；研究并原则同意《中共拉萨市人民政府党组关于审定〈拉萨市生态环境损害赔偿制度改革实施方案〉的请示》。会议指出，要把学习习近平总书记一系列重要讲话和指示精神与贯彻落实中央第七次西藏工作座谈会精神紧密结合起来，自觉用以武装头脑、指导实践、推动工作。要高度重视民营经济统战工作，全力支持民营经济发展，优化营商环境。要大力弘扬延安精神、"老西藏精神"和"两路精神"，将这些精神转化为推动各项工作的信心动力。要扎实做好脱贫攻坚巩固工作，切实抓好"三农"领域各项工作。会议强调，要深刻认识机建立生态环境损害赔偿制度的重要意义，全力抓好落实。

同日　由自治区工商业联合会、自治区发展和改革委员会、拉萨市人民政府主办，江苏省工商业联合会、拉萨市工商业联合会、拉萨市商务局承办的2020年西藏自治区招商引资项目江苏推介会在南京举行。此次推介会共签约项目12个，投资额达24.4亿元，其中合同签约项目5个，投资额达12.9亿元。

同日　城关区召开2020年就业创业资金兑现现场会。市委常委、城关区委书记张正，副市长陆从福出席。

同日　《拉萨日报》报道：9月21日，生态环境部发布《关于第四批国家生态文明建设示范市县拟命名名单的公示》，全国拟命名94个市县，拉萨市榜上有名。

26日　江苏援藏前方指挥部联合团市委、市教育局，开展"访援藏项目看家乡变化"主题活动，深入理解江苏援藏项目对拉萨经济社会发展带来的巨大变化，机一部增强民族团结意识，培养对党、对祖国、对西藏和江苏和深厚感情。

同日　由自治区禁白协会和餐饮协会共同发起的"舌尖上的环保"一次性塑料餐具替代行动拉萨站启动仪式举行。

27日　市委"两新"工委召开2020年第三次全体（扩大）会议。市人大常委会副主任、市委组织部常务副部长、市委"两新"工委书记达瓦出席。

同日　市残联举行基层残联专干业务知识培训班。共70余名人员参加培训。

同日　《拉萨日报》报道：全市两级法院首个"一站式"诉讼服务中心及林周县"泛绿援助工作站"在林周县人民法院诉讼中心正式投入运行。

同日　《西藏日报》报道：自治区党委常委、组织部部长陈永奇在拉萨市林周县斯曲亚玛饲草种植基地、格桑塘现代农牧业示范园区和城关区拉萨中心城区水系修复和生态治理现场、拉萨市城关执法局调研"小组团"援藏工作，并看望慰问援藏干部。强调，要总结援藏经验，补齐短板，聚焦目标定位，发挥团队优势，提高"小组团"援藏工作精准度和实效性。

28日　拉萨城投"百人计划"项目管理人员入职培训正式启动。

同日　空港新区在甲竹林社区居委会以"中华民族一家亲同心共筑中国梦"为主题，举行庆祝新中国成立71周年暨西藏自治区设立民族团结宣传月30周年文艺会演。

同日　《拉萨日报》报道：拉萨市开展全市中秋、国庆节前食品市场联合检查，针对农产品环节、食品流通环节、餐饮服务环节、食品生产加工环节对超市、农贸市场、火锅店和食品生产厂商进行检查。

29日　区党委副书记、自治区主席齐扎拉调研拉那高等级公路建设。强调要以高质量高水平加快推进项目建设，争取早日实现拉那高等级公路全线建成通车。区党委副书记、自治区常务副主席庄严，自治区党委常委、市委书记白玛旺堆一同调研。

同日　市委副书记、组织部部长庄红翔主持召开市委教育工作领导小组2020年第4次会议，传达学习习近平总书记在中央第七次西藏工作座谈会上的重要讲话精神、向全国广大教师和教育工作者的节日祝贺和慰问精神、在教育文化卫生体育领域专家座谈会上的重要讲话精神；研究《关于学前教育深化改革规范发展的实施方案》《拉萨市中心城区教育设施布局规划》。强调要积极沟通协调，精准把握未来人口增长，做好设计调整；坚持因地制宜，科学布局，进一步优化教育布局结构；强化思想政治教育，加强师德师风建设，为学前教育的改革发展提供强有力的人才支撑和保障。市政协党组副书记、副主席、市总工会主席张勤参加会议。

同日　市人大常委会（机关）党组理论学习中心组召开集中学习会议。市人大常委会党组书记、主任云丹主持会议。

同日　市委统战部举办全市统战系统中央第七次西藏工作座谈会精神专题辅导座讲座。市委常委、统战部部长阿努次仁作专题辅导报告。

同日　江苏省工商业联合会与拉萨市工商业联合会举行对口援藏工作座谈会。座谈会上，江苏省工商联向拉萨市工商联捐赠40万元精准扶贫资金，实地考察西藏江苏商会和西藏鱼跃医疗设备开发有限公司等企业建设、运行和发展情况。江苏省委统战部副部长、省工商业联合会党组书记顾万峰，淮安市政协副主席、市工商业联合会主席范更生，江苏省工商业联合会党组成员、秘书长熊杰，西藏自治区工商业联合会党组成员、副主席兼秘书长张蓉，拉萨市委常委、统战部部长阿努次仁出席。

同日　《拉萨日报》报道：喜马拉雅文化交流中心艺术馆开馆仪式暨“喜马拉雅本土·本色·本相”优化作品收藏展在拉萨藏游坛城举行。

同日　《拉萨日报》报道：首家银行保管箱业务落地拉萨，将为市民提供贵重物品寄存服务。

30日　是日是中华人民共和国第七个烈士纪念日。自治区在拉萨烈士陵园隆重举行烈士纪念日向烈士敬献花篮仪式。区党委书记吴英杰，区党委副书记、自治区主席齐扎拉，区党委常务副书记、自治区政协党组书记丁业现，区党委副书记、自治区常务主席庄严，区党委副书记严金海和王海江、罗布顿珠、姜杰、何文浩、刘江、王卫东、陈永奇等自治区领导出席。自治区党委常委、拉萨市委书记白玛旺堆主持仪式。拉萨市党政军领导果果、马云、云丹、贺胜、毛东军、普卫东、阿努次仁、王家民、张正参加活动。

同日　自治区党委常委、市委书记白玛旺堆面向全市党员干部宣讲中央第七次西藏工作座谈会精神。强调要深刻领会蕴含其中的精神实质和核心要义，真正做到学出忠诚、学出信仰、学出担当、学出本领、学出责任、学出干劲、学出廉洁，按照建设社会主义现代化新西藏的宏伟蓝图，扎实推进拉萨长治久安和高质量发展，不断创造在新的起点上实现新的伟大业绩。市领导云丹、毛东军、吴亚松、普卫东、阿努次仁、王家民、张正聆听宣讲。

同日　拉萨市脱贫攻坚颁奖晚会“决胜脱贫在今朝”举行。本次颁奖晚会共设置奋进奖、贡献奖、奉献奖和集体奖四个奖项，共20位获奖者和51个获奖集体。自治区党委常委、市委书记白玛旺堆出席并为获奖嘉宾颁奖，市领导果果、马军、云丹、吴亚松、普卫东、阿努次仁、王家民、张正出席。自治区扶贫办副主任李荣应邀出席。

同日　拉萨三级政务服务大厅举行“喜迎国庆·中秋佳节”文艺会演。自治区政府副秘书长、一级巡视员冉世平致辞。

同日　拉萨市夜游公交专线正式开通。副市长贡扎曲旺出席开通仪式。此次两条夜间公交线路主要覆盖藏游坛城和万达广场两大经济圈。

同日　《拉萨日报》报道：1—8月，全区完成城镇新增就业3.4万人，完成年初目标任务的85%；登记失业率控制在4%以内；全区农牧民转移就业58.6万人，实现劳务收入42.5亿元，分别完成年初目标任务的97.7%、101%。全区开展技能培训1431期，完成年初目标任务的72.81%。坚定评价技能人员1.42万人，完成年度任务的166.86%。开办创业培训班81期，培训创业者1983人，创业成功604人，带动就业1031人。全区共有26.38万人参加失业保险，共征缴失业保险费4238.99万元，基金累计滚存结余22.07亿元。截至9月30日，共发布高校毕业生就业岗位6.55万个。

10月

1日　全区各地（市）举行“升国旗、唱国歌”仪式，隆重庆祝伟大祖国的生日。吴英杰、洛桑江村、齐扎拉、丁业现、庄严、严金海、王海江、罗布顿珠、姜杰、何文浩、白玛旺堆、陈永奇等党政军领导分别在拉萨市和林芝市等地与各族各界干部群众共同庆祝中华人民共和国成立71周年。市委副书记、市长果果主持拉萨市庆祝中华人民共和国成立71周年“升国旗、唱国歌”仪式。拉萨市党政军领导马军、云丹、贺胜、吴亚松、普卫东、阿努次仁、王家民、张正参加仪式。

同日　区党委常务副书记、区政协党组书记丁业现先后到布达拉宫广场派出所、哲蚌寺、色拉寺、大昭寺，看望慰问各方维稳力量、寺管会干部，并通过他们向节日期间坚守岗位的广大劳动者致以节日祝福和崇高敬意。自治区党委常委何文浩、白玛旺堆一同看望慰问。

同日　G6京藏高速公路羊八井至拉萨段试运行通车仪式举行。市委副书记、市长果果出席并致辞。

同日　自治区党委常委、市委书记白玛旺堆看望慰问长期坚守在维稳一线的执勤官兵，感谢他们为拉萨经济社会发展作出的积极贡献，并向他们送去节日的祝福和诚挚的问候。市委副书记、政法委书记马军、市委常委、统战部部长阿努次仁一同看望慰问。

同日　由拉萨市委宣传部、市文化局、市文物局以及阿坝州委宣传部、阿坝州文化体育和旅游局主办，西藏牦牛博物馆和阿坝州文物考古研究所承办的“弘扬伟大长征精神——红军长征过阿坝特展”在拉萨开展。拉萨市委常委、宣传部部长吴亚松、中共阿坝州委宣传部副部长刘昆出席并分别致辞。

同日　东环线北线正式通车，拉萨抵达达孜区仅需20分钟。

3日　由自治区体育局、拉萨市人民政府联合主办的第十八届“第三极”中国西藏登山大会在拉萨市当雄县羊八井镇高山训练基地开幕。自治区党委常委、市委书记白玛旺堆出席开幕式。

同日　《西藏日报》报道：2020年“双节”期间，拉萨贡嘎机场预计航班量约1120架次、旅客吞吐量将达到13.6万人次，同比分别增长19.0%和24.3%。

5日　《拉萨日报》报道：2020年，全市落实青稞种植面积29.37万亩，预计产量11.34万吨以上；落实蔬菜种植面积7.88万亩，预计产量32.6万吨。截至10月5日，全市完成牦牛短期育肥出栏5721头、生猪出栏8300头、藏鸡出栏11万羽。

6日　2020年第三届跨喜马拉雅自行车极限赛筹备工作电视电话会议在拉萨召开。自治区党委常委、市委书记白玛旺堆出席并讲话，强调要把握关键突出重点，把本届赛事办好办实办成精品。自治区副主席甲热·洛桑丹增出席。

7日　《拉萨日报》报道：5年来，拉萨交通实现“探索起步”到“快速发展”的过渡，为全面建成小康社会提供充足的交通运输先行动力。2016年以来，拉萨市陆续实施农村公路建设项目88个，批复总投资14.3亿元，建设里程712.3公里，辖区农村公路通车里程达4646.6公里，比2015年年末增加531公里，辖区所有乡（镇）、行政村通畅率100%。拉萨市共投资530余亿元，实施项目168个、里程3700余公里。东环线、北环线、西环线、南环线等交通线将有效连接成为一个整体，形成环线经济圈。坚持“公交优先”发展战略，推广新能源车辆，系能源公交车占比由60%提升至80%，清洁新能源出租车占比保持100%。

同日　《拉萨日报》报道：10月7日，拉萨市已完成131家农牧民转移就业基地公示认定及挂牌工作，共吸纳农牧民转移就业1.39万人，实现收入4.64亿元。1—8月，实现农牧民转移就业7.9万人，实现收入8亿元。其中跨地市转移就业6398人，区外转移就业1067人。

同日　自治区党委常委、市委书记白玛旺堆从纳金大桥北桥东侧出发，先后实地调研滨河路总体建设情况、拉萨河城区段综合治理及生态修复工程、5号闸、张大人公园、水上乐园、藏热大桥、中华文化主题公园、1号闸、柳东大桥与机场高速连接项目等工程项目建设进展情况和沿线部分路段整治计划情况。强调抢抓时间、加快进度，强化沟通、形成合力，确保项目顺利如期保质完成，为建党100周年献礼。市委副书记、市长果果，市委常委、城关区委书记张正陪同调研。

同日 《拉萨日报》报道：拉萨市采取一系列扎实有效的措施，为保护国家生态安全屏障作出积极贡献。拉萨市已注销燃煤锅炉24台，停用7台，煤改其他燃料7台。强化老旧车淘汰，城市公交新能源汽车占比达80%。实施205个农村饮用水水源地保护项目，总投资11.9亿元的纳金水厂项目已建成并投入试运行，实施中小型节水灌溉等项目42个。"十二五"规划以来，投入3.54亿元实施"树上山"工程，在南山造林绿化3323亩，植树75万余株。规划投入35.32亿元实施"河变湖"工程，形成湖面约200公顷，建成后城区空气湿度将增加12%。落实资金93.1亿元实施"暖入户"工程，实现城市建成区燃气（供暖）全覆盖。近年来，拉萨市环境空气质量优良率均达96%以上，长期保持在全国168个重点城市前列。拉萨河、纳木错、宗角禄康公园等主要江河湖泊的7个国控断面、9个功能区水质达标率均为100%，城市水系持续保持良好，4个城市集中式生活饮用水源地水质100%达标。全市263个行政村（社区）、64个乡（镇）、7个县（区）成功创建为自治区级生态村（社区）、生态乡（镇）、生态县，并获得命名。其中当雄县成功创建为国家级生态文明建设示范县。

10日 自治区党委常委、市委书记白玛旺堆到林周县卡孜乡调研，并主持召开座谈会，听取乡镇、各村未来五年发展规划，询问当前存在的困难和问题，详细了解当地农牧民增收情况、思想状况。强调要坚持问计于民、问需于民，高质量编制"十四五"规划，让中央第七次西藏工作座谈会精神在拉萨落地开花。市人大常委会副主任、林周县委书记次仁顿珠参加调研。

同日 政协拉萨市委员会党组理论学习中心组召开（扩大）会议，传达学习汪洋主席在全国地方政协工作经验交流会上的重要讲话精神、区市纪委有关通报精神，安排部署相关事宜。

同日 《拉萨日报》报道：2020年"双节"期间，全市接待游客149.38万人次，实现旅游收入7.15亿元，比2019年同期增长13个百分点。民航西藏局共保障起降1436架次，完成旅游吞吐量174111人次，完成货邮吞吐量957.55吨，分别同比增长28%、49.5%、27%。

11日 自治区党委常委、市委书记白玛旺堆主持召开市委常委会会议，传达学习习近平总书记对"十四五"规划编制工作网上意见征求活动作出的重要指示精神、在中央政治局第二十三次集体学习时的重要讲话精神，9月28日中共中央政治局会议精神，第三次中央新疆工作座谈会精神，关于妥善防范化解"邻避"问题推进周光大项目实施的意见精神，吴英杰在《求是》发表"全面贯彻新时代党的治藏方略"的署名文章精神，九届区党委第152次常委会（扩大）会议精神，区党委九届八次全会精神。会议决定于10月12日召开中国共产党拉萨市第九届委员会第六次全体会议。会议指出要准确把握工作要求，坚持新发展理念，加强顶层设计，强化规划引领，科学编制好"十四五"规划。要高度重视考古工作，科学统筹考古成果挖掘、整理和宣传工作。要用心学习领会习近平总书记在第三次中央新疆工作座谈会上重要讲话精神，积极学习借鉴经验做法，抓好贯彻落实。要加强信息公开，妥善防范化解"邻避"问题，推进重大项目顺利实施。

同日 "访援藏项目看家乡变化"主题活动座谈会召开，通过讲述江苏援藏项目对拉萨经济社会发展带来的变化，在中小学生中树立中华民族命运共同体意识，培养中小学生对党、对祖国、对西藏、对江苏的深厚感情，立志为家乡建设贡献力量。市委副书记、常务副市长沈海斌出席并讲话，

12日 中国共产党拉萨市第九届委员会第六次全体会议举行。市委常委会主持会议。会议就《中共拉萨市委员会关于贯彻落实中央第七次西藏工作座谈会精神进一步推进拉萨长治久安和高质量发展的实施意见（讨论稿）》作了说明，传达学习中央第七次西藏工作座谈会精神和区党委九届八次全会精神，对新时代拉萨长治久安和高质量发展作出全面部署。会议指出，要从理论、政治和全局的高度充分认识中央第七次西藏工作座谈会的重大意义，准确把握新时代党的治藏方略，准确把握西藏工作的战略定位，准确把握西藏工作的阶段性特征，准确把握西藏工作的指导思想，不断开创拉萨长治久安和高质量发展的新局面。要按照党中央、区党委决策部署和市委实施意见，在反分裂斗争中展现新作为，在推动高质量发展上闯出新路子，在确保国家安全和

生态安全中彰显新担当。要持续深化反分裂斗争，夯实反分裂斗争思想基础和群众基础，务求反分裂斗争全战全胜。要持续巩固民族团结，全面深化民族团结进步示范创建，全方位促进各民族交往交流交融。要持续推动高质量发展，推进互联互通建设，强化要素和设施支撑，优化产业发展格局，提升首府城市首位度和中心城市辐射引领动能力。要持续巩固脱贫攻坚成果并乡村振兴有机衔接，把高质量巩固脱贫攻坚成果作为"十四五"时期实施乡村振兴战略的重要任务，加快推进"美丽乡村·幸福家园"建设行动计划。要加强生态文明建设，推进重大生态工程建设，健全绿色发展长效机制，持续建设好美丽拉萨。要大力支持守边固边兴边强边，建设边境一线大后方，全方位服务守边固边兴边强边大局。自治区党委常委、市委书记白玛旺堆讲话，市委领导果果、沈海斌、王强、马军、王念东、普卫东、王洪勇、张正出席。市委委员、候补委员出席会议。

同日　市人大常委会组织70余名四级人大代表开展深入学习贯彻中央第七次西藏工作座谈会精神暨集中视察培训活动。人大代表们通过听介绍、看展板、观现场等形式，先后到纳金山隧道、达孜区中心小学、精准扶贫搬迁点、教育城、中干渠水系生态治理工程、万达广场、拉萨市规划建设展览馆、西藏非物质文化遗产博物馆、南环线快速通道、拉鲁湿地等地，实地察看各项工作开展及项目建设情况，亲身体验中央第六次西藏工作座谈会以来拉萨市经济社会突飞猛进的发展变化。

同日　《拉萨日报》报道：近年来，拉萨市卫生健康事业从小到大、从弱到强，居民健康水平明显提升。全市社区卫生服务中心（站）12个、乡镇卫生院55个、村卫生室193个；基层卫生人员1481人，达到一乡一院、一村一室标准，乡（镇）医生平均达到10人、村医平均达到2人。2016年以来，全市医疗卫生基础建设项目共投资2.13亿元，实施基层卫生基础建设项目共计43个。率先在全区范围内开展家庭医生签约服务工作，全市成立317个家庭医生服务团队，家庭医生人数达976，家庭医生签约服务率达98%；全面推开全市乡村医生执业注册工作，对培训合格的127名乡村医生发放资格证书；组织189名村医参加全区第一批基层医疗卫生机构人员培训。全市人均寿命提高到2019年的70.6岁；孕产妇死亡率下降到2019年26.12/10万；婴儿死亡率下降到2019年的4.7‰。全市医疗卫生机构增加至2019年的539个、法定位增加到3899张、每千人口医疗卫生机构床位数增加到5.4张、驻市医疗卫生机构人员总数增长到9.1人。拉萨市市属医疗卫生机构532家，法定位数2279张，卫生技术人员4581人，每千人拥有床位数3.2张，每千人拥有卫生技术人员6.4人。

13日　区党委副书记、自治区常务副主席、拉萨市国土空间规划委员会主任庄严主持召开2020年第二次主任办公会议，审议并原则通过《达孜叶巴康康养小镇城市调序方案》《拉萨市东城新区（百淀片区）控制性详细规划》等规划文件。要求，各设计单位从实际出发，在反复论证的基础上充分吸纳各方意见，进一步修改完善设计方案并按程序报审。自治区党委常委、市委书记白玛旺堆出席。

同日　市委副书记、市长、市安全生产委员会主任、市信访工作联席会议第一召集人果果主持召开全市安全生产暨第三次信访工作联席会议，传达学习中央政治委书记、中央信访工作联席会议召集要郭声琨对关于开展集中治理重复信访、化解积案专项工作的指示精神，通报1—9月全市安全生产形势及下一步工作建议、近期全市信访工作开展情况及下一步工作建议等。果果指出，要严格落实"党政同责、一岗双责、齐抓共管、失职追责"的工作责任制，形成上下一盘棋的工作合力，积极学习借鉴先进经验做法，扎实开展安全生产和消防安全拉网式大排查大清理大整治工作，扎实推进安全生产专项整治三年行动计划，扎实推动安全生产责任制落地见效，确保全年安全生产形势总体稳定。要坚持梳理工作全覆盖，坚持以专项工作促进信访能力提升，依法依规解决好群众合理诉求，高质量做好集中治理重复信访、化解信访积案专项工作。市委领导沈海斌、马军出席。

同日　中央第七次西藏工作座谈会精神自治区宣讲团拉萨市宣讲报告会举行，中央第七次西藏工作座谈会精神自治区宣讲团成员、区党委党校副校长孙向军教授作题为《深入学习领会中央第七次西藏工作座谈会精神》的报告。市委副书记、政法委书记马军主持，市委领导云丹、普卫东、张正出席。

同日　由市委、市政府主办的"脱贫攻坚看拉萨"

第三届全国网络媒体拉萨行活动启动仪式举行。旨在围绕“脱贫攻坚看拉萨”主题，深入社区、乡村、企业，近距离捕捉中央治藏方略在拉萨市的生动实践。

同日 市残疾儿童康复服务示范点、残疾人康复训练实训基地揭牌仪式在市残联举行。仪式上，市残联、成都壹加壹脑伤儿童关爱中心定点康复机构与残疾儿童家长代表共同揭牌。随后，市残联与成都壹加壹脑伤儿童关爱中心定点康复机构签订合作协议。

14日 自治区党委常委、市委书记白玛旺堆主持召开拉萨市村庄规划工作专题会，听取全市村庄规划工作进展情况以及《堆龙德庆区德庆镇邱桑村村庄规划(2020—2035)》《堆龙德庆区马镇设兴村村庄规划(2020—2035)》《尼木县卡如乡卡如村村庄规划(2020—2035)》编制情况汇报。要求，要进一步修改完善规划，制定时间表、施工图，全力推进项目落地见效。市委副书记、常务副市长沈海斌出席。

同日 北京—拉萨金融对口支援工作座谈会暨合作项目签约仪式举行，签订《关于深化金融领域对口支援合作工作框架协议》《金融援藏框架协议》《顿珠金融城企业入驻体检服务合同书》。市委副书记、常务副市长、北京援藏指挥部指挥王强，强调，要高质量推进顿珠金融城发展，按照既定工作目标和序时进度要求，加快制定细化业态发展系列配套措施，推动金融产业加快发展。北京市金融监督管理局二级巡视员邹世斌出席并讲话，表示，各有关方面要了解把握拉萨金融工作现状和发展趋势，有针对性地开展工作、优化服务。常委会常委、常务副市长王念东出席。

同日 《拉萨日报》报道：藏热大桥建设总体进度过半。藏热大桥项目起点位于拉萨河北岸与滨河路、藏热路相接，终点与南环路顺接。项目于2020年4月开工建设，总投资3.12亿元，路线全长905米，其中桥梁545米，采用双向六车道城市主干道设计标准。

15日 拉萨市2020年基本医疗保险定点医药机构服务协议签订会召开。会议指出，2020年，拉萨市医疗保障工作在维护基金安全、提升经办服务水平、建立完善医疗保障制度、发挥医疗保障在脱贫攻坚的托底作用等方面取得显著成效。会议要求，各定点医疗机构要严格落实对建档立卡贫困户、重点救助对象免收押金政策，要做好“一站式”结算服务工作，真正实现便民利民。

15—18日 自治区人大常委会调研组一行到尼木、曲水、达孜、林周、城关区，就拉萨市脱贫攻巩固的主要做法和经验开展专题调研，研究推进解决存在的困难和问题，推动人大代表更好依法履职尽责。18日，调研组一行召开座谈会，听取拉萨市脱贫攻坚成果巩固等方面工作的情况汇报。十三届全国人大代表、市委副书记、市长果果出席会议，市人大常委会党组书记、主任云丹主持会议。在听取拉萨市脱贫攻坚成果巩固工作等相关工作情况汇报后，调研组指出，拉萨市各级各部门要深入学习贯彻宣传中央第七次西藏工作座谈会精神，持续巩固提升脱贫攻坚成果，不断增强各族群众获得感、幸福感、安全感。同时，要坚持不懈用中共十八大以来特别是中央第六次西藏工作座谈会以来取得的巨大成就，用群众身边发生的巨大变化和进步，教育引导各族群众用感恩奋进的实际行动回报习近平总书记和党中央的特殊厚爱，进一步凝聚起建设团结富裕文明和谐美丽社会主义现代化新西藏的磅礴力量。两级人大代表表示，将依法履职，充分发挥支持、带头作用，大力宣传西藏自治区和拉萨市脱贫攻坚成果，为“三农”工作和乡村振兴积极建议献策；积极宣传并带头贯彻党中央大政方针和区党委决策部署，当好党和国家联系人民群众的桥梁纽带。

16日 北京市卫生健康委一级巡视员高小俊带队的北京市卫生健康委、北京市医管中心及北京相关市属医院一行在拉萨市人民医院举行2020年度“以院包科”签约仪式。仪式上，拉萨市人民医院就“以院包科”工作开展情况作简要，北京相关市属医院代表介绍各自医院“以院包科”情况并作表态发言。市委副书记、常务副市长、北京援藏指挥部指挥王强出席并致辞，希望北京市卫健委、北京市医院管理中心一如既往地支持拉萨市医疗卫生事业发展，持续加强柔性人才对口帮扶，为拉萨广大城乡居民身心健康保驾护航。高小俊表示，将持续加强柔性人才对口帮扶，在“以院包科”、师带徒等过程中整合相应资源，把北京市优质的医疗资源带到高原拉萨，为拉萨广大城乡居民身心健康保驾护航。随后，拉萨市人民医院与北京妇产医院、首都儿科研究所续签妇产科、儿科“以院包科”工作协议，与北京朝阳医院、北京天坛医院签订呼吸内科、神经外科“以院包科”工作协议。

同日　自治区宣讲团到达孜区开展宣讲，宣讲团成员、西藏大学马克思主义学院教授曾燕从中央第七次西藏工作座谈会的重大意义，五年来西藏取得的全方位的进步、历史性成就、新时代党的治藏方略等方面深入解读中央第七次西藏工作座谈会精神和总书记重要讲话精神。达孜区县乡村三级宣讲骨干共250余人聆听报告。

17日　是日是第7个国家扶贫日。区党委书记吴英杰到自治区会展中心参观2020年西藏脱贫攻坚产业扶贫成果展。自治区领导齐扎拉、丁业现、庄严、严金海、罗布顿珠、姜杰、白玛旺堆、刘江、刘永奇一起参观。

同日　自治区党委常委、市委书记白玛旺堆到拉萨市人民医院探望“四路进藏”老战士何达成。

同日　墨竹工卡县“溪桥”工程一期集中建成开通仪式在日多乡拉龙村拉龙沟举行，首批25座便民“溪桥”集中建成开通，惠及农牧民群众3492户1.6万余人。

同日　拉萨市青少年示范性综合实践基地2020年秋季周末兴趣班开班仪式举行。兴趣班共设17门课程，全市中小学生均可免费报名参加。

19日　区党委书记吴英杰到尼木县尼弘元仓供应链经济港、卡如乡大桃种植基地、德青源原种藏鸡保护育种基地、尼木县高原种植业航天育种及产业化推广应用项目地，就西藏自治区相关产业发展和带贫促增收情况进行调研，与干部群众、农牧科技工作者、企业经营者交流，共商产业发展和群众增收致富大计。调研中，吴英杰对近年来尼木县推行干部下沉“点对点”抓产业制度表示肯定，强调，各级各部门要深入学习宣传贯彻中央第七次西藏工作座谈会精神特别是习近平总书记重要讲话精神，因地制宜找准产业发展路子，实现产业发展与乡村振兴有效衔接，把产业发展成果落到促进农牧民增收上来，努力走出一条科学、可持续、可复制的产业发展路子，通过产业高质量发展，不断增强各族群众获得感幸福感安全感。自治区党委常委、市委书记白玛旺堆，自治区党委常委、秘书长刘江一同调研。

同日　全市政法系统贯彻市委九届六次全会精神部署会召开，学习领会中央第七次西藏工作座谈会、区党委九届八次全会和市委九届六次全会精神，安排部署政法系统贯彻落实工作。市委副书记、政法委书记马军主持并讲话，强调要坚持把维护稳定作为第一任务，持续深化反分裂斗争，创新社会治理模式和完善维稳指挥体系，全面维护国家安全和社会稳定，确保政权稳、社会稳、人心稳、网络稳。深入贯彻市委《关于贯彻落实中央第七次西藏工作座谈会精神进一步推进拉萨长治久安和高质量发展的实施意见》，结合本系统本部门工作实际，制定工作方案，推动中央和区市党委各项决策部署在全市政法系统落实落地见成效。市委常委、市公安局党委书记普卫东出席。

同日　全市秋冬季火灾防控工作会召开，通报全市森林草原防火工作形势和2020年拉萨市火灾情况，安排部署推进拉萨市消防安全专项整治和秋冬季火灾防控工作。市委副书记、政治委书记马军出席并讲话，指出，各相关部门、各县（区）要结合自身工作，按照防火安全重点领域制定符合自身实际的工作方案，细化工作职责、任务定人定岗，形成秋冬季火灾防控工作的强大合力，按照野外用火“十个严禁”要求，严控用火，坚决消除隐患。市委常委、市公安局党委书记普卫东主持。

同日　雅安、拉萨两市人大常委会举行交流座谈并签署友好合作框架协议。四川省人大常委会委员、雅安市人大常委会党组书记、主任李伊林，拉萨市人大常委会党组书记、主任云丹分别介绍两市人大工作情况并对双方开展合作事宜提出意见建议。

同日　自治区宣讲团到堆龙德庆区开展中央第七次西藏工作座谈会精神宣讲。自治区党委宣讲团成员孙向军，从认识层面、理论层面、实践层面阐释中央第七次西藏工作座谈会的重大现实意义和深远历史意义。

同日　川藏铁路拉林香重点控制性工程，全线最长隧道达嘎拉隧道开始铺轨。拉林铁路全长约435公里，是西藏境内第一条电气化铁路，设计行车速度为每小时160公里。全线桥隧总长约300公里，占线路总长近75%。达嘎隧道位于川藏铁路拉林段中段，全长17.324公里，平均海拔3400米。

19—20日　自治区党委副书记、自治区主席齐扎拉在曲水县就业发展等进行调研。强调，要深入学习贯彻落实习近平总书记在中央第七次西藏工作座谈会上的重要讲话精神，认真落实新时代党的治藏方略，准确把握西藏工作稳定、发展、生态、强边“四件大事”，进一步深化改革，因地制宜找准产业发展路子，实现产业高质量发展。

20日　拉萨经开区举行拉萨综合保税区重点招商引资项目集中签约暨重大项目开工仪式。市政协党组书记、主席、经开区党工委书记袁训旺出席并讲话，指出，按照国务院促进综合保税区高水平开放高质量发展要求，充分发挥综合保税区“国内国际两个市场、两种资源”优势，持续加大招商力度、不断提升产业质量，坚定不移建设高原特色综合保税区。

同日　市人大常委会党组召开会议，传达学习习近平总书记在中央党校中青年干部培训班开班仪式上的重要讲话精神，传达学习区党委九届八次全会、市委九届六次全会精神，传达白玛旺堆书记在市人大常委会党组《学习考察报告》上的批示精神、自治区人大常委会办公厅《关于印发〈自治区生态文明建设立法工作领导小组及工作专班名单〉的通知》，听取和研究《拉萨市人大常委会关于成立社会长治久安、宗教事务管理、生态文明建设立法工作领导小组及专班的报告》《关于赴合肥和扬州两市开展〈拉萨市养犬管理条例〉立法调研的报告》及拉萨市第十一届人大常委会第二十六次主任会议建设召开时间及议程、部署近期有关工作。市人大常委会党组书记、主任云丹主持会议。

同日　位于城关区蔡公堂街道蔡村四组的西藏领峰机动车检测中心投入运营。拉萨市可实施机动车检验的检测公司共5家。

同日　拉萨交警为尼木县人民法院授牌拉萨市首家“零酒驾”示范单位，旨在全市范围内营造自觉抵制酒驾等违法行为的良好氛围，提升拉萨市文明交通素质和共建共治共享交通安全理念。

20—23日　当雄县原创游牧文化歌舞剧《天湖·四季牧歌》、藏地首部音乐旅游电影《极净之路》两部重要援藏项目作品在北京喜剧院首演，成为当雄县“文化赋能”和北京市东城区“崇文争先”、建设“戏剧东城”理念的沟通交流桥梁。

21日　自治区党委常委、市委书记白玛旺堆主持召开市委常委会班子巡视整改专题民主生活会，书面通报《拉萨市委关于区党委第一巡视组巡视反馈意见整改情况》。白玛旺堆首先代表市委常委会班子做对照检查，并带头作个人对照检查，随后，班子成员逐一进行对照检查，认真开展批评与自我批评。成员们围绕区党委巡视反馈意见，全面查摆问题，深刻剖析原因，明确整改方向和措施，实现统一思想、提升境界、团结鼓劲、凝心聚力的效果。区党委巡视办有关负责人到会指导并进行点评，市委常委会成员果果、庄红翔、沈海斌、王强、马军、王念东、毛东军、吴亚松、普卫东、王洪勇、张正参加会议。

22日　市委副书记、市长果果主持召开市政府常务会议，研究并审议《拉萨市行政执法公示办法（草案）》《拉萨市行政执法全过程记录办法（草案）》《拉萨市重大行政执法决定法制审核办法（草案）》《拉萨市原生植物保护管理办法（试行）》《拉萨市关于实行城乡社区事项准入制度的意见》《关于完善重大疫情防控体制机制健全公共卫生应急管理体系的实施意见》《关于2021年城乡居民基本医疗保险参保工作相关事宜的请示》。市委副书记、常务副市长沈海斌，市委常委、常务副市长王念东、毛东军出席会议。

同日　市十一届人大常委会召开第二十六次主任会议，听取市委组织部关于任免职事项的说明，听取并研究《拉萨市政府国有资产管理情况专项报告—国有自然资源资产管理情况报告》的审查报告、《〈拉萨市爱国卫生管理条例〉地方性法规修订案（草案）》审议意见报告、市政府关于拉萨市十一届人大五次会议代表意见建议办理进展情况的报告，会议要求将上述内容提请市十一届人大常委会第二十五次会议审议；听取并研究《拉萨市人民大会常务委员会关于代表联系群众工作办法实施细则》、拉萨市第十一届人民代表大会常务委员会第二十五次会议建议召开时间、议程及日程。决定10月29日召开拉萨市第十一届人民代表大会常务委员会第二十五次会议，听取有关任免职事项的说明等。市人大常委会主任云丹主持。

同日　拉萨市第六届青年创新创业大赛启动。市委常委、常务副市长毛东军，市委常委、宣传部部长吴亚松出席。

同日　拉萨市召开市级文明称号评选表彰工作

领导小组第一次会议，听取拉萨市第一届文明校园、第四届道德模范及第六届拉萨好人评选工作开展情况汇报。市委常委、宣传部部长吴亚松出席并讲话，指出，要为全市精神文明建设树立标杆和榜样，积极发挥先进典型的示范引领作用，奋力谱写新时代拉萨精神文明建设新篇章。

23日　自治区党委常委、市委书记白玛旺堆主持召开市委常委会，传达学习10月16日中共中央政治局会议精神，习近平总书记在中央党校（国务院行政学院）中青年干部培训班开班式、广东考察时、深圳经济特区建立40周年庆祝大会上、中共中央政治局第二十四次集体学习时的重要讲话精神，习近平总书记在第七个国家扶贫日到来之际对脱贫攻坚工作作出的重要指示精神，十九届重要第六轮巡视工作动员部署会精神，中央巡视工作领导小组派出“讲师团”赴西藏开展巡视指导督导专题培训会议精神，中央第十巡视组巡视西藏自治区动员会精神及苗庆旺、吴英杰在会上的讲话精神，区党委第153次、154次常委会会议精神，吴英杰尼木当雄调研指示精神，《中共西藏自治区纪律检查委员会关于2020年中秋国庆期间落实中央八项规定精神及制止餐饮浪费工作监督检查情况的通报》精神，通报《中共拉萨市纪委〈关于2020年上半年查出违反中央八项规定精神问题的情况报告〉》、区党委第一巡视组巡视反馈意见整改进展情况，传达学习《中共西藏自治区委员会办公厅关于印发〈西藏自治区市、县（市、区）党委常委会向全会报告工作并接受监督的规定〉的通知》，听取全市推动全面从严治党工作汇报及下一步工作建议等。会议指出，要紧紧抓住成渝经济圈发展机遇，积极融入新发展格局，充分发挥拉萨优势，吸引各方资源聚集拉萨。要积极主动接受政治体检，坚决支持配合，共同完成好巡视任务。要认真做好廉政风险排查，加大反腐力度；要持续开展制止餐饮浪费行为系列行动。会议研究并原则同意中共拉萨市委关于贯彻《中共西藏自治区委员会关于贯彻〈中国共产党农村工作条例〉的实施办法》的细则及《拉萨市深化农业综合行政执法改革的实施方案》《拉萨市深化旅游市场综合行政执法改革的实施方案》《拉萨市深化交通运输综合行政执法的实施方案》《拉萨市深化文化市场综合行政执法改革的实施方案》《拉萨市深化生态环境保护综合行政执法改革的实施方案》《关于交通运输等6个领域综合行政执法队伍机构编制方案》。

同日　市委副书记、市长果果到西藏S5线拉萨至泽当快速项目建设现场，实地调研了解项目整体建设推进情况。强调，要以对历史、对人民高度负责的态度，建议不加快项目建设进度，倒排工期、挂图作战，保质保量完成建设任务。市委常委、常务副市长王念东参加调研。

同日　全市2020年离退休干部“迎重阳、话发展、颂党恩”座谈会暨文艺会演在市委老干部局举行。市委副书记、组织部部长庄红翔出席并讲话，指出老干部是拉萨改革发展稳定各项事业的参与者、推动者、见证者，希望各位老干部一如既往地关心、指导拉萨各项工作。

同日　全市防范治理个人极端事件专项行动动员部署会召开。市委副书记、市委政法委书记马军出席。

同日　市委副书记、常务副市长、市脱贫攻坚指挥部总指挥长沈海斌主持召开市脱贫攻坚指挥部第四季工作例会。强调，全市上下必须牢固树立“一盘棋”思想，以大局为重，克服一切困难，形成攻坚合力，确保攻坚圆满收官。

同日　政协拉萨市委员会党组理论学习中心组召开（扩大）会议。市政协党组书记、主席袁训旺主持讲话。

同日　市委常委、宣传部部长吴亚松到联系点林周县松盘乡宣讲第七次西藏工作座谈会精神。

同日　拉萨市各界收听收看纪念中国人民志愿军抗美援朝出国作战70周年大会直播盛况。

同日　拉萨市2020年食品安全重点工作推进电视电话会召开。副市长、市食安委副主任张永林出席并讲话，强调要提高正式站位，强化责任落实，提高食品安全监管队伍的行政意识和执法水平。

24日　由西藏宁算科技集团投建的全球海拔最高、西藏地区最大的云计算数据中心二阶段项目在拉萨高新区举行开工仪式。市委副书记、常务副市长、北京援藏指挥部党委书记、指挥王强出席开工仪式并致辞。

25日　自治区党委副书记、自治区常务副主席、区国安指挥部总指挥庄严先后到哲蚌寺、柳梧高速一级检查站、火车站便民警务站、火车站便民警务站、大昭寺广场，实地考察调研维稳工作，看望坚守一线的各方面维稳力量。强调，要深入学习贯彻中央第七次西藏工作座谈会精神和新时代的治藏方略，提高政治站位，强化维稳责任，狠抓措施落实，全力维护好全区持续和谐稳定的大好局面。自治区党委常委何文浩、白玛旺堆一同调研。自治区领导许雪光、张洪波、索朗仁增、刘泽红、肖剑冰陪同调研。

同日 中央第七次西藏工作座谈会精神自治区选讲坛在北京援藏指挥部二楼报告厅举行宣讲报告会。与会人员纷纷表示，深入领会和全面把握中央第七次西藏工作座谈会精神、开展援藏工作具有很强的指导意义。市委副书记、常务副市长、北京援藏指挥部党委书记、指挥王强主持宣传报告会。市委常委、常务副市长、北京援藏指挥部副指挥毛东军参加。

同日 城关区第六届干部职工运动会暨第三届居民群众运动会足球赛在柳梧文体中心体育场闭幕。

同日 《拉萨日报》报道：拉萨市第七次全国人口普查摸底月底结束。全市共划分 283 个普查区、2108 个普查小组。

同日 《拉萨日报》报道：在国务院第二次全国污染源普查领导小组办公室发布《关于表扬第二次全国污染普查表现突出的集体和个人的决定》中，拉萨市生态环境局、拉萨市第二次全国污染源普查领导小组办公室、市生态环境局城关分局和市生态环境局堆龙德庆区分局等 4 个单位被授予第二次全国污染源普查表现突出集体荣誉称号；唐丽琼、伊苏、陈继平、索朗德吉等人被授予第二次全国污染源普查表现突出个人荣誉称号；市生态环境局格桑巴珠等人主持编写的《西藏自治区拉萨市第二次全国污染源普查技术报告》荣获全国优秀技术报告一等奖。

26 日 自治区党委副书记、自治区常务副主席、区国安指挥部总指挥庄严先后到拉萨河 2 号闸、拉萨河河势控导工程现场、色拉寺、布达拉宫广场便民警务站、小昭寺，实地调研安全生产、寺庙依法治理和社会面治安秩序情况，看望坚守一线的工作人员。他强调，要坚持以习近平新时代中国特色社会主义思想为指导，深入学习贯彻中央第七次西藏工作座谈会精神和新时代党的治藏方略，按照自治区党委、自治区政府部署要求，树牢底线思维，增强忧患意识，狠抓既定部署落实，推动全区长治久安和高质量发展。自治区党委常委何文浩、白玛旺堆一同调研。

同日 市委副书记、市政府党组书记、市长果果以普通党员身份参加所在的市政府办公室第一党支部专题组织生活会，专题学习习近平总书记在 2020 年秋季学期中央党校（国家行政学院）中青年干部培训班开班仪式的重要讲话精神。强调要进一步加强自身建设，练就过硬本领，提高想干事、能干事、干成事的能力和水平。市政府党组成员、副市长陆从福参加。

同日 受市委副书记、市长果果委托，市委副书记、常务副市长沈海斌主持召开全市重点工作月调度电视电话会，通报全市重点项目、农牧民增收工作、全市大学生就业及农牧民转移就业工作推进情况和直达资金执行情况，分析研判当前形势，安排部署下一步工作。强调要对表对表加快工作进度，奋力完成 2020 年各项目标任务。市委副书记、常务副市长王强，市委常委、常务副市长王念东出席。

同日 市委副书记、市长果果到城关区恩惠苑社区，向基层干部群众宣讲中央第七次西藏工作座谈会精神。强调，要牢记习近平总书记的嘱托，铭记党的恩情，坚定不移感党恩、听党话、跟党走，把习近平总书记和党中央的关心关怀化作奋斗发展的动力，共同过上更加美好的生活。

同日 市委常委、常务副市长、北京援藏指挥部副指挥毛东军到拉萨净土数字经济产业集团有限公司，调研企业转型及数字经济发展情况。

同日 以“共创美好家园敬礼城市‘黄玫瑰’”为主题的第八届环卫工人节系列活动举行。副市长史育斌出席活动。

同日 市检察院联合工商联举办“服务‘六稳’‘六保’、护航民企发展”检查开放日活动。

同日 《拉萨日报》报道：截至 10 月 26 日，“邮快合作”已覆盖拉萨市各县（区）各乡（镇）和村（居），已产生代投业务量 45 万余件。代投业务主要来自顺丰、京东、天天、德邦等快递。

同日 《拉萨日报》报道：拉萨市第六届青年创新创业大赛启动。大赛分为赛事、展示交流会、强化训练营三大板块。赛事设产业项目组和创意项目两大组别，以“3+X”三大产业项目组和一个创意项目组形式举办。

同日 《拉萨日报》报道：由北京友谊医院牵头的“‘友谊’消化直通车万里行”拉萨站再度启幕，来自北京友谊医院的消化、病理、心血管等方面多名专家集聚拉萨，并在拉萨市人民医院开展学术讲座、手术演示、疑难病理讨论等系列活动，助力当地消化系统疾病的诊断治疗、研究。

同日 《拉萨日报》报道：经西藏自治区工商业联合会和西藏自治区民政厅批准，西藏四川阿坝商会在拉萨揭牌成立。

同日 当雄县人民医院第一例剖宫产手术顺利完成。

27日 市旅游市场综合行政执法大队挂牌成立。

同日 《拉萨日报》报道：沪藏疆首次联动直播活动举行。此次活动由上海科技馆、西藏自然科学博物馆、新疆科技馆主办，以“谁知盘中餐粒粒皆科技”为主题。

同日 《拉萨日报》报道：拉萨经开区举行拉萨综合保税区重点招商引资项目集中签约暨重大项目开工仪式。此次集中签约8个项目和开工的5个项目包含农机具组装出口、民族手工艺品生产出口、跨境电商等9类行业，预计总投资7.71亿元，项目全部建成投产后，预计实现年进出口贸易额10.95亿元，生产税收1.5亿元，直接带动就业1000余人。

同日 《拉萨日报》报道：林周县2020年“四讲四爱”群众教育实践活动第三、四节点转段会召开。会议旨在总结成绩、查摆问题，安排部署全县2020年“四讲四爱”群众教育实践活动第四节点工作。

同日 《拉萨日报》报道：林周县举行“林周县食品安全突发事件（Ⅳ）应急演练”。

同日 《拉萨日报》报道：墨竹工卡县委政法委到甲玛乡赤康村对联户长及联户家庭进行市域社会治理培训。

同日 《拉萨日报》报道：由自治区文化厅、自治区扶贫办协办、拉萨市文化局承办的全区“非遗+扶贫”专题培训在尼木县开班，旨在推广尼木县非遗工坊的成功经验，进一步挖掘传统工艺蕴含的文化元素和工艺理念，充分发挥非遗扶贫就业工坊助力巩固脱贫攻坚成果的积极作用。

同日 自治区党委常委、市委书记白玛旺堆主持召开“数字拉萨”城市大脑二期规划建设方案汇报。总结“数字拉萨”城市大脑一期建设成果经验，听取近期指挥交通调研有关情况，研究二期规划建设方案，并就当前有关工作进行安排部署，要求要紧盯目标，紧扣节点，形成合力，全力推进项目建设。阿里巴巴集团副总裁、阿里云职能数字政府事业部总经理许诗军及阿里巴巴集团有关专家应邀出席会议。市领导王强、王念东、毛东军、普卫东出席会议。

同日 西藏航空拉萨至南京直航开通仪式在拉萨贡嘎国际机场举行。自治区政府副秘书长徐景淅，江苏省政府副秘书长王志忠出席并讲话。市委副书记、市长果果出席并为首航机组人员授花。市委副书记、常务副市长、江苏省对口支援西藏拉萨市前方指挥部总指挥沈海斌主持仪式。

同日 拉萨经开区宣讲中央第七次西藏工作座谈会精神干部举行。市政协主席、拉萨经开区党工委书记袁训旺作专题宣讲。要求要对表对表、学深学透，扎实做好中央第七次西藏工作座谈会精神宣讲。

28日 市政协副主席张勤带领教育、群团、科技、民族爱国统战归国藏胞4个界别部分委员对拉萨市新建学校投入使用情况进行集中视察。

同日 《拉萨日报》报道：拉萨夜间经济发展成效初显。活跃市场资源，营造良好夜间市场资源，营造好良好夜间消费空间。支持夜间经济和地摊经济发展的双轴驱动，聚集大量人气。加大宣传力度，消费成效已初步显现。围绕“五一”、雪顿、中秋、国庆等节假日商机，引导鼓励企业举办晚间系列促销活动，吸引和方便居民夜间购物。根据统计数据，藏游坛城205家营业商户复商率达到100%，9月销售额达到912万元，较8月增长13%；地摊经济固定商家发展到203家，9月收入约225万元，较8月增长约17%；9月客流量总计约40万人次，较8月增长约25%。

同日 《拉萨日报》报道：尼木县恩泽社区获“平安乡村示范村”称号。

同日 西藏自然科学博物馆联合市一小开展“馆校合作”科学教育活动。

28—29日 市委副书记、市长果果到当雄县羊井寺、彩渠塘村和墨竹工卡县直孔梯寺，向寺管会干部、寺庙僧尼、基层干部群众宣讲中央第七次西藏工作座谈会精神。强调要饮水思源,明白惠在何处、惠从何来、恩向谁报,进一步坚定信心、感恩奋进,用实际行动回报习近平总书记和党中央的关心关怀。

29日　市十一届人大常委会召开第二十五次会议。市人大常委会主任云丹主持会议。会议决定,免去王刚的拉萨市人民代表大会常务委员会副秘书长职务;任命洛桑旺丹为拉萨市人民代表大会常务委员会副秘书长。任命代利刚为拉萨市人民政府副市长、市公安局局长。免去张正拉萨市人民政府副市长职务。免去侯飞拉萨市人民政府研究室主任职务;次达拉萨市林业和草原局局长职务;扎西德吉拉萨市卫生健康委员会主任职务。任命侯飞为拉萨市人民政府秘书长,闫桓功为拉萨市林业和草原局局长。免去王家民的拉萨市监察委员会主任职务,任命王洪勇为拉萨市监察委员会副主任、代理主任。任命普布国庆为拉萨市监察委员会副主任。

同日　市政协召开中央第七次西藏工作座谈会精神专题辅导会。市政协党组书记、主席袁训旺作专题宣讲。

同日　拉萨市第六届青年创新创业大赛晋级赛举行。

同日　《拉萨日报》报道:全区最大高原食品冷链商贸物流港施工稳步推进,11月投产运营。

30日　《拉萨日报》报道:自治区宣讲团到林周县宣讲中央第七次西藏工作座谈会精神。自治区宣讲团成员、西藏大学马克思主义学院教授曾燕作以"党的光辉照边疆 边疆人民心向党"为主题的辅导宣讲。

同日　《西藏日报》报道:2015年年底,拉萨市共有贫困县(区)8个、贫困村(居)231个,建档立卡贫困户11237户44162人,贫困发生率14.2%。经过7轮动态调整,实际建档立卡贫困户为10923户44435人。2018年,全市贫困村(居)全部退出、贫困县(区)全部摘帽,率先在全区实现整体脱贫,贫困发生率降至3%以上。2019年,全市建档立卡贫困群众动态清零,历史性消除了绝对贫困。

同日　《拉萨日报》报道:苏州市医疗保障局到林周县进行考察交流。

同日　《拉萨日报》报道:自治区总工会到林周县慰问饲草种植先进户。

11月

1日　自治区党委副书记、自治区常务副主席、自治区第七次全国人口普查领导小组组长庄严到柳梧新区青铁小区、响冲小区及柳梧新区第七次全国人口普查领导小组办公室,实地调研人口普查工作,看望慰问工作人员。他强调,要坚持以人民为中心的发展思想,坚决贯彻落实党中央、国务院关于做好第七次全国人口普查工作的决策部署和自治区党委、自治区政府工作要求,严格执行普查方案,坚守普查质量底线,以饱满的精神状态、务实的工作作风,高质量、高效率地完成西藏自治区第七次全国人口普查任务。

同日　自治区党委常委、市委书记白玛旺堆,市委副书记、市长果果以普通公民的身份参加人口普查现场登记。白玛旺堆强调要提高政治站位,加强组织领导,密切协作配合。做好组织实施和相关保障,确保按照既定时间节点,高标准高质量完成普查任务。

同日　城关区第七次全国人口普查登记启动仪式举行。市委常委、城关区委书记张正出席并致辞。

同日　拉萨市2020年"119"消防宣传月启动仪式举行。副市长、市公安局局长代利刚出席。

同日　西藏文物消防安全管理教育基地在布达拉宫消防救援大队揭牌成立。副市长、市公安局局长代利刚出席揭牌仪式。

2日　《拉萨日报》报道:市委副市长、市长、市信访工作联席会议第一召集人果果主持召开2020年第三次信访工作工作专题会,研究解决有关事项,安排部署下一步工作。强调要认真研究具体方案,采取务实性举措,进一步加快工作进度,妥善高效推进问题化解。市委常委、城关区委书记张正出席。

同日　拉萨市召开重新申报"全国民族团结进步示范市"安排部署会。市委常委、统战部部长、市创建全国民族团结进步示范市领导小组副组长阿努次仁出席并讲话,要求要切实履行好各自职责,研究制订计划,确保重传任务顺利完成。

同日　《拉萨日报》报道:拉萨市召开2020年脱贫攻坚成效考核动员部署暨培训会。

同日 《拉萨日报》报道：拉萨市墨竹工卡县工卡镇塔巴村、达孜区塔杰乡巴嘎雪村、夺底乡维巴村、堆龙德庆区古荣村、当雄县纳木错乡、尼木县塔荣镇恩泽居委会、林周县甘曲镇居荣村等10个村（居）获“平安乡村示范村”荣誉称号。

同日 由自治区旅游发展厅主办的2020第八届“地球第三极——西藏礼物”旅游文创商品大赛新闻发布会在拉萨举行。

3日 市委副书记、市长果果主持召开市政府“十四五”规划征求意见座谈会，听取各部门各单位对规划编制的意见建议，对拉萨市“十四五”规划编制工作进行再安排、再部署。强调要立足当前、着眼长远，统筹谋划、提高质量完成规划编制工作。

4日 市委副书记、市长果果主持召开全市户籍制度改革工作推进会议，专题研究户籍制度改革有关政策措施。强调要大力推进人口扩容，为经济高质量发展提供要素支撑。市委副书记、常务副市长王强，市委常委、常务副市长毛东军出席会议。

同日 市委老干部局组织全市离退休党组书记集中学习中央第七次西藏工作座谈会精神，深入领会精神实质，为推动全市老干局各项工作提供有力支撑。

同日 江苏和拉萨文化旅游部门联合召开座谈会，回顾五年来江苏旅游文化援藏情况，共商未来援藏工作。

同日 江苏省文化和旅游厅实施的“送教上门”项目—拉萨乡村旅游培训班在拉萨乃仓大酒店正式开班。

同日 《拉萨日报》报道：2020年前三季度，拉萨市外贸出口总值超8亿元，占全区外贸总值的七成多。

5日 自治区党委常委、市委书记白玛旺堆主持召开市委常委会会议，传达学习中共十九届五中全会、中央全面深化改革委员会第十六次会议精神；传达学习习近平总书记在10月22日中共中央政治局常务委员会会议、在8月25日党外人士座谈会、在纪念中国人民志愿军抗美援朝出国作战70周年大会和在参观“铭记伟大胜利捍卫和平正义——纪念中国人民志愿军抗美援朝出国作战70周年主题展览”、参加第七次全国人口普查登记时的重要讲话精神和给四川省革命伤残军人休养院全体干部职工、给中国戏曲学院师生的重要回信精神；传达学习习近平总书记对新时代推进农村土地制度改革、做好农村承包地管理工作作出的重要指示精神，李克强总理批示精神和全国农村承包地确权登记颁证工作总结暨表彰电视电话会议精神及区党委第155次常委会（扩大）会议精神；传达学习蒋建国在拉萨调研座谈会上的讲话精神，并研究拉萨市对相关工作的贯彻落实意见。会议指出，中共十九届五中全会是在全面建成小康社会即将收官、全面建设社会主义现代化国家即将启程的重要历史时刻召开的一次十分重要的会议。会议要求，全市各级各部门要自觉把学习宣传贯彻中共十九届五中全会精神作为当前和今后一个时期的重要政治任务，准确把握，深刻理解，为全市经济社会长远发展打下更加坚实的基础。要深入学习宣传中国人民志愿军的英雄事迹和革命精神，把学习领会、继承弘扬伟大抗美援朝精神落实到具体工作和实际行动中。会议研究并原则同意《拉萨市2020年目标绩效争先进位考核办法》《拉萨市市属国有企业领导人管理办法（试行）》《拉萨开发园区总体发展规划》《拉萨市文明城市创建工作实施意见（送审稿）》。

同日 拉萨师专举行“西藏自治区裁判员培训基地”揭牌仪式。

同日 柳梧新区面向自治区全体电商类企业及个人启动拉萨高新区首届电子商务创新创业大赛。

6日 自治区党委常委、市委书记、市委宗教工作领导小组组长白玛旺堆面向全市宗教界代表人士宣讲中央第七次西藏工作座谈会精神。宣讲会上，白玛旺堆结合自己的学习体会，联系历史与现实、理论与实践，通过大量事例，用通俗易懂的语言向全市宗教界代表人士解读中央第七次西藏工作座谈会的重大意义。僧尼们纷纷表示，要铭记党的恩情，积极引导藏传佛教与社会主义社会相适应。

同日 市委副书记、市长果果主持召开学习贯彻十九届五中全会精神会议，深入学习中共十九届五中全会特别是习近平总书记重要报告和重要讲话精神。强调要学习好领会透会议精神，带动宣传贯彻工作不断走深走实。

同日 市委副书记、市长果果到市公安局交通警察支队蔡公堂街道新址调研拉萨市智慧交通及拉萨市交警支队信息化一期建设及运行情况。强调要坚持问题导向、补齐工作短板，推动城市精细化管理水平再上新台阶。

同日 市委副书记、组织部部长庄红翔到城关区功德林街道幸福社区居委会向基层干部群众宣讲中央第七次西藏工作座谈会精神，并调研社区基层治理改革推进、党员“三包”以及党组织和党员作用发挥情况等工作。

同日 市政协党组书记、主席袁训旺主持召开市政协第18次季度协商座谈会，听取各县（区）、市直各部门乡村文化旅游融合发展情况汇报，围绕“乡村文化旅游融合发展”协商座谈，为更好地推进全市乡村文化旅游融合发展建言献策。

同日 由拉萨市旅游发展局主办的2020年“圣洁拉萨·健康之旅”冬季旅游巡回展销推介会在成都太古里那里广场举行。

同日 自治区人大检查组召开代表重点建议办理情况座谈会，区市有关部门汇报代表意见建议办理情况及相关工作落实情况。自治区人大检查组副组长、区人大常委会人事选举工作委员会主任徐非出席会议。

同日 拉萨市召开森林督查整改暨分级巡查座谈会。会议通报全市森林督查整改落实进度，听取各县（区）森林督查整改情况及分级巡查汇报，并对下一步全市森林督查问题整改及分级巡查工作进行部署。副市长史育斌出席会议。

同日 副市长张永林向市医疗卫生系统、市市场监督管理局、团市委、市总工会等单位部门的干部职工集中宣讲第七次西藏工作座谈会。

同日 市商务局组织召开党组理论中心组学习（扩大）会议，专题学习中共十九届五中全会，交流沟通学习感悟，研讨贯彻落实具体措施。

7日 以“非遗保护你我同行”为主题的城关区首届非遗物质文化遗产展示展销活动举行。

7—8日 四川省委组织部、成都市相关市（区）县组织部调研组一行与区市党委组织部在拉萨市一同调研流动党员教育管理工作，共商两地四方加强基层党建合作共建事宜，并签署有关合作协议。区党委组织部副部长吕叶辉，拉萨市委副书记、组织部部长庄红翔分别讲话。

9日 “地球第三极”品牌发布会在拉萨举行。区党委副书记、自治区常务副主席庄严出席并致辞。

同日 市委副书记、市长果果主持召开“十四五”规划编制专家学者、代表委员座谈会，邀请高校、科研院校各领域专家学者和部分离退休老干部、人大代表、政协委员、企业家再次对全市“十四五”规划编制工作征求意见建议。强调要把握特点优势和目标任务，抢抓机遇，精心谋划，为全面建成社会主义现代化新拉萨开好局、起好步。市委常委、常务副市长王念东出席。

同日 市委副书记、市长果果主持召开“十四五”规划编制征求意见座谈会，再次对全市“十四五”规划编制工作征求党委组成部门、群团组织，法检两院等相关部门意见建议。强调要把握重大机遇，抓好重点任务，扎实推进规划编制各项工作，为引领全市发展绘好蓝图。

同日 《拉萨日报》报道：中共拉萨市堆龙德庆区第二届委员会第六次全体会议举行。会议传达学习中央第七次西藏工作座谈会精神、区党委九届八次全会精神和市委九届六次全会精神，对推进堆龙长治久安和高质量发展作出具体部署。

同日 市人大常委会党组书记、主任云丹主持召开市人大常委会第三十一次会议。市人大常委会副主任达瓦、彭飞跃、次仁顿珠及秘书长张长祥参加会议。

同日 由市委政法委与中国法学会培训中心联合举办的2020年拉萨市政法系统轮训班开班。市委常委、市公安局党委书记普卫东出席开班仪式并讲话。

同日 由拉萨市妇联主办、各县（区）和各功能园区妇联协办、西藏爱乐文化发展有限公司承办的拉萨市首届“巾帼当自强逐梦奔小康”妇女手工编织大赛预选赛正式在城关区当热中路怡城酒店内开幕。

同日 拉萨市唐卡文化协会成立仪式举行。

9—16日 林周县举办首届行政村文艺演出队会演评比活动。44支村级文艺队参加。

10日 中央宣讲团成员、民政部副部长詹成付分别在拉萨市城关区蔡公堂街道蔡村村委会和西藏职业技术学院，与基层干部群众、高校师生代表进行面对面的互动、心贴心的交流，深入宣讲中共十九届五中全会精神。自治区党委常委、市委书记白玛旺堆主持，市委常委、宣传部部长吴亚松，市委常委、城关区委书记张正出席。

同日 自治区党委常委、市委书记白玛旺堆主持召开全市“十四五”规划编制基层代表征求意见座谈会，广泛征求人大代表、政协委员及基层代表对全市“十四五”规划编制工作的意见建议。强调要始终践行以人民为中心的发展思想，动员全市上下开动脑筋出谋划策，科学编制全市“十四五”发展规划，为全市高质量发展提供规划保障。市委常委、常务副市长王念东出席会议。

同日 市委副书记、市长果果主持召开市政府常务会议，集中学习《中华人民共和国宪法》，听取全市疫情防控、垃圾分类、脱贫攻坚、安全生产及森林草原防火等工作开展情况汇报，研究《关于进一步推进户籍制度改革的实施办法（试行）》，安排部署下步工作。

同日 《宁听·墨竹》第二届“格桑花开·南京墨竹周”开幕式在南京电视台1500演播厅举行，标志着第二届“格桑花开·南京墨竹周”正式开启。南京市委常委、宣传部部长陈勇，拉萨市委副书记、常务副市长、江苏省对口支援拉萨市前方指挥部党委书记、总指挥沈海斌分别致辞，并邀请墨竹工卡县农牧民群众、大学生代表共同为第二届“格桑花开·南京墨竹周”活动点亮启动柱。

同日 市委统战部机关党支部召开2020年第三次党员大会。市委常委、统战部部长阿努次仁以普通党员身份参加并与党支部成员面对面交流学习贯彻中共十九届五中全会、中央第七次西藏工作座谈会精神心得体会。

同日 2020年“圣洁拉萨·健康之旅”冬季旅游巡回促销推介会走进“花城”广州。

10—11日 城关区举办2020年政务公众号管理及网络评论员培训班。

11日 中央宣讲团在拉萨举行中共十九届五中全会精神宣讲报告会。中央宣讲团成员、民政部副部长詹成付作宣讲报告，区党委书记吴英杰主持会议并讲话。詹成付围绕习近平总书记在中共十九届五中全会上的重要讲话、全会审议通过的建议，深刻解读中共十九届五中全会的重大意义。区党委副书记、自治区人大常委会主任洛桑江村，区党委副书记、自治区主席齐扎拉，区党委常务副主席、自治区政协党组书记丁业现，自治区党委常委罗布顿珠、旦科、姜杰、何文浩、白玛旺堆、刘江、陈永奇以及自治区老领导巴桑出席会议。

同日 2020年度全市县乡人大干部综合培训班开班。市人大常委会副主任达瓦出席。

12日 自治区党委书记吴英杰深入堆龙德庆区古荣镇加入村，面对面向基层党员干部和农牧民群众宣讲中共十九届五中全会精神，并就乡村振兴、农村人居环境整治等工作进行调研。强调要充分认识中共十九届五中全精神的重大意义、丰富内涵，与学习宣传贯彻落实中央第七次西藏工作座谈会精神结合起来，切实把思想和行动统一到习近平总书记重要讲话精神和党中央决策部署上来，推动中共十九届五中全会精神在西藏大地落地生根、开花结果，以优异成绩回报习近平总书记和党中央的关心关怀。自治区党委、市委书记白玛旺堆，自治区党委常委、秘书长刘江出席。

同日 市政协党组书记、主席袁训旺主席召开市政协党组学习中心组（扩大）会议。

12—13日 北京市扶贫支援办二级巡视员周健带队，组织北京市相关部门，到拉萨市调研对接扶贫支援工作，进一步深化两地交流合作。市委常委、常务副市长王念东出席相关活动。市委常委、常务副市长毛东军，副市长史育斌陪同考察。

13日 市委副书记、组织部部长庄红翔主持召开全市“十四五”规划编制精神文明建设和意识形态领域专家学者代表座谈会，深入学习贯彻中共十九届五中全会、中央第七次西藏工作座谈会精神，听取专家学者和有关单位代表对全市“十四五”规划编制精神文明建设和意识形态领域工作意见建议。市委常委、宣传部部长吴亚松出席。

同日 市委副书记、组织部部长庄红翔主持召开全市“十四五”规划编制工作生态文明建设领域征求意见座谈会。强调要做好把原则、定目标、抓进度等工作，使“十四五”规划更加科学完善。自治区生态环境厅副厅长张天华，副市长陆从福参加会议。

同日 市委常委、宣传部部长吴亚松到墨竹工卡县甲玛乡达龙村开展中央第七次西藏工作座谈会精神示范宣讲。

同日 市妇联举办拉萨首届妇女手工编织大赛暨“新时代妇女创新创业”主题论坛。自治区妇联党组书记、副主席周世英，市政协副主席达娃出席论坛。

同日 拉萨市反恐办联合全市中小学及职业院校开展校园安全反恐培训。

14日 由中共拉萨市委、拉萨市人民政府主办，拉萨市“双创”办、共青团拉萨市委员会承办的拉萨市第六届青年创新创业大赛颁奖仪式在西藏大学举行，标志着拉萨市第六届青年创新创业大赛圆满落幕。市委常委、宣传部部长吴亚松，共青团西藏自治区委员会副书记、一级巡视员顾淑华，副市长张永林出席颁奖仪式。

同日 拉萨市举行藏传佛教如何与社会主义社会相适应主题座谈交流会暨藏传佛教界人士培训班结业典礼。

同日 《拉萨日报》报道：2015—2019年，全市农林牧渔业总产值由23.38亿元提高到37.09亿元，年均增长12.23%；农村居民人均可支配收入由10378元增加到16216元，年均增长11.80%。

16日 拉萨市“十四五”规划编制城市建设和精细化管理领域专家代表征求意见座谈会召开。市委副书记、常务副市长王强主持会议并讲话，强调要高度重视优化城市空间格局，提升城市功能布局，统筹推进以人为核心的城市发展建设，强化城市精细化管理，不断提升城市现代化治理能力和水平。

同日 第二届“格桑花开·南京墨竹周”携手与‘宁’‘墨’契共赢发展恳谈会暨闭幕活动在南京举行。会上，墨竹工卡县与南京市8个区签署“十四五”对口支援计划，与南京市企业签署农业、旅游、销售等方面合作协议19个。南京市委常委、常务副市长杨学鹏，南京市委组织部、市工信局、市商务局、市发改委及玄武区、鼓楼区、建邺区、秦淮区、栖霞区、雨花台区、溧水区、高淳区等相关负责人出席，墨竹工卡县党政代表团、南京援藏第九批工作组参加。

同日 市十一届人大常委会召开第二十六次会议。

同日 中央第七次西藏工作座谈会精神拉萨宣讲培训会在堆龙德庆区召开。

同日 市委统战部举办拉萨市第一期党外知识分子培训班。

17日 中央第七次西藏共座谈会精神拉萨宣讲团示范宣讲培训会在林周县委党校举行。自治区书协副主席、拉萨市文联编辑部主任、拉萨市宣讲团成员南杰旺扎作示范宣讲培训。

同日 2020年拉萨市“居家养老”服务项目培训启动。此服务项目覆盖城关区15个社区，共计471位60岁以上符合条件的老年人。

18日 自治区党委常委、市委书记白玛旺堆到曲水县，面对面向基层党员干部和农牧民群众宣讲中共十九届五中全会精神及中央第七次西藏工作座谈会精神，并到曲水县达嘎镇色甫沟就农牧业特色产业项目推进情况进行调研。强调要把思想和行动统一到中共十九届五中全会精神及中央第七次西藏工作座谈会精神上来，把智慧和力量凝聚到谋划推动“十四五”发展上来，推动曲水经济社会高质量发展。市人大常委会副主任、曲水县委书记彭飞跃主持宣讲。

同日 市委副书记、市长果果主持召开市政府常务会议，听取全市2020年前三季度经济运行情况、生猪生产恢复和蔬菜生产情况、粮食安全和物资储备情况汇报，研究《拉萨市深化农村公路管理养护体制改革实施方案》，安排部署下步工作。要求要持续抓好疫情常态化防控、重点产业项目投资、消费升级等重点工作，强化要素保障支撑，狠抓民生各项工作，高位谋划未来发展，确保如期实现第一个百年奋斗目标。

同日 市委副书记、市长果果主持召开市长办公会议，听取研究《拉萨市征收农用地区片综合地价市级汇总成果（送审稿）》、西藏S5线拉萨至泽当快速路工程建设项目进展情况、经开区拉萨综合保税区建设整体推进情况、《拉萨市志（2001—2010）》开展总编工作的请示等事项。市委副书记、常务副市长沈海斌、王强，市委常委、常务副市长王念东、占堆出席会议。

同日 《拉萨日报》报道：市市场监督管理局组织召开2020年度全市市场监督系统特种设备安全监察工作会议。

同日 由自治区体育局、教育厅联合主办的2020年西藏自治区“体育项目进校园”系列活动之自行车项目在拉萨市实验小学教育城分校正式启动。

同日 拉萨市第十五期离退休党组织书记第二阶段培训班开班，各县（区）驻拉萨及市直各单位70余名退休党支部书记参加培训。

19日 自治区党委常委、市委书记白玛旺堆主持召开市委常委会会议，传达学习习近平总书记对川藏铁路开工建设作出的重要指示和李克强总理批示精神、习近平总书记对平安中国建设作出的重要指示精神和平安中国建设工作会议精神；传达学习自治区党委书记吴英杰在堆龙德庆区宣讲中共十九届五中全会精神、调研乡村振兴工作时的指示精神及区党委第156次常委会（扩大）会议精神，并研究全市对相关工作的贯彻落实意见。会议指出要加强协调配合，精心组织实施，全力以赴配合修建工作，抢抓川藏铁路建设机遇。要进一步提高政治站位，加强沟通协调，以抓好平安建设的实际成效提升各族群众的获得感幸福感安全感。要持续深入开展“美丽乡村、幸福家园”建设，多举措调动年轻人参与乡村振兴的积极性，拓宽群众就业渠道。会议强调要切实把好入口关，落实好核酸检测和隔离措施，特别是做好冷链产品监管、核酸检测应急演练等工作，全力以赴抓好疫情常态化防控工作。会议强调要筑牢防腐拒变的思想防线，坚决落实主体责任，把“严”的主基调长期坚持下去，任何情况下都要守住纪律和规矩的底线。

同日 市委副书记、市长果果到达孜区章多乡尊木采村调研巩固脱贫惠民（生猪）养殖建设项目推进情况，强调要坚持以人民为中心的发展思想，立足实际、加快建设，确保项目早日建成早收益，确保生猪的稳产保供，守好百姓的“菜篮子”。

20日 自治区党委常委、市委书记白玛旺堆主持召开全市“十四五”规划建议起草小组务虚会。会上，市直各部门结合工作实际，围绕全市“十四五”时期的发展环境、机遇挑战、社会治理、经济高质量发展、生态环境保护、保障改善民生、产业发展、城市精细化管理等工作及举措提出建议性的意见、建议。听取发言后，白玛旺堆强调要科学谋划精心制定，有效推动拉萨高质量发展和现代化建设；要突出民生导向，把资金项目向基层和民生领域倾斜，不断增强各族群众的获得感幸福感安全感。市领导果果、沈海斌、王强、云丹、王念东、毛东军、普卫东、王洪勇、阿努次仁、张正出席会议。

同日 《拉萨日报》报道：区党委副书记、区政协党组书记丁业现到大昭寺、八廓社区、小昭寺等地，详细了解各项基层基础工作开展情况，向广大基层党员干部和群众宣讲中共十九届五中全会精神。强调要以高度的思想自觉、政治自觉和行动自觉，不断提高贯彻新发展理念、构建新发展格局的能力和水平。

同日 林周县黑颈鹤民兵巡护分队授旗仪式举行。拉萨警备区司令员贺胜、副市长陆从福出席。

同日 市歌舞团举行建团60周年庆祝活动。自治区党委常委、市委书记白玛旺堆，市委副书记、市长果果对市歌舞团建团60周年作了批示。自治区文化厅副厅长张治中，市委常委、常务副市长占堆，市委常委、宣传部部长吴亚松出席活动。

同日 拉萨经开区“雪域之瞳”智慧供应链项目签约活动举行。副市长刘广民出席并讲话。

23日 市委副书记、市长果果先后到市区部分路段、部分学校、机关单位、市数字化城市管理指挥中心等地，就全市城市精细化管理工作开展情况进行实地调研并召开现场办公会。强调要依法依规建设和治理城市，坚持问题导向、补齐工作短板，推动城市精细化管理水平再上新台阶。副市长史育斌、代利刚出席活动。

同日 堆龙德庆区工商联举行专题学会，组织辖区近40家民营企业集中学习中央第七次西藏工作座谈会。

24日 拉萨市县处级干部学习贯彻中共十九届五中全会精神和中央第七次西藏工作座谈会精神专题研讨班开班。自治区党委常委、市委书记白玛旺堆出席开班仪式并主持“开学第一课”。强调要进一步提高政治站位、胸怀“两个大局”，把思想和行动统一到以习近平同志为核心的党中央决策部署上来，做到深入研究，扎实贯彻，推动习近平总书记重要讲话精神在拉萨落地生根、结出硕果，以真抓实干践行“两个维护”。市委副书记、组织部部长、市委党校校长庄红翔主持开班仪式。

同日 市委副书记、市长、市国土空间规划委员会副主任果果主持召开拉萨市国土空间规划委员会办公室第6次专题会。强调要加强空间规划，提升城市品质，在以人为本特别是在满足各族群众的公共服务需求上下更大功夫，不断提高城市宜居性和各族群众的获得感、幸福感、安全感。市委常委、常务副市长王念东、占堆出席会议。

同日 拉萨市消防救援支队通讯指挥车采购项目在拉萨市公共资源交易中心顺利完场电子化评标工作，标志着拉萨市政府采购进入电子化时代。

同日 拉萨高新区（柳梧新区）首届电子商务创新创业大赛圆满闭幕。

25日 自治区党委常委、市委书记白玛旺堆到墨竹工卡县扎西岗乡朗杰康萨组、仁青林村萨组，日多乡怎村哈姆组、伟色江组，门巴乡德仲村德仲温泉景区，扎雪乡龙珠岗村5组等地，走村入户，实地调研“美丽乡村、幸福家园”建设行动推进情况，强调要按照“产业兴旺、生态宜居、乡风文明、治理有效、生活富裕”的总体要求，坚持尽力而为、量力而行，因地制宜、彰显特色，始终紧扣可持续、可复制这条标准，扎实推进“美丽乡村、幸福家园”建设行动，力争在实施乡村振兴战略上走在全区前列，成为引领示范。

同日 市委副书记、市长果果到曲水县江村、曲水净土生猪养殖场、达嘎镇色甫村牦牛养殖基地等地，调研农牧业特色产业项目发展和“美丽乡村、幸福家园”建设情况，强调要做好配套产业建设，努力形成产业链，进一步促进农牧业特色产业提质增效；要发展壮大村集体经济，做好“美丽乡村、幸福家园”建设成果的维护管理，让老百姓充分享受产业旺、家园美所带来的实惠。市人大常委会副主任、曲水县委书记彭飞跃，副市长史育斌陪同调研。

同日 拉萨市部分人大代表和政协委员到市中级人民法院，视察该院开展扫黑除恶专项斗争工作开展情况。

同日 《拉萨日报》报道：拉萨市新的社会阶层人士联谊会筹备委员会第一次会议召开。

同日 《拉萨日报》报道：区党委组织部一行到林周县边交林乡当杰村调研督查2020年该村基层党建工作。

同日 拉萨市残疾人居家无障碍改造示范小区揭牌仪式在德吉康萨易地搬迁点举行。

25—26日 市委副书记、市长果果到尼木县尼弘元仓供应链经济港、续迈乡生猪养殖基地、标准化奶牛养殖场等地，调研特色养殖及产业发展情况。强调要找准产业定位，明确产业发展目标，算好经济账，探索出一条符合地方特色的可持续发展之路，保障群众稳就业稳增收。副市长史育斌陪同调研。

26日 城关区教育体育局、城关区文物局、布达拉宫管理处组织开展布达拉宫雪城爱国主义教育基地研学实践活动——“争做新时代好少年”主题演讲比赛举行。

27日 《拉萨日报》报道：截至2020年10月，拉萨市落实招商引资项目276个（新建112个，续建164个），协议425.36亿元，实际到位资金227.91亿元，同比增长10.61%，完成年任务（300亿元）的75.97%，完成自治区下达目标任务（271亿元）的84.1%。其中，新建项目中10亿元以上的项目3个，5亿元以上项目13个，1亿元以上项目44个。

同日 《拉萨日报》报道：拉萨市委老干局组织宣讲团到各县（区）向广大离退休老干部宣讲中央第七次西藏工作座谈会精神。

30日 《拉萨日报》报道：西藏首个高原机场空港岸电项目投运仪式在拉萨贡嘎国际机场举行，标志着西藏拉萨贡嘎国际机场廊桥桥载电源替代APU项目顺利投运，实现飞机着陆后从消耗航空燃油到消耗清洁电能的转变。

同日 《拉萨日报》报道：2020年以来，全市“小个专”经济组织党建工作扎实稳步推进。挖掘“小个专”党建潜力精准摸底排查。运用登记注册、年度报告、市场监督等职能优势，重点对市级登记注册的3022户“小个专”经济组织开展全领域、全覆盖式摸排活动。同时依托党员“三包”联系制度，采取“点对点、一对一”的方式，建立党员信息台账。符合有实体经济、有党员、有个固定经营场所“三有”标准的企业245户，拥有3名以上正式党员且未建立支部的企业9户，拥有3名以上正式党员企业2户。贴近“小个专”党建特点抓好政策培训。举办党建业务骨干、党建联络员和企业负责人相关专题业务培训，宣传引导党建骨干和企业负责人发挥好企业党建的示范引领作用。建立党建微信群，及时提醒告知阶段任务。找准“小个专”党建难点上门指导服务。组织精干力量上门指导10户拥有3名以上正式党员的企业单独成立支部及2户企业联合组建1个支部事宜。同步开展政策宣讲和建章立制等工作。基于“小个专”党建需求强化支持保障。以培育打造具有“党建引领、创新发展”的党建工作示范点目标，选派党支部党建指导员。帮助解决党建工作中的实际困难。

12月

1日　自治区党委常委、市委书记白玛旺堆主持召开市委常委会会议，传达学习习近平总书记在中央全面依法治国工作会议上的重要讲话精神，在江苏考察时、全面推动长江经济带发展座谈会上的重要讲话精神，在浦东开发开放30周年庆祝大会上的重要讲话精神，在全国劳动模范和先进工作者表彰大会上的重要讲话精神，向2020年“读懂中国”国际会议（广州）、2020年中国5G+工业互联网大会、世界互联网大会·互联网发展论坛的重要贺信精神，对做好关心下一代工作作出的重要指示精神及区党委第157次常委会会议精神和《国务院办公厅关于〈学习贯彻党的十九届五中全会精神〉》及全区秋冬季新冠疫情防控工作再部署电视电话会议精神，全国村（社区）“两委”换届工作电视电话会议主要精神和《中共西藏自治区委员会关于加强党的政治建设的实施意见》；研究并原则同意《中共拉萨市人民政府党组关于审定〈拉萨市行政执法公示办法〉〈拉萨市行政执法全过程记录办法〉〈拉萨市重大行政执法决定法制审核办法〉的请示》《中共拉萨市人民政府党组关于审定〈2020年前三季度全市经济运行分析及下一步工作建议〉的请示》《中共拉萨市人民政府党组关于〈拉萨市2020年财政预算调整方案〉的请示》《关于贯彻落实国务院扶贫开发领导小组2020年脱贫攻坚成效考核要求，区党委吴英杰书记批示精神及自治区脱贫攻坚指挥部第14次会议精神的意见》；研究拉萨市相关工作若干举措和贯彻落实意见。会议强调要科学把握新发展理念、加快构建新发展格局，坚持稳中求进工作总基调，正确处理城市生产生活和生态环境保护的关系，推动经济社会高质量发展、可持续发展，不断提升人民生活品质。会议指出要加大宣传力度，树立先进典型，激励各族群众用实干创造幸福生活。要把握信息革命历史机遇，培育创新发展新动能，确保信息发挥最大效应。要加强对关系下一代工作的领导，为培养社会主义建设者和接班人作出新的更大贡献。要加强组织领导和精准指导，严格依法依规、抓细抓实村（社区）“两委”换届工作。要时刻绷紧疫情防控这根弦，严格落实外防输入各项措施，做好打持久战的准备。

同日　江苏省人民医院、苏州大学附属儿童医院援助市妇幼保健院医疗器械捐赠仪式举行。此次捐赠包括输液泵10台、欧姆龙健太郎电子血压计1台及相关设备等，总价值10万元。

2—4日　市委各巡察组陆续向21家被巡察单位反馈九届市委第十一轮巡察情况，并提出整改要求。

3日　自治区党委常委、市委书记白玛旺堆到东郊老安居苑、电建小区及城关区雪新村、加措棚户区二期改造项目现场等地，实地调研了解城关区老旧小区和棚户区改造工作推进情况。强调要坚持以人民为中心的发展思想，保质保量全力推进城关区老旧小区及棚户区改造工作，不断优化城市人居环境，切实把好事办好、实事办实，持续增强各族群众的获得感幸福感安全感。市委常委、城关区委书记张正，副市长史育斌陪同调研。

同日　自治区党委常委、市委书记白玛旺堆会见红星美凯龙集团总裁蒋小忠一行，双方就进一步深化合作进行交流。

同日　由辽宁省工商联党组成员、副主席胡桂涛率领的辽宁省工商联考察组一行，到拉萨经开区、高新区对西藏奇圣土特产品有限公司、西藏高原天然水有限公司、西藏天佑德青稞酒业有限公司以及柳梧新区宁算科技集团进行考察，并召开座谈会。辽宁援藏工作前方指挥总指挥、那曲市委副书记邢鹏陪同。市委副书记、常务副市长王强陪同考察。

同日　拉萨市首条拥有完整自主产权的企业铁路专用线开运。拥有这条铁路专用线的尼弘元仓供应链经济港正式运营后，预计年总货运量可达300万吨，将打造成为全市西大宗大型物资集散中心。

4日　是日是第七个国家宪法日，以“深入学习宣传习近平法治思想，大力弘扬宪法精神”为主题的宪法宣传周活动在拉萨举行。区党委常务副书记、区政协党组书记丁业现出席活动并讲话，强调以提升各族干部群众法治素养为目标，以落实普法责任制为抓手，创新工作方法，强化责任落实，不断推进法治西藏建设取得新成绩。

同日　全市前三季度经济运行分析暨重点工作安排部署电视电话会议召开，听取拉萨市前三季度经济运行情况和县（区）主要经济指标完成情况、农民工工作清欠和农牧民增收等重点工作情况，安排部署下一步工作。市委副书记、市长果果主持会议，强调要坚持问题导向、目标导向和结果导向，按照既定目标任务分工，集中精力打攻坚战，努力确保全面完成年目标任务。市委副书记、常务副市长沈海斌，市委常委、常务副市长王念东出席。副市长史育斌、张永林、刘广民、扎西白珍、陆从福、郑卫国参加会议。

同日　市委副书记、市长果果主持召开市政府常务会议。会议听取并研究《关于呈报〈拉萨市人大常委会对全市2020年上半年计划报告审议意见落实情况的报告（报审稿）〉的请示》《拉萨市财政局关于审定〈拉萨市2019年财政收支决算和2020年上半年财政预算执行情况审定结果落实情况的报告〉的请示》《拉萨市设施农业发展总体规划（2021—2023年）》《拉萨市养犬管理条例（草案）》等。

同日　市委副书记、常务副市长沈海斌主持召开座谈会，落实市委部署要求，深入征求产业发展、实体经济、乡村振兴领域专家代表对拉萨市"十四五"规划编制工作的意见建议。强调要广泛征求各领域专家等方方面面的意见，更好地认识新发展特征，践行新发展理念，在构建新发展格局中展现新作为。

同日　市总工会举办宪法宣传日送法进企业活动。

同日　城关区人民检察院到拉萨一中开展主题为"树立法治意识维护宪法权威书写精彩人生"法治讲座。

5日　市委副书记、市长、平安拉萨建设领导小组组长果果主持召开2020年度拉萨市平安建设（综治工作）考评汇报会及意见反馈会议。会议汇报拉萨市2020年度平安拉萨建设（综治工作）情况。自治区高级人民法院二级巡视员、考评验收组组长红旭，阿里地区政协副主席、考评验收组副州长王海龙出席会议。市委常委、市公安局党委书记、平安拉萨建设领导小组副组长普卫东出席。副市长、市委国安办主任、市公安局局长、平安拉萨建设小组副组长代利刚，市政协副主席张勤，市中级人民法院院长、平安拉萨建设领导小组副组长李世蓉，市检察院检察长、平安拉萨建设领导小组副组长明马丹增参加会议。

6日　拉萨市第二中学举行建校50周年校庆文艺会演活动。

7日　拉萨市举行旅游行业推行"厉行节约反对浪费"百人倡议活动启动仪式。市委常委、常务副市长出席仪式。

8日　《拉萨日报》报道：拉萨经开区组织园区22家净土健康企业参加由南京江宁开发区举办的2020企业产品交流博览会。

9日　自治区党委副书记严金海到尼木乡日措村牦牛育肥标准化建设基地、高原航空航天果蔬种植项目园区，曲水县净植茂藤现代农业示范基地、净绿蔬菜交易配送中心和才纳现代农业示范园区、南木乡江村，就农牧产业发展、非物质文化遗产传承创新、民宿旅游、美丽乡村建设等工作进行调研。强调，要深入贯彻落实中共十九届五中全会精神和新时代党的治藏方略，贯彻落实中央第七次西藏工作座谈会精神，特别是习近平总书记治边稳藏重要论述，立足资源禀赋，坚持因地制宜，找准发展路子，实现产业发展与乡村振兴有效衔接，为推动新时代西藏长治久安和高质量发展贡献力量。

同日　市委副书记、市长果果在市区调研百淀污水处理厂建设运行情况、拟建学校等用地情况及学校配餐供应情况。强调，要保质量、抓进度，用心用情把民生工程做实做好，不断提升广大市民群众满意度和幸福指数。市委领导庄红翔、占堆一同调研。

同日　《拉萨日报》报道：2020年1月至11月，拉萨市共接待游客2002万人次，实现旅游收入300亿元。2020年旅游工作紧紧围绕"打造世界重要旅游目的地"的目标，强力推进全市旅游行业脱贫攻坚、宣传推广、行业监督、疫情防控等工作有序开展。凝心聚力、全力以赴，疫情防控成效显著。根据疫情防控需要及时关闭旅游景区等，停止演出、外访、旅行社组团业务、公众聚集性活动和星级宾馆（酒店）大型活动。依托产业、打造品牌，助力脱贫攻坚。从项目建设推动产业、乡村旅游发展实现品牌效应、不断挖掘扶贫增收新途径等方式，促进增收致富。加大宣传、树立品牌，提升旅游吸引力。通过举办旅游宣传活动等形式,宣传推介活动和投放旅游广告,取得较好宣传效果。多措并举、联动执法,规范旅游市场。2020年1月至10月,共出动执法人员463人次,检查涉旅企业726家次,其中旅行社172家次,星级宾馆(饭店)461家次,A级景区(点)66家次,购物店27家,下发整改通知书7份,核查摸排扫黑除恶线索1条,处罚旅行社2家。

同日 《拉萨日报》报道:国家禁毒办副主任、公安部禁毒情报中心二级巡视员向卫东率队对全市创建工作进行实地检查。

10日 市人大常委会党组书记、主任云丹主持召开市人大常委会党组会议,传达学习习近平总书记在中央全面依法治国工作会议上的讲话精神,听取和研究市人大法制委员会关于白玛旺堆书记对《拉萨市人大常委会党组关于赴合肥和扬州两市开展立法调研的报告》批示精神落实情况的报告及《市人大法制委员会关于召开立法听证会的请示》《立法以风险评估报告》《拉萨市人民代表大会常务委员会工作报告(送审稿)》。与会人员就上述内容进行交流讨论,提出修改意见和建议。会议还听取和研究拉萨市第十一届人大常委会第二十九次主任会议建议召开时间及议程。

同日 政协第十一届拉萨市委员会党组理论学习中心组召开第35次集中学习(扩大)会议,集中学习习近平总书记在中央全面依法治国工作会议上的讲话精神,传达学习《中共中央关于加强党的政治建设的意见》《中共西藏自治区委员会关于加强党的政治建设的实施意见》《中共拉萨市委员会印发的通知》。市政协党组书记、主席袁训旺主持并讲话。

11日 由拉萨市人民医院与北京友谊医院共10余名专家组成的医疗团队,通过5G技术对拉萨一名重症胰腺炎患者进行会诊。这是西藏自治区实施的首例5G智慧医疗远程会诊,标志着雪域高原群众以后将便捷享受更多其他省市医疗资源。

同日 由四川省商务厅主办,西藏自治区商务厅协办的以“携手并进合作共建——提升国家级经开区在扩大西部开放和产业集聚中的引领作用”为主题的川藏渝国家级经开区交流合作活动在成都举行,拉萨经开区与四川广元经开区在此活动上签署《关于加强国家级经济技术开发区战略合作框架协议》。

12日 西藏源乐晟资产管理有限公司向拉萨SOS儿童村捐赠公益资金50万元,用于儿童村孩子们的日常学习费用,帮助他们获得更好的学习环境。

15日 自治区党委常委、市委书记白玛旺堆主持召开市委常委会会议,传达学习习近平总书记重要讲话精神和中共中央政治局会议精神;传达学习自治区强边工作会议精神和区党委第158、159次常委会会议精神;传达学习吴英杰书记对拉萨市“燃灯节”工作作出的批示精神,研究拉萨市贯彻落实意见;研究市委外事工作委员会、党风廉政建设和反腐败、精神文明建设和意识形态、安全生产年度工作开展情况和2021年工作计划。会议指出,各县区各部门要坚定信心、保持定力,用好脱贫攻坚生动教材,讲好脱贫故事,大力宣传全市各族群众摆脱束缚千百年的绝对贫困这一伟大成就是在习近平总书记和党中央的坚强领导下取得的,教育引导各族群众明白惠在何处、惠从何来、恩向谁报,更加自发自觉地感党恩、听党话、跟党走。会议要求,要坚持党对外交工作的领导,树牢底线思维,坚持“外交无小事”,全力防范涉外领域风险隐患,生动讲述新时代“拉萨故事”,树立好拉萨良好形象。要组织精干力量,开展巡察“回头看”,坚持以“零容忍”态度惩治腐败,加快清理存量。要积极主动对接标对表中央第七次西藏工作座谈会新部署要求,严格落实意识形态工作责任制,把“管脑子”的工作做深做实做细。要以安全生产专项整治三年行动为契机,在深入开展专项整治的同时,建立完善安全生产工作常态化机制,建立各行业领域安全生产标准导则,推进安全生产治理体系和治理能力现代化。

同日 2020年拉萨市脱贫攻坚成效省际交叉考核工作座谈会在堆龙德庆区召开。会上,与会人员观看堆龙备庆区扶贫工作纪实短片《历史注定的时间印记》,并听取堆龙德区脱贫攻坚成效汇报。会议要求,全市各级各部门要以这次交叉考核为契机,持续深入做好巩固拓展脱贫成果各项工作,确保脱贫成果经得起历史和人民检验,以实实在在和工作成效体现对习近平总书记和党中央的绝对忠诚。

16日 自治区党委常委、市委书记、市委党的建设(基层党组织建设)工作领导小组组长白玛旺堆主持召开市委党的建设（基层党组织建设）工作领导小组2020年第三次会议，听取寺管会、机关、两新组织、学校、国有企业、离退休领域等各行业系统2020年度党建工作开展情况汇报；听取《关于全市基层党建示范点评估和软弱涣散、巩固提升村（居）党组织整顿工作验收情况的报告》《全市村（社区）组织换届工作前期准备情况报告》《全市第三批村（社区）党组织第一书记考核推优情况报告》；研究讨论《关于拉萨市2020年度党的建设工作开展情况的报告（讨论稿）》。指出，近年来特别是学听十九大以来，习近平总书记对新时代党的建设举旗定向，提出新时代党的建设的总要求，为做好新时代党的建设、巩固党在西藏的执政地位提出前进方向、提供根本遵循。区党委和自治区党委书记吴英杰多次深入拉萨调研指导党建工作。全市各级党组织和广大党员干部，要深入学习领会习近平总书记关于加强党的建设工作的重要论述和新时代党的治藏方略，全面落实区党委部署特别是吴英杰书记指示要求，以永远在路上的坚韧和执着把拉萨全面从严治党引向深入。市委领导庄红翔、吴亚松、王洪勇、阿努次仁出席会议。

17日　2020年市委议军会议暨人武部党委第一书记述职会议召开。自治区党委常委、市委书记、拉萨警备区党委第一书记、市国防动员委员会第一主任白玛旺堆主持会议并讲话，强调要认清当前局势，站在战略全局的高度，强化忧患意识和危机意识，提高政治自觉和行动自觉，毫不动摇贯彻执行好党管武装各项规定，推动国防和军队建设加快发展。市委副书记、市长、市国防动员委员会主任果果宣读"国防动员建设工作先进单位和个人"表彰决定。市委常委、市公安局党委书记普卫东，市委常委、城关区委书记张正出席。

同日　自治区副主席江白率队到城关区、堆龙德庆区调研周边山体生态修复和造林绿化工程建设情况。调研组一行先后到拉萨老水泥厂矿山修复与利用、北山造林绿化施工现场，听取相关工作汇报，实地查看周边山体地形地貌，仔细了解规划设计、水源建设、土地平整等情况。

同日　市委教育工作领导小组2020年第五次会议召开。市委副书记、组织部部长、市委教育工作领导小组组长庄红翔主持会议并讲话，强调要强化责任担当，做好本职工作，增强校园安全风险防范意识，加强学生心理疏导，教师思想管理，齐抓共管，扎实工作，推动教育事业高质量发展。市委常委、常务副市长、市委教育工作领导小组副组长，市委常委、宣传部部长吴亚松出席会议。

同日　拉萨市委政协工作会议暨庆祝拉萨市政协成立60周年大会隆重举行。会议坚持以习近平新时代中国特色社会主义思想为指导，深入学习贯彻党的十九届五中全会和中央第七次西藏工作座谈会精神，学习贯彻习近平总书记关于加强和改进人民政协工作的重要思想、关于治边稳藏的重要论述，贯彻落实中央政协工作会议和自治区党委政协会议精神，贯彻落实《中共中央关于新时代加强和改进人民政协工作的意见》和自治区党委实施意见，全面总结拉萨市政协60年来的奋斗的历程、辉煌成就和实践经验，就新时代加强和改进拉萨政协工作进行安排部署。自治区党委常委、市委书记白玛旺堆出席会议并讲话，充分肯定60年来全市政协工作取得的显著成效。他要求切实发挥好政协专门协商机构的作用，在加强思想政治引领、广泛凝聚共识上下功夫，提升政协委员履职担当能力。市委副书记、市长果果传达习近平总书记在中央政协工作会议暨庆祝中国人民政协工作会议暨庆祝中国人民政治协商会议成立70周年大会上的重要讲话精神。市委副书记、组织部部长庄红翔主持会议。市政协党组书记、主席袁训旺宣读《政协西藏自治区委员会关于庆祝政协拉萨市委员会成立60周年的贺信》。市领导沈海斌、云丹、王念东、占堆、普卫东、王洪勇、阿努次仁、张正出席会议。

18日　中建一局五公司西南分公司宁算科技集团拉萨一体化项目—数据中心（一期）工程项目通过竣工验收。项目位于拉萨市国家级高新区核心区北侧信息产业园G-04-02地块，是全球海拔最高的数据中心，包含一栋运维办公楼、两栋机房楼。

21日　《西藏日报》报道：区党委常务副书记、区政协党组书记丁业现到哲蚌寺，就疫情防控和宗教管理工作开展情况进行调研。强调要统筹做好常态化疫情防控和宗教管理各项工作，确保宗教和睦、佛事和顺、寺庙和谐，维护好巩固好全区持续和谐发展大好局面。自治区领导许雪光、索朗仁增一同调研。

同日 拉萨市开展爱国卫生城市环境清扫活动。市委副书记、市长果果与广大干部职工一同以志愿者身份开展城市卫生大扫除。市委常委、宣传部部长吴亚松参加活动。

同日 拉萨市召开人才工作协调小组会议暨实用技能人员培育工程推进会,研究讨论《拉萨市关于鼓励引导人才向艰苦边远地区和基层一线流动的具体措施》《拉萨市人才引进办法(试行)》、拉萨市“十四五”人才发展规划编制准备工作等事宜,安排部署下一步工作,并对本年度全市实用技能人员培育工作进行年终盘点总结。市委副书记、组织部部长、一级巡视员庄红翔主持会议并讲话,要求要在思想上再重视,思路上再创新,跟踪问效上再盯紧,精准制定培育计划。

同日 市人大常委会主任云丹主持召开市人大常委会第二十九次主任会议。市人大常委会副主任林生、张慧、彭飞跃出席。

22日 拉萨市委理论学习中心组“学习习近平新时代中国特色社会主义思想·建小康拉萨”专题学习2020年第十三次集中学习研讨(扩大)会召开,专题学习习近平法治思想。会议邀请拉萨市委党校高级讲师刘波作题为《深入学习习近平法治思想切实推进社会主义法治强国建设》讲座。自治区党委常委、市委书记白玛旺堆主持学习会并讲话。对下步做好全市法治工作提出要求:一要用法治稳定根基,完善维护稳定法规体系;二要用法治提高发展质量,推进建设高标准市场体系;三要用法治筑牢生态屏障,完善法规体系;四要用法治推进强边事业,做好后勤物资保障;五要用法治推进从严治党,完善党员管理相关制度。市领导果果、庄红翔、云丹、王念东、吴亚松、普卫东、王洪勇、阿努次仁、张正出席。

同日 自治区党委常委、市委书记白玛旺堆主持召开中华文化主题公园项目文化提升工作专题会,听取方案最新进展和专家意见建议。强调要高度重视主题公园建设,坚守匠心、注重细节,严格按照时间节点,确保按期完成各项建设任务。市领导果果、庄红翔、王念东、占堆、吴亚松、王洪勇、阿努次仁、张正出席会议。

同日 自治区党委常委、市委书记白玛旺堆主持召开拉萨市国土空间规划委员会市委专题会第4次会议。听取达孜区盛世未来城居住小区、经开区嘉城苑、天知·观澜郡项目建设方案,审查并原则通过山南苑、人大附中拉萨幸福学校项目等设计规划。强调要着眼长远发展,立足区域实际,加强科学论证,精准编制规划,把高质量发展贯穿尘世规划建设全过程,打造生态宜居的高品质城市。市委副书记、组织部部长以及巡视员庄红翔,市委常委、常务副市长、一级巡视员王念东出席会议。副市长史育斌,市政协副主席、城关区区长刘亮等列席会议。

23日 自治区党委副书记、自治区主席齐扎拉先后到拉萨—江宁(国家级)经济技术开发区合作示范园和工业中心一期,考察上海宝钢包装覆盖膜铁、亿卓电网自动化设备及充电桩设备、西藏日出东方大型平板太阳能集热电器项目,强调要进一步深化改革、释放活力,加快补齐产业链发展短板,加快推进拉萨经开区高质量发展,为推进新时代西藏长治久安和高质量发展作出新的更大贡献。区党委副书记、自治区常务副主席庄严,自治区党委常委、市委书记白玛旺堆一同调研。

同日 市委副书记、市长果果主持召开市政府常务会议。会议研究并审议全市2012年经济社会发展主要预期目标、《拉萨市发改委关于报请审定拉萨市2021年重建设项目计划的请示》《拉萨市应急总体预案(试行)》。

同日 拉萨市申报全国民族团结进步示范市考核验收工作汇报会召开。自治区考核验收组组长、区民委党组成员、副主任黄云素出席并讲话,要求要不断巩固扩大创建成果,进一步深化新阶段民族团结创建工作。市委常委、统战部部长阿努次仁汇报民族团结进步创建工作。副市长贡扎曲旺主持会议。

同日 市政协召开第19次季度协商座谈会,围绕“政协提案工作经验交流”进行专题协商,提出加强和改进提案工作的意见建议,推动全市政协提案工作再上新台阶。副市长陆从福,市政协副主席张勤分别讲话,市政协副主席达娃主持会议。

同日 拉萨市人民政府新闻办公室召开发布会,通报2020年拉萨市老旧电梯风险评估消除安全隐患工作开展情况。新闻发言人,市市场监督管理局党组副书记、局长次仁卓嘎通报情况。

同日 西藏旅游产业重振成果发布暨复苏经验

分享交流大会在拉萨举行。

24日 自治区党委常委、市委书记白玛旺堆主持召开市委常委会会议，传达学习中央经济工作会议精神和习近平总书记重要讲话精神、传达学习自治区党委常委会会议精神，研究拉萨市贯彻落实意见，研究《中共拉萨市委关于制定拉萨市国民经济和社会发展第十四个五年规划和二〇二〇年远景目标的建议（讨论稿）》及说明、《白玛旺堆同志代表市委常委会向市委九届七次全会作的工作报告（讨论稿）》，听取市纪委监委关于拉萨市作风建设专项整治情况的报告。会议要求，全市上下要切实把思想统一到总书记和党中央决策部署上来，立足新发展阶段，贯彻新发展理念，构建新发展格局，牢牢把握“三个赋予、一个有利于”的发展要求，结合实际深入分析拉萨市经济社会发展形势，牢牢把握2021年经济工作重点工作，扎实做好农牧民增收和稳定就业作为必须要完成的底线任务和刚性要求，研究论证区市特色科技创新中心，补齐产业链自主可控短板，坚持扩大内需，推进城市更新，保障种子安全，整顿租赁市场秩序，加快发展新能源产业，努力在新时代新机遇下展现新作为。

同日 北京援藏项目神力时代广场人行天桥项目全面竣工验收并正式投用。自治区党委常委、市委书记白玛旺堆实地调研神力时代广场人行天桥项目建设情况和城市交通情况，强调要通过建设人行天桥、探索车辆下穿、人行半下穿、智慧化调节红绿灯等措施，切实破解城市道路交通拥堵等突出问题。市委副书记、常务副市长、北京援藏指挥部指挥王强，市委常委、常务副市长、一级巡视员王念东，市委常委、城关区委书记张正陪同调研。

同日 市委副书记、市长果果实地调研西藏藏医药大学市政配套项目建设推进情况。强调要切实增强抓好重点项目建设的责任感、使命感、紧迫感，紧盯时间节点，加快开展项目设计，为确保自治区重点项目建成使用提供道路基础设施保障。副市长贡扎曲旺一同调研。

同日 市政协党组理论学习中心组召开第36次集中学习（扩大）会议，传达学习中央经济工作会议和市委政协工作会议精神。市政协党组书记、主席袁训旺主持并讲话，强调要切实肩负起党对政协工作领导的重大政治责任，确保各项工作要求落实到政协全部工作之中。市委常委、统战部部长、市政协党组副书记阿努次仁出席。

同日 《拉萨日报》报道：拉萨市高校毕业生创业协会换届选举大会暨2020年总结表彰会在市人力资源市场召开。

同日 城关区净土农业发展有限公司联合清源肉业全国连锁超市，共同开展以“关爱环卫工人，践行社会责任公益活动”为主题的爱心慰问活动。此次活动为环卫工人发放2047件高原牛奶、2074公斤牛肉等总计219844元的慰问品。

25日 北京援藏指挥部召开2020年度工作总结大会。全面总结2020年北京对口支援拉萨4县区脱贫攻坚、医疗、教育人才“组团式”援藏等工作取得的成绩和经验。市委副书记、常务副市长、北京援藏指挥部党委书记、指挥王强出席并讲话，要求继续努力思考和谋划未来一年多的援藏工作，提高策划能力。市委常委、常务副市长、北京援藏指挥部副指挥毛东军出席。副市长、北京援藏指挥部副指挥史育斌主持会议。

同日 拉萨市2020年度安全生产和消防安全工作考核巡查反馈会召开。自治区安全生产和消防安全第四考核巡查组组长、区消防救援总队宣传处处长吴昊对相关工作进行反馈，市委常委、常务副市长、市安委会副主任王念东出席会议。

同日 由市政府主办、西藏净善水业有限公司承办的西藏好水·大昭圣泉国铁系统专项推介会举行。市委常委、常务副市长占堆致辞。

同日 拉萨市志援服务联合会成立大会暨第一次会员代表大会召开。会议审议通过联合会章程，表决通过拉萨市志愿服务联合会首批会员和首届理事会成员，选举产生联合会会长、常务副会长、副会长、秘书长等人选，并对今后一个时期志愿服务工作进行安排部署。市委常委、宣传部部长吴亚松出席并讲话，自治区文明办未成年人工作处（志愿者工作处）处长叶丹出席并致辞。

26日 《拉萨日报》报道：“十三五”期间，拉萨经开区顺应高质量发展要求，围绕园区转型升级创新发展目标，以“四坚持”为抓手，高质量完成“十三五”规划各项任务，推动经济迅猛发展。地区生产总值年均增长 11.75%，2020 年预计达 75 亿元。招商实力显著提升，2020 年招商引资到位资金 57 亿元，年均增长 21.26%。完成政府投资类项目 13 个，完成总投资 28.3 亿元。2020 年外资使用达 5245 万美元，同比增长 12 倍，取得历史性突破。

27 日　拉萨市举办新冠疫苗接种工作培训会，对承担全市新冠疫苗接种任务的预防接种单位专业技术人员和管理人员及不良反应应急处理等保障人员进行培训。

同日　副市长张永林主持召开拉萨市新冠疫苗接种工作推进会。按照知情同意、自愿接种的原则，优先对从事冷链、运输相关工作从业人员，一线公安民警（辅警）、武警、消防、社区工作者，政府机关、通讯相关工作人员和其他可能高暴露风险的人群等 8 类高风险人群进行接种。

28 日　市委召开常委会会议，传达学习习近平总书记在中共中央政治局民生生活会上的重要讲话精神和自治区党委九届九次全会暨党委经济工作会议精神，研究全市贯彻落实意见。会议通报《中共西藏自治区委员会关于追授尼玛扎西同志“全区优秀共产党员”称号的决定》，听取市委组织部关于贯彻落实《2019—2023 年全国党政领导班子建设规划纲要》有关情况的汇报、全市党员教育管理工作情况汇报，研究并通过《拉萨市贯彻落实〈西藏自治区中长期青年发展规划（2018—2025 年）〉的实施方案》和《拉萨市中长期青年发展规划实施工作联席会议机制》。自治区党委常委、市委书记白玛旺堆主持会议。指出，要结合当前形势和存在的问题，认真筹备开好各级领导班子民主生活会，确保民主生活开出实效。要进一步发挥拉萨首府城市首位度作用，不断提升科技创新力，解决好城市住房突出问题，大力保障和改善民生，不断增强各族群众获得感、幸福感、安全感。要大力宣传尼玛扎西的先进事迹，引导广大党员干部以先进模范为榜样，向先进典型看齐。会议强调要突出政治标准，全面提升党员干部队伍建设水平；要做好年轻干部培养工作，优化干部队伍结构，进一步激励领导干部想干事敢干事。

同日　市委九届七次全会预备会议召开，听取全会准备工作情况汇报。市委副书记、组织部部长庄红翔主持会议并讲话，市领导吴亚松、普卫东、王洪勇、张正出席会议。彭飞跃、次仁顿珠、张永林、张勤，各组召集人，筹备工作领导小组办公室及各工作组成员参加会议。

同日　市十一届人大常委会召开第二十七次会议。市人大常委会主任云丹主持会议。

同日　《西藏日报》报道：拉萨经开区月王藏医药文化展厅成功获颁西藏首个食品经营许可电子证书。

同日　江苏省税务局和西藏自治区税务局在拉萨市税务局举行东西部协作结对帮扶座谈会暨签约仪式。

同日　《拉萨日报》报道：2020 年以来，南京江宁开发区援藏干部始终坚持以习近平新时代中国特色社会主义思想为指导，秉承生活上融入、工作上融合、感情上融洽的理念，牢记组织重托，以建设“六个新经开”为己任，采取创新模式深化交流，“1+N”小组团见成效；疫情防控复工复产，援藏干部在行动；聚焦发展优化效能，机制改革在推动，全身心投入援藏事业，为拉萨经开区规范化建设和高质量发展注入新动力。

29—30 日　市委九届七次全会暨市委经济工作会议举行。会议的主要任务是：坚持以习近平新时代中国特色社会主义思想为指导，深入学习贯彻中共十九届五中全会、中央经济工作会议、中央第七次西藏工作座谈会和区党委九届九次全会暨区党委经济工作会议精神，总结成绩，分析形势，研究部署全市“十四五”规划和二〇三五年远景目标及 2021 年经济工作，动员全市各级党组织和广大党员振奋精神，攻坚克难，为建设团结富裕文明和谐美丽的社会主义现代化新拉萨而努力奋斗，确保“十四五”开好局、起好步。会议由市委常委会主持。自治区党委常委、市委书记白玛旺堆代表常委会向全会报告工作，对《中国共产党拉萨市委员会关于制定国民经济和社会发展第十四个五年规划和二〇三五年远景目标的建议（讨论稿）》作说明并讲话，市委副书记、市长果果对 2021 年全市经济工作作了具体部署。会议传达学习中共十九届五中全会、中央经济工作会和区党委九届九次全会暨区党委经济工作会精神，听取市委常委会抓党的建设工作情况报告，审议通过《中共拉萨市委员会关于制定国民经济和社会发展第十四个五年规划和二〇三五年远景目标的建议》《市委九届七次全会暨市委经济工作会议决议》。会议总结2020年和“十三五”时期全市经济社会发展工作，一致认为，“十三五”时期的这五年，是拉萨社会大局持续和谐稳定的五年，是高质量发展加快推进的五年，是民生事业健康发展的五年，是基础设施支撑全面增强的五年，是改革开放取得重大进展的五年，是生态文明成效显著的五年。会议分析“十四五”时期经济社会发展面临的困难和挑战，强调从2021年开始，要团结带领全市各族人民，用15年的时间基本建成现代化。会议指出要坚决维护稳定、确保国家安全，要坚持以人民为中心、提升民生福祉，要坚持首府城市首位度作用、构建新发展格局，要大力发展实体经济和特色产业、提升核心竞争力，要坚持久久为功，建设美丽拉萨，要坚持绿色发展，加强生态保护修复。会议号召全市各级党组织和广大党员干部要牢记嘱托、感恩奋进，开拓进取、真抓实干，努力实现新的更大发展、作出新的更大贡献。市领导庄红翔、王念东、占堆、吴亚松、普卫东、王洪勇、阿努次仁、张正出席会议。九届市委委员、候补委员出席会议。在拉萨市的中共十九大代表、自治区第九次党代会在拉萨的部分基层代表，不是市委委员、候补委员的拉萨市地级党员领导，拉萨警备区政治工作部、武警拉萨支队主要负责人，不是市委委员、候补委员的市纪委委员，各县（区）委书记和县（区）长、发改委主任，市（中）直部门和单位、各功能园区党政主要负责人，市委巡察办主要负责人，市人大专委会、市政协专委会党员负责人，市属有关企业主要负责人等列席会议。

30日　第九批南京对口支援墨竹工卡县工作组临时党支部开展“走进军营锤党性争做援藏铁军先锋队”主题党日活动。

同日　《拉萨日报》报道：“十三五”规划以来，拉萨市坚持稳中求进、进中求好、补齐短板工作总基调，正确处理好“十三对关系”，以真抓实干进行“两个维护”，全市经济社会发展取得全方位进步、历史性成就。过去的5年，是拉萨高质量发展的5年。拉萨市始终坚持把改善民生、凝聚人心作为经济社会发展的出发点和落脚点，强化民生发展意识、突出民生发展重点、落实民生发展举措，各族群众的获得感、幸福感、安全感不断增强，安居乐业、民族团结、社会稳定、家园秀美的画卷在日光城徐徐铺展。过去的5年，是拉萨社会大局持续和谐稳定的5年。以便民警务站为中心，城镇网格化管理不断完善；驻村工作融洽干群关系，拉近心与心的距离；寺庙和谐稳定的基础不断夯实，呈现宗教和睦、佛事和顺、寺庙和谐的大好局面。过去的5年，是民生事业健康发展的5年。2016年以来，城关区不断深化医药卫生体制改革，实现“家庭医生签约”全覆盖。2020年起，老旧小区改造工程逐步开展，城市环境进一步优化。全力实施推进“美丽乡村、幸福家园”建设行动计划。“十三五”期间，基本实现充分就业，教育质量和普及程度显著提升，医疗卫生服务能力不断增强，体育事业蓬勃发展，成功创建国家公共文化服务体系示范区，新增城镇居民保障性住房2.1万套，城乡居民最低生活保障标准高于全区。过去的5年，是改革开放取得重大进展的5年。“放管服”改革持续深化，营商环境持续改善，市场主体规模达到2015年的2倍，市属国有企业资产突破1300亿元，实现“翻两番”。全区首个综合保税区加快建设，对口援藏工作不断深化，落实援藏资金37.8亿元。过去的5年。是生态文明成效显著的5年。污染防治攻坚战取得胜利，南北山造林、山体修复取得新突破，“绿色围城”格局形成。城市公共交通全部实现清洁能源化，“15分钟绿地便民服务圈”基本成型，拉萨市及当雄县被授予国家生态文明建设示范市（县）称号。

31日　市委副书记、市长果果主持市政府全体会议。审议讨论《拉萨市国民经济和社会发展第十四个五年规划和二〇三五年远景目标纲要（送审稿）》《政府工作报告（送审稿）》《拉萨市2020年国民经济和社会发展计划执行情况与2021年国民经济和社会发展计划（草案）的报告（送审稿）》《拉萨市2020年财政预算执行和2021年财政收支预算（草案）的报告（送审稿）》，听取《关于拉萨市第十一届人民代表大会第五次会议代表建议批评和意见办理情况的报告》。市委常委、常务副市长王念东、占堆出席会议，张永林、陆从福、郑卫国、刘亮参加会议。

同日　市委副书记、市长果果主持召开全市产业建设领导小组第四次电视电话会议，研究部署推进全市产业发展相关工作。会议听取全市产业发展工作总体推进建设情况及《拉萨市牦牛产业发展措施》等五个产业发展措施起草情况和主要内容；各县（区）、各有关部门结合实际，围绕产业发展措施及具体工作提出意见建议。市委常委、常务副市长占堆出席会议。张永林、陆从福、郑卫国、刘亮参加会议。

同日 市委副书记、组织部部长庄红翔主持召开市生态文明工作专班会议，听取全市生态文明相关工作开展情况汇报，研究部署下一步工作。副市长陆从福以及生态文明工作专班成员单位主要负责人参加会议。

同日 市人大常委会召开《拉萨市电动车通行管理条例》听证会。市人大常委会主任云丹出席会议。

同日 2020年拉萨市高校毕业生就业和农牧民专业就业新闻发布会举行。2020年各项就业任务指标均顺利超额完成，多项指标完成情况创历史同期新高。全市实现城镇新增就业1.46万人，城镇登记失业率控制在3.0%以内。应届高校毕业生已就业4765人，农牧民转移就业8.2万人。

同日 川藏铁路拉林段正线轨道铺通。拉林铁路正线全长435.5公里，新建正线403.1公里，为单线电气化Ⅰ级铁路，设计时速为160公里，全线新建车站34个，初期开站17个。

拉萨概况

自然人文概况

【地理位置】 拉萨市位于西藏自治区中部偏东南的雅鲁藏布江中游，拉萨河流经雅鲁藏布江支流拉萨河中游河谷平原，在西南郊注入雅鲁藏布江。地处北纬29° 14′ 26″—31° 03′ 47″，东经89° 45′ 11″—92° 37′ 22″，南北纬差1° 49′ 21″，东西经差2° 52′ 11″，东西跨距277公里，南北跨距202公里，总面积3万平方公里。东与林芝地区交界，南与山南地区紧连，西与日喀则地区接壤，北与那曲地区毗邻。

【行政区划】 拉萨作为西藏自治区首府，是历史文化"名城"、西藏稳定"要城"、雪域高原"净城"、改革开放"新城"，也是国家历史文化名城、中国优秀旅游城市、全国文明城市、国家园林城市、全国双拥模范城市、国家环境保护模范城市、国家卫生城市。拉萨现辖城关区、堆龙德庆区、达孜区3个区，曲水、尼木、当雄、墨竹工卡、林周5个县，有37个乡、12个镇、16个街道；60个居民委员会、221个村民委员会。年末，全市户籍人口为57.11万人，比2019年末增加1.23万人。

【拉萨气候】 拉萨气候条件多样，自南向北呈现温带半干旱、亚寒带半湿润、亚寒带半干旱等不同的气候类型。其主要特征表现为辐射强烈，日照多；气温低，昼夜温差大；季节性明显，夜雨率高；春季多大风，夏季多冰雹等强对流天气。年日照时数在3000小时以上，有"日光城"之称；干湿季明显，冬、春降雨少，天气干燥，多大风；雨季降水集中，年降水量为200—510毫米，主要集中在6—9月，多夜雨；年无霜期100—120天；平均气温低，日温差大，6月平均气温为15.7℃，平均最高气温为22.9℃，是一年中温度最高的月份，1月平均气温为-2℃，平均最低气温-9.7℃，是一年中温度最低的月份。多年极端最高温度为29.6℃，极端最低气温-16.5℃，分别出现在6月和1月，夏、秋季无高温。

【自然资源】 拉萨能源资源丰富，已探明各类矿产50多种，刚玉、高岭土、自然硫储量位居全国前列，铅锌矿、铁矿、铜矿储量分别达到40万吨、230万吨和460万吨。拉萨动植物资源独特，虫草、贝母、天麻、红景天、雪莲花等药用动植物达到1000多种，青稞、芫根、藏鸡、牦牛等高原特色农畜产品营养价值高。

土地资源。拉萨市有耕地58万亩，还有宜农土地101.78万亩、宜牧土地3109.69万亩、宜林土地252.9万亩。

能源。境内江河年均流量340亿立方米，湖泊储水200亿立方米。地下水丰厚，念青唐古拉主峰及附近约578平方公里的冰川和永久积雪带储存大量固体水。人均水量和每亩地占水量均高于全国水平。全市河流（不含雅鲁藏布江过境段）水能资源理论蕴藏量255万千瓦，地热田年热流量发电潜力15万千瓦，地热地区天然热流量发电潜力26.8万千瓦，年太阳总辐射值达202千卡/平方厘米。

农作物资源。粮食作物以青稞为主，次为小麦、豌豆、蚕豆、荞麦、玉米。经济作物主要有油菜，兼有少量的藏中药材。蔬菜作物中马铃薯、大蒜、藏葱、藏萝卜、蔓青等种植历史悠久，大白菜、小白菜、萝卜、甘蓝、芹菜、菠菜、空心菜、花菜、韭菜、莴笋、胡萝卜等在城镇郊区也广泛种植。随着高效日光温室、塑料大棚、地膜覆盖栽培技术的应用，食用菌、西红柿、辣椒、黄瓜、南瓜、葫芦、扁豆、茄子、西瓜、油桃、草莓等蔬菜水果品种达 90 余种。

树种资源。拉萨共有木本植物（含变种）105 种，其中乔木 41 种，隶属 20 个科。树种主要有高山松、乔松、西藏云杉、大果圆柏、侧柏、藏川杨、清溪杨、缘毛杨、银白杨、北京杨、新疆杨、小香杨、箭杆杨、山杨、优胜杨、钻天杨、加杨、长蕊杨、红柳、左旋柳、唐定柳、龙爪柳、垂柳、白榆、国槐、刺槐、复叶椿、臭椿、白醋、泡桐。干果油料树种有核桃和文冠果。果树有苹果、桃、李、梨、杏。可用造林的灌木有紫穗槐、沙生槐、沙棘、水柏枝、小叶杞子等。

动物资源。家畜主要有牦牛、黄牛、犏牛、马、骡、驴、绵羊、山羊和猪等。先后从区外引进 28 个家畜优良品种，黄牛有西门达尔、北京黑白花、滨州牛、三河牛、瘤牛，绵羊有新疆细毛羊、高加索细毛羊、茨盖羊和罗姆尼羊，山羊有陕西奶山羊、中卫山羊、绒山羊，猪有荣昌猪、内江猪、长白猪等。家禽主要有鸡、鸭、鹅等。野生动物主要有野牦牛、野驴、黄羊、藏羚羊、野马、鹿、黑颈鹤、天鹅、藏雪鸡等。

药材资源。主要有虫草、贝母、红景天、雪莲花、大黄、羌活、独活、高山党参、臭党参、藏沙参、黄花、刺参、麻黄、藏荆芥、曼陀罗、麝香、鹿茸、牛黄、牛鞭等。

矿产资源。现已发现 50 多种矿产、170 多处矿（化）点，主要有铁、铜、铅、锡、铝、银、金、地热、煤、泥炭、刚玉、石膏、自然硫、高岭土、石灰石、火山石、重晶玉、汉白石、花岗石、大理石等。其中，刚玉、地热居全国第一位，自然硫居全国第三位，高岭土居全国第五位；探明铜铅锌储量 43 万多吨，勘探工作尚在深入进行。

【历史文化】 拉萨作为西藏自治区首府，是一座具有 1300 年历史的古城。拉萨古称“惹萨”，藏语“山羊”称“惹”，“土”称“萨”。早在 7 世纪，松赞干布兼并邻近部落、统一西藏后，就从雅砻迁都逻些（今拉萨），建立吐蕃地方政权。“惹萨”也逐渐变成人们心中的“圣地”，成为当时西藏宗教、政治、经济、文化的中心，金碧辉煌、雄伟壮丽的布达拉宫，是至高无上、政教合一政权的象征。1951 年 5 月 23 日，西藏和平解放，拉萨城进入新的时代。1960 年，国务院正式批准拉萨为地级市。1982 年，又将其定为国家首批公布的 24 座历史文化名城之一。拉萨在漫长的历史进程中，经历文明的洗礼和文化的鼎盛与延续，积累和沉淀了丰厚的文明成果和文化遗产，它素以风光秀丽、历史悠久、文化灿烂、风俗民情独特、名胜古迹众多、宗教色彩浓厚而闻名于世。

【拉萨物产】 拉萨北部当雄全县和尼木、堆龙德庆、林周、墨竹工卡部分区、乡属藏北草原南沿，水草丰美，牧业兴旺，盛产牛羊肉类、酥油和牛绒、羊毛。中部是著名的拉萨河谷，南部属雅鲁藏布江中游，两地为西藏较好的农业区之一，盛产青稞、小麦、油菜籽和豆类，“拉萨一号”蚕豆更是饮誉中外的良种。拉萨周围具有经济价值和医疗作用的地热温泉遍地，堆龙德庆区的曲桑温泉、墨竹工卡县的德中温泉享誉整个西藏。

【旅游资源】 拉萨名胜古迹众多，景点星罗棋布。有气势恢宏的地质景观、磅礴玉洁的雪峰冰川、美丽恬静的草原风光、波光万顷的高原湖泊、气象万千的地热云雾和郁郁湿润的湿地林卡。全市有大、小寺庙 200 余座，仅市区内已被列为重点保护的文物古迹就有 40 多处。有风雨千秋的历史胜迹，有美妙绝伦的壁画、唐卡、造像，有几十万件库存文物，有独具神韵的民族歌舞、服饰和异彩纷呈的民俗风情。布达拉宫及以大昭寺为中心方圆 1.3 平方公里的古建筑群，被联合国教科文组织列入“世界文化遗产名录”。以布达拉宫和八角街为中心的拉萨新城，北至色拉寺，西至堆龙德庆区。纵目眺望拉萨城，邮电大楼、新闻大楼、拉萨饭店、西藏宾馆及各色建筑物参差交错，连连绵绵，一片新辉。站在布达拉宫顶上俯瞰拉萨全城，整个拉萨市区到处是掩映在绿树中的新式楼房，唯八廓街一带密布着颇具民族风格的房屋和街道。

（袁宏雁）

经济社会概况

【主要经济指标】 2020年,全市实现地区生产总值(GDP)678.16亿元,比2019年增长7.8%。其中:第一产业增加值22.45亿元,增长11.2%;第二产业增加值290.44亿元,增长16.5%;第三产业增加值365.27亿元,增长2.1%。全社会固定资产投资比2019年增长5.3%。城镇居民人均可支配收入43640元,比2019年增长10.0%,农村居民人均可支配收入18268元,比上年增长12.7%。城乡收入比为2.39∶1。

财政。2020年,全市完成公共财政预算收入107.26亿元,比上年下降8.4%,其中各项税收92.52亿元,下降12.2%。全年执行公共财政预算支出349.66亿元,比上年下降4.3%,其中社会保障和就业支出增长5.2%,医疗卫生支出增长6.9%。

金融。2020年末,全市金融机构本外币各项存款余额3139.28亿元,比年初增长8.7%;本外币各项贷款余额3391.35亿元,比年初增长2.7%。人民币各项存款余额3133.97亿元,比年初增长8.7%;人民币各项贷款余额3391.15亿元,比年初增长2.7%。

【农牧业】 2020年,全市粮食产量15.53吨,比上年下降0.7%。全市农林牧渔业总产值41.76亿元,其中:农业产值17.01亿元,林业产值0.45亿元,牧业产值23.85亿元,渔业产值0.02亿元,农林牧渔服务业产值0.43亿元。全年农作物总播种面积4.94万公顷。粮食种植面积2.68万公顷,比上年减少0.08万公顷,其中:青稞种植面积1.91万公顷,比上年增加0.04万公顷,小麦种植面积0.67万公顷,比上年减少0.13万公顷。蔬菜种植面积0.56万公顷,其中油菜种植面积0.42万公顷,比2019年减少0.02万公顷。年末,牲畜存栏总头数116万头(只、匹),其中,大牲畜存栏86.09万头(只、匹),猪存栏1.37万头。肉类产量3.42万吨,增长1.6%;禽蛋产量0.15万吨,增长79.9%;奶产量11.33万吨,增长5.2%;蔬菜产量27.56万吨,增长11.3%。2020年末,全市拥有农业机械总动力135.45万千瓦;农用化肥施用量为8624.05万吨。截至年底,全市成功打造高原奶业品牌,建成7座现代化农牧业产业园,6家国家级龙头企业,9个全国一村一品示范村镇。

【工业和建筑业】 2020年末,全市共有规模以上工业企业85家,比上年增加2家,增长2.4%;全年规模以上工业产品销售率为100.8%。规模以上工业总产值163.10亿元,比上年增长12.6%,规模以上工业增加值比上年增长11.3%。全市完成建筑业增加值216.71亿元,比上年增长18.8%。截至年底,全市有房地产企业60家,比上年增加9家。全年完成房地产开发投资比上年增长9.4%。房地产开发房屋施工面积664.99万平方米,比上年增长6.4%;全年房屋竣工面积5.43万平方米,商品房销售面积78.89万平方米。

【国内贸易】 2020年末,全市共有限额以上批零住餐企业(单位)146家,比上年增加13家;全年完成社会消费品零售总额369.35亿元,比上年下降3.8%。其中限额以上企业(单位)零售额为107.80亿元,增长1.3%,占全市社会消费品零售总额的29.2%。全市进出口贸易总额15.95亿元,比上年下降61.2%。其中,出口11.14亿元,下降67.7%;进口4.81亿元,下降27.4%。全市招商引资实际到位资金301.3亿元,比上年增长26.3%。

【交通、邮电和旅游】 2020年,建设农村公路221公里,年底全市农村公路(不含国道、省道)通车总里程达到5460公里。公交运营线路总长度1000.2公里,公交年客运量为6682万人次。全年完成邮电业务总量156.4亿元,其中,邮政业务总量2.8亿元,电信业务总量153.7亿元。年末固定及移动电话用户总数达到142.9万户,其中,移动电话用户112.6万户。接待国内外游客2008.03万人次,比上年下降14.1%,其中,入境游客0.24万人次,下降99.0%;国内游客2007.79万人次,下降13.2%。全年旅游总收入301.84亿元,比上年下降13.4%;旅游外汇收入266.4万美元,下降98.3%。

【城市建设】 2020年,泽贡、拉那羊八井段高等级公路建成通车,领峰国际智慧物流园、高原食品冷链中心完成建设。打通32条城市“断头路”,新建停车位2万个，完成直供电改造3.6万户。截至年底，市区供水管网总长度为1034.31公里，全年自来水总供水量13568万立方米。全市售水量7574万立方米，其中，生产运营用水2022万立方米，公共服务用水1874万立方米，家庭居民用水2886万立方米，其他用水792万立方米；免费用水698万立方米。

【教育】 2020年末，全市共有高等院校1所（市属）、中等职业学校2所、普通中学23所、小学73所、幼儿园273所、特殊学校1所。全市小学学龄儿童纯入学率达99.96%，毛入学率达106.56%，义务教育巩固率保持在99.03%。

【文化】 2020年末，全市共有艺术表演团299家（含村业余团）、博物馆8家。全市广播节目综合人口覆盖率为99.25%，电视节目综合人口覆盖率为99.46%。推出《金城公主》舞台剧等一批优秀文艺作品，文创园区获评国家级文化产业试验园区。

【卫生】 2020年末，全市共有卫生机构476个，其中，医院27家。基层卫生医疗机构434家，其中，社区卫生服务中心（站）12家，卫生院53家，村卫生室190家，门诊部8家，诊所、卫生所、医务室171家。专业公共卫生机构14家，其中，疾病预防控制中心10家，妇幼保健院（所、站）3家，采供血机构1家。其他卫生机构1家。医学在职培训机构1家。全市实际开放床位数4414张，各类卫生技术人员6762人，其中，执业（助理）医师2901人。

【环境保护】 2020年，拉萨市空气质量优良天数为366天，全年空气优良率达100%。全年PM2.5的平均浓度为12微克/米^3，全国168个重点城市中拉萨市空气质量排名第二位。集中式饮用水水源地水质符合《地下水质量标准》（GB/T 14848—2017）中Ⅲ类或优于Ⅲ类标准；全市国控断面水质符合《地表水环境质量标准》（GB 3838—2002）表1中Ⅲ类水标准限值。

【社会保障】 2020年末，市属参加城乡居民基本养老保险人数20.4万人，比上年减少1.9万人；参加企业职工基本养老保险人数9.1万人，比上年增加0.9万人；参加城乡居民基本医疗保险人数40.7万人，比上年增加1.8万人；参加城镇职工基本医疗保险12.6万人，比上年增加1.6万人。参加失业保险人数8.9万人，比上年增加1.4万人。参加工伤保险人数12.4万人，比上年增加0.4万人，参加生育保险人数10.5万人，比上年增加1.7万人。城镇居民最低生活保障人数0.7万人，农村最低生活保障人数为0.5万人。全市特困供养人数1298人，其中，集中供养人数211人。城乡医疗救助人数2572人。

（袁宏雁）

中国共产党拉萨市委员会

综述

【概况】 2020年,拉萨市坚持以习近平新时代中国特色社会主义思想为指导,深入贯彻落实中共十九大和十九届二中、三中、四中、五中全会及中央第七次西藏工作座谈会精神,贯彻落实习近平总书记关于西藏工作的重要论述和新时代党的治藏方略,坚持以人民为中心的发展思想,树牢新发展理念,紧紧围绕"四件大事",以处理好"十三对关系"为工作方法,全力以赴做好"六稳"工作、落实"六保"任务,各项工作都取得新进展、新突破。

【始终坚决做到"两个维护"】 深入学习贯彻习近平新时代中国特色社会主义思想。坚持每月利用两个晚上开展"学习习近平新时代中国特色社会主义思想·建小康拉萨"专题学习研讨,分专题分板块系统学习,先后召开35次市委常委会会议、13次理论学习中心组学习会,及时跟进学习习近平总书记最新重要讲话和重要指示精神,不断提高转化应用能力。深入贯彻落实习近平总书记重要指示批示精神和党中央决策及区党委部署。深入学习宣传贯彻中共十九届五中全会和中央第七次西藏工作座谈会精神,实施"六个一"宣讲行动,努力实现"家喻户晓、人人皆知",召开市委九届六次全会和市委九届七次全会暨市委经济工作会议对贯彻落实工作进行具体部署;制定《拉萨市学习贯彻党中央决策和自治区党委部署推动市委中心工作机制》,严格对标对表、建立工作台账,构建工作闭环、狠抓工作落实。开展巡视整改工作。区党委巡视反馈的89项问题中84项已完成整改、5项取得阶段性成效;中央环保督察反馈141项问题96项已完成整改、45项取得阶段性成效;持续巩固中央脱贫攻坚专项巡视反馈问题整改成效,顺利通过国务院脱贫攻坚普查。

【维护国家安全和社会稳定】 全面维护意识形态安全。严格落实意识形态责任制,梳理排查意识形态领域风险点并落实防控措施,加强主流媒体、互联网等阵地管理,强化正面宣传、批驳错误言行,牢牢掌握意识形态领域主导权;深化民族团结进步创建,实施中华文化视觉印象工程,开工建设中华文化公园,制定其他省市能手帮助本地群众提升大棚种植水平的租金补贴政策,铸牢中华民族共同体意识;把"管脑子"摆在更加突出的位置,用总书记经典语句教育引导群众,持续深化"四讲四爱""遵行四条标准、争做先进僧尼"教育实践活动,全面开展"五有五好"文明村镇创建和"讲村史、谈变化、颂党恩"大讨论活动,各族群众"五个认同"不断增强;以疫情防控为契机引导信教群众少转经、不聚集。持续提升社会治理水平。深入推进党建引领基层治理改革,扎实推进全国市域社会治理现代化试点创建,促进便民警务站与公安派出所融合,优化网格联户设置,优化乡镇(街道)机构设置并理顺权责关系,建立村(社区)事项准入制度,基层治理体制机制进一步健全完善;深入开展扫黑除恶专项斗争,持续加强公共安全监管,确保不发生重特大安全事故。

【疫情防控】 全面落实中央决策和区党委部署。第一时间贯彻落实中央和区党委疫情防控要求，提前预判风险，科学果断决策，建立联防联控机制，及时调整防控策略，实现15天确诊病例清零、30天基本恢复正常生产生活秩序、11个月保持零疑似和零确诊；迅速组织实施网格化管理，广大医护人员、党员干部干警主动投身疫情防控最前沿，做好区外来拉人员隔离期间服务保障，牢牢守住疫情防线；组织动员民营企业、民办医院、慈善机构积极出力、捐赠物资，各族群众风雨同舟、众志成城，谱写各民族互帮互助的拉萨抗疫篇章。统筹推进疫情防控和经济社会发展。积极应对疫情影响，狠抓防控物资储备和保障，迅速组织恢复速生型蔬菜生产，全力保障“米袋子”“菜篮子”等生活必需品供应；在全国主要城市中率先实现复工复产、复商复市，在全区率先实现经济复苏。

【保障改善民生】 坚持就业优先。深挖潜力、拓宽渠道、精准就业。高校毕业生就业率达到99.7%，实现农牧民转移就业8.2万人，启动本土实用技能人员培育工程，培育1144人。优先发展教育。新建各级学校10所，增加义务教育阶段学位8240个，消除义务教育学校“大班额”164个，北京中学、江苏实验中学、北京实验中学成功创建全区示范高中，推进中职学校双证教育并初见成效。加快发展医疗卫生事业。实施紧密型县域医共体建设，不断提升疾病预防控制和应急处置能力，居民医保人均财政补助标准提高到122元，人均寿命由2015年的68.2岁提高到70.6岁。健全养老服务体系。推进居家和社区养老服务改革试点，出台系列配套政策，累计建设日间照料中心15个，全面推进公办养老机构社会化运营。强化兜底保障，农牧民医疗参保、大病保险覆盖率均达到100%，基本医疗保险最高支付限额由8万元提高到60万元，城乡低保标准分别提高到911元/月和4813元/年。制定低收入家庭物价补贴实施办法，把低保边缘群体纳入保障范围。

【“三大攻坚战”】 高质量巩固脱贫成果。严格落实“四个不摘”要求，健全返贫监测预警机制，强化帮扶措施，最大限度防止返贫致贫，脱贫群众人均可支配收入达到1.4万元；启动“美丽乡村·幸福家园”建设行动，系统改善提升农牧区住房、村容村貌、基础设施、产业发展、乡风文明水平，高质量巩固脱贫成效并同乡村振兴有效衔接。打好污染防治攻坚战。推进大气、水资源、土壤、固废、噪声、白色污染防治工作，在棚户区、老旧小区改造和滨河路建设中同步部署给排水管网，白淀污水处理厂投入运行，中水回用稳步推进，完成全市饮用水水源地保护区调整，全市空气质量优良率100%，国控断面和水源地水质达标率100%，土壤环境质量总体稳定。坚决防范和化解重大风险。建立全市风险隐患大排查大清理大整治工作机制，对全市金融企业进行全覆盖实地排查整治。

【高质量发展】 坚定不移贯彻新发展理念，突出高质量发展，坚持民生导向，城镇和农村居民人均可支配收入分别增长10%、13%，地区生产总值预计增长7%，经济发展速度、农村居民人均可支配收入、人均GDP超过全国平均水平。培植特色产业优势。19个集中连片设施农牧业基地提质增效，以香雄美朵和柳梧达东为代表的乡村旅游发展势头强劲，达东、波玛等7个村获评第二批全国乡村旅游重点村，拉萨综合保税区顺利推进，顿珠金融城基本建成，宁算数据中心竣工验收，“数字拉萨·城市大脑”和柳梧新区数字产业基地加快建设。推进创新发展。新增“四上”企业85家，规上科技型领军企业达到22家，依托现代农牧科技推进曲水、林周牦牛繁育迈出新步伐，科技对经济的贡献率达到54%，“双创”工作连续两年受到国务院表扬。提升城市品位。坚持城市总体设计理念，加快国土空间规划“一张图”基础信息平台建设；始终把保护城市历史文脉摆在突出位置，整体申报老城区保护提升项目并扎实开展相关工作，完成大昭寺广场重新铺装；坚持把解决城市居民特别是老城区困难家庭住房困难问题摆在突出位置，扎实推进“棚户区”改造和各类保障性住房建设，启动实施老旧小区改造工作，同步推进健全完善小区物业管理制度；坚持用“绣花”功夫抓好城市建设管理，建成首个城市综合管廊（管沟），加快构建城市精细化管理体系，投入运行城市综合管理信息化平台，坚决治理违法建筑、交通拥堵、反复开挖、施工扬尘、停车难等难题顽症，全年新增停车位5203个；扎实推进户籍制度改革工作，全市常住人口城镇化率接近60%。

【深化改革】 加强对全面深化改革的统筹规划、整体推进，110项年度重点改革工作均实现稳步有序推进。巩固深化机构改革。推进人员融合、业务融合，完成6个领域综合行政执法队伍建设，制定乡（镇）政府（街道办）三项清单制度，推动机构职能优化协同高效。深化放管服改革。将三级政务服务大厅打造成“一站式”综合服务平台，设立“首贷服务中心”，扎实推进“营改增”“减税降费”等改革，取消调整行政审批职权183项，行政审批事项承诺时限压缩一半以上，全市市场主体达到12.6万户。稳步推进国企改革。启动国有企业改革3年行动，推进国有企业分类划级管理、国有企业负责人经营业绩考核、国有企业资产负债分类管控和国有企业党的建设工作，提高国企经营效率和管理水平，市属国企总资产超过千亿元。推进“三农”改革。完成农村土地承包经营权确权登记颁证并得到中央农办和农业农村部通报表扬，开展集体资产清产核资，建立全市统一的农村产权交易信息服务平台；制定乡村振兴工作征求群众意见的机制，推广干部“点对点”抓扶贫产业项目等创新机制，村集体经营性收入超过50万元的村（居）达到40%，年收入100万元以上的村集体经济增加10个，达到86个。

【生态文明建设】 落实最严格的生态环境保护制度。始终坚持生态保护第一，落实最严格的生态环境保护制度，执行最严格的生态保护政策，建立生态环境损害责任追究联动机制。坚持“三高”企业和项目零引进、零审批，初步划定8个县（区）生态保护红线和中心城区城镇开发边界。推进生态修复治理。扎实推进山水林田湖草沙系统综合治理，实施“绿色围城”工程，南北山造林取得明显成效，山体沙化现象得到有效遏制；率先在全区消除4300米以下“无树村”和“无树户”，采取过硬措施加强原生植被保护；拉萨河综合整治稳步推进，城市水系恢复联通，拉鲁湿地保护成果市民共享，“15分钟绿地生活圈”基本成型。开展绿色创建。出台专项推进绿色出行等工作的实施方案，新能源公交车、出租车占比均达到100%；开展生活垃圾强制分类，生活垃圾处理率达到100%，建成一体化垃圾分类无害化处理、资源化利用的静脉产业园区；持续开展农村人居环境综合治理，有条件的村庄卫生厕所普及率达到85%，拉萨市、当雄县被列入国家生态文明建设示范市（县）。

【社会主义民主法治建设】 始终坚持党的领导、人民当家作主、依法治国有机统一，支持人大、政协和监委、法院、检察院依法履职，引导工青妇等群团组织开拓工作领域。提升人大依法履职能力。建立立法工作联席会议制度、人大代表联系人民群众实施细则、人大立法咨询专家库管理办法，健全三级人大代表联系机制，依法修改《拉萨市爱国卫生管理条例》，启动《拉萨市城市管理条例》《拉萨市物业管理条例》等7项立法，人大依法履职能力不断提升。发挥社会主义协商民主作用。建立健全政协委员履职档案、常委提交履职报告、委员履职评价及激励机制等制度，完善专委会工作规则、多层次联络服务委员制度，社会主义协商民主作用不断发挥。巩固和发展爱国统一战线。健全党外知识分子和新的社会阶层人士数据库、爱国人士及其后代人员信息库、民营经济代表人士信息库，健全党外人士联系联谊工作机制，落实宗教教职人员5年培训规划，依法做好宗教界人士服务管理工作，不断巩固和发展爱国统一战线。

【从严治党】 加强党的政治建设。制定市委和市直部门党委（党组）落实全面从严治党主体责任清单，修改完善市委常委会工作规则，推动建立权责对等、分类有序的主体责任体系；出台加强党的政治建设的21条具体措施，查处违反政治纪律案件8件25人。加强基层组织建设。巩固村（社区）“两委”班子成员100%是党员成果，推进“1+3”专干工程，开展社会工作者职业体系建设试点，实施村居干部能力素质提升工程；整顿软弱涣散基层党组织39个，建设基层党建示范点37个；扩大基层党组织覆盖面，全市符合“三有”标准非公企业党组织覆盖率达到32.75%，社会组织党组织覆盖率达到97.83%。加强干部人才队伍建设。坚持好干部标准选任干部，创新开展领导干部工作状态随机测评，完善正向激励机制，落实人才培养使用23条措施，深化人才援藏工作。深入推进党风廉政建设和反腐败斗争。深刻吸取孙某祥、杜某、格桑某珠案件教训并抓好以案示警，坚决查处不作为慢作为问题7件32人，查处侵害群众利益腐败和不正之风问题26件52人；开展违反中央八项规定精神问题自查清理纠治，主动自查问题2351条，运用“四种形态”处理757人次；落实为基层减负要求，推动基层统计“一张表”，市级层面发文、会议分别减少12.9%和18.3%。

（姚雪梅）

重要会议、重大活动

【市委常委会会议】 1月9日，自治区党委常委、市委书记白玛旺堆主持召开市委常委会会议，研究中共拉萨市人民政府党组关于审定《2020年购买社会救助服务加强基层救助经办服务能力的方案》的请示，研究中共拉萨市堆龙德庆区委员会关于《堆龙德庆区关于试点开展村（居）社会公众职业体系建设的实施方案》的请示。

1月20日，自治区党委常委、市委书记白玛旺堆主持召开市委常委会，会议传达学习中央农村工作会议精神、中央财经委员会第六次会议主要精神和中共中央政治局“不忘初心、牢记使命”专题民主生活会主要精神，安排部署工作。

1月27日，自治区党委常委、市委书记白玛旺堆主持召开市委常委会会议，传达学习自治区党委常委会会议关于做好新型冠状病毒感染的肺炎疫情防控工作精神，研究全市贯彻落实意见，安排部署全市疫情防控工作。

2月4日，自治区党委常委、市委书记、市新型冠状病毒感染的肺炎疫情联防联控工作领导小组组长白玛旺堆主持召开市委常委会会议，传达学习2月3日中共中央政治局常务委员会会议精神和2月4日自治区党委常委会会议精神；听取全市新型冠状病毒感染的肺炎疫情联防联控工作领导小组各组、各县（区）和经济功能区疫情防控工作开展情况、存在问题和建议的汇报，研究部署市新型冠状病毒感染的肺炎疫情联防联控工作。

3月1日，自治区党委常委、市委书记、市应对新冠肺炎疫情防控工作领导小组组长白玛旺堆主持召开市委常委会会议，传达学习习近平总书记给西藏大学医学院2015级临床医学专业本科班在北京大学首钢医学院实习的17名学生的回信精神和在中央有关会议上的重要讲话和重要指示精神，听取相关工作汇报，并对全市疫情防控、经济社会发展和维护稳定等工作进行安排部署。会议充分肯定全市疫情防控工作开展情况。

4月2日，自治区党委常委、市委书记、市应对新冠肺炎疫情防控工作领导小组组长白玛旺堆主持召开市委常委会会议，传达学习习近平总书记等领导重要讲话精神，学习中共中央政治局会议、自治区党委常委会会议等重要会议精神以及自治区领导批示精神；研究并原则同意《拉萨市医疗卫生领域共同财政事权和支出责任划分改革实施方案》等；听取相关工作汇报，安排部署疫情防控、经济社会发展和维护稳定等工作。会议充分肯定全市疫情防控工作取得的成绩。

4月17日，市委召开常委会会议，传达学习习近平总书记重要讲话精神、《中共中央办公厅印发〈关于持续解决困扰基层的形式主义问题为决胜全面建成小康社会提供坚强作风保证的通知〉》等文件精神、自治区党委常委会会议精神、吴英杰书记讲话精神等；听取关于做好当前全面疫情防控工作的建议、全市中央环保督察反馈问题整改情况等工作汇报；研究并原则同意《拉萨市委党的建设工作领导小组2020年工作要点》等文件。自治区党委常委、市委书记、市应对新冠肺炎疫情防控工作领导小组组长白玛旺堆主持会议。

5月6日，自治区党委常委、市委书记白玛旺堆主持召开市委常委会会议，传达学习4月17日中央政治局会议、4月19日中央政治局常委会会议精神，习近平总书记在陕西考察时的重要讲话精神，传达学习自治区党委常委会会议精神，听取关于做好全市疫情防控工作建议的汇报；传达学习《国务院办公厅关于开展国家脱贫攻坚普查的通知》、全国政协主席汪洋、自治区党委书记吴英杰对《范小建同志关于白托村远程调研追记》批示精神和吴英杰谈脱贫攻坚访谈文章《以对党绝对忠诚的态度坚决抓好整改确保脱贫成效经得起历史和人民的检验》，研究拉萨市贯彻落实意见；听取全市信息化工作进展情况汇报，安排部署有关重点工作。

5月19日，自治区党委常委、

市委书记白玛旺堆主持召开市委常委会会议，传达学习5月15日中共中央政治局会议精神，习近平总书记在党外人士座谈会上的重要讲话精神、给郑州圆方集团全体职工的重要回信精神，九届区党委第138次常委会会议精神和自治区党委编委2020年第一次会议精神，听取《中共拉萨市委员会关于“不忘初心、牢记使命”主题教育整改工作推进情况报告》，研究并原则同意《拉萨市人民政府党组关于审定〈拉萨市重大行政决策责任追究办法〉的请示》《拉萨市人民政府党组关于审定〈拉萨市关于处置违法用地和违法建设行为查处的实施方案〉〈拉萨市建法用地和违法建设行为查处暂行办法〉的请示》《中共拉萨市委员会关于贯彻〈中国共产党机构编制工作条例〉的实施意见》。

6月2日，自治区党委常委、市委书记白玛旺堆主持召开市委常委会会议，传达学习习近平总书记关于疫情防控和复工复产工作的重要论述，习近平总书记给袁隆平、钟南山、叶培建等25位科技工作者代表的重要回信精神，习近平总书记对毛南族实现整族脱贫作出的重要指示精神，习近平总书记向全国各族少年儿童的节日祝贺精神，习近平总书记5月26日在《关于2020年以来西藏重点工作情况的汇报》上的重要批示精神和丁薛祥、吴英杰的批示精神，九届区党委第139次常委会会议精神，传达学习全国“两会”精神，研究全市贯彻落实意见，研究并原则同意《拉萨市人民政府党组关于审定〈拉萨市促进拉萨籍高校毕业生区外就业创业的具体措施〉的请示》《中共拉萨市委组织部关于市人民政府办公室等12家单位党组、党（区）委调整事宜的请示》。

6月15日，自治区党委常委、市委书记白玛旺堆主持召开市委常委会会议，传达学习习近平总书记在中央政治局第二十次集体学习时的重要讲话精神、在专家学者座谈会上的重要讲话精神、对海南自由贸易港建设作出的重要指示精神、致信祝贺哈尔滨工业大学建校100周年贺信精神、在宁夏考察时的重要讲话精神；传达学习自治区党委书记吴英杰在拉萨调研城市水系修复及生态治理、城市规划建设和生态环境保护工作时的讲话精神，研究全市贯彻落实意见；研究并原则同意《中共拉萨市委员会全面深化改革委员会2020年工作要点》《中共拉萨市委员会财经工作委员会2020年工作要点》；听取全市招商引资工作开展情况汇报，研究部署下一步工作。

6月23日，自治区党委常委、市委书记白玛旺堆主持召开市委常委会会议，传达学习全国教育对口支援西藏工作视频会议精神和2020年西藏自治区深度贫困地区脱贫攻坚现场推进暨深化对口援藏扶贫工作会议精神，研究全市贯彻落实意见；研究并原则同意《拉萨市委统一战线工作领导小组2020年工作要点》《拉萨市委统一战线工作领导小组工作规则》《拉萨市委统一战线工作领导小组办公室工作细则》，听取全市党建和生态文明建设工作、党风廉政建设及反腐败工作、河湖长制工作开展情况汇报，研究部署下一步工作。

7月7日，自治区党委常委、市委书记白玛旺堆主持召开市委常委会会议，传达学习6月29日习近平总书记在主持中共中央政治局第二十一次集体学习时的重要讲话精神等重要指示精神，区党委第140次、142次常委会（扩大）会议精神，听取全市公安工作、全市精神文明建设和意识形态工作开展情况、全市食品药品监督管理工作开展情况汇报，研究部署下一步工作，研究并原则同意《拉萨市居家和社区养老服务改革试点工作实施方案》《市政府党组关于审定〈拉萨市深化国资国企改革三年行动方案（2020—2022年）〉和〈拉萨市属国有企业整合重组方案〉的请示》。

7月27日，自治区党委常委、市委书记白玛旺堆主持召开市委常委会会议，传达学习7月17日中共中央政治局常务委员会会议精神，习近平总书记在企业家座谈会、视察空军航空大学、吉林考察调研时的重要讲话精神，习近平总书记给中国少年先锋队第八次全国代表大会的贺信精神，区党委第144次、145次常委会会议精神；传达学习自治区党委书记吴英杰，自治区党委副书记、自治区主席齐扎拉主席在拉萨调研时的讲话精神；传达学习吴英杰书记在听取巡视情况汇报时的讲话精神，研究全市巡视整改工作；研究并原则同意《拉萨市委国家安全委员会2020年工作要点》。

8月7日，自治区党委常委、市委书记白玛旺堆主持召开市委常委会会议，传达学习7月30日中共中央政治局会议精神，习近平总书记在中央政治局第二十二次集体学习、党外人士座谈会上的重要讲话精神和对“十四五”规划编制工作作出的重要指示精神，习近平总书记在北斗三号全球卫星导航系统开通仪式上的重要讲话精神及中共中央、国务院、中央军委贺电精神，习近平总书记对研究生教育工作作出的重要指示精神和李克强总理批示精神，区党委第146次常委会会议精神；研究并原则同意《中共拉萨市人民政府党组关于〈拉萨市2020年上半年经济运行分析下半年工作建议〉的请示》。

8月13日，自治区党委常委、市委书记白玛旺堆主持召开市委常委会会议，传达学习习近平总书记对制止餐饮浪费行为作出的重要指示精神，习近平总书记7月28日在中央农办、中央改革办呈报《关于山东省合村并居问题的调研报告》上作出的重要批示精神，国务院副总理胡春华在藏调研期间的讲话精神，区党委第147次常委会会议精神，8月10日自治区党委书记吴英杰在拉萨调研国土绿化工作时的讲话精神，中央层面整治形式主义为基层减负专项工作机制会议纪要精神，吴英杰对做好基层工作的批示精神，刘江同志在自治区为基层减负工作第四次推进工作会上的讲话精神，研究全市贯彻落实意见；研究并原则同意《拉萨市委关于区党委第一巡视组巡视反馈意见的整改方案》《拉萨市委全面依法治市委员会2020年工作要点》；听取雪顿节期间总体工作安排汇报及维稳防疫等工作建议，安排部署具体工作。

9月4日，自治区党委常委、市委书记白玛旺堆主持召开市委常委会会议，传达学习8月31日中共中央政治局会议精神，习近平总书记在中央全面深化改革委员会第十五次会议、经济社会领域专家座谈会、中国人民警察队伍授旗仪式上的重要讲话精神和给建设和守护密云水库的乡亲们的回信精神，区党委第149次常委会（扩大）会议精神、全区秋冬季新冠肺炎疫情防控工作电视电话会议精神，研究全市贯彻落实意见；研究并原则同意《市政府党组关于审定〈拉萨市城市供暖补贴资金实施方案〉的请示》《市政府党组关于审定〈加快信息化发展的意见〉的请示》。

9月17日，自治区党委常委、市委书记白玛旺堆主持召开市委常委会会议，传达学习中共中央国务院中央军委举行纪念中国人民抗日战争暨世界反法西斯战争胜利75周年座谈会、中央财经委员会第八次会议精神，习近平总书记在2020年中国国际服务贸易交易会全球服务贸易峰会上的致辞、向全国广大教师和教育工作者的节日祝贺和慰问、在全国抗击新冠肺炎疫情表彰大会、科学家座谈会上的重要讲话精神，区党委第150次常委会会议精神；研究拉萨市第二批“美丽乡村·幸福家园”建设行动计划政策、城市生活拉萨分类管理、优化营商环境、试行零基预算管理、财政存量资金管理等工作。

9月25日，自治区党委常委、市委书记白玛旺堆主持召开市委常委会会议，传达学习习近平总书记在湖南考察时的重要讲话精神、对新时代民营经济统战工作作出的重要指示精神及全国民营经济统战工作会议主要精神、致中国延安精神研究会第六次会员大会的贺信精神、向全国广大农民和工作在“三农”战线上的统战们的节日祝贺和慰问精神、在第七十五届联合国大会一般性辩论上的重要讲话精神，习近平总书记对供销合作社工作作出的重要指示精神和李克强总理的批示精神，区党委第151次常委会会议精神；研究并原则同意《中共拉萨市人民政府党组关于审定〈拉萨市生态环境损害赔偿制度改革实施方案〉的请示》。

10月11日，自治区党委常委、市委书记白玛旺堆主持召开市委常委会会议，传达学习习近平总书记对“十四五”规划编制工作网上意见征求活动作出的重要指示精神、在中央政治局第二十三次集体学习时的重要讲话精神，9月28日中共中央政治局会议精神，第三次中央新疆工作座谈会精神，关于妥善防范化解“邻避”问题推进周光大项目实施的意见精神，自治区党委书记吴英杰在《求是》发表《全面贯彻新时代党的治藏方略》的署名文章精神，九届区党委第152次常委会（扩大）会议精神，区党委九届八次全会精神。会议决定于10月12日召开中国共产党拉萨市第九届委员会第六次全体会议。会议指出要准确把握工作要求，坚持新发展理念，加强顶层设计，强化规划引领，科学编制好“十四五”规划。要高度重视考古工作，科学统筹考古成果挖掘、整理和宣传工作。要用心学习领会习近平总书记在第三次中央新疆工作座谈会上重要讲话精神，积极学习借鉴经验做法，抓好贯彻落实。要加强信息公开，妥善防范化解“邻避”问题，推进重大项目顺利实施。

10月23日，自治区党委常委、市委书记白玛旺堆主持召开市委常委会会议，传达学习10月16日中共中央政治局会议精神，习近平总书记在中央党校（国务院行政学院）中青年干部培训班开班式、广东考察、深圳经济特区建立40周年庆祝大会、中共中央政治局第二十四次集体学习时的重要讲话精神，习近平总书记在第七个国家扶贫日到来之际对脱贫攻坚工作作出的重要指示精神，十九届重要第六轮巡视工作动员部署会精神，中央巡视工作领导小组派出“讲师团”赴西藏开展巡视指导督导专题培训会议精神，中央第十巡视组巡视西藏自治区动员会精神及苗庆旺、吴英杰在会上的讲话精神，区党委第153次、154次常委会会议精神，吴英杰尼木当雄调研指示精神，《中共西藏自治区纪律检查委员会关于2020年中秋国庆期间落实中央八项规定精神及制止餐饮浪费工作监督检查情况的通报》精神，通报《中共拉萨市纪委〈关于2020年上半年查出违反中央八项规定精神问题的情况报告〉》、区党委第一巡视组巡视反馈意见整改进展情况，传达学习《中共西藏自治区委员会办公厅关于印发〈西藏自治区市、县（市、区）党委常委会向全会报告工作并接受监督的规定〉的通知》，听取全市推动全面从严治党工作汇报及下一步工作建议等。研究并原则同意中共拉萨市委关于贯彻《中共西藏自治区委员会关于贯彻〈中国共产党农村工作条例〉的实施办法》的细则、《拉萨市深化农业综合行政执法改革的实施方案》《拉萨市深化旅游市场综合行政执法改革的实施方案》《拉萨市深化交通运输综合行政执法的实施方案》《拉萨市深化文化市场综合行政执法改革的实施方案》《拉萨市深化生态环境保护综合行政执法改革的实施方案》和《关于交通运输等6个领域综合行政执法队伍机构编制方案》。

11月5日，自治区党委常委、市委书记白玛旺堆主持召开市委常委会会议，传达学习中共十九届五中全会、中央全面深化改革委员会第十六次会议精神；传达学习习近平总书记在10月22日中共中央政治局常务委员会会议、8月25日党外人士座谈会、纪念中国人民志愿军抗美援朝出国作战70周年大会、参观“铭记伟大胜利捍卫和平正义——纪念中国人民志愿军抗美援朝出国作战70周年主题展览”、参加第七次全国人口普查登记时的重要讲话精神和给四川省革命伤残军人休养院全体老干部、给中国戏曲学院师生的重要回信精神；传达学习习近平总书记对新时代推进农村土地制度改革、做好农村承包地管理工作作出的重要指示精神，李克强总理批示精神和全国农村承包地确权登记颁证工作总结暨表彰电视电话会议精神及区党委第155次常委会（扩大）会议精神；传达学习蒋建国在拉萨调研座谈会上的讲话精神，并研究拉萨市对相关工作的贯彻落实意见。研究并原则同意《拉萨市2020年目标绩效争先进位考核办法》《拉萨市市属国有企业领导人管理办法（试行）》及《拉萨开发园区总体发展规划》《拉萨市文明城市创建工作实施意见（送审稿）》。

11月19日，自治区党委常委、市委书记白玛旺堆主持召开市委常委会会议，传达学习习近平总书记对川藏铁路开工建设作出的重要指示和李克强总理批示精神，习近平总书记对平安中国建设作出的重要指示精神和平安中国建设工作会议精神；传达学习自治区党委书记吴英杰在堆龙德庆区宣讲中共十九届五中全会精神、调研乡村振兴工作时的指示精神及区党委第156次常委会（扩大）会议精神，并研究全市对相关工作的贯彻落实意见。对深入推进全市党风廉政建设和反腐败工作进行安排部署。

12月1日，自治区党委常委、市委书记白玛旺堆主持召开市委常委会会议，传达学习习近平总书记在中央全面依法治国工作会议上的重要讲话精神，在江苏考察时、在全面推动长江经济带发展座谈会上的重要讲话精神，在浦东开发开放30周年庆祝大会上的重要讲话精神，在全国劳动模范和先进工作者表彰大会上的重要讲话精神，向2020年“读懂中国”国际会议（广州）、2020年中国5G+工业互联网大会、世界互联网大会·互联网发展论坛的重要贺信精神，对做好关心下一代工作作出的重要指示精神及区党委第157次常委会会议精神和《国务院办公厅关于〈学习贯彻党的十九届五中全会精神〉》及全区秋冬季新冠疫情防控工作再部署电视电话会议精神，全国村（社区）“两委”换届工作电视电话会议主要精神和《中共西藏自治区委员会关于加强党的政治建设的实施意见》；研究并原则同意《中共拉萨市人民政府党组关于审定〈拉萨市行政执法公示办法〉〈拉萨市行政执法全过程记录办法〉〈拉萨市重大行政执法决定法制审核办法〉的请示》《中共拉萨市人民政府党组关于审定〈2020年前三季度全市经济运行分析及下一步工作建议〉的请示》《中共拉萨市人民政府党组关于〈拉萨市2020年财政预算调整方案〉的请示》《关于贯彻落实国务院扶贫开发领导小组2020年脱贫攻坚成效考核要求，自治区党委书记吴英杰批示精神及自治区脱贫攻坚指挥部第14次会议精神的意见》；研究拉萨市相关工作若干举措和贯彻落实意见。会议强调要科学把握新发展理念，加快构建新发展格局，坚持稳中求进工作总基调，正确处理城市生产生活和生态环境保护的关系，推动经济社会高质量发展、可持续发展，不断提升人民生活品质。会议指出要加大宣传力度，树立先进典型，激励各族群众用实干创造幸福生活。要把握信息革命历史机遇，培育创新发展新动能，确保信息发挥最大效应。要加强对关心下一代工作的领导，为培养社会主义建设者和接班人作出新的更大贡献。要加强组织领导和精准指导，严格依法依规、抓细抓实村（社区）“两委”换届工作。要时刻绷紧疫情防控这根弦，严格落实外防输入各项措施，做好打持久战的准备。

12月15日，自治区党委常委、市委书记白玛旺堆主持召开市委常委会会议，传达学习习近平总书记重要讲话精神和中共中央政治局会议精神；传达学习自治区强边工作会议精神和区党委第158次、159次常委会会议精神；传达学习自治区党委书记吴英杰对拉萨市“燃灯节”工作作出的批示精神，研究拉萨市贯彻落实意见；研究市委外事委员会、党风廉政建设和反腐败、精神文明建设和意识形态、安全生产年度工作开展情况和2021年工作计划。

12月28日，自治区党委常委、市委书记白玛旺堆主持召开常委会会议，传达学习习近平总书记在中共中央政治局民主生活会上的重要讲话精神和自治区党委九届九次全会暨党委经济工作会议精神，研究全市贯彻落实意见。通报《中共西藏自治区委员会关于追授尼玛扎西同志“全区优秀共产党员”称号的决定》，听取市委组织部关于贯彻落实《2019—2023年全国党政领导班子建设规划纲要》有关情况的汇报、全市党员教育管理工作情况汇报，研究并通过《拉萨市贯彻落实〈西藏自治区中长期青年发展规划（2018—2025年）〉的实施方案》和《拉萨市中长期青年发展规划实施工作联席会议机制》。

【市委理论学习中心组集中学习研讨（扩大）会】 1月16—17日，自治区党委常委、市委书记白玛旺堆主持召开市委理论学习中心组“学习习近平新时代中国特色社会主义思想·建小康社会”专题学习2020年第一次集中学习研讨（扩大）会。会议传达学习习近平总书记在中央经济工作会议上的讲话、李克强总理在中央经济工作会议上的讲话以及自治区党委书记吴英杰等自治区主要领导参加自治区十一届人大三次会议拉萨代表团审议时的讲话精神及贯彻落实意见。市领导果果、庄红翔、袁训旺、占堆、吴亚松、阿努次仁、王家民、廖波出席。

3月30日，自治区党委常委、市委书记白玛旺堆主持召开市委理论学习中心组“学习习近平新时代中国特色社会主义思想·建小康拉萨”专题学习2020年第二次集中学习研讨（扩大）会，传达学习习近平总书记关于巡视工作工作重要论述、在中国共产党第十九届中央纪律检查委员会第四次全体会议上的讲话以及自治区党委书记吴英杰在中国共产党西藏自治区第九届纪律检查委员会第五次全体会议上的讲话。会上，袁训旺、王家民、达瓦、刘亮以及堆龙德庆区、墨竹工卡县主要负责人结合各自工作实际，就如何强化全面从严治党、增强使命担当、以优良的作风决胜全面建成小康社会、打好打赢脱贫攻坚战等进行交流发言。市领导果果、庄红翔、沈海斌、王强、马军、袁训旺、占堆、毛东军、吴亚松、阿努次仁、王家民、廖波出席。

4月20日，市委理论学习中心组举行“学习习近平新时代中国特色社会主义思想·建小康拉萨”专题学习2020年第三次集中学习研讨（扩大）会，市委副书记、常务副市长王强以《稳投资重点政策》为题作专题辅导。集中学习以视频会议形式进行。市委常委、常务副市长毛东军参加学习。市委常委、宣传部部长吴亚松主持并作学习小结。

6月17—18日，自治区党委常委、市委书记白玛旺堆主持召开市委理论学习中心组“学习习近平新时代中国特色社会主义思想·建小康拉萨”专题学习2020年第七次集中学习研讨（扩大）会，邀请西藏大学副教授拉巴围绕编纂民法典的重大意义、伟大历程及重点内容作专题辅导讲座，马军及市司法局、住建局、民政局、达孜区主要负责人根据各自工作实际，围绕学习主题，先后进行交流发言。市委领导果果、庄红翔、沈海斌、王强、马军、袁训旺、毛东军、阿努次仁出席。

7月27—28日，自治区党委常委、市委书记白玛旺堆主持召开市委理论学习中心组“学习习近平新时代中国特色社会主义思想·建小康拉萨”专题学习2020年第八次集中学习研讨（扩大）会。会议传达学习中央民族工作会议精神、习近平总书记在全国民族团结进步表彰大会上的重要讲话精神、《关于正确开展涉宗教意识形态工作的意见》；与会人员观看《见证初心和使命的“十一书”》。会上，沈海斌、林生、彭飞跃、拉巴顿珠以及市民委、市宗教局、市教育局主要负责人结合工作实际，围绕主题进行交流发言。市领导果果、庄红翔、沈海斌、王强、马军、云丹、袁训旺、吴亚松、王家民出席会议。

12月22日，拉萨市委理论学习中心组“学习习近平新时达中国特色社会主义思想·建小康拉萨”专题学习2020年第十三次集中学习研讨（扩大）会召开，专题学习习近平法治思想。会议邀请拉萨市委党校高级讲师刘波作题为《深入学习习近平法治思想切实推进社会主义法治强国建设》的讲座。自治区党委常委、市委书记白玛旺堆主持学习会并讲话。市领导果果、庄红翔、云丹、王念东、吴亚松、普卫东、王洪勇、阿努次仁、张正出席。

12月24日，自治区党委常委、市委书记白玛旺堆主持召开市委常委会会议，传达学习中央经济工作会议精神和习近平总书记重要讲话精神，传达学习自治区党委常委会会议精神，研究拉萨市贯彻落实意见，研究《中共拉萨市委关于制定拉萨市国民经济和社会发展第十四个五年规划和2020年远景目标的建议（讨论稿）》及说明、《白玛旺堆同志代表市委常委会向市委九届七次全会作的工作报告（讨论稿）》，听取市纪委监委关于拉萨市作风建设专项整治情况的报告。

【“不忘初心、牢记使命”主题教育总结大会】 1月17日，拉萨市“不忘初心、牢记使命”主题教育总结大会召开，深入学习贯彻习近平总书记在“不忘初心、牢记使命”主题教育总结大会上的重要讲话精神，学习贯彻自治区主题教育总结大会精神特别是自治区党委吴英杰讲话精神，总结全市主题教育工作，巩固拓展主题教育成果，动员和号召全市各级党组和广大党员干部不忘初心、牢记使命，凝心聚力决胜全面建成小康社会，建设社会主义现代化拉萨。自治区党委常委、市委书记白玛旺堆出席并讲话。市领导果果、袁训旺、吴亚松、阿努次仁、王家民、廖波出席会议。

【第九批驻村（居）工作动员大会】 1月17日，拉萨市创先争优强基础惠民生活动第八批驻村（居）工作总结表彰暨第九批驻村（居）工作动员大会在市政府会议中心召开。会议认真总结拉萨市创先争优强基础惠民生活动第八批驻村（居）工作，表彰先进集体和个人，动员鼓励广大干部以更加饱满的热情投身驻村（居）工作，推动全市创先争优强基础惠民生活动迈上新台阶、再创新佳绩。市委副书记、组织部部长庄红翔出席并讲话。市领导果果、袁训旺、阿努次仁、王家民、廖波出席会议。

【新型冠状病毒感染的肺炎疫情联防工作】 1月25日，自治区党委常委、市委书记白玛旺堆主持召开拉萨市新型冠状病毒感染的肺炎疫情联防工作会议，进一步分析形势，研究部署全市疫情防控工作。市领导果果、吴亚松、阿努次仁、王家民、廖波出席会议。

1月29日，自治区党委常委、市委书记、市新型冠状病毒感染的肺炎疫情联防联控工作领导小组组长白玛旺堆主持召开全市新型冠状病毒感染的肺炎疫情联防联控工作视频调度会，现场调度听取全市各县（区）、各经济功能区应对新型冠状病毒感染的肺炎疫情工作情况，对全市疫情防控进行再安排、再部署。市领导马军、云丹、袁训旺、吴亚松、阿努次仁、王家民、廖波出席会议。

2月12日14时24分，全区唯一新冠肺炎确诊患者治愈出院。经过18天的精心治疗，患者张某某体温恢复正常1周以上，呼吸道症状明显好转，间隔24小时两次呼吸道病原菌核酸检测均为阴性，同时经影像学检查显示肺部炎症明显吸收。经自治区医疗救治专家组评估，符合新冠肺炎确诊病例解除隔离和出院标准。

【自治区领导在拉萨调研】 2月1日，自治区党委常务副书记、区政协党组书记丁业现到城关区扎细街道扎细新村社区居委会，就基层党建和疫情联防联控工作开展情况进行调研。自治区党委常委、市委书记白玛旺堆，自治区副主席多吉次珠一同调研。

2月7日，自治区党委副书记、自治区主席齐扎拉到拉萨经开区，重点围绕加快补齐全区医药卫生物资生产储备短板工作开展调研。自治区党委常委、市委书记白玛旺堆，自治区副主席江白一同调研。

2月9日，自治区党委常务副书记、区政协党组书记丁业现到八廓街、嘎玛贡桑社区，就基层社区维护稳定和疫情防控工作落实情况进行调研。自治区党委常委、市委书记白玛旺堆一同调研。

2月14日，自治区党委书记、自治区应对新冠肺炎疫情工作领导小组组长吴英杰，深入拉萨市相关企业和市场商铺，调研指导全区疫情防控工作，检查藏历新年节日市场物资供应情况，向全区各族群众致以新年的祝福。自治区党委常委、市委书记、领导小组成员白玛旺堆，自治区党委常委、秘书长、领导小组成员刘江陪同调研。

2月21日，自治区党委副书记、自治区主席齐扎拉深入堆龙德庆区羊达乡工业园区等地，调研自治区重点国有企业复工复产及生产经营情况。自治区副主席江白一同调研。

2月28日，自治区党委书记、自治区应对新冠肺炎疫情工作领导小组组长吴英杰，不打招呼、轻车简从，深入拉萨市集中留观酒店、区外入藏人员分流点和自治区监狱等地，暗访督导全区疫情防控工作落实情况。自治区党委常委姜杰、何文浩、白玛旺堆、刘江、王卫东一同暗访督导。

3月5日，自治区党委书记、自治区应对新冠肺炎疫情工作领导小组组长吴英杰到拉萨市各企业和农业生产一线，就相关工作情况进行调研。自治区党委常委、自治区常务副主席罗布顿珠、姜杰，自治区党委常委、市委书记白玛旺堆，自治区副主席坚参陪同调研。

3月9日，自治区党委副书记、自治区主席齐扎拉在拉萨市人民医院白定分院、自治区第二人民医院调研全区医院建设情况。自治区党委常委、市委书记白玛旺堆，自治区副主席罗梅陪同调研。

3月12日，自治区党委副书记、自治区常务副主席庄严深入拉萨市税务局西城分局、自治区税务局办税大厅调研疫情防控措施落实以及税务工作开展情况，并同区税务局领导班子座谈交流。

3月16日，自治区党委书记吴英杰，区党委副书记、自治区人大常委会主任洛桑江村到曲水县曲水镇曲甫村，深入田间地头、农牧系统单位，与当地干部群众谈特色产业经、算增收致富账，实地调研春耕春播工作情况。自治区党委常委、市委书记白玛旺堆，自治区党委常委、秘书长刘江一同调研。

3月24日，自治区党委书记、自治区应对新冠肺炎疫情工作领导小组组长吴英杰到拉萨市第三高级中学和第二初级中学等学校调研检查校园疫情防控、复学开课准备等工作，代表自治区党委、自治区政府向广大教职员工表示慰问。自治区党委常务副书记、自治区政协党组书记丁业现，自治区党委常委、拉萨市委书记白玛旺堆一同调研。

3月25日，自治区党委常务副书记、区政协党组书记、区党委教育工作领导小组组长丁业现先后到拉萨中学、自治区教育厅，调研学校疫情防控和春季开学工作。自治区副主席张洪波一同调研。

3月27日，自治区党委书记吴英杰，区党委副书记、自治区主席齐扎拉一同深入林周县，就全区农牧产业发展情况进行调研，实地考察农牧产业示范园和高标准农田项目建设运营情况，了解牦牛选育、饲草种植和设施农业发展等情况，与当地干部群众、农牧科技工作者亲切交谈，共商全区特色农牧业发展大计。自治区党委常委白玛旺堆、刘江一同调研。

4月5日，自治区党委常务副书记、区政协党组书记、区党委教育工作领导小组组长丁业现到拉萨那曲第二高级中学、拉萨江苏试验中学，调研学校疫情防控和开学情况。自治区副主席石谋军一同调研。

4月24日，自治区党委书记吴英杰到拉萨棚户区改造项目、城区水系治理工程、拉萨河综合治理及生态修复工程规划建设项目等现场，就城市规划建设和生态环境保护进行调研。自治区党委常委白玛旺堆、刘江一同调研。

5月6日，自治区党委常务副书记、区政协党组书记、自治区高校毕业生就业创业工作领导小组组长丁业现在拉萨市高新区N·次元众创空间、西藏文化旅游创意园区调研西藏高校毕业生就业创业工作。其间，分别到西藏他喜管理咨询有限公司、西藏小黑信息科技有限公司、西藏岗思间文化艺术发展有限责任公司、拉萨市候巢文化传播有限公司等小微企业，了解企业经营发展、促进就业等情况，就地帮助解决企业面临的难题。

5月9日，自治区党委副书记、自治区主席齐扎拉到达孜区塔杰乡高标准良种奶牛养殖中心、西藏泰成乳业发展有限公司、吉雄农产业收购农民专业合作社、圣信工贸有限公司、阿佳牦牛肉公司、达孜区中心小学、达孜区易地扶贫搬迁安置点调研脱贫攻坚成果巩固、产业发展、教育工作等。

6月9日，自治区党委副书记、自治区主席齐扎拉到拉萨"三级"政务服务大厅进行调研，并主持召开现场会。自治区党委副书记、自治区常务副主席庄严一同调研。

6月10日，自治区党委书记吴英杰到拉萨市南干渠、拉鲁湿地、团结新村和布达拉宫广场等，调研拉萨市中心城市水系修复及生态治理、城市规划建设和生态环境保护情况。自治区党委常委姜杰、白玛旺堆、刘江一同调研。

7月1日，自治区党委副书记、自治区主席齐扎拉在乃琼镇波玛村"象雄美朵"文旅小镇、古荣乡极高海拔地区生态搬迁点，了解极高海拔地区生态搬迁工作和产业发展情况，了解搬迁群众生产生活和党建情况。自治区党委常委、市委书记白玛旺堆一同调研。

7月2日，自治区党委常务副书记、区政协党组书记丁业现到哲蚌寺、色拉寺、小昭寺调研，与寺管会干部、僧人交流，了解存在困难问题，了解疫情防控、维护稳定等工作开展情况。

7月5日，自治区党委书记吴英杰到建设中的拉萨到日喀则高速公路工程项目现场，围绕全区重点项目建设情况进行调研。在尼木县吞巴镇5号桥施工点和卡如乡如雅江大桥施工点，现场听取工程规划设计情况汇报，了解项目建设情况，对一线建设者表示慰问。拉萨至日喀则高速公路工程项目是西藏自治区继林芝、山南、那曲之后，拉萨连接第4个市地的高等级公路项目。区党委副书记、常务副主席庄严，自治区党委常委、秘书长刘江一同调研。

7月6日，自治区党委副书记、自治区主席齐扎拉在哲蚌寺、大昭寺广场、八廓街、大昭寺调研拉萨寺庙和文物保护工作，与寺管会干部、僧人交谈，了解僧人生活学习，以及疫情防控、工程项目建设等工作开展情况。自治区党委常委何文浩、白玛旺堆参加调研。

7月6日，自治区党委常务副书记、区政协党组书记丁业现先后到布达拉宫景区、八廓街就维护稳定、旅游市场等进行调研。自治区党委常委何文浩、白玛旺堆出席有关活动。

7月22日，自治区党委书记吴英杰在拉萨柳梧新区达东村、布达拉宫、八廓街景区专题调研旅游产业发展情况。自治区党委常委、市委书记白玛旺堆，自治区党委常委、秘书长刘江，自治区副主席甲热·洛桑丹增陪同调研。

7月23日，自治区党委书记、自治区扶贫开发工作领导小组组长吴英杰在拉萨市达孜区督导检查脱贫攻坚普查现场登记工作，亲切慰问奋战在普查一线的工作人员。自治区党委常委罗布顿珠、白玛旺堆、刘江和自治区副主席江白陪同检查。

8月4日，自治区党委常务副主席、区政协党组书记丁业现先后到拉萨柳梧高速综合检查站、柳梧汽车站、拉萨火车站等地检查调研常态化疫情防控工作。自治区党委常委、自治区常务副主席罗布顿珠一同调研。

8月10日，自治区党委书记吴英杰到拉萨市宝瓶山造林绿化工程点、拉鲁山体修复项目和飞播造林项目现场等地，就全区国土绿化工作进行调研。自治区党委常委、市委书记白玛旺堆陪同调研。

10月19日，自治区党委书记吴英杰到尼木县尼弘元仓供应链经济港、卡如乡大桃种植基地、德青源原种藏鸡保护育种基地、尼木县高原种植业航天育种及产业化推广应用项目地，就西藏自治区相关产业发展和带贫促增收情况进行调研，与干部群众、农牧科技工作者、企业经营者交流，共商产业发展和群众增收致富大计。调研中，吴英杰对尼木县推行干部下沉“点对点”抓产业制度表示肯定。自治区党委常委、市委书记白玛旺堆，自治区党委常委、秘书长刘江一同调研。

10月26日，自治区党委副书记、自治区常务副主席、区国安指挥部总指挥庄严先后到拉萨河2号闸、拉萨河河势控导工程现场、色拉寺、布达拉宫广场便民警务站、小昭寺，实地调研安全生产、寺庙依法治理和社会面治安秩序情况，看望坚守一线的工作人员。

11月1日，自治区党委副书记、自治区常务副主席、自治区第七次全国人口普查领导小组组长庄严到柳梧新区青铁小区、响冲小区及柳梧新区第七次全国人口普查领导小组办公室，实地调研人口普查工作，看望慰问工作人员。他强调，要坚持以人民为中心的发展思想，坚决贯彻落实党中央、国务院关于做好第七次全国人口普查工作的决策部署和自治区党委、自治区政府工作要求，严格执行普查方案，坚守普查质量底线，以饱满的精神状态、务实的工作作风，高质量高效率完成西藏自治区第七次全国人口普查任务。

12月9日，自治区党委副书记严金海到尼木乡日措村牦牛育肥标准化建设基地、高原航空航天果蔬种植项目园区，曲水县净植茂藤现代农业示范基地、净绿蔬菜交易配送中心和才纳现代农业示范园区、南木乡江村，就农牧产业发展、非物质文化遗产传承创新、民宿旅游、美丽乡村建设等工作进行调研。

12月23日，自治区党委副书记、自治区主席齐扎拉先后到拉萨—江宁（国家级）经济技术开发区合作示范园和工业中心一期，考察上海宝钢包装覆盖膜铁、亿卓电网自动化设备及充电桩设备、西藏日出东方大型平板太阳能集热电器项目。自治区党委副书记、自治区常务副主席庄严，自治区党委常委、市委书记白玛旺堆一同调研。

【疫情物资捐赠】 2月16日，四川省雅安市捐赠的30吨“爱心蔬菜”顺利抵达拉萨。

3月8日，拉萨市墨竹工卡县向南京援鄂医疗队捐赠的价值31.4万元的生活物资，从拉萨火车站西站（货运）启程，驰援遭受疫情突袭的武汉。同时墨竹工卡县干部群众还自发为湖北武汉捐款192.16万元。

3月8日，林周县通过陆、航两线向“苏州市援鄂医疗队”援助2吨牦牛肉、500公斤藜麦、1000箱矿泉水。

3月25日，拉萨市捐赠武汉的600多万元生活物资起运。

6月1日，北京市援助拉萨基层巡诊救护车授车仪式举行。仪式上，北京市向拉萨市当雄县、尼木县和城关区捐赠巡诊救护车15辆，并捐赠监护仪、呼吸机等15套车载医用品，总价值600万元。

6月25日，拉萨市人民政府向尼泊尔加德满都市捐赠的抗击新冠肺炎疫情医疗物资在樟木口岸完成交接。尼泊尔首都加德满都和拉萨市是友好城市，为了对抗击疫情表示援助，拉萨市委、市政府专门拨款150万元购买抗疫医疗物资，表达拉萨市和加德满都市之间的友好情谊。在物资交接现场，尼泊尔加德满都市国际部官员向拉萨市表示诚挚感谢。

【市纪委九届五次全会】 3月12日，市纪委九届五次全会召开。自治区党委常委、市委书记、市应对新冠肺炎疫情工作领导小组组长白玛旺堆出席会议并讲话。市领导庄红翔、马军、云丹、袁训旺、占堆、吴亚松、阿努次仁、廖波出席会议。市委常委、纪委书记王家民主持会议。

【市委农村工作暨全市脱贫攻坚工作会议】 3月12日，市委农村工作暨全市脱贫攻坚工作会议召开。会议深入贯彻落实习近平总书记关于脱贫攻坚和“三农”工作成效，研究部署2020年脱贫攻坚暨“三农”工作重点任务。自治区党委常委、市委书记、市应对新冠肺炎疫情工作领导小组组长白玛旺堆出席并讲话，市委副书记、市长、城关区委书记果果主持会议。

【“四讲四爱”群众教育实践活动动员部署暨启动仪式】 4月26日，拉萨市2020年“四讲四爱”群众教育实践活动动员部署暨启动仪式在城关区金珠西路街道金珠西路社区格桑林卡小区举行。市委副书记、市长、城关区委书记果果出席并讲话。仪式上，拉萨市居民代表、僧尼代表、学生代表和国企员工代表先后作表态发言，市宣讲团成员、拉萨市优秀农牧民宣讲员旦增作示范宣讲。市领导吴亚松、阿努次仁出席。

【会见代表团】 5月18日，自治区党委常委、市委书记白玛旺堆会见中国奶业协会副秘书长李栋率领的中国奶业协会评估组专家一行。市领导沈海斌、王强一同会见。

5月21日，自治区党委常委、市委书记白玛旺堆会见阿里巴巴集团阿里云副总裁李树翀一行，就进一步加强战略合作进行深入洽谈。

6月14日，自治区党委常委、市委书记白玛旺堆会见江苏省副省长惠建林率队的江苏省代表团一行。市委副书记庄红翔、沈海斌，市政协主席袁训旺参加会见或陪同考察。

7月6日，自治区党委常委、市委书记白玛旺堆会见中航信托党委书记、董事长姚江涛一行，就进一步深入交流合作进行洽谈。证监局西藏监管局负责人，市领导王强、毛东军，中环寰慧、宁算科技及柳梧新区、市直相关单位主要负责人参加会见。

8月7日，自治区党委常委、市委书记白玛旺堆会见由江苏省镇江市委书记、市人大常委会主任马明龙率队的镇江市党政代表团一行。市领导果果、庄红翔、沈海斌、王家民参加会见。

8月12日，自治区党委常委、市委书记白玛旺堆会见华为技术有限公司监事会主席、高级副总裁李杰一行。双方就进一步加强交流合作进行深入洽谈。市委常委、常务副市长毛东军参加会见。

8月14日，自治区党委常委、市委书记白玛旺堆会见由清华大学常务副校长王希勤率队的清华大学工作组一行，双方就进一步加强交流合作进行深入洽谈。市委副书记、组织部部长庄红翔参加会见。

8月17日，自治区党委常委、市委书记白玛旺堆会见中国民族贸易促进会会长蓝军一行，就进一步深入交流合作进行洽谈。市委副书记、市长、城关区委书记果果参加会见。

9月3日，自治区党委常委、市委书记白玛旺堆会见北京市门头沟区委书记张力兵一行。市委副书记、市长果果，市委副书记、组织部部长庄红翔，市委常委、常务副市长毛东军参加会见。

9月17日，自治区党委常委、市委书记白玛旺堆会见北京市通州区委书记曾赞荣率队的北京市通州区党政代表团一行，就进一步深化援藏工作、推动两地合作进行深入交流。市领导果果、庄红翔、王强、毛东军、张正，市政协主席、城关区区长刘亮以及北京市第九批援藏干部代表、市直相关部门主要负责人参加会见。

【中央领导在拉萨调研】 7月6—8日，中共中央政治局常委、全国政协主席汪洋在西藏调研。在拉萨，深入易地扶贫搬迁新村、农村牧区、产业园区、宗教场所调研，并主持召开座谈会，听取有关方面意见建议。

【北京市教育代表团在拉萨调研】 8月3—6日，北京市委常委、教育工委书记王宁率领北京市教育代表团赴藏考察教育援藏情况。代表团一行先后到拉萨市北京中学白定新校区、当雄中学、帕古乡中心小学考察教育援藏扶贫工作情况、拉萨北京实验中学与当雄中学合作办学情况、当雄中学二期建设情况、北京援藏教师送教下乡情况；到北京在建援藏项目纳木湖乡双语幼儿园、尼木县中心幼儿园施工现场考察项目进展情况；到拉萨市实验小学、拉萨市北京实验中学等地考察“组团式”教育援藏情况。市委副书记、市长、城关区委书记果果，市委副书记、组织部部长庄红翔，市委副书记、常务副市长王强，市委常委、常务副市长毛东军陪同考察或出席相关活动。

【全国政协调研组一行在拉萨调研】 8月30日，以全国政协民族和宗教委员会副主任、宁夏回族自治区政协原主席齐同生为组长的全国政协调研组围绕“构建各民族共有精神家园，铸牢中华民族共同体意识，促进各民族交往交流交融”等内容在城关区吉日街道河坝林社区，通过实地察看、听取汇报、查阅资料、交流讨论等方式，对城关区吉日街道河坝林社区民族团结进步创建工作进行调研并与群众代表座谈交流。自治区政协副主席高扬陪同。

【江苏—拉萨工商业联合会对口援藏工作座谈会】 9月29日，江苏省工商业联合会与拉萨市工商业联合会举行对口援藏工作座谈会。座谈会上，江苏省工商联向拉萨市工商联捐赠40万元精准扶贫资金，实地考察西藏江苏商会和西藏鱼跃医疗设备开发有限公司等企业建设、运行和发展情况。

【中国共产党拉萨市第九届委员会第六次全体会议】 10月12日，中国共产党拉萨市第九届委员会第六次全体会议举行。市委常委会主持会议。会议就《中共拉萨市委员会关于贯彻落实中央第七次西藏工作座谈会精神进一步推进拉萨长治久安和高质量发展的实施意见(讨论稿)》作了说明，传达学习中央第七次西藏工作座谈会精神和区党委九届八次全会精神，对新时代拉萨长治久安和高质量发展作出全面部署。自治区党委常委、市委书记白玛旺堆讲话，市委领导果果、沈海斌、王强、马军、王念东、普卫东、王洪勇、张正出席。市委委员、候补委员出席会议。

【北京—拉萨金融对口支援工作座谈会暨合作项目签约仪式】 10月14日，北京—拉萨金融对口支援工作座谈会暨合作项目签约仪式举行，签订《关于深化金融领域对口支援合作工作框架协议》《金融援藏框架协议》《顿珠金融城企业入驻体检服务合同书》。

【辽宁省工商联考察组在拉萨考察】 12月3日，由辽宁省工商联党组成员、副主席胡桂涛率领的辽宁省工商联考察组一行，到拉萨经开区、高新区对西藏奇圣土特产品有限公司、西藏高原天然水有限公司、西藏天佑德青稞酒业有限公司以及柳梧新区宁算科技集团进行考察，并召开座谈会。辽宁援藏工作前方指挥总指挥、那曲市委副书记邢鹏陪同。市委副书记、常务副市长王强陪同考察。

【市委九届七次全会暨市委经济工作会议】 12月29—30日，市委九届七次全会暨市委经济工作会议举行。会议由市委常委会主持。自治区党委常委、市委书记白玛旺堆代表常委会向全会报告工作，对《中国共产党拉萨市委员会关于制定国民经济和社会发展第十四个五年规划和二〇三五年远景目标的建议(讨论稿)》作说明并讲话，市委副书记、市长果果对2021年全市经济工作作具体部署。会议传达学习中共十九届五中全会、中央经济工作会和区党委九届九次全会暨区党委经济工作会精神，听取市委常委会抓党的建设工作情况报告，审议通过《中共拉萨市委员会关于制定国民经济和社会发展第十四个五年规划和二〇三五年远景目标的建议》《市委九届七次全会暨市委经济工作会议决议》。市领导庄红翔、王念东、占堆、吴亚松、普卫东、王洪勇、阿努次仁、张正出席会议。九届市委委员、候补委员出席会议。在拉萨市的中共十九大代表、自治区第九次党代会在拉萨的部分基层代表，不是市委委员、候补委员的拉萨市地级党员领导，拉萨警备区政治工作部、武警拉萨支队主要负责人，不是市委委员、候补委员的市纪委委员，各县(区)委书记和县(区)长、发改委主任，市(中)直部门和单位、各功能园区党政主要负责人，市委巡察办主要负责人，市人大专委会、市政协专委会党员负责人，市属有关企业主要负责人等列席会议。

(姚雪梅)

组织工作

【概况】 2020年，全市组织部门以习近平新时代中国特色社会主义思想为指导，深入学习贯彻中共十九届四中、五中全会以及中央第七次西藏工作座谈会精神，以新时代党的组织路线为引领，在打赢三大攻坚战中履职尽责，在打好疫情防控阻击战中担当作为，在推进中央和区党委巡视反馈问题整改过程中真改实改，为推进拉萨长治久安和高质量发展提供强有力的组织保证。

【政治教育】 2020年，拉萨市委组织部坚持把学习贯彻习近平新时代中国特色社会主义思想作为重大政治任务，制定2020—2022年干部教育培训工作实施方案，明确习近平新时代中国特色社会主义思想教学课程比重不低于70%。举办县处级干部和乡镇党政正职专题研讨班、示范培训班9期，带动全市各级党组织通过专题辅导、集中宣讲、在线学习等形式广泛开展教育培训，实现全市各级党员干部学习中共十九届四中、五中全会和中央第七次西藏工作座谈会精神全覆盖。组织全市1.8万余名各级党员干部开展政治理论水平专题测试，及格率为100%。强化党员干部严守政治纪律和政治规矩教育，并加强监督，组织开展党员干部政治承诺和信仰宗教、参加宗教活动专项督查，并对信仰宗教、参与宗教活动党员进行教育转化。

【村（社区）干部队伍建设】 2020年，拉萨市委组织部制定《拉萨市村（居）党组织第一书记和村级组织专干管理办法》，深入推进“1+3”专干工程，举办村级组织专干素质提升培训班4期，实现轮训全覆盖；选派134名村（社区）党组织书记到区外培训，提升村（社区）干部素质。在堆龙德庆区开展村（居）社会工作者职业体系建设试点，转聘、考聘、招聘社会工作者90名。开展村（社区）“两委”班子成员县级资格联审，专项检查村（社区）第一书记人事档案，清理存在违纪违法、不胜任现职村（社区）干部12人。招聘乡村振兴专干和村（社区）四类人员863名，充实基层工作力量。开展村（社区）“两委”换届前期准备工作，组织开展换届业务培训，对换届重点难点村进行摸排和选情研判，完成班子期满考核和班子成员综合评议、离任（任期）审计等工作。

【党建促脱贫攻坚】 2020年，拉萨市委组织部召开全市抓党建促决战决胜脱贫攻坚座谈会，从稳定干部队伍、夯实基层基础、激励担当作为等方面安排部署15项重点工作任务并逐项推进落实。通过单独建、联合建等形式，在全市36个搬迁点建立党组织，引领搬迁群众住得下、能融入、可致富。坚持抓两头、带中间，建设党建示范点37个，巩固提升142个，整顿22个软弱涣散村（社区）党组织。整合资金项目向集体经济薄弱村倾斜，全市除4个新建的易地扶贫搬迁村（社区）外，其余283个村（社区）实现集体经济年收入10万元以上，86个村（社区）集体经济年收入达到100万元以上。举办拉萨市新任乡镇领导干部脱贫攻坚培训班，培训新任乡镇领导干部25名。

【基层治理体系改革】 2020年，拉萨市委组织部出台《关于构建党组织领导的城乡基层治理体系的实施意见》，优化街道社区划分和网格联户设置，推进基层警务融合和基层管理体制改革，制定乡镇（街道）权责清单和社区事项准入制度，完善小区业委会和物业管理企业议事协调机制，不断健全党组织领导的自治、法治、德治相结合的城乡基层治理体系。落实党员“三包”要求，建立党组织和党员搜集报送社情民意信息工作制度，利用信息化手段，依托网格双联户实现党员就近就便包片包户包人全覆盖，累计搜集社情民意信息500余条并妥善处置，构筑起联防联控、群防群治的维护基层稳定工作体系。

【基层党建工作】 2020年，拉萨市委组织部推进农牧区基层党组织“六个基本”创建工作，11个农牧区基层党组织获评全区百佳农牧区基层党组织。规范“三会一课”和组织生活制度，推动解决机关党建“灯下黑”问题。贯彻落实《中国共产党国有企业基层组织工作条例（试行）》，全面推进国有企业党建40项重点任务落地落实。大力推进两新组织“两个覆盖”攻坚行动，全市符合“三有”标准非公企业党组织覆盖率达到32.75%，社会组织党组织覆盖率达到97.83%。坚持抓党建带群团组织建设，推进两新组织党组织与群团组织同步覆盖。制定《关于加强寺庙管理委员会党组织建设的指导意见》，推进寺管会党建工作规范化制度化。强化学校党建工作，严格落实党组织领导下的校长负责制，健全学校党建工作管理机制，学校党组织政治核心作用充分发挥。持续推进离退休党支部标准化建设，不断强化思想政治教育，积极引导离退休干部党员发挥余热。

【各级领导班子建设】 2020年，拉萨市委组织部贯彻新时期好干部标准和民族地区干部“三个特别”要求，坚持“五重五用”导向，突出重品德、重才干、重担当、重实绩、重公认，常态化开展领导班子和干部队伍日常分析研判。注重优化领导班子结构，县乡、市直单位党政正职基本实现不同民族干部合理配备；实施年轻干部培养“双百工程”，提拔使用40岁以下县处级干部29名，全市40岁以下县处级干部达到124名。制定印发《拉萨市属国有企业领导人员管理办法（试行）》，清理消化41名在市属国有企业任职的党政干部，规范国有企业领导班子配备。同时，结合自治区巡视反馈意见整改，对在同一单位任职超过10年的6名干部和党政班子不够团结的干部进行调整。

【干部激励制度建设】 2020年，拉萨市委组织部落实《关于进一步激励广大干部新时代新担当新作为的实施办法》，常态化推进干部能上能下，对5名履职不力、工作成效较差的干部改任职级或调整岗位，着力解决干部不想为、不会为、不敢为问题。全年6名干部提任地厅级领导职务，11名干部晋升为二级巡视员，提拔使用优秀县级干部109人，393名市管干部和677名科级及以下公务员晋升上一职级，广大干部特别是基层干部深切感受到党中央对西藏干部的特殊关怀以及区党委和区党委组织部对拉萨干部的关心关爱，有效激发大家干事创业的热情。突出考核激励作用，74名援藏干部得到提拔使用或晋升职级，对35名试用期满县处级干部开展专项考核并予以正式任职，完成全市14390名公务员考核工作。

【干部培训】 2020年，拉萨市委组织部充分发挥党校主阵地作用，围绕脱贫攻坚、生态环保、基层治理等累计举办各类专题培训班69期、"每月一课"讲坛10期，培训党员干部2万余人次，推动党员干部补齐能力短板、提高专业素养。开展年轻干部培训，择优选派50名优秀年轻干部参加第二期年轻干部培训班。完善干部跨地区、跨行业、多岗位锻炼机制，选派11名干部到其他省市和央企挂职，推动24名干部到寺庙、县区、市直不同单位交流工作。把基层一线和急难险重岗位作为历练干部重要阵地，选派1521名党员干部到疫情防控一线工作，发现储备优秀干部172名。

【干部监督管理】 2020年，拉萨市委组织部制定《拉萨市领导干部工作状态随机测评办法》《关于进一步规范市管干部党纪和政务处分决定执行的工作规程(试行)》等文件，完善干部监督管理制度体系。持续开展科级干部选拔任用"跟进式"监督检查和"一报告两评议"工作专项督查，对选人用人工作满意度测评结果排名靠后的组织约谈。落实领导干部个人有关事项"两项法规"，对存在瞒报漏报情形的19人查核处理。坚决落实"凡举必查"要求，查办举报案件10件，查核率为100%。清理规范445名长期病假和违规借(抽)调人员。

【强基惠民】 2020年，拉萨市精准选派1144名干部派驻286个村(社区)开展工作，开展习近平新时代中国特色社会主义思想和惠民政策宣传等活动5360场次，举办专题讲座549场次、国家通用语言文字培训595场次，受教育群众达339.87万人次；慰问五保户、贫困户、"三老"人员和困难群众9000余人次，帮助群众解决困难和问题520个。强化驻村成效考核，及时调换49名不符合派驻要求的驻村队员。全年共投入强基惠民工作经费2961.4732万元，帮助发展集体经济和产业项目81个。

【人才工作】 2020年，拉萨市启动"十四五"人才规划编制工作，探索鼓励引导人才向艰苦地区和基层一线流动的具体措施，研究拉萨市人才引进办法，系统谋划人才工作。建立全市1140名硕博人才信息库。完成58名援藏医疗人才压茬交接轮换，与北京市属医院对接新增市人民医院"以院包科"科室2个。深入推进"小组团"援藏工作，会同北京、江苏援藏前方指挥部对小组团援藏项目目标任务、人员组成进行调整优化。围绕工程建设、种植养殖、文化旅游、现代服务、绿色加工等五大领域，实施实用技能人员培育工程，实施培育项目32个，建档立卡参培人员1144人。制定2020年度拉萨市人才和智力援助计划，实施人才智力援助项目33个，培训各类人才1100人。开展2020年首都专家拉萨行活动，邀请6名首都专家进藏开展专题讲座、现场指导、咨询决策等活动，培训本地人才340余人次。专项招录非西藏生源高校毕业生60人，引进急需紧缺人才2名，从高校毕业生中公开考录公务员46人，调配补充研究生及以上学历人才12名，安置营职及以下和专业技术军队转业干部18名。

【机构编制工作】 2020年，拉萨市制定《拉萨市委关于贯彻落实〈中国共产党机构编制工作条例〉的实施意见》《拉萨市机构编制审批事项清单》《拉萨市机关事业单位编外聘用人员管理办法(试行)》等制度规定，完善机构编制制度体系。制定《关于推行乡镇政府(街道办)三项清单制度的工作方案》，配套下发《乡镇政府(街道办)法定行政权力和责任事项指导清单》《乡镇政府(街道办)法定公共服务事项指导清单》《县(区)乡镇政府(街道办)"属地管理"事项主体责任和配合责任指导清单》，推进基层减负和乡镇(街道)职权法定化。完成交通运输等6个领域综合行政执法改革。

【离退休干部工作】 2020年，拉萨市委组织部召开全市离退休党建工作专题会，举办第十五期离退休党支部书记培训班，提高离退休党支部书记能力素质。推进离退休干部党员组织关系转接工作，全年党组织关系转到区外190人。组织全市离退休党支部书记参加西藏自治区成立55周年成就展，邀请参加意见征求会、民主生活会等，拓宽离退休干部建言献策的渠道，让老干部共享改革发展成果。召开驻蓉离退休干部座谈会，走访慰问退休干部代表。兑现离退休干部"三大节日"慰问金246.02万元，实现慰问离退休干部全覆盖。

（张振平）

宣传工作

【概况】 拉萨市委宣传部是市委主管全市意识形态方面的职能部门，对外加挂拉萨市人民政府新闻办公室、拉萨市新闻出版局、拉萨市版权局牌子。内设办公室、宣传教育科、理论教育科（意识形态工作责任制专项巡察工作办公室）、文化艺术科（文化体制改革和文化产业发展办公室）、新闻科、对外宣传科、出版科（市"扫黄打非"办公室）、政工人事科8个科室，市委宣传部所属参公事业单位2家为市委干部理论教育讲师团（《拉萨宣传》编辑部）、市精神文明建设办公室。下属2家单位分别为拉萨市文学艺术界联合会、拉萨晚报社。领导拉萨广播电视台。

2020年，拉萨市委宣传部各项工作坚持以习近平新时代中国特色社会主义思想为指导，以学习宣传贯彻中共十九届四中、五中全会，中央第七次西藏工作座谈会精神为工作主线，贯彻落实习近平总书记关于意识形态工作的重要论述和中央、区市党委对意识形态工作的决策部署，坚持围绕中心、服务大局，着眼举旗帜、聚民心、育新人、兴文化、展形象的使命任务，严格落实《中国共产党宣传工作条例》和意识形态工作责任制，牢牢掌握意识形态工作领导权、管理权、话语权。

【理论中心组学习】 2020年，拉萨市委宣传部以学习习近平总书记在中共十九届四中、五中全会和中央第七次西藏工作座谈会上的重要讲话精神以及《习近平谈治国理政》第三卷为重点，制定全年理论学习计划和任务，强化理论学习专题性、系统性、持续性。采取专题授课、重点辅导、交流发言、现场点评、集中测试等方式，组织市委理论学习中心组开展学习13次，全市各级理论学习中心组召开各类学习会2700余次，研讨交流达1万余人次。坚持边检查、边梳理、边归纳、边总结的原则，采取查阅文件档案资料、现场进行点评、应知应会测试等形式，对48个县级党委（党组）理论学习中心组开展巡听旁听工作。

【理论研究】 2020年，拉萨市委宣传部充分发挥拉萨市哲学社会科学专项资金作用，调动领导干部、专家学者以及全市广大干部，开展理论课题研究，紧紧围绕习近平总书记治边稳藏重要论述在拉萨的成功实践，形成《中国全面小康发展报告·拉萨样本》《凝聚建设美丽家园幸福拉萨的强大合力》《关于新时代加强党的意识形态工作的思考》等37个理论研究成果。

【"学习强国"学习】 2020年，拉萨市开展"学习强国"学习标兵评选活动，对学习活跃度、参与度、学习积分靠前的先进个人和先进集体进行通报表彰，激励广大党员干部利用"学习强国"开展自主学习的积极性和主动性。截至年底，全市共2.54万余名党员注册"学习强国"平台，平均每天参加学习的党员干部达84%，全市广大党员干部理论水平进一步提升。

【群众教育】 2020年，拉萨市始终以开展"四讲四爱"群众教育实践活动、"讲家史谈变化颂党恩"大讨论活动为重点，以统一思想、凝聚人心、汇聚力量、不断淡化宗教消极影响为工作目标，突出中共十九届五中全会和中央第七次西藏工作座谈会精神宣传，推动群众教育实践活动往深里去、往实里走。

增强宣讲教育效果。2020年，拉萨市委宣传部制定印发《拉萨市关于党的十九届五中全会和中央第七次西藏工作座谈会精神学习宣传工作实施方案》等一系列群众教育指导性文件，采取各级党组织书记、宣传部部长示范讲，各单位领导干部带头讲、驻村驻寺干部驻点讲、农牧民宣讲员广泛讲、新媒体平台微宣讲等方式，在全市掀起学习宣传两个重要会议精神的热潮。自治区党委常委、拉萨市委书记白玛旺堆带头在全市范围开展专题示范宣讲，全市地级领导分赴各自分管领域和联系点开展宣讲，带动各级各部门宣讲工作。全市共开展宣讲8.5万余场次，听讲群众达112万人次。举办131名基层骨干宣讲员培训班，组织开展拉萨市第二届农牧民宣讲员“大比武”，征集优秀宣讲稿120余篇，提升各级宣讲员宣讲水平。围绕开展反分裂斗争教育，编印发放《是谁给西藏人民带来幸福》《认清十四世达赖真实面目问答》等辅助宣讲手册6万份，教育引导群众真正明白“惠从何来、恩向谁报”。

提升实践活动群众参与度。2020年，拉萨市委宣传部利用重要节庆节点，组织开展“升国旗唱国歌”仪式、“重温入党誓词”、“我与国旗合个影”、“我向国旗敬礼”、“决胜小康·奋斗有我”百姓故事汇、“点赞我的国”大家讲等实践活动2000余场次，参与群众166万余人次，让广大群众在参与过程中加深理解、入脑入心。

【舆论宣传】2020年，拉萨市委宣传部始终坚持党管宣传、党管媒体，坚持政治家办报办刊办台办新媒体，坚持正确的政治方向、舆论导向、价值取向，构建区内区外、内宣外宣、网上网下的主流舆论矩阵。

注重挖掘基层报道。2020年，拉萨市委宣传部按照“三贴近”和“走转改”要求，制定印发《关于加强和改进拉萨市重要会议和领导公务活动新闻报道工作的补充规定》《关于在市属媒体中开展深入基层采访报道活动的工作方案》，压缩会议和领导公务活动报道，把更多的镜头转向基层、话筒伸向群众，组织骨干记者150人次赴田间地头、工地帐篷、农牧民家庭等基层一线开展采访活动，挖掘采访报道一批群众可观、可感、可学的基层典型，提高媒体的公信力和传播力。

突出重大主题宣传。2020年，拉萨市委宣传部在市属媒体开设“抗击疫情我们在行动”“决战脱贫攻坚决胜全面小康”“讲述·脱贫”“最美奋斗者”等专题专栏，刊播推出《“万众一心加油干”——打造脱贫攻坚尼木样板》专题片以及《春耕防疫两手抓农业科技 添助力》《“合作社+”成为脱贫路上好帮手》《添彩城市文明 共享绿色生活》等一批反映疫情防控、脱贫攻坚、生态文明建设等方面的先进经验以及堆龙德庆区乃琼街道加木村老党员边巴、市公安局“110”便民警务支队副支队长巴桑等先进人物报道近1万条次。其中，采写的《我在拉萨挺好的》《一张记账单、一条致富路》两篇新闻稿件分别获得中国新闻奖、赵超构新闻奖。在中央媒体播出《坐着高铁看中国》拉萨相关新闻，推出《当雄：易地搬迁群众奔小康》《“美丽拉萨”依然亮丽 空气质量优良率达99.7%》等反映拉萨发展成就的典型新闻报道5000余篇，在中央媒体形成拉萨成就宣传的舆论强势。

加强社会面宣传。2020年，拉萨市委宣传部制定《拉萨市突发公共事件新闻发布应急预案》，召开经济发展、社会治安、旅游发展、大学生就业等14场新闻发布会及通气会。整合全市户外大型广告牌、人行天桥、出租车、公交车、LED显示屏等社会面宣传资源，围绕中共十九届五中全会、中央第七次西藏工作座谈会、“四讲四爱”教育实践活动以及创建全国文明城市工作，制作投放系列图片视频和宣传标语，让群众抬头可见、随处可学，在全社会营造浓厚的宣传氛围。

【精神文明创建】2020年，拉萨市以贯彻落实《新时代公民道德建设实施纲要》《新时代爱国主义教育实施纲要》为抓手，推进移风易俗、讲文明树新风，不断提升广大群众思想觉悟、道德水准、文明素养和全社会文明程度。

公民道德建设。2020年，拉萨市委宣传部围绕培育和践行社会主义核心价值，开展拉萨市第一届文明校园、第四届道德模范、第六届拉萨好人评选以及“我们的节日”、“新时代好少年”、学雷锋志愿服务等系列活动，组织开展“社区网络春晚”“未成年人网络春晚”“拉萨市2020年童心向党文艺会演”，制作播出文明煨桑宣传片，开展文明礼仪劝导行动，发布“文明健康有你有我”公益广告和创建文明城市倡议书，教育引导群众移风易俗，过健康文明生活。组织成立拉萨市志愿服务联合会，并召开第一次会员大会。紧扣决战决胜脱贫攻坚工作，开展“志智”双扶教育，激发群众内生动力，转变“等靠要”消极思想，树立劳动最光荣、奋斗最幸福的思想观念，依靠自己勤劳的双手，创造今生幸福生活。

“五有五好”文明村镇创建活动。2020年，拉萨市委宣传部完善市民公约、村规民约、学生守则、寺规僧约、团体章程等社会规范，组织群众开展村风民意评议2000

余次。建成文化大舞台、道德讲堂、善行义举榜等群众教育平台2367个，设立志愿服务站376个，招募志愿者5.6万余名，开展18项“五好”活动2.2万场次，促进乡风文明新风尚。

文明城市创建整改。2020年，拉萨市针对文明城市创建工作短板，市委书记白玛旺堆等市委、市政府主要领导先后4次主持召开文明城市创建工作会议，高位部署推进创建工作，及时制定出台《拉萨市文明城市创建工作实施意见》和《拉萨市城市环境综合整治方案》以及相关整改工作方案和任务分解表。围绕提升城市精细化管理水平，在城市交通、社区管理、城乡接合部、农贸市场等方面进行有效整治，顺利完成中央文明办全国文明城市年度测评。

【文化文艺】 主题文艺活动。2020年，拉萨市以重大节庆节点为契机，举办“决胜脱贫在今朝”脱贫攻坚颁奖晚会、“民族团结一家亲”主题晚会、“首都艺术家拉萨行”文化交流等文艺活动。特别是在农闲时节和宗教活动期间，面向基层群众，开展中共十九届五中全会和中央第七次西藏工作座谈会精神宣讲以及文艺演出、巾帼夜校、集中义诊、电影放映、学跳规范舞等各类文化活动，弘扬社会主义先进文化。

文艺下乡活动。2020年，拉萨市委宣传部组织全市文艺工作者深入开展“送节目、送书法进机关、进农村、进寺庙、进茶馆”等文艺下乡活动，推出歌曲《加油拉萨》《没有什么能够阻挡》《向往》《你好小康》，舞蹈《醉美拉萨》，戏曲《不外出也是贡献》，小品《众志成城抗疫情》等一批文艺作品，全年共组织全市各级文艺团体开展各类文化活动1960余场次，观众达42万人次，送出藏汉文书法作品1000余幅，为广大群众提供更多、更丰富的精神食粮。

文化体制改革。按照市委文化体制改革专项小组的统一安排部署，对2020年涉及相关改革工作的19项任务有序推进，出台4个文件（通知），正在推进的工作事项14项，长期落实的3项。市委宣传部召开2020年文化产业发展专项资金扶持项目一次部务会、一次专题会，审核通过12个项目，提供扶持资金2972万元（含《文成公主》实景剧1000万元）。

【融媒体中心建设】 2020年，拉萨市委宣传部制定印发《拉萨市市县区融媒体中心建设推进方案》，全面启动拉萨市融媒体中心新闻调度指挥中心建设和高清播出改造，推进拉萨市融媒体中心搬迁工程建设。不断完善新闻采编流程再造、绩效考核、新闻审核和新媒体管理等工作，初步形成台报融合、市县联动、移动优先的全媒体传播格局。

【新时代文明实践中心（所、站）运行】 2020年，拉萨市委宣传部按照“同步建设、同步运行”的原则，构建县（区）、乡（镇）、村（居）三级书记担任主任、所站长的组织架构，制定相关管理制度。各级新时代文明实践中心（所、站）共开展爱国卫生、社会治理、植树造林、扶弱助残、交通引导等志愿服务活动1.5万余场次，受惠群众达134.6万余人次。

【“书香拉萨”建设工程】 2020年，拉萨市委宣传部推进全民阅读基础设施建设，完成拉萨市图书馆主体工程，在城关区试点建设公园书屋、工地书屋、茶馆书屋、“时光读书驿站”，制作播出6期《高原零距离——诗歌季》电视读书节目，更新农家书屋、寺庙书屋6万余册图书。利用“五一”“十一”等节庆节点，组织开展“展企业风采”职工诵读大赛、“抒爱国情怀、颂祖国华诞”亲子诵读大赛以及“绿书签行动”集中宣传周活动，参与活动达15万人次，营造全民阅读的良好氛围。

【宣传阵地管理】 2020年，拉萨市委宣传部制定印发《拉萨市爱国主义教育基地管理办法（新修订）》，启动驻藏大臣衙门旧址陈列馆申报国家级爱国主义教育示范基地相关工作。制定出台《拉萨市公益广告促进和管理办法（暂行）》，规范拉萨市公益广告管理。结合开展中华民族视觉形象工程，加快中华文化公园建设。

【文化市场执法】 2020年，拉萨市委宣传部依托“扫黄打非”联合专项行动及文化市场专项检查，加大“扫黄打非”案件侦办力度，督导检查各类“扫黄打非”点位483个，检查文化经营单位2220家次，删除违禁歌曲38首，收缴非法出版物1583本。市“扫黄打非”办荣获“全国‘扫黄打非’工作先进集体”称号。市国安局及时发现处置印刷销售违禁出版物案件，受到自治区主要领导批示表扬。市文化市场综合行政执法队查办的“泽某歌舞娱乐场所”一案受到文化和旅游部通报表扬。

【落实意识形态工作责任制】 压实工作责任。2020年，拉萨市委宣传部制定印发《拉萨市2020年度精神文明建设和意识形态工作要点》，压实压紧市、县（区）、乡（镇）、村（居）四级书记第一责任人责任，分管领导直接责任、其他班子成员“一岗双责”、各级党委（党组）领导责任，明确各级党委（党组）贯彻落实意识形态工作责任制任务要求，形成书记牵头抓总、分管领导具体负责，各级党委（党组）统筹协调、齐抓共管的工作格局。

完善工作机制。2020年，拉萨市委宣传部根据中央《党委（党组）意识形态工作责任制实施办法》和区党委宣传部《关于深入学习贯彻〈党委（党组）意识形态工作责任制实施办法〉的通知》精神，组织修订《拉萨市党委（党组）意识形态工作责任制目标管理考核办法（试行）》《拉萨市落实党委（党组）意识形态工作责任制工作方案》《拉萨市党委（党组）意识形态工作责任制实施细则》，建立意识形态工作分类指导、分析研判、专题研究、巡听旁听、应急处置等工作机制，为各级党委（党组）提供制度遵循。

考核督导。2020年，拉萨市委宣传部组成3个意识形态工作责任制落实情况专项检查组，参与市委第十轮、第十一轮巡察，对市委政法委、市中级人民法院、市公安局、市经信局、市财政局等26家市直、县（区）单位党委（党组）及下属党组织开展专项巡察，会同市委从严治党主体责任检查组对13个县（区）、园区和市（中）直单位等意识形态工作进行检查，形成巡察专项报告并写入市委巡察整体报告和主体责任报告，向被检查单位进行反馈。

（冯春林）

统战工作

【概况】 2020年，全市统战民族宗教工作部门和寺庙管委会增强“四个意识”、坚定“四个自信”、做到“两个维护”，深入学习贯彻习近平新时代中国特色社会主义思想，特别是习近平总书记关于统战工作、民族工作、宗教工作和西藏工作的重要论述，坚持党的治藏方略，贯彻落实中共十九届四中全会、中央第七次西藏工作座谈会精神和全国统战部长会议精神，贯彻落实区党委九届七次、八次全会精神和市委九届五次、六次全会精神，在疫情防控工作和维护稳定工作“双重挑战”下，围绕中心、服务大局，主动作为、攻坚克难，发挥优势、凝心聚力，推进统一战线各领域治理体系和治理能力现代化建设，确保全市统战民族宗教领域和顺和睦和谐，为拉萨长治久安贡献力量。

【全市统战民族宗教工作会议】 1月21日，拉萨市召开全市统战民族宗教工作会议。自治区党委常委、拉萨市委书记白玛旺堆对全市统战民族宗教工作作出批示。市委副书记、市长，城关区委书记果果出席会议并讲话，市委常委、统战部部长阿努次仁出席会议并作工作安排，市政府副市长贡扎曲旺主持会议，市政协副主席拉巴顿珠出席会议。市委统一战线工作领导小组、市委宗教工作领导小组、市进一步深化民族团结进步创建工作领导小组成员单位负责人，各县（区）分管统战民族宗教工作副书记、副县（区）长，统战部部长、民宗局局长，空港新区、柳梧新区分管统战民族宗教工作负责人及综治办主任，全市县级以上寺管会党组书记、主任，市委统战部、市民委、市宗教局、市工商联、市佛协全体干部共约180人参加会议。

【思想政治引领】 2020年，拉萨市委统战部制定印发《拉萨市统一战线各领域深入学习宣传党的十九届四中全会精神工作方案》《拉萨市统一战线各领域党的十九届四中全会精神宣讲工作方案》《拉萨市统战民宗系统和统一战线各领域学习宣传贯彻中央第七次西藏工作座谈会精神通知》《在全市统一战线各领域宣传宣讲中央第七次西藏工作座谈会精神工作方案》，召开中共十九届四中全会精神通报会，深入开展各类主题宣传宣讲活动。争取资金31.73万元，在“三大节日”期间，集中走访慰问党外人士、驻寺干部219人和寺庙、寺管会集体75个。兑现400余名党外人士及其遗属遗孀生活补助。

【民族团结进步创建】 2020年，拉萨市深入开展民族团结"七进"活动，结合"3·28"百万农奴解放纪念日等重要节点开展民族团结进步创建活动10多场次，参与人数3万余人次。配合自治区开展全国第八批民族团结进步创建示范区、示范单位推选工作，拉萨市推选单位有当雄县、市委宣传部、市师范高等专科学校3家。修订完善《拉萨市民族团结进步条例》和《拉萨市民族团结进步模范评选表彰办法》。

【统筹疫情防控工作】 2020年，拉萨市委统战部严格落实疫情防控工作措施，教育引导寺庙僧尼坚持与党和政府站在一起、共克时艰，市佛教协会在主动深入寺庙开展疫情防控检查的基础上，及时发出《关于寺庙停止对外开放期间向信教群众提供特殊民俗宗教服务的公告》《关于恢复拉萨市偏远宗教活动场所对外开放的公告》《关于逐步恢复拉萨市城镇和主城区寺庙对外开放的公告》等6个公告和关于文明煨桑、理性布施的2个倡议书。寺庙僧尼积极响应党和政府的号召，主动为武汉等重疫区捐款397万余元，为租户免租近200万元。

【教育实践活动】 2020年，拉萨市委统战部持续深化"五讲"宣讲活动。深入开展爱国主义、反分裂斗争教育、寺庙法治宣传教育、民族团结进步教育、网络通信"二十禁"等内容，并结合抗疫工作实际，组织在寺庙僧尼中广泛深入宣讲抗疫知识、"中国抗疫故事"、"中国脱贫攻坚故事"，宣讲藏传佛教活佛转世政策法规、历史定制和国家安全知识、民族团结进步知识等。帮助指导寺庙僧尼持续运用"自己查""僧众提""典型带""干部帮""部门评"等方式查摆整改问题。

【宗教界代表人士队伍建设】 2020年，拉萨市委统战部实施藏传佛教"234"培养工程，建立完善581名全市宗教界代表人士信息档案，其中自治区级54名、市级248名、县区级279名。

【党外知识分子和新的社会阶层人士统战工作】 2020年，拉萨市委统战部推进党外知识分子和新的社会阶层人士数据库建设，建立227名新的社会阶层代表人士数据库。稳步有序推进新的社会阶层人士联谊会筹建工作，起草《拉萨市新的社会阶层人士统战工作联席会议制度》《拉萨市新的社会阶层人士联谊会（草案）》。制作并组织观看《新的社会阶层人士概念解读》宣传片。组织开展新的社会阶层人士"传承'五四'精神、筑梦新的时代"主题活动。

【非公经济统战工作】 2020年，拉萨市委统战部推进民营经济代表人士档案信息和评价工作，建立完善94名民营经济代表人士信息数据库。研究制定《拉萨市民营经济代表人士综合评价联席会议制度》，开展民营经济代表人士评价工作，对推选申报的75家候选民营企业法人（民营经济代表人士）开展综合评价，主动参与入选企业的实地调研，组织召开评审会议，评选出11个行业、23家民营企业为拉萨重点民营企业。推动民营企业复工复产。组织召开全市工商联助力民营企业复工复产政策宣讲会议，动员非公企业采取捐款捐物、减免租金等方式参与抗击疫情。全市有80余家民营企业主动承担社会责任，累积捐赠1042万余元，城关区减免租金1211.8万元。加强对民营企业党建工作的指导力度，推进非公经济党建规范化建设，起草《拉萨市委统战部关于完善同党外知识分子非公有制经济人士谈心交流制度的实施方案》。

【助力脱贫工作】 2020年，拉萨市委统战部推进统一战线工作与脱贫攻坚深度融合，组织开展脱贫攻坚专题学习研讨，制定统一战线参与脱贫攻坚的措施，明确思路、拓宽途径，市委常委、统战部部长阿努次仁带头学习习近平总书记关于扶贫工作的重要论述，带头督战调研脱贫攻坚，带头开展脱贫攻坚查摆整改。推进"百企帮百村"精准扶贫行动。深入开展第九批驻村工作，加大对贫困户的志智双扶力度，以"七项任务"为抓手，激发贫困群众内生动力，采取集中宣讲、入户宣讲和巾帼夜校等方式开展各类宣讲300余次，制作发放宣讲资料270余份，调解矛盾纠纷2次，开展爱国卫生运动3次，为壮大村集体经济和发展乡村旅游献计出力、争取项目。严格落实"321"结对帮扶责任，部机关26名党员干部与49户、239人结对帮扶，开展走访慰问活动，送去慰问金7万余元。

（单增郎杰）

强基惠民

【概况】 2020年,拉萨市各级强基办、各驻村工作队以习近平新时代中国特色社会主义思想为指导,深入学习贯彻中共十九届四中、五中全会以及中央第七次西藏工作座谈会精神,紧紧围绕新时代干部驻村“七项重点任务”,创新实践载体、深化措施落实,推动驻村工作持续深入开展,为推进拉萨长治久安和高质量发展作出积极贡献。

【疫情防控宣传】 2020年,面对突如其来的新冠肺炎疫情,广大驻村干部踊跃投身疫情防控第一线,协助配合村(社区)采取有力举措,宣传党和政府有关政策要求,普及疾病防控知识,组织开展环境卫生清洁行动,教育引导广大农牧民科学认识、合理应对,切实筑牢疫情防控关口,织密疫情防控网络,堵塞疫情防控漏洞。疫情防控期间,全市各驻村工作队向群众发放宣传资料22.4万余份、宣教46万人次、张贴宣传标语海报2.7万余份,开展消杀5万余次。城关区、达孜区、墨竹工卡县各驻村工作队进行多渠道、全方位的宣传,引导群众提高自我防范意识和个人防护能力,广泛宣传科学通俗易懂的疫情防控知识,引导群众做到戴口罩、勤洗手、多通风、不串门、不聚集、不信谣、不造谣。

【思想理论学习】 2020年,拉萨市各级强基办、各驻村工作队自觉把深化群众思想教育工作贯穿强基惠民活动中,切实将学习宣传好、贯彻落实好党中央、区党委和市委重要会议精神作为驻村工作的首要政治任务,协助村(社区)“两委”,采取集中宣讲、座谈讨论、送教上门、开办夜校等方式,分级分类面对面向群众宣讲习近平新时代中国特色社会主义思想、党中央的特殊关怀和强农惠农富农政策5360场次,举办专题讲座549场次,发放宣传材料11.6421万份,开辟专题宣传栏625期,受教育群众339.87万人次。持续开展新旧西藏对比、“四讲四爱”群众教育、“揭批十四世达赖真实面目,感受拉萨伟大跨越”等活动,增强广大农牧民群众感党恩、听党话、跟党走的信心和决心。柳梧新区、空港新区、文创园区各工作队组织村级文艺演出队在易地搬迁点、村集体活动场所,以舞蹈、小品、音乐和相声的形式开展宣传活动,激发广大群众深入学习中央第七次西藏工作座谈会精神的热情和干事创业大展宏图的奋斗豪情。

【基层治理工作】 2020年,拉萨市各级强基办、各驻村工作队坚决贯彻落实区党委、市委关于维稳工作的决策部署,深入贯彻新时代党的治藏方略,勇于担当、敢于斗争,协助村(社区)“两委”,建立和完善基层治理体系,深化“双联户”创建,延伸“网格化”管理,帮助村级组织完善修订村规民约239个,组建民兵联防队、党员护村队等群众组织250个,建立健全县、乡、村、组、户五级维稳信息互通机制、安全防范机制、纠纷调处机制622条,制定维稳和应急预案1442个,开展各类专题教育1277场次,积极教育引导群众自觉与十四世达赖和达赖集团划清界限。当雄县、林周县各驻村工作队邀请西藏旧社会的亲历者、社会变革的见证者、老党员、脱贫户,通过村广播向全村农牧民讲述自己的所见所闻,引导广大群众珍惜来之不易的幸福生活,教育鼓舞群众用满腔热情建设家乡,用双手创造幸福生活。

【脱贫攻坚】 2020年,拉萨市各级强基办、各驻村工作队始终站在打赢脱贫攻坚战是全面建成小康社会的底线任务和标志性指标的高度,协助村(社区)“两委”,开展扶贫政策宣讲、工作技能培训、落实扶贫项目、帮助转移就业、指导创业就业等工作,提升村(社区)自我发展能力,拓宽困难群众增收致富渠道,帮助村(社区)“两委”制定实施年度脱贫计划267个,组织开展贫困群众技能培训134次,实施转移就业5259人,增加群众现金收入1194.295万元;从各渠道争取扶贫项目129个,落实资金23311.624万元;搭建贫困村扶贫产品供需对接平台,协调派驻单位、帮扶干部带头消费贫困村、贫困户农特产品,直接增加群众收入2080.08万元。市行政审批和便民服务局派驻曲水县色达村工作队协调中国人民解放军某部队投入帮扶资金45万元,修建超市、茶馆和榨油房,并通过构建长效利益联结机制,确保贫困群众长期受益,稳定增收。

【乡村振兴】 2020年,拉萨市各级强基办、各驻村工作队始终把做好“三农”工作作为总抓手，协助村（社区）“两委”班子，全面推动乡村产业、人才、文化、生态、组织等全面振兴。充分依托所驻村的资源禀赋，帮助所驻村理清发展思路286条，制定完善实施经济发展规划192项。引导农牧区高校毕业生参与大众创业、万众创新，宣传免费教育政策和就业创业优惠政策516场次、覆盖群众33594人次，农牧区高校毕业生参与大众创业、万众创新339人，激发高校毕业生主动参与建设美好家园的积极性和主动性。依法宣传推广国家通用语言文字501场次，开展农牧民群众普通话培训班430次，参与群众26070人次。践行“绿水青山就是金山银山，冰天雪地也是金山银山”发展理念，协助开展植树种草、整治脏乱差、建设美丽乡村活动1665次。尼木县强基办与北京市顺义区委党校合作衔接，采取“培训＋观摩”方式，组织33个村（社区）党组织书记赴京培训，实地观摩南头庄村、柳庄户村、石家营村、牛栏山一中、燕京啤酒集团、延庆区世园会等优秀村（社区）、企业和学校，进一步转变思想观念、拓展发展思路、助力乡村振兴战略。

（陈豆豆）

党校教育

【概况】 2020年，中共拉萨市委党校（行政学院）深入贯彻习近平新时代中国特色社会主义思想，牢牢把握《中国共产党党校（行政学院）工作条例》，全国、全区党校（行政学院）校（院）长会议精神及《中共西藏自治区委员会关于贯彻落实〈中国共产党党校（行政学院）工作条例〉的若干措施》《中共拉萨市委员会关于进一步加强全市党校建设的具体措施》，坚持党校姓党，围绕中心，求实创新，服务大局，聚焦主业主课，有效发挥党校理论宣传主阵地、干部培训主渠道、党性锻炼大熔炉作用。获“拉萨市2019年度拉萨市目标绩效争先进位考核市直单位党群类进位奖”“拉萨市2019年度平安建设（综治工作）先进集体”“全区离退休干部先进集体”“优秀科研工作组织奖”“第五届拉萨市篮球联赛优秀组织奖”“最佳志愿服务组织奖”等荣誉；4名个人获得“拉萨市文明家庭”“拉萨市创先争优强基惠民活动先进驻村工作队员”“自治区‘四讲四爱’优秀宣讲员”“全市‘四讲四爱’优秀宣讲员”等荣誉称号。

【党建工作】 2020年，拉萨市委党校及时调整党建工作领导小组，制定实施《市委党校2020年基层党建工作要点》，组织召开2020年全面从严治党工作专题部署会1次，党建、党风廉政建设和反腐败斗争、意识形态工作汇报会1次；加强基层组织建设，将原有的1个机关党支部调整为3个党支部，选优配强各党支部支委班子成员。召开总支委会3次，组织党员集中学习14次。将2名发展对象吸收为预备党员，5名年轻干部培养为入党积极分子。

【廉政建设】 2020年，拉萨市委党校制定实施《市委党校2020年党风廉政建设和反腐败工作要点》《市委党校2020年落实全面从严治党责任清单》；常态化开展廉政谈心谈话，进行岗位廉政风险排查，设置纪检组蹲点指导办公室，组织党员过政治生日，进行宪法宣誓，参观廉教基地和林周农场，加大警示教育和日常监督检查力度。修订完善学校财务制度，实施大额采购项目必签助廉承诺书制度，加强财务内控管理，提升干部职工廉洁自律意识。严格落实“十禁”要求，切实增强政治纪律和政治规矩，组织党员签订《党员不得信仰宗教、不得参加宗教活动承诺书》52份。

【干部教育培训】 2020年，拉萨市委党校根据2020年度干部教育培训工作计划，结合疫情防控要求，采用“线上＋线下”培训方式，举办拉萨市学习十九届四中全会县级干部研讨班、拉萨市村级组织专干培训班、拉萨市优秀农牧民党员示范培训班等51期培训班，培训各级各类党员干部4244人次。廉政警示教育中心共开展廉政警示教育365场次、接待参观学习人数13118人。结合党员政治教育工作，夯实备课试讲，培育精品课程，突出用学术讲政治，开设新专题58个，采用“专题讲座＋案例分析＋现场教学（参观考察）＋研讨交流＋自学总结”的方式广泛开展教学。健全课程体系，启动课程体系建设工程，组织教师编撰《中共拉萨市委员会党校（行政学校）干部教育课程体系和教学大纲》藏文汉文试行版及《中共拉萨市委党校干部教育通用教材》《拉萨市委党校现场教学基地教材汇编》等4本教材，打造适合拉萨市干部教育的六大课程板块，设计有针对性的课程，明确每门课程的教育目的、教学重点、教学内容及适用班次、教学方法等内容，并应用到日常教学当中，发挥党校干部培训主渠道的特色优势，为加强拉萨市高素质专业化干部队伍建设提供强有力的课程理论体系支撑。发挥党校双语骨干力量组成宣讲团力量，配合市委宣传部、讲师团及各单位，围绕习近平总书记系列讲话精神、中共十九届四中全会精神、中央第七次西藏工作座谈会精神、《中华人民共和国民法典》、"四讲四爱"主题教育以及社会热点剖析、法律法规、强农惠农政策、重大会议精神解读开展宣讲活动480余场次、受众3.8万余人次。

【科研咨政】 2020年，拉萨市委党校申报2020年自治区哲学社会科学项目3项，申报全市党校系统课题15项。撰写市委约稿及科研理论文章32篇，其中《建构与创新：新时代习近平意识形态理论体系初探》《中华民族共同体意识构建及措施研究》2篇文章在国家核心期刊《新视野》《理论探索》发表。举办"全市党校教师科研能力提升专题研修班"，培训拉萨市党校系统教师60人，提升县级党校教师科研能力和学术水平。撰写《中共拉萨市委党校学习贯彻〈中国共产党党校（行政学院）工作条例〉的几点思考》《关于全市县级党校工作的调研与思考》《关于加强市县两级党校建设发展相关问题的初探》《关于加快推进西藏自由贸易试验区建设的意见》等4篇科研咨政报告，并呈送市委及自治区委党校主要领导审阅。完成《拉萨社会科学》全年4期编辑出版工作。

【学历教育】 2020年，拉萨市委党校开展首都经济贸易大学西藏函授站教育工作，完成2018级、2019级、2020级专升本函授培训工作；开展区党校在职研究生代培工作。

【队伍管理建设】 2020年，拉萨市委党校强化政治理论学习，制定实施《中共拉萨市委党校2020年理论中心组学习安排》，校理论中心学习组共集中学习研讨18次，安排交流发言54人次，撰写学习体会360余篇。助力全市防疫及文明城市创建工作，疫情期间，先后选派18名优秀党员干部参与全市疫情一线防控工作，累计接收进藏人员3676人；选派62人到二环路路口开展交通引导志愿服务，配合相关部门扎实开展文明城市创建工作。激发干事创业活力，针对教师职称晋升"天花板"现象，制定出台《中共拉萨市委党校（行政学校）专业技术岗位聘任管理办法》，打破"干与不干、干好干坏一个样"吃大锅饭的现象。加强教师专业化管理，实施管理与教学分离，12名兼职教师年内全部回归专职教师岗位。建立师徒结对机制，3名新分配公务员与行政管理干部结对子，学习公务员写作及管理相关经验。开展对外交流，选派专兼职教师和行政人员参加中央党校、自治区党校及市直各职能部门举办的各类培训班，组织7名专兼职教师赴内蒙古自治区党校学习调研并适时召开培训成果汇报会。年内共选派干部职工外出学习培训60余人次。

【精准扶贫强基惠民】 2020年，拉萨市委党校先后2次对驻村点麦灵村78户建档立卡贫困户开展走访慰问，为92户结对户送上印有藏语和汉语"四讲四爱"宣传标语的藏式门帘、酥油机等物资；协调相关部门筹集资金，促成麦灵村新建一个集党建、文化、会议功能于一体的400平方米的党建活动室并投入使用。积极为困难党员和群众办实事，在"三大节日"对居住在拉萨的老党员、"十八军"、孤寡老人等离退休老人上门走访慰问，共发放各类慰问金5.46万元。响应党和政府的号召，组织干部职工为疫情防控捐款3.17万元。开展党员志愿服务，促成城投公司落实减免教育城所辖商户2月房租和3月、4月租金减半政策，帮助商户渡过难关。

【基础建设】 2020年，拉萨市委党校完善梳理上报拉萨市属党校"十四五"时期建设项目。投入168万余元，完成校内绿化养护、学员洗衣晾衣房建设、换热站维修、二期空地围墙建设、足球场改造、校园安防监控维修、廉教中心版面更新优化、校内垃圾四分类布控及集中收集存放和处理兑换等基础设施建设；启动校园文化升级项目政府采购。

（何　满）

机关党建

【概况】 拉萨市直属机关工作委员会(以下简称拉萨市直机关工委)坚持以习近平新时代中国特色社会主义思想为指导,紧紧围绕新时代党的建设总要求,以党的政治建设为统领,以做到“三个表率”、建模范机关为目标,聚焦主责主业,推动机关党建各项任务落实落地。截至2020年底,工委系统共有64家市(中)直机关单位,53个党组,13个机关党委,17个党总支,204个党支部,4427名党员。

【条例学习宣传贯彻工作】 2020年,拉萨市直机关工委安排订购发放《中国共产党党和国家机关基层组织工作条例》4500册。学习掌握条例要求,梳理基层党组织设置情况、换届情况,指导14家单位合理设置基层党组织。新成立机关党委3个、党总支1个、党支部6个,撤销党总支3个、党支部3个;指导督促43家单位、63个基层党组织开展换届和补选改选工作。

【落实党建工作责任】 2020年,拉萨市直机关工委召开工委委员会,专题研究机关党建工作,研究下发《市直机关党建工作要点》《工委全面从严治党主体责任清单》,制定完善《工委县级领导党建工作联系点制度》,加大对市直单位党建工作调研指导力度,组织开展工委系统单位党组(党委)书记抓基层党建工作书面述职评议工作。

【走访慰问】 疫情期间,拉萨市直机关工委采取电话慰问的方式,对7名因公牺牲党员、59名困难(重病)党员和90名获得国家奖项党员进行节前慰问,送去慰问金156000元。对2家市直单位和37个派驻定点酒店疫情防控工作组进行慰问,送去慰问金9万元。

【党员日常教育管理】 2020年,拉萨市直机关工委逐步完善全国党员信息管理系统建设,基本实现区内网上接转党员组织关系。与市委党校联合举办市直机关党员发展对象培训班,121人参训。集中组织70名预备党员开展入党宣誓。多次组织开展爱国主义教育活动,参与人数2000多人次。组织党务工作者培训班,61名机关基层党组织书记(副书记或组织委员)参训。开展疫情期间优秀共产党员和人民满意公务员推荐工作,向区市党委组织部推荐23名优秀共产党员,推荐17名人民满意公务员。组织机关党员为疫情防控捐款930890元。开展“学习强国”平台学习表彰活动,向181名党员授予拉萨市直机关“学习强国”学习标兵称号,向5家单位授予拉萨市直机关“学习强国”优秀组织单位称号。组织开展党员进社区报到服务、驻村结对帮扶困难户和“三包”工作,参与全国文明城市创建工作。

【党费收缴使用管理】 2020年,拉萨市直机关工委组织开展手机缴纳党费APP培训,实现机关在职党员手机交纳党费全覆盖。举办市直机关党费收交管理使用专题培训班,规范党费收交使用。开展2018年和2019年度党费回拨工作,共回拨党费232779元,其中回拨2019年度退休党支部81907元。

【疫情防控】 2020年,拉萨市直机关工委严格按照拉萨市部署要求,确保单位内部防控措施落到实处。选派3人参与太阳岛维也纳酒店第14工作组工作,指导市直机关派驻定点酒店疫情防控工作组成立29个临时党支部,完成工作任务。

【定点扶贫】 2020年,拉萨市直机关工委依托第九批驻甲日普村工作队,充分调动一切资源,千方百计抓“七项重点工作任务”的落实,重点开展驻村点疫情防控、中央第七次西藏工作座谈会精神、区党委九届八次全会精神和市委九届六次全会精神宣传教育工作,共发放资料1000多份,入户宣讲、调研率达100%。同时,全力为群众办实事、解难事,全年为驻村工作解决资金(物资)24150元。

(葛同荣)

外事及港澳事务工作

【概况】 根据《拉萨市机构改革方案》精神,为全面加强党对外事工作的领导,拉萨市成立市委外事工作委员会,办公室设在市外办,负责开展日常工作。拉萨市外事侨务办公室更名为拉萨市外事办公室,侨务职能转由市委统战部负责,不涉及人员、资产变动,2019年底已全部完成机构改革各项工作。机构改革后,拉萨市外事办共有内设科室3个,下属事业单位1

个，人员编制未发生变化。2020年，机构及人员编制无变动。

2020年，全市外事工作坚决贯彻落实中共十九届五中全会精神、中央第七次西藏工作座谈会精神以及中央、区市对外方针政策，各项工作取得新成效。面对新冠疫情，积极发挥外事工作职责，紧紧围绕国家总体外交工作大局，以服务全区涉藏外交斗争为主基调，以服务拉萨市委、市政府中心工作为主要任务，开展涉外疫情防控工作，助力推动中尼友谊工业园建设，开展与友城尼泊尔加德满都市的交往合作。全市接待和协助接待来自墨西哥、尼日利亚、塞浦路斯、瑞士、哥伦比亚、捷克、挪威、缅甸、俄罗斯、塞尔维亚、新西兰、乌拉圭、厄瓜多尔、秘鲁、加拿大、新加坡、蒙古、南非、日本、意大利、德国21个国家驻华大使、大使夫人及使馆官员共计2批、31人参观访问，内容涉及商务、宗教、企业、民生、教育、文化等领域。

【涉外疫情防控】 新冠疫情突如其来，根据中央决策及西藏实际，自治区有序推进复工复产工作，随着进藏交通逐步恢复，有境外旅居史的其他省市人员入藏数量剧增，拉萨市作为自治区首府城市，涉外领域疫情防控工作压力逐渐增加。2020年3月26日，拉萨市委、市政府适时研究成立疫情防控外事组，副市长、市公安局局长任组长，市外事办、市公安局出入境管理支队等单位协同，在贡嘎机场、乃仓酒店分流点、拉萨火车站等开展涉外疫情防控工作，落实疫情防控外事组各项工作任务。全年外事组共接收分流1746人，其中外籍人员139人，有境外旅居史其他省市人员395人、有境外旅居史西藏自治区居民86人、持护照购票失信人员69人，劝返无证进藏函外籍人员4人。

【第一批外国驻华使节团到拉萨访问】 第一批外国驻华使节团一行14人于9月7—11日赴西藏自治区参观访问，团组成员分别来自墨西哥、尼日利亚、塞浦路斯、瑞士、哥伦比亚、捷克、挪威、缅甸、俄罗斯、塞尔维亚、新西兰。在拉萨活动期间，使节团先后参访了拉萨市大昭寺、八廓街、色拉寺、城市规划建设展览馆、拉鲁湿地、柳梧新区宁算中心、柳梧高新技术孵化园区、曲水四季吉祥村、曲水净土健康产业园观看《文成公主》实景剧。

【第二批外国驻华使节团到拉萨访问】 第二批重点国家驻华使节团于10月26—30日进藏参访，其间除半天在山南市之外，其余活动均在拉萨市。此团由来自乌拉圭、厄瓜多尔、秘鲁、加拿大、新加坡、蒙古、南非、日本、意大利、德国等国驻华大使、大使夫人及使馆官员组成。外宾团组一行在拉萨期间参访了拉萨市大昭寺、八廓街、色拉寺、实验小学、拉鲁湿地、曲水四季吉祥村、曲水净土健康产业园观看《文成公主》实景剧。

【出国管理与服务】 2020年，全市因公出国（境）团组共1批、1人次，出访国家为日本，出访任务为培训学习。

【协助尼泊尔拉康修缮】 2020年，拉萨市外事办组织相关部门召开尼泊尔拉康修缮事宜协调会。会议听取前期工作开展情况汇报，研究拉康修缮具体事宜，提出拉康修缮意见和建议。

【智利驻广州领事馆总领事访藏】 2020年11月，智利驻广州领事馆总领事访藏，在拉萨期间参观了大昭寺和西藏牦牛博物馆。

【向尼泊尔加德满都市援助抗疫物资】 2020年，拉萨市向尼泊尔加德满都市援助一批抗疫医疗物资，帮助加德满都抗击疫情。加德满都发来感谢信对此次援助表示感谢，两市间的友谊进一步增强。

【向尼泊尔加德满都市援助垃圾压缩清运车】 2020年，拉萨市外事办贯彻落实拉萨市主要领导出访尼泊尔达成的协议，向尼泊尔加德满都市援助两台垃圾压缩清运车，帮助对方改善环境卫生方面的问题。

【社会组织年检】 按照民政部门有关工作要求，拉萨市对外友协参加社会组织年检工作。

【港澳事务】 2020年，根据全市疫情防控工作总体部署，拉萨市选派干部在拉萨贡嘎国际机场和隔离分流点开展疫情期间港澳来（返）拉萨人员服务管理工作。选派干部热情贴心的服务得到来（返）拉萨港澳同胞的肯定。

（郭海冬　旦增卓嘎　旦增曲珍）

拉萨市人民代表大会

综述

2020年，拉萨市人大常委会坚持以习近平新时代中国特色社会主义思想为指导，全面贯彻中共十九大和十九届二中、三中、四中、五中全会及中央第七次西藏工作座谈会精神，贯彻落实习近平法治思想和习近平总书记关于坚持和完善人民代表大会制度的重要思想，贯彻落实习近平总书记关于西藏工作的重要论述和新时代党的治藏方略，紧紧围绕市委中心工作和重大决策部署，认真履行宪法和法律赋予的职权，圆满完成市十一届人大五次会议确定的各项任务，在立法、监督、代表工作等方面取得新进展。年内，制定地方性法规3件，修改地方性法规2件。备案审查规范性文件3件，制定立法制度2件。听取审议专项工作报告16个，检查9部法律法规实施情况，开展16次集中视察和专题调研，作出决议决定3项，依法任免国家机关工作人员79人，依法组织宪法宣誓仪式8批41人次。

（罗　梅）

重要会议与决议、决定

【拉萨市第十一届人民代表大会第五次会议召开】 1月12—14日，拉萨市第十一届人民代表大会第五次会议举行。12日，拉萨市第十一届人民代表大会第五次会议举行开幕式。会上，市委副书记、市长、城关区委书记果果代表拉萨市人民政府向大会作政府工作报告。2019年，全市地区生产总值继续保持较快增长，预计达到616亿元，按可比价计算，增长9%。完成一般公共预算收入117.04亿元，增长6.3%，财政自给率达到42%。全市4611名应届高校毕业生就业，就业率达99.2%，创历史新高。新增城镇就业1.3万人，农牧民转移17.1万人次，实现更加充分的就业。多措并举稳定物价，预计居民销给价格总指数控制在2.3%。落实“四个不摘”要求，持续巩固脱贫攻坚成果，贫困发生率为零，“十三五”扶贫产业项目开工率达到80.2%。全力打好蓝天、碧水、净土保卫战，全市主要江河湖泊和7个国控断面、4个城市集中饮用水水源地水质达标率100%。全年空气质量优良率达到99.7%，排名全国168个重点城市第二位。预计城镇居民人均可支配收入突破4万元，农牧民人均可支配收入达到16260元，分别增长12%和13.2%。农牧民收入较2010年实现翻两番，提前完成“十三五”规划目标任务。基本公共教育、社会保险、医疗卫生、社会服务、文化体育等公共服务发展指标达到全国或西部地区平均水平。市领导果果、袁训旺、吴亚松、阿努次仁、王家民、廖波、李世蓉、田建设和大会主席团成员出席并在主席台就座。

【拉萨市十一届人大常委会第二十次会议】 1月10日，拉萨市十一届人大常委会召开第二十次会议。会议审议通过本次会议议程；听取由市委组织部、市人民检察院、市中级人民法院相关负责人所作的有关人事任免事项的说明；听取和审议《拉萨市人民代表大会常务委员会关于召开拉萨市第十一届人民代表大会第五次会议的议案》《拉萨市第十一届人民代表大会常务委员会工作报告》；听取和审议拉萨市第十一届人民代表大会第五次会议主席团和秘书长名单(草案)、执行主席名单、邀请在主席台就座的领导人员名单和列席人员名单；听取和审议《拉萨市第十一届人民代表大会常务委员会代表资格审查委员会关于个别代表资格审查报告》《拉萨市第十一届人民代表大会第五次会议选举办法(草案)》；听取和审议《拉萨市第十一届人民代表大会第五次会议关于增设社会建设委员会和教育科技文化卫生委员会更名的决定(草案)》、拉萨市第十一届人民代表大会教育科学文化卫生委员会和社会建设委员会组成人员名单(草案)；听取和审议《拉萨市2019年财政预算调整方案的报告》、拉萨市人大常委会关于开展《拉萨市爱国卫生管理条例》贯彻实施情况执法检查的报告，以及关于接受刘睿萍辞去拉萨市人大法制委员会主任委员职务请求的议案和《拉萨市塑料购物袋管理条例(草案二审稿)》。会议表决通过《关于召开拉萨市第十一届人民代表大会第五次会议的决定》《关于批准拉萨市2019年财政预算调整方案的决定》《拉萨市第十一届人民代表大会常务委员会代表资格审查委员会关于个别代表的代表资格变动情况公告》和人事任免事项。会议还向被任命人员颁发任命书，并进行集体宪法宣誓。

【拉萨市十一届人民代表大会第五次会议】 1月12日，拉萨市第十一届人民代表大会举行第五次会议，出席会议的代表212人。大会期间，听取并审议市长果果作的《政府工作报告》；书面审查《拉萨市人民政府关于2019年国民经济和社会发展计划执行情况与2020年国民经济和社会发展计划草案的报告》《拉萨市人民政府关于2019年财政预算执行和2020年财政收支预算草案的报告》；书面听取《拉萨市人民政府关于拉萨市第十一届人民代表大会第四次会议期间人大代表议案建议办理情况的报告》；听取并审议市人大常委会主任云丹作的《拉萨市人民代表大会常务委员会工作报告》、拉萨市中级人民法院院长李世蓉作的《拉萨市中级人民法院工作报告》、拉萨市人民检察院检察长田建设作的《拉萨市人民检察院工作报告》，并表决通过上述报告的各项决议。会议决定：拉萨市第十一届人民代表大会设立社会建设委员会，教育科技文化卫生委员会更名为教育科学文化卫生委员会。会议还补选拉萨市人大常委会副主任，拉萨市人大常委会秘书长以及教育科学文化卫生委员会组成人员、社会建设委员会组成人员；被任命人员进行集体宪法宣誓。

【拉萨市十一届人大常委会第二十一次会议】 4月28日，拉萨市十一届人大常委会召开第二十一次会议。会议审议通过本次会议议程；会议听取市委组织部、市中级人民法院有关任免事项的说明；听取市人大社会建设委员会《关于确定社会建设委员会对口联系单位的请示》《关于细化社会建设委员会工作职责的请示》及《关于增加市人大常委会立法咨询专家库社会建设领域专家的请示》。会议表决通过《拉萨市人大常委会主任会议关于补选任维同志为西藏自治区第十一届人民代表大会代表的议案》；会议表决通过人事任免事项，并向新任命的干部颁发任命书，被任命人员进行宪法宣誓。

【拉萨市十一届人大常委会第二十二次会议】 5月22日，拉萨市十一届人大常委会召开第二十二次会议。会议审议通过市十一届人大常委会第二十二次会议议程；会议听取和审议拉萨市第十一届人民代表大会常务委员会代表资格审查委员会关于个别代表的代表资格审查报告。

【拉萨市十一届人大常委会第二十三次会议】 6月23日，拉萨市第十一届人大常委会召开第二十三次会议。会议表决通过本次会议议程；会议听取和审议人事任免事项；听取和审议通过拉萨市人大常委会关于调整拉萨市第十一届人民代表大会常务委员会代表资格审查委员会组成人员的议案；听取和审议《拉萨市人大常委会关于开展〈拉萨市民族团结进步条例〉贯彻实施情况执法检查的报告》和《拉萨市人大常委会关于检查〈中华人民共和国传染病防治法〉〈中华人民共和国野生动物保护法〉贯彻实施情况的报告》；听取和审议《拉萨市人民政府关于精准扶贫工作开展情况的报告》；听取和审议《拉萨市中级人民法院关于2020年上半年工作总结暨下半年工作安排的报告》和《拉萨市人民检察院关于2020年上半年工作总结暨下半年工作安排的报告》。会议还表决通过有关人事任免事项并颁发任命书；被任命人员进行集体宪法宣誓。会议结束后参会人员集中学习《中华人民共和国民法典》。

【拉萨市十一届人大常委会第二十四次会议】 9月1日，拉萨市十一届人大常委会召开第二十四次会议。会议表决通过本次会议议程；会议传达学习《习近平出席中央第七次西藏工作座谈会并发表重要讲话》新闻通稿；会议听取有关人事任免事项；听取和审议拉萨市人民政府关于呈报《拉萨市2019年财政收支决算和2020年上半年财政预算执行情况的报告》的议案、拉萨市人民政府关于2019年度本级预算执行和其他财政收支的审计工作报告、拉萨市人民政府关于2018年度审计工作报告查出问题整改落实情况的报告；听取和审议拉萨市人大常委会关于跟踪检查《2019年拉萨市人大常委会关于〈拉萨市城市供水用水条例〉执法检查审议意见》整改落实情况的报告、关于拉萨市2020年上半年国民经济和社会发展计划执行情况与下半年国民经济和社会发展计划安排的报告、拉萨市人大常委会关于拉萨市2020年上半年食品安全监管工作开展情况的调研报告、拉萨市人大常委会关于全市城市道路交通安全生产工作的调研报告和拉萨市人大社会建设委员会对口联系单位的调研报告。会议还表决通过拉萨市人民代表大会常务委员会关于批准拉萨市2019年本级财政决算的决议（草案）和有关人事任免事项，并向新任命人员颁发任命书，被任命人员进行集体宪法宣誓。

【拉萨市十一届人大常委会第二十五次会议】 10月29日，拉萨市十一届人大常委会召开第二十五次会议。会议表决通过本次会议议程；听取有关人事任免事项的说明；听取和审议《拉萨市政府国有资产管理情况专项报告——国有自然资源资产管理情况的报告》、拉萨市人民政府关于提请审议《关于修改〈拉萨市爱国卫生管理条例〉的决定（草案）》的议案、市政府关于拉萨市十一届人大五次会议代表意见建议办理进展情况的报告。会议还听取拉萨市人大法制委员会关于《〈拉萨市爱国卫生管理条例〉（修改草案）》审议结果的报告；会议表决通过《拉萨市爱国卫生管理条例》和有关人事任免事项，并向被任命人员颁发任命书，被任命人员进行集体宪法宣誓。

【拉萨市十一届人大常委会第二十六次会议】 11月16日，拉萨市十一届人大常委会召开第二十六次会议。会议在表决通过本次会议议程后，听取和审议拉萨市第十一届人民代表大会常务委员会代表资格审查委员会关于个别代表的代表资格审查报告。

【拉萨市十一届人大常委会第二十七次会议】 12月28日，拉萨市十一届人大常委会召开第二十七次会议。会议表决通过本次会议议程；会议听取和审议有关人事任免事项、关于召开拉萨市第十一届人民代表大会第六次会议的议案、拉萨市人民代表大会常委会工作报告（送审稿）、拉萨市十一届人大及其常委会五年立法规划和新增加立法任务进展情况暨2021年立法工作计划的报告、拉萨市人大法制委员会关于五年立法规划变动情况的说明、市政府关于提请审议《拉萨市养犬管理条例（草案）》的议案、市政府关于呈报《拉萨市2020年财政预算调整方案的报告》的议案、拉萨市人大社会建设委员会关于拉萨市社保征缴使用情况的调研报告。会议表决通过拉萨市人民代表大会常务委员会关于召开拉萨市第十一届人民代表大会第六次会议的决定以及相关建议名单、选举办法，拉萨市人民代表大会常务委员会关于批准《拉萨市2020年本级财政预算调整方案》的决议。会议听取拉萨市人大法制委员会关于《拉萨市养犬管理条例（草案）》《拉萨市人民代表大会常务委员会工作评议暂行办法（草案）》审议结果的报告；会议表决《拉萨市养犬管理条例》《拉萨市人民代表大会常务委员会议事规则》和有关人事任免事项；会议向被任命人员颁发任命书，并组织被任命人员进行集体宪法宣誓。

（罗　梅）

立法工作

【开展立法论证评估及听证会】 2020年，随着国家“放管服”改革的不断推进，规范电动车自行车管理成为重要的改革方向，常委会针对人民群众关切的立法领域，首次引入第三方对《拉萨市电动车通行管理条例》开展立法论证评估并召开听证会，全方位对该条例内容的必要性、合理性等进行听取，为进一步修改完善《拉萨市电动车通行管理条例》提供建设性的意见和建议。

【完成《拉萨市塑料购物袋管理条例》的二审和报批工作】 2020年，为积极落实“环境立市”战略，从源头防治塑料购物袋废弃后造成环境污染，常委会通过多方论证、广泛征求意见，对《拉萨市塑料购物代管理条例(草案二审稿)》进行反复修改，经拉萨市第十一届人民代表大会常务委员会第二十次会议审议通过二审，并在自治区人大的支持下，完成《拉萨市塑料购物代管理条例》的报批工作，该条例经下年西藏自治区第十一届人民代表大会常务委员会第二十八次会议批准。

【制定《拉萨市养犬管理条例》】 2020年，针对拉萨市群众文明养犬整体意识不够强，养犬人存在较多不文明养犬行为的问题，常委会充分考虑拉萨市地域及文化特色、社会经济发展和城市规模、城市发展现状及实际问题等，科学创新，制定完成《拉萨市养犬管理条例》，该条例经拉萨市第十一届人民代表大会常务委员会第二十七次会议审议通过，并经下一年西藏自治区第十一届人民代表大会常务委员会第二十八次会议批准。

【修改《拉萨市爱国卫生管理条例》】 2020年，拉萨市人大常委会着重结合疫情防控经验，强化全民参与意识，对原有的《拉萨市爱国卫生管理条例》进行修改，增设“城市清洁日”的条款，该条例经拉萨市第十一届人民代表大会常务委员会第二十五次会议审议通过，并于西藏自治区第十一届人民代表大会常务委员会第二十三次会议批准，于颁布之日起施行。

【修订《拉萨市人民代表大会常务委员会议事规则》】 2020年，为进一步推动常委会工作的制度化、规范化，提升常委会议事质量和效率，拉萨市人大常委会对原有的《拉萨市人民代表大会常务委员会议事规则》进行修订，在市人大法制委员会多次修改完善后，该议事规则经拉萨市第十一届人民代表大会常务委员会第二十七次会议审议通过，并于下一年西藏自治区第十一届人民代表大会常务委员会第二十八次会议批准，自颁布之日起施行。

【健全立法工作机制】 2020年，为进一步规范拉萨市地方性法规立法听证、论证活动，健全常委会与社会公众沟通机制，拓宽社会各界有序参与立法的途径，拉萨市人大常委会制定《拉萨市人民代表大会常务委员会立法论证规定》和《拉萨市人民代表大会常务委员会立法听证规定》，以上两个规定经拉萨市第十一届人民代表大会常务委员会第二十九次主任会议审议通过，自通过之日起施行。另外，常委会根据当前立法工作实际情况，及时补选市人大常委会立法咨询专家，并增补3名社会建设与管理方面的专家。

【制定《拉萨市人民代表大会常务委员会工作评议暂行办法》】 2020年，拉萨市人大常委会为推动宪法及有关法律法规、人大各项决议决定在本地区的贯彻实施，研究制定《拉萨市人民代表大会常务委员会工作评议暂行办法》，该办法经拉萨市第十一届人民代表大会常务委员会第二十七次会议审议通过，自通过之日起施行。

【推进立法进度】 2020年，为认真落实市委部署的立法任务，拉萨市人大常委会成立促进社会长治久安、加强宗教活动场所管理和建设生态文明城市立法工作领导小组及专班，并细化任务和分工要求，各专班多次召开工作推进会，全方位推动拉萨市依法治市建设向纵深发展。

【规范性文件备案审查工作】 2020年，拉萨市人大常委会依照立法法和监督法有关规定，对《拉萨市行政调解规定》《拉萨市城市生活垃圾分类管理办法》《拉萨市重大行政决策责任追究办法》进行备案审查。

（罗　梅）

监督工作

【重点工作监督】 2020年，拉萨市人大常委会听取和审议《拉萨市人民政府关于精准扶贫工作开展情况的报告》，并首次进行专项工作测评监督，常委会组成人员及人大代表反响热烈，取得良好效果。另外，结合疫情防控形势及年度监督计划，开展《中华人民共和国传染病防治法》《中华人民共和国野生动物保护法》《西藏自治区人大常委会关于贯彻〈全国人大常委会关于全面禁止非法野生动物交易、革除滥食野生动物陋习、切实保障人民群众生命健康安全的决定〉的实施意见》贯彻实施情况的执法检查，督促市政府及其相关职能部门健全完善体制机制，强化部门责任，采取更有力的措施严厉打击非法野生动物交易行为，努力革除滥食野生动物陋习，切实保障人民群众生命健康安全。

【经济监督】 2020年，拉萨市人大常委会依法听取和审议年度财政计划、预算执行情况报告、财政决算报告、审计报告等，并首次专题听取和审查关于拉萨市政府2018年本级预算执行情况和其他财政收支审计查出问题整改落实情况报告，在常委会委员及人大代表当中反响热烈，收到较好效果。为推进各级人民政府向同级人大常委会报告国有资产管理情况制度，在先后听取和审查市政府关于国有企业资产管理情况、行政事业性国有资产管理情况的基础上，在全区范围内率先听取和审查拉萨市政府国有资产管理情况专项报告——国有自然资源资产管理情况报告，推动市政府继续强化国有资产管理和治理，确保国有资产安全完整、保值增值。首次召开全市人大财经工作座谈会，推动人大财经工作规范化，制度化发展，推动人大财经“三项”重点工作。在全区范围内率先完成预算联网监督系统建设工作，推进人大预算审查监督重点向支出预算和政策拓展，发挥预算联网监督作用。

【履职监督】 2020年，拉萨市人大常委会紧盯疫情防控、民族团结、公共卫生、交通安全、社保征缴、供水用水、食品安全、公正司法等领域，开展多角度、多维度的监督，强化审议意见整改落实情况的跟踪检查，促进人大监督工作提质增效，推动重点工作见行见效。积极协助全国人大常委会法工委，做好国家法律法规征求意见相关工作。充分发挥首府城市首位度作用，加强上下联动，密切工作协同，认真配合自治区人大常委会，围绕巩固提升脱贫成果、法律实施、“三农”工作、边境安全、人大工作、基层人大换届选举等方面开展深入调研，共同推动党中央、区市党委的决策部署落地落实。

（罗　梅）

代表工作

【完善代表履职机制】 2020年，为进一步提升代表履职服务能力，充分发挥代表主体作用，拉萨市人大常委会制定《拉萨市人大常委会关于本级代表联系人民群众工作实施细则》，进一步完善工作机制，增强代表同人民群众的密切联系。

【议案、建议办理】 2020年，拉萨市人大常委会坚持将办理代表建议同贯彻落实市委决策部署结合起来，严把代表议案建议质量关，引导代表把智慧和力量凝聚到党和人民的事业上来，将高质量建议转化为深化改革、推动发展的实际举措。严格落实“三公开、两见面”制度，对66件意见建议强化跟踪督办，代表议案建议办复率和满意率均达到100%，办结率66.67%，较2019年提升2.08个百分点，并督促承办部门依法对代表建议办理进度、结果及时向代表进行见面答复，征询代表对办理结果满意度意见建议。

【增强代表履职能力】 2020年，拉萨市人大常委会围绕全市工作大局和常委会重要议题，有计划、有针对性地组织代表开展专题调研、执法检查、集中视察等各类履职活动40次，185人，列席常委会会议7次，35人；采取集中视察、以会代训、“代表之家”学习、聘请专家讲座、组织代表相互交流、视察等形式，开展深入学习贯彻中央第七次西藏工作座谈会精神暨专题视察培训活动，视察中央第六次西藏工作座谈会以来拉萨市取得的全方位进步、历史性成就，引导代表为拉萨高质量发展建言献策。组织开展县乡两级人大干部深入学习中共十九届五中全会精神暨县乡换届选举专题培训，开展县乡换届选举准备工作。

（罗　梅）

拉萨市人民政府

综述

【概况】 2020年，面对突如其来的新冠肺炎疫情，拉萨市坚持把人民生命安全和身体健康摆在第一位，迅速启动重大突发公共卫生事件一级响应，精准开展外防输入、内防扩散各项措施，守住不发生交叉感染、本地扩散的底线。统筹疫情防控常态化和经济社会发展，坚持目标不变、任务不减、标准不降，深入挖掘创造增量的政策利用空间，及时调整完善工作措施，全面落实“六保”任务，着力对冲疫情影响，为“十三五”规划收官画上圆满句号。

【经济发展】 2020年，拉萨市以非常之举应对非常之势，全面落实助企纾困和激发市场活力规模性政策，推进各行业复工复产、复商复市。落实抗疫特别国债13.08亿元，争取地方政府债券资金23.4亿元，减免各类租金1.8亿余元。全社会固定资产投资同比增长5.3%，规上工业增加值增长11.3%。

【稳定就业】 2020年，拉萨市实施本地实用技能人才培养计划，强化特殊政策扶持，完成农牧民培训1.55万人，转移就业8.2万人，实现增收8.44亿元。应届高校毕业生就业率达到99.7%。

【保供稳市】 2020年，拉萨市落实“菜篮子”“粮食安全”市长负责制，加强肉禽蛋奶和粮油、蔬菜等重要农产品和防疫物资价格监测，及时调运补充，保持市场供应充足。全年完成粮食播种面积40万亩，蔬菜产量27.5万吨，鲜肉产量4.6万吨。居民消费价格总指数控制在2.1%。千方百计保市场主体，认真落实减税降费、惠企利民等各项政策，新增减税降费18.9亿余元，增加市场主体1.8万户。

【扩大消费需求】 2020年，万达、红星美凯龙等多个大型商业综合体投入运营，发展“夜间经济”，规范地摊点设置，投放3000万元消费券。加快补齐城乡物流短板，新增限额以上商贸企业12家。

【提升人民生活水平】 2020年，拉萨市巩固提升脱贫攻坚成果，深入开展“回头看”，持续做好后续帮扶。压茬推进乡村振兴，完成“美丽乡村·幸福家园”建设行动首批试点。新建各级学校10所，增加义务教育阶段学位8240个。居民医保人均财政补助标准提高到122元。

【维护社会和谐稳定】 2020年，拉萨市持续推进平安拉萨建设，加大重要节点和重大活动期间维稳防控，安全事故死亡人数和经济损失实现“双下降”，重点领域风险得到有效控制。

（刘　伟）

重要会议

【第38次常务会议】 2020年2月6日，市委副书记、市长、城关区委书记、市新型冠状病毒感染的肺炎疫情联防联控工作领导小组组长果果主持召开市政府常务会议暨市新型冠状病毒感染的肺炎疫情联防联控工作领导小组会议，对疫情防控工作进行再安排、再部署、再落实，对近期改革发展稳定工作进行安排部署。会议传达学习中央政治局常委会、中央应对新型冠状病毒感染的肺炎疫情工作领导小组和国务院常务会议精神，听取各工作组疫情防控工作情况汇报。

【第39次常务会议】2020年2月21日，市委副书记、市长，城关区委书记果果主持召开市政府常务会议。会议研究并原则通过《拉萨市城乡居民基本医疗保险实施办法》《拉萨市生育保险和职工基本医疗保险合并实施方案》《拉萨市建成区内各级党政机关、事业单位、国有企业自建小区不动产登记历史遗留问题的处理意见》。研究《拉萨市地下公共停车设施规划建设及用地管理实施意见》《拉萨市机动车停车场收费标准调整工作方案》《拉萨市人民政府关于机构改革涉及市政府规章规定的行政机关职责调整的决定（草案）》《拉萨市人民政府2020年度立法计划（草案）》。

【第40次常务会议】2020年3月16日，市委副书记、市长、城关区委书记果果主持召开市政府常务会议。会议研究并原则同意《拉萨市政务数据资源共享管理暂行办法》《拉萨市电子政务外网接入管理规定》《拉萨市人民政府中小微企业贷款贴息专项资金管理办法（试行）》。会议听取近期食品安全工作汇报，研究并原则同意拉萨市食品安全突发事件应急预案。

【第41次常务会议】2020年3月30日，市委副书记、市长、城关区委书记果果主持召开市政府党组会议暨市政府常务会议。会议传达学习中央关于脱贫攻坚的文件精神，安排部署贯彻落实区市党委部署要求的具体措施。会议传达学习习近平总书记等中央领导关于乱占耕地问题的重要批示和中央有关文件精神，安排部署全市整治乱占耕地建房等问题的具体措施。会议研究部署全市中央环保督察整改工作。

【第42次常务会议】2020年5月11日，市委副书记、市长、城关区委书记果果主持召开市政府常务会议。会议听取全市一季度经济运行情况汇报。会议研究并原则同意《拉萨市促进高校毕业生区外就业创业补贴实施细则》《拉萨市重大行政决策责任追究办法》《关于修改拉萨市爱国卫生管理条例的决定》。

【第43次常务会议】2020年5月22日，市委副书记、常务副市长沈海斌主持召开市政府常务会议。会议研究《拉萨市公共安全视频图像信息系统管理办法》《拉萨市发放消费券促进消费实施方案》《拉萨市深化农业综合行政执法改革的实施方案》《拉萨市深化旅游市场综合行政执法改革实施方案》《拉萨市深化文化市场综合行政执法改革的实施方案》。

【第44次常务会议】2020年6月19日，市委副书记、市长、城关区委书记果果主持召开市政府常务会议。听取全市脱贫攻坚工作进展情况；研究并原则同意《拉萨市党政领导干部安全生产责任制实施办法》《拉萨市深化国资国企改革三年行动方案（2020—2022年）》和《拉萨市属国有企业整合重组方案》等。

【第45次常务会议】2020年7月30日，市委副书记、市长、城关区委书记果果主持召开市政府常务会议。会议听取全市2020年上半年经济运行及下半年经济工作建议情况汇报、全市未成年人思想道德建设工作开展情况汇报。会议研究并审议《拉萨市2019年财政收支决算和2020年上半年财政预算执行情况的报告》《拉萨市城市供暖补贴资金实施方案》《拉萨市开发园区总体发展规划（2020—2025）》等系列管理文件以及《拉萨市深化交通运输综合行政执法改革的实施方案》《关于加快信息化发展的意见》等事项。

【第46次常务会议】2020年9月3日，市委副书记、市长果果主持召开市政府常务会议。会议研究和讨论拉萨市市级政府部门行政职权的请示。听取《拉萨市城市生活垃圾分类管理办法》的汇报。研究并审议《拉萨市行政调解规定（草案）》《试行零基预算管理实施方案》。

【第47次常务会议】2020年9月15日，市委副书记、市长果果主持召开市政府常务会议，听取研究《拉萨市第二批“美丽乡村·幸福家园”建设行动计划整村推进实施方案》《拉萨市安全生产专项整治三年行动计划（送审稿）》《拉萨市加快政务服务“一网通办”推行“一件事、一次办、网上办”改革工作方案》《拉萨市扬尘污染管理办法(草案)》等,安排部署近期重点工作。

【第48次常务会议】2020年9月23日,市委副书记、市长果果主持召开市政府常务会议,听取研究《拉萨市城镇集中式饮用水水源地保护区范围核定与调整技术报告》、"十三五"规划实施以及"十四五"规划编制等有关情况,对做好下一步工作进行安排部署。

【第49次常务会议】2020年10月22日,市委副书记、市长果果主持召开市政府常务会议。会议研究并审议《拉萨市行政执法公示办法(草案)》《拉萨市行政执法全过程记录办法(草案)》《拉萨市重大行政执法决定法制审核办法(草案)》《拉萨市原生植物保护管理办法(试行)》《拉萨市关于实行城乡社区事项准入制度的意见》。

【第50次常务会议】2020年11月10日,市委副书记、市长果果主持召开市政府常务会议,集中学习《中华人民共和国宪法》,听取全市疫情防控、垃圾分类、脱贫攻坚、安全生产及森林草原防火等工作开展情况汇报,研究《关于进一步推进户籍制度改革的实施办法(试行)》,安排部署下一步工作。

【第51次常务会议】2020年11月18日,市委副书记、市长果果主持召开市政府常务会议,听取全市2020年前三季度经济运行情况、生猪生产恢复和蔬菜生产情况、粮食安全和物资储备情况汇报,研究《拉萨市深化农村公路管理养护体制改革实施方案》,安排部署下一步工作。

【第52次常务会议】2020年12月4日,市委副书记、市长果果主持召开市政府常务会议。会议听取并研究《关于呈报〈拉萨市人大常委会对全市2020年上半年计划报告审议意见落实情况的报告(报审稿)〉的请示》《拉萨市财政局关于审定〈拉萨市2019年财政收支决算和2020年上半年财政预算执行情况审定结果落实情况的报告〉的请示》《拉萨市设施农业发展总体规划(2021—2025年)》《拉萨市万亩设施蔬菜基地建设规划(2021—2023年)》《拉萨市养犬管理条例(草案)》。

【第53次常务会议】2020年12月23日,市委副书记、市长果果主持召开市政府常务会议。会议研究并审议全市2021年经济社会发展主要预期目标及《拉萨市发改委关于报请审定拉萨市2021年重点建设项目计划的请示》《拉萨市应急总体预案(试行)》。

(刘　伟)

重要活动

【果果调研纳金水厂建设项目】1月19日,市委副书记、市长、城关区委书记果果调研纳金水厂建设项目进展情况。在水厂厂区,果果仔细听取水厂负责人关于取水工程、净水工程、配水管网工程的情况汇报,认真察看水质检测报告,就项目进度、水质等情况进行重点关注,详细了解水厂建设项目在后续工作中的难点堵点问题。

【果果调研指导复工复产和疫情防控】2月9日,市委副书记、市长、城关区委书记、市新冠肺炎疫情联防联控工作领导小组组长果果,到达孜区,实地调研企业新冠肺炎疫情防控工作及复产复工情况,并代表市委、市政府向广大建设者和生产者表示慰问。2月18日,果果看望慰问奋战在拉萨市疫情防控一线的广大党员干部、医护人员及公安民警,向大家致以亲切的慰问和崇高的敬意。2月21日,果果率队赴城关区、堆龙德庆区检查指导疫情防控和企业复工复产等工作。2月28日,果果率队在市区检查指导疫情防控工作落实和项目复工情况。果果走进工地详细了解项目的建设进度和工地疫情防控措施的落实情况。3月3日,果果到拉萨经开区、堆龙德庆区等地,实地调研、指导企业复工复产和疫情防控工作开展情况。各入驻企业在全力做好新冠肺炎疫情防控工作前提下,已逐步开始分级分类复工复产,确保疫情防控和经济发展两不误、两促进,努力完成全年各项目标任务。

【全市重点项目开复工】3月15日,2020年全市重点项目开复工仪式举行。市委副书记、市长、城关区委书记、市应对新冠肺炎疫情工作领导小组组长果果出席仪式并致辞。这次集中开复工的32个重点项目,总投资347.3亿元,年度计划完成投资126.9亿元,涉及基础设施、民生改善、产业发展等各个领域。

【拉萨贡嘎机场国际机场航站区改建项目复工】 3月15日,拉萨贡嘎机场国际机场航站区改建项目复工。拉萨贡嘎国际机场作为全球最大的高原机场之一,2019年旅客吞吐量突破574万人次、货邮吞吐量43624.9吨,使得按照年吞吐量100万人次设计的T1、T3航站楼十分拥挤。2016年,中国民航西藏自治区管理局启动拉萨贡嘎国际航站区改扩建工程前期工作,并于2017年12月正式开工。

【布达拉宫周边水系改造工程】 3月17日,拉萨市投资6593.04万元,启动拉萨市中心城区水系修复及生态治理工程(布达拉宫周边水系改造工程)。布达拉宫周边水系改造工程是从娘热路与当热路交叉口中干渠引水,供给龙王潭公园、布达拉宫广场水池、班禅小院、铜牛公园、罗布林卡,工程全长约10.9公里。其中新建水系2121平方米。

【行政村文艺演出队组建】 3月20日,拉萨市提前完成行政村文艺演出队组建任务。6月9—20日,陆续举办四期培训班,对全市285个村(社区)文艺演出队队长及骨干队员以及县(区)负责人共计583人进行培训。首轮培训第一期、第二期培训同步开展,第一期为当雄县、林周县,第二期为城关区、曲水县。全市285个村(社区)文艺演出队,市级财政补贴1万元/村,各县(区)财政共计投入1587.7万元,其中曲水县补贴200万元(平均10万元/村,以奖代补形式兑现),堆龙德庆区10万元/村等,各县(区)均已纳入预算。

【果果在尼木曲水调研】 4月3日,市委副书记、市长、城关区委书记果果赴尼木县和曲水县调研农牧业特色产业项目推进情况时强调,要坚持以人民为中心的发展思想,努力推动农牧业特色优势产业进一步提质增效,积极探索出一条可复制、可持续、可推广的产业发展路子,让农牧民群众从产业化经营中得到更多实惠。市委副书记、常务副市长王强一同调研。

【江苏援藏项目开(复)工】 4月13日,2020年江苏援藏项目暨墨竹工卡县重点项目集中开(复)工仪式在墨竹工卡县举行。市委副书记、常务副市长、江苏援藏前方指挥部总指挥沈海斌出席。

【拉萨综合保税区】 4月27日,国务院批复同意设立拉萨综合保税区。2016年6月,拉萨综合保税区正式启动申报设立工作,2020年2月,通过"八部委"审核会签,并上报国务院审批。4月27日,国务院印发《国务院关于同意设立拉萨综合保税区的批复》,标志着拉萨综合保税区申报工作取得圆满成功,实现西藏自治区第一个海关特殊监管区域、第一个综合保税区的成功设立。拉萨综合保税区位于拉萨经济技术开发区C区,封关区域面积为0.84平方公里,是拉萨市"一心两翼、南联北通"城市空间布局重要组成部分。拉萨综合保税区紧邻青藏铁路拉萨货运枢纽,连接青藏公路、川藏公路的拉萨城市快速通道穿着区而过。拉萨综合保税区项基建项目建设,主要包括"八通一平"基础设施建设和海关联检大楼及其配套附属工程。截至5月10日,拉萨综合保税区重点项目和配套项目共计33个。

【防震减灾科普示范学校挂牌】 5月9日,拉萨市首个国家级防震减灾科普示范学校挂牌拉萨江苏中学。授牌仪式上,自治区地震局党组成员、副局长张军向拉萨江苏中学授予由中国地震局颁发的"国家级防震减灾科普示范学校"牌匾。中国地震局援藏专家、自治区地震局灾害防御中心高级工程师王继为该校师生作《地震基本知识》专题讲座。拉萨江苏中学100余名师生参加此次活动。

【妇女儿童维权服务中心揭牌】 5月中旬,拉萨市妇女儿童维权服务中心揭牌仪式在拉萨市妇联举行。拉萨市妇女儿童维权服务中心为拉萨市妇女儿童开辟一条法律服务绿色通道,以法治宣传、信访接待、婚姻调解、法律咨询、法律援助、心理疏导、困难救助的妇女儿童维权"7+1"的工作模式,为广大妇女儿童提供更加专业化的维权服务。

【果果调研指导山水林田湖草项目】 5月14日,市委副书记、市长、城关区委书记果果到市区部分水系修复及生态治理项目建设点,实地调研指导拉萨市山水林田湖草项目推进情况。他强调,各级各部门要提高政治站位,坚持人民城市为人民,高水平、高标准、高质量统筹推进城市水系修复及生态治理项目,最大限度发挥其社会效益、经济效益和生态效益,将拉萨市全力打造成宜居宜业宜游的城市。

【城市超标准洪水防御演练】 5月19日,拉萨市城市超标准洪水防御综合演练举行。检验拉萨市2020年城市超标准洪水防御预案的可操作性、防汛信息化建设成果,提高抗洪抢险队伍、消防队伍的实战经验和水平。市委常委、常务副市长占堆出席并讲话。

【5G智慧医疗联合实验室】 5月27日,拉萨市人民医院与中国联通西藏自治区分公司签署合作协议,宣布西藏自治区首个5G智慧医疗联合实验室成立。

【拉萨市人民医院中心院区门诊开诊】 6月1日,拉萨市人民医院中心院区门诊开诊。院区位于拉萨市城关区蔡公堂街道书山路7号,共设消化内科、呼吸内科、心血管内科、肾内科、医疗保健科、普外科、骨科、心电图室以及超声科等17个科室。

【藏域星球天文体验馆】 6月6日,藏域星球天文体验馆开馆。藏域星球天文体验馆由北京亚洲卫星通信技术有限公司与拉萨经开区投资发展公司联合打造,是西藏首个以天文为主题的科技体验馆。体验馆位于拉萨经开区拉萨河畔的西藏天文旅游公园旁,建筑面积14000平方米,总投资2亿元。

【纳金山隧道全线贯通】 6月7日,纳金山隧道全线贯通。纳金山隧道于2018年12月开工建设,位于城关区嘎巴村与达孜区叶巴村之间,由西向东横穿纳金山,为双向六车道城市主干线隧道,隧道左、右线长度分别为1640米、1615米。

【道路运输安全生产应急大演练】 6月10日,由自治区道路运输管理局、市交通运输局、市道路运输管理局主办,拉萨市交通产业集团有限公司承办的2020年道路运输安全生产应急大演练在堆龙德庆区举行。副市长贡扎曲旺出席并宣布演练开始。活动最后,贡扎曲旺为参演获奖单位颁奖。

【拉萨市新质民兵分队成立】 6月15日,拉萨市新质民兵分队正式成立,其旨在推动全区国防动员工作创新发展。自治区党委副书记、自治区主席齐扎拉讲话,西藏军区司令员汪海江授旗并讲话,自治区党委常委、市委书记白玛旺堆出席,西藏军区副司令员昂旺索南主持。

【食品安全集中宣传活动】 7月11日,市食安委成员单位和28家食品生产经营企业开展"食品安全,人人有责"主题宣传活动。自治区市场监管局副局长多吉欧珠,自治区食安办副主任、市场监管局食品安全总监刘松涛,市委常委、常务副市长毛东军,市人大常委会副主任林生,市政协副主席达娃出席活动。

【高校毕业生专场招聘会】 7月15日,拉萨市2020年高校毕业生专场招聘会在拉萨市人力资源市场举行。此次招聘会是高校毕业生入场求职人数最多的一次,共收到951份简历,其中794份是应届高校毕业生递交的,157份是往届高校毕业生递交的。

10月30日,以"稳就业政策助力 保就业服务筑桥"为主题的2020年拉萨市金秋招聘月暨高校毕业生专场招聘会举行。首家入驻拉萨市的"猎头公司"新疆三易慧通企业管理有限公司拉萨分公司参加了此次招聘会。该公司的投运填补了拉萨市专业人力资源服务企业的空白。

【"援藏律师服务团"启动】 7月23日,"援藏律师服务团"2019年度总结暨2020年度启动仪式在拉萨市举行,标志着2020年全国律师援藏工作全面展开。即日起,来自21个省(区、市)的70余名律师将开启援藏征程,深入拉萨等7地(市),开展为期一年的法律援藏工作。首批"援藏律师服务团"于2019年7月11日正式成立,来自22个省(区、市)的68名援藏律师到西藏7个地市42个县(区)开展法律服务工作。

【果果调研重点项目建设】 8月4日,市委副书记、市长、城关区委书记果果到拉萨万达广场项目及拉萨市部分地下停车场项目建设现场,实地调研了解重点项目建设推进情况。他强调,拉萨市各级各部门要坚持以人民为中心的发展思想,处理好项目建设与保护生态环境、解决就业、促进群众增收致富的关系,切实增强抓好重点项目建设的责任感、使命感、紧迫感,强化安全生产,确保工程质量和进度,让发展成果更好地惠及人民群众。

【北京第二外国语学院拉萨附属中学成立】 8月6日,北京第二外国语学院拉萨附属中学揭牌仪式举行。北京市委常委、教育工委书记王宁,拉萨市委副书记、市长、城关区委书记果果出席仪式并揭牌,拉萨市委副书记、常务副市长王强主持揭牌仪式。

【拉萨综合保税区开发投资有限公司成立】 8月6日,拉萨综合保税区开发投资有限公司成立揭牌仪式在拉萨经开区"双创"中心举行。市政协主席、拉萨经开区党工委书记袁训旺出席活动。

【拉萨万达广场开业】 8月8日,拉萨万达广场盛大开业。自治区党委常委、市委书记白玛旺堆,市委副书记、市长果果,万达商管集团副总裁刘光敏出席开业仪式并共同启幕。

【青少年研学实践教育活动】 8月10日,31名来自全市各地的中小学生在市青少年示范性综合实践基地参加"寻访新拉萨,研学乐成长"助力脱贫攻坚青少年研学实践教育活动启动仪式。8月10—14日,参加研学活动的学生进行多项训练和实地参观。

【西藏康城肿瘤医院成立】 8月13日,西藏康城肿瘤医院在拉萨正式挂牌成立,这是西藏自治区首家肿瘤专科医院。

【雪顿节招商引资推介会暨项目集中签约活动】 8月18日,2020年拉萨雪顿节招商引资推介会暨项目集中签约活动举行。此次推介会共达成签约项目41个,总投资约175.6亿元,其中正式签约项目30个,总投资160.5亿元;意向签约项目11个,总投资15.07亿元。

【果果调研规上工业企业】 9月8日,市委副书记、市长果果赴达孜区调研规上工业企业和重点项目建设推进情况。他强调,各级各部门要牢固树立以人民为中心的发展思想,紧盯时间节点,加快推进项目建设,切实发挥企业支撑带动作用,促进农牧民群众增收致富。位于达孜区章多乡的拉萨城投祁连山水泥厂项目计划总投资15.439456亿元,并于2020年7月底完成投产点火。

【农村人居环境整治工作现场推进会】 9月9日,由市委副书记、常务副市长、市农村人居环境整治工作领导小组组长沈海斌带队,市直相关部门、各县(区)相关负责人组成的农村人居环境整治工作现场推进会观摩团分别到墨竹工卡县、达孜区、堆龙德庆区等地实地查看农村人居环境整治工作开展情况。观摩团一行先后到墨竹工卡县塔巴村、达孜区白纳村、堆龙德庆区波玛村,实地了解村庄整治、绿化、公共服务设施建设、乡村"林卡经济"共融共建、垃圾分类积分兑换等农村人居环境整治工作开展情况。沈海斌要求,农村人居环境整治要因地制宜,加强村庄规划编制及执行管理,完善村庄保洁机制;突出抓好生活垃圾、污水治理、户用卫生厕所改造、饮用水安全保障等工作。在随后召开的推进会上,市农村人居环境整治工作领导小组办公室通报各县(区)农村人居环境整治进度情况,市直相关部门和各县(区)相关负责人作了交流发言。

【"质量月"宣传活动】 9月11日,由市质量强市办牵头,市市场监管局、住建局、环保局等12家质量强市成员单位和6家辖区企业参与的拉萨市2020年"质量月"集中宣传活动在宇拓路步行街开展。副市长张永林、自治区市场监管局副局长达娃检查活动开展情况。此次活动以"建设质量强国、决胜全面小康"为主题。各参与单位共发放"质量月"主题藏汉双语宣传海报2000余份、各种法律法规知识资料12000余份;通过扫码答题领奖品等形式,吸引不少群众参与,积极营造政府重视质量、企业追求质量、社会崇尚质量、人人关注质量的浓厚氛围。

【文创设计大赛】 9月中旬,由西藏文化旅游创意园区管委会主办,西藏文化旅游创意园区双创办、极地众创空间、西藏南城创业投资管理有限公司共同承办的西藏文化旅游创意园区第二届创业创新暨文创设计大赛初赛在极地众创空间举行。共有33家文创企业报名参加,提交45件文创作品,28件文创作品符合参赛资格,作品包括藏式传统手工、藏式元素潮牌服装、藏式元素创意首饰、创意香插等。

【中网巅峰挑战赛】 9月20日，中国·光年城—2020中网巅峰挑战赛在拉萨举行。自治区副主席孟晓林宣布赛事开始。市委副书记、常务副市长、北京援藏指挥部党委书记、指挥王强为运动员挑选场地。该次挑战赛由北京中国网球公开赛体育推广有限公司联合首创集团、首创经中、首创证券主办，首创经中京津合作示范区中国·光年城冠名支持，是继2011年“中网巅峰之旅”创造全球最高海拔网球赛事纪录之后，再次将网球比赛带到青藏高原。

【红星美凯龙拉萨顿珠商场开业】 9月20日，总投资6亿元，总建筑面积6.2万平方米的红星美凯龙拉萨顿珠商场开业。自治区党委常委、市委书记白玛旺堆，市委副书记、市长果果，红星美凯龙控股集团执行总裁吴静出席开业仪式。

【生态创建工作】 截至9月21日，拉萨市7个县(区)已完成自治区级生态创建工作。2012年以来，拉萨市扎实推进生态创建工作，全市263个行政村(社区)、64个乡(镇)、7个县(区)成功创建自治区级生态村(社区)、生态乡(镇)、生态县并获得命名，其中当雄县成功创建为国家级生态文明建设示范县。

【夜游公交专线开通】 9月30日，拉萨市夜游公交专线正式开通。副市长贡扎曲旺出席开通仪式。自9月8日全市夜间经济正式启动以来，市商务局、交通局、交通产业集团、公交公司等单位先后多次实地调研勘察，谋划开通线路、运营班次、所经站点、发车时间、车身特色等具体事项。经过深入广泛论证，决定开通两条夜游公交线路，覆盖藏游坛城和万达广场两大经济圈。

【G6京藏高速公路羊八井至拉萨段试运行通车】 10月1日，G6京藏高速公路羊八井至拉萨段试运行通车仪式举行。该项目起于当雄县羊八井镇桑巴萨村，止于堆龙德庆区乃琼街道波玛村，总投资66.7亿元，全长68公里，设计时速100公里，双向四车道，在羊八井镇、古荣镇、波玛村3处设置互通式立交。

【职业技能大赛】 10月上旬，2020年拉萨市职业技能大赛落下帷幕，共有61位选手脱颖而出，分别夺得大赛金奖、银奖和铜奖。拉萨市职业技能大赛共设有中式烹调、餐饮服务、砌筑工、挖掘机技术等10个项目的比赛，共有来自拉萨市各类企业、职业院校、培训机构等单位的287名选手参赛。

【集中销毁侵权假冒商品】 10月上旬，拉萨市质量月侵权假冒伪劣商品公开集中销毁仪式在西藏自治区危废处置中心曲水县聂当乡垃圾处理场举行，集中销毁拉萨市近几年查获的侵权假冒伪劣商品15吨左右。该次公开集中销毁仪式由市质量强市办、市打击侵权假冒工作领导小组办公室、市市场监督管理局共同主办。

【第三届全国网络媒体拉萨行】 10月13日，由市委、市政府主办的“脱贫攻坚看拉萨”第三届全国网络媒体拉萨行活动启动仪式举行。副市长张永林出席并致辞。区党委网信办副主任杜巍出席并宣布活动启动。

【“以院包科”签约】 10月16日，北京市卫生健康委一级巡视员高小俊带队的北京市卫生健康委、北京市医管中心及北京相关市属医院一行到拉萨市人民医院举行2020年度“以院包科”签约仪式。市委副书记、常务副市长、北京援藏指挥部党委书记、指挥王强出席。

【川藏铁路重点控制性工程达嘎拉隧道开始铺轨】 10月19日，川藏铁路拉林希重点控制性工程，全线最长隧道达嘎拉隧道开始铺轨。拉林铁路全长约435公里，是西藏境内第一条电气化铁路，设计行车速度为每小时160公里。全线桥隧总长约300公里，占线路总长近75%。达嘎隧道位于川藏铁路拉林段中段，全长17.324公里，平均海拔3400米。

【重点招商引资项目集中签约】 10月20日，拉萨经开区举行拉萨综合保税区重点招商引资项目集中签约暨重大项目开工活动。自治区副主席罗梅、市政协党组书记、主席，经开区党工委书记袁训旺出席活动并讲话。袁训旺在活动上对下一步做好综合保税区工作提出三点要求。

【电子商务创新创业大赛】 11月24日，由自治区商务厅、拉萨市“双创”办、拉萨市商务局共同指导，拉萨高新区（柳梧新区）管委会主办的拉萨高新区（柳梧新区）首届电子商务创新创业大赛闭幕。拉萨高新区（柳梧新区）首届电子商务创新创业大赛11月5日正式启动，共收到70个项目的报名材料。申报项目涵盖互联网销售、农村电商、跨社交电商、跨境电商、电商应用以及其他相关电商领域。经过严格的评审、筛选和复赛，最终6个项目进入决赛。在24日的决赛上，选手们按照抽签顺序逐一上台，进行2分钟的VCR展示、10分钟的项目及产品介绍，最后逐一解答评委们提出的相关问题。经过两个小时的激烈角逐，大赛决出一、二、三等奖。

【全流程电子化政府采购项目】 11月24日，拉萨市消防救援支队通讯指挥车采购项目在拉萨市公共资源交易中心顺利完成电子化评标工作。这是拉萨市乃至全区首个采用全流程电子化方式完成的政府采购项目，标志着拉萨市政府采购进入电子化时代，具有里程碑意义。

【果果在基层宣讲】 11月26日，市委副书记、市长果果到尼木县麻江乡强聂村亚米组，向基层群众宣讲中共十九届五中全会和中央第七次西藏工作座谈会精神。他强调，要解放思想、转变观念，勇敢迈向更广阔的天空，在党的惠民政策下自力更生，用勤劳的双手创造更加美好的明天。

【企业铁路专用线开运】 12月3日，拉萨市首条拥有完整自主产权的企业铁路专用线开运。拥有这条铁路专用线的尼弘元仓供应链经济港正式运营后，成为全市大宗大型物资集散中心。

【非公企业行业联合工会成立】 12月上旬，拉萨市非公企业行业联合工会成立暨第一次会员代表大会召开，拉萨市非公企业行业工会联合委员会会员代表40余人参加会议。按照会议议程，大会宣读《拉萨市非公企业行业工会联合委员会筹备工作报告》；通过《拉萨市非公企业行业工会联合委员会第一届第一次会员代表大会选举办法（草案）》，通过无记名投票选举产生拉萨市非公企业行业工会联合委员会第一届主席、副主席、委员，经费审查委员会主任、委员。

【拉林铁路接入拉日铁路】 12月9日，中铁二十一局集团第四工程有限公司承建的拉林项目协荣站改造工程顺利完成，标志着拉林线正式接入拉日铁路协荣站。由该单位承建的拉林铁路代建段主要工程为拉萨西机务维修段、拉萨南接触网工区、拉萨既有机辆整备基地改扩建、协荣站改造等相关工程。此次站场改造施工的协荣车站是拉日线既有车站，施工内容为轨道拆除道岔一组，新增道岔5组，新铺设安全线84.6米。

【第五届拉萨篮球联赛】 12月13日18时，第五届拉萨篮球联赛闭幕。在13天的赛程中，46支球队共进行133场比赛。最终，城关区队以92∶80的比分战胜对手天边墨竹队，获得机关事业组冠军；西藏美康队以102∶90的比分战胜对手雪域兄弟队，获得企业社会组冠军；禁飞区队以54∶31的比分战胜对手城关区队，获得女子组冠军。

【新能源公交车全覆盖】 12月17日，拉萨市新采购的76台新能源公交车在33路、36路、38路等多条线路投入运营，这批新能源公交车在安全设施的配置上有较大提升，乘车更加舒适，车辆档次再次升级。至此，全市实现市内公交线路新能源公交车全覆盖。

【全国民族团结进步示范市考核验收】 12月23日，拉萨市申报全国民族团结进步示范市考核验收工作汇报会召开。自治区考核验收组组长、区民委党组成员、副主任黄云素出席并讲话。市委常委、统战部部长阿努次仁汇报民族团结进步创建工作。副市长贡扎曲旺主持会议。

【神力时代广场人行天桥项目投入使用】 12月24日，北京援藏项目神力时代广场人行天桥项目全面竣工验收并正式投用。自治区党委常委、市委书记白玛旺堆实地调研神力时代广场人行天桥项目建设情况和城市交通情况。市委副书记、常务副市长、北京援藏指挥部指挥王强，市委常委、常务副市长、一级巡视员王念东，市委常委、城关区委书记张正陪同调研。

【川藏铁路拉林段正线轨道铺通】12 月 31 日，川藏铁路拉林段正线轨道铺通。拉林铁路正线全长 435.5 公里，新建正线 403.1 公里，为单线电气化Ⅰ级铁路，设计时速为 160 公里，全线新建车站 34 个，初期开站 17 个。

（刘　伟）

办公室政务工作

【概况】 2020 年，拉萨市人民政府办公室紧紧围绕市委、市政府的总体部署，按照“理论高一筹、业务精一手、奉献多一份、服务上一层”的要求，忠诚履职尽责，切实增强“四个意识”、坚定“四个自信”、做到“两个维护”，不忘初心、牢记使命，充分发挥参谋助手、组织协调、政务服务、督促检查等职能，开拓进取、扎实工作，服务水平有新的提高，各项工作取得新的成效。

【提高政治站位】 强化思想武装。2020 年，拉萨市政府办坚持以习近平新时代中国特色社会主义思想为指导，牢固树立“四个意识”、坚定“四个自信”、坚决做到“两个维护”，认真贯彻落实中共十九大和十九届二中、三中、四中、五中全会精神和中央第七次西藏工作座谈会精神，坚持用科学理论武装头脑、指导实践、推动工作。

贯彻习近平总书记对办公室工作的指示。2020 年，拉萨市政府办深入学习贯彻习近平总书记对办公室工作的重要指示批示精神，坚决扛起“两个维护”重要政治责任，以习近平总书记提出的“坚持绝对忠诚的政治品格、坚持高度自觉的大局意识、坚持极端负责的工作作风、坚持无怨无悔的奉献精神、坚持廉洁自律的道德操守”等“五个坚持”要求为总遵循，提高政治站位，加强统筹协调，狠抓政策落实，发扬一流作风，保持一流状态，创造一流业绩，全面提高“服务领导、服务基层、服务群众”的能力和水平。

坚决服从大局。2020 年，拉萨市政府办始终把讲政治摆在首要位置，以高度的政治敏锐性和责任感，严格按照市委市政府总体思路和工作部署来谋划、铺排和推进工作。坚持工作高标准、服务高质量，全力把工作想在前、做在前，确保市政府工作协同高效、运转有序。

确保政令畅通。2020 年，拉萨市政府办切实做好“上情下达”和“下情上传”，确保有令必行、有禁必止，政令畅通。对领导交办事项，及时传达、认真督办、全力落实，对各单位提请解决的问题，主动汇报、适时反馈、协调推进，全力服务全市经济社会发展大局，不折不扣落实市委、市政府各项决策部署。

【理论和业务学习】 2020 年，拉萨市政府办发挥党建引领和示范带头作用，新组建中共拉萨市政府办公室机关委员会，突出抓好政治学习和教育，从严从实落实党内政治生活制度，规范开展“三会一课”、组织生活会、民主评议党员、谈心谈话等党内政治生活，增强党支部组织生活质量和活力。全年共组织召开政府机关党组（扩大）会议集中学习 7 次，党支部开展各类学习 85 次。督促干部职工按时完成干部学分制网络学习、学法用法课程，坚持创新学习载体，组织干部职工通过“学习强国”App 开展个人学习，个人最高总积分 27500 分，人均学习积分超 14000 分，主要领导带头形成比学赶超的浓厚氛围。分批组织干部职工参加区、市党校培训班。持续推进“不忘初心、牢记使命”主题教育，市府办党组班子成员带领党员干部开展研讨学习 6 场，市府办党组成员交流心得体会 18 人次，撰写调研报告 5 份。

【严明政治纪律和政治规矩】 2020 年，拉萨市政府办先后出现 2 起公车私用的违规违纪案件和 1 起利用职务便利违规借取公款的违纪问题。为此，市政府办公室完善在车辆管理制度，制定出台《市委、市政府接待办车辆和驾驶员管理暂行规定》《拉萨市政府办公室公务车辆及驾驶员管理办法》等；完善《拉萨市人民政府办公厅财务制度》，出台《拉萨市人民政府办公室财务管理补充规定》；加强对党章党规党纪的学习教育，利用《中国共产党党内重要法规汇编》等书籍，通过党组会议、党组理论学习中心组学习会议和各党支部集中学习会议等形式组织党员干部深入学习党章和各类准则、条例，组织观看反腐倡廉教育片，参观廉政教育基地，学习区市纪委监委各类通知通报精神，深刻剖析身边的反面典型案例,教育引导党员干部职工知敬畏、守底线,树牢纪律意识、规矩意识。

【协调和服务工作】 2020年,拉萨市政府办充分发挥办公室的职能优势,以做好领导公务活动和机关日常工作协调为重点,突出抓好重大工作部署、重要会议、重大活动的组织协调,对领导交办的任务及时协调、快速办理。坚持把综合协调工作渗透到政务服务的各个环节,注重与部门、县区沟通,使各方面工作相互衔接,形成合力,顺利完成新型冠状病毒疫情防控、项目建设、乡村振兴、脱贫攻坚、文明城市创建、民生保障等方面的工作协调,未出现任何纰漏。加强与市委办、人大办、政协办日常工作的衔接、沟通与协调,促进政务工作有效落实,起草印发《督查专报》74期、《督办通知》3期、《督查通报》4期、《督查简报》88期、《领导批示》1期、《政务督查》1期、《工作交办单》6期,市政府主要领导在督查报告上批示37次;办理区市人民网地方领导留言答复42件,核查办理9件国务院"互联网+督查"平台留言及3件中国政府网网民留言,答复率100%,协助督办"12345"政府服务热线疑难问题30余起;办理区(市)人大建议、政协提案180件,均在规定时限内答复完毕,办复率100%,人大代表及政协委员对年度办理工作表示满意或基本满意率达100%。以减少督查检查考核、减少过度留痕等作为切入点,以"减负不减效"为督查检查工作原则,梳理清理并规范各项督查检查考核工作,下发《督办通知》3期,较2019年同期减少25期。受疫情影响,公务接待数量大幅缩减,截至年底,接待经费支出116.76万元,同比减少1.62%。共负责安排党政公务接待团体113批次,2186人次。圆满完成疫情保障期间,防疫工作领导小组安排的各项接待服务任务。在文件运转、接待和办事等方面做到规范有序、有章可循,确保市四套班子办公室联系更加紧密、服务更加优化、工作更加有序、成效更加突出。

【履行参谋助手职责】 起草综合文稿。2020年,拉萨市政府办紧紧围绕市委市政府的发展思路和中心工作,通过调研收集各方面情况,在全面了解全市经济社会发展状况的基础上,高质量完成政府工作报告、经济分析会、市委全会等会议讲话稿,共起草各类重要文稿100余篇、修改重要文稿80余篇,为领导决策提供文稿参考。《拉萨市志(2001—2010)》总审工作完成,已按程序报自治区地方志总编。《拉萨年鉴(2020)》的三审三校工作已全部完成。

精文减会。2020年,拉萨市政府办依托电子政务外网,对协同办公系统(OA系统)及无纸化会议系统进行升级改造,实现无纸化办公,办文、办会时间及工作量较2019年减少10%。严格执行《国务院公文规则》《中国共产党机关公文处理条例》《关于加强公文处理规范化工作的意见》,截至年底,OA系统共转办公文4280件,办理涉密文件683件;共印发公文828件(拉政、拉政发89件,拉政办、拉政办发70件,各类函、会议纪要等669件),同期相比减少35.2%。市政府层面成功组织各类会议52场次,同期相比减少38.7%。同时,带动各县(区)、市直各单位会议数量均呈现不同程度减少。

采编政务信息。2020年,拉萨市政府办集中反映领导关注的重点、群众关心的热点和改革进程中的难点,向各级领导报送大量有价值的信息,为领导掌握情况、指导工作、科学决策提高及时有效的信息服务。截至年底,共收到各县(区)、市直各部门报送信息13798条,采用(含自采)信息876条,采用率6.34%;收集、整理、校对、编辑《政务信息综合》83期1079条,《政务信息专报》62期,《政务信息快报》27期,《内部情况通报》4期,下发约稿通知书196份(其中:电话约稿85份、OA系统和书面约稿111份),在全区政务信息考核中排名第一。实现全市51家政府网站[1个市政府门户网站、38个市直部门网站和8个县(区)4个功能园区政府门户网站]建设、迁移整合、改版上线,信息公开量从30365条增加到58532条,新上线的拉萨市政府门户网站浏览量达1220526次,点击量达2635449次,办事量29940件,互动交流267条。

【精准扶贫】 2020年,根据《关于在尼木县开展新时代干部精准驻村试点工作的通知》精神,拉萨市政府办在开展好尼木县尼木乡尼木村结对帮扶的同时,开展尼木县麻江乡达琼村、朗堆村、强聂村和帕古乡彭岗村包村试点工作,为村域经济社会发展想对策、找办法、筹资金。全年开展走访慰问126人次,发放慰问金、慰问品共32000元,发放帮扶物资折价3500元,协调项目(挖掘机)资金80万元。结对党支部积极帮助村里规范支部建设,后勤服务中心积极帮助村里规范维稳值班工作。

【强化组织领导】 2020年,拉萨市政府办机关党组始终高举习近平新时代中国特色社会主义思想伟大旗帜,坚持把意识形态工作放在事关党的前途命运,事关国家政治安全,事关民族凝聚力和向心力的重要位置,认真贯彻落实党中央和区、市党委关于意识形态工作的决策部署及指示精神,不断加强党对意识形态工作的统一领导。牢固树立"四个意识"、坚定"四个自信"、做到"两个维护",严格遵守党章和党内政治生活准则,在思想上政治上行动上同以习近平同志为核心的党中央保持高度一致。严格按照《拉萨市党委(党组)意识形态工作责任制目标管理考核办法(试行)》《拉萨市落实党委(党组)意识形态工作责任制工作方案》《拉萨市党委(党组)意识形态工作责任制实施细则》等要求,年初制定印发《中共拉萨市人民政府办公室党组2020年度精神文明建设和意识形态工作要点》,切实把意识形态工作落到实处。党组书记始终坚持带头抓、直接抓、亲自抓意识形态工作,切实把意识形态建设作为党的建设和政权建设的重要内容,纳入重要议事日程,始终坚持与办公室业务工作同部署、同安排、同落实、同考核。严格按照中央和区、市党委关于意识形态工作的总体部署,带头严肃党内政治生活,履行意识形态工作第一责任人职责,坚持定期主持召开党组会议和理论中心组学习会议,及时传达学习中央和区、市党委有关意识形态工作领域的最新文件和指示精神,制定中共拉萨市人民政府机关党组理论学习中心组年度理论学习计划,将意识形态工作作为重要内容,列入专题研讨。党组始终坚持团结稳定鼓劲、正面宣传为主的方针,牢牢把握正确导向,筑牢坚实的舆论宣传阵地,发挥正面宣传的积极作用,紧紧围绕民族团结,维护祖国统一,弘扬主旋律,传播正能量,不断扩大宣传范围,全力确保正确的舆论导向。

【提质增效】 2020年,拉萨市政府办严格遵守中央八项规定及其实施细则精神,严把财务支出审核关,减少公用经费开支,推进财务"一支笔"审批制度,规范资金使用过程、提高资金使用效率,"三公经费"与同期相比下降2.23%。加大对各驻其他省市办事处在党建、党风廉政建设、意识形态建设和干部教育管理等方面的业务指导,帮助协调解决问题。严格督促各办事处认真履行工作职责,充分发挥办事处"中间站""服务站""宣传站"作用,为来往西藏与其他省市的干部职工、投资人和中外游客提供便捷服务。严格按照机关用品采购标准,坚持节约成本的原则,保障机关办公用品正常使用。切实做好日常的服务保洁工作,督促各入驻单位、服务人员做好保洁、绿化工作,不定期地对办公区域卫生、绿化进行检查。及时对市政府院内路面、路灯、景观带和办公楼内各类办公设备及用品进行维护、维修、更换,保证办公环境美化、亮化到位。配合各办会单位、科室做好会议服务工作,完善食堂管理工作制度,确保让每一位干部职工吃上安全放心食品。做好进出市政府人员和车辆的管理,办公室制作干部职工及入驻单位工作证,及时更新车辆通行证,严格落实凭证出入。严格执行《机关单位公务用车规定》,进行车辆的日常管理、保养、维修工作,确保公务车辆安全高效。

(冯立柱)

信访工作

【概况】 2020年,全市信访系统以习近平新时代中国特色社会主义思想为指导,深入学习宣传贯彻中共十九届二中、三中、四中、五中全会和中央第七次西藏工作座谈会精神,全面贯彻落实习近平总书记关于加强和改进人民信访工作的重要思想,坚持以人民为中心,坚持新发展理念,对标对表国家治理体系和治理能力现代化工作要求,畅通和规范群众诉求表达、利益协调、权益保障通道,完善信访制度,把信访制度优势转化为解决信访问题、化解突出矛盾的社会治理效能,较好地维护群众合法权益、社会公平正义和社会和谐稳定。共办理(接待)群众来信来访1502批(件)、3392人次,其中,来访1488批、3348人次,来信14件、44人次。妥善解决信访事项1502批（件），化解率100%。

【信访制度建设】 2020年，市委、市政府主要领导高度重视，统筹推进全市信访工作。自治区党委常委、市委书记白玛旺堆4次听取信访工作汇报并专门对全市信访工作作出批示。市委副书记、市长果果等信访工作联席会议召集人主持召开6次信访工作联席会议和专题会议，分别针对26件信访事项作出指示批示，研究解决突出疑难信访事项10件。市信访联席办制定印发《关于开展〈信访条例〉修订实施15周年宣传活动实施方案》《关于建筑工程领域缴齐缴足农民工工资保障金的通知》《拉萨市突发群体性信访事件应急联动处置工作机制》《拉萨市处置信访领域突发事件应急预案》等文件，高位推动信访工作持续向好发展。

【全市信访工作会议】 4月，组织召开全市信访工作会议，自治区党委常委、市委书记白玛旺堆对全市信访工作作出重要批示。会议表彰全市信访工作先进集体22个、先进个人15名。

【治理重复信访、化解积案】 9月，根据国家信访局和自治区信访局统一安排，结合拉萨市信访工作实际，制定《拉萨市关于开展集中治理重复信访、化解积案专项工作和大督查大接访大调研大回访活动方案》，针对专项工作中100件（中央交办33件，自治区交办49件，本级自查18件）重复信访事项，通过召开分析会、对接会、协调会、讨论会、专题会等方式，举全市之力认真研判重复信访件起因、经过、症结，集思广益寻求化解良策，分别建立红、黄、绿、蓝本和A、B、C、D类卷宗台账，对专项工作台账实行中央、自治区、拉萨市、县区分类管理制度（此工作模式得到自治区信访局领导的高度肯定），推动问题解决。严格落实日调度、周调度、月调度。落实地级领导包案3件，县级领导包案97件，确保专项工作高起点开局、高质量推进，年内问题全部化解。

【干部接访下访】 2020年，全市地级领导接访21次（其中安排“市长接待日”4次）、下访7次，县级领导接访184次、下访51次，信访干部下访46次。

【疑难信访事项化解】 2020年，拉萨市信访局梳理市级疑难信访事项16件，全部实行地级领导包案，化解13件。其中，使用信访疑难资金解决1件，投入资金50万元。其余所有未化解事项均纳入拉萨市信访工作联席会议督查督办范围。

【加强督查督办】 2020年，拉萨市信访局下达信访事项书面督办通知123份，电话督办信访事项921次，实地督办信访事项54次。

【强化涉疫矛盾隐患排查化解】 2020年，拉萨市信访局排查涉及疫情矛盾隐患9件，已化解9件。

【疫情防控期间信访工作】 2020年，拉萨市信访局为妥善解决疫情防控和来访接待工作，2月初发布《拉萨市信访局关于暂停接待群众来访的公告》。3月下旬，拉萨市信访局在稳妥开展疫情防控的基础上，与自治区信访局、市疫情联防联控指挥部、市卫健委、辖区公安机关等相关单位之间沟通衔接，顶住压力，与全区同步推进接访工作，制定《拉萨市信访局疫情防控期间接访工作流程图》《拉萨市信访局新冠肺炎疫情期间接访工作应急预案》等相关制度，并在接访点设立临时隔离点、警戒线、体温检测台、安检区、候访区、接谈区，明确来访接待流程、工作职责和启动应急预案程序，确保信访秩序正常运转和疫情防控零失误。

【信访宣传】 2020年，为庆祝国务院《信访条例》修订实施15周年，市信访工作联席会议办公室通过法治宣传、主题征文、最美信访干部评选、微视频征集发布、制作拉萨信访历史画册等丰富的活动载体，宣传信访知识，提升干部群众知晓率。在信访接待场所、行政办公点、街道等场所悬挂“热烈庆祝信访条例修订实施15周年”“加快推进阳光信访、法治信访、责任信访”等字样的横幅200余条，累计发放宣传手册7000余份、宣传品1100余件，在全市上下形成浓厚氛围。拉萨市3个微视频在自治区信访局微信公众号刊播，1个微视频在国家信访局微信公众号刊播。

【创新信访干部培训方式】 2020年，拉萨市信访局建立信访工作三级培训机制，联合区、市、县三级信访部门在全市开展培训工作。邀请自治区领导赴拉萨市“每月一课”讲坛授课，培训干部70人次。市信访局派出信访骨干赴各县（区）开展专题讲座8场，覆盖干部700余人，县级信访部门赴乡镇开展培训会30余场次。

【“三无”市（县、区）创建活动】 根据国家信访局的要求，继续开展“三无”市（县、区）创建活动。2020年，拉萨市获“三无”市（县、区）荣誉称号的8个县（区）继续保持挂牌。

【选派干部入驻拉萨市联合接访中心】 9月，从城关区、堆龙德庆区、达孜区、当雄县、尼木县、曲水县、墨竹工卡县、市自然资源局、市水利局、市农业农村局和市城投公司选派14名干部入驻联合接访中心，加强信访工作力量，为全市信访工作扎实开展培养人才。

【落实律师参与信访工作】 2020年，拉萨市信访局继续以政府购买服务的方式与西藏方诺律师事务所签订律师入驻协议，实现每个工作日一名律师到市信访局坐班参与信访工作，全程参与接访，解答信访群众的法律咨询，引导涉诉信访导入司法途径解决，依法促进诉访分离。年内，入驻律师共引导128批（件）、413人次通过司法途径解决诉求。8个县（区）均采取聘请律师或申请法律援助等方式开展律师参与信访工作。

【党建工作】 2020年，拉萨市信访局党的建设工作不断深化，紧紧围绕新时代党的建设总要求，以党的政治建设为统领，以做到“三个表率”、建模范机关为目标，以基层党组织标准化建设为抓手，继续巩固“不忘初心、牢记使命”主题教育成果，聚焦主责主业，开拓创新、扎实工作，推动机关党建各项任务落实落地。加强党员干部的理想信念教育和对党忠诚教育，通过严肃党内政治生活、讲好政治专题课、过好政治生日等，教育机关党员干部树牢“四个意识”、坚定“四个自信”、做到“两个维护”。通过开展教育培训、理论中心组学习、支部“三会一课”等多种形式，深入学习贯彻习近平新时代中国特色社会主义思想和中共十九大，十九届二中、三中、四中、五中全会精神，习近平总书记“治边稳藏”重要论述，中央第七次西藏工作座谈会精神。继续强化意识形态工作和反分裂斗争宣传教育，牢固树立稳定压倒一切的思想，深入开展马克思主义“五观两论”、中国梦、新旧西藏对比教育和感恩教育，深入揭批十四世达赖和达赖集团政治上的反动性、宗教上的虚伪性、手法上的欺骗性，坚决维护祖国统一和自觉加强民族团结。严肃规范党内政治生活，党支部共组织开展主题党日活动12次，召开党员大会4次，召开党支部支委会12次，召开党小组学习会96次，讲专题党课5场次。组织处理党员1名，给予党内严重警告处分。转出党员组织关系3份，收到党员组织关系介绍信回执3份。

【党风廉政建设】 2020年，拉萨市信访局党组班子成员带头落实《党政机关厉行节约反对浪费条例》和《党政机关国内公务接待管理规定》等管理办法，全年“三公”经费支出总计13.64万元（公车运行费用13.64万元），同比下降1.45%，未出现公务消费接待、公款吃喝现象。落实党风廉政建设责任制。局党组层层签订党风廉政建设责任书，确保责任到科室、责任到人，未出现腐败现象。全年共召开党风廉政建设专题部署会议2次，学习会议5次，党组书记讲廉政党课1次。严格执行党的政治纪律和政治规矩，强化理论武装，严明党的政治纪律和政治规矩，开展党章党规党纪专题学习，始终做到“纪在法前”，严守纪律红线。加强党的政治建设，严格执行《关于新形势下党内政治生活的若干准则》，严肃党内政治生活，按要求召开民主生活会，参加组织生活会，严肃认真开展批评与自我批评。全年开展反腐倡廉教育5场次，县级干部召开专题民主生活会1次，全体县级干部参加组织关系所在党支部组织生活会1次。

【强基惠民】 2020年，拉萨市信访局驻村工作队深入开展“四讲四爱”主题教育活动，引导群众爱党爱国爱社会主义，召开感恩教育大会12场次，举办专题讲座5场次，发放宣传材料3000余份，群众受教育面达100%。市信访局20名党员分别与20户建档立卡贫困户建立结对帮扶关系，每季度开展一次集中入户慰问，累计筹措发放慰问物资3万余元。

（卫广伟）

行政审批便民服务

【概况】 2020年，全市政务服务系统认真贯彻落实国家、自治区和市委、市政府深化“放管服”暨“互联网+政务服务”改革的决策部署，突出网上政务服务能力提升这条主线，以建强“一厅两中心”（拉萨三级政务服务大厅、公共资源交易中心、“12345”政府服务热线中心）为载体，大力推动“放管服”改革和“互联网+政务服务”改革工作不断深入，打造服务更加优质、办事更加便捷、群众满意度更高的政务服务环境，为全市营商发展环境作出积极贡献。2020年，获得市委、市政府目标考核进位争先二等奖。

【拉萨三级政务服务大厅投入运行】 2020年，拉萨市紧扣企业、群众“一站式”办事需求，完成原市民服务中心搬迁工作，拉萨三级政务服务大厅于2020年4月16日投入试运行，入驻自治区、拉萨市、城关区职能部门70余家，进驻事项1500余项，开启“1+2+3+N”功能新空间和三级一体的“前台综合受理、中岛业务支持、后台分类办理、窗口统一出件”综窗运行新模式，创新建立“综窗办”“自助办”和“帮办代办”等“多维一体”服务新载体，起草《拉萨三级政务服务大厅运行管理办法（试行）》并报自治区政府办公厅正式印发，制定完善“好差评”等规章制度16项。统筹全市文明城市创建、生态环境保护、法治政府建设等各领域工作需要，完善大厅残疾人坡道等硬件设施，完成志愿服务站点、母婴室、残疾人卫生间建设，布设反恐、生态、法制等宣传设备。截至年底，大厅内23个事项实现“三级一体”自助办理，累计受理行政审批事项57万余件，便民服务事项20万余件，其中全程帮办4000余件。

【“互联网+政务服务”工作】 2020年，拉萨市起草印发《拉萨市加快政务服务“一网通办”推行“一件事、一次办、网上办”改革工作方案》《拉萨市政务服务接诉即处工作方案》等顶层设计文件，为全市政务服务稳步发展奠定基础。依托数据共享交换平台，推动完成市政务服务平台，“纵向”与自治区政务服务平台（含“好差评”系统）、堆龙德庆区政务服务平台对接，并实现政务服务系统向市、县的延伸覆盖；“横向”与市自然资源局政务管理平台、市不动产登记系统、市智慧房产系统、拉萨食品药品智慧监管平台、市智慧民政、拉萨掌上社保平台、公安刻章业务等7家单位9个系统对接，市级单位使用市政务平台达到9家。政务服务平台功能持续优化，实现同自治区政务服务平台界面的标准统一。政务服务网、拉萨市行政审批和便民服务局微信公众号和拉萨政务服务App等“一网两端”运行管理持续加强，信息采集以及审核、发布、更新机制不断规范，上云工作有序推进。截至年底，全市政务事项网办深度二级事项达到98%、三级以上38%、四级60.4%，向自治区平台推送办件数据82万余条，市级政务服务平台个人用户注册量达到29万余人、企业用户注册量达到5.6万余户。

【“放管服”改革】 完成部门权责清单动态调整，调整后全市权责清单目录数量从2019年的3791项减少至2020年的2901项，取消调整的市级政府部门行政职权864项，其中取消110项、下放515项。稳步开展“减证便民”“四减”及情形化梳理等专项行动，认真规范、精简办事基本要素，全市政务服务事项8081项，政务服务事项办事平均申报材料精简至3.07个，全市政务服务事项办事承诺时限压缩60%以上，规范梳理完成市、县（区）两级事项基本信息7600余个，无法定依据证明材料和兜底线申报材料全部取消。开启行政审批事项套餐式集成服务新模式，推进“一件事一次办”等重点工作，并建立定期分析报告制度。年底，公布全市第一批“一件事”清单32个，“最多跑一次”“全程网办”政务事项分别达到217项、96项。实现企业开办3个工作日、不动产登记5个工作日内办结目标。全年完成政务服务大数据分析11期。

【公共资源交易】 2020年，拉萨市突出公共资源交易的公共服务定位，推动交易平台电子应用和远程异地评标发展。协同南充市、巴中市公共资源交易中心，完成南充市高坪区孕产儿童传染病治疗中心建设项目和巴中市恩阳区柳林镇幼儿园远程异地评标，试点完成拉萨市消防救援支队通讯指挥车采购项目全程电子化。坚持公开、公正和廉洁以及交易“应进必进”的原则，基本实现工程建设项目招标投标、土地使用权出让、政府采购进入交易中心，开展交易活动且交易顺利。推动疫情防控“六稳六保”工作落实，开展场地和服务费的减免工作。全年完成招标项目503项，交易总额189.31亿元，为企业减负497.55万元。其中政府采购电子化项目2个，交易额698.4万元。

【“12345”政府服务热线管理不断优化】 2020年，拉萨市建立健全“12345”政府服务热线知识库更新应用机制、工单协助处理工作机制和定期报告机制，加强热点难点问题的归集处理，尤其是疫情防控关键时期，及时向市委、市政府和有关部门反馈企业复工复产、入藏隔离等方面诉求，为社会秩序稳定和舆论引导发挥作用。全年累计受理市民诉求76784件，其中转办工单17051件。在线解答率、转办办结率、群众满意率保持高位，分别达到78%、94.4%和90%。全年组织编报“12345”热线日报39期、周报44期、月报9期和专报3期。

（陈新雨）

中国人民政治协商会议拉萨市委员会

综述

【概况】 2020年，市政协常委会以习近平新时代中国特色社会主义思想为指导，团结带领全市广大政协委员、政协各参加单位，深入贯彻落实中共十九大和十九届二中、三中、四中、五中全会精神及全国“两会”，中央第六次、第七次西藏工作座谈会精神，深入贯彻落实中央政协工作会议、中央经济工作会议精神和自治区党委九届八次全会、九次全会暨区党委经济工作会议及区党委政协工作会议精神，深入贯彻落实市委九届六次全会、七次全会暨市委经济工作会议及市委政协工作会议精神，紧紧围绕统筹推进“五位一体”总体布局，协调推进“四个全面”战略布局，坚持新时代党的治藏方略，聚焦拉萨市稳定、发展、生态、强边四件大事，按照区市党委决策部署，忠诚履职，担当有为，贡献出人民政协的智慧和力量。

【协商建言】 2020年，市政协召开季度协商座谈会3次，围绕“破解拉萨市民营企业发展现阶段难题”“乡村文化旅游融合发展”“政协提案工作经验交流”开展专题协商，实现委员反映意见建议和行政部门解疑释惑良性互动、民主氛围和协商效果有机结合。组织委员调研视察7次，围绕“拉萨市脱贫攻坚巩固期间产业脱贫和易地搬迁”“民营企业发展中存在的困难和问题”等进行深度调研。

【维稳工作】 2020年，市政协地级党员领导干部参加维稳一线指挥部带班和面上巡查工作。9名主席会成员在重要节点受派下沉拉萨市重点部位、重点领域开展维稳工作，为拉萨市社会大局持续稳定做出重要贡献。8名主席会成员对口联系县（区）、企业、高校毕业生、专家学者，在拉萨市巩固脱贫攻坚成果、密切政企关系、解决高校毕业生就业、服务专家学者等方面辛勤付出、解疑释惑、凝聚共识。党外副主席、各界别政协委员特别是民族界、宗教界委员，发挥自身在界别群众中的独特作用，切合实际、形式多样开展民族团结教育，引导宗教与社会主义社会相适应，各族干部群众中华民族共同体意识更加巩固，全市宗教领域更加和顺、社会更加稳定。

【疫情防控】 2020年，面对突如其来的新冠肺炎疫情，市政协常委会认真贯彻落实习近平总书记关于疫情防控重要讲话精神，严格落实区市党委疫情防控决策部署，积极动员广大政协委员、各级政协组织和政协各参加单位参与拉萨市疫情防控战。在这场疫情防控战中，市政协60余名委员（其中包括10余名医卫界委员）、6名主席会成员和33名机关干部职工积极调动一切资源确保拉萨市防疫物资供应，坚守火车站、机场、二次分流点、宾馆隔离点等，服务管理分流人员150余万人次，部分政协委员持续坚守抗疫一线300余天。在疫情防控工作开展之初，市政协及时通过微信公众号发出《致广大政协委员的一封信》，向全市各级政协组织发出倡议，全市各级政协委员、政协机关干部职工发扬“一方有难，八方支援”的中华民族精神，为疫情防控捐款捐物共计1200余万元。市政协委员立足本职岗位，顾全大局、挺身而出，为拉萨市疫情防控献计出力、凝心聚力。30余名工商界委员捐款捐物400余万元，多次慰问疫情防控一线工作人员，统筹做好各自领域复产复工和疫情防控工作，尽量做到自己企业不裁员、保工资、稳生产，为拉萨市社会经济平稳健康运行做出积极贡献。其他界别委员发挥自身优势，竭尽所能宣传中央、区市党委疫情防控举措，科学解读疫情防控知识，协助党委政府做好解疑释惑、化解矛盾、纾解情绪、增进共识的工作，力促拉萨市社会和谐稳定，为拉萨市疫情防控取得重大战略成果做出重要贡献，市政协办公室和机关党支部被自治区党委和政府评为"西藏自治区抗击新冠肺炎疫情先进集体"。

【服务民生】 市政协办公室驻堆龙德庆区古荣镇巴热村工作队认真落实区、市党委关于精准推进干部驻村工作的一系列部署要求，大力围绕以"神圣国土守护者、幸福家园建设者"为主题的乡村振兴战略，扎实推进新时代干部驻村"七项重点任务"。帮助村"两委"举办各种宣讲活动50次，参与群众6000人次。坚持为民服务理念，全年解决物资及项目资金46余万元。地级领导每月常态化检查指导驻村工作，机关县级以下党员干部职工结对帮扶贫困户59户，投入帮扶物资及资金合计4.9万元，竭尽全力为驻地群众办实事做好事，解决困难和诉求，不断提升群众的获得感和幸福感。

【交流交往】 加强与区内外政协友好交往，协助全国政协考察团1批22人、四川陕西湖南等省市政协考察团9批94人、区内政协考察团10批100余人在拉萨市开展考察，交流工作经验，加强团结联谊，宣介新拉萨，讲好政协事。

【自身建设】 完善以两级党组理论学习中心组学习为引领的学习制度体系，推进理论学习常态化制度化，全年举办各类学习活动31场次，参加学习720人次。积极贯彻落实中央、区市党委政协工作会议精神，研究制定《拉萨市政协党组关于加强新时代党的建设工作实施意见》《拉萨市政协党组关于进一步发挥党员委员先锋模范作用的意见》，不断完善政协党建体制机制。扎紧纪律藩篱，经常性开展党纪党规教育，组织各类廉政警示教育16次，党组书记、党组成员上党课2次，党组书记与党员干部谈心谈话30人次。

（刘　苹）

重要会议

【政协十一届五次会议】 2020年1月11—13日，政协第十一届拉萨市委员会第五次会议在拉萨召开。会议应到委员248名，实到201名。会议表决通过政协第十一届拉萨市委员会第五次会议选举办法，表决通过政协第十一届拉萨市委员会第五次会议总监票人、监票人名单；审议通过《政协第十一届拉萨市委员会关于学习贯彻党的十九届四中全会和中央政协工作会议及自治区党委政协工作会议精神的决议》《政协第十一届拉萨市委员会第五次会议关于常务委员会工作报告的决议》《政协第十一届拉萨委员会提案委员会关于政协十一届五次会议提案审查情况的报告》《政协第十一届拉萨市委员会第五次会议政治决议》；列席拉萨市第十一届人民代表大会第五次会议，听取和讨论"一府两院"报告及其他报告；会议补选刘亮、孙文斌为政协第十一届拉萨市委员会副主席，补选邹玉明为政协第十一届拉萨市委员会秘书长，补选次仁桑玻、益西西绕为政协第十一届拉萨市委员会常务委员。

【十一届十四次常委会会议】 政协第十一届拉萨市委员会常务委员会第十四次会议于1月10日召开。会议应到常委50名，实到38名。市政协党组书记、主席袁训旺主持会议并讲话。市政协副主席张勤、岳国红、达娃，副主席人选刘亮，秘书长人选邹玉明参加会议。审议通过《关于召开政协第十一届拉萨市委员会第五次会议的决定》和报告人及《政协第十一届拉萨市委员会常务委员会工作报告（草案）》《政协第十一届拉萨市委员会常务委员会关于政协十一届四次会议以来提案工作情况的报告（草案）》和报告人，作了增免政协第十一届拉萨市委员会副主席、秘书长、常务委员及委员的人事说明，审议通过政协第十一届拉萨市委员会副主席、秘书长、常委免职名单，审议通过增免政协第十一届拉萨市委员会名单，审议政协第十一届拉萨市委员会副主席、秘书长、常务委员候选人建议名单，审议通过《政协拉萨市委员会专门委员会工作规则》《政协拉萨市委员会委员履职工作规则》《政协拉萨市委员会谈心走访委员制度》《政协拉萨市委员会委员联系界别群众制度》。

【十一届十五次常委会会议】 政协第十一届拉萨市委员会常务委员会第十五次会议于1月12日召开。会议应到常委50名，实到39名。市政协党组书记、主席袁训旺主持会议并讲话。市政协副主席达娃，副主席人选刘亮、孙文斌，秘书长人选邹玉明参加会议。审议《政协第十一届拉萨市委员会提案委员会关于十一届五次会议提案审查情况的报告(草案)》《关于学习贯彻党的十九届四中全会和中央政协工作会议及自治区党委政协工作会议精神的决议(草案)》《政协第十一届拉萨市委员会第五次会议关于常务委员会工作报告的决议(草案)》《政协第十一届拉萨市委员会第五次会议政治决议(草案)》《大会选举办法(草案)》《总监票人、监票人名单(草案)》，审议通过《增补政协第十一届拉萨市委员会副主席、秘书长、常委候选人名单》。

【十一届十六次常委会会议】 政协第十一届拉萨市委员会常务委员会第十六次会议于4月8日召开。会议应到常委50名，实到35名。市政协党组副书记、副主席张勤作讲话，市政协副主席拉巴顿珠主持会议。市政协副主席亚古、拉巴、岳国红、刘亮、孙文斌及秘书长邹玉明出席会议。会议传达学习习近平总书记在决战决胜脱贫攻坚座谈会上的讲话精神，传达学习自治区党委九届七次全会暨区党委经济工作会议精神、自治区党委政协工作会议精神暨庆祝自治区政协成立60周年大会精神、自治区政协十一届三次会议精神及《中共西藏自治区委员会关于新时代加强和改进西藏政协工作的实施意见》，传达学习市委九届五次全会暨市委经济工作会议精神；审议通过《政协第十一届拉萨市委员会关于增免副秘书长名单》《政协第十一届拉萨市委员会常务委员会2020年工作要点》《政协第十一届拉萨市委员会第五次会议以来委员重点提案及主席领衔督办提案》。

（刘　芊）

重要活动

【春节、藏历新年团拜会】 1月20日，拉萨市政协承办拉萨市2020年春节藏历新年团拜会。拉萨市党政军警领导与各族各界人士欢聚一堂、辞旧迎新，互献哈达、互致祝福，共享发展成果，共绘美好蓝图。自治区党委常委、拉萨市委书记白玛旺堆出席并致辞。市委副书记、市长、城关区委书记果果主持团拜会。市领导云丹、袁训旺、吴亚松、阿努次仁、王家民、廖波出席。市人大、市政府、市政协在岗地级领导，武警拉萨支队、拉萨市消防救援支队主官，驻寺人民解放军、武警官兵和政法干警代表，荣获“庆祝中华人民共和国成立70周年”纪念章代表，全市劳模、英模和各族各界人士代表，各县(区)和市(中)直各单位主要负责人等应邀参加团拜会。

【庆祝西藏民主改革61周年暨“3·28”西藏百万农奴解放纪念日座谈会】 3月27日，拉萨市政协举办庆祝西藏民主改革61周年暨“3·28”西藏百万农奴解放纪念日座谈会，深情讴歌中国共产党领导西藏各族群众取得的丰功伟绩。市政协党组书记、主席袁训旺出席并讲话，市委常委、统战部部长、市政协党组副书记阿努次仁主持，市人大常委会副主任达瓦，市政府副市长陆从福，市政协副主席亚古、张勤及秘书长邹玉明出席会议。市直相关部门负责人参加会议。会上，5名政协委员作口头发言，1名政协委员作书面交流发言。

【庆“七一”系列活动】 6月28日至7月1日，拉萨市政协机关党支部、工会、妇委会联合开展庆祝建党99周年系列活动，组织机关全体党员爱心捐款4000元，机关党支部代表全体党员赴城关区河坝林社区开展慰问活动，集中慰问社区5名“三老”人员；开展党章、宪法、政协章程及工会、妇委会等方面知识问答和猜字谜、夹乒乓球、跑步等系列文体活动，组织党员参观拉萨市廉政警示教育基地。

【界别活动】 8月4日，由市政协副主席拉巴顿珠带领市政协民族、爱国统战和归国藏胞界委员，围绕“民族优秀传统手工艺的发展”开展界别活动。

【庆祝“9·17”民族团结进步节座谈会】 9月17日，拉萨市政协组织各族各界委员举行庆祝“9·17”

民族团结进步节座谈会，市委常委、统战部部长、市政协党组副书记阿努次仁出席会议并讲话，市政协副主席拉巴顿珠主持会议，市政协副主席亚古、拉巴、岳国红、孙文斌及秘书长邹玉明参加座谈会。会上，传达学习中央第七次西藏工作座谈会精神及《西藏自治区民族团结进步模范区创建条例》，听取拉萨市民族团结进步工作开展情况，与会人员结合中央第七次西藏工作座谈会精神，畅谈加强民族团结的认识和感想。

（刘　苹）

参政议政

【17 次季度协商座谈会】 7 月 13 日，拉萨市政协召开第 17 次季度协商座谈会，围绕“如何破解拉萨市民营企业发展的现阶段难题”进行协商座谈。市政协党组书记、主席袁训旺出席并讲话，7 名委员发言，市政协副主席拉巴顿珠主持，市政协副主席岳国红、达娃、刘亮、孙文斌及秘书长邹玉明出席会议。

【18 次季度协商座谈会】 11 月 6 日，市政协召开第 18 次季度协商座谈会，围绕“乡村文化旅游融合发展情况”进行协商座谈。市政协党组书记、主席袁训旺出席并讲话，6 名委员发言，市政协党组副书记、副主席张勤主持，市政协副主席岳国红出席会议。

【19 次季度协商座谈会】 12 月 23 日，市政协召开第 19 次季度协商座谈会，围绕“政协提案工作经验交流”进行协商座谈。市政协党组书记、主席袁训旺出席并讲话，2 名委员发言，市政协副主席达娃主持及市政协秘书长邹玉明出席会议。

【自治区政协调研民族事务座谈会】 4 月 13 日，自治区政协到拉萨市开展“依法治理民族事务促进民族团结”调研座谈会。自治区政协党组成员、副主席、区总工会主席洛桑久美出席并讲话。市委副书记、常务副市长王强就拉萨市“十三五”期间经济社会发展情况及“十四五”发展思路进行汇报。市政协党组书记、主席袁训旺主持会议。

【调研脱贫攻坚成果】 5 月 11—22 日，由市政协副主席达娃带队，经济资源环境农业农村委员会组织部分政协委员及各县（区）、市直相关单位负责人，围绕“拉萨市脱贫巩固期间产业脱贫和易地搬迁工作”进行专题调研。

【调研食品药品安全监管】 7 月 29 日，由市政协副主席达娃带队，社会科教文卫体委员会组织部分政协委员，围绕“加强食品药品安全监管”进行专题调研。

【全国政协调研铸牢中华民族共同体意识等】 8 月 30 日，以全国政协民族和宗教委员会副主任、宁夏回族自治区政协原主席齐同生为组长的全国政协调研组围绕“构建各民族共有精神家园，铸牢中华民族共同体意识，促进各民族交往交流交融调研”等内容在城关区吉日街道河坝林社区调研并与群众代表座谈交流。自治区政协副主席高扬陪同，市政府副市长贡扎曲旺，市政协副主席拉巴顿珠参加。

【调研民营企业】 10 月 13—22 日，由市政协秘书长邹玉明带队，经济资源环境农业农村委员会组织工商界和经济界委员，围绕“民营企业发展中存在的困难和问题”开展专题调研。

【视察学校疫情防控工作】 10 月 28 日，由市政协党组副书记、副主席张勤带队，社会科教文卫体委员会组织部分政协委员，视察拉萨师范高等专科学校、北京中学、拉萨市第一中学分校、城关区第九幼儿园及江苏实验幼儿园疫情防控工作。

【视察拉萨市重点民生项目】 2020 年，拉萨市政协常委会组织 50 名政协委员视察拉萨河两岸绿化提升改造、市人民医院住院部改扩建、城关区加荣棚户区改造、拉萨城投东城 12 号开发等重点民生项目，形成视察报告，有关方面认真研究委员意见建议，完善自身政策措施，协商成果得到有效转化运用。

【重点提案办理】 2020 年，拉萨市政协常委会高度重视重点提案办理的示范带动作用，以重点提案为抓手，以点带面，整体推进，推动提案办理水平迈上新台阶。与市政府沟通协商，市长、分管副市长挂牌督办提案 11 件，这 11 件提案的办复率、委员回访率及满意率均达

100%，开创拉萨市提案督办工作的新局面。政协主席会成员领衔督办提案5件，通过有效督办，提升提案办理成效。

（刘　苹）

民主监督

【概况】 2020年，拉萨市政协常委会参与4家派驻单位有关工作，配合法检两院选派特邀监督员8名，鼓励委员多途径报送社情民意信息，第一时间反馈办理情况，推动社情民意信息及时转化为工作实效。拉萨市各级政协委员通过参加座谈会、征求意见会、网上建议等方式广泛参与拉萨市“十四五”规划，为拉萨市制定“十四五”规划积极建言献策。

（刘　苹）

专门委员会工作

【提案委员会】 2020年，拉萨市政协提案委员会共收到提案109件。经政协第十一届拉萨市委员会提案委审查立案85件，立案率77.98%，作为意见建议处理24件。办复109件，办复率、委员回访率均为100%。其中，市政府分管副市长挂牌督办11件，政协主席会成员领衔督办5件提案。

【经济资源环境农业农村委员会】 2020年，拉萨市政协经济资源环境农业农村委员会加大巩固“禁白”宣传力度，开展“6·5”世界环境日宣传活动，向市民免费发放环保无纺袋2万余个、“禁白”宣传品（鼠标垫）2000件、宣传卡片4000余张、宣传册6000张。与相关单位签订2020年度巩固“禁白”成果工作目标任务分解责任书，开展各类“禁白”执法26次，检查没收“一次性塑料购物袋”共150公斤。到拉萨市各县（区）开展“禁白”专项督查，加强县（区）“禁白”工作，完成全年“禁白”目标任务。

【社会科教文卫体委员会】 2020年，拉萨市政协社会科教文卫体委员会按照“压实工作责任，形成上下游、左右岸共管共治”工作要求，开展河湖长制督查工作，查漏补缺，挖掘典型，推广经验。针对拉萨河北岸经开区段上游至彩虹桥下游之间排洪渠私占乱建、直排等问题开展专项督查，推动拉萨市部分涉河湖问题得以解决。到林周县、墨竹工卡县、达孜区、城关区等地对相关水域进行督查，实地查看拉萨市河流生态、水系水网等情况，查阅乡级“河长制”工作资料，与县（区）相关负责人座谈，指出工作存在问题。通过督查，市区及各县（区）河道周边的环境卫生得到有效改善，水污染现象得到有效遏制。

【文史民族宗教法制委员会】 2020年，拉萨市政协文史民族宗教法制委员会完成出版《铭记历史逐梦奋进——政协第十一届拉萨市委员会“三亲”史料选编》《不忘初心同心筑梦——庆祝拉萨政协成立60周年“三亲”特刊》及《拉萨文史丛书八县（区）史》（藏文汉文合订本）等11本书籍。《拉萨市政协珍贵古籍文献影印本》校审排版完成。与拉萨师专继续合作举办“迪孜”传习培训班。

（刘　苹）

纪检监察

【概况】 拉萨市纪委监委机关、派驻机构和市委巡察机构有干部职工150名,其中公务员136人,占90.7%;事业单位管理人员和机关工勤人员14人,占9.3%;配备有厅级干部1名,县级干部45名(含四级调研员),科级干部92名,一级科员5名,机关工勤人员7名;男83名,占55.3%;汉族66名,占44%;大专及以上学历147名,占98%;35岁及以下52名,占34.7%。核定委领导职数10名,实配8名,空缺2名,派驻机构核定副县级领导职数9名,实配9名,市委巡察机构核定领导职数12名,实配12名。市纪委监委机关内设机构17个,其中,内设行政机构15个,分别为办公室、组织部(机关党委)、宣传部、政策法规研究室、党风政风监督室、信访室、案件监督管理室、第一监督检查室、第二监督检查室(政治纪律监督检查室)、第三监督检查室、第四监督检查室、第五审查调查室、第六审查调查室、案件审理室、纪检监察干部监督室;内设事业机构2个,分别为纪检监察网络信息中心、纪检监察干部培训中心。市纪委监委派驻机构9个,分别为市纪委监委第一至第九派驻纪检监察组。市委巡察办内设行政机构2个,为综合科、督查科;内设事业机构1个,为市委巡察数据管理中心。市委常设3个巡察组,分别为市委巡察一组、市委巡察二组、市委巡察三组。

2020年,拉萨市纪委常委会团结带领全市各级纪检监察机关,以习近平新时代中国特色社会主义思想为指导,忠诚履行党章和宪法赋予的职责,坚持稳中求进工作总基调,精准有效发挥监督保障执行、促进完善发展作用,全市全面从严治党、党风廉政建设和反腐败斗争取得新进展新成效。

【增强“两个维护”】 2020年,拉萨市纪委聚焦习近平总书记重要指示批示精神、全面建成小康社会、“六稳”“六保”、打好“三大攻坚战”等重大任务,围绕市委保障和改善民生、推进重大生态工程建设等重大举措,跟进监督、精准监督、全程监督。紧盯统筹疫情防控和经济社会发展大局,立案查处67人9家单位,给予党纪政务处分11人、组织处理58人,通报曝光39人6家单位。全面贯彻党的宗教工作纪律,针对城关区帕日日追“批小建大”“批建不符”问题严肃追究9名干部责任,督促对参与宗教活动的19名农牧民党员加强教育引导和思想转化。查处违反政治纪律案件8件25人,给予党纪政务处分25人、组织处理20人。

【反腐败工作】 2020年,拉萨市纪委查处扶贫领域腐败和作风问题17件31人1家单位,给予党纪政务处分8人、组织处理26人1家单位。紧盯公安机关新查处的重点领域、重点行业和农村黑恶势力案件,定性“保护伞”2人、“警伞”3人,“一案三查”追责问责23家单位74人。严肃查处侵害群众利益问题32件66人1家单位,给予党纪政务处分22人、组织处理54人1家单位。扎实开展人防系统腐败问题专项治理,督促上缴易地建设费1709.04万元。

【作风建设专项整治】 2020年,拉萨市纪委严肃查处违反中央八项规定精神问题27件45人,给予党纪政务处分28人、组织处理21人。查办公车私用问题9件13人,给予党纪政务处分9人、组织处理5人、追责问责5人。深入推进作风建设专项整治，牵头开展地毯式监督检查，发现问题2807项，其中整改类2791项、以问题线索处置16项。大力开展不作为慢作为、文山会海等形式主义官僚主义问题专项整治，立案查处9件51人2家单位，给予党纪政务处分30人、组织处理22人2家单位。督促整治领导干部利用名贵特产类特殊资源牟取私利问题69项，处置问题线索21件，组织处理12人。加强行政事业单位干部职工个人借款长期不还专项整治监督检查，清理资金1.5136亿元，涉及919人。坚持改进会风、严肃会纪，现场发现问题120项，通报曝光42人28家单位。

【政治巡察】 2020年，拉萨市纪委聚焦“两个维护”，对29个党组织开展常规巡察、巡察“回头看”，发现问题655项，移交问题线索20件23人，九届市委巡察实现全覆盖。以推磨交叉方式开展县（区）巡察，发现问题335项，移交问题线索17件20人，县（区）巡察实现全覆盖。推动巡察工作向村（居）延伸，村（居）巡察覆盖率达94.4%。对27个党组织巡察整改落实、立行立改情况进行实地督查，对83项问题下发督办通知，督促建立完善制度462条，清退资金745.67万元。

【落实主体责任】 2020年，拉萨市纪委协助出台市委2020年落实主体责任工作要点、市委和市直部门党组（党委）主体责任清单，制定监督责任工作要点。用足用好问责利器，对履行党的建设责任不力的103人3家单位进行问责。完善党风廉政意见回复规定，出具廉政意见回复120批次1785人次，对34名党员干部提出调整岗位或不建议提拔使用意见。精准运用“四种形态”处理760人次，第一、二、三、四种形态分别占69.1%、20.6%、5.3%、5%。

【纪检监察体制改革】 2020年，拉萨市纪委制定向自治区纪委和市委请示报告“两个清单”，严格履行报批程序和手续。制定出台党风政风监督工作办法，自主编撰印发《审查调查文书》，制定案件档案管理办法、公安机关向纪检监察机关移送问题线索实施办法等，创新采用“不留置直接移送”模式，规范运行机制、提高纪法效果。规范参与议事协调机构审批程序，市县两级同步完成清退194个，从源头治理“边清边增”问题。明确派驻机构编制职数、机构设置，组织召开派驻机构例会、组长座谈会，选派11人充实至派驻机构；增设第四监督检查室，实现功能园区、市属国有企业等领域专门监督。全年各派驻机构共立案28件，对32人给予党纪政务处分。

【案件查处】 2020年，拉萨市各级纪检监察机关共接收信访举报348件次，处置问题线索499件，立案182件，对227人（县处级28人）给予党纪政务处分，移送检察机关6人。整理汇编中共十八大以来违纪违法干部忏悔录，启动警示教育片拍摄工作，积极扩大“互联网+”宣传模式，拉萨纪检监察网站发布消息893条、点击量332万余次，“清风拉萨”微信号发布信息1261条、阅读量45万余次。

【纪检队伍建设】 2020年，拉萨市纪委成立派驻机构党总支和3个派驻机构党支部，建设标准化党员活动室，经常性组织主题党日活动。落细落实自身建设主体责任，规范纪委常委会议事决策规则，细化分解和推动落实全面从严治党主体责任清单，定期研究机关党建、意识形态等工作。扎实开展2020年纪检监察系统、巡察机构“工作作风提升年”活动，举办乡镇（街道）纪检专干和村级纪检监督员培训示范班、“我的业务我来讲”纪检监察每月一课，选派63人参加各类业务培训。制定出台加强纪检监察干部监督工作意见，建立市纪委监委机关、巡察机构干部拉萨社会关系电子信息库。召开系统述职述责述廉会议，启动“三访”工作，处置涉及纪检监察系统问题线索4件3人，组织处理2人，坚决防止“灯下黑”。

（旦　增）

群众团体

拉萨市总工会

【概况】 2020年,拉萨市总工会以习近平新时代中国特色社会主义思想为指导,深入学习贯彻中共十九大和十九届二中、三中、四中、五中全会以及中央第七次西藏工作座谈会精神,贯彻落实区党委九届八、九次全会及市委九届六次、七次全会精神,贯彻落实中国工会十七大、西藏工会十大和拉萨工会十一大确定的各项工作部署,紧紧围绕发展、稳定、生态、强边"四件大事"和"三大攻坚战"部署要求,深入开展"五型工会"创建,切实发挥党联系职工的桥梁纽带作用,团结动员全市各族职工为决胜全面建成小康社会、夺取新时代中国特色社会主义伟大胜利作出积极贡献。市总工会机关行政编制为10人,事业编制4人,工勤编制3人,部门领导职数3名,科级领导职数6名。内设正科级机构一室二部,即办公室、组宣部、权益保障部。虚设一中心四室三部,即困难职工帮扶中心;经费审查委员会办公室、女职工委员会办公室、经济技术办公室、职工技术协作委员会办公室;女职工部、民主管理部、基层工作部。

【疫情防控工作】 1—3月,拉萨市总工会按照区市疫情防控指挥部统一安排,动员全单位党员到楚布寺、全季酒店、加荣社区等疫情防控点开展疫情防控工作。通过微信公众号、LED显示屏等平台向拉萨市广大职工群众推送各类防疫知识,引导职工群众自觉参与和做好疫情防控工作。累计安排资金71.8万元对奋战在防控一线的医护人员、公安民警、环卫职工进行慰问。

【"金秋助学"】 1月15日,拉萨市总工会举行2020年"金秋助学"助学金兑现仪式,市政协党组副书记、副主席、市总工会主席张勤出席并讲话,现场向78位受助家庭代表发放助学金。

【主题教育总结大会】 1月20日,拉萨市总工会党组召开"不忘初心、牢记使命"主题教育总结大会,对2019年市总工会主题教育开展情况进行全面总结,市委主题教育第三巡回指导组有关负责人到会指导。

【开展三月份慰问系列活动】 3月5—8日,拉萨市总工会女工委开展2020年妇女节慰问活动,为各行各业服务在一线的女职工们,共慰问303人,投入慰问资金22.25万元。

【市委巡察五组巡察市总工会党组"回头看"】 4月7日,拉萨市委巡察五组巡察市总工会党组"回头看"情况反馈会议在市总工会召开。市纪委副书记、监委副主任格桑平措,市委巡察五组成员及市总工会党组领导班子成员出席会议。

【慰问市级困难职工】 4月2—10日,市政协党组副书记、副主席、市总工会主席张勤带领市总工会领导班子一行分赴拉萨市八县区以及市直机关企业单位困难职工家里慰问,共计慰问困难职工262人,投入资金26.2万元。

【"五一"劳模座谈会】 4月30日,拉萨市总工会召开2020年庆"五一"劳模代表座谈会,全国、自治区、拉萨市三级劳模代表共13

名参加座谈会。市政协党组副书记、副主席、市总工会主席张勤出席座谈会并讲话。

【传达学习习近平总书记给郑州园方集团全体干部职工回信精神】 5月6日,拉萨市政协党组副书记、副主席、市总工会主席张勤主持召开拉萨市总工会第十一届四次常委会会议,会议传达学习习近平总书记给郑州园方集团全体干部职工回信精神。市总工会第十一届常委会委员及机关各部室负责人参加会议。

【技能培训】 5月11日,拉萨市总工会主办的2020年度助力脱贫攻坚技能培训在拉萨惠美家政服务有限公司开班。50名困难职工、农民工、建档立卡贫困户参加培训。

【看望慰问女职工子女】 6月1日,拉萨市总工会党组成员、副主席次仁拉姆一行到拉萨市洁达环卫公司看望慰问困难职工子女,为13名小朋友送去价值500元的节日礼包。

【全市工会工作推进会】 6月4日,拉萨市政协党组副书记、副主席、市总工会主席张勤主持召开全市工会工作推进会议,就工会经费收缴、职工福利发放、消费扶贫和工会会员实名制录工作进行部署。

【“两癌”筛查】 6月22日,2020年女职工“两癌”筛查活动在市妇幼保健院启动,共为1255名女职工进行“两癌”筛查。

【民法典专题讲座】 6月28日,拉萨市总工会、团市委、市妇联联合开展《中华人民共和国民法典》主题讲座,邀请市委党校高级讲师刘波围绕具体内容作专题解读。

【“五送”系列服务职工活动】 7月1日至10月21日,以开展“喜迎新中国成立70周年工会服务在基层”为主题的“五送”系列服务职工活动在堆龙德庆区德庆镇门堆村搬迁点正式启动。

【三人制篮球赛】 7月25—26日,由拉萨市总工会、市体育局联合举办的市直单位职工“快乐运动、迎篮而上”三人制篮球赛在市文体中心顺利进行,经过2天共计80场比赛,最终公安前卫、教育二队和拉萨城投三支代表队分获冠、亚、季军。

【主题演讲比赛拉萨市选拔比赛】 8月7日,拉萨市举办“时代新人说——决胜小康奋斗有我”主题演讲选拔赛在拉萨市总工会举行,共32名选手参赛,经过角逐胜出一等奖2名、二等奖3名、三等奖5名,优秀选手奖若干,优秀组织奖8个。

【“安康杯”知识竞赛活动】 8月14日,由拉萨市安委办主办,拉萨市应急管理局、拉萨市总工会以“强化安全发展理念、提升全民安全素质”为主题联合举办2020年度“安康杯”安全知识竞赛活动。

【工会活动教育基地挂牌】 9月10日,拉萨市总工会工会活动教育基地在拉萨科普馆(藏域星球天文体验馆)挂牌。

【北京市总工会扶贫协作调研对接工作】 9月15日,北京市总工会党组成员、经审委主任司建一行4人到拉萨开展扶贫协作调研对接工作。其间,两地工会签订《2020年扶贫协作和支援行动协议书》,北京市总工会现场援助市总工会200万元。

【迎接全国总工会城市困难职工解困脱困成效第三方评估工作部署会】 10月13日,拉萨市总工会召开迎接全国总工会城市困难解困脱困工作成效第三方评估检查工作会议,听取拉萨市城市解困脱困区级第三方评估反馈问题整改情况汇报。

【中央第七次西藏工作座谈会专题讲座】 10月16日,拉萨市总工会、团市委、市妇联联合邀请市委党校讲师刘秋朵教授以“全面贯彻新时代党的治藏方略、建设团结富裕文明和谐美丽的社会主义现代化新西藏”为主题作了深入的阐释。工青妇全体干部职工60余人参加讲座。

【全国劳动模范赴京接受表彰】 11月24日,全国劳动模范和先进工作者表彰大会在北京举行,拉萨市暖心燃气热力有限责任公司姚丽娜和西藏藏缘青稞科技有限公司拉琼2人荣获全国劳模称号。

【拉萨市工会干部培训班】 11月23—26日,拉萨市总工会2020年工会干部培训班在阳光酒店举办，来自全市各级工会组织的200余名工会干部参加培训。

【劳模及先进工作者疗休养活动】12月21日，拉萨市总工会组织1批共计30名干部职工，到成都工人疗养院进行疗休养。

（旦增曲珍）

共青团拉萨市委员会

【概况】 2020年，共青团拉萨市委员会（以下简称团市委）深入贯彻习近平新时代中国特色社会主义思想及中共十九大和十九届二中、三中、四中、五中全会精神，坚决贯彻落实区党委九届八次全会、市委九届六次全会精神，以共青团改革为契机，以共青团基层组织建设为抓手，团结带领全市广大团员青年围绕中心、服务大局，积极投身推进团结美丽健康幸福新拉萨建设，为在全区率先全面建成小康社会，开启全面建设社会主义现代化拉萨新征程作出青春贡献。截至年底，全市基层团组织1290个，其中团委115个、团工委14个、团总支13个、团支部1148个；全市基层团干部1737人，其中专职团干部118人、兼职团干部1619人；全市团员15936人。基层团组织书记配备率和进班子率均达100%，实现有工作人员、有办公场所、有工作制度、有工作经费、有活动阵地的“五有”目标。

【共青团工作集中考核答辩会】 1月6日，团市委组织各县（区）、市直相关团组织召开2019年度拉萨市共青团工作集中考核答辩会，共青团西藏自治区委员会组织部部长马建国、团市委书记班子参加会议，部分团员青年代表列席会议。采用自查自评、集中答辩、综合评定3种方式进行，采用集中考核、PPT路演、现场答辩的方式进行评定。

【看望慰问防疫一线青年突击队员】 2月，团市委副书记慈旦德吉到城关区仙足岛社区，看望慰问防疫一线青年突击队员，并为他们送去口罩等应急物资，团市委青年发展部部长索朗次吉陪同。

【动员拉萨全团力量共战防疫一线】 2020年，团市委发出《集合青春力量，打赢疫情防控阻击战》《面对疫情》倡议书，号召全市各级团组织和广大团干部、团员青年，在各级党组织统一指挥下，积极投身防疫用品生产、物资运输分发等重点领域和急难险重任务。面向全市广大青年志愿者发出招募令，组建29人的拉萨疫情防控应急志愿服务队、162人的大学生志愿者突击队、204人的社会志愿者突击队，奔赴机场、火车站防疫一线、柳梧防疫分流中心、隔离酒店、八一农场小区、社区医院等各个场所开展宣传引导、信息采集、检查排查、消毒灭毒、物品发放、体温监测等志愿服务工作。针对基层防控一线防疫物资短缺情况，动员全市青联委员、创业青年、致富带头人通过各类平台捐款33.65万元、捐赠物资价值158.0238万元。主动对接腾讯公益发起的“中国公益星计划西藏项目”负责人和北京传益千里组织能力建设发展中心西藏项目组，为基层防控一线捐助独立包装医用口罩5.2万余只、一次性手套3.1万双、消毒液360桶、防疫宣传册4000册。组织动员全市各级青年文明号（窗口）单位，开设志愿服务点，为服务群众赠送一次性口罩，宣传疫情防控知识，定点向湖北省随州市捐款5万元。针对基层团组织疫情防控专项经费短缺、不足的情况，团市委在整合上级团组织划拨的4万元防疫专项经费的基础上，从本级团费中划拨4万元、争取志愿服务经费3万元用于支持全市基层团组织开展疫情防控工作。

【庆“3·28”西藏百万农奴解放纪念日系列活动】 为隆重纪念西藏百万农奴解放61周年，团市委号召、组织全市团组织开展“升国旗，唱国歌”、观纪录片、新旧对比等形式多样、主题鲜明的活动，引导和激励全市广大青年铭记历史，感党恩，发挥先锋作用，努力建设团结美丽健康幸福新拉萨。

【青年志愿者筑起“防疫长城”】疫情期间，团市委招募的1000余名大学生志愿者，在机场、火车站、宾馆隔离点、辖区居委会、小区大院、物资运输车上参与拉萨市疫情防控工作。堆龙德庆区49名志愿者在各镇（街道）、工业园区协助开展返堆分流、登记工作及为隔离人员代购代送食品药品等。城关区各街道、社区组织青年志愿者开展清扫、消毒、发口罩、量体温等活动。团墨竹工卡县委联合西藏银行青年突击队针对全县商铺展开消毒测温防疫活动。

【南开志愿者办线上思政课】“雷锋月”期间,南开大学研究生支教团志愿者联系南开大学周恩来政府管理学院2019级政治学硕士党支部的志愿者们,借助线上教育平台,在中心小学的9个班级群中同时开启直播,500余名师生和家长观看线上思政课。思政课以“学雷锋,共抗疫,爱国行”为主题,通过对雷锋事迹学习、疫情防控介绍、志愿者战“疫”行动和当代小学生如何学雷锋四个部分的深刻介绍,弘扬雷锋精神,致敬疫情防控志愿者,激发学生们的思想道德热情和爱国主义情怀,引导传承中华民族传统美德,形成奋发向上的精神力量。

【义务植树活动】3月31日,团市委全体干部职工在堆龙乃琼镇波玛村参加拉萨市义务植树活动,共种植53棵杨树。团堆龙德庆区委组织党支部成员、返乡大学生“青年突击队”16人参加植树活动,种植209株树苗。曲水县工青妇联合党支部全体党员干部在江村参加义务植树活动,共栽种200多棵树苗。

【禁毒宣传活动】4月,团市委联合各县(区)团委、市各学校、市志愿者服务指导中心共同开展禁毒公益宣传片《别让“我以为”变成“我后悔”》禁毒宣传活动。此次宣传活动历时近1个月,宣传范围涉及拉萨市各中小学、拉萨市5个县3个区,1万余名青少年观看宣传片。

【工会成立大会】4月10日,共青团拉萨市委员会第一届工会委员会成立暨第一次会员大会隆重召开。会议通过无记名投票方式选举产生旦增卓玛为工会主席,薛昌为第一届工会副主席;次仁玉珍为第一届工会经济审查委员;拉巴单增为第一届工会组织委员;杜娟为第一届工会女工委员。此次大会的召开,是团市委全体干部职工生活中的一件大事,标志着团市委工会委员会的正式成立。除个别因公在外人员,全体会员参加会议。

【城乡环境卫生“大扫除”活动】为深入开展爱国卫生运动,筑牢全市疫情防控屏障,助力拉萨通过国家卫生城市复审,按照《关于开展爱国卫生运动月相关活动的通知》《拉萨市第32个爱国卫生月活动实施方案》文件通知要求,4月15日,团市委在拉萨市城关区纳金街道塔玛社区开展城乡环境卫生“大扫除”活动,20余名西部计划志愿者参加。

【全民国家安全教育日宣传教育系列活动】4月10—19日,团市委围绕习近平总书记系列重要讲话精神和治国理政新理念新思想新战略,特别是关于国家安全和治边稳藏的重要论述开展系列活动。4月17日,邀请西藏自治区党委讲师团成员、拉萨市委党校马列教研室主任、副教授巴桑卓玛授课。4月13—17日,组织团市委全体党员参与“网信拉萨”网上知识竞赛活动。充分利用团属新媒体平台微信公众号、抖音、微博等开展宪法、国家安全法、网络安全法、反恐怖主义法等涉及国家安全法律的宣传教育,营造全社会共同维护国家安全的良好氛围。

【“两红两优”“拉萨青年五四奖章”线上评选工作】4月16—23日,团市委开展2019年度拉萨市“两红两优”、第八届“拉萨青年五四奖章”线上评选工作。拉萨市“优秀共青团员”建议人选不超过20人、拉萨市“优秀共青团干部”建议人选不超过20人、拉萨市“优秀共青团干部—驻村团干部专项”建议人选不超过4人、拉萨市“五四红旗团委”建议人选不超过10个、拉萨市“五四红旗团支部(团总支)”建议人选不超过10个,“拉萨青年五四奖章”建议人选不超过10个、“拉萨青年五四奖章集体”建议人选不超过10个。

【基层团组织规范化调研】4月21—23日,为全面掌握拉萨市各级团组织、团员和团干部队伍发展状况,团市委党组成员、副书记慈丹德吉带领调研二组先后到城关区团委、冲赛康社区、夺底街道、拉萨市第四中学开展调研工作,就青年团员工作现状、存在的问题以及意见和建议等进行询问。

【摸底调查】4月25日,城关区团委在拉萨市委组织部、团市委的指导下组织部分区直、市直及城关区西部计划志愿者在幸福社区入户开展社区青年参与志愿活动意向调查问卷,摸清幸福社区居民的党员情况、对工会、妇联的看法、对志愿服务活动的意愿等,为城关区团委、市委组织部、团市委的下一步工作开展奠定基础,指明方向。

【"圆梦青春 共创幸福"主题活动】 5月4日,团市委联合团城关区委及幸福社区青工委举办"圆梦青春·共创幸福"为主题的创业青年产品展销及志愿服务活动,在功德林街道幸福社区拉开帷幕。中共拉萨市委组织部副部长杨栋章出席活动。中国青年领袖峰会成员、中国青年政治人论坛代表、2020年"全国向上向善好青年"——勤学向上好青年丹臻群佩面向70余名在校大学生及青年志愿者开展"转变就业观念、创业成就梦想"分享会,并细心解答在校大学生及青年志愿者的问题。

【先进团组织和优秀个人表彰大会】 5月4日,拉萨市召开2019—2020年度"青年五四奖章"、"两红两优"、疫情防控工作先进团组织和优秀个人表彰大会。会上,举行新团员入团和老团员超龄离团仪式,表彰2019—2020年度"青年五四奖章""优秀共青团员""优秀共青团干部""五四红旗团委(团支部)"及疫情防控工作先进团组织和优秀个人,第8届"拉萨青年五四奖章"获得者和2019年度拉萨市"优秀共青团员""优秀团干部""五四红旗团委(团支部)"及疫情防控工作先进团组织、优秀个人获奖代表,拉萨各族各界青年代表,共100人参加活动。

【调研基层团组建设工作】 5月8日,团市委书记王红杰一行到当雄县调研基层团组织建设工作。调研组一行先后到团县委办公室、县中学团委、龙仁乡曲登羊阁村团支部。重点查阅基础团务工作资料台账,对团的活动开展情况、"三会两制一课"、青年大学习、青年之家建设等相关工作进行检查。

【王清君赠送书画作品】 团拉萨市委发布《关于第8届"拉萨青年五四奖章"候选人、候选集体线上评选的公告》后,知名公益画家王清君通过微信公众号"青春拉萨"留言联系,向拉萨"青年五四奖章"获得者赠送自己的书画作品。5月8日,团拉萨市委副书记慈旦德吉为拉萨"青年五四奖章"获得者发放画家王清君的书画作品。收到书画的青年们向团市委和捐赠人表示衷心的感谢。

【慰问防疫一线医务人员】 5月12日,拉萨市青年志愿者协会工作人员与虔诚之家青年志愿者一行到自治区第三人民医院,为防疫一线医务人员献上洁白的哈达,送去200只N95口罩、200只一次性口罩、2箱检查手套、2箱消毒液等防护物资和牛奶、果篮等生活物资,并表示将组织发动大学生志愿者,采取"一对一""一对多"的形式,为有需求的医护人员子女提供免费线上课业辅导,以实际行动表达对防疫一线医护人员的关心关爱。

【助残活动】 在第30个全国助残日来临之际,拉萨市志愿者服务指导中心联系西藏出入境边防检查总站执法调查支队青年志愿者,到堆龙德庆区东嘎街道易地扶贫搬迁点祥和苑看望慰问困难家庭。

【社区及乡村青少年自护教育及亲子活动】 5月19日,团市委在城关区功德林街道幸福社区开展第一期2020年拉萨市社区及乡村青少年自护教育及亲子活动。活动以线下专项疏导和活动教育的形式展开,通过主题讲座、亲子游戏和互动等方式,提升青少年自我保护和自救意识。

6月6日,团市委在城关区铁崩岗社区开展第二期2020年拉萨市社区及乡村青少年自护教育及亲子活动。活动主要分为三项内容,青少年自护教育、家长意识教育和家长亲子活动,此次活动共计70余名人参加,其中包括20余名家长和50余名青少年。

【共青团拉萨市十届常委会第一次会议】 5月20日,团市委党组书记、书记王红杰主持召开共青团拉萨市十届常委会第一次会议。团拉萨市十届委员会副书记、常委参加会议。审议通过《共青团拉萨市委员会常务委员会工作规则(草案)》《共青团拉萨市第十届委员会第三次全委会议程(草案)》《关于团拉萨十届委员会委员、候补委员卸职递补的确认案(草案)》《共青团拉萨市十届三次全委会工作报告(草案)》等8个材料。

【北汽集团爱心助学活动】 5月27日,北汽集团党委副书记、董事韩永贵一行8人到拉萨,举行2020年北汽集团拉萨爱心助学活动。城关区、堆龙德庆区20名受助青少年学生代表、家长代表，拉萨团市委、城关区团委、堆龙德庆区团委等40多人参加活动。北汽集团向15名受助青少年代表赠送微心愿礼物，北汽集团华夏出行向拉萨市青少年活动中心捐赠1座爱心书屋。

【垃圾分类知识培训】 5月28日，团市委组织开展垃圾分类知识培训会。机关各部室代表、青少年活动中心代表、青年志愿者、保洁员等共36人参加培训。培训围绕拉萨市实施垃圾分类工作的目的、意义、举措等方面进行详细讲解，并针对《拉萨市生活垃圾分类投放操作标准》进行交流学习。

【共青团拉萨市第十届委员会第三次全体会议】 5月29日，共青团拉萨市第十届委员会第三次全体会议召开。会议全面总结2019年工作，安排部署2020年任务，表彰2019年度全市共青团工作先进县区团委，递补巴桑拉姆、永花、尼玛、边巴普赤、刘晓开、次仁卓玛等6人为共青团拉萨市第十届委员会委员。24名委员、12名候补委员出席会议；不是共青团拉萨市第十届委员会委员、候补委员的各县区团委、市直有关团委负责人，团市委各部门、少年宫负责人列席会议。

【开展少先队知识课】 5月29日，团市委、拉萨市少工委到拉萨市第三小学开展少先队知识课活动课，为即将加入中国少年先锋队的学生以及少先队辅导员规范入队仪式做示范。拉萨市第三小学德育主任洪修燕授课，拉萨市第三小学一年级3班的全体同学以及相关工作人员共计70人参加。

【"情暖'六一'"走访慰问活动】 5月31日，团市委联合城关区团委开展"情暖'六一'"走访慰问活动。慰问组到城关区雪莲花幼儿园、夏萨苏社区、鲁固社区、幸福社区看望慰问拉萨市外来务工人员子女和疫情防控一线的基层干部、社区工作者、公安民警、志愿者、医务人员子女，为即将升入小学一年级的11名儿童送去书包、文具盒、铅笔等学习用品和保温杯等生活用品，为7岁以上14岁以下的10名少年送去钢笔、保温杯、羽毛球和羽毛球拍等礼物。

【公益助学活动】 5月31日，团市委联合嘎吉林精品装饰城开展公益助学活动，当雄县和林周县共10名大学生受助。活动中，嘎吉林精品装饰城以现场募捐方式为每名学生捐赠6000元，共计6万元。

【垃圾分类宣传活动】 6月5日，20余名西部计划志愿者到拉萨市教育公园开展"爱护环境，垃圾分类"宣传活动。志愿者分为2个小组，垃圾处理组负责捡拾公园垃圾，并将垃圾分类装入垃圾桶，宣传组负责向公园中的市民发放宣传册，并认真讲解垃圾分类相关知识。

【中高考减压系列活动】 6月15日、16日，团市委联合拉萨市教育局、拉萨市青年志愿者协会分别在尼木县中学、拉萨市第四高级中学开展2020年"阳光助考·顺利成长"主题中高考减压系列活动。活动特邀请河海大学研支团和西藏他喜有限责任公司开展此次系列活动。系列活动主要由备战中高考分享和游戏互动两个环节构成。分享会中河海大学研支团向大家讲述中高考的经验和减压方式方法，而游戏环节则由西藏他喜管理咨询有限责任公司为学生设计群体游戏，为学生带去欢乐，并让学生意识到奋斗拼搏的重要性。此次系列活动受众师生1000余人，为即将参加中高考的学生发放7500余元的学习用品和小礼品。

【李柯勇到拉萨调研】 6月20日，团中央书记处书记李柯勇、宣传部干部刘翔在拉萨调研基层团组织建设、共青团宣传教育、助力脱贫攻坚及青年双创工作等情况。团西藏区委书记巴塔，副书记顾淑华，办公室主任格桑旺堆，拉萨市委常委、宣传部部长吴亚松，团市委书记王红杰、副书记慈旦德吉陪同调研。调研组强调，拉萨基层团组织要把牢"三个根本性问题"、聚焦"三项职责使命"，按照团中央部署要求，认真梳理工作思路，经常向同级党组织汇报共青团和青少年工作，积极争取党政支持。区市两级团的领导机关要经常深入基层，多走访、多调研，全面掌握基层团组织建设过程中出现的问题和难点，上下齐心协力推动团的基层组织建设，让基层真正强起来。

【防疫志愿服务进社区活动】 6月24日，团市委组织青年志愿者走进幸福社区，开展防疫志愿服务宣传活动。青年志愿者在城关区幸福社区分头行动、有序服务，宣传当前形势下疫情防控的具体要求。

【"我们的节日·端午"主题活动】 6月24日，拉萨市志愿者服务指导中心组织各行业青年志愿者开展2020年"我们的节日·端午"主题活动。活动在团市委二楼会议室举办，开展文化传播课堂、志愿服务技能培训课堂、端午防疫课堂。

【庆"七一"系列活动】 7月1日，团市委机关党支部、团市委工会组织全体党员、干部职工开展 中国共产党建党99周年徒步活动。活动在南山公园开展，全体党员干部职工高唱红歌，在徒步过程中劝导游人爱护环境、不乱扔垃圾，并捡拾垃圾。团市委全体班子成员、党员干部职工共35人参加。

【学习民法典】 7月6日，市工会、团市委、市妇联联合举办《中华人民共和国民法典》专题讲座，邀请市委党校刘波主讲。刘波从民法典编纂背景、意义、内容体系等方面进行详细解读。讲座号召工青妇充分发挥职能作用，不断健全法律服务合作机制，加强沟通协调，如实反映市民合理诉求，依法维护合法权益，把民法典学习引向深入，推动民法典深入实施，准确把握民法典的立法精神、丰富内涵和价值理念，自觉把民法典应用到推动工青妇高质量融合发展实践中。

【参与垃圾分类活动】 7月7日，市工会、团市委、市妇联联合举办垃圾分类专题讲座。会上，主讲人通过PPT的形式向在场人员讲解垃圾分类可以去掉能回收的、不易降解的物质，减少垃圾数量达50%以上。垃圾混合收集会加大垃圾的分拣、处理难度，从而对人类生存环境恶化，产生影响。垃圾分类中类似塑料、玻璃、纸张等可以直接回收利用的资源占垃圾总量的42.9%，可直接回收利用率高，以及家庭生活垃圾分类处理流程、分类方法、垃圾分类对环境改善的促进作用。

【青年联合会】 7月7日，拉萨市青年联合会召开四届二次常委（扩大）会议暨青联委员履职培训会。来自全市宗教、政法、军警、经济金融等界别的青联委员参加会议。会上，青联委员们进行集中学习并按青联改革方案要求，听取拉萨市四届青联换届以来的工作报告，改选市青联主席、副主席，增补常委、委员。会议邀请共青团西藏自治区委员会统战部部长，自治区青联秘书长旦增为与会的青联委员进行专题授课。拉萨市青联向全市青联委员发出《助力决战脱贫攻坚 决胜全面小康行动倡议》，青联委员代表们还在会议上进行风采展示。

【青少年模拟法庭在拉萨"开庭"】 7月15日，由共青团西藏自治区委员会主办，拉萨市中级人民法院和共青团拉萨市委员会协办，西藏青年法治宣讲团承办的"西藏自治区第四期藏汉双语模拟法庭"在拉萨市中级人民法院刑事审判法庭"开庭"。共青团西藏自治区委员会副书记何华、自治区司法厅普法治理处处长陈莉、市中级人民法院副院长蒋建平、共青团拉萨市委员会书记助理唐大军出席活动，原西藏自治区党委常委、自治区七届人大常委会副主任子成到场指导。

【"普及金融知识，防范金融风险"活动】 7月22日，团市委联合慈松塘支行开展以"普及金融知识，防范金融风险"为主题的"送金融知识到机关"的宣传活动。活动内容主要讲解如何防范电信网络诈骗，远离非法集资、宣传金融知识，以及电信网络新型违法犯罪48种诈骗手段。同时工作人员针对不同消费者存在的疑问进行耐心解答。

【志愿者表彰暨2020年迎新大会活动】 7月26日，拉萨团市委、市项目办组织召开2019—2020年度大学生志愿服务西部计划拉萨市志愿者表彰暨2020年迎新大会。总结拉萨市项目办一年的工作，欢迎新一年西部计划志愿者的到来，并对全体西部计划志愿者提出新的希望。各县区项目办、市直各服务单位、优秀志愿者代表以及2020年拉萨市全体西部计划志愿者共计160余人参加。

【"青年文明号"集体授牌仪式】 7月31日，团市委举行拉萨市2019—2020年度"青年文明号"集体授牌仪式。13家"青年文明号"集体代表、各县区团委负责人参加活动。团市委宣读"青年文明号"命名决定，并向13家青年集体颁发"2019—2020年度拉萨市级青年文明号”铜牌。团市委青年发展部部长索朗次吉讲解“青年文明号”创建活动的相关规定，并就创建品牌工作等做辅导。西藏航空有限公司机务工程部五彩精鹰定检班组、兴业银行拉萨分行营业部交流“青年文明号”创建工作情况。

【希望工程】 8月4日，江苏省农垦集团有限公司党委副书记、董事长姚准明一行到拉萨，开展“苏垦好计划爱心服务社”捐赠仪式，向拉萨市20名品学兼优的困难家庭学生发放助学金2万元。仪式上，姚准明、许成好代表江苏农垦集团、江苏农垦金属材料有限公司，将“苏垦好计划爱心服务社”筹集的助学金交到受资助学生代表手中，鼓励他们克服困难，珍惜时光，努力学习，立志成才。2名受助学生代表进行发言，表示将更加努力学习，用更加优异的成绩回报社会各界的关爱。

【“垃圾分类走进暑期课堂”志愿服务】 8月5日，拉萨市志愿者服务指导中心组织青年志愿者在拉萨市少年儿童活动中心（少年宫）开展“垃圾分类进暑期课堂”志愿服务活动。活动中，青年志愿者通过设置垃圾分类知识普及展板、发放宣传手册及环保手提袋、开展问答讲解等多种形式，向青少年儿童及家长进行耐心讲解，帮助他们答疑解惑，引导青少年儿童及家长在生活中自觉进行垃圾分类，帮助他们深刻地认识垃圾分类方法和意义。活动发放相关宣传资料和画册100余份、环保手提袋80余条、接受群众咨询50余次。

【志愿者座谈会】 7月31日，拉萨市项目办组织市直西部计划志愿者开展2020年大学生志愿服务西部计划拉萨市志愿者第一次座谈会。拉萨市130余名西部计划志愿者参加。会上，传达学习《大学生志愿服务西部计划志愿者拉萨市考核办法》《学生志愿服务西部计划西藏专项拉萨市志愿者积分管理规定》《关于认真做好2020年大学生志愿服务西部计划西藏专项拉萨市志愿者日常安全管理工作的通知》《关于印发〈大学生志愿服务西部计划西藏自治区管理办法〉的通知》及相关补充文件通知。

【基层社会治理计划志愿服务工作会议】 8月6日，团市委在城关区政府组织召开2020年拉萨市城市青年志愿者结对城关区街道参与基层社会治理计划志愿服务工作会。团城关区委书记、城关区各街道团工委书记、街道志愿工作负责人、城市青年志愿服务队、西部计划志愿者团队参加会议。会议传达《关于开展2020年拉萨市城市青年志愿者结对城关区街道参与基层社会治理计划志愿服务工作方案》，印发《关于开展“青春志愿同行·共筑美好家园”社会志愿服务工作的通知》《社会志愿服务工作实施方案（试行）》《拉萨注册社会志愿者管理办法（试行）》，对2020年拉萨市城市青年志愿者结对城关区街道参与基层社会治理计划志愿服务工作进行部署和要求，明确志愿服务工作要求和职责。

【学习习近平总书记致全国第八次少代会贺信精神】 8月7日，团市委、市少工委召开拉萨市学习习近平总书记致全国第八次少代会贺信精神座谈会，部署贯彻落实会议精神。拉萨市全国第八次少代会代表、少先队员代表、少先队辅导员代表、少先队工作者代表、市教育局分管领导以及团市委相关负责人共计30人参加会议。会议集中全文学习习近平致中国少先先锋队第八次全国代表大会的贺信、党中央致辞、区党委常委会（扩大）会议中关于进一步加强少先队工作的指示要求。拉萨市参加全国第八次少代会代表、少先队员代表、少先队辅导员代表、少先队工作者代表分别结合自身工作做发言。

【文明交通志愿服务】 8月，团市委组织百余名的西部计划拉萨市志愿者、青年志愿者开展交通文明劝导活动。组织志愿者代表参与交通文明志愿服务岗前培训；召开交通文明志愿服务动员大会暨安全管理工作会；开展交通文明志愿服务督导检查。

【“健康中国，健康西藏行”专项学习活动】 8月14日，中国安全健康教育网著名讲师赵晓维到团市委宣讲健康知识，团市委全体干部职工参加活动。赵晓维从紧急救援、健康生活方式和职业病的防治三个方面进行宣讲。

【素质拓展暨民族团结进步教育夏令营活动】 8月16—18日，市少工委开展2020年拉萨市“红领巾相约中国梦”第十一届素质拓展暨民族团结进步教育夏令营活动。全市48名少年儿童报名参加活动。结合市教育局关于青少年不聚集开展活动的防疫要求，此次活动以小组的形式开展，8月16日，组织尼木县10名少先队员到位于拉萨的清政府驻藏大臣衙门陈列馆、根堆群培纪念馆、朗孜夏陈列馆开展爱国主义教育；参观自然科学博物馆，在参观过程中让青少年直观地感受大自然的力量，感受到各种物种在不同时间段的生物进化过程；在拉萨市少年宫体验书法课。8月17日，分别在尼木县、林周县和拉萨市青少年活动中心开展民族团结“手拉手”、思想政治引领和价值引领（红色教育）及“红领巾小健将”三项活动。

【网络通信“二十禁”活动】 8月30日，团市委组织全体干部职工集中学习《关于持续开展好〈西藏自治区网络通信活动“二十禁”的通告〉宣传工作的通知》，团市委及八县（区）团委利用微信公众号、微博、抖音等新媒体多角度宣传《西藏网络通信活动“二十禁”》《上网莫任性，牢记“二十禁”》等知识，形成团属新媒体网络矩阵，扩大宣传面，有效引导广大团员青年遵守网络通信“二十禁”，大力营造人人遵守、人人践行的良好氛围。

【学习中央第七次西藏工作座谈会精神交流会】 9月4日，团市委组织召开拉萨共青团学习中央第七次西藏工作座谈会精神交流会。团拉萨市第十届常委会委员、各县区、功能园区团（工）委书记、副书记、共青团市委县级领导、各部门负责人、拉萨青联委员代表、学生代表、创业青年代表、西部计划志愿者代表、行业青年代表等共计30人参加会议。会议全文传达学习中央第七次西藏工作座谈会主要精神、习近平总书记致全国青联十三届全委会和全国学联二十七大贺信精神，共青团拉萨市十届常委会委员代表、青联委员代表、学生代表、创业青年代表、行业青年代表、西部计划志愿者代表、基层团干部代表分别作了发言。

【垃圾分类进社区活动】 9月4日，拉萨市项目办组织西部计划志愿者到城关区吉崩岗街道木如社区、两岛街道甲玛林卡社区、八廓街道绕赛社区、功德林街道幸福社区、金珠西路街道八一社区开展垃圾分类志愿服务进社区活动。活动现场，西部计划志愿者通过井盖涂鸦、分发垃圾分类宣传册和环保袋等举措向社区居民群众宣传垃圾分类工作的重要性，并现场讲解四种垃圾的分类方法以及相对应的垃圾桶样式。本次活动共发放500余份宣传册、400余个环保袋，宣传效果良好。

【诚信文化进校园活动】 9月9日，团市委少年部联合拉萨市青年志愿者协会在拉萨市第二职业技术学校针对学校团干部、在校青少年学生开展诚信文化进校园活动。活动邀请河海大学研支团团长、拉萨江苏实验中学教师司佳蕾分别从诚信是金、做诚信的人、诚信故事、如果失去诚信、自查自纠五个方面深入浅出地介绍与诚信有关的知识，开展“讲诚信、守信用”签名活动，向青少年学生发放诚信宣传手册2000余份，提高广大青年对诚实守信规范的认识，增强诚实守信用的思想意识，推进拉萨市社会信用体系建设。

【“乐山乐水”主题公益活动】 9月12日，拉萨市项目办组织18名西部计划志愿者参加2020江河卫士——“乐山乐水”主题公益活动。在民间河长的带领下，小青稞们从仙足岛最东侧的莲花雕塑处出发，到城关区两岛街道仙足岛社区发放宣传资料，沿途捡拾垃圾，最终将捡拾到的垃圾交到垃圾处理车处。

【垃圾分类暨民族团结宣传志愿服务进社区活动】 9月12日，拉萨市项目办组织西部计划志愿者到城关区扎细街道扎细社区、嘎玛贡桑街道俄杰塘社区、纳金街道塔玛村、夺底街道维巴村、娘热街道慈松塘社区开展垃圾分类暨民族团结宣传志愿服务进社区活动。活动现场，西部计划志愿者通过井盖涂鸦、分发垃圾分类与民族团结宣传册、现场讲解四种垃圾的分类方法以及相对应的垃圾桶样式、垃圾分类与民族团结知识问答、分发礼品等举措向社区居民群众宣传垃圾分类和民族团结工作的重要性。本次活动共发放300余份宣传册，宣传效果良好。

【法律大课堂宣讲活动】 9月16日，团市委联合拉萨市中级人民法院在拉萨市第一中等职业技术学校开展2020年“青春与法同行”法律大课堂宣讲活动。为保障活动有效开展,团市委特别邀请市中院高级法官(拥有多年预防青少年犯罪工作经验的资深法官)德吉卓嘎。法官在授课中结合近几年未成年犯罪案件情况,以案说法,通过与学生们知识问答等形式围绕预防青少年校园欺凌、盗窃、抢劫等方面进行深入浅出的讲解。

【河湖保护志愿服务宣传活动】 9月20日,拉萨市志愿者服务指导中心组织小青稞志愿者走进恩惠苑社区开展河湖保护志愿服务宣传活动。邀请水文学及水资源专业教师讲授"水资源保护及灾害防御"知识;分发《中华人民共和国河道管理条例》《防灾减灾日宣传资料》《西藏自治区山洪灾害防御知识手册》《图说河湖长制》《拉萨市水资源条例》等河湖保护宣传手册,共发放50余份;举办水资源保护有奖知识问答,通过互动问答,帮助社区群众增强保护水资源的意识,了解保护河湖的重要性。

【交通文明引导志愿服务第二次动员大会】 9月23日,团市委组织召开2020年交通文明引导志愿服务第二次动员大会暨国庆期间安全管理工作会,全体市直、城关区西部计划志愿者,部分区直西部计划志愿者参加会议。

【垃圾分类志愿服务进社区宣传活动】 9月20日,拉萨市志愿者服务指导中心组织河海大学研究生支教团、小青稞志愿者在城关区蔡公堂街道恩惠苑社区开展垃圾分类志愿服务宣传活动。讲解垃圾分类知识,向社区35名青少年宣传垃圾分类工作的重要性,帮助他们认识垃圾分类工作的重大意义,树立垃圾分类意识。分发垃圾分类宣传册、现场讲解四种垃圾的分类方法以及相对应的垃圾桶样式,共发放宣传册100余份。在垃圾分类有奖知识问答环节,社区青少年参与度极高,纷纷表示自己对垃圾分类有了更深入的了解,会在生活中实践垃圾分类相关知识,以实际行动保护美丽家园。

【"我们的节日"联欢座谈会】 10月4日,团市委组织开展"我们的节日"主题活动,拉萨市150名西部计划志愿者参加联欢座谈会。开展"我们的节日"思想引领课堂、"我们的节日"联欢活动、双节安全管理座谈会三大主题活动。

【中央第七次西藏工作座谈会专题讲座】 10月16日,拉萨市总工会、团市委、市妇联在拉萨市总工会二楼会议室,邀请讲师团成员、市委党校讲师刘秋朵,联合举办中央第七次西藏工作座谈会专题讲座。工青妇全体干部职工共计60余人参加讲座。讲座通过大量生动鲜活的事例,以"全面贯彻新时代党的治藏方略、建设团结富裕文明和谐美丽的社会主义现代化新西藏"为主题做深入阐释。

【法律大课堂宣讲活动】 10月20日,由团市委主办、共青团当雄县委协办的拉萨市2020年"青春与法同行"法律大课堂宣讲活动在当雄县中学进行,并邀请到拉萨市中级人民法院行政庭庭长德吉卓嘎为学生和教师们带来以"青春与法同行"为主题的法律大课堂公开课。活动发放近200本未成年人教育方面的书籍,并发放未成年人法律宣传教育手册、校园欺凌宣传册等资料。

【青年创新创业大赛】 10月22日,拉萨市第六届青年创新创业大赛在西藏大学梦立方大学生创业孵化基地正式启动。市委常委、常务副市长毛东军,市委常委、宣传部部长吴亚松,团区委副书记格桑卓玛,西藏大学副校长白玛次仁和团市委、市科技局、市财政局、市旅游发展局、市商务局、市人力资源和社会保障局、市发改委等单位负责人出席启动仪式。全市青创企业代表、大学生和创业青年、创业导师、各县(区)和功能园区团组织代表、众创空间代表、新闻媒体记者等120人参加活动。

10月29—30日,拉萨市第六届青年创新创业大赛晋级赛在西藏大学梦立方大学生创业孵化基地成功举办。经过各县(区)、功能园区、西藏大学的海选推报,共有42个项目入围本次晋级赛。参赛项目按照传统手工业组、净土文化产业组、电子信息产业组、创意项目组的组别,参加分组评审。每位参赛选手需经过5分钟路演、3分钟答辩环节,取得最终成绩。经过激烈角逐,12个参赛项目成功晋级,将在总决赛的舞台上角逐相关奖项。

11月5日,拉萨市第六届青年创新创业大赛总决赛在西藏大学梦立方大学生创业孵化基地成功举办。在产业项目组的比赛中,拉萨市青沐培训中心有限公司的

"青沐教育线上语言课程平台"项目获一等奖,西藏那情文化旅游发展有限公司的"云享民宿"项目、西藏智启科技有限公司的"基于创新推动水机器人的水域立体观测网"项目获二等奖,西藏妈永商贸有限公司的"妈永辣椒"项目、林周县墩柱农业开发有限公司的"高原食用菌项目"、阿古传统藏戏服饰农牧民专业合作社"藏戏服饰"项目获三等奖。在创意项目组中,西藏福利文化有限公司凭借"第一藏王3D动画电影"项目获得一等奖,西藏春蚕公益"互联网+公益教育"项目获得二等奖,雪域牦牛"观光车"项目获得三等奖。

11月14日,拉萨市第六届青年创新创业大赛颁奖仪式在西藏大学学生活动中心顺利举行。市委常委、宣传部部长吴亚松,共青团西藏自治区委员会副书记顾淑华,副市长张永林,西藏大学副校长白玛次仁和市双创工作领导小组成员单位负责人、全市大学生和创业青年代表、县区团组织代表等300多人参加颁奖仪式。颁奖仪式现场播放拉萨市第六届青年创新创业大赛回顾片,回顾本届大赛各环节的精彩盛况,展示参赛选手们在大赛擂台上的风采。与会领导为获奖者颁发奖杯、证书和奖牌,鼓励获奖选手再接再厉,积极进取,把创业项目做大做强。

【主题党日活动】 10月23日,共青团拉萨市委员会机关党支部组织全体党员、干部职工参观西藏自治区成立55周年成就展。成就展由"伟大光辉的历史进程""治边稳藏的成功实践""决胜全面小康决战脱贫攻坚"和"全面贯彻新时代党的治藏方略"四部分组成。

【重阳慰问活动】 10月25日,团市委书记王红杰与从事老干部工作的人员走访慰问团市委机关党支部2名退休委员、1名上一届退休支部书记、1名高龄退休老干部和2名去世老干部遗属(遗属为团市委退休干部),送上节日诚挚的祝福和慰问金。

【调研指导基层团建工作】 10月29日,团市委书记王红杰一行到尼木县吞弥现代农业园区、聂玉村白纱啦残疾人缝纫合作社、部分乡镇、完小开展调研。调研了解吞弥现代农业园区、白纱啦残疾人缝纫合作社的运行、销售等情况,在尼木乡、尼木乡完小、帕古乡、帕古乡完小、麻江乡、麻江乡完小通过查看相关资料了解近年来基层团建工作、团组织作用发挥、推优入团(入党)、阵地作用发挥情况以及引导青年、凝聚青年、组织青年、服务青年等方面工作开展情况和少先队工作、学校电教设备、录播室等运营情况。

【少先队辅导员培训班】 10月29日至11月1日,由团市委、市教育局主办,拉萨市少工委承办的拉萨市第八期少先队辅导员培训班成功举办。拉萨市各中小学少先队辅导员、少先队工作者共85人参加培训。中国少先队工作学会副会长、中国少先队工作学会少先队活动专业委员会主任华耀国,市委党校高级讲师刘波,全国优秀少先队辅导员、自治区名师工作室成员、拉萨市三小洪修燕分别结合中央第七次西藏工作座谈会精神、新时代少先队工作的根本遵循——习近平总书记关于少年儿童和少先队工作的重要论述、《解读三大制度性文件,推进少先队改革》、中小学校少先队组织建设等方面进行讲解。

【2020年拉萨市大学生社会实践支持计划暨青年志愿服务项目大赛决赛圆满落幕】 11月19日,在北京援藏前方指挥部支持下,由共青团拉萨市委员会主办,拉萨市志愿者服务指导中心、拉萨市青年志愿者协会承办的2020年拉萨市大学生社会实践支持计划暨青年志愿服务项目大赛决赛圆满落幕。拉萨市文明办、拉萨市民政局、团区委权益志工部、团市委相关负责人、各志愿服务项目团队代表参加活动。通过项目推介、现场答辩两个环节的角逐,西藏青年公益赋能计划荣获一等奖;堆龙德庆区"青实践"大手拉小手支教、暖风畅谈空间、梦想树三个项目荣获二等奖;防艾,让爱进行到底、青春快递员、助力脱贫攻坚、"如鱼得水"公益放生等4个项目荣获三等奖。

【2020年拉萨市预防青少年违法犯罪工作推进会召开】 11月20日上午,拉萨市召开2020年预防青少年违法犯罪工作推进会。市委政法委、市委宣传部、市中级人民法院、市检察院、市公安局、市司法局、市教育局、团市委等14家成员单位负责人参加会议。会议通报2019年自治区对拉萨市"预青"

工作考核情况。团市委书记王红杰报告2020年拉萨市“预青”工作开展情况。市中级人民法院、市检察院、市公安局、市教育局相关负责人就加强未成年人保护、预防青少年违法犯罪等工作进行交流发言。会议解读《2020年西藏预防青少年违法犯罪工作考评细则》。

【团市委两新工委召开第二次全体委员会议】 12月4日下午，团市委两新工委召开第二次全体委员会议。会议批准成立共青团拉萨市非公有制企业行业工作委员会、共青团拉萨市社会组织行业工作委员会、共青团拉萨市教育工作委员会、共青团拉萨市民办培训行业工作委员会、共青团拉萨市非公医药卫生行业工作委员会、共青团拉萨市互联网行业工作委员会、共青团拉萨市旅游行业工作委员会、共青团拉萨市“小个专”行业工作委员会、共青团拉萨市邮政行业工作委员会及七个行业团工委候选人事宜。

【青年马克思主义者培养工程培训班】 12月9日，拉萨市青年马克思主义者培养工程第十五期培训班开班仪式在市委党校举行。全市各县(区)、功能园区、乡(镇、街道)、学校、企业团组织负责人或专职团干部、青年骨干，拉萨市青年讲师团成员共100人参加。开班仪式上，传达学习《关于深入实施青年马克思主义者培养工程的意见》，基层团干部、青年学生骨干代表做发言，团市委书记王红杰作动员讲话。

【共青团员民族团结闪光行动表彰大会】 12月23日，在拉萨市第四中学召开2020年度共青团员民族团结闪光行动表彰大会，参加此次大会的有各县(区)团委负责人，受表彰先进集体、优秀个人，志愿者，工作人员和学生代表，共计80人。市委宣传部格桑卓玛宣读《关于表彰2020年度拉萨市共青团员民族团结闪光行动先进集体和优秀个人的决定》，与会领导为获奖集体、个人颁奖。优秀集体代表、拉萨市第八中学团委干事嘎玛珠杰和先进个人代表、拉萨市达孜区人民医院信息科工程师(援藏)石磊分别做交流发言。

（周元春）

拉萨市妇女联合会

【概况】 拉萨市妇女联合会为正县级机构，内设3个职能科室：办公室、妇女发展科(宣传科)、权益科(家庭和儿童科)。下设妇女儿童活动中心。拉萨市妇联机关核定行政编制10名，部门领导职数3名，科级领导职数6名。机关后勤服务事业编制3名。妇女儿童活动中心为科级建制，事业编制4名，科级领导职数1名。

2020年，全市各级妇联组织坚持以习近平新时代中国特色社会主义思想为指导，认真贯彻落实中共十九大及十九届二中、三中、四中、五中全会和中央第七次西藏工作座谈会精神，第一时间响应党中央号令，以实际行动践行“两个维护”，紧紧围绕市委工作大局履职尽责，强化思想引领，服务战疫战贫，深化家庭工作，开展经常性维权和关爱服务，推动基层改革“破难行动”，团结带领全市广大妇女完成全年目标任务。

【妇女思想引领】 2020年，“拉萨女性”微平推送文章1300余条，阅读总量达45万人次。创新开展“巾帼大讲堂”活动2场。微博发布1300余条，阅读总量为120万人次以上。今日头条发布总数700余条，阅读总量180多万人次。“广场阿佳妇联”“水上公园妇联”常态化组织广大妇女群众跳锅庄舞、唱红歌、健身操等活动200余场次，日均参与群众上万人。全市291所“巾帼夜校”，以脱贫攻坚、民生改善、经济发展等客观事实、身边事例、鲜活案例，运用通俗易懂的语言、易于接受的方式，开展各类宣传宣讲2311场次，参与群众2.6万余人次。在西藏大学创业孵化基地，挂牌成立巾帼美育实践基地，面向城镇妇女群众开展公益性民族舞蹈、健身体操、话剧、朗诵、影视表演的培训，拓展妇女思想政治引领工作阵地。从妇女发展、妇联维权、基层妇联组织建设等角度，制作宣传片，对妇女地位的显著提升，妇女事业硕果累累进行宣传。汇总近10年来各级妇联组织获奖情况和妇女群众先进典型，制订荣誉册，激励新时代妇联干部干事创业。以拉萨市20名女性的故事为内容，出版《格桑花开的日记》书籍，展现拉萨女性热爱学习、坚守岗位、辛勤工作、英勇奋战、无私无畏的新时代风采。

【疫情防控】 2020年新冠疫情发生后，拉萨市妇联第一时间制定《新型冠状病毒感染的肺炎疫情防控工作实施方案》《新型冠状病毒感染的肺炎疫情防控工作应急预案》，13名干部职工2个多月一直战斗在疫情防控第一线。在堆龙泰成饭店留观点，市妇联干部职工成立第一个临时党支部，建立“12345”工作法。在贡嘎机场，配合完成疫情防控工作任务。“拉萨女性”新媒体先后发布、转载200余篇抗击疫情的正面宣传报道，线下通过电子屏、宣传栏、悬挂横幅等形式和发挥女双联户作用，开展疫情防控信息发布和防控知识普及，发放疫情防控知识宣传资料4万余份。组织全市各级妇联党员干部、妇联执委及巾帼志愿者，深入社区、居委会，积极开展入户排查、体温检测、政策解释等工作，为居家隔离人员和行动不便的孤寡老人、留守儿童、困难家庭等开展“家中缺菜我来送”“娘家人送温暖”暖心服务活动。对疫情防控留观点、医院疫情防控一线、社区巾帼志愿服务小分队、驻村女干部、女环卫工人、巾帼志愿者和基层妇联组织开展走访慰问活动，发放价值6.4万元的慰问品。全市妇联系统干部职工为武汉捐款3.7万元。

【创新创业巾帼行动】 2020年，拉萨市投入90万元，举办“巾帼当自强逐梦奔小康”首届妇女手工编织大赛，60名基层一线农牧民妇女选手参加大赛，决赛当天销售量突破10万余元。“梦创拉萨巾帼众创空间”持续发挥作用，截至年底，入驻33个（含外孵24个）女性创团队，全年营业额5680万元，带动就业岗位630个。在城关区吉日街道铁崩岗社区卓番林公司成立“阿佳学堂＋社区工厂”，组织社区妇女开展手工技艺、配色设计和市场营销等方面的培训，通过集中或居家制作订单手工艺品的方式，实现女性技能提高、传统手艺传承和家庭收入增加。

【乡村振兴巾帼行动】 2020年，拉萨市妇联根据全市不同女性群体的就业需求，投入173.22万元，开展技能培训9期，培训202人，就业率40%以上。36家妇女编织合作社收入900万元，妇女就业512人。达孜区金麦穗农业科技发展有限公司被授予“全国巾帼脱贫示范基地”称号，带动86户300人就业。

【“北京拉萨两地妇女手拉手，同心共筑中国梦行动”活动】 2020年，北京市、拉萨市两地妇联的交流合作、妇女的交往交流交融迈入常态化，全年对100余名妇女开展手工技能培训，发放视频教程（U盘存储器）200个。

【“美丽家园·幸福人家”创建活动】 2020年，拉萨市妇联把“五美”（庭院美、室内美、厨厕美、品行美、村庄美）标准融入农牧民妇女群众的日常生活中，创建自治区级示范点2个，拉萨市级示范点3个，通过引领妇女群众共建共享生态宜居、文明和谐的幸福美丽新家园，广大农牧区家庭健康、绿色生活的意识越来越强。

【家家幸福安康工程】 2020年，拉萨市妇联结合疫情防控工作开展“寻找最美家庭”活动，评选表彰15个最美家庭。开展“妇女儿童社会新风貌幸福新生活T台秀”活动，268名青少年、老年人、家庭成员参与活动，为精神文明建设贡献家庭力量。

【巾帼志愿服务活动】 2020年，全市各级妇联组织开展环境整治活动148场次，参与群众1000余人。巾帼志愿者常态化开展清洁环境卫生、关爱孤残、留守儿童、照顾孤寡老人等志愿服务活动100余次。

【保障妇女儿童合法权益】 2020年，拉萨市妇联依托妇女儿童维权服务岗、妇女信访代理员、“家事法庭”、婚姻家庭纠纷调解委员会、妇女儿童维权服务中心等妇女儿童维权服务平台，接待来信来访614件（市妇联来信来访52件，妇女儿童维权服务岗562件），化解率98%。帮助受暴妇女申请人身安全保护令3份。开展法律宣传19场次，参与群众1万余人次，特别是针对问题家庭进行“送法入户”。成立拉萨市妇女儿童维权服务中心，邀请律师定时进行法治宣传、法律咨询、法律援助、心理疏导，常态化开展信访接待、婚姻调解、困难救助的妇女维权工作，为广大妇女群众提供专业化、精准化的维权服务。

【巾帼关爱行动】 2020年，拉萨市妇联在各县（区）中小学开展“护蕾行动”24场次，建立问题家庭档案17份，1对1心理疏导17人次，覆盖2200余名青少年、家长和妇儿工作人员。为孤残儿童发放价值2.75万元的500双童鞋、毛衣50件和冬衣100件。组织农牧民妇女、单位女职工实施“两癌”免费筛查，对62名“两癌”困难妇女实施救助，发放救助金62万元。在达孜区易地扶贫搬迁点开展“关爱女性健康中国行”活动，受益妇女200余人。

【强基惠民】 2020年，拉萨市妇联围绕“七项任务”开展强基惠民驻村工作，全年争取办实事资金215.69万元，为群众办实事、好事9件；开展党员结对帮扶活动3次，帮扶19户42人，发放慰问品及慰问金2.28万元。

【妇联改革】 2020年，拉萨市妇联推进“两新”组织妇女组织和工作覆盖攻坚行动，赴“两新”组织对妇女组织建设情况进行调研，及时研究制定下发《拉萨市“两新”组织妇联组织和工作覆盖攻坚行动实施方案》，主动争取各行业党委重视和支持，帮助条件成熟的两新组织建立妇女组织。截至年底，在符合“三有”标准非公有制企业中建立女职工委员会465个，覆盖率45.72%；在社会组织中建立妇女组织244家，覆盖率96.82%；在众创空间中建立妇女组织20家，覆盖率68.97%。全市66个乡（镇、街道）287个村（社区）全部完成村（社区）妇联换届工作，选举产生妇联执委2006名，全面实现村（社区）妇联主席进村（社区）“两委”班子达100%的目标任务，年龄、文化程度、结构上都得到优化。与上届相比，新一届村（社区）“两委”班子成员女性比例提高13.47%。

（刁　莉）

拉萨市工商业联合会

【概况】 2020年，拉萨市新登记申请入会企业会员55家，商会团体会员2家（各有民营企业34家、68家）。截至年底，拉萨市工商业联合会直属会员企业256个，其中团体会员5个。

【疫情防控工作】 疫情防控阻击战期间，拉萨市工商联引导全市民营企业发出《同舟共济，众志成城，坚决打赢疫情防控阻击战倡议书》和《拉萨市工商联关于免租减租的倡议书》，组织动员工商联系统非公企业、非公党组织党员积极捐款捐物和减免租金。全市有80余家民营企业主动担当社会责任、无私奉献捐款捐物，累积捐赠1042万余元。仅城关区为承租对象减免租金，涉及门面、出租房673间，商场4座，宾馆1家，金额1211.8万元。组织召开全市工商联助力民营企业复工复产政策宣讲动员视频会议，邀请市财政、人社等7个部门业务骨干进行宣讲解读。5月，全国工商联授予拉萨市工商联“抗击新冠疫情以来民营企业调查点工作示范单位”荣誉称号。

【工商联干部和会员企业培训】 2020年，拉萨市工商联邀请自治区党校教授万金鹏为全市工商联系统干部职工和非公经济党组织负责人以《中国共产党与西藏治理体系、治理能力现代化》为题作宣讲报告会；联合市委统战部邀请西藏大学政法学院副院长、副教授李珂为100余名企业家作了题为《中国最美“民法典”》的讲座；联合西藏大学、西藏自治区工商联、西南财经大学举办第四期珠峰企业家训练营；组织30余名企业家和县（区）工商联负责人赴北京参加2020年拉萨市非公领域干部人才赴京集中培训；组织市工商联不驻会副主席企业家、执委、常委深入学习中央第七次西藏工作座谈会精神。

【重点民营企业申报评选】 2020年，拉萨市工商联制定下发《拉萨市重点民营企业申报评选工作方案》，结合拉萨市非公经济发展现状，明确申报条件、评选标准、指标体系、名额划分和方法步骤。共13个行业75家民营企业进行自主申报；通过初审、实地考核、14个部委评价、专家评审和征求相关部门意见的基础上，评选出11个行业23家民营企业为拉萨重点民营企业。

【脱贫攻坚】 2020年，拉萨市工商联围绕“六稳”“六保”任务，鼓励支持民营企业吸纳农牧民群众就业，助力决战决胜脱贫攻坚。面向230余家民营企业开展用工需求统计分析，梳理出27家有急切用工需求的民营企业，提供各类工作岗位292个。与市场监管局联系对接，开办2期餐饮实用技能培训班，培训60人次，提高农牧民群众就业技能。引导西藏中保强盾有限公司等企业吸纳农牧民群众就业100人,人均月收入3100元。

【搭建"融资平台"】 2020年,拉萨市工商联组织160余家有意向融资贷款的民营企业家分别与中国人民银行拉萨中心支行、西藏银行、中国银行西藏区分行,组织召开4次银企对接会,同时邀请建设银行、工商银行、农业银行、浦发银行、兴业银行、民生银行等商业银行重点围绕应收账款质押融资进行产品介绍,并与参加企业进行现场互动,帮助各民营企业家掌握信贷政策、丰富信贷信息,科学合理制定信贷计划。授信6.39亿元,放贷5.62亿元;统筹推动2019年自治区非公经济工作领导小组督导反馈的35个问题整改。截至年底,已解决或答复的27个,占比77.14%;需长期解决的8个,占比22.86%。

【调研活动】 2020年,拉萨市工商联动员各县(区)工商联深入企业调研。形成并上报《关于促进拉萨市非公经济平稳运行的意见建议》《拉萨市工商联关于非公经济领域统筹推进疫情防控和经济社会发展工作取得的成绩和面临的困难及建议》《民营经济领域复工复产情况及采取的措施》等工作汇报,为市委、市政府提供决策参考。各县(区)工商联在积极行动,为企业排忧解难。城关区工商联制定《城关区县级以上领导干部联系结对非公企业活动实施方案》,29名县级领导结对43家会员企业,增强服务主动性。城关区工商联主动作为,深入企业调研20余次,了解企业存在困难问题3条。堆龙德庆区工商联深入贯彻落实《关于督办白玛旺堆书记调研指示精神的通知》精神,及时组织人员对非公企业利用自然资源情况进行调研。

【招商引资】 9月25日,由自治区工商联主要领导带队,拉萨市工商联牵线搭桥,在江苏省南京市开展招商引资推介和对口援藏工作对接活动,推介会共签约项目12个,投资额24.4亿元,其中合同签约项目5个,投资额达12.9亿元。

【援藏对接】 9月25日,拉萨市工商联党组副书记、主席黄前敏在江苏省工商联参加座谈,就工商联对口援藏工作做汇报。9月26日,江苏省委统战部副部长、省工商联党组书记顾万峰带队,组织部分江苏民营企业家代表赴西藏拉萨等地考察交流,对接援藏各项工作开展,向市工商联捐赠扶贫慰问帮扶资金40万元。

【县区、园区商会建设改革】 2020年,根据全区地市级工商联工作交流会议精神,按照在50%的县(区)建设商会的要求,拉萨市工商联需完成4家县(区)商会建设。截至年底,城关区总商会、达孜区商会已挂牌成立;曲水县、当雄县初步具备建立条件;堆龙德庆区、尼木县因工商联领导配备问题,暂时还不具备条件。针对此情况,市工商联主要领导带队,加强与县(区)委的沟通协调,帮助解决商会建设存在的困难和问题。

【会员企业服务】 2020年,经拉萨市工商联四届四次常委会研究决定,按照会员企业会内职务及会费缴纳情况,为会员企业提供健康体检补贴服务;办理市人大政协提案4个,根据《西藏自治区非公有制经济组织专业技术人员职称评审办法》要求,为4家企业9名专业技术人员职称申报进行资格审查,并按照职称分类,委托市住建局等部门对技术职称申报进行评定;配合工会等部门,开展会员企业女职工"两癌筛查",为近100名企业女职工进行"两癌筛查"体检。

【非公党建】 2020年,拉萨市工商联会员企业中建立党组织47个,其中市非公企业行业党委所属支部共18个。制定出台《拉萨市工商联党组书记和班子成员党支部工作联系点制度》,市工商联党组成员每位确定3—4个党建联系点,实现走访联系全覆盖;组织42家非公企业98名积极分子举办为期4天的中共拉萨市非公有制企业行业委员会2020年入党积极分子培训班,新登记入党积极分子25名,预备党员转正30名。2名非公企业党员入选全区优秀共产党员和党务工作者;投入资金10万元将西藏众源建材集团有限公司、中极华盛等5家非公企业支部建成非公党建标准化亮点工程。

【群团组织建设】 2020年,拉萨市工商联根据市委"两新"工委要求,配合市总工会、妇联、团委等在会员企业内建立联合工会、妇联、团委及非公企业行业联合工会、妇联、团委。共收到5家会员企业120人的加入联合工会的申请。

【强基惠民】 2020年,拉萨市工商联组织部分企业家副主席、副会长、会员企业、西藏青年企业家商会到达孜区驻村点德庆社区开展“强化党建引领,决胜脱贫攻坚”主题党日活动。拉萨市工商联副主席西藏众源新型墙体材料有限公司董事长卓嘎带领10家西藏青年企业家商会会员自筹资金10.72万元,为德庆社区精准扶贫建档立卡户捐赠60台洗衣机、3200公斤奶牛饲料、700瓶酒精、200包口罩以及血压计、血糖仪、听诊器和腋下体温计若干。

(李 滢)

拉萨市文学艺术界联合会

【概况】 拉萨市文联成立于1994年1月,经市委、市政府批准在江苏东路5号市群艺馆院内修建约1200平方米的办公和宿舍楼。属市委领导下的群众团体,正县级建制。2002年机构改革后,市文联隶属拉萨市委宣传部领导的副县级机构,行政编制4人、事业编制7人、共11人。内设综合科、《拉萨河》编辑部。拉萨市文联共有10个协会(作家协会、美术家协会、书法家协会、摄影家协会、音乐家协会、舞蹈家协会、戏剧家协会、曲艺家协会、民间文艺家协会、影视艺术家协会),各协会会员共计782名。

2020年,拉萨市文联按照“团结引导、联络协调、服务管理、自律维权”的工作宗旨,积极探索和创新工作思路、工作方法和自身建设,将文学艺术工作主动融入服务经济社会发展之中,认真履行组织、引导、服务艺术家的职责,坚持贴近实际、贴近生活、贴近群众的“三贴近”原则,加快构建拉萨市文学艺术工作新格局,各方面工作有重点、有特色、有亮点,保持蓬勃发展的良好势头。

【“文化年货”活动】 为进一步营造春节、藏历新年浓厚节日氛围,传承发扬传统文化,2020年1月6—7日和1月11—13日,拉萨市书法家协会在自治区、拉萨市开展书法馈赠活动,共赠送春联、“福”字等书法作品300余幅。

【捐款活动】 疫情防控期间,拉萨市文联倡议全体干部职工捐款,助力武汉抗击疫情。全体干部职工积极响应,纷纷捐款,筹集善款13400元。

【植树活动】 2020年3月27日,拉萨市文联组织干部职工到堆龙德庆区波玛村开展植树活动,提高干部职工生态环保意识,对做好生态环境保护工作,建设绿色拉萨起到一定作用。

【传达学习吴英杰书记在自治区文联第六次代表大会上重要讲话精神传达提纲】 2020年3月16日,拉萨市文联组织召开全体干部职工会议传达学习自治区党委书记吴英杰在自治区文联第六次代表大会重要讲话精神传达提纲。吴英杰在大会上强调:深刻把握习近平总书记关于文艺工作的重要论述;深刻把握文艺工作培根铸魂能聚人心的重要任务,各级文联和广大文艺工作者要把学习宣传贯彻好中共十九届四中全会精神和区党委九届七次全会精神作为一项重要政治任务;深刻把握西藏文化是中华文化重要组成部分的历史逻辑;深刻把握坚持党的领导是文艺繁荣发展的根本保证,要认真贯彻党的文艺方针政策,认真落实新时代党的建设总要求和组织路线。

【传达疫情防控期间违纪通报】 2020年3月23日,拉萨市文联组织召开全体干部职工会议传达关于疫情防控期间聚众赌博、擅自离岗、不配合检查工作典型案例的违纪通报。会议强调,在疫情期间所有干部职工加强防范意识,思想不松懈,增强纪律意识,识大体、守本分、听号令,不聚众赌博、不擅自离岗、不聚会聚餐,积极配合检查工作,要有担当、有作为,坚决不给联防联控、群防群控带来不必要的麻烦,党员干部更要从中汲取教训,举一反三、警钟长鸣。

【网上祭英烈活动】 为继承弘扬革命先烈的优秀品质,培育和践行社会主义核心价值观,在清明节来临之际,拉萨市文联响应“文明祭扫、助力防控”的倡议,以文明的祭祀新风,以健康的祭扫方式,传递真挚情感,追思缅怀英烈。大家纷纷通过拉萨文明网,参与“2020清明祭英烈”网上祭扫活动,为英雄革命先烈,特别是在阻击疫情牺牲的一线工作者献花、鞠躬、留言。活动共献花13次,鞠躬13次,留言13条。

【学习 2020 年宣传思想文化工作要点】 2020 年 5 月 23 日，拉萨市文联组织全体干部职工学习 2020 年宣传思想文化工作要点。工作要点从强化理论武装、做大做强主流舆论、巩固群众教育活动成果、深化精神文明创建、繁荣文化文艺、防范重大风险、加强党的全面领导对 2020 年全市宣传思想文化工作进行安排部署。会议强调要认真学习领会讲话精神，全体干部职工对 2020 年市委宣传部各项工作要点熟于心，深入贯彻落实；对于讲话中提出下乡采风相关内容抓紧时间制定相关方案，沟通联系各协会主要领导，确定采风时间、地点、路线；要继续引导、鼓励各文艺家开展文艺作品创作，特别是围绕环境保护，脱贫攻坚等方面加大创作力度，为中国共产党建党 100 周年、自治区成立 70 周年各项党宣传活动储备素材。

【文艺采风创作】 2020 年 5 月 22 日，拉萨市文联组织各协会召开会议，部署安排“深入生活、扎根人民”文艺采风创作工作。会议明确，采风作品创作要坚持以人民为中心，特别要围绕庆祝建党 100 周年、西藏和平解放 70 周年主题，积极开展创作；各协会要挑选政治过硬、业务能力强 3 名会员组成采风队伍确定人员名单后报市委宣传部审批；各协会按照不少于 3 个县区覆盖面，时间不少于 2 个月的要求科学合理采风路线；各采风人员要按照提供的创作提纲进行创作。

【肖强伟赴拉萨市文联调研】 2020 年 5 月 26 日，市委宣传部副部长肖强伟赴文联召开座谈会并开展调研工作，肖强伟认真了解拉萨市文联人员组成情况，悉心听取市文联 2020 年下半年关于下乡采风、展览、《拉萨河》杂志编撰等各项工作安排。

【“网络安全法”线上统一考试】 根据拉萨市网信办《关于转发〈西藏自治区党委网信办西藏自治区普法办关于开展“网络安全法”线上统一考试活动的通知〉的通知》相关要求，2020 年 6 月 5 日，拉萨市文联积极组织 9 名干部职工参与线上考试。参与率 100%，90 分以上的达 9 人，合格率 100%。

【“送书法进基层”活动】 6 月 14 日，拉萨市文联组织市书法家协会会员赴城关区蔡村开展文艺采风创作暨送书法进基层活动。书法家将现场创作的作品“家和万事兴”“予人玫瑰手有余香”“中华民族一家亲”赠送村民。

【学习民法典内容】 2020 年 6 月 22 日，拉萨市文联党安排党员干部集中学习传达《中华人民共和国民法典（草案）》及 2020 年民法典什么时候颁布实施、具体修改哪些内容等。

【廉政警示教育】 2020 年 6 月 29 日，拉萨市文联党支部组织单位的全体党员、干部职工到拉萨市党校“拉萨市廉政警示教育基地”参观学习，开展“七一”主题党日活动。

【范跃平赴文联调研】 2020 年 7 月 23 日，拉萨市委宣传部常务副部长范跃平赴文联开展调研工作。范跃平仔细听取市文联近期工作开展情况，特别是全委会筹备、采风作品收集等重点工作，认真了解关心市文联干部职工工作生活状态，并对中国作协作家赴藏采风活动进行安排部署。

【送文艺下基层活动】 2020 年 7 月 7—15 日，拉萨市文联组织艺术家到拉萨市城关区娘热小学、朗赛十一区、西藏甘露藏药、墨竹工卡县唐加乡墨冲村等地开展拉萨市艺术家“送文艺下基层”活动之文艺进校园、进社区、进农村、进企业活动，参与活动学生、群众、企业工作人员近 2000 名。拉萨市书法家协会、拉萨市音乐家协会、拉萨市曲艺家协会的艺术家们为居民群众赠送藏汉文祝福语，现场还向基层群众送去精彩的文艺演出。市文联音乐曲艺家协会主席洛桑扎西带队，近 40 名协会会员组成演出团，开展送文艺下基层活动。演出活动有独唱、歌舞、相声、小品等节目，观众 5000 余人次。

【2020 年首都艺术家赴拉萨演出活动】 2020 年 9 月 18—25 日，北京市文联代表团一行将在拉萨开展“奋进小康路——首都艺术家拉萨行”文化交流活动，面向拉萨市基层开展 5 场文艺演出，为做好演出活动相关事宜，9 月 7 日，拉萨市文联召开部署会议，安排书法笔会等相关事宜。会议要求，市书法家协会精选 3 名优秀书法家，参与 9 月 20—23 日书法交流活动，

并做好相关书法作品收集；市美术家协会要对活动举办地——西藏唐卡画苑做好沟通衔接，确保活动各项设施、服务到位，确保活动圆满举；随行陪同相关工作人员要做好各项沟通、后勤服务工作，确保首都艺术家演出活动顺利举行。

【传达学习《拉萨市学习宣传中央第七次西藏工作座谈会精神工作计划》】 2020年9月18日，拉萨市文联组织全体干部职工传达学习《拉萨市学习宣传中央第七次西藏工作座谈会精神工作计划》。会议认为，为深入贯彻落实好第七次西藏工作座谈会议精神，文联要切实发挥职能，严格按照《拉萨市学习宣传中央第七次西藏工作座谈会精神工作计划》，全面坚决做好第七次西藏工作座谈会学习宣传工作。会议要求，加强理论学习。通过组织召开学习会议，撰写心得体会等方式，单位全体干部职工，学深悟透第七次西藏工作座谈会内容，准确把握会议精神，切实把思想和行动统一到党中央关于西藏工作的战略部署上来，以习近平新时代中国特色社会主义思想为指导，增强“四个意识”、坚定“四个自信”、做到“两个维护”，全力以赴抓好各项任务落实，推动新时代拉萨长治久安和高质量发展。提前谋划、精心组织。制定《拉萨市文联学习宣传中央第七次西藏工作座谈会精神工作计划》，结合建党100周年，西藏和平解放70周年，围绕民生改善、巩固生态安全等主题，精心开展“深入生活、扎根人民”文艺采风创作活动；创作推介书法、美术、摄影、音乐、舞蹈、戏曲等精品力作；组织开展“送春联”、“送书法”、拍摄“全家福”等各类文艺志愿服务工作；继续加大力度组织搜集、整理各类文艺作品；为开展第七次西藏工作座谈会学习宣传活动储备文艺素材。

【参观西藏自治区成立55周年成就展】 2020年9月22日，拉萨市文联组织干部职工参观庆祝西藏自治区成立55周年展览。展览通过图片、触摸屏、视频等形式，全面回顾西藏自治区成立55周年以来政治、社会、经济、民生、文化、生态等方面取得的翻天覆地变化和辉煌成就，充分展现各族群众、各行各业不畏艰难、勤劳奋进、创新创业的时代精神。干部职工纷纷表示，将通过此次展览为契机，进一步增强“四个意识”、坚定“四个自信”、做到“两个维护”，以饱满热情积极工作、认真履职，为西藏更好的明天努力奋斗。

【迎国庆活动】 2020年9月27—28日，拉萨市书法家协会到西藏森林消防总队、西藏消防救援总队，开展“喜迎国庆节、墨赠火焰蓝”书法笔会活动，在国庆节和中秋节即将到来之际，为全体指战员送上一份书法盛宴和节日祝福。书法笔会活动现场充满浓浓的文化氛围，书法家们泼墨挥毫、妙笔生花。“不忘初心、牢记使命”“不畏艰辛唯有消防战士”“厚德载物”“建设团结富裕文明和谐美丽的社会主义现代化新西藏”“对党忠诚、纪律严明、赴汤蹈火、竭诚为民”等一幅幅充满正能量，体现消防主题的书法作品不断出炉，在传播书法文化的同时，以书法艺术特有的魅力充实队伍文化生活，为指战员送上书法作品，丰富指战员文化生活，激发工作干劲。每个总队2个多小时的创作时间里，书法家们共创作300多幅书法作品，各具风格的精品佳作，深受指战员们的喜爱。书法家们现场为指战员普及中华传统文化和书法艺术知识，创作现场被浓浓的文化气息包围，不时响起阵阵掌声。

【书法作品进茶馆集中创作活动】 为深入贯彻落实习近平总书记在中央第七次西藏工作座谈会上的讲话精神，讴歌新时代、唱响主旋律，凝聚精气神、展现真善美，11月9日，拉萨市文联组织市书法家协会20位藏汉文书法家齐聚一堂，开展以“书法作品进茶馆”为主题的创作活动。笔会现场，书法家们用不同的字体书写“幸福不会从天而降，好日子是干出来的”“不忘本来才能开辟未来，善于继承才能更好创新”“要像保护眼睛一样保护生态环境，像对待生命一样对待生态环境”“民族团结一家亲，同心共筑中国梦”等习近平总书记用典11条共200多幅。通过集中创作交流，为拉萨茶馆送去艺术气息，提升文化品位，增强学经典用经典的行动自觉。

【送“习话金句”书法作品进茶馆】 为深入学习宣传贯彻中共十九届五中全会和中央第七次西藏工作座谈会精神，结合新时代群众教育实践活动的创新开展要求，2020年12月4日，由市委宣传部牵头，市文联组织10名书法家在桑曲茶馆参加“习语金句”书法作品进茶馆作品发放仪式。活动现场首先为茶馆代表、县区代表送去“习语金句”藏汉文书法作品80余幅，后续市文联将完成剩余120幅作品发放工作。发放的作品内容书写习近平总书记在党的恩情、爱国奉献、脱贫攻坚、发展致富、抗击疫情、民族团结、中华民族共同体意识、文明健康生活等方面的经典语句。

【“圆梦工程”文艺培训志愿服务行动线下培训班】 2020年12月5日至7日，由中国文联文艺志愿服务中心、西藏自治区文联主办，拉萨市文联、拉萨市教体局承办的2020年“圆梦工程”文艺志愿培训服务行动——西藏自治区（拉萨市达孜区和堆龙德庆区培训班）线下培训班在拉萨市举办。12月5日，线下培训班正式启动，西藏自治区文联党组成员副主席冯志端、拉萨市文联主席马可尼出席启动仪式，冯志端讲话。此次参加培训的授课志愿老师是西藏音乐家协会副主席才仁巴桑、西藏书法家协会副主席、秘书长张冲，西藏书法家协会副主席、副秘书长江村。参加培训班的学员有拉萨市达孜区和堆龙德庆区50余名乡村少年宫的艺术辅导员。乡村少年宫艺术辅导员培训班激发拉萨市乡村学校艺术辅导员的专业技术水平，丰富乡村学校教师的业余文化活动，为广大农村少年儿童接受更好的艺术教育提供帮助，支持拉萨市乡村学校少年宫建设，促进乡村文化振兴。

【“文艺进寺庙、进社区”活动】 为深入学习宣传贯彻中共十九届五中全会和中央第七次西藏工作座谈会精神，进一步满足广大僧尼和群众的精神文化需求，2020年12月8日至9日，拉萨市文联会同市歌舞团，组织书法家协会、舞蹈家协会、音乐家协会、戏剧家协会到城关区喜得寺、恩惠苑开展中央第七次西藏工作座谈会精神“进寺庙、进社区”活动。活动现场，各艺术家情系群众、真情会演，婀娜多姿的舞蹈、婉转悠扬的歌声、热情奔放的演奏、风趣幽默的小品相声……博得群众一阵阵掌声，掀起节目一次次高潮，真正体现出文艺需要人民、人民需要文艺的真谛。藏汉文书法家书写的一幅幅关于党的恩情、爱国奉献、脱贫攻坚、发展致富、民族团结、中华民族共同体意识、文明健康生活等方面的经典语句，写出时代新声，唱响主旋律，弘扬正能量。2次会演共演出节目40多个，现场书写藏汉文书法作品200余幅。

【拉萨市文联二届二次全委会】 为深入贯彻落实中共十九届五中全会和中央第七次西藏工作座谈会议精神，深入贯彻落实习近平总书记关于文艺工作重要论述以及在文艺座谈会上的讲话精神，认真贯彻落实自治区党委书记吴英杰在自治区第六次文代会上的讲话精神，总结成绩，规划未来，2020年12月16日，市文联召开二届二次全委会。会议审议通过《拉萨市文联二届二次全委会工作报告》《拉萨市文联协会管理办法》，书面传达习近平总书记关于文艺工作的重要论述，传达中央第七次西藏工作座谈会精神，传达吴英杰在自治区第六次文代会上的讲话精神，选举增补市文联二届委员会主席团主席、副主席。会议指出，自拉萨市第二次文代会召开以来，在市委市政府的坚强领导下、在市委宣传部的有力指导下，拉萨市文联认真履职，积极作为，团结各协会砥砺奋进，扎根人民、根植人民，积极开展文艺下乡演出活动，为群众开展送书法、送春联、拍摄全家福、证件照等文艺惠民活动，举办各类书画艺术展，深入开展各类采风活动等，全市文艺工作迈上新台阶。会议强调，拉萨市文联要继续开拓进取、认真履职，团结带领全市艺术家牢牢把握正确政治方向和创作导向，围绕党和国家大局，聚焦迎建党100周年、西藏和平解放70周年等重大活动，深入推进各项工作，特别要在文艺精品创作方面加大力度，要始终坚持以人民为中心的创作导向，根植深厚浓郁的本土文化，倾力打造更多弘扬正能量、传递好声音，具有中国气派、西藏风格、拉萨风韵的文艺精品力作，用文艺的力量温暖人、鼓舞人、启迪人，以文艺的形式弘扬传承优秀传统文化，开创文联工作新局面，为繁荣发展社会主义文艺，建设团结富裕文明和谐美丽的社会主义新拉萨作出新的更大的贡献。

【“送文化、送金融、送医药”进社区活动】 为深入学习宣传贯彻落实中共十九届五中全会和中央第七次西藏工作座谈会精神，深入贯彻落实习近平总书记在文艺工作座谈会上的讲话精神，同时积极广泛动员社会力量，2020年12月25日，市文联会同堆龙民泰村镇银行、圣洁医药超市开展送文化送金融送医药活动。书法家们现场挥毫泼墨，书写形式不拘一格、各具特色，墨汁跃于纸上承载着党的关怀和温暖，送到一位位朴实群众的手中，摄影家们认真构图，调节光影，“咔嚓咔嚓”的快门声记录群众幸福快乐的笑颜。艺术与心灵的碰撞，群众在得到真真正正的实惠之时，也在无形中接触艺术、感知艺术，现场反响极为热烈，现场共送出藏、汉文书法共400余幅，送出药品600盒，拍摄照片500余张，发放惠民政策宣传册100余册，金融政策宣传册200余册。

（强巴卓嘎）

拉萨市残疾人联合会

【概况】　拉萨市残联于2003年机构单设，是市委领导下的由残疾人及其亲友和残疾人工作者组成的人民团体，是全市各类残疾人的统一组织，是党和政府联系残疾人的桥梁纽带。2019年机构改革后，市残联机关人员编制10名，部门领导职数2名，均为副县级。内设机构办公室和综合业务科，建制正科级，科级领导职数4名。所属全额拨款事业单位分别为拉萨市残疾人康复服务中心和拉萨市残疾人就业服务中心，建制正科级，编制分别为各5人；所属差额拨款事业单位为拉萨市残疾人托养服务中心，建制为正科，编制为6人。

2020年，拉萨市残联紧紧围绕实现“全面建成小康社会、残疾人一个也不能少”的目标，增强“四个意识”、坚定“四个自信”、做到“两个维护”，积极进取、主动担当，以改善残疾人民生为重点，保障和改善残疾人基本民生，推动拉萨残疾人事业和残联各项工作实现新的发展。

【落实残疾人补贴】　2020年，拉萨市残联兑现“阳光家园护理补贴”15万元，受益100人；兑现重点关爱对象护理补贴259.05万元万元，受益432人；兑现0—16岁残疾儿童康复补贴133.34万元，受益556人；兑现残疾儿童康复救助补贴26.4万元，受益20人；落实残疾人“两项补贴”1074.84万元。

【残疾人法律法规体系建设】　2020年，拉萨市残联起草《拉萨市残疾人保护管理办法》《拉萨市人民政府关于建立残疾儿童康复救助制度的实施意见》《拉萨市残疾人证管理办法》《拉萨市残疾人残疾等级评定办法》等4个政府规章和规范性文件，其中《拉萨市残疾人保护管理办法》被列入2020年市政府新出台规章项目中，其余3份规范性文件全部出台。

【残疾人维权工作】　2020年，拉萨市残联为切实维护残疾人的合法权益，创新开展残疾人维权服务工作，与“西藏源尚律师事务所”合作，为残疾人提供专门的法律维权咨询服务，同时开展专项法制宣传教育，开设残疾人法律法规教育课，提高残疾人法律意识，用法律维护自身的合法权益。

【与第三方康复机构合作】　2020年，为促进残疾儿童全面发展，完善拉萨市残疾人社会服务体系，拉萨市残联与成都壹加壹脑伤儿童关爱中心签订合作协议，成立拉萨市残疾儿童康复服务示范点、拉萨市残疾人康复服务训练实训基地，为全市首次与第三方康复服务机构开展合作，填补拉萨市残疾儿童专业康复服务机构的空白。

【残保金征管工作】　2020年，拉萨市残联通过召开专题会议，与市税务局、市财政局沟通协调，按照《西藏自治区残疾人就业保障金征管职责划转工作实施方案》要求，明确工作目标和实施内容，全面提高残保金征收效率，逐步形成残疾人增就业、降成本的良性循环，实现残疾人就业与用工单位健康发展。

【对外交流】　2020年，拉萨市残联为提高轮椅篮球队水平，拓宽队员的视野，吸收其他省市轮椅篮球队的先进经验经，组织残疾人轮椅篮球队队员到陕西省西安市残联进行交流学习。与江苏省南京市残联达成的援助拉萨残联工作意向，组织全市各级残联工作人员14人参加南京市残联援助对口拉萨残联业务知识专题培训。

【残疾人辅具适配】　2020年，拉萨市残联结合拉萨市残疾人对辅助器具种类和数量的需求，完成28类900件残疾人辅助器具的采购，并及时发放给各县（区），有效提高残疾人参与社会生活的能力。

【残疾人基础服务设施建设】 2020年5月30日，拉萨市残疾人辅助器具资源服务中心项目开工，并于12月建成并投入使用。该项目建设面积1649平方米，总投资804万元。8月，拉萨市托养中心半封闭式篮球场项目开工，并于11月底投入使用。该项目建设面积783平方米，投资210万元。8月，拉萨市残疾人托养服务中心农疗基地——温室项目8月开工，并于11月底建成投入使用。该项目建设面积1800平方米，投资234万元。

【残疾人康复服务】 2020年，拉萨市残联为进一步推动全市残疾人精准康复服务，在全市范围内开展残疾人辅助器具需求摸底工作，根据调查结果，投入20.4万元采购230台助听器，并组织专业团队进行适配，帮助230名听力障碍残疾人恢复功能。积极沟通全国残疾预防综合试验区创建试点墨竹工卡县，全年共组织召开四次座谈会，确保残疾预防综合试验区的各项任务目标如期实现。在全国残疾预防日，制作宣传手册、布袋、扑克、卡包、指甲套等宣传物品，进行发放，营造残疾预防的良好氛围。开展3期社区残疾人工作者及残疾儿童家长培训班，培训人数101人次。

【残疾人教育培训】 2020年，全市1074名6—15岁适龄残疾儿童中随班就读人数697人，占64.9%，送教上门学生253人，在特校学习124人。为保障残障儿童顺利接受学前教育，以政府购买服务方式与拉萨市岗旋语言学校合作，为16名3—7岁的残疾幼儿提供学前教育。为了让残疾儿童实现艺术梦想，促进和谐进步，残健共融、共享，与克莱德曼音乐艺术学校合作为16名残疾及提供学习艺术的机会。组织全纳教育指导教师分2期到其他省市培训，培训人数20人次。为15名托养对象举行为期30天的残疾人青壮年文盲扫盲培训。

【残疾人就业】 2020年，拉萨市残联结合精准扶贫工作，对拉萨市的4个残疾就业创业项目进行扶持，并对4个扶持项目示范点进行挂牌，扶持行业涉及盲人按摩、文创、缝纫等领域，落实扶持资金105万元，21名残疾人实现就业。开展残疾人推荐就业工作，实现残疾人就业33人，其中分散就业6人、集中就业21人、按比例安排残疾人就业6人。开展残疾人求职登记、职业介绍、就业推荐、用工岗位信息收集等基础服务工作。为有创业需求的20名残疾人，举办为期4天的残疾人创业知识培训暨雇主交流会。组织17名困难残疾人免费开展机动车驾驶、烹饪等培训，拓宽就业渠道。

【残疾人托养(日托)服务】 2020年，拉萨市残联为残疾人日间照料服务对象30人和残疾人托养服务中心服务对象22人共计52人提供生活照料、康复训练、技能培训等服务。结合残疾人“五个一”活动，充分利用中国传统佳节开展形式多样的活动，拓展托养对象的视野，丰富他们的精神文化生活，并为他们开展文化、手工等培训，提高托养对象的文化水平。通过与残疾人创业企业联系，结合企业经营范围，为托养对象争取到组装藏文笔的工作，每支提成0.3元，激发他们加强康复训练，努力融入社会的信心。

【残疾人事业宣传】 2020年，拉萨市残联以“三大节日”“全国助残日”“爱耳日”等重要节点为契机，通过发放宣传册、开展志愿服务活动、慰问等形式发挥舆论导向作用，让社会各界对残疾人有更深的了解、更多的理解和更大的支持，弘扬人道主义思想和扶残助残的传统美德。通过开展“学听跟”专项活动，加强对残疾人的思想政治教育，帮助残疾人坚定热爱祖国，热爱社会的信念，教育引导残疾人理性对待宗教，让残疾人真正懂得惠从何来，坚定跟党走的决心。加强对残联微信公众号的建设和管理，截至年底，在市残联微信公众号，共发布150条信息，关注人员为190人。与通过西藏电视台、拉萨市电视台西藏、商报等新闻媒体联系，及时报道相关残疾人工作开展情况，扩大宣传面，提高广大读者对残疾人事业发展的认知和了解。

（卢勇强）

法　治

综述

【概况】 2020年，全市法治工作坚持以习近平新时代中国特色社会主义思想为指导，全面贯彻落实中共十九大和十九届二中、三中、四中、五中全会精神，深入贯彻落实中央全面依法治国工作会议、中央第七次西藏工作座谈会精神，学习贯彻习近平法治思想和关于西藏工作的重要论述以及新时代党的治藏方略，坚持依法治市、依法执政、依法行政共同推进，聚焦法治领域突出问题，统筹推进科学立法、严格执法、公正司法、全面守法，加强地方法规法治保障体系建设，深入推进法治拉萨建设进程，加大市域社会治理现代化试点工作，提升治理体系和治理能力现代化水平，为实现拉萨长治久安和高质量发展作出积极贡献。

【依法治市】 2020年，拉萨市发挥全市依法治市委员会牵头抓总职能作用，印发全年工作要点，全面实施2020年政府立法工作，确定地方性法规7件，政府规章6件，政府规范性文件5件。

【“七五”普法】 2020年，拉萨市落实“一村(居)一法律顾问”措施，推进公共法律服务体系全覆盖，加强法治文化建设，积极营造办事依法、解决问题用法的社会环境。

【司法改革】 2020年，拉萨市推进民主法治和社会治理体制改革、司法体制综合配套改革，开展“分调裁审”、家事审判改革，推进执法规范化建设，全面落实司法责任制。

【执法工作】 2020年，拉萨市公安机关共立刑事案件2333起、检察机关共办理案件3191件、法院系统共受理案件20186件，政法机关执法办案质效明显提高，办案公信力得到群众认可。

（陈豆豆）

政法委与综治

【概况】 2020年，拉萨市委政法委深入贯彻习近平新时代中国特色社会主义思想，全面贯彻新时代党的治藏方略，坚持以迎接宣传、贯彻落实中央第七次西藏工作座谈会精神为主线，以打赢扫黑除恶人民战争为根本，以成功申报全国首批市域社会治理现代化试点城市为契机，以确保“三无”“三不出”为目标，持续深化平安拉萨建设各项措施，做好国家安全和社会稳定必答题，答好疫情防控加试题，全年未发生重大政治性、群体性事件和暴力恐怖案件。

【思想教育】 2020年，拉萨市委政法委坚持把筑牢“我要稳定”的群众思想根基，防范抵御十四世达赖集团向寺庙僧尼和农牧区群众的渗透，作为维护国家安全和社会稳定的关键环节，教育引导群众共建共治共享美好新家园。教育好群众。坚持物质文明与精神文明建设齐头并进，既管“肚子”又管“脑子”。在农牧区和学校深入开展“四讲四爱”主题教育实践活动，在寺庙深入开展“遵行四条标准、争做先进僧尼”教育实践活动，深刻揭批达赖集团“三性”“五顶帽子”反动本质教育活动。管理好群众。把管得住、不出事作为平安建设工作要求，将市级可用财力的70%用于民生支出，不断提升就业、教育、医疗、养老等公共服务水平，人民群众安居乐业，社会治理根基更加扎实。开展新时代群众工作调研和“我要稳定”群众思想评估，做到动态掌控、心中有数。引导好群众。始终坚持广泛动员群众、团结引领群众投身社会治理实践中，建设人人有责、人人尽责、人人享有的社会治理共同体。聚焦维护祖国统一、加强民族团结这个着眼点和着力点，深化以爱国主义为核心的民族团结教育，开展新时代民族工作，引导群众加强民族团结。

【反分裂斗争】 2020年，全市政法机关始终把维护以政权安全、制度安全为核心的国家安全置于首位，深入开展反渗透、反自焚、反暴恐、断勾连、“净网”专项行动，侦破危安案件，打击取缔非法组织，粉碎达赖集团实施分裂破坏的图谋。

【健全平安建设组织体系】 2020年，拉萨市委政法委坚持党对社会治理和平安建设的绝对领导，把好全市社会治理工作方向。成立平安拉萨建设领导小组。市委、市政府将平安建设纳入全市重点工作，在全区率先成立以市委书记白玛旺堆、市长果果为双组长的平安建设领导小组，下设十个专项协调组，健全完善市委、市政府对社会治理工作领导体系，统筹推进市域社会治理和平安拉萨建设各项工作，为总揽全局、协调各方奠定坚实基础。系统谋划平安拉萨建设各项工作。市委常委会会议、市政府常务会议、市委全面深化改革会议、平安拉萨建设领导小组会议专题研究社会治理和平安拉萨建设工作，作出系统性谋划、整体性安排、硬核性施策、一体性落实的部署安排。从成员单位抽调工作人员组建工作专班，以专班形式推进市域社会治理现代化试点工作。

【建立新时代平安拉萨体系】 2020年，拉萨市委政法委研究制定2020—2022年市域社会治理现代化试点工作目标体系，推动平安建设工作始终沿着既定目标纵深开展。编制市域“路线图”。市委从顶层设计加强平安建设工作规划，编制“路线图”，出台《关于推进市域社会治理现代化创新深化平安拉萨建设的实施意见》总体规划，提出“构建党组织领导的城乡基层治理体系”的总体布局，明确市域社会治理和基层社会治理改革的重点任务，确定时间表、路线图、任务书，以及责任分工，职责任务，便于成员单位向着市域社会治理现代化目标稳步迈进。确定市域重点工作。坚决贯彻习近平总书记在中央第七次西藏工作座谈会上指出“在西藏，现阶段维护稳定仍然是第一位的工作任务，反分裂斗争各项工作只能加强、不能放松”的要求，确定7项平安拉萨建设重点工作，6项长期坚持的工作举措。同时，为认真贯彻新时代党的治藏方略，研究制定《关于贯彻落实九届市委六次全会精神持续深化反分裂斗争重点工作具体分工》，确保中央和区市党委的决策部署，特别是反分裂斗争工作落地、落实、落细。

【完善平安拉萨建设保障体系】 2020年，拉萨市委政法委坚持把完善平安建设领导责任制作为保障性工程，形成全市社会治安综合治理新合力。贯彻落实《中国共产党政法工作条例》。压紧压实党委政法委和政法部门党委（党组）主体责任，制定责任清单、政治巡察工作制度、纪律作风督查巡查制度、政治轮训实施细则、派员列席政法单位党组民主生活会制度和乡镇政法委员职责清单。成立由市委政法委班子成员为领导小组的宣讲团，深入县（区）宣讲《中国共产党政法工作条例》精神，明确贯彻落实重点，调研督导年度工作，全市乡镇政法委员全部配备到位，保证市委顶层设计在基层贯彻落实。加强社会治理队伍自身建设。始终把政治建设摆在首位，引导全市社会治理干部更加自觉地用习近平新时代中国特色社会主义思想武装头脑、指导实践。市委副书记、政法委书记马军集中宣讲中央第七次西藏工作座谈会议精神，带头给基层社会治理干部授课，全市67名乡镇街道政法委员和283名社会治理专干全部实现轮训，有效提升基层社会治理干部能力素质。强化平安建设综合保障。市级财政支出1.52亿元，足额保障平安建设和双联户工作表彰、创建民族团结示范市、双联户长补助资金、铁路护路等所需经费，确保全市平安建设各项工作得以顺利开展。

【疫情防控】 2020年，拉萨市委政法委坚持战时标准、保持战斗状态、弘扬战斗精神，全力打赢疫情防控的人民战争、总体战、阻击战。压实防控责任。坚决贯彻党中央的决策，做到统一领导、统一指挥、统一行动，迅速打响疫情防控阻击战。市委主要领导全面履职、靠前指挥,各级应对疫情工作领导小组闻令而动、快速响应、全面压实“四方责任”。全市政法、综治、维稳部门全面落实市委既定部署,坚持一手抓疫情防控、一手抓维护稳定,制定《拉萨市关于坚决打赢疫情防控阻击战全力维护社会和谐稳定的工作方案》,集中8000余名警力参与疫情防控,各卡点共检查进藏和来拉涉疫人员8.6万余人次,落地核查1027人次。以开展“携手清洁卫生·保卫健康拉萨”主题爱国卫生运动为载体。发挥基层党组织战斗堡垒作用和党员干部模范带头作用,团结凝聚全市各族人民坚决彻底围剿病毒扩散。深化党员联系服务群众机制。明确党员“三包”10种形式,全市3.8万余名党员实现包户包人全覆盖,抽派203名党员干部到机场、留观酒店参与返藏人员接转分流、集中隔离服务工作,抽派764名党员到城区51个村(居)报到,帮助做好聚焦隔离人员服务管理工作。

【助力复工复产】 2020年,全市政法综治维稳部门全力保障复工复产,加快恢复经济社会秩序,护航经济健康有序发展。严厉打击涉疫违法犯罪。结合常态化疫情防控要求,严厉打击扰乱社会秩序、哄抬物价、制假售假、贩卖野生动物等违法犯罪行为,持续规范市场经营环境。侦办涉疫类刑事案件7起,行政案件101起,公开判决全区首例抗拒疫情防控措施妨害公务罪案件。强化商场、超市、批发市场、菜市场等人员聚集场所和监管场所疫防措施,加强“夜间地摊”周边管理,紧密结合“百万警进千万家”活动,推出网上办理、上门送证、开辟“绿色通道”、加班办理等措施助力复工复产,取得上半年旅游市场复苏率全国排名第一,率先在全国实现正增长的喜人成绩,全市政法综治维稳部门为全市抗疫工作作出积极贡献,拉萨市公安局荣获全国抗击新冠肺炎疫情先进集体称号。

【问题整改】 2020年,拉萨市委政法委坚持把扫黑除恶突出问题整改,作为“不忘初心、牢记使命”主题教育专项整治的重点。市委主要领导带头履行专项斗争第一责任人职责,审定整改落实会议方案和任务分解方案。中央督导组反馈的8个突出问题全部整改完毕,并取得明显成效。涉黑涉恶线索获取数从中央督导组进驻前的649条,增加至1400条,办结率从中央督导组进驻前的59%提升至99%,涉黑涉恶案件全部办结。坚决整改全国扫黑办“蹲点带片”专题调研反馈问题。市纪委成立专门调研组,深入基层对涉及“保护伞”问题线索“零发现”“零查处”的问题进行深入分析研究,实行纪委班子成员包片联系督导制度,“点对点”督促和蹲点督导,全面掌握案件规律、特点。将专项斗争纳入执纪监督和巡察工作,与整治群众身边不正之风和“微腐败”问题结合起来,共查处群众身边的不正之风和腐败问题80件137人。坚决整改中央特派督导反馈问题和人民群众反响强烈的突出问题。完善线索核查档案、案件清结等工作,迎接做好全国扫黑办2020年第一轮特派督导检查和反馈问题整改。将整改重点聚焦到人民群众反响最强烈、影响经济社会发展最突出的民间借贷和债务纠纷等方面,从行为主体上区分经济犯罪、金融犯罪和扰乱社会秩序犯罪,从源头上管住小额信贷公司,加大行业监管力度,严防以高额收益回报为诱饵套取社会资金,阻碍经济社会发展。

【“六清”行动】 2020年,拉萨市委政法委坚持把推进“六清”行动作为争先晋位、提档升级的关键抓手,推动扫黑除恶各项任务清仓归零。在“线索清仓”上实现新突破。对存量线索进行“再起底、再梳理”,分级管理、统一建档。全市共获取涉黑涉恶线索1400条,办结1384条,获取涉黑涉恶腐败和“保护伞”问题线索72条,办结72条。全面开展“百日追逃”和“云剑”行动,抓获拉萨在逃人员243人,涉案人员全部到案认罪伏法,在全区率先实现“逃犯清零”。对涉黑涉恶案件实行倒排工期、挂图作战、逐个围歼,拉萨市7起涉黑涉恶案件实现全部清结。市纪委监委针对涉黑涉恶腐败和保护伞问题线索已查实“保护伞”2人、“警伞”3人,均处理办结。涉及问题线索中,给予党纪政务处分60人次,组织处理65人次,追责问责23家单位74人。在“黑财清底”上,共查封、扣押、冻结涉黑涉恶案件和九类案件涉案资金354.2万余元,追缴涉案财产价值195.2万余元,所有涉黑涉恶财产实现应缴尽缴。在“行业清源”上,全面开展“10+1”行业整治,重点突出“黄赌”乱象整治,在城关区开展“三无”

（无黄无赌无毒）社区创建试点工作，创新“一所一警”举措和服务人员登记管理制度，规范场所经营秩序、管理模式、执法监管。共侦破涉黄案件452起、涉赌案件427起，涉毒案件440起，破获网络、微信招嫖案件29起，“站街招嫖”乱象得到有效遏制。整治行业乱象，查处违法占用土地行为17起、违法违规建设行为808起，“两违”行为得到有效整治。端掉“黑车”非法营运窝点4处，清理整顿“黑车”395台，出租车拼客、宰客乱象得到遏制。

【健全长效机制】 2020年，拉萨市委政法委紧扣“长效常治”目标要求，认真谋划由“治标为主”向“标本兼治”转变，共建立170余项工作机制。健全协作配合机制。引导成员单位和各县（区）牢固树立“一盘棋”思想，发挥市扫黑办牵头抓总职责作用，健全纪检监察机关与政法机关线索快速移送处置机制、案件协调会商机制、重大事项报告制度，坚持做到打整体仗、协同仗。各单位、各部门、各行业积极参与、主动配合专项斗争，充分发挥职能作用，确保各自条块黑恶势力应扫尽扫。健全行业整治机制。围绕加强和创新社会治理，从市场准入、日常经营等环节着手强化监管力度，健全重点行业领域监管机制，先后研究出台《拉萨市人民政府关于旅游市场秩序整治工作措施》《拉萨市出租车行业改革实施意见》等20多项行业领域工作机制，将群众反映强烈的突出问题全部纳入日常治理范围，逐步规范行业市场经营秩序，从源头上、制度上铲除黑恶势力滋生土壤。健全基层治理机制，始终把深入开展专项斗争作为加强社会治理的关键举措，全面实施基层党组织“1+3”专干工程（村居第一书记和农村经济专干、社会治理专干、宣传文化专干），采取县级领导挂点、乡镇干部包村、党员干部结对等方式，以工作制度化形式推进全市78个软弱涣散基层党组织整顿，有效提高基层党组织维稳综治专业化能力。

【创造城乡社会治理“拉萨模式”】 2020年，拉萨市委政法委坚持党建引领，构建党组织领导基层社会治理新格局，发挥基层党组织领导群众参与共建共治共享。强化党建引领基层社会治理，突出加强党对群众自治、群团组织、社会组织的领导，发挥党的领导核心作用，把牢基层治理正确方向。健全党员服务群众机制，把党员“三包”与完善基层社会治理体系有机结合、充分融合，全市5万余名党员实现包人包户全覆盖。按照“应建尽建”原则，持续抓好基层党组织覆盖，巩固和发展村（居）“两委”班子成员100%党员成果，不断优化基层干部队伍结构，充实基层治理力量，把基层党组织建设成为反分裂斗争的桥头堡、民族团结的工作队、群众致富的带头人。推进基层社会治理改革，结合疫情防控期间基层社会治理暴露出的短板和弱项，基层社会治理改革与组织、政法、民政、住建等一体推进，不断完善基层治理架构、理顺权责关系、建强基层治理队伍、明确社会治理专干职责。开展乡镇机构设置，同步规划街道社区、公安派出所、社区警务室和网格、双联户设置，理顺行政区划，规范基层社会治理工作。推进基层警务融合，市委顶层设计加强推动便民警务站警务改革工作，促进便民警务站与辖区派出所深度融合，实现警力资源最大化。转变警务站由社会面防控向基层基础职能延伸，理顺工作关系、健全工作机制、做实基层基础，拓展6项工作职能，履行“7+6”职能任务，整合职能与完善模式同步推进，做到警务“联动”、隐患“联查”、资源“联通”、纠纷“联调”，实现“基础牢、出事少、治安好、党和人民满意”的目标，有效筑牢促进拉萨长治久安的铜墙铁壁。筑牢市域法治根基，坚持以法治为根本遵循，推进“依法治市”，完成“七五”普法。持续推进法治服务向基层延伸，不断提高“12348”法律服务热线和法律援助服务质量，深入开展“一村（社区）一法律顾问”工作，为基层组织和各族群众提供法律支持27件。开展“法律七进”工作，紧紧围绕疫情防控、扫黑除恶、学习贯彻《中华人民共和国民法典》等重点工作，开展集中宣传活动2350场次，发放宣传资料36万份，受教育群众达到40万人次，提升广大群众法律意识和法治观念。

【创造治安防控体系】 2020年，拉萨市委政法委坚持把加强社会治安防控体系建设作为源头性工程，提高预测预警预防各类风险的能力，构建全时空、立体化社会治安防控网络。压实社会面维稳责任，发挥军警民联勤联防工作机制，发挥护城河检查站、"110"便民警务站、市区安检站作用，持续推行24小时屯警街面和"以服代勤"模式，形成全方位管理"点"、全领域织密"线"、全时段巡防"片"的立体化治安防控体系。在全市推行最小作战单元模式，成立打击专业队，坚持露头就打、打早打小，始终保持对违法犯罪活动的高压态势，最大程度挤压犯罪空间。全年共立刑事案件2333起，侦破刑事案件572起，办理治安案件2626起。特别是针对电信诈骗，做好宣传教育、紧急止付、侦查追赃和打击处理，全年侦破电信诈骗案件31起，止付2305万余元，抓获犯罪嫌疑人21人。开展安全生产大排查大整治，强化交通管理、监所管理、铁路护路、治安民生领域管理，督促单位、企业履行主体责任，加强安全监管，依法严查超载、超速、酒驾醉驾、无牌无证等交通违法行为，坚决筑牢防线、守住底线。全年事故起数、死亡人数、受伤人数、直接经济损失实现"四下降"，同比分别下降3.9%、27.87%、11.03%和减少1079.7万元。推进综治信息化建设，依托"智慧城市""拉萨大脑"建设，推动"雪亮工程"和"智慧法院""智慧检务""智慧警务""智慧司法"建设，改进完善信息技术化维稳执勤模式，推动各项工作依法规范高效开展。

【创建新时代"枫桥经验拉萨版"】2020年，拉萨市委政法委坚持把构建基层社会治理新格局作为基础性工程，激发基层社会治理新动能。全面开展信访积案化解工作，市委副书记、市长、城关区委书记果果多次召开全市信访联席会议，与28家责任单位和县（区）负责人签订责任书，提出工作要求，明确中央和自治区交办的17起信访积案于12月底前全部化解。落实"市长接待日"制度，9月15日，市信访联席会议第一召集人果果到市信访局接待大厅，接待来访群众，听取群众诉求，现场协调信访事项，维护群众合法群益。2020年，全市信访来访批次、人次分别下降37.36%、26.9%。共受理涉法涉诉信访案件38件，依法化解35件。全面排查化解矛盾纠纷，全市建立人民调解组织432个，村民调解委员会232个，社区调委会53个，调解员2786人，全市95%的矛盾纠纷在基层得到妥善化解。注重解决群众广泛关注的执行难问题，压实联动措施深化攻坚破解，共受理各类执行案件5089件，执结案件3583件，执结率为70.41%，执行到位金额6.57亿余元，执行信访案件办结率和终本合格率均为100%。加大对拒执行行为的惩治力度，限制高消费1760例，限制乘坐飞机、高铁8419例，发布失信人员、法人或其他组织单位1163例，布控127人、拘留14人，有效提升执行工作威慑力。在全市部署开展防范治理个人极端案事件专项行动，防控矛盾风险不积累、不扩散、不升级、不上交。突出基层社会治理创新，曲水县坚持"数据向上集中、服务向下延伸"的思路，打造"枫桥式村居警务室"品牌工程，投入200万元开展"一村一警务室"平安乡村建设，整合97名民辅警下沉到村居警务室。通过在群众"家门口"建立警务室，有效实现"群众办事不出村、矛盾问题不上交"的目标。墨竹工卡县创新的"1+4+N"为主要内容的"党建+基层治理"赤康样本，通过强化党建引领"主心骨"，发挥党组织领导核心作用，为基层治理提供坚强的组织保障。堆龙德庆区试点开展人民法庭"两个一站式"建设，落实以人民为中心的发展理念，努力打造全新的多元化解和诉讼服务新模式、新机制，推进审判质效提高，提升人民群众在新时代的司法满意度。城关区开展"街道吹哨、部门报到"试点工作，将"吹哨报到"与网格化服务管理中心事件"流转办理""接诉即办"工作紧密结合，优化构建网格化信息平台事件报送模块，实行群众需求"日常哨"、重点工作"攻坚哨"、突发事件"应急哨""三哨齐吹"，事件处置率达100%。拉萨市委政法委起草的《拉萨市突出地域特色探索基层社会治理模式》，被中央政法委采用，在全国范围内交流推广。

（陈豆豆）

依法治市

【概况】2020年，拉萨市深入贯彻中央全面依法治国委员会第一次、第二次会议精神。印发《中共拉萨市委全面依法治市委员会2020年工作要点》《关于党政主要负责人将履行推进法治建设第一责任人职责情况列入年终述职内容的通知》，开展依法防控疫情十项措施执行落实情况专项督察、拉萨市营造法治化营商环境保护民营企业发展专项督察"回头看"和拉萨市野生动物保护法等相关法律法规执法司法专项督察工作。成立拉萨市法律顾问（专家）团。

【市委全面依法治市委员会第二次会议】 6月，自治区党委常委、市委书记白玛旺堆主持召开市委全面依法治市委员会第二次会议，审议通过《中共拉萨市委全面依法治市委员会2020年工作要点》。

【专项督查】 2020年，拉萨市对市直部分单位、县（区）、功能园区开展依法防控疫情十项措施执行落实情况专项督察，并形成书面报告报自治区依法治藏办。7月9—15日，开展拉萨市营造法治化营商环境保护民营企业发展专项督察"回头看"工作。7月13—24日，开展拉萨市野生动物保护法等相关法律法规执法司法专项督察工作。

【成立拉萨市法律顾问（专家）团】 2020年，拉萨市司法局向市委、市人大、市政府、市政协推荐43名业务能力突出、专业素质强的法律人员，成立拉萨市法律顾问（专家）团。

（张 鑫）

法治政府建设

【概况】 2020年，根据《西藏自治区法治政府建设工作领导小组办公室关于开展法治政府建设示范创建活动的实施方案》，印发实施《拉萨市地方立法起草工作指导规范》《关于进一步规范行政规范性文件合法性审核工作的通知》《拉萨市人民政府关于机构改革涉及市政府规章规定的行政机关职责问题的决定》《拉萨市地方立法工作指导意见》《拉萨市本级行政规范性文件制定主体清单》《拉萨市人民政府2020年立法计划》，完成地方性法规7件，政府规章6件，政府规范性文件5件，部门规范性文件5件，调研项目3件。征集2021年立法项目地方性法规9件，政府规章6件，政府规范性文件3件，预备项目3件，调研项目5件。持续全面推行行政执法公示制度、执法全过程记录制度、重大执法决定法制审核制度，加大立法和执法人员培训和考核，规范执法人员执法证管理，对拉萨市现行有效的50件政府规章进行合法性审查。持续推进法律顾问制度，全市各县区、功能区、乡镇、村居实现法律顾问全覆盖。受理行政复议案件8件，仲裁案件72件。对全市59家单位法治政府建设进行考评。

【印发法治政府建设工作要点】 2020年，印发《拉萨市2020年度法治政府重点任务》（其中，重点工作主要目标10项，主要任务35项，具体措施58项）。

【政府立法】 2020年，向各县（区）人民政府、市直各委办局40家单位书面征集2021年立法建议项目。共征集到2021年立法项目地方性法规9件（制定类6件：《拉萨市城市管理条例》《拉萨市历史文化名城保护条例》《拉萨市绿化条例》《拉萨市建设生态文明高地的若干决定》《拉萨市维护社会稳定促进法治建设若干决定》《拉萨市文明行为促进条例》；修订类3件：《拉萨城镇房地产管理条例》《拉萨市物业管理条例》《拉萨市城镇国有土地使用权出让和转让办法》），政府规章6件（制定类2件：《拉萨市机动车和非道路移动机械排气污染防治办法》《拉萨市宗教场所管理办法》；修订类4件：《拉萨市停车场管理办法》《拉萨市残疾人保护管理办法》《拉萨市旅游管理办法》《拉萨市出租汽车管理办法》），政府规范性文件3件（制定类2件：《拉萨市属国有企业违规经营投资责任追究实施办法》《拉萨市人民政府立法专家管理办法》；修订类1件：《拉萨市城乡建设档案管理办法》），预备项目3件（制定类2件：《拉萨市公共安全视频图像信息系统管理办法》《拉萨市建筑室内装修管理办法》；修订类1件：《拉萨市燃气管理办法》），调研项目5件（制定类2件：《拉萨市政务数据资产管理暂行办法》《拉萨市行政执法案卷评查办法》；修订类3件：《拉萨市城市供水用水条例》《拉萨市湿地保护管理办法》《拉萨市行政执法办法》）。11月1日，印发实施《拉萨市行政调解规定》。11月20日，印发实施《拉萨市城市生活垃圾分类管理办法》。

【地方性法规清理】 2020年，对拉萨市现行有效的政府规章和规范性文件进行全面清理，未发现与《中华人民共和国野生动物保护法》《中华人民共和国动物防疫法》等法律法规相抵触、不一致的政府规章和规范性文件。对拉萨市现行有效的14件地方性法规进行认真清理,《拉萨市物业管理条例》《拉萨市城镇房地产管理条例》2个地方性法规个别条款与《中华人民共和国民法典》存在不一致。对拉萨市现行有效的50件政府规章,对照与《中华人民共和国民法典》关于物权、合同、人格权、婚姻家庭、继承、侵权责任等具体内容进行清理。经清理,未发现与《中华人民共和国民法典》立法精神、原则和规定不一致的政府规章。经各县(区)人民政府和市直各相关部门对本部门印发的规范性文件进行清理,未发现与《中华人民共和国民法典》立法精神、原则和规定不一致的规范性文件。

【行政复议应诉】 2020年,共受理行政复议案件8件,已办结6件。

【行政执法监督】 2020年,赴自然资源局、市行政执法联动支队、达孜区等10家县区、园区、单位开展行政执法监督3次。完成《拉萨市行政裁决实施办法》的起草和申报工作。完成全市69家行政执法单位行政执法主体资格及职权依据清理工作。截至年底,全市持有自治区行政执法证(包括监督证)共2051人,持有国家部委颁发的行政执法证共3819人,同时持有国家部委颁发的执法证和自治区人民政府统一制作的执法证共计109人。清理注销过期执法证221人、监督证31人。

【法治培训教育与考试】 9月10—16日,组织举办全市2020年行政执法人员执法资格培训考试,全市8个县区20个部门568名人员参加培训考试。

【政务服务事项梳理清单合法性审查】 2020年,对全市40家单位权责清单动态调整进行修改,提出修改建议300多条。

【仲裁工作】 2020年,拉萨第五届仲裁委员会共受理仲裁案件72件,涉及仲裁标的4.0653亿元,结案48件。

【法治政府建设考核】 11月,根据《拉萨市2020年目标绩效争先进位考核办法》,通过自评、日常报送、沟通了解等方式,对全市65家单位、12个县(区)和功能区、6家寺管会及13家企业的法治政府建设情况进行考核。

【推进法律顾问制度】 2020年,贯彻落实《拉萨市人民政府法律顾问工作规则》,市政府法律顾问共审核28件政府合同,参与2起行政诉讼案件,对30份900余项权责清单进行合法性审查,全市8县区、4个功能区管委会、66个乡镇(街道)、278个村(居)实现法律顾问的全面有形覆盖;市直45家单位聘请法律顾问。

(张　鑫)

公安

【概况】 2020年,拉萨公安机关坚持以习近平新时代中国特色社会主义思想为指导,全面贯彻中共十九大和十九届二中、三中、四中、五中全会精神和第七次西藏工作座谈会关于"稳定、发展、生态、强边'四件大事'"重要论述精神,认真学习贯彻习近平总书记关于平安中国建设的重要指示精神及重要训词精神,忠诚践行"对党忠诚、服务人民、执法公正、纪律严明"总要求,增强"四个意识"、坚定"四个自信"、做到"两个维护",紧紧围绕人民群众反映强烈的突出问题,深入开展扫黑除恶专项斗争,依法打击各类违法犯罪活动,加快推进社会治安防控体系建设、市域社会治理建设及城乡社区警务建设,新时代智慧警务体制机制逐步完善,防范化解一系列重大矛盾风险和坚实巩固新冠肺炎疫情常态下拉萨社会大局的持续和谐稳定。全年拉萨市刑事发案数控压发案保持在两位数以内,破案率呈现综合平稳态势,人民群众满意度达到95%以上,人民群众的平安质感不断增强。

2021年2月12日,自治区副主席、区党委政法委副书记、区公安厅党委书记、厅长张洪波在《拉萨市公安局2020年工作总结暨2021年工作要点》上作出批示:"2020年,拉萨市局坚决贯彻区市两级党委和部、区两级公安机关工作部署,坚决以习近平新时代中国特色社会主义思想为指导,加强队伍建设,围绕严防严打达赖集团分裂破坏活动和矛盾纠纷隐患排查,落实以人民为中心的思想,有力确保拉萨社会稳定和谐。2021年要认真贯彻新发展理念,提高政治'三力',发扬'三牛'精神,履行'三安'使命,构建'三不'体系,坚持'三大'导向,推进公安工作上台阶，确保拉萨持续稳定，为建党100周年、西藏和平解放70周年做出新的更大贡献。”

2021年2月13日，区自治公安厅党委委员、市委常委、市公安局党委书记普卫东批示：“请全局上下认真学习，领会洪波书记的批示要求，以对成绩的肯定为鞭策，以对下步工作的希望为目标，对标对表，认领任务，切实提高政治‘三力’、发扬‘三牛’精神，为实现“三不”目标再立新功，再创辉煌。”

【干部任职大会】 8月17日，市委在市公安局召开干部任职大会，市委副书记、市委组织部部长庄红翔主持会议，并作领导干部调整讲话。自治区公安厅党委委员、政治部主任黄东升，市委组织部部委员贺慧先、区公安厅政治部副主任索朗扎巴应邀出席会议。会上，庄红翔宣读自治区党委关于马军、普卫东、代利刚等干部的任免决定，任命的干部依次作表态发言。马军对区市党委决定表示坚决拥护、坚决服从，分别深情回顾四年多来与市公安局党委班子成员和广大民警勠力同心、攻坚克难的战斗历程，深切表达成为拉萨公安人的自豪之情、同大家分别的难舍之意，表示以后将继续关心、支持拉萨公安工作。普卫东、代利刚从坚决做到旗帜鲜明讲政治、坚决做到忠诚履职保平安、坚决做到服务发展勇担当、坚决做到清正廉洁作表率等方面分别作表态发言，并表示接起拉萨公安发展的“接力棒”，在区市党委、政府和区公安厅坚强领导下，忠诚履职、扎实工作，努力开拓新时代拉萨公安工作新局面，切实为维护国家安全和社会安全稳定作出积极贡献。

【党委(扩大)会议】 8月28日，市公安局党委召开2020年第12次党委(扩大)会议，认真传达学习领会习近平总书记在中国人民警察警旗授旗仪式上的重要训词精神。会议传达学习习近平总书记在中国人民警察授旗仪式上的重要训词精神和赵克志部长关于迅速掀起学习宣传贯彻习近平总书记重要训词精神的讲话。普卫东指出，党中央隆重举行中国人民警察警旗授旗仪式，习近平总书记亲自授旗并发表重要训词，充分体现以习近平同志为核心的党中央对人民警察队伍建设的高度重视和关心关怀，是对全国公安机关和广大公安民警的巨大鼓舞和激励鞭策，对于推进新时代人民警察队伍革命化、正规化、专业化、职业化建设具有重大里程碑意义，学习好、宣传好、贯彻好、落实好习近平总书记重要训词精神，是拉萨公安机关当前和今后一段时期的首要政治任务。普卫东强调，要学习领会贯彻好重要训词精神，感恩党中央和总书记的亲切关怀；要学习领会贯彻好重要训词精神，切实增强人民警察职业荣誉感；要学习领会贯彻好重要训词精神，充分认识授旗和重要训词的重大意义；要学习领会贯彻好重要训词精神，准确把握精神实质；要学习领会贯彻好重要训词精神，付诸实践高质量高标准做好各项公安工作。

【第十三次市公安局党委(扩大)会议】 9月5日，普卫东主持召开第十三次市公安局党委(扩大)会议，传达学习中央第七次西藏工作座谈会议精神。会议传达学习中央第七次西藏工作座谈会会议精神、区党委第149次常委会(扩大)会议精神、九届市委第99次常委会会议精神和公安部《关于在公安机要密码战线深入开展向肖之东同志学习活动的通知》。普卫东指出，习近平总书记在中央第七次西藏工作座谈会上的重要讲话，系统概括新时代的治藏方略，对当前和今后一个时期的西藏工作做全面部署，为新时代西藏工作绘制宏伟蓝图，是指导新时代西藏工作的纲领性文献，为推动新时代西藏长治久安和高质量发展注入强大动力，充分体现总书记和党中央对西藏工作的高度重视和对西藏干部群众的特殊关爱，彰显西藏工作在党和国家全局中的战略地位。

【市公安局党委2020年意识形态工作专题会】 11月18日，区公安厅党委委员、市委常委、市公安局党委书记普卫东主持召开市公安局党委2020年意识形态工作专题会，传达学习习近平总书记关于意识形态工作的重要论述和党中央、区市党委关于加强意识形态领域工作相关文件精神，通报市公安局2020年意识形态领域工作情况，研究部署市公安局意识形态领域工作。市委宣传部四级调研员刘艳苹应邀到会指导，在岗市公安局党委委员出席会议，城区各公安局和局直各部门双主官参加会议。普卫东指出，要全面把握意识形态工作的极端重要性，进一步增强做好意识形态工作的紧迫感、责任感、使命感。普卫东强调，要清醒认识意识形态形势的严峻性，进一步针锋相对做好意识形态各项工作。普卫东要求，要严格落实意识形态工作责任制，务实推动拉萨公安机关意识形态工作再上新台阶。

【中央第七次西藏工作座谈会精神宣讲】 11月10日，副市长、市委国安办主任、市公安局局长代利刚在615会议室为警令部党总支、警令部情报处党支部、警令部勤务处党支部、警令部指挥处党支部、警令部信通处党支部及局办公室党支部全体党员民警70余人宣讲中央第七次西藏工作座谈会议精神。宣讲会上，代利刚首先就习近平总书记在中央第七次西藏工作座谈会议上的讲话精神、习近平总书记和党中央对西藏工作的高度重视以及对西藏各族干部群众的特殊关爱进行传达。接着围绕公安机关如何深入贯彻落实中央第七次西藏工作座谈会议精神从多个方面进行宣讲交流。代利刚要求，要充分认识中央第七次工作座谈会的重大意义；要用心学习领会西藏工作取得的全方位进步、历史性成就；要用心领会新时代党的治藏方略；要用心学习领会新时代西藏工作的目标任务；要用心学习领会总书记关于深入开展反分裂斗争的决策部署。代利刚围绕中央第七次西藏工作座谈会精神，结合拉萨公安机关面临的更大风浪形势在维稳工作中担负的职能作用，从组织、思想、力量、应急等四个方面就做好应对更大风险挑战进行强调部署。

【拉萨公安机关纪律作风专项教育整顿活动部署电视电话会议】 4月23日，拉萨公安机关纪律作风专项教育整顿活动部署会议在市公安局5楼召开，会议以视频形式开至各县（区）局、片区指挥部及基层公安派出所。会议指出，开展为期3个月的纪律作风专项教育整顿活动是坚持政治建警、深入推进全面从严治党的根本体现，是落实市委、市政府、区公安厅各项决策部署，着力解决当前拉萨公安队伍中突出问题的重要举措。会上，代利刚就贯彻落实会议精神提出几点要求：要深刻学习领会会议精神，要严格落实抓队伍管理主体责任，要统筹抓好各项工作落实。

【召开自治区党委第一巡视组巡视反馈意见整改任务部署会】 7月28日，拉萨市公安局组织召开自治区党委第一巡视组巡视反馈意见涉及市公安局整改任务部署会。会议通报《拉萨市委关于自治区党委第一巡视组反馈意见整改任务清单》中涉及的整改任务，并就巡视中涉及市公安局的整改问题进行详细安排部署。会议要求，要提高政治站位，统一思想认识；要坚持问题导向，制定具体整改措施；要巩固扩大整改成果，推动形成常态长效机制。

【2020年度市公安局基层党组织书记抓党建工作述职评议暨述责述廉会议】 12月14日，区公安厅党委委员、市委常委、市公安局党委书记普卫东主持召开2020年度拉萨市公安局基层党组织书记抓党建工作述职评议会暨述责述廉会议。会上，普卫东强调，要突出“两个维护”，始终把党的政治建设摆在首位；要强化组织建设，推动新时代公安党建工作全面进步；要强化作风建设，不断把党风廉政建设引向深入；要发挥党建引领作用，切实推动公安中心工作高质量开展；要压实党建责任，全面推动公安党建工作落地见效。

【副主席张洪波到市公安局当巴派出所调研指导工作】 3月5日，自治区人民政府副主席、区委政法委副书记、区公安厅党委书记、厅长张洪波一行到市公安局当巴派出所，调研指导寺宗领域维护稳定和疫情防控工作。张洪波听取当巴派出所工作汇报和意见建议，对近年来的工作成绩给予充分肯定。张洪波指出，近年来哲蚌寺的维护稳定工作成效明显，派出所全体民（辅）警功不可没，为拉萨乃至全区的社会局势稳定做出特殊贡献，是全区公安机关的学习榜样。张洪波要求，要忠诚践行新时代驻寺公安使命任务，坚决捍卫国家政治安全，维护社会稳定，保障人民安定幸福。张洪波一行还参观哲蚌寺国安指挥部和派出所办证大厅，与执勤民警、值守干部进行问候交流。

【副主席张洪波到市公安局基索派出所调研指导工作】 3月7日，自治区政府副主席、区委政法委副书记、区公安厅党委书记、厅长张洪波一行人到市公安局基所派出所调研指导工作。座谈会上，张洪波听取基所派出所当前队伍情况、工作模式、近期工作开展情况、工作开展存在的困难及相关意见建议，对各项工作取得的成绩予以充分肯定。张洪波要求，要增强责任感和使命感，坚定不移落实维稳首责，切实加强信息化建设应用，不断将驻寺警务工作与现代信息科技手段相结合，进一步提高维稳科技化水平。

【国家发改委副主任、国家统计局局长宁吉喆一行到市公安局羊达街道派出所督导检查人口普查工作】 8月3日，国家发改委副主任、国家统计局局长宁吉喆一行9人在自治区党委副书记、自治区政府主席齐扎拉的陪同下到市公安局羊达街道派出所督导检查人口普查工作，区市党委政府、区公安厅、堆龙德庆区委、区政府及市公安局领导全程陪同。听取汇报后，宁吉喆、齐扎拉对该所人口普查工作给予高度评价和充分肯定，认为该所在辖区人员流动性大、人员成分复杂的情况下，能组织有力、理念先进、工作创新、措施到位、保障有力，做到人口普查不错不漏、客观真实、全面准确，圆满完成人口普查各项工作任务，为堆龙德庆区彻底打赢脱贫攻坚战、全面建成小康社会提供翔实、准确的数据支撑。

【何文浩到城关区公安分局两岛派出所调研】 9月15日，自治区党委常委、政法委书记何文浩一行到城关区公安分局两岛派出所进行座谈调研。市委副书记、政法委书记马军主持座谈会。何文浩一行在甲玛社区调研“街道吹哨、部门报到”机制建设和社会治理工作开展情况后到两岛派出所召开座谈会。何文浩指出，在中央第七次西藏工作座谈会上习近平总书记对西藏工作做出高度评价，拉萨市全体政法干警功不可没，特别是拉萨公安为全区的稳定、全市的稳定发挥了不可替代的重要作用。城关区公安分局两岛派出所虽然在队伍中出现一些问题，但为全市和辖区的平安作出重要贡献，打了不少胜仗，仍是一支党和人民信得过、能放心、能打胜仗的队伍。两岛派出所作为工作联系点，要结合“坚持政治建警、全面从严治警”教育整顿活动和“枫桥式公安派出所”创建工作，不断加强队伍管理和工作创新举措，将其打造成派出所的一面旗帜，打造成全市、全区的一面旗帜，一个示范单位、标兵单位。

【果果到“9·22”公交车追尾事故现场和医院慰问伤员】 9月22日15时02分，拉萨市城关区天路康桑小区对面公交站发生一起同向行驶的14路公交车与15路公交车追尾的交通事故，造成两车若干名乘客受伤。接到警情后，市委、市政府、区公安厅党委、市公安局党委高度重视，市领导白玛旺堆、张洪波、果果、马军等区市领导第一时间作出批示指示，要求迅速救治伤员、依法妥善处置。西藏自治区公安厅党委委员、拉萨市委常委、市公安局党委书记普卫东迅速调度部署警令部指挥处、片区指挥部和交警支队、“110”便民警务站等部门启动应急预案，就近抽调精干警力及时赶赴现场，协助开展伤员救治、现场管控处置等工作。遵照白玛旺堆书记的指示，当日15时50分许，拉萨市委副书记、市长果果抵达交通事故现场，实地指挥部署伤员救治和应急处置工作，并到自治区人民医院、军区总医院慰问伤员及公安民警，转达市委、市政府的关切。

【庄严看望慰问一线执勤人员】 10月25日，庄严、何文浩、白玛旺堆、张洪波等自治区领导深入哲蚌寺调研指导寺庙创新管理和疫情防控工作，深入柳梧公安一级检查站、火车站“110”便民警务站、大昭寺广场及转经道沿线、八廓古城公安分局调研指导检查社会面维稳防控工作，并看望慰问一线执勤公安民警和执勤官兵。在柳梧高速一级检查站，庄严一行实地查看高速检查站办公场所、办证大厅、检查通道、志愿者服务岗位，对检查站全体执勤民（辅）警长期以来坚守岗位、忠诚履职、无私奉献给予充分肯定，并提出几点要求：要继续忠诚履职，严格落实公安检查站“四必查”措施，切实筑牢“进京”“来拉”“环藏”的过滤网、护城河，最大限度将不安全、不稳定因素阻挡在源头、过滤在远端，坚决确保十九届五中全会期间拉萨社会稳定；要牢固树立以人民为中心的发展思想，增强服务意识、提升服务质量，当好拉萨市的微笑大使、形象大使，切实用民警的微笑换取群众的欢笑，用民警的辛苦指数换取群众的幸福指数。在火车站“110”便民警务站，庄严一行实地检查警务站警力部署、维稳措施落实、辖区治安状况及矛盾纠纷排查化解等情况，并要求继续加大治安清查和隐患排查力度，不断巩固社会治安秩序，实现“基础牢、出事少、治安好、党和人民满意”的工作目标。在大昭寺广场及转经道沿线、八廓古城公安分局，庄严一行步行检查维稳措施落实和维稳备勤力量情况，看望慰问全体备勤官兵、公安民警、消防力量，并提出几点要求，要坚决把思想和行动高度统一到习近平总书记的系列重要讲话精神上来，充分认清做好中共十九届五中全会期间各项安保维稳工作的重要性、紧迫性，进一步增强责任感、使命感，高度警惕、及时清零各类风险隐患，坚决把增强“四个意识”、坚定“四个自信”、做到“两个维护”落实到具体行动上来；要勇于担当、主动作为，突出问题导向、强化底线思维，聚焦关键环节、严密责任链条，按照“严而又严的标准、实而又实的作风、细而又细的举措”，扎实做好维护国家政治安全和社会稳定、常态化疫情防控、应急处突等各项工作，坚决以老城区的安全稳定确保拉萨的安全稳定，以拉萨的安全稳定确保西藏的安全稳定，进而以西藏的安全稳定拱卫全国的安全稳定。

【自治区考评验收组检查指导平安建设(综治工作)】 12月3日，自治区高级人民法院二级巡视员红旭率自治区平安建设(综治工作)考评验收组一行到市公安局检查平安建设和扫黑除恶专项斗争工作开展情况，并与人大代表、政协委员、网格员、联户长代表、基层民警代表座谈交流。考评组一行就各警种的工作台账进行逐项详细查阅检查，就具体工作落实情况详细询问业务民警，随后到局扫黑办查阅台账，听取汇报。考评组一行还与部分网格员、人大代表、政协委员、联户长代表、基层民警代表进行座谈交流。

【自治区督导组检查指导工作】 12月15日，自治区涉稳风险隐患摸排化解专项督导第一小组组长、区司法厅二级巡视员万马一行到市公安局检查指导工作。会上，万马及督导组各位领导对一年来拉萨公安工作取得的成绩给予充分肯定和高度赞扬。万马指出，拉萨公安机关作为维护国家政治安全和社会稳定的主力军，聚焦“五期叠加”的阶段性特征，认真贯彻落实11月10日和16日自治区国安指挥部会议精神，特别是遵照自治区党委常务副书记丁业现的指示要求，忠诚履职、勇于担当，动员全警深入开展应对更大风浪来临时“我是谁、我在哪儿、怎么做”大讨论，针对性细化完善系列方案预案，扎实开展网络通信领域管理、边境管理、矛盾纠纷排查化解等重点工作，为全市乃至全区社会大局持续和谐稳定做出积极贡献。

【自治区公安厅绩效考评督导检查组检查指导工作】 12月30日，区公安厅绩效考评督导检查第一组组长、区公安厅警综总队政委肖旭东一行到市公安局检查指导工作。会上，肖旭东对拉萨市公安局各项工作给予充分肯定，并就下步工作提出具体要求。考评组各位领导分别围绕综合评分等工作进行细化通报，随后分别到局政治部、局办公室相关科室就对口受援、保密管理、档案管理等工作基础台账进行检查指导。考核组一行按照比例系数，将实地到城关区公安分局、柳梧新区公安分局、堆龙德庆区公安分局、墨竹工卡县公安局、曲水县公安局抽查县(区)公安机关年度绩效工作开展情况。

【警卫勤务安防(保)】 2020年，拉萨市公安局紧紧围绕“九防”“内紧外松”及“以点促面、以面保点、点面结合”的要求，以“无缝对接”为基本准则，以“防患于未然”为最高追求，以“保绝对安全”为终极目标，敢于担当、勇于负责、善于管理，通过层层召开专题会议，制定印发通知进行分级传达、压实责任、规避风险，严之又严、细之又细、实之又实充分发挥单位、部门和警种的职能作用，将各项目标任务要求贯彻执行到位，确保领导活动全程的安全警卫、勤务活动现场的安全保卫及各类要害部位、民生目标、治安复杂场所等敏感部位的安全防范。全年圆满完成中央级、国家级及区市级领导调研视察出行及传召大法会、色拉崩坚、元旦春节、藏历新年、拉萨市“两会”、自治区“两会”、全国“两会”、达孜仲曲、“五一”国际劳动节、萨嘎达瓦、甘丹色唐节、雪顿节系列活动、哲蚌鲁崩、国庆中秋、白来日追、色拉协曲、甘登昂曲、姜贡曲法会等大大小小勤务安保达上百余场次。

【三岩片区搬迁群众安置】 自三岩片区跨市整体易地扶贫搬迁工作开展以来，拉萨市公安局严格按照区市党委、政府的统筹安排，深刻认识此项工作是贯彻落实习近平总书记“治边稳藏”重要论述的具体体现，对改善全区生态环境，推动生态富民，让各族群众切实感受到总书记和党中央的无比厚爱具有重要意义和深远影响。在全力做好公安机关职责任务的基础上，对接昌都、拉萨两地相关职能部门，就搬迁安置点的房屋建设、产业配套、耕地配套、就业配套等工作提前介入，主动靠前站位，强化协作联动，配合开展三岩片区搬迁群众安置期间服务管理工作。

【2020年全市反诈骗工作部署会】 1月8日，市委国安办主任，市公安局党委副书记、副局长代利刚组织召开2020年度拉萨市反诈骗工作部署会。会上刑警支队负责人对2019年市公安局打击防范电信网络诈骗违法犯罪情况进行通报；各成员单位就2019年度工作开展情况及反诈骗工作在开展过程中遇到的实际问题及难点进行交流发言。

【“黄赌毒”专项清理整治行动】 2020年，拉萨公安机关在严查“黄赌毒”违法犯罪的基础上，重点加大对KTV、茶馆、酒吧、迪厅、网吧、棋牌室、按摩店、歌舞厅、朗玛厅、洗浴桑拿、电子游戏厅、美容美发店等行业场所经营业主的法制教育力度，督促其提高行业守法意识、自律能力及防范水平，切实共同承担维护社会治安的责任，坚决杜绝场所内发生涉黄、涉赌、涉毒等案件。协调拉萨广播、电视、报纸等新闻媒体，利用抖音、“平安拉萨”微博、微信公众号等自媒体及公交移动电视、楼宇电视大张旗鼓轮番宣传“黄赌毒”案件，全方位、多角度、高密度宣传“扫黄禁赌肃毒”战果，发动群众检举揭发违法犯罪线索，营造强大的严打高压态势和氛围。

【“护网2020”网络攻防实战演习】 1月24日，拉萨市公安局牵头举办全市“护网2020”网络攻防演习活动。区公安厅党委委员、市委常委、市公安局党委书记普卫东出席启动仪式并讲话，区公安厅网安总队政委达娃次仁受邀出席并作讲话，市公安局党委委员、副局长李永平致辞，网络攻击方代表现场作表态发言。市直47家单位和市属部门200余人参加活动。启动仪式上，普卫东代表市委、市公安局党委向长期以来关心支持拉萨公安工作的单位和个人表示衷心感谢，向出席演习活动的各位观摩嘉宾、攻防团队表示热烈欢迎。并就进一步加强网络安全工作，提出具体要求。启动仪式上，达娃次仁就网络安全重要性提出具体要求，要严格落实网络安全责任制，坚持“属地管理”“谁主管谁负责”的原则，把网络安全责任制落实到具体部门、具体岗位，做到守网有责、守网负责、守网尽责。李永平对“护网2020”网络攻防实战演习作动员部署。此次演习是拉萨首次组织开展大规模网络攻防实战演习，是以防范重点网络安全事故为重点，重点检验防守方的关键信息基础设施和重点网站平台的防护能力，旨在全面检验并掌握拉萨关键信息基础设施安全状况，及时防范化解网络安全威胁风险，对于强化网络安全意识，提升拉萨网络防护能力具有重大意义。

【扫黑除恶专项斗争】 2020年上半年，拉萨公安机关扫黑办始终把扫黑除恶专项斗争作为事关政治安全、政权安全、社会安全的重大政治任务来抓，制定印发《拉萨公安机关落实中央扫黑除恶第13督导组“回头看”反馈问题整改工作方案》《拉萨公安机关2020年扫黑除恶专项斗争工作要点》《拉萨市公安局应对新型冠状病毒感染肺炎疫情期间积极推进扫黑除恶专项斗争任务分解细化方案》，扫黑办牵头组织各成员部门开展“西藏自治区扫黑除恶分析研判云平台”线索录入培训，同时到市政府参加中央扫黑除恶法律政策视频培训。城关区公安分局向5名举报群众发放举报奖励资金8000元。

【全国扫黑办2020年第一轮特派督导西藏督导组检查指导工作】 8月6日，中央扫黑除恶第一轮特派督导组、全国扫黑办第一轮特派督导西藏督导组组长、区高法党组成员、巡视员达瓦，全国扫黑办第一轮特派督导西藏督导组副组长、区纪委监委驻教育厅纪检监察组副厅级纪检监察员马进明，全国扫黑办第一轮特派督导西藏督导组成员、四级高级法官巴桑，市委政法委常务副书记达瓦一行到市公安局刑警支队督导检查工作。达瓦对市公安局在扫黑除恶专项斗争取中所得的成绩给予充分肯定，并就案件办理过程中物品扣押、现场取证、涉黄涉赌、执法规范、打击处理等工作提出具体要求。

【建章立制细化措施】 2020年，按照“扫黑除恶专项斗争”相关工作要求，市公安局制定下发《行业场所专项整治工作方案》《关于迅速开展“黄赌毒”集中整治工作紧急通知》《开展“黄赌毒”专项整治行动工作方案》《关于打击整治“黄赌毒”违法犯罪工作实施方案》《社会治安重点地区摸排整治工作实施方案》《拉萨市公安局打击整治娱乐场所“黄赌毒”违法犯罪工作机制（试行）》《旅馆业娱乐场所执法工作规范》《拉萨市公安局行业场所管理办法》《拉萨市公安局治安部门关于对“黄赌毒”问题开展督导检查的工作方案》，明确拉萨公安机关治安部门工作重点、目标任务及相关工作要求，及时对各大娱乐场所建档造册，摸清从业人员底数流向，切实做到底数清、情况明。其间，对37家大型娱乐场所进行建档造册，对4569名娱乐场所从业人员进行登记备案；对29家洗浴足场所进行建档造册，对2526名洗浴足场所从业人员进行登记备案。

【治安重点领域“黄赌毒”整治工作】 2020年，拉萨市公安局辖区派出所按照“哪家治安问题突出就整治哪家”的工作原则，建立健全分级分类管理台账，对治安问题突出、整改不到位的场所适时进行回访检查。并对检查中发现的问题，召集相关行业场所法人及员工开展法制教育培训活动，采取宣传解读各类法律法规及规范性文件、播放防电信、防网络诈骗等措施，使各场所从业人员充分了解行业行规，提高防范“黄赌毒”等违法犯罪活动的主动性，把公安机关对“黄赌毒”的预防和整治信心、决心贯穿到日常工作中。其间，组织专题会议9次。

【惩治黑恶势力犯罪】 2020年，拉萨市公安局坚决实行“三长负责制”，启动“一案双查”“一案三查”及“一线双核”，确保线索及时发现、准确核查。自专项斗争工作开展以来，侦破涉恶九类案件56起（含深挖隐案5起），另从涉恶九类案件中带破诈骗案3起，抓获违法犯罪嫌疑人302人，侦破涉黑集团案件3起，涉恶团伙案件43起，抓获违法犯罪嫌疑人71人，在新媒体平台（含微信、微博、今日头条、门户网站）累计发布信息369余条，总阅读量达60余万人次，平均阅读量达2600余条，各级媒体转载、编写拉萨公安“扫黑除恶”专项斗争相关信息370余条；对黑恶势力易于藏身的各类行业领域进行重点集中排查，在党政机关、重要路段、各级检查站等地段加大设卡巡逻盘查力度，由传统的面上打击向线上倾斜转变，竭力挤压黑恶犯罪空间。截至6月30日，抓获涉及涉恶九类在逃人员19人，依法处置涉及拉萨市疫情谣言信息31起，行政拘留4人，教育训诫23人，移交其他部门4人；封堵删除疫情有害信息6000余条，办理涉黄治安案件18起，抓获48人，罚款金额6500元，没收嫖资4654元；涉赌治安案件28起，抓获152人，罚款18人，罚款金额39200元，没收赌资647436元；下发《治安意见书》247份，限期整改236家，停业整改7家，查处场所2家；侦破涉毒刑事案件10起，抓获违法行为人15人；办理行政案件68起，抓获违法行为人109人；社区戒毒36人，办理强制隔离戒毒8人，缴获各类毒品512.96克；清查出租房、宾馆925家，尿检1691人。

【审批验收老旧改造工程建设项目】 3月6日，拉萨市公安局治安管理支队金融内保大队一行对中国农业银行西藏自治区分行拉萨城西支行营业网点老旧改造工程建设项目进行考核验收。此次考核验收为企业复工复产、疫情防控形势下，治安部门落实“百万警进千万家”活动的生动体现，主动开展企业走访调查、防疫督导及服务保障工作，旨在认真贯彻市政府“安全有序、依法防控，突出重点、分类实施，直奔一线、减少接触，挖掘内潜、扩大就业”复工复产部署要求，及时协调帮助解决复工复产中存在的问题和困难，为重要民生领域复工复产企（事）业单位提供便捷的公安行政服务环境。

【剧毒易制爆危险化学品安全生产管理】 2020年，拉萨市公安局治安管理支队联合同级应急管理部门，督促各县（区）公安局按照《危险化学品安全管理条例》《易制爆危险化学品储存场所治安防范要求》《易制爆危险化学品治安管理办法》等相关文件规定，制定剧毒易制爆危险化学品安全管控方案和剧毒易制爆危险化学品风险隐患排查管控机制，明确任务目标，细化工作措施，深入推进危险化学品安全三年提升行动。

【推进公务用枪数字化改造工作】 根据公安部《关于加快推进枪支管理信息化建设工作的通知》、区公安厅《全区公务用枪数字化改造应用实施方案》等文件精神，拉萨市公安局治安管理支队紧紧围绕全市枪支系统改造和公务用枪数字化改造两项工作，督促各配枪单位和配枪部门层层压实责任，按照部署要求稳步推动公务用枪数字化改造项目向纵深发展，实现公务用枪信息化动态化管理。先后投入经费120余万元，与公安部提供的生产商多方沟通，签订设备购买合同19份，购买枪支读写器297台、枪支握把配件1000余个，为各部门采集枪管民警指纹信息、加载电子枪证、申办持枪证等工作提供强有力保障支撑。

【拉萨犬只管理】 2020年，拉萨市公安机关按照《拉萨市包虫病综合防治工作实施方案(2017—2020年)》《拉萨市城市市容和环境卫生管理条例》《拉萨市养犬管理工作方案》《拉萨市养犬规定》要求，以“党委政府主导、职能部门具体负责、全社会共同参与”为原则，积极探索、勇于开拓，创新思路、强化措施，主动与相关职能部门的横向联系，持续开展全市养犬管理工作，将全市养犬管理工作纳入规范化轨道，实现市民文明科学爱心养犬、街面流浪犬数量明显减少、社会环境持续改善。拉萨市公安局治安管理支队制作“平安拉萨”官方微信系列宣传15期，“平安拉萨”广播节目2期，“警方热线”专题电视节目2期，采取“走村入户”等方式开展文明养犬宣传4万余次，张贴宣传资料11万余份，签订《文明养犬责任书》7000余份。2020年5月，拉萨市健康拉萨建设领导小组授予拉萨市公安局拉萨市包虫病综合防治工作先进集体称号，治安管理支队民警万元兴被自治区健康西藏建设领导小组评为自治区包虫病综合防治工作先进个人。

【重要时期维稳防控(疫)工作】 5月19日，拉萨市公安局治安管理支队支队长万章德带领局防控办、警令部信通处及卓华公司工作人员一行深入当雄乌玛塘公安一级检查站、羊八井二级公安检查站、德庆二级公安检查站和曲水聂当公安一级公安检查站、柳梧机场高速公安一级检查站实地督导维稳防控(疫)工作。查看各个公安检查站日常运行状况，协调卓华公司解决5台手持核验仪功能损坏问题。

【日喀则市公安局观摩交流社会治安防控体系建设工作】 5月21日，由日喀则市公安局治安管理支队政委、防控办负责人边次一行3人组成的观摩交流组，抵达拉萨市公安局实地观摩交流社会治安防控体系建设工作。该观摩交流组采取座谈交流、实地交流、现场询问等方式，重点查找自身建设工作中存在薄弱环节和突出问题。在座谈交流会上，防控办工作人员围绕拉萨公安机关社会治安防控体系建设现状进行展示介绍，并就当前资金保障问题交换意见建议。边次以“突出治安问题导向、注重体制机制创新，推动科技信息引领、强化基础要素管控”为关键点，提出儿点科学合理的建设性想法。

【校园安全防范督导检查工作】 6月5日，拉萨市反恐办、城关区公安分局、拉萨市公安局防控办联合拉萨市教育局、城关区教育局等部门对辖区中小学(幼儿园)进行“拉网式”校园安全防范督导检查。在这次督导检查过程中，具体由市公安局治安部门牵头形成2个工作小组，对拉萨市13家中小学(幼儿园)人防、物防、技防设施及安保人员配备、校园安全管理制度等情况进行检查，重点查找涉及校园安全的薄弱环节，对发现的9处安全隐患，现场下发整改意见。通过此次督导检查，着重明确学校安全管理的主体责任，强化校园负责人的安全意识，增强安全防范管理工作水平，消除校园存在的各类显(隐)性安全隐患，为广大师生营造良好的学习生活环境打下坚实的基础。

【户籍服务管理】 2020年，拉萨市公安局治安管理支队以“放管服”改革为契机，出台《拉萨公安机关办理户口服务指南》《拉萨公安机关办理户籍业务细则》，简化户籍业务办理手续、审批流程，缩短办理时限，将市外迁入、姓名变更、性别纠错权限下放，年龄、籍贯、民族、性别变更及补录5项业务审批权限简化，推动户籍管理“放管服”工作向纵深发展。共办理市外迁入2930人，新生儿上户3590人，开展户籍业务培训、送教上门7次，累计参训民警500余人次。

【市电气领域火灾治理】 2020年，拉萨市公安局治安管理支队召集消防部门、县（区）公安分局进行专题会商，分成建设条件优越、一般、困难三个层面，按照“先优越后一般再困难”的原则，确立以城关区公安分局辖区文君苑四区出租房等11家单位为试点单位，在集中停放充电口张贴《中华人民共和国公安部关于规范电动自行车停放充电加强火灾防范的通告》，深入居民家中开展集中宣传等活动。自开展电动车停放充电试点工作以来，解决试点单位电动自行车乱停乱放、私拉乱接电线充电、堵塞消防通道等电气火灾领域根深蒂固的“老大难”问题，群众获得感、幸福感、安全感显著提升。截至9月底，全市已建成电动自行车集中停放充电点位300处，正在施工建设点位200余处。

【防汛抗洪救灾】 2020年，拉萨市公安局制定印发《拉萨市公安局2020年度防汛抗旱抢险救灾工作预案》《2020年度拉萨公安机关开展“河道警长制”暨防汛抗旱工作实施方案》，明确工作职责、细化任务分工。各相关责任单位部门建立河长负责制，层层签订安全责任书，抓好防汛抗洪救灾各项工作措施的落实。

【“行业清源”提档升级】 2020年，拉萨市公安局采取“边清理整治、边规范经营”的工作方式，围绕娱乐场所从业人员流动性大、管理难等问题，要求行业场所落实主体责任，确定联络人员，根据核定包间数量，于每周一、周四将从业人员注销及更新变动情况及时上报。截至5月底，已对28家大型歌舞娱乐场所建档造册，对场所内3289名从业人员建档造册，对27家洗浴足场所建立《场所备案信息登记表》，对场所内的3206名从业人员建档造册，遏制“黄赌毒”违法犯罪行为在场所内滋生蔓延。

【社会治安防控体系建设】 2020年，拉萨市公安局按照国务院《关于加强社会治安防控体系建设的意见》《“十三五”平安中国建设规划》和公安部《全国公安机关加快社会治安防控体系建设行动计划》《全国公安机关社会治安防控体系建设指南》文件要求，结合区公安厅防控办总体部署和市委政法委相关通知精神，知责奋进、锐意进取，制定出台《拉萨公安机关社会治安防控体系建设行动方案》，强化措施、细化任务，社会治安防控体系建设取得阶段性成效。截至年底，建成“三大职能中心”、整合“六大业务支撑平台”，汇聚公安系统、部门企业等数据资源千万余条；建成800余套单机版“智慧安防小区”，实现小区人员、车辆信息全掌控；在重点区域、重点场所、重点民生目标试点推行人脸识别等科技手段，治安智能防控新格局初步形成。

【流动人口服务管理】 2020年，拉萨市公安局结合辖区内村落多的实际和现阶段“一村一警”活动，组织民警会同辖区企业负责人、村组干部，按照“村不漏户、户不漏人”的要求，对辖区外来人口全面开展走访活动，掌握外来人口居住和分布特点。各社区民警每周对辖区外来人口至少进行一次清理摸排，按照“知身份、知原户籍、知现实表现、知工作处所”的要求，全面掌握外来人口流入时间、务工等情况，确保其活动纳入管理视线。依托警综平台临时居住人口模块和临时来拉人员管理模块，开展流动人口信息采集工作，出租房或企业负责人积极配合公安机关，严格落实申报登记制，并详细反映其基本情况和现实表现，按照“人来登记、人走注销”的要求，实现动态化管理。注重运用信息技术为人民群众提供个性化、便捷化公共服务，充分发挥信息化建设对传统服务的重塑作用，为群众提供全天候、零距离、无障碍服务，年初构建居住证“码上办”微信小程序，基本实现进藏来拉人员扫描“二维码”即可在线办理居住证申请。截至10月31日，流动人员办证515901人，其中办理居住证73784人，办理居住登记卡442117人，与2019年同期相比办证率提高20.2%。

【助推平安校园建设】 2020年，拉萨市公安局结合疫情防控要求和当前安全形势，由派出所和校园警务室牵头，联合卫健、社区、学校、教育、交警、消防、市场监管等各部门建立联动联防联控机制，推出契合实际的安全防范和应急处突预案，开展校园周边治安防范、交通安全、疫情防控、消防安全及校园周边经营秩序等相关工作。会同辖区学校积极推进校园技防、物防工作的达标升级，市区各学校已安装一键报警系统，最大限度将校园视频监控系统、一键报警系统与公安机关进行联网，实现公安部门对校园信息的快速反应，构筑校园安全坚实屏障。

【一次性口罩投放社会与市场期间现场秩序维护】 根据自治区政府统一部署安排，2月5日在拉萨市辖区8个医院、21个药店免费向社会与市场投放口罩。拉萨市公安局结合《拉萨市公安局关于做好一次性口罩向社会与市场投放期间安保工作的通知》要求，连夜核对各投放点具体点位，制定细化各自方案，提前分析研判、加强风险评估，要求现场各勤务部门携带警戒带、扩音器、执法记录仪等装备，提前进点，在各投放点群众形成队伍前，运用警戒带设置防控带、规划活动路线。并根据市委分类发放的工作要求，与药店、医院对接各投放点口罩发放数量，提前开展现场群众的甄别、宣传引导工作，以便防患于未然。在口罩发放完毕后，辖区派出所安排警力继续开展未领取口罩群众的解释工作，其间未形成人员聚集、哄抢物资等突发事件。

【张洪波调研指导监所疫情防控工作】 2月7日，自治区副主席、区委政法委副书记、区公安厅党委书记张洪波一行到拉萨市公安局监所管理支队调研指导监所防疫防控工作。张洪波实地查看医务室、监控室、收押区、监管人员伙房和民警食堂等区域，并对市看守所医务岗位工作、疫情防控应急处突预案等工作进行深入了解。

【流动人员居家留观人员劝导服务工作】 2月11日，针对市委主要领导提出的近期相关疫情防控工作有所松懈的问题，拉萨市公安局连夜部署，协助社区、居委会和企业、单位全力开展居家留观人员管理工作，加大社区居家留观人员的管理。开展对应的宣传工作，尽量要求其减少外出频次，再次对1.3万余名居家留观人员进行梳理，压实主体责任，做好居家留观人员服务管理措施。

【涉疫违法犯罪打击行动】 2020年，拉萨市公安局专门制定《拉萨公安机关严厉打击涉疫违法犯罪工作方案》《拉萨市公安局新冠肺炎防控工作方案》《全市公安局机关重要民生领域企事业单位复工复产工作方案》《全市依法严厉打击破坏野生动物资源违法犯罪活动专项行动工作方案》。通过拉萨公安自媒体向社会发布《关于依法严厉打击新冠肺炎疫情防控期间各类违法犯罪行为的通告》。各部门、各单位结合方案要求，按照《最高人民法院最高人民检察院公安部司法部关于依法惩治妨害新型冠状病毒感染肺炎疫情防控违法犯罪的意见》等法律法规扎实开展涉疫违法犯罪的打击工作，惩治违法犯罪嫌疑人，震慑各类违法犯罪活动。自1月23日以来，核查涉疫情报线索66条、落地核查54人、训教教育40人、行政拘留5人、罚款1人。

【何文浩调研指导监所疫情防控工作】 2月24日，自治区党委常委、政法委书记何文浩一行到拉萨市公安局监所管理支队实地调研指导全市公安监所疫情防控工作，并看望慰问疫情防控一线公安监管民（辅）警。听取全市公安监管场所疫情防控工作开展情况，向公安监管疫情防控一线执勤民（辅）警及驻所武警中队全体指战员表达亲切的慰问和节日的祝福。

【果果调研监所疫情防控工作】 2月28日，拉萨市委副书记、市长、城关区委书记果果一行到拉萨市公安局监所管理支队，实地调研监所疫情防控工作开展情况，张永林、拉巴顿珠等拉萨市领导全程陪同。在监所管理支队大门口，果果一行按照监所疫情防控工作流程主动接受体温检测、车辆消毒及人员登记。随后，详细询问并了解进出监区人员消毒防疫、身体健康状况监测及被监管人员家属接待等工作开展情况。

【推动疫情防控期间法律服务保障工作】 2020年，拉萨市公安局充分发挥职能作用，强化担当、主动作为，以“疫情不退、法制不退”的工作作风，及时成立3组战时执法服务工作专项小组，为各办案部门疫情防控工作提供24小时战时执法服务，接受涉疫情类法律咨询83余次。截至5月底，拉萨公安机关涉疫类刑事案件5起，立案4起，移送起诉1人；行政案件71起，其中行政拘留34人、罚款27人、警告1人、教育宣传25人。

【依法打击疫情期间各类违法犯罪】 自2月以来，拉萨市公安局严格按照自治区党委、自治区政府以及公安部、区公安厅、市公安局党委的系列决策部署要求，在深入推进“云剑—2020”“三打击一整治”“打击盗抢骗”“打击街面违法犯罪”等专项行动的同时，依法依规、从严从快从重打击各类涉疫违法犯罪。其间，立各类刑事案件63起（不含电信网络诈骗案件）；破获各类刑事案件49起，破案率为77.8%；抓获各类违法犯罪嫌疑人25名；追缴各类财物折合人民币61万余元。

【疫情防控期间区外进藏人员信息对接工作】 2020年，拉萨市公安局按照区公安厅的决策部署和自治区副主席张洪波指示要求，主动与昌都市公安机关、那曲市公安机关对接协调，紧盯源头，建立“三市公安机关‘护城河’检查站数据共享机制”，从区域边界掌握来拉人员基本信息，旨在提升管理工作效能。经初步磨合，那曲、昌都两市公安局每日将区外来拉人员信息向拉萨市公安局进行推送共享，3月1日至3月9日，推送各类数据信息14737条。

【代利刚调研协调交通拥堵问题和督导检查疫情精准防控工作】 3月24日，拉萨市公安局党委副书记、副局长、市国家安全委员会办公室主任、局防控办主任代利刚一行深入城关拉林高速一级公安检查站、墨竹工卡县日多一级公安检查站实地调研协调公安检查站交通拥堵问题和督导检查疫情精准防控工作。代利刚先后到城关区拉林高速一级公安检查站、墨竹工卡县日多一级公安检查站，实地督导检查“拉萨健康码”推广使用和疫情精准防控工作措施要求落实情况，现场巡问进藏返拉人员“拉萨健康码”信息自主申报情况，并就进一步优化公安检查站，解决公安检查站交通拥堵“老大难”问题进行部署。

【疫情防控】 2020年自新冠疫情发生以来，拉萨市公安局监所管理支队贯彻落实公安部、区市党委、政府、区公安厅的系列决策部署，紧紧围绕坚决打赢疫情防控人民战、整体战、阻击战，立足中心大局，坚持高等级勤务模式和高于社会面等级布防，强化工作措施，严阵以待，落实战时标准，执行战时纪律，层层安全检查，确保监所内部的绝对安全。

【核酸检测采样流调检测专项应急实战演练】 12月7日，按照市委、市政府工作部署要求，在市疫情防控指挥部的统一安排下，拉萨市公安局紧密结合公安机关职责任务，专门制定印发《拉萨市公安局关于做好新冠肺炎疫情防控核酸检测采样流调检测专项应急实战演练的通知》，成立疫情防控实战演练领导小组，开展疫情防控核酸检测采样、流调、检测专项应急演练现场维稳安保勤务工作，有效策应实战演练工作的高效有序完成。

【代利刚调研疫情防控工作】 12月9日，副市长、市委国安办主任、市公安局党委副书记、局长代利刚到乃仓酒店、拉林高速检查站、柳梧岷山云尚酒店实地查看疫情防控工作开展情况。在乃仓大酒店、岷山云尚集中隔离观察点，代利刚详细查看乃仓二次分流点疫情防控工作开展情况，指出要突出做实做细成都来（返）拉分流人员数据汇总统计推送工作，为各级领导防疫决策部署提供数据支撑；在拉林高速检查站调研时，代利刚就做好疫情防控中高风险区域到拉萨人员统计分流工作进行安排部署。

【护航复工复产工作】 自新冠肺炎疫情发生以来，拉萨市公安局在充分发挥警务实战指挥中枢和社会治安防控体系职能作用，履职尽责担当，研判摸排打击，外防输入、内防扩散，科学防治、精准施策，全面统筹开展维护社会稳定、科学防控疫情、助力经济发展等各个方面工作。针对藏历新年后复工复产、务工经商等返藏人员增多的实际，深入研判疫情防控形势，最大限度降低输入性风险，使得拉萨疫情防控取得阶段性成效，重要民生领域企事业单位复工复产安全有序推进，复工率呈现稳步上升势头。截至2月底，全市已复工复产企业393家，涉及员工18913人；未复工复产企业280家，涉及员工5093人、拟复工人数为3148人。

【督促检查指导维稳疫情防控和复工复产工作】 3月4—5日，拉萨公安机关社会治安防控体系建设领导小组办公室（局防控办）4人一行深入重要民生领域企事业单位督导检查指导疫情防控和复工复产工作。督促检查指导组一行先后到北郊献多自来水公司、北郊自来水公司、西郊客运中心、北郊客运中心、净土邻里中心，仔细查看内部安全保卫、疫情防控措施落实及单位复工复产情况，听取工作汇报，现场整改1家，并对下步工作提出要求。截至3月，拉萨维稳防控、疫情防控及复工复产三条“战线”同步深入、稳步推进、有序落实。

【疫情防控期间来（返）拉萨人员服务管理】 2020年疫情防控期间，拉萨市公安局适时调整工作措施，按照“外防输入、内防扩散”的工作要求，及时调整规范工作流程，压缩数据推送时间，有效缩短居家留观人员落地服务管理时长，严密防范境外疫情倒灌输入，开展来（返）拉萨人员服务管理工作。

【复工复产期间交通安全管理】自3月以来，拉萨市公安局积极协调配合交通运输部门，督促客运企业切实履行安全主体责任，保证车辆、人员合法合规，营运有资质、安全有保障，并严格落实24小时动态监控要求，及时发现查纠疲劳驾驶、超速驾驶等违法行为，消除动态安全隐患。加强与交通运输、人力资源社会保障部门的沟通，及时掌握“点对点”包车情况以及人员、路线信息，督促承担农民工包车运输业务的企业提前向驾驶人介绍行驶路线和沿途路况、天气，避免驾驶人因为路线不熟、应急处置不当引发事故。督促货运企业合理安排运输业务，加强驾驶人安全教育，保证驾驶人充分休息，严防高强度运输任务造成驾驶人疲劳驾驶。协调交通运输部门在弯道、下坡、临水、临崖、结冰、易积雪多发路段和旅游线路，增加交通安全设施和警示提示标志，完善三级以下山区道路禁令标志，禁止客运车辆夜间通行；深入辖区建筑施工区域，对施工车辆无牌无证、超载超速多发的施工地业主进行约谈，加强对短时间无法完成整改的施工路段进行静态和动态管控。

【保障复工复产道路畅通】 2020年，拉萨市公安局交警部门严格要求执勤民警按照《交通警察道路执勤执法工作规范》内容，规范执法程序、规范设置执勤点，携带相机、酒精测试仪、执法记录仪等执法装备和仪器。主动地践行公正、文明、平和、理性、规范执法理念，正确处理处罚与教育的关系，不断提高执法管理水平，努力实现法律效果与社会效果的有机统一。

【走访复学准备督促检查整改工作】 3月23日，拉萨公安机关社会治安防控体系建设领导小组办公室（局防控办）协同城关区公安分局警务指导室民警4人一行实地走访辖区4所中小学校（幼儿园），开展校园疫情防控和“复学准备”督促检查整改工作。实地走访组一行先后到北京中学、拉萨游乐场幼儿园、拉萨第八中学、拉萨第一中学，仔细查看各个校园复学前夕公共活动场所、水电基础设施、视频监控系统、消防措施、安全通道、安保器材及保安人员配备、安全制度落实情况是否合格等方面。在督促检查这一过程中，民警与校园负责人、保卫人员进行沟通，并就进一步加强疫情防控特殊时期校园复学前夕提出几点要求。此次督促检查中，民警还对检查中发现存在问题隐患的北京中学提出整改措施和意见建议，并当场下达《治安隐患责令整改通知书》，为3月25日初三、高三学生有序复学保驾护航，确保疫情防控期间开学校园安全工作万无一失。

【危险物品管理】 2020年，拉萨市公安局治安管理支队深刻汲取江苏响水“3·21”和浙江温岭“6·13”等事故经验教训，研究制定《关于深刻汲取浙江温岭“6·13”槽罐车爆炸事故教训，扎实开展危爆物品安全检查工作的紧急通知》《拉萨市公安局治安管理支队2020年“安全生产月”民爆物品从业单位安全生产宣传教育活动方案》，采取线上线下相结合的方式，对各类涉爆涉毒单位、车辆开展例行检查。活动期间，检查涉爆单位20余家次，危运车辆10余台次，发现剧毒化学品储存场所治安隐患2起，爆破作业单位存在安全隐患4起。

【“平安交通·百日会战”拉萨公安机关在行动】 4月15日，拉萨市公安局专门召开“平安交通·百日会战”专项整治行动部署会，专门研究制定《2020年拉萨公安机关“平安交通·百日会战”专项整治行动方案》，细化工作措施，明确各自责任分工，实时对工作落实情况进行督导检查。交警支队、各辖区派出所结合交通安全形势和学生实际，深入辖区中小学积极开展安全宣传进校园活动，活动中民警用通俗易懂的语言向师生阐明交通安全防范意识的重要性和必要性。以“百万警进千万家”活动为契机，组织民警走村入户，为辖区村民宣传交通法律法规和安全知识，提升广大群众安全出行意识。借助车管所办理违章、事故处理、LED屏滚动播放宣传标语、发放宣传资料等方式时时进行宣传，让办事的群众切实感受到交通安全的重要性。充分利用微信公众号和抖音等新媒体及时发布路况信息和春季安全出行须知，提醒广大驾驶人自觉抵制"三超一疲劳"、无证驾驶、酒驾等违法行为，自觉遵守交通安全法规，营造良好道路交通环境，通过媒体宣传报道新闻3篇，微信微博发布56条。结合辖区道路特点，深入辖区驾校，通过典型事故案例、各类交通违法行为的危害、承担的法律责任、安全文明出行意识等方面为广大学员进行交通安全知识宣传，增强教练员和新学员的交通安全意识，发放宣传资料2840余册，受教育群众900余人。与企业负责人签订《道路交通安全责任书》45份，与驾驶人签订《道路交通安全承诺书》16份。

【清理清查工作】 元旦佳节来临前夕，拉萨市公安局聚焦区市"两会"，增强政治站位，强化责任担当、主动履职尽责，紧盯治安乱点盲点，采取联合检查的方式，多警种、多部门开展"滚动式""地毯式"清理清查工作。在清理清查工作中，各任务部门每晚8时开始，集中优势警力，结合各自辖区治安形势，紧盯重点隐患场所，开展巡逻防范，按照"小分队、大密度、高频率"的要求，将公开巡逻与便衣巡逻、流动巡逻与固定蹲守、警力巡控与视频监控有机结合，加强对水电油气热等重要民生基础设施的安全防范，切实提高见警率、管事率，震慑各类违法犯罪分子。加大党政军警民要害部位、人员密集场所、水电油气热等重点目标和民生设施的安全防范，确保重点要害部位的绝对安全。通过集中清理清查，巩固和夯实辖区治安形势，重点隐患区域，了解掌握辖区人员成分、常住地点、人员来源，及时排除隐患，堵塞漏洞，将各类安全隐患扼杀在萌芽状态，用实际行动守护万家灯火，为区市"两会"顺利召开奠定坚实基础，为2020年各项维稳防控工作铺垫平安的基石。

【汛期道路交通综合整治】 2020年，全市公安交警部门重点查处大货车擅自改装、超载、超速、不按规定安装机动车号牌、驾驶员未按规定携带驾驶证、车辆未年检等违法情况，切实遏制大货车"带病上路"的现象，持续保持对大货车交通违法行为严查严处的高压态势。重点检查各路口、路段，机动车车窗抛物，驾驶员不系安全带、不"礼让斑马线"、不主动礼让行人、闯禁行路，中心城区乱鸣笛等，摩托车、电动车不戴头盔、逆向行驶、随意横穿道路、闯红灯、占用机动车道行驶等，行人乱穿马路、翻越隔离栏、绿化带及乱闯交通信号灯等交通违法情况和不文明行为。主动联合园林、交通等部门对城区道路主次干道两侧树木进行减修，重点将遮挡交通标志、信号灯、电子监控的树枝以及因暴雨压折开裂的枝干进行清除，确保车辆安全通行。其间，投入42万余元订制头盔2000顶、围裙500个、抽纸3万盒、纸杯20万个、海报1300张、太阳帽1000顶、安全带防护套2000个，曝光违法车辆426台、事故多发路段29处、典型事故案例7起。

【备战防汛抗灾应急准备工作】 2020年，拉萨市公安局多次组织召开专题会议，要求各单位、各部门高度重视防汛救灾工作，增强做好防汛救灾的责任感和紧迫感，主要领导积极承担防汛救灾第一责任人的职责，周密部署，严格落实各项防范措施，切实做到责任到人、措施到位、科学防范。研究制定《拉萨市公安局2020年防汛抗旱抢险救灾工作预案》《2020年度拉萨公安机关开展"河道警长制"暨防汛抗旱工作实施方案》，明确组织领导、工作职责、具体要求等内容，切合实际、操作性强，确保一旦出现灾害，各部门能迅速做出正确有效反应，迅速出警、及时处置；督查部门定期、不定期对"河道警长制"工作落实情况、民警河段巡落日志、河岸警示牌设置情况进行检查，督导民警将各项防范工作落到实处。

【电信网络诈骗犯罪防范工作】 2020年，拉萨市公安局坚持"打防结合、预防为先"的理念，把"止付挽损"作为反诈骗工作的第一要务，以技术手段建设为支撑，提高预警劝阻能力，避免拉萨群众被骗，维护人民群众的财产安全。全年预警劝阻6884余人次，开展宣传389次，受教育群众4万余人，止付1858.69万余元，冻结6929.96万余元，返还224.435万余元。

【秋冬季道路交通安全管理】2020年，拉萨市公安局充分发挥创城工作排头兵、主力军、生力军作用，严格落实《全国文明城市（地级以上）测评体系》各项指标和“三长负责制”相关要求，全力策应拉萨“全国文明城市”创建工作，及时对辖区道路管控和交通违法整治情况进行分析、梳理、研讨，从中找出交通违法行为发生的特点和规律，研究制定《全市公安交警部门2020年文明城市创建活动暨文明交通综合整治方案》《文明交通综合整治警力部署表》，层层签订警令状，并建立多个专项微信工作群，实行每日微信指挥调度，为精准开展整治工作提供有力保障。对接协调抽调200名警校生、153名交通劝导员、60名局机关及特警警力参与创城交通管理工作，对市内29个主要路口、30条主要路段、23处重点部位及3条过境国道及各省道、乡村道路进行定段、定人、定责。

【秋冬季消防安全宣传工作】2020年，拉萨市公安局结合“百万警进千万家”、“119”消防日宣传活动，协调联合消防、居委会等部门深入街面、学校、单位、广场等重点部位、人员密集场所开展消防安全大宣传，并将消防宣传融入日常清理清查、走访入户、基础信息采集、办理居住证（登记卡）等贴近群众生活中，面对面地向群众开展消防安全宣讲和风险防范提示，并采取以案说法、曝光重大火灾隐患及消防违法行为等方式，提高广大群众自防自救能力。

【安全生产管理工作】 2020年，按照《拉萨市公安局2020年“安全生产月”民爆物品从业单位安全生产宣传教育活动方案》《拉萨公安机关民爆物品易制爆易制毒剧毒危险化学品安全风险隐患排查专项整治工作实施方案》要求，拉萨市公安局对全市各油库、加油站、石油储备库、公务用枪单位、烟花爆竹销售店、易制爆危险化学品使用单位进行专项检查。9月以来，出动警力351人次、车辆233台次，检查加油站65家次、用油单位50家次，检查涉爆单位13家次，限期整改2家次，检查剧毒易制爆危险化学品使用单位5家次；同安监、消防、质监等部门开展联合检查3次，检查烟花爆竹销售店和储存库33家次，消除隐患8处，现场指导整改3处，限期整改1家次；抽查检查23个公务用枪单位。

【集中专项整治行动】 2020年，各片区指挥部按照拉萨市公安局党委的既定部署，坚持“以打促防、以打促稳”的工作思路，以夯实基层基础根基为重要抓手，结合当前人口流动大、成分复杂的特点，统筹辖区派出所、“110”便民警务站和治安管理支队、刑警支队等相关部门警种，于2020年1月1日起，定期、不定期进行集中地毯式清理清查，不断消除各类安全隐患。针对当前刑事案件发案规律特点，集中打击力量，重点对侵财性案件、街面犯罪进行精确打击，确保打击行动“打有所成、打有所获”。

【防范电信网络诈骗宣传热潮】2020年，拉萨市公安局结合辖区实际，不断创新宣传方式和宣传手段，在“重要路段集中宣传、进学校、进企业、进单位宣讲及召开座谈会”等传统宣传方式的基础上，创新采取“草坪上的茶话会”“家庭成员一起学”“校园里的反电信网络诈骗知识竞赛”“微信群里每日推广”等方式，使防范电信网络诈骗宣传活动变得喜闻乐见、妙趣横生，让辖区市民在轻松娱乐的气氛中，学习到防范知识，达到宣传的预期效果。自部署会召开以来，拉萨公安机关发放宣传资料39849份，张贴宣传海报6960张，开展各类宣传活动200余次，悬挂反电信网络诈骗宣传横幅350余幅，签订责任书9847余份，入户宣传7800余户。自防范电信网络诈骗活动开展以来，拉萨公安机关微信、微博、抖音、今日头条、门户网站等新媒体平台发布防范电信网络诈骗原创信息54条，原创各类反电信网络诈骗宣传视频9条，全网点击量累计达到500余万次。

【禁毒宣传月活动】 6月26日，拉萨市公安局紧紧围绕第33个国际禁毒日“健康人生·绿色无毒”这一主题，制定宣传方案，以海报、手册、展板、横幅、围裙、水杯、笔筒、抽纸、袖套、指甲刀、洗漱包、脸盆等为宣传载体，结合疫情防控形势实际，组织警力采取入户宣传、街面宣传、现场讲解等方式，在商场、车站、转经道等人员密集区域、流动人口聚居区域开展宣传活动，扩大宣传覆盖面，让群众树立“毒品不能碰、发现要举报”的健康生活方式和全民参与禁毒的良好氛围，为禁毒工作的全面深入开展奠定坚实基础。活动当日，开展禁毒宣传50余次,17家企业127人参与线上宣传活动;深入8家校园开展禁毒讲座,受教育群众13850余名,发放各类宣传物品12200余件、宣传资料14000余张、张贴“禁毒”海报悬挂横幅12余条。

【全国低碳日宣传工作】 2020年,根据《拉萨市2020年全国低碳日现场宣传活动方案》部署,拉萨市公安局组织相关部门警力开展全车低碳日现场宣传活动,加大对活动现场的交通疏导和安全保卫,清理活动点摊贩和停滞车辆,确保活动现场道路交通的安全、有序、畅通。期间,拉萨市公安局严格按照既定方案要求,突出重点、统筹兼顾,科学安排警力36人,发放宣传单1000余份、摆放宣传展板8块,接受群众咨询30余人次,受教育群众500余人,提升广大群众的环境保护意识,营造人人践行绿色健康的生态文明理念。

【“12·2”交通安全宣传日主题宣传活动】 2020年,根据公安部交管局、区公安厅交管局《关于开展第九个“12·2”全国交通安全日主题活动的实施方案》要求和拉萨市公安局党委的总体安排部署,12月2日,拉萨市公安局深入开展“交通安全宣传进企业、进寺庙、进社区、进家庭、进网络”等主题宣传活动。设立集中宣传点35个,发放交通安全宣传单20余万份、抽纸23000余盒、书包800余个、文具盒800余个、纸巾盒1000个、玻璃杯800余个、学生太阳帽1600余个、车载吸尘器800余个、交通安全宣传警示片光盘500余张,展出交通安全宣传展板200余幅,悬挂交通安全宣传横幅30余条,在拉萨市10个十字路口(丁字路口)户外LED电子显示屏上播放交通安全宣传片4部(累计时长40余小时)。

【会商流动人口信息采集工作】 3月26日,拉萨市公安局治安管理支队邀请市大数据管理局、阿里云计算有限公司等部门负责人座谈会商创新流动人口信息采集工作。座谈会上,城关区公安分局、八廓古城公安分局及辖区派出所(警务室)民警围绕疫情防控和复工复产特殊时期进藏返拉流动人口管理工作,特别是“拉萨健康码”试点应用和宣传普及现状创新流动人口信息采集应用进行讨论交流;治安管理支队人口大队、局信息化办、局防控办、警令部信通处分别围绕各自业务领域与大数据局、阿里云计算有限公司技术人员进行深入交流,针对性推广实施流动人口和出租房屋APP管理模式,引导流动人员使用APP完成自助申报以及通过信息技术手段解决疫情防控和复工复产时期进藏返拉流动人员管理工作上存在“漏管失控”等突出问题进行深入探讨。

【加快推进社会治安防控体系暨“智慧安防小区”建设工作座谈会】 5月20日,由拉萨市公安局治安管理支队政委、局防控办副主任洛桑次仁带领局防控办、城关区公安分局警务指导室一行4人应邀参加厅防控办举办的座谈会。会议由厅治安管理总队副调研员、四级高级警长廖纯红主持,厅防控办负责人、治安管理总队副总队长戚信涛出席会议。日喀则市公安局防控办、三大电信运营商、海康威视、国瑞信安公司负责人参加会议。在座谈交流会上,洛桑次仁围绕拉萨公安机关社会治安防控体系暨“智慧安防小区”建设情况进行详细汇报,并就设备选型、功能需求、数据标准、产品安装及资金来源等方面进行对接沟通,提出针对性研究解决方案。戚信涛围绕西藏公安机关社会治安防控体系暨“智慧安防小区”建设现状、问题不足、下步打算提出几点意见建议。

【推广智慧安防小区试点建设】 2020年,拉萨公安机关紧紧把握新时代“枫桥经验”内涵,秉承“向科技要警力、向科技要效率、向科技要安全”的理念,以智慧安防小区试点建设为先机,紧扣治安首善目标任务,动员发动企(事)业单位、商家店铺、物业公司,按照“有人出人、有钱出钱”的众筹理念,充分运用新兴技术手段,在辖区内大力推广智慧安防小区建设应用,构建立体化、信息化、智能化社会治安防控体系,全力抓好以智慧安防小区为主要内容的市域单元防控建设,助力创建全国100个社会治安防控体系标准化城市。截至年底,城关区在2017年建成22家居民物业小区(出租房)试点单位的基础上,2018年、2019年、2020年又建成259家智慧安防小区,正在建设51家,辖区智慧安防小区覆盖率达到95%以上;柳梧新区建成13家智慧安防小区、八廓古城区建成11家智慧安防小区。

【增架设孜廓沿线安检设备】 7月12日，自治区党委书记吴英杰在自治区党委常委、秘书长刘江等领导的陪同下深入孜廓转经沿线调研指导各安检站工作开展情况，并要求进一步优化工作，提升安检效率，切实做到便民利民。区政府副主席、区党委政法委副书记、区公安厅党委书记、厅长张洪波高度重视，随即深入孜廓沿线，对相关工作进行细化部署，并提出具体要求。截至当日18时，市公安局协调区公安厅调配20部手持核验仪，及时配备一线；增设快速通道，调配充实警力，将原来的“一进一出”调整为“双进一出”；已在宗角禄康公园南门和西门两处调试安装立式人证核验设备；协调相关部门对增设的安检口同步架设红外线体温检测设备。

【普卫东听取“十四五”规划项目编制工作】 10月22日，区公安厅党委委员、市委常委、市公安局党委书记普卫东组织召开专题会议，就拉萨市公安局“十四五”规划项目编制工作进行专题研究。普卫东听取警令部信通处关于信息化建设“十四五”规划编制情况和科建处“十四五”规划基础建设编制情况的汇报以及警务保障支队、治安管理支队、局信息化办就“十四五”规划项目编制当中涉及拉萨市公安局的“信息化建设、装备、基建、治安防控体系建设”等项目规划事宜的汇报。他指出，“十四五”规划是开启全面建设社会主义现代化新征程的第一个五年规划，将“十四五”规划与贯彻落实中央第七次西藏工作座谈会精神有机结合起来，绘好拉萨公安“十四五”发展蓝图，对提升拉萨公安机关社会治理能力和水平具有重大的现实意义。

【拉萨市智慧交通建设现场推进会】 11月6日，市委副书记、市长果果实地调研拉萨市公安局交警信息化工作有关情况，主持召开拉萨智慧交通建设现场推进会。市委常委、常务副市长毛东军，副市长史育斌，副市长、市公安局局长代利刚，市政府秘书长侯飞，市公安局党委委员、副局长、交警支队支队长谢公瑾陪同调研并出席会议。会议演示智慧交通系统运行情况，听取市大数据局、市公安局交警支队关于交警信息化建设工作（交警信息化一期和智慧交通项目）推进情况。与会领导和单位、部门、企业，结合自身工作实际，针对交警违法抓拍增补点位项目筹备、网络带宽扩容、城市道路开挖恢复、城市地下线网梳理、抓拍设备供电、科学施划交通标志标线、信号灯联网控制、供电供网资费、智慧停车、违停拖移、财政保障等情况作简要汇报，并提出相关意见建议。

【2020年深化公安改革专题推进会】 12月3日，区公安厅党委委员、市委常委、市公安局党委书记普卫东书记主持召开拉萨市公安局2020年深化公安改革专题会议，会上研究审议通过《拉萨市公安局全面深化改革重点任务推进工作方案》《拉萨市公安局全面深化改革相关配套工作机制》。会上，普卫东就如何推进公安改革各项工作提出具体要求，要提高政治站位，凝聚思想共识；坚持问题导向，查清症结难点；压实责任主体，强力落地推进；强化督察问效，提高改革质效。

【全面深化改革】 2020年，拉萨市公安局坚持以人民为中心的发展思想，紧紧围绕“马上办、网上办、就近办、一次办”，对市级公安机关涉及的72项政务服务事项认真梳理，规范办理流程，减环节、减材料、减时限，将32项审批事项由法律规定3天内办结的全部缩减为1天办结的即办件，对剩余40项审批事项办结时间全部减半。截至年底，进驻三级政务服务大厅政务服务事项21项（其中高频重点事项12项），审批事项实现网办率100%；网办深度二级标准达到100%，三级标准达到88.9%，四级标准达到13.9%。审核拉萨市公安局“一网通办清单”（72项），“最多跑一次事项清单”65项，于2020年2月21日由市审批局对外公布。截至年底，推动“交管12123系统”链接入市政务服务平台。

【学习弘扬“东莱精神”】 12月20日，区公安厅党委委员、市委常委、市公安局党委书记普卫东深入城关区公安分局娘热派出所组织召开学习弘扬“东莱精神”座谈会，深刻指出深入学习弘扬“东莱精神”，具有贯彻落实习近平总书记关于加强新时代公安工作的重要论述和习近平总书记重要训词精神，坚决做到“两个维护”的重要载体；夯实基础、补齐短板，提升自如应对更大风浪考验能力和水平的现实需要；牢固树立“以人民为中心”的发展思想，始终践行人民公安为人民初心使命的重要检验；加强基层公安队伍政治建设、作风建设、业务建设、队伍建设，忠实履行捍卫政治安全、维护社会安定、保障人民安宁的新时代使命任务的内在要求；深入推进“坚持政治建警、全面从严治警”教育整顿，锻造“四个铁一般”的公安铁军的有力抓手等五方面重要意义，精准提炼“东莱精神”的“忠诚底色”“为民情怀”“极致思维”“创新意识”“廉洁底线”等五个方面的丰富内涵。

【构建新时期和谐警民关系】2020年，拉萨市公安局紧紧依托“百万警进千万家”主题活动和纪律作风专项教育活动，以“访民情、解民忧、化矛盾、防诈骗、查问题、治乱点”为主要内容，多措并举、主动作为、统筹推进，开展形式多样、内容丰富的“便民、利民、惠民、为民”服务举措，用新时代拉萨公安的使命与担当，深刻诠释“对党忠诚、服务人民、执法公正、纪律严明”的铮铮誓言。在开展“百万警进千万家”主题活动中，民警对辖区商户、工地和行业场所、企事业单位等安全防范制度开展巡逻检查，走访沿街商铺1352家，治安防范重点部位1046家，限期整改73家，均得到落实。走访慰问群众16400人次，帮助困难群众387人次，关注重点特殊人员645人。排查矛盾纠纷509起，化解矛盾纠纷360起，化解率达70%，为人民群众解决实际困难问题151件，深入辖区开展防电信诈骗等各类法制宣传1774次，发放宣传资料73111份，发放宣传物品3500份。

【“枫桥式公安派出所”创建工作】2020年，拉萨市公安局深入践行“枫桥经验”，坚持多方参与、合作共享、风险共担的理念，联合办事处、居（村）委员会、双联户户长、“红袖标”队伍等各方面力量共同参与社会防控、巡逻防范、“守望点”值守等工作，将矛盾纠纷预防排查的触角延伸至最前沿，做到“重点人员逐个排查、重点时期拉网排查、重点地段反复排查、重点时间专项排查”，利用入户走访时机，“以案说法”“以案释法”，将情理法进行全面融合，提升群众遵纪守法意识，切实做到不留盲点、不留死角。广泛引入街道办及村居干部职工、信息员、治保等群防群治力量，开展巡逻防范、信息搜集、梳理社情民意、矛盾纠纷摸排等工作，与相关职能部门协调处理，实现“矛盾绝不上交、纠纷快速化解”的目标。2019年下半年至2020年4月底摸排大型矛盾纠纷103起，化解62起，各辖区派出所自行摸排化解各类矛盾纠纷733起，涉及7507人、涉及资金13502.34万元。围绕“矛盾不上交、平安不出事、服务不缺位”三条主线，始终坚持以“想群众之所想、忧群众之所忧、急群众之所急”的发展思路，为建设“平安拉萨、平安社区”提供有力支撑。在走访过程中，辖区派出所宣传《保障农民工工资支付条例》等相关政策，排查、主动化解多起拖欠农民工工资案件。针对疫情期间房租纠纷较为突出，且涉及商户多、资金额度大的实际，结合各利益主体需求，参照相关法律法规有效解决问题矛盾，得到人民群众的一致好评。全年化解各类矛盾纠纷27起，查结盗窃诈骗等各类案件534起。

【“110”便民警务站移交仪式】10月13日，拉萨市公安局举行110便民警务站警务整合暨移交仪式，正式将“110”便民警务站移交各城区公安分局管理。市委组织部副部长、编办主任袁国军，市委政法委常务副书记达瓦，区公安厅治安管理总队副总队长戚信涛，市委国安办副主任贺旭勃，市财政局行财科科长卓玛次仁，城关区委副书记、人大常委会主任尼玛云丹，八廓古城管委会主任阿贵，柳梧新区管委会党工委委员巴桑扎登，经济技术开发区管委会党政办副主任段福昌受邀出席会议。副市长人选、市委国安办主任、市公安局党委副书记、局长人选代利刚主持仪式。普卫东指出，此次警务整合是拉萨公安机关改革发展史上的又一个重要历程，彰显拉萨公安机关对党忠诚、始终坚持党对公安工作的绝对领导，同市委、市政府保持一致的政治担当，充分体现公安机关服从命令、听从指挥、纪律严明、雷厉风行的优良作风，也表明市公安局党委对城区各公安分局、派出所、警务站的充分信任和高度肯定。普卫东提出几点要求，要提高政治站位、统一思想认识，深刻认清警务整合工作的重大意义；要认清形势任务、找准职责定位，坚决完成好各项职责任务；要加强组织领导、强化队伍管理，打造“四个铁一般”的新时代基层公安铁军。

【派驻执法办案管理中心检察室揭牌仪式】 12月15日，拉萨市公安局联合市检察院举行派驻执法办案管理中心检察室揭牌仪式。受普卫东书记委托，副市长、市公安局局长代利刚出席仪式，市人民检察院党组书记、代理检察长明马旦增，区公安厅法制总队总队长阿桑，自治区人民检察院监督案件线索管理部主任央宗，市公安局、市人民检察院相关部门负责人参加活动。揭牌仪式由市公安局党委委员、副局长次旺晋美主持。央宗在讲话中强调，为推动改革要求落地，出于践行为人民服务的宗旨理念和源于公平正义价值追求，检察系统一直在谋划推动派驻检察室工作，请公检两家在派驻检察室运行工作中相互支持，共同推进、取得成效。阿桑对派驻检察室的成立表示热烈祝贺，对检察系统长期以来对公安工作的支持表示感谢，拉萨市公安局要积极配合派驻检察室工作，让派驻检察室发挥实效，厅层面将结合运行情况，适时进行推广。明马旦增在讲话中指出，派驻检察室是检察机关为进一步转变执法理念、畅通公检双方办案理念作出的有益探索，有利于加强公检两家司法办案协作配合和监督互信，提高共同应对和解决在刑事司法办案工作中面临的新形势、新问题的能力。代利刚指出，拉萨市公安局将以此次揭牌仪式为起点，用好用活外部监督力量，充分发挥派驻检察室的职能作用，构建检察院、公安机关监督与支持有机统一的良性互动关系和监督协作关系。

【全国“公安楷模”先进集体代表回拉萨】 12月21日，第四期全国“公安楷模”发布活动在京举行，国务委员、公安部党委书记、部长赵克志出席活动，并与公安楷模和牺牲民警家属进行座谈。城关区公安分局广场派出所荣获全国“公安楷模”先进集体殊荣，城关区公安分局广场派出所张云峰、洛桑扎西、次珍、刘长志4人作为获奖代表参加此次发布活动，并受到公安部赵克志的亲自接见。12月23日20时，普卫东第一时间带领邹华威副书记、谢公谨副局长、梁光文委员和局办公室、政治部负责人到柳梧高速检查站迎接载誉而归的张云峰一行，向他们敬献哈达表示祝贺，并进行深入交流。普卫东指出，此次城关区公安分局广场派出所荣获全国“公安楷模”先进集体称号并记集体一等功，这是市公安局自荣获全国抗疫先进集体后又一集体荣誉。普卫东强调，广场派出所是赵克志在座谈时指出的数十年如一日扎根边疆的敬业模范。普卫东要求，拉萨公安机关特别是基层派出所和全体公安民（辅）警要以广场派出所为标杆和榜样，深入学习贯彻习近平总书记重要训词精神和赵克志在接见全国公安楷模时的讲话精神，学习弘扬新时代公安楷模精神，迅速掀起学习楷模、崇尚楷模、争当楷模的热潮，矢志不渝做中国特色社会主义制度的忠诚捍卫者、新时代“枫桥经验”“东莱精神”的积极践行者和新时代公安事业的奋力开创者，为着眼自如应对更大风浪考验、坚决打赢重大斗争、严密防范重大风险做好万全准备。

【“全国文明城市”创建工作】 2020年，根据区市党委、政府关于全力做好“全国文明城市”创建工作的总体要求和市公安局党委的统筹部署，交警支队迅速扭转2019年拉萨文明城市测评成绩下滑的被动局面，严格落实《全国文明城市（地级以上）测评体系》各项指标，加强城市管理服务能力，努力营造干净整洁、安全有序、文明和谐的城市道路环境，全面巩固创城成果，不断推动城市交通管理转型升级。6月以来，施划交通标线2261平方米，增设交通护栏1332米，更换安装交通标牌23套，修剪遮挡交通设施植被123处。联合第三方服务公司对嘎玛贡桑路、市电视台路口等8个路口、路段进行交通组织优化和改造，查处各类交通违法行为79813起，摸排、登记、拖移清理“僵尸车”40余辆，发放《创城倡议书》10万余份，推送图文信息50条，阅读量近13.7万次，抖音短视频3条，获赞3.7万次。

【居住登记卡办理工作】 2020年，城关区公安分局以流动人口信息采集、录入、更新三十日攻坚战为契机，统筹考虑、全盘谋划、深入调研、科学论证，综合考量警务整合后的新变化、新情况、新动态，在保持“110”便民警务站原有“七项职能”不变的基础上，新增居住登记卡办理业务，于12月3日在教育城“110”便民警务站举行“110便民警务站办理居住登记卡启动仪式”，全面铺开“110”便民警务站办理居住登记卡工作。

【法治公安建设】 2020年,拉萨市公安局本着“一期法律讲堂解决一个专业问题或解答一个难点问题”的培训目标,自5月14日起每周四晚上组织开展一期“法律讲堂”,为法制民警搭建法制专业领域学习交流平台,鼓励城区公安(分)局、局直各部门民警参学交流,调动民警学法用法热情,深化推进执法规范化建设制度化和常态化。截至年底,举办法律讲堂7期,参学交流360余名民警,解决7个执法办案热点难题。统筹安排法制业务骨干,采取现场检查、评析、整改的方式,对12个县(区)公安(分)局、局直8个执法办案部门开展实地执法质量考评,并对刑警、经侦、禁毒所采取的取保候审、监视居住等强制措施刑事案件进行逐一检查。其间,查阅刑事案件171卷,行政案件165卷、翻阅执法台账413本、调阅网上流转案件118起、实地查看办案场所67处。

【培训工作】 2020年8月7—9日,拉萨市公安局结合《2020年拉萨公安机关教育训练工作暨全警实战大练兵计划》,组织拉萨公安机关窗口岗位民警100人开展集中培训。此次培训主要围绕公安机关窗口单位服务规范、公安民警礼仪、窗口单位服务规范及窗口服务礼仪等内容进行。其间,专门邀请上海卓繁信息技术股份有限公司培训专员史晨龙老师对形象礼仪、沟通技巧及大厅服务规范进行系统授课。通过与中国建设银行西藏分行开展警民共建活动,以插班的形式参加2020年建行大学西藏分校“金智慧政”服务礼仪培训,来自北京西点方略营销顾问有限责任公司的韩穹教授对服务礼仪进行生动而又详细的讲解,得到参训民警的普遍欢迎。

【干部政治轮训暨公共科目实战练兵集训专题讲座】 2020年,拉萨市公安局根据《2020年全区公安机关领导干部政治轮训暨公共科目实战练兵集训方案》要求,由区公安厅政治部人训处牵头,西藏警官高等专科学校承办的培训班于8月10日在培训楼举行。自治区副主席、区党委政法委副书记、区公安厅党委书记、厅长张洪波出席第一期开训仪式作动员。区公安厅党委委员、政治部主任黄东升出席第二期、第三期、第四期开训仪式并作部署。县(处)级以上干部集训200余名。

【拉萨公安机关法律知识竞赛】 11月5日,拉萨市公安局举办拉萨公安机关法律知识竞赛决赛活动,各警种、各部门负责人及民警代表280余人参加该活动。决赛设抢答、个人必答、团队必答、案例分析、观众互动、专家点评等环节,内容涉及《中华人民共和国刑法》《中华人民共和国民法典》《中华人民共和国刑事诉讼法》《中华人民共和国治安管理处罚法》《公安机关办理行政案件程序规定》《公安机关办理刑事案件程序规定》《人民警察使用警械武器条例》等与公安机关执法办案密切相关的法律知识。通过紧张激烈的角逐,城关区公安分局代表队获得优秀组织奖;禁毒支队代表队获得团体第一名、局机关代表队获得团体第二名、城关区公安分局代表队获得团体第三名;执法监督支队民警胡中原、禁毒支队民警倪嫔嫔、城关区公安分局民警易婉荣等3人获得优秀个人。

【网络攻防演练和终端防护系统保密教学培训】 11月26日,在拉萨市公安局5楼视频会议室局保密办联合局信息化办组织开展拉萨市公安局第二轮网络攻击攻防演练和计算机终端防护系统保密教学培训会。会上,授课老师采取现场互动、视频播放、设备展示、模拟攻击等形式生动分析展现移动终端设备失泄密渠道、被监控和攻击的类型;演示手机失泄密反面典型案例和攻击技术;讲解移动存储介质、影印设备在日常使用和管理方面可能存在的失泄密隐患风险点,透析当下网络攻击事件及其所造成的恶劣影响;指引各部门认真学习国家保密局、公安部对计算机终端安全建设的有关部署和公安网计算机、互联网计算机、涉密计算机在网络连接、介质传输、文件管理等方面的规范性要求;并就“智慧警务”建设的终端安全防护系统软硬件使用操作进行系统培训。培训氛围严谨和谐,互动交流反响强烈,切实强化党管保密,加快保密法治建设,增强各部门做好新时代保密工作的责任感和使命感。

【受援工作】 8月27日、9月17日,分别在拉萨、南京成功召开江苏省公安厅—拉萨市公安局援受工作座谈会、江苏省公安机关援藏工作推进会，苏拉两地公安机关主要领导出席会议并就新一轮援受工作进行专题部署，为高效能推进援受工作发挥积极作用。两次会议全面总结回顾2017年以来苏拉两地公安机关援受工作开展情况，细化对接了解拉萨公安机关受援需求。经与江苏省公安厅充分研商，达成新一轮对口援受工作共识。新增4组江苏地市与拉萨县（区）公安局对口援受结对关系，实现江苏省13个市公安局与拉萨市12个县（区）公安局对口支援结对全覆盖；新增4组江苏县（区）公安局与拉萨重点寺庙派出所对口援受结对关系，深化基层重点单位对口支援工作；苏州市公安局有意指定县（区）公安分局与林周县公安局基层派出所建立“一对一”对口支援结对合作单位，进一步拓宽基层所队对口支援关系；江苏省公安厅坚持“送出去”与“请进来”相结合，采取送教上门、专题培训、跟班锻炼等方式，将年度办班计划提前通报拉萨市公安局，预留名额提供给拉萨骨干民警赴苏插班培训；江苏省公安厅和各对口援藏公安局聚焦西藏反分裂斗争和维护稳定的首要任务，把协同开展反分裂斗争作为援藏工作重要一环，同步研究制定支援拉萨公安机关应对更大风浪考验的应急预案，并提供应急处置人才支持和必要的后备机动力量；选派骨干人员协助编制拉萨市公安局“十四五”规划，助推拉萨公安工作全面提质增效；江苏省公安厅各警种部门分别与拉萨市对应部门建立警种协作关系，专题、专项、专区进行点对点、靶向性交流合作，提升援受工作精准度。

10月14日，江苏省公安厅党委委派政治部实训办副主任梁骥一行8人到拉萨开展对口支援实地调研工作，确保新一轮援受工作精准化对接、精细化落实。江苏省公安厅来拉开展对口支援实地调研活动是苏拉两地公安机关深入贯彻落实中央第七次西藏工作座谈会精神的一项重要举措，是积极推进江苏省公安机关对口援藏工作推进会形成两地援受工作共识迈出的坚实一步，是苏拉两地公安机关深度落实援受工作的良好开局。10月18日，江苏省厅对口支援工作组与拉萨公安机关座谈。会议商讨智慧公安检查站、智慧安防小区、智能门锁、移动警务、九大业务系统建设试点及应对更大风浪考验预案装备需求事项，苏拉双方达成一致。工作组一行专门观看“拉萨公安机关社会治安防控体系建设专题汇报片”后，局防控办、城关区公安分局、八廓古城区公安分局、柳梧新区公安分局、警令部信通处及与会部门分别围绕智能门锁、流动人口、移动警务、智慧安防小区、智慧公安检查站及九大业务系统等项目建设试点需求进行交流。随后，江苏省厅政治部实训办副主任梁骥一行人员分别结合各自负责领域调研情况做深入细致探讨。受区公安厅党委委员、市委常委、市公安局党委书记普卫东和副市长人选、市委国安办主任、市公安局局长代利刚委托，市公安局强久代表拉萨市公安局对梁骥一行的到来，表示热烈欢迎和衷心的感谢，并重点围绕拉萨公安机关社会治安防控体系重点项目试点建设提出合理需求，从“人、财、物”等几个方面进行精准对接，并取得较为丰硕的洽谈成果。

12月15—17日，江苏省公安厅专门委派治安管理总队副总队长兼巡特警支队支队长李洪洲，率政治部实训办、警保部及南京市公安局等相关部门负责人，就超前做好支援拉萨市公安局应对更大风浪考验准备工作来拉进行实地对接，并就具体支援需求内容进行座谈研商，勠力推进江苏省公安厅—拉萨市公安局援受工作座谈会、江苏省公安机关援藏工作推进会既定援受意向落地。李洪洲一行深入城关区公安分局广场派出所、布达拉宫广场及八廓古城片区指挥部等重点维稳防控区域开展实地调研活动，掌握协同应对更大风浪考验的第一手资料。

（薛　静）

检察

【概况】 2020年，全市检察机关以习近平新时代中国特色社会主义思想为指导，深入学习贯彻中共十九大和十九届二中、三中、四中、五中全会及中央全面依法治国工作会议、中央第七次西藏工作座谈会精神，紧紧围绕稳定发展生态强边“四件大事”和“一个引领、两个紧扣、三个围绕”的西藏检察工作总体思路，统筹推进疫情防控和检察履职担当，各项工作取得新进展。

【自治区人大常委会调研考察】 4月24日，自治区人大常委会内务司法工作委员会主任布尼玛、自治区人大常委会内务司法工作委员会副主任勇扎、自治区高法副院长韩伟、市人大常委会副主任张慧率调研组一行到拉萨市检察院就全市检察机关民事诉讼和执行活动监督工作进行调研考察，并召开“两院”专题调研汇报会。

【两级检察机关干部大会】 4月30日，拉萨市检察机关两级院以视频会议形式，召开干部大会。市人大常委会党组成员、副主任，市委组织部常务副部长达瓦主持会议并宣布自治区党委的任职决定：明马丹增任拉萨市人民检察院检察长候选人。

【检察开放日系列活动】 5月31日，拉萨市人民检察院邀请市妇联党组书记、副主席赵金花，江苏中学党组书记、校长德吉卓嘎，市民政局党组成员、儿童福利院院长诺布卓玛及市教育局、团市委、人大代表、政协委员、人民监督员、教师代表、家长代表、江苏中学初一年级学生等共计40余人参加“同舟共济·检护明天”为主题的检察开放日系列活动。

【“12309”检察服务中心揭牌仪式】 6月10日，拉萨市人民检察院举办“12309”检察服务中心揭牌仪式，市检察院院党组书记、代检察长明马丹增出席并致辞。

【全市检察工作会议、全市检察机关党风廉政建设和反腐败工作会议】 7月27日，拉萨市人民检察院先后召开全市检察工作会议、全市检察机关党风廉政建设和反腐败工作会议。自治区检察院党组成员、副检察长陈宏东出席并作讲话，市检察院党组书记、代理检察长明马丹增作部署讲话，市委政法委常务副书记达瓦，市公安局党委委员、市纪委监委第五派驻纪检监察组组长刘玉凤出席。

【机关政治生态建设会议】 9月14日，拉萨市检察院召开院机关政治生态建设会议。院党组书记、代检察长明马丹增，市纪委监委第五派驻纪检监察组组长刘玉凤出席并讲话，会议由院党组成员、副检察长晓红主持，

【法治副校长聘任仪式】 9月24日，拉萨市人民检察院与拉萨市北京中学共同举办法治副校长聘任仪式，院党组书记、代检察长明马丹增受聘为拉萨市北京中学法治副校长，并以“树立法治意识、书写精彩人生”为题，讲授开学第一堂法治课，1400余名师生身穿军训服聆听讲课。

【执法监督支队检察室揭牌】 12月15日，西藏自治区首家检察机关派驻公安机关检察室—拉萨市人民检察院派驻拉萨市公安局执法监督支队检察室正式揭牌启用。拉萨市人民政府副市长人选、公安局局长代利刚，拉萨市人民检察院党组书记、代理检察长明马丹增，西藏自治区检察院线索管理部主任央宗，西藏自治区公安厅法制总队总队长阿桑出席揭牌仪式，市检察院、市公安局相关领导及部分工作人员参加揭牌仪式。

【疫情防控】 2020年，拉萨市人民检察院严格落实市委和上级院各项防疫部署，开展自身防护、社会防控、犯罪防治工作。110余名干警主动请缨，到社区、宾馆、火车站、机场等战疫一线参与疫情防控，捐款捐物13万余元。开展涉疫物资监管、医疗废弃物处置、野生动物保护等领域专项监督活动，办理公益诉讼案件6件，制发检察建议2份。批准逮捕涉疫刑事犯罪2人，依法办理全区首例妨害疫情防控犯罪案件。

【维护国家安全和社会稳定】 2020年，拉萨市人民检察院共批准逮捕各类刑事案件269件344人，同比分别下降38.7%、40.9%，提起公诉581件737人，同比分别下降4.1%、6.1%。其中，起诉故意杀人、抢劫、强奸等严重暴力犯罪24人，起诉“两抢一盗”、敲诈勒索等多发性侵财犯罪171人，起诉“黄赌毒”犯罪65人。严厉打击危害国家安全犯罪，批准逮捕11人，起诉22人。坚持自身防疫与维护稳定并重，全年参与值班带班、巡逻备勤9000余人次，筑牢安全稳定防线。

【扫黑除恶】 2020年，拉萨市人民检察院紧扣为期三年总目标，深入开展“六清”专项行动，高效高质完成1黑6恶案件和中央扫黑除恶督导组重点督办案件任务，依法查办黑恶势力“保护伞”4人，对移交的34条涉黑涉恶案件线索监督“回访”，制发检察建议6份。制定《拉萨市检察机关开展扫黑除恶专项斗争案件财产刑检察活动实施方案》，监督财产刑执行30.09万

元，确保扫黑除恶专项斗争圆满收官。

【反腐败工作】 2020年，拉萨市人民检察院受理纪委监委移送审查起诉的职务犯罪案件10件10人，起诉8件9人（含积存）。依法办理原西藏国盛国有资产控股有限公司副总经理李某滥用职权、受贿、贪污一案。严格依法行使法律赋予检察机关的职务犯罪侦查权，查办司法工作人员侵犯公民权利、危害司法公正职务犯罪2人。

【服务经济社会发展】 2020年，拉萨市人民检察院起诉非法吸收公众存款、合同诈骗、虚开增值税专用发票等破坏市场经济秩序犯罪52人，起诉侵犯非公企业和企业家合法权益犯罪3人，举办"服务'六稳''六保'，护航民企发展"检察开放日活动，为民营企业在经营中遇到的法律问题答疑解惑。准确把握法律政策界限，慎重采取强制措施，对2起涉民营企业及从业人员案件作出不批准逮捕决定。

【助力脱贫攻坚】 2020年，拉萨市人民检察院推动司法救助与精准脱贫衔接，将因案致贫、因案返贫的困难群众及时纳入救助范围，提供帮扶救助7人，发放救助金16.45万元。加大弱势群体司法保护，起诉侵害进城务工人员合法权益犯罪14人，帮助农民工追回劳动报酬19.28万元。开展对口帮扶，扶持驻村点民营小微企业发展。

【践行绿色发展理念】 2020年，拉萨市人民检察院持续开展打击破坏生态环境违法犯罪专项活动，起诉2人。排查环境资源保护领域公益诉讼案件线索165件，立案82件，督促治理被污染林地、水域等97.2亩，补植复绿2400余株，清理固体废弃物700余吨。

【检察为民】 2020年，拉萨市人民检察院坚持和发展新时代"枫桥经验"，严格落实"群众来信件件有回复"制度，共办理群众来信来访202件，均在7日内给予回复、3个月内答复办理结果。加大涉法涉诉信访案件化解力度，受理控告申诉类案件37件39人，检察长接待23人次。市检察院"12309"检察服务中心启用，向全社会提供"信、访、网、电、视频"综合性便民服务，努力让群众少跑腿、易办事。

【未成年人权益保护】 2020年，拉萨市人民检察院从重从快惩治侵害未成年人犯罪案件，批捕29人、起诉30人。落实教育、感化、挽救政策，对未成年犯罪嫌疑人不批捕11人，不起诉6人，落实帮教9人，关爱救助儿童3人。全市16名检察长和副检察长兼任中小学校法治副校长，举办"法治进校园"活动93场次，受教育师生1.7万余人次。

【精准化普法】 2020年，拉萨市人民检察院探索线上线下相结合的法治宣传模式，全年开展各类法治宣传246场次，发放宣传资料和宣传品10万余份，为群众以案释法、提供咨询1800余人次；在微信公众号、今日头条、抖音等群众喜闻乐见的新媒体平台，发布各类信息1.1万余条。

【刑事检察】 2020年，拉萨市人民检察院加强刑事立案和侦查活动监督，监督立案2件，纠正漏捕、漏诉12人。加强审判监督，办理抗诉案件1件，法院已改判。加强刑事执行活动监督，监督执行机关提请减刑、假释、暂予监外执行案件1547件。开展羁押期限监督，核实催办36人，提出检察建议4次，全部整改回复。运用远程提讯、远程庭审、微信视频等方式，开展谈心谈话、受理约见检察官76人次，回访社区矫正人员300余人次，确保履职、防疫两不误。

【民事行政检察】 2020年，拉萨市人民检察院深化民事法律监督，审查不服法院生效裁判监督案件62件，出庭支持抗诉3件，改判3件。开展不支持监督案件的释法说理和息诉工作，维护司法权威和社会和谐。强化执行监督，办理民事执行监督案件3件，对执行不规范问题发出检察建议1份。发挥行政检察"一手托两家"功能，办理行政裁判监督案件1件，依法向自治区检察院提请抗诉。

【公益诉讼检察】 2020年，拉萨市人民检察院依法履行"公共利益代表"神圣职责，立案110件，同比上升243.8%，发出诉前检察建议61份。探索办理公益诉讼"等"外领域案件，排查线索32件，占比13.6%，办理拉萨首例保护公民个人信息行政公益诉讼案件。加强与生态环境、自然资源、市场监管等部门沟通协作，举办"保护公民个人信息、检察建议公开宣告送达”座谈会，会签《关于在检察公益诉讼中加强协作配合、依法打好污染防治攻坚战的意见》，努力实现双赢多赢共赢。

【检察改革】 2020年，拉萨市人民检察院严格按照《自治区市县级人民检察院内设机构改革方案》，规范内设机构设置，改革任务提前完成。落实检察人员职业保障政策，推进职务职级晋升、择优选升120人，面向社会招录33名聘任制书记员，激发改革内生动力。拓宽案件线索来源，依职权主动监督，摸排各类案件线索170余件。深化涉法涉诉信访机制改革，举办案件听证会9次。

【检察队伍建设】 2020年，拉萨市人民检察院坚持走“素质强检”道路，结合疫情防控特殊背景，依托“学习强国”“检答网”“小鱼易联”等网络平台，开展网络教学149场次，组织300余名干警参加系统内外各类业务培训。组织开展“模拟法庭”实战练兵，举办首届司法警察警务技能培训，遴选5名检察官参加全国、全区优秀公诉人辩论赛，5起典型案例上榜西藏自治区十大检察监督案件评选，引领检察队伍创先争优。深化“智慧援助”，与北京江苏检察机关互派9名业务骨干挂职锻炼，带动干警业务能力提升。

【检察智能化发展】 2020年，拉萨市人民检察院以智慧检务助推法律监督体系和法律监督能力现代化，率先建成检察听证室、公益诉讼快速检测实验室、派驻市公安局检察室，试点“检察服务进网格”，在全区起到示范引领作用，提升检察工作质效和便民服务能力。把“智慧办案、智慧管理、智慧服务”全面融入“四大检察”，推动档案数字化、检察工作专网、统一业务应用系统、视频会议系统、政务微信等改造升级，使用无人机辅助办案，智慧检务发展驶入快车道。

【提高检察工作人民满意度】 2020年，拉萨市人民检察院常态化开展与人大代表、政协委员的联络，主动通报检察工作，邀请见证宪法宣誓、公开听证等活动。两级院共举办检察开放日活动28次，700余名人大代表、政协委员、人民监督员和社会各界人士走进检察机关，零距离感受检察工作。深化阳光检务，自觉接受群众监督，向社会公开案件程序性信息859条，法律文书523份。健全完善律师值班制度，21名律师参与接待当事人268人次，安排阅卷140余次，依法保障律师执业权利。

【思想政治建设】 2020年，拉萨市人民检察院牢牢把握检察机关的政治属性，增强“四个意识”、坚定“四个自信”、做到“两个维护”，巩固“不忘初心、牢记使命”主题教育和“两学一做”学习教育成果，两级院党组、理论中心组学习260余次，班子成员讲党课31场次。坚决落实《中国共产党政法工作条例》《中国共产党重大事项请示报告条例》，向两级党委和上级院党组请示报告重大事项65项，市委、自治区检察院主要领导作出批示6次。

【党建工作】 2020年，拉萨市人民检察院坚持机关党建与业务建设一体推进，以“党建红”引领“检察蓝”，市检察院将13个支部整合为7个支部，配强党务干部，支部开展学习450余次。围绕庆祝建党99周年、建国71周年，举办文艺会演、板报评比、篮球赛等活动，新建“书香检察”阅览室，促进党建工作与精神文明创建双丰收。加强新时代党的组织力建设，落实党员“三包”，选派153名干警到社区报到，120余人次开展文明交通志愿服务。

【从严治检管检】 2020年，拉萨市人民检察院严格落实“两个责任”，用好“四种形态”，对检察人员违纪问题零容忍，给予诫勉谈话、批评教育9人。落实巡察制度，对当雄县检察院开展政治巡察，将从严治检引向深入。全力支持派驻纪检监察组落实监督责任，邀请列席党组会、政治生态建设会议等，推动党内正气上升、风气上扬。贯彻“三个规定”等重大事项报告制度，如实登记上报49条，筑牢司法廉洁的“防火墙”。

（王永祥）

法院

【概况】 2020年，全市法院受理各类案件20371件，同比上升16.71%，占全区法院案件总量的40.55%。其中，新收17781件，审执结各类案件17582件，收、结案数同比分别上升12.14%、18.31%，结案率为86.31%，同比上升1.09个百分点；一审案件服判息诉率74.99%；法官人均办案105件，是全区法院法官人均办案的1.99倍。中院共受理各类案件2563件，审执结2394件，综合结案率94.33%；受理一审案件391件，同比上升33.9%，二审案件978件，同比下降21.07%，其他管辖类、非诉保全类等案件456件，同比上升1.15个百分点。收结存案总体良性循环。

【疫情防控】 2020年，拉萨市中法严厉打击涉疫情犯罪，城关区法院3日审结全区首例抗拒疫情防控措施妨害公务犯罪案件。落实《全市政法机关新冠肺炎疫情防控期间服务保障企业复工复产十项措施》，通过“12368”热线解答各类诉讼问题3万余次。充分运用智慧法院建设成果，推广西藏移动微法院，审核网上立案材料2451份，远程立案、跨域立案142件次，网上远程开庭665次。开展“发挥执行职能、做好‘六稳’工作落实‘六保’任务”专项执行行动，执结案件3583件，到位标的6.57亿元。抽派387名干警赴疫情防控一线参与设卡执勤、登记排查、人员分流、防控宣传、服务隔离群众等工作。积响应号召向疫区累计捐款22.88万元，其中，拉萨市中院干警分两批次向疫区捐款10.49万元，并自发向北京、江苏法院捐赠价值2.5万元的疫情防控药品。

【刑事审判】 2020年，拉萨市中级人民法院加强刑事审判，服务平安拉萨建设。受理一、二审刑事案件674件，分别审结631件、38件，判处5年以上有期徒刑、无期徒刑、死刑112人。其中，一审新收刑事案件同比减少26件。打击重点领域犯罪，依法严惩危害人民群众生命财产安全犯罪，审结故意杀人、故意伤害、抢劫等严重暴力犯罪案件77件95人，对故意杀人的2名被告人一审判处无期徒刑，对抢劫杀人的一名被告人一审判处死刑；依法严惩侵害妇女儿童权益犯罪，审结强奸、强制猥亵妇女儿童犯罪案件19件22人，对奸杀幼女的1名被告人一审判处死刑；依法保护人民群众人身权、财产权等各项权利，审结盗窃、诈骗、抢夺、敲诈勒索等多发性侵财案件166件211人；审结虚开增值税专用发票等扰乱市场经济秩序犯罪案件6件11人，挽回经济损失1472万余元；依法审理各类毒品犯罪案件26件，没收毒品1424.69克，推动禁毒示范城市建设；审结贪污贿赂等职务犯罪案件9件10人，其中县处级干部3人，判处罚金、没收财产669.66万元，执行到位215.66万元，保持反腐高压态势。持续深入开展扫黑除恶专项斗争，把扫黑除恶专项斗争与反分裂斗争紧密结合，审结危害国家安全犯罪案件20件24人，坚决维护政治安全、政权安全；审结以扎某为首的黑社会性质组织犯罪等涉黑恶案件2件15人，其中“保护伞”2人。三年共审结一、二审涉黑恶案件10件52人，判处5年以上有期徒刑25人，实现所有涉黑恶案件审理清零；突出涉黑恶犯罪“打财断血”，判处罚金、没收个人财产、追缴违法所得等390万元，执行到位117万元；审结一、二审涉恶“九类”案件42件108人；核查各类涉黑恶转办线索37条，主动摸排的3条线索和群众举报的6条线索均按规定及时移送；加强司法职能延伸，发出司法建议7份，收到回复7份，有关部门出台改进工作机制5项。先后制定案件审理指导组工作规则、线索移交工作办法等8项工作机制，为全市法院扫黑除恶专项斗争规范、高效开展提供制度保障。

【民商事审判】 2020年，拉萨市中法加强民商事审判，助推高质量发展。受理各类民商事案件11952件，审结10260件，涉案标的91.39亿元，同比分别上升11.89%、11.18%、38.54%。弘扬社会主义核心价值观，审结侵权、人格权、劳动争议案件513件，婚姻家庭、继承案件457件。紧盯人民法院优化营商环境“保护中小投资者”“执行合同”“破产”三大指标，审结买卖合同纠纷案件2187件；推动设立《破产管理人名册》，审查破产案件5件、受理3件；高质量完成营商环境指标填报工作。促进市场要素快速流转，服务“双循环”新发展格局，审结涉公司、保险、股权等商事案件112件。依法平等保护各种所有制产权，审结物权纠纷97件。审结涉建设工程、房地产、土地使用权等纠纷579件，为推动拉萨城镇化建设提供有力司法保障。服务创新驱动发展战略，加强知识产权司法保护，依法审结知识产权案件33件，中国音像著作权集体管理协会诉拉萨某休闲娱乐有限公司侵害作品放映权纠纷案入选最高人民法院知识产权典型案例。

【行政审判】 2020年，拉萨市中法强化实质性化解行政争议，推进法治政府建设。贯彻《法治政府建设实施纲要（2015—2020年）》，推动构建职责明确、依法行政的政府治理体系，依法审结行政案件72件，同比增加7.46%，其中，拉萨市中院审结24件，行政首长出庭应诉20件，出庭率32.79%，同比下降23.6个百分点。深化行政审判相对集中管辖改革，一审行政诉讼案件集中管辖法院由1个增加为3个，方便群众行政诉讼。例行召开1次行政审判新闻发布会，向行政机关开展上门法治宣传3次。

【执行工作】 2020年，拉萨市中法推进“切实解决执行难”，巩固“基本解决执行难”成果，健全解决“执行难”长效机制，打通实现公平正义最后一道防线的最后一个环节，受理各类执行案件6494件，执结5426件，综合执结率83.54%，同比增长4.54个百分点，到位金额7.92亿余元。执行信访案件办结率、终本合格率均为100%。在市委政法委的牵头组织下召开执行联动工作联席会议2次，巩固拓展综合治理执行难格局。优化执行工作模式，制定《关于进一步优化全市执行办案模式及职责分工的指导意见（试行）》，推进被执行人财产查控等执行事务集约化一站式办理，集约查控房屋、存款等信息8万余条，网络拍卖24件82次，成交金额1314.23万元，溢价率66.74%。创新执行理念，坚持善意文明执行，引入第三方购买被执行人股权，妥善化解拉萨某集团公司与西藏某有限公司之间的借款合同纠纷，做到“办理一个案件救活一个企业”。加大失信惩戒，限制高消费2611例，限制乘坐飞机、高铁12897例，发布失信名单1771例，布控276人、拘留22人，对19件案件被执行人罚款26.85万元。

【司法为民】 2020年，拉萨市中法不断加强人权民生双保障。落实以审判为中心的刑事诉讼改革各项措施，严格落实“三项规程”，提升庭审实质化水平。准确适用认罪认罚从宽制度，接受检察机关认罪认罚从宽建议531件，提高刑事审判效率，共同维护司法正义。实现刑事案件律师辩护全覆盖，有效保障被告人合法权益。严格把握减刑、假释条件，新上线减刑假释办案平台，办理减刑假释案件553件。加强民生司法保障，审结与群众最密切联系的赡养费、抚养费、扶养费、交通事故人身损害赔偿、追索劳动报酬、工伤保险待遇等涉民生案件2329件。加大司法救助力度，为有困难群众减免缓交诉讼费102万元；办理司法救助案件87件，给予救助65件65人，救助金额112.45万元。完善一站式多元解纷和诉讼服务体系。发挥司法在市域社会治理中的“链条效应”，推动形成多元解纷新机制，基本建成以诉讼服务中心为核心，以最高人民法院诉讼服务中心信息平台为支撑，贯通西藏移动微法院、人民法院调解平台、全国法院统一送达平台等信息化应用系统，实现多元解纷、分调裁审、立案服务、审判辅助、涉诉信访等一站式诉讼服务。诉讼服务中心共受理各类案件14450件，当天立案率94%，接待群众5.5万余人次。启用电子集约送达平台，电子送达平均时长1.41天，有效缓解送达难题。加强人民法庭工作，全市法院10个运行的人民法庭处理各类纠纷966件，其中柳梧法庭处理各类纠纷665件；车载科技流动法庭行程4万余公里，处置化解各类矛盾纠纷465件。发扬新时代“枫桥经验”，强化与基层组织的联络对接，从源头化解矛盾纠纷。完善人民法院调解平台，完善诉调对接、委派调解等机制，制定《拉萨市中级人民法院邀请社会力量参与多元化解矛盾纠纷工作的补助办法（试行）》，全市法院设置7个律师工作站，录入特邀调解组织31个、特邀调解员18名，邀请6名退休法官入驻诉讼服务中心开展工作，调解案件1423件，办理司法确认案件391件。落实普法宣传责任，开展《中华人民共和国民法典》等法治宣传225场次，发放宣传资料1.2万份，受教育群众4.5万人次；送法进军营20场次，受益官兵3万余人。城关区法院、堆龙德庆区法院被最高人民法院授予“全国一站式多元解纷诉讼服务体系建设先进单位”称号。

【司法体制改革】 2020年，拉萨市中法深化司法责任制综合配套改革，围绕审判权力运行，完善监督和制约机制，提升司法质效和公信力。健全院庭长办案、通报机制，院庭长办案10604件，占审结案件的 52.05%,涉黑恶等复杂、疑难案件大多由院庭长牵头办理。完善员额法官遴选、退出机制,全市法院 10 名法官退出员额,确定第三批拟入额法官 41 人、递补 12 人。全市法院新招录聘用制书记员 31 名,聘用制书记员队伍达 116 人,充实司法辅助人员队伍,其中,拉萨市中院新招录书记员 14 人。制定《民商事案件“分调裁审”流程管理规则》,完善速裁快审机制,速裁和简案团队办案 5124 件,占全市民商事案件收案总数的 42.87%。完善诉讼调解机制,调解案件 2754 件,一审民商事案件调解率 31.32%。

【智慧法院建设】 2020 年,拉萨市中法推动科技成果与审判执行工作深度融合,在全区法院率先上线电子卷宗随案同步生成及深度应用系统,诉讼档案实现可视化、智能化编辑功能,审判工作提质增效。筹集 1500 余万元建设集控中心、智慧警务中心、执行指挥中心等信息化项目。拉萨市中院技术信息处获“全国法院信息化工作先进集体”荣誉称号。

【组织建设】 2020 年,拉萨市中法坚持不懈用习近平新时代中国特色社会主义思想武装头脑。贯彻《党委(党组)理论学习中心组学习规则》,坚持把学习贯彻习近平新时代中国特色社会主义思想作为长期坚持、常抓不懈的政治要求,纳入政治必修课,认真学习《习近平谈治国理政》第三卷及时学习中共十九届五中全会、中央全面依法治国工作会议和中央第七次西藏工作座谈会精神,持续在学懂弄通做实上下功夫,切实增强“四个意识”、坚定“四个自信”、做到“两个维护”。组织党组理论学习中心组学习会 12 次、党组会学习 20 次,9 名领导参加区市两级学习贯彻中共十九届五中全会和中央第七次西藏工作座谈会精神专题培训研讨班。毫不动摇坚持党对法院工作的绝对领导。深入开展“坚持党对司法工作的绝对领导、坚持中国特色社会主义法治道路”专题教育,中院党组围绕“两个坚持”12 个方面的问题开展 4 次讨论辩析活动。严格贯彻执行《中国共产党政法工作条例》和区党委实施细则,制定《拉萨法院重大事项请示报告实施细则(试行)》,并及时向市委、市委政法委请示报告重大事项 30 次、汇报重要案件 35 件,确保将党的领导优势转化为提升工作的动力和效能。全力打造“四化”队伍。坚持以党建带队建促审判,贯彻落实新时代党的组织路线,坚定落实机关党建工作制度,党建工作进一步规范、质量进一步提升;城关区法院《立足审判职能推动党员干警直接联系服务群众》入选全国法院党建创新优秀案例。组织干警赴北京、江苏等援建省市法院考察学习,全市法院 113 人次参加 21 个班次的学习培训。深入开展落实“三个规定”专项整治、“三个以案”警示教育,以区市纪委通报的违法违纪案件为反面教材,引导广大干警深挖思想根源,严守廉政底线,严格规范用权;中院协助派驻纪检组核查线索 4 条,针对市委巡察反馈的 24 个问题制定整改措施 56 条,完善财物内控等制度 6 项。

【社会监督】 2020 年,拉萨市中法始终坚持将审判权置于党的绝对领导和人大的有效监督之下,确保司法权力依法规范运行。全市法院向人大常委会报告工作 21 次,办理代表建议 25 件,邀请代表、委员、廉政监督员视察法院 12 次、监督见证案件执行 23 次,56 名代表委员旁听庭审。自觉接受检察机关监督,邀请检察长列席审委会 7 次,审结抗诉案件 3 件,改判 3 件。落实人民陪审员制度,人民陪审员参审案件 1083 件。接受社会监督,深入推进立案、审理、裁判、执行信息网上全程公开,全年上网公布裁判文书 9079 份、公开审判流程信息 26411 条;坚持“直播为原则、不直播为例外”,推进庭审网络直播,直播庭审 3081 件,同比增加 1584 件、增长 106%,案件点击总量达 360.5 万人次,个案最高点击量达 60 万人次。

【廉政建设】 2020 年,拉萨市中法始终坚持党对法院工作的绝对领导,树牢“四个意识”、坚定“四个自信”、做到“两个维护”,贯彻落实新时代党的治藏方略,紧紧依靠政府政协和社会各界支持,确保正确的政治方向。把贯彻落实《中国共产党廉洁自律准则》《中国共产党纪律处分条例》《中国共产党政法工作条例》为重要抓手,严格执行《中华人民共和国法官法》《法官职业道德基本准则》,切实强化正风肃纪,深入开展落实“三个规定”专项整治、“三个以案”警示教育。自觉接受巡察,将巡察整改与司法巡查、审务督查结合起来，与虚报冒领补助和司法作风问题专项整治结合起来，及时纠正违规领取加班费、违规发放补助等问题，对违反工作纪律的情况及时严肃的追责问责。全年向党委、政法委请示报告重大事项40余项、重要案件50余件，自觉接受纪律监督，主动邀请派驻纪检监察组列席党组等重要会议21次，自觉接受检察机关监督，邀请检察长列席审委会7次。

（丁 勇）

司法行政

【概况】 年内，拉萨市司法局深入贯彻落实习近平新时代中国特色社会主义思想和中共十九大、十九届二中、三中、四中、五中全会及中央第七次西藏工作座谈会精神，紧紧围绕隆重纪念西藏民主改革60周年这条主线，推进司法行政规范化建设，开展法治宣传、人民调解、安置帮教、社区矫正、法律援助和法律服务等工作，为建设团结美丽健康幸福新拉萨贡献力量。

【全市司法行政工作会议】 3月11日，召开全市司法行政工作会议，贯彻落实中共十九大和十九届二中、三中、四中全会精神，深入贯彻落实习近平总书记关于依法治国、治边稳藏、政法工作、依法防控疫情的重要论述和指示批示精神，总结2019年工作，研究部署2020年重点任务。

【人民调解】 2020年，全市共有人民调解组织432个，村调委会232个，社区调委会53个，乡镇调委会50个，街道调委会16个，企事业调委会32个，行业性专业性调委会45个，其他调委会4个；调解员2786人。调解矛盾纠纷786件，调解成功734件，调解成功率93%，疑难复杂49件，涉及金额6705.04万元，排查4131次，排查发现矛盾纠纷252件，预防矛盾纠纷311件。开展打造特色人民调解品牌工作，打造曲水县秀色和音调解室、达孜县次仁调解室、城关区吉崩岗街道八廓商城调解室、墨竹工卡县洛桑群培金牌调解室等。命名表彰8个先进调解组织、20名先进调解员，组织开展2020年金牌调解建设工作。印发《关于在全市易地搬迁点组建人民调解委员的实施方案的通知》，推进易地搬迁点组建人民调解组织建设，在易地搬迁点组建9个人民调解组织。以层级联动调解为目标，设立1个市、8个县（区）、65个乡镇（街道）三级人民调解工作指导中心，设立2521个调解小组，每个调解小组设立1名纠纷信息员，整合资源、协调联动，全面建立“一站式受理、一揽子调处、一链条解决”的矛盾纠纷调处化解平台。建立人民调解委员会名册和人民调解员名册，建立和完善与人民调解工作相适应的人民调解纠纷排查、包案办理、矛盾化解等15项工作制度，保障人民调解工作规范化运行。继续推进《坚持和发展“枫桥经验”实现矛盾不上交三年行动任务分解实施方案》。选任34名人民调解员推荐给法院担任特邀调解员进驻诉讼服务中心。

【司法所建设】 2020年，拉萨市司法局印发《加快推进2020年乡镇司法所建设项目的督导工作方案》《拉萨市县（区）司法局乡镇（街道）司法所建设工作方案》全力推进全市司法所建设。梳理申报“十四五”司法所建设项目23个。制定《拉萨市县（区）司法局乡镇（街道）司法所建设工作方案》，细化20项工作职责，规定完成时限，确保各项任务按期保质完成。

【普法宣传】 2020年，全市普法工作坚持以“谁执法谁普法”普法责任制为抓手，以“法律七进”为基本平台，紧紧围绕疫情防控、扫黑除恶、学习贯彻《中华人民共和国民法典》为重点，完成《公民常用法律知识系列问答》、《中华人民共和国宪法》、婚姻家庭、治安管理以及新冠肺炎疫情防控法律知识问答（藏汉）和《中华人民共和国民法典》的编撰印刷和发放任务。全市各级普法机构开展集中法治宣传咨询服务活动2350场/次；举办各类法治讲座522场/次；印发各类法治宣传资料、法律读本36万份（册）；参与群众40万人/次；全市政法系统和法律服务机构在各新闻媒体刊发“法官、检察官、律师以案释法”案例324例；全市各级各部门在各级媒体刊发普法新闻稿件1000多条。全市各级各类学校充分发挥法治副校长、法治辅导员作用，开展以宪法修正案为主题的法治课34场次，听课学生超过1.2万人次。全市各宗教场所通过采取集中学习、自学、交流座谈、参观学习、分组讨论等形式，共举办各种法治宣传教育活动

118场次，参与人数4253人次，发放宣传资料3510余份(册)。全市各驻村工作队累计开展各类法治宣传1100场次，召开相关座谈会210场次，发放各类宣传材料3万余份。全市各普法责任单位已开展宪法主题宣传活动94场次，发放宪法修正案宣传资料1.88万册、各类宪法宣传品1万份，受教育干部群众超过2万人次；组织国家公职人员宪法学习讨论48场次，撰写心得体会160余篇。制定印发《关于在全市开展〈中华人民共和国民法典〉学习宣传活动方案》并制作《中华人民共和国民法典》学习读本800册，保证全市领导干部人手一份。组织全市依法治市成员单位和各县区参加全区领导干部民法典专题法治讲座，在市区11座天桥和五岔路口及布宫LED大屏投放民法典宣传公告，在市区主要街道悬挂横幅20条。对“三岩”片区的31户、130余名群众逐一开展入户谈心宣传，引导群众学法、懂法、守法、用法，指导和帮助群众通过法律途径表达合法利益诉求。安排4名律师担负完成电视访谈节目录制任务。完成全市“七五”普法规划。

【社区矫正】 截至2020年年底，全市登记在册社区矫正对象331名。制定学习和宣传《中华人民共和国社区矫正法》方案，组织拉萨市社区矫正工作人员赴日喀则市司法局学习社区矫正中心规范化建设等方面取得的成效和经验，全面推行“五对一”社区矫正教育监管制度。统一制作印发《拉萨市社区矫正对象监督管理登记簿》4100本，加强矫正管理精细化、规范化建设。组织社区矫正对象开展集中教育112次、参加公益服务活动88次。全市社区矫正部门共帮扶15名困难家庭社区矫正对象，就业安置3名社区矫正对象，开展职业技能培训1次，投入帮扶资金5850元。投入资金48万余元，建设拉萨市社区矫正监管指挥中心。

【安置帮教】 2020年，全市75个安置帮教组织开展刑满释放人员一般排查、集中排查、重点排查和专项排查，将服刑人员信息录入核查与日常信息管理相结合，静态管理和动态管理相结合，确保管理对象安全稳定。全面落实“6+1”帮扶措施，帮教率100%，安置率97%。在册刑满释放人员678人。开展刑满释放人员重新违法犯罪专项评估分析，梳理摸排五年来重新违法犯罪人员的犯罪类型、犯罪原因，分析犯罪特点及重新犯罪趋势，制定针对性预防措施。

【法律援助】 2020年，全市共受理法律援助案件1224件。拉萨市285个村(居)均签订村(居)法律顾问服务协议，并建立村(居)法律顾问微信群。

【律师管理】 2020年，全市25家律师事务所共计办理刑事案件111件，民事诉讼代理1900余件，非诉讼代理1100余件，行政案件5件，仲裁案件49件，参与人民调解案件78件，法律援助案件789件。3月，印发《关于进一步做好村(居)法律顾问工作的方案》，持续推进全市村(居)法律顾问工作。4月，与市工商业联合会、市律师协会联合下发《关于开展2020年民营企业法治体检、法律顾问助力企业复工复产活动方案的通知》，安排市直21家律师事务所衔接27家民营企业开展法治体检、法律顾问活动，促进民营企业依法决策、依法经营、依法管理、依法维权。

【公证管理】 2020年，全市受理公证案件7200件(其中阳光公证处受理4750件、藏信公证处受理2450件)。接受群众公证法律咨询1万余人次，代写法律文书约4000份。

【人民陪审员】 2020年，拉萨市落实《拉萨市人民监督员选任管理实施办法》，实现人民监督员信息系统化管理。组织人民监督员参加拉萨市人民检察院活动6次。将选任的484名(其中新选任410人、留任74人)人民陪审员录入人民陪审员选任系统，完善人民陪审员信息化系统管理。

【国家统一法律职业资格考试】 10月31日至11月1日，2020国家统一法律职业资格客观题计算机考试在拉萨市考区共设立市第二职业技术学校、西藏大学纳金校区、西藏大学河坝林校区3个考点、12个考场，全市(含那曲市)网上报名1482人，符合报名条件的1482人。11月28日，2020国家统一法律职业资格考试主观题考试在拉萨共设立西藏大学纳金校区、西藏大学河坝林校区、拉萨市第二职业技术学院、西藏职业技术学院北校区4个考点。报名人数1199人，参加考试人数1122人，参考率93.5%。

【“12·4”国家宪法日法治文艺演出】 12月4日，拉萨市第三届宪法宣传周活动启动仪式暨“12·4”国家宪法日法治文艺演出在洲际酒店广场举行。活动以“弘扬宪法精神建设法治拉萨”为主题，通过法治文艺演出、开放展馆、僧尼书法展、播放视频、发放资料、现场咨询讲解展示等方式展开。

【扫黑除恶】 2020年，拉萨市司法局深入贯彻落实九届市委第72次常委会和中央扫黑除恶第13督导组“回头看”反馈问题专题会议精神，专题学习全国扫黑办第9次会议领导讲话精神和中央纪委国家监委机关召开的全国扫黑办第9次主任会议精神。印发实施《关于进一步深入开展扫黑除恶打非治乱专项普法活动的实施方案》《拉萨市司法局关于开展“黄赌毒”专项整治工作方案》《关于梳理涉“黄赌毒”行政执法依据及行政处罚自由裁量权规范标准的通知》。开展扫黑除恶社会面集中宣传，共计开展扫黑除恶集中宣传123场次、“4·15”全民国家安全教育日集中宣传9场次，发放宣传资料5.45万份，发放普法宣传纪念品约1.09万个，悬挂主题宣传横幅83条，编发普法短信1400余条，接待解答涉法咨询和提供法律程序指引22件，参与群众超过7.2万人次。全市各律师事务所共计代理扫黑除恶案件39起（含区外3起），其中38件已经办结，1件正在办理中。全年拉萨市律师参与办理涉黑涉恶犯罪案件新增4件，办结4件，派员参与开庭旁听1人（次）。成立拉萨市律师协会扫黑除恶专项工作律师辩护代理业务指导委员会，对拉萨市律师参与扫黑除恶专项斗争工作进行安排部署，提出要求。

【律师协会】 2020年，拉萨市律师行业党委共有9个律师事务所党支部，包括5个独立党支部和4个联合党支部；律师行业党员85人，其中执业律师党员70人，占执业律师人数的46%。2名律师担任人大代表（市级1名，县区级1名），2名律师担任自治区政协委员。是年成立拉萨市律协临时惩戒委员会，对4起投诉律所、律师的案件进行研究，提出处理意见。组织61名实习律师参加由自治区律协举办的实习律师培训。组织律师完成市民服务中心律师窗口值班、律师入驻信访、村居法律顾问、民营企业法治体检、律师调解工作室、律师协会调解工作室等社会公益任务。

【党风廉政建设】 2020年，拉萨市司法局党组印发《2020年落实党风廉政建设主体责任工作要点》，对工作任务进行分解。局党组书记与领导班子各成员、各科室负责人层层签订《拉萨市司法局党风廉政建设责任书》，定期听取工作汇报，抓好日常廉政警示教育和节假日“四风”教育，开展公车使用管理情况专项检查，严防公车私用和私车公养问题。签订《拉萨市司法局党员干部“八小时以外”行为监督管理责任书》《拉萨市司法局关于严禁共产党员和国家工作人员参与任何形式的赌博和宗教活动的责任书》。规范干部职工“八小时”以外纪律作风。

【干部队伍建设】 2020年，拉萨市司法局按照《中国共产党章程》规定，对党总支进行换届改选。党组召开党建工作专题部署会，制订党建工作计划，细化工作要点和责任分工，对2020年党建工作重点任务进行安排部署，并与各级基层党组织书记层层签订党建责任书，以“两学一做”学习教育常态化推动、“不忘初心、牢记使命”主题教育制度化为载体落实“三会一课”。组织党组理论中心组学习16次、干部职工集中学习20余次。接受九届市委巡察第十轮第七组专项巡察，召开进驻动员大会，积极配合巡察组开展谈话、查阅台账、汇报专项工作，严肃认真对待巡察工作。继续加强全市9个律师事务所党支部管理指导工作，实现律师事务所党组织100%覆盖。落实区（市）党委、政府关于脱贫攻坚部署，截至年底，集中组织全体干部职工开展入户帮扶活动2次，共计投入帮扶资金3万余元。全年选拔科级干部晋升7人，完成26名干部职工晋升工作。完成3名干部岗位交流工作，推动干部能上能下，人岗匹配。

【驻村工作】 2020年，拉萨市司法局驻当雄县堆灵村工作队紧紧围绕决胜全面建成小康社会等新时代干部驻村“七项重点任务”，深入12个小组开展十九大精神集中宣讲12次，扫黑除恶专题宣传4次，参加群众800余人次。开展以《中华人民共和国刑法》《中华人民共和国婚姻法》及疫情防控等为主要内容的法治讲座和新旧图片展，发放宣传资料、宣传小礼品等，参加人员近200人次。入户走访宣讲256次，咨询解答50人次，发放宣传材料400多份。向群众发放讲解西藏自治区农牧民享受财政补助优惠政策明白卡，对堆灵村建档立卡110户和五保户4户进行集中慰问，排查矛盾纠纷3起，移交相关部门2起，调解6起婚姻纠纷，协助制定党组织建设5条制度。

【精准帮扶】 2020年，拉萨市司法局投入3万余元帮扶资金，集中组织全体干部职工开展入户帮扶活动。

【受援工作】 2020年，拉萨市司法局与北京市、江苏省对口援助单位联系，共收到60万元援藏资金。

【疫情防控】 2020年，拉萨市司法局宣传《中华人民共和国传染病防治法》《中华人民共和国传染病防治法实施办法》《突发公共卫生事件应急条例》《新型冠状病毒感染的肺炎公众预防指南》，印发实施《拉萨市司法局新型冠状病毒肺炎防控工作实施方案》等6个文件，发放疫情法治宣传读本10万余份，向普法公众平台推送相关普法内容98条，悬挂宣传横幅1200多条。加大推进网上办理公证、法律援助和法律咨询力度，参与全国部分公证机构联合发起的关于助力打击哄抬物价的公证公益行动。组建全市律师行业疫情防控专项法律服务团，为全市疫情防控工作提供法律服务。与全市社区矫正对象签订防疫承诺书，加强对流动刑满释放人员的监管力度，每天向司法厅上报人员相关情况，实现全市社区矫正对象零感染。加大疫情期间人民调解组织职能作用，把矛盾纠纷解决在萌芽状态、解决在始发阶段。抽派22名工作人员参与全市疫情防控一线工作，开展返藏人员登记、审查、日常教育、开具证明等工作。疫情期间，累计捐款128050元。拉萨仲裁委及时建立“速裁团队”，开通仲裁绿色通道、缩短仲裁案件受理、组庭、送达等办案时间，减、免、缓仲裁费等，为全市疫情防控和复工复产作出应有的贡献。

（张　鑫）

经济管理

发展和改革

【编制经济社会发展规划】 2020年年初，拉萨市发展和改革委员会（以下简称拉萨市发改委）起草完成《拉萨市“十四五”国民经济和社会发展基本思路》，为高质量编制规划纲要奠定工作基础。牵头组织开展《拉萨市国民经济和社会发展第十四个五年规划纲要和二〇三五年远景目标》编制工作，通过邀请第三方机构、领域专家、部门业务骨干等方式组建专班共同参与规划编制，利用政府网等公共媒介广泛征求意见，形成征求意见稿，征求党政机关、企事业单位和各人民团体意见。

【经济运行分析】 2020年，拉萨市发改委增强经济形势分析能力，通过线上、线下等方式及时召开全市经济运行、固定资产投资及重点项目推进等会议，起草完成季度及每月《全市经济运行情况分析和下阶段经济工作建议》，及时总结全市主要经济指标完成情况，并提出合理化建议，为领导决策和部门工作提供重要参考。牵头起草并由市委印发《拉萨市统筹推进疫情防控和经济社会发展“六保”工作若干举措》，稳步推进疫情期间经济社会平稳发展。

【谋划发展思路】 2020年，拉萨市发改委始终把调查研究作为当好参谋助手的基础性工作，起草完成《关于进一步规范全市发展规划和课题申报编制工作程序的通知》，为完善前期经费的管理和拨付方式，联合市财政局下发《关于印发〈拉萨市政府投资建设项目前期经费管理办法〉的通知》，有效规范政府投资项目前期经费管理程序。为切实做好“十四五”国民经济和社会发展规划编制子课题研究支撑准备，合理安排年初市财政局下达的600万元规划和课题编制经费计划，共涉及市交通局、水利局、扶贫办等10个部门。围绕市委、市政府中心工作，提高服务大局的业务能力水平，坚持把做好规划工作作为发挥职能作用的重要内容，始终紧盯中央、区市最新政策动态，及时掌握各类规划的编制信息，努力做好各类规划编制工作。《拉萨市物流发展规划》初稿已通过专家评审，完成《拉萨市（陆港型空港型）国家物流枢纽》初稿。《拉萨市开发园区总体发展规划》《拉萨市园区管理办法》《拉萨市园区考核办法》《拉萨市园区鼓励类产业目录》系列管理文件通过市政府专题会研究，《拉萨市现代服务业发展规划》《拉萨市产业发展规划》初稿通过专家评审。在充分把握全市经济社会发展大势的基础上，科学制定《拉萨市2019年国民经济和社会发展计划执行情况与2020年国民经济和社会发展计划的报告》《拉萨市2020年上半年国民经济和社会发展计划执行情况与下半年国民经济和社会发展计划安排》并由市人大审议通过，为全市经济运行在合理区间提供重要参考。

【制定项目建设指导方案】 2020年，为积极应对疫情影响，拉萨市发改委结合项目开复工和企业复工复产实际，迅速编制《拉萨市稳投资行动方案》，从目标任务、行动措施、工作要求三个方面，对稳投资工作进行全面安排部署。为促进项目早开工、早落地、早见效，制定《2020年政府投资项目开复工现场协调指导方案》，县级领导分县包干，严格落实“一月一调度、一月一上报、一月一督进、一季一总结”调度机制。

【固定资金投资项目建设】 2020年，拉萨市发改委推进项目前期工作，优化项目审核程序，定期召开项目联审联批会议，协调解决项目责任单位提出的项目前期和实施过程中存在的困难及问题，落实项目建设条件，减少前期工作对项目落地影响，保障项目开复工要素，固定资产投资逐步实现由负转正。1—9月，全市固定资产投资实现同比增长6%，80个重点实施项目已开复工76个、开复工率95%，重点项目累计完成投资96.97亿元。

【争取专项债券资金】 2020年，拉萨市发改委联合市财政局组织县（区）、园区以及相关市直行业部门，成功发行地方政府专项债23亿元，主要用于管网改造和智慧水务、数据中心等5个项目建设，截至年底，完工1个、在建2个、推进前期2个；落实到位抗疫特别国债12.08亿元，主要用于老城区保护与修缮、堆龙河生态修复综合治理等9个项目建设，在建5个、推进前期4个。

【“十三五”规划项目】 2020年，拉萨市发改委开展“十三五”项目总结工作，已组织实施项目862个，总投资354.56亿元，截至9月底，完工项目680个、在建项目143个、开展前期项目39个，累计完成投资234.95亿元。“十三五”规划项目的实施，推进供给侧结构性改革，为拉萨市稳增长、调结构、补短板、惠民生、增后劲，确保如期实现全面建成小康社会宏伟目标发挥重要作用。10月19—22日，配合自治区发改委，完成国家对“十三五”规划项目的评估及市人民医院住院部改扩建、曲水县达嘎易地扶贫搬迁安置点等10个项目现场调研工作。

【谋划储备“十四五”规划项目】 2020年，拉萨市发改委贯彻落实中央第七次西藏工作座谈会精神，充分对接自治区发改委，围绕拉萨市经济社会发展现状，立足补短板、强弱项和高质量发展目标，组织各县（区）和市直业务部门谋划储备项目91个大项1100个子项目，总投资1457亿元，主要涵盖边防巩固能力建设、创建生态文明示范区、保障和改善民生、社会治理能力提升、深化供给侧结构改革等五个方面。

【农牧民增收】 2020年，拉萨市发改委认真贯彻落实调整后的以项目促增收项目三项规定政策（政府投资项目对本市劳动力和机械使用率达60%以上、400万元以下项目交由当地农牧民施工队、当地农牧民施工队承建项目带动本市劳务和机械使用率达80%以上），1—9月，全市开复工项目813个，带动农牧民就业34163人，促进农牧民增收29142万元。

【经济体制改革】 2020年，拉萨市发改委全面把握中央关于全面深化改革的总体部署和区市党委关于全面深化改革的各项安排，聚焦《拉萨市2020年改革工作要点》，按照各项改革任务的安排，积极与市委改革办汇报对接，提出《经济体制改革专项小组2020年改革工作要点》，建立改革动态周报、月报、年报制度并强化跟踪督促，完成《经济体制改革重要改革文件落地见效自评报告》，开展评估工作，推进经济体制改革工作。

【营商环境参评工作】 2020年，拉萨市发改委研究制定《拉萨市优化营商环境工作方案》，将国家发改委反馈的9项营商环境指标领域整改任务纳入工作方案，并由市委市政府审议通过。为顺利通过2020年拉萨市营商环境参评工作，组织优化营商环境各牵头部门参加国家发展改革委组织召开的2020年中国营商环境评价启动会和为期2天的线上培训。根据国家发展改革委委托第三方评价机构9月20—29日对拉萨市进行营商环境现场评价工作安排，严格按照“谁主管、谁负责，谁扣分、谁担责”的原则，把工作责任压实到具体部门、把责任明确到人、工作落实到人，指定专人负责指标填报工作。组织13个牵头单位和23个配合单位，共计110人完成18个一级指标填报工作，完成第一阶段工作任务。

【易地扶贫搬迁工作】 2020年，拉萨市发改委推进搬迁后续扶持工作，制定出台《易地扶贫搬迁后续扶持工作任务清单》，督促县（区）加快落实完善公共服务、产业培育、社区管理、社会融入、权益保障等方面的具体政策措施及任务分工。推动搬迁房屋超面积整改，

680户超面积房屋通过产权分割和房屋置换全部整改完成。推进旧宅腾退工作,应拆除旧房3562户中2500户搬迁群众已签订旧宅腾退协议,685户完成旧房拆除工作。

【实施乡村振兴战略】 2020年,拉萨市发改委配合市委农办研究制定《"美丽乡村·幸福家园"建设行动计划整村推进实施方案》并印发实施,起草完成《"拉萨市美丽乡村·幸福家园"建设项目管理办法(征求意见稿)》,报请市委农办研究,重点围绕农牧民住房提升、环境提升和人居环境整治三大工程,改善农牧民居住条件,提升农牧民居住环境。截至年底,墨竹工卡县6个试点村已全部开工建设,落实抗疫特别国债资金1亿元,专项用于墨竹工卡县试点村建设,资金拨付到位。为加快"美丽乡村·幸福家园"(二期)项目建设进度,配合自然资源局完成18个村庄规划工作。

【推进援藏工作】 2020年,拉萨市发改委落实两省市对口支援拉萨1‰以内援藏资金6.86亿元(北京3.13亿元,江苏3.73亿元),严格按照《拉萨市援藏项目资金管理实施细则》等相关文件,共同规范援藏项目资金管理。安排计划内外项目110个,开复工项目99个,民生项目资金达到88.14%、基层项目资金达到95.36%。为盘活"十三五"期间援藏项目闲置结余资金,梳理"十三五"期间结余资金并盘活使用,有效发挥援藏资金经济带动效益。

【推进生态文明建设】 2020年,拉萨市发改委统筹推进山水林田湖草保护修复试点项目建设,开工建设拉萨市中心城区水系修复及生态治理工程、5#闸、拉萨周边及山体造林绿化工程(一期、二期)、防沙治沙等工程。完成拉萨市2019年度能源消耗总量和强度"双控"目标责任评价考核自查工作,按照考核办要求,10月底开展2019年度能源消耗总量和强度"双控"目标责任评价考核工作。为全面加强节能审查事中事后监管,配合自治区完成对拉萨市高争水泥等6家重点用能企业进行节能监察。组织市直部门开展节能宣传工作,发放节能宣传册、海报等700余册,环保购物袋700个,绿水青山就是金山银山的发展理念得到升华。

【推进铁路建设】 2020年,拉萨市发改委完成拉林铁路征地拆迁、审计等相关工作。推进拉林铁路征地拆迁新增资金补充协议签订、拉萨南站"两电一通"迁改工程线路、拉林铁路拉萨南站接触网工区、牵引变电所接入拉萨南站的给水、污水、暖通、消防等管道、拉日铁路原高压线路迁改、拉萨站至协荣站电气化改造工程等拉萨境内铁路征拆工作。解决新建涵洞、曲水县驾考中心模拟高速及科目三考场地、经开区河道治理等建设项目,为拉萨市铁路建设和地方发展营造和谐宽松的环境。

【组织项目评审工作】 2020年,拉萨市发改委完善中介机构年度考核和准入机制,依据《拉萨市政府投资项目咨询评估管理办法》,细化对中介机构的动态管理机制,形成由江苏省工程咨询中心、自治区建筑勘察设计院等23家咨询公司组成的新中介机构库,并以系统轮转方式进行项目咨询服务分配。截至年底,接受委托组织评审各类政府投资项目145个,审结项目121个,委托送审投资共计41.61亿元,审定投资38.88亿元,核减投资2.73亿元,核减率6.6%,为各级投资主管部门可研批复、初设概算批复提供客观参考依据。

【教育卫生重点项目】 2020年,拉萨市发改委共安排文、教、卫、体领域项目157个,总投资约65.96亿元,其中教育项目60个、卫生项目22个、社会保障类11个、其他类项目64个,截至年底,完成投资41.07亿元。拉萨师范高等专科学校"专升本"迁建项目(一期)竣工,二期完成总工程量的92%。人民医院住院部改扩建项完成总工程量的82.5%。新建拉萨市人民医院住院部改扩建项目完成,提升医院的服务能力。推进人大附中拉萨幸福学校各项工作,对接上级部门,争取将该项目列入"十四五"规划。

【监测疫情期间市场价格动态】 2020年,拉萨市发改委根据市政府《关于新型冠状病毒期间开展重要民生商品应急价格监测工作的通知》要求以及市委、市政府领导的指示精神,及时响应启动价格应急监测预警工作,对6个农贸市场、2个批发市场、4个蔬菜基地、7个医药超市、19个酥油店拉萨城投酥油销售点、2个超市、建材市场、高争水泥等重要商品市场进行价格监测和巡访巡视。截至年底，列入重点价格监测的商品种类达到200种，监测点143个，为全面掌握全市重要商品价格变动情况，开展分析预警奠定良好的基础。1—9月，拉萨市居民消费价格总水平累计同比上涨2.1%，完成CPI涨幅控制在3.5%以内的目标。

【优化价格收费环境】 2020年，拉萨市发改委联合市场监督管理局，对国网公司落实一般工商业用电电费按照95%结算落实情况进行监督检查，并对落实相关阶段性电费减免政策进行宣传解读，确保疫情期间电价减免政策落实到位。开展定期不定期的价格巡查巡视，引导和督促企业合法经营、诚信经营。参与区财政厅组织的减税降费督导检查，对拉萨市部分市直部门、经开区、堆龙德庆区、达孜区等对国家、西藏自治区减税降费各项政策措施落实情况进行督导检查，清理规范全市各单位收费行为，为全市营造良好的价格及收费环境。

【强化价格公共服务职能】 2020年，拉萨市发改委结合拉萨实际，从服务司法、服务社会、服务政府、服务系统四个方面入手，不断拓展工作领域，开展涉案财物价格认定工作，截至年底，共完成176起价格鉴定委托，总标的金额341万元，价格认证工作水平不断提高。根据自治区发改委要求，对拉萨市辖区堆龙、曲水、达孜等地4户菜农蔬菜种植成本、收益、供应及价格情况进行全面、详细的调查了解，为领导决策提供翔实的基础数据。

【党建工作】 落实党风廉政建设。2020年上半年，拉萨市发改委召开党组会议1次全面分析研判党建、党风廉政建设和反腐败工作形势，研究制定《拉萨市发改委2020年党风廉政建设工作要点》《拉萨市发改委2020年党的建设工作要点》，提出目标要求和具体措施，召开专题会议2次安排部署2020年党建和党风廉政建设工作，层层签订《党建工作责任书》和《党风廉政建设责任书》。

教育活动。2020年，拉萨市发改委坚持把学习贯彻习近平新时代中国特色社会主义思想作为重大政治任务，拓展深化理论中心组学习研讨模式，在提高学习转化能力上下苦功夫。截至年底，组织开展理论学习中心组学习12次、集中学习18次、支部学习6次、交流研讨3次、专题辅导2次、机关讲堂4次，观看红色教育、廉政警示片3部。坚持“请进来、走出去”学习。按照拉萨市人才和智力援助计划，结合发改系统干部教育培训需求，及时与对口援藏省市进行沟通，于9—10月组织全市发改系统干部职工63人分别到北京、江苏开展为期15天的培训。持续开设机关讲堂，制定《机关讲堂计划》，开展机关讲堂4次，通过县级干部轮流上讲台，激发发改系统干部职工的学习动力，提高学习业务的能力。

反馈问题整改。2020年，拉萨市发改委对巡视巡察、2019年脱贫攻坚成效考核和区市纪委脱贫攻坚监督检查等发现问题及时召开专题会议研究制订整改方案，明确整改措施、责任领导、责任科室、责任人和完成时限，开展整改工作，并及时上报整改落实情况，建立整改工作台账。截至年底，中央脱贫攻坚专项巡视反馈的8项问题，经自评完成整改需长期坚持的6项，见效并将长期坚持的2项。市委脱贫攻坚专项巡察反馈的6项问题，经自评全部整改完成。自治区巡视发现问题整改完毕，市委巡察自查发现的问题正在深入分析问题产生原因，待巡察结束后，结合市委巡察组反馈问题及时召开专题会议研究制定整改方案，明确整改措施。

（王祥磊）

财政

【概况】 拉萨市财政局内设9个科室，即办公室、政工人事科、预算科、国库科、行政文教科、经济建设科、农业农村科、社会保障科、会计科；内设3个中心：会计集中核算中心、财政投资评审中心、资产管理中心。人员编制69名，其中：行政编制30名，机关事业编制4名，参公编制25名，事业编制6名，工勤人员4名。实有干部职工64人（含2名援藏）。

2020年，拉萨市财政局面对严峻复杂形势和艰巨繁重任务，财政部门坚决贯彻市委、市政府决策部署，坚决落实“积极的财政政策要更加积极有为”的要求，全力以赴防疫情、保民生、促发展、防风险，围绕“六稳”“六保”开展大量的工作，取得突出成效。财政收入总体保持基本稳定，财政支出较快增长，预算执行总体良好，各项工作任务圆满完成，为拉萨市经济社会高质量发展提供坚强保障。

【支持疫情防控】 2020年，全市财政系统坚持特事特办、急事急办，建立抗疫专项“资金池”，开通资金拨付和政府采购“绿色通道”，第一时间保障抗疫所需。全市累计筹措新冠疫情防控资金3.48亿元，确保县（区）、预算单位不因资金问题影响疫情防控。加速推进复工复产，坚持“严管快下”相结合，建立财政资金直达机制，迅速集中下达资金31.63亿元，直接受益126.68万人次和249户企业，确保资金直达市县基层、直接惠企利民。筹措资金3000万元发放消费券，促进线下实体消费回暖，稳定商贸流通市场。

【落实财政政策】 2020年，拉萨市减负超过20.71亿元，有效促进市场主体和实体经济发展。拉萨市财政局配合相关部门加强组织收入，开源挖潜弥补税收减收，支持产业提升改造和新兴产业稳步发展，夯实税源基础。充分发挥财政职能，坚持基本支出只增不减，坚持用政府收入的“减法”，换取企业效益的“加法”和市场活力的“乘法”，以较高支出强度对冲疫情影响。全市一般公共预算支出349.66亿元，其中民生支出276.95亿元，占一般公共预算支出的79.2%，为做好“六稳”工作、落实“六保”任务提供保障。积极争取上级支持对财政工作，争取额外各项资金44.57亿元，比2020年市本级一般公共预算收入预算数17.4亿元翻一倍，包括地方政府债券23.4亿元，抗疫特别国债14.26亿元、水生态系统治理修复工程资金3亿元、供暖补贴资金0.95亿元、供氧建设资金0.68亿元、2017年干部职工增资缺口0.47亿元。

【提升首府城市首位度】 2020年，拉萨市财政局坚持集中财力办大事，强化基础设施支撑，落实资金45亿元，支持重点基础设施建设，兴建S5线拉萨至山南快速通道、东环北线、滨河路市政工程、堆龙河综合治理、拉萨师范高等专科学校“专升本”迁建、拉萨河两岸绿化提升工程、藏热大桥等项目。

【推进生态文明建设】 2020年，拉萨市财政局坚决打赢蓝天碧水净土保卫战，落实资金50.1亿元，以拉萨河流域山水林田湖草生态修复项目为牵引，兴建城市河流及周边沟域综合整治、布宫周边水系改造、南干渠水系生态治理和拉萨周边山体造林绿化等；筹措资金2.95亿元，配置522辆纯电动公交车，拉萨城市公交100%实现新能源化，方便市民低碳绿色出行；支持蓝天保卫战、水体污染治理、土壤污染防治工作，促进生态保护同民生改善相结合。

【支持科技创新】 2020年，全市科技支出2.63亿元，增长13.3%。坚持新发展理念，深入实施创新驱动发展战略，加强公共科技活动支持，持续增加基础研究投入，培育科技型中小企业，实施“百家科技企业培育工程”，推动创新创业双轮驱动发展，促进全市中小企业专业化高质量发展，为全市经济转型升级提供科技支撑，全市科技进步贡献率达到54.1%。

【推进乡村振兴】 2020年，拉萨市财政局落实“三农”资金26.19亿元，按照抓重点、补短板、强弱项工作要求，优先保障“三农”工作，扎实推进“美丽乡村·幸福家园”建设行动计划试点工作，加强农牧业农牧区基础设施和防灾减灾能力建设，促进农牧业丰收农牧民增收，推动乡村全面振兴。

【脱贫攻坚】 2020年，拉萨市财政局加快落实脱贫攻坚资金16.01亿元，提高扶贫资金使用效益。优化支出结构，加大财政支持力度，按照精准发力、分类施策、稳步推进的原则，瞄准“短板”扶贫，为拉萨市决战决胜脱贫攻坚提供财力支撑。

【发展优质公平教育】 2020年，全市教育支出54.56亿元，占民生支出的19.7%。教育“三包”标准达年人均4100元，受益学生11.75万人。支持全市义务教育薄弱学校改造提升，新改扩建幼儿园、中小学18所，增加学前教育和义务教育阶段学位5730个，进一步缩小城乡差距，推进义务教育由基本均衡向优质均衡发展。

【医疗卫生保障】 2020年，全市医疗卫生保障支出21.71亿元，支持应急物资保障体系建设，加强核酸检测能力建设，提升疫情防控和救治能力。落实基本公共卫生服务经费、城乡居民基本医疗保险财政补助工作。推进公立医院综合改革，支持市人民医院、市妇幼保健院医疗服务和保障能力提升。

【就业和民生保障】　2020年，拉萨市加大养老保险的财政补助力度，提高城乡低保标准，拨付困难群众救助资金1.53亿元，推动实现“老有所养、弱有所扶”。落实城市供暖补贴1.4亿元，保障13.2万户城市居民温暖过冬。落实就业补助资金2.16亿元，促进高校毕业生市场就业、自主创业，2020年拉萨市高校应届毕业生就业率99.67%。落实资金3.05亿元，改造棚户区2242户、建设公租房188套，加快城镇保障性安居工程建设，向1081户低收入住房困难家庭发放租赁住房补贴，持续改善中低收入居民基本住房条件。

【推进财政改革】　2020年，拉萨市财政局完成市与县（区）基本公共服务、医疗卫生领域共同财政事权和支出责任划分，形成依法规范运转高效的财政事权和支出责任划分模式。市本级试行零基预算改革，完善能增能减有保有压的分配机制，做实做细预算编制，增强预算约束力。推进预决算公开，提高财政透明度。

【财政预算管理】　2020年，拉萨市财政局增强县（区）、预算单位支出主体责任意识，加快预算执行，尤其是中央直达资金快速下拨。试点实施财政预算管理一体化改革，实现财政资金全流程监管，提升财政管理能力和水平。继续从严控制“三公”经费，压减一般性支出，清理盘活存量资金25.62亿元，腾出的资金用于保障和改善民生。

【预算绩效管理】　2020年，拉萨市财政局加快构建全面预算绩效管理体系，明确要求全市所有预算单位必须编制整体支出绩效目标和项目绩效目标，基本实现绩效目标部门全覆盖，项目预算与绩效目标做到同申报、同审核、同批复、同公开。组织第三方专业机构对2019年市本级预算单位97项重点项目支出和12家部门单位整体支出开展绩效评价，评价结果与2021年预算安排挂钩。

【政府债务管理】　2020年，拉萨市财政局拓宽政府合法融资“前门”、严堵违规举债“后门”。稳妥化解隐性债务存量99.38亿元，化解率43.31%，超计划化债6.56%，拉萨市债务率44%。加强债务风险监测监控，建立债务风险应急处置机制，确保政府债务率不超警戒线、无新增隐性债务。同时抢抓政策窗口期，主动争取，谋划包装和储备专项债券项目56个。

【财政监督检查】　2020年，拉萨市财政局建立财政监督长效机制，对117家市直预算单位和县（区）会计信息质量等重点工作开展监督检查，全市财政财务工作得到规范。开展全市行政事业单位干部职工公款私存和个人借款长期不还专项整治工作，整改完成率97.6%。

【政治建设】　2020年，拉萨市财政局加强理论武装，学懂弄通做实习近平新时代中国特色社会主义思想，坚定“四个自信”、增强“四个意识”、做到“两个维护”。压实党建责任，确保党建与业务工作同谋划、同部署、同推进、同考核。主动接受市纪委监委第六派驻纪检监察组的监督。

【队伍建设】　2020年，拉萨市财政局突出政治标准，坚持事业为上，统筹财政改革发展长远目标和工作任务，把事业需要、组织需求、岗位需求结合起来，把合适的干部放到合适的岗位上。同时强化干部的责任意识和履职意识，督促广大干部在锤炼内功、提升素质上下功夫，推动财政工作全面发展和进步。

（忽海洋）

税务

【概况】　2020年，拉萨市税务系统全年依法组织收入（未扣减出口退税，含社保费）完成21.06亿元，同比增收2.67亿元，增长14.5%，为拉萨市经济社会发展提供财力保障。

【党建工作】　2020年，拉萨市税务局切实发挥党建为统领、党建促工作作用，将党建工作融入疫情防控、日常管理、税收改革、纳税服务、群团建设等各项工作中，助力统筹推进疫情防控和经济社会发展，服务“六稳”“六保”大局。以创建“比学赶超”的模范机关为主线，充分发挥群团组带作用，创新性开展各类党建、文化建设活动。

完善制度机制，相继完成机关党委、工青妇组织的换届改选，完成机关纪委的设立工作，通过规范组织建设，全市系统共设立16个基层党支部，17个机关党小组，实现基层党组织全覆盖。以纵合横通强党建为依托，有效推动党建引领作用发挥，融入地方各项建设，发挥党员先锋模范作用。按照“三不出”相关要求，严格落实24小时领导带班和干部值班责任制，确保各项维稳措施落实到位、责任到人。构建重大风险防范化解的常态长效机制，继续加强内部安全防范，强化应急管理，落实好信访、舆情、保密、信息公开等制度。落实强基惠民扶贫项目18项，投入资金260余万元，开展结对帮扶主题慰问等活动17次，获得自治区级专项表彰5项，市级5项，县（区）级3项，巩固脱贫成果。

【主题教育】 2020年，拉萨市税务局深化拓展“不忘初心、牢记使命”主题教育成果，深入扎实开展全系统主题教育问题整改和专项整治情况“回头看”。依托“学习强国”“学习兴税”等网络平台，坚持问题导向，深入各自分管领域开展调研交流，将调研成果转化为工作成果、制度成果、理论成果。开展阳光税务讲堂党课系列、党务知识专题培训，有效指导各支部委员、党务干部贯彻落实党建各项工作制度规定，强化党员干部理想信念教育和党性教育。深入学习贯彻十九届四中、五中全会精神及中央第七次西藏工作座谈会精神，把主题教育整治整改工作与党建工作和各项税收业务工作结合起来，进一步深化“不忘初心、牢记使命”主题教育成果。

【税收征管】 2020年，拉萨市税务局完成新税务机构挂牌，“三定”方案逐级落实到位，非税收入成功划转，城乡居民养老保险、医疗保险顺利征收，国税地税征管体制改革三场主攻战梯次告捷。稳妥推进营改增，同步推进金税三期建设，统筹资源税、环境保护税、个人所得税改革等重大改革任务。完善纳税人分类分级管理，优化征管范围，强化风险任务扎口管理，确保新税制的落地落细，各项改革红利及时送达，征管体制改革、税制改革两条战线全面告捷。夯实税收法治基础，落实领导干部学法用法制度，强化党委中心组集体学法要求，持续提升领导干部法治思维，全面推行行政执法三项制度，建立完善新型税收执法质量控制体系，健全税费问题诉求解决机制，落实普法责任，打造具有税务特色的普法阵地，促进税法遵从。加强征管体制改革涉及的税收规范性文件清理，提升征管质效，完善税费征管体系和制度流程，推行征管质量5C监控评价。加强税费管理，探索建立税费一体征管新模式。服务大局，提升站位，充分发挥税收数据优势，拓展服务党政决策渠道，加强税收经济分析，提出支持地方经济社会发展的一系列政策建议，得到地方党政领导的高度认可。落实税收违法“黑名单”制度，公布曝光典型案件，进一步强化税收震慑力度。

【减税降费】 2020年，拉萨市税务局纵向上下同心、横向部门共担压力，围绕整顿和规范税收秩序，想方设法堵漏增收，推进打虚打骗、案件查处、扫黑除恶等专项工作。减税降费政策落地，惠及民生，累计新增减税降费28.63亿元，“十三五”时期累计组织收入766.72亿元，是“十二五”同期的3.03倍，较“十二五”时期增收576.32亿元，为拉萨经济社会发展和民生改善提供坚实的财力保障。聚焦优惠政策落实，采取多种方式加强宣传辅导，狠抓政策落实，确保纳税人、缴费人应享尽享政策红利，依法实施延期申报、延期纳税等征管服务措施。落实《优化营商环境条例》，组织开展便民办税春风行动，在全市实现自助办税服务全覆盖。建设规范统一的电子税务局，做到线上线下融合、前台后台贯通，使办税缴费更加方便快捷。创新“非接触式”税收宣传，围绕拓展“非接触式”办税缴费，优化现场办税缴费服务等方面出台10条硬措施。深化信用管理，动态管理重大税收违法失信案件信息和当事人名单。强化银税互动，通过“云税贷”平台发放贷款5.36亿元，营商环境在优化升级中持续稳定向好推进。

【队伍建设】 2020年，拉萨市税务局坚持严管和厚爱结合、激励和约束并重，充分激发干部职工参与改革、干事创业的活力。深化干部人事制度改革，一批年富力强的干部走上领导岗位，整改低职高配5人，混编混岗18人。落实职务与职级并行，共晋升298人次，在拓展干部职业发展空间等方面迈出新步伐。广泛开展岗位大练兵、业务大比武活动，提高一线岗位干部队伍素质。实施绩效管理、数字人事，横向到边、纵向到底、任务到岗、责任到人的格局初步形成。推进税务文化建设，以“一支部，一品牌，一单位，一特色”为抓手，先后创建出“堡垒共建”“双建双创”“书香支部”等党建品牌。加大与地方部门联系沟通和活动共建，依托扶贫济困、好书分享、诗歌大会等活动，弘扬主旋律、传播正能量。开展“不忘初心、牢记使命”主题教育，开展违规收送礼金、私车公养问题专项整治工作，通过严格的监督问责和有力的教育管理，切实促进干部廉洁从政。

（刘代君）

国有资产管理

【概况】 2020年，拉萨市国资委认真贯彻落实中共十九大精神，以习近平新时代中国特色社会主义思想为指导，以全面深化国资国企改革为引领，以管资本为主转变职能为目标，着力在监管中优化服务，在服务中强化监管，努力确保市属国企的平稳快速发展，不断提高发展的质量和效益。拉萨市13家国企（含3家园区国企）资产总额为1222.50亿元（其中流动资产为728.71亿元，非流动资产为493.79亿元），与2019年同比增长178.97亿元，增长率为17.15%；负债总额为757.65亿元，与2019年同比增长148.15亿元，增长率为24.30%；所有者权益总额为464.85亿元，与2019年同比增长30.82亿元，比2019年增长7.10%。营业收入151.33亿元，与2019年同比增加53.65亿元，增幅为54.92%；营业总成本146.73亿元（其中营业成本为127.62亿元；销售费用为2.80亿元；管理费用为11.31亿元；财务费用为3.60亿元），利润总额为11.76亿元，与2019年同期相比增加2.43亿元，增幅为26.05%；净利润为9.93亿元，比2019年同期增长2.16亿元，增幅率为27.80%。资产负债率为61.98%；净资产收益率为2.14%；成本费用利润率为8.02%；流动比例为2.37%；应收账款及票据189.20亿元；带息负债437.12亿元。

【深化国企改革】 2020年，拉萨市推进市属国企改革整合工作，市委市政府出台《拉萨市深化国资国企改革三年行动方案（2020—2022年）》。推进国企退休人员社会化管理工作，立足实际制定印发《拉萨市推进国企退休人员社会化管理工作实施方案》，截至年鉴，完成退休人员移交工作。妥善解决改革发展中系列问题。核实梳理国企不良债务打包回购。与西藏国有资本投资运营公司核实，有3家原市属国企（拉萨市公共交通总公司、拉萨市硼肥厂、拉萨市矿业公司）的债务本息9463.15万元。经多次沟通，对方同意对原市属国企不良债务本息以3.5折予以一次性清偿，清偿总价为3312.1万元，已经市政府研究同意。为部分国企协调注册资本金。为拉萨城投公司、拉萨政投代建公司、布达拉旅文公司协调解决注册资本金事宜。已协调到位注册资本金2.15亿元。妥善解决拉萨净土产业公司向拉萨布达拉旅文公司拆借资金2400万元、向拉萨交通产业公司拆借资金3600万元，共拆借6000万元资金问题，根据市政府会议精神，从市净土产业公司实际到位注册资本金中核减6000万元，分别注入拉萨布达拉旅文公司和拉萨交通产业公司用于旅游汽车改革时的运营成本。

【国资监管制度建设】 2020年，拉萨市国资委坚持以管资本为主推进职能转变，提交市政府常务会议审定并以市政府名义印发《拉萨市国有企业负责人经营业绩考核办法》。制定印发《拉萨市国有企业资产负债分类管控工作方案》《拉萨市属国有企业投资监督管理办法（试行）》《市属国有企业主业清单》《拉萨市政府国资委权力和责任清单（2020版）》《拉萨市国有企业资产损失财务核销工作规则（试行）》等11项监管制度，《拉萨市政府国资委以管资本为主推进职能转变方案》已经完成起草、征求意见等环节，待市政府审定后印发执行，不断强化对市属国企的政策指导和行为规范。

【优化考核分配制度】 2020年，拉萨市国资委开展2019年度国企负责人经营业绩考核工作。对2019年度各市属国企经济指标完成情况和市委、市政府安排的重大工作任务完成情况进行考核，考核结果经市政府常务会研究通过。根据制定出台的新版《拉萨市国企负责人经营业绩考核管理办法》，构建与企业功能定位相适应、与经营业绩相挂钩的差异化薪酬考核机制。在完成企业功能界定和分类基础上,针对所处行业和领域,制定差别化考评指标体系,现正在落实。持续开展市属国企及园区国企专项审计。对2019年度国企专项审计工作进行部署,与5家中标审计公司签订审计业务合同、廉洁承诺书,入驻13家企业开展审计工作,多次听取审计进展并做好跟踪,委托中介机构对拉萨城投等4家公司开展审计结果复核。

【统筹推进企业复工复产】 用好政策助力复工复产。2020年,拉萨市国资委落实企业防控疫情和复工主体责任,按照先急后缓、先易后难原则,统筹安排、精心组织安排项目顺序,在具备复工条件后,抓紧按期复工。市属国企在3月15日后陆续复工复产,市属国企已开复工项目251个,总投资1887.7亿元,复工人员达47644人。

多措并举落实落细房屋租金减免政策。2020年,拉萨市国资委督导市属国企切实发挥社会责任与担当精神,全力做好帮扶服务业小微企业和个体工商户缓解房屋租金压力落实工作。各企业减免门面租金、摊位租金、住房租金11888.8万元,出租车承包金2789.42万元、燃气费用34.35万元。

强化责任凸显国企担当方面。2020年,拉萨市国资委充分发挥市属国企职能优势,整合资源,全力做好生活用品、气、水、出行等方面保障工作。组织党员干部职工捐款,系统1859名党员干部职工积极踊跃捐款,捐款97.8万元。强化宣传教育,营造舆论氛围,各市属国企积极在微信平台、公众号转载防控宣传教育图片或宣传片,全系统开展各类宣讲宣传1503场次,覆盖37620人次,起到较好的宣传效果。

服务社会发展大局。2020年,拉萨市国资委全面巩固和发展"十企帮十村"活动,组织和带领国企加大对驻村点经济发展的引导和支持,帮助贫困村发展特色产业,培育新的经济增长点,多措并举巩固脱贫攻坚成果。引导市属国企及职工响应消费扶贫号召,购买扶贫产品,市属国企按照指导目录,采购扶贫产品200余万元。推进农牧民增收工作,全市13家市属国有企业共向拉萨籍农牧民提供1582个就业岗位,实现增收6068.8125万元;通过产业发展、工程建设带动农牧民短期务工23308人,促进增收40121.245万元。吸纳高校毕业生就业,要求结合产业结构调整和产业升级,不断开发岗位,多渠道提供适合高校毕业生的就业岗位。13家国企已吸纳高校毕业生就业590人,其中拉萨籍195人。

协调推进拖欠民营企业中小企业账款工作及清理拖欠农民工工资。2020年,拉萨市国资委督促市属国企严格落实国企清欠台账月报制,要求存在拖欠账款的国企制定切实可行整改方案、清偿计划和时限。通过整改落实,市属国企中不存在拖欠民营企业、中小企业账款的现象。

【思想政治理论学习】 2020年,拉萨市国资委党委推动习近平新时代中国特色社会主义思想进机关、进企业、进头脑,重点围绕习近平总书记关于国企改革发展和党的建设方面内容、党风廉政建设和反腐败工作、意识形态工作开展集中研讨,切实增强"四个意识"、坚定"四个自信"、做到"两个维护"。全年共开展12次理论学习中心组学习会,先后36人次作交流发言;机关支部坚持每周开展集中学习活动;支部书记为党员上4次专题党课,邀请党校教师辅导4次,党委班子成员在分管范围内学习宣传党风廉政建设16次。

【党员队伍教育管理】 2020年,拉萨市国资委通过学习全面从严治党相关文件和违纪违法案例、收看警示教育片等,认真学习全面从严治党相关规定,深入剖析中共十八大以来查处的典型案件,凸显典型案例警示教育的效果和作用。6月,举办2期入党积极分子培训班,7家市属国企219名入党积极分子参加。9月,举办市属国企基层党组织书记培训班,68名党组织书记参训。严格落实共产党员不得信仰宗教的纪律要求,牢固树立马克思主义宗教观,加强无神论教育学习,不断强化对不得信仰宗教的思想认识和政治自觉。注重对退休党员教育管理,通过微信群、电话等形式向退休党员传达维稳部署、安全事项,共同开展"七一"庆祝等集体活动,及时了解思想动态和退休党支部党建情况,充分发挥宝贵价值和积极作用。选优配强干部人才队伍,坚持把"好干部"标准用人导向贯穿始终,严格标准条件和选任程序。开展1次科级干部职级晋升工作,共有5名干部职级晋升。

【推动巡察整改落实】 2020年，拉萨市国资委始终坚持以问题导向、目标导向和过程导向，结合反馈的5个方面、14个大项、34个小项问题，细化为50条整改措施扎实推进巡视反馈问题整改工作。通过集中整改，有31个小项问题整改到位，剩余3个小项问题正在积极整改中。

【整治不正之风】 2020年，拉萨市国资委开展集中整治形式主义、官僚主义等突出问题，坚决贯彻落实中央八项规定及其实施细则精神和区市党委实施办法，改进公务出差、调研、公务接待等，主动自查自纠，抓好整改。严格财务预算和经费规范化管理，严控“三公经费”开支。严格按照上级规定规范公务接待、发放津贴补贴、公务用车使用，严禁机关干部职工参与赌博、违规公款吃喝、违规操办婚丧嫁娶事宜。在春节、藏历新年、“五一”、端午等重要节假日及时发送廉洁过节通知、廉洁从政提醒信息，重申和强调纪律，督促党员干部严格执行“八项规定”，严防“四风”问题反弹。

（葛志晴）

自然资源管理

【自然资源调查监测】 2018年12月底启动“全国第三次国土调查”内外业调查和数据库建设工作，截至2020年年底，“三调”成果均上报国务院三调办审核，待“三调”最终成果下发后，将做好成果共享。开展拉萨市1∶500地形图测绘项目（正射影像图）以及城市三维模型建模项目，支撑国土空间规划编制、自然资源“一张图”地理空间基础信息系统建设。首次将无人机低空航空遥感技术应用于测量工作，开展城市倾斜摄影三维建模试点，利用EPS地理信息工作站、EPS建筑工程项目“多测合一”软件系统，提升测绘技术水平，助推拉萨市数字城市建设发展。

【自然资源确权登记】 2020年，拉萨市自然资源局研究制定《拉萨市自然资源统一确权登记工作总体方案》作。配合市农业农村局开展当雄县草原承包经营权确权登记颁证试点市级验收工作。

【自然资源所有者权益管理】 2020年，拉萨市自然资源局组织落实全民所有自然资源资产管理政策，落实全民所有自然资源资产划拨、出让、作价出资和土地储备等政策。推进建城区范围内土地基准地价更新工作，基本形成更新成果。探索国有建设用地使用权网络拍卖，首次实现网上公开交易；探索带条件出让供应土地模式，将棚户区改造、公共服务设施、基础设施等要求列入土地招拍挂内容。全年供应土地59宗（其中公开招拍挂出让土地成交33宗，首次网络拍卖出让土地1宗），土地价款44.3亿元，超额完成26.9亿元的土地收益年度目标。不动产登记实现外网申请后台审批，充分利用“互联网+”，开通电子邮件、电话咨询、预约办理等服务。加快推进历史遗留问题化解工作，完成7宗土地的不动产登记手续并颁发不动产权证。

【自然资源开发利用】 2020年，拉萨市自然资源局深入开展闲置土地清理工作，推进经济技术开发区标准厂房等低效闲置土地盘活利用；对8家中直、区直单位进行核查，并向5家单位下发《闲置土地调查通知书》。启动土地集约节约项目和拉萨市城区低效用地现状调查。推进城乡建设用地增减挂钩工作。2018年度400亩增减挂钩项目，进入收尾阶段；2019年1800亩增减挂钩项目，县（区）正在开展拆旧复垦工作；2020年度2900亩。对市域内41家非金属采矿权中18宗过期无法延续的非金属采矿权进行公告注销，规范全市矿政管理工作。

【构建国土空间规划体系】 2020年，拉萨市自然资源局完成《拉萨市国土空间开发保护现状评估》《拉萨资源环境承载力和国土空间开发适宜性评价优化研究》《拉萨市产业专题研究》《拉萨市人口专题研究》等14个专项研究，形成《拉萨市国土空间总体规划》阶段性成果，科学构建市域国土空间格局和中心城区空间结构及布局。编制完成《拉萨历史文化名城保护规划》《拉萨河沿线特色空间规划》《拉萨综合交通体系规划》《拉萨市东城新区（纳金片区）重点地区城市设计》等系列专项规划，实现对城市的微观管控引导，对城市空间治理、形态表达、补齐短板具有重大作用。落实乡村振兴战略，推动拉萨市“美丽乡村·幸福家园”建设行动计划，探索建立健全市级专家审查组和村庄规划指导员机制，通过市级专家审查组完成44个村庄规划审查工作，指导各县区村庄规划编制工作。

【国土空间用途管制】 2020年，拉萨市自然资源局推进“放管服”改革和工程建设审批领域改革，统筹规划、建设、管理三大环节，优化规划选址、建设用地规划许可、建设工程规划许可等审批流程，提高审批效能。将耕地保护工作纳入全市责任目标考核体系，层层签订《耕地保护目标责任书》，全市耕地保有量83.56万亩，永久基本农田61.67万亩，圆满完成自治区下达的72.55万亩耕地和61.67万亩永久基本农田保护任务。开展“在线”自然资源管理咨询服务工作，预先对设计方案进行合规性审查，通过网络通信工具将意见反馈给设计单位，利用“天翼云会议”客户端组织召开项目设计方案及外立面专家评审会视频会议。完成堆龙德庆区北大资源、达孜区叶巴村康养小镇等项目农村宅基地农用地转用及土地征收审批手续建设用地报批件的上报工作；完成区、市两级疾病预防控制中心建设项目、柳梧新区互通立交项目等项目选址和审批工作；完成那曲市教育体育局第四高级中学、西藏自治区党委办公厅党史馆等项目建设用地规划许可证核发；完成西藏自治区医院、拉萨市中心城区水系修复及生态治理工程建设工程规划许可证的核发，为各类民生项目和重点项目顺利落地提供保障。全年共办理农用地转用及土地征地报批件42件，出具用地规划设计条件282份，核发《建设项目用地预审与选址意见书》22本，核发建设用地规划许可证209本，核发建设工程规划许可证130本，核定总建筑规模约401万平方米，桥梁工程8642米，管线工程5776米。整改2017年原国家土地督察成都局土地例行督察反馈问题，完成率为90%。持续推进年度土地变更遥感监测图斑和矿产遥感疑似违法图斑核查工作。制定“两违”办法，加强土地非法买卖和违法建设专项整治工作和“违建别墅”清查整治工作，全年共拆除违法用地和违法建设52栋，总面积177029.2平方米。开展农村建房乱占耕地问题清查整治专项行动，对6265个国家下发的疑似图斑进行摸排，将摸排后确认的2307宗农村乱占耕地建房图斑数据上报至国家汇交平台审核。环保督察整改顺利推进，中央、自治区生态环境保护督察反馈问题整改任务有16项已完成整改并销号，其余6项正按时序推进。开展拉萨市中心城区水系治理及生态修复项目征地拆迁工作。

【国土空间生态修复】 2020年，国家第三批山水林田湖草试点项目拉萨河流域生态保护修复工程通过竞争性评审，试点项目总投资53.9137亿元，约完成投资33亿元，占目标任务的61.21%。截至年底，拉萨各县（区）统计上报易地扶贫搬迁已拆旧户647户，已复垦复绿38户。相关县区开展复垦复绿项目前期工作。47处采砂采石场（含2处金属）恢复治理工作已完成15处，其中25处除植被复绿以外，其他恢复治理工作基本完成，5处正在有序推进中，另外2处已成为城市建设储备用地。自治区自然资源厅组织编制的拉萨市8个县（区）1：50000地质灾害详细调查成果报告已通过专家评审，推进监测预警体系地质灾害气象预警预报基础平台建设。

【自然资源信息化建设】 2020年，拉萨市自然资源局建设完成拉萨市自然资源局业务审批系统、移动办公系统、三维管理系统以及自然资源国土空间规划“一张图”实施监督信息系统，加快推进实现政务网上办、业务全覆盖、自然资源“一张图”和数据全市共享。

（格桑卓玛）

物价管理

【物价监测】 2020年，拉萨市物价局根据市政府《关于新型冠状病毒期间开展重要民生商品应急价格监测工作的通知》要求以及市委、市政府领导的指示精神，及时响应启动价格应急监测预警工作，对6个农贸市场、2个批发市场、4个蔬菜基地、7个医药超市、19个酥油店拉萨城投酥油销售点、2个超市、建材市场、高争水泥等重要商品市场进行价格监测和巡访巡视。全年列入重点价格监测的商品种类达到200种，监测点143个，物价水平保持平稳运行，居民消费价格指数同比上涨2%。

【优化价格收费环境】 2020年，拉萨市物价局联合市场监督管理局，对国网公司落实一般工商业用电电费按照95%结算情况进行监督检查，并对落实相关阶段性电费减免政策进行宣传解读，确保疫情期间电价减免政策落实到位。开展定期不定期的价格巡查巡视，引导和督促企业合法经营、诚信经营。参与区财政厅组织的减税降费督导检查，对拉萨市部分市直部门、经开区、堆龙德庆区、达孜区等对国家、西藏自治区减税降费各项政策措施落实情况进行督导检查，清理规范全市各单位收费行为，为全市营造良好的价格及收费环境。

【强化价格公共服务职能】 2020年，拉萨市物价局从服务司法、服务社会、服务政府、服务系统四个方面入手，拓展工作领域，开展涉案财物价格认定工作，提高价格认证工作水平。

【开展农畜产品成本调查】 2020年，拉萨市物价局对拉萨市辖区内5个县25户农畜产品成本、农作物、畜牧业收益及价格情况进行全面、详细的调查了解。

（王祥磊）

市场监督管理

【概况】 2020年，全市市场监管系统上下坚决贯彻习近平总书记重要讲话精神和党中央、国务院、自治区决策部署，聚焦"六稳""六保"，统筹推进疫情防控和经济社会发展任务，狠抓工作落实，完成各项工作任务，荣获全国市场监管系统抗击新冠肺炎疫情先进集体称号和2020年度拉萨市目标绩效争先进位考核社会治理类进位奖。

【服务经济发展】 2020年，拉萨市市场监督管理局持续推进市场准入便利化和审批许可改革，推行涉及市场监管领域23项"最多跑一次"清单事项，实现企业开办全程电子化，开办时间持续巩固在3天以内。全年新设市场主体1.8万余户（平均每天70余户）。复工复产期间，第一时间出台《拉萨市市场监督管理局助力复工复产十二条举措》，并协调相关部门落实租金减免、降费减税等政策，全市4216户经营户享受减免房租1118万元，2232户享受"欠费不停供"政策，45家企业享受年度条码维护降费4600元，2000余台农贸市场、超市在用计量器具和43家医疗机构的医疗器械得到免费检定，减免检定费用100余万元，通过股权出质、动产抵押等方式帮助企业融资43.2亿元。

【质量强市】 拉萨市2019年公共服务质量总体满意度84.05分，在全国160个参与监测城市中排名第10，相比2018年提升89位，得到市委、市政府主要领导的充分肯定。指导甘露藏药通过评审获得"中国知识产权管理体系认证证书"，西藏叁柒实业有限公司商标申报认定驰名商标，实现全区企业知识产权贯标零的突破，荣获2020年中华品牌商标博览会卓越贡献奖。79家检验检测机构获得资质认定。推进企业标准自我声明公开，帮助7家企业修改标准、5家企业公开标准，制定4项团体标准和2项地方标准。

【四大安全管理】 2020年，拉萨市食品安全工作在全区年度考核中获得第二名。狠抓冷链食品疫情防控和食品安全风险管控，排查冷链食品4000余吨。加快农贸市场快检室建设，率先在全区建成2家一级农贸市场检测室，提前建成12家二级农贸市场食品快检室。快检食用农产品8.2万余批次，开展食品安全抽检5994批次，合格率98.64%。8481家餐饮单位实现"明厨亮灶"，覆盖率91.92%。组织开展食品突发事件（Ⅱ级）应急演练，指导尼木、曲水和林周县开展一般食品安全突发事件（Ⅳ级）应急演练。投入文明城市创建，推进"文明餐桌"行动，公勺公筷深入人心，餐饮浪费得到有效遏制。完成全市"两会"及"2020年第三届喜马拉雅自行车极限赛"等重大活动食品安全保障工作。加大药品、医疗器械、化妆品监管力度，排查经营使用单位1181户次，完成监督抽检865批次。开展特种设备安全专项整治，排查各类特种设备5147台次，发现安全隐患234条。对商场超市等人员密集场所124台15年以上老旧电梯进行风险评估，发现隐患70类1000余条；探索推广"电梯保险＋服务"模式，参保电梯3879台，参保率为54.3%。加大工业产品质量安全工作力度，全年开展工业产品生产许可证获证企业检查21次。工业制造业产品监督抽样105批次，合格率为97.14%，对22所中小学幼儿园的校服、床上用品质量开展监督抽样116批次，合格率84.48%。

【市场秩序】2020年，全市市场监管干部职工以高度的政治责任和强烈的使命担当，始终坚守抗疫最前沿，蹲点巡查各大农贸市场，严密监测有关广告发布，检查各类市场主体8760家次，累计监测广告3853条次，确保拉萨市场野生动物和活禽零交易。严厉打击重点防疫物资和商品领域违法行为，依法查办价格类案件13起，查办涉及口罩等防护用品违法案件16件，案值5.8万元，罚没款11.9万元。全市处理防疫物资和重要民生物资的消费投诉举报80件。严格退热止咳药品管理措施，全面推进实名制登记制度，第一时间向疫情防控办推送购买人员信息3万余条。及时出台《疫苗质量监管手册》，确保疫苗流通、接种安全。全面加强进口冷链市场检查，发现冷链食品违法线索并立案查处9起。推进部门联合监管，确定17个部门随机抽查事项453项，102名执法人员和2280户市场主体纳入名录库。完成18个定向抽查任务，对多个领域的689户企业进行检查，抽查比例100%、信息公示率100%。推进年报工作，企业年报率93.81%，居全区第三。强化信用监管，依法将1987户企业列入经营异常名录、127户企业列入严重违法失信企业名单，清理"僵尸企业"1154户，为85家企业进行信用修复。开展公平竞争审查，审查780份规范性文件，清理废止妨碍统一市场和公平竞争政策文件27件。

【执法普法】2020年，拉萨市市场监督管理局在执法办案工作中实行良法善治，对借疫情之机谋取不正当利益、违反疫情防控要求的生产经营行为予以坚决打击、严格惩处，对违法情节轻微的食品药品等案件不予行政处罚或减轻从轻处罚。开创投诉举报新局面，拉萨百货商贸有限公司、万达广场等6家市场主体发展为ODR企业，实现消费者"24小时在线维权"。2020年共办理食品（冷链食品）药品、特种设备、工业产品等违法案件277起，案值146.75万元，罚没313.01万元。受理投诉举报3952件，办结率98.4%，挽回经济损失519.69万元。

【队伍建设】2020年，拉萨市市场监督管理局全面加强党风廉政建设，落实党风廉政建设两个责任，健全廉政风险防控机制，实现年初确定的违纪违法零目标。制定机关内财务管理、执法办案及党内制度50项，规范办公用品采购、公务用车等机关内部管理。及时完成领导办公超标整改。强化干部队伍建设，开展19期"业务大讲堂"、业务培训600余人次。深入开展党员干部结对帮扶活动，组织干部职工向新冠疫区捐款5.28万元。"小个专行业党建"工作取得一定成效，已帮助组建10个党支部。组织召开县级领导干部述职述廉专题会和集中述学专题会。

（贺艳军）

审计

【概况】2020年，拉萨市审计局人员编制49人，在编46人，领导职数5名。设有办公室、法规与审理科、电子数据审计科、财政审计科、行政事业与社会保障审计科、农业与资源环保审计科、固定资产投资审计科、企业审计科、经济责任审计科；设有信息中心事业单位。

2020年，拉萨市审计机关共完成审计项目90个，其中，市直本级部门预算执行大数据非现场审计65个，常规项目审计23个，专项审计调查2个。发现问题金额412971.76万元，促进增收节支和挽回损失35600.31万元；移送问题线索18件。出具审计报告20篇，审计决定20篇，审计提出建议71条，被采纳71条；提交审计信息30篇；提交审计专报13篇。为推动拉萨经济社会高质量发展发挥应有的作用。2019年实施的空港新区2016—2018年精准扶贫精准脱贫政策落实情况审计项目被评为2020年全区审计机关表彰审计项目。

【国家重大政策措施落实情况跟踪审计】2020年，拉萨市审计局按照国务院统一部署和审计署统一要求，对拉萨市2020年贯彻落实稳增长等政策措施落实情况进行跟踪审计。

【财政审计】2020年，拉萨市审计局对2019年本级财政及其他财政预算执行、林周县2018—2019年财政预算执行和其他财政收支情况、拉萨市人防办2013—2019年度预算执行情况进行审计。

【疫情防控资金和捐赠款物专项审计】2020年，拉萨市审计局按照审计厅要求，抽派人员参与自治区审计厅组织的对拉萨市疫情防控资金和捐赠款物专项审计。

【经济责任审计】 2020年，拉萨市审计局对拉萨市墨竹工卡县、西藏空港新区及市卫健委、市科技局、市布达拉宫广场管理处、市净土文化传媒有限公司等6家单位11名党政领导干部和国有企业领导人员进行经济责任审计工作。

【固定资产投资审计】 2020年，拉萨市审计局对羊八井精准扶贫风湿患者集中搬迁安置点一期建设项目、城关区扎细街道团结新村小康社区基础设施改造项目等重点投资建设项目进行审计。

【行政事业审计】 2020年，拉萨市审计局对市委政法委员会2018—2019年度护路经费专项审计、市科技局2019年度部门预算执行情况审计、市卫健委2019年度部门预算执行情况审计、市政府驻海口办事处2016—2019年度部门预算执行情况审计、市第二中等职业技术学校2018—2019年教育"三包"经费专项审计。

【农业审计】 2020年，拉萨市审计局对墨竹工卡县领导干部任期自然资源、墨竹工卡县高标准农田建设项目、墨竹工卡县2016—2019年精准扶贫精准脱贫政策落实情况进行审计。

【企业审计】 2020年，拉萨市审计局对拉萨市公共安全服务有限公司2019年财务收支、西藏自治区医药有限责任公司2019年度财务收支进行审计。

【大数据审计和信息化建设】 2020年，拉萨市审计局根据审计署、自治区审计厅提出的实现对市本级一级预算单位的审计全覆盖的部署要求，市审计局对拉萨市70家一级预算单位中的5家采取现场审计、65家采取非现场审计方式，向65家单位下发《关于开展2020年拉萨市本级部门预算执行大数据审计的通知》及"三公"经费统计表。对本级55家单位在预算执行中存在的应缴未缴财政资金、往来款未及时清理、"三公"经费超预算等疑点问题进行现场审计核实。核实后对确认问题的49家单位，出具《拉萨市审计局关于确认非现场大数据审计发现问题的函》；对下一步需要整改审计发现问题的24家单位，出具《拉萨市审计局关于整改非现场大数据审计发现问题的通知》。

【党风廉政建设】 2020年，拉萨市审计局高度重视党风廉政建设和反腐败工作，深入学习贯彻中共十九大和十九届二中、三中、四中、五中全会精神，落实全面从严治党责任和党风廉政建设主体责任，层层签订党风廉政建设责任书，压实管党治党责任。不断加强党员干部的党风廉政学习教育，全面提高党员干部的政治思想觉悟和反腐倡廉意识，建立健全与审计工作相适应的教育、制度、监督并重的惩治和预防体系。严格落实中央八项规定及其实施细则精神，审计署"八不准""四严禁"的纪律要求及区市有关规定，坚持问题导向，不断加大"四风"特别是形式主义、官僚主义等专项问题的整治力度，党风廉政和作风建设持续深化。

【党建工作】 2020年，拉萨市审计局党组坚持以习近平新时代中国特色社会主义思想为指导，坚持把政治建设摆在首位，始终坚持政治强审、党建引领主方向，牢牢把握审计机关的政治机关定位，对标看齐中央和区市党委重大决策部署，不断巩固开展"不忘初心、牢记使命"主题教育，认真贯彻落实中共十九大和十九届二中、三中、四中、五中全会精神，中央第七次西藏工作座谈会精神，习近平新时代中国特色社会主义思想，尤其是习近平总书记关于审计工作的重要指示批示精神，在学懂弄通做实上下功夫。加强党对审计工作的集中统一领导，把党的领导贯穿审计工作全过程。以党的政治建设为统领，落实抓党建促审计工作，不折不扣地贯彻落实市委、市政府和审计厅的决策部署，以改革创新的精神努力推进审计监督工作，不断提升审计服务拉萨经济社会健康发展的"免疫系统"功能。

（沈士虹）

统计

【概况】 2020年，拉萨市统计局及时提供反馈主要经济指标数据信息。按时完成2019年度、2020年全市及分县区月度、季度主要经济指标数据的审核和反馈工作。2020年前三季度全市统筹推进疫情防控和经济社会发展工作，经济复苏态势明显，工业、服务业、投资、消费等指标增速回升，物价涨幅继续回落，企业复工复产复商复市成效明显，积极因素逐渐增多，经济总体呈现平稳复苏，主要经济指标持续向好。完成2019年度和2020年一、二、三季度分县（区）地区生产总值核算工作。2020年前三季度，实现地区生产总值483.49亿元，增长6.5%，增速高于全国、全区5.8个和0.2个百分点，连续三个季度领跑全区。

【全市统计工作会议】 为贯彻落实中央、区市党委经济工作会议精神，贯彻落实全国和全区统计工作会议，经市委市政府分管领导同意，3月中旬，拉萨市召开全市统计工作座谈交流会议，会议全面总结2019年统计工作，分析研究统计发展形势，安排部署2020年重点任务，为全年统计工作指明方向。

【疫情期间监测分析】 新冠疫情发生以来，拉萨市上下同心、多措并举，努力克服新冠肺炎疫情带来的不利影响，经济运行稳健进入复苏轨道，积极向好因素正逐步累积。拉萨市统计局面对疫情冲击，加强对全市经济社会发展和企业复工复产的调研力度，与上级统计部门和市直相关部门深入基层企业调研6次，形成专题调研报告4篇，为市委、市政府提供决策服务，充分做好参谋助手作用。

【常规统计工作】 2020年，拉萨市统计局高质量完成统计定报工作。为进一步提高统计数据质量，加强对定报工作，对重要指标认真审核把关，增强基础数据的匹配性和支撑性；加强与相关部门和上级统计部门的沟通、衔接，掌握第一手资料，确保统计数据有理有据、真实可信；真实客观地反映我市经济运行情况。完成名录库的维护和更新工作。依据“先进库、再有数，不在库、不出数”的原则，开展2019年基本单位名录库核查工作，并与相关部门积极联系，实地调查，收集整理新设立企业的各种申报材料，及时将符合“四上”标准的企业纳入名录库，确保统计数据的完整性。

【“四经普”成果开发工作】 2020年，拉萨市第四次全国经济普查取得阶段性成果，全面进入资料开发应用阶段。根据自治区经普办规定时间节点，拉萨市统计局组织专业人员撰写普查公报，组织业务人员参加区经普资料开发平台专题培训，明确数据汇总口径和汇总方法。“四经普”开发年鉴汇审及四经普成果课题开发工作取得实质性进展。

【第七次全国人口普查】 *加强组织领导。*2020年，拉萨市组建市级人口普查领导机构1个，由市委、市政府分管领导任组长的领导小组，下设办公室、县级人口普查领导机构11个（含3个经济功能园区）、乡镇（街道）级人口普查领导机构65个。

*落实普查经费。*截至年鉴，全市共落实人口普查经费731.38万元，其中自治区级以上90.15万元、市级137.5万元、县（区）级518.75万元，按常住人口口径人均达10.34元。

*培训工作。*按照普查方案及时组织各县（区）、功能园区人普办业务骨干参加国家统计局组织的第七次全国人口普查区域划分、绘图视频培训会、组织市级普查指导员参加国务院人口普查实施方案和人口普查区域划分、绘图视频培训会，并在江苏省统计局的帮助下，完成市级人口普查“两员”综合业务培训。

*人口普查综合试点和宣传工作。*6月11日，全区、市人普综合试点工作在拉萨市城关区洛堆社区同步正式开展，并于7月底结束，实现“锻炼队伍、总结经验、打好基础”的预期目标。利用“拉萨统计公众号”，借助“中国统计开放日”、组织全市广大干部开展第七次全国人口普查知识线上答题活动等，通过多种方式不断深化人口普查社会面宣传，提高公众知晓度，征得广大普查对象的理解、支持和配合。

*督导推进。*国家、自治区、市三级人口普查办多次现场检查指导人口普查工作，听取基层意见、帮助解决实际困难、督导进度和质量、看望一线普查人员等，推动各阶段工作高质量开展。共开展各级调研督导工作7次，其中，国家级2次、自治区级2次，市级3次；市政府分管领导参与调研督导2次；特别是8月3日，国家发改委副主任、国家统计局局长宁吉喆在拉萨市堆龙德庆区调研时，对拉萨市人口普查准备工作取得的成绩给予充分肯定，对贯彻落实党中央、国务院有关决策部署提出希望和要求。

完成人口普查前期基础性工作。完成人口普查建筑物标绘工作。截至年底共标绘建筑物131150个,住房单元320164。根据《第七次全国人口普查方案》要求,2020年10月11日全市人口普查摸底工作启动,2020年11月1日人口普查正式登记工作全面启动,历经15天的短表入户登记,在全市2000多名普查员努力下,完成入户登记工作。11月16日至12月10日完成了人口普查长表登记和比对复查工作。紧接着开展行职业编码工作,并顺利完成。

【统计服务决策】 2020年,拉萨市统计局围绕市委、市政府中心工作,开展好统计调查监测分析工作,及时跟踪掌握主要经济指标动态。撰写经济运行情况分析,截至年底,共撰写《统计分析》57篇、《统计专报》15篇、《统计工作动态》211篇、《拉萨统计调查信息》96篇。其中:区局采用40篇。及时编印《2020年月度主要经济指标小册子》《2020年领导干部手册》《2020年统计年鉴》,为党政领导把脉经济社会发展状况提供全方位的统计信息参考。获国务院第四次经济普查领导小组颁发的先进集体荣誉称号及拉萨市委、市政府颁发的2019年度拉萨市平安建设(综治工作)先进集体。

【综治维稳】 2020年,拉萨市统计局坚持不懈地加强干部职工反分裂斗争教育,多次召开专题会议,传达中央、自治区、拉萨市维稳工作会议精神,部署局维稳工作。完善各类应急处突预案,添置安全保卫用具和值班备勤用品,提高防控和处置突发事件的能力。严格按照维稳工作要求,在重要节点实行县级领导带班,24小时值班制,增强内部防范工作。

【驻村工作】 为深入推进新时代干部精准驻村"党员干部进村入户、结对认亲交朋友"活动与紧密结合驻村工作,巩固脱贫攻坚成果工作精准对接,充分发挥党员干部在助力精准脱贫中的生力军作用。2020年,拉萨市统计局党组协调有关部门为尼木县塔荣村落实10万元的农用生产经费以及在塔荣村的三个包村点分别协调落实110万元的水毁桥项目建设。在藏历新年和春节前夕来临前、"七一"建党节前对塔荣村"三老"人员和贫困户进行节前的慰问,对该村43户结对帮扶户送去价值34500元的慰问品。

【疫情防控】 2020年,拉萨市统计局组织有效,积极行动,持续开展疫情防控工作。根据拉萨市疫情联防联控相关工作要求,迅速组织人员按照通知要求深入局办公区域所在地出租房屋开展出租门面房人员信息核查以及居家隔离人员服务管理相关工作。严格按照在地管理"不漏一户、不漏一人"的原则,对环保局门面房正在营业的15家商户进行登记造册。及时掌握本单位返藏人员情况,做好居家隔离观察工作。按照坚持外防输入、内防扩散的工作原则。根据市委、市政府关于做好新型冠状病毒肺炎疫情防控工作的要求,拉萨市统计局党组高度重视并认真贯彻落实关于疫情防控工作的系列指示批示精神,及时组成工作专班,对到拉萨人员及时进行全面统计。对拉萨市分布外来人员留观组别的详细统计信息进行严密部署,明确分工,制作表样、编辑程序,在时间紧,任务重,工作人员紧缺的情况下,为市委、市政府提供更有效、更有针对性的疫情防控相关数据信息。承担政府定点酒店(圣安大酒店)工作组工作,先后选派5批由局县级领导带队的工作组,全面牵头负责酒店留观各项工作。用实际行动诠释初心和使命,为打赢拉萨市疫情防控阻击战提供坚实统计服务保障。

【党建责任落实】 加强组织领导。2020年,拉萨市统计局党组按照党建工作主体责任制的相关要求,年初党组召开专题会议,对2020年党建党风廉政建设及意识形态领域工作进行专题研究部署,同时调整充实了党建工作领导小组,切实把工作摆上了重要的议事日程。

落实工作责任。2020年,拉萨市统计局党组研究制定《中共拉萨市统计局党组2020年度机关党建工作要点》《中共拉萨市统计局党组2020年度党风廉政建设工作要点》《中共拉萨市统计局党组2020年局意识形态工作要点》等,层层签订党建、党风廉政建设等工作目标责任书,形成上下贯通、左右联动的责任体系,构建了齐抓共管的良好运行机制。全年共召开党建党风廉政建设及意识形态领域工作会2次,专题研究部署工作。

【强化理论武装】 2020年，拉萨市统计局党组结合2019年度局党组民主生活会查摆出来的问题，坚持以习近平新时代中国特色社会主义思想为指导，主动用党的创新理论武装头脑、指导实践、推动工作。年初研究制定《中共拉萨市统计局党组理论中心组学习计划》和《党支部学习教育计划》，切实充分发挥党组理论中心组的“火车头”示范带动作用，坚持带头参加政治理论学习和带头上党课，推动形成一级做给一级看、一级带着一级干的工作机制，为学习教育做出表率。截至年底，党组理论中心组开展集中学习研讨10次，支部委员会学习4次，全体党员集中学习教育培训中共十九届四中全会精神人均达40学时以上，学习强国日均学分30分以上，局领导干部讲党课3次，人均撰写心得体会5篇，参加各类在线学习10余人次，人均20余小时。

【加强组织建设】 *加强自身建设。* 2020年，拉萨市统计局高度重视领导班子的自身建设，努力增强贯彻民主集中制的自觉性，坚持统分结合的原则，班子成员合理分工，换位思考，充分交流意见建议，严格按照议事规则办事，做到决策之前先沟通，并且严格落实主要领导末位发言制，不搞“一言堂”，民主决策得到加强。

以党建促群建，开展各类活动。 2020年，拉萨市统计局组织全体女干部职工开展“三八”节前大扫除活动，组织全体党员干部职工开展爱国卫生活动，组织全体党员干部职工40余人前往堆龙德庆区乃琼镇玻玛村3组义务植树点活动。干部职工主动参与拉萨市创建全国文明城市创建工作，配合辖区及市直有关部门的安排，到指定路口及辖区公交站等负责承担文明交通引导员。全年来，为关心干部职工的身心健康，局妇委会与局工会紧密配合，组织妇女干部职工进行“两癌筛查”等重大疾病的排查体检。结合开展庆祝建党99周年系列活动之际，组织党员赴尼木县结对帮扶点和看望慰问老党员、困难党员、群众，送去组织的关心和温暖，物品折合约15600元。

【党风廉政建设】 2020年，拉萨市统计局党组坚持把思想教育放在首位。利用党组理论中心组学习、“三会一课”等，组织广大党员干部深入学习《中国共产党廉洁自律准则》《中国共产党纪律处分条例》《中国共产党党内监督条例》和各类违纪违法典型案例通报，围绕《中华人民共和国统计法》和中央《关于防范和惩治统计造假、弄虚作假督察工作规定》，国家统计局印发《关于防范和惩治统计造假、弄虚作假督察工作规定实施办法（试行）》精神，注重加强对干部的政治信仰、理想信念和业务道德教育，局干部职工的勤政廉政观念、贯彻执行党的路线方针政策的自觉性和防腐拒变能力明显得到增强。局党组主要负责人在工作中，切实履行第一责任人职责，主动与班子成员开展谈心交心和廉政谈话，谈话分别从提高政治站位、强化责任担当、要狠抓工作的落实、积极团结协作等方面提出具体要求。班子成员，按照“一岗双责”的要求，对自己分管的科室负责人，分别从履职尽责、如何发挥参谋助手作用、提高工作效率、科室内部团结以及廉洁自律等方面进行集中约谈，拉近与干部的距离，起到了既关心关怀干部，又严格要求干部的效果。年初，召开党风廉政暨机关效能建设工作会议，局党政主要领导分别与班子成员、科室负责人签订2020年度党风廉政建设目标责任书、机关党建工作责任书、意识形态工作责任书、社会治安综合治理建设目标责任书、科室岗位目标责任书。局党组明确党组书记为第一责任人，提出在律己上要“管住自己”，在律人上要“向我看齐”。同时根据工作需要，组织党员干部开展承诺践诺书活动，明确要求共产党员不得参与宗教活动和任何形式的赌博行为，在日常工作上推行党员积分考核制度，量化指标、明确责任、强化考核，把党建工作责任落实到每一个人，特别是与班子成员述责述廉挂钩，实现党建与业务工作开展同促共进。

【作风建设】 2020年，拉萨市统计局按照中央和区市党委关于改进工作作风和集中整治不作为慢作为、文山会海等形式主义、官僚主义突出问题的要求，结合工作实际，持续抓好作风建设，保持常抓的韧性和抓长的耐心。为严肃工作纪律，改进机关作风，做到了“天考勤、周统计、月公示”，并将考勤结果与科室和个人年度考核挂钩，有效治理了上班迟到、早退、无故旷工、不假外出等现象。严格执行中共拉萨市委办公室市政府办公室《关于印发解决形式主义突出问题为基础减负的十三条举措通知》精神和市减负办下达的《办文办会工作指标》，市统计局严格按照相关要求，做到可发可不发的公文坚决不发；重复性公文坚决不发；能用通知发布的不再行文，压减发文数量，严格控制文件规格，能以信函格式印发的，不以文件格式印发，能通过电话、传真、统计信息网解决问题的，不印发文件。上级文件已公开发布的，不重复翻印、不重复转发。全年以局名义发文49件，办会2次，均控制在下达的指标内。推动单位内部管理工作科学化、规范化和制度化建设，做到“用制度管人，用制度管事”，切实加强单位内部管理，经局党组研究，修订2011年拉萨市统计局和国家统计局拉萨调查队合署办公时制定的二十三项规章制度，清理规范现行以单位党组、局及办公室名义制定印发的各类文件等，形成《局规章制度汇编》。成立局规章制度清理工作领导小组，制定《开展局内部规章制度清理工作方案》，分类设立十一个专门工作小组，制度清理各工作小组对原有的制度进行修订或制定新增制度，每组负责人将审阅后，汇编形成《局规章制度汇编（初稿）》。制度清理工作针对汇编广泛征求局领导及各科室意见，根据反馈的意见及中央、区、市最新下发的规章制度，进行反复修改，最终形成的《局规章制度汇编》共计7个部分，34个制度（修订19个制度，新制定15个制度）。为切实克服“机关病”现象，结合十九大提出的“完善统计体制”，落实好中央意见、自治区实施意见要求，深入县区、企业、工地，了解掌握统计基层基础、经济运行情况的第一手信息资料，为科学决策提供支持，全年来研究制定详细周密的调研计划，坚持问题导向，掌握第一手情况，共调研20余次。

（陈　芳）

统计　调查

【概况】　2020年，国家统计局拉萨调查队执行报表制度，规范管理调查流程，完成居民收支、消费价格、农牧业统计、月度劳动力、非制造业采购经理、小微企业跟踪调查等常规调查，实施畜禽监测、农民工市民化监测、贫困监测等专项调查，开展新冠疫情对一季度居民收支情况的影响、疫情影响下民办幼儿园经营状况、疫情对餐饮行业用工影响、县域经济发展现状、藏药产业发展现状、主要畜禽养殖生产经营状况、春耕春播情况、农户种植意向、农牧民转移就业、企业经济运行情况、大学生就业意向、地摊经济、采购经理调查企业资金紧张问题、消费扶贫发展现状等快速调查撰写民生分析57期、民生专报15期，国家统计局内网主页采用4篇，国家统计局西藏调查总队内网采用53篇，市委、市政府采用10余篇。分季度编印《拉萨调查手册》，发布主要民生调查指标数据，分析主要调查指标情况，以及热点、难点和领导关注问题调查信息，呈送地方党委、政府主要领导、相关市（中）直部门。为夯实粮食单产数据，率先在全区开展农作物单产的实割实测工作。加快数据采集电子化进程，推广城镇住户电子记账，电子记账户达94户，已覆盖调查样本的47%；农民工市民化监测全部实现PDA数据采集。开展节前节后食品价格调查，持续跟踪调查猪肉等主要肉产品及替代品价格走势，加强价格分析解读和预警预测，形成长期跟踪了解主要产品产地与运输渠道的机制。制定《CPI新基期轮换工作方案》，提前开展摸底工作，选好规格品，开展2021年CPI新基期轮换准备工作。劳动力调查作为重点接受国家统计局、总队检查指导，按反馈意见查摆不足，制订整改方案，落实整改成效。建立劳动力调查员档案，创新培训方式，完善培训机制，健全平台审核机制，加大陪访、电话回访、审核力度，从源头上把控数据质量。制定采购经理调查《数据核查方案》，编印《采购经理调查实用手册》，入户面访19家企业。劳动力调查、消费价格调查、收支调查、采购经理调查等专业完善数据质量审核评估办法，农业、价格等专业报表零差错上报。对月度劳动力调查、居民收支调查国家调查点进行挂牌，提升调查影响力，增强调查员责任心，提高数据质量。

【脱贫攻坚普查】　2020年，国家统计局拉萨调查队抽调骨干力量参加脱贫攻坚普查，圆满完成清查摸底、现场登记、数据集中审核等阶段性普查任务，各项工作走在前列，取得较好成效，得到地方党政领导的高度认可，统计调查地位明显提升。成立领导小组办公室，设在国家统计局拉萨调查队。编制《普查经费预算》,落实市级经费83.3万元。高标准选拔普查人员。落实办公场所、办公设备,满足普查工作需要。购置普查设备(PDA)、印制普查方案和工作手册、制作普查工作包(含雨伞、太阳帽、办公用品等),完善普查物质保障。举办4期普查业务培训,808名普查人员参加培训,实现普查人员业务培训全覆盖。制定《拉萨市脱贫攻坚普查应急预案》,开展舆情监测和处置工作。开展"地毯式"清查摸底,不重不漏,摸清全市10718户建档立卡贫困户基本情况,为入户登记奠定较好基础。按照"前慢中快后稳"的原则,实行县(区)包干联系制度、每日通报制度,坚持"五个当日"工作模式,即当日采集数据、当日指导员复核、当日县级审核验收、当日市级审核验收、当日反馈整改问题,规范现场登记要求,加强数据审核,严密防范风险点,确保数据质量,高质量完成现场登记各项工作。强化督促检查,确保普查成效。队主要领导带队分4组到8个县(区)和4个经济园区,督查普查机构、派驻工作组运行情况,核实普查主要指标填写情况。全面复核普查数据,在不断地发现问题和总结经验过程中,全面提升数据质量。严格执行"先审批后修改"制度,建立数据核实清单制度,确保数据审核过程规范、数据修改有据。提前谋划事后质量抽查工作,下发《关于配合做好国家脱贫攻坚普查事后质量抽查工作的预通知》,做好迎接国家事后质量抽查准备工作。

【统计法治建设】 2020年,国家统计局拉萨调查队将意见、办法、规定列入党组中心组学习。完善数据质量管理的制度流程、管理办法,形成制度清单,规范管理流程,明确各级负责人和统计调查人员的具体责任。印制《领导干部违规干预统计工作记录台账》,分月登记,按季汇总,如实上报。定期不定期开展统计报表和台账检查,纪检组介入数据采集、审核、汇总、评估、监督、上报、发布等环节,坚决防止统计数据造假弄虚作假行为。完善《居民收支调查(非国家调查点)调查方案》,规范开展地方调查点调查项目。及时更换月度劳动力调查员证件,确保依法依规调查。配强执法监督队伍,选派5人参加国家统计执法证考试,要求全员通过考试。包括队主要领导在内的6人参与脱贫攻坚普查数据质量监督检查。在居民收支、月度劳动力、脱贫攻坚普查等4个培训班上讲授法律法规,明确执行统计法律法规、国家统计政令和规范业务工作"十个不得""十四个严禁"的具体要求并狠抓落实。利用住户调查、劳动力调查、价格调查和专项调查之机,组织干部职工、辅助调查员和采价员向68家调查企业、77个采价点、1348户调查对象进行法治宣传。认真总结"七五"普法工作,查找问题和不足,夯实普法工作基础。组织干部职工参加统计法律法规知识线上答题、《中华人民共和国公职人员政务处分法》网上答题活动,提升依法统计意识。

【统计队伍建设】 2020年,国家统计局拉萨调查队坚持把提高领导水平和执政能力作为领导班子建设的核心,加强领导班子建设,明确职责分工,提高履职尽责能力。选派班子成员参加中国干部网络学院处级实职网络学习、国家局在线和地市级统计机构主要负责人线上培训班、国家统计局第59期处级干部进修班、国家统计局高级统计人才暨青年业务骨干素养提升专题班、国家统计局党校第3期局处级干部"习近平新时代中国特色社会主义思想"专题进修班和第59期处级干部进修班,着力提升班子成员的理论水平和议事能力。纪检组长异地交流任职,班子成员年龄结构更加合理。组织3名科级干部参加国家局在线学习,选派干部参加国家统计局援藏项目培训班等国家统计局和总队业务培训,提高科级干部理论素养和业务能力。以规范管理为抓手,探索创新管理制度,推进统计调查工作制度化、程序化、规范化。制定《干部综合考核办法(试行)》,量化考核标准,结合日常考核与年度考核,注重工作完成的时效与质量,特别是突出分析研究写作和工作创新,科学评价工作成绩,引导努力方向。实行月度工作例会制度,月初召开工作例会,全面听取业务、党建、纪检等工作完成情况,布置下月及中长期工作,推进重点工作按时高效完成,全年共召开工作例会11次;延续采价员例会制度,两月召开一次,交流采价工作,强调采价要求,解决困难问题,提高价格数据质量。建立工作督导制度,纪检组随时进行重点工作任务督导,对未按时完成的登记备案,提出批评意见,将督导结果作为评先评优的重要参考。

对口支援

综述

【概况】2020年，紧紧围绕区、市中心工作，拉萨市与北京市、江苏两省市密切配合，重点聚焦巩固脱贫效果防止返贫、提升教育医疗扶贫水平、改善群众生产生活条件、提高干部人才扶贫能力、开展“携手奔小康”行动、广泛凝聚社会力量扶贫等六个方面，深化对口援藏工作。援藏力度不断加大，北京市支援拉萨资金3.47亿元，安排项目53个，江苏省对口支援西藏拉萨资金3.73亿元，安排项目57个，在项目资金安排上确保80%以上向民生向基层倾斜，拉萨城乡面貌得到明显改善，公共服务水平稳步提高，特色产业快速有序发展，援受两地交流合作不断深化，促进拉萨长治久安和高质量发展。

【“小组团”援藏】“十三五”规划以来，累计选派党政部门、学校医院、科研院所、国有企业等各领域干部人才近1200名，涵盖对口支援的县区和市属重要部门。特别是第九批援藏干部更是采取“小组团”援藏模式，对接拉萨市实际需求，优中选强，按照政务、规建管、信息化方向选调一批业务型干部，短时间内适应角色，发挥积极作用。

【组团教育援藏】2020年，援藏教师涵盖小学、初中、高中和职业教育各阶段，面向建档立卡贫困户孩子设立的“京藏宏志班”和助学金，保证贫困户孩子不仅能上学，还能上好学，通过教育阻断贫困代际传递。拉萨北京实验中学中考、江苏实验中学中考、拉萨北京中学高考上线率均达100%，拉萨北京实验中学成为自治区重点高中，江苏实验中学成为拉萨市重点中学。

【产业帮扶】2020年，结合拉萨市资源禀赋，因地制宜实施曲水县小商品集散地建设、达孜区产业园区高标准温室大棚、尼木县信用菌产业转型升级工程、西藏纳木错圣水厂产业扶贫项目、乳制品加工厂等20个产业扶贫项目，带动800余人就地就近就业。

【交流交往】2020年，援受两地党政部门、科研院所等各类专家学者交流交往活动不断深入，通过赴京、赴苏培训方式培养各类急需人才1500余名。

【消费扶贫】2020年，先后多次组织扶贫企业和产品进京、进苏参加特色产品展销会、农业嘉年华等活动，并在京开设净土专卖店，鼓励江苏省属企业采购拉萨产品、推荐拉萨农产品生产加工龙头企业加入江苏省东西部扶贫联盟、打造线上展销平台等，先后消费采购大昭圣泉矿泉水、牦牛肉制品、藏缘青稞酒、西藏玫瑰化妆品等地产产品，2020年实现销售额1000余万元。

（王祥磊）

北京援藏

【概况】2020年是决胜全面建成小康社会、决战脱贫攻坚之年，是“十三五”收官之年。一年来，北京援藏指挥部以学习贯彻中共十九届五中全会和中央第七次西藏工作座谈会精神为主线，团结带领全体援藏干部人才，聚焦助力拉萨市巩固拓展脱贫攻坚成果和经济社会高质量发展，以“过好五关”、实施“五大工程”为重点，坚持首善标准，发挥首都优势，用心用情用力，圆满完成“十三五”收官工作和全年各项任务，取得较好成效。2020年，共安排项目50个（计划内43个、计划外7个），下达援藏资金34570.75万元。项目开工率100%、完工率94%，竣工项目一次性通过，竣工验收率100%。

【援藏干部人才队伍建设】 通过夯实援藏队伍思想政治基础和党风廉政建设，引导全体援藏干部人才过好“政治关、高原关、工作关、团队关、廉洁关”，不断强化家国情怀、责任意识和政治担当，坚持以首善标准做好援藏各项工作。2020年，北京援藏指挥部集体和个人获评全国荣誉4项，北京市、自治区级荣誉奖励14项。

夯实政治建设。2020年，指挥部党委班子带头，以理论中心组学习为龙头，抓好各基层党组织建设，全年开展学习19次。党委书记和党委委员带头讲党课，举办以“红心向党学党史增智扶志助脱贫”为主题的党员知识竞赛，各支部组织开展形式多样、内容丰富的学习教育活动共计160余次。通过强化政治建设，促使全体援藏干部人才重温援藏初心和使命，发扬“老西藏精神”，在工作中不断增强责任感、使命感，增强能力、锤炼作风。加强服务保障，确保过好高原关。

完善工作机制。2020年，根据专业背景、个人特长，组建多个领域的援建“小组团”，为干部人才施展抱负、干事创业提供平台；挑选20余名援藏干部人才，加上第四批轮换的5名专职干部，调整充实指挥部内设机构力量，专兼结合、发挥合力。开展北京援藏指挥部制度汇编，修订各项规章制度41项，增加督查等工作制度，完善各项工作流程，确保工作规范、运行高效。

夯实组织建设。2020年，建立健全临时党支部设置，落实“三会一课”制度和民主评议党员活动，定期组织支部学习，做到党支部工作有计划、有记录、有总结，有效发挥基层党组织教育、管理和服务职能。充分发挥工会作用，组织开展多样化活动，丰富援藏干部人才业余生活，将援藏指挥部打造为援藏干部人才的温馨之家，不断增强全体援藏干部人才的归属感。

廉洁自律。2020年，调整审监部门工作职责、对项目资金使用开展前置监督、建立党支部纪检委员联席会议机制等，优化审计和监督工作运行体系，提升监督效率。坚持集中警示教育与日常提醒相结合，建立定期谈话制度，针对工作岗位重要、廉政风险较高的援藏干部加强监督、管住管好，抓实抓细，抓小抓早，通过扎牢制度的笼子，切实保障援藏干部人才过好廉洁关。

【智力援藏】 2020年，发挥首都人力智力资源优势，在有效发挥全体援藏干部人才智力援藏、发挥传帮带作用的基础上，聚焦拉萨市巩固脱贫攻坚成果和高质量发展中的突出矛盾，通过“请进来、走出去”两个途径同时发力，实施政务援藏、技术援藏、人才培养培训等，安排援藏资金1000余万元，实施脱贫巩固提升扶贫产业项目经营管理百名骨干培训、创业致富带头人培训、骨干教师培训等赴京培训项目12个，培训各类干部人才878人；实施多批次短期援藏项目，邀请北京信息化、涉农产业发展经营等领域专家技术人才进藏开展实地指导，助力智慧城市建设，促进提升扶贫产业项目效益等。通过抓好人才智力支援，将北京的先进理念、管理方法、技术手段带到拉萨，有效提升受援地干部群众的自主发展能力，打造一支带不走的人才队伍。

【产业援藏】 2020年，坚持将抓产业发展作为巩固脱贫成果的根本之策，把更多精力用在当地特色产业项目的扶持和品牌打造方面，实现由“输血”向“造血”的转变。实施“项目结对管理联系人”制度，对援藏项目实行全过程闭环管理，确保项目顺利推进、实现预期目标。截至2020年年底，北京“十三五”援建运行的产业项目实现收益，有效促进受援地持续巩固脱贫成果。将提振当地特色产业作为推动就近就地就业、实现农牧民脱贫致富、增强发展内生动力的有力抓手，结合当地资源禀赋，实施一系列产业援藏项目，注重发展牦牛育肥、藏鸡生猪养殖等特色养殖业，推动发展现代设施农业、特色加工业和文化旅游产业。安排援藏资金1.613亿元，实施藏鸡原种保护基地建设项目二期、德吉藏家“旅游+”等产业类项目15个，通过科技、文化赋能当地特色养殖业、特色加工业、现代设施农业和文化旅游业，培育新的经济增长点，助力巩固脱贫成果。帮助净土乳业公司提升乳制品加工产业化水平，协调中国奶业协会，于2020年6月顺利取得学生奶奶标，成为自治区唯一一家具备学生奶产销资质的本地乳企，为打入拉萨学生奶市场取得通行证。充分发挥西藏气候低温、低湿、低尘的特点和绿色能源蕴藏量丰富的优势，助力拉萨重点布局大数据、云计算、灾备存储、仿真实验等领域。发挥西藏北京商会等平台作用，引导数字经济和相关产业加速向拉萨聚集，为高原净土产业注入新的时代元素。宁算科技公司会同中国联通申报的拉萨区域性国际关口局已于2020年10月10日获得工信部批准设立，打通西藏面向南亚的数据大通道，助力拉萨成为国家面向南亚的通信信息骨干节点。协调北京市人力社保局与拉萨市政府签订《对口支援拉萨人社工作协议书》，五年内每年为拉萨市提供一定数量的事业岗位和企业岗位。建立疫情形势下的常态化网络招聘模式，利用北京就业网络平台开展拉萨专场招聘活动，为拉萨籍未就业高校毕业生提供就业岗位1117个，其中事业岗位205个、国企330个、民企582个。鼓励在京企事业单位定向开发岗位、协调商会企业同等条件优先录取等，积极助力受援地贫困人口就业。

【保障和改善民生】 2020年，以设施配套、基本保障提升、环境美化为重点，切实改善当地群众的生产生活条件。安排援藏资金4743万元，实施城市人行天桥“连心桥”工程、尼木县巴果村脱贫奔小康村居基础设施建设、堆龙德庆区饮水供水系统提升改造工程、城关区扎细街道团结新村小康社区基础设施改造等工程，不断提升群众的获得感、幸福感和安全感。投入1743万元建成西藏首座配置电梯的城市人行天桥“连心桥”，方便群众出行。尼木县巴果村脱贫奔小康村居基础设施建设，通过改造道路、绿化、亮化、给排水工程，为高寒高海拔深度贫困地区群众带来方便，全村998人受益。堆龙德庆区饮水供水系统提升改造工程，解决3683户12598人的安全饮水问题，提升农牧民的生活质量和健康保障水平。

【交往交流交融】 2020年，推动两地群团组织、企事业单位、行业协会等各类机构和社会组织开展多领域、多层次、多样化的交往交流和结对共建活动，搭建汇聚社会力量参与援藏工作的平台载体。安排交流交往交融类项目11个、资金460万元，开展“首都艺术家拉萨行”活动以及“优秀创业青年访学计划”“拉萨市大学生就业创业促进计划”等，涵盖党政企业人才、青年、妇女、学生等人群和文化、就业领域。国庆期间，安排“宏志班”学生赴京开展游学活动，观看天安门升旗仪式，参观长城、故宫等，与北京同龄学生面对面交流学习。通过一系列交往交流活动，深化京藏两地交流，增进两地人民之间的感情，有效促进民族团结和京藏一家亲。

【文化教育援藏】 2020年，按照习近平总书记关于改变西藏面貌关键靠教育的指示精神，把对口支援工作打造成民族团结特别是民族文化融合的工程。扩大京藏优质资源网络互动教学的辐射面，推动拉萨市建立科学完整的教研体系。持续加快北京、拉萨两地文化艺术界“请进来、走出去”的步伐，推动当地文化整理、发掘、创作，促进文化交流与融合。组织百余名首都艺术家到拉萨开展慰问演出和参观交流，将京味文化的雅俗共赏和融合创新带入雪域高原。援藏项目当雄县原创游牧文化歌舞剧《天湖·四季牧歌》、藏地首部音乐旅行电影《极净之路》两部作品成功在北京演映，《天湖·四季牧歌》代表西藏自治区首次入围国家艺术基金2020年度传播交流推广资助项目，促进当雄羌塘草原文化在其他省(区、市)的推广和交流。组织藏族工艺美术大师携唐卡、金属造像、玉雕、檀香木雕刻等文化精品参加2020年中国国际服务贸易交易会，央视新闻和BTV北京时间进行报道，扩大了藏族民族文化艺术和拉萨工美品牌的影响力。

【“组团式”援藏】 2020年，聚焦教育、医疗领域，集中优势资源加大投入，打造北京援藏新“名片”。实施教育援藏类项目6个，拉萨北京实验中学和拉萨北京中学2020年高考两校上线率均超过99%，被当地群众誉为“家门口的西藏其他省市班”。在城关区、尼木县、当雄县实施4所幼儿园新建、改扩建项目，可提供学位600多个，为农牧民、建档立卡户子女就近入学提供保障。医疗援藏方面，投入援藏资金2000余万元，建设高原康复中心改造、急救监护设备采购、智慧产科健康管理系统等援藏项目，助力推进拉萨市人民医院“五大中心”建设和“强三甲”工作。持续深化“以院包科”援藏机制，开展“以院包科”的北京医院达到8家，所包科室成为拉萨市乃至自治区的重点科室。当雄县成功开展首例腹腔镜微创手术、剖腹产手术，初步实现常规常见手术不出县城的目标。支持开展免费救治高原病、扶贫义诊等活动，为当地群众特别是偏远高海拔地区农牧民群众看得起病、看得上好医生提供保障。组建城市规划建设管理、信息化、牦牛养殖等“小组团”，集中力量解决拉萨市急需解决、但因人才技术瓶颈解决不了事情，取得较好的成效。城市规划建设管理小组团已经完成《拉萨城市总体规划（2020—2035年）》的前期调研工作；中心城区水系治理和生态修复的五个项目已开工实施；柳梧大桥南桥头匝道交通节点改造项目已经完成。

【消费扶贫】 2020年，深入推进消费扶贫行动，通过北京消费扶贫双创中心打造形成“1+3+7+16+X”特色消费扶贫新模式，推动产销结合、个人对接与组织动员结合、线上线下相结合，搭建集中展销平台，拓展销售渠道，切实促进拉萨市扶贫产品和高原特色产品销售，带动农牧民群众脱贫增收。截至年底，拉萨净土公司北京市场实现销售额1000余万元，带动当地人员就业1087人，大学生直接就业83人。两县两区援藏团队加强与后方协作，通过参加展销会、建立直营店、直播带货等方式，促进拉萨市扶贫产品在京销售额超过1100万元。

江苏援藏

【概况】 2020年，江苏援藏前方指挥部坚持把援藏作为锤炼党性、磨炼意志、增长才干的主战场，以高站位抓学习，以高标准担使命，以高质量促落实，教育引导援藏干部人才站稳政治立场，永葆信仰初心，服务援藏大局。聚焦决胜全面小康目标，落实“六稳”“六保”任务，发挥江苏产业优势，壮大特色支柱产业，做大做强产业园区，推动经济复苏，为拉萨高质量发展蓄能。坚持把改善民生、凝聚人心作为援藏工作的出发点和落脚点，援藏项目和资金持续向民生倾斜、向基层倾斜，为受援地群众带来看得见、摸得着的便捷和实惠，不断满足受援地人民群众对美好生活的向往。国家发改委2019年度对口支援西藏绩效综合考核，江苏援藏工作获得综合绩效突出、3个专项绩效突出，位列第一方阵；江苏援藏前方指挥部荣获2020年拉萨脱贫攻坚组织创新奖；参与拉萨抗疫工作，受到市委市政府高度肯定。

【政治建设】 2020年，江苏援藏前方指挥部定期召开党委会议，把深入学习贯彻习近平新时代中国特色社会主义思想作为首要政治任务，把落实中央第七次西藏工作座谈会精神作为重中之重，牢牢把握援藏工作正确方向，引导援藏干部人才增强“四个意识”、坚定“四个自信”、做好“两个维护”。在中央第七次西藏工作座谈会、全省对口帮扶支援合作工作会议、全省干部人才援派工作座谈会后，指挥部党委第一时间学习传达，研究实施意见，细化分工方案，确保会议精神落实落地。举办3期“高原讲坛”，围绕中央治藏方略、民族宗教政策、西藏人文历史等专题开展授课，帮助援藏干部人才深化对西藏战略地位特殊性、发展稳定重要性、反分裂斗争复杂性的思想认识。

【锤炼党性修养】 在进藏一周年之际，江苏援藏前方指挥部党委开展“不忘援藏初心开创援藏新路”集体政治生日活动，组织参观西藏百万农奴解放纪念馆、拉萨党风廉政警示教育基地，加强对援藏干部人才的党性教育、作风教育。落实全面从严治党主体责任，坚持把纪律和规矩挺在前面，严格执行议事决策、重大事项报告、援藏资金管理、项目跟踪审计等规定，让制度成为管人管事的标尺，引导援藏干部人才增强防腐拒变的定力，做清正廉洁的表率。发挥9个工作组党支部的战斗堡垒作用，按照拉萨市委统一部署，组织全体党员到社区报到，深入基层一线，密切联系群众，在高寒缺氧环境中锤炼党性，在急难险重任务中磨炼成长。

【维护团结稳定】 2020年，江苏省教育援藏干部人才贯彻党的民族宗教政策，真诚与拉萨各族干部群众交朋友，和困难群体结对帮扶，结对贫困户255户、困难学生328名，组织捐款捐物1.5亿元，以实际行动维护民族团结。严守反分裂斗争纪律，在大是大非面前立场清醒，助力平安拉萨建设，筹措300多万元向拉萨市公安系统捐赠警用装备，并实现江苏省13个地市公安局与拉萨各县区公安局结对关系“全覆盖”。疫情防控和萨嘎达瓦等特定时期，从严落实维稳值班要求，确保全员、全时段在岗，坚决维护拉萨团结稳定的大好局面。

【疫情防控】 新冠肺炎疫情发生后，江苏援藏前方指挥部坚决落实苏藏两地党委政府防控要求，帮助拉萨防控疫情，共筹集口罩69万只、医用手套5.346万双、防护服1297套、护目镜2527个，协调捐赠消毒液10吨、消毒片（粉）10吨，协调采购防护隔离衣6000套，援藏干部人才捐款9.5万元。在江苏省支援湖北抗疫期间，拉萨受援四县区向江苏对口的4个设区市援鄂医疗队累计捐赠价值约120万元的物资。

【援藏规划引领】 2020年，共安排援藏资金37257万元，实际实施援藏规划项目56个，开复工率100%，圆满完成全年各项援藏任务。精准做好“十三五”项目执行情况评估和财评、审计、结余资金梳理工作，注重总结项目的经济效益、社会效益特别是扶贫效益，充分体现江苏援藏成果。“十三五”期间，援藏项目开工率100%、完工率98.3%，投资完成率96.65%。立足拉萨实际，加强沟通协商，高标准、高质量编制江苏省“十四五”援藏规划，注重发挥援受双方优势，注重发挥整体效益，注重加大交往交流交融力度，注重让基层群众直接受益，做到统筹兼顾、突出重点、精准科学、久久为功，切实提高援藏工作科学化水平。

【“小组团”援藏】 2020年，江苏援藏前方指挥部承接自治区4项“小组团”援藏任务，位列各援藏省市之首。成立指挥部“小组团”援藏工作领导小组，根据援藏干部人才岗位职责、优势特长，组建5个工作专班。发挥受援县区资源禀赋、扶持政策等比较优势，构建“1+4+4”（江苏援藏前方指挥部+4个“小组团”援藏工作组+对口支援4个县区）联动格局。围绕“支柱产业、重点园区、龙头企业、品牌产品”四个层面，会同受援地推进放管服改革，建立项目审批绿色通道，在工作组内部建立招商引资信息共享、推介项目互联互通、重大项目统筹协调、工作进度定期盘点等机制，各类招商活动覆盖到每个“小组团”，形成联动发展、错位发展、互利共赢格局，推动援藏工作由“单兵作战”向“组团攻坚”转变。先后4次承接自治区观摩交流活动。

【产业转型升级】 2020年，江苏援藏前方指挥部壮大净土健康产业，在牦牛繁育、奶（肉）牛养殖、藏鸡养殖等产业发展上精准发力，加大援建投入，补齐补强特色产业链条。格桑塘现代农牧产业示范园在牦牛繁育、饲草种植、规模养殖等方面逐步显现“头雁效应”，打造草牛肉奶一体化产业链。自治区常委书记吴英杰，自治区党委副书记、自治区主席齐扎拉、自治区人大常委会主任洛桑江村先后考察指导，决定以格桑塘为基地，实施牦牛全产业链条发展计划，为全区牦牛产业发展探索可持续、可复制的新路径。提高产业链附加值，投资1000万元的达孜区藏鸡屠宰场投入运营，提高当地藏鸡产业效益40%以上。在疫情防控常态化条件下，助力文旅产业复苏，借助江苏文创设计经验，打造“优质文旅产品+乡村产品”生态产业链，江苏旅游援藏品牌“拉萨·城市游礼”“拉萨·乡村游礼”分别亮相第二届大运河博览会、第十一届江苏乡村旅游节。开通南京至拉萨直航航班，畅通西藏与长三角地区产业协作、人文交流、旅游观光的空中桥梁。截至11月底，江苏进藏团队游客1.4万人次，成为组团送客游西藏最给力的省份之一。

【促进园区提质增效】 2020年，江苏援藏前方指挥部始终把对口援建拉萨的8个功能园区作为产业援藏的主阵地，在规划编制、服务企业、内部管理等方面打好“组合拳”，优化园区营商环境。以“补供应链、强产业链”为抓手，组建招商引资小组，到全国各地开展项目洽谈、合作共建，引进实体项目，优化产业结构，促进园区发展行稳致远，全年共招引项目252个，协议总投资741亿元，当年实际到位资金214亿元。落实指挥部党委委员挂钩联系重点项目制度，定期梳理15个重点项目进展，开展政策扶持、跟踪服务、要素保障等工作。制定援藏项目指导服务工作制度，发挥住建、自然资源、生态环境等部门援藏干部人才优势，服务援藏项目建设。达孜工业园区成为自治区首家工业文化旅游示范区，确定首批17家工业文化旅游景点企业，引进苏酒集团、丹阳眼镜城等项目。曲水县才纳乡国家现代农业示范园年产值突破13亿元，接待游客近20万人次。墨竹工卡县“格桑花开产业园区”一期创业产业园区签约20个意向合作项目，协议投资总额超过12亿元，开沃新能源汽车、弥盛塔巴陶瓷等5家其他省市企业相继注册落地。

【发挥在藏苏企作用】 发挥苏拉资金撬动作用，2020年向18家企业拨付专项引导资金1160万元，奖励拉萨市8家“绿色发展试点企业”160万元。雪鹰通航执行高原首次飞播造林，设计9个飞播作业区，造林面积21.8万亩，推动拉萨绿化进程。藏建科技推进装配式建筑在西藏的应用和发展，发挥产业引领支撑作用，获评国家装配式建筑产业基地。藏缘青稞实施年产1.5万吨青稞芽胚精酿啤酒、2000吨青稞芽胚、青稞粉等项目，提供农牧民就业岗位160个，帮扶大学生就业创业38人，培养近50名技术和管理人才，并在全区率先以每公斤7元的高价“订单式”收购本地青稞逾600万公斤，受益农牧民8000多户。

【脱贫攻坚】 2020年，江苏援藏前方指挥部把巩固拓展脱贫攻坚成果作为援藏工作的关键任务，与实施乡村振兴战略有机衔接，做到靶心不散、频道不换、力度不减，2020年江苏援藏资金在民生领域的投入占比达83.7%。参与“美丽乡村·幸福家园”建设，整体改善农牧区基础设施、村容村貌、产业发展水平，推进乡风文明。支持拉萨市在全区率先建成农村产权交易信息服务平台，实现市县乡三级联网，助力农牧业规模化经营，增加农牧民财产性收入。深化农村公路管理养护体制改革，构建“市级统筹、县级负责、乡村齐抓、社会参与”的养护责任体系，分类有序推进养护市场化改革，努力养好“幸福路”，护好“团结线”。在墨竹工卡县实施“溪桥工程”，联合企业、公益组织，首批建成25座便民溪桥，解决当地农牧民出行“最初一公里”问题，成为受援地群众的“暖心桥”“连心桥”。

【消费扶贫】 2020年，江苏援藏前方指挥部将西藏扶贫产品纳入全省消费扶贫工作方案，同部署、同推进。拓展销售渠道，对接江苏省国资委和农垦集团、国信集团等25家省属企业，采购玛卡酒、牦牛肉制品、矿泉水、藜麦等拉萨扶贫产品900余万元，拉动当地农牧民增收98万元，增加就业308人。在南京举办“拉萨好水”推介会，现场销售超过500万元，并签订长期合作协议，意向采购金额将达每年500万元。举办拉萨净土健康产品南京展销会，组织28家企业近200种产品参展，现场销售128万元，推动拉萨净土与南京众彩物流、苏宁易购等建立长期稳定供销关系。组织24名拉萨电商从业者赴江苏培训，学习电商消费扶贫新模式，培育农村电商人才。曲水县与江苏省广电总台合作，开展“脱贫攻坚带货直播”，吸引125.8万次观看，带动产品销售55.8万元。

【教育援藏】 2020年，江苏对口援藏学校8所、在藏教师57人，数量均居援藏省市之首。各受援学校与江苏12所优质学校结对共建，共享优质教育资源。拉萨江苏实验中学挂牌“西藏自治区示范高中学校”，开设家门口的“其他生活上市西藏班”。拉萨市第一中学从基础建设、教学管理方面引入江苏元素，构建优质教育管理体系。拉萨市江苏实验幼儿园探索将物联网、大数据、人工智能等技术应用于幼儿园的智能管理系统，建设安全管理圈、云端办公圈、课程共享圈，打造智慧校园。疫情期间，援藏教师团队助力拉萨教育系统制订防控方案、搭建平台、培训人员，在全区率先实行线上开课教学。

【医疗援藏】 2020年，江苏省援藏医疗团队在一线参与新冠肺炎疫情防控，核酸检验实验室覆盖各县（区）。江苏对口支援的四县（区）均以县区人民医院为龙头，建立人财物统一管理的县域医共体。墨竹工卡县实现乡镇卫生院信息化系统全覆盖，成为自治区医疗信息化先行县，县人民医院创成自治区首家县级二甲综合医院。苏州实施远程超声支持项目，让农牧民在家就能享受江苏医疗专家服务。推进健康扶贫，举办“心佑项目西藏行”“健康快车进牧区”等公益医疗活动，为27名患儿免费实施手术，开展义诊巡诊104次，发放药品25.2万元，惠及农牧民近万人次。援藏医生开展门急诊 3.8 万余人次，输出适宜新技术新项目 43 项，“师带徒”培训骨干医师 45 人，培训学员近 8000 人次。

【就业创业援藏】 2020 年，江苏援藏前方指挥部将促进高校毕业生就业纳入援藏项目，成功举办 2020 年江苏省就业援藏专项招聘活动，提供就业援藏岗位 230 个，事业岗位录用率达 100%。按照正科级事业编制，在南京设立拉萨市江苏援藏工作联络服务中心，重点开展就业援藏等苏拉两地联络服务。举办“格桑花开”大学生就业创业特训营，通过“1+3+N”特训，首批参训的 32 名拉萨大学生全部实现就业创业。发布“格桑花开人才+”计划，举办大学生就业创业成长营活动，持续打通就业创业路上的“最后一公里”，为西藏大学生就业创业和人才培养探索新路。建立苏拉两地家政合作共建机制，牵线江苏互联网家政企业落地拉萨，组织 14 名家政从业者赴江苏参加职业经理人培训，建设诚信服务体系，促进本地农牧民就业。

【党政互访】 2020 年，江苏援藏前方指挥部推动高位对接，江苏省副省长惠建林在西藏自治区深度贫困地区脱贫攻坚现场推进暨深化对口援藏扶贫工作会议上作交流发言，介绍江苏援藏扶贫工作经验。会后，惠建林率团到拉萨，与自治区、拉萨市主要领导交流援藏工作，考察江苏援藏项目，看望援藏干部人才。中央第七次西藏工作座谈会后，江苏省委、省政府专门召开会议，就贯彻中央精神，做好新时代援藏工作作出部署。26 家省直机关部门、13 家省属企业及高校、6 个地市代表团分别到拉萨对接援藏工作。援受双方开展各层次考察交流超过 190 批、近 2000 人次。

【青少年交流】 2020 年，江苏援藏前方指挥部开展“访援藏项目·看家乡变化”主题活动，组织 60 名拉萨青少年代表，赴林周县、曲水县和相关企业、学校，参观江苏援藏项目，对话援藏干部人才，创作展示活动成果，感受江苏援藏工作对拉萨发展的重要作用，学习援藏干部的家国情怀。开展“走出西藏·放飞梦想”公益研学实践教育活动，组织 81 名学生赴江苏进行研学旅行，与江苏师生互动交流、增进友谊。把青少年交往交流交融作为江苏“十四五”援藏规划的重要内容，整合资源，加大投入，支持援受两地青少年互访，让各族青少年在潜移默化中铸牢中华民族共同体意识。

【智力援藏】 2020 年，江苏援藏前方指挥部培养扶贫、教育、医疗、净土健康、文化旅游等领域专业人才，在江苏举办 17 个培训班，培训 679 人次。根据疫情防控要求，启动实施人才智力“云援助”计划，为江苏和拉萨相关单位搭建在线沟通交流平台，通过视频会议等形式，帮助拉萨市有关部门答疑解惑、出谋划策。

【援藏宣传】 2020 年，江苏援藏前方指挥部建立与前后方主流媒体合作机制，畅通新闻宣传渠道。对指挥部重大活动进行宣传报道，策划江苏“组团式”教育援藏、旅游援藏等融媒体报道，受到广泛关注。在“江苏援藏”微信公众号推出“我的援藏日志”等栏目，推送文章 250 余篇，自治区“援藏”公众号采用 34 篇，“江苏援藏”在各省（区、市）援藏公众号中排名前列。启动制作江苏援藏专题汇报片。援藏微电影《拉日宁布》荣获 2020 年江苏省社会主义核心价值观主题微电影（微视频）一等奖。

【援藏干部管理】 日常管理。2020 年，江苏援藏前方指挥部坚持问题导向，强化制度约束，严格执行请销假、晚点名、值班安保、车辆管理等规定，严禁公车私用、在藏期间驾车、在外留宿、过量饮酒、赌博，牢固树立安全意识，切实堵住安全漏洞。加强日常提醒，严防“四风”反弹，督促援藏干部人才时刻绷紧思想之弦，把从严监督、强化自律延伸到 8 小时以外，净化工作圈、生活圈、社交圈。树立奋斗目标，明确努力方向，指导援藏干部制订个人“三年规划”和“一年计划”，每半年开展一次交流分享，用工作实绩检验援藏初心。

突出激励鼓励。2020 年，江苏援藏前方指挥部倡导实干创新，开展江苏援藏创新创优案例推选活动，将推选结果与项目申报、评先评优、干部推荐等结合起来，让干得好的有平台、有奔头、有褒奖，凝聚创先争优正能量。抓好考察考核，通过工作季报、谈心谈话等方式，实时掌握援藏干部人才思想状况、工作业绩，配合省委组织部做好年度集中考核。加强结果运用，对表现突出、群众公认、符合条件的干部，及时配合前后方启动选拔任用程序，第九批援藏干部已有20人获得提拔重用或晋升职级，占总数的40%。注重选树榜样，在各类媒体宣传江苏援藏干部人才感人事迹，用身边的榜样激励援藏干部人才比学赶超，在援藏的生动实践中书写精彩人生。

关爱身心健康。2020年，江苏援藏前方指挥部定期开展健康教育讲座，普及高原保健知识，做好心理调适。增设卫生保健室，安排1名兼职保健医生，配置部分医疗器材，为援藏干部人才定期体检，建立健康档案。及时维护保养供氧、净水、取暖等设备，开展体育文化活动，添置部分体育健身器材，改善生活环境，帮助援藏干部人才安心援藏。落实重大节日慰问、家属来藏探亲、困难家庭关爱等措施，在传统节日、进藏一周年等节点，举办联谊会、过林卡等活动，把江苏援藏前方指挥部建设成为团结、舒心、温暖的大家庭。

农业·林业

综述

【概况】 2020年,全市农业农村系统深入贯彻落实习近平总书记关于“三农”工作的重要论述,全力决战决胜脱贫攻坚和全面建成小康社会,扎实推进以“神圣国土守护者,幸福家园建设者”为主题的乡村振兴战略,全市“三农”工作不断取得新成效。面对艰巨繁重的改革发展稳定任务特别是新冠肺炎疫情的严重冲击,全市农业农村系统深入贯彻落实自治区党委、自治区政府和市委、市政府关于统筹推进疫情防控和经济社会发展的重要安排部署,围绕“六保、六稳”,全力保障重要农畜产品供给,稳步推进全市农业农村经济发展,充分发挥“压舱石”作用,为全市“十三五”规划顺利收官和全面建成小康社会打下坚实基础。农业农村“两项综合指标”实现高速增长,农林牧渔业总产值由“十二五”期末的23.38亿元提高到41.76亿元,年均增长12.3%,较2019年增长11.01%;农村居民人均可支配收入由“十二五”期末的10378元增长到18268元,年均增长12%,较2019年增长12.7%,增速与全区持平,比全国高出5.8个百分点,增速排全区第二。农村“三项改革”取得新突破,全面完成农村土地承包经营权确权登记颁证工作,工作成果受到中央农办和农业农村部的全国通报表扬;全面完成曲水县和达孜区两个国家级改革试点任务,曲水县被农业农村部确定为第二批全国农村集体产权制度改革经验交流典型单位;全面完成与自然资源部门在农村宅基地改革和监管职责方面的衔接工作。农牧业“四个产量”实现稳步提升,粮经饲结构比例优化调整为57∶21∶22,粮食总产量继续稳定在15万吨以上;蔬菜、肉、奶等主要农畜产品产量分别达到27.5万吨、4.6万吨、14.2万吨,较“十二五”期末分别增加5万吨、0.3万吨、8.5万吨,分别增长17.86%、6.98%、149.12%。

【种植业发展】 2020年,拉萨市推进结构调整,粮经饲比由2019年的64.01∶19.17∶16.82优化调至57.25∶19.42∶23.33。全市总播面积达70.12万亩,其中粮食作物面积40.04万亩、经济作物面积14.73万亩、饲草作物面积15.35万亩。全市粮食产量为15.37万吨(其中青稞11.55万吨),占全区总数的14.92%。全市累计落实绿色高质高效创建面积31万亩,建立稳固的“育繁推一体化”良种繁育基地2.61万亩,落实测土配方示范面积28万亩,落实粮食作物(麦类作物)新品种推广面积33.69万亩。

【畜牧业发展】 2020年,全市牲畜存栏123.7万头(只、匹),占全区总数的7.5%;牲畜出栏44万头(只、匹),占全区总数的7%;藏鸡出栏达37万羽、蛋产量880吨;澎波半细毛羊存栏3.5万余只;生猪存栏13735头,出栏12022头,能繁母猪存栏2987头。全市肉产总量达4.6万吨。加强牦牛育肥出栏。全市牦牛存栏69.5万头,出栏19.82万头。在达孜、尼木、曲水等县(区)开展规模化牦牛育肥1.82万头,带动824户4378人参与,实现增收458万元。推进奶牛“万户百场十中心”建设工程。全市人工种草面积达18.4万亩,其中青饲玉米3万亩。成立奶牛养殖协会,累计创建奶牛示范户1万户、建设标准化养殖场55个、高标准养殖中心7个、引进优质荷斯坦牛和娟姗牛9144头，奶产量达到14.2万吨，占全区总数的22.4%。推进藏鸡规模化养殖。全市藏鸡养殖企业、专业合作社、养殖大户有29家，其中养殖规模在万只以上的企业9家，万只以上专业合作社15家，万只以下养殖大户5家，出栏藏鸡占全市家禽出栏量的36%。

【涉农改革】 2020年，拉萨市推进农村土地确权后续工作。农村土地确权工作受到中央农办和农业农村部联合通报表扬，成为全国典型。完成拉萨市农村产权交易信息服务平台项目建设。在全区率先建成市县乡三级农村产权交易服务平台，市级农村产权交易中心和林周县试点已正式运行，林周县通过县、乡两级交易平台成功交易流转土地845亩。深化农业综合行政执法改革。制定《拉萨市深化农业综合行政执法改革的实施方案》，于2020年10月27日挂牌成立拉萨市农业综合行政执法大队，编制数32个，在编人员28人。推进农牧业社会化服务。落实农业生产社会化服务项目（青稞生产托管）面积2万亩，涉及农户2350户。项目实施后，农业机械运行成本降低80%，节省85%劳动力，青稞平均产量比非项目区增产36公斤/亩，总计实现节本增效54.7万元，带动农民群众增收18.3万元。

【农牧业产业化发展】 推进净土健康产业发展。2020年，拉萨市完善印发《关于扶持青稞、牦牛、奶业等重点产业健康发展的政策意见》《关于加快推进净土健康产业发展若干政策意见的实施细则》《拉萨市2020年净土健康产业工作要点》。落实2019年净土健康产业和重点产业发展补贴资金5359.71万元。在牦牛、奶业、藏鸡、生猪、设施蔬菜等五大产业方面大力实施订单式农业，采取“净土公司+合作社+农户”的销售模式，收购销售本地牦牛肉、蔬菜、鸡蛋、牛奶等本地农产品。

培育新型经营主体。2020年，全市合作社共有1469家，其中运营规范353家，运营一般678家，未运营438家；全市资产总额达到1000万元以上的合作社有28家；曲水县从建立合作社成员账户、规范财务管理、明确利益联结方式等方面推进国家级合作社整县提升试点工作。新增国家级龙头企业西藏帮锦镁朵工贸有限公司，国家级龙头企业总数达到8家，自治区级龙头企业达到8家，市级龙头企业达到42家。累计评选出60家市级家庭农（牧）场、7家自治区级家庭农（牧）场。

推进产业园区发展。2020年，拉萨市协调自治区农牧科学院畜牧兽医研究所、蔬菜研究所、市畜牧兽医总站、市农业推广中心和城关区创建国家现代农业产业园管委会签订奶牛养殖、设施蔬菜方面战略合作协议，帮助城关区国家级智昭产业园区解决技术难题。当雄县牦牛产业园作为自治区级园区，积极申报国家级园区。墨竹工卡县现代农业示范园和尼木县吞弥现代农业园区被评为2020年市级产业园区，全市市级产业园区数量达到4个。

建设产业强镇。2020年，拉萨市成功创建当雄县龙仁乡为2020年国家级农业产业强镇，并争取支持资金1000万元。

推进智慧农牧业建设。2020年，拉萨市组织各县（区）论证储备智慧农牧业、数字产业方面新业态发展项目，起草完成拉萨市“数字三农”建设调研报告。推进“一村一品”建设。结合当地资源禀赋、人文特色和经济基础，打造“一村一品”。全市共9个，分别是堆龙德庆区岗德林村（蔬菜、花卉）、嘎冲村（藏鸡）、巴热村（巴热糌粑）、达孜区扎西岗村（布塑面具）、城关区自定村（果蔬）、夺底乡（树莓）、曲水县才纳村（朗杰岗青稞）、达嘎乡（艾玛岗土豆）、尼木县吞达村（吞弥圣香藏香）。

【农畜产品质量安全监管】 农畜产品质量抽检合格率达到新高。2020年，拉萨市共配合农业农村部、区农业农村厅抽检各类蔬菜、水果样品7100余个，合格率达到99.5%以上。

创建农产品质量安全县。2020年，拉萨市实现国家级、自治区级、市级农产品质量安全县（以下简称农安县）全覆盖，由“十二五”末的8个市级农安县发展到1个国家级农安县、5个自治区级农安县、2个市级农安县。

推行食用农产品合格证制度。2020年，拉萨市农业农村局联合市市场监管局在全市范围内推行食用农产品合格证制度，在各批发市场、农贸市场、商超、学校、建筑工地、机关食堂等存在食用农产品交易行为的场所推行查验合格证。

截至年底，共开具食用农产品合格证 9559 张，附带合格证上市的食用农产品达到 1.58 万吨。

推进“三品一标”认证工作。2020 年，拉萨市有机产品新增 13 个，总数达到 52 个；绿色产品总数达到 11 个；无公害产品新增 98 个，总数达到 158 个；新申报地理标志产品 4 个（拉萨妞玛、墨竹小油菜、直孔白青稞、尼木藏鸡）并通过自治区审定。

【涉农项目建设】 2020 年，拉萨市实施农牧业建设项目 17 个，总投资 22585 万元，年内完工项目 8 个，在建项目 9 个，完成投资 12404 万元，投资完成率 55%。其中中央预算内项目 7 个总投资 705 万元，截至年底，完成投资 705 万元，投资完成率 100%；中央财政投资项目 10 个（其中高标准农田建设项目 8 个，优势特色主导产业项目 2 个），总投资 21880 万元，截至年底，完成投资 11699 万元，投资完成率 53%。“十三五”期间，累计完成投资 10.68 亿元，投资完成率 89%。

【乡村振兴】 产业扶贫。2020 年，拉萨市 82 个产业项目全部开工，“十三五”期间共实施 485 个项目，投资 100.5 亿元，其中国家投资 44.9 亿元。全市共有 17 家龙头企业参与产业扶贫，带动 3291 户贫困人口增收致富。

农村人居环境整治。2020 年，拉萨市改造完成户用卫生厕所 11424 户，累计改建农村公厕 441 座。全市开展垃圾分类村庄有 77 个，建立垃圾兑换超市 29 个，建立垃圾集中收集点的村庄 217 个，建立收运体系的村庄 208 个，基本实现农村生活垃圾处置体系全覆盖，国道沿线、城镇周边等有较好基础、基本具备条件的 90% 以上的村庄生活垃圾已得到有效治理。以“四清两改”为重点，持续开展村庄清洁行动，参与群众 19 万余人次，共清理生活垃圾 22348 吨，清洁村庄覆盖率达到 94.8%，农村人居环境改善明显。堆龙德庆区人居环境整治成为全国典型。

“美丽乡村·幸福家园”建设。2020 年，拉萨市按照先规划后建设的原则，综合考虑村庄空间布局、功能定位、土地利用、产业发展、生态宜居、文化建设等因素，编制“多规划合一”的实用性村庄规划。截至年底，召开市级专家评审会 18 次，审查第一、二批美丽乡村建设村庄 39 个，曲水县新增的才纳乡协荣村正在开展规划编制工作。印发《拉萨市墨竹工卡县“美丽乡村·幸福家园”建设计划整村推进试点实施方案》，完成墨竹工卡县日多乡、扎西岗乡、扎雪乡 3 个乡 7 个自然村组建设，涉及群众 296 户 1639 人。大部分群众已入住。印发《拉萨市第二批“美丽乡村·幸福家园”建设行动计划整村推进试点实施方案》，第二批共计 40 个村（居），涉及 12801 户 52949 人，主要开展农牧民的农房新建、改造提升及农村人居环境整治等重点内容，实现“八到村”“村十有”，逐步实现“十到户”。市委、市政府统筹推进，自第二批实施方案下发后，先后召开 3 次工作推进会及调度会，进一步压实责任、明确任务、督促落实。截至年底，市财政局下达市级配套资金 4.65 亿元，各县（区）正在有序开展前期工作。

（张红亮）

种植业

【概况】 2020 年，全市总播面积 70.12 万亩，其中粮食作物面积 40.04 万亩（青稞种植面积 29.37 万亩，小麦种植面积 9.64 万亩，杂粮 0.0003 万亩），经济作物面积 14.73 万亩（其中油料作物 6.85 万亩，蔬菜作物 7.88 万亩），饲草作物面积 15.35 万亩。根据测产数据分析，全市粮油作物产量 16.13 万吨，其中粮食作物预计 15.37 万吨（青稞作物产量预计 11.55 万吨），油料作物预计产量 0.76 万吨。

【优化种植结构】 2020 年，全市种植业结构调整以“优粮、强经、扩饲、提特”为总体思路，按照生态优先、绿色发展和实现一、二、三产业亩均农业综合效益提升的原则进行优化调整，全市各级农业农村部门紧盯粮食 15.37 万吨（青稞 11.55 万吨）的生产目标任务，紧抓粮食安全，明确各项工作任务及职责，安排并部署各县（区）属地管理责任，总体把控区域布局，结合春播和冬播粮食作物优化调整种植业结构，对地块种植任务安排部署，确保粮食播种面积落实到县、到乡、到村、到户，打实粮食生产的面积基础。全市种植业粮经饲比由 2019 年的 63∶20∶17 优化调整为 57∶21∶22，较 2019 年粮经饲比同比，粮食作物占比下调 6%，经济作物占比上调 1%，饲草作物占比上调 5%。

【科技示范】 2020年，全市严格按照“九个统一”的标准化技术规程，以6个粮食生产县（区）为重点，落实绿色高质高效创建面积31万亩，其中春青稞24.5万亩、冬小麦3万亩、油菜3.5万亩。按照“125”良种繁育体系建设要求，建立稳固的“育繁推一体化”现代种业基地2.6120万亩。按照“大配方、小调整”原则，以落实测土配方示范面积28万亩，其中达孜区为2020年自治区级化肥减量增效示范县。以推广主导品种、主推技术为关键措施落实粮食作物（麦类作物）新品种推广面积33.69万亩。实施并开展农机三项作业工作，完成春季机耕面积为53万亩、机播面积为50万亩。同时，全市围绕“病虫害防控”“良种高产栽培示范”“新型农药使用”等关键农业技术，开展农田病虫草害综合治理工作，全年累计开展青稞草害防治面积27万亩，及时发布青稞地块病虫草害农情信息11期，防控青稞虫害面积510亩，将全市青稞地块重大病虫草害防控率达90%以上，危害损失率控制在3%以下。

【调高生产效益】 2020年，拉萨市按照化肥农药使用量“零增长”目标要求，以加强农业面源污染防治为重要任务，加大化肥农药减量增效系列技术示范推广力度。全市调配化肥用量9431.5吨（尿素2036.5吨，二铵960吨，复混肥4510吨，氯化钾310吨、有机肥1615吨）总量较2019年同比减少868.5吨，同比下降10%；并利用冬闲时间完成高质量农家肥积造约117万吨；全市订购常规农药85.3吨，较2019年同比减少5吨，同比下降6%；全市内部调剂良种439.65万公斤。全市结合绿肥复种和畜禽粪便高温腐熟增施有机肥技术，组织开展农家肥积造工作，每年积造农家肥总量约110万吨，农田有机肥平均施用量超过1500公斤/亩，有效持续供给农作物全面养分，达到改善土壤结构的作用。充分利用余热资源，在适宜区域开展复种工作，通过复种进行绿肥豆科作物种植，提升耕地地力。在曲水、尼木两县安排推广绿肥种植面积3.7万亩。

【蔬菜种植】 2020年，拉萨市农业农村局编制完成《拉萨市设施农业产业发展总体规划（2021—2025年）》《拉萨市万亩设施蔬菜基地建设规划（2021—2023年）》，全市蔬菜种植面积7.88万亩（含马铃薯），年产量达27.5万吨。全市本地蔬菜出地上市量日均达到487.67吨，春季蔬菜自给率约64%、夏季蔬菜自给率约80%，本地生产供应品种50余种。

【农垦改革】 2020年，拉萨市农业农村局起草的《拉萨市八一农场企业化改制实施方案》先后通过市政府第40次常务会议、市委第85次常委会会议研究并通过。全市农垦改革各项工作稳步推进，完成农垦国有土地使用权确权登记颁证工作、国有农场剥离办社会职能改革工作、集团化、企业化改革工作等多项规定动作。至年底，开展社会职能改革过渡期工作。

（张红亮）

畜牧业

【概况】 2020年，全市牲畜存栏123.7万头（只、匹），占全区总数的7.5%；牲畜出栏44万头（只、匹），占全区总数的7%；藏鸡出栏达37万羽、蛋产量880吨；澎波半细毛羊存栏3.5万余只；生猪存栏13735头，出栏12022头，能繁母猪存栏2987头。全市肉产总量达4.6万吨、奶类产量14.2万吨。

【规划方案编制】 2020年，拉萨市农业农村局编制《拉萨市牦牛产业发展规划（2020—2025年）思路及措施》《林周县牦牛产业发展试点工作方案》《曲水县色甫牦牛养殖基地工作方案》，多次修改完善《拉萨市牦牛产业发展实施意见》《拉萨市奶产业发展实施意见》《拉萨市生猪产业发展实施意见》《拉萨市藏系绵羊产业发展实施意见》等四大产业实施意见，优化产业结构和区域布局。

【生猪生产】 2020年，拉萨市农业农村局制定出台《拉萨市加快生猪生产恢复发展三年行动实施方案（2020—2022年）》，争取生猪扶持资金300万元用于恢复生猪生产，全市正在运营的生猪规模养殖场3个（分别是尼木县续迈乡生猪养殖基地，设计规模为年育肥出栏生猪2000头，存栏生猪196头，其中能繁母猪165头；曲水县净土健康生猪养殖场，设计规模为年育肥出栏1万头，存栏生猪911头，其中能繁母猪480头。堆龙德庆区玉泉生猪养殖场，存栏生猪2143头，其中能繁母猪570头），建设中的规模养殖场1个（墨竹工卡县惠丰养猪场，项目建成后年可育肥出栏生猪1000头，存栏生猪52头，其中能繁母猪38头）。

【牦牛产业】 2020年，林周县、曲水县、尼木县共引进嘉黎牦牛、帕里牦牛等优良牦牛3082头，丰富了本地牦牛品种资源。配合市财政局，加强与区财政厅、农业农村厅的沟通衔接，申报《拉萨市林周县牦牛规模化良种繁育基地建设项目实施方案》，争取区财政厅资金5000万元，已下达项目资金2340万元；争取到林周县牦牛良种场改扩建项目资金720万元、墨竹工卡县斯布牦牛原种场改扩建项目资金251万元。为确保牦牛育肥顺利开展，制定印发《2020年度拉萨市牦牛短期育肥项目实施方案》。截至年底，全市牦牛存栏69.5万头，出栏19.82万头。在达孜、尼木、曲水等县（区）开展规模化牦牛育肥1.82万头。

【壮大奶产业】 2020年，拉萨市持续推进"万户百场十中心"工程建设，全市已创建奶牛养殖示范户1万户，"万户"奶牛存栏达到4.15万头，户均存栏4.88头，主要品种为黑白花（荷斯坦）改良牛，每头牛平均日产牛奶10公斤，年户均增收1.55万元；整合或建设完成标准化养殖小区55个，实际投入使用的标准化养殖小区共有42个，奶牛存栏6350头，场均存栏150余头，品种主要为改良牛，每头平均日产量达15公斤，场均实现增收30万余元；建设完成并投入运营的高标准奶牛养殖中心7个，养殖品种主要为荷斯坦牛、娟姗牛，吸纳大学生就业20余人，解决本地群众就业90余人，年人均实现收入4.5万余元。全市从2015年开始，累计引进优质荷斯坦牛和娟姗牛9144头，其中国外引进娟姗牛700头、国内引进荷斯坦牛4468头，区内引进改良牛3976头。全年奶产量达到14.2万吨，占全区总数的22.4%。建设奶源收购站，配套市本级财政资金建设曲水县、达孜区、城关区等3个奶源收购站，配备存奶罐、奶源质量检测室等，并正式移交给3个县（区）开展奶源定点收购工作。成立拉萨市奶业发展协会，通过市场调研，摸清发展现状，组织技术培训，加强疫情防控，开展与国内产业界的科技交流与合作，搭建信息共享平台，建立企业、合作社、养殖户利益联结机制，形成全市奶业抱团发展、全产业链发展的新格局。

【生物安全防控】 2020年，为有效控制人畜共患传染病的发生，消灭传染源，切断传播途径，拉萨市各县（区）出动8535人（次）对畜禽规模养殖场、散养户、老疫区等重点区域集中开展"大清洗""大消毒"工作，做到突出重点、兼顾全面，累计消毒规模养殖场567场次、散养户10.67万户次，使用各类消毒药（剂）88.01万毫升。全市春秋两季集中强制免疫期间，牲畜"口蹄疫"免疫密度为99.6%、效价为90.6%，高致病性禽流感免疫密度为99.9%、效价为78.4%，猪瘟免疫密度为97.56%、效价为70.7%，小反刍兽疫免疫密度为99.9%、效价为95.7%，未免疫牲畜均及时进行补免，全年未发生重大动物疫病。

【畜禽粪污资源化利用】 2020年，拉萨市农业农村局依据农业农村部直联直报系统测试数据得出，全市规模养殖场畜禽粪污处理利用率达到79.56%，粪污处理设施装备配套率达到72.05%。争取畜禽粪污资源化利用项目2个，涉及资金130万元，用于改造升级曲水县曲水乡茶巴朗村养猪场和尼木县续迈乡特色农牧业产品农牧民专业合作社粪污处理设施，购置粪污处理设备。

【人工饲草种植】 2020年，拉萨市农业农村局编制《青饲玉米种植及青贮技术》《箭筈豌豆种植技术》《紫花苜蓿种植技术》《燕麦草种植技术》等饲草种植技术规范，并将饲草种植技术资料印发给各县（区）参照执行，完成18亩人工饲草种植工作（含房前屋后）。

【渔业执法检查】 2020年，拉萨市农业农村局为严厉打击渔业违规违法活动，确保渔业生产持续健康发展，制定拉萨市"中国渔政亮剑2020"系列专项执法行动实施方案，并督促各县（区）严格开展渔业专项执法检查行动。全市共开展执法检查（巡查）10余次，出动检查人员61人次，未发现违法捕鱼现象。

（张红亮）

扶贫开发和农业综合开发

【概况】 2020年,拉萨市扶贫开发和农业综合开发办公室(以下简称拉萨市扶贫办)按照习近平总书记重要指示和党中央、国务院决策部署,以及区市党委、政府的统一部署,切实提高政治站位,在严格做好疫情防控工作的同时,努力克服疫情影响,统筹推进脱贫攻坚各项工作,全面完成脱贫攻坚工作。

【疫情防控】 2020年,为有效做好新型冠状病毒肺炎疫情防控工作,及时成立拉萨市扶贫办疫情防控工作领导小组,安排专人及时核查干部职工是否在藏情况和身体状况,全面掌握干部职工动态。根据市疫情防控指挥部要求,建立疫情严查严控"日报告、零报告"制度,全面排查、核实、上报干部职工及其亲属近期是否在疫情发生地居住、旅行、途经、与发热人员密切接触等信息,并按照主要领导指示,逐一向离退休干部职工通话了解近期动态。主动投身全市一线防控工作,先后由2名县级领导带队,4批11名干部职工驻守留观酒店开展进藏返藏留观人员管理服务工作,牵头成立留观酒店工作组临时党支部,同驻留观酒店干警和医务人员共同协作完成各项任务。

【动态分析受疫情影响情况】 2020年,拉萨市扶贫办通过加强对疫情期间贫困劳动力外出务工情况、小额信贷进展情况、扶贫产业项目开复工情况等各项数据的实时统计,全面动态分析把握疫情防控形势和脱贫攻坚新形势,既全力抓好疫情防控,又努力把疫情对脱贫攻坚工作的影响降到最低。在外出务工方面,根据最新数据显示有外出务工贫困劳动力10326户19063人,计划外出务工的贫困劳动力10户12人,外出务工返回人员805人(含因疫情返回76人、因农忙返回335人、因个人和家庭等其他原因返回394人),其中,实现就业586人,待业219人。在小额信贷方面,2020年累计到期应还款1440笔6205.78万元,累计还款1438笔6200.78万元,累计逾期2笔5万元。在项目开复工方面,2020年涉农整合项目317个,四级整合投资资金共计160103.1万元,截至年底,317个项目均开工,项目开工率达到100%。其中,完工项目220个,完工率达到69.62%;提前开工项目7个,涉及资金7486.98万元,提前开工项目中已完工项目6个,涉及资金6486.98万元。

【指导服务产业项目复工复产】 2020年,为加快推进拉萨市扶贫产业项目复工复产进度,根据市委、市政府主要领导指示,研究制定《拉萨市扶贫开发办公室关于派驻扶贫产业项目复工复产指导服务组的工作方案》,并结合拉萨市扶贫办县级干部包联县制,成立由班子成员和县级干部任组长的10个派驻指导服务组,从3月19日起,深入全市5个县3个区及4个经济功能区指导服务扶贫领域复工复产工作。截至年底,全市扶贫产业项目除个别项目由于环保审批等因素未开工外,其余均已复工复产。

【推进两个规划编制】 2020年,拉萨市扶贫办开展《"十四五"巩固脱贫成果规划》《河谷经济建设中青稞牦牛和文化旅游扶贫产业发展规划》编制工作。认真贯彻落实西藏自治区"河谷经济"建设和青稞、牦牛、文化旅游扶贫产业发展座谈会精神,通过召开座谈会、办党组会、实地调研、现场研讨、收集资料等形式,确保规划文本符合拉萨实际。截至年底,《河谷经济建设中青稞牦牛和文化旅游扶贫产业发展规划》通过专家评审,待市政府常务会议研究。同时,贯彻落实十九届五中全会精神,深入学习国务院"十四五"扶贫开发政策,围绕全域性品牌加强国内外市场运营、巩固脱贫与乡村振兴有机衔接、促进产业提质增效和全产业发展等方面,提前谋划《"十四五"巩固脱贫成果规划》,开展多轮调查研究、征求意见、完善调整。

【完成国家脱贫攻坚普查工作】 2020年,拉萨市扶贫办按照国家脱贫攻坚普查工作计划,在市脱贫攻坚普查领导小组的安排部署下,派驻6名工作人员集中脱产办公,开展普查工作,确保普查工作有序推进。各派驻县(区)普查组在历时半个月内完成全市10718户建档立卡贫困户普查登记及237个村表、8个县表填报工作,并于8月10日顺利通过自治区审核验收。

【动态跟踪管理监测对象】 2020年,拉萨市扶贫办加强对脱贫人口、贫困边缘人口的持续跟踪监测，并强化帮扶措施，最大限度防止出现新的贫困人口和已脱贫人口返贫。截至年底，完成全市收入低于6000元以下且有致贫返贫风险的脱贫监测户及边缘户人员信息梳理统计工作，并按照自治区扶贫办统一安排部署，将两类监测对象纳入全国扶贫开发信息系统进行标注和录入，实施动态管理，加强对监测对象政策措施落实情况的跟踪问效，确保脱贫户不返贫、边缘户不致贫。全市脱贫不稳定户和边缘户累计296户1192人中，通过实施产业帮扶、就业帮扶、技能培训等帮扶措施，截至年底，解除返贫风险115户440人。

【动态监测脱贫群众收支】 2020年，拉萨市扶贫办按照自治区脱贫指挥部相关要求，细化收支监测指标，明确指标填写格式，以不虚增、不漏项的原则，完成2019年第四季度至2020年第三季度收支监测工作。根据收支监测情况显示，2019年10月1日至2020年9月30日，拉萨市脱贫群众人均纯收入达13741.44元，其中工资性收入39188.52元，占人均纯收入61.99%；生产经营性收入12546.41元，占人均纯收入19.85%；财产性收入6219.22元，占人均纯收入9.84%；转移性收入5265.98元，占人均纯收入8.33%。

【羊八井精准扶贫风湿患者集中搬迁安置点项目建设】 羊八井精准扶贫风湿患者集中搬迁项目，规划用地面积360亩，建设500套安置房，暂定两期建设。一期项目于2017年完成三地市150户625人搬迁入住工作，二期项目于2020年6月底前完成全部建设任务，达到搬迁入住条件。

【社会扶贫】 2020年，拉萨市扶贫办对接市国资委、市工商联等单位，配合开展"百企帮百村"活动。自2016年以来，全市162家企业通过发放慰问金、解决就业、教育扶持、物品捐赠等方式参与脱贫攻坚，累计投入资金1.04亿元，受益群众达3.08万人。参与"10·17"国家扶贫日一条街宣传活动和产业扶贫成果展，全面展示拉萨市脱贫攻坚工作成效，广泛动员社会力量参与扶贫。

【援藏扶贫】 2020年，拉萨市扶贫办充分发挥北京、江苏对口支援优势，不断深化东西部扶贫协作机制，丰富内容，延伸领域，帮扶到县，结对到村，携手奔小康，援藏资金用于民生和扶贫领域资金比例超过80%，投入资金26.17亿元，建设项目441个，辐射带动2.8万余名贫困群众脱贫增收，推动协调发展、协同发展、共同发展。

【消费扶贫】 2020年，拉萨市扶贫办开展消费扶贫，全市列入全国扶贫产品目录的企业25家、扶贫产品173个，拓宽贫困群众增收渠道。不断创新消费扶贫工作模式，8月20日，以拉萨雪顿节为契机，同市脱贫攻坚指挥部联合拼多多承办"净土拉萨·高原优品"消费扶贫直播节，各县（区）、功能园区、市扶贫办、市旅游局等相关部门12位领导走进直播间，向消费者推荐88款特色农畜产品和文旅产品，超过75万名拼多多网友观看直播，成交额环比增长890%，带动当地牦牛肉、藜麦在平台的搜索量环比增长826%、753%。10月17日，结合产业扶贫成果展实际，同步开展"一市一网红＋领导"的直播带货大PK，邀请市净土公司副总经理王佑朝与网红一起为拉萨市优秀产品进行宣传并进行现场直播带货。直播期间，8万余人实时在线观看，点赞30余万次，提升拉萨市扶贫产品的市场竞争力和影响力。

【推进光伏扶贫项目实施管理】 当雄县龙仁乡郭庆村村级光伏扶贫电站项目于2020年6月15日完成设备采集器（密电器）的购买与安装，并成功连入国务院扶贫办光伏扶贫监测系统。

【扶贫贷款贴息项目审核】 2020年，拉萨市扶贫办联合市财政局完成对2018年度各县区涉及享受扶贫贴息贷款产业项目的审核及2019年度全市涉及享受扶贫贷款贴息项目的初审工作。

【扶贫产业项目资产确权登记】 2020年，拉萨市扶贫办在全区率先探索产业项目资产确权工作，配合市脱贫攻坚指挥部相继出台《拉萨市关于建立健全产业项目运营管理机制的指导意见（试行）》《拉萨市关于加强扶贫资产管理工作的实施意见》，要求统一资产登记、统一资产评估、统一资产处置，同时明确所有权。截至年底，330个产业项目已初步完成资产确权工作,占完工项目总数的78%以上。

【扶贫资金绩效评价】 2020年,拉萨市扶贫办通过公开招投标聘请第三方对全市2016—2019年实施但未开展绩效评估的扶贫项目进行资金绩效评价和专项资金检查。第三方机构于9月30日完成项目的绩效评价及专项资金检查工作,并形成编制评价报告(初稿)后已反馈至各县(区)督促整改。

【扶贫领域举报投诉及上访信访工作】 2020年,拉萨市扶贫办持续开展各类涉及扶贫领域的举报投诉及上访信访问题的核实解决工作,截至年底,收到转办案件9件,均已在规定期限内办结并上报自治区扶贫办,办结率为100%。

【驻村帮扶】 2020年,拉萨市扶贫办发挥北京援藏医疗资源优势,邀请北京市援藏医疗队赴驻村点当雄县纳木湖乡色德村开展义诊活动,为当地牧民群众免费开展健康咨询、疾病诊治和送医送药等医疗服务,为当地群众解决看病远的难题。

【党风廉政建设】 强化理论武装。2020年,拉萨市扶贫办党组坚持把学习贯彻习近平新时代中国特色社会主义思想作为重大政治任务,坚持做到全面学、深入学、反复学。从4月起,随着疫情防控形势逐渐向稳向好,连续九天利用下班时间召开理论学习中心组学习(扩大)会议,开展十九届四中全会精神专题学习,为全办党员干部深刻把握全会精神、推动学习贯彻不断走心走深提供重要支撑和指导。全年共召开办党组会议7次,理论中心组学习14次,党风廉政建设专题学习40余次。

巩固深化主题教育。2020年,拉萨市扶贫办党组为持续巩固和深化“不忘初心、牢记使命”主题教育成果,及时总结第二批主题教育开展以来的成果经验,通过进一步细化完善学习计划、严格学习纪律和要求等措施,坚持由党组班子和党员领导干部带头学习、带头践行,不断督促党员干部增强主动学习意识,学好用好第二批主题教育编印的学习资料,由点及面,由浅入深,全面系统掌握习近平新时代中国特色社会主义思想的核心要义、精神实质、丰富内涵和实践要求,夯实思想基础,不断增强“四个意识”、坚定“四个自信”、坚决做到“两个维护”,以高度的政治责任感和使命感,推动主题教育往深里走、往心里走、往实里走。

强化组织领导。2020年,拉萨市扶贫办党组按照《拉萨市市直部门党组(党委)全面从严治党主体责任清单》,制定完善《拉萨市扶贫办党组落实全面从严治党主体责任清单》,明确责任内容,构建办党组履行全面领导责任、党组书记承担第一责任、班子成员履行“一岗双责”的三级责任体系,切实形成党组“不松手”、党组书记“不甩手”、班子成员“不缩手”的良好工作机制。3月18日,带领全体在职党员到俄杰塘社区报到服务,同社区工作人员、群众代表深入座谈交流,根据在职党员的意愿、特长,按照“岗位所需、党员所长”和“人岗相适”的原则,推行编组设岗、藏汉结合、定点服务模式,推动党员进社区服务和党员“三包”工作的走深走实,改进党员干部工作作风,在一手抓紧脱贫攻坚工作的同时抓实党员服务工作,做到“两不误”“两促进”。

深化基层减负。2020年,拉萨市扶贫办党组按照中央、区、市关于持续为基层松绑减负的工作要求,认真贯彻落实相关要求,制定“基层一张表”模板,严格按照年度发文、开会计划,层层大幅度精简文件和会议,坚持少开会、开短会、开管用的会;在检查考核上,强化结果导向,做到重实绩、求实效;严明调研纪律要求,采取不发通知、不打招呼、不听汇报、不用陪同接待、直奔基层、直插现场的“四不两直”式调研,严防走马观花式调查研究,深入基层、切身体察实情,解决困扰基层的文山会海、处处留痕等问题。

开展专项整治。2020年,拉萨市扶贫办党组按照市委组织部、市纪委监委关于开展“吃空饷、在编不在岗、违规借(抽)调人员和长期‘泡病假’公车私用问题”等专项整治活动要求,加强组织领导,由办党组班子带头深入开展自查自纠工作,确保从源头防范问题,彻底铲除问题产生的思想根源。

加强廉政教育。2020年,拉萨市扶贫办党组每逢节假日、重要活动时间,提前通过召开干部职工大会小会或短信提醒,必谈必强调廉政工作;在日常工作中,借各大大小小的场合、机会,以警醒有力的话语、真实生动的案例不断进行廉政警示教育,做到经常提、反复讲,严要求、管到位。全年共通报学习各类违法违纪典型案例11次，组织党员干部收看廉政警示片2次，参观爱国主义教育基地1次。

【问题整改工作】 2020年，拉萨市扶贫办针对中央脱贫攻坚专项巡视、拉萨市脱贫攻坚专项巡察反馈的问题，持续推进完善整改措施，防止问题“死灰复燃”；对照中央脱贫攻坚专项巡视“回头看”反馈意见，办党组主动认领存在问题，制定《拉萨市扶贫开发办公室关于中央脱贫攻坚专项巡视“回头看”反馈问题整改方案》，分解整改责任、明确责任主体和整改时限，并召开中央脱贫攻坚专项巡视“回头看”反馈意见整改专题民主生活会，开展批评与自我批评；针对区党委第一巡视组反馈涉及拉萨市扶贫办的问题2个均整改完成，并将长期坚持。

（冯　剑）

林业草原管理

【概况】 根据全市机构改革安排，拉萨市林业和草原局（以下简称拉萨市林草局）于2019年3月15日挂牌成立。拉萨市林业局更名为拉萨市林业和草原局，更名后的拉萨市林业和草原局为正县级单位，由市自然资源局统一管理和领导，设4个行政科室：办公室、生态保护修复科、森林草原资源管理科（下设防火科）、自然保护地管理科；2个参公事业单位：林政检查站、雅江中游河谷黑颈鹤国家级自然保护区拉萨段管理局；4个事业单位：市中心苗圃、林业勘察设计所、森林病虫害防治检疫站、湿地保护中心。核定编制人数共64名，其中行政编制18名，参公事业编制15名，事业编制28名，机关后勤3名；有实际人员55名，其中行政编制18名，参公事业编制11名，事业编制23名，机关后勤3名。

2020年，拉萨市林草局全面加强森林、草原、湿地、自然保护地、野生动植物的保护管理与开发利用，广泛开展国土绿化，实现林草深度融合，加快构建与经济社会发展相适应、与生态文明建设相匹配、与服务拉萨市总体战略部署相衔接的管理体制和工作机制，统筹推动山水林田湖草综合整治修复，提升资源环境承载能力，为拉萨市生态文明建设做出更大贡献。

【林业资源】 森林资源。2020年，拉萨市林地面积970.4135万亩（国土面积4445.1万亩），森林面积866.33万亩，灌木林面积884.79万亩，已纳入国家补偿生态公益林面积779.4965万亩，森林蓄积量85.15万立方米，森林覆盖率为19.49%，林木绿化率为20.79%。天然乔木林主要由杨、桦、圆柏等组成，天然灌木林主要由蔷薇科、豆科、杨柳科的木本植物组成，经济林树主要是核桃、苹果、桃、梨、杏等。拉萨市木本植物有20个科、105种（含变种），其中乔木树种有41种。

草原资源。2020年，拉萨市天然草原总面积为3172万亩，其中可利用天然草原3017万亩，划为草原生态保护补助奖励机制实施区面积3053.69万亩，其中禁牧285万亩，草畜平衡面积2768.71万亩。

野生动植物资源。2020年，野生动植物资源主要有鹿、獐子、水獭、藏马鸡、旱獭、黑颈鹤、雪鸡、黄鸭、灰鸭、野鸡、黄羊、豹子、狗熊、猞猁、狼、狐狸、岩羊、野驴、野兔、大雕、虫草、贝母、黄连、党参、雪莲等；国家一级保护动物10种（如黑颈鹤、白唇鹿等）、二级保护动物20种，三级以及未列入保护级别的动物种类更多。

保护区。2020年，拉萨市保护地共有10个，涉及自然保护区6个、森林公园2个、风景名胜区1个、地质公园1个，分别是西藏拉鲁湿地国家级自然保护区、西藏雅鲁藏布江中游河谷黑颈鹤国家级自然保护区、西藏热振市级自然保护区、西藏墨竹朗杰沙棘林市级自然保护区、西藏才纳市级自然保护区、西藏纳木错自治区级自然保护区、纳木错—念青唐古拉山国家级风景名胜区、西藏羊八井国家地质公园、尼木县国家森林公园、热振国家级森林公园；市级生态功能区18个，主要分布在拉萨周边达孜区、墨竹工卡县、尼木县、曲水县、林周县境内，分别是达孜县塔杰乡巴嘎雪村巴嘎雪湿地、达孜县唐嘎湿地、墨竹工卡县工卡镇塔巴村工卡帕湿地、墨竹工卡县扎西岗乡巴洛村扎西岗湿地、墨竹工卡县甲玛乡龙达村甲玛湿地、墨竹工卡县甲玛赤康湿地、尼木县续迈村尼续湿地、尼木县尼木乡日措村日措湿地、尼木县普松乡普松村普松湿地、尼木县麻江乡朗堆村朗堆湿地、尼木县麻江乡杂曲塘湿地、尼木县彭岗湿地、曲水县曲水镇曲水村塘嘎果湿地、曲水县曲水镇茶巴朗湿地、曲水县南木乡江村湿地、林周县甘曲镇甘曲湿地、林周县江热夏乡江热夏村江夏湿地、林周县边角林乡章嘎村帕热湿地。

【国土绿化】 2020年,拉萨市国土绿化工作采取“先上水、后绿化”的思路,坚持突出重点、集中治理的原则,实施2020年西藏“两江四河”流域造林绿化工程、拉萨市重点区域造林项目(6个防沙治沙点)、高速公路绿化生态修复工程等工程项目。完成人工造林2.132015万亩、封山育林6960.25亩,总投资17740.92万元,栽植苗木284.6312万株。全市2020年义务植树完成造林30813.7亩。其中,拉萨市领导义务植树完成造林60亩,共计栽植苗木2000株;驻拉萨市区直、市直各单位义务植树,通过划片承包,完成造林面积253.7亩,共计栽植苗木20870株;各县区义务植树完成造林面积30500亩。为保护生态环境、提升城市绿化品质,根据自治区主要领导指示精神及自治区林草局的安排部署,拉萨市林草局牵头组织实施机场二跑道的大树移栽工作,共计移栽苗木10474棵(柳树7774棵、柳树插杆2700棵)。栽植区域为环城路沿线、318国道沿线、机场高速公路沿线、易地扶贫搬迁点、市区公园及拉鲁湿地周边等重点区域。

【“山水林田湖草”系统治理】 2020年,拉萨市周边及山体造林绿化(绿色围城一、二期)工程、防沙治沙工程(拉萨至机场沿线山体沙化治理项目),总建设面积16878.52亩,批复总投资66671.79万元。其中:绿色围城一期工程,该工程主要围绕南北西环两侧景观廊道和周边山体造林开展,总建设规模5991.62亩,投资54397.27万元,项目建设期为2年(2018年12月至2020年12月),管护期5年(2018年12月至2023年12月),工程涉及34个工程点(包括南山生态修复造林、北山生态修复造林、米琼日山坡地造林、城市景观廊道、城市游园等34个作业区)。截至年底,完成32个项目点造林绿化工程,完成总工程量的90%,栽植各类乔、灌树种216万余株,草坪42余万平方米,实施造林面积5794.83余亩;绿化二期工程,该项主要以围绕主城区17个重点区域造林点和5个周边山体造林点开展实施,共涉及22个项目点,工程建设规模为3186.9亩,投资8049.54万元,项目建设期1年(2019年3月至2020年3月)管护期5年,2019年完成17个项目点造林绿化工程,截至2020年年底,完成22个工程点建设工作,完成总工程量的100%,栽植各类乔、灌树种108万余株,草种播种23余万平方米;防沙治沙工程(拉萨至机场沿线山体沙化治理项目),该工程总投资4224.98万元,治理面积7700亩(建设期1年:2019年5月至2020年5月、管护抚育期5年:2019年5月至2024年5月),项目区处于拉萨市曲水县、空港新区、柳梧新区共三个县(区)的辖区内,划分12个作业区43个作业小班,截至年底,完成曲水段38个作业小班6040亩,按照设计方案内容完成38个作业区的打井、铺设管道、修建蓄水池、场地平整、边坡修复、网围栏安装和苗木种子栽植工作,正在养护阶段。

【森林草原资源管理】 2020年,拉萨市林草局全面推进森林督查整改,根据国家卫星遥感监测和实地核查,拉萨市2018年违法破坏森林资源行为共20起,完成整改17个。2019年完成整改10起,森林督查整改工作有序推进。严格征占用林地审核审批,对因勘查、矿藏开采和修建公路、水、电设施等确需征占用林地的工程项目和作业,严格按照法定程序逐级申报,2020年,办理征占用林地手续43宗,共涉及林地400公顷,违法违规侵占用林地草地现象明显减少。加强生态公益林管护,落实生态岗位6075个、专职护林员3497人,实现专兼结合,建设一支相对固定,业务责任能力逐年增强的防护队伍,通过定岗定责、加强巡护等措施,全市生态公益林得到较好保护,乱采滥伐现象得到遏制。加强林业行政执法,实行林政木材运输检查24小时值班值守制度,严格检查运输车辆,全年累计检查木材运输车辆580余车次,未发现无证运输、偷运盗运木材现象,维护木材流通领域正常秩序。加强原生植被监管,全面禁止小叶杜鹃、爬地柏等“煨桑”原材料的商业采伐,加大科学煨桑宣传教育力度,累计发放各类宣传资料、宣传用品2万余份,提高群众保护林草资源的意识。加强草原监督管理,执行《中华人民共和国草原法》《草原征占用审核审批管理办法》等法律法规,严格草原征占用手续办理,全市办理草原征占用手续10起，征占用草原面积1500亩，草原监督管理工作逐渐理顺。

【野生动物保护】 2020年，为进一步贯彻落实全国人大常委会《关于全面禁止野生动物非法交易、革除滥食野生动物陋习、切实保障人民群众生命健康安全的决定》及拉萨市相关文件精神，拉萨市林草局联合相关市直部门成立野生动物保护协调工作组，并印发《〈拉萨市直部门间野生动物保护协调工作组工作方案〉的通知》文件，加大野生动物保护力度。实行野生动物疫源疫病全天候监测和24小时日报制，确保各类突发疫病能得到及时处置，全年无野生动物疫病情况。全面推进野生动物肇事补偿商业试点运行，2018—2020年野生动物肇事补偿工作通过招标由第三方保险公司（平安保险）实施，2020年野生动物肇事补偿共涉及5个县2个区，已赔付1450.7825万元。通过"12345"市长热线、市民致电、市民救助、"110"提供线索及本局举报电话等各种渠道，全年共接到群众救护、举报电话16起，对游隼、猴、孔雀、鳄鱼龟、猎隼、赤麻鸭、渔鸥、鹰、斑头雁、金雕等各种野生动物开展救护。

【森林防火】 2020年，为加强森林草原火灾防控，强化森林草原火灾源头治理和宣传引导，拉萨市林草局组织开展森林草原火灾隐患专项排查7次，组织重点区域林下可燃物清理工作2次，召开森林草原防火宣传现场会1次，组织各县（区）专职护林员参加森林草原防灭火培训5期，共计培训500人次。到林周、墨竹等森林防火重点县（区）开展森林防火宣传6次，发放各类宣传资料1500余份，在林周、墨竹、达孜区重点公益林区、旅游景区安装太阳能藏汉双语语音宣传杆50个。全年未发生森林火灾。

【有害生物防治】 2020年，全市林业和草原有害生物防治工作以保护林业和草原资源安全、巩固生态拉萨建设成果为核心，围绕有效保护林草资源的目标，以提高减灾能力为中心，不断地调整工作思路和工作重点，做到适时适地、有计划地开展林业有害生物防控各项工作。全市有害生物监测覆盖率达92.37%，林业有害生物发生面积控制在2.8万亩内，成灾率控制在5.3‰以内，新造林地鼠（兔）害致死率未超过15%、中幼龄林未超过10%，无公害防治率90%，年均测报准确率80%，年均植物检疫率95%。严格控制鼠（兔）害致死率，年均低于10%。全面完成自治区下达的林业有害生物防治各项工作目标和任务，将林业有害生物危害控制在较低水平。

【扶贫增收】 2020年，为落实好生态补偿工作，促进农牧民增收，拉萨市林草局共兑现国家重点公益林补偿资金4029.69万元，有效带动群众增收。全市发放虫草采集证8815本，虫草采集点61个，通过虫草采集累计实现农牧民增收7137.99万元，实现资源利用增收。共安排涉林生态岗位6067个，实现增收2123.45万元。

【苗木培育】 2020年，拉萨市共出圃苗木27000多株。其中为自治区及拉萨市全民义务植树活动提供江孜沙棘树苗7500株、榆树苗500株，同时免费为学校、寺庙、居委会、村委会、驻村点等地的国土绿化植树活动提供油松、樟子松、白皮松、云杉、榆树、杨树、柳树、沙枣、沙棘、速生槐等树苗19000多株。组织实施《西藏珍稀濒危树种雅江巨柏快繁与造林推广》《乡土树种优良种质资源收集、保存、选育及扩繁示范》《乡土树种控根容器育苗技术研究推广应用》等科研项目。为加大全市经济林木发展及科技推广力度，2019年5月中心苗圃向市科技局申报《西藏光核桃山地造林技术推广研究项目》，该项目已通过市科技局评审并纳入拉萨市2020年科技工作重点任务，同时下达项目资金60万元，造林面积50亩。

【党的建设】 2020年，拉萨市林草局召开党组专题会议2次，研究部署党建、党风廉政建设全年工作计划及总结大会，逢会必讲廉政教育，开展谈心谈话4次，掌握党员干部的思想动态，并印发《市林业和草原局2020年党建工作要点》《中共拉萨市林业和草原局党组2020年落实党风廉政建设主体责任工作要点》《2020年全面从严治党工作责任清单》《2020年拉萨市林业和草原局意识形态工作要点》，签订《拉萨市林业和草原局党建工作责任书》《党风廉政建设工作责任书》《意识形态工作责任书》共32份，做到人人有责、人人明责，层层抓落实的责任体系。党总支和各支部部署制订《支部工作计划》,深入推进"不忘初心、牢记使命"主题教育常态化。落实"三会一课"制度,召开党员大会4次、召开支委会议12次、上党课4次、专题研讨12人次、关注"学习强国"平台,关注率达100%、修订完善党建相关制度11项。在"3·5"学雷锋日、"三八"国际妇女节、"3·28"西藏百万农奴解放纪念日、"五四"青年节、庆"七一"建党节参观爱国主义教育基地,以林草业务工作为载体等形式多样的开展主题党日活动10次。局领导深入退休老干部家中走访慰问,关爱关心困难老干部、倾听退休老干部的心声。为充分发挥先进典型的激励作用,评选优秀党员9名、优秀党务工作者2名、先进党支部1个。按照"三必谈"原则,开展谈心谈话24人次,局党组和班子成员召开民主生活会1次,4个党支部分别召开组织生活会并开展民主评议党员1次。年底,总支书记、各支部书记召开基层党组织书记抓党建工作述职评议会。拉萨市林草局52名干部职工与当雄县羊易村41户贫困户,结成32个帮扶对子,以集中慰问和入户慰问的方式开展慰问,并发放慰问品和慰问金,捐赠图书千余册。

【疫情防控】 2020年,拉萨市林草局严格按照党中央、国务院和区市党委、政府的相关安排部署,抽调工作人员180人次赴各疫情防控点(宾馆、机场),开展疫情防控工作,并制定《拉萨市林业和草原局新型冠状病毒感染的肺炎疫情防控工作方案》,成立疫情防控工作领导小组,会同全市依法严厉打击破坏野生动物资源违法犯罪活动专项行动领导小组对拉萨市、县(区)餐饮单位、农副产品批发市场、综合农贸市场、菜市场、花鸟市场等重点场所进行清理检查27次,未发现违法犯罪行为。根据《自治区林草局切实加强鸟类保护做好禽流感防控工作的通知》《全国人民代表大会常务委员会关于全面禁止非法野生动物交易、革除滥食野生动物陋习、切实保障人民群众生命健康安全的决定》等文件要求,制作藏汉双语版的温馨提示,明确"禁止食用野生动物、不将野生动物作为宠物饲养"宣传主题,共发放宣传册2000余份。

(次央　普珍)

水 利

综述

拉萨市水利局2019年机构改革后，有办公室（财务科）、规划计划科、水文水资源科（节约用水办公室）、建设与管理科、河湖管理科（河长制办公室工作科）、农村水利和水土保持科、水旱灾害防御科（科技信息科）等7机关科室组成。行政编制由原来的20名增加至25名，其中领导职数由4名增加至5名，内设机构科级领导维持14名未变。下属正科级事业单位为水利工程建设管理中心，水利勘察设计院、拉萨河闸站管理所、拉萨市水利工程质量检测中心、拉萨市水土保持监测站。

（李 静）

水利管理

【重点水利项目】 2020年，拉萨河综合治理工程5#闸工程完成投资18090.04万元，占总投资的40%。拉萨河城区段综合治理及生态修复工程完成投资16509.55万元，占总投资的47%。拉萨河河势控导工程（滨江花园段）完成投资9701.07万元，占总投资22%。雅江（拉萨河段）治理工程完成投资21050万元，占总投资的72.3%。帕古水库工程完成招标工作。

【脱贫攻坚农村饮水安全工作】 2020年，拉萨市水利局全面推进2020年农村饮水安全工程建设。为切实提高农村饮水供水保障率，缓解冬季季节性缺水问题，全市农村饮水安全项目总投资11695.56万元，建设项目76处，巩固提升36726人的饮水安全。项目于4月中下旬陆续开工建设，截至年底，完成投资11235.56万元，占总投资的96.07%。深入落实农村饮水安全“三个责任”和“三项制度”，落实农村饮水安全管理地方人民政府主体责任、水行政主管部门行业监管责任和供水单位运行管理责任“三个责任”，建立健全农村饮水工程运行管理机构、制定出台运行管理办法，落实运行管理经费“三项制度”。开展农业水价综合改革试点工作，达孜区曲尼帕灌区为试点，开展水权确权、取水许可办理、计量设施安装、水价核定和水价精准补贴为主要内容的农业水价综合改革试点工作。完成EPC总承包招标工作，推进农业水价改革的各项工作。开展农村饮水安全水质检测工程处数1170处，根据检测结果报告显示，检测的所有工程点水质均符合《生活饮用水卫生标准》（GB5749—2006）要求。

【农村饮水工程防冻处理】 2020年，拉萨市水利局试点推行“两头暖中间深”的建设思路，在水源点采取截潜流、机井、阳光保暖房等措施解决水源封冻的问题。管道铺设中采取埋深不小于当地冻土层深的深埋技术和保暖材料包裹管道等措施解决管道结冰冻胀问题。在入户给水点采取电热丝缠绕、自动排空给水设备、保暖给水设备和传统棉被包裹等措施解决入户给水点防冻问题。以村为单元组织群众集体学习农村饮水安全评价和冬季防冻相关内容。

【落实“三条红线”管理】 2020年，拉萨市水利局加强取水许可管理，推进取水许可管理工作，规范取水许可、水资源论证审批程序，对取水、用水等各环节审批进行严格把关。实行用水定额和计划用水管理，在取水许可审批中严格按照《西藏自治区用水定额》审批用水量，并对全市取用水户进行不定期监督检查；对公共供水管网覆盖范围内的用水大户进行核查登记；对取得取水许可证的取用水单位，实行计划用水管理，根据取水实际情况，完成申请、核定、调整，并对各取用水单位下达用水计划。开展取用水管理专项整治行动，全面掌握拉萨市取水工程及取水监测情况，依法加强取水许可管理，规范取用水行为，解决水资源开发利用中存在的突出问题，组织县（区）对辖区内取水工程开展专项整治行动。开展用水统计调查工作，对全市300多家规模以上工业企业、限上服务业企业、批发零售企业等和4000多家规模以下工业、限下服务业企业、批发零售企业取用水情况进行调查。加大水资源费征收力度，全市水资源费入库3000余万元。坚持"节水优先"，推进节约用水工作。实施水利行业节水机关建设，开展节水型社会县域达标建设。制定《拉萨市节水行动实施方案》《拉萨市水利局节水目标责任制和考核制度》等制度。联合市发改委制定《拉萨市节水行动实施方案》。利用"世界水日""中国水周"，协调拉萨市电视台进行节水宣传报道，普及节水知识、措施，提升群众节水意识。

【水土保持综合治理】 2020年，拉萨市水土保持现场监督检查共计22个项目，书面监督检查共计68个项目，超额完成目标任务。完成2020年开展水土保持方案审批共81个项目及各县区审批的报告表14个项目的水土保持方案数据信息录入工作，在全区排名第一，为后续开展水土保持监督检查提供信息化保障。全年征收入库水土保持补偿费1258.42万元。全年督促建设单位共落实26个生产建设项目的水保监测单位，按时提交监测实施方案、监测季报和年报。并告知监测单位尽快制定监测实施方案，按方案要求落实监测内容，按时报送监测年报及总结，同时运用三色评价手段，及时向业主提供在施工过程中产生的水土流失情况介绍，并按要求做好治理措施，使监测工作贯穿施工全过程。推进水土保持科普"四进"宣传，水土保持进工地宣传12次。利用三面广告牌宣传保护水土、防止水土流失、改善生态环境等内容。

【建设管理工作】 2020年，拉萨市水利局持续加大对水利建设市场的监督管理，深化"阳光水利"建设，加强对农村饮水安全、河道治理、山洪灾害防治等水利重点工程及工程招投标、施工和验收等重要环节的监督检查力度，规范水利项目招标投标行政监督和履约监管。强化质量监督和巡检工作，在建工程质量监督覆盖率达到100%。开展安全生产检查20余次，排查安全隐患和管理漏洞，强化责任落实，狠抓问题整改。全年未发生安全生产责任事故。紧抓维稳工作，坚持以"零上访"和信访事项"零搁置"为目标，与西藏银行进行对接，开设平台进行专人专户管理，由西藏银行代发农民工工资，确保农民工工资发放问题得到及时解决，维护农民工合法权益。拉萨市水利工程建设领域未发生涉及农民工工资的上访事件。在项目建设中创新项目建设管理模式。拉萨河河势控导工程（滨江花园段）为西藏自治区第一个采用项目管理总承包（PMC）建设管理模式的水利项目。

【水利项目促农牧民增收】 2020年，拉萨市水利项目共吸纳当地农牧民就业447人，增加收入约1928万元（当地材料费905万元）；使用当地机械120多台，增加收入约2738.61万元。

【扫黑除恶打非治乱】 2020年，拉萨市水利局针对水利工程建筑领域扫黑除恶打非治乱工作开展专项检查，全年组织检查10余次，40余人次参与，对未批先建、违规审批、虚假招标、围标串标、建设信息公开不规范不透明等问题进行全面清理排查。深入开展扫黑除恶打非治乱宣传工作，现场宣讲扫黑除恶相关情况10余次。截至年底，未收到任何涉水利行业的黑恶势力举报线索，也未发现涉水利行业的黑恶势力。

【疫情防控】 2020年，拉萨市水利局加强水利重点项目现场疫情防控。各重点水利工程项目部按要求配备外科医用一次性口罩7000个、消毒液（500毫升）200瓶、红外体温枪17个、医用一次性手套200余双、防护服20套等防疫物资，共计投入资金405608.58元。要求项目部做好施工现场的围挡，施工现场实施封闭式管理，建立外来人员进入现场登记制度。组织对施工现场内重点部位的管理和消毒；严格落实市住建局关于施工现场标准化管理及食品卫生部门关于食品卫生管理的各项标准，开展施工现场垃圾清理和卫生保洁；隔离场所按要求组建。

【水利援藏】 2020年，水利部淮委和江苏省水利厅从人才、项目、资金、技术等多方面给予拉萨水利大力支持。水利部淮委派出3名专业技术干部，对拉萨市水利局防汛抗旱、建设管理、河湖管理工作进行为期半年的技术援藏。为贯彻中央第七次西藏座谈会精神，9月13日，江苏省水利厅副厅长张劲松带队到藏对接落实；9月14日，淮委组织专家在拉萨举办水利业务知识培训班；10月15—30日，拉萨市水利局先后派出两批技术人员到江苏省参加水利业务知识培训。

【行风作风建设】 2020年，拉萨市水利局坚决贯彻执行党中央“八项规定”、区党委“约法十章”和市委“八项要求”，坚持精文减会、改进作风，局领导带头开短会、讲短话。严格执行公务接待规定和标准，厉行勤俭节约、杜绝铺张浪费。改进调查研究工作，局党组书记带头深入基层调研，形成局领导班子成员定期深入基层调研工作机制，深入项目建设一线开展工作，了解真实情况，研究解决基层急需解决的问题和人民群众反映强烈的问题。强化主体责任，认真落实党风廉政建设责任制，进一步强化党组主体责任和局党组书记作为第一责任人职责。坚持把党风廉政建设和反腐败工作纳入全局中心工作，列入领导班子、领导干部目标管理范畴，巩固齐抓共管、各负其责的格局。

（李 静）

河长制管理

【管理制度建设】 2020年，拉萨市水利局落实拉萨市委书记白玛旺堆在全市河湖长会议上的讲话精神，印发《拉萨市河长湖长履职尽责实施办法》。及时更新河湖长名录，更换市级河湖长公示牌，保障河湖长信息的准确和河湖长公示牌信息通畅。开展对拉萨河、纳木措2条（面）自治区级河湖及墨竹玛曲等6条市级河流划界和岸线利用编制工作。各县（区）也以不同形式扩展公众河长的范围，推动河长+警长+公众河长管理模式建设。

【检查整治】 2020年，拉萨市水利局按照《拉萨市全面推行河长制督导检查方案》，全面推行河长制督导检查工作，对辖区内水环境卫生情况进行专项督导检查。推进河湖“清四乱”专项整治行动，对51个河湖“四乱”问题进行回头看。紧盯2019年自治区通过遥感卫星监测反馈的10个涉河“四乱”问题整改。通过清理整治，全市河湖面貌明显改善，行蓄洪能力得到提高，河湖水质持续向好，乱采、乱挖等损害河湖行为得到有效遏制，依法保护河湖、共同关爱河湖的氛围逐步形成。结合农村人居环境综合整治，大力推进农村河湖整治。先后集中投入人工1000余人次。规范河道采砂工作。对各县区河道采砂进行科学布局，合法合规进行采砂，要求采砂场必须布置在河道管理范围以外。

【宣传工作】 2020年，阿里巴巴天天正能量携手《西藏商报》启动2020江河卫士——“乐山乐水”主题公益活动，在全市营造“爱我家园，爱我河山”的氛围。西藏卫视拍摄拉萨河巡堤人员生活点滴纪录片，倡导广大民众争当“民间河长”“市民河长”“公众河长”。

（李 静）

防汛抗旱工作

【落实防汛责任制】 2020年，拉萨市水利局汛前调整组成人员，充实优化联防指挥机构；明确各县（区）防汛抗旱行政责任人、重要水库防汛抗旱行政责任人和中小型水库“三个责任人”。修订完善《拉萨市防汛应急预案》《拉萨市抗旱应急预案》《拉萨市2020年城市超标洪水防御预案》。

【防汛隐患排查】 2020年，拉萨市水利局派出检查组12次赴行洪河道现场查看，指导县（区）做好防汛抗洪工作。开展3次专项督查，现场反馈存在的问题，并跟踪落实整改情况。

【排查山洪灾害隐患】 2020年，拉萨市水利局督促各县（区）及时对淤积较严重的沟系进行疏浚清淤，确保山沟畅通。强化对各县（区）

山洪灾害系统的检查，确保能够及时做到预报预警。

【水毁工程修复与除险加固】2020年，拉萨市投入市级财政资金990万元，对拉萨河城区段10段（17处）处险情险段及时进行除险加固，汛前完成主城区段堤防水毁修复工程。对拉萨河城区段桑珠林段、教育城段、4#闸库区进行约200万立方米的疏浚清淤，确保河道及库区行洪畅通。对达孜区城区防洪堤、曲水县俊巴防洪堤等重要险工段进行水毁工程修复，确保险情得到有效处置。

【防汛物资储备】2020年，拉萨市水利局储备507万元的编织袋、铅丝笼、防冲墩等主要防汛物资。汛期向各县（区）调拨近91.8万元防汛物资。

【强化会商研判】2020年，拉萨市水利局掌握全市各区域降水情况及各县（区）防汛情况，提早对下游地区防汛工作作出安排部署。汛期共计8次调整旁多水库、直孔水库下泄流量，控制水位上涨幅度，牢牢掌握防汛主动权。强化水库运行监管，严格执行已批复的调度运行方案，全市16座小型水库汛期均空库运行。

【建设项目管理】2020年，拉萨市水利局加强审批、检查和监督力度，尽量减少河道岸线利用，办结拉萨市柳梧大桥南桥头交通拥堵节点改造工程等行政许可事项12项。推进河湖岸线保护与利用规划编制工作。强化防洪工程管理和精准调度，有效应对暴雨洪涝，合理利用洪水资源，取得显著成效。

【防汛队伍建设】2020年，拉萨市水利局开展洪水调度、险情抢护，减轻灾害损失。加强防汛抢险队伍建设，强化防汛抢险培训与实战演练，编制《拉萨市2020年城完成市超标洪水防御预案》，举行拉萨市2020年城市超标洪水防御综合演练。

【加强防汛措施】2020年，拉萨市水利局在拉萨河堤防护坡、护岸维修中引入模袋混凝土施工工艺，较好地解决护坡护岸冲刷防护问题，取得显著效果。组织人员巡堤查险、抢护险情，保证防汛抗灾工作顺利开展。实施新举措，加强防洪工程调度规范化。市防办根据防汛抗旱工作实际和洪水调度流程，采用《调度指令》调度防洪工程，增强水利工程调度的严肃性和规范性。

（李　静）

工业·开发区·工业园区

工业

【概况】 2020年,拉萨市经济和信息化局(以下简称拉萨市经信局)秉承创新、协调、绿色、开放、共享的发展理念,以特色优势资源为依托,有针对性的发展壮大工业领域优势特色产业,努力探索一条科技含量高、经济效益好、资源消耗低、环境污染少的工业和信息化新路径,全市经济和信息化事业取得新进展。

【工业经济运行监测】 2020年,拉萨市首次建立市政府班子成员联系服务规上企业制度,把全市规上企业都分到每位常务副市长、副市长名下,包干负责,确保每户企业的困难和问题都能直接反映到市政府,并尽快得到解决。克服疫情影响,拉萨市经信局成立4个指导服务小组,全体干部职工下沉企业,奔赴一线,开展"四心"服务企业和"三抢三促"行动,工业经济复苏向好势头延续。全市累计实现规模以上工业总产值163亿元,占全区的59.5%;规上工业增加值同比增长11.3%,位居全国36个主要城市第二名,拉动全区规模以上工业增加值增长6.5个百分点(全区增速为9.6%,全国增速为2.8%)。截至年底,全市有规上工业企业达90家。

【绿色工业】 2019—2020年,拉萨市共认定2个批次15家拉萨市绿色发展试点企业,示范带动全市企业推行绿色制造模式,提升拉萨市绿色制造水平。争取财政支持,设立拉萨市绿色发展专项引导资金,起草《拉萨市绿色发展专项引导资金管理办法》,每年安排200万元用于奖励绿色发展企业,通过对试点企业的奖励,支持企业加快绿色化改造,推动绿色企业从理论认知到深入践行的转变。编制《拉萨市绿色工业发展规划》《关于加快推进拉萨工业绿色转型实现高质量发展的实施意见》《拉萨民族手工业发展规划》,科学谋划"十四五",研究制定支持企业绿色转型的有效措施,推动工业企业绿色发展。召开绿色工业新闻发布会,在《拉萨日报》开辟专栏,选择绿色发展试点企业中的代表进行宣传,组织全市23家企业走进江苏,学习江苏先进制造业企业在绿色转型和高质量发展方面的理念路径和创新举措。

【水产业发展】 2020年,拉萨市经信局发挥江苏援藏优势,帮助拉萨企业开拓市场,在南京成功举办"拉萨好水"推介会,推动拉萨好水进入苏果超市,设立江苏地区总代理,建立长期稳定销售渠道,实现新增销售1000余万元。全市天然饮用水生产企业产品产量39.65万吨,产品销量35.58万吨,总产值67235.56万元,销售收入61852.29万元。

【清欠工作】 2020年,拉萨市经信局创新工作机制,联合市政府督查室及相关单位先后2次对相关拖欠主体及区(县)开展实地督办,建立健全投诉工作机制,在门户网站公布投诉举报电话(0891-6388598),专人接听受理各类投诉案件。全年共受理举报案件15件,举报案件反馈率为100%。全面完成国务院及自治区清欠工作目标任务,切实减轻民营企业中小企业负担,优化营商环境。

【民爆企业安全生产】 2020年,拉

萨市经信局形成常抓共管的安全生产检查督导机制，成立拉萨市民爆行业全覆盖拉网式安全生产大检查领导小组，共检查民爆企业业次数16次，共排查隐患16项。邀请3名其他省市民爆行业专家，对拉萨市4家民爆企业进行专家隐患排查工作，共排查隐患6处，均已整改完毕。举办民爆行业安全生产集中培训班。

（万翠芳）

西藏空港新区

【概况】 2020年，是全面建成小康社会和“十三五”规划收官之年，是贯彻落实习近平总书记重要讲话精神打赢脱贫攻坚硬仗的决战之年。2020年以来，空港新区在区市党委、政府的正确领导下，紧紧围绕发展、稳定、生态三件大事和“六大战略”“三大攻坚战”部署要求，突出抓好“巩固脱贫攻坚、优化农业产业结构调整”这条主线，统筹推进疫情防控、重点项目、维护稳定等各项工作，扎实做好“六稳”工作，全面落实“六保”任务，努力克服新冠肺炎疫情带来的不利影响，奋力拼搏，开拓创新，倾力打造幸福美丽和谐文明空港。

【经济发展】 2020年，受新冠肺炎疫情影响，西藏空港新区经济下行压力较大，但总体经济平稳运行。前三季度，实现地区生产总值2.1643亿元，同比涨幅基本持平，完成年度任务的76.61%；实现全社会固定资产投资额19548万元；实现社会消费品零售总额3459.77万元，同比增长9.4%，完成年度任务的77.7%；实现农牧民人均可支配收入1.84万元，完成目标任务的80.1%。其中家庭经营性收入4350.3元，占人均可支配收入的23.7%；工资性收入10352.7元，占人均可支配收入的56.4%；转移性收入2147.6元，占人均可支配收入的11.7%；财产性收入1505.1元，占人均可支配收入的8.2%。

【疫情防控战】 2020年，西藏空港新区深入贯彻落实习近平总书记有关疫情防控工作的重要指示精神和区市党委、政府有关疫情防控各项决策部署，增强政治责任感和工作紧迫感，主动扛起责任、亲力亲为，带领全体党员干部按要求及时返岗，并多次召开党委专题会议安排部署疫情防控工作。党政领导亲自奔赴疫情防控一线，重点针对机场到达口、下辖乡镇、村（居）等重点部位做好疫情防控工作。

加强源头管控，落实消毒留观。2020年，西藏空港新区采取集中留观和居家留观方式加强源头管控，全面摸排统计辖区内返藏人员信息。辖区累计集中留观人员198人，累计居家留观1842人。强化留观人员动态监测，实行24小时监测制和体温日报制，并及时开展大清洗大消毒工作，设立消杀点26个，在辖区内全面开展消毒清洗工作。严控下辖村（居）人员流动，发挥基层党组织和党员力量，动员力量共计200余人开展摸排，累计与1300余人签订居家隔离承诺书。3月24日，拉萨市启用“拉萨健康码”之后及时成立信息核查组，每天对外来人员信息进行核查、接收、分流。截至年底，已核查接收复产复工633人，隔离B级14人，分流非本辖区1000余人。

分区分级精准防控，坚决守好机场窗口。2020年，西藏空港新区主动履行职能，及时配备人员、车辆投入机场到达口参与疫情防控战役，共计查验进港飞机5624余架次，共疏导分流进藏人员613798人次，转运中、高风险地区旅客4021车次、97569人，转运发热密切接触者98车次、1936人，劝返70余人。机场到达口累计投入公安民警、医务人员、干部职工力量达5700余人次，投入车辆716车次。火车到达口累计投入干部力量109人次，为打赢新冠肺炎疫情防控的人民战争、总体战、阻击战奠定了坚实基础。

做好后勤保障，筑牢后盾抗击疫情。2020年，西藏空港新区发挥属地管理职能，充分做好疫情防控“后勤兵”，为拉萨贡嘎机场疫情联防联控工作组提供饮食和住宿安排，平均每天为机场到达口工作人员提供饮食400余份。全年累计为临时指挥部和协调调度组提供16000余人次饮食及住宿安排，为打赢机场一线疫情防控战役筑牢了坚实后盾。

加大宣传力度，营造防控氛围。2020年，西藏空港新区重点从宣传内容、宣传场所、宣传方式上加大疫情防控宣传教育引导工作。截至年底，空港新区共走访841户、宣教2780人次、张贴宣传标语70条、发放宣传材料811份，组织党员干部职工开展捐款活动，捐赠金额共计394019元。

加强物资供应，做好服务保

障。2020年,西藏空港新区强化组织,多措并举全力保障物资供应工作。累计接收辖区各企事业单位、职工个人捐赠口罩、消毒液、消毒片、电子测温枪、营养品等物资,折合人民币110549元。开展服务辖区群众以及脱贫攻坚对象、在校师生工作,及时配送应急防护物资,保障辖区内水电、蔬菜蛋奶等日常生活所需的供应工作,加强食品药品的监管,保障货源,稳定价格。

【重点项目建设】 2020年,西藏空港新区严格按照“两手抓、两不误”原则,狠抓疫情防控和经济社会发展工作,努力实现2020年经济社会发展目标任务。全年新区主管项目共计6个,总投资2340万元,全部项目均完工。其中拉萨市村道公路安全生命防护工程空港新区段工程,总投资157万元,该项目实现农牧民转移就业31人次,共带动农牧民增收2.09万元;空港新区应急物资储备库项目,总投资210万元,该项目实现农牧民转移就业72人次,带动农牧民增收1.6万元;空港新区甲竹林居委会3、4组棚户区改造项目,总投资1739.07万元,该项目实现农牧民转移就业320人次,实现农牧民增收8万元,实现当地群众机械增收4.5万元;新村饮水管道改造项目,总投资30万元,该项目带动农牧民转移就业975人次,带动农牧民增收16.02万元,实现当地群众机械增收3.7万元;甲日村集体经济林卡项目,总投资23万元,该项目实现农牧民转移就业465人次,带动农牧民增收9.3万元;拉萨市空港新区扶贫整合资金农村安全饮水项目,总投资181万元,该项目实现农牧民转移就业32人次,带动农牧民增收32.72万元,实现当地群众机械增收19.95万元。

【信访工作】 2020年,西藏空港新区管委会推动“抓早、抓小、抓苗头、抓预防、抓防控、抓化解”的六抓措施,坚持“小事不出村,大事不出镇,矛盾不上交”的原则,对辖区工程建设项目“双拖欠”、涉疫、扶贫领域等问题进行全面排查,共排查出8起隐患,严格按照“早发现、早报告、早控制”原则,进行及时梳理、及时化解。截至年底,共来信来访21件,其中未登录系统直接化解10件,上级转交4件,全部化解。同时,以强化群众法治意识为目标,以《信访条例》15周年为契机,开展信访条例宣传活动。截至年底,共开展宣传活动3次,参与人数达4000余人次,张贴宣传标语21条。

【安全领域风险隐患排查化解】 2020年,西藏空港新区共出动执法检查人员300余人次,检查企业共2600余(含公共、卫生等)家次,共出具执法文书100余份,查处隐患100余处,其中10处已责令企业限期整改,其余隐患已现场通知整改完毕。严格按照“管行业必须管安全、管业务必须管安全、管生产经营必须管安全”要求,结合新区各部门职责分工,强化政府监督监管职能,有效利用辖区内LED屏,上街发放防灾减灾宣传册等方式,推动“安全生产月”“安全生产空港行”活动和防灾减灾宣传周活动,向乡镇和重点企业发放防灾减灾和安全宣传手册160册,宣传海报90余张。

【改善民生】 2020年,西藏空港新区把保障和改善民生作为一切工作的出发点和落脚点,立足职能职责,扎实做好“六稳”工作,全面落实“六保”任务,确保实现疫情防控和经济社会发展目标任务“双胜利”。

就业服务工作。2020年,西藏空港新区根据《2020年拉萨市农牧名职业技能培训和转移就业计划表》文件要求,空港新区积极组织群众技能培训。共开展挖掘机培训1期50人、汽车驾驶1期(B照)40人、创业培训1期25人、中式烹调1期55人。全年完成转移就业1117人(从业结构来看:餐饮旅游服务业,生产制造业、交通运输业、自主创业762人、灵活就业355人正在核实划分;从业地域来看:空港新区辖区内农牧民就业107人、山南市贡嘎县99人、跨市1015人),超出目标任务的39.62%。实现收入2995.8万元,超出目标任务24.75%。劳务派遣公司已对接岗位132个,对接次数93次,成功介绍15人成功上岗13人。成立3个农牧民转移就业基地,共吸纳38人实现就业。同完成组织化转移就业,通过空港新区创投公司甲日村青饲料种植项目带动就业40人,实现收入33.92万元。

高校毕业生就业工作。2020年,西藏空港新区2020年高校毕业生共92人,其中建档立卡14人。为切实做好高校毕业生就业帮扶工作，新区高度重视，采用一对一或一对多的结对帮扶措施让新区33名（县级11名，科级22名）干部结对帮扶辖区92名应届高校毕业生，及时制定下发《西藏空港新区2020年末就业高校毕业生就业帮扶工作方案》，确保结对帮扶率100%。结对干部，通过走访入户48次，电话回访300余次，精准掌握高校毕业生的专业学历，家庭情况，就业意愿，精准对接，精准帮扶方式，确保辖区高校毕业生实现就业。截至年底，在西藏自治区公共就业服务系统注册人数达92人，注册率100%，投递简历64人，投递简历占注册率69.56%，成就业88人，其中4人无就业意愿正在电话联系推荐岗位。

惠民实事。2020年，西藏空港新区强化对接，开展低保精准复核认定工作。截至年底，清退收入超过保障标准线农村低保户10户41人，新纳入农村低保户41户169人，兑现农村低保资金98.13万元，兑现困难群众1—5月物价补贴16.9万元。兑现2020年上半年残疾人“两项补贴”资金21.82万元。兑现集中供养特困老人供养金9.24万元，分散供养特困老人供养金9.89万元。夯实临时救助工作基础，临时救助7人，救助金额6万元。

公共卫生保障工作。2020年，西藏空港新区城乡居民基本医疗保险参保数共7781人（其中建档立卡户862人，占新区总参保人数的11%），群众个人筹资共66.62万元。全年共计收单294个，产生总费用为277.54万元，其中住院（含分娩）187个，产生费用2258.44万元；门诊特殊病105个，产生费用35.27万元；急诊留观2个，产生费用2.60万元。截至年底，共报销134个单子，统筹支出109.77万元，兑现医疗救助5.37万元，剩余160个单据已录入系统并已结算完成，现正在进行报销兑现。

【巩固脱贫攻坚】 2020年，西藏空港新区聚焦高质量打赢脱贫攻坚战为目标，严格落实摘帽不摘责任、摘帽不摘政策、摘帽不摘帮扶、摘帽不摘监管的要求，持续巩固脱贫攻坚成果。

持续深入落实整改工作。2020年，西藏空港新区整理归档中央巡视34项问题整改台账资料册，细化落实城关交叉考核组反馈整改事宜，召开脱贫攻坚专题民主生活会并召开3次推进会议及1次整改落实情况报告会议。对问题进行再梳理再细化，自觉认领自查问题36项、空港新区督查组核查问题16项、汇总村（居）自查问题15项，共计67项问题。

梳理脱贫攻坚工作。2020年，西藏空港新区全面梳理六脱小组2016年至2020年的各项台账资料、中央巡视“回头看”反馈问题整改资料、“两不愁三保障”及2016—2020年各类台账资料，组织村（居）全面入户核查相关信息3次、“三一致”工作排查3次并重新梳理完善2016—2020年项目库情况。

完善明白卡相关信息工作。2020年，西藏空港新区完成制作“明白卡”并填写相关信息，由各村（居）驻村工作队负责完成逐户拍摄全家福，并统一订购资料袋，将明白卡、生态岗位证书、民生存折、户口本等放在资料袋中，做好迎检准备工作。

【生态文明建设】 2020年，西藏空港新区牢固树立“绿水青山就是金山银山”的理念，严格落实环境保护责任，全面加强生态文明建设，确保满足辖区群众对美好生活环境的需求。

推进厕所革命。2020年，西藏空港新区为打造“幸福空港、美丽空港”，空港新区紧密结合实际，深入开展实地踏勘、认真设计厕所革命建设项目规划。该项目总投资为230.17万元，市财政已提前下达指标30万元整，已完成所有前置手续办理工作。

加强环境污染治理。2020年，西藏空港新区及时制定《西藏空港新区大气监测工作方案》和《西藏空港新区扬尘污染工作方案》，委托拉萨市环境监测机构进行监测辖区环境质量，监测次数为每季度监测一次，完成第一季度大监测工作，监测结果向全辖区公开公布。3月以发函和通知的形式向辖区内各施工单位和项目指挥中心印发《西藏空港新区扬尘污染防治工作方案》，强化监管，采取每日不少于4—6次的形式，加强洒水降尘频次，同时要求国道349机场沿线（原101省道机场段）各建筑施工单位制定现场洒水抑尘制度，以更高的标准更严的要求做好新区扬尘污染防治各项工作。

完成“生态文明建设示范村”申报材料编制工作。2020年，西藏空港新区紧密结合辖区实际，认真研究，反复探索于9月30日顺利完成“生态文明建设示范村”申报材料编制工作，并将相关资料提交至第三方开展后续申报相关工作。

【从严治党】 巩固基层基础。2020年，西藏空港新区党工委选优配强村（居）党组织书记，派驻第九批驻村工作队员11人，“3+1”专干24人充实基层组织，以更大的信心、更强的人员力量实施乡村振兴战略。

加强自身建设。2020年，西藏空港新区党工委履行管党治党主体责任和“一岗双责”，贯彻执行民主集中制。截至年底，共召开党委会议13次（9次党委会议、4次党工委会议），积极研究“三重一大”事项，带头承担急难险重任务，在疫情防控、经济社会发展、维护社会稳定的第一线践行初心使命，积极发挥属地管理守好机场窗口，尽职尽责维护机场沿线社会大局稳定。始终自觉在增强“四个意识”、坚定“四个自信”、做到“两个维护”上当好表率，学懂弄通习近平新时代中国特色社会主义思想，前三季度组织理论中心组学习会议10次。

建立健全各项工作制度。2020年，西藏空港新区党工委健全完善《中共西藏空港新区管理委员会工作委员会会议意识决策规则》《中共西藏空港新区管理委员会工作委员会“三重一大”制度实施办法》《中共西藏空港新区管理委员会工作委员会 西藏空港新区管理委员会关于班子成员及县级领导干部分工调整的通知》，调整充实西藏空港新区党的建设、党风廉政、意识形态工作领导小组，进一步明确职责分工。

整顿软弱涣散基层党组织。2020年，由西藏空港新区党工委书记亲自担任整顿升级领导小组组长，加大对沃拉村党委的指导帮扶，统筹用好2019年发展壮大集体经济资金50万元，于3月购买挖掘机（总价值198万元）并投入使用。截至年底，实现收入22万余元。

巡察反馈问题整改工作。西藏空港新区党工委严格按照市委巡察三组反馈问题整改工作要求，扎实开展整改，截至年底，反馈问题4类13个问题42项中已完成整改23项。

（郭　帅）

拉萨经济技术开发区

【概况】 2020年，面对新冠肺炎疫情和经济下行双重压力，拉萨经济技术开发区管委会（以下简称拉萨经开区）坚持以习近平新时代中国特色社会主义思想为指导，深入贯彻中共十九大和十九届二中、三中、四中、五中全会精神以及中央第七次西藏工作座谈会精神，坚持稳中求进总基调，真抓实干、攻坚克难，扎实做好“六稳”工作，全面落实“六保”任务，保持经济社会持续健康发展的良好态势。实现地区生产总值71.66亿元，较2019年同期增长7.8%；实现规模以上工业总产值29.02亿元，增长11.86%；实现规模以上工业销售产值27.04亿元，增长4.84%，规模以上工业增加值增长6.5%；实现税收收入75.94亿元；完成全口径财政收入30.53亿元；完成社会消费品零售额22.58亿元，下降3.5%；完成固定资产投资总额39.4亿元，增长2.9%；完成招商引资到位资金57.02亿元，增长9.65%。

【招商引资】 2020年，拉萨经开区围绕建设“六个新经开”目标，着力发展实体经济，突出招大招强招实不动摇，持续采取“三不”政策，全年引进日出东方、智慧供应链等重点项目36个，实体企业财政贡献率保持在65%以上，利用外资5245万美元，增长12倍，取得历史性突破。上市企业达到13家，规上工业企业达到27家，“四上企业”达到88家，同比增长28%。全年注册企业1051家，注册资金195.46亿元。全年实施项目78个，实现72个实施项目开复工、7个市属重点项目全部开工。规范运营管理“双创”中心，宝钢包装、亿卓电气等重大项目入驻工业中心二期。园区高新技术企业达26家，“专精特新”企业6家、位居全区第一，科技型中小企业达52家，全年授权专利250件。在国家级经开区综合发展水平考核中，排名112位，较2019年提升17位，保持在全国中游水平。出台《产业高质量发展指导目录》，引导企业走科技创新、品牌建设之路。形成“1+N”全方位多维度政策扶持体系。修订完善《产业扶持专项资金管理规定》，2016年以来共扶持落地实体企业1382家，兑付资金54.5亿元。发展现代服务业，奇圣广场、海鑫国际投入运营，规范提升打造博达路商业街，建成经开夜市，成功举办首届夜经济啤酒文化节。

【深化改革】 2020年，拉萨经开区坚持用改革的办法破解发展难题，在解决体制性障碍、机制性梗阻、政策性创新方面大刀阔斧、攻坚克难。制定《经开区100项重点任务分解表》《管委会部门中层干部选聘办法》，修订完善《聘用人员管理办法》，在经发局探索实行中层干部竞聘工作，推行全员竞聘制、岗位竞争制、工资绩效制等制度。深化公车改革，完成机关食堂改革。推进直属国企结构调整、布局优化、战略重组，成立经开区第六家直属国企拉萨综合保税区开发投资有限公司，国有资产规模近93亿元。完成圣地星途、汽车服务、建设发展、市政服务、工程建设、融资担保公司改革工作，成立全区第一家国有控股小额贷款公司，有效衔接金融需求与供给。承接拉萨市行政审批局下放审批权限15项，企业开办压缩至2个工作日。307项涉税事项线上办理。开工建设一站式政务服务中心建设。严格落实减税降费政策，新增减税2.97亿元。历时近4年，拉萨综合保税区于2020年4月27日获得国务院批复设立，引进保税加工、保税物流等重点项目42个，通过自治区封关预验收。中尼友谊工业园采取建设、招商、政策"三位一体"方式稳慎推进，先后完成《中尼友谊工业园框架性合作协议》签订、国家发改委备案、在尼泊尔加德满都举行项目启动仪式等工作。

【攻坚创效】 2020年，拉萨经开区实现搬迁群众稳定就业1183人，超额完成户均一人就业目标，"三岩"片区户均就业达2.8人，人均可支配收入达16201元，农牧民技能培训203人次。设立760万元爱心基金，建成经开小学，实施村集体门面房、苗圃基地、公共资源停车场、藏鸡养殖等项目，门面房分红资金达125.4万元。支持区市重大项目建设，重要民生工程资金8.32亿元；加快推进主干道绿化景观升级改造，整治河道环境，打造天文公园、生态公园等9个生态项目，绿化面积由2015年的1328.68亩增加到3001.4亩。运用环保在线监测系统精准控污，开展全国污染源第二次普查工作。培育高原之宝、金凯新能源等绿色工业企业27家。开展金融领域风险大排查大整治专项治理，核查经开区注册企业2453户。严厉打击整治非法集资、网络诈骗等违法活动。

【平安建设】 2020年，拉萨经开区巩固片区责任制成果，严厉打击整治非法集资，防范化解各类风险隐患，社会大局持续和谐稳定。调整充实十五个责任片区工作力量，强化联防联控，确保园区和谐稳定；持续开展扫黑除恶打非治乱专项斗争。建立《管委会领导和各局室负责人接访制度》，变上访为下访。建成集综治、信访于一体的矛盾联调、治安联防新平台，受理各类信访案件和矛盾纠纷470件，清理拖欠工资1.8亿元。筑牢安全生产防线。与中国安全生产科学研究院合作，检查企业200余家，对发现问题全部完成整改。开展《安全生产专项整治三年行动》，建成全区第一个安监智慧平台，实现园区56家实体企业在线监管。高原之宝、甘露藏药等7家公司安全生产标准化建设创建达标。

【稳定就业】 2020年，拉萨经开区把稳就业作为落实"六稳""六保"的首要任务，主动对接园区企业，深挖就业岗位，开展线上专场、"暖心之夏，就业拉萨"多场招聘会，新增就业1022人，其中西藏籍668人，西藏籍高校毕业生360人，园区累计用工人数达19188人。调拨资金8.32亿元，支持全市中心工作。加快建设经开区尼木产业园，完成园区土地招拍挂工作，启动聂当工业园区土地控规编制工作。与南京江宁开发区、兰州经开区、四川广元经开区建立战略伙伴关系，将工业中心二期打造成为拉萨—江宁（国家级）经开区产业合作示范园区。"一区多园"管理模式取得重大进展。

【疫情防控】 2020年，拉萨经开区面对疫情危机，坚定不移贯彻习近平总书记"十六字"总要求。成立统筹推进疫情防控工作领导小组，强化疫情防控、复工复产等工作，推行"四个一"工作法，落实"三个到位"工作要求，复工复产率创新高。坚持"四早""四集中"原则，聚焦"外防输入、内防反弹"，前期采取"六个一"措施，以最严格的措施守住疫情关口，持续开展常态化疫情防控，全年安排疫情防控工作应急经费1000万元。出台应对新冠肺炎疫情支持园区企业复工复产"十条政策"，对园区实体企业给予精准帮扶，对54家企业补贴资金达4326万元，召开政银企座谈会，协调帮助园区企业解决贷款2.45亿元。

（张久成）

柳梧高新区

【概况】 2020年，柳梧新区完成地区生产总值55.23亿元，同比增长8%；完成农牧民人均可支配收入18712元，同比增长12.7%；完成固定资产投资42亿元，同比下降12.7%；完成社会消费品零售总额14.14亿元，同比下降3%；招商引资到位资金56.78亿元，同比下降2.5%；地方财政一般公共预算收入13.1亿元，同比增长0.3%，完成税收39.69亿元，同比增长22.2%。

【理论学习】 2020年，柳梧新区共组织召开理论学习中心组学习12次、"两学一做"学习教育23次，观看主题教育片4次330余人次，组织党员干部和非公企业党员代表进行参观教育1次100余人。参照市委理论中心组明确的重点内容，因地制宜制定《中共柳梧新区管委会工委关于印发〈柳梧新区党工委理论学习中心组2020年度理论学习安排〉的通知》，明确学习主题、授课形式、节点安排、研讨方式等，持续深化党员干部特别是领导干部的思想认识水平。立足疫情防控形势持续向好的局势，启动"高新讲堂""两学一做"等活动，理清楚每周的课程设置、参会范围、暂定时间等。6月2日，结合理论中心组学习进程，动用各方资源，专程邀请拉萨市委组织部组织科科长尼玛次仁到柳梧新区开展《党务工作者业务培训辅导》专题讲座。

【园区经济发展】 2020年，柳梧新区发挥经济功能区先行先试、敢为人先的作用，在学深学透区市产业发展及招商引资政策的同时，邀请园区内多个领域的企业代表及长期从事企业服务的干部共同会商，创新性地出台支持企业科技创新、商标注册、技术标准认定、知识产权申报等方面的系列优惠政策。充分发挥以商招商的资源优势，相继与长江商学院、北大光华学院、中欧国际工商学院、五道口金融学院等商学院建立交流共享机制，招引清华同方、甲骨文、蜂买网络等瞪羚企业和独角兽企业赴新区考察调研并达成多项意向性合作。截至年底，柳梧新区市场主体12645家，注册企业数8710家。

【"双创"工作】 2020年，柳梧新区深入落实创新驱动发展战略，打造具有高原特色，西藏特点的创新创业新格局。宁算科技集团一体化产业项目和高原电力研发试验中心两个项目成功申报2020年国家双创支撑平台项目，获批中央预算内投资共5000万元。成功通过国家科技资源支撑型特色载体考核，并获得中央奖励资金320万元。举办西藏史上首届产学研大会——拉萨高新区（柳梧新区）产学研合作创新大会，相关成果在《中国科技产业》刊载。举办西藏史上首届电商类大赛——拉萨高新区（柳梧新区）电子商务创新创业大赛，在推动区域专业性双创赛事方面迈出坚实一步。率先建成基于轨道交通的校地合作平台（西南交大国家大学科技园西藏园区）。获批"中国营商环境十佳高新区"。先后出台《科技企业创新券实施管理暂行办法（试行）》《促进技术产权交易与科技成果转化补助资金管理办法（试行）》等6个"双创"政策，建立5000万元"拉萨高新区企业融资风险补偿资金池"和2000万元"拉萨高新区创新创业天使投资引导资金"，落实科技奖励资金1327.34万元，其中高新技术企业奖励530万元，科技型中小企业奖励100万元，质量体系认证奖励480万元，知识产权奖励155万元，科技创新券62.34万元。

2020年，兑现高校毕业交通、住房、社保、水电等各类补贴1637.35万元。柳梧籍高校毕业生就业率100%。新区双创载体在孵企业带动就业总人数1787人，其中西藏籍大学生672人。依托"中国最美乡村"——柳梧达东村，通过实施达东村村容村貌整治暨扶贫综合（旅游）开发项目和达东"双创"生态旅游小镇项目，打造"乡村旅游+网红学院+孵化培育"创客平台。

2020年，柳梧新区拥有高新技术企业35家（其中2020年认定16家），拥有科技型中小企业98家（其中区级入库76家，市级认定22家），累计获得专利授权424件（其中发明专利37件、实用新型336件、外观设计51件）。以宁算科技、华东水电、奇正藏药等为代表的创新型企业开展科技创新和赋能小微企业的孵化工作，在孵企业总产值达到3.14亿元。

【改善民生】 2020年，柳梧新区总耕地面积6876.6亩，有效灌溉面积为6876.6亩（冬小麦1500亩、土豆748.6亩、油菜2419亩、饲草玉米2200亩）。购买国补化肥50吨、有机肥500吨、农药1.4吨，粮种、饲草种子68.37吨。完成14600头牲畜的春防疫病，15轮的包虫病犬驱虫工作，日常非洲猪瘟防控工作。全年共开具参保证明452个，通过开具参保证明，住院患者可以实现先诊疗、后结算，减轻患者就医资金压力。全年共报销118人/次，住院总费用1490009.13元，实际报销金额为1159703.31元，其中基本统筹基金支付1037801.99元，大病补偿保险金支付82003.07，其中一站式报销21个单子，住院总费用220895元，基本统筹基金支付165107.72元，医疗救助支付35740.45元。受疫情影响，春季学期开学整体延期，各中小学于3月30日顺利线下开学，学生到校率99%，教职工除产病假到岗率100%。全年共新调入教师31人，包括学前教师10人、小学教师5人、中学教师16人，教师总人数达176人。学前毕业197人、招生260人，小学毕业85人、新招203人，中学新招212人，在校在园学生总数达2403人。农村低保户7户17人，兑现资金64722.12元。农村低保低收入人群物价联动机制价格补贴7户17人，补贴资金8494.56元。城镇低保户26户36人，兑现资金267828元。城镇低收入人群物价联动机制价格补贴6户16人，补贴资金18432元。老年人“两项补贴”3人、兑现资金1800元。残疾人“两项补贴”162人，其中：重度45人兑现资金84000元；困难户117人，兑现资金140400元。0—16岁残疾儿童3人（符合条件）兑现资金9600元。全身瘫痪在床重点关爱人员7人补贴资金42000元。特困供养工作（五保户）18人（其中分散供养15人，集中供养3人），共计兑现169920元。临时救助人数50人，兑现资金91900元。

【搬迁群众安居乐业】 2020年，柳梧新区通过多种渠道为搬迁群众开发就业岗位。为使搬迁群众尽快实现“有就业、能致富”的目标，深入开展专项调研，充分了解搬迁群众就业意愿，制定就业的台账，结合市场需求和群众就业意愿及时通过多种渠道、多种形式将相关岗位信息进行发布，确保达东、德阳建档立卡群众及曲水、三岩搬迁群众在就业中有多项选择，从2020年1月起柳梧新区为达东、德阳建档立卡及曲水、三岩搬迁群众开发就业岗位共302个（国企岗位281个、民企岗位21个），实现235名群众稳定就业，人均增收达到3411元/人·月。全面强化新区脱贫攻坚的力度、深度和广度，全力推进柳梧新区建档立卡户及搬迁群众脱贫巩固成果，结合新区实际，制定《柳梧新区2020年统筹整合财政涉农资金管理使用方案》，统筹整合财政涉农资金总规模为2496.92万元（其中：中央财政资金256.22万元，自治区财政资金735.75万元，市级财政资金462.33万元，县级盘活资金1042.62万元）。用于产业发展资金1772万元，分别实施德阳村养鸡场提升改造项目、扶持壮大康乐居委会集体经济发展三期、德阳村砖厂扩建项目等5个建设周期短、收益见效快的扶贫产业项目。

【构建社会稳定新局面】 2020年，柳梧新区共计清理清查企事业单位1856家次，工地884家次，商铺5624家，入户走访18562户，登记9652户，督促办证856人，张贴告知书8910张，毒品尿检100余人，均呈“阴”性。办理临时居住登记卡30264张，办理居住证469张。为营造良好安全的交通环境，结合柳梧新区交通运输工作实际，联合柳梧交警大队、柳梧新区公安局、联动执法大队等部门开展新区交通行业扫黑除恶专项工作，摸排、检查共计100余次，出动车辆45台次，出动人员50余人，共计发放宣传资料170余份，经摸排，新区暂未发现“沙霸、路霸”等违法现象，火车站“黑车”显现有质的改观。协同相关部门对辖区柳梧1号、2号加油站、加气站、商场、超市、菜市场、仓储中心、物流企业进行50余次的安全生产大检查，出动人员60余人次，出动车辆30台次，下发各类整改通知10余份。

（滕永洋）

西藏文化旅游创意园区

【概况】 2020年，西藏文化旅游创意园区坚持以习近平新时代中国特色社会主义思想为指导，全面贯彻落实中共十九大和十九届二中、三中、四中、五中全会以及中央第七次西藏工作座谈会精神，贯彻落实区、市党委九届历次全会和经济工作会议精神，紧扣全面建成小康社会目标任务，统筹推进疫情防控和经济社会发展工作，落实“六稳”“六保”举措，以建设国家级文化产业示范园区为目标，推进文化旅游融合发展，发展文化产业和文化事业，基本完成年度经济社会发展各项目标任务。

【经济发展】 2020年，西藏文化旅游创意园区深入贯彻新发展理念，坚持稳中求进总基调，坚持改革发展稳定同步推进，各项事定业呈现新气象。地区生产总值增速达到9.5%；社会固定资产投资达到13.4亿元；招商引资实际到位资金20.5亿元，完成年度目标任务的102.5%；财政总收入达到3.35亿元，其中一般公共预算收入1.46亿元，完成年度任务的265%，上级补助收入0.48亿元，政府性基金收入1.42亿元，完成年度任务的91%；财政总支出2.93亿元，完成支出进度的100%；安排预算稳定调节基金0.91亿元，农牧民人均可支配收入达到2.07万元，同比增长25%，完成全市目标任务110%。

【党建工作】 落实上级决策部署执行力提升。2020年，西藏文化旅游创意园区始终做到旗帜鲜明讲政治，不断增强政治领导力。把政治建设的标准和要求自始至终贯穿于党的建设全过程各方面，不断增强“四个意识”、坚定“四个自信”、做到“两个维护”。建立高位推进机制，加强监督指导，针对中央和区市党委政府重大决策部署，开展督查督办16次，有效确保上级决策在园区落地生根。完善党工委会议议事规则，提高决策的科学化、法制化水平。

夯实基层党建根基。2020年，西藏文化旅游创意园区本级安排党建经费33万元（党工委13万元，慈觉林村和同心苑社区各10万元），基层党建根基进一步夯实。不断巩固“不忘初心、牢记使命”主题教育成果，在疫情防控等重大任务中发挥基层党组织的战斗堡垒作用和党员先锋模范作用。逐步推进非公领域党建标准化，成立非公企业党委。开创党建带群建工作新局面，组织开展大型集体活动3次。域上和美党总支被评为自治区级党建示范点和市级党建示范点；同心苑社区被评为市级党建示范点。

筑牢意识形态阵地。2020年，西藏文化旅游创意园区结合习近平总书记系列重要讲话精神，安排部署党工委理论中心组学习12次，提高理论武装头脑、指导实践的能力。推动“两学一做”学习教育制度化、常态化，开展学习活动39次。深入开展“四讲四爱”群众性教育实践活动，截至年底，完成第四转段工作，民族团结工作扎实开展，中华民族共同体意识进一步铸牢。

落实管党治党责任。2020年，西藏文化旅游创意园区全面履行主体责任和第一责任人责任。积极适应、全力配合派驻纪检组调整，及时汇报园区党风廉政建设有关工作和三重一大事项，主动接受监督。对照区党委巡视拉萨市问题，举一反三，涉及园区的7项问题均已整改到位，持续巩固市委巡察整改落实工作，未发现相关问题反弹。召开脱贫攻坚整改专题会议和脱贫攻坚整改专题民主生活会，重点抓好中央第三巡视组脱贫攻坚专项巡视“回头看”反馈意见有关问题整改，自觉抓好自治区纪委监委反馈问题和市脱贫攻坚督查巡察问题整改，有关整改任务已整改完成。配合处置中央巡视组交办举报问题1件（慈觉林车队强买强卖），取得阶段性进展。

【疫情防控】 2020年新冠疫情发生以来，西藏文化旅游创意园区党工委坚持把疫情防控作为头等大事来抓，从本级财政安排200万元专项资金，落实区、市党委关于统筹抓好疫情防控、经济发展和维护稳定各项要求，结合园区实际、采取有效措施，落实返藏人员居家隔离、体温监测等各项措施。疫情防控进入常态化以后，落实“落地见人”检查日清日结工作，慎终如始做好常态化精准防控。持续广泛开展爱国卫生运动，引导群众养成良好健康生活习惯。监督督促各类经营主体严格落实疫情防控责任，严格执行测温扫码等制度。结合疫情防控形势科学调整文成公主剧场观众规模。狠抓党员“三包”工作，为广大群众打造隐形的防护服，充分发挥基层组织战斗堡垒和党员先锋模范作用。（机关支部27名党员，按照“三包”工作要求，指定联系园区项目18个，做到开复工项目全覆盖；慈觉林村党总支74名党员，一对多和双联户、网格化管理结合的形式联系 1191 个群众，实现包户包人覆盖率 100%；同心苑社区党总支 51 名党员，每名党员包户 5—6 户，实现包户包人覆盖率 100%。）园区全体干部职工、群众、各入园企业向重灾区武汉捐款献爱心，通过市民政局及时将 16.3335 万元爱心捐款送至武汉，以实际行动支持全国抗疫工作。

【深化改革】 2020 年，西藏文化旅游创意园区狠抓宏观调控指导。客观分析自身短板，提出“加快在建项目复工、确保计划项目开工、争取新增项目落地”的工作思路，明确目标底线，推动政策、要素、力量向高质量发展聚焦。狠抓营商环境保障，改善服务意识和服务能力，健全领导干部联系重大项目制度，建设集中一站式服务大厅，将服务项目的能力作为园区的核心竞争力进行培养。在防范化解债务风险的前提下，逐步补齐公共服务短板，城关区第六小学顺利完工。

【优化产业结构】 2020 年，西藏文化旅游创意园区推动项目建设顺利实施。全年开复工项目 21 个，其中自治区级重点项目 2 个，市级重点项目 5 个，亿元以上项目 6 个。雪顿古镇大型综合项目和唐卡艺术中心项目推进有序，完成总体量的 95%，措棋林综合体项目接近完工。推动土地集约高效管理，通过市场化途径，依法稳妥处置奥尔特项目土地纠纷案件，有效保障各方利益和合理诉求，化解重大风险隐患。成交土地 2 宗，实现土地出让收入 9900 万元，均价达 141.53 万元 / 亩。

【加强文旅融合】 推动业态融合创新发展。2020 年，西藏文化旅游创意园区以融合发展促进产业转型升级、提质增效。推动文化创意与相关产业、旅游与相关产业融合发展，培育新的增长点。入园企业获得国家部委认定两项，获得自治区级奖励 6 项。

促进文旅消费有机结合。2020 年，西藏文化旅游创意园区培育新的消费热点，各类企业开发生产文化旅游创意产品 620 种，《文成公主》完成演出 144 场次，金城公主演出 34 余场次，全年接待游客 35 万人次，实现文化旅游消费收入 1.4 亿元。

提升创新创业服务管理。2020 年 4 月，西藏文化旅游创意园区极地众创空间获科技部“国家级众创空间”认定，创业创新基地、雪山创投营获“自治区级众创空间”认定。全年新增注册企业和个体工商户共 218 家。建设小微企业一站式服务中心，为企业提供法律财税融资入驻等一站式服务，累计培训文创人才 300 余人。启动建设园区文创中心，4 个双创载体 2020 年营业收入将到达 1.5 亿元。

【社会治理】 创新社会基层治理能力。2020 年，西藏文化旅游创意园区坚持底线思维，认真贯彻自治区和拉萨市各项维稳要求，统筹力量、强化部署、狠抓落实。累计投入各类维稳力量 700 余人次，维稳资金 50 万元。提高园区维稳工作的整体性和协作性，实现“三不出”目标。

法治政府建设。2020 年，西藏文化旅游创意园区坚持依法行政，不断提升法治思维和依法行政能力。落实政务公开各项要求，在市政府网站公示财政预算收支和重要事务 19 项。推动政府债务清零行动，政府债务全面化解。深入学习《中华人民共和国宪法》《中华人民共和国民法典》和党内法规条例，组织《中华人民共和国民法典》专家辅导讲座和宣传活动，惠及 2000 余人。

开展扫黑除恶专项斗争。2020 年，西藏文化旅游创意园区深入开展各类宣传和教育引导，重点加强行业乱象治理，改善营商氛围、提升人民群众安全感，累计悬挂扫黑除恶宣传标语 30 余条，下发扫黑知识手册 215 本，发放宣传海报和举报标语 200 余幅，园区先后组织 3 次扫黑除恶专项宣讲，覆盖 1200 余人次。

化解矛盾纠纷。2020 年，西藏文化旅游创意园区加强矛盾纠纷排查化解，坚持将矛盾化解在基层，守土有责、守土负责、守土尽责，依法保障企业、群众合法权益，本级接访信访案件 47 批（件）650 人次，涉及资金 1309.635 万元，已化解 41 批（件），协调解决资金 988.69 万元。

加强安全生产和食药品监管。2020 年，西藏文化旅游创意园区广泛开展自然灾害隐患排查治理、建筑工地隐患治理，实现安全生产“零事故”的目标。提升食品安全监管质量，开展食品安全检查 17 次，举办现场宣传活动 2 次，发放食品安全知识宣传资料 1450 余份，有效保障人民群众生命财产安全。

【巩固脱贫成果】 保持重心不移。

2020年，西藏文化旅游创意园区持续做好易地搬迁的"后半篇文章"，重点围绕发展产业、稳定就业、促进贫困人口增收，重点确保群众从"搬得出"向"稳得住""能致富"转变。

坚持就业优先。2020年，西藏文化旅游创意园区开展专项技能培训，主动适应市场，开展民族手工艺、藏式烹饪、保安技能等十大类培训427人。继续扩大就业，推动就业精准对接，完成转移就业348人，培训转移就业率达到85%以上。实现一户一岗和一户多岗就业，应届大学生连续两年实现100%就业。

增强产业后劲。2020年，西藏文化旅游创意园区持续培育壮大集体经济，一村一居经济合作组织呈现出良好的发展态势，慈觉林村集体经济2020年收入突破950万元。指导同心苑社区合作社开发传统手工艺发展项目，联合拉萨净土集团建设惠民超市扶贫产业项目，年度社区产业分红资金达到313.6万元。群众共同参与园区建设、共享园区发展红利的和谐局面逐步完善并持续巩固。

【生态园区创建】 严守生态红线。2020年，西藏文化旅游创意园区在招商引资和项目建设中，坚决杜绝"三高"项目入园，截至年底，园区无一家工业企业和高污染高排放企业。

完善生态设施。2020年，西藏文化旅游创意园区总投资9128.07万元实施环保基础项目建设，其中水系综合整治二期建设已完成总工程量的80%，道路及公园升级改造顺利完工。配合支持市林业局和圣地园林公司打造鹏矗隧道南侧树木种植，加强沿河沿路公共绿化维护和项目配套绿化建设，全年新增各类绿化面积962.7亩。

污染防治攻。2020年，西藏文化旅游创意园区以建筑工地扬尘治理为重点，严格建筑工地和渣土运输管理，打赢蓝天保卫战，风沙漫天的局面初步得到遏制。以"河长制"为重点，定期开展园区水质检测，深入开展水污染防治攻坚战。

谋划推动美丽乡村建设。2020年，西藏文化旅游创意园区专题研究推进美丽乡村建设，对接农村人居环境三年整治行动。有序推进垃圾分类工作。巩固禁白成果，常态化开展农村生活垃圾整治和清运。开展移风易俗教育，引导群众树立健康生活理念，群众幸福感获得感不断提升。

（别玉宙）

达孜工业园区

【概况】 达孜工业园区规划总面积为6.018平方公里，园区业已形成"一个名牌"（以净土健康产业为主导品牌）、"四大产业"（高原生物医药医疗产业、新能源及科技型新兴产业、民族手工业和现代服务业）的发展格局。截至2020年年底，园区累计入驻企业1854家，其中实体企业62家，生产型企业中，规模以上企业6家，龙头企业8家，高新技术企业4家。2020年，园区完成工业总产值45084.81万元，同比增长27.83%；完成税收108641.8万元，同比下降20.23%。

【齐扎拉调研】 1月31日，自治区党委副书记、自治区政府主席齐扎拉一行实地考察西藏天圣消毒制品有限公司进行实地调研。达孜园区管委会副主任邓爽等领导陪同调研。

【阿沛·晋源调研】 2月6日，第十三届全国政协常委、自治区政协副主席，自治区工商联主席、区总商会会长阿沛·晋源，自治区工商联党组成员、区工商联副主席巴桑多吉一行对西藏天圣消毒制品有限公司进行实地调研。达孜区委常委、统战部部长拉巴顿珠，园区管委会副主任邓爽等领导陪同调研。

【果果调研】 2月9日，拉萨市委副书记，市政府党组书记、市长果果调研园区企业开复工情况。拉萨市发改委党组书记其美旺姆、达孜工业园区管委会副主任邓爽等领导陪同调研。

【吴英杰调研】 2月14日，自治区党委书记、区应对新冠肺炎疫情工作领导小组组长吴英杰到西藏天圣消毒制品有限公司考察指导工作。市委书记白玛旺堆、达孜区委书记张干、副区长次仁央宗等相关领导陪同调研。

【刘广民调研】 4月14日，江苏省对口支援西藏拉萨市前方指挥部副总指挥、党委副书记、拉萨市副市长刘广民一行到达孜工业园区考察调研。达孜区委常委、副区长许俊超，达孜工业园区管委会主任王斌忠，达孜区工业园区管委会副主任邓爽，园区党工委书记王锦等领导陪同调研。

【王芳红调研】 5月7日，西藏自治区经信厅厅长王芳红一行到园区调研企业经济运行相关工作，达孜区委常委、副区长许俊超，园区管委会主任王斌忠、园区管委会副主任邓爽陪同调研。

【沈海斌调研】 5月14日，江苏省对口支援西藏拉萨市前方指挥部总指挥、党委书记，拉萨市委副书记、常务副市长沈海斌到园区开展企业结对工作。达孜区委常委、副区长许俊超，达孜工业园区管委会副主任邓爽、达孜工业园区党工委书记王锦等相关领导陪同调研。

【2020年度经济工作会议】 4月2日，达孜工业园区管委会、达孜区经信局联合召开2020年度经济工作会议。此次会议由达孜区委常委、副区长许俊超主持，达孜工业园区管委会主任王斌忠、副主任邓爽、园区党工委书记王锦、区经信局局长周胜毅以及园区管委会、经信局相关领导干部参加会议。

【2020年拟入园项目联合论证会】 5月8日，达孜工业园区管委会主任王斌忠主持召开达孜工业园区2020年招商引资项目拟入园项目联合论证会。达孜区经信局、发改委、自然资源局、拉萨市生态环境局达孜分局、区应急管理局、税务局、住建局、市场监督管理局共计8家联审单位负责人和达孜区委一届七轮巡察三组副组长郭佳林、园区管委会副主任邓爽及管委会各职能部门负责人参加会议。

【银企合作】 5月28日，中国农业发展银行西藏自治区分行扶贫业务处负责人罗珍、副处长顾群艳到园区就企业融资发展工作开展实地调研。达孜区政协主席赵彩娥、园区管委会相关领导陪同调研。

【高原植物功能食品产业研究院挂牌仪式】 6月24日，江苏省农业科学院和西藏宏发盛桃食品股份有限公司隆重举行高原植物功能食品产业研究院挂牌仪式。江苏省农科院副院长沈建新、拉萨市副市长刘广民等领导出席此次挂牌仪式。

【达孜新动能产业园项目推进座谈会】 7月9日，由园区管委会与西藏国有资产管理有限公司共同举办的达孜新动能产业园项目推进座谈会顺利召开。西藏国有资产管理有限公司董事长次旺桑培特邀中国投资协会专家詹进等参加此次合作洽谈。达孜工业园区管委会主任王斌忠主持会议。

【党的建设】 常态化党建工作。2020年，达孜工业园区党工委坚持阵地“标准化”建设，打造圣禾、天圣两家党支部为两新组织示范单位；打造园区企业产品展厅两新组织示范展厅；按照两新组织全覆盖，夯实属地管理，对原有9个支部进行规范整合。

重点推进党员“三包”。2020年，达孜工业园区党工委推进党员“三包”工作，确保“党员三包”工作全覆盖、无死角。园区管委会党支部12名党员与相关的12名非党员职工、亲属、志愿者结成帮扶对子，园区天圣医药、圣禾党支部党员与公司非党员结成帮扶对子，通过现场宣讲和电话、微信沟通等方式开展疫情防控宣讲工作。

【产业发展】 2020年，达孜工业园区新引进企业12家，其中已落地项目7家，总投资超10亿元。分别是西藏高山牧歌牛羊肉精深加工项目，总投资1000万元；西藏帕诺生物藏药植提中心项目，总投资170万元；西藏开源实业产城融合项目，总投资7.2亿元；高原特色兽药(藏兽药)生产基地建设项目，总投资5176.15万元。与此同时，着力打造园中园产业发展模式。建成首家以地理信息为主营的西藏唐富兴隆地理信息产业园，累计投入资金1800余万元，引进企业5家。投资2亿元的达孜绿色新动能产业园，该产业园建设与西藏国有资产管理有限公司达成战略协议，该公司将对原农牧厅所属60亩长期闲置地块进行充分整合利用，建设107749平方米的地标性建筑。项目将实现国有控股、国有参股和国民合作，引领达孜工业园区产业转型升级。总投资5000万元，由西藏海川科技有限公司主导建成的达孜首家集环保工程、环保设备、环保材料与技术研发于一体的环保产业园，该园区致力于打造顶尖环保类企业集聚基地，发挥产业集群效应。

【环境保护】 2020年，达孜工业园区制定落实月环境保护巡查制度,督促辖区企业完善和健全各项环保手续、环保设备,加快对存在的环保问题整改落实。摸索创新园区环保联动监管机制,依托达孜区环保局推进达孜区环境在线监测、达孜区污水处理厂正常运行,以及园区内垃圾转运、生态环境整治、人工湖排水口和生态公园整治等工作。编制和颁布实施园区相关环保规范性文件、环保实施方案细则,优化环保领域纲领性指导意见。联合园区环保法律顾问开展环保专项法律知识培训3次,培训人次达到90余人,培训内容包括园区污水处理相关法规、环评手续办理相关法规以及与企业业务相关的环保法律法规。根据《关于加快达孜区生态保护督察问题整改的通知》,落实整改措施,及时推进生态保护整改内容落地。

【安全监管】 2020年,达孜工业园区开展重要节点期间企业安全生产巡查工作。为全力做好辖区企业、施工单位新型冠状病毒感染的肺炎疫情防控及复产复工安全生产工作,对辖区内所有复产复工企业进行一次全面的安全生产大检查,督促企业严格落实安全生产教育培训措施,加大事故隐患排查力度。开展达孜工业园区2020年度安全生产工作部署会议,研究部署安全生产各项工作。制定2020年度安全生产工作目标责任书,与35家企业签订责任书,督促企业细化目标、层层分解、落实责任。检查园区重点企业安全生产责任制度落实情况,安全管理人员、操作人员是否持证上岗,日常设施、设备巡查、隐患排查情况、事故应急预案制定及演练情况,安全通道是否畅通,消防设施是否有效,特种设备设施维护,员工安全生产教育培训情况等。推进非煤矿山、危险化学品、工贸企业安全生产标准化建设工作,加强和推进2020年企业标准化建设工作。加强消防安全工作,调整充实达孜工业园区消防安全工作领导小组,明确责任,常规化开展消防安全工作巡查工作。以"安全生产月"和"安全生产拉萨行"为契机,开展"安全生产达孜行"主题活动及培训,参训人数30人。

【双创争优】 2020年,达孜工业园区在巩固市级创业创新基地申请认定及西藏自治区中小企业公共服务示范平台建设工作成果基础上,继续健全双创示范平台,培育发展小微型企业。双创基地现已入驻企业共计51家,完成工业总产值5999.3万元,实现纳税总额1219万元,固定就业人数达158人。基地为小微企业提供政策解读、产业合作、信息共享、法律咨询、人事招聘、科技孵化等帮助,助推项目发展壮大。充分健全双创基地配套设施建设,拥有餐饮、超市、酒店等生活设施。

（覃雨菲）

堆龙德庆区工业区

【概况】 2020年,堆龙德庆区工业园区在区委、区政府的坚强领导下,坚持以习近平新时代中国特色社会主义思想为指导,深入贯彻落实中共十九大和十九届二中、三中、四中、五中全会精神,坚决贯彻落实党中央、国务院决策部署和区市、堆龙总体工作安排要求,坚定不移地做好疫情防控工作,坚持新发展理念,紧紧围绕发展实体经济目标要求,园区企业化危为机,保持园区经济社会持续健康发展的良好态势。2020年年底,园区正式入驻企业58家,其中新型建筑建材类企业28家、高原健康及民族产品企业22家、医药类企业2家、仓储物流企业4家、其他类企业2家。

【经济运行保持良好态势】 2020年,园区管委会严格执行"保姆式"企业服务,在上半年园区经济持续负增长的压力下,强化惠企政策宣传贯彻落实,积极为企业纾困解难,全面推进企业复产达效,下半年园区经济实现正增长。2020年,园区共实现工业总产值8.45亿元,同比增长11.14%;实现工业增加值3.71亿元,同比增长14.32%,其中规上增加值1.25亿元,同比增长13.28%;完成工业销售产值8.41亿元,同比增长8.01%;完成工业税收4375.24万元,同比下降6.66%(受疫情期间国家减税降费影响,所有具体数据以统计口径数据为准)。实现招商引资实际到位资金9.15亿元,完成目标任务的101.8%。新增规模以上企业1家。带动就业823人,其中农牧民就业人数283人、西藏户籍大学生80人。

【疫情防控】 2020年,园区管委会统筹疫情防控和经济社会发展,一手抓防控,一手抓生产,因时因势调整工作着力点和应对举措,创新工作方式，传达落实相关会议精神，结合党员“三包”要求，建立“包保企业—跟踪服务—责任到人”的责任体系，变管理为服务，抓实“开工前、生产中、复产后”三个关键环节，严把开工前“报备”，切实筑牢园区疫情防控“墙”；协助企业购买医用口罩、红外线体温枪、消毒液等防疫物资，确保企业如期复工复产；积极落实中央、区市各项惠企政策，加速园区企业复产复工，根据区委区政府统一安排部署，及时拨付国家直达资金，降低疫情给企业造成的影响，确保企业高质高效发展，充分发挥园区经济主战场作用。2020年，园区流入人员共1840人。

【园区低效企业盘活】 2020年，园区管委会为避免造成园区土地资源浪费，集约利用园区土地，园区管委会多次与部分企业负责人沟通、商谈，通过嫁接、合作等方式，成功盘活园区低产低效企业6家，即鑫旺、银峰、圣云、普仁仓、珠穆拉瑞、正源，涉及面积125亩，已通过入园项目联席会议研究，保障园区企业复产达效。同时，加速推动园区2宗闲置土地盘活利用进度。

【企业调研】 2020年，园区管委会负责人陪同区委、区政府主要领导多次到园区各企业了解生产经营、产品研发、消防安全、环保、疫情防控、项目建设进度及企业需求与面临的困难等情况。针对调研中各企业反馈的困难问题，如希望能推荐纳入储备库，参与政府项目或大型工程招投标竞争，进一步提高企业产量和产值问题，经向区委、区政府反馈，领导高度重视，按照“就地取材，堆龙企业优先考虑”的原则，如实填写堆龙德庆区本地建筑建材企业产品推荐表，召开产品推介会。

【环保、安全生产工作】 2020年，园区管委会加强落实安全生产和环保责任制，定期不定期督促企业重视安全生产和环保工作，共开展大排查10余次，与园区企业签订安全生产、环境保护、门前三包等责任书100余份，开展安全生产、环境保护专题培训1次，利用“6·5”环境保护日、安全生产月、“法律进企业”等契机开展宣传活动，发放宣传册1000余册，全年无安全生产、污染环境等事故发生。全面推进创建文明城市整改落实工作，组织召开专题部署会议，印发《关于堆龙德庆区工业园区做好近期环境整治工作的紧急通知》，对园区辖内109国道沿线企业墙体张贴公益广告进行宣传，并组织园区企业党员开展文明引导志愿服务及环境整治活动。

【打造“保姆式”服务】 2020年，园区管委会始终树立服务理念，积极发挥政府与企业间的桥梁纽带作用，鼓励企业积极参与展示活动，借助各类平台打响企业品牌；不定期组织人员到企业调研，及时协调解决企业存在的问题，主动解决涉企信访事件，全年接受信访事件及矛盾纠纷事件10余次，协调解决拖欠农民工工资100余万元；全面推行办事公开制度，利用园区企业微信群、党务政务公开栏、财务公开栏，对办事流程、服务企业事项的相关政策、文件、法规及时进行公示，接受监督。

【“两新”企业党建工作】 2020年，园区管委会积极开展“基层党组织品牌创建”“基层组织年建设”“党员志愿者服务”等活动，充分发挥工业园区“两新”统筹职能，7月底经区委批准，成立工业园区（物流园区）党工委。指导新成立企业党支部5个，发展党员11名、积极分子16名，切实壮大“两新”党组织队伍，“两新”党组织覆盖率达45.94%。

（欧阳小月）

曲水县工业园区

【概况】 2020年，曲水县工业园区总体规划面积为9.86平方公里，由聂当工业园区和县城工业园区组成，呈“一区两园”结构，其中聂当工业园区占地面积8.36平方公里，县城工业园区占地面积1.5平方公里。按照“二产抓重点”的发展方针，曲水县委、县政府立足自身实际，提出“工业强县”的发展战略。2005年，建立聂当工业集中区，该集中区主要入驻新型建筑建材、民族手工业、再生资源利用类企业。2006年自筹资金成立县城工业集中区，该集中区主要入驻藏医药、农产品生产加工、生物科技等净土健康产业类企业。2007年，在区、市两级政府和党委的支持和帮助下，对两个工业集中区做统一规划。2013年曲水工业园区正式成立，2015年年底曲水县工业园区管理委员会机构成立。

【园区定位】 2020年,曲水县工业园区立足聂当和曲水县城的区位环境、发展背景、远景目标等方面,分析规划园区功能定位,确定聂当工业园区主导产业为新型建筑建材组团、再生资源利用组团、仓储物流组团、制造业组团、民族手工业组团;曲水工业园区主导产业主要为藏医药、农副产品加工、生物科技等净土健康产业。对聂当工业集中区进行规划修编,初步确定聂当工业集中区主导产业为高原生物等产业、建筑建材、民族手工业、循环经济产业。

【园区企业】 2020年年底,曲水县工业园区有注册企业67家,聂当工业集中区有实体企业51家。聂当集中区主要以新型建筑建材、民族手工业、再生资源利用类企业为主。曲水县工业集中区16家实体企业主要以藏医药、农产品生产加工、生物科技等净土健康产业类企业为主。

【园区经济】 2020年,园区工业总产值6.2亿元,同比增长17.3%;销售产值6.5亿元,同比增长–8%;工业增加值3.03亿元,同比增长2%;上缴税金0.28亿元,同比增长–60%。

【工业性投入】 为提升园区形象,曲水县对聂当工业园区内断头路进行修建,同时在园区曼布路与国道318连接处修建大门,总投资608.97万元。同时加快聂当园区及一区两园高原生物产业园区基础设施建设,做好国家专项债券申报工作。2020年,申报项目2个,分别是聂当工业园区基础设施建设和县城工业园区基础设施建设,资金总计21亿元。资金主要为聂当工业园区修建跨河大桥、标准化厂房、道路等。申请的1亿元抗疫特别国债,按照区市党委、政府决策部署,2020年年底将1亿元抗疫特别国债移交经开区。

【品牌建设】 2020年,曲水县加大对品牌建设和科技创新的扶持力度,西藏求本生物科技有限公司拥有5项国家发明专利技术,即夏天无真空冷冻干燥工艺,夏天无粉的制备工艺(专利号CN201110099459.8),紫珠叶真空冷冻干燥工艺、紫珠叶粉的制备工艺(专利号CN201110205591.2),一种中药余甘子的加工工艺(专利号CN201110231719.2),一种益母草的加工工艺(专利号CN201310136454.7),黄蜀葵花的加工方法(专利号CN201310561294.0)。

【与经开区合作共建】 2020年,在拉萨市委、市政府领导实地调研的基础上,曲水县与经开区多次洽谈,确定曲水县负责土地提供,经开区负责开发、建设、招商、运营的合作模式。2020年年底,已确定1400亩土地由经开区建立先期示范区,投资1.06亿元对园区进行基础设施建设,项目已开工建设。

(孟　耀)

商贸·旅游

商务

【概况】 2020年，拉萨市商务局紧紧围绕市委市政府中心工作，积极克服新冠肺炎疫情影响，解放思想、转变作风，充分发挥商务职能，总体实现七大“新成效”。通过一系列激励措施，逐步扭转社会消费增长下降态势。全市社会消费品零售总额369.35亿元，同比下降3.75%。其中，城镇社会消费品零售总额320.49亿元，同比下降4.84%，乡村社会消费品零售总额48.87亿元，同比增长4.02%；商品批发和零售业收入340.16亿元，同比下降3.00%；住宿和餐饮业收入29.20亿元，同比下降11.70%。

【发放3000万元消费券促消费活动】 2020年，拉萨市商务局根据区市有关推动消费回升和企业复工复产工作部署，市政府投入3000万元资金，于6月6日开展发放消费券促销活动，主要扶持受疫情影响较大的商场综合体、餐饮等行业企业渡过难关，尽快复产复工。截至年底，共计核销金额为16684599.95元，拉动消费40640511元，杠杆率为2.43。通过开展消费券发放活动，组织银联西藏分公司、自治区人社厅、金融机构、拉萨中国移动公司、自治区餐饮协会以及万达、苏宁等一批民营企业拿出资源共同开展促销活动，促进消费市场逐步回暖。开展限额以上商贸企业培育工作，新增西藏鱼跃医疗、西藏川渝餐饮、拉萨乃仓酒店等12家限上企业，趋缓社会消费数据下降趋势。为提高商贸企业纳统和促销的积极性，细化完善《拉萨市限额以上商贸企业发展促进奖励办法》《拉萨市节假日促销活动企业奖励办法》，向33家限额以上商贸企业发放消费奖励促进资金23万元，鼓励企业积极应对疫情影响。举办各类展示展销会，促进消费增长，组织企业开展雪顿节、赛马节、文化节等商品促销活动，搭建供需对接平台，挖掘消费新热点。进行市场监测，将超市、农副产品批发零售市场、成品油等33家企业作为重点监测对象，及时掌握消费市场运行情况，有针对性地指导企业调整销售结构。聘请第三方专业机构，推进古城区商业业态规划编制工作。

【创新招商方式】 2020年，拉萨市商务局克服经济下行压力和新冠肺炎疫情影响，采取“线上招商”“不见面招商”等工作措施，制定出台《关于做好近期招商引资工作的通知》《派驻招商引资企业开复工方案》等工作举措，协调解决22家招商引资企业在防控物资、审批手续办理、项目融资、产品销售等方面困难，确保招商引资力度不减，强度不变。

【搭建招商平台】 2020年下半年，随着疫情防控形势趋稳，搭建“走出去”“请进来”招商平台，到西安、郑州、成都、深圳、昆明等地开展密集招商对接活动，成功举办2020年中国拉萨雪顿节招商引资推介会暨项目集中签约仪式活动，红星美凯龙、万达商业广场、西藏云边藏秘生态酒等项目落地建成投产，提升招商引资实效。全年落实招商引资项目332个，协议投资651.37亿元，实际到位资金301.69亿元，同比增长26.47%，完成自治区年度目标任务271亿元的113.25%。其中：全年完成固定资产投资242.59亿元，转移就业20107人，实现劳务收入4.87亿元。

全年完成农牧民就业10690人,实现劳务收入1.78亿元;大学生就业832人,实现劳务收入6145万元;建档立卡户就业823人,实现劳务收入666万元。

【扶持小微双创企业发展】2020年,拉萨市商务局按照《拉萨市外经贸小微示范企业认定扶持办法(暂行)》,对13家示范企业分别给予15万元奖励,帮助企业渡过外贸难关,全力扶持外经贸小微双创企业发展。发挥专项资金稳外贸保主体作用。经项目评审9家企业31个项目通过,拟扶持资金达952.89万元。优化服务,践行让企业只跑一次承诺。全面深化"放管服"改革,将"对外贸易经营者备案登记表"备案工作由先前的提交纸质材料,经现场审核确认后5个工作日完成优化为无纸化办公3个工作日完成,切实践行"一次性告知""让企业只跑一次"承诺,让企业少跑腿、得实惠,让国际贸易更便捷、更经济。配合推进综保区建设,截至年底,拉萨综合保税区"八通一平"基础建设和海关联检大楼及其配套工程建设项目已全部完工,正式进入封关验收筹备迎检阶段。

【夜经济发展】2020年,拉萨市商务局抢抓机遇,创新举措,先后制定实施方案、启动夜间经济试点、开通夜游公交专线、广泛开展氛围宣传,全力以赴推进夜间经济发展。先后编制《夜间经济专项策划》,拟定《拉萨市关于加快推进夜间经济发展的实施方案》,提出全市发展夜间经济的具体举措。9月8日晚上,在藏游坛城举行启动仪式,正式拉开全市夜间经济序幕,仅拉萨发布日浏览量达到上万人次,在区内外营造良好的夜间经济宣传氛围。随后创办拉萨夜间经济"吃喝游玩"系列活动指南,通过市属各类媒体和拉萨市商务局微信公众号先后刊发夜间系列消费宣传30余次,起到良好的宣传效果。为改善广大市民及游客出行条件,于9月30日晚正式开通2条夜游公交专线。通过一系列工作举措和努力,以藏游坛城为试点的夜间经济发展成效初显。自9月8日夜间经济启动以来,藏游坛城205家营业商户复商营业率达到100%,9月销售额达到912万元,较8月增长13%;地摊经济固定商家发展到203家,9月收入约225万元,较8月增长约17%;9月客流量总计约40万人次,较8月增长约25%。发展夜间经济已成为促进消费增长、提升城市活力的有力抓手。

【推进诚信体系建设】2020年,拉萨市商务局深入贯彻《国务院办公厅关于促进家政服务业提质扩容的意见》精神和区市产业建设工作领导小组工作部署,充分利用商务部支持家政信用体系建设740万元资金,全面建立家政企业和家政服务员信用记录,解决家政行业诚信建设缺失"卡脖子"问题。通过资金扶持,带动家政劳务输出基地开展中高端家政服务业培训和诚信服务标准示范门店建设,提升家政从业人员的专业化程度和综合素质,完善本地家政市场供给。成功引入其他省市成熟发展模式,举办江苏拉萨家政行业结对共建活动,牵线优秀互联网家政企业江苏斑马软件技术有限公司落地拉萨,与柳梧新区签订战略合作协议。拉萨市西藏吉萨、西藏惠美两家家政企业与江苏家政企业签订"百城万村"家政扶贫对接合作协议,借助江苏企业先进成熟的平台技术和丰富的市场经验,助力拉萨市家政服务业更好发展,推动拉萨市家政扶贫在更大范围和更宽领域取得更大成效。举办全市首期家政职业经理人培训班,组织全市6家代表性家政企业职业经理人到江苏开展专题培训,围绕家政信用体系建设、家政协会运营管理、家政企业盈利模式、家政人的职业化素养、家政企业门店经营以及家政培训学校转型等多个模块进行培训学习,并实地考察江苏代表性家政企业。通过学习其他省市在家政行业方面的有效管理模式和先进运营经验,助力拉萨市家政企业家开拓思维视野、增长行业见识、更新发展理念,对引导拉萨市家政行业规范化、标准化、职业化发展将产生重大影响。

【惠民工程】2020年,拉萨市商务局认真贯彻市委、市政府"突出解决偏远乡镇农牧民加油难问题,千方百计为民办实事、办好事"指示要求,在2019年工作基础上,扎实推进尼木县麻江乡等7座偏远乡镇加油站建设工作。协同自然资源部门做好加油站土地征收、补偿和建设用地使用权"招拍挂"等事项,对符合国家和自治区有关政策的加油站优先办理建设预核准审批手续,并鼓励民营成品油经营企业拓展农牧区市场。通过多方面努力，完成尼木麻江乡、林周唐古乡2座加油站建设工作，其余4座加油站正在有序推进，当雄纳木湖乡加油站因不符合环保要求需重新规划选址。

【疫情防控】 坚守岗位战场。面对新冠肺炎疫情，拉萨市商务局切实践行政治责任，强化使命担当，从1月23日起连续奋战46天，全面落实疫情防控和市场保供措施，确保全市商贸流通领域无疫情，关键时刻肉菜等生活必需品供应充足、价格稳定。

加强氛围宣传。为稳定疫情期间市场秩序和引导人民群众消费习惯，拉萨市商务局第一时间通过《西藏日报》、拉萨电视台等媒体发布《全力保供、请您放心——致广大市民的一封信》《全市商务系统战疫保供倡议书》《足不出户、年货到家——藏历新年年货供应公告》及日常市场供求信息30余篇，发动全局党员制作并张贴《疫情防控商超工作细则》《全力保供肉菜充足》《足不出户、年货到家》等专题海报1万余份，包括中央电视台、央广新闻等在内的各媒体对拉萨市商务局市场保供工作刊发报道40余篇，营造良好的舆论氛围。

开展年货配送。在藏历新年战疫保供工作中，拉萨市商务局创新工作方法，组建东嘎、亨通2个肉菜粮油副食品物流配送枢纽和以八廓商城、各大超市等购物平台为基础的年货保供体系，依托覆盖全市县乡村三级的239个惠民直销点，实现“窗口上售卖、家门口提货”，在满足群众购买年货需要的基础上，有效减少人员聚集带来的疫情传播风险。通过此次疫情保供工作，拉萨市商务局总结出“市场监测到位、实地巡查到位、解决问题到位、年货保障到位、宣传引导到位、应急托底到位、组织领导到位”的“七到位工作经验”，得到商务部及市委、市政府的充分肯定与赞扬。

（封　丰）

粮食和物资储备

【概况】 拉萨市粮食和物资储备局（以下简称拉萨市粮食局）属于拉萨市政府工作部门，由市发改委代管，系副县级单位，内设应急保障与统计监测科、粮食储备科、物资储备科、市场监督检查所（统计调查大队）、拉萨市救灾物资储备中心，9名行政编制，20名参公事业编制，4名事业编制，3名公益岗位编制，2名机关后勤编制。

【粮油保供稳市】 2020年新冠肺炎疫情发生后，拉萨市粮食局加强全市粮油保供稳市工作，加大粮油统计调查力度，承担全市粮油、蔬菜、肉、酥油、鸡蛋、牛奶等生活必需品的综合汇总上报职责，全年全市粮食购销企业共调入粮油148710.6吨，销售粮油122485.77吨，库存粮油26576.3吨，保证全市粮食供应充足、价格稳定。建立37家粮食应急供应网点，制定印发《拉萨市粮食应急供应网点管理办法》，市政府召开专题会议为应急供应网点授牌。加强粮食收购工作，严格执行自治区青稞最低收购价（3.9元/公斤）政策，全市共收购青稞5835.2吨。首次实行青稞收购价补分离政策，价补分离政策执行期间委托收购企业共收购青稞1607吨。

【粮食储备管理】 拉萨市粮食局与自治区储备粮代储单位和自治区动态应急地方储备粮承储企业签订《西藏自治区储备管理责任书》《西藏自治区储备粮代储合同》《西藏自治区财务管理责任书》《自治区动态应急地方储备粮管理责任书》《自治区动态应急承储合同》，严格落实自治区储备粮管理办法、储备粮轮换承诺制，每个季度对自治区储备粮代储库、自治区动态应急地方储备粮承储企业开展监督检查，核实储备粮库存数量，加强储备粮质量和安全生产检查，无一例安全事故发生。如期完成自治区储备粮油轮换任务16000吨，做到常储常新。增储拉萨市级储备粮油6510吨，其中大米4280吨、面粉2010吨、食用油220吨，资金投入3936万元，增储到20天粮油供应量，确保政府宏观调控和应对突发事件的物质基础。完成“十三五”时期粮食安全应急保障仓储设施建设项目4个以及江苏援藏投资建设项目。完成堆龙德庆区玛乡粮库维修项目，储粮设施得到明显改善。实施粮库智能化升级改造项目，投入资金606.02万元，提升西藏拉萨国家粮食储备库、达孜区、林周县、墨竹工卡县、当雄县5个自治区储备粮代储库信息化管理技术水平。

【救灾物资储备管理】 2020年，拉萨市粮食局推进饮用水代储新模式，代储饮用水22400件，价值达959200元，填补拉萨市饮用水储备空白，提升应急物资供应保障水平。规范救灾物资储备的管理工作，配合拉萨市民政局开展救灾物资清查盘库工作。开展市级救灾物资增储工作，增加市级应急救灾物资13余类，价值约75万元。印发《拉萨市应急救灾物资调拨规定（试行）》，规范救灾物资调拨程序。与运输公司签订《拉萨市救灾物资紧急运输协议书》，确保抗灾救灾应急物资和设备调运落实服务保障。在疫情防控期间，按照"特事特办，先物资到位，后再补手续，及时保障一线需求"为原则，从拉萨市救灾物资储备中心紧急向西藏文化旅游创意园区管委会、日喀则、阿里、昌都、林芝地（市）驻拉萨市办事处及疫情防控指挥部（2顶）以及拉萨市6所中学调拨12平方米棉帐篷和20平方米棉帐篷共计14顶，保证疫情防控及复工复产复学工作需求。

【粮食市场监督检查】 2020年，拉萨市粮食局完成粮食安全专员（市长）责任制考核迎检任务，完成粮食收购许可证年审备案工作，对全市范围内取得粮食收购许可证的法人、其他经济组织和个体工商户进行粮食收购资格年度审核备案工作。开展一年一度粮食库存检查，确保粮油库存数量真实，储存安全、质量良好。联合市场监管局、价格科等职能部门开展重大节日粮油市场检查，维护粮食市场秩序，随时掌握市场动态，坚持每周粮油库存、品种、质量和价格等进行监测，开展粮油市场监督检查出动检查人员169人次，共检查70次，涉及企业23家。

【粮食产业经济课题研究】 2020年，拉萨市粮食局召开《拉萨市高原特色粮食（青稞）产业经济发展思路研究报告》和《拉萨市关于深化农业供给侧结构性改革大力发展高原特色粮食（青稞）产业经济的实施意见》专家评审会议，修改完善研究报告。

【粮食和物资应急调拨演练】 2020年，拉萨市粮食局制定《区市两级粮食和物资调拨应急演练实施方案》，开展首次区市两级粮食和物资调运应急演练。

【粮食政策宣传】 2020年，拉萨市粮食局组织开展"世界粮食日""粮食科技周""食品安全周"等宣传活动，向广大市民发放"爱粮节粮、科学食粮"知识读本、"端牢中国饭碗共筑全球粮安"等双语宣传册和宣传单等500余册及印有"端牢中国饭碗共筑全球粮安"的宣传品共350余份，组织放心粮油营销企业宣传展示"放心粮油"产品，扩大世界粮食日和爱粮节粮宣传活动的影响力。

【基础设施建设】 2020年，拉萨市粮食局启动区市粮食和物资储备中心项目建设前期工作，完成项目可研、设计、勘察单位的招标工作。

（王祥磊）

旅游

【概况】 2020年，拉萨市共有旅行社300余家，导服公司1家，A级景区29处，旅游星级宾馆（酒店）96家，旅游汽车公司4家（布达拉旅文集团1家、拉萨市交产集团3家），7个村入选第二批全国乡村旅游重点村名录。

【部署安全责任】 2020年，拉萨市旅游发展局（以下简称拉萨市旅游局）及时进行"疫情期间"及各大节日期间的安全生产和公共安全工作安排部署，制定旅游企业《2020年度安全生产目标责任书》，严格落实企业安全生产主体责任。

【A级景区（点）评定】 2020年，拉萨市旅游局严格按照国家标准，开展A级景区（点）评定工作，5月20日，新增经开区"藏域星球"天文体验馆为国家AAA级旅游景点。对扎叶巴景区、曲水动物园、藏游坛城等申报A级景区的单位进行初评后提出整改意见并进行指导。截至年底，拉萨市有A级景区29处。

【星级宾馆（饭店）评定】 2020年，拉萨市旅游局严格按照国家标准，开展星级宾馆（饭店）评定工作。8—9月，拉萨市旅游局对全市星级宾馆饭店进行复核，对星级宾馆饭店目录进行更新，指导匠宿、五色茎叶等民宿向精品特色主题民宿发展。该工作走在全区前列，得到相关部门的肯定。

【服务标准编制】 2020年,拉萨市旅游局完成编制《拉萨市A级景区(点)服务标准》的招标工作,完成相关服务标准的编制,着力规范A级景区(点)服务标准、提高服务水平。

【旅游宣传】 2020年,拉萨市旅游局制作"拉萨文明旅游"宣传册、宣传礼品5000余份,助推拉萨文明旅游宣传工作,积极营造文明城市创建氛围。

【项目建设】 2020年,拉萨市旅游产业项目被纳入全区重点项目的共计18个,计划总投资2.09亿元,截至年底完成投资1.54亿元,开工项目17个,开工率94%,已完成项目建设11个。积极申报地方专项债券项目、2020年增补项目,建立"十四五"时期项目库,全面完善拉北环线旅游基础设施。申请到拉萨林周县唐古旅游景区、堆龙楚布沟景区等6个"三区三州"文旅提升项目。推动当雄县成立羊八井登山小镇管理委员会,蓝色天国景区成功举办2020年登山大会开幕式。

【乡村旅游发展】 2020年,拉萨市旅游局实施"旅游+乡村"融合发展战略,组织专家对全市乡村旅游发展情况进行调研,把乡村旅游作为"十四五"和未来15年总体规划的重要内容;联合各县(区)挖掘乡村美食美景和民风民俗,因地制宜打造1—2个乡村旅游重点景区,陆续推出"拉萨乃仓""好客藏家""德吉藏家"等一批品牌乡村民宿和达东村、秀色才纳、扎叶巴、行者黑帐篷等一批特色乡村旅游产品。达东村、波玛村、维巴村等7个村被文旅部评定为第二批全国乡村旅游重点村,全市国家级乡村旅游重点村达到10家。羊八井蓝色天国、达东村、甘露曲秘藏药浴入选首批自治区级康养旅游示范基地试点单位。

【大型旅游活动】 2020年,拉萨市旅游局先后举办"西藏人游西藏、拉萨人游拉萨"美丽乡村游启动仪式、"畅游乐泉、欢度六一"主题活动、"弘扬红色精神,畅游最美林周"红色景区采风踩线活动、"圣洁拉萨乐享雪顿"大型旅游推介会、"徒步圣湖·健康同行"等活动,推广"拉北环线",倡导"拉北环线"深度游、体验游。开展"拉萨冬季旅游巡回促销",展示拉萨旅游文化特色,藏式舞蹈、非遗展示、文化旅游商品等吸引行人纷纷驻足,"旅游+文化"的展示引导国内游客在疫情后到拉萨旅游观光,"圣洁拉萨健康之旅"品牌效应得到提升,"冬游西藏""冬游拉萨"得到推广。

【旅游市场执法】 2020年,为防止旅游市场乱象的反弹,规范市场秩序,拉萨市旅游局组织专门力量,对拉萨市旅游市场进行执法检查,摸排核查扫黑线索,处理违规案件,整治旅游市场秩序。全年共开展旅游市场执法检查242次,共出动执法人员493人次,检查涉旅企业781家次,其中旅行社178家次,星级宾馆(饭店)501家次,A级景区(点)70家次,购物店32家次,下发整改通知书13份,核查摸排2起扫黑除恶线索,处罚2家旅行社,暂扣导游证10个、星级宾馆(饭店)星级牌子4个,约谈购物店10家、导游10人、旅行社349家、星级宾馆(饭店)4家。

【旅游市场规范化建设】 2020年,拉萨市旅游局联合16家单位,向旅游购物店下发《拉萨市旅游购物场所经营规范(试行)》通知,严格规范购物场所经营,维护游客的合法权益。实施《拉萨市实施旅游市场黑名单管理办法(试行)》,加快建立拉萨旅游行业失信惩戒制度,定期公布违法违规旅游供应商、经营者、从业人员等服务不良信息记录,对失信企业和人员依法依规严肃处理。下发拉萨旅游从业人员"八不准",提高拉萨市旅游从业人员的服务质量。推进拉萨市旅游市场综合行政执法改革工作。

【旅游宣传】 2020年,拉萨市主办第六届"拉萨巧手"旅游商品设计大赛、"魅力拉萨"旅游摄影大赛,全方位搭建企业交流平台,提升旅游文化产品设计实力,推动大赛精品落地市场,促进旅游商品市场的可持续发展。在北京、江苏、上海、广州、成都等地的高铁列车、机场、客运站、广播网投放拉萨旅游宣传广告。广告投放涵盖京津冀、珠三角、长三角、西南等片区,提高群众对拉萨市旅游的认知度。这些活动的举办和广告的投放,产生了一系列宣传效应,据相关数据显示,西藏乃至拉萨旅游市场复苏速度在全国排名前列。

(顾正军)

交通·运输·邮政

综述

【概况】 2020年,拉萨市交通运输局(以下简称拉萨市交通局)以习近平新时代中国特色社会主义思想为指导,贯彻中共十九届二中、三中、四中、五中全会及中央第七次西藏工作座谈会精神,围绕疫情防控、"四好农村路"建设、"十四五"交通运输规划编制等重点,推动交通运输事业高质量发展。

【党建工作】 2020年,拉萨市交通局坚持党建统领业务、党建团结力量、党建推动发展,深化党的建设、党风廉政建设,营造风清气正、干事创业良好政治生态。推进"两学一做"常态化教育、"不忘初心、牢记使命"主题教育,开展党组理论学习中心组学习13场、党支部学习48场、讲党课9场,组织中央第七次西藏工作座谈会精神学习4场,参加学习1600余人次。先后召开局党组会议4次,部署政治纪律工作,完善党风廉政建设责任体系,推送腐败案件通报20余条,开展廉政风险排查防范,分类制定防控措施。

【深综合行政执法改革】 2020年,拉萨市交通局制定《拉萨市深化交通运输综合行政执法改革的实施方案》,10月29日,市交通运输综合行政执法队挂牌成立,11月,县域交通运输综合行政执法队陆续揭牌,梳理完善"三定方案"及权责清单。

【"互联网+政务服务"】 2020年,拉萨市交通局完成政务服务网职权事项34项,梳理全程网办事项16项,最多跑一次事项34项,即办事项11项,时限压缩比例76%,完成年度目标任务。

【脱贫攻坚】 2020年,拉萨市交通局开展结对认亲交朋友,购置特色农产品助力消费扶贫,吸纳农牧民参与工程项目建设,带动增收1.8亿元,开展农牧民驾驶员培训计划,落实生态补偿岗位工资26.7万元。

【疫情防控】 2020年,拉萨市交通局树立"全国一盘棋"思想,坚定信心、同舟共济、科学防治、精准施策,坚决打赢疫情防控阻击战。按照突发公共卫生事件Ⅰ级响应,1月31日起全面暂停市际、旅游、县际、农村客运班线,建立各地市沟通协调联动机制,开展应急运输保障工作。第一时间配备4.5吨以上货运车辆40台,办理应急物资运输通行证26个,定期开展农村公路保通保畅排查,确保辖区农村公路通行顺畅。

(达瓦卓玛)

交通

【"四好农村路"建设】 2020年,拉萨市交通局以农村公路建设作为推进"四好农村路"建设的基础工程,打造良好施工环境,助力年度工程推进。全市实施农村公路工程17项(含交建项目4项),投资17.64亿元,里程458.9公里,累计完成投资16.6亿元,新增完工工程14项。实施危桥改造5座,投资2549.2万元,全部完工。2020年生命安全防护工程项目完成投资1778.2万元,占比59%。

【农村公路养护】 2020年,拉萨

市交通局开展农村公路修复性工作，日常养护投资1339.3万元，农村公路县道铺装路优良路率58.1%，公路技术状况63.1%。制定《拉萨市深化农村公路养护管理养护体制改革实施方案》，经市政府常务会议审议通过，11月23日印发，12月1日正式施行。印发《拉萨市雨季农村公路抢险保通应急预案》，累计投入应急抢险资金1043万元，人员484人次、设备187台次，修建防洪堤3400立方米。

【农村客运】 2020年，拉萨市交通局持续保障农牧民群众“行有所乘”，全面落实《区交通运输厅关于全力做好乡镇和建制村通客车工作的通知》，多次组织专家调研，成立农村客运公司7家，指导制定运行线路、发车时间、停靠点位等，申报落实2019年财政补贴309.4万元，保障农村客运“开得通、留得住、可持续”。截至年底，累计开通农村客运线路52条、运营车辆70台，年内新增客车3辆，新增通客车行政村11个，全市乡镇通客车率保持100%，行政村通客车率达到100%。

【市级重点项目建设】 拉萨市东环线北线项目，总投资23.23亿元，建设总里程18.62公里，10月实现全线贯通。省道S5线拉萨至泽当快速通道工程，总投资98亿，建设总里程47.46公里，完成投资4.9亿元。国道G561线林周至拉萨新改建项目，完成工可和初设评审，取得稳评备案。

【区级重点项目建设】 2020年，拉萨市交通局成立重点项目协调领导小组，召开项目协调推进会，打造良好施工环境，为自治区重点公路建设项目提供一站式服务。全年自治区在拉萨境内实施重点项目6个，总投资269.6亿元，完成投资258.3亿元，完成投资占比超95%。

【节点改造工程】 2020年，拉萨市交通局完成拉萨市柳梧大桥南桥头交通拥堵节点改造项目，投资6585万元，建设断面宽度8.55米的单向匝道437.7米，完成预验收并实现通车。

【“十四五”交通运输规划】 2020年，拉萨市交通局衔接区交通运输厅、同步对接市直部门，确定《拉萨市“十四五”综合交通运输发展规划》编制大纲，分管领导带队完成全域实质性专题调研，绘制形成《全市干线公路网现状图》。启动《拉萨市中心城区交通拥堵综合治理方案研究（2020年—2025年）》，将洲际酒店附近公交首末站等4项公交场站工程列入2021年度计划。启动《拉萨市农村公路网规划研究2020—2025年）》，初步谋划雅安至叶城高速公路拉萨过境段贯通工程，推动沿线城乡融合发展。

（达瓦卓玛）

运输

【道路运输市场管理】 2020年，拉萨市交通局严格落实交通运输防疫措施，坚持优化公交、调控出租、暂停网约，推动出租汽车线上预约，全面强化公共交通工具、客运场站消毒消杀，有效切断疫情通过交通运输渠道传播。强化应急运输，配置机场至市区、拉萨至各地市应急运力，发班6730趟次，运送旅客16.6万人次，配置40台货运车辆，满足群众出行及物资运输需求。

【公共交通发展】 2020年，拉萨市运营公交车522台，新能源公交车占比达到100%，城关区500米公交站台覆盖率80.5%，万人公交车保有量16.8标台，运行公交线路47条、总长1000.2公里；全年公交客运量6682万人次，受疫情影响同比下降21.7%，覆盖36条公交线路、410辆公交车的公交专用车道运行良好；公交首末站、公交场站工程加快推进，公交专用道试运行情况总体良好，单边运行时长有效缩短。

【营运车辆市场化经营】 2020年，拉萨市经营性客货运车辆约1.6万辆，其中经营性客运车辆5465辆、经营性货运车辆10147辆，道路运输从业人员数量达3.5万人。辖区客运场站2个，开通客运班线107条［其中跨省1条、跨地（市）40条、跨县14条、县内52条］。各县（区）成立农村客运公司7家，开通农村客运班线52条，运营班车达到70辆，具备条件的乡镇、建制村通客车率达到100%。

【“互联网＋交通运输”】 2020年，拉萨市交通局开展网络预约出租汽车行业改革，5月1日，施行《拉萨市网络预约出租汽车服务管理实施细则(试行)》,8家平台获发经营许可,"首汽约车"平台已在拉萨"开城",运营车辆116台,"滴滴出行"合规经营加快开展。

【公路客货】 2020年,拉萨市完成公路客运量248.6万人,同比下降36.7%;完成公路货运量1538万吨,同比上升1.51%;完成公交客运量6682万人次,同比下降21.7%。

【安全生产监管】 2020年,拉萨市交通局健全"党政同责、一岗双责、失职追责、齐抓共管"的责任落实体系。强化实名制售票检票,督促客运站严格落实"三不进站、六不出站"管理规定。加强安全生产监督检查,发挥事故警示教育作用,保障道路运输安全生产形势持续稳定。全年共检查道路运输企业420家次,发现隐患127项(现场整改78项),发放《整改通知书》30份,约谈企业2家,行政处罚10家,罚款3.5万元。

【出租汽车乱象治理】 2020年,拉萨市交通局深入开展乱象专项检查,持续保持乱象治理高压态势,将"拼客开除"纳入《驾驶员承包合同》;组织开展"出租汽车服务质量提升年"行动,重点抓好"四个常态化"建设,推动提高服务"软实力"和市场竞争力,将阶段性成果转化为行业提质增效、转型升级的新生动力。共检查出租汽车5.3万台次,整改问题4330项次,培训驾驶员9350人次,处罚驾驶员331人次、开除23名。

【非法营运车辆整治】 2020年,拉萨市交通局划分执法片区,成立6个专项执法小组,坚持日常执法与集中整治相结合,开展多轮非法营运车辆专项整治行动。共出动执法人员6900余人次,检查道路运输车辆13.4万台次,查扣非法营运车辆489台,收缴罚没款304.7万元。

【国道超限超载治理】 2020年,拉萨市交通局依托2个超限超载检测站,加大路面执法频次,严格货运车辆过磅检查,严厉打击超限超载行为。共检查货物运输车辆7万台次,劝返车辆2003台次,卸载货物1.76万吨。

（达瓦卓玛）

邮政管理

【概况】 2020年,拉萨市局坚决贯彻落实习近平总书记重要讲话精神和中央决策部署,把统筹做好疫情防控和邮政快递业发展各项工作作为检验初心和使命的考场,抓紧抓实抓细常态化疫情防控,全力做好"六稳"工作、全面落实"六保"任务,深入推进"快递下乡进村"等一批惠民工程,坚决打好打赢三大攻坚战,把"两个维护"落实到每一项具体工作中,邮政业助力地方实体经济和脱贫攻坚作用得到发挥,将习近平总书记关于邮政快递业的重要指示批示精神,转化为推动行业高质量发展的具体行动,全市邮政业呈现出繁荣发展的良好态势。

【邮政快递安全监管】 2020年,拉萨市邮政管理局党组将安全生产工作作为监管全市邮政业发展的头等大事,坚持把深入贯彻习近平总书记关于邮政快递业的批示指示精神作为重大政治任务,牢固树立安全发展理念,注重会议和培训,加强思想教育,提前安排部署,多元化推动主体共治,由拉萨市邮政管理局牵头协调成立调整拉萨市邮件、快件寄递安全管理工作协调小组,持续加强与执法成员单位的长效工作机制,将深化打击整治枪爆违法犯罪、"扫黄打非"、禁毒、反恐、打击侵权假冒等工作融入日常工作,确保行业健康安全发展,先后2次与相关部门联合执法检查,3次参与政企联席会议,倒逼企业主动作为,共开展邮政、快递网点执法检查330处,出检382人/次,集中开展寄递渠道专项整治1次,组织"5·15"打击防范经济犯罪专题宣传1次,下达责令改正通知书18份,约谈快递企业负责人2人,快递末端服务违规收费行政处罚2起1.6万元,传达查堵目录12次,企业上报自查报告53份。邮政快递企业上报整治图片5份,上报宣传图片10份,通过行之有效的措施,行业安全综合监管能力得到增强,主体责任被压实,检查力度持续加大,完成市安委会安全生产和消防安全督(巡)查、疫情防控复工复产、"一盔一带"安全守护行动、安全生产月、安全生产大排查大清理大整治、安全生产专项整治三年行动、实名收寄执法专项行动等33项任务,巩固快递行业稳中向好的发展趋势,确保全国"两会"和快递业务旺季期间拉萨市寄递渠道服务保障工作安全畅通；持续强化机要通信安全监管，与市国家保密局建立联系机制，协同开展联合执法，全年提前完成两轮邮政机要通信全覆盖检查，累计检查营业处理场所8处，转运接发场所2处，出动检查人员60次，通过建立问题隐患台账清单进行闭环管理，按照“一事一整改”的工作规则，下达责令改正通知书10份，确保国家秘密载体传递万无一失、绝对安全。对内，开展新时代保密工作，将保密规定内容纳入中心组理论学习计划，逐层签订保密责任书，加强当好“红色传令兵”的警示教育，清退2014—2017年机要文件548份，机要件和涉密件得到精细化管理和规范，倡导节约增强全面禁烟意识，平安创建（综合治理）严格落实常态化管理举措，意识形态教育持续发力，值班值守全年无休，交通消防内外兼顾，助力行业健康安全发展。

【复工复产】 2020年，拉萨市邮政管理局深入一线开展防疫督查，指导企业复工复产，严格落实好疫情管控要求，在疫情防控的重要时间节点，主动与快递企业签订2020年度各类安全生产责任书336份，确保企业责任到位、措施到位、人员到位，从坚持做好预防工作、加强企业防疫管理、实行分区分级防控、加强人员健康防护、加强企业安全管理和完善支撑保障措施等6个方面综合施策，全力开展疫情防控工作，除召开3次现场会议外，6次会议培训均转为网络形式的新型会议培训，以便及时掌握快递业的疫情防控工作情况并指导企业安全生产，向企业发放各类宣传资料1200余份，严格实行24小时日夜值守的工作模式，向区局、市人民政府和市疫情联防联控指挥部上报各类材料15份，向企业下发文件通知13份，实行“日报告、零报告”制度，利用微信群报平安达300天，确保疫情防控不松劲，协调各方，争取防疫物资84消毒液68瓶（500毫升）、75%医用酒精13瓶（500毫升）、一次性手套3020双、口罩11200只、电子体温计1支，全市邮政、快递企业全面复工。

【推动三大攻坚战】 2020年，拉萨市邮政管理局党组持续实施“9792”工程，鼓励企业加大绿色环保设施设备投入力度。全市邮政业电子运单使用率达99%，“瘦身胶带”封装比例达99%，电商快件不再二次包装率达90.2%，循环中转袋使用率达90%，设置具有标准包装废弃物回收装置的邮政快递网点达81处，新能源车辆9辆。实施“邮政在乡”工程，引导邮政企业依托“邮乐购”站点建设持续扩大农村邮政综合服务平台规模，邮乐购站点现有50个。支持邮政企业打造好“一市一品”农特产品进城项目，打造邮政自营和参与配送农特产品进城精品业务（藏鸡蛋、牛肉干、樱桃、白朗枸杞）4项，销售总额达到6.85万元，带动包裹业务2517件，带动包裹业务收入2.38万元。推进“邮快合作”下乡进村，邮政企业开放乡镇网点和运输资源，10家快递企业与邮政企业完成合作协议签订，实行拉萨市到各地市“9+6”、到各县（区）乡镇“5+2”模式，累计实现业务量14.37万件，业务收入181.6万元。持续深化交邮合作，邮政与交通物流网络设施融合发展成效初显，“邮政车为主、城乡客运车辅助、社会化车辆补充”的运力结构初步形成。加快推进邮政业脱贫攻坚战略，以“邮快合作”为契机，推动快递企业组团下乡，延伸寄递服务网络，改善偏远艰苦地区的寄递环境，加快乡村地区产业联动，助力脱贫攻坚和服务乡村振兴。加大乡镇地区快递网点服务规范化巡查力度，依法加大打击乡村快递末端网点违规收费力度，维护乡镇地区快递服务市场的健康稳定。末端基础设施建设进一步加强，持续完善智能快件箱寄递服务管理工作，强化许可备案撤销监管。

【依法治邮】 2020年，拉萨市邮政管理局实施“双随机、一公开”监管。实施邮政普遍服务营业场所分级监管，开展普遍服务达标专项检查，覆盖全市48处乡镇邮政局所，检查率达100%。开展党报党刊投递情况专项检查，巩固提升党报党刊当日见报水平，全市7县（区）保持当日见报率100%不下降。开展无着邮件监督检查工作2次，邮政专用标志车辆专项检查3次，检查纪特邮票23次。规范邮政特邀监督员管理，全面实现网上监督录入，监督员累计监督邮政网点90处、快递网点49处。落实好中央巡视专用邮政信箱监管，召开专题会议安排部署巡视专项信箱服务保障工作，建立健全统计台账制度，确保巡视邮件寄递渠道的绝对安全、绝对畅通，累计投递

214件。持续落实推进“互联网+政务服务”“互联网+监管”,累计公开政府信息39条,录入执法信息89条。加强许可协查和分支机构备案的实地核查工作规范化、标准化,强化审批时限控制,实现许可工作由重审批向重管理的转变,完成撤销营业场所审批1处,暂时停限办普遍服务业务备案16处,新增营业场所备案1处,迁址更名备案8处(其中未批准1处),全市共新增27家末端网点,按照新标准协查许可企业5家次,实地核查分支机构18家次。推进建制村通邮服务质量提升,全市累计建成的172处村邮站运行良好,直投到户持续巩固,建制村通邮率、通邮频次、深度达标率均保持100%。实施建制村投递服务信息化监管,全市227个建制村全部纳入移动打卡系统,通过召开政企联席会议和专题会议以及现场协调等多种方式,督促企业妥善解决当雄县历史用工问题,实现全市投递打卡率平均数保持在90%的目标。向市发改委争取设点预算资金3400万元,计划新增布点500处,尽快将智能快件箱服务纳入规划,推进布局合理、功能完善、智能规范的快递末端配送体系建设。为县级快递网点申请配置安检机7台,解决县级快递网点过机安检的后顾之忧。警邮合作继续深化,引导邮政企业发挥网络优势,全市12个邮政营业网点已开办交管业务,累计实现业务量21.57万笔,业务收入4539.69万元。充分发挥统计信息的分析作用,重点落实和完善相关统计制度,支撑地方邮政行业研究分析,精准发布统计公告10份,向地方部门报送统计资料3份,配合区管局进行统计实地检查1次,与拉萨市18家企业沟通,约谈报送迟误企业1家,使统计工作的质量和水平得到夯实。

【内控协同发展】 2020年,拉萨市邮政管理局强化初心和使命就是党员干部的航向灯思想引领,引导全员在任何时候都要厚植“功成不必在我、功成必定有我”的担当精神,坚持“让有为者有位、让吃苦者吃香、让实干者得实惠”的人事工作导向,2019年度公务员年度考核工作和评优评先工作高效完成,拉萨市邮政管理局公务员职级套改及职级并行首次晋升工作高标准推进,党员档案的清查报备工作高质量开展,干部住房公积金、社保基数核定和缴存工作高效执行,快递从业人员职业技能鉴定工作高站位评定,工作中看问题、出政策、干事情的能力在“干”中彰显。在财务管理工作中,持续强化党风廉政建设,严格落实李克强总理“坚持政府过紧日子,让群众过稳日子”的指示精神,履行“一岗双责”,自觉把中央和国家邮政局关于加强党风廉政建设的要求部署,转化为财务工作的有力落实,作为国家邮政局财政集中报账工作试点单位,坚持以预算指导开支、管控优于检查的原则,将红线意识贯穿始终,把风险管控落到细节,做到项目合规、手续完整、议事有序,抽调1人充实到区管局财务集中报账工作中,各分项经费按照预算计划合理开支,按期完成各项工作目标,全年经费预算将按期圆满完成,迈出实施标准化管理改革的坚实一步。局工会筹措资金近1.5万元,为业务旺季的快递小哥开展“送温暖”活动,为高原“快递小哥”申请公益体检,主动为“快递小哥”申报公有住房,受到各企业的高度赞扬。日常工作中,广大党员干部在局党组的带领下,越学越有信心,越干越有力量,主动弘扬“老西藏精神”和“两路精神”,全力以赴地对待每一项事务性工作。准确及时办结系统OA文件,网站信息做到每日更新,文山会海进一步精简,机要领取风雨无阻,“绿盾”工程进入45天冲刺阶段,150人次参与到交通疏导和志愿服务工作中,支持文明城市创建评比,平安创建(综合治理)严格执行常态化管理,意识形态教育持续发力,值班值守全年无休,交通消防内外兼顾,铸造遇事不糊涂、关键时刻起作用的先锋队。

【党建工作】 2020年,拉萨市邮政管理局党组始终坚持用习近平新时代中国特色社会主义思想武装头脑推动工作,把习近平新时代中国特色社会主义思想特别是新时代治藏方略成果转化为贯彻落实的具体行动,系统学习中共十九大和十九届二中、三中、四中全会精神,《习近平谈治国理政》第三卷学习常态化开展,深入贯彻传达中央第七次西藏工作座谈会精神,全面领会习近平总书记系列讲话精神和重要指示批示、贺电、慰问信等精神达到12场次,深入开展“不忘初心、牢记使命”主题教育“回头看”工作,认真落实“三会一课”制度,组织开展党务知识考试1场,党组书记上党课3次,党务工作专题培训4天，组织参观弘扬长征精神展览和禁毒宣传展各1次，形成学习简报15篇，学习强国2.6万分以上的学员占比达到70%以上，成立党员突击队，向湖北等重点疫区献爱心捐款3800元，广大党员干部在学习中淬炼五种品格、提升干事能力，思想政治受到洗礼和锤炼，较好的解决学习不深入、落实不到底的问题，增强守初心、担使命的思想自觉和行动自觉。

【全面从严治党】 2020年，拉萨市邮政管理局党组不断深化全面从严治党效能，深刻把握新形势对纪检监察工作提出的新任务、新要求，按照中央“八项规定”要求，驰而不息正风肃纪、纠治“四风”问题，秉持不以权势大而破规、不以问题小而姑息、不以违者众而放任原则，以廉为先、行之以躬，严格落实党风廉政建设责任，将中共十九届中央纪委四次全会精神及纪检相关内容纳入学习计划，研究部署全年工作，定期听取纪检监察工作情况，层层签订《党风廉政建设责任书》，严格落实《领导干部个人有关事项报告》制度，将常态化监督和重要节点监督相结合，事事警醒、筑牢防线，在“五一”、端午、“十一”等重要节日期间召开警示宣贯5次，收看警示教育片2次，开展廉政谈话1场，给市局全体党员干部拧紧责任“发条”，确保“两个责任”落到实处，真正做到失责必问、问责必严，坚决做好做实系统巡视、巡察“后半篇文章”。

（张国立）

信 息 化

信息化建设

【信息化建设规划编制】 2020年，拉萨市经信局解决拉萨市信息化领域规划缺失、设计不足的长期问题，先后编制《拉萨市“十四五”信息化（2021—2025）专项规划》《拉萨市“十四五”工业互联网规划》，修订完善《拉萨市城乡通信基础设施专项规划（2019—2024）》等指导性规划意见，为拉萨市“十四五”信息化、工业互联网、通信基础设施等建设描绘科学、全面、务实的发展蓝图。

【信息化项目技术评审】 2020年，拉萨市经信局针对拉萨政务信息化建设标准不一、烟囱林立等“瓶颈”问题，借鉴北京丰富管理经验和完善制度规范，组织制定并试行《拉萨市政府投资信息化项目技术评审暂行办法》，探索构建重大项目京拉两地联动把关、协同评审的创新模式，有效避免重复建设和“孤岛”“烟囱”式建设，确保“一张蓝图绘到底”和财政资金的高效实用。全年为8个信息化建设项目提供技术评审服务。深化完善“双服务”工作机制，建立“经信局服务在拉萨基础电信企业、在拉萨基础电信企业服务拉萨建设全局和国防建设需求”的“双服务”工作机制。

【重大信息化项目】 2020年，拉萨市经信局推进“信息惠民”、江苏援藏“智慧校园信息化提升一期工程”等重大信息化项目落地实施，为全市提供全方位惠民服务和提升两所江苏援藏学校的智慧校园建设。

【5G建设应用】 2020年，拉萨市完成5G新建、改造基站1530个，规模数量在全区遥遥领先，开通建设全市首个医疗机构（市人民医院）和首个智慧小区（幸福新村）5G应用，配合文创园基于5G网络的“互联网+智慧园区”项目推进。为抢抓5G机遇，加强5G应用高质量发展，结合拉萨实际，研究制定《拉萨市加快推进5G网络建设和应用高质量发展的若干措施》。

【培养信息化人才】 2020年，拉萨市经信局面对拉萨籍大学毕业生就业难、拉萨本地信息技术企业招工难的“两难”现状，申请北京援藏资金组织实施拉萨籍大学毕业生岗前信息化培训暨自治区首届工信部网络与信息安全管理师考试认证，55名参训学员考证通过率达88.5%。

【信息安全服务体系】 2020年，拉萨市经信局协调北京信息安全测评中心业务骨干派驻拉萨指导帮带4个月，为拉萨净土数字经济产业集团培养首批8人信息安全服务技术人员，拉萨政务信息安全服务基干力量初步形成，并具备基本的安全测评业务能力。

【支持高新技术企业发展】 2020年，拉萨市经信局支持宁算科技等本地代表性信息化企业拓展业务，配合自治区通管局及有关企业申请设立区域性国际通信业务关口局，协调北京市部分政务“冷数据”在拉萨存储备份。10月，工信部正式批复在拉萨设置区域性国际通信业务出入口局。指导协助拉萨净土数字经济产业集团人员培训、业务构建、项目合作等。

（万翠芳）

大数据发展管理

【概况】 2020 年，市委网信办（市大数据发展管理局）坚持以习近平新时代中国特色社会主义思想为指导，深入贯彻落实习近平总书记关于网络强国的重要思想及全国、全区网络安全和信息化工作会议精神，各项工作实现稳中有进、稳中提质、稳中增效。10 月，市委网信办（市大数据发展管理局）办公场所由原安全文明小区搬迁至高新区核心区，各项搬迁工作顺利完成，办公环境及办公条件得到改善。

【网络强国战略思想学习】 2020 年，市委网信办将学习宣传贯彻习近平总书记关于网络强国战略思想作为首要政治任务，充分发挥理论学习中心组和班子成员示范带动作用，采取集中学习、专题研讨、辅导报告、讲党课等形式，深入学习习近平新时代中国特色社会主义思想、《习近平谈治国理政》第三卷、中共十九大和十九届二中三中四中五中全会精神以及全国、全区网络安全和信息化会议精神等，并通过参加培训、邀请专家授课、与互联网企业交流等方式，强化网络安全和信息化业务知识学习，全体干部职工用习近平总书记关于网络强国战略重要思想武装头脑、指导实践、推动工作的能力和水平得到大幅提升。

【提升网络传播管理能力】 习近平新时代中国特色社会主义思想宣传入脑入心。2020 年，市委网信办组织政务新媒体紧紧围绕习近平总书记重要活动、重要讲话，转载推送《开班第一课，总书记讲授这个题目别有深意》《习近平关心的那些"小事"》等稿件 200 余篇，推动习近平新时代中国特色社会主义思想往心里走、往深里走、往实里走。

重大主题宣传。2020 年，市委网信办组织开展中央第七次西藏工作座谈会、中共十九届五中全会等重大主题宣传，通过网站首页置顶飘红、设置专题专栏、微信公众号放置宣传标语等方式，推送中央第七次西藏工作座谈会、中共十九届五中全会等相关稿件 110 余篇、"扫黑除恶"专项斗争主题稿件 90 余篇，并结合"3·28"西藏百万农奴解放纪念日、"十一"国庆节、"4·15"全民国家安全教育日以及网络安全宣传周等节点，组织开展新旧西藏对比、"我与国旗合个影"、"我向国旗敬礼"、"铭记历史 开创未来——西藏百万农奴解放纪念馆网上展馆"、网络文明进校园、网络文明进网吧等活动，助力全市创建文明城市工作。

重点任务宣传。2020 年，市委网信办将"脱贫攻坚"作为贯穿全年的重点宣传任务，开设脱贫攻坚专题专栏和"脱贫攻坚看拉萨"微博话题，开展"决战脱贫攻坚·决胜全面小康"主题网络作品有奖征集、"镜头中的脱贫故事"主题图片征集等活动，推出相关稿件 500 余篇。组织开展"脱贫攻坚看拉萨"——第三届全国网络媒体拉萨行活动，邀请人民网、中国网等 20 余家全国重点网络媒体深入五县三区和三个经济功能区，深入脱贫攻坚一线，采写具有鲜活生命力的原创稿件 100 余篇，阅读量累计达 1.3 亿次，全面展现拉萨脱贫攻坚所取得的巨大成就，向区内外展现充满活力、人民幸福、和谐稳定、奔向小康的新拉萨形象。聚焦疫情防控常识以及全市疫情防控工作中的感人事迹，推出《疫情防控，从我做起》《抗疫藏家人》等原创防疫新媒体作品 60 余部，最高单篇阅读量超过 120 万余次，为打赢疫情防控阻击战、有序复工复产营造良好氛围。

提升媒体影响力。2020 年，市委网信办以"网信拉萨"微信公众号为试点，通过网络安全知识线上有奖问答等网民参与互动的形式，提升"网信拉萨"公众号的关注度和吸引力，账号粉丝由 3000 余人增长到 12000 余人，在全区政务新媒体账号中的排名从 200 余名跃升至前五名，实现从网信矩阵一般账号到重点账号的跨越。

【网络宣传】 2020 年，市委网信办共发起网络倡议 7 次，组织"爱心献血""衣物捐赠"等公益活动 8 次，累计参与网民 600 余人次，提升网民公益素养，引导网民践行网络公益。围绕"争做中国好网民"主题，组织市属重点媒体转载推送《争做青年好网民传递青春正能量》等文章 10 余篇，弘扬网络正能量。

【网络与行业治理】 互联网行业监管。2020 年，市委网信办贯彻落实区市党委"两个覆盖"攻坚行动有关要求，结合实际开展摸底调研，摸清互联网行业党建底数，按照市两新工委批复及时组织召开拉萨市互联网行业党员大会，选举产生拉萨市非公互联网行业党委委员、副书记、书记，明确互联网企业党建目标要求和具体任务。组织互联网企业党员观看爱国教育电影、发放党建书籍和制度，引导企业党员举办形式多样的主题党日活动，提升互联网企业党建工作水平。深化“双强六好”党组织创建和落实党员“三包”工作，推进非公互联网企业“两个覆盖”。

新媒体监管。2020年，市委网信办印发《关于加强与商业媒体合作规范管理的信息提示》《拉萨市政务新媒体发布管理工作手册》《拉萨市关于集中整治商业网站平台和公众号账号突出问题进一步规范网络直播传播秩序的实施方案》，召开全市政务新媒体会议4次，推动政务新媒体科学有序发展。对97个粉丝过10万人的属地自媒体平台进行重点关注。

直播行业监管。2020年，市委网信办对全市机关事业单位、人民团体等行业部门入驻直播平台进行直播宣传的相关资质、风险评估、应急预案等进行备案，并在直播当日指定专人对“云游当雄爱在云端”2020极净当雄虫草文化节网络直播、拉萨市扶贫办举办的“净土拉萨·高原优品”消费扶贫网络直播等13场网络直播活动进行全时段监看，严把内容导向关。

【疫情防控信息化保障】 2020年新冠疫情发生以来，市委网信办按照市应对疫情工作领导小组办公室统筹规划，坚持把疫情防控作为头等大事，组织有关公司具体建设部署“拉萨健康码”并承担平台安全防控和运行维护工作，平台于2020年2月21日正式启用，并于7月28日起对原有拉萨健康码平台数据进行封存，累计发送验证短信333万条，为保障全市各族人民生命安全做出应有贡献。

【基层减负措施落实】 2020年，市委网信办召开专题会议研究部署2020年精文减会工作，细化责任、明确分工，稳步推进基层减负工作措施，协助市减负办完成“基础一张表”调研及模板制定试运行，加快市政务共享交换平台建设。

【信息化制度规划】 2020年，市委网信办为充分掌握和了解全市信息化发展现状，用规划、标准、制度规范信息化建设，在全市范围内开展信息化实地调研工作3次，调研单位66家，研究出台《关于加快信息化发展的意见》《拉萨市移动互联网健康有序发展工作方案》等指导性文件，为拉萨市信息化顶层设计、信息化建设提供依据。加强信息化工作制度建设，制定《拉萨市政务信息资源共享管理暂行办法》《拉萨市公共信息资源开放工作实施方案》，推动政府数据、公共数据资源共享开放。研究制定《拉萨市电子政务外网接入管理规定》，促进县（区）与市区电子政务外网的互联互通。完成《拉萨市大数据应用三年行动计划》，为未来三年拉萨市信息化建设提供遵循。

【信息化项目建设】 2020年，拉萨市国防动员指挥中心建设项目前期准备工作完成，推进可研与设计单位招投标。拉萨市政务共享交换和办公协同平台项目已完成招投标工作并进入施工阶段，截至年底，有共享交换平台完成16个部门和文旅集团25628727条数据对接，以及6个部门2211806条办件事项专题数据共享，办公协同平台完成40家单位系统搭建。智慧小区试点建设项目启动实施，项目建设资金纳入北京市“十四五”对口支援拉萨市经济社会发展规划，开展项目可研评审工作，为全面开展智慧小区建设积累经验。实施“新基建”，委托市平桥公司作为政府专项债券实施方将2亿元政府专项债以股权投资的方式入股西藏宁算科技集团有限公司，专项开展拉萨数据中心的建设、运营和管理工作。协助实施拉萨市人民政府网站集约化（国家级试点），并推动项目完成初验。5月，拉萨市政务云建成并投入试运行，9月投入运行。完成政府网站集约化项目的首批迁云、全市共享交换平台的迁移部署、政务OA、疫情系统上云、市行政审批和便民服务局业务系统迁云，完成“党员教育学习平台”迁移托管等工作。

（李成赟）

城市建设·生态环境

住房和城乡建设

【概况】 2020年，拉萨市住房和城乡建设局(以下简称拉萨市住建局)坚持以习近平新时代中国特色社会主义思想为指导，深入贯彻中共十九大和中共十九届二、三、四、五中全会精神，紧紧围绕市委、市政府中心工作，统筹推进惠民生、提质量、保安全、促稳定、严监管，不折不扣抓落实，凝神聚力干事业，较好完成市委、市政府年初安排部署的各项任务，住房和建设事业迈出新步伐、实现新突破、取得新成效。

【城镇基础设施建设】 2020年，拉萨市住建局累计实施市政基础设施项目总投资约71亿元，累计完成投资约41.1亿元。完成民兵训练基地一期工程、蓝天路排洪渠及排水管网截污改造工程、教育城一期雨污管网错接整治、拉萨市管网改造和智慧水务二期建设，推进拉萨市中心城区水系修复及生态治理工程、滨河路市政工程、民兵训练二期项目、拉萨市2020年市政基础设施提升改造工程、藏热大桥项目工作。

【保障性住房建设】 2020年，拉萨市住建局持续加大各类保障性安居工程实施力度，完善住房保障体系，促进解决城镇低收入家庭、新市民等群体的住房问题，改善居住环境，推动城市有机更新。公租房项目新建2个、188套，全部开工建设；续建17个、14602套，全部开工建设，完成主体建设6572套。棚户区改造项目新建5个、2242户，全部开工建设；续建项目14个、8451户，全部开工，基本建成项目11个。老旧小区试点改造17个小区、4077户，开工11个小区，其余项目履行招投标。建成各县(区)小康安居安置房1228套，推进小康安居工程收尾工作。

【房地产市场监管】 2020年，拉萨市坚持“房住不炒”定位，建立完善房地产调控体制机制，落实城市主体责任，加强房地产市场监管，促进拉萨市房地产市场平稳健康运行。全市房地产累计完成投资123.32亿元，较2019年增长5.23%，实现销售金额168.81亿元，较2019年增长10.34%。新建商品房销售面积206.89万平方米，较2019年相比下降0.65%。商品住宅销售均价为9347元/平方米，较2019年增长10.60%。开展房地产市场经营秩序清理和整顿，抽查检查75个房地产开发项目，约谈20余家企业负责人，查处和纠正20家中介机构不规范经营行为。全面完成疫情防控各项工作任务，开展对全市住宅小区、房地产项目疫情防控督导检查工作。加大对物业工作的监督指导，配合开展基层社区治理，加强行业管理及培训，提升物业行业治理和服务水平。加强物业企业日常监管力度，累计检查400余个物业项目，处理各类投诉700余起。开展《拉萨市物业管理条例》《拉萨市城镇房地产管理条例》的修订工作。

【建筑市场监管】 2020年，拉萨市住建局履行住建部门行业监管职能，始终坚持以人为本和安全发展的管理理念，精心安排部署，组织从业企业积极抗击新冠肺炎疫情，强化安全生产责任落实，全市建筑领域安全生产工作总体平稳持续向好。安排部署疫情防控和安全生产工作10余次，下发各类通知文件20余份，排查消除安全生产隐患，规范建筑市场秩序。出动170余人次，检查施工工地300余个，排查各类安全隐患400余处，责令现场整改300余处，督促整改完成90余处，采取"冻结资质"的处罚方式停业整顿50余家企业，查处未批先建项目3个，对涉及的7家企业共计罚款173.88万元。向西藏建筑协会及上级主管部门申报雪莲杯、标准化工地项目共计12个，其中11个已被评选为2020年度自治区级标准化工地［拉萨碧桂园项目荣获全国标准化（AAA）工地］，占全区17个标准化工地的64.7%。督促本辖区建筑领域施工项目落实劳动用工实名制工作，全市建筑领域累计登记项目总数674个，注册工人61949人，通过西藏银行工资专户累计进账20.36亿元，代发农民工工资13.30亿元，在全市范围内基本实现在建项目建筑工人实名制管理及农民工工资银行代发，减少农民工工资被扣留拖欠风险，保障建筑领域农民工合法权益。

【公积金管理】 2020年，拉萨市住建局利用商业银行营业网点覆盖面广和服务好的优势，促进群众就近办理公积金业务。全年共归集住房公积金16.64亿元，同比增12.2%；全市新增缴存单位369家，达到1353家，新增缴存职工10487人；共办理提取、转移业务13242笔次，共提取住房公积金9.15亿元；共发放个人住房公积金贷款1515笔，发放金额9.85亿元，个贷率为84%。

【城建档案管理】 2020年，拉萨市住建局推进城建档案各项工作。全年共受理业务969项次，完成367个工程项目的信息登记备案，归档各类工程档案资料228项8638卷（其中文字材料6066卷910717页、竣工图1824卷35521张、照片档案556卷41110张、电子档案781盘1101.53GB）。以及全年共接待档案查阅利用者795人/次，利用建设工程档案459项，其中仅供暖项目借阅利用达449项。

【房产管理】 *房屋普查专项工作。*2020年，拉萨市住建局对城乡规划范围内（包括城关区、堆龙德庆区、达孜区、经开区、柳梧新区、文创园区、空港新区），截至2018年年底的居民住房情况进行普查。经普查，共有房屋5.83万栋，21.05万套，5223.95万平方米，其中住宅类4.98万栋、19.06万套、3417.53万平方米，非住宅类0.85万栋、1.99万套、1806.42万平方米。2019—2020年，全市房地产开发建设项目已建成建筑面积263.7万平方米，共计2.29万套。

*房屋交易。*2020年，拉萨市住建局完成各类房屋交易3.16万件、办理商品房网签备案1.81万件、办理存量房网签0.61万件。

*违规占用周转房等保障性住房清查。*2020年，拉萨市住建局完成54家市直单位的实地检查和专项调查整治，2019—2020年共清理腾退市直廉租住房30套、市直公租房223套、市直周转房24套。

【工程建设审批】 2020年，拉萨市住建局推进工程建设项目审批工作，共办理建筑业企业资质1476件，房地产开发企业资质109件，商品房预售许可57件，人民防空地下室及易地建设审批178件，建筑企业安全生产许可553件，房建和市政工程施工许可证申请23件、招投标备案426件、竣工验收备案253件、工程质量监督备案96件，房地产经纪机构备案57件，消防验收114件。新冠疫情发生后，调整审批工作思路，精简审批优化服务，精准稳妥推进复工复产工作，减少群众"跑路"次数，通过与其他行政部门协调，按照"一网通办"的原则，推行建筑业企业三级资质、房地产开发企业资质、房地产经纪机构备案、商品房预售许可、招投标备案、施工许可证网上办理。对未实现网办事项，采用电话咨询、邮箱申报、线下邮递材料等方式进行。从"门难进、脸难看"变为"在家坐等服务""最多跑一次"，提高审批效率和方便办事企业和群众。

【工程质量监督】 2020年，拉萨市住建局按照"同级审批、同级监管"原则，开展受理工程质量监督备案和检测工作，开展权限下放后的建筑工程项目技术指导工作，提供咨询和指导服务。开展工程质量监督服务，全年共监督项目96个，建筑面积404.38万平方米。共出具监督报告211份，共下发核查记录单136份、局部停工通知书15份，限期整改通知书17份。及时处理质量投诉，开展房屋安全性鉴定工作，全年市建筑工程质量监督站受有关单位委托，对市民服务中心原办公场所、市统计局老旧办公楼等房屋安全性鉴定，以及640处节能改造建筑质量评价检测，并出具鉴定（检测）报告。

【招投标工作】 2020年，拉萨市住建局开展建设项目招投标审查备案及监管。依法履职，完成拉萨市房屋建筑、市政基础设施、农开、水利、交通等工程建设项目的招投标审查备案、监管工作。共备案招标文件（资料）322项，房建市政项目备案招标文件（资料）311项。先后分5批次对33家新增招标代理机构进行审核并入库使用，推进招标代理机构年度备案工作。

【装配式建筑发展】 2020年，拉萨市住建局开展装配式建筑建设的引导工作，在公共建筑建设工程、农业设施建设等领域积极推进装配式建筑。截至年底，全市新建装配式建筑面积约39.94万平方米，累计建设装配式建筑总面积约167.1万平方米。推进装配式生产企业发展，全市有装配式生产企业1家（西藏藏建科技股份有限公司），生产线7条（只能生产预制隔板），设计产能50万平方米，实际产能20万平方米，并且协助西藏藏建科技股份有限公司成功申报住建部企业类装配式建筑产业基地。

（蘧智超）

城市管理和综合执法

【概况】 2020年，拉萨市城市管理和综合执法局（以下简称拉萨市城管局）以习近平新时代中国特色社会主义思想为指导，全力做好疫情防控及地摊经济服务保障等工作，以全国文明城市迎检复查为契机，加强城市管理力度，努力改善城市环境、提升城市品质。

【疫情防控】 2020年，拉萨市城管局制定印发《新型冠状病毒感染的肺炎疫情防控暨隔离方案》，成立疫情防控工作领导小组，开展单位内部防控工作。制定防控应急处置方案，参与社会防控工作。开展城市卫生死角清理、环卫清扫保洁、公共环卫设施设备消毒、公共场所消毒等工作。开展爱心捐赠2次，支援其他省市疫情防控，捐款88309元。

【市政设施管护】 2020年，拉萨市城管局完成雪新村路整体罩面，处理4起路面塌陷事故。维修破损路面，新铺沥青路面3.72万平方米；维修破损人行道，新铺透水砖3.82万平方米；维修更换道牙石1100余米、树围石1800余米，改建盲道1400余米；集中开展3次路灯检修工作，处理路灯故障2053起，维修路灯1400余盏、灯头3100余个、检修口1100余个、配电箱7座，更换电缆1800余米，检修井盖127个、灯杆22根，矫正歪斜灯杆23根；专项改造加长159盏路灯灯臂；整体刷新江苏路337盏路灯灯杆。完成排水管网专项清淤工作，清掏当热路等路段雨水井淤积物、杂物共7300余立方米；组织降雨时段巡查46次，疏通排水管网堵塞91处，新建排水管26处、400余米，新设雨水井38座，维修污水检查井和雨水井109座，更换雨污井盖1500余个。完成全市桥梁信息普查工作，建成西藏自治区第一个桥梁养护信息系统（拉萨市桥梁养护信息系统）；开展4座桥梁安全检测评估工作；完成柳梧大桥病害处治项目工程；升级改造迎亲大桥、柳梧大桥桥面绿化，安装组合花箱550套，种植装扮绿植4.2万余株。悬挂“雪顿节”氛围营造彩条4万米。

【停车场管理】 2020年，拉萨市城管局规范停车场行业管理，推进拉萨市实验小学、市一中、神湖酒店等13处大型停车场项目，设计泊位共3863个，其中已投入运行7处、正在施工4处、未开工2处。开展停车场审批移交工作，按新流程核发停车场备案登记证。下发停车场整改通知13份、取缔占用人行道设置的停车场2个、受理停车场申报96个、核查设置停车场现场90个、审批下发备案登记证书70个，督促停车场内设施整治10处。

【环境卫生管理】 2020年，拉萨市城管局共出动一线作业人员73万余人次，环卫机械作业趟次8.14万次，清运日常生活垃圾25.6万余吨，清理香灰340余吨；累计出动565人次、出动渣土车、装载机及垃圾清运车等40台次，协助清理渣土326吨。重要节点期间，出动一线作业人员1500人次，突击整治清理各类生活垃圾180余吨，清理香灰205吨。清洗沿街果皮箱21.6万个，人行天桥4316次，投放四分类果皮箱986个。排查清理沿街设施小广告54.2万张。组织16188人次，整治北环路、藏热路隧道周边等区域60次，清理各类垃圾3465吨。出动环卫员工1327人次，清理拉萨河等区域各类垃圾601.5吨。出动洒水车13898趟次，对金珠路等主干道进行洒水降尘，洒水量达17.13万余吨。对市区范围内187座公共卫生间，共出动抢修人员2558人次，抢修、维护1883次，疏通131次；新设轮椅坡道105座、扶手500余个、带扶手的坐便器109个、公厕指示牌235个，安装爱心帮扶卡193个。配合疫情防控工作，累计消杀果皮箱22.3万个、大小扫把44.42万个、撮箕40.12万个、消杀电动车5.05万台次、休息室9911座次、收集房1.1万座次、公厕14.76万座次、各种作业车辆9.2万台次、垃圾收集点2.87万点次、体温检测53.5万人次。接办环卫类"12345"政府热线以及信访举报案件共16件，均已处理完毕。

【生活垃圾填埋场运行】 2020年，拉萨市生活垃圾填埋场二期库区填埋焚烧余量垃圾共131973.71吨、填埋焚烧厂检测合格飞灰3812.38吨，炉渣产生量29454.2吨。柳梧转运站转运生活垃圾33694.55吨。焚烧发电厂共接收生活垃圾196495.71万吨、入炉垃圾211028.257万吨，生活垃圾无害处理率达100%，发电7262.9万千瓦时，上网电量5530.205万千瓦时。处理渗滤液11143.92立方米，签订餐厨垃圾运输意向协议书608份，累计清运餐厨垃圾10997.18吨。

【市容市貌管理】 2020年，拉萨市城管局完成市区177座公交站台、584座公交站牌、11座人行天桥、84座报刊亭、8处龙门架（单立柱）户外广告刷新维护工作。向共享电动车企业下发33次书面通知，规范共享电动车乱停乱放问题。拆除违规设置的公交电子站牌110座，拆除陈旧破损门店招牌321块、更换门店招牌373块。完成1500余组LED灯笼不亮、损坏等问题的整改。核发洗车场排水许可证35份，查处2处未经批准、影响市容环境的洗车场。春节、藏历新年期间，设置景观装扮2处。

【园林绿化管理】 2020年，拉萨市城管局完成引种驯化苗木栽植香花槐220株、七叶树100株、桂花40株、火棘40株、大叶女贞130株、栾树200株、白皮松130株，推广往年引种树木，提高市区绿量。使用药剂约1.56万支，对德吉路等处2970株杨柳树开展飞絮防治。对37条病虫害感染严重道路的行道树和分车绿带进行病虫害防治。开展主城区49处公园绿地界碑、界桩实地定位工作。排查、定位2203株古树名木，对存在安全隐患的古树搭建18个撑杆、24个树池。开展重大节日绿化装扮，共摆放更换鲜花、绿植约10.36万盆（丛），仿真花卉17000（丛）株，制作景观立体花雕3处，摆放户外绢花标语4次，摆放仿木花箱100余组。处理未经审批私自修剪树木事件2起，处理交通事故损坏绿化事件3起，及时清理倒树、断枝事件3起。

【城市管理执法】 2020年，拉萨市城管局对燃气企业、加气站、停车场进行执法检查，下发整改通知书15份。查处6起未经许可私自开挖、破坏燃气管道及加气站管理不到位的行为，依法处罚13.7万元。与城区范围内60家施工单位签订《拉萨市工地管理责任书》，发放《拉萨市城市建筑垃圾和工程渣土管理办法》60余份，对拉萨市建筑垃圾和渣土管理进行普法宣传。查处尾随兜售人员925名（次），暂扣兜售商品41公斤，向辖区警务站移交32名尾随兜售人员。网格监督员巡查发现各类案件3673起，上报指挥中心2446起、自行协调解决案件1227起。引导和规范非机动车乱停乱放行为1400余起；清理主次干道流动商贩300余起；整治占道经营和店外经营行为560余起；整治拆除户外广告25块。

【燃气行业管理】 2020年，拉萨市城管局开展全市加气站安全检查10次、检查加气站109家次、下发整改通知书34份，督促整改安全隐患问题9个，对德旺液化气墨竹工卡经销站违法行为处以6万元罚款。督促市暖心公司加强城镇燃气主次干管线、庭院管线的巡查、运营、维护和管理。处理4起违法施工造成的燃气管道破损事故，累计处以4万元行政处罚。联合开展燃气安全宣传活动，发放燃气安全宣传册1500册、宣传用品1000余份。组织开展2020年全市燃气安全生产培训，向考核合格学员发放合格证书。开展《拉萨市燃气发展规划》《拉萨市燃气突发事故应急预案》《拉萨市供热突发事故应急预案》编制工作。

【供排水行业管理】 2020年，拉萨市污水处理厂、柳梧新区污水处理厂共处理污水5974.01万立方米，平均负荷率89.76%，全面脱水污泥产生量为2.096公斤/立方米。全年供水总量14958万立方米，其中纳金地表水厂供水量1006万立方米，拉萨市自来水公司代征污水处理费7105.7万余元。制定下发关于加强供排水行业安全生产的文件，督促供排水企业做好日常和各重要节点的安全生产工作。实地检查考核供水厂，检查市污水处理厂运行台账记录、污泥处置、紫外线消毒、厂区环境卫生等工作。组织召开供水水厂关停改造座谈会，向拉萨市人民政府报送《关于确定拉萨市集中式饮用水水厂关停时序的请示》，拟定主城区水厂关停时序，推进西郊水厂改地表水厂相关事宜。

【城市管理信息化建设】 2020年，拉萨市城管局完成数字化城管建设九大基础应用子系统升级和基础数据完善工作，拉萨市数字城管平台实现与住建部联网。推进南京市城管局对口支援数字城管信息化建设工作，将主城区15条街道及堆龙德庆区、达孜区作为试点巡查区域，临时组建采集监督队伍88人、系统操作员10人，分配采集监督员App、处置终端App400余个，初步开展案件受理、派遣工作。截至年底，全市通过数字城管平台、“12319”热线、“12345”政府服务热线转办、监控发现城市管理问题14894件，是2019年度总案件的4.26倍，立案13414件、立案率90.06%，结案10609件、结案率71.23%。其中城关区范围内城市管理问题13416件、经开区范围内城市管理问题539件、柳梧新区范围内城市管理问题526件、文创园区范围内城市管理问题413件。

【城市管理综合考评】 2020年，拉萨市城管局结合2019年城市环境管理考核内容，完善2020年考评细则。制定2020年日常巡查工作实施方案，巡查五县七区城市环境，向各县区行业主管部门反馈问题，要求按时整改。完成自来水厂、市容环境、市政设施、燃气行业、生活垃圾填埋场、城管执法和园林绿化全部巡查工作。

【审批事项下放和行政审批】 2020年，拉萨市完成市城管局审批窗口搬迁工作。归并、整合、缩减政务服务事项所需材料17项。行政审批窗口全年共受理行政许可申请1052项，其中广告设置申请581项、生活垃圾准运43项、道路临占申请147项、临街施工申请3项、排水1项、城市道路挖掘82项、开设喇叭口申请24项、改动燃气设施申请3项、绿化类168项。

【城市生活垃圾分类】 2020年，拉萨市城管局完成404个居住小区、15.6万户居民分类垃圾桶设置和宣传发动，投放室外分类垃圾桶16807个、室内投放19500个，建设120个分类收集厢房。完成城市道路沿线、广场公园、机场车站等公共场所分类垃圾桶设置，新设置分类垃圾箱3030个、改造分类箱标识2562套。初步形成分类运输体系，全市配置297辆其他垃圾车、26辆厨余垃圾车、6辆可回收物车、2辆有害垃圾车、2辆大件垃圾车。增强分类处理能力，焚烧发电厂和填埋场持续运行正常，危险废物处理能力适应有害垃圾处置，餐厨垃圾处理厂投入试运行，建成大件垃圾处理设施。提高垃圾分类实效，生活垃圾回收利用率由0提升至18.73%。完善法规标准体系，出台《拉萨市城市生活垃圾分类管理办法》，印发考核管理办法、试点实施方案、全面推进方案、农村分类指导意见，制定生活垃圾分类示范片区建设标准等。推进建立高位协调机制，落实垃圾分类工作周例会制度，召开推进会26次。新华社、西藏广播电视台、学习强国等媒体宣传报道垃圾分类1100余次；开展宣传引导活动110余次，参与市民群众12万余人次，发放宣传册15万余册；开展市直机关、学校、宾馆饭店等培训78场、6000余人参加；利用显示屏持续播放垃圾分类宣传视频和动画，环卫车辆、公交车等长期展示分类标语画面。全年全市生活垃圾分类投入资金4884.5万元，是2019年的1.3倍。

【党建及队伍管理】 2020年，拉萨市城管局党组制定《2020年理论学习中心组学习安排》，召开党风廉政建设专题会议，安排部署全年党风廉政建设重点工作。开展专题理论学习中心组集中学习15次，党支部学习90余次，组织党员干部职工参观林周县党员党性教育基地、庆祝西藏自治区成立55周年成就展，参加第七派驻纪检监察组廉政教育学习培训。5月，成立局机关党委。召开“不忘初心、牢记使命”专题民主生活会，做好主题教育整改“回头看”工作，整改巡视反馈问题。开展驻村工作，慰问村困难群众、老党员、村“两委”班子和结对帮扶对象，慰问资金（物品）达10.54万元。开展尼木县续迈村、安岗村包村工作，成立驻村试点工作领导小组，以购买糌粑、菜籽油等扶贫产品形式扶持包村点村集体产业。

（张欢欢）

八廓古城管理

【概况】2012年7月3日，西藏自治区党委常委会会议研究决定，成立拉萨市八廓古城管理委员会（以下简称拉萨市八廓古城管委会），为拉萨市人民政府派出机构，正县级，城关区党委、政府对其管理。拉萨市八廓古城管理委员会成立至今，内设5个正科级机构，即办公室、社会管理综合治理办公室、流动人口服务和管理科、宗教事务管理科、文化旅游管理科；下设2个副县级机构，即八廓古城公安局、八廓古城市政市容和规划管理局。八廓古城管委会（含八廓古城管委会市政市容和规划管理局）有80名干部职工（包括13名公益性岗位工作人员）。

2020年，拉萨市八廓古城管委会贯彻落实自治区、拉萨市、城关区党委、政府关于推进经济发展、维护稳定、社会管理和保护建设的决策部署，根据授权，统一协调所辖区内行政、公安、寺庙管理等机构，重点加强社会管理和矛盾排查、化解工作，统筹协调区域内经济发展、维护稳定、社会管理和保护建设等各项工作。

【党建工作】2020年，拉萨市八廓古城管委会党工委始终坚持党建工作一把手职责，由党工委书记全面负责管委会党建工作，坚持年初制定党建工作计划和目标，将党建工作纳入下一级党组织目标考核范围，层层签订基层党建工作责任书，严格执行每半年督促检查一次，年终管委会对每个党员领导干部进行一次述职评议党建考核。加强党员干部日常教育管理，结合“不忘初心、牢记使命”“两学一做”“每月一课”等主题教育活动，引导全体党员干部牢记党规党纪，牢记党的优良传统和作风，坚持以知促行，做讲政治、有信念，讲规矩、有纪律，讲道德、有品行，讲奉献、有作为的合格党员。健全完善党员学习长效机制，做到年初学习有计划、年终学习有总结，每月组织全体干部集中学习4次以上，落实每周四下午集中学习，落实领导干部以普通党员的身份参加党支部每月组织的一次党的活动和其他党支部组织的生活。严格落实“三会一课”制度，全年按要求定期召开党小组会议、党支部会议及党员大会，由班子成员率先为党员上党课，引导党员干部讲党性、讲信念、讲认识。共组织“两学一做”学习23次；“不忘初心、牢记使命”主题教育学习24次；理论中心组学习11次，书记讲党课2次；参观教育基地3次；观看爱国主义教育影片4次，开展各类讲座4次、研讨交流30人次，管委会借用房屋为白林社区、绕赛社区贫困户脱贫开设的茶馆（胜利阿妈茶馆和阿佳茶馆分店），年收入分别为167382元、313580元，人均工资分别为2500元至4000元。

【廉洁建设】2020年，拉萨市八廓古城管委会党工委高度重视党风廉政建设责任制工作，始终坚持把党风廉政建设同管委会中心工作同谋划、同部署、同落实、同检查、同考核，结合管委会实际制定《中共拉萨市八廓古城管委会党工委2020年党风廉政建设工作实施方案》《中共拉萨市八廓古城管委会党工委关于加强廉政风险防控机制建设实施方案》《中共拉萨市八廓古城管委会党工委关于落实党风廉政建设主体责任定期报告办法》《中共拉萨市八廓古城管委会作风建设专项整治工作实施方案》，不断深入强化管党治党的政治责任。以深入开展“两学一做”学习教育和“不忘初心、牢记使命”主题教育活动为契机，以落实党风廉政建设主体责任为抓手，健全“一把手”负总责，分管领导各履其职、各负其责，班子成员齐抓共管的领导体制和工作机制，保证管委会党工委持续深入推进党风廉政建设和反腐败工作。先后组织参观廉政警示教育基地2次，集体廉政谈话1次，安排主要领导跟班子成员廉政谈话1次，分管领导与科室负责人、科室负责人与科室成员廉政谈话各1次，厉行节约自查工作1次。管委会党工委主要领导按照相关规定向拉萨市委、市纪委、城关区委、区纪委汇报“一把手”履行“第一责任人”述责述廉情况1次。2020年管委会全体党员干部职工中，未发生一起违规违纪案件，“三公经费”总体开支6.53万元，无公务接待费，无因公出国（境）费，无公款购买礼品现象。管委会全体干部职工无任何违法违纪事项。

【意识形态工作】 2020年，拉萨市八廓古城管委会坚持把意识形态工作与城市管理等业务工作紧密结合，同部署、同落实，牢牢掌握意识形态工作的领导权、主导权，不断加强马列主义在意识形态领域的指导地位，树牢民族团结奋斗的思想基础，制定九项整改措施，牢固树立抓意识形态工作是本职、不抓是失职、抓不好是渎职的理念，把意识形态工作作为党的建设和政权建设的重要内容，纳入重要议事日程，纳入党建工作责任制，纳入领导班子、领导干部目标管理，分管领导每季度定期听取分管部门意识形态工作汇报，切实当好意识形态工作的领导者、推动者、执行者，结合管委会工作实际制定《管委会2020年意识形态工作实施方案》《管委会2020年意识形态工作计划》《八廓古城管委会党工委意识形态责任制工作会议制度》《关于成立八廓古城管委会党工委意识形态工作领导小组的通知》，5月27日，召开2020年党工委意识形态工作安排部署会，签订意识形态工作责任书，每季度撰写2篇意识形态工作开展情况简报，不断推进管委会意识形态工作长期纵深开展。

【市政养护】 2020年，拉萨市八廓古城管委会累计维修石板面积6449.72平方米，疏通下水道管道52482米，清理污水井4920口，清理雨水井2366口，清理化粪池1620口，更换井盖311套，新安装污水管道46.5米，新做污水井3座。路灯共更换灯钠灯1186个，更换整流器1342个、线路检修42760米，更换线路1856米，景观灯变压器更换21套，更换酥油灯2164盏，LED线条更换263条，空开更换76个，时控更换34个，自动触发器更换39个，新安装电缆26米，新安装壁灯2盏街景亮化更换LED防水线条灯1997根，更换LED防水电源477个，更换LED洗墙灯1027根，更换LED投光灯394盏，更换LED射灯289盏，更换LED双头射灯455盏，线路检修156019米，线路更换3934米，安装脱落灯具2875米，更换套管1056米，更换空开205个，更换时控61个，更换交流接触器77个。维修桥架6332米。在八廓街、小昭寺广场群众休息区域新增长椅20座。

【规划审批】 2020年，拉萨市八廓古城管委会始终坚持发挥规划引领作用，落实《拉萨市老城区保护条例》规定，严格贯彻《拉萨市人民政府关于进一步做好拉萨古城保护管理工作的通知》要求，协助、配合中国城市规划设计院、拉萨市规划局等部门编制完成《拉萨历史文化名城保护规划》《拉萨市中心片区控制性详细规划》《拉萨八廓街历史街区保护规划》等一批文本成果，并以此为镜，严格审批古城区公（私）房改建项目，发放《建设工程规划许可证》25本，下发5份整改通知书，成功制止违法建设4起，105份行政审批决定书。

【城市综合治理】 2020年，拉萨市八廓古城管委会不断增强做好古城区市容市貌工作的思想自觉和行动自觉，古城区3个执法大队和1个监督大队持续深入开展市容执法工作，完成上级部门和各级领导所安排的工作任务。古城区3个城市管理市容执法大队共出动人力2340余人次，劝导未戴口罩人员1500人次，引导聚集人员375人次，调解纠纷20余起，清理流动商贩1380人次，尾随兜售843人次，店外店920人次，乱贴小广告700人次，扎辫子310人次，强买强卖628人次，占道经营546人次，非机动车乱停乱放824人次，流浪乞讨人员493人次，暂扣喇叭178个，清除乱打遮阳伞176处，劝离兑换现金人员114人次，批评教育68起34人，行政罚款388起，罚款金额45450元。持续开展淡化宗教消极影响工作，劝离磕长头人员320人次，引导煨桑人员文明煨桑95人次。

【疫情防控】 2020年新冠疫情发生以来，拉萨市八廓古城管委会充分发挥基层党组织战斗堡垒作用，深入贯彻落实市区两级党委、政府各项决策部署，不断增强“四个意识”、坚定“四个自信”、做到“两个维护”，第一时间组织召开疫情防控工作动员部署会议，成立党工委书记任组长的疫情防控工作领导小组，结合古城区实际制定疫情防控工作方案和疫情防控工作应急预案，制作管委会疫情防控领导小组示意图，按照日报告、零报告工作要求，上报69份信息简报，草拟5份疫情期间的工作报告，每日16：00收集汇总古城区三个街道办事处当天的疫情防控工作数据，组织发放《新型冠状病毒感染的肺炎防控知识手册》《倡议书》等疫情防控宣传资料3万余份。县级领导干部带头率先下沉社区一线参与疫情防控工作，带头坚守岗位、严守工作纪律，推动指导社区充分发挥网格化治理优势，迅速整合辖区机关、物业企业、警务站等党组织和党员干部力量，不断强化基层防疫一线短板，并先后2次组织管委会全体党员干部为疫情灾区捐款，共计捐款2.08万元。协调区直部门对古城核心区以及冲赛康商场周边和铁崩岗菜市场等人员密集场所以及公厕、垃圾收运停放点等进行清洁消毒，对古城区1371座大小院落和101条大街小巷开展消杀。安排机关食堂实行分餐制，督促办公室每日对机关大厅、会议室、食堂等场所进行清洁消毒。组织管委会干部职工以及八廓、吉日、吉崩岗3个街道办事处及其辖区居委会积极参与"携手清洁卫生保卫健康拉萨"主题爱国卫生活动，共投入防疫资金5.05万元，人员487人次，清扫消毒2.5万平方米的区域。

【古城区功能提升】 2020年，拉萨市八廓古城管委会根据市委第182号、183号专题会议纪要精神和市委督办通知要求，协助配合市区两级业务部门开展古城功能提升改造工作，先后召开专题会议，印发实施方案，成立8个数据调研工作专班，协调上级业务部门，全面了解古城区内各类规划设计方案以及图纸，精准摸排古城区居住人员底数，科学统计古城区基础市政设施，准确掌握古城区古建大院基本情况，实地走访古城区28座寺庙，登记汇总古城区违法建设行为，复印备案古城区地下线路图纸，开展对古城区各类原始数据的采集工作。整合前期各类统计数据，形成《古城区信息数据汇编》，为改造提升工作奠定数据基础。

【文明城市创建】 2020年，拉萨市八廓古城管委会坚决贯彻拉萨市、城关区关于创建文明城市工作的相关会议和文件精神，结合古城区成立深化创建文明城市工作领导小组、生活垃圾分类工作领导小组、生态环保工作领导小组、卫生与健康工作领导小组、食品安全工作领导小组，全体领导干部分组下沉古城区3个街道办事处、15个社区协助指导创建文明城市工作4次，每周定期进行机关大扫除活动，制作宣传标语和手册等对八廓街游客和群众开展创建文明城市宣传工作，在管委会内部张贴垃圾分类、禁烟标语，摆设生活垃圾分类垃圾桶，开展垃圾分类知识讲座1次，要求全体干部职工严格对生活垃圾进行分类，同时设置吸烟区，严格规定指定区域外，禁止在管委会其他地方吸烟，建立无烟办公环境，在八廓街内制止乱堆乱放乱丢垃圾行为71人次，阻止乱泼乱倒污水54人次，教育引导使用一次性塑料袋86人次。

（边巴次杰）

布达拉宫广场管理

【概况】 2020年，布达拉宫广场管理处（以下简称布宫广场管理处）全体干部职工坚持以习近平新时代中国特色社会主义思想为指导，深入贯彻落实中共十九大精神，结合工作职能，开展疫情防控、文明城市测评、设施维护等工作。

【基层党建】 2020年，布宫广场管理处坚持每周四学习例会制度，重点开展政治教育培训，通过集中学习，全体干部职工理论水平有所提高，政治立场更加坚定，筑牢拒腐防变之墙。按照市委、城关区委的总体要求，管指定2名工作人员推进监督指导"学习强国"活动开展，参学率100%，每周学习平均分数高于拉萨市平均水平。动员全体党员参与《纪律处分条例》网上学习及测试。按照区团委要求，每周组织干部职工参加青年大学习，每周学习情况在工作群通报。开展学习中央第七次西藏工作座谈会精神活动，全处干部职工平均学习时间100小时。

【党风廉政建设】 2020年，布宫广场管理处按照党风廉政建设年初工作计划，安排办公室进行全年工作总结，推进党风廉政建设责任，全处干部职工秉持吃苦耐劳、真抓实干，将党风廉政建设贯彻全年，并作为年终考核组成部分对干部职工量化考核。按照驻市政府办公室纪检组要求，对7名副科级以上干部建立完善廉政档案。

【疫情防控】 2020年，新冠疫情发生后，布宫广场管理处对7名干部职工及退休人员进行14天隔离。隔离期间，及时给回拉萨人员配备口罩、消毒液等必要的防疫物资和日常生活必需品。对广场公园大门每日2次消毒。转经道开放后，安排专门力量对转经道沿线每日消杀2次。同时每日指派2名工作人员配合公安力量对进出公园的人员进行体温检测。

【文明城市创建】 2020年，布宫广场管理场按照市文明办、城关区政府关于文明城市创建迎检要求，管理处结合工作职能梳理存在的问题，并上报常务副市长占堆及市文明办，对标要求，先后对广场公园内的石板、亮化设施进行维修。配合市总工会在广场、公园建设3处建设母婴爱心小屋，爱心小屋投入使用后收到市民的一致好评。完善志愿者服务站。管理处为广场全体干部职工配发志愿者服装，在广场、公园进出口设置志愿者服务站，配备急救箱并及时补充药品、开水器等便民设施。与周边公安力量、市民政局针对流浪乞讨、尾随兜售等问题加强沟通，整合部门力量集中治理。安装张贴各类公益性广告200余张、安装指路标牌12个、张贴各类禁止吸烟标识400余张。

【设施维护】 2020年，布宫广场管理处从维修经费支出65.28万元，对广场13.6万平方米草坪全部翻耕补种改造。针对自治区党委书记吴英杰提出的“广场喷泉区域石板存在色差”问题，布宫广场管理处联系石板供应商，历时8天对120平方米改造完成。为了满足城市景观水系施工需求，对公园广场内人工湖试行阶段性供水，接到市民的反映。布宫广场管理处按照市委督办要求，对接城投公司，要求对广场公园水系进行检测，合理安排湖面补水。为解决公园夜间照明不足问题，在公园内架设3处升降高杆灯塔，园区照明得到提升。3月，出资279866元对宗角禄康公园内的污水检查井、污水管道进行垃圾清理、疏通。

（冯晋瑾）

生态环境

【概况】 2020年，拉萨市生态环境局统筹疫情防控、经济发展和生态环境保护工作，认真学习贯彻中共十九大和十九届二中、三中、四中、五中全会和中央第七次西藏工作座谈会精神，紧紧围绕拉萨市经济社会发展决策部署，深入实施“环境立市”战略，持续推进生态文明建设，全市生态环境质量持续保持良好，成功创建为“国家生态文明建设示范市”。

【环境质量保持全国领先水平】 2020年，拉萨市环境空气质量优良天数比率为100%，位列全国168个重点城市第二名。4个城镇集中式饮用水水源地水质达标率为100%，城中水系水质持续保持良好，全市地表水无劣Ⅴ类水体，城市建成区无黑臭水体。全市农用地土壤环境状况整体保持良好。

【创建“国家生态文明建设示范市”】 2020年，拉萨市生态环境局以打造生态宜居城市为目标，组织编制《拉萨市国家生态文明建设示范市创建工作报告（2018—2020年）》《拉萨市国家生态文明建设示范市创建技术报告》，开展国家级和自治区级生态示范创建活动。10月10日，生态环境部发布公告，拉萨市获“国家生态文明建设示范市”称号，是全国第一个获得该荣誉的首府城市（省会城市）。按照自治区生态文明建设示范创建提标要求，择优推荐拉萨市5个县、26个乡、80个村申报自治区生态文明建设示范县、乡、村，现完成现场复核，待自治区命名。

【生态环境治理体系建设】 2020年，拉萨市生态环境局编制《拉萨市生态环境保护总体规划（2019—2025）》《拉萨市水生态环境保护“十四五”规划》，印发实施《拉萨市深化生态环境综合行政执法改革工作方案》《关于检察公益诉讼中加强协作配合依法打好污染防治攻坚战的意见》《拉萨市扬尘污染防治管理办法》，补齐生态文明建设体制机制短板。顺利完成拉萨市第二次全国污染源普查工作，形成一套能够反映全市和不同区域、流域环境形势的污染物排放数据和一张可动态更新的污染源名录库电子地图，获“第二次全国污染源普查表现突出集体”称号。推进大气环境承载力和水环境承载力研究工作,大气环境承载力研究初步成果形成,制定出台水环境容量预测工作方案。推动“三线一单”编制工作,及时对接沟通自治区“三线一单”编制组,提供相关材料,主要修改意见均被采纳。市财政局下拨编制经费505万元,及时启动市级“三线一单”编制工作,完成招标工作。

【环保服务】 2020年,拉萨市生态环境局在坚守生态环境保护底线的同时,采取局领导包县(区)和联系市直部门方式,聚焦生态环境保护督察整改、污染防治攻坚、水源地调整、建设项目环评审批等重点工作,以现场办公、集体研究等方式,主动上门服务,提供技术支持。通过创新服务方式,推动环保各项工作不断提升。

【环评审批】 2020年,拉萨市生态环境局完善《拉萨市生态环境局建设项目环境影响评价文件审批程序(暂行)》,成立环评审批委员会,优化审批流程,将审批时间压缩至法定时限50%以内,对民生项目、扶贫项目、重点(大)项目开设绿色通道,提供优质高效服务,确保审批简便、提速、科学。全市建设项目环评审批222个,同比增长32.9%,实现逆势增长。对3个规划报告出具环评审查意见。

【环境执法】 2020年,拉萨市生态环境局严格履行生态环境保护法定监管职能,优化环境监管模式,强化“双随机、一公开”执法模式,坚决杜绝“一停之、一关之”的“一刀切”行为。全面推动智能化环境监管,82%的重点污染企业实现在线联网监控,全面建成市县乡村四级“网格化”环境监管系统。持续深入开展行业性、区域性生态环境保护专项检查行动,对存在环境违法行为的下达责令限期整改通知书10个、责令停止违法行为决定书2个,约谈3家,查封(扣押)2起,环境行政处罚35起、罚款93万余元。

【助力复工复产】 2020年,拉萨市生态环境局充分发挥职能作用,制定印发《拉萨市生态环境局服务企业复工复产八条措施》。及时发布环评正面清单,对10个大类30个小类项目,实行环评豁免管理;对17个大类44个小类项目,实行“告知承诺审批制”,3个工作日出具批复,助推建设项目尽快投入建设。推行“互联网+政务服务”模式,实行全程网上办理、不见面审批。全年按告知承诺审批制审批项目69个。及时发布环境执法正面清单,实施差异化的监督执法措施,推动“线下”执法逐步转向“线上”执法,提升环境执法监管信息化、精准化、科学化水平。制定印发《拉萨市生态环境局关于开展企业复工复产环境执法帮扶专项行动方案》,对56家复工复产企业(项目)进行现场指导帮扶,对受疫情影响和涉扶贫项目等7家企业(项目)依法免于经济处罚。

【生态损害赔偿案件】 2020年,拉萨市生态环境局制定印发《拉萨市生态环境损害赔偿制度改革实施方案》,成立以市委副书记、市长、城关区委书记果果为组长,分管生态环境工作的副市长陆从福为副组长,市直相关部门负责人为成员的拉萨市生态环境损害赔偿制度改革工作领导小组,明确生态环境损害赔偿适用范围、责任主体、索赔主体和损害赔偿解决途径等,形成相应的鉴定、评估管理和技术体系、资金保障和运行机制。启动西藏巨龙铜业有限公司进矿道路至隧道口段生态环境损害赔偿案件程序,督促尼木县尼木乡聂余村非法采矿替代性修复案件办理,实现生态损害赔偿案件“零”的突破。

【生态文明建设】 2020年,拉萨市生态环境局持续加大生态环境保护宣传力度,鼓励公众参与生态环境保护。设立自媒体宣传平台,通过召开新闻发布会、“环保拉萨”微信公众号和“拉萨市生态环境局”微博平台,持续深入宣传习近平生态文明思想,营造保护生态环境的浓厚氛围。微信微博共发布、转发相关信息3237条。设立双月为“环保公众开放月”,全市选取4处环境基础设施向公众开放,保障公众环境知情权、参与权、监督权,促进环保企业持续健康发展,共有588人参加活动。设立“12369”环境举报热线,严格执行举报热线24小时值班制度,解决群众反映强烈的环境投诉问题,形成人人参与的环境监管体系。共受理举报405起,处理率和办结率100%,做到“事事有回音、件件有答复”。

【疫情防控】 2020年1月30日,鉴于西藏自治区确诊首例新型冠状病毒感染的肺炎病例,拉萨市环境保护局及时召开会议，迅速行动、快速响应，第一时间启动《拉萨市应对新型冠状病毒感染的肺炎疫情医疗废物处置管理应急预案》，第一时间落实疫情应急措施，安排2辆新冠肺炎疫情医疗废物应急运输车辆，实行专车运输、专人管理、专设台账等有力措施，坚决禁止疫情医疗废物与其他医疗废物、生活垃圾混放混装，保证疫情时期医疗废物的安全规范处置、防范化解生态环境安全风险、保障人民群众生命财产安全。妥善收运处置危险废物，收集危险废物（含医疗废物）1359.8吨，规范处置危险废物（含医疗废物）1441.6吨，跨省转移处置危险废物636.9吨。2月4日至3月30日，自治区、市、县三级生态环境部门每天安排专人在自治区危废处置中心进行值班，加大危废处置工作监管力度。加强对医院、菜市场、水源地等重点场所的环境监管，确保不发生环境污染事故，共出动环境执法检查人员239人次，检查重点场所107次。按照市疫情防控领导小组安排部署，先后抽调干部职工25人，配合做好机场、宾馆、寺庙、和出租房疫情防控工作，抽调以副局长带队的8名党员进驻阿坝林卡社区和纳如社区开展疫情防控工作，抽调干部职工，投入疫情防控工作，截至年底，仍有3人坚守防疫一线开展工作。

【大气污染治理】 2020年，拉萨市生态环境局以大气污染重点领域为抓手，持续采取强有力措施，开展燃煤锅炉整治工作，责令7家使用燃煤锅炉企业停产整顿。开展非道路移动机械污染管理工作，完成《拉萨市高排放非道路移动机械禁行区》划定，开展非道路移动机械摸底调查和编码登记工作，全市共申报非道路移动机械1386台，严防不合格、不达标的非道路移动车辆继续使用。加大汽车尾气检测力度，共检测137936辆次，合格率85.1%。加大同公安交警部门联合执法力度，持续开展路检路查工作，检查柴油货车1942辆，现场处罚排放不合格车辆79辆。持续加强施工扬尘管理工作，发布实施《拉萨市扬尘污染防治管理办法》，出动执法人员215人次，对建成区75家施工场地进行现场执法检查，督促施工方有效落实减尘抑尘措施。加强大中型餐饮服务经营场所督查，拉萨市辖区内营业面积300平方米以上的大中型餐饮服务经营场所均已安装高效油烟净化装置。加大禁燃区内的执法力度，持续监管城关区和堆龙德庆区内4家散煤销售点。加大“散乱污”企业整治力度，共摸底排查645家企业，发现存在“散乱污”问题的30家企业均已完成整改。加大煨桑重点部位执法监管和宣传教育工作力度，文明煨桑的氛围正日渐养成。成功申请资金1200万元，用于建设机动车固定式遥感监测平台。

【水污染治理】 2020年，拉萨市生态环境局以饮用水源地保护区调整为重点，全面推动拉萨市集中式饮用水水源地保护区优化调整工作，编制完成《拉萨市城镇集中式饮用水水源地保护区范围核定与调整技术报告》，并获得自治区政府批复。加大污水直排问题的监督检查力度，加强工业企业水污染防治，持续监督矿业企业废水“零排放”，有54家重点污染源在线监控与拉萨市生态环境局在线监控平台完成联网。加强对医疗单位的监督监管，规范医疗废水处置环节。开展农牧区污染治理行动，争取自治区污染防治专项资金550万，选取林周县卡孜乡一期易地搬迁点共4个村5个点，开展农村生活污水治理试点示范工作。成功申请中央水污染防治资金8946万元，用于拉萨河流域曲水县曲甫村水源地保护工程、拉萨河墨竹工卡县至城区段水生态综合修复治理工程（一期）、拉萨河流域水生态调查评估项目、拉萨河流域纳金水厂水源地保护工程。

【土壤污染治理】 2020年，拉萨市生态环境局全面摸清土壤环境状况，印发《关于更新调整拉萨市土壤环境重点监管企业的函》，在2019年基础上进行调整更新，共有37家重点企业纳入土壤环境重点监管范围。加大白色污染整治力度，持续开展禁止白色污染专项行动，并对2家使用一次性塑料袋商户进行教育处理。成功申请中央土壤污染防治资金950万元，用于拉萨市地下水基础环境状况调查。

【推进中央环保督察整改】 截至2020年年底，第一轮中央生态环境保护督察反馈问题141条整改措施任务中，整改时限为2019年以前的措施任务82条，已全部整改完成。2020年任务14条完成10条，长期坚持任务45条均取得阶段性成效。中央环保督察转办举报案件709件中,整改完成703件,未完成6条,完成率99.15%。生态环境部西南督察局关注问题,2017年关注问题,拉萨市共涉及21项任务,完成17项,未完成4项,完成率80.9%。2020年赴拉萨市日常督察发现的问题,共涉及34项,整改完成12项,其余22项有序推进。自治区环保督察反馈问题309项整改措施任务中,整改完成(或长期坚持任务阶段性完成)296条,未完成12条,完成率96.12%。自治区环保督察转办举报案件53件中,整改完成49个,完成率92.45%。

【提升环保服务能力】 实施固定污染源排污许可清理整顿。2020年,拉萨市生态环境局印发《拉萨市固定污染源排污许可清理整顿和2020年排污许可发证登记工作实施方案》,推进排污许可清理整顿工作,核发排污许可证128个、申报登记1568家。固定污染源清理整顿和排污许可工作基本实现全覆盖,达到国家序时进度要求。

完成2019年度环境统计工作。2020年,拉萨市新增统计污染源48家,其中工业企业44家,规模化畜禽养殖场1家、入河排污口1个、移动源2家。

开展"放管服"工作,审批事项进驻办事大厅并实现网上办理。2020年,权责事项动态调整完成,数量从147项缩减为139项目。

加大社会环境检测机构的监管力度。2020年,拉萨市生态环境局组织人员对5家社会环境检测机构进行抽查,监测结果合格率为80%。针对抽查结果,提出整改意见,切实保障监测数据质量。草拟《拉萨河流域断面补偿试点工作监测方案(试行)》,完成监测点位初步布点工作。加强放射性同位素与射线装置辐射安全和防护监督管理。

开展突发环境事件应急演练。2020年,拉萨市生态环境局制定2020年突发环境事件应急演练方案、脚本等,开展突发环境事件应急演练,为有效应对突发环境事件奠定基础。督促企业编制完善环境应急预案,全年有21家重点污染源企业更新备案突发环境事件应急预案。

开展"绿盾"专项行动工作。2020年,拉萨市生态环境局开展已完成整改任务的绿盾专项行动整改问题实地调度工作,并提请市政府向自治区生态环境厅上报销号申请,陪同自治区生态环境厅完成实地核查工作。

配合打赢脱贫攻坚战。2020年,拉萨市生态环境局认真贯彻落实中央、区、市关于脱贫攻坚工作的重大战略部署,坚持扶贫开发与生态保护并重,开通扶贫项目审批"绿色通道",对符合国家产业政策的精准扶贫项目加快审批,服务拉萨市扶贫项目顺利开工建设。加大扶贫领域项目的环境监管力度,核查71家扶贫项目落实环评手续情况,督促扶贫项目有效落实环保措施。落实好结对帮扶措施,全年共走访慰问结对帮扶户4批次,送上慰问品及慰问金5万余元。制定印发《拉萨市村级环境监督员和城镇保洁员专项核查方案》,现场核实村级环境监督员和城镇保洁员岗位安排、政策落实和岗位监督情况,并对2016—2018年岗位福利化问题进行"回头看"。

【政治理论学习】 2020年,拉萨市生态环境局始终以习近平新时代中国特色社会主义思想为指导,不断坚定理想信念。年初制定《2020年拉萨市生态环境局党组理论学习中心组学习计划》,并及时组织学习,紧紧依托市委理论中心学习组学习内容,持续开展"学习习近平新时代中国特色社会主义思想·建小康拉萨"学习活动,共组织党组理论中心组学习13次。以每周四定期集中学习日,持续加强政治理论学习,提升党性修养,坚定理想信念。深入开展书记讲党课,以牢牢抓住党员领导干部这个"关键少数",推动干部带头先学、深学,强化示范引领,先后开展"书记讲党课"活动4次,不断正风肃纪,强化党员干部廉洁意识、树牢纪律意识。开展以"党员为何不能信仰宗教、不得参与宗教活动"主题专题研讨会,全面加强纪律建设,特别是政治纪律建设,确保保持心有所畏、言有所戒、行有所止。加强爱国主义教育,组织党员40余人次,到林周县党员党性教育基地(林周农场场部旧址)、"弘扬伟大长征精神—红军长征过阿坝"特展,接受党性教育和精神洗礼,坚定共产主义信念。严抓意识形态工作,始终把意识形态工作纳入重要议事日程,以党组专题会形式听取和部署意识形态工作,加强党对意识形态工作的全面领导,严格落实意识形态工作措施,凝聚全体干部职工思想共识。

【党风廉政建设】 2020年,拉萨市生态环境局始终把从严治党和党风廉政建设放在首位、抓在手上。成立领导小组,制定印发《2020年拉萨市生态环境局党风廉政工作计划》,成立以局党组书记为组长,局长任常务副组长,副局长为副组长,各科室负责人为小组成员的党风廉政建设领导小组,切实将党风廉政建设责任落到实处。先后召开2次党风廉政建设专题会议,全面听取党风廉政建设工作情况,安排部署下阶段工作,坚决履行党风廉政建设"一岗双责"责任,形成党风廉政建设促业务工作发展的格局。落实"三会一课"、民主生活会、领导干部双重组织生活、民主评议党员、谈心谈话等制度,加强经常性教育、管理、监督,切实全面有效落实从严治党工作。开展党风廉政谈话工作,党组书记定期和党组班子成员、班子成员同县(区)分局和科室开展党风廉政谈话,了解掌握党风廉政工作开展情况,推动党风廉政建设及从严治党工作。

【作风建设】 2020年,拉萨市生态环境局以巡视整改促作风建设。本着实事求是的态度,自觉接受九届市委第十一轮巡察五组监督,主动配合巡察工作,第一时间报送所需台账,对巡察组反馈的意见和立行立改问题,以制定整改方案、成立领导小组、党组专题会部署方式,认真反思研究,明确整改方向,细化整改措施,突出整改成效,切实做到整改工作抓实、抓细、抓出成效。以专项整治促作风建设,始终把作风建设摆在突出位置,年初印发《关于集中整治"吃、拿、卡、要"和侵害群众利益等官僚主义、形式主义突出问题的专项整治工作方案》,采取自查自纠、综合整治、建章立制等方式,持续深化作风专项整治,把作风建设转化为坚决打赢污染防治攻坚战的动力。共修订完善《中共拉萨市生态环境局党组"三重一大"决策制度》等6个制度。以案为鉴促作风建设,持续学习违反中央八项规定等问题的通报,强调党员干部特别是领导干部要严守党的纪律,对党忠诚老实。以案明纪、警钟长鸣,不断夯实作风建设,全力打造作风过硬、政治过硬的拉萨市生态铁军。

(杨　梅)

金 融

综述

【概况】 拉萨市辖内有银行业金融机构14家、保险公司11家,上市企业16家、新三板挂牌公司12家。截至2020年12月末,拉萨市银行业金融机构各项存款余额3139.28亿元,比2019年同期增加250.74亿元,增长率为8.6%;各项贷款余额为3814.34亿元,比2019年同期增加87.41亿元,增长率2.3%。其中:涉农贷款余额为996.51亿元,比2019年同期增加37.37亿元,增长率为3.8%;中小微企业贷款余额为1497.6亿元,与2019年同期持平;大型企业贷款余额为1320.23亿元,比2019年同期增加100.69亿元,增长率为8.2%。

【助力复工复产】 2020年,拉萨市组织协同6家银行业金融机构联合印发《关于开展专项融资服务支持重点项目开复工和企业复工复产的方案》,明确具体的金融服务产品及政策落实联系人,为企业"上门送政策"。开展民营企业复工复产金融相关政策宣讲,组织编制《驻拉萨银行业金融机构特色产品及服务项目手册》,向实体企业印制发放手册1万本。

【金融服务实体经济】 推动设立首贷服务中心。2020年7月25日,首贷服务中心试运行,首批进驻6家银行业金融机构和市信用融资担保公司,先后与拉萨市推送的首贷培育企业290家、有融资需求企业185家进行对接洽谈。

推进金融助力脱贫巩固。2020年,以拉萨平桥投资管理有限公司为平台,推动扶贫产业项目融资贷款落地,落实扶贫项目贷款财政贴息资金。制定《关于扶贫小额信贷使用管理方面问题整改方案》,强化资金用途跟踪管理,推动扶贫小额信贷规范化,扶贫小额信贷自查覆盖率和整改完成率均达到100%。

支持推动融资平台规范运行。2020年,支持市信用融资担保公司、拉萨经开区融资担保公司等政府性融资担保机构发展壮大,规范开展担保业务。规范政府性融资担保机构收费行为,严禁提出反担保要求和以评审费等名义收取不合理费用。

【金融风险防范】 2020年,在全市开展金融风险大排查大清理大整治专项行动,完成全市6000余家地方金融组织(按经营范围)的排查并分门别类进行清理整治。开展防范非法集资系列宣传,开设拉萨防范和处置非法集资微信公众号,举办全市防范化解金融风险(防范和处置非法集资)培训班等,不断提升防范化解金融风险工作能力。

(高智堂)

银行

【中国人民银行拉萨中心支行】 2020年,中国人民银行拉萨中心支行严格开展疫情防控工作,从5个方面制定25条措施,督促金融机构加大对疫情防控的金融支持力度,迅速实现疫情防控重点企业金融支持全覆盖,快速支持疫情防控重点企业行业复产复工。及时开通国库资金拨付、外汇业务"绿色通道",及时办理疫情防控相关业务,为全市受疫情影响市场主体提供快速便捷金融服务。强化信贷政策结构性调整功能,持续加大对中小微企业、涉农领域的信贷投放力度，贷款投向薄弱环节和重点领域的力度不断加大。

2020年，中国人民银行拉萨中心支行建立健全金融委办公室地方协调机制和地方政府金融工作议事协调机制，完善金融风险动态监测预警和评估体系，开展辖区经济金融运行等领域风险监测，加强对宏观杠杆率的监测分析。开展央行金融机构评级，加强对高风险机构的监测，做好风险提示。强化市内大型企业风险监测，因地制宜细化监测方法，探索研究早期发现和预警机制，有效防范企业风险跨领域、跨行业传染发酵。持续关注非法金融和金融乱象，开展防范和处置非法集资专项工作，不断加强账户管理、交易监测与互联网平台存款监测。开展重点行业领域专项治理工作，密切配合政法部门，实现“六清”行动案件线索全部清仓。

【国家开发银行西藏分行】2020年，国家开发银行西藏自治区分行累计向拉萨市发放贷款69.72亿元，贷款余额183.93亿元，项目包括拉萨市小康安居工程、拉萨市国土绿化、土地一级开发、拉萨经开区保税物流园区、拉萨市污水处理厂PPP项目、拉林公路、西藏非物质文化遗产体验园等，可有效解决拉萨市重点项目建设资金短缺问题。

【中国农业发展银行西藏分行】截至2020年12月31日，中国农业发展银行西藏自治区分行贷款余额712.65亿元，其中扶贫贷款余额636.78亿元，扶贫贷款占比89.35%；2020年累放各类贷款57.46亿元，较2019年增长11%，发放扶贫贷款54.98亿元，较2019年增长16%，产业扶贫贷款26.53亿元，较2019年增长25%。“十三五”期间累计发放各类贷款1023亿元，助推“十三五”规划圆满收官。先后获得全国、全区脱贫攻坚贡献奖和全国文明单位、“全国工人先锋号”“全国金融先锋号”等省部级以上荣誉10余个。

新冠肺炎疫情发生后，坚决贯彻落实自治区党委、自治区政府和监管部门部署要求，第一时间全员到岗，第一时间启动防疫贷款应急通道和复工复产贷款绿色通道，全力服务“六稳”“六保”。主动向自治区、七地市政府、重点企业请战抗疫，自治区防疫办将中国农业发展银行西藏自治区分行作为唯一金融机构列入保供稳市支持单位。向拉萨城发实业公司发放储备专项贷款7亿元，专门用于建材物资采供；向领峰物流放贷8.42亿元，加快全区重点物流枢纽和储备体系建设。向西藏格拉丹东商贸超市发放全区第一笔疫情防控民生物资保障贷款400万元。累计审批防疫保供和复工复产贷款21.45亿元，完成投放17.42亿元，有效发挥政策性银行“当先导、补短板、逆周期”作用。

【中国农业银行拉萨分行】截至2020年年末，中国农业银行拉萨分行各项贷款余额390亿元，存款余额780亿元。按照党中央、国务院和市委、市政府供给侧结构性改革要求，对接拉萨市“十三五”规划，着力支持“两新一重”重点项目，全力维护供应链产业链稳定，做好在藏交通、基础设施建设项目以及重要核心客户的日常维护和贷款管理，累计发放各项贷款近100亿元。始终坚持站在全局、大局的高度和角度做好民营和中小微企业金融服务，落实“支持实体经济企业18条”要求，实施普惠发展行动，不断提升小微企业融资服务可获得性和满意度。围绕人民日益增长的美好生活需要，满足住房改善、消费升级、医疗卫生、文化娱乐等方面需求，成立拉萨分行住房贷款营销团队，对接拉萨市所有在建及规划内楼盘项目、二手房中介，创新研发“园丁e贷”“金盾e贷”“劳模e贷”等产品。践行“互联网+”思维，以优化支付环境、支持智慧城市建设为着力点，持续拓展便民领域支付项目，在县、乡镇一级加大智慧党费项目建设投资力度，于2020年6月实现县域智慧党费项目全覆盖，满足公众对安全、便捷、高效支付服务的需求。紧盯政务民生、消费零售和产业链三大类场景，解决拉萨市群众停车难、缴费难问题，投资打造“家馨物业智慧停车”项目。深入推进“三农”金融服务工作，涉农贷款余额达72.17亿元，评定信用县3个、信用乡（镇）54个、信用村223个，推广“钻石卡村”1个。

【中国银行西藏分行】2020年，中国银行西藏分行深入学习贯彻习近平新时代中国特色社会主义思想，认真贯彻落实党中央、国务院决策部署，狠抓国家战略对接，全力服务实体经济，全面助力复工复产,以服务国计民生为己任,积极融入西藏发展大局,为西藏高质量发展做出积极贡献。开展多次反电信诈骗、反洗钱、反假、存款保险、消费者权益保护等内容宣传,通过媒体宣传、户外宣传、活动推介、精准营销、发送提示、现场发放宣传资料、H5视频推广等多种形式全方位宣传金融知识。通过持续宣传,提高社会公众对金融知识的理解和认知,提高社会公众风险防范意识和风险识别能力,教育和引导广大群众自觉远离金融风险,提高公众对经济犯罪危害性的认识。

【中国建设银行西藏分行】 截至2020年12月31日,中国建设银行西藏自治区分行全辖正式员工1059人,全口径存款时点余额864.47亿元(含保本理财)。各项贷款余额679.98亿元。新冠疫情发生之后,迅速落实党中央和总行党委决策部署,第一时间成立疫情防控领导小组,在做好辖区内疫情防控工作的同时,全力落实疫情防控金融服务措施,开辟绿色通道拨付293笔、4078万元抗疫资金。为自治区赴鄂医护人员、500名社区工作者免费提供保险保障。向区内疫情保障重点企业提供4.3亿元资金支持。维护“六稳”“六保”大局,全力支持企业复工复产。精准滴灌重点领域和薄弱环节,制造业、基础设施、绿色金融贷款增速为3.88%、7.06%和5.09%。累计为综合交通运输、电力水利等行业大中型企业投放信贷资金136亿元。向民营企业发放贷款61.83亿元。最宽限度执行延期还本付息政策,惠及459户企业,涉及金额38.99亿元。

【中国工商银行西藏分行】 截至2020年年末,中国工商银行西藏自治区分行本外币全部存款(含同业)余额101亿元,本外币各项贷款余额323.4亿元。2020年,荣获中银协“千佳”示范单位。围绕贯彻落实中央第七次西藏工作座谈会精神,研究出台金融支持新时代西藏经济社会高质量发展“十九条”意见。推进西藏与其他省市分行跨区域社保卡一体化联动创新服务,满足西藏地区参保人异地实时办理社保卡服务。已实现藏川联动发卡,格尔木、西安等城市联动发卡,自治区政府驻京、驻渝办事处独家收卡和补换卡,累计发放区外社保卡2.3万张,已覆盖自治区长期异地居住社保卡持卡人半数以上,同业领先优势明显。疫情期间,发放区内首笔疫情防控专项贷款1000万元信用贷款,用于采购防疫医疗物资。为35户受困企业办理调整延期还本付息业务,涉及贷款本息9.8亿元。开展“助力复工复产、提振消费信心”“爱购一元体验”“爱购消费满减”等活动,以促销让利客户、拉动消费增长。借助“融e购”“工银e生活”平台探索打造富有浓郁地方特色的“西藏馆”。9月下旬,中国工商银行党委书记、董事长陈四清率团到西藏调研,会见自治区党政主要领导,与自治区政府签署新一轮《战略合作协议》,明确未来5年内为西藏地区各类融资主体提供“贷+债+股+代+租+顾”意向性融资不少于1500亿元。

【中国邮储银行西藏分行】 2020年,中国邮储银行西藏分行实现营业收入3.31亿元,增长17.21%,净利润358.43万元。各项存款余额90.96亿元,各项贷款余额177.69亿元,增长20.79%。

应对新冠肺炎疫情。2020年,中国邮储银行西藏分行坚持常态化疫情防控,严格落实国家和总行确定的各项复工复产政策,审批通过涉及疫情的业务20笔,金额4.48亿元。全年为20家小微企业办理延期还本付息,涉及贷款余额2.16亿元。

全力打好“三大攻坚战”。金融助力精准扶贫方面,全行金融精准扶贫贷款结余24.18亿元,年净增11.08亿元,荣获总行脱贫攻坚先进单位;防范化解金融风险方面,全年处置不良贷款3038.47万元,完成监管任务的102.15%。绿色银行发展方面,截至2020年年末,节能环保项目及服务贷款任务超三年规划目标的8.69%,绿色银行建设三年规划顺利完成。

推进普惠金融。2020年,中国邮储银行西藏分行率先在全区金融机构中实现服务民营企业“无还本续贷”业务落地;持续贯彻落实银保监会“百行进万企”工作要求;成功实现银税系统数据直连互通;主动服务自治区“大众创业、万众创新”工作。

推进业务转型发展。零售业务。个人存款稳中有升,代销业务取得突破式增长,提前完成“两增两控”目标,小额贷款快速发展,放款4.25亿元,同比增长35.10%,年净增1.57亿元,同比增长31.71%。公司金融。公司存款结构进一步优化,高成本存款全面压降,机构业务实现多点突破,取得代理财政资格9个。完成国库集中支付电子化系统的上线。资金资管。资金资管业务稳步推进,购买地方债余额31.16亿元,实现收入1398.42万元,完成总行任务的199%。

【中国光大银行拉萨分行】 2020年,中国光大银行拉萨分行充分发挥“云缴费”线上便民缴费服务优势,截至年底,完成在线燃气缴费60135笔,缴费金额973.53万元,并相继落地拉萨市委、自治区网信办、城关区政府“党务云”等项目。落实“四个一视同仁”(信贷政策上一视同仁,不提高准入门槛;服务效率上一视同仁,不优柔寡断;激励约束上一视同仁,不厚此薄彼;产品创新上一视同仁,不左顾右盼);支持高校毕业生创业,作为唯一参与行发放“双创”贷款;支持重点国有企业拉萨城投,续做区内首笔5亿元高资质理财项目;与西藏宏绩集团合作推出独具西藏特色和光大特色的“光大—藏游联名信用卡”。作为区内首个由股份制商业银行参与的社保卡项目,首批(中行、农行、光大)入围西藏医保合作项目。发挥光大名品优势,拓展“云缴费”业务,继区内建行之后的首家股份制银行完成财政非税电子化系统上线,为财政执收单位非税“云缴费”业务拓展打开了突破口。

【中信银行拉萨分行】 2020年,中信银行拉萨分行共承销债务融资工具6只,发行金额共40亿元,承销金额共32亿元,债券承销只数和规模位居区内第一,区域市场份额达64%,大幅领先区内银行同业,进一步树立投资银行业务品牌形象。全年发放社保卡3354张,为零售业务可持续发展打下坚实基础。助力“六稳”“六保”,支持企业复工复产。落地首笔“信e融”业务,实现933.9万元线上投放。主动投资拉萨城投2亿元扶贫公司债,承销2笔发债业务16亿元,帮助当地企业解决融资18亿元。以“开薪易”产品为基础,引导企业通过线上渠道发薪。疫情期间,通过线上渠道为26家企业代发工资7779万元。服务实体经济,切实做好支持制造业、服务民营企业和中小微企业、推动普惠金融等工作,全年完成普惠贷款820.96万元,制造业贷款3.92亿元,涉农贷款200万元,扶贫贷款6500万元。

【兴业银行拉萨分行】 2020年,兴业银行拉萨分行在中国人民银行拉萨中支金融机构综合评价、消保评级中均被评定为A级。截至2020年年末,本外币各项存款余额83.60亿元,本外币各项贷款余额29.07亿元。

疫情防控。疫情期间上门服务,积极为区内企业批复授信额度、发放贷款,及时开通绿色通道,发挥“兴E贴”等线上融资产品优势,为受困企业提供差异化普惠金融服务。贯彻落实《西藏自治区关于做好疫情防控期间企业复工复产的通知》,主动对接区内中小微企业,提供多项普惠型金融组合产品,为某医药企业办理首笔商业承兑汇票保贴业务。

创新金融产品方面。2020年,兴业银行拉萨分行创设“兴业普惠贷”“连连贷”“年审贷”等产品,化解中小企业融资困境。简化民营小微企业申贷流程、缩短申贷时间,推广“清单式、模板化”标准作业,对放款资料精简审批流程。依托互联网和大数据技术,将融资服务与企业生产经营场景有机结合,提升客户体验并加速商业模式创新,通过APP和微信公众号实现小微企业及企业主的融资线上化。

授信管理。2020年,兴业银行拉萨分行响应《关于加强川藏铁路建设金融支持相关工作要求的通知》,高度重视铁路交通建设工作,支持川藏铁路项目,强化信贷管控、严格授信管理、严格落实“三查制度”,开展贷款“三查”工作,加强对贷款用途真实性的审查和监控。根据《关于印发〈西藏银监局联合授信试点工作实施方案〉的通知》要求,充分利用联合授信机制有效遏制贷款企业多投融资、过度融资,及时沟通辖区其他银行业金融机构,提高信用风险整体管控能力,为辖区银行业信贷投放优化资源配置。

【中国民生银行拉萨分行】 截至2020年12月31日,中国民生银行拉萨分行各项存款余额51.28亿元,各项贷款余额56.68亿元。新冠肺炎疫情发生后,积极支持西藏防疫工作。2月24日,通过绿色审批通道,仅用3小时就完成西藏天圣消毒制品有限公司个人小微信贷业务200万元授信项目的全流程审批，创造民生银行小微信贷审批新纪录。疫情期间，了解到西藏甘露藏药股份有限公司因加大生产而造成暂时性流动资金紧张，主动给予企业新增融资支持，融资额度由1500万元提升到2000万元。支持西藏奇正藏药股份有限公司扩大药品及医疗物资的生产，为企业发放1.5亿元的流动资金贷款。对受疫情冲击企业纾危解困。对分行公司授信客户和小微授信客户进行全面排查，对有发展前景但暂遇困难的中小企业，坚持“不抽贷、不压贷、不断贷”。截至12月末，共计为6户客户进行贷款延期服务，共计金额7亿元。

【上海浦东发展银行拉萨分行】截至2020年12月末，上海浦东发展银行拉萨分行资产总额52.26亿元，存款余额51.47亿元，贷款余额26.10亿元(含票据)。

新冠肺炎疫情发生，上海浦东发展银行拉萨分主动作为，积极支持企业复工复产，支持疫情防控整体授信达3.5亿元，成功投放贷款1.32亿元，并为疫情影响下的一家困难企业实施延期还本付息1200万元深化在线服务；办理在线贴现业务1笔55万元；推出“浦惠到家”疫情登记服务平台，累计服务客户达3840人。向第三人民医院抗击疫情一线人员和功德林派出所民警捐赠1.4万元物资。同时倡议党员捐赠特殊党费1.5万元、团员捐赠0.4万元，助力疫情阻击战。

2020年，上海浦东发展银行拉萨分行支持西藏重大项目建设，服务小微企业，累计发放贷款31.35亿元(含票据)。在开展传统信贷业务基础上，结合区内市场实际，创新业务，落地多笔自治区和分行首单业务，如首笔精准扶贫贷款1000万元。3年期10亿元中期票据债券承销业务，发行首单3000万元理财产品，首笔企业年金业务，首次中标单利率债销售业务1000万元，实现黄金租赁业务零的突破等，拓宽西藏金融业务产品。

2020年，上海浦东发展银行拉萨分行坚持严控风险、筑牢合规、从严治行，全力推进“降风险”攻坚行动，开展清收处置，实现年内不良贷款余额和不良率的“双降”。年末贷款不良率0.27%，全年除不良贷款外各季度的利息实收率达100%，实现不良零新增。

【西藏银行】2020年，西藏银行通过发放宣传手册、制作宣传横幅、面对面宣讲、进社区宣传、“一句话”宣传、LED电子屏展示等方式进行金融知识宣传。拉萨辖区各支行累计开展宣传活动30余次，活动主要有“金融知识万里行”、“金融知识普及月”、“3·15”消费者权益保护教育宣传周、“金融知识进万家”、扫黑除恶专项斗争、弘扬敬老美德构建和谐金融、预防电信诈骗、反洗钱等，累计发放各类宣传资料3万余份，受众人数达2万余人，取得良好的宣传效果。

【西藏堆龙民泰村镇银行】2020年，西藏堆龙民泰村镇银行被西藏自治区工商联评为全区重点民营企业，成为堆龙德庆区东嘎街道共建共驻战略合作单位。截至2020年12月末，各项存款余额5.4亿元，各项贷款余额4.1亿元，其中农户贷款余额2.5亿元。坚持以农户和小微企业为客户主体，打好客户基础，将民泰服务“三农”和小微的业务模式做深做透，为业务发展扎好根、奠好基。截至2020年年末，扶贫贷款余额2495万元，共14笔，其中涉及农牧民专业合作社贷款9笔，共1325万元。

(高智堂)

保险

【人保财险拉萨市分公司】截至2020年，人保财险拉萨市分公司在全市设立区(县)级分支机构11个，并在58个乡镇设立“三农”便民服务站、在233个行政村设立“三农”便民服务联络点，县乡级网点实现全覆盖，各类从业人员近500人，开办财产保险、机动车辆保险、责任保险、信用保证保险、意外健康保险等门类齐全的保险产品，并中标市委、市政府组织的政策性涉农保险，服务渗透到全市经济生活各个方面。2020年，人保财险拉萨市分公司实现保费收入5.8亿元，承担各类保险责任超过4703.9亿元。

2020年，人保财险拉萨市分公司实施“温暖工程”，提升服务客户水平。截至年底，公司理赔条线多次在节假日与交警部门联合开展安全出行宣传服务活动，并搭建警保联动服务站、劝导站

13个，打通服务广大农牧民群众的“最后一公里”。6月29日，先后中标全市10个县（区）、经济功能区政策性农险招标项目，承保全市牛、羊117.89万头，种植业48.82万亩，农牧民住房5.27万户，为全市五县五区58个乡（镇）农牧民提供39.38亿元的风险保障。9月24日，与拉萨市医疗保险管理中心签署2020年拉萨市城乡居民基本医疗保险委托经办服务协议。

【中国太平洋财产保险股份有限公司西藏分公司】 2020年，中国太平洋财产保险股份有限公司西藏分公司共实现保费收入2.6亿元，同比增长35.1%，累计赔付支出1.3亿元，累计同比上升8.45%。其中，农险实现保费收入3698万元，同比负增长15%。

新冠肺炎疫情防控期间，公司派出志愿者，配合社区工作，为出入社区的居民进行体温检测、人员及车辆登记。根据共青团中央金融工作委员会《关于组织动员金融青年积极参与疫情防控工作的通知》，组织广大青年员工进行公益捐赠特别活动，累计捐款11300元。与西藏自治区扶贫办、脱贫攻坚指挥部办公室签署《西藏自治区扶贫驻村干部“新冠肺炎NCP”保险服务协议》，为全区17171名扶贫驻村干部赠送“新冠肺炎”疫情专属风险保障，为驻村干部提供每人新冠肺炎身故保障金20万元。

（高智堂）

证券

【华林证券】 2020年，华林证券公司全年实现营业收入14.9亿元，较上年同期上升47.42%；实现归属于上市公司股东的净利润8.1亿元，较上年同期上升83.96%。缴纳税金约3亿元，为西藏创造100余个就业岗位。新冠肺炎疫情发生后，公司协助西藏自治区开展疫情防控工作，共捐赠500万元现金和价值100万元的医用物资。2020年，公司继续坚持开展“一司一县”精准扶贫工作，分别与拉萨市达孜区、拉萨市堆龙德庆区等达成持续帮扶意向，捐赠爱心帮扶资金，用于改善当地民生建设，助力拉萨乡村振兴发展。

（高智堂）

科技·教育·体育

科技

【概况】 2020年，拉萨市共落实市级科技资金924.6万元、百家科技企业培育工程专项资金710万元、区域科技协同创新专项1320万元，全市科技进步贡献率达到54.1%，公民具备科学素养比例达到3.6%。

【党的建设】 2020年，拉萨市科技局始终坚持以党建工作为一切工作的统领，严格按照抓好党建是本职，抓不好党建是失职的要求，紧紧围绕党建促团结、党建促廉洁、党建促工作、党建促学习这条主线，切实扛起从严管党治党主体责任。认真落实“三会一课”制度，定期开展领导干部讲党课、主题党日活动以及谈心谈话和批评与自我批评，不断严肃党内政治生活。不断加强政治理论学习，坚持每周五开展学习教育，深入系统学习习近平新时代中国特色社会主义思想，坚定理想信念，提高政治站位、增强政治定力，强化政治担当，不断增强“四个意识”、坚定“四个自信”、坚决做到“两个维护”。组织开展党员学习教育40余次，组织开展“清明祭英烈”活动、“践行群众路线，结对帮扶困难群众”主题活动、“向武汉捐款”活动、“义务植树”活动、庆“七一”活动、廉政警示教育活动、爱国主义教育活动等10次活动。

【服务乡村振兴】 从技术攻关上为乡村振兴破解难题。2020年，拉萨市科技局紧紧围绕农牧业生产效益低，农牧产品价值不高等问题，开展科技攻关，为群众挖穷根，摘穷帽，打通致富渠道。组织开展西藏光核桃山地造林技术推广研究、高原设施农业小气候预报预警技术研究等2个重点农业科技项目。完成西藏棱子芹播种密度实验、喜马拉雅紫茉莉播深试验以及木香育苗实验等工作。开展草红花、蜀葵等藏药材栽培试验以及格桑花等原种花卉种植试验，取得很好的科研进展，为群众增收致富提供更多选择。

从产业发展上为乡村振兴谋篇布局。2020年，拉萨市科技局根据各县资源禀赋、产业特点和发展优势，推动“一县一业，一村一品”产业布局。从区域科技协同创新专项资金和市级科研经费中投入1320万元，支持林周县格桑塘牦牛选育与高效扩繁和尼木县藏鸡标准化养殖技术示范与推广项目，对尼木县藏鸡产业和林周牦牛产业的发展提供强有力科技支撑。推进净土健康食用菌产业发展，拟对2019年度全市净土健康食用菌产业进行补贴，拟兑现补贴资金400余万元。

从人才支撑上为乡村振兴补齐短板。2020年，全市选派科技特派员627名，“三区”科技人才97名到基层一线工作，广大科技特派员和“三区”科技人才活跃在农村基层，开展技术服务，帮助群众解决在种植养殖等方面遇到的技术问题。截至年底，共开展技术服务指导4000余人次、科普宣传5000余人次。积极探索大学生科技特派员替代农牧民科技特派员工作，招录41名大学生“乡村科技专干”，为解决大学生就业和提升科技特派员素质进行有益探索，引导人才向基层一线流动。

从新品种推广上为农牧民增收提供更多选项。2020年，拉萨市高原生物研究所向尼木、堆龙、墨竹、林周、城关区等地基层农牧民科技特派员和大学生返乡创业人员免费推广西藏棱子芹、藏木香优质种苗5万余株，推广面积10亩，完成现场种植技术指导和10余场次，培训农牧民种植技术50人。

【服务城市发展】 通过培育科技型企业增强创新能力。2020年，拉萨市科技局实施“百家科技企业培育工程”，培育以规模以上科技企业、国家高新技术企业领军的上游创新集群。全年共投入资金710万元，重点支持6家科技型企业开展藏本草清凉提神醒脑湿巾研发与产业化项目等新产品研发和产业化项目，提升企业创新能力。培育以科技型中小企业为主的下游创新骨干，截至年底，拉萨市培育形成以21家规模以上科技型领军企业、78家国家高新技术企业、185家国家科技型中小企业信息库入库企业、83家市级科技型中小企业为骨干的企业创新梯队。

通过支持企业研发激发创新活力。2020年，拉萨市科技局从2020年第一批科技计划中立项支持4个科研项目，投入资金49万元，通过这些科研项目的实施，增强企业研发能力。开展第四批工程技术研究中心的培育认定工作，截至年底，全市共培育形成20家工程技术中心。

通过创新券带动社会研发投入。2020年，拉萨市科技局深入推进创新券制度，向16家企业将发放49.63万元。

【科服务大众创业】 坚持问题导向，深化改革驱动。2020年，拉萨市科技局针对拉萨市“双创”工作存在的“双创”资金整体使用绩效不高、“双创”项目效益水平参差不齐、“双创”载体管理服务能力不足、少部分“双创”载体名不符实等比较突出的问题，在广泛调研的基础上，推出“3+8”改革方案和“双创”资金使用改革思路及“双创”九大信息平台整合措施，形成《拉萨市“双创”工作调研报告》《全市“两创示范”九大服务平台项目调研报告》，起草《拉萨市双创载体整合升级工作实施方案》《关于推进双创资金统筹整合的实施意见》等相关改革文件，为优化创新创业环境进行积极的探索，推动双创事业健康发展。

突出引领示范，强化激励带动。2020年，拉萨市科技局开展电商示范企业认定工作，评选出4家本地电商企业为市级电子商务示范企业，并兑付200万元奖励资金。认定15家载体为市级标准化双创中心，共计发放300万元的奖励补助资金。开展电子商务进农村综合示范县建设工作，建设完成1个市级公共服务中心，2个县级公共服务中心（堆龙区、当雄县）、15个县村级服务站、55个村级服务站，完成所有门店实现线上线下销售系统和硬件设备的配置，完成收银系统、支付系统、结算系统、仓储系统、物流系统、门店管理系统、个人销售系统的建设工作，完成一年的试运营工作，线上线下共营收1310万元。兑现2140人次3702万元高校毕业生就业创业补贴，发放双创委托贷款5笔1230万元。

突出氛围营造，强化品牌活动。2020年，拉萨市科技局举办拉萨高新区第一届产学研合作创新大会、全国双创周西藏站活动、自治区科技创新创业大赛、自治区首届电商大赛、拉萨市青创大赛、拉萨市巾帼创新创业大赛等大型双创活动，以及北创营系列培训课程、科技企业政策培训会、科企线上培训、猪八戒网在孵项目路演比赛、拉萨净土健康产业双创高峰论坛和项目推介会等专项活动，持续创造全社会关注双创、理解双创、支持双创的舆论环境，激发大众创新创业热情。

【科普宣传教育】 科普宣传活动。2020年，拉萨市科技局利用“五下乡”、全国科技活动周、全国科普日等时间节点，到农牧区、学校、园区开展“科普进乡村”“校园科普联合行动”“科研团队联合行动”等科普宣传活动16场次，共发放科普宣传资料20余种，3万余件。

宣传新冠肺炎疫情防控知识。2020年，拉萨市科技局制作科普宣传海报1万余张，组织编制和播出新冠肺炎疫情防控知识为主要内容的科普相声节目1期，筑牢群众防疫意识，为抗击新型冠状病毒肺炎疫情作出应有贡献。

青少年科普教育培训。2020年，拉萨市科技局坚持科学教育从娃娃抓起的理念，组织青少年学生500余人参加拉萨市第一届科技节暨第四届青少年科技创新大赛；组织20名高二学生参加线上线下相结合的“中国高校科学营”活动；组织全市科技辅导员20余人次参加科普教育培训。

科普示范。2020年，拉萨市科技局共建设科普示范基地4个，科普示范社区1个，培养优秀科普信息员55名。"拉萨科普"微信公众号推送各类科普信息780余条，"拉萨科普"广播节目共播出360余期，"今日科普"科普电视栏目播出专题节目12期，"科普文化长廊""科普电子屏""科普e站"等多媒体科普阵地传播各类科技知识和科普信息1万余条。

【科技改革创新】 2020年，拉萨市科技局提出项目管理的"五关"（源头关、程序关、质量关、效益关、廉洁关）明确一关不过，项目不立项，规范和加强项目的审批和管理。针对项目管理不规范的问题，制定出台《拉萨市科技计划项目管理办法》和《拉萨市科技计划项目过程管理办法》，并参照执行《西藏自治区应用技术研究与开发专项资金管理办法》《西藏自治区科技计划科技报告管理暂行办法》《西藏自治区科技计划科研诚信实施办法》等制度，初步建立科学化、规范化、制度化的科技管理体系。

（左　超）

教育

【概况】 2020年，全市共有学校373所。教育部门办学339所，其中，专科学校1所，中等职业技术学校2所，高中4所，完全中学2所，初中17所，小学72所，特殊教育学校1所，幼儿园240所；民办学校34所，其中，幼儿园33所，小学1所。在校生152286人；教育部门办学140227人，其中，专科学校4633人，中等职业技术学校8660人，高中13076人，初中25474人，小学64083人，特殊教育学校236人，幼儿园24065人；民办学校在校生12059人。

【党建工作】 2020年，拉萨市教育局党组坚持以习近平新时代中国特色社会主义思想为指导，贯彻落实中共十九大和十九届二中、三中、四中、五中全会精神以及中央第七次西藏工作座谈会精神，紧扣自治区教育厅党组提出的"8534"党建工作模式，围绕立德树人根本任务，教育引导广大师生增强"四个意识"、坚定"四个自信"、做到"两个维护"，为加快推进拉萨教育现代化、落实教育强区战略目标、办好人民满意教育提供坚强的组织保证。局党组带头集中学习13场次510余人次，同时班子成员人均参加支部学习4场次，邀请专家培训10余场次。制定全面从严治党责任清单，细化局党组责任任务30项，挂图作战、压实责任、推进落实。依托对口援藏平台，持续加强队伍建设，培训书记校长184名，开展基层党组织书记和"岗位大练兵"活动，培训党组织书记和党务工作者100余名。全面推进党组织领导下的校长负责制，全市67所中小学（幼儿园）实行"一肩挑"；实施基层党组织标准化建设攻坚行动，8所党建示范校、4个示范党支部、3个样板支部顺利通过验收；成立市民办学校行业党委、全覆盖选派党建工作指导员，77所民办学校"两个覆盖"（党的组织和党的工作全覆盖）实现100%。结合"四讲四爱"群众教育，全年开展宣讲活动1300余场次、覆盖师生12.7万余人次。丰富工作载体，实施《思政课质量提升三年行动计划》，95所学校德育室建成使用。

【德体艺工作】 2020年，拉萨市教育局深入学习贯彻习近平总书记贺信回信精神，落实立德树人根本任务，开好"线上第一课""开学第一课""复学第一课"。出台《拉萨市学校思想政治理论课教学质量提升三年行动计划（2020—2022年）》《关于在青少年学生中开展"小手拉大手"实践活动加强和改进家长教育工作的实施方案》，全面加强党对思政课建设的领导。建设德育阵地，完成85所中小学德育室（德育长廊）建设改造和展陈内容统一规范。思政教师市级以上培训累计11311人次。深入开展青少年学生"四讲四爱"群众教育实践活动，共有宣讲员189名，举办培训班22个，培训386人次，开展宣讲1800余场次，受教育学生达90万余人次，制作发放宣传手册28000余份；制作广告牌200余块，制作宣传栏橱窗140余个，悬挂横幅标语980余条，LED显示屏滚动播放300余条，"拉萨教育"微信公众号推送相关新闻40余条次。推进德育室规范化建设，开展"学宪法讲宪法"、宪法小卫士、宪法晨读等活动，全市所有中小学校全部配备法治副校长（法治辅导员、法治班主任）共274人，投入"七五"普法宣传经费192.5万元，各学校开展法治课程平均每学期达到20余节次，开展法治专题讲座平均每学期2—3小时。落实禁毒和预防艾滋病工作，各学校开展禁毒主题实践活动172场次，参与师生12万余人次，市教育局被评为西藏推广应用全国青少年毒品预防教育数字化平台先进集体。开齐开足体育课、音乐课、美术课、劳动实践课，开展“两操一课”，丰富“大课间活动”和阳光体育1小时活动，举办学生运动会、校园艺术节。全市新增5所全国校园篮球特色学校，2所区级体育传统项目学校，5所区级青少年体育俱乐部。全市各级各类学校均结合自身实际与特长，开设有文学、美术、音乐、科技等多种类型兴趣班，丰富学生校园文化生活，陶冶情操，传承民族精神，增强学生的爱国意识。各学校通过举办纪念“一二·九”运动85周年暨校园文化艺术节，展现青少年朝气蓬勃奋发向上的青春风采。依托乡村学校少年宫开设85个兴趣班，近20个项目，全年培训50名乡村学校少年宫艺术辅导员，100名少先队辅导员，开展藏汉文书法、绘画、舞蹈、信息技术、民族乐器、文学欣赏与写作、足球篮球、轮滑等课程教学。充分利用拉萨市青少年实践基地、青少年校外活动中心和中等职业学校劳动实践场所等开展校外劳动实践。各学校还按学段不同组织学生参与卫生打扫、家务劳动和校内外公益劳动、家政学习、社区服务等，小学注重培养卫生劳动习惯养成、初中围绕劳动知识学习适当参加生产劳动，高中围绕熟练掌握一定劳动技能，中职重点提高职业技能水平培育工匠精神等。

【社会实践】 2020年，拉萨市青少年实践基地牢记“为党育人、为国育才”的初心使命，充分发挥活动育人、实践育人功能，丰富活动内容和形式，开展6期以“践行社会主义核心价值观，感恩助力脱贫攻坚”为主题的全市第三轮次综合实践活动，举办1期“寻访新拉萨研学乐成长”助力脱贫攻坚青少年研学实践活动，3期“游学幸福新拉萨共筑美丽中国梦”研学实践活动，承接日喀则市、林芝市研学教育活动。让学生通过亲历感悟、实践体验、行动反思等方式实现育人为本、德育为先的教学目标。组织实施拉萨市第一届中小学生科技节暨拉萨市第四届青少年科技创新大赛，尝试打造艺术节、科技节等特色化竞赛活动。常态化开展劳动教育、“小手拉大手”系列亲子活动和家庭教育讲座。开设秋季公益性周末兴趣班，共设置17个课程，涉及艺术、科技、体育等多个门类，每周六向全社会开放。与西藏自然科学博物馆、西藏牦牛博物馆、西藏高原之宝乳业有限公司、西藏甘露藏药厂、城关智昭净土产业园、清政府驻藏大臣旧址、雪城监狱、谭冠三纪念馆、拉萨市党风廉政警示教育基地、西藏自治区未成年人警示教育基地、文成公主实景剧、金城公主舞台剧等30多家单位结成共建单位，为不同年龄段学生提供丰富的活动选择。

【校园安全】 2020年，拉萨市教育局持续深化常态化管理和应急处突相结合的安全工作机制，建立校园安全管理规章制度，完善各类突发事件应急处置预案；推进智慧安防系统建设，推动新技术、新手段在校园安防建设领域的深度应用，建立健全智慧校园智能预警平台，规范一键式紧急报警、入侵报警、视频监控、出入口控制和电子巡查等系统建设；以教职工为骨干，以群防群治联防联控力量为依托，以校园安全防范为基础，充分发挥教职员工积极性和能动性，综合运用各种防范措施，提高学校安全防范能力；始终以维护社会稳定为首要任务，坚决站在反分裂斗争的最前沿，深入开展爱国主义、集体主义、社会主义教育，培养爱党爱国的社会主义事业建设者和接班人。严肃党的政治纪律，从严管理干部和师生员工，严禁参加任何形式的宗教活动。加强宣传教育，强化现场处置，坚决遏制宗教极端主义渗透传播。根据《拉萨市校园安全专项整治三年行动实施方案》精神，树牢“红线”意识和“底线”思维，把校园及周边治安综合治理工作摆在重要位置，切实将工作责任落实到位、到岗、到人头，实施校园周边环境和安全生产百日集中攻坚行动；紧紧围绕扫黑除恶打非治乱专项斗争的内容，突出主题，结合实际，全面深化扫黑除恶打非治乱专项斗争整治工作宣传教育；强化以校园欺凌治理为主题的专题教育，邀请公安、司法等相关部门到校开展法制教育，加强校园欺凌治理的人防、物防和技防建设，充分利用心理咨询室开展学生心理健康咨询和疏导，严防学校发生校园欺凌事件；配合新规部门，在中小学深入开展“扫黄打非”、正版生活、绿色阅读等系列宣传教育活动，推介和组织阅读优秀少儿出版物。严厉打击非法有害少儿出版物信息，引导少年儿童多读书、读好书，远离和抵制非法有害少儿出版物及信息。全面贯彻习近平总书记关于防灾减灾重要指示精神，牢固树立“四个意识”，紧紧围绕创建“平安校园”“健康校园”的主题，坚持以师生安全为中心的发展思想，坚持以防为主、防抗救相结合，坚持常态救灾和非常态救灾相统一，全面深化防灾减灾安全知识宣传教育，深入开展逃生自救疏散演练，依靠法制、科技和师生群众，减少校园突发公共事件造成的人员伤亡和财产损失，建立健全学校应急管理组织体系，实现应急预案全覆盖，加强校园综合应急救援队伍建设，构建师生协作，全员参与、反应灵敏、处置高效的应急联动机制，全面提高全市学校防灾减灾能力；全方位无死角地组织人员对校内设施、消防、饮食卫生、特种设备、实验室危险化学品管理、建筑施工等环节进行安全检查，排查记录一一备档在案，竭尽全力地解决排查出的安全隐患，坚决做到安全隐患不留漏洞、不留空隙，杜绝隐患发生，确保学持续和谐稳定。教育系统全面动员，全员参与，取得疫情防控“战疫”全面胜利，为全市防疫大局贡献力量：研究开发教职员工和各级各类学校数据信息填报系统，及时填报、精准掌握师生动态；建立安全评估工作机制，各级各类学校错时错峰开学放假，严把入校关口，做到制度健全、措施有力；各类大型考试把防疫作为重中之重，考务防疫两套人马、协同推进，实现“平安考试”目标；全市中小学利用“钉钉”平台开展线上教学，确保“停课不停学”；广大校外培训机构服从大局、疫情期间全面停课。

【廉政建设】 2020年，调整市教育局党组党风廉政建设工作领导小组，召开全市教育系统党风廉政建设暨反腐败工作部署会议。开展机关、市直学校常规谈话2次，开展集中约谈1次，落实节前提醒6次，进行典型案例通报23件；局党组召开理论学习中心组（扩大）会议5场次200余人次、交流研讨2场次12人次，局属机关党支部每周定期学习近10场次、学习讨论300余人次，组织局机关、市直学校党员干部和教师参观廉政教育基地500余人次。开展专项整治，处置涉事教师9人，配合派驻纪检组调查处置违纪违法干部1名。处理各级各类信访9件，12345服务热线72件，答复率100%；组织县级领导干部完成个人事项报告5人次。

【学前教育】 2020年，拉萨市教育局通过全面摸排、分类整改，集中解决小区配套幼儿园规划、建设、移交、办园问题，全面完成11所城镇小区配套幼儿园专项治理工作。对达孜区开展县域内学前教育普及普惠督导评估。新开园幼儿园7所，新增学前学位1890个。学前双语幼儿园覆盖率98.8%，学前三年毛入园率达96.32%以上。

【义务教育】 2020年，拉萨市第一中学教育城分校正式启用。根据《西藏自治区初中学业水平考试规定》，拉萨市各初中学校初中二年级学生首次实行初中学业水平考试。初中学业水平考试涵盖国家《义务教育课程设置方案》和自治区《基础教育课程改革实施方案》所设定的全部科目。义务教育巩固率达到99.03%。

【普通高中教育】 2020年，拉萨北京中学整体搬迁教育城新校址。拉萨市教育局落实区市党委、政府和自治区教育厅决策部署，克服师资短缺、办学装备不足等困难，妥善安置户籍从外省（区、市）迁入西藏学生1144人。高考成绩创新高，总上线率、重本率分别达到97.17%和31.34%。

【职业教育】 2020年，拉萨市中职招生3164人，毕业学生1873人，升入对口高职或普通高校1564人，就业259人，创业5人，休学、退学等41人，就业率83.8%。对口就业率约为80%，主要去向为民营企业，初次就业月收入2500元左右。开展“1+X”试点工作，市二职“1+X特殊焊接项目”被列入教育部第二批试点计划。市一职商用车销售服务、智能网联汽车检测、宠物护理与美容、粮农食品安全评价，市二职无人机、网络运营与维护、界面设计被教育部批准为第三批“1+X”证书试点专业。开展双证书教育，503人取得职业资格证书。组织学生参加各级各类技能大赛，拉萨一职在拉萨市人力资源和社会保障局主办的“2020年拉萨市职业技能大赛”中，获得工程机械使用与维护项目金奖1人、银奖1人、铜奖3人，获得烘焙技术项目银奖1人。市二职选派 60 名师生赴拉萨市青少年示范性综合实践基地参加“拉萨市第一届中小学生科技节暨第四届青少年科技创新大赛”，普伦巴荣获电脑动画一等奖，张位勇荣获科技辅导员科技创新成果三等奖，旦增多吉荣获“科技未来”演讲比赛优秀奖，拉萨二职科技兴趣小组荣获青少年科技实践活动优秀奖，嘎珠荣获科技节优秀指导教师奖，学校荣获优秀组织奖；参加拉萨市职业技能大赛总计 37 人获奖，分别获得焊接、烘焙、电工等工种的一、二、三等奖；加工制造教学部机电专业学生仁青措姆、扎西措吉参加 2020 年全国职业院校技能大赛改革试点赛，荣获“电气安装与维修（中职组）比赛”团体三等奖；选派焊接专业学生普布次仁、任宝璧教师参加全国职业院校技能大赛改革试点赛荣获三等奖；选派财经商贸教学部扎西顿珠参加全国物流服务师职业技能竞赛（职工组）运输业务设计模块，荣获三等奖。

【特殊教育】 2020 年，拉萨市共有义务教育阶段拉萨户籍残疾儿童少年共 1192 名，其中随班就读 697 名，送教上门 253 名，特校就读 224 名，18 名因重度残疾在外就医，全市义务教育残疾儿童少年受教育率为 98.35%。根据上级文件要求，下发《关于做好义务教育阶段重度残疾儿童少年送教上门服务工作的通知》，明确送教对象、服务原则、工作措施及要求还有服务保障等相关内容，全面做好义务教育阶段重度残疾儿童少年送教上门工作。

【民办教育】 2020 年，全市共有培训机构 79 所（含林周县 1 所，堆龙德庆区 2 所），教职工 1021 人；民办幼儿园 37 所，其中城关区 35 所，堆龙德庆区 2 所，教职工 1046 人，在园幼儿 12171 人。提升审批服务水平，年内批准设立 12 所（包括县区 1 所）校外培训机构，2 所幼儿园。推进信息公开工作，校外培训机构相关信息上传教育部管理服务平台公示；校外培训机构办学许可证、收费标准、教师信息、举报电话等在醒目位置公示，接受社会监督。开展复课安全评估工作，根据疫情防控工作要求，1 月底，全市校外培训机构全部停课，5 月，联合相关部门开展复课安全评估工作，有效缓解培训机构压力。足额发放三包经费和定额补助，落实惠民政策。规范办学行为，7 月，选举成立民办学校行业党委，校外培训机构设立 18 个党支部，共有党员 54 名，民办幼儿园设联合党支部 7 个，党员 34 名。查处无证办学机构 9 所。

【项目建设】 2020 年，拉萨市新开工的教育基建项目 62 个，总投资 103138.99 万元，其中国家投资 51646.28 万元，自治区投资 2298.92 万元，援藏投资 7790.86 万元，市级投资 5906.43 万元，县级投资 28972.5 万元，其他资金 6524 万元。62 个新开工项目中包括新建幼儿园 13 所，新增标准学位 3060 个；新建小学 3 所，新增标准学位 4590 个；新建中学 1 所（当雄县中学第二校区），新增标准学位 700 个；新建城关区学生配餐中心 1 个；幼儿园、小学、中学、高中、中职改扩建项目 31 个；供暖项目 2 个；幼儿园、小学、中学、高中维修改造项目 11 个。截至年底，完工项目 28 个。

【学生资助】 2020 年，拉萨市持续推进家庭经济困难学生资助体系构建，制定出台《拉萨市高等教育阶段家庭经济困难学生资助政策实施办法》，构建政府主导、社会参与的多元资助模式，形成有效制度安排，在政策目标上实现“应助尽助”。西藏自治区 2019—2020 学年“建档立卡”大学生免费教育政策下达自治区配套资金 672.28 万元，1459 名建档立卡大学生受助。实施 2019—2020 年拉萨市普通高校家庭经济困难学生资助项目，9904 名家庭经济困难大学生受助，兑付资金 5370 万元，分别用于学费、住宿费、书本费、生活费分档资助。通过 2020 年中央专项彩票公益金，落实“滋蕙计划”“励耕计划”“润雨计划”，为全市 200 名品学兼优家庭经济困难高中学生发放奖助资金 40 万元，为 51 名特困教师发放资助资金 51 万元，为 12 名特困幼儿教师发放资助资金 12 万元。发放全市高校毕业生学费补偿和国家助学贷款代偿资金 104.85 万元，共有 73 名大学毕业生受助。

【“三包”政策】 2020 年，拉萨市贫困学生“三包”标准达到年人均 3794 元，共下拨“三包”经费 44577.98 万元、受益学生 117510 人，义务教育阶段营养改善经费 5098.72 万元，受益学生 63734 人。春季学期教育“三包”经费执行标准,即年生均学前教育阶段:二类区3120元、三类区3220元、四类区或边境县3320元;义务教育阶段:二类区3620元、三类区3720元、四类区或边境县3820元;高中教育阶段:二类区4120元、三类区4220元、四类区或边境县4320元,特殊教育(含随班就读)6000元。秋季学期在春季学期基础上年生均提高480元。

【以教脱贫】 2020年,拉萨市教育局开展专项调研、召开专题部署会和专题民主生活会,形成问题清单、责任清单、整改任务清单,建立脱贫攻坚月调度、局领导挂牌督战包县整改、义务教育控辍保学数据日报告零报告等机制,突出开展易地搬迁子女入学安置、残疾儿童少年入学保障、大学生精准资助等工作。

【师资队伍】 2020年,拉萨市教育局优化教师资源配置,加强教师队伍管理,全面提升教师队伍综合素质。制定下发《关于进一步严肃纪律加强教职工管理的通知》《拉萨市各级各类学校教职工请销假管理规定》,明确教职工病事假等的种类和天数,规范请销假程序和权限,压实教师、学校、教育局的责任;通过公招、专招补充一批正式学前教师、政府购买服务聘用编外人员等方式多种途径解决学前教师不足的困难,市属各级各类学校师生比均达到国家标准,共计补充正式教师459人、编外328人,其中公招分配新分教师296人、跨地区调入教师103人,免费生定向生60人,政府购买服务乡村幼儿教师328人;制定出台《拉萨市中小学(幼儿园)教师职业行为负面清单及失范行为处理办法》,依托16所市县两级基地校继续实施“中国好老师”公益行动,组织开展2期师德师风专题培训,开除教师1人、处理教师2人;启动全市教师“一考三评”工作,制定下发《拉萨市各级各类学校教师“一考三评”工作方案》,通过以考代训、以考促训的方式,着力提高全市教师的业务知识水平和信息化教育教学能力,完成全市8800余名教师的业务考试工作和成绩分析,督促各县(区)教育局、各校完成考评工作;印发《拉萨市班主任津贴发放办法》,对全市班主任津贴进行统一规范,对发放范围和经费来源、确定发放标准,对发放时间、兑现方式、评价机制、课时计算等作出明确规定,提升基层学校班主任工作积极性;持续开展“名师送教”活动,发挥名师引领作用,从区市两级名校长、名教师和骨干教师中遴选49名专家,分高中、初中、小学、幼儿园4个学段赴各县(区)送教20次、80余节课,惠及2000余名教师,促进农牧区教师成长,助力农牧区教育教学质量提升;组织开展各类培训,受疫情影响,未放松培训工作,国培、区培、市培等项目全部开展,共选派1750余名教师参加《乡村小学思政课优秀青年教师助力培训》《拉萨市教师“一考三评”工作师德师风专题培训》等市级以上培训。

【教育科研】 完成各级各类教学质量检测分析工作。2020年,拉萨市教育局召开“瞄准‘五个100%’聚焦教学质量决胜脱贫攻坚”——2019年拉萨市小学教学质量检测分析研讨会,形成《2019年拉萨市小学阶段教学质量检测分析报告》。召开聚焦质量科学研判精准施策力求突破——拉萨市2020年中、高考成绩分析研讨会,形成《2020年拉萨市高考成绩分析报告》和《2020年拉萨市中考成绩分析报告》。

建设符合拉萨义务教育阶段教学实际的学科试题库。2020年,拉萨市教育局完成对一线教师对题库的应用培训,提高拉萨教育题库的使用率。通过举办命题培训班,提升教师命题能力、试卷制作能力。更新题库内容,使之与新版本教材相配套。顺应中考改革的要求,将初中历史、地理、生物三学科纳入题库建设。题库试题总量221883道,试卷总量8142套。

重视课题研究工作。2020年,拉萨市教育局召开拉萨市民族教育优秀教学成果推荐和评审会,邀请北京、江苏援藏教师和本地名师组成评审小组对拉萨市参评的15项成果进行评审、鉴定,最终推荐5项成果参评2020年教育部民族教育优秀教学成果。申报自治区教育科学研究2020年度课题18个。

组织开展各级各类教学比赛。2020年年初,在线上教学结束后,开展评选线上教学优秀案例活动,获奖案例择优在全市教育平台展示,供广大教师交流学习。举办全市高中教师教学技能大练兵活动——2020年度课堂教学大赛。开展全市优秀论文评选;选派拉萨市小学、高中教师参加全区小学、高中教师教学竞赛决赛并取得优异成绩。

开展教研员蹲校工作。2020年，拉萨市教育局组织市、县两级专兼职教研员和全市骨干教师对拉萨市九县(区)19所中小学开展蹲校视导工作，初中研训室以落实教学“五环节”为抓手、指导教师课堂实践为着力点、督促和指导常规教学为突破口、提高教育教学质量为目标开展视导，小学研训室以落实教学“五环节”为抓手、指导教师课堂实践为着力点、督促和指导常规教学为突破口、提高教育教学质量为目标开展视导，共开展听评课135余节，检查教师备课本358余本、学生作业9800余本，观摩指导学校教研活动26场次。

开展各级各类教师培训。2020年，拉萨市教育局组织开展国家统编“三科”教材培训，全市10县(区)和江苏实验中学、北京实验中学的小学、初中“三科”教师近3000人参加自治区教育厅和中国教师研修网联合开展的三次线上直播培训。举办拉萨市初中数学青年骨干教师培训，增强教师运用“微格教学”理论和现代化教育信息技术能力，20名教师参加培训。开展拉萨市第4期小学双语教师暨小学藏文教研组长培训，50名教师参加培训。开展拉萨市第11期高中藏文教师培训，157名教师参加培训。

高中教研基地校工作稳步推进。2020年，拉萨市教研所对全市各高中学科教研基地校工作开展情况进行调研，建议将高考命题研究作为基地校工作重心，以提高学生各科高考成绩为目标，钻研历届高考试卷，研究高考各科命题方向，切实提高命题能力和水平。各教研基地校组织全市高三第二、三次模拟考试，开展全市性大教研活动26次。完成市级兼职教研员年度考核：通过自评、所在单位初评、各县(区)教研机构复评、市教研所终评等各环节，完成对45名市级兼职教研员的工作考核，其中6名优秀、32名合格、3名不合格、4名不参评。

【教育信息化】 2020年，拉萨市市级投入200多万元，完成拉萨市教育局等保三级测评及整改工作，教育系统网络安全防护水平显著提升。依托拉萨市教育云服务平台，探索拉萨网校运行模式，制定全市“大课表”面向全市中小学开展名师优质课直播，累计直播课程超100节。持续开展藏文“一师一优课，一课一名师”活动。疫情期间，贯彻“停课不停学”要求，首次大规模开展线上教学活动，全市97168名中小学生中，除2202人因特殊原因不具备线上学习条件外，线上学习上线率达97.7%。组织开展线上教学岗前培训和学前智慧平台培训2次大规模线上培训，累计培训教师达6467人次，促进参训教师观念转变、能力提升。

【教育督导】 2020年，拉萨市教育局深入推进教育督导体制机制改革，理顺管理体制，健全市属八县(区)教育督导机构，各县(区)均配备1—2名专兼职督导干部。强化教育“督政”，出台《对县(区)人民政府履行教育职责评价办法》，建立对县级政府履行教育职责评价体系。提升“督学”指导，督学内容从义务教育阶段延伸到学前和高中教育，督导面从事后监督延伸到过程监督。完善评估体系，制定学前教育普及普惠、义务教育阶段学生减负、控辍保学考核工作、春秋季开学保障评估以及县(区)年度争先进位教育目标考核等6项综合督导评价指标体系，推进考核评价规范化。建立督导通报和督导报告等制度，全年开展专项督导4次，检查性督导8次，跟踪性督导10余次，下发义务教育控辍保学等督导通报6期，形成《2020年春、秋学期开学疫情防控安全测评报告》《达孜区学前教育普及普惠过程督导报告》《2020年县(区)义务教育控辍保学考核督导报告》《2020年义务教育中小学生减负督导自查报告》等督导评估报告8份，公布督导结果，促进整改落实。加强督学队伍建设，选聘136名教育管理人员和学科骨干教师为市级督学，推选自治区级督学64名，并选派10名督导干部和区市督学参加国家教育督导网络培训。探索督导信息化，健全和完善拉萨市0—18岁人口及适龄学生就学信息督导平台建设，实施大数据管理，对136名失学儿童少年进行跟踪管理，实现市、县(区)、校控辍保学三级监管。

【教育援藏】 2020年，拉萨市受援学校11所(“组团式”教育援藏学校4所、“万名教师支教计划”教育援藏学校7所)，教育援藏人才总量98人(北京市50人、江苏省49人)，其中“组团式”教育援藏教师75人(北京市35人、江苏省

40 人),“万名教师支教计划”援藏教师 23 人(北京市 14 人、江苏省 9 人)。

【“五个 100%”教育目标】 2020 年,拉萨市教育局贯彻落实自治区第九次党代会精神,市委、市政府关于实现“五个 100%”教育目标任务总体部署,全市各级教育部门及学校以巩固“五个 100%”教育建设成果为抓手,深度聚焦理科教学、实验教学、国家通用语言文字教学等短板,从提高政治站位、基础条件创设、分类精准施策等方面强化保障、持续发力,不断推动教育内涵式发展。

【招生考试】 2020 年,由于受疫情影响,上半年全国英语等级考试、全国计算机等级考试、全国高等教育自学考试被取消,全国高考、全区中考延期举行。下半年,在疫情防控常态化的形势下先后完成二次全国高等教育自学考试,参考 4422 人,较 2019 年增加 1549 人;全国计算机等级考试共 916 人参考;一次全国英语等级考试,962 人参考;完成自治区首次举行的全区初中学业水平考试,8536 人参考,完成全区高中学业水平考试,11143 人参考;全国普通高考拉萨市 11593 人参考;全区中考 8734 人参考;对口高职考试 1991 人参考;成人高等教育全国统一考试 1416 人参考;2021 年硕士研究生全国统一考试共 3140 人参考。一年 12 次考试累计参考人数 38570 人/次,圆满完成年内所有国、自治区教育考试的各项工作任务,实现安全、健康、平稳、顺利的考试工作目标。

【教育经费】 2020 年,拉萨市教育经费总投入 617728.48 万元,其中:市本级投入 37855.6 万元,比 2019 年增长 1.52%。中小学生均公用经费(含取暖费 100 元)标准为年生均学前 700 元、小学 700 元、初中 900 元、高中 900 元、中职 900 元、特殊教育(含随班就读及送教上门特教学生)6000 元、高职(高专)2700 元、援藏地西藏班(拉萨校区)8000 元。实施 15 年免费教育补助政策,标准分别为学前教育年生均城镇 3600 元、农村 380 元;义务教育年生均小学 260 元、初中 380 元;示范高中年生均 1840 元、普通高中年生均 1240 元、特殊教育(含随班就读)年生均 6000 元;中职教育年生均 3300 元。思想政治(意识形态)工作经费标准中小学生(含中职和特教)由 2019 年的 50 元提高至年生均 80 元,本专科学生补助标准由 2019 年的 300 元提高至年生均 350 元。

(施以平)

拉萨师范高等专科学校

【概况】 拉萨师范高等专科学校(以下简称拉萨师专)位于拉萨市城关区蔡公堂街道白定村 2 组 301 号,是西藏自治区唯一的培养基础教育师资的师范院校,也是拉萨市直属的唯一一所高校。原校址位于拉萨市娘热路 43 号,于 2020 年 10 月实现整体搬迁。校园占地 612.5 亩,总建筑面积 19.86 万平方米,教学科研用房面积 10.37 万平方米。教学科研仪器设备总值 5741.69 万元,图书馆藏书 33.68 万册。有附属小学和附属幼儿园各 1 所,校内外实习、实训基地 527 个。学校下设 15 个二级机构,其中管理部门 6 个,教学系部 7 个,教学辅助单位 2 个。教职员工 286 人,其中专任教师 231 人。专任教师中,教授 11 人,副教授 64 人,讲师 83 人;硕士 121 人,博士 4 人;自治区高校教学名师 1 人,教育部教育行指委教学标准修制订专家组成员 2 人,教育部高等学校大学物理课程教学指导委员会西南地区工作委员会委员 1 名,自治区高校优秀教学团队 1 个,自治区高校科研创新团队 2 个。学校现全日制在校生 4981 人。师生员工中,共有藏、汉、蒙、回等 21 个民族。有文学、法学、教育学、艺术学、理学、工学、管理学 7 个学科大类,涵盖专科专业 13 个。初等教育等专业或专业方向 26 个,其中教育部、财政部“提升专业服务产业发展能力”专业 2 个,自治区级特色专业 2 个,自治区级教育改革试点专业 3 个,自治区级重点建设专业 2 个,自治区级精品课程 5 门。教师在全国教学比赛中获一等奖 1 项,在西南片区教学比赛中获得二等奖 1 项,在自治区教学比赛中获得一等奖 2 项、二等奖 1 项、三等奖 2 项、优秀奖 3 项。承担国家级科研项目 4 项、省部级科研项目 28 项。发表论文 235 篇,其中核心期刊 21 篇,出版著作 19 部。

【疫情防控】 2020 年,拉萨师专先后 10 余次召开专题会议,成立 6 个专项工作小组,选派党员干部职工 58 人次赴酒店、社区、村（居）等一线协助做好疫情防控等工作，充分发挥先锋模范作用。制定春季和秋季开学工作方案，完善联防联控机制，出台应急处突等预案 9 项，建立卫生检查等制度 14 项。统筹开展开学前后、线上线下及常态化教学工作的有效衔接，最大限度降低疫情对教学产生的不良影响。加强培训宣传和教育引导，师生防控疫情的意识和能力显著增强。设立专项资金 50 万元，强化物资储备和管理。全面排查"吃住行、水电气、教学娱、毒疫渗"等方面的隐患，发现问题立即整改。严格 24 小时值班带班制度，严格出入登记管理和体温监测，加强舆情监测和应急处置，确保校园稳定安全。开展疫情防控专题研究，开辟学报专栏，刊发教职工关于疫情防控的理论文章 12 篇。

【党建工作】 2020 年，拉萨师专全面加强党的建设。优化调整基层党组织设置，设立 8 个党总支、26 个党支部，实现教学、管理、服务部门党组织的全覆盖。贯彻落实党建和意识形态工作责任制，及时制定年度党建工作要点、精神文明和意识形态工作要点、理论中心组学习计划、思想政治工作方案等，召开专题会议进行全面总结、安排部署。加强党员、积极分子、培养对象的培训教育和组织管理，利用业余党校、专题党课、网络学习等形式，培训学员 126 名。组织各种形式的学习会、讲座、研讨会等 30 余场次。开展校内"四讲四爱"群众教育实践活动集中宣讲教育 58 场次，开展系列事件活动 30 余项，完善工作制度机制 12 项。开展党务干部、党员全员培训，划拨专项经费 50 余万元筹建标准化党员活动室，规范党委会制度、党员学习制度、党内公开等制度，编印学校《管理文件汇编》，提高党建规范化、科学化水平。选派 20 余名干部开展驻村工作和精准扶贫包村工作，筹措项目资金 79.2 万元，为困难群众办实事、解难事。开展理论研究和实践探索。发挥高校人才优势和智力优势，开展党建工作理论研究和实践探索。设立大学生思政科研课题 8 项，推进大学生思想政治工作向全方位、深层次、立体化发展。成立"不忘初心、牢记使命"主题教育工作专班，确定 7 个重点调研方向、10 个研讨主题，并先后 3 次召开专题会议安排部署工作。七在优秀青年教师和优秀青年学生中发展党员，把政治标准放在首位，严把党员发展质量关，为党组织补充新鲜血液。2020 年，共有 33 名预备党员转正，发展新党员 90 人。

【师资队伍建设】 2020 年，通过公招考试，招录教师 16 人。按照德才兼备、任人唯贤的用人原则，2020 年校内提拔使用副处级干部 6 人，市委组织部考察推荐调入副处级干部 3 人，充分调动干部干事创业的积极性、主动性。加强对口省市、对口高校的合作交流，选派干部、教师 5 人开展进修学习、挂职锻炼，对口高校为学校培养博士、硕士研究生 2 人，助力学校教学科研和管理水平的提高。深入开展自治区高校教师管理系统信息更新工作，提升教职工信息化管理水平。推进教师师德师风建设，以新进教师培训、教师网络培训等形式，全面加强教师职业道德教育和师德师风建设。

【教学工作】 2020 年，拉萨师专推行"质量兴校"战略，努力提高人才培养质量。优化学科专业结构，修订完善各专业人才培养方案，稳步推进师范专业认证工作，结合实际开展学分制试点工作。开展师范生课堂教学比赛、粉笔字比赛等，扎实推进"三全育人"综合改革试点和师范技能考核工作，与教师资格证认定挂钩。组织英语四六级报名 272 人，发放英语四六级证书 154 份，藏文等级证书 300 余份。加强教学过程指导，强化教学规范管理，教学质量监控体系初步建成。强化课程目标对毕业要求、人才培养目标的支撑，共审核、修订 11 个专业 241 门课程大纲。成立教师教育发展中心，初步建立教师成长发展机制。组织教师开展《高校教师教育教学能力提升专题》网络培训，221 位教师参与培训，每人在线培训达 30 学时以上。组织区培计划教师思政素质提升全员培训。组织启动开展 2020 年 17 名新教师的导师带培工作，正在执行带培协议的 5 对。开展实习实训工作，建立课程实践、教育见习、教育研习与教育实习有机结合的实践教学体系。

【科研工作】 2020 年，拉萨师专制订完善教学、科研、管理方面的规划、细则、方案、制度等 3 项。加大科研工作支持力度。立项校级课题重点科研项目 13 项，资助经费

13万元；立项重大规划科研项目6项，12万元。资助专著出版4部、共8万元。开展庆祝新中国成立70周年专项课题结项工作，6项课题结项，新增教育部哲社西藏课题1项、区哲社项目1项、教育规划项目项7项（其中单位资助4项），获批项目研究资助经费总计29万元。先后投入科研经费80多万元，取得150余项科研成果。推荐表彰科研先进集体2名、学校科研标兵5人、科研能手5人。成立科学技术转移中心，制定《拉萨师专科研成果转化方案（试行）》，全面推动科研成果转化与使用效率。

【学生管理】 2020年，拉萨师专围绕立德树人根本任务，加强对学生的教育管理，创新教育管理的载体和方式，确保学生工作的安全稳定。完成新校区学生宿舍安排以及宿舍标准化建设工作，完成学生走读情况规范化工作，进行寒假安全、饮食安全、交通安全、网络安全教育工作。发挥思政课主渠道作用，推动中国特色社会主义理论体系“进教材、进课堂、进头脑”。开展助学贷款、奖助学金、勤工俭学、特困补助等助学解困资助工作。发放求职补贴110.55万元、校级奖学金34.05万元、励志奖学金65万元、国家奖学金4万元，各类社会捐助资助学校贫困学生234名，发放资助金77.2万元。开展校园文化建设，以社会主义核心价值观引领校园文化和舆论导向。组织开展“话说新时代，我为家乡代言”主题活动、“坚定理想信念，把牢政治方向”思政大讲堂、“做合格团员、争青年先锋”团员意识教育分享会等一系列校园文化活动。

【学生就业创业】 2020年，拉萨师专开展全校150名教师党员结对帮扶毕业生工作。出台就业创业考核和奖惩办法等制度3项，成立大学生创业基金（100万元），激励支持大学生就业创业。拓宽就业渠道，利用就创业培训、政策宣讲、校企合作、专场招聘会等途径，教育引导毕业生切实转变观念，通过公招考试、专升本、应征入伍等多渠道实现就业。先后召开11次就业工作推进会，开展就业讲座14场，邀请拉萨市民办教育、城关区民办幼儿园开展供需座谈会4场；根据行业与专业特征邀请企业进校园举行小型专场招聘会36场次。举办“同心战疫情，携手促就业”校园主题网络招聘会，线上线下累计投递简历4499份，实现市场就业463人。开展就业推介，成立4个就业推介小组，主动联络各地市教育行政、人社等部门，与企业和民办教育机构沟通对接，形成就业工作合力。从新疆、区内民办教育机构开发就业岗位802个（其中民办教育机构369个）。根据学校专业结构特点重点挖掘、重点推介，完成组团式区外（新疆）就业71人。与拉萨市教育局、人社局、西藏大学、西藏民族大学沟通，调查摸底就业环境和市场需求，争取专升本名额，搭建毕业生高质量就业平台。截至年底，学校2020届毕业生1337人，已就业1289人，就业率96.19%。

【对外交流合作】 2020年，拉萨师专与马云公益基金会对接沟通，推进马云基金会培训项目。完成第一届214人的拉萨师专·马云教育基金——2020年拉萨市乡村校长、优秀教师、新入职教师培训项目。马云教师培训中心建设资金已全部到位并开工建设。选派范孝楚、王琦等7名教师到华中师范大学、北京教育学院等区外高校参加国培计划—示范项目，选派宋海峰、德吉央宗等4名教师到四川师范大学参加区培计划学习。与对口支援高校协商援藏干部、援藏教师选派工作，上半年争取援藏干部、教师到校服务2人次，下半年，与东北师范大学协商，援藏教师郑伟继续留任一学期，充实学校干部、师资力量。与上海师范大学、聊城大学、湖南第一师范学院、辽阳职业技术学院、潍坊科技学院等高校签署马克思主义学院共建协议，并派出部分教师到共建院校交流学习，建立良好的合作关系，助力学校的内涵发展。

【校园安全工作】 2020年，拉萨师专强化“巡逻队”的管理，全力确保校园安全。全力构建新冠肺炎疫情防控常态化背景下的校园安全工作合力，组织带班值班干部、学生骨干、保卫人员、班主任、辅导员、巡逻队等重要节点全员上岗，组织开展安全隐患大排查、消防演练、防暴恐演练、禁毒、消防、校园安全宣传等活动。加大校园维稳经费投入，提高“人防、物防、技防”水平，全面加强重要时期、节假日全校24小时值班、带班工作，开展新老校区出入证件的采集和办证工作，严格执行登记备案制度。加强重点建筑、重点部位的监控力度，对实验室、计算机机房、食堂、学生宿舍进行经常性不定期检查，发现问题及时整改落实。加强流动人口的登记和管理，确保校园安全稳定。加大校园周边的治安工作力度，经常性检查、警示、提醒校园周边餐馆、店铺的用电、用水、用气及食品安全。全年开展消防安全讲座3场次，开展防诈骗、反间谍法、国家安全法宣传等活动个1次，开展防恐防暴防火演练4次，开展安全隐患排查21次，迎接区市领导校园安全检查32次。获拉萨市授予的“拉萨市平安建设（综治工作）先进集体”荣誉称号。

（赵　尧）

拉萨市第一中等职业技术学校

【概况】 拉萨市第一中等职业技术学校（以下简称拉萨一职）成立于2013年6月，是经拉萨市人民政府批准的全日制公立普通中等职业技术学校，为拉萨市人民政府直属正县级事业单位，主要职责和办学定位是围绕净土健康产业发展开展人才培养和农牧民培训。学校占地1212亩，建筑面积12.9万平方米，建成有8栋专业教学楼、1栋公共教学楼、1栋公共实验楼、1栋图文信息中心楼等教学设施，建成1个标准运动场、篮球场等运动设施，建成10栋师生公寓、学生食堂等生活设施。

【专业和学科建设】 2020年，拉萨一职下设办公室、教务处、学生工作处、招生就业处、实训处、总务计财处6个处室和农林牧渔、交通运输与工程技术及轻纺食品与质量检验3个教学部。学校围绕净土健康产业调整专业设置，实现学校专业建设与产业发展同步协调，在实现五大类27个专业全面发展的基础上，打造现代农艺技术、农业机械运用与维护、汽车运用与维修三大品牌特色专业。

【人才培养】 2020年，拉萨一职面向全自治区招生，有全日制在校生3352人，84个教学班。按照中职学生教育大纲要求，把立德树人作为首要任务，结合“四讲四爱”教育实践活动，教育引导学生拥戴信赖、忠诚捍卫以习近平同志为核心的党中央，传承弘扬中华和西藏优秀传统文化，践行社会主义核心价值观，提升学生核心素养。关注研究中职教育规律和中职学生身心健康成长规律，因材施教，培养学生既有爱党爱国、遵纪守法的国家情怀，又有锲而不舍、精益求精的工匠精神，培养懂市场、懂经营、懂技术的复合型人才。

【队伍建设】 2020年，拉萨一职共有教职工384人，（含组团式援藏教师3人）教师队伍中高级讲师16人，讲师55人，助理讲师101人；“双师型”教师68人。2020年9月学校为新入职的175名教师进行岗前培训，为新教师尽快了解学校工作具备教育教学与班级管理的基本素质与能力提供平台。学校开展新老教师“结对帮扶”活动，使新教师快速、科学成长，新老教师共同进步，以“有理想信念，有道德情操，有扎实知识，有仁爱之心”好老师标准激励自己。

【党建与思政工作】 2020年，拉萨一职有正式党员122人，预备党员23人。校党委和学校全面贯彻党的教育方针，坚持社会主义办学方向，牢牢把握育人导向，确保意识形态安全。把深入学习习近平新时代中国特色社会主义思想及《习近平谈治国理政》第一、二、三卷和中共十九大精神作为首要政治任务，推动党的创新成果进教材进课堂进头脑；健全完善校党委理论学习中心组学习制度，提高领导班子的整体理论素养和政策水平，坚决把“四个意识”“四个自信”“两个维护”的政治要求体现在行动上、落实到工作中；开展好学教活动，贯彻落实《中等职业学校德育大纲》，利用学雷锋活动、清明节缅怀先烈活动、每周国旗下讲话等活动，深入开展爱国主义、民族团结教育，培育社会主义核心价值观；利用春季学期运动会和职教活动周等契机，开展丰富多彩的校园文化活动，为社会主义新西藏培养合格的建设者和接班人。

【科研与教研】 2020年，拉萨一职历来重视组织师生参加各级各类职业技能大赛，在第四届全国交通运输类专业教师信息化教学能力大赛中，学校获得“信息化教学创新典范奖”，两位教师获得个人三等奖。组织师生参加各类技能大赛，展示参赛师生基本功，检验自身专业素养。6月12日，根据西藏自治区教育厅《关于印发〈西藏自治区中等职业技术学校教学诊断与改进工作实施方案〉的通知》的文件精神，学校召开教学诊断与改进工作宣传动员大会。规范学校组织机构的管理，科学制定教学改革方案，周密安排教学整改工作。完善学校的教学制度、体系和运行机制，提高学校的教育教学质量，提高人才培养质量。11月12日，根据《教育厅等十部门关于做好2020年职业教育活动周相关工作的通知》的文件精神，开展“职教活动周”和以“人人出彩，技能强国”为主题的为期5天的“企业文化进课堂”“师生进企业进社区”和“学生技能大赛预决赛”。先后邀请部分合作企业入校进行企业文化宣讲；设立开放日，邀请上级部门领导、兄弟院校领导、企业嘉宾及20名学生家长走进校园，参观学校办学成果，展示校园专业技能大赛；组织800余名一、二年级学生到曲水县拉萨净土健康产业园、曲水县才纳乡国家级现代农业示范区现场体验观摩活动；各教学部组织学生开展技能大赛，邀请教学部学生、教师及家长到个教学部观摩比赛；活动期间学校利用校园广播站、宣传栏、成果展板、微信公众平台等阵地，全方位开展立体的正面宣传，教育学生树立正确的择业观、就业观，掌握技能、以技立业。

【招生与毕业生就业】 2020届毕业生656人，参加“两考”641人，15名未参加“两考”学生全部被录取到西藏技师学院接受进一步技能学习；229名学生参加拉萨市人社局组织的职业技能等级考试，189名考核合格，获得初加工技能证书。2020年秋季招生宣传组先后到拉萨、山南等19所中学进行招生宣传，招生人员向8000多名初中毕业生详细讲解学校基本情况，解答国家对中职学校的相关资助政策、招生专业设置、职业教育发展方向和趋势等问题，共发放学校简介折页纸5000多张，招生宣传单5000多张、海报100多张，PPT视频19份。

【教育援藏】 2020年，拉萨一职分别与北京农业职业学院、江苏农林职业技术学院、辽宁农业职业技术学院等相关院校建立良好的校际合作关系。充分发挥援藏优势，引进先进的职业教育理念，提升学校建设能力、教学能力、管理能力，教师专业教学能力。截至年底，全校有北京教育“组团式”援藏教师3名，充分借助北京援藏力量，借鉴、吸收、消化北京先进职业教育理念，打造具有民族特色的现代教育发展模式。

（杨凤英）

拉萨市第二中等职业技术学校

【概况】 拉萨市第二中等职业技术学校（以下简称拉萨二职）占地面积375亩，建筑面积12.4万平方米，总投资6.85亿元，规划在校生规模6000人。学校坚持以“办人民满意的职业教育”为宗旨，秉承“高山景行、天工开物”的校训，坚持“党建统校、质量立校、人才强校、特色兴校、依法治校”的办学方针，坚持“以质量求生存、以创新求发展、以特色创品牌”的办学理念，按照“五进三出，多元合作”的办学思路，创新“校企合作、工学结合、顶岗实习”的人才培养模式，为区域发展输送大批技能强、适应性强的高素质技能人才。学校有综合教学楼及辅楼、图书馆、综合实训楼、学术报告厅、活动中心等基础设施，建有藏药护理、旅游管理、信息技术等六大主干专业群共34个专业，配套建有8个现代化实训车间和15个实验实训中心。在编教职工499人（包括援藏干部2人），在校学生5306人（包括建档立卡和两后生133人）。

【基层党建】 2020年，拉萨二职始终把制度建设作为意识形态工作中的一项关键措施来抓，签订《意识形态工作责任书》，制定《拉萨二职2020年度精神文明建设和意识形态工作重点任务分解表》等，建立健全党委领导职责制，按照一岗双责要求，切实对分管部门、单位意识形态工作负起领导职责。充分利用LED大屏幕、宣传栏、展板、黑板报、海报、宣传手册、横幅、微信自媒体等形式，加强对意识形态和精神文明的建设，营造良好的舆论氛围。充分发挥学校党组织的战斗堡垒作用和党员先锋模范作用，把党建工作与教育教学实际有机结合，带头抓好安全、学习和教育教学等工作。校党委结合“三会一课”、理论中心组学习，在校园不断筑牢思想、行为和生命安全防线。校党支部引导全校师生，增强“安全无小事、责任大于天”的意识。学校与家长、学生签订安全责任书，发放告家长书，增强学生和家长的安全意识。将安全课纳入课堂教学，各班定期召开安全主题班会，引导学生深刻认识安全的重要性和必要性。倡导一个党员就是一面旗帜，充分利用“学习强国”、青年大学习公众号等网络平台，加强对习近平新时代中国特色社会主义思想的学习。邀请自治区党校三位教授进校宣讲十九大、十九届五中全会以及中央第七次西藏工作座谈会精神，260余名党员老师和普通群众参加学习。坚持“两学一做”学习常态化和制度化，通过“3·28”西藏百万农奴解放纪念日、“五四”青年节等节日活动和“四讲四爱”社会实践活动，提升政治理论和党性修养。7月1日，对21名优秀共产党员和32名优秀党务工作者给予表彰。

【德育教育】 2020年，拉萨二职结合习近平总书记在高校思想政治理论课教师座谈会上的重要讲话及西藏第七次工作座谈会上的重要讲话精神，坚持育人为本，德育为先，把社会主义核心价值体系融入学校教育全过程，深入开展爱国主义教育、理想信念教育、民族精神教育、民主法制教育和个人心理健康教育。开展以全面提高学生思想道德水平的主题班会、主题团课、各类文体活动和以爱国主义教育、民族团结和反分裂主义教育为重点的国旗下讲话活动。组织一年级新生开展军训和国防知识教育，组织全体学生学习《中职生守则》《中职生日常行为规范》《拉萨二职学违纪学生处理办法》，开展为期一周的心理健康教育专题讲座和法制讲座，增强全体同学的凝聚力和向心力。在“五四”青年节期间，评比表彰“文明班级”“文明宿舍”“优秀团员”“优秀班干部”“优秀团干部”。

【德育队伍建设】 2020年，拉萨二职实施班主任“青蓝工程”建设。年初，组织50名班主任赴成都参加培训；4月，在学术报告厅对青年班主任进行为期2天的培训；10月，选派青年班主任参加第四届全国中职班主任基本功大赛，提升青年班主任的专业知识和专业素养，重视教师思政能力提升；选派1名老师参加2020年全区高中阶段思想政治理论课教师教学竞赛，荣获二等奖；12月，聘请拉萨师范学院专家到学校开展班主任管理工作校本培训。坚持班主任周例会制度和每学期一次班主任德育研讨会制度，充分利用“班主任工作室”“德育工作室”“中职德育研究中心”，提升班主任管理能力。定期召开团委会、学生干部会议，发挥团委会、学生会骨干的先锋模范作用，加强学生自我管理、自我约束能力。

【师资队伍建设】 2020年年初，拉萨二职组织30名公共课教师、36名专业课教师分别到南京等地参加培训；3月，利用“钉钉”网络平台、珠峰旗云网络平台对全校教师进行网络授课能力培训；5月，在全校组织教师微课大赛和赛课活动，促进教师专业成长，提升教师教育教学能力；7月底，组织全校教师进行以“教学诊改”“教学设计”为主要内容的校本培训；8月，组织75名新入职的教师，以系部为单位开展岗前培训，并组织全校教师进行“一考三评”业务水平考试；10月，组织听课组在各系部进行交叉听课，并就教师教育教学能力予以考核；12月，陆续组织50余名教师分批到四川、重庆、江苏等省市参加自治区2019年、2020年职业院校教师素质提升计划项目培训，组织60名老师参加江苏教育援藏“6+1”项目培训。12月底，完成66名教师初级职称评聘工作，完成16名教师的中级职称评聘工作，向上级推荐14名教师（10人正评，4人转评）参加自治区高级职称评审会。

【教育教学】 2020年，拉萨二职调整教学督导工作人员，按照《拉萨二职教育教学督察工作方案》要求，采取定期检查与随机抽查相结合的方式，加强教学质量的监控力度，进行教学计划的制定与落实。定期召开教研例会，对学校教育教学存在的问题进行通报，并提出整改措施。3月，按照疫情防控期间“停课不停学”工作要求，建立疫情期间授课制度，利用“钉钉”网络平台，开展网络教学教研活动，合理安排理论课和实训课，实行分批次、错峰上下课。坚持实训课日巡查制度，规范实训车间管理台账、出入库记录本，定期检查各教学部实训课程落实情况，及时整改实训课程存在的问题，定期组织车间主任交叉检查实训室卫生和设备安全情况，保证实训安全。4月，对唐卡、中餐烹饪、会计、礼仪、护理、信息技术等6个名师工作室进行前期改造，截至年底，实训成品及优秀作品达864件，涉及珠宝加工、唐卡绘画、藏药、中餐烹饪、数字媒体、平面设计、焊接等9个专业。

【专业建设】 2020年,拉萨二职结合专业实际情况及产业发展现状,对人才培养方案进行适当修订完善,新增设建筑施工、快递运营与管理、无人机等专业,调整物流服务与管理、数字媒体技术、高星级饭店运营与管理、导游服务、会计等六个专业,开展“3+2”分段制专业招生。制定校本教材开发实施方案,完成“藏文”“西式面点”“摄影”等3门课程教材开发的可行性调研报告。完善机械工业出版社正式出版的4本理实一体化教材,有1本教材入选“十三五”职业教育国家规划教材(中职部分)书目。推荐《测量放线工(中级)实训教程》和《智能楼宇实训教程》2本教材,代表自治区参评国家级教材建设奖项。

【1+X证书制度实施】 2020年,为深入贯彻落实“职教二十条”,拉萨二职推进“学历证书+若干职业技能等级证书”制度试点工作。5月,组织实训处、教务处、科研处、加工制造教学部和信息技术教学部相关教师到日喀则职业技术学校进行调研,详细了解实训基地的建设、资金的来源、地方政策支持等相关情况,选派2名教师分别到云南、成都参加无人机驾驶员技能提升培训,邀请“1+X特殊焊接项目”西北区顾问到学校指导工作。6月,开展“1+X特殊焊接项目”专题讲座。学校特种焊接技术专业被教育部批准为第二批“1+X”证书试点专业,无人机驾驶、网络运营与维护、界面设计被批准为第三批“1+X”证书试点专业,参与试点学生总规模160余人,学校逐步将“1+X”证书认证考试培训工作纳入专业课程范围进行管理。

【科研工作】 2020年,拉萨二职结合2020年教育教学工作要点中的科研工作任务,将课改与课题研究相结合,加强教育科研,其中1名教师主持的2016年自治区“十三五”课题和5名教师主持的2017年自治区“十三五”课题顺利结题,3名教师主持的2018年自治区“十三五”课题研究工作顺利推进,2名教师主持的2019年自治区“十三五”课题成功立项,2名教师成功申报2020年度自治区教育科学课题。

【科技创新】 2020年,拉萨二职制定科技创新工作方案,申报参加科技创新大赛,组织多名教师参加自治区科技辅导员培训。选拔学生组建机器人大赛团队,开展赛前培训,参加第20届中国青少年机器人竞赛赛前培训暨西藏自治区青少年机器人竞赛展示活动。成功申报学校“西藏民舍及寺庙木雕修缮的调查与思考”“互联网+公共服务——藏友帮O2O平台开发实践活动”等2个科技创新项目参加第35届全国青少年科技创新大赛,进入国赛参赛阶段。

【实践教学】 2020年5月,拉萨二职共有485名学生参加保安员、保育员、智能楼宇管理员、砌筑工、茶艺师、西式面点师、中式烹调师等10个工种的技能鉴定,311名学生获得国家职业资格证书(初级),合格率达到64%。9月,拉萨市职业技能大赛在拉萨市第二中等职业技术学校举办,学校共有焊接、中式烹调、烘焙、电工、砌筑等8个项目161名选手参赛(参赛教师51人,参赛学生110人),35名师生获奖。10月,学校举办以“练就一流技能,赢得精彩人生”为主题的第六届学生技能大赛,参赛项目32个,比赛人数720名,其中获一等奖36人、二等奖63人、三等奖90人。11月,选拔师生进入西藏自治区代表队参加在山东举办的2020年全国职业院校技能大赛改革试点赛,2名学生荣获电气安装与维修(中职组)比赛团体三等奖,1名学生荣获焊接技术(中职组)个人三等奖。12月,学校选拔1名教师参加全国物流服务职业技能竞赛,荣获职工组三等奖。

【招生就业】 根据自治区教育厅要求,2020年学校招生人数为2450人。为完成2020年秋季招生任务,学校完善招生管理办法,制定实施方案,9月14日,开始按全区招生工作要求开展新生数据录入工作,截至年底,实际报到人数为1881人,其中“3+2”共招生315人。学校将毕业生实现“全就业”作为根本目标,先后针对毕业生就业工作组织各部门、各系部召开多次专题工作会议,进行深入研究,通过多方面、多层次努力构建多渠道、立体化就业工作网络,在原有就业渠道基础上,充分挖掘资源,开拓市场,主动搭建与企业的互动合作平台,及时收集相关就业信息,拓宽就业渠道。2020年,学校毕业学生1234人,顺利就业(升学)人数1178人,其余学生已全部通过补录和自主择业,就业率达100%。

【疫情防控】 2020年，拉萨二职深入贯彻落实区市党委政府有关新型冠状病毒肺炎疫情的重要部署，严格落实自治区教育厅应对新冠肺炎疫情“42256”工作要求和开学“十一到位”，结合实际制定《拉萨市第二中等职业技术学校新型冠状病毒感染的肺炎疫情防控工作方案》《拉萨市第二中等职业技术学校新型冠状病毒感染的肺炎疫情防控应急预案》等疫情防控相关方案；成立学校疫情防控工作领导小组，多次召开专题会议研究部署疫情防控工作；充分根据全校师生实际具体布控，形成“上级教育行政部门—学校—教学部—班主任—学生家长”五级联防联控闭环体系；学校领导班子带领安卫办、医务室等负责教师经常性深入各教学部检查督导疫情防控工作的落实情况；分部门组织师生进行疫情防控知识及技术的培训和演练；开展口罩、消毒用品等疫情应对物资供应工作；开展多种形式的健康宣教，组织参与“疫情防控”知识竞赛，普及新型冠状病毒感染的肺炎防治知识，倡导环境卫生、科学洗手等卫生行为，提高广大学生、教职员工对流感防治的正确认识和自我防护能力；加强体温监测，严格实行师生“晨午检”登记，建立师生健康档案；开展门卫保安、四支队伍等人员的安全与应急培训，提高相关人员的安全意识和防范技能。响应政府号召，组织17名教师配合蔡村社区开展疫情监督及服务工作；抽调4名教师赴贡嘎机场担任引导员，配合机场工作人员进行登记、体温检测。

【教育经费】 2020年，上级下达学校2020年度教育事业费15013.94万元，截至12月底，各项支出比例总和达到81.927%。此外，学校争取到1481.1万元中央财政资金用于设备购置、专业建设、实训场地改造、师资队伍建设等。江苏省投入80万元援藏资金用于“6+1”项目开展。

【后勤保障】 2020年年初，拉萨二职对各个年级教室的教学设施、教师办公室教学设施及生活用品进行全面的整修和更新，完成校园报栏、雕塑等基础文化建设，对70余盏路灯进行维修、更换，在学生宿舍及教学楼安装电磁阀门节水开关。7月，新招聘学生食堂工作人员，由学校自行经营学生“三包”伙食。9月，完成教职工食堂招标，并顺利投入运营。10月，按照公平、公正、公开原则完成50余名教师公租房的分配。12月，在全校范围内开展节约粮食、杜绝浪费专项整治行动，出台措施，规范各部门办公耗材及教学物资申报采购过流程，实行常规耗材1万元以下部门自行按询价采购流程组织询价采购并备案，制定采购申请登记表和文件资料发放登记表，做到“谁接手，谁登记，谁负责”。

（祁浩权）

体育

【概况】 2020年，拉萨市体育局下设办公室和体育科2个行政科室，行政人员5人，其中领导3名，内设机构科级领导2名。始终贯彻落实市政府关于《拉萨市全民健身实施计划（2016—2020年）》文件精神，组织开展2020第三届跨喜马拉雅自行车极限挑战赛拉萨段、拉萨市第三届干部职工乒羽联赛、第五届拉萨篮球联赛等各类重大活动，同时还将体育工作以及实施全民健身活动项目纳入《政府工作报告》，纳入市财政预算，推进全民健身活动的实施，为全面建成小康社会贡献力量。

【党建工作】 2020年，拉萨市体育局党组召开理论学习中心组（扩大）学习会12场，局党支部组织理论学习13次；组织党员干部观看红色电影及警示教育片《叩问初心》，参观禁毒主题公园，形成心得体会90余篇。召开支部委员会12次、党员大会4次、民主生活会1次、组织生活会1次，书记讲党课1次。

【廉洁建设】 2020年，拉萨市体育局党组与干部职工沟通交流，谈心交心40余次，了解掌握干部个人的思想动态、精神状态、生活状况，对苗头性、倾向性问题早打招呼早处理，防止小问题变成大问题，做到抓早抓小、未雨绸缪。共召开党组会议11次，专题会议1次，局长办公会议13次。4月10日，召开2020年度党风廉政建设工作部署会议，对2020年党风廉政建设工作进行专题部署，签订《拉萨市体育局2020年度党风廉政建设责任书》，做到任务层层分解和落实，把责任落实贯穿到党风廉政建设和反腐败斗争各项工作之中。强化日常工作生活提醒。

【2020全国新年登高健身大会】2020年1月1日，“中国体育彩票”2020全国新年登高健身大会西藏·拉萨主会场活动举行，自治区体育局党组书记王德军，拉萨市委常委、常务副市长占堆，自治区体育局巡视员旺青格烈、自治区体育局副巡视员朱安乐，自治区体育局群体处副处长丹增，拉萨市政府副秘书长尹培凤，拉萨市体育局党组书记钟传彬，自治区登山运动管理中心接待部副主任丹增次仁等出席出发仪式。

【疫情防控】2020年1月26日至3月27日，拉萨市体育局23名干部职工分批入驻酒店防控组和仁青蔡村社区防控组参与一线疫情防控工作。2月25日，拉萨市新冠肺炎疫情防控指挥部将市群众文化体育中心设为第二次分流点，拉萨市体育局协助第二次分流点工作组做好现场服务管理工作，开放市群众文化体育中心体育场并安排人员做好卫生间清扫、消毒工作，获得市新冠肺炎疫情防控指挥部第二次分流组的认可。

【拉萨市体育总会成立】2020年5月22日，拉萨市体育总会正式成立，初步构建体育总会+单项体育协会+人群体育协会的体育健身网络。吸收更多的团体成为总会会员，不断提升体育社会化的程度，壮大会员队伍，扩大组织覆盖，延伸工作领域。

【2020年全市体育工作会议】2020年5月22日，召开2020年全市体育工作会议，会议强调，要以建设体育强市为目标，以巩固提升体育惠民、竞技强市、产业兴市为抓手，加快推进体育强市和健康拉萨建设，完善体育治理体系、提高体育治理能力，努力推动拉萨市体育工作再上新台阶。

【县(区)体育工作调研】2020年6月4日至8月7日，拉萨市体育局局长格桑加措、副局长熊劲等一行到各县(区)开展体育调研工作，共实地调研31处，包括各全民健身活动中心、乡镇五人制笼式足球场、晨晚练点、登山步道建设点、中小学体育场馆等。召开座谈会8场，访谈56人次，深入基层，掌握拉萨市全民健身工作开展、中小学校和乡(镇)村全民健身设施设备配备、青少年体育(学校体育)发展、各县(区)体育产业发展规划和竞技体育后备人才培养等情况。

【社会体育指导员培训】2020年6月29日至7月3日，由拉萨市体育局、拉萨市体育总会主办的拉萨市2020年二级社会体育指导员培训班在拉萨市群众文化体育中心举办，来自拉萨市各县(区)、各健身点、社区的68名体育工作者和体育爱好者参加培训，最大年龄62岁，最小年龄23岁。7月3日，国家级裁判员、国家级柔力球教练员牛际开，自治区社体中心高级教练员次仁吉出席培训班结业典礼，拉萨市体育局局长格桑加措作讲话。典礼上还颁发优秀教练员、优秀学员、结业证书、二级社会体育指导员证书。

【寺庙体育健身工程项目】2020年7月29日至8月6日，由拉萨市体育局牵头，市宗教局、各县(区)教体局和宗教局对寺庙体育健身工程实施情况进行分批次联合验收。拉萨市寺庙僧尼体育健身工程总投资1495.5万元(资金来源：中央体育彩票公益金)，工程内容包含拉萨市属及各县(区)共计30座寺庙室外运动场地建设、室外健身器材采购安装、室内健身器材采购安装。健身器材配备到位后部分寺庙僧人自发成立足球队、篮球队，寺管会干部、驻寺干警主动担任健身指导员，为僧尼做健身指导，其中乃古东日追寺尼姑中有专业瑜伽人员定时为寺庙尼姑开展瑜伽训练。寺庙僧尼体育健身工程的实施让僧尼树立健身理念、健康观念，提高健身意识，调动健身积极性，满足体育运动需求。

【三人制篮球赛】2020年7月25—27日，拉萨市直单位干部职工“快乐运动迎篮而上”三人制篮球赛于在市群众文化体育中心开赛。本次赛事共有26支队伍130名运动员参赛，经过两天80场比赛的激烈角逐，公安前卫队、教育二队、拉萨城投队分别获得冠、亚、季军；拉萨市政府办公室、拉萨市人力资源和社会保障局、公安便民一队获得优秀组织奖；中国共产主义青年团拉萨市委员会、拉萨市救助站获得道德风尚奖。参与比赛的运动员对赛事给予高度的评价。

【“全民健身日”活动】2020年，拉萨市体育局草拟《关于组织开展2020年“全民健身日”活动的通知》,并于8月4日印发给各县(区)、市直各单位,倡导各县(区)、各单位结合工作实际和疫情防控要求,开展2020年“全民健身日”活动,20余家单位、企业响应文件精神,紧紧围绕“推动全民健身,助力全面小康”这一主题,组织开展升国旗,唱国歌、五人制足球赛、登山、徒步走、赛马、工间操展演、线上健身操、拔河、踢毽子、环保实践--捡垃圾、职工趣味运动会等内容丰富、形式多样的全民健身活动,为第12个“全民健身日”注入活力,增添光彩。

【体育后备人才培养】 2020年,拉萨市体育局和苏州市体育运动学校签订《联合培养田径运动后备人才的合作协议》,并于2020年9月1日,将市业余体校10名优秀田径中长跑学生选送到苏州体校进行学习培训。每位学生的800米和1000米成绩有所提高,10名学生通过阶段性测试,苏州体校的领导及老师对拉萨市学生的进步给予充分的肯定。2020年市业余体校在全区毕业统考中文化课考试成绩居全区第一,并向自治区体校输送20名优秀体育苗子。

【国民体质监测工作】 2020年9月1日至11月1日,拉萨市开展2020年国民体质监测工作,充实完善2020拉萨市第五次国民体质监测城乡幼儿、城市体力劳动人群、非城市体力劳动人群、农牧民、城乡老年人群的体质监测系统和数据库。

【足球邀请赛】 2020年9月15—20日,由拉萨市体育局、拉萨市城市建设投资经营有限公司主办,西藏启恒实业有限公司、拉萨市城投房地产开发集团有限公司承办的拉萨市“顿珠金融杯”足球邀请赛在拉萨滨河体育公园举办。共有8支参赛队伍,经过6天16场的角逐,城关区代表队、交通产业代表队、林周县代表队分别获得2020年拉萨市“顿珠金融杯”足球邀请赛的冠、亚、季军,经开区代表队、空港新区代表队荣获“体育道德风尚奖”称号,拉萨城投代表队、林周县代表队荣获“优秀组织奖”称号。

【干部职工乒羽联赛】 2020年9月25—27日,拉萨市举办第三届干部职工乒羽联赛。30名裁判员和23支代表队63名运动员参加比赛,设有乒乓球男子单打、女子单打、男子双打;羽毛球男子单打、女子单打、男子双打、男女混双。经过两天半的激烈角逐,赛事最终产生乒乓球男子单打前六名、女子单打前六名、男子双打冠亚军;羽毛球男子单打前六名、女子单打前六名、男子双打冠亚季军、男女混双冠亚季军。

【篮球俱乐部公益行活动】 2020年10月12日,勾手老大爷王老师携手深圳顶峰和佛山酷柏篮球俱乐部公益行活动在拉萨市第四中学举行,北京市篮球协会巡视员、资深篮球教练、勾手老大爷王志国老师,顶峰篮球俱乐部、酷柏篮球俱乐部为拉萨市捐赠一批价值约6万元的优质篮球青训装备和篮球教学书本,王志国,深圳顶峰篮球俱乐部总经理焦电波,拉萨市体育局副局长熊劲,城关区副区长、教体局局长巴珠,拉萨市第四中学校长汤沸腾出席活动,王志国和焦电波分别作讲话,熊劲致答谢词。

【自行车极限赛】 2020年10月20—22日,由国家体育总局、中央广播电视总台、西藏自治区人民政府共同举办,区体育局、拉萨市人民政府、林芝市人民政府承办,全程200多公里的2020第三届跨喜马拉雅自行车极限赛举办。拉萨市完成拉萨段的出发、终点站和布宫广场颁奖典礼的承办任务。拉萨队以21小时25分14秒的优异成绩荣膺山地自行车团体赛冠军,拉萨队选手贡秋洛卓摘得男子山地自行车个人赛季军,白玛央吉荣获女子山地自行车个人赛第四名。

【中国围棋之乡联赛】 10月24日,2020“衢州有礼·运动柯城”中国围棋之乡联赛揭幕战在西藏拉萨分站开赛。此次分站赛由拉萨市体育局、西藏自治区围棋协会承办。拉萨棋院组队代表西藏参加2020“衢州有礼·运动柯城”中国围棋之乡联赛,并获得优秀宣传奖。拉萨棋院围棋男子职业队连续四年组队参加全国围棋团体锦标赛,于2018年冲甲成功,创造西藏史上没有甲级职业运动队的历史。2019年代表西藏参加中国围棋甲级联赛,获得第十三名,成功保级。2020年代表西藏参加中国围棋甲级联赛,获得第七名。

【拉萨市文体中心使用提升建设项目】 2020年10月23日,由市体育局、拉萨市文体中心、市建筑工程质量监督站、跟踪审计单位、设计单位、监理单位、施工单位组成的验收组对总投资2011.77万元,项目建设面积约4627平方米的拉萨市文体中心使用提升建设项目进行竣工验收,并顺利通过。该项目于同年11月面向群众开放,是拉萨市面积最大的健身馆。

【全国国际式摔跤冠军赛】 2020年11月6—14日,拉萨市业余体校毕业生坚才曲珍、益西多吉分别获得2020年全国U20国际式摔跤锦标赛中获女子55公斤级第三名、男子古典式摔跤87公斤级第二名。11月23—26日,全国国际式摔跤冠军赛在河南焦作举行,全国66支代表队的389名运动员参赛。拉萨市选手央啦代表西藏自治区在比赛中获得76公斤级第三名。该选手系拉萨市业余体校2013年毕业的林周籍学生,曾在2019年全国U20国际式摔跤锦标赛中获女子76公斤级第八名,在2020年全国U20国际式摔跤锦标赛中获女子76公斤级第一名。

【第五届拉萨篮球联赛】 2020年12月1—13日,由拉萨市人民政府主办、拉萨市体育局承办的第五届拉萨篮球联赛举办。由群众组成的46支代表队500余名运动员参加此次比赛,经过角逐,城关区、天边墨竹、那曲三高、堆龙德庆区分别获机关事业组冠、亚、季军和第四名;西藏美康、雪域兄弟、拉萨老男孩篮球俱乐部分别获社会企业组冠、亚、季军;禁飞区、城关区、区体校分别获女子组冠、亚、季军。市委宣传部、市委党校、市人社局、市自然资源局、西藏佛学院获优秀组织奖;市人民检察院、团市委、文香故里、当雄体育局、西藏享动体育获体育道德风尚奖。

【体育健身设施建设】 2020年,拉萨市建成9个全民健身活动中心、90个农牧民体育健身点、4个全民健身点,30个中小学笼式足球场,2个县级公共体育场,19个五人制笼式足球场、30座寺庙健身工程;为53个行政村配备健身设施;建设完成市人大常委会办公室、江苏援藏前方指挥部、市中法健身场所;修成拉萨滨河体育公园、阿坝林卡健身活动广场、曲米路体育公园,升级改造宗角禄康公园全民健身示范点。为市直各单位、各县区、社区发放健身路径器材230套,篮球架168副,乒乓球桌151台;完成8个县(区)全民健身活动中心设备器材的更换和维修。“十三五”共推进项目建设157个,项目总资金41751.642万元。截至2020年年底,全市有体育活动场所1206个,总面积1417262平方米,人均体育场地1.89平方米。

【高危险性体育项目(游泳)经营许可证】 2020年12月11日,拉萨市首批高危险性体育项目(游泳)经营许可证颁发仪式在柳梧新区健康服务中心(游泳馆)举行。市体育局党组书记钟传彬、柳梧新区管委会四级调研员史祥国、市群众文化体育中心主任李红梅、市群众健康服务中心总经理晋美及市体育局体育科、市群众健康服务中心全体干部参加颁证仪式。柳梧新区群众健康服务中心(游泳馆)成为全市首批获得高危险性体育项目经营许可证的游泳馆,拉萨市在审批经营高危险性体育项目实现零的突破。

【2020工行杯藏棋冬季段位赛】 2020年12月26—27日,西藏自治区2020工行杯藏棋冬季段位赛暨全国藏棋保护与发展研讨会在拉萨市格拉丹东酒店举办。自治区政协副主席阿沛晋源、自治区体育局副局长朱安乐等60余位专家学者参加全国藏棋保护与发展研讨会。本次比赛共分为久棋团体赛、久棋中学组、久棋小学组、密芒少儿组、双王棋擂台赛等项目,西藏自治区7个地市8支队伍、216旬运动员216名参加比赛,拉萨市代表队选派的5名参赛队员,经过两天角逐,夺得西藏自治区2020工行杯藏棋冬季段位赛久棋团体组冠军。

【指导各类赛事活动】 2020年7月18—19日,拉萨市体育局指导柳梧城投体育健康管理有限责任公司举办的“柳梧乒羽中心杯”羽毛球交流赛。7月25日,拉萨市体育局指导拉萨市万达广场商业管理有限公司举办的“阳光彩虹跑”。9月13日,“西藏自治区首届柳梧城投杯电子竞技大赛英雄联盟总决赛”在拉萨市群众文化体育中心举办。

(强巴卓嘎)

文化·广电

文化文物

【概况】 2020年,全市文化文物工作以习近平新时代中国特色社会主义思想为指导,统筹推进“五位一体”总体布局,协调推进“四个全面”战略布局,增强“四个意识”、坚定“四个自信”、践行“两个维护”,紧紧围绕“文化兴市”战略目标要求,贯彻新发展理念,充分发挥“首府城市首位度”作用,坚持以人民为中心,坚持高质量发展,开展新时代文化建设的各项工作,为全市经济社会发展提供强有力的思想文化支持。

【公共文化服务体系】 巩固提升公共文化服务体系建设成效。在第25个“世界读书日”活动期间,为各县(区)乡镇文化站免费配备图书451种,34928册,价值91.7万元;全市各级图书馆(室)为群众免费发放图书共计4620册,受益群众5万余人。提升行政村文艺演出队节目创作、排练、演出等各项能力,2020年,拉萨市行政村文艺演出队共排练2800余次,演出1300余场(次),观众33.3万余人次,为巩固拉萨基层文化阵地、丰富群众精神文化生活发挥积极作用。

群众文化活动。2020年5月,拉萨市文化局开展为期一个月的2020年林周县民间艺术团“三区”人才文艺骨干基本功强化提升培训班。9月,开展为期一个月的2020年当雄县艺术团“三区”人才文艺骨干基本功强化提升培训班。10月,开展为期一个月的2020年尼木艺术团“三区”人才文艺骨干基本功强化提升培训班。组织拉萨市老年艺术团参加2021年拉萨市春节、藏历新年电视联欢晚会。

文化机构自身建设更加规范。2020年,以组织部、宣传部、强基办、财政局和文化局五部门名义联合印发《拉萨市组建行政村文艺演出队实施方案》,多举措推动行政村文艺演出队各项工作落细落实取成效,拉萨市286个行政村文艺演出队在全区率先组建完成,并于6月举办4期培训班,提升行政村文艺演出队节目创作、排练、演出等各项能力。

【文物保护】 2020年,拉萨市文化局开展疫情防控安全巡查工作,市文物局、宗教局、消防救援支队以联合督查的方式,对128处全市各级文物保护单位检查疫情防控及文物消防安全检查,出动319人次,发现隐患200处,下发整改意见54份,当场整改115处,限期整改85处。推进文物保护工程项目实施,投入1.6亿资金对重点文物保护单位进行保护性维修。达龙寺保护维修工程完工待验收。抢救性维修项目共17项,其中待验收3项、正在实施6项,正在开展前期工作的3项。国家重点文物保护专项补助资金项目共20项,均已实施。

【非遗保护】 2020年,拉萨市文化局为《羊八井传统性畜疗法》等9项非遗项目申请自治区级非物质文化遗产保护专项资金143万元,包括传承人补助资金39万元,用于非物质文化遗产的保护与开发利用。为拉萨市拉萨城关区古艺建筑美术公司等13家企业合作社成功申报第三批自治区非物质文化遗产项目传习基地称号。为扩大藏戏演出季品牌影响力,依托藏戏演出季带动全区藏戏队更好的传承和发展,共举办为期8天的藏戏演出季,先后安排8个民间藏戏队展演8场,表演《顿玉顿珠》等5个优秀传统剧目,每场演出长达7个多小时。利用藏戏演出季展示吞巴妇女手工编织品等拉萨部分非遗扶贫项目成果8次,产品销售总额15000元,助力非遗扶贫,增强了人民群众对非遗扶贫工作的认识。为提高学生对中华优秀传统文化的认识和了解,对全市各学校非遗进校园工作情况开展摸底调查。尼木县中学将国家级非遗项目尼赤、尼木陶瓷制作技艺、藏戏共3个非遗项目引进学校,成为拉萨各学校非遗教育的典型和亮点,尼木县中学获评拉萨市非物质文化遗产进校园示范基地,加大非遗进校园的力度,让非遗教育为非遗传承和立德树人发挥作用。在文化和旅游部网站公示的第五批国家级非物质文化遗产代表性项目名录推荐名单中,拉萨市有4项入选,分别是古尔鲁、拉萨擦擦制作技艺、热振曲卓和拉萨堆绣唐卡。至此,拉萨市已有24项国家级非物质文化遗产项目名录,国家级代表性传承人11名。

【规范市场管理】 2020年,拉萨市文化局开展文化市场疫情防控工作,贯彻拉萨市委、市政府关于疫情防控工作的安排部署,高度重视、迅速行动、狠抓落实,尽最大努力遏制疫情通过文化活动、文化场所扩散蔓延。1月24日,召开班子会议,传达中央、区、市有关防控工作会议精神和工作部署,动员广大党员领导干部立即投入防控工作中来,停止全市营业性演出许可审批,暂时关闭所有经营性娱乐场所、互联网上网服务营业场所,签订疫情防控安全责任书,全市223家歌舞娱乐场所和143家网吧按要求关闭。在关停期间,拉萨市文化市场综合执法支队加大管理力度,安排执法人员对全市文化经营单位进行不间断巡查,共检查文化经营单位857家次。对不按要求关停的2家歌舞娱乐场所进行查封,责令改正4家,移交公关部门处理2家,立案处罚4起,共处以3万元罚款的行政处罚。全年开展各类专项检查行动11次,共检查文化经营单位2220家次。排查安全隐患9处,全部整改到位,立案17起,办结17起,停业整顿11家,责令改正4家,罚款5万元,收缴各类非法出版物1526本(册),删除违禁歌曲41首,开展法制宣传1次,发放宣传资料2500余份。

【文化产业发展】 2020年,拉萨市文化局坚持以市场为导向,发展文化产业项目。全力推进复工复产和项目复工开工,全市市级以上文化产业示范基地(园区)全面复工复产,截至2020年年底,《文成公主》《金城公主》累计演出149场,接待游客21.6万余人次;88家市级以上文化产业示范基地(园区)企业营业额13.7亿余元,解决就业6310人次。完成32家企业和单位的各县(区)县级文化产业示范基地评选命名和推荐市级评选命名工作,命名2家园区为县级文化产业示范园区。

【对外文化交流】 开展馆际交流。西藏牦牛博物馆、朗孜厦陈列馆规范管理制度,提升服务水平,推进免费开放工作,自2020年4月29日、5月7日恢复开放以来,限流接待观众12288人次,其中青少年998人次。针对"5·18"国际博物馆日、中国文化和自然遗产日等重要时间节点,西藏牦牛博物馆引进推出《爱慈敬喜——李光林西藏题材油画作品展》《象藏艺术中的牦牛》《红军长征过阿坝特展》等专题展览,配合国家博物馆日、中国文化遗产日开展社教活动3场次。推进藏品征集工作,征集文物、资料72件套,其中接受捐赠30件套。西藏牦牛博物馆还被中国博物馆协会评为国家二级博物馆。

【繁荣文艺舞台】 2020年,拉萨市文化局组织开展庆祝中国共产党成立99周年系列文艺演出、拉萨市雪顿节文艺各项演出、"四讲四爱"群众教育实践及"脱贫攻坚"主题文艺宣传活动等,充分发挥市歌舞团、县(区)艺术团、行政村文艺演出队阵地作用,文艺演出覆盖所有县(区)、乡镇(街道)、村(居),共演出424次场,观众达23万余人次。艺术创作生产成果丰硕。创作抗疫文艺作品,助力全面打赢疫情防控阻击战,疫情期间,市歌舞团及各县(区)艺术团新创作文艺作品33个,通过网站、微信公众号、抖音等网络平台进行播放演出和宣传推广。

(索朗德吉)

广播电影电视

【概况】 2020年,拉萨市广播电视局(以下简称拉萨市广电局)开展宣传、监管、发展、服务等各项工作，全局上下克服困难，解放思想，开拓创新，主动作为，全力以赴开创广播影视工作新局面，在舆论宣传、事业发展、安全播出、改革创新等方面均取得一定成绩，获得国家广播电视总局颁发的全国新闻出版广播影视系统先进集体荣誉称号，为推动新时代拉萨长治久安和高质量发展提供强有力的舆论支持和文化保障。

【党风廉政建设和反腐败工作】 2020年，拉萨市广电局党组高度重视党风廉政建设和反腐败工作，将其作为全局的重要工作来抓，列入党政领导班子议事日程和年度工作计划。召开2020年党建和党风廉政建设专题会议，起草制定局系统2020年党风廉政建设主体责任工作要点、党组2020年党风廉政建设工作要点和党风廉政建设主体责任清单，将责任分解细化到责任领导和责任科室，确保任务有人做、责任有人抓。年中，召开党建和党风廉政建设专题会议，听取局党组班子成员、局属单位、局机关各科（室）负责人和局各党支部书记半年来抓党建和党风廉政工作情况，分析存在的问题，明确下半年工作重点。按照年初制定的党风廉政建设工作要点，要求局党组班子成员每年到基层或分管领域开展调研不少于2次。为确保党风廉政各项工作落到实处，通过召开月例会的形式，抓好督办工作。截至年底，共召开例会12次，听取局属单位、机关各科室汇报党建和党风廉政工作推进情况12次。

【学习培训】 2020年，拉萨市广电局充分发挥理论学习中心组的示范带动作用，持续推进“两学一做”学习教育制度化、常态化。局党组坚持把政治理论学习摆在班子建设的首要位置，严格落实党组中心组理论学习的有关制度和要求，截至年底，共组织局党组理论中心组学习15次，其中党风廉政专题学习9次。局党支部严格执行“三会一课”制度，每周组织开展党员集中学习和自学。在系统内通报“学习强国”学习排名情况，督促广大党员干部参与多种形式的学习。印发《领导干部讲党课通知》，党组班子成员按照既定的时间节点，认真准备党课。党支部书记按照“三会一课”的要求，按时开展讲党课活动。截至年底，党组班子成员已讲党课3次，党支部书记讲党课3次。组织多种形式的学习和培训。组织全市广播电视各播出单位节目编排负责人和工作人员、局机关相关工作人员共计22人，在拉萨广播电视台开展全市广播电视节目播出内容安全监听监看工作的业务培训，培训采取理论讲解与实际演练相结合的方式进行，邀请拉萨广播电视台总编室、融媒体、节目播控业务骨干进行讲解和模拟演练，取得较好的成效。为做好深度贫困县应急广播体系建设（扶贫）项目，对全市应急广播操管人员就应急广播体系理论和设备实际操作技能进行培训，提升操管人员的理论水平和实际操作能力。为提高全市电影行业从业者的业务技能和综合素质，制定《拉萨市各县（区）电影管理站2020年度岗位技能大练兵活动实施方案》，在全市开展农村电影放映岗位技能大练兵活动，提升拉萨市电影从业者的行业技能。制定《拉萨市广播电视局2020年行业学习活动安排》，由各科室骨干人员结合工作实际开展业务知识学习，让全局系统干部职工熟悉各个科室工作。严格按照市委组织部的要求，每季度开展读书分享会，围绕中共十九大等必读书目和选读书目，分享读书心得。

【中央八项规定精神的贯彻落实】 2020年，拉萨市广电局坚决贯彻执行中央八项规定精神和实施细则，贯彻执行习近平总书记关于厉行节约反对浪费重要批示精神，持续整治党员、干部参与赌博娱乐活动问题，坚决防止“欢送宴”“谢师宴”等“四风”问题反弹回潮。同时严格办公设备和公务用车的管理。

【基层减负工作】 2020年，拉萨市广电局成立由局主要领导担任组长，分管领导担任副组长，各科（室）负责人担任成员的拉萨市广播电视局基层减负工作领导小组，对基层减负工作进行明确分工。坚持合并、精简、简短的原则，开短会、小会，开解决问题的会。严格控制会议规格、规模、时间和经费。将党建和党风廉政工作会议整合召开，同时，经市人民政府批准，利用半天时间召开全市广播影视工作会议，认真总结2019年的工作，安排部署2020年的重点工作，会议达到预期的效果。全年共下发文件13件，比2019年同期下发文件数量减少45.8%。

【开展调查研究】 2020年，为了深化阵地建设和管理，拉萨市广电局针对当前全市农村电影放映工作中存在的问题，认真开展调研，并形成《拉萨市农村电影放映机构及人员编制情况的调研报告》，并将该调研报告上报给市政府分管领导和市委宣传部。为全面掌握全市各县（区）广播影视工作开展及各项任务完成情况，由局领导分别带队，从10月13日起，利用8天时间，深入拉萨市8个县（区），19个偏远乡（镇）、32个行政村、75户农牧民家庭和9座寺庙，开展2020年全市广播影视工作调研。就6县（区）深度贫困县应急广播体系建设（扶贫）项目、中央无线数字电视和乡镇补点站运行情况、县级广播电视台采编播工作、县级广电中心搬迁及制播能力改造项目落实情况、广播电视“村村通”“户户通”“舍舍通”、县城数字影院及农牧区电影放映等各项工作进行详细调研，形成《拉萨市基层广播电视工作调研报告》。

【干部管理】 2020年，拉萨市广电局党组及时对局党组班子成员分工进行调整，使分工更加优化、科学，工作更加顺畅、高效。按照“择优晋升，逐步安排，持续激励”的原则，结合各层级职级空缺情况，局党组及时开展第二次职级晋升工作，共有3人晋升，激发干部职工的工作积极性。根据管好关键人、管到关键处、管住关键事的要求，加强对党员干部职工的日常监督管理，坚持惩前毖后、治病救人，运用好监督执纪“四种形态”，抓早抓小、防微杜渐，对苗头性倾向性问题及时批评教育，切实让干部吃教训、长记性、存戒惧，全力做到都不出事。上半年党组书记与班子成员进行谈话，班子成员与干部职工开展廉政谈话。疫情防控期间，严格按照市委、市政府关于疫情防控的安排部署，克服困难，抽调干部职工到宾馆、社区、机场等，全面开展疫情防控工作。

【严守政治纪律和规矩】 2020年，拉萨市广电局严格执行民主集中制，坚持“三重一大”事项集体研究。在重大决策、重要干部任免、重要项目安排和大额资金使用等重大问题的决策上，充分听取干部职工意见建议，集体研究出台相应决策，形成会议纪要并上报下发。截至年底，共召开党组会议20次，研究党建人事、大额资金支出、事业建设、项目建设等重大问题，邀请纪检组领导参加，保障纪检组的知情权、参与权、监督权；召开局长办公会议8次，研究重点业务工作推进、设备采购、公务用车维修等事项。加强民族团结教育，严格执行共产党员不得信仰宗教的规定。在维护祖国统一、加强民族团结、开展反分裂斗争这一重大原则问题上，始终做到旗帜鲜明、立场坚定、认识统一、表里如一、态度坚决、步调一致。严格落实民主生活会、组织生活会、民主评议党员和主题党日等制度，局党组班子成员和县级干部严格按照要求，通过谈心谈话、调研、发放征求意见函等形式广泛征求意见建议，认真撰写个人剖析材料，直面问题，不避短不遮丑，严肃开展批评与自我批评。同时局党组成员均能以普通党员的身份参加所在党支部的组织生活会，并开展批评与自我批评，加强对党支部组织生活会的监督和指导。根据区市最新文件要求，修改完善《拉萨市广播电视局考勤、请休假及值班制度》和《拉萨市广播电视局财务制度》，提升制度的科学化水平和可操作性。查找局系统党风廉政防控风险点，根据各科室职能和易出现廉政风险的环节进行认真梳理，堵塞漏洞。严格项目管理，确保在项目实施过程中的清正廉洁。在项目建设方面积极主动作为，认真听取汇报，并进行指导。严格项目招投标，对2020年实施的全市深度贫困县应急广播体系建设项目（扶贫）严格按照程序和要求，进行招投标。对9个易地扶贫搬迁点安装广播器材项目召开党组会议，确定项目实施方，2个项目在签订主合同的同时分别签订廉政责任书，明确责任和要求。

【学习教育】 2020年，拉萨市广电局以推进“两学一做”学习教育常态化、制度化为抓手，狠抓党员教育管理。局党支部和局退休党支部严格按照“三会一课”制度的要求，每周组织开展集中学习和自学，每月固定一天组织开展主题党日活动。截至年底，局党支部和局退休党支部共开展学习40余次。同时结合退休党员实际，购买字体较大的学习资料，并自制学习材料送学上门，对居住在其他省市的老党员采用邮寄的方式，将学习资料送到党员家中，确保退休支部全体党员学习全覆盖。

【学习中央第七次西藏工作座谈会】 2020年，拉萨市广电局组织局全体干部职工集中收听收看中央第七次西藏工作座谈会直播，并根据市委要求制定学习中央第七次西藏工作座谈会精神计划，同时召开专题学习会议，深入全面贯彻落实中央第七次西藏工作座谈会精神，党员干部结合本职工作，就如何贯彻落实好会议精神，发扬老西藏精神，畅谈心得体会。

【基层党组织标准化建设】 2020年，拉萨市广电局建立党组班子成员党建联系点，党组班子成员带头联系党支部，把握关键环节、协调解决难题。为确保党建工作的连续性，6月，经请示市直机关工委，改选局党支部书记，明确委员的职责和分工。按照基层党组织标准化建设关于活动场所“九有”的要求，投入资金6300元，对党支部活动场所进行规范完善。建立局系统党员志愿服务进社区活动联络联系机制，开展进塔玛社区慰问帮扶活动，组织党员干部捐款，共募得资金2000元，为社区2户生活困难家庭送去米、面、油等慰问品；在“十一”国庆节来临之际，在职党员走入塔玛社区，为社区群众发放慰问品，放映爱国影片《英雄儿女》（藏语版）。在第35个“国际志愿者日”到来之际，局党支部组织党员深入塔玛社区开展志愿服务活动，党员志愿者帮助社区残疾群众打扫庭院，扫除垃圾，共为2户生活困难家庭送去慰问金1000元。严格按照市委组织部党员“三包”的要求，组织在职党员到所在社区进行报到，截至年底，除1名党员休产假外，其他党员全部完成报到。

【开展主题党日活动】 2020年，拉萨市广电局组织党员参观林周农场、观看爱国主义影片、红军长征过阿坝特展、西藏自治区成立55周年成就展等。在建党99周年之际，局党支部、退休党支部组织全体党员开展“践行宗旨·为党旗增辉”庆“七一”系列活动系统活动。

【结对帮扶】 2020年，拉萨市广电局根据《中共拉萨市广播电视局支部委员会2020年党员结对帮扶名单》，局党支部组织局系统基层党组织开展“党员结对帮扶”活动，上半年，23名党员赴驻村工作点（墨竹工卡县日多乡怎村）为22户生活困难户进行帮扶慰问，并送去慰问金和慰问品，同时了解困难群众的生产生活状况和所思所盼。6月2日，局领导带队到怎村幼儿园看望慰问怎村幼儿园的小朋友并送去价值3000余元的棉拖鞋、遮阳帽、文具盒、图书等丰富的儿童节礼物，与孩子们共度节日。为巩固脱贫攻坚成效，提升帮扶工作质量，12月8日，市广电局党支部组织16名党员为怎村结对帮扶的15户生活困难群众送去7500元的帮扶资金。12月28日，市广电局党支部统战委员平措带队到墨竹工卡县日多乡怎村，组织5名党员对怎村3户结对帮扶户共送去1500元慰问金。

【“老西藏精神”座谈会】 2020年，拉萨市广电局组织退休党员代表参加中央党史和文献研究院调研组调研“老西藏精神”座谈会，并结合自身成长经历和工作、生活实际做交流发言。

【签订党员承诺书】 2020年，拉萨市广电局在职党员、退休干部职工分别签订《干部职工安全维稳工作个人承诺书》《自治区共产党员的政治承诺》和《党员不信仰宗教的承诺书》，严禁参与任何形式的宗教活动。

【加强党费管理】 2020年，拉萨市广电局按照《中国共产党党费收缴、使用和管理的规定》局党支部及局退休党支部安排专人管理收缴党费，3月实行网上缴费之后，局党支部全体党员积极主动开通手机银行等缴费渠道进行网上缴费。严格按照党费使用的有关规定，始终坚持统筹安排、量入为出、收支平衡、略有结余的原则，确保党费全部用于党组织的活动及购买学习资料。

【严把党员入口关】 2020年，拉萨市广电局积极发现优秀年轻干部，吸纳为入党积极分子，按照程序发展为预备党员、党员，为党组织注入新鲜活力，严格按照“成熟一个、发展一个”的要求，局党支部确定入党积极分子1人。

【拉萨广播电视台和拉萨日报社进行融合】 2020年，拉萨广播电视台和拉萨日报社进行融合，人员统一办公，新媒体平台统一运行。形成“拉萨发布”“悦享拉萨”“拉萨晚报”等微信公众号和拉萨发布微博客户端以及各抖音号等多形式的新媒体矩阵。拉萨广播电视台官方网站于2020年1月3日起正式上线。拉萨人民广播电台还利用蜻蜓FM及喜马拉雅音频客户端实现网络实时直播，扩大广播电视节目宣传覆盖面。根据西藏文化广电艺术中心建设项目指挥部的要求，拉萨广播电视台制定在西藏文化广电艺术中心项目中建设拉萨市融媒体中心的相关方案，2019年拉萨市财政下达项目资金1800万元，建立拉萨融媒体中心，设计方案审批完毕，设备采购招投标工作也已完成。启动6个县（区）广播电视台媒体融合工作。6个县（区）广播电视台均已开始融媒体中心筹备建设工作，并都申请微信公众号小程序推送当地新闻、公益广告节目等。堆龙德庆区率先在全区建成首个县级融媒体中心，当雄县以微信公众号、抖音等方式，扩大县级广播电视台新闻资讯的传播范围，效果较好。

【深度贫困县应急广播体系建设】根据《西藏自治区“十三五”时期新闻出版广播影视发展规划》，全区应急广播体系建设被列为“十三五”时期公共服务工程项目，2020年拉萨市全面实施达孜区、林周县、墨竹工卡县、曲水县、尼木县、当雄县6个县（区），46个乡（镇）、191个行政村（含“三岩”片区5个搬迁点）深度贫困县应急广播体系建设项目，该项目国家补助资金1910.72万元，项目于8月31日开工，于10月底全面完成项目建设。

【“智慧广电”建设】2020年，拉萨市广电局根据国家广播电视总局、自治区广播电视局的相关要求，将“智慧广电”建设作为促进行业优化升级的新引擎，增强广播电视智慧化发展的高度自觉，推进智慧广电建设。成立“智慧广电”建设领导小组，制订“智慧广电”学习计划，组织全局干部职工认真学习智慧广电方面的内容，坚持“有线＋无线＋卫星＋互动传播＋内容”协同发展，主动与市大数据局等相关单位沟通联系，学习了解拉萨市有关项目规划和政策法规，集全局之力，制定完成《拉萨市智慧广电建设规划（建议稿）》。根据国家广播电视总局实施的“广播电视迭代行动计划”和自治区广播电视局促进广播电视与科技深度融合的要求，拉萨市6个县（区）广播电视播出单位全面关停模拟电视信号，投入8万余元资金对拉萨市广播电视安全播出监测系统进行“模转数”升级改造。

【巩固“村村通”成果】充分发挥广播电视直播卫星的重要作用，解决各县（区）设备老化和更新问题。2020年，为进一步巩固广播电视“村村通”成果，结合拉萨市各县（区）实际情况，拉萨市广电局对库存的灾备设备进行调剂，向各县（区）发放160台40寸电视机、102台19寸电视机、800个高频头、2000个卡子、22台太阳能逆变器、5台太阳能一体机、233个机顶盒等设备和零配件，确保广播电视接收设备优质通、长期通、安全通。

发挥行业优势，为做好“三岩”片区易地扶贫搬迁群众宣传教育助力。2020年，根据自治区广播电视局关于上报2020年易地搬迁广播电视直播卫星设备需求的相关指示精神，拉萨市广电局征求各县（区）2020年涉及易地搬迁户安装广播电视需求并及时向自治区广播电视局上报价值702000元的直播卫星设备需求。拉萨市财政局解决“三岩”片区易地扶贫搬迁点配备广播器材项目涉及资金121835元，“三岩”片区9个安置点配备广播器材项目及时完成建设和初验工作。

广播电视“村村通”直播卫星设备零配件购置下发工作顺利推进。为保障直播卫星“村村通”“舍舍通”设备的运行维护管理工作顺利进行，2020年上半年，拉萨市广电局投入179400元资金购置并向各县（区）下发的广播电视“村村通”直播卫星零配件，下半年投入143400元资金购置直播卫星零配件，将零配件及时下发到各县（区），为确保“村村通”直播卫星设备正常运行和2021年“三大节日”农牧民群众和寺庙僧尼收听收看广播电视奠定了坚实基础。

稳妥推进新一代直播卫星升级改造试点工作。2020年，拉萨市广电局按照自治区广播电视局统一部署和拉萨市“智慧广电”发展要求，需对全市89030户（含易地搬迁1996户）广播电视直播卫星设备进行升级改造，由于该项目投入资金较大，拉萨市广电局积极协调自治区广播电视局，申请将该项目列入自治区“十四五”期间重大项目库。同时，结合拉萨市实际，从维护经费中调剂180万元资金，用于8个县（区）3600余套广播电视直播卫星升级改造试点工作，进行设备安装调试工作。升级改造后，广大农牧民群众和寺庙僧尼不仅能收看89套高清电视节目和收听33套高清广播节目，比原直播卫星广播电视接收设备多接收42套，而且还可满足广大农牧民群众收看央视3、5、6、8套加密频道节目的需求。

【加强行业监管】 2020年，拉萨市广电局为17家企业办理完结广播电视节目制作经营许可证相关材料审核、实地勘验等初审业务，共核对完成190余家广播电视制作公司和16家城市数字影院相关信息。同时，充分利用原江苏省新闻出版广电局援建全区首个地市级广播电视监测系统，并于4月全面启动广播电视节目播出内容监听监看工作，对全市7家播出单位播出的境外影视节目进行监听监看，确保广播电视阵地的绝对安全，在全区广电系统起到典型示范作用。不断加大政务公开力度，完善公开平台的功能，更新公开内容、丰富公开形式、创新公开载体，实现政务公开的规范化、标准化、程序化、透明化，全年共公开政务信息220条，最大限度地满足社会公众获取和利用广播影视政务信息的要求。

【规范政务服务】 梳理网上办理事项。2020年，拉萨市广电局推进“互联网+政务服务”工作，按照“应上尽上，全程在线”和“一网、一门、一次”的要求，梳理政务服务工作，并结合实际，制定网上办理事项清单，截至年底，拉萨市广电局15项行政审批事项全部实现线上线下同步办理。

推进网上事项标准化。2020年，拉萨市广电局梳理15项行政审批事项所需申报的材料，明确所需提交材料的名称、依据、格式、份数等要求，并为办事群众提供规范表格和示范文本。截至年底，15项行政审批事项中40%已达到全程网上可办要求。

压缩网上办理时限。2020年，为进一步提高审批效率，在法定期限的基础上，拉萨市广电局将行政审批事项的办理期限一律缩减为法定期限的30%（7个工作日），并严格按照审批程序和时限办理，杜绝两头受理、效率不高的现象。

推进“减证便民”工作。2020年，拉萨市广电局对涉及的15项行政审批事项以清单方式逐项列出证明事项名称、设定依据等，规范行政审批程序和办事流程，精简办事申报材料，杜绝“奇葩证明”和无法定依据的证明材料，解决企业和群众反映强烈的办事难、办事慢、办事繁的问题。

积极沟通协调，确保行政审批事项无空缺。因拉萨市经开区未设立广播影视管理机构，无法办理广播影视行政审批事项，2020年，拉萨市广电局协调经开区将电影放映行政审批权限暂时委托堆龙德庆区委宣传部承接，并对经开区和堆龙德庆区委宣传部相关工作人员进行电影放映许可证行政审批事项业务培训，确保拉萨市广播影视行政审批事项办理无空白。

【推进城市数字影院复工复产】 2020年，受新冠肺炎疫情影响停业半年之久的拉萨市城市数字影院于7月25日起有序恢复开放。截至年底，拉萨市城市数字影院共计16家，复映的影院14家。根据财政部和国家电影局联合下发的《关于暂免征收国家电影事业发展专项资金政策的公告》，免征自2020年1月1日至2020年8月31日的国家电影事业发展专项资金。4月，及时下拨2018年、2019年国家电影事业发展专项资金。将2018年、2019年中央级国家电影事业发展专项资金共计734.42万元下拨到11家影院，解决他们的“燃眉之急”。为深入贯彻落实习近平总书记关于“统筹疫情防控与经济社会秩序恢复”的重要指示精神及《关于应对新冠肺炎疫情支持企业复工复产保持经济平稳运行的若干政策措施》的相关要求，为8家电影院减免房租135.85万元。截至10月31日，拉萨市复工复产的14家电影院的票房收入达1450.78万元，观影人数41.34万人，放映场次2.95万场。

【推进农村电影放映工作】 2020年，拉萨市广电局与9个“三岩”片区易地扶贫搬迁点对接，将“三岩”片区扶贫搬迁点纳入拉萨市农村电影放映点，让“三岩”片区易地扶贫搬迁点的群众能看上电影。7月9日至8月7日，局属拉萨市电影发行放映培训中心开展“拉萨市2020年度电影放映培训、岗位技能大练兵活动”，全市34名电影从业者参加培训活动，提高全市电影放映员的业务水平。达孜区、堆龙德庆区、曲水县、墨竹工卡县克服人员短缺工作量大的实际困难和矛盾，有效整合文化、广电、电影板块工作人员，平时电影放映员晚上为农牧民放映电影，白天从事有线电视、广播电视“户户通”“舍舍通”设备维护维修及无线数字补点站的操作管理相关工作，弥补人员不足问题，提高工作效率和质量。受新冠肺炎疫情的影响，拉萨市于2月开始暂停县城数字影院、农村公益电影、寺庙电影的放映，随着新冠肺炎疫情逐步得到控制，在做好安全防护措施的同时，全市县城数字影院、农村公益电影、寺庙电影放映工作从8月陆续开始复工复产。2020年，全市农村公益电影放映2717场，观众达122576人次。县城数字影院放映237场，观众达1810人次，票房达52500元。

（黄德刚）

拉萨晚报

【概况】 2020年，拉萨晚报社设办公室、总编室、汉文编辑部、藏文编辑部、记者部、广告部6个部门。下属晚报社印刷车间负责《拉萨日报》（藏文、汉文）印刷工作。核定副县级领导职数2名、正科级领导职数2名、副科级领导职数6名。报社领导班子实有总编辑（副县级）1名、副总编辑（正科级）2名。2020年年底在编人员80人。

【舆论宣传】 2020年，拉萨晚报社充分发挥新闻舆论主阵地作用，牢牢坚持党性原则，牢牢坚持马克思主义新闻观，坚持“三贴近”，践行“走转改”，紧紧围绕全市中心工作，突出宣传主线，加强宣传策划，狠抓任务落实，各类会议报道、活动报道、主题宣传、典型宣传、成就宣传等，及时跟进并圆满完成，做到策划先行、采写深入、编辑准确、刊登及时，主流舆论高昂有力。全年出版《拉萨日报》（汉文）366期、《拉萨日报》（藏文）366期，总发稿（图）13000余条（张）。

主题宣传。2020年，拉萨晚报社突出脱贫攻坚宣传报道工作，设置《决战决胜脱贫攻坚》《决胜全面小康决战脱贫攻坚》《讲述·脱贫》《我们的小康生活·决战决胜脱贫攻坚》《我们的小康生活·身边的脱贫故事》等专栏，全方位、多角度、深层次地报道全市脱贫攻坚工作，传播脱贫攻坚正能量，发稿（图）250余条（张），提升全市脱贫攻坚工作的对外形象和影响力。加强全市创城工作宣传报道，开设《文明创建城市我们在行动》等专栏，宣传报道市、县（区）在文明创建中的工作部署、动态进展以及拉萨市各行各业在创城过程中涌现的好做法、好经验和好成效等。开设《曝光台》专栏，以新闻图片形式，对各种不文明现象进行曝光，促进整改，发稿（图）200余条（张），营造浓厚的创城氛围，提高市民群众对创城工作的知晓率、支持率和参与率。加大疫情防控宣传报道力度，利用头版和重要版面准确宣传习近平总书记重要指示精神，传达市委、市政府的决策部署，充分报道拉萨市联防联控有力措施和一线工作人员最真实、最鲜活的疫情防控状态，疫情防控重要阶段日均发稿（图）20条（张），共计刊发公益广告80余个整版，为打赢疫情防控阻击战提供坚强的舆论支撑和思想动力。

典型宣传。2020年，拉萨晚报社在宣传推广典型中，积极创新宣传形式，紧紧抓住“高、深、新、实、活”五个字，在贴近基层、贴近生活、贴近群众上下功夫，增强典型宣传的吸引力和感染力。开设《民族团结一家亲》《劳动者最美》《践行“四讲四爱”我们在行动》《新时代好少年》等多个专栏，报道“民族团结”“四讲四爱”“劳动模范”“抗疫”“创城”“双创”“脱贫致富”等类典型，发稿（图）近200条（张），发挥党报新闻舆论在弘扬社会主义核心价值观中的引领作用。

成就报道。2020年是全面建成小康社会和“十三五”规划收官之年，报社开设《回眸“十三五”》《民生项目暖民心》《走向我们的小康生活我们村的新变迁》等专栏，聚焦社会发展取得辉煌成就、居民生活水平显著提高、医疗卫生体系逐步完善、社会保障事业不断发展、人民群众获得感幸福感安全感逐渐增强等各行业领域成就的视角，采用多种形式进行报道，发稿（图）70余条（张），引发读者共鸣，发挥舆论引导主力军主阵地作用。

【创城工作】 2020年，拉萨晚报社根据全市文明城市创建工作安排，全面动员部署，层层加温加压，强化责任落实，成立文明城市测评迎检工作领导小组，设立专门的办公室，明确专人负责创城资料收集和档案整理工作，对标对表逐项收集资料、分类整理、归档立卷。通过加大宣传力度、整治报社办公区和生活区卫生环境等举措，推进社内创城工作落细落小、落地落实。配合市文明办督查工作，及时整改发现的问题，投入资金3万余元用于单位办公区及生活区填补路面坑洼、处理墙面污损、更新消防器材、安装宣传栏、添置分类垃圾桶等环境卫生整改工作。

【参与融媒体中心筹建】 2020年，拉萨晚报社深入学习贯彻中办、国办《关于加快推进媒体深度融合发展的意见》的精神以及习近平总书记关于媒体融合发展的重要讲话和重要指示精神，因势而谋、应势而动、顺势而为，参与拉萨市融媒体中心筹建工作，加强与市广播电视台的交流沟通衔接，支持与电视台新闻中心、新媒体等部门的先融先试工作，从人力、物力、财力方面大力支持、协助配合，努力协调解决好先行先试中出现的有关问题与矛盾，探索融合发展新途径，为深化融媒体中心机构、人事、财政、薪酬等方面改革积极建言献策。申请启用2020年度新媒体建设专项经费214.3万元用于采购融媒体平台系列服务内容，并完成《县级融媒体专线》《现场云融媒版》《媒体大脑·MAGIC短视频智能生产平台》《人工AI智能主播》《新华社全媒通信息化推送服务》等7项新华社融媒体产品、设备和服务的采购。完成对长江龙新媒体有限公司《拉萨晚报全媒体融合项目》的初验工作，为加快推进融媒体中心建设贡献力量。

（周　娜）

藏语文及编译工作

【概况】 2020年，拉萨市藏语文工作委员会办公室（编译局）（以下简称拉萨市编译局）编制18人，其中县级编制3人，科级编制8人；内设综合科、藏语言文字科、校审科、编译科，有工作人员18名，其中县级领导干部5名、科级以下工作人员10名、工勤人员3名。全市藏语文工作按照《中华人民共和国宪法》《中华人民共和国民族区域自治法》《西藏自治区学习、使用和发展藏语文的规定》及《拉萨市社会用字管理办法（试行）》《中共拉萨市委员会拉萨市人民政府关于进一步加强藏语文工作的意见》文件等要求开展，促进社会用字的规范化、标准化、信息化、法制化建设。

【信息建设】 为宣传党和国家民族语言文字政策法规，推进拉萨市学习、使用和发展藏语文工作，2020年5月，拉萨市编译局在全区市（地）级藏语委办（编译局）中第一个正式开通“拉萨市藏语委办”微信公众平台，不定期推送常用藏汉翻译技巧、新词术语和民族语言文字相关法律法规以及全市藏语文工作最新动态，为基层藏语文编译部门和翻译工作者提供学习交流的良好平台。为推进藏语文工作信息化建设步伐，加大藏文新词术语推广力度，促进信息资源共享，成功主持研发并于7月向社会公众发布全国唯一的“新词术语汉藏词典”App，为广大汉藏翻译工作者和翻译爱好者提供一个权威可靠便捷的掌上翻译服务软件。通过使用规范化、标准化的藏文新词术语，促进汉藏翻译事业，提升公共服务能力，助推经济社会发展。截至年底，该APP总用户达到8750个，区内用户占75%，区外用户占20%，国外用户占5%。

【净化用字环境】 2020年，拉萨市编译局开展社会用字检查整治，开设免费翻译服务窗口，加强源头管理的基础上，为借助社会各界群众力量，有效监督拉萨市藏语文社会用字情况，及时整治不规范藏语文社会用字现象，共同促进拉萨文字和谐，维护拉萨城市形象，在全区率先设立藏语文社会用字举报通道，并通过“拉萨市藏语委办”微信公众平台以及“阳光西藏”“央视频”“西藏日报藏文媒体”“中国藏语广播CNR”等权威平台向社会大众进行公示。该通道主要受理拉萨市辖面向社会公众使用的藏语言文字，包括道路指示牌、街面广告招牌、企事业单位和机关团体名称以及其他具有公共性、示意性的藏语文社会用字出现的错字、错拼、错排、错译等不规范问题。截至年底，向社会公众发布2次举报受理情况通告，推进藏语文社会用字末端治理，充分发挥首府城市藏语文编译部门的首位度作用，为全区提供可复制，可推广的成功经验。该举报通道的成功设立和正常运作，不但提高拉萨市藏语文社会用字不规范问题检查整治工作的针对性和时效性，同时最大限度减少网民通过微信、微博和抖音等自媒体对不规范藏语文社会用字进行曝光和炒作的可能性，在网络空间信息采集和舆情掌控方面做出应有的贡献。

【藏汉语学习特色村镇建设】 为深入贯彻落实习近平总书记在中央民族工作会议上关于以语言相

通促进各民族沟通、理解、认同的重要指示精神，经过拉萨市编译局积极争取，2020年年初，国家民委教育科技司将城关区鲁固社区确定为全区唯一（全国仅12个村镇）全国藏汉语学习特色村镇（实践基地），并于9月17日拉萨市“民族团结进步日”，在鲁固社区举行“全国双语学习特色村镇（实践基地）揭牌暨民族团结进步节活动”，副市长、市藏语文工作委员会副主任贡扎曲旺出席活动并致辞。该创建活动有利于以点带面、以小见大，加强拉萨市双语学习工作，密切党群、干群关系，有利于铸牢中华民族共同体意识，有利于以语言相通促进各民族心灵相通，不断推进民族团结进步工作。

【创新翻译模式】 2020年，为了使党的各项方针政策更好地宣传到群众中去，切实做到入脑入心，拉萨市编译局利用自身优势，结合受众群体和社会读者的实际接受能力，创新翻译模式，主动宣传政策，把《十个必须》《社会主义核心价值观》《网络20禁》等内容通过民歌、诗词等形式进行原创翻译后发布于“拉萨市藏语委办”微信公众平台，得到各基层群众的一致好评，不少微信平台和基层组织工作群大量转载相关内容。为了提高基层翻译骨干业务水平，贯彻落实习近平总书记在中央第七次西藏工作座谈会上的重要讲话精神，安排精干业务人员到各县（区）作汉藏语翻译专题讲座，广受好评，成效显著，增强推行国家通用语言文字的自觉性和坚定性，提高藏汉翻译理论知识的普及率和知晓率。

【加强网络平台建设】 2020年，拉萨市编译局按照拉萨市集约化网站建设要求，建立拉萨市藏语文工作委员会办公室官方网站，网站用于发布全市藏语文工作信息。市民服务中心翻译窗口开通网上翻译审核，全年完成翻译审核46684件。创建城关区藏语委办微信翻译平台和社会用字专项监控网，利用微信平台翻译和校审横幅标语近200条。依托藏语委微信平台，堆龙德庆区在全市率先设立堆龙藏文微信平台，截至年底，堆龙藏文微信公众平台更新内容162篇，公众平台总点击率达到43763人次。

（洛桑平措）

档案工作

【概况】 2020年，拉萨市档案馆坚持以习近平新时代中国特色社会主义思想为指导，坚守“为党管档、为国守史、为民服务”的职责使命，围绕市委、市政府中心工作，履职，敢于担当，主动作为，真抓实干，服务大局，依法履职，开拓创新，推动全市档案工作取得新进展。

【落实依法治档】 2020年，拉萨市档案馆重视依法治档工作，贯彻实施《中华人民共和国档案法》《西藏自治区实施〈中华人民共和国档案法〉办法》等法律法规，学习贯彻全区档案工作电视电话会议开展依法治档能力建设。

监督查检。2020年，为推进全市档案工作协调发展，拉萨市档案馆在对市直机关档案工作进行有效管理的基础上，通过检查与指导相结合，督促市属国有企业和寺管会贯彻落实《中华人民共和国档案法》及其实施办法，对12家市属国有企业和五大寺庙管委会文书档案管理情况进行监督检查。

档案宣传。2020年，拉萨市档案馆结合“6·9”国际档案日，与自治区档案馆、城关区档案馆联合在林廓东路市民服务中心广场举办“档案见证小康路，聚焦扶贫决胜期”为主题的档案宣传活动，展现拉萨变迁、扶贫成就和小康生活的14幅专题图片展板吸引过往群众驻足观看，主动了解询问相关档案知识，社会反响良好。活动累计发放宣传资料1万余册、宣传小礼品2700余份，提供现场档案知识咨询700余人次，向公众传播档案文化。

推进精准扶贫档案工作。2020年，拉萨市档案馆根据《西藏自治区档案局西藏自治区扶贫开发办公室关于切实加强精准扶贫档案工作的通知》精神，以市档案局、市扶贫办名义联合发文《拉萨市精准扶贫档案工作实施细则》。

登记备案工作。2020年，为规范并支持档案中介机构、专业机构参与档案事务，加强档案中介服务机构管理，拉萨市档案局出台《拉萨市档案中介服务机构备案登记指南》，开展备案登记工作。

疫情资料征集工作。2020年，拉萨市档案馆主动与拉萨市新冠疫情防控指挥部联系，派出业务人员帮助整理防疫档案。面向机场、火车站、公路安检点、酒店等防疫一线，发出《拉萨市档案馆关于征集疫情防控声像资料的函》。向各县（区）委办、市直各单位发出《关于做好新型冠状病毒感染肺炎疫情防控工作文件材料收集归档工作的函》，有序推进工作。

【拉萨市数字档案馆建设】 2020年，拉萨市档案馆组织先后召开2次专家评审会并提交室务会研究，确定北京泰尔凯达电信咨询有限责任公司为拉萨市数字档案馆建设项目设计单位，并依托拉萨市政务内网编制拉萨市数字档案馆建设方案。9月、12月，先后2次邀请自治区保密局、自治区档案馆、拉萨市大数据局、拉萨市经信局、拉萨市委机要局专家，召开拉萨市数字档案馆保密分级保护评审会。

【发挥爱国主义展厅的教育功能】 2020年，由拉萨市档案馆协办的拉萨市庆祝中华人民共和国成立70周年成就展，共接待市直单位、企业、寺庙、农牧民群众、学校师生达3400余人。11月，由市委统战部主办，市档案馆协办的"藏传佛教活佛转世专题展"在一楼展厅布展。

【档案移交进馆】 2020年，拉萨市档案馆加大对档案移交进馆的督办力度，采取跟踪服务、业务指导、上门催办等方式，从未接收进馆的市直机关单位档案接收进馆率达到90%以上。完成市政府、市人大、市卫生局等26家单位的档案验收，检查、整理、清点、编目、移交工作，派业务骨干到市委组织部办公，完成2009年至2011年档案的规范化整理工作。按照国有企业退休人员人事档案移交档案部门的要求，联合拉萨市政府国资委下发《关于做好国有企业退休人员人事档案规范化整理工作的通知》，选派人员到企业指导人事档案整理工作，进馆17家企业退休人员人事档案，移交个人档案1901人（含去世568人），目录光盘12张。

【档案利用】 2020年，拉萨市档案馆充分发挥档案保管利用的服务职能，不断强化服务意识，优化服务，通过接待查询、电话咨询、上门服务等多种形式提供查档服务，满足利用者需求。截至11月16日，共提供利用987卷次、4089件次、173人次，复印142份、1211页。查档利用为领导决策、经济建设、编史修志、调解矛盾纠纷、工作参考提供原始依据。

【丰富馆藏资源】 2020年，为不断丰富馆藏档案资源，拉萨市档案馆面向全市征集反映拉萨市地方特色，对国家和社会具有保存价值的档案资料。从自治区新闻出版局原局长旺堆次仁手中征集到《拉萨志》1本和《拉萨厅志》1本，其中《拉萨厅志》汉文第一版1846年手抄版，《辉煌诗篇·西藏民主改革60周年档案建设篇——铭记历史的沧桑与厚重》影像资料光盘1个。征集林周农场老知青相关照片579张及老知青回林周农场相关影像资料1张。从八一农场征集到反应农场的历史沿革、人物访谈等影像资料1张和农场建厂周年影集及其图片。联系市电视台征集到《高原长河出平湖——记拉萨河城区段综合整治"河变湖工程"》《六大战略》《老城区保护记忆》《千年八廓古城（2012—2013）拉萨老城区保护盒改造工程》等历年专题纪录片4张。为及时全面征集市委、市政府重大活动相关影像资料，准确记录市委、市政府主要领导参加的重要活动，经与拉萨日报社编辑部沟通，聘任《拉萨日报》摄影部主任平措旺堆为市档案馆特约摄影记者，已按照相关管理办法和签订协议，每季度集中提供照片资料。

【档案利用体系建设】 2020年，拉萨市档案馆统筹资金建成拉萨市音像档案室，从市直单位、各县区征集当地社会发展、历史变迁、文化旅游、民俗等影像资料。设立音像磁带资料室，调整搬运防磁柜20组。设立报纸资料室，安装货柜16组，采购报纸合订本专用盒，将1959年以来保管的《西藏日报》《拉萨晚报》等报刊资料，修复整理装盒摆放上架。

（尼玛次仁）

党史研究

【概况】 2020年，拉萨市委党史研究室认真学习领会习近平总书记关于党史和文献工作的重要论述精神，科学把握党史的主题和主线、主流和本质，坚持"一突出、两跟进"的工作要求，按照"学、研、扬、用"相结合的原则，紧紧围绕"存史、资政、育人、鉴今"的要求，在资料征集、党史研究、党史宣传教育等方面开展工作。

【党史资料收集征编】 2020年，拉萨市委党史研究室续编《中国共产党拉萨历史大事记(2013—2017)》,主要从经济建设、政治建设、文化建设、社会建设、生态文明建设和党的建设等方面,多角度、宽领域、系统性浓缩拉萨历时5年的发展历程,概括地展示在党中央亲切关怀下,在西藏自治区党委坚强领导下,在北京江苏两省市大力支持下,拉萨市委团结带领全市各级党员干部和人民群众,在建设中国特色社会主义新拉萨的道路上的光辉历程,为拉萨党史研究提供基础性资料。围绕市委重大决策、重要部署、重点工作,收集整理《拉萨市"不忘初心、牢记使命"主题教育资料汇编》,作为资料书籍,准确记录拉萨市委团结带领全市各族人民学习贯彻习近平新时代中国特色社会主义思想,建设团结富裕文明和谐美丽的社会主义现代化新拉萨的生动实践。开展回忆录收集、口述史征编等资料收集工作。共征集王启佑、李文芳2位老人在藏期间工作的回忆录。开展1962年中印自卫反击战支援前线口述史资料收集整理工作,初步确定8名口述人。

【党史宣传教育】 2020年,拉萨市委党史研究室出版《拉萨党史》刊物,职中央、自治区和拉萨市重要会议活动、重要节庆日纪念日、重要党史事件和党史人物,紧扣市委重大决策、重要部署、重点工作,结合实际设置专栏、专题,打造成全市党员和群众深入了解党在拉萨的历史、弘扬党的优良传统和作风、展示拉萨发展新成就的正能量传播平台。按照党史进机关、进农村、进社区、进学校、进企业、进寺庙、进部队的"七进"要求进行发放刊物,向拉萨市离退休老干部交流赠送刊物,扩大党史工作的覆盖面,提升党史工作的实效性。利用信息平台宣传党史,为党史学习和宣传提供新的窗口。在市委办公室微信学习平台和微信工作群在重要节庆日、重要党史事件和党史人物纪念日,推进相关党史知识、链接有关网站,以便广大干部职工学习了解掌握。2018年8月开始陆续推送《庆祝西藏百万农奴解放60周年》《和平解放西藏经营西藏》《中共拉萨市委员会成立》《毛泽东与雷锋的故事》《烈士纪念日的设立》《张国华受命进军西藏》等党史人物、党史小知识。在拉萨市委门户网站设置党史专栏,刊发《新中国首位藏族政协委员天宝》《"张福林"班的二三事》《党徽在平凡的岗位上熠熠生辉》《仁增旺杰的传奇人生》《党接珞巴下山来》等党史小故事,体现弘扬革命先辈、英模人物的"老西藏精神"。

(姚雪梅)

地方志工作

【概况】 2020年,拉萨市地方志办公室完成《拉萨市志(2001—2010)》验收工作和《拉萨年鉴(2020)》编纂工作。开展志书交流活动,推进各县(区)地方志工作。

【志书编修】 2019年5月召开《拉萨市志(2001—2010)》终审会议后,根据参会相关领导和专家的意见,组织人员4次通读全稿,整理各类问题45个大条,200余个小条,并将修改完善后的志稿提交北京市地方志办公室及自治区文联、藏大、社科院等领导专家进行审核,于2020年3月形成《拉萨市志(2001—2010)》验收稿,包括图片、序言、凡例、概述、正文、表、大事记、专记、附录等9个方面,正文部分共24篇134章608节,280万字。

2020年6月17日,《拉萨市志(2001—2010)》召开验收会议。会上相关领导和专家对市志验收稿的批评和指导,拉萨市地方志办公室深刻地认识到《拉萨市志(2001—2010)》尚存在很大不足之处。会后,拉萨市地方志办公室反复多次听取会议录音,仔细整理修改意见,逐条分解,重点对图片、凡例、体例、序言概述、内文、人物记、大事记、后记等进行了修改补充,同时,按照自治区地方志办公室《关于进一步加强全区地方志书和年鉴编纂质量的通知》《关于进一步加强拉萨市地方志工作的建议函》要求,对志书的政治、法治、史实、保密、规范等方面再审核、再鉴别,确保志书政治观点正确、体例严谨科学、资料翔实可靠、内容丰富准确。

截至年底,《拉萨市志(2001—2010)》审改完成,按程序报自治区地方志总编。

【年鉴编纂】 2020年5月,印发《拉萨市人民政府办公室关于做好〈拉萨年鉴(2020)〉编纂工作的通知》。6—8月,各单位陆续报送年鉴资料,拉萨市地方志办公室仔细校稿,认真编写,历经四个月,形成初稿,并将年鉴初稿送至中指组年鉴处审稿。截至年底,《拉萨年鉴(2020)》的三审三校工作已全部完成。

【志书交流】 2020年,拉萨市地方志办公室按照拉萨市发展方志工作的总体要求,于10月初开始与全国32个省(市)、333个地(市、区)交换地方志书,截至年底,陆续向各地发送260余套《拉萨市志》,收到其他地(市)志书2300余套1200余本。

【受援工作】 2020年,拉萨市地方志办公室认真贯彻落实全国地方志系统援藏援疆工作座谈会精神,充分利用援藏优势,补齐地方志工作短板。继续做好与北京市地方志办公室的沟通联系,积极争取北京市地方志办公室的支持和援助。2020年,北京市地方志援助10万元援藏经费。加强与江苏各市地方志的工作交流,协助做好援藏援疆志的资料收集。

【推进各县(区)地方志工作】 2020年,拉萨市地方志办公室加强对各县(区)地方志进行指导,带领各县(区)地方志与对口援藏单位联系,争取人力和物力的支持。严格审阅各县(区)地方综合年鉴、志书,确保政治关、保密关、史实关、质量关。截至年底,拉萨市8部县(区)综合年鉴均已送至出版社;2部志书出版,1部志书送至出版社,2部报自治区验收通过,3部通过终审待自治区验收。

(袁宏雁)

医疗·卫生

综述

2020年，全市卫生健康系统紧紧围绕党委、政府中心工作，坚持以党建为统领，切实增强政治意识，提高政治站位，聚焦主责主业，勇于担当作为，各方面工作都实现新发展，取得新成效。面对疫情防控和改革发展任务，全系统持之以恒推进全面从严治党，充分发挥政治引领保障作用，动员号召全市卫生健康工作者深入学习习近平总书记关于疫情防控系列重要论述，坚决贯彻落实党中央、国务院和区市党委、政府各项要求，全系统广大干部职工听党号召，勇挑重担，全力以赴推动疫情防控阻击战和健康扶贫攻坚战取得阶段性和决定性的成果，统筹兼顾推进健康拉萨建设各方面工作取得积极进展，经受住前所未有的挑战和疫情重大考验，发挥强有力的专业支撑作用，充分展现卫生健康系统广大党员和干部职工的使命担当。

疾病预防控制与卫生应急

【重大疾病的防控】 2020年，全市适龄儿童规划免疫接种率达99.57%，鼠疫、艾滋病等重大传染病得到有效控制，无甲类传染病报告，乙丙类传染报告发病率为340.35/10万，较2015年的606.33/十万下降43.8%。在全区超前超额完成包虫病综合防治任务，确诊病例1012例，免费手术治疗701人，药物治疗350人，随访管理率达100%，包虫病发病率由2016年的1.38%下降到2020年的0.12%，防治工作取得历史性成就。“三病”等重大疾病筛查救治工作全面实施，累计筛查结核病、风湿病、严重精神障碍146余万人次，对588名精神障碍患者进行规范治疗。碘缺乏病、大骨节病、饮茶型氟中毒等地方病达到国家控制或消除标准。

【完善卫生应急体系】 完善部门应急预案。2020年，拉萨市卫生健康委员会（以下简称拉萨市卫健委）针对2020年新冠肺炎疫情暴露出拉萨市重大疫情防控体制机制短板和不足，为补短板、堵漏洞、强弱项，完善重大疫情防控体制机制，健全公共卫生应急管理体系，起草《拉萨市突发公共卫生事件应急预案（征求意见稿）》，待组织专家做进一步论证完善后拟以市政府名义印发实施。

强化应急物资供应储备。为切实提高拉萨市突发公共卫生事件应急处置能力，全力做好疫情防控物资的储备，对全市应急物资进行清查统计并制定采购清单，市级财政解决1104万元应急物资采购经费。

编制全市医疗应急物资储备目录。2020年，拉萨市卫健委会起草编制包括医疗救援类装备（含药品）、传染病控制类装备、中毒处置类装备及队伍保障类装备等四大内容的《卫生应急物资储备目录（征求意见稿）》。

应急演练。2020年，为锤炼疫情防控队伍，提高拉萨市疫情防控能力，有效应对拉萨市可能发生的新冠肺炎疫情，拉萨市卫健委组织各县（区）卫健委、县人民医院，县疾控中心和各乡镇卫生院鼠防、传染病专干等约160人通过医务人员接诊、事件报告、初步诊断、启动预案、流调采样、病情研判、病员隔离等环节对突发公共卫生事件进行应急处置演练，检验拉萨市各县区应急处理专业队伍的实战能力。

卫生监督

【综合监督执法】 2020年,拉萨市卫健委结合疫情防控和扫黑除恶工作,开展医疗机构专项检查6次,监督检查各类公共场所等机构共1600余户次。继续对公共场所实施卫生监督量化分级信誉等级评级推广工作,共对2134户公共场所实施卫生监督信誉等级评级挂牌,其中:A级54户,B级674户,C级1406户,量化评级率95%。对辖区内申办公共场所卫生许可证的经营单位实行承诺制申办程序,审批公共场所卫生许可证179户。联合市市场监管局等部门,对拉萨市12家公共场所开展监督检查,并将检查结果公示在"双随机、一公开"监管信息平台。

爱国卫生

【爱国卫生】 2020年,拉萨市卫健委对标国家卫生城市复审要求全力攻坚迎检,完成自治区反馈问题整改,为国家卫生城市复审奠定良好的基础。结合疫情防控,组织动员全市开展环境整治宣传等各类爱国卫生活动9次,近10万人次参加活动。开展城乡人居环境卫生整治行动,共清理占道经营100余起;清理占用人行道堆放杂物300余起。开展各类扬尘治理检查50场次,检查各类建筑工地150家次,并先后向各企业下发各类强化施工扬尘治理的通知和宣传单200余份。修订《拉萨市爱国卫生管理条例》,将每年3月14日定为城市清洁日,并经自治区人大审议通过。开展病媒生物预防控制工作,巩固除"四害"成效。组织发动广大群众参与病媒生物预防控制活动,严格开展投药、灭蝇、喷药等工作,累计清理垃圾72.51余吨,建成区范围内投入灭鼠、灭蝇、灭蚊各类药物30多吨,清除各类病媒生物孳生地,减少其繁殖场所,降低病媒生物密度。

妇幼保健

【优化母婴安全管理措施】 2020年,拉萨市兑现4151名孕产妇住院分娩补助、提前待产和住院分娩一次性奖励约489万元,高危孕产妇筛查和住院分娩率分别达100%和99.95%;在全区率先实现国家免费孕前优生健康检查项目和出生缺陷一级干预项目全覆盖;与深圳华大基因有限公司合作实施民生基因检测项目,2020年适龄妇女宫颈癌和乳腺癌分别筛查46701人、50633人,新生儿疾病和听力障碍分别筛查2869人、2515人,并对筛查发现的病例实行早期有效干预治疗。实施母婴"三病"检测项目,2020年梅毒、乙肝、艾滋病阻断率分别达95.65%、96.43%、100%;首次实现孕产妇零死亡,住院分娩率99.95%。

医政医管

【打造"学科建设"和"人才培养"两个平台】 截至2020年,市人民医院学科总数达38个,其中新建学科19个、"以院包科"达到8个,共同开展新技术、新项目99项,填补自治区技术空白30余项,医院整体医疗服务综合实力得到明显提升。七县(区)综合医院已填平补齐妇产科、儿科、内科、急诊科、普外科等5个学科;强化检验科、B超室、医学影像科3个学科能力;新开展口腔科、眼科、消化内镜室3个学科建设;累计开展新技术、新项目30余项,县级医院服务功能逐步完善,就医环境明显改善,服务能力得到不断提升,县级医院转诊率由2015年26%下降至2020年13%。

【基层医护人员培训】 2020年,拉萨市卫健委组织两批364名基层医疗卫生机构人员参加省级技术能力培训,培养37名助理全科医生,提升乡村两级机构医疗卫生服务能力。

【基层巡回诊疗】 2020年,拉萨市卫健委利用北京援藏资金600万元配置15辆巡回诊疗车及车载设备,组建由435名医务人员组成的64个巡回医疗团队,开展巡诊112次,受益人数2.5万人,建立随访机制3557人,巡回诊疗覆盖全市68个乡(镇)和社区。

【"互联网+医疗健康"建设】 2020年,拉萨市市、县医疗机构加快"互联网+医疗健康"建设,实施改善医疗服务行动,推进医院信息化改造升级,县级以上远程医疗服务网络全覆盖,医院内部信息化建设加快,网上挂号、预约、微信支付等便民惠民服务，方便就医群众。实施拉萨市智慧医疗信息化建设项目。

藏医药事业

【藏医药传承发展】 2020年，拉萨市实施县级藏医医疗机构适宜技术服务能力推广项目、重点专科建设、名藏医工作室建设和“治未病”项目推广，强化基层藏医药服务能力。截至年底，县级综合医院均设置有藏医科，能够提供包括藏药浴、放血疗法等10种以上适宜技术服务。

【藏医药保健】 2020年，拉萨市各藏医生医疗机构运用藏医药保健方法，加强儿童、孕产妇、老年人等重点人群和高血压、糖尿病等慢性病患者藏医药健康管理率，藏医药诊疗技术逐步推广应用于治疗高原性慢性疾病和公共卫生服务领域。90%以上乡镇和社区覆盖藏医馆项目，县和乡（社区）藏医药服务覆盖率均达100%，县乡两级医疗卫生机构藏医门诊人数达20.54万人次，住院治疗644人次，藏医适宜技术服务达4.4万余人次。

（普布次仁）

人民医院

【概况】 拉萨市人民医院是拉萨市属唯一集医疗、教学、科研、急救、保健、康复、健康体检为一体的综合性三级甲等医院。截至2020年，初步完成西藏自治区孕产妇危重症救治中心、西藏自治区新生儿危重症救治中心、国家胸痛中心（基层版）、国家综合防治卒中中心四大中心建设，形成以妇产科、儿科为专科特色，心内科、骨科、消化内科、神经内科、呼吸科等重点科室影响不断扩大，其他学科共同发展的格局。占地面积119.7亩，医用建筑面积5万平方米，有人员编制525人，法定编制床位430张，设临床科室24个、病区14个，医技科室6个，职能科室14个，拥有进口核磁、128排螺旋CT、全自动生化分析仪、彩色超声仪、呼吸机、麻醉机、电子胃镜、电子腹腔镜等大型医疗设备。

2020年，拉萨市人民医院努力将疫情影响降到最低，坚持稳中求进，重点突破，各项业务有序开展，年门急诊量达到26.0009万人次，同比2019年有所降低，下半年迅速复工复产，门急诊量达15.1478万人次，较2019年下半年基本持平；住院人次达到11410人次，同比增长0.78%；手术台次达到3751台，同比增长8.03%；平均住院日由2019年的9.84天降低到9.67天；医疗收入从2.4071亿元增加至2.4402亿元，增长1.38%。

【党务工作】 落实党建工作责任。2020年，拉萨市人民医院党委始终把党建与医院发展相结合，坚持“与时俱进抓党建，抓好党建促发展”的工作思路，推进党建工作，落实党建工作责任制，将党建工作纳入党委中心工作，与其他业务工作同安排、同部署、同检查。注重强化责任落实，落实党建工作责任制，明确院党委书记负总责，其他班子成员是第一责任人，并按照党建“一岗双责”责任要求，形成党委书记亲自抓，班子成员配合抓，支部书记具体抓，一级抓一级，层层抓落实的党建工作联动机制。

政治理论学习。2020年，拉萨市人民医院党委坚持把思想建党摆在更加突出的位置，不断增强思想教育的针对性实效性，着力正本清源，筑牢信仰之基、补足精神之钙、把稳思想之舵。加强党委理论中心组学习制度，以党委理论学习中心组为依托，坚持开展学习型党组织建设。严格落实理论中心组学习制度和党支部“三会一课”制度，坚持领导干部带头学习，其他党员干部积极跟进。开展专题学习教育工作。组织党员干部对学习贯彻落实习近平总书记在疫情防控工作的系列重要讲话、指示精神，习近平新时代中国特色社会主义思想，中共十九大精神，中共十九届四中、五中全会精神，习近平总书记在十九届中央纪委四次全会上的重要讲话精神及中央第七次西藏工作座谈会精神等，进行专题学习。

基层党组织建设。2020年，拉萨市人民医院积极探索新时期党建工作，构建党建工作长效机制和创新工作，把党建工作渗透在日常工作之中，以党建促进各项工作的深入开展。以贯彻落实新时代党的建设总要求为指导，加强基层党组织建设，严格落实“三会一课”等基本制度，强化党组织的战斗堡垒作用，不断提高基层党组织凝聚力、战斗力、向心力。规范党员发展，加强党员管理，按照“控制总量、优化结构、提高质量、发挥作用”的总要求，坚持有计划有步骤地发展党员。

党风廉政和反腐败建设。2020年，拉萨市人民医院强化组织领导，落实党风廉政建设主体责任制。医院党委始终坚持把全面从严治党摆在突出位置，把党风廉政建设和反腐败工作列入重要议事日程，纳入领导班子、领导干部目标管理，与医院业务工作同部署、同落实、同检查、同考核。加强对党风廉政建设责任制工作的组织领导，坚持一把手负总责，分管领导各负其责，班子成员齐抓共管，一级抓一级、层层抓落实的良好工作格局，推进党风廉政建设深入开展。层层压实党风廉政建设责任，构建责任体系。为切实落实党风廉洁建设责任制，医院党委站在党要管党、从严治党的高度，深刻认识有权必有责、有责要担当、失责必追究，层层传导压力和责任。在党风廉政建设责任落实中，做到每项工作有责任领导、有具体责任人，形成横向到边、纵向到底的责任落实体系，切实把党风廉政建设责任落实到位。

【重点工作】 2020年，拉萨市人民医院围绕“五大中心”和学科建设，推进“强三甲”工作，新建皮肤科、临床心理、神经泌尿外科3个专业学科，建立高原门诊和高原病房，成功获批国家综合防治卒中中心单位，推动胸痛中心走向标准版，筹备创伤救治中心申报工作，在地市级医院中率先获得全科、妇产科、内科3个专业综合性住院医师规范化培训基地，荣获拉萨市目标绩效争先进位考核市直单位经济社会发展类进位奖。

【医疗体制改革】 2020年，拉萨市人民医院全面启动绩效改革新方案，规范医院管理，提升运营理念，利用绩效考核抓手，发挥职能管理效能，提升医院管理水平。

【疫情防控】 强化组织领导。2020年，拉萨市人民医院成立医院新冠肺炎疫情防控领导小组，院长担任组长，医务处等科室负责人为领导小组成员，并下设办公室，调配3批次377人次医护人员至疫情防控一线发热门诊、留观病区、儿科发热门诊、核酸采样等工作岗位。建立医院内疫情防控制度体系，完善工作制度50余项、优化院感流程30项，建立医院三级预检分诊点43个，抽调轮换预检分诊人员200余人次，全面规范疫情防控工作。同时，全院上下团结一致，履职尽责，踊跃捐款44.13余万元。

发挥援藏力量。2020年，拉萨市人民医院通过多方面渠道，筹集口罩、护目镜等价值17余万元的防护物资，解决医院防控物资紧缺局面。组织相关培训55场，组织培训抽查10余次，培训达1000余人次，申请区级课题《高原新冠肺炎确诊病例、疑似病例及肺水肿的胸部CT表现分析》。协助拉萨市卫健委组建新冠肺炎心理危机干预医疗队和心理援助热线组，并担任心理危机干预医疗队队长和心理援助热线组组长，保持通讯24小时畅通，随时接听疫情防控期间心理援助电话。

资金保障。2020年，拉萨市人民医院通过“开源节流”投入资金912.5万元，完善医院防控设施，完成2批次的设备采购，建成400平米的发热门诊和隔离病区，造就拉萨“火神山”病房。筹集资金140余万元，对医院检验科实验室进行改造，并于2020年7月底投入使用，日最大核酸检测量达1800例。发放377人次的值班费用，并投入90万元采购隔离病区及预检分诊点办公家具、用品等物资，落实基础保障工作。

配合做好区、市联防联控工作。2020年，拉萨市人民医院及时掌握和更新疫情期间人员在岗情况、区外人员、不在岗职工返藏情况，累计接回返藏职工160余人，安排返藏隔离204人，派出酒店、学校预检分诊人员60余名；5名护士抽调拉萨市疫情防控咽试纸采样工作队；对拉萨市各级检查站、工地、县区医院及社区卫生院进行院感防控及检查指导20余次，参加应急演练2次；全年累计接收发热病人就诊2104人次，隔离留观666人次，累计解除隔离留观665人次，正隔离留观1人次，核酸检测24585人次，为全区疫情防控做出贡献。

【“五大中心”建设】 2020年，拉萨市人民医院规划“五大中心”，推动学科建设。新增呼吸内科和神经外科两个“以院包科”科室。推进胸痛中心走向标准版，创建本院信息网络医联体群，与下级四县两区医院共建胸痛中心网络医院，对心血管急危重症患者进行院前指导及救治开通绿色通道，启动多项应急预案，改进与“120”院前急救、急诊科、心内科、导管室一键启动流程，并构建以急诊科胸痛诊室、胸痛单元、溶栓单元、导管室、CCU为主线的STEMI（心肌梗死）患者急诊绿色通道救治体系。截至年底,医院救治急性心肌梗死患者85例,其中年龄最小患者25岁,最大85岁,无死亡病例,导管室开展冠脉造影术228例,冠脉内支架植入术92例,急诊PCI61(经皮冠状动脉介入治疗)例。按照"心脑同治"的理念,医院于2020年4月将神经内科、心内科、神经外科、重症医学科、急诊科、放射科、检验科等专业有机整合并创建卒中中心,全年共收治脑卒中患者80余例、溶栓患者11例,于10月24日顺利完成国家脑卒中委员会的评审工作,11月16日挂牌。医院新增神经外科、内分泌科、肾内科3个重点学科;发挥高原康复适应性研究中心拉萨分中心特色,成立以多学科协作方式开展诊疗和预防保健工作的高原医学门诊和高原适应医学康复病房;新建3个专业学科;考虑医院发展的长远规划和"强三甲"的总体要求,将原有的19个诊疗科目增加至32个。

【人才队伍培养】 2020年,拉萨市人民医院继续深化"师带徒"工作,发挥园丁"传帮带"作用。在第五、第六批援藏专家的带领下,医院制定学科发展规划5个、专科发展规划7项,打包其他省(区、市)先进经验15项,组织开展学术交流活动14场,开展"组团式"专家会诊127次,疑难重症病例讨论312场次,带领"徒弟"开发新技术、新项目39项,包括荧光腹腔镜左外叶切除治疗肝癌等项目,确保"徒弟"学习有针对性和突破性;邀请国内知名专家106人次开展友谊消化直通车、首届拉萨儿骨骨病、创伤基础等学术活动77场次,培训人员达2000余人次,带动市、县乡级的教学工作;组织26名本地医护人员到北京市属三甲医院及中华护理协会等单位开展业务进修和专科培训,以多种渠道,变换创新的形式,从医疗技术、职能管理等各方面不断深化人才队伍建设,提升本地医护人员整体水平。2020年,医院(本院区)职工总数700人,较2019年新增26名,通过公招、调动、专招生形式补充本科以上人员8名;全年晋升初级职称57名、中级职称25名、高级职称10名(包括援藏干部4名)。

【规范医院管理】 2020年,拉萨市人民医院完善和修订各级各类制度85项,其中管理制度36项、业务制度49项,优化和再造流程26项,召开绩效管理部门中层干部调研、论证等形式会议近20次,深入科室与现场一线人员讨论、制定涵盖经营指标、质控指标、二次分配方案等内容的垂直绩效管理新方案,于2020年5月正式实施,并于次月全面启动绩效软件,为绩效管理提供科学、高效的信息化支撑。8月,成立物价办,对院内各规章制度进行梳理,组建兼职物价员队伍,完成自治区医疗保障局"新增医疗服务价格项目申报"32份;重点核查信息系统中的服务项目金额等工作,围绕对院内外价格检查、监督、新项目、新技术价格、耗材、物价政策等工作进行指导、审批和宣讲学习,对发现的医疗价格等方面的问题及时审查整改,规范医疗收费。

【规范医疗管理】 2020年,拉萨市人民医院统筹优化全院床位资源,将原有的349张床位扩充至375张,新增床位26张,缓解群众"一床难求"的局面。制定出台《病案四级质控管理制度》《科室质控会议制度》等管理规范,编撰刊印每月一期的《医院质量月刊》,全年出版质量月刊11期,发现问题348项,已解决112项,正在解决113项,对全院290余名医师实行抗菌素分级管理,梳理全院医师处方权限,加大查处力度。

【医保、感控工作】 2020年,拉萨市人民医院接诊门诊医保患者22287人次,个人账户支付674.48万元;住院病人4911人次,住院总费用8277.29万元,个人自付1623.82万元,个人总自付率为19.62%;门诊特殊病人7418人次,总费用769.18万元,其中现金支付76.63万元,各项指标均符合《服务协议》的要求。围绕综合服务、重点目标、环境卫生、手术部位感染等方面开展监测工作,其中全年共监测病例18282例,其中医院感染病例116例,感染发生率为0.63%,同比下降51.34%,环境卫生学合格率达96.1%。全年开展重点部门院感巡查12次,交叉检查8次,发现的问题均采取不同形式及时、多次反馈并及时解决,有效做好疫情防控工作。

【改善设施设备】 2020年,拉萨市人民医院推进五大工程项目建设,做好"组团式"援藏人才周转房项目的结算审计收尾工作,完成住院部改扩建项目94.5%的工程量,改造建设院史馆,并进行后期馆内布展，落实12户集资房和连廊建设项目设计等前期工作，协调组织实施立体停车场建设项目。与中国联通公司合作，打造西藏首家5G智慧医疗联合实验室，完善5G远程手术、远程视频等功能，并完成首例5G+远程会诊。投入耗材（试剂）采购金额5148.41万元，同比增长16%，保障临床所需耗材采购供给。完成“五大中心”设备、HIV病毒载量分析仪、负压救护车以及援藏资金实施的妇科疾病筛查、健康管理中心、急救监护、早癌筛查及治疗设备采购项目的招标工作，实施采购资金5391.84万元。

【健康扶贫事业】 2020年，拉萨市人民医院先后组织北京援藏专家和本地医务人员200余人次，开展送医送药送健康义诊和健康宣教活动18次，免费发放药品价值10余万元，健康宣教1500多人次，提升基层群众就医意识和医疗服务水平。实施免费救治高原病项目，完成贫困户救治患者3名，救助资金21.17万元。开展结对帮扶活动，援藏干部与彩渠塘村民建立帮扶关系24名。再次申请北京市李桓英医学基金会健康扶贫资金50万元，对1名儿科护理人员进行帮扶，帮扶资金1.6万元。

【注重社会效益优先】 2020年，拉萨市人民医院完成各项政府指令性任务，在全面做好疫情防控的基础上，稳步推进医联体建设工作。全年共收治包虫病住院患者33人次，同比减少39.4%，其中手术患者30人次，统筹资金92.49万元元；承担外派保健任务49次，同比减少19.67%，外派人员144人次，保健费用达16万余元；选派基层医疗人员帮扶7人次；落实保障元旦、春节、“五一”、国庆等节假日的日常应急医疗保障工作。

【科研教学】 2020年，拉萨市人民医院申报西藏自治区级科研项目28项，获批拉萨市科技计划项目2项，立项经费16万元，获批经费16万元，获批组援项目8项，立项经费124.85万元，获批经费34.27万元。申报2021年度西藏自治区自然科学基金项目2项，重点研发计划1项。组织召开学术委员会、伦理委员会会议，积极推进项目进程，顺利完成项目结题2项，全年已发表论文66篇，其中核心期刊论文9篇，并成功获批国家自然科学基金依托单位，为科研项目申报开拓更高的平台。历经两年的准备和申报工作，医院于2020年12月被国家卫生健康委员会批准为第三批住院医师规范化培训基地，在地市级医院中率先成为全科、妇产科、内科三个专业综合性住院医师规范化培训基地。全年共接收区内外各医学院实习学生193人，招收助理全科规培人员38人，住培人员5人，组织院级教学讲课30余次，科级健康教育每周定期开展1—2次，针对实习生、规培生安排为期1个月的临床技能培训，每月1次临床医技科室教学督导检查。组织举办第二届教学竞赛活动、首届实习生讲课竞赛活动，丰富医院教学形式。成功举办2020年度西藏自治区专业技术人才知识更新工程项目、西藏地区第二期产科危急重症救治培训班、2020年拉萨市基层产科医师培训班，强化基层医院医护人员业务培训，提升医护人员服务能力。选派本院1名放射科医师到北京空军特色医学中心接受为期3年的住培学习。组织院内学术活动共计15次，培训达3000人次，到院外参加培训40余人次。

【“一院两区”建设】 人事管理。2020年，拉萨市人民医院联合市人社局、市卫健委两家单位组织两批次共计378名储备人才的考核工作，对考核合格及优秀的291人办理调动手续，开展25名辞职人员的后续工作。对符合晋升初、中级职称条件的167名中心院区人员材料进行收集、审核及上报。为中心院区核定周转编制296名，保障考核合格人员的用编工作。

推动工程进度。2020年，拉萨市人民医院中心院区建设项目已完成工程总量的93.9%，累计完成投资约1.75亿元，自开始建设累计完成投资约13.51亿元。针对中心院区生活区职工周转房的交房情况，对符合分房条件的279名中心院区储备人员，按照分配实施办法和有关程序进行分配，并在2020年7月17—18日完成周转房协议签订，8月1日开始正式入住，相继完成天然气等后勤保障。

保障基础运营。2020年，拉萨市人民医院中心院区门诊按照运营方案于2020年6月1日开始试运营，年底总门诊量4203人次，收入24.38万元，并于10月22日起，将驾驶员体检业务搬迁至中心院区急诊一楼，有效地减轻了中心院区门诊负荷。

（陈春进 格桑多吉）

应急管理

安全生产

【概况】 拉萨市应急管理局核定编制24名，其中：行政编制18名，事业编制6名，内设8个科室。2020年，全市共发生各类安全事故实现了事故起数、事故死亡人数“双下降”，安全生产多发突发得到遏制。

【党建工作】 2020年，拉萨市应急管理局加强党对应急工作的全面领导，加强思想政治建设，认真学习领会、深入贯彻落实习近平总书记关于安全生产、防灾减灾救灾和应急管理的重要论述，全力防范化解重大风险，全力遏制重特大事故，践行“两个至上”的崇高理念。按照局党委的统筹部署，年初认真规划，年中加强监管，强化执法检查，年底着重督导考核，全市应急管理系统秉承“忠诚、团结、敬业、实干、担当”的拉萨应急精神，以实际行动做到维护人民群众的财产和生命安全，从讲政治的高度开展应急管理各项工作。

【建立应急指挥机制】 2020年，拉萨市应急管理局组织修编《拉萨市应急总体预案（试行）》，经市政府常务会议研究并报请市委同意，已经以市政府办公室的名义印发。改造应急指挥视频会议室，配备必要的设施设备；完成应急指挥卫星固定天线安装工作，实现应急指挥车与应急指挥中心通过卫星传输音视频信息。按照“智慧应急”的建设要求，开展前期调研摸底工作，明确各信息化建设项目，争取项目建设资金。制定《拉萨市应急管理局应急值守工作制度》，明确应急信息报送工作程序和事故灾难、自然灾害信息接收、研判、综合、报送、分转等工作流程和工作责任。与拉萨警备区建立《拉萨市民兵应急营应急管理对接机制》，起草《拉萨市突发事件应急救援联动机制》。组织开展430多名考生的现场复核、体检、体能测试、面试等工作，为拉萨市应急救援队伍增添新鲜力量64人。

【安全监管执法】 2020年，拉萨市应急管理系统共组建2个专家库，61名安全生产领域专家加入专家库，为开展安全生产检查和执法提供专家和技术支撑。推进非煤矿山、危险化学品、工贸企业安全生产标准化工作，全市共完成标准化企业71家。推进非煤矿山企业双重预防机制和尾矿库“专家会诊”工作。完成18家非煤矿山企业的双重预防体系建设和隐患排查及复查工作，共排查隐患407条，已督促企业整改。尾矿库“专家会诊”中，对全市在建、生产、停产、闭库和无主尾矿库的28座尾矿库开展排查整治工作，共发现安全隐患问题66处，下发责令整改指令书13份。开展重大危险源督导检查和烟花爆竹安全监管工作。检查企业6家，发现隐患37条，其中重大隐患5条，2条已整改完成，3条正在整改中。完成烟花爆竹短期零售人员培训工作，实行持证上岗，检查烟花爆竹仓库3次和烟花爆竹零售店35家，发现安全隐患25处，下发责令整改指令书6份。开展规模以上工贸企业“专家会诊”检查。对全市59家规模以上工贸企业开展“专家会诊”，共排查隐患问题1354条，存在重大隐患46条，重大隐患多集中在涉爆粉尘、有限空间、机械行业、冶炼领域等方面，已完成整改1060条（其中重大隐患31条）。优化行政审批工作，12项服务事项实现网上预约、网上申报、网上审核、网上反馈,取消必要申报材料14项,行政审批承诺时间缩减50%以上。全年共办理行政审批47件,其中,危险化学品经营许可证44件,非金属矿山安全生产许可证3件。

【加强综合协调工作】 2020年,拉萨市应急管理局开展拉萨市疫情防控重点时段各项安全生产工作,消除各类事故隐患。研究制定并下发《拉萨市安全生产专项整治三年行动计划》,为拉萨市全面推进安全生产治理体系和治理能力现代化建设提供依据保障。强化重要节点安排部署及督巡查,紧紧围绕各个节点,对全市各重点时段、重要节点安全生产工作进行安排部署,加强安全生产督巡查工作。市安委办先后3次开展全市安全生产督(巡)查工作,指导、协调和督促各行业主管部门的安全生产工作,及时给市委、市政府决策部署提供第一手资料。定点督促指导,转办举报事项,排除事故隐患。先后下发《关于督促整改拉萨市环线南北隧道交通安全隐患的通知》等督导文件6个,督促各行业部门切实开展好本行业的安全生产工作。开展"12350"安全生产举报热线群众反映问题的接收、转办、跟踪、督办等工作。年内共接到安全生产相关举报10起,已全部处理完毕。由全市相关部门组成15个专项检查组,分3批次全覆盖开展安全生产大检查和联合执法工作,全市各级各部门共检查单位182684家次,发现各类安全隐患1173处。开展"安全生产月"和"安全生产拉萨行"宣传教育活动。全市各级各部门累计开展专题活动163场次,开设专栏专题15个、制作专题视频和警示教育宣传片70部。开展宣传教育"八进"活动147场次,开展知识讲座14场次,受教育人数达到7.6万余人次。全市安全事故死亡人数和经济损失实现"双下降"。

(普措旦周)

防灾减灾

【灾害情况】 2020年,拉萨市6个县(区)发生泥石流、洪涝、风雹等自然灾害14起,共造成1072人受灾,紧急转移安置89人,农作物受灾面积46.12余公顷,绝收面积13.17余公顷,直接经济损失143.33余万元,其中,农业经济损失17.03万元,无人员伤亡和房屋倒损情况,自然灾害总体呈下降趋势。

【制度建设】 2020年,拉萨市应急管理局成立全国第一次自然灾害综合风险普查领导小组,编制完成《拉萨市综合防灾减灾规划(2021—2025年)》初稿和《拉萨市救灾物资储备库分布信息图》,制定出台《拉萨市市级应急救灾物资调拨规定(试行)》。

【经费投入】 2020年,拉萨市应急管理局争取林周县阿朗乡、边角林乡和曲水县聂当乡3个乡级储备库项目,总投资366万元,项目基本完工。争取市级增储救灾物资和装备经费76.39万元,会同市粮食和物资储备局采购救生衣、救援担架、应急救援包、睡袋等13种、11188件。争取自治区代储救灾物资5种、1071件,近13万元;救援类物资2种、54件,0.66万元。

【灾害应急演练】 2020年,拉萨市应急管理局会同市地震、粮储部门赴当雄等4个地震风险县(区)检查救援力量、物资储备、预案演练等落实情况。会同市粮储局圆满完成区、市两级粮食和物资应急调运演练。

【灾害信息员队伍建设】 2020年,拉萨市应急管理局建立市、县、乡、村四级灾害信息员队伍体系,举办灾害信息员专题培训班,与市气象局签订《气象防灾减灾联动合作协议书》,为四级灾害信息员和应急系统干部职工免费提供气象预报手机短信服务。

【应急宣传】 2020年,拉萨市应急管理局配合开展文明城市创建工作,累计支出5.763万余元,更新10处应急避难场所标识牌29个和宣传栏25个。

(普措旦周)

人民防空

【概况】 2020年,拉萨市住建局全面贯彻落实中共十九大和十九届二中、三中、四中、五中全会精神,总结第七次全国人民防空会议及全区人民防空会议取得的成就及经验,紧紧围绕习近平总书记提出的"人民防空是国之大事,是国家战略,是长期战略。要坚持人民防空为人民，铸就坚不可摧的护民之盾”重要指示精神，牢固树立“宁可备而不用，不可用时无备”的工作理念，聚焦人防主责主业，破解难点热点问题，铸就坚不可摧的护民之盾。全市人防建设发展态势良好，各项工作取得明显成效。

【人防宣传教育】 2020年，拉萨市住建局结合“4·4”全国哀悼日、“5·12”全国防灾减灾日、“9·19”警报试鸣日等特殊日期在社区、步行街、公园等场所开展人防宣传活动，向市民宣传人防法律法规、战时防空自救的方法和如何辨别空袭警报、如何识别人防掩蔽标识。在全市范围内共发放《人民防空知识宣传单》等宣传资料4000余份。为市民发放印有人防知识的围裙、钥匙链、鼠标垫、杯子、卡包等宣传品。扩大人防工作影响力、民防知识的普及率，营造良好的社会舆论氛围和导向。

【人防“结建”工作】 2020年，拉萨市住建局统一使用行政审批局三级服务大厅审批监管平台，实行行政审批“一站式”办理，严格按照人防“结建”政策规定，改进城市新建民用建筑项目联审、防空地下室易地建设审批、竣工备案登记等审批服务环节，不断完善和理顺“结建”审批机制。

【开展行政执法检查工作】 2020年，拉萨市住建局深入拉萨市各县区工程项目现场进行执法检查，对20余个项目施工单位进行执法检查，重点检查全市新建民用建筑“结建”8个情况，严肃查处藏游坛城、西藏出版文化产业园、西藏文化艺术创作园区等项目违法违规行为，共下达处罚决定书3份，收缴行政处罚25余万元。

【人防采购工作】 2020年，拉萨市住建局推进拉萨市人防建设项目，多次与自治区保密局、市财政局、市政府采购中心就采购事宜进行沟通、协调后，依照7月29日市政府采购管理办公室下达的《拉萨市政府采购计划表》里明确的邀请招标采购形式，于10月9日在市公共资源交易中心顺利开标。

【专项审计整改工作】 2020年4月7日至5月8日，拉萨市审计局进驻拉萨市住建局，对2013年至2019年原拉萨市人防办的财务收支情况进行审计。拉萨市住建局针对审计反馈的意见，逐一梳理问题，深入分析原因，细化整改方案，明确责任要求，认真及时整改。截至年底，专项审计整改任务清单的5个问题，已整改到位4个。

（蘧智超）

防震减灾

【概况】 拉萨市地震局为由拉萨市应急管理局管理的参公事业单位。拉萨市地震局核定编制4名，实有干部4名，内设1个综合办公室。2020年，拉萨市未列入西藏自治区地震重点危险区和值得注意地区范围，区域内未发生3级以上有感地震。

【发挥办公室职能作用】 2020年，拉萨市地震局充分发挥市抗震救灾指挥部办公室的职能作用，逐步完善成员单位间沟通协调工作机制、组织指挥体系和工作规程，逐步健全政府与部门、军队与地方应急管理部门的预案衔接、信息数据共享和情况互通等制度。年初，制定下发《关于进一步做好2020年防震减灾工作的意见》，全面总结2019年全市防震减灾工作情况，并对2020年全市防震减灾工作提出工作建议，作出安排部署。

【树立“震情第一”观念】 2020年，拉萨市地震局始终牢固树立“震情第一”观念，强化震情监测和震情会商机制，加强与区地震局的联系协调和信息共享，不断提升拉萨市地震监测预报能力。

【群测群防】 2020年，拉萨市地震局加强地震灾情速报管理工作，加强灾情速报人员队伍建设，调整更新灾情速报人员信息。截至年底，拉萨市8个县（区）政府及经济开发区、空港新区、柳梧新区3个经济功能区，均明确1个部门（单位）具体负责地震灾情速报工作；每个乡镇明确1—2名工作人员担任灾情速报员，全市调整充实灾情速报人员328名，确保地震灾情速报人员从县（区）、乡镇至行政村、街道全覆盖，确保一旦发生地震，灾情信息报送渠道畅通。

【灾害监测预警体系建设】 2020年，拉萨市地震局以自治区地震局地震烈度速报与预警工程项目建设为契机，推进拉萨市地震烈度速报与预警工程项目一般站勘选工作。自2018年至2020年，加大地震监测台网建设力度，结合地震监测预报工作实际，协助自治区地震局做好中国地震烈度速报与预警系统项目西藏分项建设，促进拉萨市地震烈度速报和预警信息发布能力提升，提高地震应急效能，切实服务拉萨市经济社会发展。协助完成拉萨市57个基本站国家地震烈度速报与预警工程西藏子项目建设，促进拉萨市地震烈度速报和预警信息发布能力提升，为减少地震损失和人员伤亡起到了积极的作用。

【震害防御工作】 2020年，拉萨市抗震救灾指挥部各有关成员单位、各县（区）人民政府严格按照相关规定，将抗震设防要求作为建设工程项目可行性论证、工程设计、施工审批的必审内容，从源头上加强对建设工程抗震设防的监督和管理。发改、交通、水利、住建、自然资源、地震等部门加强协作，密切配合，在项目立项、规划、设计、施工等环节严格把关，切实采取有效措施，抓好抗震设防工作。新建工程严格按照第五代地震动参数区划图进行抗震设防。新建的学校、医院、大型商场等人员密集场所，严格按照提高一档的要求进行抗震设计和施工。开展老旧房屋抗震加固工作，结合农牧民危房改造、棚户区改造、扶贫搬迁，做好震害防御工作。

【建设工程地震安全监管检查工作】 2020年，为摸清拉萨市建设工程地震安全现状，掌握全市建设工程抗震设防底数，提高全市抗震设防管理水平，拉萨市抗震救灾应急指挥部在全市组织开展建设工程地震安全监管检查工作。制定印发《拉萨市建设工程地震安全监管检查工作方案》，明确检查背景、检查目的、检查依据、组织领导、检查内容、时间安排、工作要求等。加强组织领导，成立拉萨市建设工程地震安全监管检查工作领导小组和工作小组。由市应急、地震、发改、教育、经信、住建、交通、水利、卫建等相关部门深入开展本辖区建设工程地震安全监管检查自查工作。对列入拉萨市重点建设工程项目的学校、医院、公共建筑、高层建筑等进行实地检查，对检查中发现的问题，提出改进措施意见和建议。

【地震灾害风险防范】 2020年，拉萨市地震局针对拉萨市重点项目建设以及相关部门协助开展《拉萨市综合防灾减灾规划（2020—2025年）》《关于协助开展雪崩等地质灾害信息资料收集》等需求，提供项目场址地质构造及地震情况、基本地震烈度、地震动峰值加速度、地震带位置分布图等基础资料。

【创建防震减灾科普示范学校】 2020年，拉萨市地震局开展防震减灾科普示范学校推荐创建工作，在地震、教育、团委、科协等部门的申报推荐下，拉萨市拉萨江苏中学获国家级防震减灾科普示范学校称号，拉萨市第二中学、拉萨市城关区拉鲁小学两所学校获2020年度自治区级防震减灾科普示范学校称号。

【地震应急准备工作】 2020年，拉萨市地震局开展地震应急摸底调研。针对2020年西藏自治区地震活动频繁的情况，联合市应急管理局、市发改委（粮食和物资储备局）、市救灾物资储备中心分别赴拉萨市当雄县、尼木县、墨竹工卡县、林周县，通过召开座谈会、实地调研查看等方式，开展应急救援队伍建设和应急救灾物资储备管理摸底调研指导和检查。

【地震安全保障服务工作】 在2020年全国“两会”、“十一”国庆节等重要节点前后，拉萨市地震局参加自治区地震局监测中心组织的加密会商、周会商、月会商，加强与自治区地震局监测处、监测预报中心的震情会商机制建设，密切跟踪拉萨市震情形势，努力把握趋势变化。成立地震安全保障服务工作领导小组，制定专项工作方案，重点突出“两会”及重要节点期间的震情保障。

【地震应急综合能力建设】 2020年，拉萨市地震局加强预案体系建设。按照《西藏自治区应急总体预案》《西藏自治区地震应急预案》以及《拉萨市应急总体预案》，着手修订完善《拉萨市地震应急预案》，完成初稿。要求各县（区）人民政府、市抗震救灾指挥部各成员单位尽快修订完善各层级、各部门的地震应急专项预案。加强应急队伍建设，不断完善沟通协调工作机制、组织体系和工作规程，强化部门之间、军地之间的信息沟通与应急联动，健全部门、信息数据共享和情况通报等制度，组织开展地震应急专项演练，加大基层应急救援人员培训力度，提升综合救援能力。充分发挥基层党组织、驻村、驻寺工作队防震减灾应急救援的基础性作用，推进应急救援志愿者队伍和社会动员机制建设。

【应急物资储备保障】 2020年，拉萨市各县(区)人民政府、市抗震救灾指挥部各相关成员单位将防震减灾应急物资储备列入救灾物资保障体系，开展各类救灾物资、医疗药品储备工作，加大基层应急救灾物资储备力度，特别是加大易灾地区物资储备基础设施的建设力度，做到应急准备早谋划、早安排、早部署。

【应急避难场所建设】 2020年，拉萨市抗震救灾指挥部各相关成员单位充分利用公园、绿地、广场等公共活动场所，科学规划建设应急避难场所，乡(镇、街道)、村居因地制宜开辟临时避难场所，并配备必要的公共设施。在城区设立16处应急避难场所，采购储备1238.12万元的应急避难场所照明等防灾减灾设施，设计、制作、安装醒目的应急避难场所标志牌等综合指示牌共120个，宣传栏30个，宣传手册12000册，确保拉萨城区发生突发性灾害时能就近就便安置救助灾民。

【地震隐患排查整治】 2020年，拉萨市各县(区)人民政府、市抗震救灾指挥部成员单位，针对本区域、本行业的重点部位，特别是容易产生次生衍生灾害的隐患点、生命线工程以及学校、医院等人员密集场所，开展地震次生衍生灾害隐患排查，发现问题及时采取有效措施，整改到位。

【防震减灾科普宣传】 2020年，拉萨市地震局结合防震减灾宣传实际需求，编印藏汉两种文字的防震减灾宣传册、宣传挂图、宣传折页，定制印有藏汉两种文字防震减灾宣传标语的宣传品，深受广大群众喜爱。以“5·12”全国防灾减灾日为契机，到城关区楚布寺、城关区当巴社区西郊安居苑、城关区俄杰塘社区幸福小区、拉萨江苏中学、城关区娘热小学等开展防震减灾宣传活动。邀请自治区地震局专家开展地震科普知识讲座，组织开展应急疏散演练。活动中，共发放《防震知识》挂图、《防震避震知识》藏汉读本等防震减灾宣传册3700余份，发放印有防震减灾藏汉两种文字的水杯、笔记本和宣传袋各4600余份。以2020年“安全生产月”和“安全生产拉萨行”活动、科技宣传周、环保宣传日为平台和载体，分别深入城关区俄杰塘社区、堆龙德庆区东嘎镇桑木村、堆龙德庆区古荣乡南巴村、曲水县聂当乡德吉村委会等开展防灾减灾宣传知识宣传活动。共发放印有藏汉两种文字的防震减灾宣传书籍及《防震避震知识挂图》《农牧区防震减灾知识挂图》《防震减灾知识手册》等2500余份，赠送印有防震减灾知识标语的宣传品共1360余份，并在现场提供业务咨询服务。

（次　央）

气象

【概况】 2020年，拉萨市各地年平均气温在3.7℃—10.4℃之间，与历年同期平均值相比，尼木持平，其余各地偏高1℃—2℃；年降水总量在325.2—698.5毫米之间，与历年同期相比，墨竹工卡略偏多，其余各地基本正常；年日照时数在3583.8—3628.7小时之间。冬季(2019年12月至2020年2月)各地平均气温在-7.2℃—0.4℃之间，与历年同期平均值相比，尼木偏低2℃，其余各地正常；降水量在0.5—6.8毫米之间，拉萨偏少8成，其余各地正常。春季(3—5月)各地平均气温在1.6℃—8.5℃之间，与历年同期平均值相比，尼木偏低2℃，其余各地略偏低；降水量在55.3—101.4毫米之间，与历年同期相比，各地均偏多，其中墨竹工卡偏多1.1倍。夏季(6—8月)各地平均气温在11.5℃—17.3℃之间，与历年同期平均值相比，各地正常或略偏高；降水量在229.8—536.6毫米之间，与历年同期相比，墨竹工卡偏多4成，其余各地正常。秋季(9—11月)各地平均气温在5.5℃—11.9℃之间，与历年同期平均值相比，各地偏高1℃—3℃；降水量在29.9—54.4毫米之间，各地偏少4—6成。

【气候事件】 2020年6月，开始拉

萨市各地降水过程频繁,强降雨落区阶段性重叠,其中22—23日受高原切变线和南部暖湿气流共同影响,拉萨全市范围出现明显的降水天气,部分地方强度较大,其中6个站累计降水量大于40毫米,29个站降水量在20—40毫米之间。其中墨竹工卡站降水量达到47.8毫米,超过历史极大值(47.3/2002年8月19日)。截至24日08时各地累计降水量分别为墨竹工卡站48.7毫米、雪乡46.2毫米、唐加乡44.1毫米、唐嘎42.2毫米、尼玛江热乡40.9毫米、唐嘎乡40毫米,其余各地在1.1—36.2毫米之间,其中拉萨本站31.3毫米。

【年极端气候事件】

日最高气温创历史同期极大值或年极大值信息一览表

表1　　单位:℃

站名	日最高气温/出现日期	历史同期极大值/出现日期	年极大值/出现日期
尼木	27.7/8月7日	27.5/2003年8月14日	30.1/2019年6月24日

月平均气温超历史同期极大值信息一览表

表2　　单位:℃

站名	月平均气温/出现月份	历史同期极大值/出现月份
拉萨	17.1/2020年8月	17.0/2003年8月
拉萨	2.8/2020年12月	2.0/2017年12月

日降水量超历史同期极大值及年极大值信息一览表

表3　　单位:毫米

站名	降水量/出现日期	历史同期极大值/出现日期	年极大值/出现日期
墨竹工卡	48.7/6月23日	35.9/1995年6月13日	47.3/2002年8月19日
达孜	45.6/7月10日	32.7/2016年7月21日	32.7/2016年7月21日

【气象灾害】 2020年7月24日傍晚,尼木县普松乡如巴寺附近发生山洪泥石流灾害,农田灾害面积共30.9亩,其中绝收面积0.9亩、轻灾面积30亩。2020年7月9日20:30左右,达孜区章多乡恰村6、7组,由于短时强降水天气,导致农田受灾情况较为严重,受灾面积800余亩,共有受灾户22户。

【科研成果】 2020年,益西曲珍(第一作者)著《拉萨城区主要大气污染物与气象因子关系分析》发表于《农业与技术》第五期。丁真贡嘎(第一作者)著《拉萨市一次典型污染天气的气象条件分析》发表于《自然科学》第四期。洛桑卓嘎(第一作者)著《拉萨市天气条件与空气质量的关系》发表于《内蒙古科技》。洛桑卓嘎(第二作者)著《青藏高原感热对中国夏季降水的影响》发表于《西藏科技》。

【服务"三农"】 2020年,拉萨市气象局深入基层调研,明确气象服务的方向,为智慧气象打下坚实的基础。完成五县三区辖区内历史气象灾情、中小河流洪水、山洪、地质灾害、内涝隐患点数据信息采集。实施"特色农业计划",对接特色农业,开展青稞、草莓、藏药等特色作物的精细化跟踪气象服务,对不同的生长季节提供不同的气象服务。利用"互联网+气象",不断完善服务产品,提高气象信息覆盖面,为广大农户提供气象服务保障,助力实施乡村振兴战略。充分发挥智慧气象在乡村振兴中的技术支撑作用,为"乡村振兴"提供科技支撑。围绕"产业振兴",为特色种植大户提供"直通式"气象服务;针对曲水县才纳乡国家现代农业示范区服务需求，提供不同的气象服务。多次到拉萨各县进行春耕春播、秋收秋种调研工作，发布春耕春播、秋收秋种专题服务16期，其他农业气象情报54期，为曲水才纳乡国家现代农业示范区提供直通式气象服务6期及1期霜冻灾害温馨提示等。

【气象防灾减灾】 2020年，为认真贯彻落实拉萨市安全生产会要求，做好灾害防范工作，拉萨市气象局以拉萨市国土资源局提供的2020年1∶5万拉萨市地质灾害隐患点排查信息表为依托，开展拉萨市灾害隐患点的排查工作。建立防雷装置定期检测告知制度，明确防雷装置检测单位的主体责任；执行中国局制定的防雷检测服务机构信用评价规范、服务质量考核、信息公开等规范标准并对检测服务机构进行监管；拉萨市行政区域内的检测服务机构的资料受理及初步审核；组织防雷安全检查，执行对（新、改、扩）建项目防雷装置前置设计审核、后期竣工验收，建立防雷安全管理档案；加强油库（加油站）、气库（加气站）、弹药库、化学品仓库、烟花爆竹、石化等易燃易爆建设工程和场所，雷电易发区内的矿区、旅游景点或者投入使用的建（构）筑物、设施等监管工作。

【脱贫攻坚】 2020年，拉萨市气象局深化“321”精准扶贫结对帮扶责任制，按照《拉萨市气象局关于开展春节、藏历新年期间对贫困户集中开展走访慰问活动情况报告》文件要求，组织林岗村结对帮扶对象开展集中宣讲十九届四中全会精神暨“三大节日”慰问帮扶活动。同时深入结对帮扶村开展防灾减灾宣传和民族团结宣传活动。7月，主动与市扶贫办、电视台协调沟通，起草和上报《发挥气象影视媒资作用巩固脱贫攻坚成果实施方案》，同月，市脱贫攻坚指挥部办公室下发《关于利用拉萨气象影视节目开展扶贫产品公益宣传推介活动的通知》文件，成立专项领导小组，由副市长扎西白珍任组长，推进气象影视助力脱贫攻坚工作。通过气象传媒、新媒体、智慧气象移动互联网服务平台三种媒介，对本地大昭圣泉、拉萨净土乳业、青稞藜麦、吞弥藏香等10家企业的13个扶贫目录指定产品进行宣传，直接或间接地带动企业的销售额，部分企业的销售较2019年同期增长多达2.4倍，总收益近1000万元，并为10家企业总计节省近1000万元的广告宣传费。在此基础上，在全区首次探索形成“扶贫＋媒资＋企业”的新模式，具有很好的示范借鉴价值且能被推广运用。9月，为尼木县《雅鲁藏布江尼木大峡谷——首届吞弥藏香文化旅游节》活动制定周密细致的气象保障服务工作方案和各项应对预案，为此次活动提供及时有效的气象服务保障。为做好扶贫县（区）21个乡镇自动气象站管护工作，开展21个自动气象站管护员遴选工作，增加群众收入，巩固脱贫攻坚成果。全年通过工会采购扶贫产品两万余元助力扶贫工作。

【人才培养】 2020年5月，拉萨市气象局创立拉萨市气象发展论坛，全年共开班5期。在局校合作方面，6月，南京信息工程大学张越院长到拉萨市局检查指导工作、西藏大学副校长孟芳兵到林周县气象局调研。10月，南京信息工程大学副校长胡明保与拉萨市局就“拉萨强对流天气短临预报系统”应用进行座谈。先后共有8名南京信息工程大学的毕业生到拉萨市气象局气象台进行业务实习。为双方人才培养、科研工作、资源充分利用、合作共赢打下深厚的基础。组织参加“西藏气象行业第四届县级综合气象业务技能竞赛”，拉萨市气象局甘臣龙取得全区气象行业第四届县级综合气象业务技能竞赛个人全能第一名的好成绩。注重发挥先进人物的模范带动作用，制作短视频《天边之乡问天人》，获第二届全国气象短视频创作大赛（重庆赛区）二等奖。

【气象科普宣传】 2020年，拉萨市气象局突出抓好气象科普宣传，提升公众防灾减灾能力和服务满意度。在“3·23”世界气象日、“5·12”防灾减灾日和防灾减灾宣传周等重要时间节点，开展气象科普宣传活动。受新冠肺炎疫情影响，2020年“3·23”世界气象日，安排气象台（预报组、服务组）通过微信App、抖音公众号和网课（钉钉网）等线上资源开展气象防灾减灾科普宣传活动，受到广大农牧民和学生的热烈欢迎，增强大家的防雷避险意识和法律意识，提高避灾自救技能。

（鲁　川）

民　政

综述

【概况】 拉萨市民政局总编制87名，其中行政编制20名，机关后勤4名；参工事业单位编制20名；局属事业单位编制43名，现实有人数86人。拉萨市民政局设办公室、规划财务科、基层政权和社区治理科、社会救助科、社会福利和社会事务科5个内设机构，市救助管理站1个参公事业单位，中国拉萨SOS儿童村、拉萨市儿童福利院、拉萨市社会福利院、拉萨市居民家庭经济状况核对中心4个事业单位。

2020年，拉萨市民政局紧紧围绕年初制定的工作目标，认真贯彻落实全国、全区民政工作会议精神，突出民政“以保脱贫”脱贫攻坚职责，求真务实，开拓创新，重点工作有力推进，难点工作有效突破，各项工作取得显著成绩。持续深入开展“不忘初心，牢记使命”主题教育活动，深入实施“六大战略”，保障和改善民生，建立完善与拉萨市经济社会发展水平相适应的社会救助体系、社会福利体系、社会组织管理体系、社会事务公共服务体系、福利机构标准化建设体系。推进党建、廉政、效能、作风等制度建设，开展综治宣传日、安全生产宣传、平安西藏宣传日、“6·26”国际禁毒日、全国法制宣传日、国家安全教育日等活动。

【党建及党风廉政建设】 2020年，拉萨市民政局加强政治理论学习，坚持开展每周一次的党员集中学习例会和每月一次的党组理论中心组学习，截至年底，共召开党员集中学习会20次，党组理论学习中心组学习会12次。科学谋划党建和党风廉政建设工作，制定党建、党风廉政建设和意识形态工作计划。规范开展民主生活会、组织生活会等党内政治生活。推动党风廉政常态化建设，制定《拉萨市民政局党风廉政常态化建设实施方案》《拉萨市民政局落实党风廉政建设责任追究制度》，建立党风廉政主体责任清单、第一责任人责任清单、“一岗双责”责任清单等，重新梳理权责清单和廉政风险点，制定防控措施，将风险防控压实到工作的各个环节。探索党建业务深度融合工作，研究制定《拉萨市民政局党建和业务深度融合工作实施方案》《拉萨市民政局党员领导干部工作联系点制度》，县级干部为全体党员上专题党课5次。截至年底，共开展结对帮扶2轮，为驻村点送去5万余元慰问物资。协调解决驻村点蓄水池、阳光棚、林地网围栏等。通过“以买代帮”方式购买驻村点藏香、卡垫等产品，累计消费6.5万余元。深化作风建设。认真落实“三重一大”制度，全年召开党组会议15次。持续深入开展为基层减负工作，全年发文23份，开会7次。严格执行中央“八项规定”、区党委“约法十章”和“九项要求”、市委“八项要求”，全年“三公”经费支出共计20.85万元，同比下降8.87%。制定维稳、信访、安全生产工作方案，对福利机构消防和食品安全情况进行6次专项督查。

【“放管服”改革】 2020年，拉萨市民政局推进“互联网+政务服务”，紧紧围绕贯彻落实国务院“一网、一门、一次”政务服务要求，深化推进“互联网+政务服务”，实行“线上线下综合受理，后台分类审批”的服务模式，推动政务服务平台融合发展，推行群众办事线上“一网通办”,涉及民政27个事项全部实现“一窗受理”,网上可办率达100%。

【“三大节日”走访慰问】 2020年,在“三大节日”期间,拉萨市民政局为困难群众兑现慰问金50.84万元,慰问11家福利机构,发放慰问金16.5万元。

（高妮 李韬 刘军 扎央）

社会救助

【城乡低保】 2020年,拉萨市城镇最低生活保障标准由月人均864元提高至911元,高出自治区标准64元;农村最低生活保障标准由年人均4550元提高至4813元,高出自治区标准100元。2020年为5598户7470名城镇低保对象落实保障金6252.16万元,为1621户5468名农村低保对象落实保障金1445.99万元。

【临时救助】 2020年,拉萨市临时救助金年最高标准为个人5000元、家庭1万元,多项救助标准高于自治区,切实保障城乡困难群众基本生活。为426名困难群众落实临时救助金211.93万元,起草《拉萨市乡(镇)临时救助备用金管理办法》。

【脱贫攻坚】 2020年,拉萨市民政局出台《关于返贫致贫建立兜底保障监测预警和帮扶机制的意见》,重点关注监测对象为最低生活保障对象和分散供养特困人员中60周岁以上的老人、16周岁以下的儿童,残疾人、重病患者、无劳力家庭和单亲家庭;因学因病因灾因意外事故等可能出现基本生活受到影响的家庭;无固定收入来源或固定收入来源发生重大变化的低收入农牧民家庭;不符合救助条件但实际生活存在困难的家庭;跨地市易地扶贫搬迁点困难群体;其他应纳入重点监测预警对象的农牧民,为保障基本民生建立最后防线。

2020年,拉萨市民政局党组副书记、局长白玛玉珍获全国脱贫攻坚先进工作者称号,拉萨市民政局2020年被评为拉萨市脱贫攻坚工作先进集体称号,达孜区特困人员集中供养服务中心的硬件、软件不断健全完善,管理服务能力全面提升,成为西藏自治区首个国家级养老服务业标准化单位,已迈入标准化管理新时代。

【流浪乞讨人员救助】 2020年,拉萨市民政局高度重视流浪乞讨人员救助管理工作,建立由民政牵头、部门负责、社会参与的流浪乞讨人员救助保护工作机制,建立民政、公安、卫生等部门共同参与、紧密配合的救助管理联动机制,完善流浪乞讨人员救助保护工作体系,提升流浪乞讨人员救助能力和水平,基本形成区外一体化的救助网络体系,形成全方位、多层次、多渠道的流浪乞讨人员救助保护工作格局,共救助448人次,其中未成年人39人次、男性332人次、女性116人次、藏族145人次、汉族283人次、少数民族21人次、区内89人次、区外359人次、流乞人员222人次、自愿救助人员226人次、车票274人次、医疗16人次、护送4人次、移交民政43人次、移交办事处32人次、落户安置2人次。

（巴桑卓玛）

社会福利和社会事务

【特困人员供养】 2020年,拉萨市民政局根据民政部安排部署,持续推进养老服务质量提升工作。在全市所有特困人员集中供养服务中心继续开展福利机构标准化服务建设工作,宣贯自治区养老服务标准,开展标准化服务培训,服务中心护理、后勤岗位工作人员参训率达到100%。全市共有特困供养人员1109名,其中在县(区)特困人员集中供养服务中心享受集中供养服务对象768名、分散供养对象341名,特困人员意愿集中供养率达100%。城市特困人员和农村集中供养特困人员供养标准达到13213元/年,农村分散特困人员供养标准达到7070元/年,全年落实供养金1255.85万元。

【养老服务】 2020年,拉萨市被民政部、财政部确定为第五批居家和社区养老服务改革试点单位,投入1258万元彩票公益金开展居家和社区养老服务。自治区党委常委、市委书记白玛旺堆主持召开全市民生工作专题会议,安排部署养老服务工作,要求以第五批试点为契机全面推进养老服务工作,将拉萨市建设成现代化高原养老城市。将试点工作纳入社会事业领域深化改革重点任务,由市委常委、常务副市长占堆牵头推进,经市委常委会会议研究,市政府办公室印发《拉萨市居家和社区养老服务改革试点工作实施方案》，同步设立试点工作领导小组。建立由市政府分管副市长郑卫国担任召集人的养老服务工作联席会议制度，市发改委、教育局、科技局等23个部门作为联席会议成员单位，并明确成员单位主要职责。加强全市养老服务体系规划，邀请北京市民政局骨干力量和市民政局工作人员组成"规划专班"，编制《拉萨市"十四五"时期养老服务发展规划》。逐步建立养老服务配套政策，顶层设计方面，研究起草《关于加快养老服务发展的实施意见》《关于制定和实施老年人照顾服务项目的实施意见(代拟稿)》，在居家和社区养老服务设施运营支持方面，联合市财政局等部门研究起草《拉萨市关于加快居家和社区养老服务发展的若干措施》《拉萨市民政局拉萨市财政局关于政府购买养老服务的管理办法》《拉萨市民政局关于开展居家和社区养老服务设施建设的意见(征求意见稿)》。开展特殊困难老年人摸底建账工作，投入福彩公益金42万元向专业社会组织购买经济困难老年人筛查摸底工作，截至2020年10月，全市低保家庭老年人1909人、低收入家庭老年人518人、残疾老年人2930人、建档立卡老年人5134人、特殊困难老年人726人、申请经济困难家庭老年人失能补贴764人、高龄补贴748人。投入150万福彩公益金在城关区老城区15个社区开展居家和社区养老服务工作，为471名困境老年人提供"助餐、助浴、助洁、助医、助急"五助及代办服务，累计提供服务2万余次。

【孤儿收养】 2020年，拉萨市孤儿基本生活保障标准为1159元/月，高出自治区标准100元。全年共为504名孤儿兑现孤保金700.96万元，全市孤儿集中收养率保持为100%。为161名成年孤儿在校孤儿落实"福彩圆梦·助学工程"补助资金161万元，补助标准为每人1万元。

【残疾人"两项补贴"】 为切实解决残疾人特殊生活困难和长期照护困难，保障残疾人生存发展权益，拉萨市民政局联合市财政局、残疾人联合会研究制定《拉萨市困难残疾人生活补贴和重度残疾人护理补贴制度实施细则(试行)》，明确补贴对象、简化程序。2020年，拉萨市重度残疾人生活补贴标准为200元/月，困难残疾人生活补贴标准为100元/月，全年共兑现残疾人"两项补贴"资金1068.24万元，其中为5844名困难残疾人兑现生活补贴701.28万元，为1529名重度残疾人兑现护理补贴366.96万元。

【留守儿童保护】 2020年，拉萨市民政局投入262.33万福彩公益金，为全市有需求的14个乡镇(街道)和村(居)建设配置农村留守儿童"快乐之家"，累计开展关爱活动12余次。为全市1232名农村留守儿童建档，指派281名儿童村主任和68名儿童督导员，并将其基本信息录入全国信息系统。

【福利机构标准化建设】 2020年，在全市11家福利机构推行标准化服务试点工作，申报市儿童福利院和达孜特困人员集中供养服务中心为国家级试点单位，确定SOS儿童村、市儿童福利院、市社会福利院、达孜区特困人员集中供养服务中心、林周县特困人员集中供养服务中心为市级试点单位。

【慈善及彩票管理】 2020年，拉萨市福利彩票管理站配送即开票2265.1万元，销售量突破1亿元。开展"公益福彩·情暖高原"2020年西藏福彩三大节日公益资助活动，慰问困难群众140户落实慰问金14万元。先后两次开展户外销售活动和即开票返现活动，促销即开票1940.7万元，为福彩销售点落实返现奖励60万元。疫情期间拉萨市慈善总会接收善款1133万.4636元，向武汉及湖北疫情区域转赠资金1131.5558万元，其中向武汉捐赠物资折合人民币504万元。

【婚姻登记】 2020年，全市婚姻登记共7163对，其中结婚登记4696对，离婚登记1290对，补办登记1177对。

【殡葬管理】 2020年，拉萨市民政局持续推进殡葬改革工作，开展"文明祭祀、绿色清明"主题清明祭祀活动，为467人次群众提供祭祀服务。

(鲁　生　米玛普尺　李彦鹏　尼玛卓嘎)

基层政权和社区建设

【社区治理工作】 开展社区疫情防控工作。各县(区)按照区市统一安排部署，在社区开展疫情防控工作。对社区办公场所、街道、小区等进行消毒，对小区进出人员进行劝导、登记。开展宣传教育，发放疫情防控知识手册，张贴宣传海报、悬挂横幅等，让广大群众深入了解病毒防控知识。协助完成社区治理试点工作。5月，抽派业务骨干与市委组织部联合在城关区功德林街道幸福社区开展社区治理试点工作，重点指导社区制定顺口溜式的《居民公约》，修订《居民公约》实施细则，通过《居民公约》的规范和完善，在社区自我管理、自我教育、自我约束上起到良好的效果。深入推进扫黑除恶专项斗争。年初下发《关于做好基层政权和社区治理相关工作的通知》，明确各县（区）民政局做好扫黑除恶打非治乱专项斗争工作的职责和任务，严格实施扫黑除恶工作常态机制，巩固扫黑除恶成果。开展社区减负工作。起草的《拉萨市关于建立城乡社区准入制度的指导意见》《拉萨市城乡社区职责事项清单》经市委改革办审核通过并下发。《拉萨市关于建立城乡社区准入制度的指导意见》的出台实施将有效减轻基层负担，提升社区服务能力和水平。

【易地扶贫搬迁点建立基层组织】 2020年，为做好易地扶贫搬迁点基层组织建设和治理工作，拉萨市民政局已在搬迁点单独成立14个村（居）委会。选举村（居）"两委"班子人员。指导新成立的14个村（居）委会制定村规民约，以及村（居）民委员会工作各项职责。充分发挥基层党组织战斗力、凝聚力，加强服务和管理，确保各项工作有效运行。制定《关于做好易地扶贫搬迁后续扶持的工作方案》，各村（居）"两委"班子通过招聘会、职业介绍、群众自主创业等措施，解决搬迁群众就业难问题，增加收入。各乡镇举办培训班，教搬迁群众学习拉萨话、跳锅庄舞等来丰富群众生活，协调教育部门开创绿色通道，解决搬迁户适龄儿童就近上学问题。

【发放信用代码】 2020年，拉萨市的287个村（居）委会正式获得特别法人资格，村（居）委会有统一、唯一、合法的身份，可以独立自主地参与经济社会活动，有基层群众性自治组织特别法人统一社会信用代码证书，村（居）委会在办理土地确权申请、车辆购置和报废等问题上。承担相应的民事责任，有利于加强村（居）委会的规范化建设，提高村（居）委会的服务能力，促进城乡社区治理体系和治理能力现代化。

（高小丽）

社会组织工作

【社会组织登记】 始终坚持依法登记管理，加大清理整顿力度，促进社会组织健康发展。2020年，全市共审批登记成立14家社会组织，其中市级8家、县（区）级6家。

【社会组织党建工作】 2020年，拉萨市民政局全面推进社会组织党的组织和工作覆盖攻坚行动，及时成立中共拉萨市社会组织行业委员会，选举产生委员、书记、副书记。由社会组织行业党委主抓，全力推进社会组织"两个覆盖"，实现社会组织党组织和党的工作覆盖率达到100%，超额完成目标。加强社会组织群团组织建设，成立共青团拉萨市社会组织行业委员会。督促指导社会组织组建群团组织，全年注册登记43家社会组织，工会组织覆盖率65.12%，共青团组织覆盖率55.08%，妇联组织覆盖率74.42%。注重发挥社会组织两个作用，通过选派党建指导员、完善党建工作制度、创建社会组织党建示范点等多种举措，强化党建引领，激发社会组织内生活力，促进社会组织健康发展。

【清理整治社会组织】 *监督检查*。2020年3月，拉萨市民政局在全市范围内全面开展社会组织摸底排查工作，及时掌握全市社会组织基本情况，确保社会组织底数清、情况明。及时更新社会组织信息系统数据，定期做好行政许可和行政处罚"双公示"工作，自觉接受社会的监督。

严把年检审核关。2020年，拉萨市民政局下发《拉萨市民政局关于开展2019年度社会组织年检工作的通知》，全面开展社会组织年度检查工作，社会组织参检率达到80%。通过清理整治，共注销52家社会组织，其中市2家、县（区）50家；办理变更登记1家。

开展打击非法社会组织活动。2020年，拉萨市民政局与公安部门沟通联系，加大摸排力度，持续打击非法社会组织。对取缔的4家非法社会组织进行回头复查，了解负责人的思想动态。对已登记的社会组织开展诚信自律活动，签订

诚信自律承诺书,确保从源头上制止非法组织产生。

开展行业协会商会脱钩改革工作。2020年,拉萨市民政局联合市发改委,全面推进行业协会商会与行政机关脱钩改革工作,按照“五分离、五规范”的原则,完成全市15家行业协会商会的脱钩改革工作,其中市级10家,县(区)级5家。通过脱钩改革,理顺工作机制,推进政社分开、权责明确、依法自治的社会组织管理体制。

(高小丽)

行政区划与地名管理

【行政区划调整】 2020年3—4月,为进一步优化城乡行政区划布局,理顺管理体制,提升社区服务管理水平,拉萨市民政局组成社区治理调研工作组深入城关区各街道办、社区开展社区治理专题调研,起草的《拉萨市城关区堆龙德庆区区划调整建议方案》经市委常委会研究通过。城关区和堆龙德庆按照建议方案开展此项工作。

【地名管理】 2020年,拉萨市民政局开展市区(包括柳梧、经开)各主干道路命名及标识牌的检查清理行动,及时制作更换23个道路指示版面和42个道路指示牌,强化地名管理,提升城市形象。开展《拉萨市地名规划》编制工作,与市规划院对接,将夺底沟和娘热沟的规划纳入拉萨市地名规划,完成地名规划图二稿。指导城关区做好城区新修建的4个公园和1座桥梁的命名工作。

【行政区域界线联检】 2020年,拉萨市民政局下发《拉萨市关于开展全市第六轮县级行政区域界线联合检查工作实施方案》,动员部署,指导各县(区)开展勘界联检工作,并已完成拉萨市各县(区)牵头的7个界线的联检工作。通过开展勘界联检,掌握边界情况,维护边界界线,保证边界和谐稳定。

(高小丽)

民政项目建设

【项目建设】 2020年,全市民政系统中央预算内投资、中央彩票公益金和本级彩票公益金投资新建、续建项目32个,其中新建24个、续建8个;市级5个、各县(区)27个,总投资25931.17万元。拉萨市麻风病治愈安置房完成全部建设任务并投入使用,2020年4月开工的拉萨市精神病人福利院新建工程完成总工程量的90%,尼木县未成年人中心完成总工程量的74%,完成拉萨市精神病人福利院设施设备购置项目、拉萨SOS儿童村功能提升改造项目、拉萨市儿童福利院功能提升改造项目。

(索朗桑姆)

退役军人事务服务

【概况】 拉萨市退役军人事务局于2019年4月4日挂牌成立。截至2020年底,机关行政编制数10人,现实有10人,其中领导干部5人(含一名二级巡视员,不占机关编制数)。机关内设科室3个,分别为综合科、移交安置和权益维护科、拥军优抚和褒扬纪念科,各科室均设科长1名,共3名,设一级主任科员1名、四级主任科员2名。事业编制数13人,现实有11人(其中,空缺1个事业编制和1个后勤岗编制)。事业单位设“三中心”,市退役军人服务中心、拉萨烈士陵园管理中心、信息保障中心。市退役军人服务中心编制数6人,实有6人。拉萨烈士陵园管理中心编制数3个,实有3人。信息保障中心编制数4个,实有3人。后勤岗编制数2个,实有1人。拉萨市退役军人事务局成立以来,先后争取公益性岗位编制6个,新招录合同工9人,截至年底,有干部职工37人。

【移交安置】 2020年,拉萨市退役军人事务局开展军转干部安置工作,均安置公务员编制。开展退役士官安置工作,拉萨市首次实施积分选岗安置办法,同时为确保安置工作稳妥推进,协调拉萨市国有企业就业岗位,在公开选岗日讲清企业用工需求和发展前景,为他们提供更多选择,鼓励他们到国有企业岗位工作,安置率100%。开展自主择业军转干部档案审查和接收工作,选派工作人员脱产参加审档工作,历时25天完成审档工作。自主择业干部到后,市退役军人事务局工作人员耐心解答他们的有关咨询,热情办理每一项事项。完成自主择业军转干部接收报到工作。

【就业创业】 2020年,拉萨市退役军人事务局组织退役士兵参加线上培训。组织退役军人参加自治区技能培训。组织自主择业军转干部参加培训,2020年拉萨市退役军人事务局被退役军人事务部和清华大学评定2019年度“自主择业军队转业干部教育培训网络学堂”表现突出,颁发荣誉证书。为进一步提高退役军人就业创业能力,引导退役军人更好更快地融入社会,拉萨市积极宣传相关政策,组织退役军人参加招聘。堆龙德庆区对接本辖区企业解决退役军人就业问题;林周县协调县人社局,帮助身有残疾的退役军人解决就业问题;墨竹工卡县推荐上报自主择业军转干部参加全国退役军人创新大赛。

【权益维护】 2020年“三大节日”和“八一”建军节前后,拉萨市退役军人事务局为因病自主择业军转干部和企业军转干部送去慰问金;慰问拉萨市自主择业军转干部所属拉萨、成都、西安、重庆、贵阳、昆明6个党支部。8月18日,拉萨市政府副市长郑卫国率队到拉萨自主择业军转干部成都党支部,对成都党支部自主择业军转干部进行集中慰问。走访慰问长期生病自主择业军转干部胡晓惠家,详细询问身体状况和生活情况,转达市委、市政府对军转干部的亲切关怀。根据《关于调整自主择业军队转业干部退役金标准的通知》文件要求,严格审查档案资料,细致核算统计结果,高质量地对自主择业军转干部2019年度增加退役金、增资、调整部队工作标准、自主择业生活补贴、军人职业津贴、住房物业服务补贴进行调整。自主择业军转干部通过QQ留言、电子邮箱、电话等形式,对调资计发比例、调资公式及明细问题得到答复。开展拉萨市自主择业军转干部医保卡上账金额核算工作,并将核算准确的医保卡上账金额发放至自主择业军转干部工资卡中。为自主择业军转干部落实取暖费。解决拉萨市2004—2017年自主择业军转干部按月住房补贴和2018—2020年自主择业军转干部按月住房补贴。在中(高)考报名之际,做好2020年自主择业军转干部子女在藏工龄加分及户籍审查等相关工作,规范相关审查工作,维护自主择业军转干部子女平等享受在藏工龄加分的权益。通过自主择业军转干部QQ群、自主择业军转干部党支部微信群等方式通知拉萨市自主择业军转干部按照要求进行年度审核登记,采取网上登记,确保不落一个人。

【双拥工作】 2020年,拉萨市退役军人事务局协调拉萨警备区、武警拉萨支队选派人员,开展军地合署办公工作。对标对表《双拥模范城(县)创建命名管理办法》,严格按照相关要求,协调自治区双拥办,完成拟推荐新一轮创建全国双拥模范城(县)、模范单位、模范个人申报材料的撰写、初审和上报工作,为做好全国双拥模范城县创建工作,协调相关部门在全市各级服务窗口和旅游场所专门设立军人优先、拥军示范点窗口,召集各双拥成员单位召开双拥模范城协调工作会议,收集、整理、汇总双拥迎检考核各项资料。指导各县(区)争创全国双拥模范城(县)工作。拉萨市蝉联全国双拥模范城(县)“八连冠”,同时,当雄县荣获全国双拥模范城(县)称号。实现军民共建,拓宽双拥共建领域。海军“拉萨舰”自组建成立以来,拉萨市双拥办多次与其就“双拥共建”事宜进行探讨。2020年8月,衔接交流双拥共建意见建议,达成双拥共建共识。配合自治区拥军支前领导小组工作,结合拉萨市实际,认领相关任务,完成涉及各行业、各单位、各部门、各县区的近100项统计上报工作。

【征兵工作】 为切实做好2020年全国双拥模范城(县)创建和协助配合市征兵办开展征兵政策宣传工作,拉萨市退役军人事务局在全市营造拥军优属拥政爱民和大学生踊跃参军入伍的浓厚氛围。先后投入经费,分别在市区、柳梧新区、机场高速公路3处设立大型双拥宣传牌。协调净土公司、交通产业集团在市区6处人行天桥、400辆出租车顶灯滚动播放32条横幅内容,在市区部分道路口悬挂普通横幅32条,制作《2020年征兵政策解读》1万册。协助配合市征兵办,安排专人参与市民服务中心征兵窗口宣传工作。现征兵工作任务圆满完成。

【优抚和烈士褒扬工作】 2020年,拉萨市退役军人事务局开展优抚对象调查统计工作,对重点优抚对象进行一人一表登记录入工作。为进一步加强部分优抚对象数据精细化、动态化、规范化管理,更好地维护享受国家定期抚恤补助优抚对象权益,确保优抚资金安全发放,开展享受国家定期抚恤补助伤残人员资格确认工作。在拉萨日报刊登《关于领取伤残抚恤金资格确认的公告》。通过采取电话联系、视频连线、邮寄照片等形式，对正常享受待遇优抚对象进行年度资格审核工作。2020年，先后分8批对已完成资格确认的863名伤残人员，兑现伤残抚恤金。开展新办、补办伤残证，伤残关系转移的材料初审和上报工作。截至年底，共办理伤残证32个。开展烈士纪念褒扬工作。为有效做好新冠肺炎疫情防控工作，保障清明节期间各类祭扫人群的生命安全和身体健康，在拉萨日报、市人民政府官网发布《拉萨市烈士陵园清明节烈士祭扫工作相关事项的公告》。开通“网上祭扫，致敬英雄烈士”拉萨官网线上祭扫工作。通过网络献花、上香等形式，在屏幕前默哀，追思人民英雄，不忘历史，致敬英烈。清明节期间，线上祭扫人员达到15348余人。9月30日，协助区退役军人事务厅在拉萨市烈士陵园举行盛大的烈士公祭活动。自治区、拉萨市党政军领导参加公祭活动，区（中）直单位干部职工代表、烈属代表、老战士代表、学生代表、拉萨市干部职工代表（市直部门党政主要负责人）、拉萨市居民群众代表、解放军官兵代表、武警部队官兵代表、公安民警代表共约900人，向烈士敬献花篮，唱《中华人民共和国国歌》，瞻仰烈士陵园。及时向市直单位和各县（区）下发《关于做好“中国人民志愿军抗美援朝出国作战70周年”纪念章颁发工作的通知》，开展调查摸底统计工作，通过核查，为符合发放抗美援朝出国作战纪念章的退役军人，按照申报程序及时上报退役军人事务厅，开展慰问和发放纪念章工作。开展全市退役军人和其他优抚对象信息采集、发放光荣牌工作。

【重大节庆节点慰问活动】 2020年，拉萨市退役军人事务局在重大节庆节点开展一系列内容丰富、形式多样的拥军优属慰问活动。“三大节日”期间，慰问基层执勤点，发放慰问品；慰问各类优抚对象，发放慰问金；在《拉萨日报》刊登《慰问信》。“八一”前夕，自治区党委常委、拉萨市委书记白玛旺堆带领四大班子一行慰问驻市部队执勤点，送慰问品。副市长张正、郑卫国等一行到当雄县格达乡慰问看望野外驻训部队，送去饮用水。组织重点优抚对象代表12人参加在军休服务中心召开的“八一”慰问座谈会。8县（区）开展走访慰问部队、优抚对象、立功军人家属等活动。

（梁景业）

人力资源与社会保障

综述

2020年，面对新冠肺炎疫情的影响，全市实现城镇新增就业14571人，城镇登记失业率控制在3%以内。农牧民转移就业8.2万人，实现收入8.44亿元，开展农牧民技能培训15473人，应届高校毕业生人数4780人，就业率达99.7%，困难家庭高校毕业生就业率达100%。社会保险参保达到53.77万人，征缴社保基金15.59亿元，发放社保卡65万张，激活率98%，39家银行网点实现即时制卡。阶段性减税降费政策惠及全市参保企业，对6600家参保单位阶段性减免三项社会保险费4.85亿元，兑现87家企业稳岗补贴1573.73万元。落实民工工资专户435户，农民工工资卡开卡16120张，线上代发工资金额10.65亿元，线下代发工资金额4.3亿元。

（邓　立）

就业创业

【高校毕业生就业工作】 2020年，拉萨市人力资源和社会保障局（以下简称拉萨市人社局）实施高校毕业生实名制登记管理制度，建立人社、教育、公安、乡镇、高校等部门联动协调机制，建立高校毕业生人才信息库，实行动态管理。畅通就业渠道，建立完善企业人才需求信息库、开发就业岗位11578个。开展基层“四类人员”岗位招聘工作，除村（居）医务人员外，其余人员均满额招聘，共招聘844人。各县（区）在编外聘用整体可控、财政压力不增的情况下，开发904个急需紧缺基层岗位，提升基层社会治理能力和水平。将就业援藏纳入对口援藏省市“十四五”规划，出台《拉萨市促进拉萨籍高校毕业生区外就业创业的具体措施》，与对口援藏省市签订《对口支持拉萨人社工作协议书》，建立健全人才引进、公招考入、自主对接相结合的人才返藏机制，优化高校毕业生区外就业创业环境。全年北京、江苏两省市提供就业岗位1347个（其中事业岗位235个，国企岗位370个，民企岗位742个），通过就业援藏渠道促进48人实现区外就业。创新开启线上招聘服务，建立市县两级联动、线上线下全覆盖的招聘模式，实现求职招聘全天候、零距离，举办高校毕业生专场招聘活动60场次，促进2566名高校毕业生实现市场就业。启动搭建线上线下政策申领平台，实现网上申报、线下审核，及时兑现高校毕业生就业创业补贴6994万元（其中高校毕业生创业补贴2189万元，创业启动资金380人2300万元）。提升帮扶服务，制定《拉萨市结对帮扶高校毕业生就业工作职责》，实现帮扶全覆盖，结对领导干部2896名推荐就业岗位10714个，促进3699名未就业高校毕业生实现就业，其中37名地级领导干部结对帮扶就业101人。加强调查研究，全面深入了解高校毕业生就业形势、就业现状，分析研究工作举措，为市委、市政府决策提供科学依据。

【公共就业服务工作】 压责任，做到“三个到位”。2020年，拉萨市人社局组织召开全市就业工作专题会2次、农牧民转移就业工作电视电话会1次、工作推进会1次，起草印发《2020年拉萨市就业再就业工作要点》《2020年拉萨市农牧民培训转移就业工作实施方案》等文件，压实责任、明确指标、细化举措。成立以市长任组长、分管副市长任副组长、相关成员单位组成的转移就业专项推进组，起草印发《关于组建拉萨市农牧民转移就业专项推进组办公室和工作小组的方案》《拉萨市农牧民转移就业专项推进组工作职责及议事规则》，在市人社局组建工作专班，下设三个工作小组，抽调专人集中办公，整合力量推进工作。将农牧民转移就业作为考核硬指标，严格落实周报告（通报）、月调度、常态化督导制度，及时通报工作进展。

夯基础，做到“两个精准”。2020年，拉萨市人社局开展全市劳动力基本情况调查摸底，加强农牧民转移就业统计录入，及时精准掌握劳务输出情况和增收动态。印发《关于做好就业服务推动农牧民工有序转移就业的通知》，全面推行“进农牧区、进农户，送政策、送岗位”服务，打通城乡劳动力从家门口直达企业的“就业快车道”。深入拉萨万达广场、市城投公司等企业开发就业岗位，精准组织群众匹配对接。对接用工单位1700家，开发岗位42331个，对接成功6398人。

强措施，搭建“三大平台”。2020年，拉萨市人社局依托政府投资工程项目，搭建建筑领域转移就业平台。起草制定《关于印发〈拉萨市城投公司在建项目用工与各县（区）劳务、机械组织化精准对接任务分解〉的通知》《关于扎实做好工程项目带动农牧民组织化转移就业的紧急通知》《关于进一步做好政府投资项目吸纳农牧民转移就业的通知》，各县（区）指定分管领导对接工程项目，吸纳农牧民转移就业3.57万人，实现收入3.01亿元。依托劳务输出组织，搭建组织化转移就业平台，成立覆盖市、县、乡、村四级的劳务输出组织429个，劳务输出、劳务派遣3.69万人。在全区率先建成131个农牧民转移基地，吸纳农牧民转移就业1.42万人，实现收入2.13亿元。拓展其他省（区、市）就业渠道，搭建区外转移就业平台，建立对口援藏工作联络服务中心，实现区外转移就业1173人。

重扶贫，做到“三个扎实”。2020年，拉萨市人社局深入各县（区）易地扶贫搬迁安置点及搬迁户家中实地调研，帮助理清工作思路、解决矛盾问题。根据市委关于调研督战脱贫攻坚工作专题会议精神及相关要求，局主要领导带队对林周县旁多乡脱贫攻坚工作进行实地调研督战，查实情、找症结、谋发展。组织开展城关区恩惠苑搬迁群众与市城投公司东城开发项目集中复工对接活动，帮助52名搬迁群众实现在建筑项目工地就业。开展搬迁点群众与坎巴嘎布、红星美凯龙家居等企业的岗位对接活动，帮助20余名搬迁群众实现就业。协调市二职赴达孜幸福小区搬迁安置点、城关区恩惠苑搬迁安置点开展岗位对接活动，帮助16名搬迁群众实现就业。

补短板，实施“三个强化”。2020年，拉萨市人社局起草印发《关于转发〈关于做好职业技能提升行动专账资金使用管理工作的通知〉和〈关于印发“以工代训”服务流程和补贴标准的通知〉的通知》《拉萨市关于2020—2021年农牧民工在国有建筑企业以岗代训推进工作方案》等文件，完善培训考核评价体系，不断提高培训精准度和实效性。实施“实用技能人员培育工程”，围绕“工程建设、种植养殖、现代服务、文化旅游、绿色加工”五大领域，通过“企业摸底—群众点单—上岗培训”三步走，精准开展本地实用技能人员培育工作。开办培育项目21个，涉及培育对象1179人，为全市各类紧缺技能人才培训上岗夯实基础。举办2020年拉萨市职业技能大赛，设置烹饪、烘焙、汽车维修、电工等10个比赛项目，287名选手参加比赛，评出个人金奖10名、银奖20名、铜奖33名，3家单位获得优秀组织奖。

重保障，落实“三类帮扶”。2020年，拉萨市人社局落实党中央及区市党委“六稳”“六保”决策部署，兑现援企稳岗补贴政策，为83家企业发放稳岗补贴735.83万元。落实失业保障政策，为409人发放失业补助金72.47万元，为450人发放失业保险金180.96万元。落实重点企业用工保障政策，疫情期间，对市域内的24家重要医用物资企业、重要生活必需品骨干企业、销售企业实施24小时用工调度保障机制，为4家重要医用物资企业、重要生活必需品骨干企业提供用工64人，缓解重点企业用工短缺的问题，确保医用紧缺物资及时投产。

（邓　立）

社会保障

【概况】 2020年，拉萨市人社局统筹城乡社会保障，深入推进以制度覆盖到人员覆盖。截至年底，全市企业职工基本养老保险参保9.18万人，征缴养老保险费5.7亿元，支付养老保险待遇4.1亿元；机关事业养老保险参保3.09万人，征缴收入11.37亿元，发放养老金9.78亿元；工伤保险参保15.77万人，征缴工伤保险费5212.8万元，支出4106.32万元；失业保险参保7.95万人，征缴失业保险费5018.45万元，支出856.45万元；城乡居民养老保险参保22.62万人（由税务按年征收），发放养老金9539.89万元。社保信息化建设取得突破性进展。

【阶段性减税降费政策】 2020年2月起，拉萨市人社局对6400家参保单位阶段性减免三项社会保险费4.64亿元，其中养老保险费4.28亿元、失业保险费0.17亿元、工伤保险0.19亿元。

【社会保障卡综合应用】 2020年，拉萨市在全区成功举办社会保障卡"一卡通"惠民惠农资金首发仪式暨惠民惠农资金发放平台启动仪式，制定《拉萨市关于推进社会保障卡"一卡通"综合应用的实施意见》。通过"一卡通"平台发放全市城乡居民养老金7411.32万元，城关区相关部门惠民惠农及财政补贴资金130余项、9359.53万元。协调市经信局，将社保卡作为"智慧城市"唯一卡介质，建设项目已经发改委立项。社保卡发卡激活65万张，发卡激活率98%，39家银行网点实现即时制卡。

【开发应用"掌上社保"】 2020年，拉萨市人社局实现网上约号办业务，有效解决排队长、等候久的问题，实现缴费信息、社保信息查询及个人参保证明、个人权益记录单打印等自助服务。推广应用"社保网上经办服务平台"，参保企业通过"互联网+CA"认证的方式登录网上申报服务大厅，实现增减人员变更、核定缴费、参保证明打印、信息查询等业务全程网办，网上办理业务13万次。设立"拉萨市人社业务自助服务终端"，与社保业务经办系统联动，极大地方便办事群众自助办理社保参保、打印参保证明、社保卡数据采集等业务。

（邓　立）

人力资源

【坚持党管人才工作方针】 2020年，拉萨市人社局实施人才强市战略，编制《拉萨市2020年党政机关急需紧缺人才目录》，制定2020年人才引进计划。完成全区高校毕业生公开考录（招聘）拉萨考区考务工作，招录公务员46人、基层事业工作人员83人、教育类岗位人员562人。招募"三支一扶"人员230人。调动专业技术人员87人。申报并获批表彰奖励项目10个。开展拉萨市2020年编外聘用人员考务工作，138人进入体检、政审环节。协助拉萨市经济开发区开展遴选考试、面试工作。协助拉萨市中级人民法院招聘书记员14人。

【专技人员工作】 2020年，拉萨市人社局完成2020年专业技术人员职称政治考试和村（居）科技专干、医务人员、农业农村工作专员和乡村幼教人员考试等考务工作。优化事业单位岗位设置结构比例，职称评聘413人。推进职称评审权下放，在拉萨师范高等专科学校和第一、第二中等职业技术学校试点职称评、聘权下放工作。

【落实工资福利政策】 2020年，拉萨市人社局审批工资变动4052人次；审批享受64号文件提前退休金81人次；审核下达事业单位正常晋升增资指标296.84万元；调整52名野外地质勘探队、测绘工作人员的基本工资标准、西藏特殊津贴，下达增资指标4.01万元。对506家企业开展企业人工成本和在岗职工工资情况进行调查审核。

（邓　立）

劳动关系

【遏制拖欠民工工资】 2020年，拉萨市人社局强化《保障农民工工资支付条例》宣传贯彻执行，为127家用人单位办理劳动用工登记备案手续，督促企业签订劳动合同1698份。督促61家建筑施工企业缴存民工工资保证金3702.67万元。全面推行劳动用工实名制管理，落实实名制管理工程项目255个，落实民工工资专户435户，农民工工资卡开卡16120张，线上代发工资金额10.65亿元，线下代发工资金额4.3亿元。

【处理劳动人事争议案件】 2020年，拉萨市人社局受理劳动监察投诉案件148起，为583名劳动者追回工资417.32万元，法定期限内办结率达100%，核查答复12345服务热线转办件554起、处理12333咨询热线转办件82起、核实答复网民留言等转办件49起。上报拖欠农民工工资"黑名单"企业4家，公布重大劳动保障违法行为10起。

【完善劳动保障监察行政执法与刑事司法衔接机制】2020年，拉萨市人社局研究制定《拉萨市关于建立健全根治拖欠农民工工资问题长效机制的意见》，形成《拉萨市根治拖欠工资问题协作机制备忘录》。

【维护用工双方合法权益】2020年，拉萨市受理工伤认定360起，劳动能力鉴定340人。受理劳动人事争议案件167件，为劳动者追回工资、经济补偿、工伤赔偿等合计902余万元，法定时效内结案率100%、调解率49%，结案率、调解率均超过人社部、区人社厅的规定比率。

（邓立）

医疗保障

【概况】2020年，拉萨市医疗保障局合计有编制21名，其中行政编制10名、事业编制9名、后勤服务事业编制2名。部门领导职数4名，科级领导职数8名，内设3个科室和1个中心。局党组2020年开展调整干部和晋升职级1次，提任正科级领导1名，晋升一级主任科员2名、二级主任科员2名。实有：正县级干部2人，副县级干部2人，正科级干部4名（包含一级主任科员2名），享受职级待遇的四级调研员1人，二级主任科员2名，四级主任科员2人，一级科员4人，工勤编制1人。

【稳中求进保民生】截至2020年年底，全市参保人数已达63.8万人，其中城镇职工基本医疗保险参保12.61万人，同比增长14.4%；城镇职工生育保险参保10.52万人，同比增长17.5%；城乡居民医保参保40.73万人，同比增长4.7%，参保率持续稳定在96%以上。拉萨市共有定点医药机构235家，其中定点医疗机构110家、定点零售药店125家，定点医药机构数量正在逐年上升，老百姓在家门口看病就医越来越方便。

【生育保险和职工基本医疗保险合并】2020年2月29日，拉萨市遵循保留险种、保障待遇、统一管理、降低成本的总体思路，推进两项保险合并实施。实现参保同步登记、基金合并运行，统一征缴管理和监督管理，经办服务实现一体化，确保职工生育保险待遇不变，制度可持续。

【《拉萨市城乡居民基本医疗保险实施办法（试行）》】2020年3月6日，拉萨市出台《拉萨市城乡居民基本医疗保险实施办法（试行）》，整合城镇居民基本医疗保险和农牧区医疗制度，并建立城乡居民医保系统，拉萨市8个县（区）医保局、3个功能园区医保经办机构和53家定点医疗机构已实现城乡居民"基本医疗保险＋大病保险＋医疗救助"的"一窗口办理、一站式服务、一单制结算"的"三个一"模式，拉萨市有条件的村卫生室也开通村医通联网直接结算系统，简化申请大病保险、医疗救助的手续。

【打击欺诈骗取医保基金专项治理行动】2020年4月1日，拉萨市全面启动拉萨市打击欺诈骗取医保基金专项治理行动。借助《西藏商报》、《拉萨日报》、微信平台、广播电视台等载体大力宣传基金监管法律法规和惠民政策问答知识以及《欺诈骗取医疗保障基金行为举报奖励暂行办法》，共向社会发放打击欺诈骗保宣传折页（单）1.4万册、各类政策汇编（问答）4.1万册、张贴宣传海报2000张、悬挂宣传横幅40条。

【制发医保政策明白卡】5月26日，拉萨市在全区率先制发15000张藏汉双语版建档立卡贫困人员医保政策明白卡，并借助驻村工作队、扶贫干部等力量，对贫困人员面对面宣讲、一对一解读，做到政策一户一张、家喻户晓。

【拉萨市医保扶贫监测平台】2020年12月9日，拉萨市及各县（区）建立启用医保扶贫监测平台，通过大数据分析、实时监测、数据比对，动态掌握全市城乡居民参保、报销情况，重点对年度总费用超10万元的人员和自费超1万元的人员进行监测，对存在"因病致贫返贫"风险人员逐人建档，分月统计，通过县（区）医保部门实地走访摸排筛选,对存在风险人员及时因户施策,精准帮扶。

【打击欺诈骗保】 2020年12月15日,拉萨市建立打击欺诈骗取医疗保障基金联席会议制度。联合发改、财政、公安、司法、卫健、市场监管、税务等部门加强综合监管,实施联合惩治,共同维护医疗保障基金安全。并首次面向社会公开招聘22名医疗保障社会监督员,通过明察暗访、举报、投诉等方式,对定点医药机构、医保经办机构违反法律法规、参保人员骗取医保基金等违法违规行为实施监督。

【城镇职工医疗保障待遇提升】 2020年12月28日,拉萨市城镇职工基本医疗保险门诊特殊病病种从原有20种扩至49种。城镇职工基本医疗保险统筹基金年度最高支付限额由原来的8万元提高至60万元。对个人仍有难以负担的自付部分按照“一事一议”的原则通过医疗救助资金“兜底”解决。

（阿　里）

民族·宗教

民族

【概况】 2020年,拉萨市民族事务委员会(以下简称拉萨市民委)高举习近平新时代中国特色社会主义思想伟大旗帜,坚决贯彻落实习近平总书记"加强民族团结建设美丽西藏"的重要指示精神,深入学习贯彻中央第七次西藏工作座谈会精神,按照区党委九届八次全会、市委九届六次全会部署,坚持依法治理民族事务,推进民族工作领域治理体系和治理能力现代化,维护社会和谐稳定。全面深入持久开展民族团结进步创建工作,铸牢中华民族共同体意识,奋力开创拉萨市民族团结进步事业新局面。

【党建工作】 2020年,拉萨市民委党组认真贯彻落实《党委(党组)全面从严治党主体责任规定》,切实扛起全面从严治党主体责任。按照党的建设总要求,全面提高机关党的建设工作质量。加强政治建设,坚决维护党中央权威和集中统一领导,带头把绝对忠诚于习近平总书记这个核心作为最大的政治,作为最重要的政治纪律和政治规矩,全面动员,思想发动,抓好党员政治纪律教育,让绝对忠诚成为全体干部职工的思想自觉、党性观念、纪律要求、实际行动。加强思想建设,持续用党的创新理论武装头脑、指导实践、推动工作。坚持把学习宣传贯彻习近平新时代中国特色社会主义思想和中央第七次西藏工作座谈会精神作为首要政治任务,引导广大党员干部学深悟透,领会贯通。加强廉政建设,建设为民务实清廉政府机关,全面强化"两个责任",持续用力抓好落实,不断取得党风廉政建设和反腐败工作的新成效。

【疫情防控】 2020年2月17日至3月28日,拉萨市民委选派由委党组副书记、主任赵长胜为组长的5名党员干部赴城关区纳金乡加荣社区协助社区开展疫情防控工作。选派委党组成员、副主任次仁昌菊下沉到大昭寺,协助寺庙开展疫情防控工作,完成市委交办的社区、寺庙疫情防控各项工作。同时,凝聚全市民委系统干部职工、离退休人员、驻村工作队、民族团结示范单位、民族团结进步教育基地、民族团结模范等力量,实行联防联控,开展疫情防控宣传、民族团结宣传、驻村入户摸排、爱心捐款、走访慰问等活动。安排专人负责单位干部职工、离退休人员及家属动态信息,形成每日一报工作制度,对各类人员的外出情况、身体状况、赴湖北等情况密切跟踪,对干部职工返藏、隔离、上班情况实行动态监管。干部职工为武汉捐款6400元,退休支部捐款2000元,党员捐款1100元,仁多岗村村民捐款15385元。全国民族团结进步创建示范单位城关区响应战役"集结号",为辖区各族群众甘做"逆行者"、扮演"全能者"、充当"守护者",坚决打赢打好疫情防控,筑牢第一面墙;市级民族团结进步创建示范单位团市委,率先垂范,投身疫情防控第一线,主动参与机场、宾馆、社区疫情防控工作。号召全市团组织切实发挥团干部、各族团员青年、返乡大学生志愿者力量,参与宣传引导、志愿服务、心理疏导、便民服务、人文关怀等相关工作,切实发挥民族团结创建示范单位的先锋模范作用。当雄县民族团结进步创建示范单位当雄县电信局免费为新冠病毒肺炎疫情防控定点医院当雄县人民医院提供价值7800余元的天翼云视频会议系统，并在医院会议室安装、调试，为当雄防控疫情工作提供强大的通信保障，体现民族团结示范单位团结一致、凝聚力量的引领示范作用。民族团结模范集体和个人以实际行动率先垂范。柳梧新区民族团结进步模范家庭贾强和仓决夫妇主动做起小区返藏务工人员的采购员和服务员，当起小区居家隔离人员的“跑腿员”。堆龙德庆区马镇武装部部长蔡朝辉作为一名汉族人，努力克服语言沟通障碍，多次走访入户，向群众讲解疫情防控知识，还主动与其他省市公司沟通协调，为全村免费发放7500多只口罩。当雄、墨竹工卡、尼木等县（区）回族个体商户自发筹资3万余元，购买蔬菜、水果、矿泉水等物资，慰问战斗在疫情一线的医护人员、公安民警以及工作人员。西藏泰成餐饮有限公司组织慰问组，从1月31日起连续10天分别到自治区人民医院、达孜区人民医院、拉萨市疾控中心等多家单位进行慰问，为奋战在抗击疫情一线的医护人员、公安民警送上价值4万余元的优质盒饭900份以及50箱快餐面和50箱饮料等慰问品。

【民族团结进步宣传教育】 2020年，拉萨市民委深入驻村点开展结对帮扶认亲活动，宣讲民族团结政策。市民政局组织儿童福利院115名儿童开展民族团结主题道德讲堂活动；市体育局开展“民族团结进步节”篮球联谊赛和“民族团结月”户外拓展活动；市网信办组织开展“维护祖国统一、加强民族团结”——民族团结进步创建知识竞赛活动；市行政审批局组织开展“学说藏语敬语”比赛，开展民族团结知识竞赛和文艺晚会等活动。市宗教局将民族团结宣传月活动与“遵行四条标准，争做先进僧尼”教育实践活动和宗教领域“两规划”培训相结合，在僧尼中广泛开展民族团结宣传活动。市委宣传部为营造浓厚宣传月活动氛围，累计开展宣讲128场次、悬挂横幅245条、LED显示屏800余次、文艺活动15场次，受教育干部群众达20余万人次。城关区组织各族干部职工举办“民族团结饺子宴”，通过共同包饺子、吃饺子来增进感情。参加自治区民族团结摄影、书法、美术、文学作品比赛。在西藏自治区第二届民族团结摄影、书法、美术、文学作品比赛中拉萨市共有9个作品参展；向《民族画报》《西藏日报》《拉萨日报》、西藏广播电视台、新华网等媒体推送《巴桑旺堆——用手术刀在珠峰下努力谱写民族团结的高原医生》、易地扶贫搬迁点致富带头人《巴桑占堆搬迁点事迹》、民族团结模范家庭及致富带头人高永乾等民族团结先进事迹共计100多个，其中《巴桑旺堆——用手术刀在珠峰下努力谱写民族团结的高原医生》累计转发66条，评论67条。按照《西藏自治区民族事务委员会西藏自治区法制宣传教育工作领导小组办公室关于开展西藏自治区民族团结进步模范区创建条例线上答题活动的通知》要求，组织全市党员干部积极参加线上答题活动，据统计，共有2000余名机关党员参加线上答题活动。

【民族团结进步创建】 2020年，拉萨市民委坚持开展民族团结创建“七进”活动，巩固和深化民族团结进步创建成果。上半年，拉萨市开展一系列庆祝“3·28”西藏百万农奴解放纪念日暨民族团结进步创建活动10余场次，参与人数达3万余人；在曲水县四季吉祥村举办三级民委系统第七批全国民族团结进步创建活动示范单位和中国少数民族特色村镇授牌仪式；联合墨竹贡嘎县门巴乡仁多岗村、城关区河坝林社区、甘丹寺管委会举办民族团结创建“进村（居）”“进社区”“进寺庙”活动。活动围绕召开座谈会、表彰辖区内少数民族流动人口商户、各行各业民族团结典范，书法比赛、拔河比赛、文体表演以及吃团圆饭方式开展。坚持为区内外考察调研民族团结进步创建活动的考察团安排考察点，发挥民族团结进步创建活动示范引领作用。安排自治区政协、自治区人大、自治区民委、自治区统战部，拉萨市人大、政协，那曲地区等单位赴拉萨市考察调研城市民族工作、民族团结进步创建工作、少数民族流动人口服务管理等10余次。推荐第八批全国民族团结进步创建示范区、示范单位和全国民族团结进步教育基地。根据自治区民委《推荐第八批全国民族团结进步创建示范区示范单位的通知》要求，严格按照《全国民族团结进步示范区示范单位命名办法》，推荐市委宣传部、当雄县、市师范高等专科学校3家单位为全国第八批民族团结进步创建示范区、示范单位，推荐拉萨市清政府驻藏大臣衙门旧址陈列馆为全国民族团结进步教育基地。

【民族事务工作】 2020年，拉萨市民委印发《拉萨市民族团结进步模范评选表彰办法》。为修改好、完善好《拉萨市民族团结进步模范评选表彰办法》，学习习近平总书记关于民族工作的重要论述及中共中央、国务院《关于加强和改进新形势下民族工作的意见》《全国民族团结进步模范评选表彰办法》《西藏自治区民族团结进步模范区创建条例》等规章制度，学习市委关于民族工作和民族团结评选表彰活动的重要指示精神，确保办法全面准确地贯彻和体现中央及区、市党委精神。梳理、研究分析拉萨市民族团结表彰活动中存在的突出问题。征求拉萨市进一步深化民族团结进步创建活动领导小组39家成员单位的意见建议。新的表彰办法修改内容达85%以上，于5月20日印发施行。打包修订《拉萨市民族团结进步条例》。协助拉萨市人大对2012年印发的《拉萨市民族团结进步条例》中涉及机构改革单位的名称进行打包修订。严审公民民族成分更改，全年共审批6例符合规定的民族变更申请，其中满18岁自愿更改民族的有2例，未满18周岁，父母婚姻关系发生变化，其民族成分与直接抚养一方不同而变更民族成分的4例。

【民族领域维稳工作】 元旦、春节、藏历新年、萨嘎达瓦节等重要节点期间，在做好新冠肺炎疫情防控和单位内部安保值班带班工作的同时，以开展基层调研活动为契机，深入各县区民委部门，加强各项维稳措施的检查指导。先后于重大节庆日、重要节点前下发通知，指导全市民委系统制定应急工作预案和应急措施，对发现的各类不稳定因素和安全隐患，督促限期整改。以扎实推进扫黑除恶、打非治乱专项斗争为抓手，以开展反恐工作为切入点，建立健全矛盾纠纷排查调处机制，实现矛盾纠纷排查调处“零搁置”。加大维稳督导力度，通过采取各项行之有效的工作措施，实现全年“三无、三不出、三稳定”的既定维稳安保工作目标。

【自治区领导批示落实办结情况】 根据市委书记白玛旺堆10月20日在《拉萨市关于第30个民族团结宣传月活动开展情况的报告》上的批示要求，拉萨市民委总结经验，就下一步铸牢中华民族共同体意识提出有针对性、可操作、群众易接受的举措。

【民族政策理论教育】 2020年，拉萨市民委开展以《中华人民共和国宪法》《中华人民共和国民族区域自治法》《国务院实施〈民族区域自治法〉若干规定》《西藏自治区民族团结进步模范区创建条例》《拉萨市民族团结进步条例》为主要内容的党的民族政策和国家法律法规宣传教育，引导各族群众知法、懂法、守法、用法，提高依法维权、依法解决矛盾纠纷的意识和能力，引导各级干部增强法治思维，提高运用法治思维和法治方式治理民族事务的能力。

【民族团结创建活动】 加强机关干部民族团结理论培训。2020年，拉萨市民委建立健全习近平新时代中国特色社会主义思想全民性宣传教育体系，发挥好“学习强国”学习平台阵地优势、传播优势，开展习近平总书记著作网文推送和藏文翻译工作，扩大影响力、覆盖面。坚持把习近平总书记关于民族工作的重要论述、中共十九大以来党的民族理论和政策，党史、新中国史、改革开放史、社会主义发展史、西藏和祖国关系史（“五部史”），《中华人民共和国宪法》《中华人民共和国民族区域自治法》《西藏自治区民族团结进步模范区创建条例》《拉萨市民族团结进步条例》等法律法规纳入各级党委（党组）理论学习中心组学习重要内容，纳入各级干部职工教育培训必修课程，纳入各级党校（行政学院）、社会主义学院培训计划，纳入普法工作重点内容。

加强学校民族团结思想教育。2020年，拉萨市民委持续推进民族团结进步创建“进学校”，把爱国主义精神贯穿各类学校教育全过程，有序推进民族团结进教材、进课堂、进头脑。在各级各类学校广泛开展马克思主义“五观两论”“五部史”教育，深入开展“传承红色基因”“学雷锋志愿服务”“小手拉大手”等系列活动，建设“书香校园”，引导各族学生树立共产主义远大理想和中国特色社会主义共同理想，把爱我中华种子埋入每个青少年的心灵深处，使青少年自觉承担起维护祖国统一和加强民族团结的神圣职责，旗帜鲜明地反对分裂，同一切分裂祖国的言行作坚决斗争。

加强民族团结进步社会面教育。2020年,拉萨市民委以培育和践行社会主义核心价值观为内容,深入开展“五有五好”文明村镇创建活动,持续开展“四讲四爱”群众教育实践活动,引导广大农牧民群众争做“神圣国土守护者、幸福家园建设者”,不断增强各族群众对伟大祖国、中华民族、中华文化、中国共产党、中国特色社会主义的认同,广泛发动群众参与反分裂斗争,形成维护稳定的铜墙铁壁。对媒体、旅游、律师等从业人员及企业管理人员、城市流动人员、村(居)“两委”班子成员进行系统培训,开展党史、新中国史、改革开放史、社会主义发展史教育,开展西藏地方和祖国关系史教育,引导各族群众树立正确的国家观、历史观、民族观、文化观、宗教观。

加强僧尼民族团结教育引导。2020年,拉萨市民委坚持在广大僧尼中深入开展“五部史”教育、法治宣传教育、感党恩教育、新旧西藏对比教育、藏传佛教活佛转世历史定制和宗教仪轨教育,开展好宗教界人士看今日拉萨、“过好今生最幸福宣讲”等系列主题活动,持续深入开展“遵行四条标准、争做先进僧尼”教育实践活动。

加强企业民族团结宣传教育。2020年,拉萨市民委把民族团结进步创建工作纳入企业总体发展规划,与解决企业各族职工切身利益问题相结合,与提升企业经济效益和社会效益相结合,提高创建活动的效果。设立“民族团结发展基金”,对优秀民族团结企业给予项目和资金扶持。加强对企业员工的思想教育,引导企业各族职工牢固树立“三个离不开”“五个认同”思想,营造各族职工相互了解、相互包容、相互欣赏、相互学习、相互帮助的良好氛围。引导企业积极履行社会责任,主动开展扶贫开发、捐资助学等社会公益活动。

加强军队民族团结宣传教育。2020年,拉萨市民委建立健全军营民族团结进步创建组织机构和工作机制,全面加强党的民族理论和政策法规的学习,提高官兵执行党的民族政策的能力。支持地方建设,主动承担地方抢险救灾、维护祖国统一、民族团结和社会稳定的任务。充分利用“八一”建军节、“十一”国庆节等节日开展丰富多彩、形式多样的军民共建活动。组织官兵参观爱国主义教育基地、民族团结进步教育基地,举办民族团结知识竞赛、演讲等活动。

加强城市民族工作。2020年,拉萨市民委调整完善有关民族优惠政策,创造条件逐步由侧重民族因素向侧重区域因素过渡,成熟一项实施一项。完善以街道(镇)、社区、机关企事业单位、社会组织为依托的网格化管理平台,鼓励开展各民族结对帮扶、共度节庆等交流活动,推进建立相互嵌入式的社会结构和社区环境,创造各民族共居共学共事共乐的社会条件。完善城市少数民族流动人口服务管理体系,健全“少数民族一家亲服务站”,建立少数民族流动人口服务管理工作联席会议制度,鼓励拉萨和其他省市各族群众双向流动,实施人口流出地与流入地信息互通制度,加强法治宣传、就业指导、子女入学、矛盾化解、法律援助等服务,让流动人口更好融入城市生活。

(央　吉)

宗教管理

【概况】 拉萨市宗教事务局(以下简称拉萨市宗教局)是市政府工作部门,正县级建制,设4个内设科室(正科级),分别为办公室、政策法规科、藏传佛教事务科、其他宗教事务科。核定人员编制15名,其中行政编制8名、事业编制7名;部门领导职数5名,科级领导职数8名。所属事业单位宗教服务和管理中心,核定编制5名,内设领导职数3名。市宗教事务局管理指导的拉萨市佛教协会,设1个内设科室(正科级),综合办公室,核定编制8名,部门领导职数2名、内设科室科级领导职数2名。

【管理宗教事务管理】 依法依规管理活动。鉴于疫情,2020年的宗教活动,除了“甘丹色唐”、雪顿展佛、白来日追活动外,其他宗教活动均未开展。在全区率先完成全市现在编的藏传佛教教职人员登记、备案、颁证信息数据收集工作,建立健全全市藏传佛教教职人员数据信息库。强化对以社会流动方式从事民间宗教活动人员的管理。

依法依规管严场所。2020年,拉萨市宗教局严格落实《拉萨市宗教活动场所建设(修缮)审批管理规定》,对宗教活动场所建设(修缮)项目的审批程序进行规范,杜绝未批先建及破坏文物现象发生,持续巩固已规范整治的非法宗教活动点等整治成果。

【疫情防控工作迅速有力】 针对新冠肺炎疫情，拉萨市宗教局及时制定《拉萨市宗教领域关于坚决打赢防控阻击战，全力维护寺庙和谐稳定的工作方案》《关于切实做好宗教活动场所疫情防控和宗教领域维护稳定工作的紧急通知》，市佛教协会在全区率先发布《关于以大昭寺、小昭寺为主的古城区域内宗教活动场所暂停对外开放的公告》，全市290座宗教活动场所在全区率先停止对外开放。6名高僧活佛主动发声，通过电视媒体倡导信教群众开展疫情防控工作。全市宗教界在全区率先向遭受疫情突袭的武汉捐款397万元，向各民族租户免收租金近200万元。为满足疫情期间信教群众婚丧嫁娶等基本宗教需求，及时下发《关于寺庙停止对外开放期间向信教群众提供特殊民俗宗教服务的公告》，全市共设立寺庙服务点88处，派出僧尼为10304名信教群众提供4801场次的宗教服务，得到信教群众充分认可。随着西藏自治区疫情防控持续逐渐向好，在严格落实疫情防控要求的前提下，稳慎对宗教活动进行管控式开放，并确保信教群众佩戴口罩、身份登记、体温检测、凭西藏健康码入寺。这一系列举措得到自治区主要领导的高度评价。

【宗教界代表人士培养】 2020年，拉萨市宗教局发挥宗教团体和宗教界代表人士桥梁纽带和引领作用，组织15名高僧活佛到偏远寺庙开展“藏传佛教教义教规阐释”宣讲活动，组织11名高僧大德到林芝市参观交流，组织100名僧尼在尼木县举办“教规教义”阐释班，组织160名宗教界代表人士举办藏传佛教界人士培训班。自治区党委常委、拉萨市委书记白玛旺堆，自治区政协副主席索朗仁增，自治区人大、自治区社科院等领导和专家学者到寺庙宣讲中央第七次西藏工作座谈会精神、藏传佛教活佛转世制度及《中华人民共和国民法典》《西藏自治区民族团结进步模范区创建条例》等，提升宗教界代表人士的综合素质。

【宗教领域法治宣传和政策宣讲】 2020年，拉萨市宗教局制定印发《拉萨市宗教领域精准普法方案》，以“树立爱国守法意识 维护宗教正常秩序”为主题，以宗教教职人员、佛学分院学员、寺庙勤杂人员为对象，以习近平新时代中国特色社会主义思想、中央第七次西藏工作座谈会精神、中共十九届五中全会精神和区党委九届八次全会精神以及反分裂斗争教育、民族团结、网络安全、活佛转世等为主要内容，全方位开展宗教领域法治宣传工作和政策宣讲工作。自治区党委常委、市委书记白玛旺堆带头向全市宗教界代表人士宣讲中央第七次西藏工作座谈会精神，8个县(区)委书记带头向各自辖区僧尼宣讲中央第七次西藏工作座谈会精神，各级统战宗教部门、各寺管会组织僧尼宣讲中央第七次西藏工作座谈会精神，实现宣讲工作全覆盖。举办全市专职特派员管理机构驻寺干部《宗教事务条例》培训。落实自治区关于藏传佛教教职人员5年培训规划。截至年底，举办藏传佛教教职人员培训班14期。向各级涉宗部门和寺庙管委会发放《宗教事务条例释义》8953册，向全市涉宗干部和各驻村工作队、强基办、各乡村宣讲员发放由市宗教局编写的《宗教、民俗、迷信三者的区别》宣传读本1万册。

（黄胜琴）

县区概况

城关区

【概况】 城关区位于西藏自治区中部偏东南的雅鲁藏布江支流拉萨河下游段南北两岸，东与达孜县接壤，南与山南地区贡嘎县和扎囊县毗邻，西与堆龙德庆区紧靠，北与林周县相依。城区面积554平方千米，行政区域东西跨距28千米，南北跨距31千米。下辖12个街道、51个村(居)。截至2020年年底，城关区总人口数196895人，其中农业人口12615人，城镇人口184280人。

【经济建设】 2020年，城关区实现地区生产总值(GDP)355.44亿元，同比增长7.8%；实现一般公共预算收入10.3亿元，同比增长3%；社会消费品零售总额达到300.5亿元，同比减少3.7%；完成全社会固定资产投资同比增长8.1%；规模以上工业增加值同比增长30.3%；城镇居民人均可支配收入达到46248.4元，同比增长10%；农牧民人均可支配收入达到24290元，同比增长13%；建档立卡户人均可支配收入达到20985元，同比增长5%；城镇登记失业率控制在3%以内，调查失业率控制在5%以内。

【党的建设】 2020年，城关区推进政府系统党风廉政建设，严格遵守中央八项规定精神及其实施细则精神，集中整治形式主义、官僚主义，加强审计监督、财政监督，狠抓财政资金管理，完成审计项目8个，截至11月，“三公”经费同比下降7.04%。自觉接受人大、政协监督，办理代表建议、委员提案114件，满意率达到98%以上。广泛接受社会监督，依托“12345”热线，为群众办实事解难事2314件，人民对政府工作满意度不断提升。注重督查督办，认真抓好自治区第一巡视组巡视等发现问题的整改落实，营造风清气正的政治生态。

【产业发展】 2020年，城关区总投资3843.91万元，实施4个农业产业园项目，即农产品检测中心项目、奶牛养殖业科技研发提升项目、牧草种植示范基地建设项目、区内引进奶牛项目，提升农业产业经营化水平和园区基地标准化建设。净土农业发展有限公司实现年销售额2亿元，让利群众4000余万元。成立西藏首家城关净土林芝“中央厨房”，为林芝市4所中小学3800名学生提供营养午餐配送。西藏净土乳业有限公司成为西藏首家获得学生饮用奶生产资质的企业，年销售量达1450吨，销售额达1500万元。大昭圣泉、藏净泉“两支水”年产量达2.34万吨，销售量达2.32万吨，销售额达4598万元。

【项目建设】 2020年，城关区总投资261.72亿元，开复工项目122个。全区年度重点项目19个，总投资144.14亿元，累计完成投资109.02亿元。北京市通州区援助城关资金1000万元，支持实施12个惠民利民项目。严格实行项目“联审联批”机制，压缩项目前置手续办理时限。全区“十四五”规划编制正在高标准高质量推进中，共涉及项目210个，估算投资377.53亿元。

【招商引资】 2020年，城关区以“雪顿节”招商引资签约仪式和推介活动为平台，与永辉超市有限公司等4家区内区外企业签订招商引资合作协议，协议资金达7.86

亿元。招商引资项目23个，协议投资107.9亿元，实际到位资金34亿元，同比增长1.01%。

【旅游产业】2020年，城关区突出特色乡村旅游，推出堆秀唐卡传习、好客藏家家访等3条文化旅游体验精品线路。投资近500万元建设西藏首家水磨文化体验中心。实施文化惠民工程，成立城关区公共文化服务中心，建成区—街道—村（社区）三级公共文化站室、新时代文明实践中心、拉鲁新旧西藏对比展及"四讲四爱"讲习所，精心打造"七类书屋"、民间艺术团、文艺队，健全公共文化服务体系。实现旅游业总收入106亿元，同比下降38.90%；旅游接待人数1448万人次，同比下降28.39%。

【三大攻坚战】防范化解重大风险攻坚战。2020年，城关区政府隐性债务余额3.76亿元，已偿还债务1.18亿元，在安全可控范围内。不存在拖欠民营企业资金问题。严格执行《城关区防范化解重大风险工作方案》，落实意识形态工作责任，有效防范化解意识形态风险。

打好污染防治攻坚战。2020年，城关区持续推进拉鲁湿地保护区内哲蚌寺租赁仓库冰激凌冷冻库拆除工作，267件中央环保督察交办的信访件，已办结266件。受理办结环境违法案件32件，处罚1.8万元，结案率达100%。

完成全国第二次污染源普查工作。拉鲁湿地三期保护工程进展顺利，完成总工程量的64%。严格落实《拉萨市城市生活垃圾分类管理办法》，城区垃圾分类规范、有序。常态化开展城市乱象治理和市场监管工作，行政处罚809.46万元。投资1829.53万元，完成娘热加尔西村、夺底维巴铁矿恢复治理工程。投资900.49万元，完成纳金嘎巴村采石场植被恢复工程。推行"三渠一河"保护工作，累计清理各类垃圾520余吨。城区内移栽树苗22万余株，绿化面积达到173万平方米。实施生活垃圾密闭式清运，市区道路洒水降尘覆盖率达80%。市区空气质量位列全国前三。

持续巩固脱贫成果。2020年，城关区加大"志智双扶"力度，全区378户1158名建档立卡贫困户，人均可支配收入增至20649.21元，同比增长4560.04元，增长28.34%，连续四年实现"零错退、零返贫"，贫困发生率、返贫率始终保持为零，群众满意度达到99%以上。"十三五"时期投入扶贫资金21140.5万元，实施产业项目14个，累计实现分红1479.403万元，带动建档立卡群众3543人次，人均增收4170元。

【疫情防控】2020年，城关区严格执行区市党委和城关区委疫情防控工作决策部署，配套500万本级财政资金、72万元党费（本级68万）用于疫情防控；为一线人员发放13批次7万余件医用物资，占本级配发的95%以上；抽调365名干部投身基层一线防疫；推动街道、村居、派出所、卫生院联合办公，全面补齐基层一线、重点领域在资源、人员等各方面短板。抽调15名干部在机场、火车站登记、录入、反馈进藏人员信息，抽调16名医护人员在拉林高速检查站"全天候"测量体温，在源头搭建起信息收集"前哨"，确保返拉人员信息"全掌握"。年初在日常人员集中的大、小昭寺等地，建立18个体温直测点、11支流行病学调查组，全城排查并快速处置发热人员。按照"其他省市返拉人员一律居家隔离14天"的要求，统筹街道社区、驻区单位、物业小区、网格化、双联户等各类资源力量，从严落实"六个一"居家隔离管理服务措施。聚焦群众日用物资、医用保障物资等缺口，调动区净土公司、大中商超、农贸批发市场、医药公司门店等力量，通过争取帮助、多方筹集、集中调度等办法，强存储、保供应、稳物价、稳人心。按照疫情防控实际，指导城关区各职能部门做好复工复产动员工作，6月中旬全面完成复工复产工作，确保城关区产业链正常运行。

【民生事业】2020年，城关区财政投入教育资金2.66亿元，占上年本级财政收入的26.6%。实施学校新建、改扩建、维修项目41个，落实免费教育补助经费8368.98万元、"三包"经费1.59亿元、营养改善计划专项经费1716.4万元。落实814名经济困难在校大学生教育补助金506.49万元。消除中小学"大班额"136个。"十三五"期间累计总投资达28.26亿元，实施25个棚户区改造项目，受益群众达13440户、40320人。筹集2.38亿元抗疫特别国债，实施老城区历史文化街区功能提升改造一期工程。投资650余万元，实施"农村饮水改善计划”，农村集中供水率达100%。全面落实“一街道一中心”“一街道十医生”配备标准，推广普及家庭医生签约服务，组建70个家庭医生团队，签约14.2万人。区级疾控中心核酸检测实验室建成并投入使用。实行药品零差价销售，出售西药、藏药957.19万元，惠利群众167.33万元。建档立卡贫困户医疗参保率、大病保险覆盖率均达100%，群众看病难、吃药贵等问题得到有效解决。全面落实县科级领导干部“一对一”就业帮扶机制，解决1801名应届高校毕业生就业，就业率达99.17%。开发就业岗位8420个，开展技能培训60期，网络现场招聘会17期，实现城镇新增就业4151人，农牧区转移就业5964人，跨县区易地搬迁就业689人。50家小微企业入驻“双创”示范基地，带动就业252人。严格落实退役军人权益保障政策，为退役军人做好服务保障工作。率先实现城乡居民医保和基层医疗机构医保刷卡全覆盖，方便群众就近刷卡就医。新建老年人日间照料中心3家。完成第六轮县级行政区域界线联合检查。严格执行区市党委和城关区委疫情防控工作决策部署，实行“因需划拨、充分保障”的财政保障机制，整合配套近200万元防疫经费。地摊经济解决困难群众就业增收，在洲际酒店广场、功德林天街小广场、藏游坛城内区域定时定点开办地摊814个，引导群众就近就业创业提高收入。

【社会治理】 2020年，城关区构建立体化社会治安防控体系，“雪亮工程”稳步推进，建成63个区、街道、村（居）三级平台综治网络一体化社会服务管理中心，实现“一网覆盖、数据共享”。开展公共安全、生产安全、食品药品安全、消防安全等专项检查265次，治安巡逻6.36万次，整治社会治安重点部位2456处，排查各类安全事故隐患5435起。在社区试点推行“七五”普法宣传工作，区—街道—村（社区）三级公共法律服务水平明显提高。依法依规拆除违法建筑19处、13.57万平方米，收回土地203.6亩。首次开展地质灾害“三查”工作，排查出70个地质灾害隐患点。全面推动信访事项“七化”工作机制，受理并积极化解群众来信来访175件，化解率达90%以上。受理拖欠农民工案件76起，追回工资1271.39万元。检法两院在法定期限内结案率达到100%。推进平安法治建设，纵深推进扫黑除恶专项斗争，人民群众安全感持续提升。

【民族团结】 2020年，城关区以深化巩固“遵行四条标准争做先进僧尼”教育实践活动为契机，组织动员各寺管会、专职特派员、僧尼，全面开展寺庙防疫、爱国爱教等宣传教育工作。开展“五下乡四进社区”文艺会演、“幸福拉萨”规范舞、“电影下乡”等文化惠民活动，惠及群众40万人次。宣传《西藏自治区民族团结进步模范区创建条例》，编排《太阳下兄弟》《援藏情深》等民族团结剧作，拍摄《书香城关》《文明煨桑》公益广告片及短视频，依托“三大节日”、“3·28”西藏百万农奴解放纪念日等，组织各族各界干部群众欢聚一堂，畅谈民族政策在西藏的生动实践，创新举办首届城关区“中华民族一家亲，同心共筑中国梦”民族团结饺子宴活动，各民族间深入交往交流交融。

（谢 静）

堆龙德庆区

【概况】 堆龙德庆区位于西藏自治区首府拉萨市西北部，是拉萨的“西大门”。东与拉萨市城关区、林周县接壤，南与曲水县、山南贡嘎县毗邻，西与尼木县相结，北与当雄县紧连，整个县域呈“S”状，全区地势西北高、东南低，中间河谷宽阔，平均海拔3680米。地处北纬29°26′—30°39′、东经90°27′—91°01′，东西最大距离约80公里，南北最大距离约63公里，拉萨河从东部入境，折而向南出境，境内流程15公里。堆龙河从西北部经羊八井入境，呈西北—东南向切入，流至德庆后折而向南，过古荣后转西北—东南向流至东嘎汇入拉萨河，境内流程70公里。县内大小河流蕴藏着丰富的水产、水能资源，其中水能资源的理论蕴藏量达193万千瓦，可开发量达140万千瓦。区内气候温和，属高原温带气候，平均气温4℃。全区地域面积2413.06平方公里。距拉萨市10公里。

2019年9月19日，原东嘎镇、乃琼镇、羊达乡撤乡（镇）设街道办事处，原古荣乡、马乡、德庆乡撤乡设镇。2020年，全区辖3个街道和3个镇，即乃琼街道、东嘎街道、羊达街道、古荣镇、马镇、德庆镇，31个行政村，即乃琼街道（乃琼社区、岗德林社区、贾热社区、加木村、波玛村），东嘎街道（东嘎社区、南嘎社区、桑木社区、祥和苑社区），羊达街道（羊达社区、通嘎社区、帮普村），古荣镇（古荣村、那嘎村、南巴村、巴热村、嘎冲村、加入村），马镇（马村、设兴村、措麦村、常木村、朗巴村、岗吉村），德庆镇（德庆村、顶嘎村、邦村、邱桑村、门堆村、昂嘎村），共138个村民小组，地域总面积2704.25平方公里，其中耕地面积49.4319平方公里，草场面积1634.3876平方公里。主要以农业为主，农业包括青稞、小麦、蚕豆、油菜籽等农作物，牧畜业以饲养牦牛、山羊、绵羊为主。国家级野生保护动物有白唇鹿、马麝、藏原羚、黑颈鹤、胡兀鹫等。已经探明的矿产资源有石灰石、红土、煤、铁、铅、锌等。主要旅游景点有以楚布寺为龙头的楚布沟风景区，拥有小气候的柳梧尼玛塘自然保护区"邱桑温泉""雄巴拉曲"等。

2020年，全区年末户籍人口51842人，常住人口70709人。全区共有党组织359个，包括党委25个（其中3个街道党工委），党总支22个，党支部292个，其中机关党支部55个，离退休党支部4个，国企党支部4个，学校党支部10个，非公组织党支部44个，寺管会党支部7个，村（社区）党支部155个。

2020年，全区粮食作物播种面积2372.69公顷，其中小麦169.79公顷，青稞1794.24公顷，经济作物1700.45公顷。全区主要牲畜存栏数78417头（只、匹），其中牛66116头、猪3063头、羊7557只、马1647匹、驴21头、骡13头、禽30464只。

2020年，全区农村公路共467.097公里，共有117条农村公路，其中县道2条55.188公里，乡道3条79.585公里，专用公路11条21.81公里，村道101条310.514公里。其中，沥青混凝土路面115.67公里，水泥混凝土路面120.591公里，砂石路面230.007公里，石质路面0.187公里，渣土路面0.642公里。6个街（镇）、31个行政村和140个自然组120条道路通畅，20条道路通达。

【经济发展】 2020年，全区实现地区生产总值62.82亿元，同比增长7.7%，其中第一产业2.19亿元，同比增长8.1%；第二产业34.02亿元，同比增长6.0%；第三产业26.61亿元，同比增长3.2%。农村居民人均可支配收入19746元，同比增长12.8%；一般公共预算收入完成10.46亿元，同比下降13.03%；社会消费品零售总额13.54亿元，同比下降4.7%；规模以上工业增加值15.67亿元，同比下降2.7%；全社会固定资产投资同比增长16.7%。

【全面打好疫情防控阻击战】 2020年，面对突如其来的新冠肺炎疫情，全区上下闻令而动、积极作为，及时成立领导小组及其指挥部、10个专项工作组，全面打赢疫情防控的人民战争、总体战、阻击战。建立"两排查四报告"工作机制，排查登记流入人口，实现人口管理全覆盖。筹措疫情防控资金，完成核酸检测实验室建设等重点工作。突出群防群控，创作并推送疫情防控宣传短片50余部。

【基层党建】 2020年，堆龙德庆区完成27个党委（党组、党工委）、12个区直机关党支部的调整优化，新设18个"两新"组织党组织，抓好"两新"组织党建指导员的选派、管理和使用工作。坚持党建引领基层社会治理，制定《加强城市基层党建工作十六条措施任务分解表》，实施4个村（居）党组织引领基层治理体系示范点建设，不断完善街道"大工委"、社区"大党委"工作模式。全面推进村（居）社会工作者职业体系建设试点，通过"转考招"三种途径将161名实绩突出、表现优秀的村（居）干部、高校毕业生纳入职业体系。深入开展"支部建设规范年"活动，完成2个村级活动场所标准化建设，整顿软弱涣散基层党组织3个、"中不溜"党组织15个。对2019年述职评议考核综合评价等次为"一般"的6名党组织书记进行约谈，建立8个"基层党建书记项目库"，从严压实管党治党"第一责任人"责任。

【正风肃纪】 2020年，堆龙德庆区启动"作风建设整顿年"工作，常态化开展廉政警示教育，汲取"关键少数"严重违纪违法深刻教训，分3批次组织各级各部门领导班子到市廉政警示教育基地开展警示教育，进行集体廉政谈话。发挥巡察利剑作用，完成区委第9轮、10轮常规巡察，对第6、7轮巡察整改情况开展回访督查。全年受理问题线索43件，立案审查7件，给予开除党籍和公职处分1人、开除党籍处分2人、党内警告处分3人、诫勉谈话7人。坚决抓好区党委巡视反馈问题整改及成果运用，

2 项问题正在整改中，其余问题均完成整改或阶段性整改任务，健全完善制度机制 80 项。

【巩固脱贫成效】 2020 年，堆龙德庆区坚守"两不愁三保障"标准，严格落实"四个不摘"要求，健全完善返贫致贫监测预警和帮扶机制，建成并投入使用 65 个饮用水安全巩固提升项目，劝返疑似辍学儿童 6 名，为 28 名残疾儿童开展送教上门。全年整合涉农资金 3.17 亿元，已拨付 2.8 亿元，拨付进度达 88.33%，产业扶贫对脱贫攻坚的贡献份额达 41.46%。依托产业发展、劳务输出、岗位开发、技能培训，实现有劳动能力建档立卡群众就业 1539 人，就业率 89.1%，通过企业、市场就业 708 人，占 44.36%。2020 年，建档立卡群众人均可支配收入达 18349.29 元，比 2019 年增长 22.6%，比 2015 年增长 11 倍。

【教育事业】 2020 年，堆龙德庆区聚焦提升教育承载能力，坚持把本级收入 20% 投入教育事业，启动区第二中学，第二、第三小学和第三、第四、第五幼儿园等项目建设，强化人大附中落地衔接保障，学校布局不断优化。聚焦提升教育质量水平，深化教学管理体制改革，"五个 100%"成果不断巩固，师资队伍建设明显加强，教学质量评估体系不断完善。2020 年，全区初中毛入学率达 113.75%，小学入学率达 100%，学前教育入园率达 97.8%。

【健康堆龙建设】 2020 年，堆龙德庆区深化"医共体"改革，以提升基层医疗卫生服务能力为核心，以分级诊疗制度建设为重点，以"医疗、医保、医药"联动为突破，初步实现人、财、物一体化管理使用。优化医疗资源布局，自治区医院基本完成主体建设，区人民医院二甲综合楼已完成总工程量 40%，实施东嘎社区卫生服务中心、古荣镇卫生院、色玛集中安置点卫生服务站等重点项目建设，镇（街道）卫生服务中心、村（居）卫生服务站标准化建设加快推进。提升医疗服务水平，深化门头沟人民医院、区人民医院和各镇（街道）卫生服务中心的三方互联平台和远程影像系统运用，组建 6 个巡回诊疗责任团队全面覆盖各镇（街道）、村（居）开展诊疗指导服务，深入开展爱国卫生运动，全民健康体检率达 92%。

【就业服务】 2020 年，堆龙德庆区坚持把就业作为"六稳""六保"首要任务，开展就业技能培训 1591 人，开发就业岗位 3483 个，实现城镇新增就业 1309 人，城镇登记失业率控制在 3% 以内。成立农牧民转移就业基地 10 个，实现农牧区劳动力转移就业 16031 人，其中组织化转移就业 3879 人。持续抓好高校毕业生就业，往届高校毕业生就业率达 99.8%，应届高校毕业生就业率达 99.8%（其中，市场和企业就业率达 73.9%）。

【完善社会保障体系】 2020 年，堆龙德庆区全面规范社会救助，推进农村低保制度与扶贫相关政策有效衔接，严格落实低保动态管理制度，依规清退低保 21 户、73 人，实现"应保尽保、应兜尽兜"。强化临时救助，为 12 名城乡困难群众兑现临时救助资金 9.7 万元。95 名特困老人愿意集中供养率达 100%，完成林琼岗、乃琼街道、古荣镇 3 个老年人日间照料中心项目主体建设。

【推进美丽堆龙建设】 2020 年，堆龙德庆区严格落实环境保护"党政同责""一岗双责"和领导干部任期生态文明建设责任制，大力推行属地、行业、业主 + 环保督察"3+1"责任体系，中央环保督察督办案件 58 件均已全部办结。强化第二次全国污染源普查、生态保护红线划定工作成果运用，统筹规划国土利用、经济布局和区域发展，扎实开展能源和水资源消耗、建设用地等总量和强度双控行动。实现自治区级生态村（居）创建全覆盖，堆龙德庆区成功创建为自治区生态文明建设示范县（区）。

【公共文化服务】 2020 年，堆龙德庆区巩固"国家公共文化服务体系示范区"创建成果，深入实施文化惠民工程，持续推动文化资源向基层倾斜，不断扩大公共文化服务活动场所开放率、覆盖率。全面推进"书香堆龙"工程三年行动计划，持续推进"书架进农家、进寺庙"，累计发放各类书籍 9500 余册。投入 155 万元启动资金完成 31 个村（居）文艺队组建工作，下派 23 名指导员，建立村级文艺队管理及绩效机制，推动村级文艺队由"从无到有"向"从有到好"转变。创作推出防疫藏语快板顺口溜、《医保好政策》、脱贫攻坚纪实片《历史注定的时间印迹》等10余部优秀文艺作品。

（雷　凤）

达孜区

【概况】 达孜区辖5个乡1个镇，22个行政村，131个村民小组，9298户，总人口3.2425万人，其中农村人口29779人，人口出生率10.67‰，自然增长率2.41‰。地域面积137300公顷，耕地面积5526.67公顷，农作物播种面积5526.67公顷，粮食种植面积3859.97公顷，经济作物种植面积658.89公顷，饲草种植面积1007.81公顷。森林覆盖率30.38%，林业绿化率41.3%，林地面积61532公顷。2020年，完成地区生产总值19.02亿元，同比增长7.5%，其中第一产业完成2.50亿元，第二产业完成9.54亿元，第三产业完成6.98亿元。全社会固定资产投资同比增长13.3%，社会消费品零售总额29203.4万元。接待游客22.79万人次，旅游收入1713.08万元。地方财政收入4.14亿元，同比下降35.3%，地方财政支出163664万元。全年农村居民人均可支配收入17297元，同比增长12.9%。

【农牧业】 2020年，达孜区全面落实"良种＋良地＋良法"科技增粮集成示范项目建设，推进种植业生产单一技术向综合集成技术转变。总播种面积8.29万亩，绿色高质高效创建5.5万亩，测土配方示范6万亩，良种统供率、种子精选率、包衣率均达100%，重大病虫草害防控率达90%以上，危害损失率控制在3%以下。农业总产值达2.92亿元，同比增长46.23%，粮食产量2.4万吨，蔬菜产量8.9万吨。牲畜总存栏7.74万头（只、匹），新生仔畜1.17万头（只），仔畜成活率98.5%，肉、奶、蛋、禽产量2.49万吨。达孜区高标准良种奶牛养殖中心、唐嘎泰成奶牛养殖示范基地、西藏唐嘎原种藏鸡养殖基地运营良好，规模化畜牧养殖不断发展壮大。工厂化智能型育苗育种基地逐步建成，持续推广无土栽培技术，农业产业园承载能力和示范带动作用不断增强。开通净土惠民蔬菜直销店，保障"菜篮子"供应。黄牛改良项目取得新进展，被评为拉萨市优秀配种点。全区有农牧民合作社336家，注册资金超过1.5亿元，有国家级示范社1家、自治区级示范社2家、市级示范社11家、百家示范农牧民合作社15家，全面巩固农牧业产业化经营成果。

【工业】 2020年，达孜区持续响应"脱虚向实"发展理念，主动适应经济发展新常态、抢抓新机遇。工业园区累计入驻企业1854家，实体企业62家，龙头企业8家，高新技术企业4家。有品牌近30个，3家公司荣获绿色食品认证，2家企业被认定为绿色企业。规上企业完成工业总产值4.02亿元，同比增长76%；工业销售产值3.99亿元，同比增长78%；工业增加值1.76亿元，同比增长60%。狠抓平台建设，发展绿色工业，打造园中园产业发展模式，推进自治区首家地理信息产业园、达孜首家环保产业园、绿色新动能产业园，基础设施建设日臻完善，产业基础逐步夯实。

【旅游产业】 2020年，达孜区如期完成扎叶巴村村容村貌（三期）、扎叶巴景区、白纳沟景区、拉北环线产业扶贫交流中心暨"云上达孜"电商创业基地、扎叶巴美丽乡村夜景观配套及形象展示、拉北环线达孜旅游咨询服务中心等项目建设，旅游设施不断完善。接待游客22.79万人次，旅游收入1713.08万元。林卡经济发展取得新突破，以章多"网红"林卡、白纳林卡为代表，成功打响达孜林卡知名度，全区有林卡30余处，年收入达到660余万元，共计带动300余户农牧民实现增收。抓好"全域旅游"发展契机，配套建设物流基地和电商基地，依托"互联网＋产业"，推动本地农副产品和手工艺品"走出去"。在广州、南京、镇江举办净土健康产品展销会，销售20余种农副产品、高原特色产品，销售额达1000余万元，有效巩固旅游发展成果。援藏主题电影《拉日宁布》获江苏省社会主义核心价值观主题微电影一等奖，成功入围2020年金瞳奖。2020年7月，叶巴村被文化和旅游部授予全国乡村旅游重点村的荣誉称号，全面推进文旅融合发展。

【项目建设】 2020年，达孜区建设项目133个，总投资79.86亿元，其中市级重点项目2个，总投资2.06亿元的达孜区卫生系统整体搬迁项目已完工并完成初验；总投资3.8亿元的拉萨市达孜区白纳沟生态旅游乡村振兴项目正在建设中。全年援藏项目 10 个，总投资 1.21 亿元，累计带动就业 260 余人。投资 2400 万元的禽类屠宰深加工项目已运营，年屠宰禽类规模约 80 万只。达孜区高标准奶牛养殖中心带动就业 31 人，带动饲草种植 800 余户 6000 余亩，每户增收 4000 余元。泰成奶牛养殖示范基地带动饲草种植 4430 亩，带动建档立卡户 113 户 407 人，年分红 104.4 万元，形成项目带动发展，促进增收的强大动力。

【城乡建设】 2020 年，达孜区推进《拉萨市达孜区国土空间规划》及《达孜区乡村规划》编制工作。完成达孜区农用地区片综合地价制定及叶巴康养小镇征地工作。玉雄花园、滨河花园小区相继建成，基本建成保障性住房 740 套，建设达孜区车管所，东环北线全线贯通，投资 1366.99 万元新建市政 2 号路，城区硬化道路增加 32.8 公里。开展文明城市创建工作，完善公共标识标牌 100 余个，改造增设垃圾分类箱 600 余个，疏通维修给排水管网 3.2 公里，设立公共停车位 200 余个，开展城区综合整治行动 150 余场次，拆除违规广告牌 280 块，清运生活垃圾及建筑垃圾 1.6 亿余立方米。完成供电公司第一批“上划直管”工作，新增通信基站 10 个，4G 网络覆盖率达 100%，城市服务功能和承载能力不断增强。

【改革创新】 2020 年，达孜区推进“互联＋政务服务”线上线下融合发展，三级政务服务窗口共受理各类行政审批和便民服务事项 2.86 万件，按时办结率达 100%。深化放管服改革，动态调整区级权责清单 1972 项，梳理完成实施清单 878 项，实现全程网办事项 19 项。承诺时限均在法定时限的基础上压缩 68.25% 以上。持续深化巩固“证照分离”“多证合一”改革，全面推行市场主体登记、注销便利化改革。全面推行电子税务网报工作，简化办税程序。健全双创基地配套设施，累计入驻企业 51 家。完成全区 2017—2019 年农村集体清产核资工作，共清查资产 9.49 亿元、确认集体经济组织成员 7474 户 27703 人。全区 20 个行政村已成立股份经济合作联合社并完成颁发集体经济组织登记证书和刻章工作，通过“份额制”完成量化 28082 股，发放股权证书 7474 本。

【乡村振兴】 2020 年，达孜区开展“美丽乡村·幸福家园”整村推进工作，白纳、叶巴、克日、唐嘎 4 个村作为全市试点村纳入第二批计划，完成 4 个试点村庄规划初稿编制。加快推进县级客运站、2 个乡镇综合运输服务站建设，投资 724.66 万元实施村级道路硬化 2.6 公里，投资 379.91 万元修建塔杰奶牛场专用公路，维修养护道路 152.6 公里，农村公路总里程达 281.91 公里，乡镇及行政村公路通达率、通畅率均达 100%，农村客运班线全覆盖，群众出行更加安全便利。累计投资 9437.56 万元完成全区“一户一表”农网改造任务；投资 83.47 万元解决德庆村给水问题，启动老旧小区改造，完善棚户区基础设施；改造农村户用卫生厕所 1946 户，乡村公厕 37 座覆盖率达 100%，完成“厕所革命”验收；清理农村生活垃圾 188 吨、水塘 84 个、沟渠 70 公里，“禁白”工作成效明显，人居环境持续改善。

【生态环境】 中央环保督察整改工作。2020 年，达孜区落实中央环保督查整改要求，紧盯达孜县污水处理厂建设个性问题及 29 个共性问题不放手，全力整改，均取得阶段性成效。中央环保督察转办举报案件 5 件，整改完成 5 件，完成率 100%。

提升环境基础设施。2020 年，达孜区年均投资 490 余万元实行全区生活垃圾转运站市场化运作，实现生活垃圾规范化处置。污水管网全线贯通，地下管网设施持续完善，污水处理正常运行，污水达标排放，城市污水处理率达 91%。对工业园区重点监管企业实施环境安全在线监管监控，实现污染源在线监控数据指导企业生产和治理。全面启动生活垃圾分类工作，投资 70.91 万元投放垃圾分类设施，全区生活垃圾无害化处理率达 95%。

蓝天、碧水、净土保卫战。2020 年，达孜区整治“散乱污”企业 3 家，下达行政处罚决定书企业 2 家，全面完成辖区内 10 蒸吨以下燃煤锅炉淘汰及 5 家加油站油气回收改造工作。开展河湖“清四乱”专项整治工作，投资 2575.52 万元的叶巴沟水土保持生态小流域综合治理工程建设完成，推进饮用水水源保护区划定工作。全区主要江河湖泊水质达到或优于Ⅲ类标准，城镇集中式饮用水水源地水质达标 100%。全区规模养殖场畜禽粪污资源化利用率达100%，开展“村庄清洁行动”“城乡卫生整洁活动”，实现农村生活垃圾日产日清，人居环境得到极大改善。

【脱贫攻坚】 2020年，达孜区建档立卡贫困户1069户4213人已全部实现脱贫退出，贫困人口人均可支配收入14742.94元，同比增长14.2%，连续四年没有出现返贫现象。落实“两不愁三保障”，严格落实控辍保学“双线”责任，无适龄学生失学辍学情况。建档立卡贫困户100%纳入基本医疗保险范围，实行“一站式”结算，累计报销612人350.99万元。全年统筹整合涉农资金项目49个，共投资2.11亿元，带动就业200余人。完善利益联结机制，产业分红2245人336.75万元，预留防返贫风险预警基金160.49万元。通过“一卡通”兑现岗位资金745.85万元。严管控辍保学工作，义务教育阶段适龄儿童入学率、贫困家庭子女义务教育巩固率、建档立卡贫困户高校生资助率均达100%。防止因病返贫，建档立卡贫困户全年累计报销612人350.99万元，家庭医生签约率、服务率均达100%。本级配套资金267.25万元，完成危房改造72户，改造合格率、入住率均达100%。开展拆旧复垦工作，完成292户原宅基地拆旧复垦协议的签订工作。贫困人口转移就业1373人，就业率达99%，“三岩”搬迁群众实现稳定就业136户305人。携手拼多多开启“净土拉萨高原优品”消费扶贫直播节，助力消费扶贫，拓宽扶贫产品销售渠道，助力贫困群众增收。

【社保就业】 民生福利政策全面落实。2020年，达孜区落实农村低保金95户249人59.99万元、城镇低保金144户155人150.31万元、残疾人“两项”补贴55.92万元、农村危房改造补助资金270余万元、其他各类补贴74.43万元，有效保障民生福祉。不断提高特困供养标准，达孜区有125名农村特困人员，其中分散供养27人、集中供养98人，分散特困供养标准每人每年提高395元、集中供养标准提高733元，全年共发放分散供养金16.37万元，集中供养金130.81万元。

就业保障能力持续强化。2020年，达孜区始终把“稳就业、保就业”放在就业工作首位，2020年应届高校实际毕业316人，已就业315人，就业率99.86%。组织高校毕业生参加各类招聘活动20余场次，兑现就业创业补贴66人次245.2万元。全年实现农牧民转移就业10002人，同比增长10.4%；实现收入1.12亿元，同比增长72.9%。开展农牧民技能培训46期1711人，培训后就业率达到60%以上。成立劳务输出组织33个，组织劳务输出、劳务派遣3658人，实现收入1120.2万元。在全区率先建成11家［市级3家、县（区）级8家］农牧民转移就业基地，并完成公示认定及挂牌工作，带动西藏籍农牧民就业548人。职工医保、城乡基本养老保险、贫困人口参保率均达100%。

【教育卫生】 教育事业均衡普惠。2020年，达孜区持续深化落实“五个100%”教育目标，抓细控辍保学，充分保障适龄儿童受教育权利，中小学入学率均达100%，中学毛入学率达到104.26%，学前三年毛入园率达到94.91%。落实“三包”及经营改善经费2021.37万元；为1041名学生兑现资助资金438万元；投入32.1万元完成20所幼儿园“明厨亮灶”项目。达孜籍考入其他省市西藏初中班21人，达孜区学生白玛玉珍以优异成绩被清华大学录取，实现达孜籍学生录入清华大学“零”的突破。开展“网络直播课堂”、微课大赛、优质课堂实录等工作，以信息化推动教育现代化。推动“小组团”教育合作，选派2批次、30余名优秀骨干教师赴镇江跟岗学习，有效提升全区办学、教学水平。

健康服务日益健全。2020年，达孜区完成标准化健康体检14519人次，体检率55.39%，僧尼体检体检率100%，妇女“两癌”筛查4032人次，筛查率43.19%，“组团式”援藏医疗组开展义诊活动10次，诊疗1400余人次。全年基本医疗报销1973人1417.42万元，大病保险报销172人182.16万元，医疗救助529人158.81万元，基本医疗保险参保率100%。开通江苏大学附属医院互联网医院达孜接诊点。投资2.06亿元的达孜区卫生系统整体搬迁项目已完工，投资179.96万元核酸检测实验室建成并投入使用，乡镇标准化卫生院实现全覆盖，推进医疗集团建设，医疗资源配置不断优化，区域医疗水平全面提升。

【援藏工作】 推进产业援藏。2020年，达孜区共实施援藏项目10个，总投资1.21亿元，新建项目3个，续建项目7个，带动就业260余人。推动园区提档升级，建立健全投融资、项目引进等机制，推动园区企业脱虚向实、提档升级，总投资3739万元的园区融创路等3条道路建设及提升改造项目已完工。全力打造扎叶巴民俗风情村，推动白纳沟生态公园规划建设，推动工业、文化旅游深度融合，投入3400万元建设扎叶巴民俗及藏文化展示馆。总投资8900多万元的高标准温室大棚、农业产业园区雨水排放系统、高效保鲜冷藏库附属设施家禽屠宰场、藏香草规模化种植等项目建成投入使用。

推动智力援藏。2020年，达孜区推动两地260多名干部人才交流合作，提升达孜干部人才专业化水平。围绕达孜发展需求、紧缺人才，引进园区规划、乡村振兴、社会治理、生态农业等46名干部人才进藏，开展“师带徒、传帮带”培养工作，提升干部人才专业水平。以镇江医疗团队为核心，组建急需科室，参与医院门诊诊疗1万人次，组织10次义诊活动，诊疗1400余人次。组织4批次、50余名教师异地交流、传授经验、跟岗学习。举办净土健康产品展销会，通过消费扶贫、直播带货，帮助达孜20多种农副产品、高原特色产品销售1000余万元。

【社会治理】 2020年，达孜区对照中央第七次西藏工作座谈会对反分裂斗争新要求，牢牢掌握反分裂斗争主动权，引导各族干部群众树立正确宗教观，增强“五个认同”，健全寺庙管理长效管理机制，深化民族团结进步创建活动，铸牢中华民族共同体意识，坚定维护国家安全和核心利益。全面制定达孜区涉稳突发事件系列处置工作预案，提升应急处置能力。深入开展扫黑除恶专项斗争，净化社会环境，坚持安全隐患排查治理常态化，全区安全生产形势持续稳定。疫情期间，全面开展重点场所管理工作，进行市场保供和防疫物资储备工作，推进企业复工复产，全方位建立起严密的防控体系。坚决贯彻习近平总书记关于食品安全“四个最严”的重要指示，保持打击食品安全违法犯罪高压态势，严守全区食品、药品、特种设备和工业产品质量四大安全底线，全力保护好人民群众的生命安全和身体健康，全区未发生任何公共安全事故。加强矛盾纠纷排查，开展治理“双拖欠”工作，全年累计处理民工工资纠纷104起，涉及人数575人，涉及金额1749.42万元，及时把矛盾化解在基层，消灭在萌芽状态。充分发挥“网格化”“双联户”群防群治的重要作用，社会治安持续向好，群众安全感明显提升，平安达孜建设不断深化，社会大局保持和谐稳定。

【政务环境】 2020年，达孜区人民政府坚持依法全面履行政府职能，打造廉洁、高效、人民满意的政府。始终坚持以习近平新时代中国特色社会主义思想为指导，深入学习贯彻中共十九届五中全会和习近平总书记系列讲话精神以及中央第七次西藏工作座谈会精神，专题学习《中华人民共和国民法典》《政府投资条例》，全面树牢“四个意识”、坚定“四个自信”、做到“两个维护”。修订完善《拉萨市达孜区人民政府工作规则》，严格执行“三重一大”集体决策，努力提高廉政风险防控水平，全面提升依法行政水平。全年办理人大代表建议67件、政协提案62件，办复率、满意率均达100%。持续有效更新政府门户网站各类信息，公开政务681件，累计处理“12345”市民服务热线工单142件，综合办结率100%，满意率98.23%。持之以恒整治“四风”，区政府发文数量同比下降25%、会议数量同比减少11%，政府带头过紧日子，“三公”经费同比下降3.82%，把有限的财力更加高效地用在推动发展、改善民生上，切实以政府运行支出的“减法”换取民生福祉的“加法”。

【疫情防控】 面对年初的新冠肺炎疫情，达孜区全面落实疫情防控各项措施，带领全区干部群众众志成城、严防死守，全力以赴打好疫情防控阻击战。区政府安排疫情防控专项资金200万元，统筹防疫各项工作。疫情期间，调拨粮食、蔬菜、肉类、鸡蛋等物资约1850吨，在保障本辖区群众日常生活的同时有效缓解拉萨市物资紧缺的问题；累计向企业发放口罩2万只、消毒液300公斤，减免小规模纳税人增值税681.67万元，减免房屋租金19.59万元，减免电费93.84万元，有效助力复工复产。向镇江市赶赴武汉的医护人员捐赠价值33万元的物资共克时艰，全区3600余名党员向疫情严重地区捐款57.6万元共渡难关。在这场抗击疫情战役中，全区103名医护人员、196名公安民警及430名各级干部职工奋战在疫情防控一线，由基层党员、双联户、农牧民群众共1600余名组成的群防群治力量参与基层防疫工作，形成强大的攻坚合力，共同打赢疫情防控战。

（杨 蒙）

林周县

【基本情况】 林周，藏语含义为天然形成的沃土，位于拉萨市东北，距离市区65公里。全县辖9乡1镇，46个行政村（其中，卡孜乡康姆桑村于2020年10月成立），15730户65179人；国土面积4464.4平方公里，耕地23万亩，天然草场505万亩，人工草场8万亩，水域5.4万亩，是拉萨市五县三区中的第一产粮大县、第二牧业大县。全县南北狭长，跨度达180公里。念青唐古拉山支脉—恰拉山横贯全境，将林周县分割为南北两大部分。北部属拉萨河上游及其源流区域，素有“三河一流”的美称（即热振河、达龙河、乌鲁龙河、拉萨河流域），平均海拔4200米，气候干燥，年平均气温2.9℃，以牧业生产为主。南部地区属拉萨河支流澎波河流域，平均海拔3860米，谷地开阔，气候温和，雨水充沛，年平均气温5.8℃，主产小麦、青稞、油菜、土豆等，是拉萨市的主要粮食生产基地。林周县风光秀美、山川壮丽、人杰地灵，人文历史底蕴深厚，是拉萨城市后花园。县内有雅江中游河谷黑颈鹤国家级自然保护区和西藏热振国家级森林公园。有寺庙38座，著名的藏传佛教寺庙热振寺，距今已有千年历史，周围有风景秀丽的热振国家级森林公园。

【班子和队伍建设】 2020年，林周县四大班子配备情况，县委书记1名、县委副书记3名、县委常务副书记1名、县委常委9名；县人大常委会主任1名、副主任3名。县政府县长1名、常务副县长1名、副县长8名。县政协主席1名，副主席4名。严格按照《党政领导干部选拔任用工作条例》《事业单位领导人员管理暂行规定》《关于进一步激励广大干部新时代新担当新作为的意见》等有关规定和全国、全区、全市组织工作会议精神，坚持新时期好干部标准和民族地区干部“三个特别”要求，突出“重绩效，用担当有为者”的导向，坚持以岗选人、依事择人、以绩用人，注重在疫情防控一线发现识别使用干部。着眼于林周县卫生系统领导班子和干部队伍建设需要，为快林周县医疗体制改革，推进紧密型县域医疗卫生共同体（医疗集团、县乡一体化）建设实施工作。年内，共调整干部17名，其中聘任15名，解除聘任职务2名。

【党建工作】 2020年，林周县共有党组织415个，其中党委31个，党总支32个，党支部352个。全县共有党员5860人，其中农牧民党员4001人，占全县党员总数的68.3%。1月8日，召开2019年度基层党委书记述职评议会，听取10名乡（镇）党委书记、4名行业系统党（工）委书记抓基层党建工作情况，现场评议各党委书记履职情况，查找基层党建工作存在的突出问题，强化各党委书记抓基层党建工作第一责任人职责，推动全面从严治党向基层延伸、向纵深推进。坚持把“围绕中心抓党建，抓好党建促发展”作为党建工作的出发点和落脚点，先后开展党员干部专题教育培训13期，下乡入村开展流动培训10余次，培训人员共计790余人次。成立流动党校，以党的十九届五中全会精神、中央第七次西藏工作座谈会精神宣讲为主累计开展送教下乡活动20余场次，受教育培训农牧民党员6000余人次，提高广大党员政治素质，促进发挥先锋模范作用。以“宣传教育引导、了解社情民意、主动发挥作用”为党员包片包户包人（以下简称党员“三包”）工作重点，建立党员“三包”信息库，推动党员“三包”工作常态化、制度化。将“三包”工作同精准扶贫结对帮扶相结合，全县4357名党员联系10245户农牧民群众，实现党员“三包”全覆盖。充分发挥“一方有难，八方支援”精神，全县5172名党员自愿向湖北重灾区捐款114.42万元，4名党员向中组部缴纳大额党费1万余元，95名党员向县委交纳特殊党费2.4万元，为抗疫尽绵薄之力，献点滴爱心。

【廉政建设】 2020年，林周县各级党组织全面落实党风廉政建设责任主体，自觉把管班子、带队伍职责扛在肩上、抓在手上、落到实处，全面从严治党管党与经济工作同部署、同推进。坚持把维护以习近平同志为核心的党中央权威和集中统一领导作为最重要的政治纪律和政治规矩,对党员干部遵守政治纪律、维稳纪律以及党员信仰宗教等情况进行监督检查。端正选人用人导向,规范党风廉政意见受理范围及办理程序,坚持“凡提四必”和“双签字”,注重日常表现,严防选人用人上的不正之风和腐败问题。驰而不息纠正“四风”,不仅抓住重要年节假期,同时紧盯工作日常,将传统方式与新媒体相结合,以会议部署、下发通报、推送信息等方式,督促各级党组织和党员、干部管出习惯、抓出成效、化风成俗。成立巡视整改监督工作专班,开展监督检查24次,反馈并督促整改问题104条,对6名党员领导干部和10个乡镇主要负责人进行约谈和谈话提醒,确保巡视整改工作有力有序有效。坚持把中央专项巡视及“回头看”反馈意见整改工作与扶贫领域腐败和作风问题专项治理结合起来,组织相关部门成立3个监督检查小组,紧盯区市县党委脱贫攻坚政策连续性稳定性,脱贫摘帽后“四个不摘”落实以及巡视整改情况,深入全县10个乡镇和县脱贫攻坚指挥部“六脱”组成员单位,开展为期3天的脱贫攻坚专项监督检查。持续强化“两个责任”认识,以强化巡视整改问题为抓手,举办“深化全面从严治党”培训班,邀请区市党委党校教师授课,强化全县各级各部门“一把手”落实党风廉政建设责任意识。

【经济发展】 2020年,林周县地区生产总值完成15.35亿元,同比增长7%;一般公共预算收入完成2.57亿元,同比增长4%;社会消费品零售总额完成2.44亿元,全县经济持续向好、稳定向好。

【农牧业】 2020年,林周县落实农副产品稳增产行动,种植粮油作物15.9万亩,实现总产量0.63亿公斤,单产397.08公斤。牛出栏3.08万头,羊出栏1.01万只,生猪出栏2339头,奶、肉、蛋产量分别达到1.94万吨、3864.9吨、131.88吨。储备粮油627.78吨,粮食仓储应急供应体系不断健全。粮油米面、肉蛋奶蔬等生活物资保障充裕,基本物资市场保供率达100%。

【旅游业】 2020年,林周县党员党性教育基地红色品牌持续创响,热振曲卓入选第五批国家级非物质文化遗产代表性项目名录推荐项目名单。全年接待游客13.1万人次、实现旅游收入1741.9万元。

【产业发展】 2020年,林周县推进牦牛饲草产业,依托自治区农科院科研团队,开展牦牛规模化繁育、短期育肥科研攻关,完成良种牦牛组群2800余头。开展饲草规模化种植,面积达10.08万亩。饲草“一年两收”试验初步成功,“燕麦—箭舌豌豆”亩产干草同比增长400余斤。推进“万户百场十中心”建设,新增养殖户350户。推进绿色工业,规模以上工业增加值预计完成7660万元。加快产业项目建设,投资1.7亿余元实施14个产业项目,全年固定资产投资将达到10.6亿元。

【民生保障】 2020年,林周县持续加大民生保障力度,投入10.12亿元推进各项民生事业发展,占年度财政支出的69.3%。巩固脱贫攻坚成果,常态化开展后续帮扶。实施乡村振兴战略,全市第二批“美丽乡村·幸福家园”建设行动林周县8个村试点前期工作积极推进。边交林乡、江热夏乡小学联合办学模式初见成效,教育资源更加均衡。全民健康体检实现全覆盖,县医院通过国家结核能力验证,高等级生物安全防护二级实验室建设并投入使用,日核酸检测能力188人份。兑现各类民政惠民资金1237.48万元、惠及4092人。旁多水利枢纽工程建设征地及移民安置工作圆满通过国家级竣工验收。县特困人员集中供养中心荣获“2020年全国敬老文明”称号。县特困人员集中供养中心荣获“2020年全国敬老文明”称号。

【市场发展】 2020年,林周县开展企业减负清欠专项行动,完成政府单位或国有企业拖欠中小民营企业账款清偿工作。向干部职工、群众、企业和个体工商户发放各类贷款1.54亿元。减免市场主体费用2195.84万元,新增市场主体405户。840项依申请类政务服务和公共服务事项可在拉萨市政务服务平台查询办理,100项高频事项实现全程网办,营商环境更加优化。完成招商引资项目7个,累计到位资金1.21亿元,同比增长58.9%。

【税收收入】 2020年,林周县依法依规组织税收收入,实现税收2.25亿余元。全年财政支出18.01亿元,保障全县经济社会各项事业发展需要。盘活存量资金,清理回收结余资金、结转两年以上的资金和低效无效资金4.18亿元，统筹用于民生、重点支出。严格控制财政支出，“三公”经费531.5万元，同比下降1%。落实好中央直达资金1.65亿元，使用率达97.2%。

【城乡建设】 2020年，林周县强化项目要素保障，全力推进项目建设，城乡建设稳步推进，实施道路改造升级、县城美化亮化、污水处理、环境整治、农田灌溉等基础设施建设项目，农田灌溉条件有效改善，群众休闲娱乐更加便利，环境保护实力不断增强。提高水电稳定供应能力，县城智慧水表覆盖率达到85%以上，供水稳定率同比提高20%。全县供电可靠率同比提高3%，达到98.5%。

【生态环境】 2020年，林周县创新野生动物保护和环境保护新模式，组建林周县黑颈鹤民兵巡护分队，成为全区首支野生动物保护民兵分队。总价值285.76万元的配套设施配置完毕，“村收集、乡转运、县处理”的垃圾分类、收集、处理模式基本形成。深刻认识开展污染防治工作的重要性和紧迫性，持续开展矿企、G561环境监管、非法营运开采、危险化学品安全使用储存管理行动。全年开展环保执法检查60余次，约谈单位负责人8人次。开展白色污染专项整治，没收一次性塑料袋1.2万余个，处罚菜商13家次。深入开展“绿盾”专项行动，反馈涉及林周县38项问题，其中10项无须整改，其余28项均已整改到位。开展中央环保督察反馈问题整改，反馈共性问题25项、子项任务103项，全部整改完毕。

【意识形态领域】 2020年，林周县定期听取意识形态工作情况报告，深入分析研判形势，统筹推动全县意识形态工作，不断强化党对意识形态工作的领导。县、乡、村三级新时代文明实践中心（所、站）建成投运，阵地建设不断巩固。围绕宣传社会主义核心价值观及脱贫攻坚成果等内容，全年共开展文明实践活动2900余场次，参与人数达12万余人次。利用网络信息化手段，加强民情民意的收集、研判和处置力度，回应社会关切的热点、难点问题，全县舆论环境持续向好向善。组建45个村级文艺队，开展文艺宣传演出200余场次、观看群众达6万人次，丰富群众精神文化生活。结合“书香林周”建设，为全县村级文艺队、村图书室发放图书8000册。持续开展各类专项行动，文化市场持续健康发展。

【和谐构建】 2020年，林周县健全完善代表、委员履职制度建设，拓宽代表联系群众渠道，完善协商议政内容和形式，不断提升代表、委员履职能力水平。县委常委会定期听取人大及政协党组工作，支持依法履行职责，发挥政治协商作用。不断强化党对统一战线的领导，正确处理一致性和多样性的关系，团结一切可以团结的力量，调动一切可以调动的积极因素，树立鲜明导向、广泛凝聚人心。聚焦宗教领域，深入开展对寺庙僧尼的爱国主义教育、中华民族共同体意识教育、西藏地方和祖国关系史教育，教育引导宗教界代表人士对教规教义做出符合时代要求的正面解释，引导信教群众理性信仰宗教，感党恩、听党话，跟党走。

【疫情防控】 2020年，林周县面对的新冠肺炎疫情，及时成立县新冠肺炎疫情联防联控工作领导小组、指挥部和专家救治组，统筹资金550万元，制定《林周县新冠肺炎防控方案和应急预案》，召开全县疫情防控工作会议16次、县委常委会4次、县委专题会2次、领导小组工作例会8次，全面部署落实疫情防控工作。综合运用传统媒体和新兴媒体，全覆盖宣传防疫知识。抽调20名优秀医务人员和100名干部支援火车站、机场和定点酒店开展疫情防控工作。严把疫情“入口关”，加强流动人员排查，组织专业人员深入辖区内饭店、超市、茶馆等场所开展新冠病毒消杀工作。全年累计排查67.2万余人次，实验室监测35人次，消杀场所3600余家次。得知苏州市派出医疗队到湖北参与防疫工作后，林周县也迅速行动，向苏州市援鄂医疗队捐赠牦牛肉2吨、藜麦500公斤和1000箱矿泉水。

（王翠英）

墨竹工卡县

【概况】 墨竹工卡县位于西藏中部、拉萨河中上游，地理坐标为北纬29°8′、东经91°77′。东与林芝地区工布江达县相邻，西靠拉萨市达孜、林周两县，北连那曲地区嘉黎县，南接山南地区乃东县，交通区位优势较为明显，川藏公路（318国道）横穿而过。全县辖7个乡1个镇，41个村（居），总人口6.0096万人（2020年人口数据未公布）。县域面积5492平方公里，属以农为主的半农半牧县，平均海拔4200米。农作物主要有青稞、油菜籽、冬小麦等，畜牧业有牦牛、黄牛等。耕地面积7410.83公顷，粮食播种面积4402.2公顷，经济作物耕地面积2147.74公顷。森林覆盖率35.94%，林地面积205471.93公顷。国家级野生保护动物有黑颈鹤、斑头雁等，已探明的矿产资源有铜、铅、锌、金等。主要有国家AAA级旅游景区群觉古代兵器博物馆，“两泉一湖一寺一沟”闻名区内外。特色产品有墨竹小油菜菜籽油、直孔白青稞糌粑、斯布牦牛肉制品等。2020年，全县地区生产总值39.25亿元，同比增长7.4%，全年完成社会消费品零售总额5.05亿元；全社会固定资产投资14.78亿元，同比减少30.91%；全年接待旅游7.16万人次，收入574万元；一般公共预算收入完成5.85亿元，同比增长67%；农村居民人均可支配收入达到18187元，同比增长13%。实现城镇新增就业696人，城镇登记失业率控制在2.2%以内。年内，参加失业保险992人，参加基本养老保险21452人。领取城乡居民养老保险待遇人员4360人，城镇居民中720人得到政府最低生活保障金。

【农牧业】 2020年，墨竹工卡县成功创建国家农村产业融合发展示范园，农牧业总产值达到6.5亿元，完成“订单式”农业1.73万亩，粮食产量2.57万吨，采集虫草111.12万根，完成黄牛改良3000头，被拉萨市评为黄牛改良先进集体。打造“拉萨好油”，推动墨竹小油菜榨油厂建设、标准化奶牛养殖中心市场化运营。

【工业】 2020年，墨竹工卡县减免工矿企业电费、社保费2993.85万元，培育1家规模以上工业企业，推进华泰龙二期全面投产。招商引资累计到位资金55.23亿元，同比增长507.63%，紫金矿业出资38亿元重组巨龙矿业。

【服务业】 2020年，墨竹工卡县新增市场主体508户，推进加油站、加气站建设，成功保障喜马拉雅自行车赛顺利举行，开展“万人探亲游”活动，打造“天边墨竹”旅游线路，全面启动沟域旅游规划编制，全年接待游客7.16万人次，收入574万元。

【基础设施】 2020年，墨竹工卡县编制“十四五”发展规划和国土空间规划，完成7个村庄规划。协调推进国道349项目，省道507、“门措”公路项目实现通车，农村客运班线实现乡村全覆盖。完成3个PSL水利项目，实施38个农村安全饮水巩固提升工程和15处水毁修复工程。推进工卡镇一、二组棚户区基础设施改造，完成全县3293户农村入户线路改造。

【城乡建设】 2020年，墨竹工卡县成功实施“美丽乡村·幸福家园”建设试点项目，完成61户“四类”人员住房提升改造工程。持续深化垃圾分类，推进3个乡镇的生活垃圾无害化处理设施建设项目。率先实现县乡污水处理厂全覆盖，完成7个乡镇污水处理厂的验收使用，推进甲玛乡污水处理厂建设，推进林拉墨竹高速出口环境整治，堪巴林景观公园投入使用。

【就业创业】 2020年，墨竹工卡县创新出台《支持大学生就业创业十条政策》，全县457名应届高校毕业生就业率实现100%，城镇新增就业696人，农牧民转移就业9945人，自主开发就业岗位832个，开展技能培训1620人，组织90名高中及以上学历群众参加专业技能培训，城镇失业登记率控制在2.2%以内。

【教育】 2020年，墨竹工卡县创建全区第一个县区级“家门口其他省市西藏班”、建成中小学生健康档案和中学生视力检测跟踪档案，推进“互联网+教育”国家示范县建设，提升“五个100%”教育成果，自主组织教师培训13期，成立“格桑花开”奖教基金并筹集42万元。

【医疗卫生】 2020年，墨竹工卡县在全市率先创建县（区）级二级甲等医院，创成国家紧密型县域医疗卫生共同体建设试点县，乡镇卫生院标准化建设实现全覆盖，智慧医疗持续深化，全民健康体检稳步推进，免费救治200余名白内障等眼病患者，组织23名先心病、髋关节脱位等患者赴区外免费救治。

【社会保障】 2020年，墨竹工卡县完成344套公租房建设，成功入选国家残疾人预防综合试验区创建名单，实施"基本医疗保险+大病保险+医疗救助+超大额保险"新模式，实现"先诊疗后付费"和"一站式"即时结算，将城乡居民住院报销时限缩短至5个工作日。

【文化服务】 2020年，墨竹工卡县组建村（居）文艺演出队42个，开展文艺演出60余场，全民健身室内篮球场开馆使用，2个公共足球场建设项目有序推进，在南京开展"宁墨非遗对话"，创办首个"天边墨竹·藏式生活馆"。

【改革创新】 2020年，墨竹工卡县开展"减证便民"行动，压缩50%办理时限，网办深度达50%以上。优化整合国有企业，将20家国有企业整合为7家。实施建设用地增减挂钩226亩，完成扎西岗乡、唐加乡和甲玛乡0.51万亩耕地托管试点工作，完成全县40个村、198个村民小组年度清产核资任务以及建账工作。挂牌成立交通、文旅、农业农村、市场监管四个部门综合执法队，建立乡镇权责清单、公共服务事项清单、主体责任和配合责任清单。

【生态环境】 2020年，墨竹工卡县完成8个河（湖）"四乱"问题和8个水土保持问题整治，完成人工造林1927.35亩、封山育林1.92万亩，栽植沙棘苗木39.49万株、细叶红柳2000株。完成"三线一单"划定和自治区级生态文明建设示范县、乡创建，完成207处农村饮用水水源点水质监测。成立生态环境保护综合行政执法队，受理环境举报投诉案件7件，办结率100%，出动环境监察执法人员165人次。

【对口支援】 2020年，墨竹工卡县实施援藏项目20个，总投资1.58亿元。格桑花开产业园区一期双创基地竣工，开沃新能源汽车、弥盛塔巴陶瓷等6家其他省市企业注册落地，25座便民溪桥建成使用；争取1‰以外资金915万元；选派4批74名干部群众赴南京培训，组织15名农牧民群众参观南京；成功举办以"1+14"系列活动为主要内容的第二届"格桑花开·南京墨竹周"活动，西藏印象墨竹净土产品六合区展销中心投入运营。创新实施"格桑花开人才+"计划，组织35名大学生赴南京参加第二届特训营；南京8个行政区与墨竹工卡县8个乡镇签订"十四五"对口帮扶计划协议。

【社会稳定】 2020年，墨竹工卡县出台《墨竹工卡县安全生产专项整治三年行动计划》，妥善化解信访案件33件、调处矛盾纠纷54起，开展扫黑除恶线索摸排走访865次，查处办理治安案件10起，受理民事案件274件，受理刑事及起诉案件38件，法律援助200人次，妥善化解巨龙公司拖欠9000余名农民工工资、运输费等2.5亿元隐患。

【自身建设】 2020年，墨竹工卡县政府发文数量减少30.5%、会议数量减少29%，政府部门发文数量减少70.6%、会议数量减少43%。办理人大代表议案建议71件、政协委员提案43件，回复率达100%、办结率达90.14%、满意率达100%。办结"12345"服务热线问题193件，办理率达100%。

（旦增达吉）

曲水县

【概况】 曲水县位于西藏腹地、拉萨河下游、雅鲁藏布江中游北岸，最高海拔5774米，最低海拔3500米，县城海拔3568米，主要地形地貌类型有不同切割程度的山地、宽谷、洪积扇及冲积平原等，全县水域面积31.5平方公里，占总面积的1.88%，属高原温带季风气候，空气稀薄，日照充足，年日照时数近3000小时，无霜期短，年无霜期150天，年降水量379.8—450.3毫米，境内最高峰为打日抽左拉山峰，主要物产有贝母、虫草、黄连等数十种名贵中草药材。距拉萨市64公里。全县辖4个乡、2个镇、20个行政村、133个村民小组。2020年，全县共有户籍人口37876人，共有常住人口37500人。乡村劳动力资源数24733人，其中女性11868人。乡村从业人员20808人，其中女性10723人，农业从业人员11373人，工业从业人员1000人。全县地域面积162400公顷，2020年，全县耕地面积为11.2万亩，总播种面积达12.68万亩，全县粮食产量2.03万吨。主要以第一产业为主，农业包括青稞、小麦、油菜、土豆、蔬菜等，畜牧业包括牦牛、黄牛、马、驴、羊、猪、鸡等。国家级野生保护动物有白唇鹿、麝、黑颈鹤、雪豹、棕熊、水獭等，已探明矿产资源有钼矿、铜矿、金矿、铁矿、铅锌矿、刚玉、石墨等。主要旅游景点有国家AAA级旅游景区秀色才纳、曲水县动物园以及俊巴渔村、桃花村等。特色产品有藏红花、玛咖、野生黑枸杞、雪菊、牛蒡茶、玛咖虫草茶、辅酶Q10、玛咖简干片、茅台玛咖酒、拉萨鹿血酒等。2020年,全县农牧民人均可支配收入17804元,增速12.9%。一般公共预算收入7.22亿元,增速-16.82%。社会消费品零售总额4.4亿元,增速-4.4%。规模以上工业增加值增速7.8%。全社会固定资产投资完成额增速34.94%。

【疫情防控】 2020年,曲水县坚决贯彻“坚定信心、同舟共济、精准施策、科学防治”总要求,统筹协调、指挥调度,县直部门、乡镇、村协同联动、密切配合。始终坚持人民至上、生命至上,科学落实“早发现、早报告、早隔离、早治疗”的“四早”措施,坚持“外防输入、内防反弹”,成立疫情防控工作领导小组,加强县委对疫情防控工作的领导,先后召开23次常委会会议、专题会议研究部署疫情防控工作,因时因势制定调整防控策略,推行联防联控、群防群治疫情防控机制,安排疫情防控经费2780多万元,建立9个平价物资供应点,确保县域内疫情零新增、零扩散,物资供应充足。全县各族干部群众、社会各界捐款捐物246万元,支持湖北、江苏疫情防控;抽调85名医务工作者、干部民警协助拉萨市、城关区做好防疫工作。坚持统筹推进疫情防控和复工复产,落实中央和区市支持企业复工复产相关举措,县级干部联系规上企业,减税降费、为企业减负,全力推动各企业有序恢复生产。

【维护社会稳定】 2020年,曲水县牢固树立总体国家安全观,以防患于未然为原则做工作、以防止出大事打基础做准备、以敢于担当落实责任为标准看干部,谋长久之策、行固本之举,确保全县社会大局持续和谐稳定。

开展反分裂斗争。2020年,曲水县坚持把维护祖国统一、加强民族团结作为工作的着眼点和着力点,从打赢最复杂斗争、迎接最严峻考验、应对最困难局面的高度,不断完善系列应急预案和工作机制。加大藏传佛教活佛转世历史定制和宗教仪轨宣传教育力度,旗帜鲜明揭批十四世达赖和达赖集团反动本质。

巩固和加强民族团结。2020年,曲水县坚持以铸牢中华民族共同体意识为主线,持续巩固深化第七批全国民族团结进步创建示范县成果,深入开展民族团结进步教育“七进”活动和民族团结之花在曲水盛开主题活动,各民族交往交流交融更加密切,“三个离不开”“五个认同”思想更加深入人心。

加强宗教事务管理。2020年,曲水县开展寺管会干部“对党忠诚、素质过硬、作风优良”专题培训,提升敢管、会管、善管能力。深入开展“遵行四条标准、争做先进僧尼”教育实践活动,落实僧尼积极参与、主动维护所属寺庙稳定的责任制,组织僧尼开展升国旗、唱国歌、书法比赛等活动,推进藏传佛教与社会主义社会相适应,疫情期间,全县各寺庙主动取消各类大型宗教活动;持续开展爱国主义教育、新旧对比教育。

加强和创新社会治理。2020年,曲水县坚持自治、法治、德治相结合,一手抓群众基础,发挥基层党组织作用,引导群众树立维护稳定没有局外人,“我要稳定”成为常态;一手抓严厉打击,坚持“有黑扫黑、无黑除恶、无恶治乱”,开展扫黑除恶专项斗争,坚决果断,露头就打,形成震慑。坚持学习借鉴“枫桥”经验,创建13处“枫桥式”村警务室,警力下沉、关口前移,服务群众面对面,教育引导面对面,化解矛盾不出村,群众思想大转变,基层治理能力和治理水平显著提升,实现由管理为重向服务为主、由被动打击向主动防范的“双转变”。

【意识形态领域管理】 2020年,曲水县坚持党管意识形态,把方向、抓导向、管阵地、强队伍,牢牢掌握意识形态工作的领导权、主动权、管理权和话语权。坚持既“管肚子”更注重“管脑子”,强化干部群众思想引领。深化开展“四讲四爱”群众教育实践活动、“培养什么人、怎样培养人、为谁培养人”“遵行四条标准、争做先进僧尼”教育实践活动,创新开展“讲村史、谈变化、颂党恩”大讨论活动,深刻阐释习近平新时代中国特色社会主义思想的科学内涵和习近平总书记对西藏各族群众的特殊关怀,深刻阐释党的英明伟大和社会主义制度的无比优越性,全县各族干部群众不断增强“四个自信”“五个认同”,

更加坚定感党恩听党话跟党走的信心和决心。坚持物质文明精神文明双提升，基层文化事业繁荣发展，深入实施文化惠民工程，乡镇综合文化站、村文化室实现全覆盖，26个新时代文明实践中心投入使用，基层文化阵地建设不断加强。发挥一村一文艺队作用，开展村级文艺队演出大赛、第三届藏戏唱腔大赛、文化下乡等丰富多彩的文化活动，推出《众志成城抗疫情》《人民不会忘记你》《古韵藏戏》等优秀文化作品13个，基层公共文化服务供给水平不断提升。

【经济发展】 2020年，曲水县聚焦决战决胜全面建成小康社会目标，把“三个赋予、一个有利于”要求贯穿始终，坚持困难麻烦由政府解决、把方便实惠送给群众，各族群众获得感幸福感安全感显著提升。全县实现地区生产总值18.23亿元，增速7%，其中第一产业2.37亿元，增速22.9%；第二产业10.62亿元，增速6.1%；第三产业5.24亿元，增速-0.3%。农牧民人均可支配收入17804元，增速12.9%；一般公共预算收入7.23亿元，增速-16.82%；社会消费品零售总额4.4亿元，增速-4.4%；规模以上工业增加值增速7.8%；全社会固定资产投资完成额增速35%。

【巩固脱贫成效】 2020年，曲水县严格落实“四个不摘”要求，健全完善防返贫预警机制，定期核查、动态管理脱贫人口、边缘人口，确保边缘人口不致贫、脱贫人口不返贫。顺利通过国家脱贫攻坚普查验收，持续抓好中央脱贫攻坚专项巡视“回头看”整改工作，以整改实效巩固脱贫攻坚成效。突出扶贫产业效益第一，扶贫项目效益优先，健全完善利益联结机制，整合分红资金420万元。持续深化“志智”双扶，贫困群众思富裕、谋富裕的愿望更加强烈，内生动力明显增强，积极用自己的双手创造更加美好的生活。强力推进消费扶贫，拓宽藏鸡蛋、鹿血酒、青稞、蔬菜产品线上线下销售渠道。持续做好“三岩”片区易地搬迁群众工作，不断加强党的领导，主动改进工作方法，搬迁群众实现思想观念、就业观念、教育卫生观念、生活习惯、生活方式“五个转变”。

【发展现代农业】 2020年，曲水县坚持立足农业县实际，打造现代农业示范县，不断健全完善现代农业发展体系，统筹推进净土健康产业、蔬菜产业、牦牛产业、文化旅游产业等特色产业发展。坚持以净土健康产业为主导，提品质、扩渠道、强品牌，持续做大做强“两瓶酒、一粒药”等净土产品，打造净土健康产业升级版，净土产品达到40余种，全年净土产品销售额达到7400余万元。实施“菜篮子”工程，推进以江村为核心区的蔬菜基地建设，引进茂腾等龙头企业，实施“企业+合作社+农户”模式，建成果蔬交易市场，成立蔬菜协会，集育苗、生产、销售于一体的蔬菜全产业链发展格局初步形成，设施蔬菜面积达到1.1万亩，蔬菜品种达到60余种，年产量达8万吨，县供应率85%，拉萨市场供应率20%。发展牦牛产业，净土牧场、育肥基地项目基本建成，牦牛品种改良和短期育肥初见成效，实施“企业+合作社+牧户”牦牛产业发展新模式，牧户实现“草场流转+务工收入+分红”三重收益，户均增收近9万元。

【旅游业】 2020年，曲水县坚持文旅结合、打点串线的思路，建成曲水林卡、南木沟生态农庄等旅游项目，百亩连栋温室、动物园等景点基础服务设施更加完善，接待能力不断提升，成为市民休闲娱乐的好去处，全年接待游客15万人次，实现旅游收入840万元。

【社会保障】 2020年，曲水县坚持把就业作为最大的民生，外输内挖两手抓，推进群众就业意愿、就业能力与市场需求相适应，群众就业观念明显转变，就业能力明显增强，高校毕业生就业创业和农牧民转移就业质量越来越高，全县应届高校毕业生388人，就业387人；开发就业岗位722个，培训农牧民2375人，转移农牧民10336人次，实现增收1.1亿元。

【教育事业】 2020年，曲水县更加突出思想政治教育，从教师抓起，召开思政教育研讨会，学校书记、校长上讲台带头讲思政，组织开展“开学第一课”“牢固树立马克思主义世界观”主题班会等，切实将“三个培养”要求贯穿教育教学全过程；坚持把县财政收入的20%用于教育事业，实施才纳乡小学教学楼等7个项目，深化教育教学改革，师生住宿、餐饮等保障更加有力，办学条件明显改善，教学质量明显提升，获得全县小考其他省市西藏班录取人数全市第二、全县中考平均分全市第三的好成绩。

【医疗卫生】 2020年,曲水县实施达嘎镇、茶巴拉乡卫生院标准化建设等6个医疗项目,建设核酸检测实验室,全县医疗卫生服务硬件建设得到新提升;持续深化医疗卫生体制改革和医疗支付方式改革,加快推进智慧医疗体系建设,紧密型县域医共体作用明显,基层医疗卫生队伍不断壮大,基层医疗卫生服务水平显著增强。建立健全居家为主、社区照料、集中供养一体化的养老服务体系,以三有村为试点,开辟社区养老服务新路径。

【乡村振兴】 2020年,曲水县严格落实"20个字"总要求,开展乡村振兴工作。坚持规划引领,推进上级要求与曲水县实际、群众需求相统一,编制《曲水县乡村振兴战略总体实施方案(2018—2022年)》《曲水县乡村振兴战略专项工作方案(2018—2022年)》。坚持以产业兴旺为重点,持续深化农村改革,破解农业农村发展瓶颈,鼓励支持乡村产业发展,因村制宜,因业而兴;实施汉藏药材基地、白灵芝种植与加工示范项目等一批农业项目,牦牛村、蔬菜村等示范点加快建设,实现扶贫产业与乡村产业融合发展。坚持以生态宜居为关键,持续开展农村人居环境综合整治,"户集、村收、乡转运"农村生活垃圾处理体系不断健全完善,白堆村、江村试点开展垃圾分类成效明显;建成县城污水处理厂及江村、林堆新村生活污水处理站,实施户用卫生厕所改造工程,城乡治污处污能力不断提升,城乡生态环境明显好转,更加美丽宜居。坚持以乡风文明为抓手,发挥雅松民间艺术团、一村一文艺队作用,创新推出一批有糌粑香、酥油味的文艺作品,线上线下开展演出,繁荣乡村文化,群众精神生活更加丰富多彩。坚持以治理有效为基础,持续加强基层民主政治建设,群众主体作用更加突出,真正实现群众"说事、议事、办事";群众共同参与制定务实管用的村规民约、共同遵守公约,从言行举止、行为习惯等点滴加以规范。坚持以生活富裕为根本,多措并举促增收,项目、产业带动能力明显增强,组织化程度不断提升,群众收入持续保持两位数高速增长,工资性收入、经营性收入比重进一步提高。坚持试点示范,边推进、边总结,江村"美丽乡村·幸福家园"建设试点工作得到区、市领导认可;完成热堆村、协荣村、茶巴朗村、茶巴拉村建设规划设计,"美丽乡村·幸福家园"建设取得阶段性成效。

【深化改革】 2020年,曲水县"放管服"改革持续推进,行政审批、便民服务事项不断调整优化,审批程序更加简单方便,办理时限大幅压缩,政务服务事项网上可办率达100%,营商环境优化提升,全县市场经营主体达到4978户。农村集体产权制度改革和农村土地制度改革三项试点工作成效明显,以农业生产全过程托管、半过程托管的生产方式改革加快推进,积累一批可借鉴、可复制的改革经验,为全县现代农业发展提供有力支撑。

【生态环境】 2020年,曲水县始终坚持生态保护第一,守护好"世界最后一方净土"的生灵草木、万水千山。严格落实生态环境保护责任制,坚定走生态优先、绿色发展之路的决心和意志,深入开展"小手牵大手"、志愿服务活动等,生态文明理念更加深入人心,群众生产生活更加绿色环保。持续实施国土绿化行动,完成植树造林、封山育林1.09万亩,消除"无树村""无树户"成果持续巩固,家中有绿、院中有树成为一道亮丽的风景线,曲水风沙天气逐年减少。完成生态红线、"三线一单"划定工作、饮用水源地保护划定工作,生态空间管控更加科学有效;落实最严格的生态保护政策,严守耕地"红线",禁止"三高企业"入驻,统筹推进山水林田湖草系统治理,强化执法监督力度,全县生态环境持续向好。全面启动生态文明示范县创建工作,完成《国家级生态文明建设示范县创建工作规划》编制。扎实做好中央、自治区环保督察反馈问题整改工作,全部整改到位。

【党建工作】 党的政治建设。2020年,曲水县委坚持以党的政治建设为统领,建立把学习贯彻习近平新时代中国特色社会主义思想作为常委会会议"第一议题"制度,出台巩固深化"不忘初心、牢记使命"主题教育成果实施意见,夯实思想之基,坚定理想信念,增强"四个意识"、坚定"四个自信"、做到"两个维护"。坚持把政治纪律和政治规矩挺在前面,严守反分裂斗争纪律,严禁党员信仰宗教,严查"两面人""骑墙派"。提高政治站位，强化统筹部署，加强组织推动，注重举一反三，较好完成区党委第一、第三巡视组巡视整改任务，确保整改成效经得起检验。

基层组织建设。2020年，曲水县委坚持以提升组织力为重点，突出政治功能，深入实施“三建三带三加力”，基层党组织凝聚力、创造力和战斗力明显增强，基层基础更加夯实稳固。抓班子带队伍，抓住“关键少数”，持续加强党组织书记建设，谋划换届工作。抓先进促后进，建立三有村、江村2个党建示范点，示范引领、全面提升。紧紧围绕解决好个别基层党组织虚化、弱化、边缘化问题，严格落实“四个一”整顿措施，持续整顿软弱涣散党组织，截至年底，均进位升级。抓领域扩覆盖，精准选派“两新”党组织负责人和党务工作者，党组织覆盖率达20%以上；调整规范4个国企党组织，国企党建工作水平不断提升。抓典型增能力，组织召开基层党组织领导基层治理案例专题研讨会，深入解剖分析、交流研讨先进典型案例和突出问题案例，党组织解决问题和全面领导的能力全面提升。抓党员强服务，健全党员联系基层服务群众工作机制，落实党员“三包”要求，真心实意为群众办实事解民忧，党群干群关系更加密切融洽。

干部人才队伍建设。2020年，曲水县委坚持落实好干部标准和“三个特别”要求，树立鲜明选人用人导向，注重从一线选拔使用干部，注重在解决问题中锻炼干部，共提拔使用干部69人，不存在“带病提拔”“近亲繁殖”“违规提拔”等问题。持续加强领导班子建设，组织各级党组织书记实现学习贯彻习近平新时代中国特色社会主义思想集中轮训全覆盖，开展领导班子工作状态随机测评，全县各级领导班子更加坚强有力，党员队伍更加充满活力，干事创业氛围更加浓厚。设立50万元的干部关心关爱专项慰问资金，帮助干部解决实际困难，让有困难的干部职工真正体会到组织大家庭的温暖。

党风廉政建设和反腐败斗争。2020年，曲水县坚持“三个牢固树立”，坚决落实全面从严治党主体责任，一体推进不敢腐、不能腐、不想腐，持续涵养政治生态。制定印发《中共曲水县委员会关于印发〈曲水县委全面从严治党主体责任清单〉〈曲水县委全面从严治党重点任务清单〉的通知》和《中共曲水县委员会关于印发〈曲水县委2020年落实党风廉政建设主体责任工作要点〉的通知》，不断推进全面从严治党向纵深发展。严格落实中央八项规定及其实施细则精神，全面开展自查自纠、专项整治，发现并整改11个方面35个问题，推动全县干部作风持续好转。持续保持反腐败斗争的高压态势，严格干部管理，组织领导干部观看《巡视利剑》，及时传达全区处置的违纪违法案件，以案说法，召开警示教育大会，加大警示教育力度；精准运用监督执纪“四种形态”，抓早抓小、动辄则咎，全年受理问题线索30件，已办结21件，运用“四种形态”处理22人次。持续整治形式主义、官僚主义，制定落实会议、发文前置审查机制，切实为基层减负，让基层腾出手来谋发展、办实事。

（仝晓宇）

尼木县

【概况】 尼木县地处雅鲁藏布江中游北岸，系前后藏结合部，地势是北高南低，尼木河两岸为代表的河谷地区，地势平坦，平均海拔4000米，境内最高点穷母岗峰，海拔7048.8米，最低点为玛曲河汇入雅鲁藏布江处，海拔为3701米。2020年全年用水总量41977000立方米，全县范围内有20条主要河湖段，140处农村水源点，水塘158座，水库2座；建成水厂1座，设计日供水能力6150立方米。属高原温带半干旱季风气候区，四季分明，夏季雨水集中，辐射强，年日照时数3597.7小时，年无霜期195天，年降水量325.2毫米。距离拉萨市约120公里，辖33个村（居），137个自然组，2020年年底，全县人口7887户35623人，人口出生率13.7‰，自然增长率3.34‰。全县面积约3275.8平方公里，以农牧业为基础产业，净土健康产业为支柱产业，藏鸡养殖业为农牧业特色产业。农业包括青稞、小麦、豌豆、油菜、土豆等作物，畜牧业包括牦牛、绵羊、山羊等。耕地面积2908.26公顷，粮食播种面积2280.06公顷，经济作物播种面积488.45公顷。森林覆盖率10.44%，林地面积35227.974公顷。国家级野生保护动物有豹子、岩羊、狗熊、猞猁、獐子、黑颈鹤等，已探明矿产资源有铜、钼、泥炭等。主要旅游景点是吞巴景区，为国家级AAA级景区。尼木县作为藏文字的发源地，文化氛围浓厚，民风淳朴，被誉为“尼木三绝”的吞巴藏香、雪拉藏纸和普松雕刻享誉区内外。2020年,实现地区生产总值10.10亿元,按可比价计算,同比增长7.2%,其中,第一产业完成1.88亿元,同比增长39.7%,第二产业完成3.72亿元,同比下降2.2%,第三产业完成4.5亿元,同比下降3.2%。工业增加值0.78亿元,按可比价计算,同比下降6.52%。全社会固定资产投资同比增长7.3%;全年农牧民人均可支配收入16320元,同比增长12.8%,社会消费品零售总额7287.2万元,同比下降5.1%。地方财政收入1.73亿元,同比下降2.26%;地方财政支出12.07亿元,同比增长9.59%。完成邮政业务总量141.61万元,完成电信业务总量785万元,固定电话用户423户,使用率60%;移动电话用户8123户,使用率65%。接待旅游7.94万人次,实现旅游收入2416万元,同比下降51%。年末城乡居民储蓄存款余额37749万元。实现城镇新增就业672人,城镇登记失业率控制在3%以内。截至年底,参加城镇失业保险1159人,参加基本养老保险1579人,城镇职工参加基本养老保险534人,参加新型农村养老保险21448人,已领取养老保险待遇534人。参加城乡居民基本医疗保险31258人,参合率98%。城镇居民中有260人得到政府最低生活保障金。

【班子与队伍建设】 2020年,尼木县坚持以习近平新时代中国特色社会主义思想为指导,深入贯彻中共十九届五中全会、中央第七次西藏工作座谈会、区党委九届八次、九次全会和市委九届六次、七次全会精神,自觉增强政治意识、大局意识、核心意识、看齐意识,始终在政治路线、政治立场、政治方向、政治原则、政治道路上同以习近平同志为核心的党中央保持高度一致。深入践行习近平总书记关于选人用人重要论述和新时代党的组织路线,着眼2021年县乡领导班子换届,提早谋划,集中利用3个月时间,在全县范围内开展优秀干部调研暨乡科级领导班子和乡科级干部综合分析研判工作。通过民主测评、个别谈话、对比分析等方式,调研共选拔出90名县乡优秀干部,为2021年换届提供人才保障。

【农牧业】 2020年,尼木县粮油总产量1400.95万公斤,比2019年增产0.45万公斤,其中,粮食产量为1316.55万公斤,同比增产5.2万公斤。耕地确权面积43623.89亩,农作物总播种面积63748.39亩(含复种)。种植粮食作物34199.47亩(其中春青稞30208.3亩、春小麦1030.8亩、豌豆2930.4亩、藜麦30亩);种植经济作物7326.82亩(其中春油菜4711.83亩、蔬菜2614.99亩,露地蔬菜2490.59亩、设施蔬菜124.4亩);种植饲草22222.1亩(其中玉米194.19亩、芫根2万亩、其他饲草2027.91亩),调运良种3.9万公斤,精选率达到80%。年末牲畜总存栏126861头(只),其中牛54437头、羊71033头;牲畜总出栏48350头(只),其中牛、羊、生猪、藏鸡出栏分别达15668头、31148只、357头、52895羽。肉、蛋、奶、禽肉产量分别达到2600吨、128吨、1万吨、102.1吨,山羊绒产量1.04吨。仔畜成活率达到99.8%,成畜死亡率为0.92%。

【教育事业】 2020年,在春季学期三、六年级教学质量监测中,尼木县中心小学、尼木乡完全小学、续迈乡完全小学六年级藏文区编汉语文类质量监测成绩排名全市七县(区)第1名;2020年中考平均分比2019年提高2分,500分以上学生比2019年增加9人;其他省市西藏初中班录取7人,续迈乡完小、尼木乡完小实现“零突破”。严格落实“五级联防联控机制”“六项制度”和“十一个到位”,筑牢校园疫情防控的安全墙。落实15年免费教育政策及“三包”、营养改善等惠民政策,压实控辍保学责任,开展送教上门活动,严格落实大学生资助政策,全年完成对563名大学生资助金兑现工作,兑现资金287.0122万元。优先发展教育事业,逐年加大教育经费投入,推进义务教育阶段学校标准化建设,完成霍德、尼续、河东3所村级幼儿园建设,完成新建援藏项目尼木县中心幼儿园基层组织建设,推进尼木县中心幼儿园建档立卡贫困户双语幼儿园工程。深入贯彻落实国家、自治区教育信息化工程,全县中小学110个班全部实现多媒体教学,配备投影仪、中控台、计算机等设备,29所校(园)均实现通网,网络覆盖率达100%。

【医疗卫生】 2020年,尼木县面对新冠肺炎疫情,坚决贯彻落实党中央、国务院和区市党委、政府决策部署,始终把人民生命安全和身体健康放在第一位，坚决打好疫情防控阻击战，全县疫情防控持续保持“零病例、低风险”的态势。建成投用尼木县核酸实验室。稳步推进健康扶贫工作，建档立卡人口签约率和服务率继续保持100%，携手中国发展研究基金会、北京中金公司、西藏母子保健协会对全县840名6—36个月儿童进行早期智力干预，阻断贫困代际相传。全年共组织开展疾病预防知识宣传25次，发放各种宣传材料3.8万余份；乙类传染病报告发病率158.16/10万，无甲、丙类传染病报告；6岁以下预防接种建证率100%，卡证填写率达到99%，常住儿童十苗接种率达99.64%；追踪疑似或确诊结核病人到位22例，追踪到位率95%，DOTS覆盖率达100%；高血压患者规范化管理2660人，管理率91%，糖尿病患者管理率达100%，重性精神病患者规范化管理率100%；卫生监督覆盖率达100%，合格率达96%以上；产妇319人，建卡率100%，住院分娩率100%，高危孕产妇管理率100%，无孕产妇死亡。

【文化事业】　2020年，尼木县完成33个行政村（居）文艺队组建筹备工作，开展文艺下乡演出64场次，受众达3万余人。成功举办“读书日演讲比赛”、“五一”卡如温泉驿站篝火晚会、“八一”麻江赛马节、首届“尼木大峡谷 · 吞巴藏香源文化旅游节”等一系列文化、文艺活动。构建县、乡、村三级新时代文明实践中心服务体系，完成挂牌新时代文明实践中心1个、实践所8个、实践站33个、实践基地10个，采取“1+10”“8+N”模式，明确管理组织架构，调动广大干部群众参与热情。自2020年6月完成改革后，尼木县各级新时代文明实践机构开展实践活动360余场次，2.8万人次受益。2020年，尼木县综合文化活动中心获得全国“服务农民服务基层”文化建设先进集体称号。2020年10月，成功举办自治区“非遗＋扶贫”专题培训班，推广尼木县非遗工坊建设成功经验。

【社会保障】　*就业创业*。2020年，尼木县农牧民实现转移就业8978人，收入8917万元，在组织化转移就业上，组织化转移就业3903人，实现收入3826万元，建成农牧民转移就业基地13家。全年共开展培训45期1751人，开发就业岗位609个，职业介绍成功209人。212名应届高校毕业生全部就业，就业率100%。

住房保障。2020年，尼木县共投资6445.46万元完成2018年、2019年公共租赁住房建设项目和小康安居集中搬迁点建设项目，新建住房181套，现已全部投入使用。

兜底保障。2020年，尼木县供养农村特困人员159人，救助困难群众73户290人，发放城乡最低生活保障金318.23万元。并在全县33个村（居）设立残疾人专职委员，对重度残疾人进行护理等级评估，分级落实“政府购买残疾人居家托养服务”补贴资金，在2020年12月3日正式运行尼木县留守儿童快乐之家。完成医保参保缴费工作，医疗报销2109人次1286.18万元，县域内实现“一站式”结算服务覆盖，医疗救助299人次139.8万元，将医保人均财政补助标准提高到677.5元/年。

【旅游发展】　2020年，尼木县紧紧围绕“地球第三极”旅游品牌和“拉北环线”工作实际，全面推进乡村旅游发展，加快旅游基础设施建设，提升旅游服务水平，确保旅游发展安全有序推进。持续推进吞巴景区提档升级一期项目建设和雪山登山步道建设项目，卡如温泉配套设施建设项目、琼穆岗日雪山景区建设项目和嘎拉汤景区建设项目全面完工并投入运营。2020年7月，吞巴镇吞达村成功申报国家“第二批全国乡村旅游重点村”。依托“尼木三绝”“雅江河谷”“雅江温泉”“藏文鼻祖、藏香之源”“卡如千年核桃古树”“卡如桃林种植基地”“赤朗国家森林公园”等优质资源优势，主动邀请网络知名媒体加大旅游宣传、推广力度，举办“五一”卡如温泉驿站篝火晚会，主办首届“尼木大峡谷吞巴藏香源文化旅游节”活动。

【生态环保】　2020年，尼木县大气环境质量达到国家《环境空气质量标准》（GB3095—2012）Ⅰ类标准，环境质量优良；土壤环境质量基本实现无污染的环境目标；水环境质量达到或优于国家《地表水环境质量标准》（GB3838—2002）Ⅲ类标准，地表水水质达标率100%；噪声污染源得到有效控制；规范辐射安全许可证管理，辖区内无闲置、废旧放射源，辐射安全事故零发生；无非法开垦草原、破坏草原植被等行为，无侵占、蚕食湿地等行为，尼木县生态环境整体保持良好态势。

大气水土壤污染防治。2020年，尼木县配合拉萨市做好淘汰废旧车辆、更新新能源车相关工作，完成饮用水源保护区界碑、保护围栏的设置与维护，制定饮用水源地保护区（备用饮用水源地）划分方案，完善应急预案及机制，对全县饮用水水源地开展监测工作。同时加强入河排污口管理，继续加强饮用水水质监测公示上报，水质达标率100%。完成2家企业（尼木县垃圾填埋场、尼木县污水处理厂）和登记清单的133余家企业排污登记工作。严格按照《中华人民共和国环境影响评价法》深入开展环境影响评价工作。全县建设项目（含个体洗车场）进行环境影响评价登记备案共110个。县域内实施的新、改、扩建各类项目环评执行率达到100%。

农业面污染源治理。2020年，尼木县共调运发放化肥855吨，比2019年减少10吨；调运农药5.1吨，同比减少0.24吨，实现农药化肥零增长，农作物化肥农药利用率达到40%以上。

提升环境监管水平。2020年，尼木县共出动执法人员300余人次，车辆150台次，检查重点单位、企业（项目）24家次。依法下达限期整改通知书17份，整改到位17家。开展生态环境保护宣传工作。

环保宣传。2020年，尼木县开展宣传活动4次，共计发放环保知识读本4000余份、环保宣传单3200余份、环保法材料2000余份、大气污染防治法材料2000余份、水污染防治法材料2400余份、环保购物袋7000余只、悬挂宣传横幅20余条，更新大型广告宣传牌5块、受理环境保护咨询90余人次，营造共同参与生态环境保护的良好氛围。

【乡村振兴】 2020年，尼木县完善制定《尼木县农业产业发展规划》和《尼木县乡村振兴总体规划》，重点推进美丽乡村建设及人居环境整治工作。

美丽乡村建设。2020年，尼木县起草制定《尼木县“美丽乡村·幸福家园”建设计划整村推进试点实施方案》，完成5个试点村村庄规划编制、可研和初设评审工作。

人居环境整治。2020年，尼木县全面推进垃圾清理行动，投资1986万元建成5个乡（镇）无害化处理设施（垃圾转运站），配置垃圾转运车辆8辆，切实补齐农牧区环卫设施短板，持续推广“户分类、村收集、乡转运、县处理”的农牧区生活垃圾处理模式，农牧区生活垃圾无害化处理转运率达90%以上。推进农牧区厕所革命，按照“户厕抓提升，公厕抓覆盖”的思路，推进农户厕所改造，加强农村普及卫生厕所对疫情防控的重要性宣传，逐步提高卫生厕所普及率。推进农牧区畜禽养殖和种植业污染物治理，合理布局农牧区生产废弃物资源利用处置设施设备，制定《尼木县畜禽养殖禁养区限养区划定方案》。全县畜禽粪污综合利用率达到75%以上；2020年测土配方施肥覆盖面积达3万亩，占全县耕地面积的68.7%。

【强基惠民】 2020年，尼木县紧扣新时代干部精准驻村试点工作要求，通过市县单位包村和村（居）“1+3”组织队伍兼任驻村工作队方式，不断优化驻村体系、降低驻村成本。由15家市（中）直单位、国有企业和43家县直单位分包33个村（居），采取“包村＋驻村”方式，既有效打破市县派出单位人手紧缺的瓶颈，又优化驻村层次结构、投入力度，工作效果、满意程度有明显变化，全年市县包村单位到村（居）调研对接工作率达100%，为各村争取项目13个，投资728万余元；通过单位、个人名义，共购置560万余元的牛肉、猪肉等，用实际行动助力村（居）产品销售。探索推行“1+3”村组织队伍兼驻村工作队模式，简化优化村级工作格局，提高村级组织议事决策效率。2020年，解决群众实际困难340件。各村“1+3”村级组织队伍兼任驻村工作队后，驻村轮换方式由“一年一轮换”向“三年一轮换”转变，有效缓解原派驻单位人手不足现象。33个村（居）集体经济收入达3983万余元，50万元以上的占93.9%，有11个村集体经济收入达到100万元以上。

【宣传工作】 巩固党员干部思想根基。2020年，尼木县委召开理论中心组集中学习研讨20次，收集落实会议精神研讨报告109篇，其中贯彻落实十九届五中全会精神，谋划乃木县“十四五”重点工作调研报告57篇。

转变农牧民群众思想。2020年，县委书记杜国君，县委副书记、县长普琼开展示范宣讲5场次，县委班子领导带头宣讲26场次，各级党组织书记开展政策宣讲680余场次，村居开展实践活动320余场次，4.2万余名群众参与宣讲和实践活动。

未成年人思想道德建设。2020年，尼木县全县教育系统共开展各类思想政治教育活动900余场次。

强化网络意识形态管理。2020年，尼木县强化网络空间舆情监测和引导，累计监测时长4200余小时，撰写、上报舆情周报36期，通过“尼木发布”“文香故里”等重点微信公众平台和政务新闻网站持续发布各类信息4332条次。

加强新闻宣传和社会氛围营造。2020年，精心策划制作《梦里尼木》《文香故里》《尼木藏香》等宣传推介片，成功创建自治区级外宣点3个，申报拉萨市级外宣点5个，尼木县广播电视台和全县各新媒体账号撰写、刊播稿件5000余篇，刊播《尼木新闻》86期，县域阅读量12.78万次，社会阅读量、点击量300万余次。

【产业发展】 有机农业产业。2020年，尼木县因地制宜发展体验式特色农牧产业，全力推进有机、绿色、生态、观光农牧业发展，重点建设体验式车厘子采摘、平谷大桃采摘、航天蔬菜种植、羊肚菌种植等有机产业。

牦牛产业。2020年，结合尼木县资源禀赋，强化养殖技术，形成以尼木县牦牛标准化育肥基地建设项目(麻江总场)为主，以尼木县牦牛标准化育肥基地帕古分场、续迈分场、尼木乡分场、卡如乡分场为辅的“一个总场四个分场”牦牛育肥产业发展布局。年底全县牦牛规模化养殖累计育肥2268头，累计出栏1579头。生猪产业发展方兴未艾。尼木县积极打造以续迈为核心区，以塔荣、尼木、普松为提升区的“一核三提”生猪产业发展格局，推进以自主选育为主、引进为辅的“育、繁、推”一体化建设，提高良种供应能力。全年续迈乡生猪养殖基地生猪存栏630头，累计出栏333头，实现收入183.36万元。

【维护稳定】 2020年，尼木县先后12次召开维稳工作专题部署会，坚持以稳定压倒一切思想，紧密围绕应对重大突发事件和更大风险挑战，阶段性部署维护国家安全和社会稳定工作，落实公安、武警、消防等专业力量和双联户、村两委、“红袖标”、下沉干部、驻寺干部干警等基层群防群治力量联勤联动、联防联控，形成全县维稳工作“一盘棋”的工作格局，开展萨嘎达瓦、雪顿节、十九届五中全会、中央第七次西藏工作座谈会、燃灯节等一系列重要时段、重大节庆活动、重要节点维稳安保工作，实现社会局势持续和谐稳定。截至年底，共受理信访案件18批件35人次，均已办结，化解率100%；持续开展民族团结进步创建活动和民族团结进步宣传教育活动，各民族交往交流更加深入。

【安全生产】 2020年，尼木县发生各类安全事故76起，均为道路交通事故，死亡3人、伤10人，直接经济损失10.14万元；与2019年相比，事故起数下降26.21%、直接经济损失下降72.61%、受伤人数下降66.67%，死亡人数上升1人，建筑领域、消防安全、非煤矿山及危险化学品领域安全生产零事故，全年安全生产领域未发生重特大事故，全县安全生产形势总体平稳向好。出台并下发《尼木县安全生产专项整治三年行动计划》，开展安全生产检查3645次，出动检查人员8390人次，检查场所4054家次，排查各类隐患1514处，下发整改指令书102份，发现的隐患均已采取闭环整改措施。

【项目建设】 2020年，尼木县实施项目94个，总投资17.58亿元(计划内项目54个，总投资7.31亿元；计划外项目40个，总投资10.27亿元)。推动产业投资，尼木县贫困农牧民脱贫巩固航天蔬菜种植项目、尼木县巩固提升脱贫成效设施农业车厘子种植建设项目、尼木县高标准农田建设项目、尼木县藏鸡小循环项目等重大产业项目建成运营。加快城乡基础设施建设，尼木县塔荣镇至帕古乡公路油返砂整治项目、尼木县续迈乡防洪堤工程、尼木县智慧交通信控与违法管理平台建设工程建成投用。尼弘元仓供应链经济港项目，总投资56233万元，2018年开工建设，截至2020年年底，累计完成投资47336万元。

【脱贫攻坚成果及巩固概况】 2016年以来，尼木县累计减贫1289户5450人，其中2016年、2017年、2018年、2019年分别减贫301户1253人、951户4024人、36户172人、1户1人，贫困人口全部实现脱贫，32个贫困村全部脱贫出列，群众满意度达到96%以上，全县建档立卡户人均可支配收入13262.30元，比2016年的4786.9元增长177.05%。按照精准识别准确率标准要求，逐一排查，深入开展错评漏评专项治理，识别准确率达到目标要求；按照退出准确率标准要求，狠抓错退专项治理，不存在因帮扶工作不实、脱贫质量不高导致返贫的情况。通过巩固基础数据、控辍保学、医疗健康、住房保障、紧盯饮水安全、产业增收、稳定就业、易地扶贫搬迁后续扶持、生态扶贫、兜底保障、金融扶贫、巡视整改、构建长效机制、帮扶成效、贫困群众内生动力等工作，巩固脱贫成果。配合国家脱贫攻坚普查组，完成全县脱贫攻坚普查工作。截至年底，全县共1186户建档立卡户，累计采集录入1186户，县级审核验收1186户，完成普查任务的100%；完成村表、县表填报100%。

【招商引资】 2020年，尼木县招商引资到位资金完成1.75亿元，招商引资实施项目有1个，为续建项目，项目总投资10亿元。9月21日，借助“尼木大峡谷·吞巴藏香源文化旅游节”组织开展招商引资项目集中签约仪式，此次签约仪式共签约6个项目，达成意向性投资金额4500万元。

【特色产业】 藏香文化产业。2020年，尼木县重点加快藏香文化产业规模化、品牌化发展，以藏香文化产业为引领，以“123”发展思路和“四位一体”发展布局加强对尼木藏香品牌的宣传和推广，全面推动尼木县藏香文化产业示范建设。在“尼木大峡谷·吞巴藏香源”文化旅游节期间，召开首届藏香康养研讨会。全年藏香产值达2929.4余万元，藏香销售额达1671.2余万元，带动475户群众实现户均增收8000元。

藏鸡产业。2020年，尼木县坚持把藏鸡产业作为农牧民群众增收致富、巩固脱贫成果的重要渠道，实施“五年十万蛋鸡工程”，以西藏德青源公司为引领，构建集藏鸡种鸡孵化、商品鸡放养、蛋品鸡回收于一体的产业化经营体系，通过“放养带贫”（将90日龄脱温后的藏鸡放养到合作社饲养产蛋）和“借鸡下蛋”（将强制换羽后的藏鸡转给合作社继续饲养）模式，由西藏德青源公司提供藏鸡养殖技术、防疫技术、雏鸡、饲料、回收成鸡、鸡蛋等全产业链服务，带动尼木县藏鸡养殖合作社和农户建立藏鸡产业化帮扶机制，切实发挥带贫效应。截至年底，尼木县藏鸡存栏达16.78万羽，其中规模化养殖点4个、藏鸡养殖合作社12个，613户农牧民群众家庭散养存栏4602羽。

【党建工作】 2020年，尼木县聚焦党建主责主业、党建引领、忠诚担当，为社会主义现代化新尼木提供坚强政治和组织保证。依托县委党校，举办各类培训班18期，轮训县乡村党员干部2120余人，66人分批赴京进行集中培训，从顺义区引进人才24名开展短期交流培训，累计有1500余名群众受益。坚持把政治标准放在首位，对2228名农牧区党员进行政治“体检”，严肃审慎处理4名违规异地入党人员、取消1名预备党员资格，排查出131名不合格党员，并均已完成整改。实施干部“点对点”精准抓产业机制，161名干部“点对点”抓85个产业项目，帮带920名群众学致富技术，带动1202户低收入户年均增收8000余元。开展党员“三包”工作，动员全县3633名党员联系3.2万名群众，为民办实事、解难事1.5万余件。发挥党员先锋模范作用。通过成立党员先锋队、青年志愿服务队等方式参与疫情防控，先后2次捐款150余万元；动员1260余人次党员干部参与抗洪救援抢险，确保人民生命财产安全；建立党组织和党员搜集报送社情民意信息制度，处置解决各类社情民意120余条。实施“两新”组织“两个覆盖”攻坚行动，全面清理“僵尸”型社会组织42家，“三有”企业中党组织覆盖率达到20.6%。确定9个软弱涣散基层党组织和16个中不溜村居党组织，并于2020年12月底全面完成晋位升级。

【廉政建设】 政治监督。2020年，尼木县推进政治监督精准施治，加强对党中央重大决策部署和区市党委重要工作安排贯彻执行情况的监督检查，旗帜鲜明开展反分裂斗争，及时发现和纠正政治偏差，严明政治纪律和政治规矩，严肃查处违反政治纪律案件1件，给予党纪处分1人。

正风肃纪。2020年，尼木县坚持问题导向，把监督执纪“四种形态”体现在作风建设全过程，把违反中央八项规定及其实施细则精神问题作为纪律审查重点,对违规违纪问题坚决查处、决不手软,坚持越往后执纪越严,严肃查处违反中央八项规定及其实施细则精神问题1起,给予党纪处分1人。

监督体系建设。2020年,尼木县构建纪律监督、监察监督、巡视巡察监督全覆盖的权力监督格局,不断推动统筹衔接,完善协调联动机制,全年出具廉政意见回复77批次931人次,运用"四种形态"处理39人,第一、二、三、四种形态分别占比59%、28%、5%、8%,对失职失责的10人8家单位进行问责。

反腐败工作。2020年,尼木县准确把握稳中求进总基调,坚持惩防并举,一体融合推进"三不腐",用好用活反面教材,强化警示教育。

(于海啸)

当雄县

【概况】 当雄县下辖6个乡2个镇、29个村(居),172个村民小组,全县总人口52351人。在职干部职工1992人,退休干部职工362人,全县共有基层党组织307个,基层党支部267个,党员4813人,其中牧民党员3215人。有中学1所,在校生2164人,教职员工182人;小学9所,在校生5659人,教职员工342人;幼儿园29所,在园幼儿2042人,教职工56人;有"牧家书屋"28个、"寺庙书屋"22个、文化站8所(含县文化活动中心)、文艺演出团体1个;县中心医院1所,医务人员78人,乡镇卫生院8所、医务人员110人;防疫站1所,专职人员13人;特困人员96人;享受城镇最低生活保障325户、582人,享受农村最低生活保障488户、2032人。全县共有各类宗教场所24个,其中有僧无场所2个,嘎巴点13个,旦康2个,大型寺庙4座,小型寺庙3座。

【经济发展】 2020年,当雄县全社会固定资产投资同比增长67%。农牧民人均可支配收入达到20057元,同比增长12.55%。规模以上工业总产值完成48381.3万元,规上工业增加值完成21831.4万元,同比下降5.9%。社会消费品零售总额达25583.4万元,同比下降4.8%。

【文化与旅游】 2020年,当雄县依托青藏铁路、青藏公路穿境而过的交通区位优势,立足"极净当雄"这一区域公共品牌,把丰富的人文景观和自然景观、高原特有的民俗文化等资源转化为经济优势,推进文化旅游的深度融合,不断完善城乡旅游发展布局和基础设施,打造纳木错游客集散中心。

【气候】 受大气环流和地形影响,当雄县气候的主要特点为冬季寒冷、干燥,夏季温暖湿润,雨热同期,干湿季分明,天气变化大。2020年年均温度1.7℃,年均降雨量459.6毫米,年均蒸发量1891.4毫米,年均日照时数2837.9小时,年均太阳辐射总量187.9千卡/平方厘米·年,年均气温≥0℃,无霜期62天,积温1800℃,无霜期仅62天,牧草生长期仅90—120天。地表温度平均为4.8℃,从头年11月至翌年4月有6个月的土地冻结期,全年八级以上风力平均达17.8天,多发生在当年12月至第二年3月之间。大雪、冰雹、霜冻、干旱、大风等自然灾害频繁。

【地貌】 当雄地貌类型复杂,念青唐古拉山脉沿县的西北横穿全境,海拔7111米的主峰位于县辖宁中乡境内,第十一届亚运会圣火取自念青唐古拉山主峰下。总地势由西北向东南倾斜,东北部为高原平原,西北部和东南半壁皆为高峻山地,其间夹着近同念青唐古拉山走向的山间构造宽谷盆地,呈现岭谷平行相间的较有规则的条状地形。盆地海拔都在4200米以上,山地海拔最高为念青唐古拉主峰7111米,相对高差3000米左右。在北部高原平原上,有西藏第一大湖——纳木错。地貌分为四个地貌单元,西北部冰蚀高山、极高山,东部高寒中山,北部高原湖盆地和中部洪积宽谷盆地。

【水文】 当雄县水域面积12.744公顷,占总面积的12.7%,其中河流面积1262.75公顷,湖泊面积7.6公顷,沟渠面积5. 81公顷,水工建筑物(电站)面积1.93公顷,冰川及永久性积雪面积5.03万公顷。河流总长度1152180.0米,平均水面宽度10.1米,水系密度115.6米/平方千米。境内河流有桑曲、布曲、当曲、拉曲、尼木玛曲等,是拉萨河的主要支流和发源地,也是当雄—羊八井盆地、沼泽、草甸地带的水源所在,北部纳木错湖区为内流水系,水流注入纳木错。全县地表年平均径流量23.80亿立方米，主要河流是典型的以雨水补给为主，融水和地下水补给为辅的河流，有着非常丰富的水资源，水利开发有极大的优势。

【水资源】 当雄县地表水溪河流与山川相倚，呈支状分布。以念青唐古拉山为分水岭，分别注入纳木错湖和汇入拉萨河，注入雅鲁藏布江。县境内较大的河流有桑曲河、拉曲河、布曲河、秀古河等。主要河流以雨水补给为主，冰雪融水地下水补给为辅。地表径流量年平均23.8亿立方米。湖泊面积7.6万公顷。纳木湖储水量228.06亿立方米。永久积雪储量252亿立方米。地下水资源丰富，埋藏浅，水质好，可供人畜饮用。热泉资源比较突出，羊八井地热温泉涌水量为1000立方米/秒。当雄县水域面积19.61万亩，冰川积雪面积19.02万亩，山沟溪水密布，水源丰富。当雄县草场灌溉引用秀古河、雄嘎姆沟、罗荣沟、白朵沟等水源挖灌，根据实地调查，这些水源是典型的以雨雪水补给为主，地下水补给为辅的溪流，水质优良，为重碳酸盐类钙组水，属软水，适宜农牧业用水和人畜饮水。

【矿产资源】 当雄县境内矿产资源有砂锡、铅锌、玉石、商岭土、石膏、火山灰、石灰石、水晶石、硫黄、泥炭等，其中以羊八井热田和羊易热田最为著名，已探明并开采的矿产资源有乌玛乡的石膏矿，储量1亿吨，还有高岭土、火山灰、铝锡、铅锌矿和以铜矿为主的稀有金属矿，均有相当的储量和品质。

【旅游资源】 当雄县主要名胜古迹和旅游景点有世界海拔最高的咸水湖——纳木错、冲嘎固始汗夏宫遗址、藏传佛教噶当派创始人——仲敦巴旧址、藏北八塔、嘎洛寺（噶举派）、羊井寺（噶举派）、康玛寺（格鲁派）、多吉林寺（噶举派）。羊八井镇拥有地热电站、喷景等；海拔4718米的纳木错是全国第二大咸水湖，享有“圣湖”的美誉；与“圣湖”遥遥相对的是“神山”念青唐古拉山；主峰下是1990年第十一届亚运会圣火采集点，同时也是牧民从事宗教活动及赛马、赛歌的好地方。当雄县宁中度假村借用天然的温泉资源，配以相应的设施，是一个旅游修养的绝佳之地。

【自然资源】 当雄县自然资源丰富，境内草场广阔，天然草场总面积691500公顷，林地90398.29公顷，年鲜草可利用量为629336.95吨。当雄天然草场分为4个草场类，6个草场亚类，15个草场组，33个草场型。优良草场占全县可利用草场的68%，质量中等的占29%。根据2011年草原生态保护补助奖励机制核定，草畜平衡理论载畜量为87.0399万只绵羊单位的牲畜。当雄土地资源特点是山地冰川、河谷多，高山寒漠土、祖骨土、草甸土、高山草原土、亚高山草原土、草甸土和沼泽土，高山草甸土是当雄分布最大、面积最大、最主要的土壤类型，占当雄土壤总面积的51.85%，人工草场32000公顷，灌溉面积6000公顷。

【野生动物资源】 当雄县有野兔、盘羊、黄羊、野驴、土拨鼠、石羊、高原鼠兔、狐狸、黄鼠狼、狼、豹、猞猁、麻雀、乌鸦、雪鸡、山鸡、水鸭、黄鸭、大雁、白天鹅、黑颈鹤、秃鹫和鹰等。

【经济药用植物】 当雄县有冬虫夏草、藏贝母、藏雪莲、单子麻黄、红景天、龙胆、甘遂、云南黄芪等。

【精准扶贫精准脱贫】 截至2020年年底，全县贫困户1845户8513人全部脱贫，家庭人均可支配收入达到12153.36元，是2015年的6.6倍，贫困发生率从2015年的16.44%降至3%以下。2016—2020年，投入14.1亿元，实施精准扶贫产业项目34个，完工运营的29个精准扶贫产业项目，累计分红资金2204.74万元，惠及贫困群众13590人次。完成850户3627人的易地扶贫搬迁任务，完成贫困群众转移就业1968人。

【净土健康产业】 2020年，当雄县改变传统营销模式，与网易严选、顾家、蜂卖网等国内知名电商平台深度合作，成功举办西藏首届牦牛产业高峰论坛、以“中国好牛肉·纳木错好牛肉”为主题的牛人峰会和“520极净当雄”虫草文化节。借助第十八届中国国际农产品交易会、中国肉类展销会、海峡两岸（昆山）农产品展示展销会等，对外交流平台进一步提升。当雄有“身份证”牦牛肉与7100天然饮用水的知名度与影响力。与北京中科前方生物技术研究所合作研发以当雄牦牛骨、牦牛碎肉为原料的延伸产品10余款。先后在拉萨、杭州等地设立牦牛文创小铺5家。“当家藏”“亿头牛”等以当雄牦牛为主题的体验店成功运营，产业发展链条不断延伸，产业附加值不断提升。当雄有“身份证”牦牛肉、7100天然饮用水成功入驻京东、天猫、832消费扶贫等电商平台。7100天然饮用水在北京、成都、福建、广东等地设立销售点2000余家，累计完成产能2万吨，销售额1400.81万元。有“身份证”牦牛肉累计完成销售额5000余万元。

【项目建设】“十三五”期间，当雄县累计实施建设项目495个，完成投资144.54亿元。当雄县城污水处理厂、羊易地热电站、县城集中供暖等16个重点建设项目顺利完成。实施县中学集中供暖、县社会福利中心等100余个民生项目建设。京藏高速、31121等国家重点项目进展顺利。羊八井特色小城镇建设项目（一期）工程、当雄县小康安居工程郭庆村整体搬迁建设项目、当雄县县城集中供暖工程项目（二期）等重点项目建设成效明显。累计修建周转房444套、公租房344套，完成棚户区改造515户。县本级财政投入1016万元，完成603户的危房改造提升工作。投入2849.89万元，完成8个乡镇政府附属设施提升改造。完成25个村委会业务用房及配套设施建设。累计实施道路交通项目17个，累计修建农村公路里程252.26公里。开通农村客运班线7条，覆盖全县所有乡（镇）和村（居）。乡（镇）通畅率，行政村通畅率，重点寺庙、景区、旅游区四级以上油路连通率均达到100%。

【招商引资】2020年，招商引资实际到位资金4.5亿元，同比下降64.7%。

【生态立县】2020年，当雄县牢固树立“绿水青山就是金山银山、冰天雪地也是金山银山”的理念，连续两年获得全区生态环境保护考核优秀等次，成功创建国家生态文明建设示范县。县本级财政累计投入7061.68万元，用于开展生态环境保护各项工作。投入2166.09万元，完成纳木错扎西岛107户商户及群众的搬迁拆迁工作。投入349万元，开展当雄县生态环境现状调查工作。投入3153.2万元，实施县城自来水厂安全饮水项目。投入488万元，完成纳木错扎西岛生态恢复工作。投入4434.01万元，实施县城污水处理厂及收集系统工程。投入684万元，建成宁中乡、当曲卡镇两个垃圾转运站。县本级财政投入300万元，建立全区第一个县级大气环境质量自动监测站。完成阿热湿地内46户、207名牧民群众的搬迁工作。完成县域旅游沿线私搭乱建整治工作。完成“厕所革命”项目建设，新建公共卫生厕所191座。

【教育事业】“十三五”期间，当雄县本级财政累计投入2.99亿元，先后实施29个村级幼儿园和9所小学改扩建、中小学校园城域网建设等169个项目。为6682名大学生发放资助金4312.67万元。全县小学初中适龄儿童入学率、巩固率均达到100%。

【医疗卫生】2020年，当雄县累计投入6034万元，先后实施新建藏医院、纳木湖乡和羊八井镇卫生院、医疗援藏专家楼，改扩建当曲卡镇、乌玛塘乡、格达乡卫生院等项目，县医院成功创建“二乙”，家庭医生签约应签尽签。全县98%以上的包虫病患者得到有效救治，基本完成全人群结核病、肝炎、风湿病的筛查工作。覆盖城乡的公共卫生服务体系基本建成，重大疾病防治和卫生应急能力显著增强。健全社会保障体系，农牧民医疗参保、大病保险覆盖率均达到100%。城乡居民医疗保险信息系统在拉萨市各县区中首个正式上线运行，实现“一站式”结算。将城乡低保标准分别提高到911元/月和4813元/年。

（拉姆次仁）

国有企业

拉萨市净土产业投资开发集团有限公司

【概况】 2020年，拉萨市净土产业投资开发集团有限公司有正副职领导15人，其中2020年4月及10月免职人员共计8名；10月任职1名；4月提任现职1名；包含2名援藏干部。截至年底，拉萨净土产业投资开发集团有限公司正副职领导7名。集团在册职工504人（其中包含临时工6人、内退44人、中层干部110人）。

【疫情防控】 自疫情发生，集团旗下子公司自治区医药公司累计筹集酒精、温度计（测温枪）、防护服、口罩等防疫物资123批次货值154余万元。惠民投放一次性防护（医用）口罩148090只（单价1.5元/只）。结合拉萨市医疗市场需求，开展日常防疫物资动态储备工作。主要储备一次性隔离衣等7种防护类物资，确保达到以下库存下限，一次性隔离衣5000件、一次性使用橡胶检查手套20713双、医用隔离眼罩1998个、医用帽2300个、一次性使用防护服2324件、一次性医用鞋套2600双、500毫升免洗手消毒液273瓶。储备非接触式红外体温计等2种检验检测类物资，非接触式红外体温计637支、玻璃体温计3825支。储备抗病毒口服液等7种药品类物资，抗病毒口服液705盒、抗病毒颗粒683盒、连花清瘟颗粒472盒、安宫牛黄丸90盒、磷酸奥司他韦胶囊457盒、磷酸奥司他韦颗粒419盒、板蓝根颗粒320包。开展医药防控物资采购储备工作。集团旗下子公司自治区医药公司根据自治区卫健委等部门联合下发的《进一步加强自治区级应急医药防控物资储备管理的实施方案》及储备目录采购储备，医用防护服5000套，医用护目镜6000个、防护面屏6000个；医用N/KN95口罩20000个；新冠病毒核酸检测试剂盒20000盒，器械类26个品种；药品类（商业公司采购）54个品种。落实疫情期间租金减免政策，结合公司自身经营业态，主动为拉百公司、净土邻里中心、八一农贸市场相关租户落实租金减免政策，共减免租金共计1185.17万元，惠及417家商户。

【民生保障供应工作】 为有效保障“三大节日”期间及疫情防控期间生活物资供应。2019年12月至2020年3月底，公司累计采购蔬菜929.76吨、牦牛肉114.96吨、大米1020吨、食用油250吨、面粉120吨。结合保供业务，建立粮油储备机制。截至年底，完成拉萨市市级粮油储备1000吨大米，自治区级动态储备600吨大米和7000件食用油采购入库工作。公司旗下二级子公司粮油经销公司被拉萨市粮食和物资储备局定为市级储备粮700吨青稞的代储单位，并于2020年年初完成700吨青稞的入库验收工作。

【消费扶贫和农牧民增收】 2020年，集团公司通过区外北京、江苏援藏渠道，区内通过党政机关、企事业单位公会采购做好拉萨市扶贫产品销售工作。全年累计销售各类扶贫产品共计3160万元。通过购统销本地生产常规时令蔬菜、有机青稞统种统收项目、统购统销短期育肥牦牛项目、藏鸡合作社及其养殖大户合作项目、消费扶贫项目，惠及群众1192户、4603人次，户均增收3.53万元、人均 9135.95 元。

【渠道建设和品牌推介】 2020 年，集团公司推进大昭圣泉进全国铁路网络销售工作。与中铁快运股份有限公司，西藏宏腾文化旅游发展有限公司合资组建西藏净善水业有限公司，负责大昭圣泉的市场推广工作。12 月 25 日，由拉萨市人民政府主办、西藏净善水业有限公司承办、拉萨市净土产业投资开发集团有限公司协办的“西藏好水·大昭圣泉国铁系统专项推介会”在拉萨成功举办，为大昭圣泉进入铁路系统销售打下坚实基础。推进与中石化易捷销售公司的合作。合作组建销售平台公司——西藏宝元圣贸易有限公司。受新冠肺炎疫情影响，2020 年主要以网络直播带货、参加雪顿节产品展销会、举办产业发展高峰论坛等方式宣传和推广“拉萨净土”品牌。8 月 7 日，市政府办公厅正式印发《“拉萨净土”区域公用品牌审批使用及管理办法》，为规范使用和管理品牌提供政策支撑。8 月 19—25 日，参加雪顿节名优商品交易暨展示展销活动；8 月 30—31 日，参加拉萨净土健康产业双创高峰论坛和项目推介会。首场拼多多直播带货活动中，“拉萨净土”系列产品关注量突破 89 万人次，青稞藜麦多谷乐成为爆款产品，广大消费者争先抢购。11 月，赴南京、江西南昌参加第十二届中国国际商标品牌节，荣获“2020 中华品牌商标博览会金奖”。

（晋美玉杰）

拉萨市城市建设投资经营有限公司

【概况】 拉萨市城市建设投资经营有限公司注册成立于 2006 年，2011 年 7 月正式运营，注册资本金 3.2 亿元，为市属大型国有独资企业。自启动运营以来，公司坚持把“引领城市发展，提供优质服务”作为初心和使命，发挥国有企业引领带动作用，服务于城市建设发展大局，先后参与实施环城路建设、精准扶贫工程、棚户区改造及城市基础设施等系列民生工程。2020 年，公司资产总额 959.75 亿元，营业收入 126.64 亿元，实现利润 12.55 亿元，上缴税金 6.57 亿元，上缴国有资本经营收益 1.13 亿元。

【企业管理】 精细化管理。2020 年，公司把全面推进精细化管理作为企业提质增效的重要抓手，提高企业发展质量和效益，完善经营管理、财务管理、人事管理、风险防控等方面的内部规章制度，提高企业内部管理水平，真正实现靠制度管权、管人、管事，全面构建符合企业发展的管理制度体系。同时，以精细化管理为导向，探索新形势下的现代企业管理模式，实现向管理要效益。

聚焦主责主业。2020 年，公司坚持从决策、管理、经营等方面入手，转变思想，转换思维方式，紧紧围绕“保增长、稳结构、促发展”的中心任务，将提高经营工作的质量和效益摆在更加突出的位置，抓好主营业务命脉，深耕细作，深挖潜力，在做优做强主业上下功夫，在盘活资产上谋举措，在做好项目收尾上抓落实，进一步加强管理，突出创收盈利，提升公司“造血”能力和综合竞争力。

优化管理层级。2020 年，公司严格按照专业化、市场化发展要求，不断完善优化管理层级，构建以资本为纽带的“战略把控总部—专业化产业集团—实际运营公司”的三级管理体系，坚持总公司“管大局、把方向、抓重点”，集团“保落实、创效益、促发展”，三级公司“抓生产、控成本、促产值、创利润”的总体原则，充分发挥集约化、扁平化、专业化管理优势，实现自主经营、自负盈亏、自我发展、自我约束的经营主体。

【重大项目建设】 2020 年，公司纳入国家统计局联网直报入库的在建项目共有 73 项，总投资 427.3 亿元；受疫情影响，自 2020 年 4 月中旬正式复工复产以来，累计完成投资近 90 亿元，截至年底，完成投资 325.8 亿元。

【实体产业开展】 2020 年，公司以做大做强实体经济为出发点落脚点，以夯实实体产业为着力点，壮大产业规模，完善产业链，补齐区内产业发展短板，提升服务拉萨市经济大局的能力和水平，加紧推进实体产业项目落地。祁连山水泥厂、绿色新型建筑建材产业园区、吾羊实业火山灰厂等实体产业项目均建设完成并投产运营。

【房产开发】 2020 年，公司充分结合企业发展规划目标，全面实施“走出去、引进来”战略，在有效利用本土资源的同时，与区外大型优质房产开发集团进行全方位战略合作，全力加快推进高品质楼盘的开发建设工作，打造西藏自治区精品楼盘新名片，全面提升城市品质形象和民生福祉。截至年底，共销售房源7313套，实现销售面积84.04万平方米。

【专业市场建设运营】 2020年，公司充分发挥专业市场特有的资源优势，创新优化“十大市场”运营管理，提升管理水平，向管理要效益；创新管理模式，改变经营范围；充分发挥优势，做大、做强特色主营业务。通过实施集团化发展管理模式，专业市场核心竞争力显著提升，优势特色发挥更加显著。截至年底，铁器电焊市场、二手车交易市场、驾考中心、工程机械市场、旧货市场等十大市场已全面启动运营，西藏领峰智慧物流园项目等招商工作持续推进。

【城市服务基础设施保障工作】 2020年，公司通过明确责任、量化标准、严格考核、奖惩兑现等措施，提升城市服务及基础设施保障工作体制，完善服务保障工作考评机制，全面推进城市基础设施精细化管理，努力营造干净整洁有序的城区形象。全年安全供水13981万吨，其中售水量7987万吨、绿化用水2500万吨、免费供水698万吨。较2019年同期增加810万吨，增长6.1%。

【企业党建】 2020年，公司党委以习近平新时代中国特色社会主义思想为指导，加强和完善党的领导、创新党建工作实效，公司党建工作呈现守正出新、向上向好新气象，为公司持续健康高质量发展提供坚强的政治保证、组织保证。以“不忘初心、牢记使命”主题教育、“两学一做”学习教育及“四讲四爱”群众教育实践活动为载体，充分发挥理论中心组学习带动作用，开展理论学习教育工作。持续推进基层党组织标准化建设，加强对党员特别是党员领导干部的日常监督管理，切实发挥基层党组织战斗堡垒作用和党员先锋模范作。推进意识形态建设工作，打造企业文化名片。利用企业公众号、企业内刊等工作平台，及时宣传公司重要工作动态、重要工作部署、亮点特色、企业发展动态。开展巡视整改工作，强化组织领导、压实主体责任，制定整改方案、强化整改措施，认真抓好落实，同时加大检查力度，确保整改成效。

【疫情防控】 自新冠肺炎疫情发生以来，公司履行国企社会责任，宣传疫情防控知识、保障民生物资供应、确保市政公共卫生安全。配合有关单位，开展疫情防控工作，并在疫情期间为所属5000余户商户减免租金共计1亿元。

【综治维稳】 2020年，公司高度重视综治维稳工作，将综合治理工作纳入重要议事日程，制定《2020年综治维稳年度工作计划》，明确目标任务和方法步骤，将治安综治维稳工作纳入考核范畴，做到综治维稳和平安建设与其他中心工作同安排、同部署、同检查、同考核、同奖惩，形成上下联动、一级带一级、一级抓一级、一级对一级负责的良好工作局面。

【精准扶贫】 2020年，公司建设项目共吸纳转移就业7930人，完成市级目标任务5714人的125%，实现收入2.37亿元，完成市级目标任务1.64亿元的127.7%，其中带动西藏籍就业2275人，含建档立卡贫困户42人，工资收入达7532.2万元，拉萨籍农牧民就业735人，工资收入达2715.1余万元。

拉萨布达拉旅游文化集团有限公司

【概况】 拉萨布达拉旅游文化集团有限公司成立于2012年2月，是市政府直属国有独资企业，隶属市国资委，注册资金31320万元。公司始终遵循“专业化、特色化、国际化”的发展原则，本着“深耕拉萨、面向全国”的旅游经营理念，整合开发拉萨旅游文化资源。至年底，正实施纳木错游客服务中心及特色旅游小城镇建设、西藏非物质文化遗产体验园暨《金城公主》室内历史舞台剧、拉萨通用航空产业等重点项目。公司旗下共拥有14家子公司，集团资产规模达到40亿元，是拉萨市唯一的国有独资旅游集团，也是西藏旅游文化产业领域最具实力和品牌影响力的国有文化旅游集团。

【主营业务】 2020年，公司业务范围涵盖景区景点开发经营、文化创意商品开发经营、城市休闲旅游开发经营、乡村旅游开发建设、文化演艺、旅游汽车运输、智慧旅游、旅行社、酒店餐饮、通用航空等业态，形成集文化旅游全要素为一体的旅游产业链。集团公司旗下子公司有拉萨纳木错景区保护开发有限公司，主要负责纳木错景区的经营保护和开发；拉萨市和美布达拉文化创意产业发展有限公司，主要负责大型室外实景史诗剧《文成公主》、室内舞台剧《金城公主》，以及特色旅游商业街区的经营开发；拉萨雪域明珠旅游汽车运输有限公司，主要经营旅游汽车运输业务；拉萨雪域明珠国际旅行社有限公司，主要从事国内国际旅游接待业务；拉萨布达拉旅游文化传媒有限公司，主要负责旅游文化传媒业务经营；拉萨布达拉古城古院保护利用有限公司，主要负责古城古院的保护利用；拉萨布达拉生态旅游开发有限公司，主要负责拉萨河水上游、迎亲桥商业街的开发经营；拉萨布达拉智慧旅游有限公司，主要负责互联网+OTO的平台搭建与业务承接；拉萨布达拉通用航空产业发展股份有限公司，主要负责飞机租赁等业务；拉萨雪鹰通用航空股份有限公司，主要负责拉萨通用航空机场建设管理运营及各类飞行任务；拉萨乃仓酒店管理有限公司，主要负责打造一批具有西藏民族特色的精品酒店；拉萨市乃仓云使旅游管理有限公司，主要负责整合拉萨周边民宿资源，改造和运营“拉萨乃仓”民宿品牌；拉萨布达拉旅游文化投资管理有限公司，主要负责旅游文化业的投资管理和投资咨询等业务。拉萨蕃昌建筑有限公司，主要负责古建筑维修工程等业务。

【乃仓商业综合体项目】 乃仓商业综合体项目总投资4亿元，包含乃仓大酒店及商业综合体。乃仓大酒店于2019年12月18日正式营业，是拉萨市首家集旅游、休闲和度假为一体的本土五星标准酒店，拥有176间藏式特色客房，1000余个餐位可让宾客感受川、粤、湘、西式及藏式特色美味。酒店还拥有各类会议室10余个，能满足宾客多种规格宴会需求。2020年先后成功接待2020年中国佛教协会西藏分会会议、国务院新闻办主办的西藏脱贫攻坚新闻发布会等重要会议。酒店周边商业配套建设共有3万多平方米，地理位置优越，交通便利，设施齐全，使酒店与综合体内的商业、办公、文化、娱乐等功能业态互补，繁荣共生。

【文化演艺项目】《文成公主》藏文化大型史诗剧是以西藏历史文化为内容，以拉萨自然山川为背景，以文成公主入藏和亲为主题，以促进汉藏民族文化和经济社会相互交流的故事为主线，深入展现汉藏历史文化、民族风俗、自然景观。全剧分为五幕，时长约90分钟，于每年4—10月盛装演出。该剧以星空为幕、山川为景，综合运用大唐歌舞和西藏流传久远的藏舞、藏戏等艺术形式，将人工舞台巧妙结合自然山川，运用现代手段呈现数十种非物质文化遗产，融戏剧、音乐、舞蹈和现代舞美手段为一体。该剧已成为西藏文化旅游新名片，拉萨城市旅游新地标。

《金城公主》舞台剧讲述1300多年前，和亲吐蕃(今西藏)的大唐金城公主传奇的一生。全剧共分为上下两个半场，上半场主要讲述吐蕃求婚大唐，金城公主肩负家国使命远赴吐蕃和亲的心路历程；下半场主要讲述金城公主入蕃后的生活、经历，为造福吐蕃百姓，她大力发展医药、兴建水利、开茶马互市，对吐蕃经济文化、农业生产等方面产生深远影响，赢得吐蕃人民的衷心爱戴和敬仰，谱写一部吟唱千古的汉藏和美史诗。《金城公主》舞台剧采用室内演出的形式，将有效打破高原气候因素的制约，为拉萨“全时全季”旅游注入新的活力。该剧作为《文成公主》藏文化大型史诗剧的姊妹篇，将与《文成公主》形成姊妹联动之势，为西藏文化大繁荣、经济大发展贡献力量。

【通航直升机参与救援活动】 2020年，集团下属通航公司在民航局、市政府以及集团公司的带领下攻坚克难、谋求发展，加强管理的总体安排和部署。全力打造以应急救援、飞播造林等政府任务为主线。全年参与3次救援活动。2020年4月15日，应自治区应急厅要求，参加尼西村森林火灾救援工作，共飞行2小时28分，共3架次；2020年8月3日，参加林芝巴嘎村、落木村泥石流塌方救援勘察任务，共飞行2小时37分，共4架次；2020年8月16日，参加林芝百巴镇泥石流塌方救援勘察任务，共飞行1小时57分，共3架次，均完成任务。2020年4月，拉萨市人民政府为通航公司发授拉萨市防灾减灾救灾应急救援联勤联动单位牌匾。

【纳木错游客服务中心项目】 2020年,集团公司紧跟全域旅游目标,推进纳木错景区生态旅游项目的建设,提高纳木错景区管理水平和服务水平,提升景区影响力。纳木错景区生态旅游项目建设总投资7.6亿元。纳木错景区生态旅游项目一期游客集散中心于2020年10月15日正式投入试运营。为加强景区核心区的环境保护力度,景区内全面推行新能源景区电动观光车。

【推介会方面】 2020年7月20日,由拉萨布达拉旅游文化集团主办,拉萨布达拉旅游文化集团营销公司与西藏旅游股份有限公司联合承办的2020拉萨文旅同业联盟成立暨金融助力文旅发展论坛会在拉萨乃仓大酒店成功举办。此次论坛以“创新文旅金融助力”为主题,以“新内容、新营销、新商业”为切入点,汇聚旅游、文化、金融、营销、传媒等西藏区域行业的专家和企业带头人齐聚一堂,共议文旅创新发展之道,分享品牌优秀案例、对接企业核心资源、促进跨行业合作交流,共同推动拉萨文化和旅游产业转型升级和促进经济增长。

【文创产品】 为响应西藏自治区建立文旅融合发展工作,2020年,拉萨布达拉旅游文化集团旗下拉萨布达拉文化传媒有限公司公司携手西藏本土特色“阿刁”茶饮品牌,共同筑造西藏文旅原创主题“乃仓&阿刁|文创茶饮店”,全力打造属于西藏本土特色的网红IP消费场景。2020年8月2日,“乃仓&阿刁|文创茶饮店”白塔店开始营业,8月9日“乃仓&阿刁|文创茶饮店”神力店开始营业。

拉萨布达拉文化传媒有限公司“乃仓&阿刁|文创茶饮店”,依托西藏本土文化色彩和藏元素,原创设计出独具西藏特色文创茶饮店,深度融合西藏旅游市场的需求,采用西藏本土牦牛鲜奶,青稞,人参果等创造出属于西藏自己的本土特色新茶饮。茶饮店的每个亭子都独具主题特色,坐落在拉萨的街头仿佛一道美丽的风景线,茶饮以受广大游客及本地人民的喜爱,为西藏文化旅游市场注入新鲜血液和传播主题。

【书香拉萨活动】 2020年,拉萨布达拉旅游文化集团有限公司参赛由中共拉萨市委宣传部(拉萨市新闻出版局)、拉萨市总工会主办;拉萨市政府国资委、拉萨市工商联、拉萨广播电视台承办的“书香拉萨——展企业风采”庆“五一”职工诵读大赛,本次活动面向市属国有企业、各县(区)国有企业以及拉萨市本地民营企业开展。各参赛队伍围绕“展企业风采”这一主题,对创作的诗歌、散文、演讲稿等作品进行诵读。

(拉　吉)

拉萨市暖心燃气热力有限责任公司

【概况】 拉萨市暖心燃气热力有限责任公司内设党群劳资人事部、计划财务部、纪检监察室、行政部、企业管理部等11个部门,下辖拉萨市暖心燃气热力设备销售有限公司、拉萨市暖心工程有限责任公司和拉萨市暖心供暖供气服务有限责任公司。公司主营业务有城市天然气的建设、输配、经营销售,城市供暖的建设、运行服务;新能源的综合开发、利用、生产、销售;特种设备的检验检测(如:锅炉、电梯、燃气表等)。2020年,拉萨市暖心燃气热力有限责任公司始终秉着“以服务客户为中心”的工作理念,设立24小时服务热线“96188”,建立完善的客户服务、抢险应急、巡检维护体系,以及SCADA、GIS等信息系统,竭诚为广大客户提供方便快捷的服务和安全可靠的用气保障。推广太阳能、空气能等可再生能源的应用,为建设绿色环保、可持续发展的清洁能源事业而不懈努力。自2012年拉萨市实现管道天然气供应以来,天然气年用气量呈20%的增长速度递增,用户数量也持续逐年增加,截至2020年年底,服务民用客户近12万户,天然气逐步替代液化石油气、煤、油及柴薪等,在能源结构中占有重要的地位,结束拉萨曾是全国唯一一个没有城市管道燃气供应的首府城市的历史,得到社会各界的广泛好评。2020年,公司累计购入气量4268.78万立方米,超出年度销售目标任务3600万立方米的18.58%,比2019同期增长10.52%;主营业务收入26419万元,比2019年同期增长25%。

【北斗定位“种子工程”】 2020年,为解决管线精准定位方面存在的问题,公司争取到基于北斗精准定位的燃气管线抢险抢修安全运维种子工程的落地实施，于2020年8月在拉萨市完成3座北斗卫星导航基站建设工作，截至年底，均建成并投入使用。实现拉萨城区新建燃气管网资料精确自测，提高生产运营和抢险抢修水平，保障拉萨市民群众用气安全，促进企业安全生产，维护拉萨社会和谐稳定，并为智慧燃气建设打下坚实基础。

【燃气管道采用全面检验及GIS数据采集】 2020年，为提高燃气管理的现代化水平和服务质量，降低供气运行成本，公司在引进先进的燃气设备和借鉴北京燃气集团先进的管理理念的同时，也引进先进技术手段，建立生产运营综合管理系统，对燃气管道进行全面检验检测和GIS数据采集，并将数据应用到GIS系统内，通过开放的接口将GPS巡线、设备资产管理、燃气SCADA、视频监控等业务系统集中接入GIS系统中进行展示和应用，让各业务系统信息与燃气管网信息有机融合，实现信息共享，使调度指挥中心能直观地在管线图上看到管网的压力分布（主干线和大用户）及各支线（或阀井、调压箱）所供用户的用气量（由用户管理系统提供），进行流态模拟、负荷分析、运行状况分析，优化生产调度管理，辅助决策。不仅为安全供气提供数据依据，也为拉萨市燃气规划、设计、施工、生产调度、设备维修、管网改造、抢险及安全供气作业等方面提供数据支持，提高事故的应急处置能力，降低输配和管理成本，并通过数据的综合分析优化生产运营流程，提高安全生产管理水平。

【生产运营】 2020年，公司对520公里中压燃气管网人巡12次、车巡12次；对5582公里低压燃气管网巡检2次；对3070个中压燃气阀井共巡检12次；对1431个低压阀井巡检2次；对1454台调压箱巡检2次；对10座阀室巡检12次。

【安全生产】 2020年，公司对170个小区45089户燃气用户开展燃气安全宣传进小区工作，发放宣传资料共计25390份。开展专项燃气安全宣传进小区工作7次，共计发放宣传资料4775份。开展安全检查共计107次、对危险作业安全生产督导监护共计469次、开展公司级安全隐患排查共计95次、节前安全隐患排查共计5次，安全监督检查完成率100%。召开安全生产会共计10次；组织开展安全教育培训共计10次。开展居民用户安检48816户，工商业用户安检463家，户内维修总接单8435起，签协议工单10043起。

【便民利民】 增设缴费平台、服务中心。2020年，公司在原有的中国建设银行、中国银行、中国邮储、中国农业银行、中国电信翼支付、微信公众平台代收费系统收费平台的基础上，新增光大银行APP缴费；新增市民服务中心业务窗口1个，在金珠西路及柳梧长兴国际增设2个营业网点，为广大燃气用户拓宽缴费渠道，方便广大市民，实现“让信息多跑路，让群众少跑腿”。

热线服务水平提升。2020年，“96188”呼叫中心，共接听用户来电153908起，同比增加18%，应答率超过99%，解答内容主要包括燃气气价咨询、供暖使用流程、通气流程、缴费流程、灶具类等，满足燃气用户的咨询需求。维修报修服务更加高效快捷。公司全面实行工单进度全程跟踪，严格落实《首问负责制》和《限时办结制》，不断优化服务流程，逐步完善监督体制，持续提高一线维修抢修人员服务效率，为全市燃气用户提供热情高效的服务。

服务方式满意贴心。2020年，公司通过制定完善入户工作流程标准，全面实施工单回访满意率调查，设置温馨提示标语，开展到访不遇电话预约和区域化客户服务工作，落实《员工行为规范》等举措，促进便民服务实现规范化、标准化、制度化和人性化。

服务形象焕然一新。2020年，公司倡导文明礼仪，全面实行“禁烟令”，规范工装和工作牌，专门制定下发《关于严肃公司员工着装的通知》，将员工形象建设上升到铸造公司品牌，提高服务水平的高度来推进，开展办公环境美化绿化工程，营造良好的服务氛围和环境，提升公司的整体服务形象。

【惠民落实】 疫情期间实行商业用户降价。2020年，公司深入贯彻落实习近平总书记关于统筹推进新冠肺炎疫情防控和经济社会发展的重要指示精神，按照党中央、国务院和自治区党委、自治区政府关于坚决打赢疫情防控阻击战的重要决策部署，根据《国家发展改革委关于阶段性降低非居民用气成本支持企业复工复产的通知》，于2020年4月制定《拉萨市暖心燃气热力有限责任公司商业用户阶段性降价计划》，从2020年2月22日至2020年6月30日期间将85家非居民用户天然气价格由4.46元/立方米下调为4.01元/立方米，每立方米降价0.45元，为企业复工复产营造良好环境，协力推动全市经济发展。

不断延伸燃气管网。截至2020年年底，拉萨市建成中压燃气管网520公里，低压燃气管网5582公里，中压阀井2911个，低压阀井1431个，调压箱1380台，阀室10座，阴极保护桩1164个，通气小区950个。随着拉萨市的迅速发展，按照"东延西扩"的城市规划，完成东面由拉林高速检查站延伸至达孜大桥(虎峰大道)项目主管网铺设，西面由青藏路路口延伸铺设至堆龙羊达昌东山脚即109国道与波玛路交接处主管网铺设，北面由军区总院延伸至娘热乡民俗风情园主管网铺设，燃气管网基本覆盖未来城市发展区。

【精准扶贫】 2020年，公司结合拉萨市总工会下发的《关于继续加大基层工会职工集体福利用于消费扶贫的力度彰显工会组织责任担当的通知》文件要求，暖心公司上半年、下半年分别购买6.032万元、6.94万元的扶贫产品，产品种类包含菜籽油、鸡蛋、围巾、食用油、德乐蜜可高原纯牛奶、高原浓醇原味酸奶，供应商分别为拉萨市净土产业投资开发集团有限公司、曲水三有净土产品开发有限公司、西藏圣信工贸有限公司、墨竹工卡龙雪农产品加工专业合作社、西藏净土乳业有限公司。开展党员结对帮扶工作2次。选派1批次共计4人开展驻村工作，并完善《驻村工作队管理制度》。驻村队积极走访群众、贫困户、孤寡老人等，通过座谈、走访、调研、慰问等方式，真蹲实驻、真帮实促、真抓实干，推进落实驻村工作内容。

【党建工作】 2020年，公司严格执行"三重一大"民主决策制度，坚持和完善"双向进入、交叉任职"领导体制，修订完善《党委会议事规则》《"三重一大"决策制度实施办法》等三级14类130余项规章制度。年度召开党委会议19次，董事会6次，研究讨论公司经营管理发展等各项工作。选优配齐支部书记8人，副书记5人，选派支部书记参加区市国资委组织的市委党校培训、大连高级经理学院基层党组织书记培训。以理论学习中心组学习、"两学一做"学习教育常态化机制化为契机，开展中心组学习12次，交流发言30余人次，党委书记讲党课1次，邀请区党校教授、西藏大学教授开展中央第七次西藏工作座谈会精神及《中华人民共和国民法典》专题讲座，开展"迎中秋、庆国庆"党建暨安康杯知识竞赛活动等，教育引导党员干部职工坚定政治立场，做到"两个维护"。利用展板宣传中共十九届五中全会精神等，督促党员学习强国学习情况4次，印发《党员干部应知应会知识手册》《基层党组织标准化建设制度汇编》300余本。先后选派8名党员职工坚守贡嘎机场疫情防控一线，投入经费6.4万元，开展防控监督检查工作21次，为一线应急抢险人员发放防疫口罩8800个、入户鞋套400双、电子温度计4个，组织干部职工为武汉疫情防控工作捐款49418元。

【廉政建设】 2020年，公司全面从严治党是公司党委常抓不懈的重点工作，紧盯重大节日重要节点，下发节前廉洁纪律通知9份，开展各类督查43次，下发整改通知13次，通报5份；利用微信群、理论学习中心组、党支部学习会等契机，每月推送一篇典型案例，并组织党员干部职工参观市委党校警示教育基地、观看《叩问初心》警示教育片等；督促班子成员认真落实"一岗双责"，结合实际制定《岗位廉政风险点及防控措施》，开展谈话21次46人次，集体约谈2次160余人次。

拉萨市交通产业集团有限公司

【概况】 2020年，拉萨市交通产业集团有限公司(以下简称交产集团)下设子(集团)公司22家，业务范围涉及公交、出租、旅游、班线、检测、维修、互联网、汽贸、广告、物业等14个板块，职工6005人、车辆4502辆，资产规模202052万元，经营收入32335.41万元。面向新时期新形势，交产集团以"车轮子""发动机"为主业，坚持稳中求进、进中求好、补齐短板工作总基调，以新发展理念积极适应引领发展新常态，以增强国有企业活力为中心，以深化国资国企改革为主线，以"减负年、整改年、效能年"

为抓手，奋力推进交产集团强本固基聚合力。

【增加公交线路】 2020年，交产集团新增公交线路3条，总计公交线路46条，线路总长868.7公里，基本覆盖城区各主次干道和近郊县区，日均发车3876趟次，年运营里程2921.46万公里，年客运量6679.5万人次。

【特勤保障】 自2020年1月新冠肺炎疫情发生以来，交产集团响应市委市政府号召，抽调公交车、出租车、旅游车、班线车和驾驶员成立疫情防控应急保障队伍，负责火车站内密切接触者及其他乘客和市群众文化体育中心二次分流点人员转运工作，累计运送医学观察隔离乘客197585人，应急车辆出车2503趟次，出车总里程38.8万公里。2020年高考、小考、中考期间，对接市教育局等相关部门，共安排公交车325辆，完成47430名考生的接送工作。200余名出租车驾驶员志愿加入"爱心送考"公益活动。雪顿节期间，安排100辆应急公交车、200名驾驶员及90名后勤应急指挥人员，分9个点进行疏散引导，共发应急公交车351趟次，免费运送群众约29498人次。

【投放新能源公交车】 2020年，交产集团更新投放24辆新能源公交车，公交车总数达到522辆，其中新能源公交车446辆，占比85%。自新能源公交车投放运营以来，纯电动公交车百公里耗电96度，与传统公交车相比能耗下降71%；混合动力公交车百公里耗气29立方米，与传统公交车相比能耗下降30%，节能效果相当明显。在噪声及尾气排放方面，与传统公交车相比，纯电动公交车噪声下降90%，尾气排放为零，混合动力公交车噪声下降40%，尾气排放下降90%，对提升拉萨市环境空气质量，防止大气污染具有十分重要的意义。

【减免出租车、旅游车承包费用】 2020年1月29日起，对自愿报停的出租车驾驶员免收报停期间的承租金；随着出行客流的逐步回升，动员在拉萨市的出租车驾驶员恢复运营，给予从复工接车从事运营之日起，免收3日承租金的减免优惠。2020年7月中旬，交产集团党委会、董事会研究决定将出租车每日每车承包费用由原来的330元降为290元；对旅游车老驾驶员和2020年7月之后未转车的驾驶员实行减免2020年10—12月承包费用5000元的优惠政策。全年累计减免驾驶员租金约3127.406万元。

【创城工作】 2020年，成立交产集团文明城市创建领导工作小组，组织实行包片区督导检查组。制定《文明城市创建工作的专项整改工作方案》。针对公交车、出租车出动检查人员1211人次，对9985辆车次进行监督检查；及时全部拆除隶属于集团火车站进站口四家简易搭建商铺；在客运站及人流量大的公交站台安排文明引导员，减少潜在的安全隐患。

【内控制度改革】 2020年，交产集团针对交产集团冗员、上下一般粗等突出现象，结合公司发展实际，建立健全、修订完善《公司章程》《三重一大实施细则》《投资管理制度》《绩效考核管理办法》《安全生产管理办法》《安全生产事故责任追究办法》等近20项制度。

【人事薪酬制度改革】 2020年，交产集团推动人才观新理念，建立"平等、公开、竞争、择优"的选人用人制度和"能者上、平者让、庸者下"的奖惩制度，起草并制定《交产集团薪酬管理办法》《交产集团绩效考核管理办法》2项制度，完善人才选聘机制、竞争评价机制、流动机制、激励机制，健全"内部优胜劣汰、经营自主灵活、管理人员能上能下、员工能进能出、收入能增能减"的人才优化合理配置，增强内生动力。

【深化改革治理动员大会】 2020年，交产集团针对出租汽车、旅游汽车公司管理"散、弱、乱、服务脱节"等现象，交产集团领导班子积极统筹谋划，并邀请行业管理部门、出租汽车驾驶员代表、旅游汽车驾驶员代表、公司干部职工出席，共同为拉萨市交通服务领域出谋划策，将无序竞争的"一个板块、两家公司"整合为一家管理主体，推进改革工作，为深化改革治理工作奠定基础。

【推进公交基础设施建设】 2020年，交产集团根据自治区交通运输厅、运管局，拉萨市政府、交通局、运管局等单位的安排部署，配合完成西郊客运站的整体搬迁工作，推进城东客运站、东嘎客运站及洲际酒店附近公交首末站、经开区B区公交首末站、文创园区公交首末站的建设事宜。

【党建工作】 优化党组织设置。2020年,交产集团党委通过2次调研,为优化党组织结构,提高党组织运行效率,结合集团深化改革工作及党组织实际情况,完成7个组织机构臃肿、发挥作用不强、软弱涣散党组织的取缔重组,将原来的28个党组织精简到21个(其中2个党委、2个党总支、17个党支部)。

严格发展党员。2020年,交产集团党委严格按照发展党员"十六字"方针要求(控制总量、优化结构、提高质量、发挥作用),全年共计发展党员50名,推选44名优秀员工参加拉萨市委党校的入党积极分子培训,并顺利拿到培训结业证。截至年底,集团共有党员452人(其中正式党员374人,预备党员60人,离退休党员18人),发展对象36人,积极分子44人。

开展党内各项活动。2020年,交产集团党委及所属各党组织党员学习195余场次,受教育人数8386人次;开展主题党日、实践活动180余次,涉及人数达6854余人;"七一"建党节、春节、藏历新年前后3次对系统内退休老党员、困难党员进行慰问,涉及人数35人,慰问金额达32200元;召开支委会184次、党员大会50次、党小组会36次、书记讲党课49次;"七一表彰"3个先进党组织、34名优秀共产党员、7名优秀党务工作者。

【安全生产】 2020年,交产集团所属各单位组织安全生产培训748次,培训36604人次。组织安全生产检查(隐患排查)1125次,排查隐患395,整改率100%。安全生产经费提取220万元,使用440万元。完善出台《安全生产管理办法》《安全生产责任制》等9项文件制度。各类消防设施设备累计投入23.1万元。召开安全生产会议制度31次。签订安全生产目标责任书14份。检查值班带班110次,发现问题18起,处理人员4人。

(赵 晨)

西藏拉萨市公共安全服务有限公司

【概况】 西藏拉萨市公共安全服务有限公司前身是拉萨市金盾保安服务总公司,由拉萨市公安局出资30万元组建,于2003年8月1日挂牌成立。2013年年底,按照《保安服务管理条例》和公安部的文件精神,脱钩改制成为市属国有企业,归拉萨市国资委监管,公司性质为国有独资企业,注册资金1020万元,公司财务状况良好,无债务纠纷、不存在"三角债"等情况。公司经营范围包括保安职业资格培训办学、保安职业结业证颁发、保安员上岗证颁发、保安服务等各种劳务派遣、家政服务、物业服务;武装押运、货币清分业务,人防、技防、货币、有价证券、贵重物品和易燃、易爆、危险物品押运(危货)运输;民爆物品押运、仓储、销售;警用防护器材服装、保安器材及服装销售;医疗废物、危险废物收集和运输。是拉萨乃至西藏全区唯一具备以上资质的安保服务企业。公司改制以来,严格按照中华人民共和国公司法组建和运作。公司设有董事会、监事会,下设综合办公室、财务部、党群人事部、安全生产部、人防业务部、金融押运部、危险废物收集运输部、保安综合培训学校、保安器材门市部、西藏域腾民爆有限责任公司(子公司),公司董事会由6人组成。

2020年,公司本部有职工289人,其中男性242人,女性47人,平均年龄36岁,大专以上学历32人,小学以下51人。公司有43名党员,其中正式党员35名,预备党员8名,入党积极分子13名。公司设1个党支部,支部委员会由4人组成,设党支部书记1名,支部委员1名,纪检委员、组织委员各1名。党支部下设4个党小组。

【人防保安业务】 2020年,公司派遣人防保安员2154人、客户413家,为各类展览、展销和商业性文娱、体育活动等提供有偿安保服务,并积极响应和参与政府组织的大型公益活动和公安机关组织的维稳安保工作。拉萨市所辖区域分成五个大队按片经营,市场占有率达60%以上,有些行业如金融系统、广播、电力系统、通信系统等业务已延伸到全区,2020年营业额2703.2万元。

【武装押运业务】 金融押运。2020年,为驻市工行、中行、建行、邮储行、西藏银行、民生银行、中信银行和农发行等提供货币、有价证券、金银珠宝、黄金等贵重物资及ATM机具加钞等押运服务。在驻拉萨市总共13家银行中，除农行外，其余银行的金融押运业务均由公司承接。同时，中行、建行、工行、西藏银行的金融押运业务已延伸到全区。

民用爆炸物品押运。2020年，公司提供易燃、易爆等危险物品及民用爆炸物品的武装押运服务。

民用爆炸物品销售。民用爆炸物品专用仓库建设项目已建成并投入使用，子公司西藏域腾民爆有限责任公司取得民用爆炸物品销售许可证，并投入运营，民爆业务已由单一的民爆物品押运拓展为集押运运输、储存、销售为一体化的经营模式。

【保安培训业务】 2020年，公司为农牧区剩余劳动力及文化程度偏低等就业困难群体提供就业和提升平台，历年累计培训和解决就业2万余人。全年保安综合培训学校共开展农牧民精准扶贫转移就业培训10期，培训人数659人，全部实现就业。

【医疗废物收集运输业务】 根据《拉萨市第十一届人民政府第4次市长办公会议纪要》，明确赋予公司收集运输危险废物医疗废物的任务。2019年5月，公司的医疗废物收集运输车队组建完成，并投入运营。在疫情期间，医疗废物运输部所有员工坚守工作一线，不被疫情压倒，一如既往地执行任务，确保疫情期间的医疗废物得到安全、有效的处置。自2019年12月下旬以来，该部门19名员工主动放弃休假，第一时间担负起疫情期间全拉萨市的医疗废物清运工作，包括收治西藏自治区第一例确诊病例的自治区第三人民医院以及返藏人员隔离的所有酒店，进行24小时感染性废物的安全清运。同时严格做好员工自身的安全防护工作，全员无一人出现可疑症状，工作上未出现任何纰漏。

【保安器材门市部】 门市部外包经营，销售报警器材、保安服装和警用防暴器材等。

【党建工作和党风廉政建设】 2020年，公司严格按照中央、区、市党委关于党建工作的总体部署，结合公司领导班子成员的职责分工，认真落实"两个责任"，健全完善"书记负总责，分管领导各负其责，班子成员齐抓共管"的领导机制。一把手与各分管领导，各分管领导与各部门负责人，均签订《党建工作目标责任书》，落实党建工作责任制。对重点任务和工作责任分解细化、责任到人，形成一级抓一级、层层抓落实的责任体系，为实现党建工作目标提供强有力的机制保障。在开展各项业务工作的同时，把党建工作与业务工作同部署、同落实、同检查、同考核。研究制定《公司党建工作计划》《党风廉政建设工作计划》《精神文明建设和意识形态工作方案》《"四讲四爱"群众实践教育活动方案》《党支部领导班子集中学习计划》，层层签订《党建工作目标责任书》《党风廉政建设工作责任书》《意识形态工作责任书》《公司信访工作责任书》以及《社会治安综合治理目标责任书》。完成把党建工作写入公司章程的工作，并完成新章程在工商部门的备案；落实党务工作人员和经营管理人员同职级同待遇的要求；落实按照上年度职工工资总额的一定比例安排党建工作经费，纳入企业管理费用税前列支；设立专门的党务工作机构（党群人事部）并配备专职党务工作人员；落实人事劳资管理和基层党建由一个部门抓、一个领导管，确保党组织有机构管事、有人干事、有经费办事。按照"九有"标准，加强国有企业党组织活动场所建设，不断提升企业党建保障水平。全年组织召开"三会一课"、"不忘初心、牢记使命"主题教育、"四讲四爱"、弘扬爱国主义奋斗精神建功立业新时代、观看活佛转世宣传片、脱贫攻坚知识培训等各类学习会近学习会121场次，党支部领导班子集中学习会12次，书记上党课3次，组织主题党日活动10次，组织参观廉政教育基地1次，组织新党员入党宣誓和老党员重温入党誓词活动1次。并按要求参加市委、市政府、市国资委及行业主管部门组织的各类学习和会议。贯彻执行民主集中制原则，不断完善党领导下的现代企业治理制度，确保"三重一大"事项决策科学规范，坚决维护党纪政纪的严肃性。认真学习关于党风廉政建设的理论和党风廉政建设若干规定，进行党性、党风、党纪和廉政教育，不断提高党员的思想政治素质，强化廉政意识，增强自觉抵御腐败的能力。每季度定期召开专题会议，听取党风廉政建设责任制落实和廉洁自律规定执行情况等工作汇报，及时纠正存在的问题，研究部署党风廉政工作。

【落实安全生产、环境保护、维护稳定的各项工作要求】 2020年，公司认真学习贯彻《中共中央、国务院关于推进安全生产领域改革发展的意见》，充分认识到公司承担的责任重大。为开展好安全生产的各项工作，根据上级有关要求，结合公司实际，对公司安全生产工作领导小组进行调整优化，成立专门的安全生产办公室、应急处突大队办公室，并配备专职工作人员。强化安全管理体系，落实各项安全生产规章制度，制定《安全生产工作方案》，层层签订《安全生产工作目标责任书》。强化安全生产的每一个细节，全面树立安全生产管理理念，在严格执行操作规程上加大监督检查力度，在枪弹管理使用和车辆安全运行、民爆物品押运运输、存储销售的各个环节上下功夫。健全应对各种突发情况的紧急措施，完善各级安全生产预案，加强应急指挥系统建设，提高应急保障能力。开展“安全生产月”和“安全生产拉萨行”活动，确保公司不发生重大安全生产事故。坚持每季度定期召开专题会议，听取安全生产工作落实情况等工作汇报，及时纠正存在的问题，研究部署安全生产工作。

【精准扶贫】 2020年，公司将培训和就业作为农牧民增收工作的主要措施。通过组织有就业愿望的贫困劳动力参加“职业技能”培训，更加注重培训的针对性和有效性，针对文化程度较高的贫困劳动力重点开展职业资格培训，针对年龄偏大、文化偏低的贫困劳动力就业到市场保安岗位，针对年龄较小、文化稍微高的贫困劳动力就业到公司金融押运和民爆押运。2020年，解决农牧民转移就业102人，实现增收232.7万元。全年吸纳6名西藏籍高校毕业生就业。

【驻村工作】 2020年，公司选派吃苦耐劳、熟悉基层工作人员开展驻村工作。在达孜区章多乡拉木村驻村，其中1人担任驻村工作队队长，结对帮扶贫困户5户，已全部脱贫；1人担任驾驶员，结对帮扶贫困户3户，已全部脱贫。在驻村期间为驻村工作队配备一台越野车。公司的精准扶贫工作受到驻点村和乡党委、政府及达孜区党委、政府的好评，获拉萨市创先争优强基础惠民生活动优秀组织单位。

（尼卓嘎）

拉萨净土数字经济产业集团有限公司

【概况】 2020年，拉萨净土数字经济产业集团有限公司（原拉萨净土文化传媒有限公司）以建设“数字净土·智慧拉萨”为企业使命担当，精准施策助力复工复产，全面有序恢复经营秩序，高质高效履行企业责任，实现企业经营效益达标、品牌效应扩大、市场占有率提升的总体目标。从传统文化传媒企业向数字经济产业企业转型，将业务板块整合重组为信息化运维、信息安全服务、信息化集成、软件定制开发等板块，围绕打造优质的信息化集成商、可靠的信息安全服务商、全天候的信息化运维商、高效的个性化产品订制开发商、专业的信息化咨询服务商、卓越的数字传媒领军者“六大战略”。

【信息化建设】 2020年，公司围绕信息化项目开展系列工作，完成拉萨市城市基础设施管理指挥调度中心建设项目、拉萨市公安局警务信息化项目一期已完成初验、二期已完成终验；经开综合保税区项目、拉萨市公安局交警信息化一期项目已经完成初验。打造信息化本土运维专业队伍，实现365天24小时随时响应。成立拉萨净土信息安全服务中心，填补全市信息安全服务市场空白，构建数字净土可持续发展能力。

【承办2020年雪顿节开幕式】 2020年8月19日，以自然山水和雄伟的布达拉宫为幕布，由拉萨净土数字经济产业集团有限公司承办的2020年中国拉萨雪顿节开幕式在舞蹈《天地起舞》的震撼表演中拉开序幕，这是首次水幕演出。开幕式文艺演出将现代与传统元素相融合，节目既有传统藏戏，又添加现代舞蹈踢踏舞。歌曲《你好，小康！》和舞蹈《幸福满高原》等节目展示百姓对强大祖国的信心、展现拉萨在传承和保护民族传统文化方面取得的丰硕成果，展现拉萨在开放创新、转型发展的大路上步履铿锵、行稳致远的崭新姿态，更展现出拉萨市委、市政府团结带领全市各族人民共建团结富裕文明和谐美丽的社会主义现代化新拉萨的生动实践，是一场高潮迭起、独具匠心的文化盛宴。

【承办第十四届纳木错徒步大会】 2020年8月20日，由拉萨市旅游发展局主办，拉萨市体育局、拉萨市卫健委、当雄县人民政府协办，由拉萨净土数字经济产业集团有限公司承办的第十四届纳木错徒步大会，以“徒步圣湖·健康同行”为主题，组织150名区内队员进行领略圣湖美景、体验民俗文化、加强全民体育活动的徒步大赛，践行习近平总书记“两山”理论，提升全民健身意识及公众保护自然、关爱自然意识，促进“旅游+体育”，推动文体旅产业融合发展。

本届活动在新冠肺炎疫情防控的社会背景下，严格按照“小而精，强防控”的总体要求，缩小活动规模，但较往年有两大亮点。徒步比赛和文化体验相结合，在徒步过程中设置通关游戏和民俗文化体验点，增强徒步趣味性，让队员在徒步过程中领略圣湖纳木错的绝美、念青唐古拉山的壮美以及深度体验藏民族传统民俗文化展示健康拉萨建设成果；增设念青唐古拉山北坡车曲河口高山草甸徒步线路，让队员在徒步过程中深入了解藏北草原游牧文化，深刻感受纳木错湖区原始自然的生态地貌。

【承办2020年中国拉萨雪顿节名优商品交易会】 2020年8月19—25日，由拉萨净土数字经济产业集团有限公司承办，以刺激内需，拉动居民消费为目的名优商品交易暨展示展销活动成功举办。年展会规划布展7个场地，分别为拉萨建材交易中心、洲际会展中心广场、白纳沟、达东村、拉鲁湿地、宗角禄康公园、罗布林卡公园，规划展位总数近600个，参展企业和商家达560家，名优商品交易会现场销售额直接突破5000万元，展示拉萨市在脱贫攻坚、创新创业、净土健康产业等方面取得的成就。

【党的建设】 2020年，公司党委班子团结带领全体干部职工高举习近平新时代中国特色社会主义思想伟大旗帜，深入学习宣传贯彻中共十九大和十九届二中、三中、四中、五中全会精神及中央第七次西藏工作座谈会精神，通过党委理论学习中心组集中学、党员领导干部带头学、广大干部职工自发学，实现思想建设、组织建设、制度建设、党风廉政建设加强，全年召开党委会18次、理论中心组学习会12次、书记讲党课1次、班子成员讲党课3次，开展各类宣讲及实践活动74次，强化理论武装，筑牢战斗堡垒，抓实基层党建，提升全体干部职工的政治理论水平，增强干部职工队伍的凝聚力和向心力，汇聚起国有企业改革发展的强大动力。

（白玛曲卓）

拉萨市政投建设项目代建管理有限公司

【概况】 拉萨市政投建设项目代建管理有限公司成立于2016年9月30日，是拉萨市委、市政府主动适应投资工作发展的新变化、新要求，深入推进“放管服”工作，提高政府投资项目建设管理水平和投资效益，营造清正廉洁的干事创业环境而注册成立的市属国有企业。现旗下有取得相应资质并注册成立运营的工程监理、施工图审、造价咨询等三家全资子公司。公司主营业务范围涵盖房建、市政、水利、公路交通、园林绿化工程等项目的管理、工程咨询、工程造价、项目监理、施工图审等。公司内设党工委办、人力资源部、计划财务部、综合办、投资发展部、纪检监察室、招标采购部、成控合约部、项目前期部、巡视督查组/质安环部、后勤部、市政工程部、房建工程部、交通工程部、水利工程部等15个部门。公司有在职职工总人数158人，职工平均年龄38岁。男性132人、占总人数的83.54%，女性26人、占总人数的16.46%。研究生学历5人，大学本科学历62人，专科及大专学历63人，初中及以下学历43人（主要为后勤人员）。公司共有专业技术人员85人，其中具备国注及高级职称类技术人员32人，中级职称技术人员28人，初级职称及一般技术人员25人，另有行政及后勤管理人员73人。2020年，公司实现营业收入6602万元，实现营业利润4342万元，净资产收益率22.40%，国有资产保值增值率达121.12%。

【承接代建项目】 截至年底，公司共承接项目205个，总投资616.17亿元。其中政府投资项目123个，总投资241.99亿元，企业投资82个，总投资374.18亿元。累计完成固定投资491.0664亿元，项目涵盖市直各县区。其中2020年承接项目12个，总投资15.243284亿元，企业投资8个，总投资9.8080亿元，政府投资4个，总投资5.435284

亿元，累计完成投资7.5566亿元。

【党组织建设】 公司党委于2016年12月19日正式成立，配备党委书记1名，党委委员2名。2017年2月24日获批成立下属党支部，支部委员配备齐全，并下设2个党小组，基本做到党的组织及工作机构同步设置，党组织负责人及党务工作人员同步配备。同时，根据党章和行政监察条例的有关规定，2020年6月1日设置公司纪检监察室。截至2020年年底，支部共有正式党员17名，预备党员2名，入党积极分子14名。

【党建和党风廉政建设】 2020年，公司党委始终坚持党对国有企业的集中统一领导，突出企业党组织的领导核心、政治核心和法定地位，把党的政治优势、组织优势，厚植为企业的竞争优势、创新优势、发展优势。按照党要管党、从严治党的要求，以思想政治建设为抓手，紧跟形势变化，把思想政治教育始终融入日常工作中，推动树牢"四个意识"、坚定"四个自信"、做到"两个维护"，稳步提升广大员工的思想政治水平，开展基层党建基础性工作。深入开展"两学一做"学习教育及"不忘初心、牢记使命"主题教育，认真学习习近平总书记关于统筹推进新冠肺炎疫情防控和经济社会发展、中央第七次西藏工作座谈会精神，学习贯彻《党委（党组）落实全面从严治党主体责任规定》《中国共产党国有企业基层组织工作条例（试行）》《中华人民共和国民法典》等重要法规精神作为重点学习内容，坚持把理论学习抓在平常、融入经常。明确企业党组织的领导核心、政治核心和法定地位，把党建工作总体要求纳入公司章程，与业务工作同研究、同部署、同检查、同考核；实行党建工作目标责任制，制定和签订《党建工作责任书》，层层落实党建工作责任；做到责任主体明确、任务分工清晰、目标考核到位，不断强化党建工作的有效落实。公司党委始终高度重视党风廉政建设和反腐败工作，将纪律和规矩挺在前面，全面落实"两个责任"，在严肃执行党委议事规则的同时，面向全体员工，特别是班子成员侧重以廉政教育为基础，开展党风廉政学习教育，强调法纪观念，增强纪律意识。严格按照党内政治生活准则，通过召开民主生活会和组织生活会等形式，开展批评与自我批评，严肃党内政治生活，净化党内政治生态。

【安全生产】 2020年，公司深入宣传贯彻拉萨市安委会《关于印发拉萨市2020年"安全生产月"和"安全生产拉萨行"活动方案的通知》要求，开展"安全生产月"系列活动，加大安全生产的检查整治力度和宣传教育力度，增强代建项目一线工作人员的安全生产意识，使安全生产各项常识入脑入心，确保安全生产形势稳定。根据拉萨市安委会关于专班推动《拉萨市安全生产专项整治三年行动计划》的通知精神，制定相应的安全生产工作制度、应急预案及安全生产宣教实施方案，牢固树立安全生产理念，强化安全生产"红线"意识和"底线"思维，提高员工的综合能力水平及安全生产意识，从根本上解决因意识薄弱、责任不强引起的源头性安全隐患，推进公司安全文化建设。

【信访工作】 2020年，公司信访办按照"重点要防、难点要盯、热点要梳、一般要复"的信访工作原则，迅速行动，介入协调，网上录入的信访事项、转交办案件、现场办理件都做到限期内办结，保证不出现重复上访、聚集闹访、越级上访、进京上访和个人极端滋事等情况。全年共办理案件30件，其中线上办理案件12起，机械费及材料费4件，线下办理案件18件，督促施工单位解决6件，信访事项及时受理率、按期办结率达100%。

【生态环保】 2020年，公司严格按照环境保护"党政同责、一岗双责"工作要求，建立健全"党政同责、一岗双责、齐抓共管"的环境保护工作监管体系，结合公司工作实际，按照行业主管部门的工作要求，在加强组织领导、创新工作机制、完善相关政策、强化基础能力等方面制定相应的保障措施，开展一系列的环境保护宣传教育及对项目施工环境的巡查活动，旨在提高公司干部职工的环境保护意识和环境法治观念，为西藏生态文化建设贡献应有的力量。

【脱贫攻坚】 2020年，公司深入贯彻落实中央扶贫开发工作的系列决策部署，立足项目代建工作实际，把扶贫工作作为公司重要的政治任务，成立以公司主要领导为组长的领导小组，开展扶贫各项工作。公司响应市国资委的号召，选派2名优秀的员工参加驻村工作，用实际行动支持参与驻村工作，助力强基础惠民生。“六一”儿童节、元旦等时段，投入物资共计10万余元为贫困户送去慰问金和物品。按照区市精准扶贫、精准脱贫相关政策要求，结合公司实际用人需求，优先考虑本地农牧民群众子女、精准扶贫建档立卡户人员、低保贫困弱势群体人员到公司就业，保障其工资收入。截至年底，公司吸纳建档立卡贫困户解决3名人员就业问题。以项目建设带动农牧民促进增收，紧紧围绕“改善民生、凝聚人心”这个出发点和落脚点，坚持以人民为中心的发展思想，将农牧民增收工作作为“三农”工作的核心，以项目建设带动农牧民群众增收、加强监督检查确保代建项目建设领域农牧民工资“零拖欠”等方面的工作。协调施工单位吸纳农牧民用工，为6976多名农牧民提供劳务就业岗位，为农牧民用工增收6331.37万元，完成预定的农牧民增收计划目标。

【吸纳高校毕业生就业】 2020年，公司党委为有效落实国有企业在促进就业创业，助推民生事业层面的社会担当和社会责任，结合公司实际情况，多措并举改善就业环境，开展人才招录工作，通过参与区市各类人才招聘会、加大力度投入网络招聘等渠道进行公开招聘，把一批专业知识扎实、品学兼优且符合公司工作要求的本地高校毕业生招录到公司就业。截至年底，共有干部职工158人，其间共吸纳高校毕业生147人，其中西藏籍高校毕业生61人（含拉萨籍高校毕业生45人），在职西藏籍高校毕业生38人（含拉萨籍高校毕业生28人），2020年，共吸纳西藏籍高校毕业生10人（均为拉萨籍高校毕业生）。

（边巴卓玛）

人　物

2020年拉萨市受省部级以上表彰的先进集体一览表

表4

获奖单位	获奖名称	表彰时间	授予单位
拉萨市公安局	全国抗击新冠疫情先进集体	2020年	中共中央、国务院、中央军委
中共拉萨市委组织部	全国组织系统2020年度优秀信息三等奖	2021年	中共中央组织部
尼木县公共文化活动中心	第八届全国服务农民、服务基层文化建设先进集体	2020年	中共中央宣传部、文化和旅游部、国家广播电视总局
当雄县龙仁乡人民政府	2020年全国产业强镇	2020年	农业农村部、财政部
特警支队	第一批全警实战大练兵部级“标兵集体”	2020年	公安部
城关区公安分局广场派出所	集体一等功	2020年	公安部
经侦犯罪侦查支队	“猎狐2019”专项行动成绩突出集体	2020年	公安部
城关区检察院	全国先进基层检察院	2020年	最高人民检察院
城关区检察院	《护航雪域青春》在检察微动漫评选中获得优秀作品奖	2020年	最高人民检察院
拉萨市中级人民法院	2020年全国法院财务统计优秀报表	2021年	最高人民法院
拉萨市中级人民法院审判监督庭	先进工作集体	2020年	最高人民法院
墨竹工卡县人民法院	全国法院新闻舆论工作先进集体	2020年	最高人民法院
堆龙德庆区人民法院	全国法院一站式多元解纷诉讼服务体系建设先进单位	2020年	最高人民法院
城关区人民法院	全国法院一站式多元解纷诉讼服务体系建设先进单位	2020年	最高人民法院
城关区人民法院	全国法院党建创新案例先进案例	2020年	最高人民法院
拉萨市城关区司法局	全国社区矫正机构先进集体	2020年	司法部
拉萨市公安局执法监督支队	全国法治政府建设工作先进单位	2020年	司法部
拉萨市司法局立法二科	全国法治政府建设工作先进单位	2020年	司法部

续表4

获奖单位	获奖名称	表彰时间	授予单位
市发改委价格科	全国价格工作先进集体	2020年	人力资源和社会保障部、国家发展和改革委员会、国家市场监督管理总局
当雄县	全国双拥模范县	2020年	全国双拥工作领导小组、退役军人事务部、中央军委政治工作部
拉萨市交通产业集团有限公司运营公司东嘎分公司	全国“安康杯”优胜班组	2020年	中华全国总工会、中华人民共和国应急管理部、国家健康卫生委员会
拉萨市妇女联合会	抗击新冠肺炎疫情全国三八红旗集体	2020年	中华全国妇女联合会
拉萨市市场监督管理局	全国市场监管系统抗击新冠肺炎疫情先进集体	2020年	国家市场监督管理总局
拉萨市工商业联合会	抗击新冠疫情以来民营企业调查点工作示范单位	2020年	全国工商业联合会
堆龙德庆区人民法院	继续保留全国文明单位荣誉称号	2020年	中央精神文明建设指导委员会
拉萨市委宣传部	全国文明单位	2020年	中央精神文明建设委员会
拉萨市财政局	全国文明单位	2020年	中央精神文明建设指导委员会
国家税务总局西藏拉萨经济技术开发区税务局	第六届全国文明单位名单	2020年	中央精神文明建设指导委员会
拉萨市经济和信息化局	继续保留全国文明单位荣誉称号	2020年	中央精神文明建设指导委员会
尼木县税务局	第六届全国文明单位	2020年	中央精神文明建设指导委员会
中国拉萨SOS儿童村	第六届全国文明单位	2020年	中央精神文明建设指导委员会
拉萨市委宣传部	第八批全国民族团结进步示范单位	2021年	国家民族事务委员会
布达拉宫广场管理处	全国第三批法制宣传教育基地	2020年	中央普法办
拉萨市纪委监委	全国扫黑除恶专项斗争先进集体	2021年	全国扫黑除恶专项斗争领导小组
农行尼木县支行	第五届“中国农业银行文明单位”	2020年	中国农业银行
中共拉萨市委组织部	拉萨市创先争优强基础惠民生活动先进驻村（居）工作队	2021年	自治区党委、自治区政府
中共拉萨市委组织部	西藏自治区抗击新冠肺炎疫情先进集体	2021年	自治区党委、自治区政府
拉萨市政协办公室	西藏自治区抗击新冠肺炎疫情先进集体	2021年	自治区党委、自治区政府
拉萨市工商业联合会第九批驻村工作队	自治区创先争优强基础惠民生活动先进驻村（居）工作队	2021年	自治区党委、自治区政府
拉萨市财政局	西藏自治区抗击新冠肺炎疫情先进集体	2021年	自治区党委、自治区政府
拉萨市卫生健康委员会	西藏自治区抗击新冠肺炎疫情先进集体	2021年	自治区党委、自治区政府
拉萨市疾控中心	西藏自治区抗击新冠肺炎疫情先进集体	2021年	自治区党委、自治区政府

续表4

获奖单位	获奖名称	表彰时间	授予单位
拉萨市人民医院	西藏自治区抗击新冠肺炎疫情先进集体	2021年	自治区党委、自治区政府
当雄县羊八井镇彩渠塘村	2019年全区先进村（居）	2020年	自治区党委、自治区政府
拉萨市政协机关支部委员会	全区先进基层党组织	2021年	中共西藏自治区委员会
当雄县羊八井镇桑巴萨居委会	2020年全区百佳农牧基层党组织	2020年	中共西藏自治区委员会
尼木县卡如乡卡如村	全区百佳农牧民基层党组织	2020年	中共西藏自治区委员会
拉萨市税务局驻村工作队	西藏自治区创先争优强基础惠民生活动先进驻村（居）工作队	2020年	自治区政府
当雄县统计局	西藏自治区第四次全国经济普查先进集体	2020年	西藏自治区第四次全国经济普查领导小组办公室

说明：由于各单位资料提供不全，可能有遗漏

2020年拉萨市受省部级以上表彰的先进个人一览表

表5

姓名	性别	民族	工作单位	获奖名称	表彰时间	授予单位
次旺南木加	男	藏	城关区公安分局吉日派出所	全国公安系统抗击新冠疫情先进个人	2020年	中共中央、国务院、中央军委
罗　朗	男	藏	拉萨市疾控中心	全国抗击新冠肺炎疫情先进个人	2020年	中共中央、国务院、中央军委
姚丽娜	女	汉	拉萨市暖心燃气热力有限责任公司	全国劳模称号	2020年	中共中央、国务院
任　轶	男	汉	拉萨市人民医院	全国脱贫攻坚先进个人	2021年	中共中央、国务院
白玛玉珍	女	藏	拉萨市民政局	全国脱贫攻坚先进个人	2021年	中共中央、国务院
白玛玉珍	女	藏	拉萨市民政局	全国民政系统抗击新冠肺炎疫情先进个人	2020年	民政部
仁庆央珍	女	藏	拉萨市妇女联合会	全国抗疫最美家庭	2020年	中华全国妇女联合会
杨学刚	男	汉	宗角禄康公园便110民警务站	第一批全警实战大练兵部级“标兵个人”	2020年	公安部
娄　伟	男	汉	经济犯罪侦查支队	“猎狐2019”专项行动成绩突出个人	2020年	公安部
巴　桑	男	藏	110便民警务支队	2019年打击非法集资犯罪专项行动成绩突出个人	2020年	公安部
强　巴	男	藏	刑警支队	全国公安“百佳刑警”	2020年	公安部
次仁白姆	女	藏	城关区检察院	法治进校园先进个人	2020年	最高人民检察院
仁　多	男	藏	拉萨市阳光公证处	全国司法行政系统抗击新冠肺炎疫情先进个人	2021年	司法部
次　吉	女	藏	拉萨市司法局社区矫正科	全国司法行政系统特赦实施工作先进个人	2020年	司法部
郑　伟	女	汉	执法监督支队	全国法治政府建设工作先进个人	2020年	司法部
卓玛拉姆	女	藏	拉萨市民政局	全国未成年人思想道德建设工作先进工作者	2020年	中央文明委
琼　贡	男	藏	市残联	全国文明家庭	2020年	中央精神文明建设委员会
旺　堆	男	藏	尼木县水务局	“河（湖）长制”先进工作者	2021年	水利部
尼玛江村	男	藏族	拉萨市税务局所得税科	国家税务总局关于给予减税降费专项工作中表现突出的个人记功、嘉奖	2020年	国家税务总局
成　皓	男	汉	出入境管理支队	全国移民管理系统抗击新冠肺炎疫情成绩突出个人	2020年	国家移民管理局
侯志彤	男	藏	禁毒支队	全国禁毒工作先进个人	2020年	国家禁毒委
罗　莉	女	藏族	拉萨经济技术开发区规建局	第二次全国污染源普查表现突出个人	2020年	国务院第二次全国污染源普查领导小组办公室

续表5

姓名	性别	民族	工作单位	获奖名称	表彰时间	授予单位
普　布	男	藏族	市委巡察办	自治区创先争优强基础惠民生活动先进驻村（居）工作队员	2020年	自治区党委、自治区政府
索朗曲珍	女	藏	拉萨市禽类良种研究保护推广中心	自治区创先争优强基础惠民生活动先进驻村（居）工作队员	2021年	自治区党委、自治区政府
阿　米	女	藏	拉萨市疾控中心	西藏自治区抗击新冠肺炎疫情先进个人	2021年	自治区党委、自治区政府
永　春	女	藏	拉萨市疾控中心	西藏自治区抗击新冠肺炎疫情先进个人	2021年	自治区党委、自治区政府
普布次仁	男	藏	拉萨市人民医院	西藏自治区疫情防控先进个人	2021年	自治区党委、自治区政府
次仁德吉	女	藏	拉萨市人民医院	全区创先争优强基础惠民生活动先进驻村（居）工作队员	2020年	自治区党委、自治区政府
丁科成	男	汉	市人社局社保中心一级科员	自治区第八批驻村工作“先进驻村工作人员”	2020年	自治区党委、自治区政府
永　春	女	藏	拉萨市疾控中心	全区优秀共产党员	2021年	中共西藏自治区委员会
罗珠桑布	男	藏族	拉萨市税务局货物和劳务税科	创先争优强基础惠民生活动先进个人	2020年	自治区政府
张　江	男	汉	尼木县农业农村局	北京市先进工作者	2020年	中共北京市委员会、北京市人民政府

说明：由于各单位资料提供不全，可能有遗漏

附　录

党政机构名称及负责人名录

中共拉萨市委员会

书　　记　白玛旺堆（藏族）
副 书 记　果　　果（藏族）
　　　　　庄 红 翔（女）
　　　　　沈 海 斌（援藏）
　　　　　王　　强（援藏）
　　　　　马　　军
常　　委　肖 光 富
　　　　　占　　堆（藏族）
　　　　　毛 东 军（援藏）
　　　　　吴 亚 松
　　　　　普 卫 东（藏族，8月任）
　　　　　王 家 民（9月免）
　　　　　王 洪 勇（9月任）
　　　　　阿努次仁（藏族）
　　　　　廖　　波（5月免）
　　　　　张　　正（9月任）
秘 书 长　廖　　波（5月免）
常务副秘书长
　　　　　张 春 阳
　　　　　饶　　登（藏族）
纪检组组长
　　　　　谢 永 杰
副秘书长　庄　　皓
　　　　　土　　登（藏族）
　　　　　陈　　礼（女，1月任）
　　　　　汪　　帆
　　　　　邬 建 锋
　　　　　晁 祥 利（1月任）

市人大常委会

主　　任　云　　丹（藏族）
副 主 任　达　　瓦（藏族）
　　　　　林　　生（藏族）
　　　　　欧阳莉萍（女）
　　　　　张　　慧
　　　　　念　　扎（藏族）
　　　　　彭 飞 跃
　　　　　达　　瓦（藏族，1月任）
　　　　　次仁顿珠（藏族，1月任）
秘 书 长　张 长 祥（1月任）
副秘书长　张 志 文
　　　　　白　　珍（女，藏族）
　　　　　洛桑旺丹（藏族，10月任）

法制委员会

副主任委员
　　　　　边巴扎西（藏族）
　　　　　王 小 龙

财政经济委员会

主任委员　德　　吉（女，藏族）
副主任委员
　　　　　普　　穷（藏族）

教育科技文化卫生委员会

主任委员 拉巴次仁（藏族，1 月任）

副主任委员

侯　凌（女，1 月任）

姜　伟（1 月任）

社会建设委员会

主任委员 曹志明（主任委员人选）

副主任委员

边　央（女，藏族，1 月任）

市人民政府

市　长 果　果（藏族）

常务副市长

沈海斌（援藏）

王　强（援藏）

王念东（12 月免）

毛东军（援藏）

占　堆（藏族）

副市长 张文浩（援藏）

史育斌（援藏）

张永林

刘广民（援藏）

扎西白珍（女，藏族）

张　正

贡扎曲旺（藏族）

陆从福

郑卫国

代利刚（8 月任）

秘书长 侯　飞

副秘书长 王志伟（援藏）

格桑卓嘎（女，藏族）

次旦卓嘎（女，藏族）

尹培凤（女）

李俊佑

旺堆扎西（藏族）

杨少亮（援藏，10 月任）

张　宁（挂职，11 月免）

李光军（挂职）

闫　伟（10 月任）

政协拉萨市委员会

主　席 袁训旺

副主席 亚　古（回族）

张　勤

拉　巴（藏族）

拉巴顿珠（藏族）

岳国红（女，藏族）

达　娃（女，藏族）

刘　亮

孙文斌

秘书长 邹玉明

副秘书长 肖强伟（1 月免）

张　强

格桑罗布（藏族）

王瑞鹏（1 月任）

政协拉萨市委员会提案委员会

主　任 巴　次（藏族）

副主任 刘军锋（7 月任）

政协拉萨市委员会经济资源环境农业农村委员会

主　任 次仁桑玻（藏族）

副主任 郭　果（藏族）

政协拉萨市委员会社会教科文卫体委员会

主　任 旺　杰（藏族）

副主任 旦巴达杰（藏族）

政协拉萨市委员会文史民族宗教法制委员会

主　任 益西西绕（藏族）

副主任 格　珍（女，藏族）

中国共产党拉萨市纪律检查委员会

书　记 王家民（9 月免）

王洪勇（9 月任）

副书记 格桑平措（藏族）

黄晓艳（女）

赖毅斌（援藏）

普布国庆（藏族，7 月任）

常　委 李荣锋

格西斯满（女，藏族）

普布国庆（藏族，7 月任）

丹增塔杰（藏族）

市监察委员会

主　　任　王家民(9月免)
副主任　格桑平措(藏族)
　　　　黄晓艳(女)
　　　　赖毅斌(援藏)
　　　　普布国庆(藏族,10月任)
委　　员　李荣锋
　　　　格西斯满(女,藏族)
　　　　普布国庆(藏族、7月任)
　　　　肖华平

市委组织部(编办)

部　　长　庄红翔(女)
常务副部长
　　　　达　瓦(藏族,10月免)
副部长、老干部局局长
　　　　央　金(女,藏族)
副部长、编办主任
　　　　袁国军
副部长　赵　翔(蒙古族)
　　　　杨栋章
　　　　张　戴(援藏)
　　　　禹春辉(援藏)
部务委员、编办副主任
　　　　管　勇(援藏)
部务委员　彭丽华(女,藏族)
　　　　刘永芳(女,3月免)
　　　　贺慧先
老干部局副局长
　　　　普布旺堆(藏族)

市委宣传部

部　　长　吴亚松
常务副部长
　　　　范跃平
副部长　龚大成
　　　　肖强伟(1月任)
　　　　拉　珍(女,藏族)
　　　　赵有鹏
　　　　卞光辉(援藏)
　　　　董庚云(援藏)

拉萨晚报社

总编辑　蔡新平
副总编辑　冯继红(女)
　　　　扎西平措(藏族)

市文学艺术界联合会

主　　席　李　铭(1月免)
　　　　马可尼(10月任)
副主席　郑　莉(女)
　　　　卫　东(藏族,兼职)
　　　　高延鸿(兼职)
　　　　罗布次仁(藏族,兼职)
　　　　强巴云丹(藏族,兼职)
秘书长　强巴卓嘎(女,藏族)

市委统战部

部　　长　阿努次仁(藏族)
常务副部长
　　　　拉穷次仁(藏族)
副部长　普　琼(藏族)
　　　　达　瓦(藏族)
　　　　邹守忠
　　　　巴桑德吉(女,藏族)
　　　　周　丽(女)

市委政法委

书　　记　马　军
常务副书记
　　　　达　瓦(藏族)
副书记　付银昌
　　　　曾四红

中共拉萨市委员会网络安全和信息化委员会办公室(拉萨市大数据发展管理局)

主　　任　刘小斌
副主任　李章辉
　　　　何　平(4月任)
　　　　洛桑扎西(藏族,4月任)
　　　　彭　波(9月任)

市直属机关工作委员会

书　　记　王　　晖(3月任)
副 书 记　格桑措姆(女,藏族)
　　　　　杨 作 云

市委巡察机构

主　　任　仁增卓玛(女,藏族)
副 主 任　杨 东 升
　　　　　才华道吉(藏族)
一组组长　平措旺堆(藏族)
二组组长　巴　　琼(藏族)
三组组长　索　　朗(藏族)

市档案馆

馆　　长　桑 荣 瑞
副 馆 长　刘 淑 娟(女)

市委党校

校　　长　庄 红 翔(女)
常务副校长
　　　　　杨 世 军
副 校 长　江　　多(藏族)
　　　　　次仁扎西(藏族)
　　　　　冉 新 兵

市公安局

书　　记　马　　军(8月免)
局　　长　代 利 刚(10月任)
副 局 长　代 利 刚(10月免)
　　　　　拉　　珠(藏族)
　　　　　扎西平措(藏族)
　　　　　次旺晋美(藏族)
　　　　　谢 公 瑾
　　　　　强　　久(藏族)
　　　　　李 永 平(援藏)
　　　　　闫 宝 利(援藏)

市中级人民法院

院　　长　李 世 蓉(女)
副 院 长　蒋 建 平
　　　　　陈　　杰
　　　　　德　　吉(女,藏族)
政治部主任
　　　　　巴　　桑(藏族)
副 院 长　巴　　桑(藏族,10月任)
　　　　　罗　　红(女,藏族)

市人民检察院

检 察 长　田 建 设(1月免)
代理检察长
　　　　　明马丹增(藏族,5月任)
常务副检察长
　　　　　塔　　青(藏族,1月免)
副检察长　金　　美(11月任)
政治部主任
　　　　　李　　卫(1月免)
副检察长　李　　卫(11月任)
　　　　　晓　　红(藏族)

市总工会

书　　记　余　　刚(1月免)
　　　　　索朗罗布(藏族,1月任)
主　　席　张　　勤
副 主 席　措　　姆(女,藏族,5月免)
　　　　　次仁拉姆(女,藏族,6月任)
　　　　　冉 龙 平
　　　　　德吉卓嘎(女,藏族,挂职)
　　　　　陈 小 兵(1月任,兼职)
　　　　　旦增朗杰(藏族,兼职)

共青团拉萨市委员会

书　　记　王 红 杰
副 书 记　慈旦德吉(女,藏族)
　　　　　郑　　强
　　　　　向　　宗(女,藏族,兼职)
　　　　　索朗央吉(女,藏族,兼职)
　　　　　夏 平 志(兼职)

市妇联

书　　记　赵 金 花(女)

主　　席　向巴彩喜(女,藏族,10月免)
副 主 席　和 继 香(女,纳西族)

市工商业联合会

书　　记　格西哈姆(女,藏族,1月免)
　　　　　公 保 太(藏族,1月任)
主　　席　公 保 太(藏族,1月免)
　　　　　黄 前 敏(女,藏族,1月任)
副 主 席　方　　凯
　　　　　戴　　维(援藏)

市残疾人联合会

理 事 长　格桑平措(藏族)
副理事长　德　　琼(女,藏族)

市发展和改革委员会

书　　记　其米旺姆(女,藏族)
主　　任　李 明 健
副 主 任　德吉卓嘎(女,藏族)
　　　　　孙 金 成
　　　　　薛　　刚
　　　　　尼玛次旦(藏族)
　　　　　严 俊 峰

市粮食和物资储备局

局　　长　严 俊 峰
副 局 长　洛桑德吉(女,藏族)

市教育局

书　　记　樊 锋 旭
局　　长　中 楚 成(藏族)
副 局 长　向　　宗(女,藏族)
　　　　　陈 金 龙(援藏)
　　　　　陈 渠 汇
　　　　　周　　凯(援藏)
　　　　　叶 海 缨(女)
纪检组长　普琼次仁

市科学技术局

书　　记　索朗慈仁(藏族)
局　　长　张 永 祥
副 局 长　扎西平措(藏族)
　　　　　卓　　辉(援藏)
　　　　　李 信 群(女)

市科学技术协会

主　　席　巴桑次仁(藏族)
副 主 席　次仁白珍(女,藏族)

市经济和信息化局

书　　记　姚 俊 亮(10月免)
　　　　　索　　群(女,藏族,10月任)
局　　长　王 旭 光
副 局 长　次旦贡觉(藏族)
　　　　　卫 智 军(10月任)
　　　　　向　　敏
　　　　　朱　　乾(援藏)
　　　　　赵 思 楠(援藏)

市民族事务委员会

书　　记　普　　琼(藏族)
主　　任　赵 长 胜
副 主 任　次仁昌菊(女,藏族)
　　　　　马 扎 西(藏族)

市民政局

书　　记　何　　镛(10月免)
　　　　　詹 晓 圣(10月任)
局　　长　白玛玉珍(女,藏族)
副 局 长　苏 建 设
　　　　　卫 智 军
　　　　　柳 福 平
　　　　　强　　琼(藏族,10月任)

中国拉萨 SOS 儿童村

村　　长　琼　　吉(女,藏族)

市儿童福利院

院　　长　诺布卓玛(女,藏族)
副 院 长　吴 洪 军

市司法局

书　　记　次　　培(藏族)

局　　长　邱秀兰(女)
副局长　郑汉宏
　　　　边巴次仁(藏族)
　　　　伍玉梅(女)

阳光公证处

主　　任　韩新强(5月任)
副主任　阿旺拉姆(女,藏族)
　　　　何　君(11月任)

市财政局

书　　记　旦增曲扎(藏族)
局　　长　李　萨(女)
副局长　张朝峰(4月任)
　　　　王　君(女)
　　　　郭　宇
　　　　尼玛拉姆(女,藏族,1月任)

市人力资源和社会保障局

书　　记　彭丽华(女,藏族)
局　　长　马百胜
副局长　贺能晟
　　　　平措朗杰
　　　　费彦红(女)
　　　　王义斌(援藏)

市自然资源局

书　　记　卢炜升(女)
局　　长　米玛次仁(藏族)
副局长　占　堆(藏族,9月免)
　　　　次　达(藏族,9月任)
　　　　巫鑫瑞
　　　　傅介平
　　　　贾志杰
　　　　拉姆次仁(女,藏族)
　　　　张　林

市生态环境局

书　　记　赵世东
局　　长　格桑巴珠(藏族)
副局长　德吉央宗(女,藏族)
　　　　唐丽琼(女)
　　　　汤清风(援藏)
　　　　张　勇(援藏)
　　　　嘎　旦(女,藏族)

市住房和城乡建设局

书　　记　李　嵘(女,藏族)
局　　长　刘英俊
副局长　苏　伟(援藏)
　　　　齐朝辉(援藏)
　　　　高建红(女)
　　　　次仁卓嘎(女,藏族)
　　　　达瓦次仁(藏族)

市交通运输局

书　　记　曹恩宏
局　　长　其米边巴(藏族)
副局长　青　扎(9月任)
　　　　周智勇(3月任,援藏博士团)
　　　　杜志强
　　　　侯文峰
　　　　徐海波(援藏)
　　　　徐　翚(援藏)

市水利局

书　　记　强巴江才(藏族)
局　　长　韩云栓
总工程师　腾宝亭(藏族)
副局长　罗布次仁(藏族)
　　　　孙美娟(女)
　　　　胡其勇

市农业农村局

书　　记　崔勇刚
局　　长　郭万军
副局长　洛桑索朗(藏族)
　　　　支建辉
　　　　普片多(女,藏族)
　　　　王小军(援藏)
　　　　高　峰(援藏)

市商务局

书　　记　扎西平措（藏族）
局　　长　谢玉梅（女）
副 局 长　杜颖胜（1月任）
　　　　　索朗顿珠（藏族）
　　　　　程　哲（援藏）
　　　　　蔡红梅（女）
招商局局长
　　　　　车西敏（女）

市文化局

书　　记　张碧芳（女）
局　　长　拉巴旺堆（藏族）
副 局 长　卫　东（门巴族）
　　　　　何景平
　　　　　劲永春（藏族）

市文物局

局　　长　劲永春（藏族）
副 局 长　秦　奕（3月任）

市卫生健康委员会

书　　记　宋留柱
主　　任　扎西德吉（女，藏族，10月免）
副 主 任　尹美玲（女）
　　　　　叶晓梅（女）
　　　　　高　鹏（援藏）
　　　　　格桑卓玛（女，藏族）
　　　　　张国红（女，援藏）

市旅游发展局

书　　记　泽　兵（藏族）
局　　长　陈常军
副 局 长　扎西顿珠（藏族）
　　　　　倪　蓉（女）
　　　　　徐全军
　　　　　丁　韬
　　　　　郑同生

市退役军人事务局

书　　记　冯毓强（10月免）
　　　　　何　镛（10月任）
局　　长　仁乃旺堆（藏族）
副 局 长　昌　拉（女，藏族）
　　　　　肖国庆

市应急管理局

书　　记　达娃次仁（藏族，1月免）
　　　　　米玛次仁（藏族，1月任）
局　　长　孙文斌（1月免）
　　　　　蔡卫旗（回族，4月任）
副 局 长　杨　英（女，藏族）
　　　　　文　林（蒙古族）
　　　　　次仁尼玛（藏族）

市地震局

局　　长　边巴卓玛（女，藏族）

市审计局

书　　记　彭　多（女，藏族，10月免）
局　　长　任玉萍
副 局 长　魏建华
　　　　　林大山（援藏）
　　　　　杜春梅（女）
　　　　　曲　松（藏族，11月任）

市外事办

书　　记　杨如军
主　　任　扎西江村（藏族）
副 主 任　晋美扎巴（藏族，3月任）

市人民政府国有资产监督管理委员会

书　　记　陈建平（1月免）
　　　　　刘期彬（1月任）
主　　任　列　桑（藏族）
副 主 任　何　黎（女）
　　　　　杨成彬
　　　　　期朗珠扎
纪检组组长
　　　　　黄文斌
副 主 任　田　莉（女）

市市场监督管理局

书　　记　沈鹏里
局　　长　次仁卓嘎（女，藏族）
副 局 长　刘　明
　　　　　晋　美（藏族，4月免）
　　　　　党军奎

市广播电视局

书　　记　索　群（女，藏族，10月免）
局　　长　王　巍
党组成员　德吉卓嘎（女，藏族，5月免）
副 局 长　格桑顿珠（藏族）

市体育局

书　　记　钟传彬
局　　长　格桑加措（藏族，4月任）
副 局 长　熊　劲（女）

市统计局

书　　记　仓　琼（女，藏族）
局　　长　旺堆罗布（藏族）
副 局 长　黄树春
　　　　　张秀兰（女，藏族）
　　　　　次仁措吉（女，藏族）

国家统计局拉萨调查队

队　　长　李建树
纪检组长　平　措（藏族，7月任）
副 队 长　思朗拥措（女，藏族）

市扶贫开发办公室

党组书记　普布顿珠（藏族）
主　　任　李海云
副 主 任　张海峰（援藏）
　　　　　次仁德吉（女，藏族）
　　　　　王双成
　　　　　王宇翀（援藏）
　　　　　皮志帅

市林业和草原局

书　　记　占　堆（藏族，9月免）
　　　　　次　达（藏族，9月任）
局　　长　次　达（藏族，9月免）
　　　　　闫桓功（9月任）
副 局 长　旦增次仁（藏族）
　　　　　贺桂芹（女）

市宗教事务局

书　　记　达　瓦（藏族）
局　　长　索朗次仁（藏族）
副 局 长　次仁罗布（藏族）
　　　　　马永龙（回族）
　　　　　陈　虹（女）

市医疗保障局

书　　记　尼玛普芝（女，藏族）
局　　长　韩新强（5月免）
　　　　　贺　剑（5月任）
副 局 长　次仁多吉（藏族）
　　　　　唐小君（女）

市信访局

书　　记　达　瓦（藏族）
局　　长　格桑卓嘎（女，藏族）
副 局 长　普布卓玛（女，藏族）
　　　　　洛桑多吉（藏族）
　　　　　何　杰

市行政审批和便民服务局

书　　记　岳国红（女，藏族，10月免）
　　　　　向巴彩喜（女，藏族，10月任）
局　　长　李英春
副 局 长　苗永霞（女，7月免）
　　　　　米玛次仁（藏族）
　　　　　次仁拉姆（女，藏族，4月免）
　　　　　王永谦（援藏）
　　　　　丹增卓美（女，藏族，10月任）

市城市管理和综合执法局

书　　记　索朗江村（藏族）
局　　长　赵铁岭

副 局 长 央金卓嘎(女,藏族,4月任)
李二兵
龚小丽(女)
吴旻硕(援藏)

拉萨经济技术开发区管理委员会

书 记 袁训旺
副 主 任 陈志海(援藏)
任道波
达瓦次仁(藏族,6月任)
次仁达吉(藏族,10月任)

中共拉萨市柳梧新区管委会

书 记 洛 色(藏族)
主 任 赵 亚
副 主 任 朱胜军
刘 军(援藏)
党工委委员
巴桑扎登(藏族)
市场监督管理局局长
次 旺(藏族)
火车站站前派出所所长
刘思锋
副 主 任 次仁央宗(女,藏族)
白孜杨(12月任,博士团挂职干部)

西藏文化旅游创意园区管理委员会

书 记 龚一枫(10月免)
赵 翔(蒙古,10月任)
主 任 洛桑尼玛(藏族)
副 主 任 徐安海
阎 军
牛小芳(女,1月任)

西藏空港新区管委会

书 记 龚一枫(1月免)
崔建勇(1月任)
主 任 崔建勇(1月免)
图登佩杰(藏族,1月任)
副主任、甲竹林镇党委书记
达瓦次仁(藏族)
副 主 任 谭世兴
拉萨市公安局空港新区分局局长
马 力(回族,1月任)

拉萨师范高等专科学校

书 记 余凤萍(女)
校 长 江 白(藏族)
副 校 长 余凤萍(女)
德庆央吉(女,藏族)
王 斌
纪委书记 尼玛潘多(女,藏族)

拉萨市第一中等职业技术学校

书 记 詹晓圣(10月免)
校 长 普布卓嘎(女,藏族)
副 校 长 穷 达(藏族)
次仁多吉(藏族)
次仁扎西(藏族)

拉萨市第二中等职业技术学校

书 记 龚晓堂(6月任)
校 长 德吉卓嘎(女,藏族,6月任)
副 校 长 拉 巴(藏族)
李 林(女,藏族)
罗布次仁(藏族)
高凤妮(女)
嘎玛努培(藏族)

市藏语委办(拉萨市编译局)

书 记 乡 琼(藏族)
主任、局长
达瓦次仁(藏族)
副主任、副局长
米玛旺堆(藏族)
边巴卓玛(女,藏族)

市人民医院

书 记 拜有庆(回族)
院 长 任 铁(援藏)
副 院 长 刘文清

尼　　玛（女，藏族）
扎西罗布（藏族）
孙 树 学（援藏）
边巴卓玛（女，藏族）

国家税务总局拉萨市税务局
局　　长　扎西平措（藏族，11月免）
　　　　　李　　雷（11月任）
副 局 长　扎西旺堆（藏族）
　　　　　扎西次仁（藏族）
纪检组长　旦巴次仁（藏族）
副 局 长　才丹康健（藏族）

市气象局
书　　记　洛桑扎西（藏族）
局　　长　陈 友 珍（女，藏族，2月免）
　　　　　洛桑扎西（藏族，3月任）
副 局 长　尼玛次仁（藏族，9月任）
　　　　　扎西达瓦（藏族，6月任）
　　　　　熊 亚 军（援藏）

市邮政管理局
局　　长　扎西尼玛（藏族）
副 局 长　李　　娟（女）

城关区
书　　记　果　　果（藏族，9月免）
　　　　　张　　正（9月任）
区　　长　刘　　亮
人大常委会主任
　　　　　尼玛云丹（藏族）
政协主席　李 德 明

堆龙德庆区
区　　长　石 运 本（10月任）
人大常委会主任
　　　　　武 保 林
政协主席　洛桑强巴（藏族）

达孜区
书　　记　张　　干
人大常委会主任
　　　　　米　　玛（女，藏族）
政协主席　赵 彩 娥（女）

林周县
书　　记　次仁顿珠（藏族）
县　　长　高　　军
人大常委会主任
　　　　　格旦次仁（藏族）
政协主席　格桑次仁（藏族）

墨竹工卡县
书　　记　劳 明 伟
县　　长　旦增尼玛（藏族）
人大常委会主任
　　　　　张 尚 福
政协主席　索朗桑布（藏族）

曲水县
书　　记　彭 飞 跃
人大常委会主任
　　　　　平　　措（藏族）
政协主席　巴　　桑

尼木县
书　　记　杜 国 君
县　　长　普　　琼（藏族）
人大常委会主任
　　　　　尼玛次仁（藏族）
政协主席　杜 开 凡（4月任）

当雄县
书　　记　张　　正（9月免）
　　　　　姚 俊 亮（9月任）
县　　长　其美次仁（藏族）
人大常委会主任
　　　　　边巴扎西（藏族）
政协主席　刘　　刚

拉萨市2020年国民经济和社会发展统计公报

拉萨市统计局
（2021年4月12日）

2020年是新中国历史上极不平凡的一年。面对严峻复杂的国际形势、艰巨繁重的国内改革发展稳定任务特别是新冠肺炎疫情的严重冲击，全市上下坚持以习近平新时代中国特色社会主义思想为指导，全面贯彻中共的十九大和十九届二中、三中、四中、五中全会精神及中央第七次西藏工作座谈会精神，认真贯彻落实中央和区、市党委政府决策部署，扎实做好“六稳”工作，全面落实“六保”任务，科学统筹疫情防控和经济社会发展，经济运行逐步恢复常态，脱贫攻坚战取得全面胜利，决胜全面建成小康社会取得决定性成就。

一、综合

区划及面积：截至2020年年末，全市共有37个乡，12个镇，16个街道；60个社区、221个村。

人口：年末户籍人口为57.11万人，比上年末增加1.23万人。全年出生人口1.05万人，出生率为18.3‰；死亡人口0.44万人，死亡率为7.7‰。

经济增长：2020年，全市实现地区生产总值（GDP）678.16亿元，比上年增长7.8%。其中：第一产业增加值22.45亿元，增长11.2%；第二产业增加值290.44亿元，增长16.5%；第三产业增加值365.27亿元，增长2.1%。

图1　2016—2020年地区生产总值及增速

产业结构：2020年三次产业比重依次为3.3∶42.8∶53.9，与上年相比，第一产业比重保持不变，第二产业比重提高4.6个百分点，第三产业比重下降4.6个百分点。分别拉动经济增长0.3个、7.0个和0.5个百分点。

价格：2020年居民消费价格总指数（CPI）累计比上年上涨2.0%，其中，食品烟酒类价格上涨4.6%。

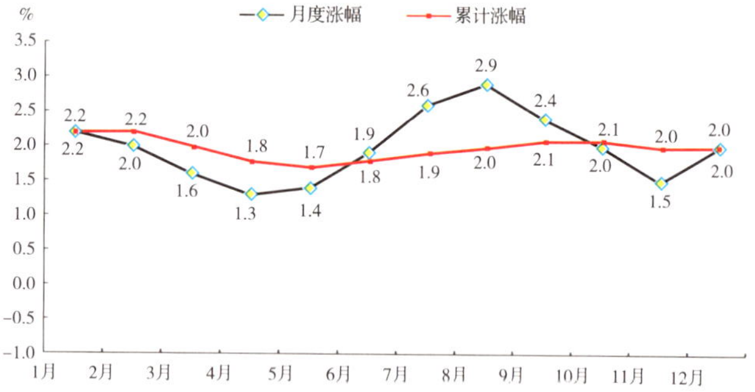

图2　2020年各月居民消费价格总指数涨幅

2020年居民消费价格总指数涨幅情况表

表6

指　　标	比2019年增长（%）
居民消费价格总指数	2.0
食品烟酒	4.6
衣　着	1.1
居　住	-0.6
生活用品及服务	0.6
交通和通信	-2.2
教育文化和娱乐	3.5
医疗保健	3.1
其他用品和服务	7.3

就业：2020年年末城镇登记失业率控制在3%以内。

双创："双创"工作得到国家专项资金扶持，连续两年受到国务院通报表扬。

市场主体：2020年年末全市工商部门登记的企业达3.90万户，比上年增长12.0%；工商部门登记的个体户为8.54万户，比上年增长9.5%。

二、农牧业和净土健康产业

农牧业：2020年，全市粮食产量15.53吨，比上年下降0.7%。全市农林牧渔业总产值41.76亿元，其中：农业产值17.01亿元，林业产值0.45亿元，牧业产值23.85亿元，渔业产值0.02亿元，农林牧渔服务业产值0.43亿元。

农作物种植面积：全年农作物总播种面积4.94万公顷。粮食种植面积2.68万公顷，比上年减少0.08万公顷，其中：青稞种植面积1.91万公顷，比上年增加0.04万公顷，小麦种植面积0.67万公顷，比上年减少0.13万公顷。油菜种植面积0.42万公顷，比去年减少0.02万公顷。蔬菜种植面积0.56万公顷。

畜禽产品产量：年末牲畜存栏总头数116万头（只、匹），其中，大牲畜存栏86.09万头，猪存栏1.37万头。肉类产量3.42万吨，增长1.6%；禽蛋产量0.15万吨，增长79.9%；奶产量11.33万吨，增长5.2%；蔬菜产量27.56万吨，增长11.3%。

2020年主要农畜产品产量情况表

表7

产品名称	产量（万吨）	比2019年增长（%）
粮　食	15.53	-0.7
其中：青稞	10.65	4.6
小麦	4.52	-13.5
油菜籽	0.94	-2.0
蔬菜	27.56	11.3
肉类	3.42	1.6
其中：牛羊肉	3.34	3.4
奶类	11.33	5.2
其中：牛奶	11.22	5.7

农机及化肥施用量：2020年末全市拥有农业机械总动力135.45万千瓦；农用化肥施用量为8624.05万吨。

净土健康产业：成功打造高原奶业品牌，建成7座现代化农牧业产业园，6家国家级龙头企业，9个全国一村一品示范村镇。

三、工业和建筑业

工业：2020年末，全市共有规模以上工业企业85家，比上年增加2家，增长2.4%；全年规模以上工业产品销售率为100.8%。规模以上工业总产值163.10亿元，比上年增长12.6%，规模以上工业增加值比上年增长11.3%。

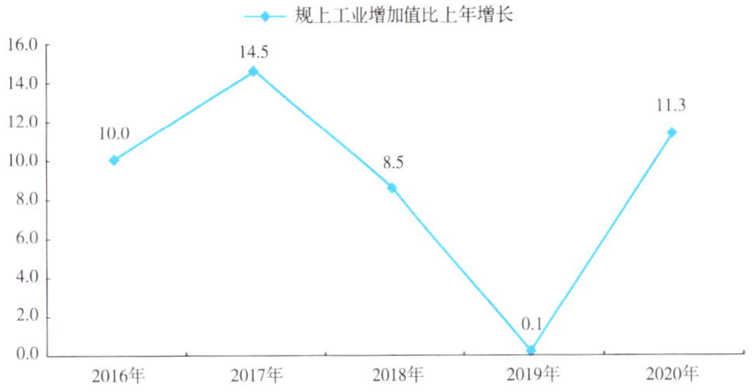

图3　2016—2020年规模以上工业增加值增速

2020年规模以上工业增加值分类情况表

表8

指　　标	比2019年增长（%）
规模以上工业企业	11.3
其中：国有企业	8.6
股份制企业	6.7
外商及港澳台商投资企业	22.6
其他经济类型企业	69.2
其中：轻工业	18.8
重工业	9.2
其中：私营企业	-0.3

2020年规模以上工业企业主要产品产量情况表

表 9

产品名称	单　位	产　量	比2019年增长（%）
水泥	万吨	537.2	0.0
中成药	吨	633.9	74.5
发电量	万千瓦小时	44584.7	-63.9
啤酒	千升	101194.7	-2.8
自来水	万吨	13563.0	-0.3
瓶装饮用水	吨	378237.4	-28.9

建筑业：2020年全市完成建筑业增加值216.71亿元，比上年增长18.8%。

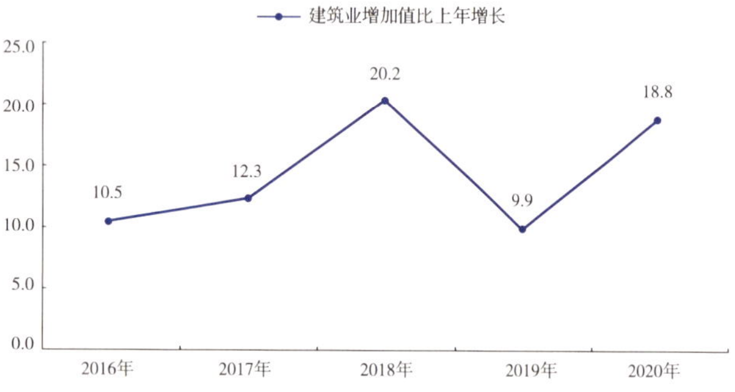

图4　2016—2020年建筑业增加值增速

四、固定资产投资

固定资产投资：2020年，全社会固定资产投资比上年增长5.3%。

固定资产投资中：国有及国有控股投资比上年增长1.3%；民间投资比上年增长21.2%。

分产业：第一产业投资下降10.1%，第二产业投资下降19.6%，第三产业投资增长8.1%，三次产业投资的比重依次为1.6%、6.9%和91.5%。

图5　2016—2020年全社会固定资产投资额增速

房地产开发：2020年年末，全市房地产企业有60家，比上年增加9家。全年完成房地产开发投资比上年增长9.4%。房地产开发房屋施工面积664.99万平方米，比上年增长6.4%；全年房屋竣工面积5.43万平方米，商品房销售面积78.89万平方米。

2020年全社会固定资产投资额情况表

表 10

指　　标	比2018年增长（%）
全社会固定资产投资	5.3
农、林、牧、渔业	-16.4
采矿业	8.8
制造业	-8.0
电力、燃气及水的生产和供应业	-47.3
建筑业	-100
批发和零售业	-35.3
交通运输、仓储和邮政业	-5.7
住宿和餐饮业	-77.8
信息传输、计算机服务和软件业	267.5
金融业	-64.1
房地产业	6.5
租赁和商务服务业	-26.0
科学研究和技术服务	-9.2
水利、环境和公共设施管理业	140.7
居民服务、修理和其他服务业	-27.8
教育	31.2
卫生和社会工作	55.3
文化、体育和娱乐业	51.5
公共管理、社会保障和社会组织	-39.4

五、国内贸易

2020年年末，全市共有限额以上批零住餐企业（单位）146家，比上年增加13家，增长22.7%；全年完成社会消费品零售总额369.35亿元，比上年下降3.8%。其中：限额以上企业（单位）零售额为107.80亿元，增长1.3%，占全市社会消费品零售总额的29.2%。

按经营地统计：城镇社会消费品零售额为320.49亿元，下降4.8%，乡村社会消费品零售额为

48.87亿元，增长4.0%。

按消费形态分：商品零售额为340.16亿元，下降3.0%；餐饮业收入为29.20亿元，下降11.7%。

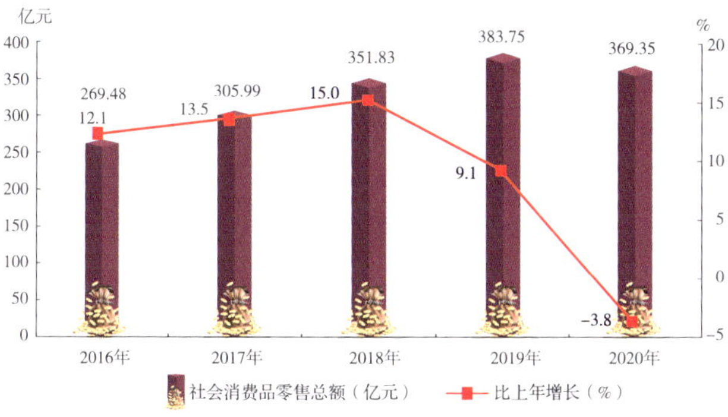

图6　2016—2020年社会消费品零售总额及增速

六、对外经济

进出口贸易：2020年，全市进出口贸易总额15.95亿元，比上年下降61.2%。其中，出口11.14亿元，下降67.7%；进口4.81亿元，下降27.4%。

招商引资：2020年，全市招商引资实际到位资金301.3亿元，比上年增长26.3%。

七、交通、邮电和旅游

交通运输：2020年，建设农村公路221公里，年底全市农村公路（不含国道、省道）通车总里程达到5460公里。公交运营线路总长度1000.2公里，公交年客运量为6682万人次。

2020年铁路、公路运输量与周转量情况表

表11

指　标	单　位	2020年	比2019年增长（%）
货物运输量	万吨	1587	39.9
铁　路	万吨	49.0	-9.5
公　路	万吨	1538	1.5
旅客运输量	万人次	401	-34.5
铁　路	万人次	152.4	-30.5
公　路	万人次	248.6	-36.7
公路货物周转量	万吨公里	440397	1.7
公路旅客周转量	万人公里	135979	2.7

邮电：2020年，完成邮电业务总量156.4亿元，其中，邮政业务总量2.8亿元，电信业务总量153.7亿元。年末固定及移动电话用户总数达到142.9万户，其中，移动电话用户112.6万户。

旅游：2020年，接待国内外游客2008.03万人次，比上年下降14.1%。其中：入境游客0.24万人次，下降99.0%，国内游客2007.79万人次，下降13.2%。全年旅游总收入301.84亿元，比上年下降13.4%；旅游外汇收入266.4万美元，下降98.3%。

八、财政和金融

财政：2020年，全市完成公共财政预算收入107.26亿元，比上年下降8.4%，其中：各项税收92.52亿元，下降12.2%。

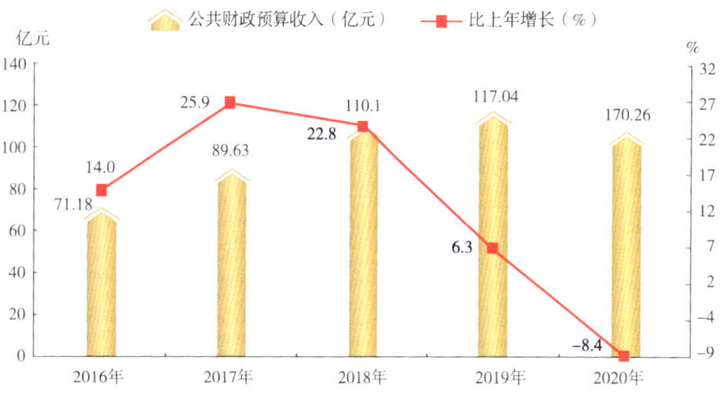

图7　2016—2020年公共财政预算收入及增速

全年执行公共财政预算支出349.66亿元，比上年下降4.3%，其中：社会保障和就业支出增长5.2%，医疗卫生支出增长6.9%。

金融：2020年年末，全市金融机构本外币各项存款余额3139.28亿元，比年初增长8.7%；本外币各项贷款余额3391.35亿元，比年初增长2.7%。人民币各项存款余额3133.97亿元，比年初增长8.7%；人民币各项贷款余额3391.15亿元，比年初增长2.7%。

九、电力

2020年，全市用电量为39.91亿千瓦时，增长4.7%，其中，全行业用电34.3亿千瓦时，增长3.0%，城乡居民生活用电5.62亿千瓦时，增长16.2%。

十、城市建设

2020年，泽贡、拉那羊八井段高等级公路建成通车，领峰国际智慧物流园、高原食品冷链中心完成建设；打通32条城市“断头路”，新建停车位2万个；

完成直供电改造3.6万户。

2020年末，市区供水管网总长度为1034.31公里，全年自来水总供水量13568万立方米。全市售水量7574万立方米，其中：生产运营用水2022万立方米，公共服务用水1874万立方米，家庭居民用水2886万立方米，其他用水792万立方米。免费用水698万立方米。

十一、教育、文化、卫生

教育：2020年年末，全市共有高等院校1所（市属，下同），中等职业学校2所，普通中学23所，小学73所，幼儿园273所，特殊学校1所。

2020年各类学校学生数情况表

表12　　　　　　　　　　　　　　　　单位：人

指　标	招生	在校生	毕业生
普通高等教育	2065	4633	1385
中等职业教育	3014	8660	1992
普通高中	4311	13076	3501
初中	8729	25474	7524
普通小学	12017	64083	9137
特殊教育	6	236	8
学前教育	12615	36124	11917

全市小学学龄儿童纯入学率达99.96%，毛入学率达106.56%，义务教育巩固率保持在99.03%。

文化：2020年年末，全市共有艺术表演团299个（含村业余团），博物馆8个。全市广播综合人口覆盖率为99.25%，电视综合人口覆盖率为99.46%。推出《金城公主》舞台剧等一批优秀文艺作品，文创园区获评国家级文化产业试验园区。

卫生：2020年末全市共有卫生机构476个，其中，医院27家。基层卫生医疗机构434家，其中，社区卫生服务中心（站）12家，卫生院53家，村卫生室190家，门诊部8家，诊所、卫生所、医务室171家。专业公共卫生机构14家，其中，疾病预防控制中心10家，妇幼保健院（所、站）3家，采供血机构1家。其他卫生机构1家。医学在职培训机构1家。全市实际开放床位数4414张，各类卫生技术人员6762人，其中，执业（助理）医师2901人。

十二、环境保护和安全生产

环境监测：2020年，拉萨市空气质量优良天数为366天，全年空气优良率达100%，全年PM2.5的平均浓度为12微克/立方米，全国168个重点城市中拉萨市空气质量排名第二位。集中式饮用水水源地水质符合《地下水质量标准》（GB/T 14848—2017）中III类或优于III类标准；全市国控断面水质符合《地表水环境质量标准》（GB 3838—2002）表1中Ⅲ类水标准限值。

安全生产：2020年，全年各类安全生产事故169起，比上年增长8.3%，死亡70人，比上年下降5.4%，伤193人，比上年增长0.5%。亿元GDP安全生产事故死亡人数为0.1人/亿元。

十三、人民生活和社会保障

人民生活：2020年，城镇居民人均可支配收入43640元，比上年增长10.0%，农村居民人均可支配收入18268元，比上年增长12.7%。城乡收入比为2.39：1。

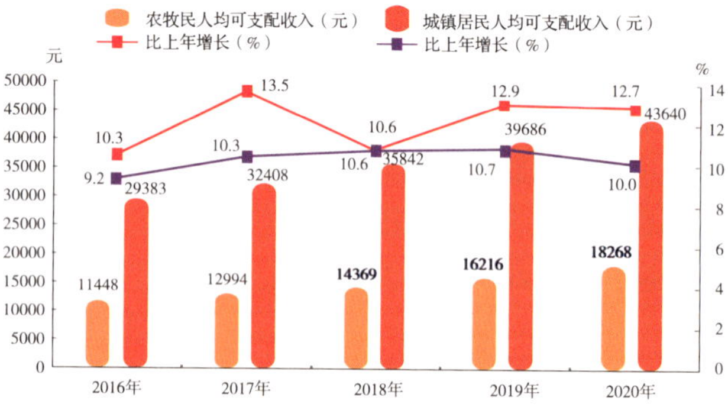

图8　2016—2020年城乡居民人均可支配收入及增速

社会保障：2020年，市属年末参加城乡居民基本养老保险人数20.4万人，减少1.9万人；参加企业职工基本养老保险人数9.1万人，增加0.9万人；参加城乡居民基本医疗保险人数40.7万人，增加1.8万人；参加城镇职工基本医疗保险12.6万人，增加1.6万人。参加失业保险人数8.9万人，增加1.4万人。参加工伤保险人数12.4万人，增加0.4万人，参加生育保险人数10.5万人，增加1.7万人。城镇居民最低生活保障人数为0.7万人，农村最低生活保障人数为0.5万人。全市特困供养人数为1298人，其中，集中供养人数为211人。城乡医疗救助人数为2572人。

注:

1. 本公报数据为快报数据。

2. 社会消费品零售总额数据根据第四次全国经济普查数据进行修订。

3. 地区生产总值及各产业(行业)增加值指标绝对数按现价计算,增长速度按可比价格计算。

4. 对外经济、交通、邮电、旅游、财政、金融、文化、卫生、教育、社会保障、农业、物价、收入等方面的数据均由相关职能部门提供。

5. 规模以上工业法人单位是指年主营业务收入2000万元及以上的工业法人单位;限额以上批发企业是指年主营业务收入在2000万元及以上的批发业企业,限额以上零售企业是指年主营业务收入在500万元及以上的零售业企业,限额以上住宿餐饮企业是指年主营业务收入在200万元及以上的住宿餐饮业企业。

索 引

说 明

一、本索引采用主题分析法编制。索引范围包括篇目、类目、部(门)目、条目等。
二、本索引按主题词首字汉语拼音音序(同音按音调)排列,若首字拼音相同则按第二字音序排列,以此类推。
三、索引款目后的数字表示内容所在的页码,数字后的拉丁字母(a、b、c)表示栏别(从左至右)。
四、篇目、类目、部(门)目用黑体字。

A

B

C

D

E

G

K

L

M

N

P

Q

R

S

T

W

X

Y

Z